根植水电
孵化科技
中國水力
發電年鑒
ALMANAC OF CHINA'S
WATER POWER
中国电力出版社

2010年2月14日，中共中央总书记、国家主席、国家军委主席胡锦涛在福建厦门亲切慰问电业员工

2010年8月13日，中共中央总书记、国家主席、国家军委主席胡锦涛亲切会见参加全国援外工作会议的中国水利水电建设集团公司代表

2010年8月4日，中共中央政治局常委、国务院总理温家宝在丰满水电站考察指导防汛抗洪工作

2010年9月13日，中共中央政治局常委、全国政协主席贾庆林考察浙江新安江水电站

2010年10月8日，中共中央政治局常委、国务院副总理李克强视察南水北调中线陶岔渠首枢纽

2010年5月21日，中共中央政治局委员、国务院副总理张德江视察宁夏青铜峡水电站

黄河小浪底水利枢纽工程荣获2010年度中国建设工程鲁班奖

新疆乌鲁瓦提水利枢纽工程荣获2010年度中国建设工程鲁班奖

江苏宜兴抽水蓄能电站工程荣获2010年度中国建设工程鲁班奖

云南戈兰滩水电站工程荣获2010年度国家优质工程银质奖

苏丹麦洛维水利枢纽工程荣获2010年度中国建设工程鲁班奖

贵州构皮滩水电站工程

雅砻江官地水电站工程

施工中的雅砻江锦屏一级水电站工程

施工中的云南小湾水电站工程

四川瀑布沟水电站工程

建设中的贵州沙沱水电站

建设中的云南金安桥水电站

金沙江阿海水电站施工现场

溪洛渡右岸地下电站厂房施工

金沙江向家坝水电站工程

2010年6月27日，四川深溪沟水电站首台机组（1号机组）成功投产发电

2010年10月1日，辽宁蒲石河抽水蓄能电站首台机组转子顺利吊装成功

2010年12月26日，四川瀑布沟水电站最后一台机组（1号机组）投产发电

2010年3月23日，金沙江向家坝水电站1号机组座环整体吊装就位

2010年6月，云南金安桥水电站首台机组转轮吊装就位

全国2010年装机容量

万 kW

地域 \ 项目	总装机容量	水　电	火　电	核　电	风　电
中国大陆	96 641.30	21 605.72	70 967.21	1082.40	2957.55
中国台湾	(3970.20)	(454.00)	(2463.00)	(514.40)	(34.69)
合　计	100 611.50	22 059.72	73 430.21	1596.80	2992.24

注：1. 总装机容量数中还包括太阳能、潮汐、柴油等其他能源发电装机容量。
　　2. 未含香港、澳门数据。

全国2010年装机容量结构图

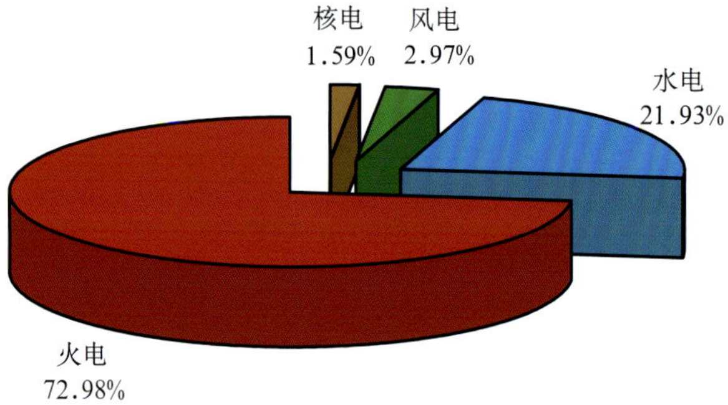

全国2010年年发电量

亿 kW·h

地域 \ 项目	总发电量	水　电	火　电	核　电	风　电
中国大陆	42 277.71	6867.36	34 166.28	747.42	494.00
中国台湾	(2002.00)	(77.41)	(1307.00)	(392.60)	(6.00)
合　计	44 279.71	6944.77	35 473.28	1140.02	500.00

注：1. 总发电量数据还包括其他能源发电量。
　　2. 未含香港、澳门数据。

全国2010年年发电量结构图

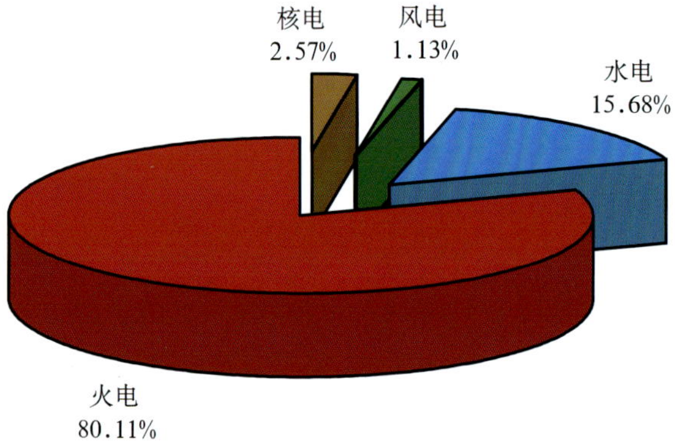

资料来源：中国大陆资料来源于中国电力企业联合会。中国台湾资料沿用上年数据。

全国历年水电装机容量增长情况表

万 kW

年份	中国大陆	中国台湾	全国合计	新增装机容量	年份	中国大陆	中国台湾	全国合计	新增装机容量
1949	36.0	18.0	54		1980	2031.8	138.6	2170	120.2
1950	36.2	22.1	58	4.3	1981	2193.3	138.7	2332	161.6
1951	37.8	(24.0)	(62)	(3.5)	1982	2295.9	138.7	2435	102.6
1952	38.5	(27.0)	(66)	(3.7)	1983	2416.5	143.1	2560	125.0
1953	53.0	(30.0)	(83)	(17.5)	1984	2560.0	148.0	2708	148.4
1954	60.6	33.0	94	10.6	1985	2641.5	248.9	2890	182.4
1955	69.5	(34.0)	(104)	(9.9)	1986	2754.2	256.4	3011	120.2
1956	91.4	(36.0)	(127)	(23.9)	1987	3019.3	255.8	3275	264.5
1957	101.9	(38.0)	(140)	(12.5)	1988	3269.8	255.8	3526	250.5
1958	121.6	(40.0)	(162)	(21.7)	1989	3458.3	256.2	3715	188.9
1959	162.0	(42.0)	(204)	(42.4)	1990	3604.6	256.2	3861	146.3
1960	194.1	44.8	239	34.9	1991	3788.3	256.2	4045	183.7
1961	233.3	(47.0)	(280)	(41.4)	1992	4068.1	257.7	4326	281.3
1962	237.9	53.8	292	11.4	1993	4489.3	257.7	4747	421.2
1963	243.0	(56.0)	(299)	(7.3)	1994	4906.1	364.8	5271	523.9
1964	268.3	(59.0)	(327)	(28.3)	1995	5218.4	418.3	5637	365.8
1965	302.0	62.8	365	37.5	1996	5557.8	428.8	5987	349.9
1966	363.8	(65.0)	(429)	(64.0)	1997	5972.6	428.8	6401	414.8
1967	383.9	(67.0)	(451)	(22.1)	1998	6506.5	442.2	6949	547.3
1968	438.8	(70.0)	(509)	(57.9)	1999	7297.1	442.2	7739	790.6
1969	505.3	72.2	578	68.7	2000	7935.2	442.2	8377	638.1
1970	623.5	90.1	714	136.1	2001	8300.6	442.2	8743	365.4
1971	780.4	(96.0)	(876)	(162.8)	2002	8607.4	451.1	9059	315.7
1972	870.0	113.1	983	106.7	2003	9489.6	451.1	9941	882.2
1973	1029.9	113.2	1143	159.9	2004	10 524.2	451.0	10 975	1034.5
1974	1181.7	136.5	1318	175.2	2005	11 738.8	451.0	12 190	1214.6
1975	1342.8	136.5	1479	161.1	2006	13 029.2	451.2	13 480.4	1290.4
1976	1465.5	136.5	1602	122.7	2007	14 823.2	452.0	15 275.2	1794.6
1977	1576.5	136.5	1713	111.0	2008	17 260.4	454.0	17 714.4	2439.2
1978	1727.7	139.2	1867	153.9	2009	19 629.0	(454.0)	20 083.0	2368.6
1979	1911.0	139.2	2050	183.3	2010	21 605.7	(454.0)	22 059.7	1976.7

资料来源：2009 年及以前的资料来源于《中国水力发电年鉴》第十四卷；2010 年中国大陆资料来源于中国电力企业联合会；2010 年中国台湾数据沿用上年数据。

注：（ ）内数据表示缺当年资料，用上、下数插补得出或沿用上年数据。

全国历年水电年发电量增长情况表

亿 kW·h

年份	中国大陆	中国台湾	全国合计	年增率（%）	年份	中国大陆	中国台湾	全国合计	年增率（%）
1949	12.0	6.0	18		1980	582.1	29.3	611	11.8
1950	13.2	9.7	23	27.2	1981	655.5	47.9	703	15.1
1951	14.9	(10.0)	(25)	(8.7)	1982	744.0	47.8	792	12.6
1952	18.3	(12.0)	(30)	(21.7)	1983	863.6	49.9	913	15.4
1953	25.5	(14.0)	(40)	(30.4)	1984	867.8	44.3	912	−0.2
1954	32.0	15.6	48	20.5	1985	923.7	69.3	993	8.9
1955	34.0	(16.6)	(51)	(6.3)	1986	944.8	74.2	1019	2.6
1956	47.1	(17.0)	(64)	(26.7)	1987	1002.3	71.2	1073	5.3
1957	48.2	(18.0)	(66)	(3.3)	1988	1091.8	61.5	1153	7.4
1958	41.1	(19.0)	(60)	(−9.2)	1989	1184.5	66.8	1251	8.5
1959	43.6	(20.0)	(64)	(5.8)	1990	1263.5	81.9	1345	7.5
1960	74.1	20.6	95	48.9	1991	1248.4	55.1	1303	−3.1
1961	74.1	(21.1)	(95)	(0.5)	1992	1314.7	83.5	1398	7.3
1962	90.4	21.6	112	17.6	1993	1516.0	67.2	1583	13.2
1963	86.9	(23.0)	(110)	(−1.9)	1994	1667.9	88.9	1757	11.0
1964	106.0	(24.0)	(130)	(18.3)	1995	1867.7	88.8	1956	11.4
1965	104.1	24.4	129	−1.2	1996	1869.2	90.4	1960	0.2
1966	126.2	(25.0)	(151)	(17.7)	1997	1945.6	95.7	2041	4.2
1967	131.4	(27.0)	(158)	(4.8)	1998	2043.0	106.1	2149	5.3
1968	115.0	(28.0)	(143)	(−9.7)	1999	2129.3	89.4	2219	3.2
1969	160.1	30.5	191	33.3	2000	2431.3	78.5	2510	13.0
1970	204.6	26.4	231	21.2	2001	2611.1	82.3	2693	7.3
1971	250.6	(30.0)	(281)	(21.5)	2002	2745.7	57.9	2804	4.1
1972	288.2	34.2	322	14.9	2003	2813.3	64.3	2878	2.6
1973	389.0	34.0	423	31.2	2004	3309.9	59.7	3370	17.1
1974	414.4	47.1	461	9.1	2005	3964.0	59.7	4024	19.4
1975	476.3	52.6	529	14.6	2006	4147.7	80.0	4227.7	5.1
1976	456.4	42.8	499	−5.6	2007	4714.0	87.0	4801.0	13.6
1977	476.5	40.2	517	3.5	2008	5655.5	77.4	5732.9	19.4
1978	446.3	49.7	496	−4.0	2009	5716.8	(77.4)	5794.2	1.1
1979	501.2	45.7	547	10.3	2010	6867.4	(77.4)	6944.8	19.9

资料来源：2009 年及以前的资料来源于《中国水力发电年鉴》第十四卷；2010 年中国大陆资料来源于中国电力企业联合会；2010 年中国台湾数据沿用上年数据。

注：（ ）内数据表示缺当年资料，用上、下数据插补得出或沿用上年数据。

2010

中国水力发电年鉴

李锐

第十五卷

中国水力发电工程学会 主办
中国水力发电年鉴编辑部 编纂

中国电力出版社

二〇一一年·北京

图书在版编目（CIP）数据

中国水力发电年鉴．第15卷，2010 / 中国水力发电工程学会编．—北京：中国电力出版社，2011.12
ISBN 978-7-5123-2427-5

Ⅰ.①中…　Ⅱ.①中…　Ⅲ.①水利电力工业-中国-2010-年鉴　Ⅳ.①F426.61-54

中国版本图书馆CIP数据核字（2011）第255634号

中国电力出版社出版、发行
（北京市东城区北京站西街19号　100005　http://www.cepp.sgcc.com.cn）
北京盛通印刷股份有限公司印刷
各地新华书店经售
*
2011年12月第一版　　2011年12月北京第一次印刷
787毫米×1092毫米　16开本　43.25印张　1419千字　8彩页
定价 **320.00** 元

《中国水力发电年鉴》第十五卷

编纂委员会

陈广志	陈念水	李　军	李　毅	李小湄
李开海	李庆云	李向阳	沈清华	邹　君
杨　军	杨　薇	杨惠芬	余小波	余圣刚
张　纲	张　建	张文俊	张玉惠	张海泉
郑丽英	郑桂斌	郑淑芬	荆新爱	赵　欣
赵英林	钟共清	郭惠民	郭善成	高　菁
唐　兰	唐　勇	唐奇志	徐　芳	徐　洁
符志平	章义发	韩　冰	程　平	蒋志清
谢兴发	曾　浩	曾德安	蔡声芸	檀雅华

《中国水力发电年鉴》第十五卷
编辑出版工作人员

主　　　编　郦凤山

副　主　编　黄景湖　王东棣　蔡明昌　常兆堂
毛亚杰　李　新　任景怀

技术编辑　王　玉　胡丹蓉　雷定演　孙　卓
兰海钰　李　明

终　　　审　杨元峰

复　　　审　杨伟国

责任编辑　姜　萍　韩世韬　安小丹　孙建英

美术设计　杨晓东

版式设计　张秋雁

责任校对　罗凤贤　李　亚　闫秀英

出版印刷　蔺义舟

编　辑　说　明

（一）《中国水力发电年鉴》属专业性行业年鉴，主要面向全国水电行业从事规划、勘测、设计、施工、科研、咨询、建设管理、设备制造、生产运行、院校教育的工程技术人员、师生和各级有关领导与专家。

（二）本卷年鉴的资料时段为2010年，按序排列为第十五卷。框架结构由篇目、栏目、条目三个层次组成，共编列18个篇目、49个栏目、483个条目。每个篇目均以隔页列出，栏目、条目名称分别用通栏、双栏并铺以不同的网底印出，以示醒目。

（三）本卷年鉴的编辑工作，以邓小平理论和“三个代表”重要思想为指导，贯彻落实科学发展观，按照国家“在保护环境和做好移民工作的前提下积极开发水电”的方针，力求全面、真实地反映2010年度我国水电行业各方面所取得的成就和技术进步，做到“大事不漏、小事不上”，更好地服务于水电行业。

（四）本卷年鉴的框架结构保持相对稳定，编列的篇目为水电专业最基本的专题内容。2010年，是我国“十一五”规划完成之年，本卷年鉴在特载篇目中专门编辑了“回顾与展望”栏目，收录了反映我国“十一五”辉煌成就和“十二五”规划工作方面的条目。

（五）本年鉴实行文责自负，各条目的内容、数据、插图等均由撰稿人核对无误并由单位有关部门审定、核实。

（六）本卷年鉴编辑实行主编负责制。主编负责总体框架结构设计、征询意见、组稿与初审等工作；各篇目的编辑负责稿件的征集、修改、编排、整理。

“特载”篇目由邴凤山、蔡明昌编辑；“大中型水电工程”、“水工设计”、“机构与学术团体”、“统计资料”、“大事记”篇目由黄景湖编辑；“工程勘测”、“土建施工”、“水电建设管理”、“环境保护与水库移民”、“水电工程综合效益”篇目由王东棣编辑；“机电及金属结构”、“国际合作与技术交流”、“技术标准”、“水电站生产运行”篇目由常兆堂编辑；“水能及风能开发”、“科学研究与技术创新”、“农村水电及电气化”篇目由蔡明昌编辑。

（七）《中国水力发电年鉴》始终坚持政治的严肃性，资料的准确性，内容的全面性、科学性、实用性和连续性，对历史负责，对后人负责。编辑过程中力求资料翔实、语言规范、文字精练。但由于水平所限，不妥、疏漏甚至错误之处在所难免，敬请广大读者批评指正。

联系地址：北京市西城区白广路二条1号中国水力发电工程学会《中国水力发电年鉴》编辑部，邮编：100761。

《中国水力发电年鉴》主编

郦凤山

2011.11.11

篇　　目

目　　录

2 水能及风能开发

3 大中型水电工程

4 工程勘测

5 水工设计

6 土建施工

7 机电及金属结构

8 科学研究与技术创新

9 国际合作与技术交流

10 技术标准

11 水电建设管理

12 水电站生产运行

13 环境保护与水库移民

14 水电工程综合效益

15 农村水电及电气化

16 机构与学术团体

17 统计资料

18 大事记

CONTENTS

Chapter 1 Specials

Chapter 2 Development of Hydropower and Wind Power

Chapter 3 Large and Medium-sized Hydropower Project

Chapter 4 Project Investigation

Chapter 5 Hydraulic Structure Design

Chapter 6 Civil Engineering Construction

Chapter 7 Electrical—Mechanical and Metal Structure

1) Hydropower Units and Auxiliary Equipment

Chapter 8 Scientific Research and Technological Innovation

Chapter 9 International Cooperation and Technology Exchange

Chapter 10 Technical Norms

Chapter 11 Management of Hydropower Construction

Chapter 12 Production and Operation of Hydropower Stations

Chapter 13 Environment Protection and Resettlement of Reservoir Area Residents

Chapter 14 Comprehensive Benefits of Hydropower Projects

Chapter 15 Rural Hydropower and Rural Electrification

Chapter 16 Agencies and academic groups

Chapter 17 Statistical Data

Chapter 18 Chronicle

彩色插页目录

中国水力发电年鉴

1

特　　载

重　要　文　件

国务院办公厅关于成立国家能源委员会的通知

2010年1月22日，国务院办公厅以国办发〔2010〕12号文，发出成立国家能源委员会的通知。全文如下。

根据第十一届全国人民代表大会第一次会议审议批准的国务院机构改革方案和《国务院关于议事协调机构设置的通知》(国发〔2008〕13号）精神，为加强能源战略决策和统筹协调，国务院决定成立国家能源委员会，现将有关事项通知如下。

一、主要职责

负责研究拟订国家能源发展战略，审议能源安全和能源发展中的重大问题，统筹协调国内能源开发和能源国际合作的重大事项。

二、组成人员

主　任：温家宝　国务院总理
副主任：李克强　国务院副总理
委　员：尤　权　国务院副秘书长
朱之鑫　中央财办主任
杨洁篪　外交部部长
张　平　国家发展改革委主任
万　钢　科技部部长
李毅中　工业和信息化部部长
耿惠昌　安全部部长
谢旭人　财政部部长
徐绍史　国土资源部部长
周生贤　环境保护部部长
李盛霖　交通运输部部长
陈　雷　水利部部长
陈德铭　商务部部长
周小川　人民银行行长
李荣融　国资委主任
肖　捷　税务总局局长
骆　琳　安全监管总局局长
刘明康　银监会主席
王旭东　电监会主席
章沁生　总参谋部副总参谋长
张国宝　国家发展改革委副主任兼国家能源局局长

国家能源委员会办公室主任由国家发展改革委主任兼任，副主任由国家能源局局长兼任，办公室具体工作由国家能源局承担。

国务院批转国家发展改革委《关于2010年深化经济体制改革重点工作的意见》的通知

国发〔2010〕15号

各省、自治区、直辖市人民政府，国务院各部委、各直属机构：

国务院同意国家发展改革委《关于2010年深化经济体制改革重点工作的意见》，现转发给你们，请认真贯彻执行。

国务院

二〇一〇年五月二十七日

关于2010年深化经济体制改革重点工作的意见

国家发展改革委

2010年是继续应对国际金融危机、保持经济平稳较快发展的关键一年。国际国内经济深度调整和深刻变化，迫切要求加大改革力度，进一步破除制约经济结构调整和经济发展方式转变的体制机制障碍，切实推动科学发展。结合当前改革发展形势，现就2010年深化经济体制改革重点工作提出以下意见。

一、指导思想和总体要求

(一）指导思想。高举中国特色社会主义伟大旗帜，全面贯彻党的十七大、十七届三中、四中全会和中央经济工作会议精神，深入贯彻落实科学发展观，围绕转变经济发展方式、保障和改善民生深化改革，着力增强发展的内在动力和可持续发展能力，为夺取应对国际金融危机冲击全面胜利和“十二五”规划顺利实施奠定坚实的体制基础。

（二）总体要求。把保持经济增长与调整经济结构结合起来，着力完善促进经济发展方式转变的体制机制；把完善政府调控与充分发挥市场作用结合起来，着力激发经济发展内在动力与活力；把推进社会建设与创新公共服务体制结合起来，着力健全改善民生的保障机制；把提高经济效益与促进社会公平结合起来，着力形成促进社会和谐稳定的体制机制；把加快国内发展与提升开放水平结合起来，着力形成国际合作与竞争新优势。

二、鼓励支持和引导非公有制经济发展

（一）落实鼓励和引导民间投资健康发展的政策措施，进一步消除制约民间投资的制度性障碍，支持民间资本投向基础产业和基础设施、公用事业、社会事业、金融服务等领域，有效激发市场投资活力。（国家发展改革委牵头，各有关部门负责）

（二）推动国有资本从一般竞争性领域适当退出，切实把国有资本投资重点放在关系国家安全和国民经济命脉的重要行业和关键领域，拓宽非公有制经济发展的市场空间。（国资委、国家发展改革委、工业和信息化部负责）

（三）继续完善对小企业的支持政策，健全小企业信用担保体系，开展支持小企业融资的金融产品创新试点，研究制订促进小企业发展的政府采购政策。（工业和信息化部、人民银行、国家发展改革委、银监会、财政部负责）

三、深化国有企业和垄断性行业改革

（一）以推进广电和电信业务双向进入为重点，制订三网融合试点方案并开展试点，探索建立保障三网融合规范有序开展的政策体系和体制机制。（工业和信息化部、广电总局等负责）

（二）推进电力体制改革，完成电网企业主辅分离改革，出台输配电体制改革试点工作意见，研究制订农电体制改革方案并开展试点。（国家发展改革委、国资委、国家电监会、水利部、财政部、国家能源局负责）

（三）推进盐业管理体制改革，出台盐业管理体制改革意见及相关配套措施，推动形成新型食盐供给体制和盐业管理体制。（国家发展改革委、工业和信息化部等负责）

（四）加快推进大型国有企业特别是中央企业母公司层面的公司制股份制改革。加强国有资产监督管理，强化境外国有资产监管等基础性制度建设。（国资委牵头）

四、深化资源性产品价格和环保收费改革

（一）出台关于调整销售电价分类结构的实施办法，简化电价分类结构，推行居民用电阶梯价格制度，健全可再生能源发电定价和费用分摊机制。逐步理顺天然气与可替代能源的比价关系。继续完善成品油价格形成机制。（国家发展改革委、国家电监会、国家能源局负责）

（二）稳步推进水价改革，在有条件的地方实行居民用水阶梯价格制度，推进农业节水与农业水价综合改革。（国家发展改革委、住房城乡建设部、水利部、财政部负责）

（三）全面推行城市污水、垃圾及医疗废物等处理收费制度，研究建立危险废物处理保证金制度，制订出台推进排污权交易试点的指导意见并扩大试点范围，完善排污费征收使用管理制度。（国家发展改革委、住房城乡建设部、财政部、环境保护部、工业和信息化部负责）

五、深化财税体制改革

（一）出台资源税改革方案，统一内外资企业和个人城建税、教育费附加制度，逐步推进房产税改革，研究实施个人所得税制度改革，完善消费税制度，研究开征环境税的方案。（财政部、税务总局、国家发展改革委、国土资源部、住房城乡建设部、环境保护部负责）

（二）全面编制中央和地方政府性基金预算，试编社会保险基金预算，完善国有资本经营预算，加快形成覆盖政府所有收支、完整统一、有机衔接的公共预算体系。推进预算公开透明，健全监督机制。研究建立地方政府财政风险防控机制。（财政部、人力资源社会保障部、国资委、国家发展改革委负责）

（三）建立行政事业单位国有资产统计报告和收入管理制度。完善中央企业国有资本经营收益上缴和使用管理制度。（财政部、国家发展改革委、国资委负责）

六、深化金融体制改革

（一）借鉴国际监管标准的改革，完善金融监管体制。建立宏观审慎管理框架，强化资本和流动性要求，确立系统性金融风险防范制度。建立健全部门间协调配合、信息共享机制和国际合作机制。完善跨境资本流动监管机制。探索规范地方金融管理体制。（人民银行、银监会、证监会、保监会、财政部、国家发展改革委、外汇局负责）

（二）修订出台《贷款通则》，积极引导民间融资健康发展，加快发展多层次信贷市场。尽快出台存款

保险制度实施方案，制订出台存款保险条例。（人民银行、银监会负责）

（三）加快股权投资基金制度建设，出台股权投资基金管理办法，完善新兴产业创业投资管理机制。健全创业板市场相关制度，推进场外交易市场建设，推动形成相互补充、相互促进、协调发展的多层次资本市场体系。（国家发展改革委、证监会、财政部负责）

（四）深化金融机构改革，加快推进政策性金融机构改革，开展资产管理公司商业化转型试点，深化国有控股商业银行改革。（人民银行、银监会、财政部负责）

（五）完善农村金融体系，全面深化农村信用社改革，引导社会资金投资设立适应“三农”需要的新型农村金融组织，研究制订偏远山区新设农村金融机构费用补贴等办法，研究制订农村抵押担保条例，充分发挥商业性金融、政策性金融和合作金融在支持“三农”中的作用。（银监会、人民银行、财政部负责）

七、协调推进城乡改革

（一）深化土地管理制度改革，研究制订农村集体建设用地管理条例，逐步建立城乡统一的建设用地市场。提出规范农村土地整治的指导意见。修订国有建设用地划拨目录，深化国有建设用地有偿使用制度改革。（国土资源部牵头）

（二）深化户籍制度改革，加快落实放宽中小城市、小城镇特别是县城和中心镇落户条件的政策。进一步完善暂住人口登记制度，逐步在全国范围内实行居住证制度。（公安部、财政部、国土资源部、农业部、人力资源社会保障部负责）

（三）做好新形势下农村改革试验工作。制订出台进一步加快农垦改革发展的意见，推进国有农场与当地经济社会发展融合。制订出台重点国有林区森林资源管理体制改革总体思路，进一步推进国有林场改革试点。推进农村水利建设管理体制改革和农村小型水利设施产权制度改革。深化农村公路管理养护体制改革。（农业部、林业局、水利部、交通运输部等负责）

八、深化民生保障体制改革

（一）研究调整和优化国民收入分配格局、提高居民收入比重的思路，提出改革的目标、重点和措施。积极稳妥实施事业单位绩效工资制度，推进企业职工工资集体协商和支付保障制度建设，改革国有企业特别是垄断行业工资总额管理制度，完善国有企业、金融机构高管人员薪酬分配和监管制度。（国家发展改革委、人力资源社会保障部、财政部、国资委等负责）

（二）完善城乡养老保险制度，全面实施城镇企业职工基本养老保险关系转移接续制度，研究解决城镇集体企业职工、退休人员及城市无收入老年居民养老保险问题，继续推进事业单位养老保险制度改革试点，完善新型农村社会养老保险相关配套政策并扩大试点范围。（人力资源社会保障部牵头）

（三）建立健全保障性住房规划建设管理体制，加快廉租住房、公共租赁住房和经济适用住房建设，推进城市和工矿区、棚户区改造，出台关于促进房地产市场长远健康发展的综合性政策。（住房城乡建设部、国家发展改革委负责）

九、深化社会领域改革

（一）出台并实施国家中长期教育改革和发展规划纲要，以促进公平和提高质量为重点，推进人才培养体制、考试招生制度、现代学校制度和办学体制等改革，并启动相关试点工作。（教育部牵头）

（二）围绕“保基本、强基层、建机制”，全面推进医药卫生体制改革，扎实做好推进基本医疗保障制度建设、初步建立国家基本药物制度、健全基层医疗卫生服务体系、促进基本公共卫生服务逐步均等化、推进公立医院改革试点等五项重点改革。（国家发展改革委、卫生部、财政部、人力资源社会保障部负责）

（三）加快国有文艺院团体制改革，推进非时政类报刊改革，制订出台公益性新闻出版单位改革意见，基本完成中央各部门各单位经营性出版社转制任务。（文化部、新闻出版总署、人力资源社会保障部负责）

（四）探索完善社会主义市场经济条件下科技创新举国体制，全面推进国家创新体系建设。（科技部牵头）

十、深化涉外经济体制改革

（一）研究制订关于加快转变外贸发展方式的指导意见，促进对外贸易协调可持续发展。（商务部牵头）

（二）研究修订外商投资相关法律法规，进一步简化和规范外资审批程序，建立外资并购安全审查制度。制订出台境外投资条例，加快完善境外投资促进政策和服务体系。（国家发展改革委、商务部、法制办负责）

十一、深化行政管理体制改革

（一）按照政事分开、事企分开和管办分离的原则，制订出台分类推进事业单位改革的总体文件及相关配套文件，逐步扩大改革试点范围，为全面启动改革创造条件、积累经验。（中央编办、财政部、人力资源社会保障部、国家发展改革委负责）

（二）深化投资体制改革，出台政府投资条例，加快制订企业投资项目核准和备案管理条例，制订中央政府投资项目决策责任追究指导意见和代建制管理办法，建立重大项目专家评议制度。（国家发展改革委、法制办负责）

（三）研究推进中央国家机关公务用车制度改革。研究提出深化政府机关后勤服务社会化改革的意见。（国家发展改革委、中央编办、财政部、人力资源社会保障部、国管局负责）

十二、积极推进综合配套改革试点

上海浦东新区、天津滨海新区等国家综合配套改革试验区，要围绕转变经济发展方式、提升开放水平、统筹城乡发展、建设资源节约型和环境友好型社会等战略任务深化改革，率先突破，形成有推广价值的改革经验。各部门要积极支持改革试点工作，将专项改革试点放到试验区先行先试。支持和指导各地区各部门开展多种形式的改革试点。（国家发展改革委牵头）

各地区、各部门要把改革放在更加突出的位置，加强组织领导，狠抓贯彻落实，确保2010年经济体制改革各项重点工作取得实质性突破，国务院已经确定的其他改革任务也要稳步推进。牵头负责部门要积极推动并会同相关部门科学制订改革方案，明确实施步骤和时限要求，落实工作责任；相关部门要结合自身职能，积极配合做好有关工作。国家发展改革委要加强对年度改革任务的指导推进和综合协调，建立健全部门间统筹协调推进改革的工作机制，督促检查各项改革进展和落实情况，及时向国务院报告；在做好年度改革工作的同时，要认真分析国内外发展的新情况、新变化，从解决制约科学发展的重大体制性问题入手，研究提出中长期改革总体思路，科学编制“十二五”时期重点领域改革规划，进一步提高统筹推进改革的能力和水平。

国务院关于开展第一次全国水利普查的通知

国务院于2010年1月11日以国发〔2010〕4号文，发出开展第一次全国水利普查的通知。全文如下。

为贯彻落实科学发展观，全面了解水利发展状况，提高水利服务经济社会发展能力，实现水资源可持续开发、利用和保护，国务院决定于2010～2012年开展第一次全国水利普查。现就有关事项通知如下。

一、普查的目的和意义

水利普查是一项重大的国情国力调查，是国家资源环境调查的重要组成部分。开展全国水利普查是为了查清我国江河湖泊基本情况，掌握水资源开发、利用和保护现状，摸清经济社会发展对水资源的需求，了解水利行业能力建设状况，建立国家基础水信息平台，为国家经济社会发展提供可靠的基础水信息支撑和保障。搞好全国水利普查，有利于谋划水利长远发展思路，科学制订国家经济社会可持续发展战略；有利于实行最严格的水资源管理制度，推进水资源合理配置和高效利用；有利于深化水利管理体制改革，增强水利公共服务能力；有利于提高全社会水患意识和水资源节约保护意识，推进资源节约型、环境友好型社会建设。

二、普查的对象和内容

普查对象：我国境内的所有江河湖泊、水利工程、水利机构以及重点社会经济取用水户。

普查内容：一是河流湖泊基本情况，包括数量、分布、自然和水文特征等；二是水利工程基本情况，包括数量、分布、工程特性和效益等；三是经济社会用水情况，包括分流域人口、耕地、灌溉面积以及城乡居民生活和各行业用水量、水费等；四是河流湖泊治理和保护情况，包括治理达标状况、水源地和取水口监管、入河湖排污口及废污水排放量等；五是水土保持情况，包括水土流失、治理情况及其动态变化等；六是水利行业能力建设情况，包括各类水利机构的性质、从业人员、资产、财务和信息化状况等。

三、普查的时间和安排

普查的标准时点为2011年12月31日，时期资料为2011年度。2010年，开展普查方案设计、试点、培训和宣传动员等工作。2011年，开展清查登记、台账建设和现场调查等工作。2012年1～6月，填表上报、数据处理和审核验收。2012年7～12月，普查成果验收、汇总发布和资料开发。

四、普查的组织和实施

全国水利普查涉及范围广、参与部门多、调查任务重、技术要求高、工作难度大。各地区、各部门要按照“全国统一领导、部门分工协作、地方分级负责、各方共同参与”的原则，认真做好普查的宣传动员和组织实施工作。对普查工作中遇到的各种困难和问题，要及时采取措施，切实予以解决。

为加强对此项工作的领导，国务院决定成立第一次全国水利普查领导小组，负责普查的组织和实施工作。普查领导小组办公室设在水利部，承担领导小组日常工作，具体负责普查工作的业务指导和督促检查。领导小组各成员单位要各司其职、各负其责、通力协作、密切配合，共同做好普查工作。

县级以上地方各级人民政府要设立相应的普查领导小组及其办公室，结合当地实际，制订具体实施方案，认真做好本地区普查工作。要充分利用报刊、广播、电视和互联网等媒体，广泛深入宣传水利普查的重要意义和要求，为普查工作顺利实施创造良好舆论环境。

五、普查的经费

全国水利普查所需经费由中央和地方各级人民政府共同负担，分别列入相应年度的财政预算，按时拨付，确保到位。中央财政对中西部地区特别是贫困地区给予适当补助。

六、工作要求

凡在我国境内水利普查范围内的单位，都必须严格按照《中华人民共和国统计法》的有关规定和此次普查的具体要求，如实填写、按时报送普查数据，确保基础数据真实可靠。任何地方、部门、单位和个人都不得虚报、瞒报、拒报、迟报，不得伪造、篡改普查资料。

各级普查机构及其工作人员，对在普查中所获得的涉密资料和数据，必须严格履行保密义务。

附件：国务院第一次全国水利普查领导小组人员名单

附件：

国务院第一次全国水利普查领导小组人员名单

组　长：回良玉　国务院副总理
副组长：陈　雷　水利部部长
　　　　张　勇　国务院副秘书长
　　　　马建堂　统计局局长
成　员：蔡名照　中央宣传部副部长
　　　　杜　鹰　国家发展改革委副主任
　　　　丁学东　财政部副部长
　　　　汪　民　国土资源部副部长
　　　　张力军　环境保护部副部长
　　　　仇保兴　住房城乡建设部副部长
　　　　矫　勇　水利部副部长
　　　　危朝安　农业部副部长
　　　　李　强　统计局副局长
　　　　刘　琦　国家能源局副局长
　　　　李维森　测绘局副局长
　　　　王义华　总后勤部司令部副参谋长
　　　　傅　凌　武警部队后勤部副部长

领导小组办公室主任由水利部副部长矫勇兼任。

国务院关于进一步加强企业安全生产工作的通知

国务院于2010年7月19日以国发〔2010〕23号文，要求进一步加强企业安全生产工作。全文如下。

近年来，全国生产安全事故逐年下降，安全生产状况总体稳定、趋于好转，但形势依然十分严峻，事故总量仍然很大，非法违法生产现象严重，重特大事故多发频发，给人民群众生命财产安全造成重大损失，暴露出一些企业重生产轻安全、安全管理薄弱、主体责任不落实，一些地方和部门安全监管不到位等突出问题。为进一步加强安全生产工作，全面提高企业安全生产水平，现就有关事项通知如下。

一、总体要求

1. 工作要求　深入贯彻落实科学发展观，坚持以人为本，牢固树立安全发展的理念，切实转变经济发展方式，调整产业结构，提高经济发展的质量和效益，把经济发展建立在安全生产有可靠保障的基础上；坚持“安全第一、预防为主、综合治理”的方针，全面加强企业安全管理，健全规章制度，完善安全标准，提高企业技术水平，夯实安全生产基础；坚持依法依规生产经营，切实加强安全监管，强化企业安全生产主体责任落实和责任追究，促进我国安全生产形势实现根本好转。

2. 主要任务　以煤矿、非煤矿矿山、交通运输、建筑施工、危险化学品、烟花爆竹、民用爆炸物品、冶金等行业（领域）为重点，全面加强企业安全生产工作。要通过更加严格的目标考核和责任追究，采取更加有效的管理手段和政策措施，集中整治非法违法生产行为，坚决遏制重特大事故发生；要尽快建成完善的国家安全生产应急救援体系，在高危行业强制推行一批安全适用的技术装备和防护设施，最大限度地减少事故造成的损失；要建立更加完善的技术标准体系，促进企业安全生产技术装备全面达到国家和行业标准，实现我国安全生产技术水平的提高；要进一步调整产业结构，积极推进重点行业的企业重组和矿产资源开发整合，彻底淘汰安全性能低下、危及安全生产的落后产能；以更加有力的政策引导，形成安全生产长效机制。

二、严格企业安全管理

3. 进一步规范企业生产经营行为　企业要健全完善严格的安全生产规章制度，坚持不安全不生产。加强对生产现场监督检查，严格查处违章指挥、违规作业、违反劳动纪律的“三违”行为。凡超能力、超强度、超定员组织生产的，要责令停产停工整顿，并对企业和企业主要负责人依法给予规定上限的经济处罚。对以整合、技改名义违规组织生产，以及规定期限内未实施改造或故意拖延工期的矿井，由地方政府依法予以关闭。要加强对境外中资企业安全生产工作的指导和管理，严格落实境内投资主体和派出企业的安全生产监督责任。

4. 及时排查治理安全隐患　企业要经常性开展安全隐患排查，并切实做到整改措施、责任、资金、时限和预案“五到位”。建立以安全生产专业人员为主导的隐患整改效果评价制度，确保整改到位。对隐患整改不力造成事故的，要依法追究企业和企业相关负责人的责任。对停产整改逾期未完成的不得复产。

5. 强化生产过程管理的领导责任　企业主要负责人和领导班子成员要轮流现场带班。煤矿、非煤矿山要有矿领导带班并与工人同时下井、同时升井，对无企业负责人带班下井或该带班而未带班的，对有关责任人按擅离职守处理，同时给予规定上限的经济处罚。发生事故而没有领导现场带班的，对企业给予规定上限的经济处罚，并依法从重追究企业主要负责人的责任。

6. 强化职工安全培训　企业主要负责人和安全生产管理人员、特殊工种人员一律严格考核，按国家有关规定持职业资格证书上岗；职工必须全部经过培训合格后上岗。企业用工要严格依照劳动合同法与职工签订劳动合同。凡存在不经培训上岗、无证上岗的企业，依法停产整顿。没有对井下作业人员进行安全培训教育，或存在特种作业人员无证上岗的企业，情节严重的要依法予以关闭。

7. 全面开展安全达标　深入开展以岗位达标、专业达标和企业达标为内容的安全生产标准化建设，凡在规定时间内未实现达标的企业要依法暂扣其生产许可证、安全生产许可证，责令停产整顿；对整改逾期未达标的，地方政府要依法予以关闭。

三、建设坚实的技术保障体系

8. 加强企业生产技术管理　强化企业技术管理机构的安全职能，按规定配备安全技术人员，切实落实企业负责人安全生产技术管理负责制，强化企业主要技术负责人技术决策和指挥权。因安全生产技术问题不解决产生重大隐患的，要对企业主要负责人、主要技术负责人和有关人员给予处罚；发生事故的，依法追究责任。

9. 强制推行先进适用的技术装备　煤矿、非煤矿山要制定和实施生产技术装备标准，安装监测监控系统、井下人员定位系统、紧急避险系统、压风自救系统、供水施救系统和通信联络系统等技术装备，并于3年之内完成。逾期未安装的，依法暂扣安全生产许可证、生产许可证。运输危险化学品、烟花爆竹、民用爆炸物品的道路专用车辆，旅游包车和三类以上的班线客车要安装使用具有行驶记录功能的卫星定位装置，于2年之内全部完成；鼓励有条件的渔船安装防撞自动识别系统，在大型尾矿库安装全过程在线监控系统，大型起重机械要安装安全监控管理系统；积极推进信息化建设，努力提高企业安全防护水平。

10. 加快安全生产技术研发　企业在年度财务预算中必须确定必要的安全投入。国家鼓励企业开展安全科技研发，加快安全生产关键技术装备的换代升级。进一步落实《国家中长期科学和技术发展规划纲要（2006～2020年）》等，加大对高危行业安全技术、装备、工艺和产品研发的支持力度，引导高危行业提高机械化、自动化生产水平，合理确定生产一线用工。“十二五”期间要继续组织研发一批提升我国重点行业领域安全生产保障能力的关键技术和装备项目。

四、实施更加有力的监督管理

11. 进一步加大安全监管力度　强化安全生产监管部门对安全生产的综合监管，全面落实公安、交通、国土资源、建设、工商、质检等部门的安全生产监督管理及工业主管部门的安全生产指导职责，形成安全生产综合监管与行业监管指导相结合的工作机制，加强协作，形成合力。在各级政府统一领导下，严厉打击非法违法生产、经营、建设等影响安全生产的行为，安全生产综合监管和行业管理部门要会同司法机关联合执法，以强有力措施查处、取缔非法企业。对重大安全隐患治理实行逐级挂牌督办、公告制度，重大隐患治理由省级安全生产监管部门或行业主管部门挂牌督办，国家相关部门加强督促检查。对拒不执行监管监察指令的企业，要依法依规从重处罚。进一步加强监管力量建设，提高监管人员专业素质和技术装备水平，强化基层站点监管能力，加强对企业安全生产的现场监管和技术指导。

12. 强化企业安全生产属地管理　安全生产监管监察部门、负有安全生产监管职责的有关部门和行业管理部门要按职责分工，对当地企业包括中央、省属企业实行严格的安全生产监督检查和管理，组织对企业安全生产状况进行安全标准化分级考核评价，评价结果向社会公开，并向银行业、证券业、保险业、担保业等主管部门通报，作为企业信用评级的重要参考依据。

13. 加强建设项目安全管理　强化项目安全设施核准审批，加强建设项目的日常安全监管，严格落实审批、监管的责任。企业新建、改建、扩建工程项目的安全设施，要包括安全监控设施和防瓦斯等有害气体、防尘、排水、防火、防爆等设施，并与主体工程同时设计、同时施工、同时投入生产和使用。安全设施与建设项目主体工程未做到同时设计的一律不予审批，未做到同时施工的责令立即停止施工，未同时投入使用的不得颁发安全生产许可证，并视情节追究有关单位负责人的责任。严格落实建设、设计、施工、监理、监管等各方安全责任。对项目建设生产经营单位存在违法分包、转包等行为的，立即依法停工停产整顿，并追究项目业主、承包方等各方责任。

14. 加强社会监督和舆论监督　要充分发挥工会、共青团、妇联组织的作用，依法维护和落实企业职工对安全生产的参与权与监督权，鼓励职工监督举报各类安全隐患，对举报者予以奖励。有关部门和地方要进一步畅通安全生产的社会监督渠道，设立举报箱，公布举报电话，接受人民群众的公开监督。要发挥新闻媒体的舆论监督，对舆论反映的客观问题要深查原因，切实整改。

五、建设更加高效的应急救援体系

15. 加快国家安全生产应急救援基地建设　按行业类型和区域分布，依托大型企业，在中央预算内基建投资支持下，先期抓紧建设 7 个国家矿山应急救援队，配备性能可靠、机动性强的装备和设备，保障必要的运行维护费用。推进公路交通、铁路运输、水上搜救、船舶溢油、油气田、危险化学品等行业（领域）国家救援基地和队伍建设。鼓励和支持各地区、各部门、各行业依托大型企业和专业救援力量，加强服务周边的区域性应急救援能力建设。

16. 建立完善企业安全生产预警机制　企业要建立完善安全生产动态监控及预警预报体系，每月进行一次安全生产风险分析。发现事故征兆要立即发布预警信息，落实防范和应急处置措施。对重大危险源和重大隐患要报当地安全生产监管监察部门、负有安全生产监管职责的有关部门和行业管理部门备案。涉及国家秘密的，按有关规定执行。

17. 完善企业应急预案　企业应急预案要与当地政府应急预案保持衔接，并定期进行演练。赋予企业生产现场带班人员、班组长和调度人员在遇到险情时第一时间下达停产撤人命令的直接决策权和指挥权。因撤离不及时导致人身伤亡事故的，要从重追究相关人员的法律责任。

六、严格行业安全准入

18. 加快完善安全生产技术标准　各行业管理部门和负有安全生产监管职责的有关部门要根据行业技术进步和产业升级的要求，加快制定修订生产、安全技术标准，制定和实施高危行业从业人员资格标准。对实施许可证管理制度的危险性作业要制定落实专项安全技术作业规程和岗位安全操作规程。

19. 严格安全生产准入前置条件　把符合安全生产标准作为高危行业企业准入的前置条件，实行严格的安全标准核准制度。矿山建设项目和用于生产、储存危险物品的建设项目，应当分别按照国家有关规定进行安全条件论证和安全评价，严把安全生产准入关。凡不符合安全生产条件违规建设的，要立即停止建设，情节严重的由本级人民政府或主管部门实施关闭取缔。降低标准造成隐患的，要追究相关人员和负责人的责任。

20. 发挥安全生产专业服务机构的作用　依托科研院所，结合事业单位改制，推动安全生产评价、技术支持、安全培训、技术改造等服务性机构的规范发展。制定完善安全生产专业服务机构管理办法，保证专业服务机构从业行为的专业性、独立性和客观性。专业服务机构对相关评价、鉴定结论承担法律责任，对违法违规、弄虚作假的，要依法依规从严追究相关人员和机构的法律责任，并降低或取消相关资质。

七、加强政策引导

21. 制定促进安全技术装备发展的产业政策　要鼓励和引导企业研发、采用先进适用的安全技术和产品，鼓励安全生产适用技术和新装备、新工艺、新标准的推广应用。把安全检测监控、安全避险、安全保护、个人防护、灾害监控、特种安全设施及应急救援等安全生产专用设备的研发制造，作为安全产业加以培育，纳入国家振兴装备制造业的政策支持范畴。大力发展安全装备融资租赁业务，促进高危行业企业加快提升安全装备水平。

22. 加大安全专项投入　切实做好尾矿库治理、扶持煤矿安全技改建设、瓦斯防治和小煤矿整顿关闭等各类中央资金的安排使用，落实地方和企业配套资金。加强对高危行业企业安全生产费用提取和使用管理的监督检查，进一步完善高危行业企业安全生产费用财务管理制度，研究提高安全生产费用提取下限标准，适当扩大适用范围。依法加强道路交通事故社会救助基金制度建设，加快建立完善水上搜救奖励与补偿机制。高危行业企业探索实行全员安全风险抵押金制度。完善落实工伤保险制度，积极稳妥推行安全生产责任保险制度。

23. 提高工伤事故死亡职工一次性赔偿标准　从2011年1月1日起，依照《工伤保险条例》的规定，对因生产安全事故造成的职工死亡，其一次性工亡补助金标准调整为按全国上一年度城镇居民人均可支配收入的20倍计算，发放给工亡职工近亲属。同时，依法确保工亡职工一次性丧葬补助金、供养亲属抚恤金的发放。

24. 鼓励扩大专业技术和技能人才培养　进一步落实完善校企合作办学、对口单招、订单式培养等政策，鼓励高等院校、职业学校逐年扩大采矿、机电、地质、通风、安全等相关专业人才的招生培养规模，加快培养高危行业专业人才和生产一线急需技能型人才。

八、更加注重经济发展方式转变

25. 制定落实安全生产规划　各地区、各有关部门要把安全生产纳入经济社会发展的总体布局，在制定国家、地区发展规划时，要同步明确安全生产目标和专项规划。企业要把安全生产工作的各项要求落实在企业发展和日常工作之中，在制订企业发展规划和年度生产经营计划中要突出安全生产，确保安全投入和各项安全措施到位。

26. 强制淘汰落后技术产品　不符合有关安全标准、安全性能低下、职业危害严重、危及安全生产的落后技术、工艺和装备要列入国家产业结构调整指导目录，予以强制性淘汰。各省级人民政府也要制订本地区相应的目录和措施，支持有效消除重大安全隐患的技术改造和搬迁项目，遏制安全水平低、保障能力差的项目建设和延续。对存在落后技术装备、构成重大安全隐患的企业，要予以公布，责令限期整改，逾期未整改的依法予以关闭。

27. 加快产业重组步伐　要充分发挥产业政策导向和市场机制的作用，加大对相关高危行业企业重组力度，进一步整合或淘汰浪费资源、安全保障低的落后产能，提高安全基础保障能力。

九、实行更加严格的考核和责任追究

28. 严格落实安全目标考核　对各地区、各有关部门和企业完成年度生产安全事故控制指标情况进行严格考核，并建立激励约束机制。加大重特大事故的考核权重，发生特别重大生产安全事故的，要根据情节轻重，追究地市级分管领导或主要领导的责任；后果特别严重、影响特别恶劣的，要按规定追究省部级相关领导的责任。加强安全生产基础工作考核，加快推进安全生产长效机制建设，坚决遏制重特大事故的发生。

29. 加大对事故企业负责人的责任追究力度　企业发生重大生产安全责任事故，追究事故企业主要负责人责任；触犯法律的，依法追究事故企业主要负责人或企业实际控制人的法律责任。发生特别重大事故，除追究企业主要负责人和实际控制人责任外，还要追究上级企业主要负责人的责任；触犯法律的，依法追究企业主要负责人、企业实际控制人和上级企业负责人的法律责任。对重大、特别重大生产安全责任事故负有主要责任的企业，其主要负责人终身不得担任本行业企业的矿长（厂长、经理）。对非法违法生产造成人员伤亡的，以及瞒报事故、事故后逃逸等情节特别恶劣的，要依法从重处罚。

30. 加大对事故企业的处罚力度　对于发生重大、特别重大生产安全责任事故或1年内发生2次以上较大生产安全责任事故并负主要责任的企业，以及存在重大隐患整改不力的企业，由省级及以上安全监管监察部门会同有关行业主管部门向社会公告，并向投资、国土资源、建设、银行、证券等主管部门通报，1年内严格限制新增的项目核准、用地审批、证券融资等，并作为银行贷款等的重要参考依据。

31. 对打击非法生产不力的地方实行严格的责任追究　在所辖区域对群众举报、上级督办、日常检查发现的非法生产企业（单位）没有采取有效措施予以查处，致使非法生产企业（单位）存在的，对县（市、区）、乡（镇）人民政府主要领导以及相关责任人，根据情节轻重，给予降级、撤职或者开除的行政处分，涉嫌犯罪的，依法追究刑事责任。国家另有规定的，从其规定。

32. 建立事故查处督办制度　依法严格事故查处，对事故查处实行地方各级安全生产委员会层层挂牌督办，重大事故查处实行国务院安全生产委员会挂牌督办。事故查处结案后，要及时予以公告，接受社会监督。

各地区、各部门和各有关单位要做好对加强企业安全生产工作的组织实施，制订部署本地区本行业贯彻落实本通知要求的具体措施，加强监督检查和指导，及时研究、协调解决贯彻实施中出现的突出问题。国务院安全生产委员会办公室和国务院有关部门要加强工作督查，及时掌握各地区、各部门和本行业（领域）工作进展情况，确保各项规定、措施执行落实到位。省级人民政府和国务院有关部门要将加强企业安全生产工作情况及时报送国务院安全生产委员会办公室。

国家发展改革委关于做好2010年电力运行工作的通知

国家发展改革委2010年3月19日在发改运行〔2010〕534号文件中，要求做好2010年电力运行工作，通知如下。

2009年，各地经济运行部门和电力企业统筹安排，强化调节，实现了电力平稳运行，为保增长、调结构、促改革、惠民生作出了积极贡献。2010年是继续应对国际金融危机、保持经济平稳较快发展、加快转变经济发展方式的关键一年。各地经济运行部门和电力企业要认真贯彻落实中央经济工作会议、全国发展改革会议的部署和要求，进一步加强电力运行调节，充分发挥需求侧管理的作用，为保持经济平稳较快发展，促进转变经济发展方式和结构调整提供可靠的电力保障。现就做好今年电力运行工作有关问题通知如下。

一、加强电力运行监测分析

电力需求变化是研判经济运行走势的重要指标。各地经济运行部门和电力企业要加强电力运行监测分析，为准确研判经济态势、调整和完善相关政策提供决策依据。

（一）各地经济运行部门要会同有关部门和企业，科学把握年度、季度、月度电力供需走势，着重加强重点季节、高峰时段供需形势的预测，对因一次能源供应、气候和自然灾害等因素可能导致的供需形势变化要提前预判。加强对本地区电力运行特别是电力需求变化的跟踪监测，着重掌握重点用电行业需求变化，及时分析变化原因。坚持和完善月度分析和报告制度，月度分析预测情况及时报国家发展改革委经济运行调节局。

（二）行业协会、电力企业要配合国家发展改革委和各地经济运行部门做好电力供需形势的预测和分析，及时提供电力运行信息和统计分析报告。国家电网公司和南方电网公司要加强对本供电营业区内电力需求变化的监测，做好供需形势预测，提出供需平衡的建议，并每月向国家发展改革委提供监测分析报告。发电企业也要加强本企业生产运营情况的监测分析。

（三）中央电力企业要继续配合国家发展改革委完善厂网协调例会机制，充分发挥机制在沟通情况、反映问题和研究政策等方面的积极作用。各地经济运行部门应根据工作需要完善本地区厂网协调机制。

二、强化电力生产运行的统筹安排和综合协调

受各种不确定因素影响，2010年部分地区仍将存在电力供应紧张的可能。各地经济运行部门、电力企业应在科学分析判断供需形势的基础上，以确保运行平稳为目标，以有效缓解部分地区部分时段缺电为重点，更加注重发挥市场机制在资源配置中的积极作用，统筹做好年度平衡和综合协调工作。

（一）统筹年度电力电量平衡。在总量调控上，各地经济运行部门要会同有关方面做好本地区电力电量的需求预测，按照保障供需平衡、优化配置电能资源和促进节能减排的原则，积极安排符合国家能源战略和能源流向的区外来电或送电，落实大用户与发电企业直接交易试点电量，统筹制订本地区电力电量供需平衡方案。

在生产组织上，各地经济运行部门要协商确定各类型发电机组的年度生产安排。全额安排可再生能源的上网电量；优先安排大型水电、核电、热电联产、资源综合利用机组发电；全面推行差别电量计划，确保低污染、高效燃煤发电机组的年利用小时数明显高于高污染、低效燃煤发电机组，燃煤发电机组中容量、参数接近的利用小时要基本公平。

在节能减排上，开展节能发电调度试点的地区要继续完善试点方案，结合本地区实际，妥善解决中小机组减发后暴露的矛盾和问题。各地要制定和完善规则，大力推进区内替代发电或发电权交易，有条件的地方可试行跨区域的替代发电或发电权交易。发电负荷率偏低的地区应在保障电网安全前提下，科学调度，公平有序安排机组上网，提高机组负荷率，降低燃煤消耗。外购电力也应根据本地区的情况，适当参与电网调峰。

（二）加强运行调节。各地经济运行部门要加强对年度电力电量平衡和各类型发电机组年度生产安排方案的监督检查，按照电力法律法规的规定及已制定的电力运行调度管理相关办法，强化电力运行考核，及时化解厂网矛盾，促进电力生产平稳运行。各地经济运行、价格主管部门要加强对交易电力、电量、价格的监管，防止市场壁垒，防止不符合国家能源战略和能源流向的电能交易，严禁虚假交易，促进电能交易规范有序进行。要定期召开电能交易信息披露会，通报电力供需形势，公布电力、电量交易情况，疏导相关矛盾。

国家电网公司、南方电网公司要积极配合国家发展改革委及各地经济运行部门做好跨省区电能交易工作，完善跨省区电能交易的机制，优化跨省区送受电方案，特别要进一步增强应急意识，合理安排电网运行方式，增加应急供应能力，提高紧急情况下跨省区相互支援的能力，努力保障应急状态下的电力供需平衡。

（三）强化安全稳定运行。各地经济运行部门要

组织有关方面加强电力设施保护，严厉打击盗窃破坏电力设施等违法行为，尽力消除施工作业及其他可能对输变电设施运行造成破坏的安全隐患，有效提高电网运行可靠性。要及时协调解决运行中出现的苗头性和倾向性问题，对于供需严重失衡以及有可能造成长时间、大范围缺电的情况，要及早采取措施并及时报告。

电力企业要加强安全生产管理，强化厂网协商，充分利用负荷低谷的有利时机妥善安排发输变电设备检修。做好日常运行中设备的维护和保养，加强电力各专业的技术监督管理，及时发现并消除隐患，减少非计划停运次数和时间。电网企业要结合输变电设备和线路检修，统筹安排重点工程需要停电配合的计划，在迎峰度夏（冬）等重点时段要满足全接线、全方式运行的需要。

三、进一步推进电力需求侧管理

从根本上缓解电力供应紧张，需要在坚持增加有效供给的同时，围绕加快转变经济发展方式和经济结构调整，进一步加强需求侧管理，提高电能利用效率，抑制不合理需求。

（一）努力提高电能利用效率。国家发展改革委即将出台《电力需求侧管理办法》，各地要做好贯彻落实工作，制定实施细则，加强能力建设和宣传引导，着重做好建立专项资金，组织实施节电项目工作。江苏、河北、广东、山西等开展电力需求侧管理较早的地区，要及时总结经验，积极探索适应新形势要求的工作机制和项目实施形式，促进电力需求侧管理工作再上新台阶。其他地区要学习和借鉴成功经验，加快建立适合本地区实际情况的工作机制，利用国家有关激励政策，以实施节电项目为手段，积极推动电力需求侧管理工作大力开展。

（二）优化电能资源配置。各地经济运行部门要认真贯彻落实党中央、国务院的部署和要求，围绕加快转变经济发展方式和经济结构调整，优化电能资源配置。无论电力供需是紧张还是宽松的地区，都要落实国家产业政策，将电能资源优先向国家鼓励发展、技术水平较高的产业和企业倾斜，促进节能减排和重点产业调整振兴。要会同有关部门研究制定淘汰落后产能、压缩高能耗、高排放企业和产能过剩企业用电的措施，细化工作方案，切实控制不合理的电力需求。

（三）修订完善有序用电方案。各地经济运行部门要根据今年经济增长预测，会同有关方面研究制订不同需求水平下的有序用电方案，着重保障迎峰度夏（冬）用电高峰季节和“两节”等重要活动时的电力供应，确保重点用电不受影响，特别是要把居民生活用电摆在第一位优先予以保障。

四、提高应急保障能力

（一）各地经济运行部门要按照国家有关规定，组织相关部门、电力企业和用户，完善大面积停电事故应急预案，重点强化应急机制。要加强预案演练，着重提高预案的适用性、及时性和可操作性。督促电网企业增加应急电源，督促重要用户落实自备保安电源，督促学校、商场、宾馆、机场、火车站等人员聚集场所备齐应急照明设施。

（二）电力企业要针对不同时期、不同地域的供需特点，联合开展应对突发事故的演习，增强应急能力。电力企业要配合有关地方政府及早制订上海世博会和广州亚运会期间电力保供方案，完善应急预案和应急物资，保证这两项重大活动供电的安全可靠。电网企业要加强与气象、水利、森林等部门的沟通和会商，加快输变电设施和线路新技术、新装备的研发应用，切实提高预防和应对自然灾害的能力。

五、修订电力法律法规

各地经济运行部门要不断总结依法行政的经验，针对电力运行中出现的新情况，更加注重运用法律手段实施运行调节，不断丰富电力运行方面的法律法规体系，提出立法建议。积极协助国家改革委开展电力法律法规和部门规章的修订，及时反映现行法律法规执行中存在的问题，提出修改和完善的意见和建议。

各地经济运行部门、电力企业要针对今年电力运行的新形势，加强组织领导，创新工作思路，及时发现并解决运行中出现的各种矛盾和问题，为保持经济平稳较快发展，促进经济发展方式转变和经济结构调整提供可靠的电力保障。

关于立即组织开展全国电力价格大检查的通知

国家发展改革委、工业和信息化部、监察部、环境保护部、国家电监会、国家能源局于 2010 年 5 月 19 日以发改价检〔2010〕1023 号文，通知要求立即组织开展全国电力价格大检查。全文如下。

为贯彻国务院《关于进一步加大工作力度确保实现“十一五”节能减排目标的通知》（国发〔2010〕12 号）精神，严格落实对高耗能企业差别电价政策，坚决纠正地方越权实施优惠电价，严肃查处电力企业不执行国家上网电价、脱硫电价政策的行为，有力促进经济结构调整和经济发展方式转变，国家发展改革委、工业和信息化部、监察部、环境保护部、国家电监会、国家能源局决定开展全国电力价格大检查。现将有关事项通知如下。

一、充分认识检查工作的重要性与紧迫性

2009年三季度以来，随着我国经济逐步回升，部分高耗能、高排放行业快速增长，一些已淘汰的落后产能死灰复燃，能耗强度、二氧化硫排放量下降速度放缓甚至由降转升，节能减排形势十分严峻。组织开展全国电力价格大检查，坚决纠正对高耗能企业优惠电价行为，全面落实差别电价和脱硫电价政策，是确保实现“十一五”节能减排目标的重要举措，是贯彻落实科学发展观，促进经济结构调整和经济发展方式转变的具体行动，是当前工作的重中之重。地方各级人民政府、各有关部门必须站在全局和战略的高度，充分认识开展电价检查对确保节能减排目标实现的重要意义，增强紧迫感和责任感，把思想和行动统一到中央决策上来。按照中央要求，下更大的决心，花更大的力气，做更大的努力，确保检查工作有序开展。

二、明确检查工作的内容重点与政策界限

此次全国电力价格大检查，主要检查优惠电价、差别电价、脱硫电价与上网电价。重点是：

（一）地方政府及其有关部门违反国家政策规定，不执行或推迟执行对电解铝、电石、铁合金等高耗能行业差别电价政策的行为。

（二）地方政府及其有关部门超越管理权限，擅自制定并实施对高耗能企业优惠电价的行为。

（三）地方政府及其有关部门未经批准，以电力用户与发电企业直接交易、双边交易等名义变相对高耗能企业或产业园区实行优惠电价的行为。

（四）发电企业脱硫设施未经国家或省级环保部门验收合格和价格主管部门批准，擅自执行脱硫电价政策的行为。

（五）发电企业享受国家脱硫电价政策却不按规定投运脱硫装置套取脱硫加价款的行为。

（六）电网企业不执行或降低标准执行脱硫电价，以及擅自扣减脱硫电价的行为。

（七）电网企业违反国家规定的上网电价政策，压低或变相压低发电企业上网电价的行为。

（八）电网企业违反规定以超发电量，跨省、跨区域电能交易，以及优惠电价为名，强制压低发电企业上网电价的行为。

地方各级人民政府、各有关部门要坚决落实《国务院关于进一步加大工作力度确保实现“十一五”节能减排目标的通知》精神，按照国家发展改革委、国家电监会、国家能源局《关于清理对高耗能企业优惠电价等问题的通知》（发改价格〔2010〕978号）要求，加强清理整顿与自查自纠工作。地方政府及其有关部门必须在6月10日前停止执行对高耗能企业和各种产业园区的越权电价优惠，有关越权文件必须立即废止。各级电网企业必须按照国家规定，从6月1日起对有关高耗能行业执行新的差别电价政策。

三、加强检查工作的组织领导

此次全国电力价格大检查，由国家发展改革委、工业和信息化部、监察部、环境保护部、国家电监会、国家能源局联合部署，各省（自治区、直辖市）价格主管部门、区域环保督查中心和区域、城市电力监管机构负责具体实施。检查工作从2010年6月1日开始。

各地必须立即行动、周密部署，加强组织领导，明确责任分工。各级价格、环保部门和电力监管机构要集中时间、集中力量，对各地越权出台并实施优惠电价的问题，以及所有高耗能企业的电价执行情况进行全面排查，对所有火力发电企业脱硫电价、上网电价执行情况进行拉网式检查，要保证对所有被查单位的全面覆盖。要抓住重要问题，重大案件，查深查透。各级工业和信息化部门要加强对高耗能企业的动态甄别，及时更新执行差别电价企业名单，保证检查工作的针对性。各级能源主管部门要检查电力产业政策落实情况，禁止已关停的小火电和违规建设机组并网发电。环保部门要加强脱硫设施运行核查和烟气在线监测运营管理，及时汇总有关脱硫与排污数据，为检查工作提供技术支撑。监察机关要严格落实问责制，对责任人依纪依法作出处理，保证检查工作顺利进行。

为加大检查力度，推动检查工作有效进行，国家发展改革委、工业和信息化部、监察部、环境保护部、国家电监会、国家能源局将按东北、华北、华东、中南、西南、西北六大区组成6个联合督查组赴各地进行重点督查。国家发展改革委、环境保护部、国家电监会按省（自治区、直辖市）组成31个检查组，对部分重点地区和重点企业进行直接检查。

四、加大处罚力度，坚决查处违法违规行为

此次节能减排工作，要按照中央提出必须有法必依、执法必严、违法必究的要求，坚决解决“违法成本低、守法成本高”的问题，并实行严格的行政问责。各级价格、环保部门和电力监管机构要采取集中检查、重点督查、下查一级、交叉检查等多种方式排除行政干扰，打破地方保护，保证检查工作顺利开展。要加大处罚力度，提高检查威慑力。凡在规定期限内没有自行纠正对高耗能企业优惠电价的地区，将予以公开通报，监察机关要严肃追究有关行政领导和部门负责人的行政责任。有关电力企业不严格执行国家规定的差别电价、上网电价和脱硫电价政策的，除没收全部价格违法所得外，还要处以最高5倍罚款。对情节严重，性质恶劣的典型案件要通过新闻媒体公开曝光。

五、加强协调配合，确保检查工作取得实效

此次电力价格大检查，特别是清理取消优惠电价，全面落实差别电价，涉及各地方政府及其有关部门，涉及方方面面利益调整，情况极为复杂。各级价格、工信、监察、环保部门、电力监管机构、能源主管部门要加强协调，相互沟通，互相支持。各级电网企业、各发电集团要全力配合做好检查工作，共同把电力价格大检查工作抓深、抓实、抓出成效。要加强调查研究，对检查遇到的新情况、新问题要进行深入的分析研究，提出对策建议，及时向上级部门报告。

要做好检查总结工作，各省级价格、环保部门、电力监管机构要在2010年12月15日前将电价检查总结上报国家发展改革委（价格监督检查司）、环境保护部（污染物排放总量控制司）和国家电监会（价格与财务监管部）。

国家发展改革委
关于调整三峡输电价格的通知

国家发展改革委2010年7月16日以发改价格〔2010〕1562号文，决定适当调整三峡输变电工程输电价格。全文如下。

根据国家发展改革委对三峡输变电工程的成本监审情况，经研究，决定适当调整三峡输变电工程输电价格。现将有关事项通知如下。

一、将三峡输变电工程输电价格由现行平均每千瓦时0.07元下调至0.064元。

二、将三峡输变电工程送华中、华东和广东三个区域的输电价格分别下调至每千瓦时0.0485元，0.0808元和0.0661元。

三、上述电价调整后，三峡电力受电地区销售电价暂维持现行标准不变，降价金额用于疏导发电企业电价矛盾。

国家发展改革委、国家电监会
关于2009年7～12月可再生能源
电价补贴和配额交易方案的通知

国家发展改革委、国家电监会根据《可再生能源发电价格和费用分摊管理试行办法》（发改价格〔2006〕7号）和《可再生能源电价附加收入调配暂行办法》（发改价格〔2007〕44号），于2010年8月20日以发改价格〔2010〕1894号文，就2009年7～12月可再生能源电价附加调配、补贴等有关事项通知如下。

一、电价附加补贴的项目和金额

可再生能源电价附加资金补贴范围为2009年7～12月可再生能源发电项目上网电价高于当地脱硫燃煤机组标杆上网电价的部分、公共可再生能源独立电力系统运行维护费用、可再生能源发电项目接网费用。对纳入补贴范围内的秸秆直燃发电项目继续按上网电量给予临时电价补贴，补贴标准为每千瓦·时0.1元。

具体补贴项目和金额见附件一～附件四。

二、配额交易与电费结算

（一）继续通过配额交易方式实现可再生能源电价附加资金调配，不足部分通过2010年上半年征收的附加资金中预支，具体配额交易方案及预支资金见附件五、附件六。配额卖方向买方出售配额证，配额买方应在收到配额证后10个工作日内，按额度将款项汇入卖方账户，完成交易。

（二）可再生能源发电项目上网电价在当地脱硫燃煤机组标杆上网电价以内的部分，由当地省级电网负担；高出部分，通过本次电价附加补贴解决。本次补贴方案使用2008年8月20日调整后的当地脱硫燃煤机组标杆价，作为由当地省级电网负担的标准。

（三）2009年7～12月电价附加有结余的省级电网企业，应在本通知下发之日起10个工作日内，对可再生能源发电项目结清2009年下半年电费（含接网费用补贴）。2009年7～12月电价附加存在资金缺口的内蒙古、吉林等电网企业，应在配额交易完成10个工作日内，对可再生能源发电项目结清2009年下半年电费（含接网费用补贴）。

（四）对2009年7～12月公共可再生能源独立电力系统的电价附加补贴，按本通知附件三所列的项目和金额，由所在省（自治区、直辖市）的价格主管部门会同省级电网企业负责组织实施。

三、有关要求

各省（自治区、直辖市）政府价格主管部门、电力监管机构和各区域电力监管机构要加强对可再生能源电价附加征收、配额交易、电费和补贴结算行为的监管，坚决纠正和查处违反本通知规定的电费结算行

为，确保可再生能源电价附加补贴按时足额到位。

附件：一、2009 年 7～12 月可再生能源发电项目补贴表（略）
二、2009 年 7～12 月秸秆直燃项目临时电价补贴表（略）
三、2009 年 7～12 月公共可再生能源独立电力系统补贴表（略）
四、2009 年 7～12 月可再生能源发电接网工程补贴表（略）
五、2009 年 7～12 月可再生能源电价附加配额交易方案（略）
六、2009 年 7～12 月可再生能源电价附加资金预支表（略）

财政部　国家发展改革委　国家能源局　关于规范水能（水电）资源有偿开发使用管理有关问题的通知

财政部、国家发展改革委、国家能源局于 2010 年 11 月 23 日以财综〔2010〕105 号文，要求建立规范的水资源有偿使用制度。全文如下。

近几年，一些省市自行出台地方性水能（水电）资源有偿开发使用政策，以水能（水电）资源开发使用权有偿出让名义向水电企业收取出让金、补偿费等名目的费用，不仅违反了行政事业性收费和政府性基金审批管理规定，而且加重了水电企业负担，影响了水电企业正常的生产经营活动。为建立规范的水资源有偿使用制度，促进水电行业持续健康发展，现就有关问题通知如下。

一、各地停止执行自行出台的水能（水电）资源有偿开发使用政策。根据《中共中央国务院关于治理向企业乱收费、乱罚款和各种摊派等问题的决定》（中发〔1997〕14 号）的规定，各地不得对已建、在建和新建水电项目有偿出让水能（水电）资源开发权，不得以水能（水电）资源有偿开发使用名义向水电企业或项目开发单位和个人收取水能资源使用权出让金、水能资源开发利用用权有偿出让金、水电资源开发补偿费等名目的费用。

二、切实加强水资源费征收使用管理，规范水资源有偿使用制度。按照《取水许可和水资源费征收管理条例》（国务院令第 460 号）、《财政部　国家发展改革委　水利部关于印发〈水资源费征收使用管理办法〉的通知》（财综〔2008〕79 号）和《国家发展改革委　财政部　水利部关于中央直属和跨省水利工程水资源费征收标准及有关问题的通知》（发改价格〔2009〕1779 号）的规定，各地应加强水资源费征收管理，确保水资源费及时足额征收，按规定专项用于水资源节约、保护和管理，并用于水资源的合理开发，任何单位和个人不得平调、截留或挪作他用。

三、凡未经财政部、国家发展改革委同意，各地一律不得越权设立涉及水电企业的行政事业性收费项目；未经国务院或财政部批准，不得设立涉及水电企业的政府性基金项目。凡违反规定的，要予以严肃查处。

农村电网改造升级项目管理办法

为做好农村电网改造升级工作，加强项目管理，明确管理程序和要求，提高中央预算内资金使用效益，国家发展改革委组织制定了《农村电网改造升级项目管理办法》。2010 年 10 月 16 日，国家发展改革委办公厅以发改办能源〔2010〕2520 号文，印发了该管理办法。全文如下。

农村电网改造升级项目管理办法

第一章　总　　则

第一条　为加强农村电网改造升级项目管理，规范建设秩序，提高中央预算内资金使用效益，促进农村电力持续健康发展，根据《国务院关于投资体制改革的决定》（国发〔2004〕20 号）等，制定本办法。

第二条　本办法所称农村电网是指县级行政区域内，为农村生产生活提供电力服务的 110kV 及以下电网设施（含用户电表）。

本办法所称农村电网改造升级是指变电站、线路（原则上不含入地电缆）等农村电网设施的新建，以及对已运行农村电网设施局部或整体就地或异地建设、增容、更换设备等。

第三条　本办法适用于享受中央预算内投资支持（国家资本金）和国家农村电网改造贷款投资偿还政策的农村电网改造升级项目。

第四条　农村电网改造升级项目管理按照“统一管理、分级负责、强化监管、提高效益”的原则，实行各级政府主管部门指导、监督，省级电网经营企业作为项目法人全面负责的管理体制。

第五条　农村电网改造升级项目建设资金按照“企业为主、政府支持”的原则多渠道筹集。中西部地区项目资本金原则上由国家安排，东部地区项目资本金由项目法人自筹。银行贷款由省级项目法人统贷统还，贷款偿还按现行政策执行。

第六条 农村电网改造升级项目实施要严格执行基本建设程序，实行项目法人责任制、资本金制、招投标制、工程监理制和合同管理制。

第七条 农村电网改造升级实施重点是农村中低压配电网，兼顾农村电网各电压等级协调发展。

农村电网改造升级项目35kV以上以单个项目、35kV及以下以县为单位统计项目个数。

第二章 规划和计划

第八条 农村电网改造升级按照“统一规划、分步实施、统筹协调、突出重点”的原则，统筹城乡发展，以满足农村经济社会发展和新农村建设需求为目标，制订农村电网改造升级规划（规划期3～5年）。农村电网改造升级项目在规划的指导下分年度实施。

第九条 各省（区、市）农村电网改造升级规划由省级发展改革委负责组织编制，报国家发展改革委审批。省级规划是申报投资计划和项目安排的依据，应包括以下内容：

（一）农村电网现状（包括历次改造的投资、已形成的工作量等）及存在问题；

（二）农村电力市场需求预测；

（三）农村电网改造升级的目标和主要任务；

（四）农村电网改造升级项目布局（落实到县域内）和建设时序；

（五）投资规模、资金来源及电价测算。

第十条 项目法人要根据农村电网改造升级规划要求，结合地方实际，在组织制订县级规划的基础上编制本企业规划，报省级发展改革委审查。县级规划报省级发展改革委备案。

第十一条 规划实施过程中，根据实际情况变化，省级发展改革委应及时组织调整修订，并在每年底前将调整修订情况报国家发展改革委备案。县级规划调整修订应及时报省级发展改革委备案。

第十二条 省级发展改革委要根据年度国家农村电网改造升级投资重点及规划任务，组织编制农村电网改造升级年度计划。未列入规划的项目不得列入年度计划。

第十三条 项目法人应按要求制订年度计划，年度计划应明确年度农村电网改造升级目标、重点、项目和投资需求，项目要落实到县域内，明确建设内容。

第三章 投资计划申报与下达

第十四条 省级发展改革委负责组织申报本地区投资计划。申报前项目法人应对年度计划中的项目进行可行性研究。35kV以上以单个项目、35kV及以下以县为单位编制可行性研究报告，由省级发展改革委审批并出具批准文件。

第十五条 开展可行性研究应遵循国家法律法规和行业相关规程规范，对项目建设条件进行调查和必要勘测，在可靠翔实资料的基础上，对项目建设的技术、经济、环境、节能、施工及运行管理等进行分析论证和方案比较，提出可行性研究报告。

第十六条 国家发展改革委负责确定中央预算内投资年度支持重点，省级发展改革委根据要求，上报投资计划申请报告。投资计划应包括以下内容：

（一）上年度投资计划执行情况；

（二）本年度计划实施的必要性；

（三）本年度计划实施目标，包括改造面、供电能力和可靠性等；

（四）本年度计划总投资（包括中央预算内投资、项目法人自有投资、银行贷款等），并分电压等级列明所需投资；

（五）本年度计划建设规模，分电压等级列明；

（六）项目明细表，明确项目个数、涉及的县级行政区个数，以及每个项目的投资、主要建设内容等，35kV以上项目应明确到建设地址，35kV及以下项目应明确到县域内；

（七）本年度计划完成时间和进度安排。

投资计划申请报告应附银行贷款承诺函和可行性研究报告批准文件。

第十七条 国家发展改革委主要从以下几个方面对各省（区、市）上报的投资计划进行审查。

（一）符合中央投资的使用方向；

（二）符合中央投资的安排原则；

（三）提交的相关文件齐备、有效；

（四）项目的主要建设条件落实；

（五）上一年度投资计划执行情况；

（六）符合国家发展改革委要求的其他条件。

第十八条 国家发展改革委审查同意后，下达农村电网改造升级投资计划，明确各省（自治区、直辖市）及各项目法人的建设规模、投资、项目和完成时间等。

第十九条 投资计划下达后，省级发展改革委应及时分解下达给项目法人。分解计划应明确建设规模、投资和具体项目等，与投资计划一致。

第二十条 项目法人应根据计划编制项目实施方案，报省级发展改革委备案。

第二十一条 项目法人按照投资计划组织项目实施，不得变更。确有必要调整变更的，须符合相关规定，并履行相应变更程序。

第四章　项　目　实　施

第二十二条　投资计划分解下达后，项目法人应及时组织开展初步设计。35kV 以上以单个项目、35kV 及以下以县为单位编制初步设计报告，报省级发展改革委备案。

第二十三条　农村电网改造升级资金要专项存储、专款专用、专项核算、封闭运行，严禁挤占、挪用、截留和滞留资金。资金使用和管理应符合国家有关规定。

第二十四条　农村电网改造升级项目要执行招投标法及相关规定。为提高工作效率，加快工程进度，10kV 及以下项目的设计和施工可由项目法人通过竞争性谈判选择熟悉当地情况、具备相应资质的单位承担，并严格按照《20kV 及以下配电网工程建设预算编制与计算标准》收费。

农村电网改造升级项目要执行工程监理制。10kV 及以下单项工程监理单位的确定可采取打捆招标的方式选择，如执行工程监理制度确有困难的地方，项目法人须切实负起责任，制订并落实相应的施工质量保证措施和监督措施。

第二十五条　表箱和电能表改造投资纳入投资计划，表后线及设施由农户提供合格产品或出资改造。项目法人以及其他任何单位和组织不得违反规定向农户收费，严禁强制农户出资。

第二十六条　项目法人应建立省、市、县三级农村电网改造升级项目档案，从项目设计到竣工验收等各环节的文件、资料等都应按照有关规定收集、整理、归档、保管等。

第二十七条　农村电网改造升级投资计划和项目实施应按计划完成。实施过程中进展缓慢，以及出现影响工程实施重大情况的，项目法人应及时向省级发展改革委报告情况，说明原因，提出改进措施。

第二十八条　农村电网改造升级工程项目完工后，省级发展改革委应及时组织对本省级区域内农村电网改造升级项目进行总体竣工验收，验收报告应报国家发展改革委备案。项目法人负责单项工程的验收，验收报告报省级发展改革委备案。

第二十九条　农村电网改造升级项目竣工后，国家发展改革委适时进行检查总结，并组织进行后评价。

第三十条　项目法人应做好农村电网改造升级后的运行管理工作，降低运行维护费用，提高运行管理水平，为农村经济社会发展提供优质可靠的供电服务。

第五章　项　目　调　整　变　更

第三十一条　国家下达农村电网改造升级投资计划后，不得随意变更项目。项目确需调整变更的，不得变更投资计划下达的本省级地区投资规模，原则上不得减少建设规模。

第三十二条　35kV 及以上项目确需变更的，需重新履行审批手续。由项目法人向省级发展改革委提出调整请示，并提交新的项目可行性研究报告。省级发展改革委审查同意后进行批复，并报国家发展改革委备案。

第三十三条　10kV 以下项目以县为单位，投资规模变更的，或者建设规模变更超过±5%的，需重新履行审批手续；建设规模变更不超过±5%的，由项目法人负责调整，并向省级发展改革委备案。

第六章　监督检查和法律责任

第三十四条　国家发展改革委应加强农村电网改造升级项目管理和投资管理，加强对农村电网改造计划执行和项目实施的监管，加强对农村电网改造升级资金和还贷资金使用管理情况的监督，确保发挥效益。

第三十五条　国家发展改革委按照有关规定对农村电网改造升级项目进行稽察。财政、审计、监察等部门依据职能分工进行监督检查。各级发展改革委应督促项目法人执行好投资计划，做好项目实施。

第三十六条　项目法人应积极配合中央和地方有关部门做好农村电网改造升级项目的稽察、检查和审计。加强对农村电网改造升级项目的信息公开，接受社会监督。

第三十七条　农村电网改造升级项目实施定期报告制度。项目法人应于年中和年终向省级发展改革委报告计划执行和项目实施情况。

投资计划执行完毕后，省级发展改革委应及时对计划执行和项目实施情况进行总结，包括完成目标、实际工作量等，形成详细的报告上报国家发展改革委。

项目法人应对其提供的数据和材料的真实性负责任。省级发展改革委应对项目法人提供的数据和材料进行必要的审查、检查和核查，对其真实性承担相应责任。

第三十八条　项目法人有下列行为之一的，国家发展改革委可根据情节轻重作出责令限期整改，通报批评，暂停项目建设，核减、收回或停止中央投资，并可视情节轻重提请或移交有关机关依法追究有关责任单位和责任人的行政或法律责任：

（一）提供虚假资料和情况，骗取中央投资的。

（二）违反程序未按要求完成项目前期工作的。

（三）挪用、截留或滞留中央投资的，以及农村电网改造升级资金未专项存储、专款专用、专项核算、封闭运行的。

（四）擅自调整变更投资计划和项目的，以及调整变更比较大的。

（五）无正当理由未及时建设实施或竣工完成的。

（六）其他违反国家法律法规和本办法规定的行为。

第三十九条 项目法人对工程建设疏于管理，或不执行相关法律法规规定的，设计、施工、监理单位和咨询机构等未依法依规履行职责的，按照国家有关法律法规追究有关单位和责任人的行政或法律责任。

第七章 附 则

第四十条 省级发展改革委可根据本办法制定本省（自治区、直辖市）农村电网改造升级项目管理办法，并报国家发展改革委备案。

第四十一条 本办法由国家发展改革委负责解释。

第四十二条 本办法自发布之日起施行。

电力需求侧管理办法

国家发展改革委、工业和信息化部、财政部、国资委、国家电监会、国家能源局于2010年11月4日以发改运行〔2010〕2643号文印发《电力需求侧管理办法》。全文如下。

电力需求侧管理办法

第一章 总 则

第一条 为高电能利用效率，促进电力资源优化配置，保障用电秩序，根据《中华人民共和国电力法》、《中华人民共和国节约能源法》、《电力供应与使用条例》等法律法规，制定本办法。

第二条 本办法适用于在中华人民共和国境内开展电力需求侧管理工作。

第三条 本办法所称电力需求侧管理是指为提高电力资源利用效率，改进用电方式，实现科学用电、节约用电、有序用电所开展的相关活动。

第四条 满足电力需求应坚持节约与开发并举、节约优先的原则，在增加供应的同时，统筹考虑并优先采用需求侧管理措施。

第五条 国家发展改革委负责全国电力需求侧管理工作，国务院其他有关部门在各自职责范围内负责相关工作。

县级以上人民政府电力运行主管部门负责本行政区域内的电力需求侧管理工作，县级以上人民政府其他有关部门在各自职责范围内负责相关工作。

第六条 电力需求侧管理是实现节能减排目标的一项重要措施，各地区、各有关部门和单位都应积极推进电力需求侧管理工作的开展。

第七条 电网企业是电力需求侧管理的重要实施主体，应自行开展并引导用户实施电力需求侧管理，为其他各方开展相关工作提供便利条件。

第八条 电力用户是电力需求侧管理的直接参与者，国家鼓励其实施电力需求侧管理技术和措施。

第二章 管 理 措 施

第九条 各省级电力运行主管部门会同有关部门和单位组织制订本省、自治区、直辖市电力需求侧管理规划、年度工作目标和实施方案，做好电力需求侧管理资源潜力调查、市场分析等工作。

第十条 各地区有关部门根据本地区经济发展目标和电力供需特点，将通过需求侧管理节约的电力和电量，作为一种资源纳入电力工业发展规划、能源发展规划和地区经济发展规划。

第十一条 各级价格主管部门推动并完善峰谷电价制度，鼓励低谷蓄能，在具备条件的地区实行季节电价、高可靠性电价、可中断负荷电价等电价制度，支持实施电力需求侧管理。

第十二条 各地区有关部门定期选择本省、自治区、直辖市电力需求侧管理潜力较大的用户，组织有关单位为其开展电力需求侧管理提供咨询服务，并鼓励节能服务公司积极发挥作用。

第十三条 电网企业应加强对电力用户用电信息的采集、分析，为电力用户实施电力需求侧管理提供技术支撑和信息服务。

第十四条 各省级电力运行主管部门会同有关部门和单位制订本省、自治区、直辖市电网企业的年度电力电量节约指标，并加强考核。指标原则上不低于有关电网企业售电营业区内上年售电量的0.3%、最大用电负荷的0.3%。电网企业可通过自行组织实施或购买服务实现，通过实施有序用电减少的电力电量不予计入。

第十五条 鼓励电网企业采用节能变压器，合理减少供电半径，增强无功补偿，引导用户加强无功管理，实现分电压等级统计分析线损等，稳步降低线损率。

第十六条 鼓励用户采用符合国家有关要求的高效用电设备和变频、热泵、电蓄冷、电蓄热等技术，合理配置无功补偿装置，加强无功管理，优化用电方式，配合政府主管部门和电网企业开展电力需求侧管理。

第十七条 鼓励通过第三方机构认定电力电量节约量。

第十八条 电网企业应通过电力负荷管理系统开展负荷监测和控制，负荷监测能力达到本地区最大用电负荷的70%以上，负荷控制能力达到本地区最大用电负荷的10%以上，100kV及以上用户全部纳入负荷管理范围。

第十九条 有序用电应优先满足维护社会秩序、避免发生人身或重大设备安全事故、保障群众生命财产安全和居民生活的用电需求。

第二十条 各省级电力运行主管部门每年根据电力供需形势和国家有关政策，组织编制本省、自治区、直辖市有序用电方案，经本级人民政府同意后组织实施，并报国家发展改革委备案。

第二十一条 有序用电方案实施过程中，电力运行主管部门应组织好信息发布、监督检查及相关统计工作，电网企业应做好配合，电力用户应按照有序用电方案采取相应措施。

第三章 激 励 措 施

第二十二条 电力需求侧管理所需资金来源于电价外附加征收的城市公用事业附加、差别电价收入、其他财政预算安排等。

第二十三条 电力需求侧管理资金应主要用于电力负荷管理系统的建设、运行和维护，实施试点、示范和重点项目的补贴，实施有序用电的补贴和有关宣传、培训、评估费用。

第二十四条 电网企业开展电力需求侧管理工作合理的支出，可计入供电成本。

第四章 附 则

第二十五条 本办法中电力负荷管理系统是指用于对电力用户用电信息进行采集、分析及对电力负荷进行控制的软硬件平台和开展电力需求侧管理的信息技术辅助系统。

第二十六条 各省级电力运行主管部门可会同有关部门结合本省、自治区、直辖市实际情况，制定相关实施细则。

第二十七条 本办法自2011年1月1日起实施。

国家电力监管委员会行政复议办法

2010年6月9日，国家电力监管委员会以电监会29号令，公布《国家电力监管委员会行政复议办法》，自2010年9月1日起施行。全文如下。

国家电力监管委员会行政复议办法

第一条 为了防止和纠正违法或者不当的具体行政行为，保护公民、法人和其他组织的合法权益，保障电力监管依法进行，规范电力监管行政复议工作，根据《中华人民共和国行政复议法》（以下简称行政复议法）、《中华人民共和国行政复议法实施条例》（以下简称行政复议法实施条例）和《电力监管条例》，制定本办法。

第二条 公民、法人或者其他组织向国家电力监管委员会（以下简称国家电监会）提出行政复议申请，国家电监会办理行政复议案件，适用本办法。

公民、法人或者其他组织认为国家电监会及其派出机构（以下简称电力监管机构）的具体行政行为侵犯其合法权益，可以依照行政复议法、行政复议法实施条例和本办法向国家电监会申请行政复议。

第三条 国家电监会负责法制工作的部门（以下简称法制工作部门）是国家电监会行政复议机构，具体办理行政复议事项，履行行政复议法第三条、行政复议法实施条例第三条规定的职责。

第四条 有下列情形之一的，公民、法人或者其他组织可以依法向国家电监会申请行政复议：

（一）对电力监管机构作出的警告、罚款、没收违法所得、没收非法财物、吊销许可证等行政处罚决定不服的；

（二）对电力监管机构作出的封存文件资料等行政强制措施决定不服的；

（三）对电力监管机构作出的有关许可证等证书的变更、撤销的决定不服的；

（四）认为符合法定条件，申请电力监管机构颁发许可证等证书，或者申请电力监管机构审批、登记有关事项，电力监管机构没有依法办理的；

（五）对电力监管机构作出的发电企业在电力市场中所占份额比例的处理决定不服的；

（六）对电力监管机构作出的发电厂并网、电网互联以及发电厂与电网协调运行的处理决定不服的；

（七）对电力监管机构作出的电力市场向从事电力交易的主体公平、无歧视开放以及输电企业公平开放电网的处理决定不服的；

（八）认为电力监管机构在电力监管信息公开工作中的具体行政行为侵犯其合法权益的；

（九）对电力监管机构作出的有关电力企业信息公开的决定不服的；

（十）对电力监管机构作出的水电站大坝安全等级决定不服的；

（十一）认为电力监管机构的其他具体行政行为

侵犯其合法权益的。

第五条　电力监管机构对信访事项作出的处理意见，不属于行政复议范围；信访人不服电力监管机构作出的信访处理意见的，依照《信访条例》规定的复查、复核程序办理。

公民、法人或者其他组织在信访中提出不服电力监管机构作出的具体行政行为并且有行政复议请求的，电力监管机构信访工作人员应当告知信访人可以依法申请行政复议。

第六条　公民、法人或者其他组织向国家电监会提出行政复议申请，应当符合行政复议法第九条和行政复议法实施条例第十五条、第十六条有关申请期限的规定。

第七条　依照行政复议法、行政复议法实施条例和本办法申请行政复议的公民、法人或者其他组织是行政复议的申请人。作出具体行政行为的电力监管机构是被申请人。

第八条　申请人申请行政复议，可以书面申请，也可以口头申请。申请人书面申请的，应当依照行政复议法实施条例第十九条规定提交行政复议申请书。申请人口头申请的，法制工作部门应当依照行政复议法实施条例第二十条规定，当场制作行政复议申请笔录并由申请人签字确认。

第九条　法制工作部门收到行政复议申请后，应当在5日内进行审查，依照法定的权限、程序和期限予以处理。

法制工作机构收到行政复议申请的日期，依照下列规定确定：

（一）申请人当面递交行政复议申请书或者口头申请行政复议的，以当面递交或者口头申请的日期为收到行政复议申请的日期；

（二）申请人采取邮寄、传真或者电子邮件等方式提出行政复议申请的，以法制工作部门签收或者接收的日期为收到行政复议申请的日期；

（三）县级地方人民政府依照行政复议法第十八条规定转送行政复议申请的，以法制工作部门签收或者接收的日期为收到行政复议申请的日期。

第十条　行政复议申请符合行政复议法实施条例第二十八条规定的，法制工作部门应当受理并告知申请人。

第十一条　有下列情形之一，法制工作部门不予受理并书面告知申请人：

（一）申请人与具体行政行为没有利害关系的；

（二）没有正当理由，行政复议申请未在法定申请期限内提出的；

（三）申请人不服电力监管机构作出的电力争议调解决定的；

（四）申请人在向国家电监会申请行政复议前，已经向有关行政机关申请行政复议或者已经向人民法院提起行政诉讼，有关行政机关或者人民法院已经依法受理的；

（五）法律、行政法规规定的其他不予受理的情形。

第十二条　行政复议申请材料不齐全或者表述不清楚的，法制工作部门应当按照行政复议法实施条例第二十九条规定通知申请人补正。

有下列情形之一，法制工作部门可以认定为行政复议申请材料不齐全或者表述不清楚：

（一）未依照行政复议法实施条例第十九条第（一）项规定提供申请人基本情况的；

（二）没有申请人身份证明文件的；

（三）没有明确的被申请人的；

（四）行政复议请求不具体、不明确的；

（五）委托代理人参加行政复议的法律文书不齐全或者委托权限不明确的；

（六）未依照行政复议法实施条例第二十一条的规定提供证明材料或者证明材料明显不充分的；

（七）国家有关规定规定的其他情形。

第十三条　法制工作部门应当自受理行政复议申请之日起7日内，制作行政复议答复通知书，并将行政复议答复通知书、行政复议申请书副本或者行政复议申请笔录复印件以及申请人提交的有关证据、材料的副本发送被申请人；其中，国家电监会作为被申请人的，法制工作部门应当将行政复议答复通知书、行政复议申请书副本或者行政复议申请笔录复印件以及申请人提交的有关证据、材料的副本送交国家电监会原承办具体行政行为的部门或者机构。

被申请人应当自收到行政复议答复通知书、行政复议申请书副本或者行政复议申请笔录复印件以及申请人提交的有关证据、材料的副本之日起10日内，向法制工作部门提交行政复议答复意见书；其中，国家电监会作为被申请人的，由国家电监会原承办具体行政行为的部门或者机构负责提交行政复议答复意见书。

第十四条　行政复议答复意见书应当载明下列事项：

（一）被申请人当初作出具体行政行为的主要事实、证据、依据和其他有关材料；

（二）对申请人行政复议申请中陈述的事实和理由进行答辩；

（三）对申请人的请求提出意见、建议；

（四）答复单位盖章或者负责人签名；

（五）答复的日期。

第十五条　法制工作部门收到行政复议答复意见

书后，应当依照行政复议法、行政复议法实施条例的有关规定，对被申请人当初作出具体行政行为的主要事实、证据、依据、程序等进行全面审理，提出审理意见。

第十六条 对于重大、复杂的行政复议案件或者社会影响较大的行政复议案件，法制工作部门应当提请国家电监会负责人集体讨论。

国家电监会负责人集体讨论行政复议案件时，法制工作部门应当介绍案件基本情况，提交审理意见。

第十七条 审理意见经国家电监会负责人同意或者集体讨论通过后，法制工作部门应当根据审理意见制作行政复议决定书。

第十八条 行政复议决定应当自行政复议申请受理之日起60日内作出。

根据行政复议法第三十一条规定，有下列情形之一的，经国家电监会负责人批准，可以适当延长行政复议期限；但是延长期限最多不超过30日。

（一）根据行政复议法实施条例第三十三条规定采取听证方式审理的。

（二）申请人、第三人提出新的事实、证据需要进行调查核实的。

（三）申请人与被申请人依照行政复议法实施条例第四十条规定和解，或者法制工作部门依照行政复议法实施条例第五十条规定进行调解的。

（四）情况复杂，不能在规定期限内作出行政复议决定的其他情况。

延长行政复议期限，应当制作行政复议延期通知书，告知申请人和被申请人。

第十九条 涉及行政复议的其他事项，本办法未作规定的，适用行政复议法、行政复议法实施条例和国家有关行政复议的其他规定。

第二十条 本办法自2010年9月1日起施行。

承装（修、试）电力设施许可证管理办法

2009年12月18日，国家电力监管委员会以电监会28号令，公布修订后的《承装（修、试）电力设施许可证管理办法》，自2010年3月1日起施行。全文如下。

承装（修、试）电力设施许可证管理办法

第一章 总 则

第一条 为了加强承装（修、试）电力设施许可管理，规范承装（修、试）电力设施许可行为，维护承装、承修、承试电力设施市场秩序，保障电力安全，根据《电力供应与使用条例》、《电力监管条例》和国家有关规定，制定本办法。

第二条 承装（修、试）电力设施许可证（以下简称许可证）的申请、受理、审查、颁发、管理和监督，适用本办法。

第三条 国家电力监管委员会（以下简称国家电监会）负责指导、监督全国许可证的颁发和管理。

国家电监会派出机构（以下简称派出机构）负责辖区内许可证的受理、审查、颁发和日常监督管理。

第四条 在中华人民共和国境内从事承装、承修、承试电力设施活动的，应当按照本办法的规定取得许可证。除国家电监会另有规定外，任何单位或者个人未取得许可证，不得从事承装、承修、承试电力设施活动。

本办法所称承装、承修、承试电力设施，是指对输电、供电、受电电力设施的安装、维修和试验。

第五条 取得许可证的单位依法开展活动，受法律保护。

第二章 分类与分级

第六条 许可证分为承装、承修、承试三个类别。

取得承装类许可证的，可以从事电力设施的安装活动。

取得承修类许可证的，可以从事电力设施的维修活动。

取得承试类许可证的，可以从事电力设施的试验活动。

第七条 许可证分为一级、二级、三级、四级和五级。

取得一级许可证的，可以从事所有电压等级电力设施的安装、维修或者试验活动。

取得二级许可证的，可以从事220kV以下电压等级电力设施的安装、维修或者试验活动。

取得三级许可证的，可以从事110kV以下电压等级电力设施的安装、维修或者试验活动。

取得四级许可证的，可以从事35kV以下电压等级电力设施的安装、维修或者试验活动。

取得五级许可证的，可以从事10kV以下电压等级电力设施的安装、维修或者试验活动。

第三章 申请、受理、审查与决定

第八条 申请许可证，应当向申请人所在地的派出机构提出。

申请人取得许可证后，方可向工商行政管理部门

申请营业执照或者变更经营范围。

第九条　申请许可证应当具备下列条件：

（一）具有法人资格；

（二）具有与申请的许可证类别和等级相适应的注册资本；

（三）具有与申请的许可证类别和等级相适应的设备、经营场所；

（四）技术负责人、安全负责人具有与申请的许可证类别和等级相适应的任职资格，且不能同时在其他单位任职；

（五）具有与申请的许可证类别和等级相适应的专职专业人员；

（六）具有健全有效的安全生产组织和制度。

申请一～三级许可证的，还应当具有与申请的许可证类别和等级相适应的业绩。

许可证不同类别、不同等级的具体申请条件，由国家电监会另行制定并向社会公布。

第十条　申请许可证应当提交下列材料：

（一）许可证申请表；

（二）法人证明材料和净资产证明材料；

（三）主要设备及机具清单、经营场所证明材料；

（四）技术负责人、安全负责人的简历、专业技术任职资格证书等证明材料；

（五）专业技术人员明细表、专业技术任职资格证书或者任职培训合格证书等证明材料；

（六）电工作业人员登记表；

（七）安全生产组织和制度的证明材料。

申请一～三级许可证的，还需要提交相关业绩报告以及证明材料。

第十一条　合并后新设单位申请许可证的，除应当提交第十条规定的材料外，还应当提交下列材料：

（一）合并的证明材料；

（二）合并前各单位的许可证。

第十二条　分立后新设单位申请许可证的，除应当提交第十条规定的材料外，还应当提交下列材料：

（一）分立的证明材料；

（二）业绩证明材料；

（三）分立前单位的许可证。

分立后至多一个单位部分或者全部延续分立前单位从事同类活动的业绩。

第十三条　派出机构收到申请，应当对申请材料是否齐全、是否符合法定形式进行审查。派出机构有权要求申请人就申请事项作出解释或者说明。

第十四条　派出机构对申请人提出的申请，应当根据下列情况分别作出处理：

（一）申请材料存在可以当场更正错误的，应当允许申请人当场更正；

（二）申请材料不齐全或者不符合法定形式的，应当当场或者5日内向申请人发出申请材料补正通知书，并一次告知需要补正的全部内容；

（三）申请材料齐全并符合法定形式的，或者申请人按照派出机构的要求提交全部补正申请材料的，应当向申请人发出受理通知书。

第十五条　派出机构应当自受理之日起20日内完成申请审查，并按下列规定作出是否许可的决定：

（一）经审查，申请人的条件符合法定条件、标准的，派出机构应当依法作出准予许可的书面决定，并自作出决定之日起10日内向申请人颁发、送达许可证；

（二）经审查，申请人的条件不符合法定条件、标准的，派出机构应当依法作出不予许可的决定，以书面形式通知申请人，通知书中应当说明不予许可的理由。

第十六条　派出机构在审查过程中认为需要对申请材料的实质性内容进行核实的，应当指派两名以上的工作人员进行现场核查。

第十七条　派出机构自受理通知书发出之日起20日内不能作出决定的，经派出机构负责人批准，可以延长10日，并将延长期限的理由告知申请人。

第十八条　派出机构应当按照国家有关规定建立信息公开工作制度，向社会公开承装（修、试）电力设施许可的依据、条件、程序、期限、办理情况以及申请材料目录、申请材料示范文本等信息。

第四章　变更与延续

第十九条　许可证的变更分为许可事项变更和登记事项变更。

许可事项变更是指许可证类别和等级的变更。

登记事项变更是指承装（修、试）电力设施单位名称、住所、法定代表人等事项的变更。

变更后的许可证，有效期限不变。

第二十条　申请许可事项变更，应当提交本办法第十条规定的材料和许可证原件。

有下列情形之一，申请增加许可证类别或者提高许可证等级的，1年内不予受理：

（一）发生较大生产安全事故或者发生两次以上一般生产安全事故的；

（二）发生重大质量责任事故的。

有下列情形之一，申请增加许可证类别或者提高许可证等级的，2年内不予受理：

（一）超越许可范围从事承装（修、试）电力设施活动的；

（二）涂改、倒卖、出租、出借许可证，或者以其他形式非法转让许可证的；

（三）违反国家有关规定将本单位承包的承装（修、试）电力设施业务转包或者分包的；

（四）发生重大以上生产安全事故的。

第二十一条　派出机构应当按照本办法第三章规定的程序办理许可事项变更。

许可事项变更后，承装（修、试）电力设施单位应当依法向工商行政管理部门办理有关变更手续。

第二十二条　承装（修、试）电力设施单位名称、住所或者法定代表人发生变化的，应当自工商行政管理部门依法办理变更登记之日起 30 日内，提出登记事项变更申请，并提交下列材料：

（一）登记事项变更申请表；

（二）许可证原件；

（三）变更后的法人证明材料；

（四）涉及修改单位章程的，应当提交修改后的单位章程。

变更后的住所与原住所属于不同派出机构管辖的，应当向变更后住所地的派出机构提出登记事项变更申请。

派出机构应当自收到登记事项变更申请之日起 15 日内，办理变更手续。

第二十三条　许可证有效期为 6 年。

有效期届满需要延续的，应当在有效期届满 30 日前提出申请，提交本办法第十条规定的材料和许可证原件。派出机构应当按照本办法第三章规定的程序，在许可证有效期届满前作出是否准予延续的决定。逾期未作出决定的，视为同意延续并补办相应手续。

第二十四条　许可证损毁的，应当及时向颁发许可证的派出机构申请补办；许可证遗失的，应当立即在规定的媒体上刊登遗失声明，刊登遗失声明 10 日后方可向颁发许可证的派出机构申请补办。

申请补办许可证，应当提交下列材料：

（一）许可证补办申请表；

（二）法定代表人身份证明材料；

（三）法人证明材料；

（四）损毁许可证原件或者许可证遗失声明。

派出机构应当自收到许可证补办申请之日起 15 日内，按照有关规定补发许可证。

第五章　监　督　检　查

第二十五条　国家电监会对派出机构实施承装（修、试）电力设施许可工作进行监督检查，及时纠正工作中的违法行为。

第二十六条　派出机构依法对辖区内从事承装（修、试）电力设施活动的单位或者个人的下列事项实施监督检查：

（一）依法取得许可证的情况；

（二）在许可范围内从事承装（修、试）电力设施活动的情况；

（三）依法使用许可证的情况；

（四）遵守国家有关转包或者分包承装（修、试）电力设施业务规定的情况；

（五）遵守国家有关安全生产管理规定的情况；

（六）遵守相关电力技术、安全、定额和质量标准的情况；

（七）遵守国家其他有关规定的情况。

第二十七条　承装（修、试）电力设施单位有下列情形之一的，应当按照规定向有关派出机构报送信息：

（一）人员、资产、设备等情况发生重大变化，已不符合许可证法定条件、标准的，应当自发生重大变化之日起 30 日内向颁发许可证的派出机构报告；

（二）解散、破产、倒闭、歇业、合并或者分立的，应当自工商行政管理部门办理相关手续之日起 10 日内向颁发许可证的派出机构报告；

（三）发生生产安全事故的，应当按照国家有关规定向事故发生地派出机构报告；

（四）发生重大质量责任事故的，应当自有关主管机关作出事故结论之日起 10 日内，向事故发生地派出机构报告。

前款第（三）项、第（四）项规定事项，事故发生地不属于颁发许可证的派出机构管辖的，事故发生地派出机构应当及时将有关情况通报颁发许可证的派出机构。

第二十八条　承装（修、试）电力设施单位在颁发许可证的派出机构辖区以外承揽工程的，应当自工程开工之日起 10 日内，向工程所在地派出机构报告，依法接受其监督检查。

工程所在地派出机构应当按照规定将监督检查情况及时通报颁发许可证的派出机构。

第二十九条　派出机构对电力企业遵守承装（修、试）电力设施许可制度的情况实施监督检查。

电网企业对用户受电工程依法实施中期检查、竣工检验，应当查验施工企业是否具有许可证，对未经许可或者超越许可范围承揽用户受电工程的，应当立即向派出机构报告。

第三十条　承装（修、试）电力设施单位应当按照规定建立自查制度，报送自查结果。派出机构应当按照规定程序对自查报告进行抽查。

第三十一条　派出机构履行监督检查职责，可以采取下列措施：

（一）进入被检查单位的生产经营场所进行检查；

（二）询问被检查单位的工作人员，要求其对有关检查事项作出说明；

（三）查阅、复制与检查事项有关的文件、资料，对可能被转移、隐匿、损毁的文件、资料予以封存；

（四）对与检查事项有关的业务组织技术鉴定；

（五）对检查中发现的违法行为，有权当场予以纠正或者要求限期改正。

派出机构实施监督检查，被检查单位应当依法予以配合。

第三十二条 派出机构应当建立承装（修、试）电力设施单位定期综合评价制度，定期对承装（修、试）电力设施单位遵守国家有关规定的情况给予综合评价。

定期综合评价等次分为良好、一般和差。派出机构应当及时将定期综合评价等次结果告知承装（修、试）电力设施单位。定期综合评价等次结果为差的单位，派出机构应当责令其限期整改。

第三十三条 派出机构应当建立承装（修、试）电力设施单位的许可证信用档案，记录其基本情况、重大生产经营情况、良好行为、违规情况等，并按照规定向社会公开。

第三十四条 承装（修、试）电力设施单位的人员、资产、设备等情况发生重大变化，已不符合相应许可证条件、标准的，派出机构应当根据其实际具有的条件，重新核定其许可证的类别和等级。

第三十五条 有下列情形之一的，国家电监会及其派出机构可以依法撤销承装（修、试）电力设施许可：

（一）派出机构工作人员滥用职权、玩忽职守作出准予许可决定的；

（二）超越法定职权作出准予许可决定的；

（三）违反法定程序作出准予许可决定的；

（四）对不具备申请资格或者不符合法定条件的申请人准予许可的；

（五）依法可以撤销许可的其他情形。

承装（修、试）电力设施单位以欺骗、贿赂等不正当手段取得许可的，应当予以撤销。

依照本条第（一）项的规定撤销许可，承装（修、试）电力设施单位的合法权益受到损害的，派出机构应当依法给予赔偿。依照本条第（二）项的规定撤销许可的，承装（修、试）电力设施单位基于许可取得的利益不受保护。

第三十六条 有下列情形之一的，派出机构应当依法办理承装（修、试）电力设施许可注销手续：

（一）许可有效期届满未按照本办法规定申请延续或者延续申请未批准的；

（二）承装（修、试）电力设施单位因解散、破产、倒闭、歇业、合并、分立等原因依法终止的；

（三）许可依法被撤销、撤回，或者许可证被依法收缴或者吊销的；

（四）法律、法规规定的应当注销许可的其他情形。

第三十七条 派出机构在承装（修、试）电力设施单位的营业执照有效期内撤销、撤回许可，或者收缴、吊销许可证的，应当自作出决定之日起5日内通知工商行政管理部门，并责令当事人向工商行政管理部门办理变更登记手续。

第六章 法 律 责 任

第三十八条 申请人隐瞒有关情况或者提供虚假申请材料申请许可证的，派出机构不予受理或者不予许可，并给予警告，1年内不再受理其许可申请；情节严重的，2年内不再受理其许可申请。

承装（修、试）电力设施单位隐瞒有关情况或者提供虚假申请材料申请许可事项变更的，派出机构不予受理或者不予批准，并给予警告，1年内不再受理其许可事项变更申请。

第三十九条 承装（修、试）电力设施单位采取欺骗、贿赂等不正当手段取得许可证的，由派出机构撤销许可，给予警告，处1万元以上3万元以下罚款，3年内不再受理其许可申请；构成犯罪的，依法追究刑事责任。

承装（修、试）电力设施单位采取欺骗、贿赂等不正当手段变更许可事项的，由派出机构撤销许可事项变更，给予警告，处1万元以上3万元以下罚款，3年内不再受理其许可事项变更申请；构成犯罪的，依法追究刑事责任。

第四十条 承装（修、试）电力设施单位涂改、倒卖、出租、出借许可证，或者以其他形式非法转让许可证的，由派出机构责令其改正，给予警告，处1万元以上3万元以下罚款；情节严重的，收缴其许可证；构成犯罪的，依法追究刑事责任。

第四十一条 违反规定未取得许可证或者超越许可范围，非法从事承装、承修、承试电力设施活动的，由派出机构责令其停止相关的经营活动，没收违法所得，处1万元以上3万元以下罚款；违法经营行为规模较大、社会危害严重的，可以并处3万元以上20万元以下罚款；违法经营行为存在重大安全隐患、威胁公共安全的，处5万元以上50万元以下罚款，并可以没收从事无证经营的工具设备。

第四十二条 承装（修、试）电力设施单位在从事承装、承修、承试电力设施活动中发生重大以上生产安全事故或者重大质量责任事故的，由派出机构给予警告，责令其限期整改，在规定限期内未整改的或者整改后仍不合格的，处1万元以下罚款，降低许可证等级；情节严重的，收缴其许可证。

第四十三条 承装（修、试）电力设施单位未按照本办法规定办理许可证登记事项变更手续的，由派出机构责令其限期办理；逾期未办理的，处5000元以下罚款。

第四十四条 电力企业违反国家有关规定，将承装（修、试）电力设施业务发包给未取得许可证或者超越许可范围承揽工程的单位或者个人的，由派出机构责令其限期改正，给予警告，处1万元以上3万元以下罚款。

电网企业发现未取得许可证或者超越许可范围承揽用户受电工程的单位或者个人，未按照本办法规定及时报告的，由派出机构给予警告，处1万元以上3万元以下罚款。

第四十五条 违反本办法第二十六条、第二十七条、第二十八条、第二十九条、第三十条、第三十一条规定，向派出机构提供虚假或者隐瞒重要事实的文件、资料，或者拒绝、阻碍派出机构及其从事监管工作的人员依法履行监管职责的，依照《电力监管条例》第三十四条的有关规定追究其责任。

第四十六条 国家电监会及其派出机构工作人员玩忽职守、滥用职权、徇私舞弊的，对直接负责的主管人员和其他直接责任人员依法给予处分；构成犯罪的，依法追究刑事责任。

第七章 附 则

第四十七条 许可证分为正本和副本，正本、副本具有同等法律效力。许可证由国家电监会统一印制。

第四十八条 本办法自2010年3月1日起施行。

国家发展改革委办公厅关于开展农村电网改造升级工程规划有关要求的通知

2010年9月7日，国家发展改革委办公厅以发改办能源〔2010〕2177号文，发出关于开展农村电网改造升级工程规划的有关要求通知。全文如下。

为贯彻落实《中共中央国务院关于加大统筹城乡发展力度进一步夯实农业农村发展基础的若干意见》（中发〔2010〕1号）精神，适应农村用电需求快速增长的趋势和统筹城乡发展的要求，做好新一轮农村电网改造升级工程实施工作，提升农村电网供电可靠性和供电能力，促进社会主义新农村建设和全面建设小康社会奋斗目标的实现，现将开展农村电网改造升级工程规划的有关要求通知如下：

一、编制农村电网改造升级总体规划。各省（自治区、直辖市）发展改革委、国家能源局，新疆生产建设兵团发展改革委，以及国家电网公司、南方电网公司，要全面总结1998年以来农村电网建设与改造以及农网完善的成效和经验，认真分析目前存在的突出问题以及面临的新形势、新任务，结合本地区、本系统的实际，研究提出新一轮农村电网改造升级（包括农村电网改造和升级、农电体制改革和城乡用电同价）的工作思路，包括指导思想、基本原则、工作目标、主要任务、工作重点以及投资需求和资金来源等，提出相关政策建议，制订新一轮农村电网改造升级总体规划。

二、制订农村电网改造升级3年（2010～2012年）规划。根据新一轮农村电网改造升级的工作思路和总体要求，按照“统筹协调、因地制宜、突出重点、经济合理”的原则，结合各地实际，明确3年（2010～2012年）农村电网改造升级工作目标（包括农村电网改造与升级、农电管理体制和同网同价具体目标）、工作任务、建设重点、建设方案以及投资需求，制订农村电网改造升级工程3年规划和分年度建设方案。2010～2012年农村电网改造升级工程的目标和建设重点为：

（一）对未改造的农村电网全部进行改造。在理顺管理体制的基础上，对尚未改造地区（包括农场、林场及其他体制不顺的地区）的农村电网全部进行改造。

（二）适应“家电下乡”和农村经济快速发展引起的农村用电需求快速增长的要求，对已改造的农村电网实施改造升级，满足农民生活用电需要。

（三）解决农业生产用电突出问题，解决粮食主产区急需的农田灌溉设施及带动作用强的农业生产设施（如大棚）用电问题。

（四）理顺农村电力管理体制，取消县级供电企业“代管”体制，解决“厂网不分”、“交叉供电”等问题。

（五）在改造农村电网、理顺农电管理体制的基础上，以省为单位逐步实现城乡各类用电同网同价。

三、有关政策。中西部农网改造升级工程继续执行中西部农网完善工程国家资本金和还贷资金等有关政策，为增加建设规模，加快解决农村电力发展面临的突出问题，项目法人可自筹资金作为项目资本金，开展农村电网改造升级，并享受相同的还贷政策。东部地区农村电网改造升级工程的资本金由项目法人自筹解决，享受相同的还贷政策。各省要加强对2分钱农村电网还贷资金的管理，确保专款专用于农村电网还贷。

请各省（自治区、直辖市）按照上述要求，提出近年来农村电网改造升级规划和投资需求，其中，中西部地区要按照资本金全部由国家安排，以及国家安排不超过 2009 年（含 2008 年四季度）安排的数额、其余由各项目法人自筹两种情况，东部地区按照全部资本金均由项目法人自筹，提出筹资方案及相应还贷政策，特别是在充分考虑现有 2 分钱农村电网还贷资金的基础上，对电价的影响及有关政策建议。

为确保新一轮农村电网改造升级工程尽快启动和顺利实施，请各有关单位按照上述要求，抓紧开展各项工作，并于 10 月底前上报本地区或本系统农村电网改造升级 3 年（2010～2012 年）规划。

农村电网改造升级技术原则

为做好农村电网改造升级工作，明确技术标准和要求，确保工程质量，提高投资效益，国家能源局组织制定了《农村电网改造升级技术原则》。2010 年 9 月 14 日，国家能源局以国能新能〔2010〕306 号文，印发了该技术原则。全文如下。

农村电网改造升级技术原则

第一章 总 则

1.1 为搞好农村电网改造升级（以下简称农网改造升级）工作，达到安全可靠、节能环保、技术先进的目的，满足农村经济社会发展和人民生活用电需求，特制定本技术原则。

1.2 农网改造升级应遵循“统一规划、分步实施、因地制宜、适度超前”的原则，变（配）电站的布局及高、中、低压配电网主干线路的建设应满足农村经济中长期发展要求，避免重复建设。

1.3 农网改造升级应按照“安全可靠、技术适用、减少维护、节能环保”的原则，采用成熟先进的新技术、新设备、新材料、新工艺，禁止使用国家明令淘汰及不合格的产品。

1.4 农网改造升级工作应严格执行国家和行业有关设计、施工、验收等技术规程和规范。

第二章 总 体 要 求

2.1 农网改造升级应充分考虑城镇、乡村等不同类别区域负荷特点、供电可靠性要求和区域发展规划，合理优化网架结构。

2.2 农网改造升级应积极采用“三通一标”（通用设计、通用设备、通用造价、标准工艺），统一建设标准，规范工程管理，确保工程质量。

2.3 对于特殊地段、具有高危和重要用户的线路、重要联络线路，可实行差异化设计，提高农网抵御自然灾害的能力。

2.4 农网改造升级应适度推进电网智能化建设，重点开展新能源分散接入、配电自动化、智能配电台区、农村用电信息采集等试点建设。

2.5 高压电网的容载比宜控制在 1.5～2.1 之间，负荷增长较快地区宜取高值。

2.6 中低压线路供电半径应根据负荷密度来确定，一般中压线路供电半径：城镇不宜超过 4km，乡村不宜超过 15km；低压线路供电半径：城镇不宜超过 250m，乡村不宜超过 500m。用户特别分散地区供电半径可适当延长，但应采取适当措施，满足电压质量要求。

2.7 未经供电企业同意，架空线路杆塔上禁止搭挂与电力通信无关的广播、电话、有线电视等其他弱电线路。

第三章 高 压 配 电 网

3.1 具备条件的县域电网应逐步实现或加强与上一级电网联络。

3.2 高压线路宜采用架空线路。

3.3 线路导线截面选择应满足负荷中长期发展要求，根据规划区域内饱和负荷值，按经济电流密度一次选定。110kV 架空线路导线截面不宜小于 $185mm^2$，66kV 不宜小于 $150mm^2$，35kV 不宜小于 $120mm^2$。

3.4 35kV 线路在满足设计要求前提下优先选用钢筋混凝土电杆。

3.5 新建变电站应按无人值守方式建设，现有变电站应逐步改造为无人值守变电站。

3.6 变电站站址选择应符合城乡规划、电网规划的要求，靠近负荷中心地区。

3.7 变电站宜采用半户外布置，选址困难的城镇及污染严重地区可采用户内型变电站或选用组合电器装置（GIS、HGIS）。

3.8 变电站主变压器台数宜按不少于 2 台设计，主变压器应采用有载调压、S11 及以上节能型变压器，35kV 及以上高压配电装置选用 SF_6 断路器或真空断路器，10kV 配电装置宜采用户内布置，选用真空开关柜。

3.9 变电站建筑物应与环境协调，符合“安全、经济、美观、节约占地”的原则，宜按照最终规模一次建成。

第四章 中 压 配 电 网

4.1 中压配电网应合理布局，接线方式灵活、简洁。公用线路应分区分片供电，供电范围不应交叉重叠。

4.2 城镇中压配电网宜采用多分段适度联络接线方式，导线及设备应满足转供负荷要求。乡村中压配电网宜采用放射式接线方式，有条件的乡（镇）村也可采用双电源分段联络接线方式。

4.3 中压配电网线路主干线应根据线路长度和负荷分布情况进行分段并装设分段开关，重要分支线路宜装设分支开关。

4.4 中压配电网主干线路导线截面选择应参考供电区域饱和负荷值，按经济电流密度选取。县城电网架空主干线截面不宜小于 $150mm^2$，乡村电网主干线不宜小于 $95mm^2$。

4.5 中压配电网线路杆塔在城镇宜选用 12m 及以上杆塔，乡村一般选用 10m 及以上杆塔，城镇路边不宜采用预应力型混凝土电杆，防止车撞脆断。

4.6 城镇线路档距不宜超过 50m，乡村线路档距不宜超过 70m。

4.7 对雷害多发地区及架空绝缘线路应加强防雷击断线的措施。

4.8 中压配电线路宜采用架空方式，城镇、林区、人群密集区域宜采用架空绝缘导线。下列情况可采用电缆线路：

（1）走廊狭窄，架空线路难以通过的地区；

（2）易受热带风暴侵袭的沿海主要城镇的重要供电区域；

（3）电网结构或安全运行的特殊需要。

4.9 当变电站 10kV 出线数量不足或线路走廊条件受限制时，可建设开关站。开关站接线应力求简化，宜采用单母线分段接线方式。开关站应按无人值守建设，再分配容量不宜超过 10 000kVA。

4.10 配电变压器应按照“小容量、密布点、短半径”的原则建设与改造。变压器应布置在负荷中心，一般采用柱上安装方式，变压器底部距地面高度不应低于 2.5m。对人口密集、安全性要求高的地区可采用箱式变压器或配电站。

4.11 新装及更换配电变压器应选用 S11 型及以上节能配电变压器或非晶合金铁芯配电变压器。安装在高层建筑、地下室及有特殊防火要求的配电变压器应采用干式变压器。

4.12 配电变压器容量宜按近期规划负荷选择，适当考虑负荷发展。柱上配电变压器容量应不超过 400kVA，单台箱式变压器容量宜小于 630kVA，单台干式变压器容量宜小于 1250kVA。配电站可配置双路电源，宜装设 2～4 台变压器，单台容量不宜超过 800kVA。

4.13 以居民生活用电为主，且供电分散的地区可采用单、三相混合供电方式。单相变压器容量不宜超过 20kVA。

4.14 配电变压器的进出线应采用绝缘导线或电力电缆，配电变压器的高低压接线端应安装绝缘护套。

4.15 配电变压器的高压侧应采用熔断器或开关保护，低压侧应装设刀熔开关或自动开关保护。

4.16 配电变压器低压配电装置应具有防雷、过流保护、无功补偿、剩余电流动作保护、计量、测量等功能，壳体宜采坚固防腐材质。

4.17 配电变压器低压配电装置内宜预留安装智能配变终端的位置。有条件的可开展具有状态参数监测、无功补偿本地/远程控制投切、剩余电流保护监测管理、谐波监测、三相不平衡监测、电量抄录、远程通信、变压器防盗等功能的智能配变台区建设。

4.18 箱式变（配）电站壳体应采用坚固防腐材质。配电站开关设备应采用免维护的全密封、全绝缘负荷开关（带熔丝），开关设备应具备“五防功能”，即防止误分、误合断路器，防止带负荷拉、合隔离开关，防止带电挂（合）接地线（接地开关），防止带接地线（接地开关）合断路器（隔离开关），防止误入带电间隔。

4.19 地处偏远地区的变压器等设施应采取必要的防盗措施。

第五章 低 压 配 电 网

5.1 低压配电网坚持分区供电原则，低压线路应有明确的供电范围。低压配电网应结构简单、安全可靠，一般采用单电源辐射接线和单电源环网接线。

5.2 低压主干线路导线截面应参考供电区域饱和负荷值，按经济电流密度选取。城镇低压主干线路导线截面不宜小于 $120mm^2$，乡村低压主干线路导线截面不宜小于 $50mm^2$。

5.3 城镇和人口密集地区、穿越林区低压架空线路应采用绝缘导线。

5.4 城镇和人口密集地区的低压架空线路宜采用 10m 及以上混凝土杆，其他地区宜采用 8m 及以上混凝土杆，稍径不小于 150mm。

5.5 低压线路可与同一电源 10kV 配电线路同杆架设。当 10kV 配电线路有分段时，同杆架设的低压线路不应跨越分段区。

第六章 低 压 户 表

6.1 低压接户线应使用绝缘导线。导线截面应根据用户负荷确定，铝芯绝缘导线截面不小于 $10mm^2$，铜芯绝缘导线截面不小于 $4mm^2$。

6.2 居民户应采用“一户一表”的计量方式。

电能表应按农户用电负荷合理配置，容量一般不宜小于4kW。

6.3 有条件的地区可安装集中抄表装置，可逐步开展智能化电表应用。

6.4 低压配电网应分级装设剩余电流动作保护装置。剩余电流总保护和中级保护应能够及时切除低压配电网主干线和分支线路上因断线接地等产生较大剩余电流的故障。

6.5 电能表应安装在计量表箱内。室外计量表箱宜选用防腐非金属计量表箱。金属计量表箱应可靠接地。

第七章 自动化及通信

7.1 新建或改造自动化系统应统筹多种自动化系统的需求，统一规划设计数据采集平台。

7.2 具有15个以上变电站的县供电企业，新建或改造调度和配网自动化系统，可统一规划、分步建设，中小型县供电企业，宜优先选用调配一体化系统。

7.3 新建或改造调度自动化系统应遵循有关国家及行业标准，具备基本功能及遥控安全约束、运行设备在线状态监测等功能。

7.4 配网自动化系统应在配电网规划的基础上，统筹规划、分步实施，以配电网监视与控制（SCADA）、馈线自动化（FA）基本功能为主，具备扩展配变监测功能、配电设备管理（DMS）、地理信息系统（GIS）接口能力。

7.5 农村电网通信系统应满足电网自动化系统数据、语音、图像等综合信息传输的需要。变电站、供电所和开关站的通信主干线宜采用光纤通信方式，有条件地区可采用光纤通信环网链接方式，中低压电网分散通信点可采用载波、无线、公众通信网及卫星等通信方式。重要的无人值守变电站可采用独立的不同物理介质或不同路由的主备双通道。

7.6 有条件的地区可试点建设基于载波、无线通信方式或GPRS无线数据传输的用户用电信息采集系统。

7.7 自动化及通信系统的安全性应能满足国家有关规定。

第八章 无功优化补偿

8.1 农网无功补偿应坚持“全面规划、合理布局、全网优化、分级补偿、就地平衡”的原则。按照集中补偿与分散补偿相结合，高压补偿与低压补偿相结合，调压与降损相结合的补偿策略，确定最佳补偿方案。

8.2 农网无功优化补偿建设应从电压无功信息采集、无功优化计算、装置配置、控制与管理等方面开展。积极应用信息和自动化技术，实现电压无功综合治理和优化控制。

8.3 中压线路补偿点以一处为宜，一般不超过两处，补偿容量依据局部电网配电变压器空负荷损耗和无功基荷两部分来确定。以电缆为主的中压线路，其所接变电站母线电容电流较大或消弧线圈处于欠补偿状态时，应尽量避免采用线路补偿方式。

8.4 变电站及中压配电变压器无功优化补偿容量一般按变压器基本负荷所需的无功配置。变电站一般按主变容量的10%～30%配置。

8.5 100kVA及以上配电变压器无功补偿装置宜采用具有电压、无功功率、功率因数等综合控制功能的自动装置。

8.6 谐波污染较为严重的变电站和配电台区，宜选用无功补偿与滤波相结合的无功补偿装置。

财政部关于企业油气和“三电”基础设施安全保护费用财务问题的通知

财政部为加强企业石油、天然气和电力、电信、广播电视基础设施（以下统称油气和“三电”基础设施）安全保护费用财务管理，根据有关法律法规和《企业财务通则》（财政部令第41号），于2010年10月11日以财企〔2010〕290号文，对企业油气和“三电”基础设施安全保护费用财务问题通知如下。

一、企业油气和“三电”基础设施，主要是指企业容易被盗抢破坏的以下设备设施：

（一）油气集输处理设施、输油气管线、储油气设施等用于石油、天然气、成品油运输和储存的设备设施；

（二）输电线路、变电设备、配电线路及设备、用电计量设备、电力调度设施等用于电力传输供应的设备设施；

（三）公用电信网的架空线路、埋设线路、无线设备等实现电信功能的设备设施；

（四）广播电视信号发射设施、专用传输设施、监测设施及其附属设备等实现广播电视功能的设备设施。

二、企业油气和“三电”基础设施的安全保护费用使用范围，包括以下内容：

（一）防火灾、防盗抢、防破坏等安全防护设备、设施、技术的折旧、摊销、维护、损毁支出；

（二）根据内部治安保卫工作需要，设置治安保卫机构或者配备专职、兼职治安保卫人员的经费支出；

（三）协同地方政府、公安机关开展“联防、群防”工作，组建、聘用兼职、专职的群防队伍或者购买专业保安服务的经费支出；

（四）为参加“联防、群防”工作作出突出贡献的外部单位和个人的奖励支出；

（五）油气和“三电”基础设施保险费支出以及巡护作业人员的人身安全保险费支出；

（六）开展安全保护宣传活动和安全保护专业培训的经费支出；

（七）安全保护业务外包支出；

（八）与油气和“三电”基础设施安全保护直接相关的其他支出。

三、企业发生的油气和“三电”基础设施安全保护费用，应当设立专门账户归集核算。其中：

（一）企业已按照财政部、国家安全生产监督管理总局印发的《高危行业企业安全生产费用财务管理暂行办法》（财企〔2006〕478号）建立安全生产费用管理制度的，对符合本通知第一条第（一）项规定的支出，应当在企业提取的安全生产费用中列支；

（二）企业内部专职治安保卫人员的专业培训支出，据实作为安全保护费用，并从职工教育经费中列支；

（三）企业内部专职治安保卫人员的工资、福利支出，据实作为安全保护费用，并纳入企业工资计划、职工福利费管理。

四、企业油气和“三电”基础设施应当符合国家规定的有关安全保护标准，购建油气和“三电”基础设施的投资预算应当安排配套的安全防护设备、设施、技术支出。

油气和“三电”基础设施运营后，企业应当根据行业特点、安全保护需要、与地方政府和公安机关协同安全保护的情况，确定所需的安全保护费用，并纳入企业财务预算管理，确保安全保护资金落实到位。

五、企业应当制定油气和“三电”基础设施安全保护费用的内部管理制度，明确开支范围、审批程序、监督检查等要求，规范财务管理。

六、本通知自印发之日起施行。执行过程中有何问题，请及时向财政部反映。

建设项目安全设施“三同时”监督管理暂行办法

2010年12月14日，国家安全生产监督管理总局令第36号公布《建设项目安全设施“三同时”监督管理暂行办法》，自2011年2月1日起施行。全文如下。

建设项目安全设施“三同时”监督管理暂行办法

第一章　总　　则

第一条　为加强建设项目安全管理，预防和减少生产安全事故，保障从业人员生命和财产安全，根据《中华人民共和国安全生产法》和《国务院关于进一步加强企业安全生产工作的通知》等法律、行政法规和规定，制定本办法。

第二条　经县级以上人民政府及其有关主管部门依法审批、核准或者备案的生产经营单位新建、改建、扩建工程项目（以下简称建设项目）安全设施的建设及其监督管理，适用本办法。

法律、行政法规及国务院对建设项目安全设施建设及其监督管理另有规定的，依照其规定。

第三条　本办法所称的建设项目安全设施，是指生产经营单位在生产经营活动中用于预防生产安全事故的设备、设施、装置、构（建）筑物和其他技术措施的总称。

第四条　生产经营单位是建设项目安全设施建设的责任主体。建设项目安全设施必须与主体工程同时设计、同时施工、同时投入生产和使用（以下简称三同时）。安全设施投资应当纳入建设项目概算。

第五条　国家安全生产监督管理总局对全国建设项目安全设施“三同时”实施综合监督管理，并在国务院规定的职责范围内承担国务院及其有关主管部门审批、核准或者备案的建设项目安全设施“三同时”的监督管理。

县级以上地方各级安全生产监督管理部门对本行政区域内的建设项目安全设施“三同时”实施综合监督管理，并在本级人民政府规定的职责范围内承担本级人民政府及其有关主管部门审批、核准或者备案的建设项目安全设施“三同时”的监督管理。

跨两个及两个以上行政区域的建设项目安全设施“三同时”由其共同的上一级人民政府安全生产监督管理部门实施监督管理。

上一级人民政府安全生产监督管理部门根据工作需要，可以将其负责监督管理的建设项目安全设施“三同时”工作委托下一级人民政府安全生产监督管理部门实施监督管理。

第六条　安全生产监督管理部门应当加强建设项目安全设施建设的日常安全监管，落实有关行政许可及其监管责任，督促生产经营单位落实安全设施建设责任。

第二章 建设项目安全条件论证与安全预评价

第七条 下列建设项目在进行可行性研究时，生产经营单位应当分别对其安全生产条件进行论证和安全预评价：

（一）非煤矿矿山建设项目；

（二）生产、储存危险化学品（包括使用长输管道输送危险化学品，下同）的建设项目；

（三）生产、储存烟花爆竹的建设项目；

（四）化工、冶金、有色、建材、机械、轻工、纺织、烟草、商贸、军工、公路、水运、轨道交通、电力等行业的国家和省级重点建设项目；

（五）法律、行政法规和国务院规定的其他建设项目。

第八条 生产经营单位对本办法第七条规定的建设项目进行安全条件论证时，应当编制安全条件论证报告。安全条件论证报告应当包括下列内容：

（一）建设项目内在的危险和有害因素及对安全生产的影响；

（二）建设项目与周边设施（单位）生产、经营活动和居民生活在安全方面的相互影响；

（三）当地自然条件对建设项目安全生产的影响；

（四）其他需要论证的内容。

第九条 生产经营单位应当委托具有相应资质的安全评价机构，对其建设项目进行安全预评价，并编制安全预评价报告。

建设项目安全预评价报告应当符合国家标准或者行业标准的规定。

生产、储存危险化学品的建设项目安全预评价报告除符合本条第二款的规定外，还应当符合有关危险化学品建设项目的规定。

第十条 本办法第七条规定以外的其他建设项目，生产经营单位应当对其安全生产条件和设施进行综合分析，形成书面报告，并按照本办法第五条的规定报安全生产监督管理部门备案。

第三章 建设项目安全设施设计审查

第十一条 生产经营单位在建设项目初步设计时，应当委托有相应资质的设计单位对建设项目安全设施进行设计，编制安全专篇。

安全设施设计必须符合有关法律、法规、规章和国家标准或者行业标准、技术规范的规定，并尽可能采用先进适用的工艺、技术和可靠的设备、设施。本办法第七条规定的建设项目安全设施设计还应当充分考虑建设项目安全预评价报告提出的安全对策措施。

安全设施设计单位、设计人应当对其编制的设计文件负责。

第十二条 建设项目安全专篇应当包括下列内容：

（一）设计依据；

（二）建设项目概述；

（三）建设项目涉及的危险、有害因素和危险、有害程度及周边环境安全分析；

（四）建筑及场地布置；

（五）重大危险源分析及检测监控；

（六）安全设施设计采取的防范措施；

（七）安全生产管理机构设置或者安全生产管理人员配备情况；

（八）从业人员教育培训情况；

（九）工艺、技术和设备、设施的先进性和可靠性分析；

（十）安全设施专项投资概算；

（十一）安全预评价报告中的安全对策及建议采纳情况；

（十二）预期效果以及存在的问题与建议；

（十三）可能出现的事故预防及应急救援措施；

（十四）法律、法规、规章、标准规定需要说明的其他事项。

第十三条 本办法第七条第（一）项、第（二）项、第（三）项规定的建设项目安全设施设计完成后，生产经营单位应当按照本办法第五条的规定向安全生产监督管理部门提出审查申请，并提交下列文件资料：

（一）建设项目审批、核准或者备案的文件；

（二）建设项目安全设施设计审查申请；

（三）设计单位的设计资质证明文件；

（四）建设项目初步设计报告及安全专篇；

（五）建设项目安全预评价报告及相关文件资料；

（六）法律、行政法规、规章规定的其他文件资料。

安全生产监督管理部门收到申请后，对属于本部门职责范围内的，应当及时进行审查，并在收到申请后5个工作日内作出受理或者不予受理的决定，书面告知申请人；对不属于本部门职责范围内的，应当将有关文件资料转送有审查权的安全生产监督管理部门，并书面告知申请人。

本办法第七条第（四）项规定的建设项目安全设施设计完成后，生产经营单位应当按照本办法第五条的规定向安全生产监督管理部门备案，并提交下列文件资料：

（一）建设项目审批、核准或者备案的文件；

（二）建设项目初步设计报告及安全专篇；

（三）建设项目安全预评价报告及相关文件资料。

第十四条　对已经受理的建设项目安全设施设计审查申请，安全生产监督管理部门应当自受理之日起20个工作日内作出是否批准的决定，并书面告知申请人。20个工作日内不能作出决定的，经本部门负责人批准，可以延长10个工作日，并应当将延长期限的理由书面告知申请人。

第十五条　建设项目安全设施设计有下列情形之一的，不予批准，并不得开工建设：

（一）无建设项目审批、核准或者备案文件的；

（二）未委托具有相应资质的设计单位进行设计的；

（三）安全预评价报告由未取得相应资质的安全评价机构编制的；

（四）未按照有关安全生产的法律、法规、规章和国家标准或者行业标准、技术规范的规定进行设计的；

（五）未采纳安全预评价报告中的安全对策和建议，且未作充分论证说明的；

（六）不符合法律、行政法规规定的其他条件的。

建设项目安全设施设计审查未予批准的，生产经营单位经过整改后可以向原审查部门申请再审。

第十六条　已经批准的建设项目及其安全设施设计有下列情形之一的，生产经营单位应当报原批准部门审查同意；未经审查同意的，不得开工建设：

（一）建设项目的规模、生产工艺、原料、设备发生重大变更的；

（二）改变安全设施设计且可能降低安全性能的；

（三）在施工期间重新设计的。

第十七条　本办法第七条规定以外的建设项目安全设施设计，由生产经营单位组织审查，形成书面报告，并按照本办法第五条的规定报安全生产监督管理部门备案。

第四章　建设项目安全设施施工和竣工验收

第十八条　建设项目安全设施的施工应当由取得相应资质的施工单位进行，并与建设项目主体工程同时施工。

施工单位应当在施工组织设计中编制安全技术措施和施工现场临时用电方案，同时对危险性较大的分部分项工程依法编制专项施工方案，并附具安全验算结果，经施工单位技术负责人、总监理工程师签字后实施。

施工单位应当严格按照安全设施设计和相关施工技术标准、规范施工，并对安全设施的工程质量负责。

第十九条　施工单位发现安全设施设计文件有错漏的，应当及时向生产经营单位、设计单位提出。生产经营单位、设计单位应当及时处理。

施工单位发现安全设施存在重大事故隐患时，应当立即停止施工并报告生产经营单位进行整改。整改合格后，方可恢复施工。

第二十条　工程监理单位应当审查施工组织设计中的安全技术措施或者专项施工方案是否符合工程建设强制性标准。

工程监理单位在实施监理过程中，发现存在事故隐患的，应当要求施工单位整改；情况严重的，应当要求施工单位暂时停止施工，并及时报告生产经营单位。施工单位拒不整改或者不停止施工的，工程监理单位应当及时向有关主管部门报告。

工程监理单位、监理人员应当按照法律、法规和工程建设强制性标准实施监理，并对安全设施工程的工程质量承担监理责任。

第二十一条　建设项目安全设施建成后，生产经营单位应当对安全设施进行检查，对发现的问题及时整改。

第二十二条　本办法第七条规定的建设项目竣工后，根据规定建设项目需要试运行（包括生产、使用，下同）的，应当在正式投入生产或者使用前进行试运行。

试运行时间应当不少于30日，最长不得超过180日，国家有关部门有规定或者特殊要求的行业除外。

生产、储存危险化学品的建设项目，应当在建设项目试运行前将试运行方案报负责建设项目安全许可的安全生产监督管理部门备案。

第二十三条　建设项目安全设施竣工或者试运行完成后，生产经营单位应当委托具有相应资质的安全评价机构对安全设施进行验收评价，并编制建设项目安全验收评价报告。

建设项目安全验收评价报告应当符合国家标准或者行业标准的规定。

生产、储存危险化学品的建设项目安全验收评价报告除符合本条第二款的规定外，还应当符合有关危险化学品建设项目的规定。

第二十四条　本办法第七条第（一）项、第（二）项、第（三）项规定的建设项目竣工投入生产或者使用前，生产经营单位应当按照本办法第五条的规定向安全生产监督管理部门申请安全设施竣工验收，并提交下列文件资料：

（一）安全设施竣工验收申请；

（二）安全设施设计审查意见书（复印件）；

（三）施工单位的资质证明文件（复印件）；

（四）建设项目安全验收评价报告及其存在问题的整改确认材料；

（五）安全生产管理机构设置或者安全生产管理人员配备情况；

（六）从业人员安全培训教育及资格情况；

（七）法律、行政法规、规章规定的其他文件资料。

安全设施需要试运行（生产、使用）的，还应当提供自查报告。

安全生产监督管理部门收到申请后，对属于本部门职责范围内的，应当及时审查，并在收到申请后 5 个工作日内作出受理或者不予受理的决定，并书面告知申请人；对不属于本部门职责范围内的，应当将有关文件资料转送有审查权的安全生产监督管理部门，并书面告知申请人。

本办法第七条第（四）项规定的建设项目竣工投入生产或者使用前，生产经营单位应当按照本办法第五条的规定向安全生产监督管理部门备案，并提交下列文件资料：

（一）安全设施设计备案意见书（复印件）；

（二）施工单位的施工资质证明文件（复印件）；

（三）建设项目安全验收评价报告及其存在问题的整改确认材料；

（四）安全生产管理机构设置或者安全生产管理人员配备情况；

（五）从业人员安全教育培训及资格情况。

安全设施需要试运行（生产、使用）的，还应当提供自查报告。

第二十五条　对已经受理的建设项目安全设施竣工验收申请，安全生产监督管理部门应当自受理之日起 20 个工作日内作出是否合格的决定，并书面告知申请人。20 个工作日内不能作出决定的，经本部门负责人批准，可以延长 10 个工作日，并应当将延长期限的理由书面告知申请人。

第二十六条　建设项目的安全设施有下列情形之一的，竣工验收不合格，并不得投入生产或者使用：

（一）未选择具有相应资质的施工单位施工的；

（二）未按照建设项目安全设施设计文件施工或者施工质量未达到建设项目安全设施设计文件要求的；

（三）建设项目安全设施的施工不符合国家有关施工技术标准的；

（四）未选择具有相应资质的安全评价机构进行安全验收评价或者安全验收评价不合格的；

（五）安全设施和安全生产条件不符合有关安全生产法律、法规、规章和国家标准或者行业标准、技术规范规定的；

（六）发现建设项目试运行期间存在事故隐患未整改的；

（七）未依法设置安全生产管理机构或者配备安全生产管理人员的；

（八）从业人员未经过安全教育培训或者不具备相应资格的；

（九）不符合法律、行政法规规定的其他条件的。

建设项目安全设施竣工验收未通过的，生产经营单位经过整改后可以向原验收部门再次申请验收。

第二十七条　本办法第七条规定以外的建设项目安全设施竣工验收，由生产经营单位组织实施，形成书面报告，并按照本办法第五条的规定报安全生产监督管理部门备案。

第二十八条　生产经营单位应当按照档案管理的规定，建立建设项目安全设施“三同时”文件资料档案，并妥善保存。

第二十九条　建设项目安全设施未与主体工程同时设计、同时施工或者同时投入使用的，安全生产监督管理部门对与此有关的行政许可一律不予审批，同时责令生产经营单位立即停止施工、限期改正违法行为，对有关生产经营单位和人员依法给予行政处罚。

第五章　法　律　责　任

第三十条　建设项目安全设施“三同时”违反本办法的规定，安全生产监督管理部门及其工作人员给予审批通过或者颁发有关许可证的，依法给予行政处分。

第三十一条　生产经营单位违反本办法的规定，对本办法第七条规定的建设项目未进行安全生产条件论证和安全预评价的，给予警告，可以并处 1 万元以上 3 万元以下的罚款。生产经营单位违反本办法的规定，对本办法第七条规定以外的建设项目未进行安全生产条件和设施综合分析，形成书面报告，并报安全生产监督管理部门备案的，给予警告，可以并处 5000 元以上 2 万元以下的罚款。

第三十二条　本办法第七条第（一）～（三）项规定的建设项目有下列情形之一的，责令限期改正；逾期未改正的，责令停止建设或者停产停业整顿，可以并处 5 万元以下的罚款：

（一）没有安全设施设计或者安全设施设计未按照规定报经安全生产监督管理部门审查同意，擅自开工的；

（二）施工单位未按照批准的安全设施设计施工的；

（三）投入生产或者使用前，安全设施未经验收合格的。

第三十三条　本办法第七条第（四）项规定的建设项目有下列情形之一的，给予警告，并处 1 万元以上 3 万元以下的罚款：

（一）没有安全设施设计或者安全设施设计未按照规定向安全生产监督管理部门备案的；

（二）施工单位未按照安全设施设计施工的；

（三）投入生产或者使用前，安全设施竣工验收情况未按照规定向安全生产监督管理部门备案的。

第三十四条 已经批准的建设项目安全设施设计发生重大变更，生产经营单位未报原批准部门审查同意擅自开工建设的，责令限期改正，可以并处1万元以上3万元以下的罚款。

第三十五条 本办法第七条规定以外的建设项目有下列情形之一的，对生产经营单位责令限期改正，可以并处5000元以上3万元以下的罚款：

（一）没有安全设施设计的；

（二）安全设施设计未组织审查，形成书面审查报告，并报安全生产监督管理部门备案的；

（三）施工单位未按照安全设施设计施工的；

（四）未组织安全设施竣工验收，形成书面报告，并报安全生产监督管理部门备案的。

第三十六条 承担建设项目安全评价的机构弄虚作假、出具虚假报告，尚未构成犯罪的，没收违法所得，违法所得在5000元以上的，并处违法所得2倍以上5倍以下的罚款；没有违法所得或者违法所得不足5000元的，单处或者并处5000元以上2万元以下的罚款，对其直接负责的主管人员和其他直接责任人员处5000元以上5万元以下的罚款；给他人造成损害的，与生产经营单位承担连带赔偿责任。

对有本条第一款违法行为的机构，撤销其相应资格。

第三十七条 本办法规定的行政处罚由安全生产监督管理部门决定。法律、行政法规对行政处罚的种类、幅度和决定机关另有规定的，依照其规定。

安全生产监督管理部门对应当由其他有关部门进行处理的“三同时”问题，应当及时移送有关部门并形成记录备查。

第六章 附 则

第三十八条 本办法自2011年2月1日起施行。

电价监督检查暂行规定

国家电监会2010年12月13日印发了《电价监督检查暂行规定》，全文如下。

电价监督检查暂行规定

第一章 总 则

第一条 为加强电价政策执行情况的监督检查，规范电价监督检查行为，维护电力市场的正常秩序，保护电力企业和电力用户的合法权益，根据《电力监管条例》和国家有关规定，制定本规定。

第二条 电力监管机构实施电价监督检查应当遵循依法、公开、公正的原则，并接受社会和公众的监督。

第三条 电力监管机构对电力企业（包括电力调度交易机构，下同）执行国家电价政策以及电力市场价格行为的监督检查适用本规定。

第二章 监督检查内容

第四条 电力监管机构监督检查电力企业执行国家电价政策的行为，包括以下几种情况：

（一）电力企业执行政府价格主管部门核定的上网电价情况；

（二）电力企业执行政府价格主管部门核定的输配电价情况；

（三）电力企业执行政府价格主管部门核定的销售电价情况；

（四）电力企业执行政府性基金和附加政策情况；

（五）电力企业执行国家制定辅助服务收费标准情况；

（六）电力企业执行国家制定各项涉及电力业务的价格和收费政策情况；

（七）电力企业执行其他涉及国家电价政策情况。

第五条 电力监管机构监督检查电力企业执行电力市场价格行为，包括以下几种情况：

（一）已建立竞争性电力市场，并实行竞价上网的，电力企业按照市场交易规则、交易模式，实行竞价及执行最高最低限价情况，以及现货市场报价及执行情况；

（二）在替代发电或发电权交易中，电力企业合同、协议价格执行情况；

（三）参与电力用户与发电企业直接交易的，双方协商确定直接交易价格及国家规定的输配电价执行情况；

（四）跨省、跨区域电能交易国家尚未核定价格的，电力企业按有关规定协商确定交易价格及执行情况，双方协商确定输配电价情况以及向国家有关部门的备案情况；

（五）电力企业在电力市场中其他价格行为。

第六条 电力监管机构监督检查电力企业按照国家规定上报相关电价信息资料情况，以及信息资料的及时性、真实性和准确性。

第三章 监督检查的组织实施

第七条 国家电监会负责组织开展全国性电价监

督检查工作，并将检查结果通过监管报告等形式向社会公开发布。

国家电监会负责组织协调全国性重大电价监督检查事宜，必要时联合国家价格主管部门及其他有关部门共同开展全国电价专项检查。

第八条 各派出机构根据有关规定负责本辖区电价监督检查工作，组织对辖区电力企业进行监督检查。

第九条 各派出机构在电价监督检查中，认为需由国家电监会决定的事件，可报请国家电监会处理。

第十条 电价监督检查分为定期检查和不定期检查，可以采取交叉检查、专项检查、重点检查等方式。

第十一条 定期检查原则上每年进行一次，由电力监管机构统一部署并组织实施。不定期检查由电力监管机构根据具体情况进行，可与投诉举报及日常检查相结合。

第十二条 电力监管机构实施监督检查时，应当遵守有关法律法规及相关要求，事前向被检查单位发出检查通知书，明确检查事项。特殊情况时，可以持现场检查通知书或电力监管执法证件直接进入被检查单位进行检查。

第十三条 检查人员在实施监督检查时应当出示电力监管执法证件，检查人员不得少于2人。

第十四条 电力监管机构在实施电价监督检查时，可以采取下列措施：

（一）进入电力企业进行检查；

（二）询问有关人员，要求其对有关检查事项作出说明；

（三）查阅、复制与检查事项有关的文件、资料，对可能被转移、隐匿、损毁的文件、资料予以封存；

（四）向其他企业和电力用户了解核实相关情况。

第十五条 电力监管机构进行电价监督检查时，相关电力企业和电力用户应予配合，接受询问并如实提供有关资料，不得拖延、阻挠、拒绝。

第十六条 电力监管机构工作人员不得将依法取得的资料或者了解的情况用于依法进行监管以外的任何目的，不得泄露当事人的商业秘密。

第十七条 电力监管机构可以根据需要聘请具有相关专业知识的人员协助进行监督检查。必要时，可邀请人大代表、政协委员、群众团体代表参加监督检查。

第十八条 任何单位、组织和个人对电力企业违反国家有关电价法律、法规和政策规定的行为有权向电力监管机构投诉和举报。

第四章 法 律 责 任

第十九条 电力监管机构从事监管工作的人员违反电力监管有关规定，损害电力企业、电力用户的合法权益以及社会公共利益的，依法给予行政处分；构成犯罪的，依法追究刑事责任。

第二十条 对电力企业违反国家有关电价法律、法规和政策的行为，以及电力市场中的不正当竞价行为，电力监管机构有权要求其自行予以纠正，或限期改正。

第二十一条 电力企业因价格违法行为致使电力用户或其他电力企业多付价款的，应当予以退还，不能退还的上缴国库。造成损害的，应当依法承担赔偿责任。

第二十二条 电力监管机构对电力企业违反有关电价法律、法规和政策，损害社会公共利益的行为及其处理结果，可以向社会公布。造成重大损失或重大影响的，依法提出其主管部门对主要负责人和直接责任人员给予行政处分的建议。

第二十三条 电力企业有下列情形之一的，按照《电力监管条例》第三十四条和国家有关规定处理：

（一）拒绝或者阻碍电力监管机构及其从事监管工作的人员依法履行监管职责的；

（二）提供虚假或者转移、隐瞒重要事实的文件、资料的；

（三）未按照有关规定报送材料和披露信息的；

（四）造成市场不公平交易的。

第二十四条 电力监管机构对电价监督检查中发现的电价违法行为，可以向价格主管部门提出行政处罚建议。

第二十五条 电力企业和电力用户对电力监管机构作出处罚决定不服的，可以依法申请行政复议或者提起行政诉讼。

第二十六条 电力监管机构在电价监督检查中发现地方政府或其他有关部门有违反国家电价法律、法规和政策行为的，应当向国务院及有关部门反映，并提出纠正和处理建议。

第五章 附 则

第二十七条 本规定自2011年1月1日起执行。

国务院关于进一步加大工作力度确保实现“十一五”节能减排目标的通知

国务院于2010年5月4日以国发〔2010〕12号文，发出《国务院关于进一步加大工作力度确保实现“十一五”节能减排目标的通知》。全文如下。

2006年以来，各地区、各部门认真贯彻落实科学发展观，把节能减排作为调整经济结构、转变发展方式的重要抓手，加大资金投入，强化责任考核，完善政策机制，加强综合协调，节能减排工作取得重要进展。全国单位国内生产总值能耗累计下降14.38%，化学需氧量排放总量下降9.66%，二氧化硫排放总量下降13.14%。但要实现“十一五”单位国内生产总值能耗降低20%左右的目标，任务还相当艰巨。为进一步加大工作力度，确保实现“十一五”节能减排目标，现就有关事项通知如下。

一、增强做好节能减排工作的紧迫感和责任感。“十一五”节能减排指标是具有法律约束力的指标，是政府向全国人民做出的庄严承诺，是衡量落实科学发展观、加快调整产业结构、转变发展方式成效的重要标志，事关经济社会可持续发展，事关人民群众切身利益，事关我国的国际形象。当前，节能减排形势十分严峻，特别是2009年第三季度以来，高耗能、高排放行业快速增长，一些被淘汰的落后产能死灰复燃，能源需求大幅增加，能耗强度、二氧化硫排放量下降速度放缓甚至由降转升，化学需氧量排放总量下降趋势明显减缓。为应对全球气候变化，我国政府承诺到2020年单位国内生产总值二氧化碳排放要比2005年下降40%～45%，节能提高能效的贡献率要达到85%以上，这也给节能减排工作带来巨大挑战。各地区、各部门要充分认识加强节能减排工作的重要性和紧迫性，切实增强使命感和责任感，下更大决心，花更大气力，果断采取强有力、见效快的政策措施，打好节能减排攻坚战，确保实现“十一五”节能减排目标。

二、强化节能减排目标责任。组织开展对省级政府2009年节能减排目标完成情况和措施落实情况及“十一五”目标完成进度的评价考核，考核结果向社会公告，落实奖惩措施，加大问责力度。及时发布2009年全国和各地区单位国内生产总值能耗、主要污染物排放量指标公报，以及2010年上半年全国单位国内生产总值能耗、主要污染物排放量指标公报。各地区要按照节能减排目标责任制的要求，一级抓一级，层层抓落实，组织开展本地区节能减排目标责任评价考核工作，对未完成目标的地区进行责任追究。到“十一五”末，要对节能减排目标完成情况算总账，实行严格的问责制，对未完成任务的地区、企业集团和行政不作为的部门，都要追究主要领导责任，根据情节给予相应处分。各地区“十二五”节能目标任务的确定要以2005年为基数。各省级政府要在5月底前，将本地区2010年节能减排目标和实施方案报国务院。

三、加大淘汰落后产能力度。2010年关停小火电机组1000万kW，淘汰落后炼铁产能2500万t、炼钢600万t、水泥5000万t、电解铝33万t、平板玻璃600万重箱、造纸53万t。各省级政府要抓紧制定本地区今年淘汰落后产能任务，将任务分解到市、县和有关企业，并于5月20日前报国务院有关部门。有关部门要在5月底前下达各地区淘汰落后产能任务，公布淘汰落后产能企业名单，确保落后产能在第三季度前全部关停。加强淘汰落后产能核查，对未按期完成淘汰落后产能任务的地区，严格控制国家安排的投资项目，实行项目“区域限批”，暂停对该地区项目的环境影响评价、供地、核准和审批。对未按规定期限淘汰落后产能的企业，依法吊销排污许可证、生产许可证、安全生产许可证，投资管理部门不予审批和核准新的投资项目，国土资源管理部门不予批准新增用地，有关部门依法停止落后产能生产的供电供水。

四、严控高耗能、高排放行业过快增长。严格控制“两高”和产能过剩行业新上项目。各级投资主管部门要进一步加强项目审核管理，2010年内不再审批、核准、备案“两高”和产能过剩行业扩大产能项目。未通过环境影响评价、节能审查和土地预审的项目，一律不准开工建设。对违规在建项目，有关部门要责令停止建设，金融机构一律不得发放贷款。对违规建成的项目，要责令停止生产，金融机构一律不得发放流动资金贷款，有关部门要停止供电供水。落实限制“两高”产品出口的各项政策，控制“两高”产品出口。

五、加快实施节能减排重点工程。安排中央预算内投资333亿元、中央财政资金500亿元，重点支持十大重点节能工程建设、循环经济发展、淘汰落后产能、城镇污水垃圾处理、重点流域水污染治理，以及节能环保能力建设等，形成年节能能力8000万t标准煤，新增城镇污水日处理能力1500万t、垃圾日处理能力6万t。各地区要将节能减排指标落实到具体项目，节能减排专项资金要向能直接形成节能减排能力的项目倾斜，尽早下达资金，尽快形成节能减排能力。有关部门要在6月中旬前出台加快推行合同能源管理，促进节能服务产业发展的相关配套政策，对节能服务公司为企业实施节能改造给予支持。

六、切实加强用能管理。要加强对各地区综合能源消费量、高耗能行业用电量、高耗能产品产量等情况的跟踪监测，对能源消费和高耗能产业增长过快的地区，合理控制能源供应，切实改变敞开口子供应能源、无节制使用能源的现象。大力推进节能发电调度，加强电力需求侧管理，制订和实施有序用电方案，在保证合理用电需求的同时，要压缩高耗能、高排放企业用电。对能源消耗超过已有国家和地方单位产品能耗（电耗）限额标准的，实行惩罚性价格政策，具体由省级政府有关部门提出意见。省级节能主管部门组织各级节能监察机构于2010年6月底前对重点用能单位上一年度和2010年上半年主要产品能源消耗情况进行专项能源监察审计，提出超能耗（电耗）限额标准的企业和产品名单，实行惩罚性电价，对超过限额标准1倍以上的，比照淘汰类电价加价标准执行。加强城市照明管理，严格控制公用设施和大型建筑物装饰性景观照明能耗。

七、强化重点耗能单位节能管理。突出抓好千家企业节能行动，公告考核结果，强化目标责任，加强用能管理，提高用能水平，确保形成2000万t标准煤的年节能能力。省级节能主管部门要加强对年耗能5000t标准煤以上重点用能单位的节能监管，落实能源利用状况报告制度，推进能效水平对标活动，开展节能管理师和能源管理体系试点。已经完成“十一五”节能任务的用能单位，要继续狠抓节能不放松，为完成本地区节能任务多作贡献；尚未完成任务的用能单位，要采取有力措施，确保完成“十一五”节能任务。中央和地方国有企业都要发挥表率作用，加大节能投入，加强管理，对完不成节能减排目标和存在严重浪费能源资源的，在经营业绩考核中实行降级降分处理，并与企业负责人绩效薪酬紧密挂钩。

八、推动重点领域节能减排。加强电力、钢铁、有色、石油石化、化工、建材等重点行业节能减排管理，加大用先进适用技术改造传统产业的力度。加强新建建筑节能监管，到2010年底，全国城镇新建建筑执行节能强制性标准的比例达到95%以上，完成北方采暖地区居住建筑供热计量及节能改造5000万m^2，确保完成“十一五”期间1.5亿m^2的改造任务。夏季空调温度设置不低于26℃。加强车辆用油定额考核，严格执行车辆燃料消耗量限值标准，对客车实载率低于70%的线路不得投放新的运力。推行公路甩挂运输，加快铁路电气化建设和运输装备改造升级，优化民航航路航线。开展节约型公共机构示范单位建设活动，2010年公共机构能源消耗指标要在去年基础上降低5%。加强流通服务业节能减排工作。加大汽车、家电以旧换新力度。抓好“三河三湖”、松花江等重点流域水污染治理。做好重金属污染治理工作。抓好农村环境综合整治。支持军队加快实施节能减排技术改造。

九、大力推广节能技术和产品。发布国家重点节能技术推广目录（第三批）。继续实施“节能产品惠民工程”，在加大高效节能空调推广的基础上，全面推广节能汽车、节能电机等产品，继续做好新能源汽车示范推广，2010年5月底前有关部门要出台具体的实施细则。推广节能灯1.5亿只以上，东中部地区和有条件的西部地区城市道路照明、公共场所、公共机构全部淘汰低效照明产品。扩大能效标识实施范围，发布第七批能效标识产品目录。落实政府优先和强制采购节能产品制度，完善节能产品政府采购清单动态管理。

十、完善节能减排经济政策。深化能源价格改革，调整天然气价格，推行居民用电阶梯价格，落实煤层气、天然气发电上网电价和脱硫电价政策，出台鼓励余热余压发电上网和价格政策。对电解铝、铁合金、钢铁、电石、烧碱、水泥、黄磷、锌冶炼等高耗能行业中属于产业结构调整指导目录限制类、淘汰类范围的，严格执行差别电价政策。各地可在国家规定基础上，按照规定程序加大差别电价实施力度，大幅提高差别电价加价标准。加大污水处理费征收力度，改革垃圾处理费收费方式。积极落实国家支持节能减排的所得税、增值税等优惠政策，适时推进资源税改革。尽快出台排污权有偿使用和交易指导意见。深化生态补偿试点，完善生态补偿机制。开展环境污染责任保险。金融机构要加大对节能减排项目的信贷支持。

十一、加快完善法规标准。尽快出台固定资产投资项目节能评估和审查管理办法，抓紧完成城镇排水与污水处理条例的审查修改，做好大气污染防治法（修订）、节约用水条例、生态补偿条例的研究起草工作。研究制定重点用能单位节能管理办法、能源计量监督管理办法、节能产品认证管理办法、主要污染物排放许可证管理办法等。完善单位产品能耗限额标准、用能产品能效标准、建筑能耗标准等。

十二、加大监督检查力度。在2010年第三季度，国务院组成工作组，对部分地区贯彻落实本通知精神情况进行检查。各级政府要组织开展节能减排专项督察，严肃查处违规乱上“两高”项目、淘汰落后产能进展滞后、减排设施不正常运行及严重污染环境等问题，彻底清理对高耗能企业和产能过剩行业电价优惠政策，发现一起，查处一起，对重点案件要挂牌督办，对有关责任人要严肃追究责任。要组织节能监察机构对重点用能单位开展拉网式排查，严肃查处使用国家明令淘汰的用能设备或生产工艺、单位产品能耗超限额标准用能等问题，情节严重的，依法责令停业整顿或者关闭。开展酒店、商场、办公楼等公共场所空调温度以及城市景观过度照明检查。继续深入开展整治违法排污企业保障群众健康环保专项行动。发挥职工监督作用，加强职工节能减排义务监督员队伍建设。

十三、深入开展节能减排全民行动。加强能源资源和生态环境国情宣传教育，进一步增强全民资源忧患意识、节约意识和环保意识。组织开展好2010年全国节能宣传周、世界环境日等活动。在企业、机关、学校、社区、军营等开展广泛深入的“节能减排全民行动”，普及节能环保知识和方法，推介节能新技术、新产品，倡导绿色消费、适度消费理念，加快形成有利于节约资源和保护环境的消费模式。新闻媒体要加大节能减排宣传力度，在重要栏目、重要时段、重要版面跟踪报道各地区落实本通知要求采取的行动，宣传先进经验，曝光反面典型，充分发挥舆论宣传和监督作用。

十四、实施节能减排预警调控。要做好节能减排形势分析和预警预测。各地区要在2010年6月底前制订相关预警调控方案，在第三季度组织开展“十一五”节能减排目标完成情况预考核；对完成目标有困难的地区，要及时启动预警调控方案。

各地区、各部门要把节能减排放在更加突出的位置，切实加强组织领导。地方各级人民政府对本行政区域节能减排负总责，政府主要领导是第一责任人。国家发展改革委要加强节能减排综合协调，指导推动节能降耗工作，环境保护部要做好减排的协调推动工作，统计局要加强能源监测和统计。有关部门在各自的职责范围内做好节能减排工作，加强对各地区贯彻落实本通知精神的督促检查，确保实现“十一五”节能减排目标。

海上风电开发建设管理暂行办法

为规范海上风电项目开发建设管理，促进海上风电健康、有序发展，国家能源局、国家海洋局于2010年1月22日以国能新能〔2010〕29号文印发《海上风电开发建设管理暂行办法》。全文如下。

海上风电开发建设管理暂行办法

第一章　总　　则

第一条　为规范海上风电项目开发建设管理，促进海上风电有序开发、规范建设和持续发展，根据《中华人民共和国行政许可法》、《中华人民共和国海域使用管理法》和《企业投资项目核准暂行办法》，特制定本办法。

第二条　本办法所称海上风电项目是指沿海多年平均大潮高潮线以下海域的风电项目，包括在相应开发海域内无居民海岛上的风电项目。

第三条　海上风电项目开发建设管理包括海上风电发展规划、项目授予、项目核准、海域使用和海洋环境保护、施工竣工验收、运行信息管理等环节的行政组织管理和技术质量管理。

第四条　国家能源主管部门负责全国海上风电开发建设管理。沿海各省（自治区、直辖市）能源主管部门在国家能源主管部门指导下，负责本地区海上风电开发建设管理。海上风电技术委托全国风电建设技术归口管理单位负责管理。

第五条　国家海洋行政主管部门负责海上风电开发建设海域使用和环境保护的管理和监督。

第二章　规　　划

第六条　海上风电规划包括全国海上风电发展规划和沿海各省（自治区、直辖市）海上风电发展规划。

全国海上风电发展规划和沿海各省（自治区、直辖市）海上风电发展规划应当与全国可再生能源发展规划、全国和沿海各省（自治区、直辖市）海洋功能区划、海洋经济发展规划相协调。沿海各省（自治区、直辖市）海上风电发展规划应符合全国海上风电发展规划。

第七条　国家能源主管部门统一组织全国海上风电发展规划编制和管理，并会同国家海洋行政主管部门审定沿海各省（自治区、直辖市）海上风电发展规划。沿海各省（自治区、直辖市）能源主管部门按国家能源主管部门统一部署，负责组织本行政区域海上风电发展规划的编制和管理。

第八条　沿海各省（自治区、直辖市）能源主管部门组织具有国家甲级设计资质的单位，按照规范要求编制本省（自治区、直辖市）管理海域内的海上风电发展规划；同级海洋行政主管部门对规划提出用海初审意见和环境影响评价初步意见；技术归口管理单位负责对沿海各省（自治区、直辖市）海上风电发展规划进行技术审查。

第九条　国家能源主管部门组织海上风电技术管理部门，在沿海各省（自治区、直辖市）海上风电发展规划的基础上，编制全国海上风电发展规划；组织沿海各省（自治区、直辖市）能源主管部门、电网企业组织编制海上风电工程配套电网工程规划，落实电网接入方案和市场消纳方案。

第十条　国家海洋行政主管部门组织沿海各省（自治区、直辖市）海洋主管部门，根据全国和沿海各省（自治区、直辖市）海洋功能区划、海洋经济发展规划，做好海上风电发展规划用海初审和环境影响评价初步审查工作。

第三章　项　目　授　予

第十一条　国家能源主管部门负责海上风电项目的开发权授予。沿海各省（自治区、直辖市）能源主管部门依据经国家能源主管部门审定的海上风电发展规划，组织企业开展海上测风、地质勘察、水文调查等前期工作。

未经许可，企业不得开展风电场工程建设。

第十二条　沿海各省（自治区、直辖市）能源主管部门在前期工作基础上，提出海上风电工程项目的开发方案，向国家能源主管部门上报项目开发申请报告。国家能源主管部门组织技术审查并论证工程建设条件后，确定是否同意开发。

第十三条　项目开发申请报告应主要包括以下内容：

（一）风资源测量与评价、海洋水文观测与评价、风电场海图测量，工程地质勘察及工程建设条件；

（二）项目开发任务、工程规模、工程方案和电网接入方案；

（三）建设用海初步审查，海洋环境影响初步评价；

（四）经济和社会效益初步分析评价。

第十四条　海上风电工程项目优先采取招标方式选择开发投资企业，招标条件为上网电价、工程方案、技术能力和经营业绩。开发投资企业为中资企业或中资控股（50%以上股权）中外合资企业。

已有海上风电项目的扩建，原项目单位可提出申请，经国家能源主管部门确认后获得扩建项目的开发权。

获得风电项目开发权的企业必须按招标合同或授权文件要求开展工作，未经国家能源主管部门同意，不得自行转让开发权。

第十五条　海上风电项目招标工作由国家能源主管部门统一组织，招标人为项目所在地省（自治区、直辖市）能源主管部门。

对开展了海上风电项目前期工作而最终没有中标的企业，由中标企业按省级能源主管部门核定的前期工作费用标准，向承担了前期工作的企业给予经济补偿。

第四章　项　目　核　准

第十六条　招标选择的项目投资企业或确认扩建项目开发企业，按海上风电工程前期工作的要求落实工程方案和建设条件，编写项目申请报告，办理项目核准所需的支持性文件，与招标单位签订项目特许权协议，并与当地省级电网企业签订并网和购售电协议。项目所在地省级能源主管部门对项目申请报告初审后，上报国家能源主管部门核准。

第十七条　海上风电项目核准申请报告应达到可行性研究的深度，并附有下列文件：

（一）项目列入全国或地方规划的依据文件；

（二）项目开发授权文件，或项目特许权协议；

（三）项目可行性研究报告及其技术审查意见；

（四）项目用海预审文件和环境影响评价报告批复文件；

（五）海上风电场工程接入电网的承诺文件；

（六）金融机构同意给予项目贷款融资等承诺文件；

（七）根据有关法律法规应提交的其他文件。

第十八条　海上风电项目必须经过核准并取得海域使用权后，方可开工建设。项目核准后两年内未开工建设的，国家能源主管部门收回项目开发权，国家海洋行政主管部门收回海域使用权。

第五章　建　设　用　海

第十九条　海上风电项目建设用海应遵循节约和集约利用海域资源的原则，合理布局。

第二十条　项目单位向国家能源主管部门申请核准前，应向国家海洋行政主管部门提出海域使用申请文件，并提交以下材料：

（一）海域使用申请报告，包括建设项目基本情况、拟用海选址情况、拟用海的规模及用海类型；

（二）海域使用申请书（一式五份）；

（三）资信证明材料；

（四）存在利益相关者的，应提交解决方案或协议。

第二十一条　国家海洋行政主管部门收到符合要求的用海申请材料后组织初审。初审通过后，国家海洋行政主管部门通知项目建设单位开展海域使用论证；海域使用论证评审通过后，国家海洋行政主管部门出具项目用海预审意见。

第二十二条　项目建设单位申报项目建设核准申请时，应附国家海洋行政主管部门用海预审意见；无预审意见或预审未通过的，国家能源主管部门不予核准。

第二十三条　海上风电项目建设用海按风电设施实际占用海域面积和安全区占用海域面积征用。其中，非封闭管理的海上风电机组用海面积为所有风电机组塔架占用海域面积之和，单个风电机组塔架用海面积按塔架中心点至基础外缘线点再向外扩 50m 为半径的圆形区域计算；海底电缆用海面积按电缆外缘向两侧各外扩 10m 宽为界计算；其他永久设施用海面积按《海籍调查规范》的规定计算。各宗海面积不重复计算。

第二十四条　海上风电项目经核准后，项目单位应及时将项目核准文件提交国家海洋行政主管部门。国家海洋行政主管部门依法审核并办理海域使用权报批手续。

第二十五条　项目单位应按规定缴纳海域使用金，办理海域使用权登记，领取海域使用权证书。

第二十六条　使用无居民海岛建设海上风电的项目单位应当按照《海岛保护法》等法律法规办理无居民海岛使用申请审批手续，并取得无居民海岛使用权证书后，方可开工建设。

第六章　环　境　保　护

第二十七条　项目单位应当按照《海洋环境保护

法》、《防治海洋工程建设项目污染损害海洋环境管理条例》及相关技术标准要求，编制海上风电项目环境影响报告书，报国家海洋行政主管部门核准。

第二十八条　海上风电项目建设环境影响报告书应委托有相应资质的单位编制。项目单位在项目申请核准前需取得国家海洋行政主管部门出具的建设项目环境影响报告书的核准文件；无报告书核准意见或未通过核准的，国家能源主管部门不予核准。

第二十九条　海上风电项目核准后，项目单位应按建设项目环境影响报告书及核准意见的要求，加强环境保护设计，落实环境保护措施。按规定程序申请环境保护设施竣工验收，验收合格后，该项目方可正式投入运营。

第七章　施工竣工验收

第三十条　海上风电项目经核准后，项目单位应制定施工方案，报请当地海洋行政主管部门、海事主管部门备案。施工企业应具备海洋工程施工资质，进驻施工现场前应向当地海洋行政主管部门办理施工许可手续。海底电缆的铺设施工应当按照《铺设海底电缆管道管理规定》的要求办理相关手续。

项目单位和施工企业应制定安全应急方案。

第三十一条　国家能源主管部门委托项目所在省（自治区、直辖市）能源主管部门负责海上风电项目竣工验收。项目单位在完成土建施工、安装风电机组和其他辅助设施后，向所在地省（自治区、直辖市）能源主管部门申请验收。省级能源主管部门协调和督促电网企业完成电网接入配套设施，在配套电网接入设施建成后，对海上风电项目进行预验收。预验收通过后，项目单位在电网企业配合下进行机组并网调试，全部机组完成并网调试后，进行项目竣工验收。

第八章　运行信息

第三十二条　项目单位应建立自动化风电机组监控系统，向电网调度机构和国家风电信息管理中心实时传送风电场的运行数据。未经批准，项目运行实时数据不得向境外传送。

第三十三条　项目单位应按照有关规定建立安全生产制度，发生重大事故和设备故障应及时向电网调度机构、当地能源主管部门报告，每半年向国家风电信息管理中心提交一次总结报告。

第三十四条　项目单位应建立或保留已有测风塔，长期监测项目所在区域的风资源以及空气温度、湿度、海浪等气象数据，监测结果应定期向当地省（自治区、直辖市）能源主管部门和国家风电信息管理中心报告。

第三十五条　新建项目投产1年后，由国家能源主管部门组织有资质的咨询机构，对项目建设和运行情况进行后评估，3个月内完成后评估报告。评估结果作为项目单位参与后续海上风电项目开发的依据。

第九章　其　他

第三十六条　海上风电基地或大型海上风电项目，可由当地省级能源主管部门组织有关单位统一协调办理电网接入系统、建设用海预审、环境影响评价和项目核准申请手续。

第十章　附　则

第三十七条　本办法由国家能源局和国家海洋局负责解释。

第三十八条　本办法由国家能源局和国家海洋局联合发布，自发布之日起施行。

中华人民共和国可再生能源法

中华人民共和国主席令第二十三号

《全国人民代表大会常务委员会关于修改〈中华人民共和国可再生能源法〉的决定》已由中华人民共和国第十一届全国人民代表大会常务委员会第十二次会议于2009年12月26日通过，现予公布，自2010年4月1日起施行。

中华人民共和国主席　胡锦涛

二〇〇九年十二月二十六日

第一章　总　则

第一条　为了促进可再生能源的开发利用，增加能源供应，改善能源结构，保障能源安全，保护环境，实现经济社会的可持续发展，制定本法。

第二条　本法所称可再生能源，是指风能、太阳能、水能、生物质能、地热能、海洋能等非化石能源。

水力发电对本法的适用，由国务院能源主管部门规定，报国务院批准。

通过低效率炉灶直接燃烧方式利用秸秆、薪柴、粪便等，不适用本法。

第三条　本法适用于中华人民共和国领域和管辖的其他海域。

第四条　国家将可再生能源的开发利用列为能源发展的优先领域，通过制定可再生能源开发利用总量目标和采取相应措施，推动可再生能源市场的建立和发展。

国家鼓励各种所有制经济主体参与可再生能源的开发利用，依法保护可再生能源开发利用者的合法权益。

第五条 国务院能源主管部门对全国可再生能源的开发利用实施统一管理。国务院有关部门在各自的职责范围内负责有关的可再生能源开发利用管理工作。

县级以上地方人民政府管理能源工作的部门负责本行政区域内可再生能源开发利用的管理工作。县级以上地方人民政府有关部门在各自的职责范围内负责有关的可再生能源开发利用管理工作。

第二章 资源调查与发展规划

第六条 国务院能源主管部门负责组织和协调全国可再生能源资源的调查，并会同国务院有关部门组织制定资源调查的技术规范。

国务院有关部门在各自的职责范围内负责相关可再生能源资源的调查，调查结果报国务院能源主管部门汇总。

可再生能源资源的调查结果应当公布；但是，国家规定需要保密的内容除外。

第七条 国务院能源主管部门根据全国能源需求与可再生能源资源实际状况，制定全国可再生能源开发利用中长期总量目标，报国务院批准后执行，并予公布。

国务院能源主管部门根据前款规定的总量目标和省（自治区、直辖市）经济发展与可再生能源资源实际状况，会同省（自治区、直辖市）人民政府确定各行政区域可再生能源开发利用中长期目标，并予公布。

第八条 国务院能源主管部门会同国务院有关部门，根据全国可再生能源开发利用中长期总量目标和可再生能源技术发展状况，编制全国可再生能源开发利用规划，报国务院批准后实施。

国务院有关部门应当制定有利于促进全国可再生能源开发利用中长期总量目标实现的相关规划。

省（自治区、直辖市）人民政府管理能源工作的部门会同本级人民政府有关部门，依据全国可再生能源开发利用规划和本行政区域可再生能源开发利用中长期目标，编制本行政区域可再生能源开发利用规划，经本级人民政府批准后，报国务院能源主管部门和国家电力监管机构备案，并组织实施。

经批准的规划应当公布；但是，国家规定需要保密的内容除外。

经批准的规划需要修改的，须经原批准机关批准。

第九条 编制可再生能源开发利用规划，应当遵循因地制宜、统筹兼顾、合理布局、有序发展的原则，对风能、太阳能、水能、生物质能、地热能、海洋能等可再生能源的开发利用作出统筹安排。规划内容应当包括发展目标、主要任务、区域布局、重点项目、实施进度、配套电网建设、服务体系和保障措施等。

组织编制机关应当征求有关单位、专家和公众的意见，进行科学论证。

第三章 产业指导与技术支持

第十条 国务院能源主管部门根据全国可再生能源开发利用规划，制定、公布可再生能源产业发展指导目录。

第十一条 国务院标准化行政主管部门应当制定、公布国家可再生能源电力的并网技术标准和其他需要在全国范围内统一技术要求的有关可再生能源技术和产品的国家标准。

对本条第一款规定的国家标准中未作规定的技术要求，国务院有关部门可以制定相关的行业标准，并报国务院标准化行政主管部门备案。

第十二条 国家将可再生能源开发利用的科学技术研究和产业化发展列为科技发展与高技术产业发展的优先领域，纳入国家科技发展规划和高技术产业发展规划，并安排资金支持可再生能源开发利用的科学技术研究、应用示范和产业化发展，促进可再生能源开发利用的技术进步，降低可再生能源产品的生产成本，提高产品质量。

国务院教育行政部门应当将可再生能源知识和技术纳入普通教育、职业教育课程。

第四章 推 广 与 应 用

第十三条 国家鼓励和支持可再生能源并网发电。

建设可再生能源并网发电项目，应当依照法律和国务院的规定取得行政许可或者报送备案。

建设应当取得行政许可的可再生能源并网发电项目，有多人申请同一项目许可的，应当依法通过招标确定被许可人。

第十四条 国家实行可再生能源发电全额保障性收购制度。

国务院能源主管部门会同国家电力监管机构和国务院财政部门，按照全国可再生能源开发利用规划，确定在规划期内应当达到的可再生能源发电量占全部发电量的比重，制定电网企业优先调度和全额收购可再生能源发电的具体办法，并由国务院能源主管部门会同国家电力监管机构在年度中督促落实。

电网企业应当与按照可再生能源开发利用规划建设，依法取得行政许可或者报送备案的可再生能源发电企业签订并网协议，全额收购其电网覆盖范围内符合并网技术标准的可再生能源并网发电项目的上网电量。发电企业有义务配合电网企业保障电网安全。

电网企业应当加强电网建设，扩大可再生能源电力配置范围，发展和应用智能电网、储能等技术，完善电网运行管理，提高吸纳可再生能源电力的能力，为可再生能源发电提供上网服务。

第十五条 国家扶持在电网未覆盖的地区建设可再生能源独立电力系统，为当地生产和生活提供电力服务。

第十六条 国家鼓励清洁、高效地开发利用生物质燃料，鼓励发展能源作物。

利用生物质资源生产的燃气和热力，符合城市燃气管网、热力管网的入网技术标准的，经营燃气管网、热力管网的企业应当接收其入网。

国家鼓励生产和利用生物液体燃料。石油销售企业应当按照国务院能源主管部门或者省级人民政府的规定，将符合国家标准的生物液体燃料纳入其燃料销售体系。

第十七条 国家鼓励单位和个人安装和使用太阳能热水系统、太阳能供热采暖和制冷系统、太阳能光伏发电系统等太阳能利用系统。

国务院建设行政主管部门会同国务院有关部门制定太阳能利用系统与建筑结合的技术经济政策和技术规范。

房地产开发企业应当根据本条第二款规定的技术规范，在建筑物的设计和施工中，为太阳能利用提供必备条件。

对已建成的建筑物，住户可以在不影响其质量与安全的前提下安装符合技术规范和产品标准的太阳能利用系统；但是，当事人另有约定的除外。

第十八条 国家鼓励和支持农村地区的可再生能源开发利用。

县级以上地方人民政府管理能源工作的部门会同有关部门，根据当地经济社会发展、生态保护和卫生综合治理需要等实际情况，制定农村地区可再生能源发展规划，因地制宜地推广应用沼气等生物质资源转化、户用太阳能、小型风能、小型水能等技术。

县级以上人民政府应当对农村地区的可再生能源利用项目提供财政支持。

第五章 价格管理与费用补偿

第十九条 可再生能源发电项目的上网电价，由国务院价格主管部门根据不同类型可再生能源发电的特点和不同地区的情况，按照有利于促进可再生能源开发利用和经济合理的原则确定，并根据可再生能源开发利用技术的发展适时调整。上网电价应当公布。

依照本法第十三条第三款规定实行招标的可再生能源发电项目的上网电价，按照中标确定的价格执行；但是，不得高于依照前款规定确定的同类可再生能源发电项目的上网电价水平。

第二十条 电网企业依照本法第十九条规定确定的上网电价收购可再生能源电量所发生的费用，高于按照常规能源发电平均上网电价计算所发生费用之间的差额，由在全国范围对销售电量征收可再生能源电价附加补偿。

第二十一条 电网企业为收购可再生能源电量而支付的合理的接网费用以及其他合理的相关费用，可以计入电网企业输电成本，并从销售电价中回收。

第二十二条 国家投资或者补贴建设的公共可再生能源独立电力系统的销售电价，执行同一地区分类销售电价，其合理的运行和管理费用超出销售电价的部分，依照本法第二十条的规定补偿。

第二十三条 进入城市管网的可再生能源热力和燃气的价格，按照有利于促进可再生能源开发利用和经济合理的原则，根据价格管理权限确定。

第六章 经济激励与监督措施

第二十四条 国家财政设立可再生能源发展基金，资金来源包括国家财政年度安排的专项资金和依法征收的可再生能源电价附加收入等。

可再生能源发展基金用于补偿本法第二十条、第二十二条规定的差额费用，并用于支持以下事项：

（一）可再生能源开发利用的科学技术研究、标准制定和示范工程；

（二）农村、牧区的可再生能源利用项目；

（三）偏远地区和海岛可再生能源独立电力系统建设；

（四）可再生能源的资源勘查、评价和相关信息系统建设；

（五）促进可再生能源开发利用设备的本地化生产。

本法第二十一条规定的接网费用以及其他相关费用，电网企业不能通过销售电价回收的，可以申请可再生能源发展基金补助。

可再生能源发展基金征收使用管理的具体办法，由国务院财政部门会同国务院能源、价格主管部门制定。

第二十五条 对列入国家可再生能源产业发展指导目录、符合信贷条件的可再生能源开发利用项目，金融机构可以提供有财政贴息的优惠贷款。

第二十六条 国家对列入可再生能源产业发展指导目录的项目给予税收优惠，具体办法由国务院规定。

第二十七条 电力企业应当真实、完整地记载和保存可再生能源发电的有关资料，并接受电力监管机构的检查和监督。

电力监管机构进行检查时，应当依照规定的程序进行，并为被检查单位保守商业秘密和其他秘密。

第七章 法 律 责 任

第二十八条 国务院能源主管部门和县级以上地方人民政府管理能源工作的部门和其他有关部门在可再生能源开发利用监督管理工作中，违反本法规定，有下列行为之一的，由本级人民政府或者上级人民政府有关部门责令改正，对负有责任的主管人员和其他直接责任人员依法给予行政处分；构成犯罪的，依法追究刑事责任：

（一）不依法作出行政许可决定的；

（二）发现违法行为不予查处的；

（三）有不依法履行监督管理职责的其他行为的。

第二十九条 违反本法第十四条规定，电网企业未按照规定完成收购可再生能源电量，造成可再生能源发电企业经济损失的，应当承担赔偿责任，并由国家电力监管机构责令限期改正；拒不改正的，处以可再生能源发电企业经济损失额一倍以下的罚款。

第三十条 违反本法第十六条第二款规定，经营燃气管网、热力管网的企业不准许符合入网技术标准的燃气、热力入网，造成燃气、热力生产企业经济损失的，应当承担赔偿责任，并由省级人民政府管理能源工作的部门责令限期改正；拒不改正的，处以燃气、热力生产企业经济损失额一倍以下的罚款。

第三十一条 违反本法第十六条第三款规定，石油销售企业未按照规定将符合国家标准的生物液体燃料纳入其燃料销售体系，造成生物液体燃料生产企业经济损失的，应当承担赔偿责任，并由国务院能源主管部门或者省级人民政府管理能源工作的部门责令限期改正；拒不改正的，处以生物液体燃料生产企业经济损失额一倍以下的罚款。

第八章 附 则

第三十二条 本法中下列用语的含义：

（一）生物质能，是指利用自然界的植物、粪便以及城乡有机废物转化成的能源。

（二）可再生能源独立电力系统，是指不与电网连接的单独运行的可再生能源电力系统。

（三）能源作物，是指经专门种植，用以提供能源原料的草本和木本植物。

（四）生物液体燃料，是指利用生物质资源生产的甲醇、乙醇和生物柴油等液体燃料。

领 导 讲 话

温家宝在国家能源委员会第一次全体会议上讲话摘要

中共中央政治局常委、国务院总理、国家能源委员会主任温家宝2010年4月22日主持召开国家能源委员会第一次全体会议，听取国家能源委员会办公室关于当前能源形势与工作任务的汇报。

中共中央政治局常委、国务院副总理、国家能源委员会副主任李克强出席会议并讲话。

温家宝指出，能源关系国计民生和国家安全。党中央、国务院决定成立国家能源委员会，是加强能源工作领导和能源战略研究的一项重大决策。国家能源委员会的主要职责，就是研究能源安全和能源发展中的重大问题，拟订国家能源发展战略，统筹协调国内能源开发和国际能源合作的重大事项。这不仅有利于更好地组织和协调有关部门做好能源工作，也必将对保障能源安全、应对气候变化和推进经济社会可持续发展产生重要推动作用。

温家宝强调，做好新形势下的能源工作，要深入贯彻落实科学发展观，坚持节约优先、立足国内、多元发展、保护环境，大力推进能源结构的战略性调整，统筹经济社会与能源协调发展，统筹资源开发利用与节能环保，统筹国际国内两个市场，增强能源科技自主创新能力，加快新能源和可再生能源开发利用，推进能源生产和利用方式变革，努力建设中国特色的现代能源产业体系，为经济社会全面协调可持续发展提供稳定、经济、清洁、安全的能源保障。近期要抓好以下几项重点工作。

一要加强能源发展战略研究，谋划长远发展大计。组织力量编制好“十二五”能源发展总体规划和专项规划，既要满足我国社会主义现代化建设的战略需求，又要努力在一些关键技术和产业领域占领制高点。

二要加快能源调整优化结构，大力培育新能源产业。下大力气落实2020年非化石能源消费比重提高到15%的目标。加快新能源和可再生能源开发利用，加快农村地区、边远地区、民族地区能源发展。

三要积极应对气候变化，打好节能减排攻坚战。

要把2020年单位国内生产总值二氧化碳减排40%～45%的目标，作为约束性指标纳入国民经济和社会发展中长期规划，着力构建以低碳排放为主的工业、交通、建筑体系。

四要提高能源科技创新能力，支撑现代能源体系建设。要以企业为主体，市场为导向，推动产学研结合，加快先进适用技术研究与推广应用，加强前沿科学技术研发和能力建设。

五要继续实施“走出去”战略，深化能源国际务实合作。继续发挥外交、经贸、发展援助等多方面优势，全方位拓展能源对外合作领域和空间。

六要推进能源体制机制创新，加强能源法制建设。当前，我国经济发展总体趋势回升向好，能源需求正在快速回升，保障能源供给、促进能源平稳健康发展的任务繁重。要加强煤电油运供需衔接，满足居民生活和重点领域、重点单位需求。要加强能源运行的预测预警，完善能源安全应急预案，加强安全生产监管。

温家宝要求，国家能源委员会及其办公室要明确职责、落实责任，健全机制、科学决策，与时俱进、开拓创新，改进作风、提高效率，努力开创我国能源工作的新局面。

（摘自中国水电工程顾问集团公司《水电风电信息汇编》）

温家宝在全国节能减排工作电视电话会议上讲话要点

2010年5月5日，国务院召开全国节能减排工作电视电话会议，动员和部署加强节能减排工作。国务院总理温家宝作了重要讲话，他强调，要切实把节能减排作为加强宏观调控、调整经济结构、转变发展方式的重要任务，本着对国家、对人民、对历史高度负责的精神，下更大的决心，花更大的气力，做更大的努力，确保实现“十一五”节能减排目标。

国务院副总理李克强主持会议。国务院副总理回良玉、张德江、王岐山，国务委员刘延东、梁光烈、马凯、孟建柱出席会议。

温家宝指出，坚持资源节约和环境保护的基本国策，事关人民群众切身利益和中华民族生存发展。国务院先后做出了一系列重大部署，各地区、各部门开展了卓有成效的工作，“十一五”前四年全国单位国内生产总值能耗累计下降14.38%，但完成“十一五”降低20%左右的目标仍然十分艰巨。特别是今年一季度，电力、钢铁、有色、建材、石油化工、化工等6大高耗能行业加快增长，全国单位国内生产总值能耗上升3.2%，大大增加了后三个季度的工作压力。确保实现“十一五”节能减排目标，是各级政府必须向人民兑现的庄严承诺，是落实科学发展观、转变经济发展方式的紧迫任务，是我国应对全球气候变化的实际行动，无论面临多大的困难，我们的承诺不能改变，决心不能动摇，工作不能减弱。

温家宝强调，要坚持节能与发展相促进，开发与节约相协调，政府调控和市场机制相结合，综合运用经济、法律、技术和必要的行政手段，抓好节能减排工作，确保实现“十一五”节能减排目标。

（一）严控高耗能、高排放行业过快增长，加大淘汰落后产能力度

必须严格控制“两高”和产能过剩行业新上项目，严把项目审核管理关、项目审批程序关、“两高”产品出口关。采取铁的手腕淘汰落后产能，今年要关停小火电机组1000万kW，淘汰落后炼铁产能2500万t、炼钢600万t、水泥5000万t、电解铝33万t、平板玻璃600万重箱、造纸53万t，5月底前要把任务落实到各地区和企业。

（二）加快实施重点节能工程，抓好重点领域节能减排

安排中央预算内投资333亿元、中央财政节能减排专项资金500亿元，支持十大重点节能工程、重点行业烟气脱硫、节能环保能力建设等，确保形成年节能能力8000万t标准煤，新增城镇污水日处理能力1500万t、垃圾日处理能力6万t。继续着力抓好工业、建筑、交通三大重点领域节能，公共机构能耗指标比去年降低5%。

（三）大力推广高效节能产品，积极推行合同能源管理

加快实施“节能产品惠民工程”，继续做好高效节能空调推广工作，加大汽车、家电以旧换新力度，推广节能灯1.5亿只以上。鼓励企业加强节能技术改造和关键技术攻关。发布节能环保技术和产品目录。扩大能效标识和节能产品认证制度实施范围。全面实行政府优先和强制采购节能产品制度。认真落实推行合同能源管理、促进节能服务产业发展的政策措施。

（四）切实加强用能管理，大幅度提高能源利用效率

突出抓好钢铁、有色、电力、建材、石油石化、化工等重点耗能行业和年耗能5000t标准煤以上企业节能监管，千家企业节能行动要确保形成2000万t标准煤的节能能力。大力推进节能发电调度，优先调度可再生能源和大容量、高效率的燃煤火电机组发电上网。进一步加强电力需求侧管理，制订和实施用电高峰期供电方案，重点保证居民合理用电需求。坚决压缩高耗能、高排放企业用电，对超过国家和地方规

定的单位产品能耗限额的单位，收取惩罚性电价。

（五）严格执行节能减排法规标准，坚决查处违法违规行为

尽快出台固定资产投资项目节能评估和审查办法，推进高效节能电机、变频调速技术、先进发电设备等标准的制定修订工作，完善主要用能产品能耗限额标准。严肃查处违规乱上项目、对高耗能企业实行电价优惠、严重浪费能源资源和严重污染环境等问题。

（六）深化改革，健全和完善节能减排长效机制

推进资源性产品价格改革，推行居民用电阶梯价格，落实煤层气发电、余热余压发电上网和价格政策。积极落实国家支持节能减排的所得税、增值税等优惠政策，加快实施资源税改革，完善生态补偿机制。

（七）深入开展节能减排全民行动，发挥舆论监督作用

继续在全社会倡导绿色消费。新闻媒体要定期公布各地方节能减排进展和能耗情况，报道先进经验，曝光反面典型，弘扬节约光荣、浪费可耻的社会风尚。

温家宝要求，各地区各部门要把思想统一到中央的决策部署上来，加强组织领导，形成一级抓一级、层层抓落实的工作格局。地方各级政府主要领导、企业主要负责人要切实负起对本地区、本企业节能减排工作第一责任人的责任。要强化行政问责，对各地区节能目标完成好的要给予奖励，未完成的要追究主要领导和相关领导责任，根据情节给予相应处分，直至撤职。要严防弄虚作假，对任何地方和企业，一经发现数据造假、做表面文章，都要坚决严肃处理，确保单位国内生产总值能耗数据的真实性、准确性和一致性。要加大资金投入，建立政府引导、企业为主、金融机构贷款和社会资金积极参与的节能减排投入机制。要深化重大问题研究，有关部门和各地区要做好月度、季度单位国内生产总值能耗降低情况的分析和预测预警，抓紧研究“十二五”节能减排目标、实现途径、保障措施、政策体制等问题。

（摘自中国水电工程顾问集团公司《水电风电信息汇编》）

继往开来 发展水电

——写在中国水电百年和装机突破2亿kW之际

李 鹏

自云南昆明滇池石龙坝水电站于1910年8月开工建设以来，我国水电走过了100年的历程。

回顾我国水电发展历程，1949年新中国成立时，全国水电装机只有36万kW。新中国建立后，水电事业蓬勃发展，特别是改革开放以来，我国水电事业在对外开放的形势下积极引进先进技术，得到了快速发展，技术和管理水平迅速提高，建成了包括龙羊峡、二滩、三峡在内的一批世界级水电工程，形成了勘测设计、设备制造、运行管理的完整产业体系，为我国经济社会发展作出了积极贡献。尤其是三峡工程的建设，圆了中国人的百年三峡梦，扬了国威，长了志气，充分体现了社会主义集中力量办大事的优越性。

100年来，我国水电事业取得了辉煌成就，不仅水电装机容量已居世界第一，而且工程技术、装备、管理水平也已居世界前列，并在国际水电建设市场中显示了较强的竞争力，完成了一批大型水电工程。我国水电建设由小到大，由弱到强，进而向水电强国迈进，实现了几代水电人的梦想！

到目前为止，我国已建成水电装机容量2亿kW，累计发电7万亿kW·h，相当于替代了27亿t标准煤，累计减少二氧化碳排放量约60亿t，并解决了3亿多农村人口的用电问题，同时，发挥了巨大的防洪、灌溉、航运、供水、养殖、旅游、生态等综合效益。水电建设对于增加电力供应、保障用水安全、保护大气环境发挥了重要作用，经济效益和社会效益十分显著。

为应对气候变化，实现可持续发展，我国于2009年提出了到2020年非化石能源占一次能源消费的比重达到15%左右的节能减排目标。水电是目前技术最成熟、最具市场竞争力，可大规模开发的可再生能源，在我国有着广阔的发展前景。

值此水电发展100年和装机突破2亿kW之际，希望水电战线的同志们，认真总结水电发展经验，继承发扬水电光荣传统，站在新的历史起点，再接再厉，科学发展，加快发展，在水电建设中再立新功！为实现节能减排目标、促进经济社会可持续发展作出新的更大的贡献！

（摘自中国水电工程顾问集团公司《水电风电信息汇编》）

发挥三峡综合效益 安排好各项后续工作

李克强

2010年11月30日，国务院三峡工程建设委员会第十七次全体会议在北京召开。中共中央政治局常委、国务院副总理、国务院三峡工程建设委员会主任

李克强主持会议。他强调，三峡工程初步设计建设任务如期完成后，要科学安排各项后续工作，确保三峡工程长期安全运行和持续发挥综合效益。

会议审议了三峡工程验收结论的报告和后续工作规划。会议认为：三峡工程初步设计建设任务如期完成，试验性蓄水目标实现；工程质量总体优良，拦洪调峰作用明显，发电量累计超过了4000亿kW·h，航运效益明显提升；百万移民搬迁安置任务完成，对口支援工作取得成效，库区经济社会快速发展；生态环境建设与保护得到加强；工程投资控制在批准的概算和预测的范围之内。在此基础上，下一步要继续加强安全监测，严防地质灾害，完善水库运行管理制度，科学安排好三峡各项后续工作。这有利于确保三峡工程长期安全运行，促进三峡工程持续发挥综合效益，对于实现移民安稳致富、加强生态环境保护、推动区域经济协调发展，都具有十分重要的意义。

李克强指出，做好三峡后续工作，要把推进库区移民安稳致富作为首要任务，加快发展现代农业，大力发展库区特色优势产业。拓宽移民增收渠道，建立覆盖城乡居民的社会保障体系，实现城乡基本公共服务均等化。要高度重视库区生态环境保护和防灾减灾体系建设，继续加强水污染防治，提高森林覆盖率。加强消落区保护和生态恢复，加大地质灾害治理力度。

李克强说，三峡工程管理是一项复杂的系统工程，要完善各项规章制度，提升科学管理水平，继续认真做好试验性蓄水工作，进一步优化三峡工程综合调度和长江水资源配置，发挥好三峡工程的综合效益。各有关地区和部门要加强统筹协调，落实工作责任，突出工作重点，注重实施成效，严格项目监管，确保资金使用安全有效，使三峡后续工作经得起历史的检验。

中共中央政治局委员、国务院副总理、国务院三峡工程建设委员会副主任回良玉出席会议。日前，回良玉还主持召开三峡三期工程验收委员会全体会议，对三峡三期工程进行了验收。

（摘自中国水电工程顾问集团公司《水电风电信息汇编》）

科学发展核电和水电

全国人大财经委副主任委员、
水利部原部长　汪恕诚

记者：当前，我国核电发展存在什么问题？有舆论认为，政府应该放开核电牌照，对此，您怎么看？

汪恕诚：我国核电应该大发展，核电的年利用小时数为8000h，而且直线运行，很稳定，对电网来说是非常需要的。但我国核电现在发展得太慢了，这主要跟两个因素有关：一个是核燃料的问题；另一个是安全性的问题。

从核燃料的问题看，我国铀资源是缺乏的，我国目前公布的数字是，铀资源只能满足4000万kW的核电装机容量使用。如果我国要搞4亿kW核电的话，就意味着90%的核燃料需要从国外进口。安全性问题上，从世界范围来说，核电是安全的，我国如果只发展几十台机组的话，我觉得安全性上也不会有太大的问题。但如果发展的是5亿kW的核电，按100万kW一台，全国就要布置500台，如果这500台撒开到全国的话，安全问题就不能不让人担心了。

我国核电没有发展起来，还有两个因素，一个是市场没有放开。其实，政府只要管一件事情就好了，就是核安全，在规划、设计、施工、管理几个环节实施最严格的核安全管理，至于谁来干，就可以适当放开。另一个重要原因，就是总是在讨论技术路线，应该发展什么堆型，是法国的技术还是美国的技术，还是前苏联、日本的技术，讨论来讨论去，结果大家的意见都不一致，影响了发展。我觉得这个没有必要，技术可以放开，业主单位觉得哪个好就可以去发展哪一个，等发展到一定程度，大家自然会总结出一个优劣来，总结出一个符合中国特点的技术来。可现在，一个技术路线的问题就讨论了几十年，影响了发展的速度。

至于核电的牌照问题，现在三个公司是不够的，应该适度放开，在我国核电发展的初期，让大家都来参与核电建设不是什么坏事，但是有一条，国家要建立一个最强大的核安全管理局来管理这个事情。只要把安全把住了，经济问题、技术路线问题都可以让市场去解决。

记者：当前导致水电发展速度放缓的主要原因有哪些？应该如何正确处理水电发展过程中存在的问题？

汪恕诚：反对水电开发的，其实只有一少部分人，并不能代表全体。我认为，现在水电发展不好，无非是两个原因，一个是移民，一个是生态，移民和生态，从某种程度上来说，不是一个工程技术问题，而是一个社会管理问题，由于历史上的很多原因，我们在这个问题上处理得不够好，导致了一部分人对水电有看法。

在水电的价格问题上，现在，全国水电的平均上网价是两毛五左右，火电的上网价平均是三毛六左右，差了一毛左右，跟风电、太阳能发电相比，更是便宜得很，从这个角度来说，你哪怕是把水电价格涨一两分钱，就是很可观的一个数，把这笔钱给移民和生态，完全可以解决这些问题。

实际上，我国库区的移民是欢迎建水电站的，因为这是一个国家拿钱来改善他们生活条件的机会，要不然，他们就只能一辈子呆在穷山沟里了。现在出了问题，无非是我们以前一些事情做得不够好而已。

在生态问题上，水电站只要开发好，是可以保护好生态的。以黄河为例，黄河上建了一个三门峡，是完全失败的，而小浪底则是一个非常成功的工程，而且成功主要在生态上。现在黄河不断流了，而且每年还搞一次人工调沙，整个河床下降了 1.5m，黄河河口也形成了一个非常大的湿地。同样两个水电站，相距也不远，但一个是严重破坏了生态，一个却是维系了黄河的健康生命，这里面就有一个理念的问题，在建水电站时，生态效应、环境效应、经济效益，到底应该怎么摆，只要处理好，是可以做到与环境和谐共处的。

三峡公司现在新换了一个领导，上任前来了我这里，我就跟他说，你多发多少千瓦·时电，对社会毫无影响，无非是自己的收入能增加点，但如果生态问题没处理好，就会影响这个工程的生命，是成功还是失败，甚至会被枪毙掉，就是说，建设水电站一定要把生态效应放在第一位。

（摘自中国水电工程顾问集团公司《水电风电信息汇编》）

神女应无恙 当惊世界殊
——在中国水电 100 年纪念大会上的讲话

国家发展改革委副主任、
国家能源局局长 张国宝

100 年前的 8 月 21 日，农历七月十七日，由云南民间资本集资兴建的中国第一座水电站——石龙坝水电站，在昆明市郊滇池出口螳螂川上动工建设，开创了中国人自己建设水电站的历史。工程历时 21 个月，实际耗资 50 余万银元。水电站建设按国际招投标程序，成为中国最早进行全球招投标的股份制企业之一。工程同步建成了当时我国电压等级最高（23kV）线路最长（34km）的输变电线路。此后经过几十年的建设发展，一批批大中小水电站如雨后春笋般矗立在大江大河的干流支流上，中华大地许多地方通过发展水电陆续告别昏暗的松明油灯时代，经济社会发展有了源源不断的动力。从 20 世纪初小型的石龙坝电站，到 21 世纪初雄伟壮观的长江三峡工程，中国水电走过了光辉灿烂的 100 年历程，建成了大中小型水电站 45 000 余座，总装机容量突破 2 亿 kW，已雄居世界第一。100 年的栉风沐雨，祖国从积贫积弱的艰难岁月走向安定团结的和平发展年代，国际地位日益提高，中华大地发生了翻天覆地的变化。中国水电事业是中华民族自立于世界民族之林，是中国人民从此站起来了的伟大缩影。百年沧桑巨变，中国的水电事业历经了从无到有、从小到大、从弱到强的发展历程，自 2004 年起我国的水电总装机容量就连续位居世界第一，水电建设的综合技术水平迈入了世界先进行列。中国水电得以长足发展取得辉煌成就，得益于中国共产党的坚强领导，得益于社会主义能集中力量办大事的体制优势，得益于坚定走改革开放之路的发展方向，得益于几代中国水电工作者的辛勤劳动和无畏奉献。在这里，我们应向广大中国水电工作者致以崇高的敬意！

党和国家领导人及有关各方、新闻媒体高度重视中国水电百年纪念，多位中央领导专门作出批示、发来贺信和题词，一些水电战线的老领导、老专家殷切寄语，对中国水电 100 年和全国水电装机突破 2 亿 kW 表示祝贺。今天，我们隆重庆祝中国水电百年，主要目的是回顾纪念中国水电发展的历程，总结发展成就和经验，分析发展面临的形势，明确今后水电发展的任务，推动水电科学有序发展。

一、光辉的历程

人类利用水力发电伴随着对水资源的探索利用而开始。早在 2000 多年前，我们的先辈就研制出了水车、水磨等利用水能做功来发展生产和满足生活需要的器具，是古人开发利用水能资源的雏形。水力发电诞生于工业革命时期，1878 年法国建成了世界上第一座水电站，这在水能资源开发利用进程中具有划时代的意义，从水利到水电的质的飞跃也是人类从农业社会进入工业社会的重要进步。我国开始利用水力发电 100 年，迅速发展成为世界水电大国和强国。石龙坝电站建设和运营初期聘请了两名德国工程技术人员作为专家，一对在 20 世纪初在这个水电站工作的德国 Von Karl、Mosig 夫妇在 1927 年德国西门子杂志第七卷第一期发表了《云南府：中国第一个水电站》，他们这样写道："在这个国家偏僻的内地，在那远离世界潮流和西方文化隔绝的地方，也已有人将西方技术成就移植到自己的土地上，一些卓越的知识分子和敢于开拓的人士就是这么干的……"。

回首百年，中华民族的志士仁人为了国家和民族的伟大复兴，为了中国水电事业的发展前赴后继，奉献毕生。1910 年，抱着"实业救国"理想的民间人士，在云南螳螂川修建了石龙坝水电站，480kW 的电能为昆明市民送来了第一缕现代工业之光，建造了真正意义上中国第一座水电站，并运行至今。就是这座由中国人自己出资兴建的水电站，开始了中国水电事业艰难而辉煌的征程。虽然起步比法国世界第一座水电站只晚了 20 多年，但是，旧中国战事连年，民不聊生，水电建设坎坷艰难，水电开发速度远不及欧美等强国。直到 1949 年解放，全国水电总装机容量仅 36 万 kW，年发电量 12 亿 kW·h，而主要还是日本占领东北建造的丰满水电站。

国运兴，则水电兴。新中国建立后百废俱兴，水电事业迎来了快速发展的新时代。共产党的领导和社会主义制度的建立，为我国水电发展奠定了政治基础。

历史不会忘记，毛泽东、周恩来等第一代党和国家领导集体十分重视水利水电事业。毛主席写下了“更立西江石壁，截断巫山云雨，高峡出平湖，神女应无恙，当惊世界殊”的豪迈诗篇。周恩来总理 1957 年 12 月为全国电力会议题词“为充分利用中国五亿四千万千瓦的水力资源和建设长江三峡水利枢纽的远大目标而奋斗”。中国水电战线的广大干部职工不畏艰难，矢志奋斗，翻开了中国水电发展崭新的一页。建国不久，建成了新中国“自主设计、自制设备、自己建设”的第一座大型水电站——新安江水电站，并在第一个五年计划时期和三线建设时期掀起了两次水电建设的高潮，自力更生建设了一批中小型水电站和三门峡、刘家峡、丹江口、乌江渡、葛洲坝等大型水电站，为国家建设提供了优质的能源电力。这一时期，我们查明和规划了水能资源，锻炼和壮大了水电队伍，积累和发展了技术和装备，为中国水电加快发展创造了条件。

历史不会忘记，是邓小平同志带领中国走进了改革开放的新时代，为水电发展注入了创新前进的活力。由于水电建设投入大，工期长，寻找建设资金的出路，探索引导建设体制的改革，成了中国水电继续前进的重要课题。利用外资和集资办电，为水电建设和发展引入了新的模式与理念。鲁布革水电站开创了项目管理体制和建设模式的先河，在水电建设管理上形成了“鲁布革冲击波”，使广州抽水蓄能电站、岩滩、漫湾、水口、隔河岩 5 个百万千瓦级水电站相继实行了业主负责制、招标承包制、建设监理制，这些项目在工期、质量、造价等方面取得了公认的成绩和进步，被业内誉为“五朵金花”。根据党的十四届三中全会提出的建立社会主义市场经济体制和《公司法》，对清江、五凌、乌江、黄河上游等公司进行了建立流域梯级开发公司的改制，完成了水电建设公司从以业主负责制到项目法人责任制的根本性转变，极大地推动了水电的发展。开放的形势下，我们打开国门，放眼世界，引进世界的先进技术、装备和管理经验，不少水电工作者参观了巴西的依泰普、埃及的阿斯旺水电站，大开了眼界，水电技术水平上了一个大的台阶。

历史不会忘记，以江泽民同志为总书记的第三代领导集体以非凡的胆略开工建设了三峡水利枢纽，使百年三峡梦想从宏伟蓝图变成了伟大的工程实践。西部大开发再次给水电发展创造了良好的发展机遇。1992～1999 年，水电投产连续七年超过 300 万 kW，我国水电建设出现了又一次高潮。到 1999 年底，全国水电装机容量达到 7279 万 kW，年发电量 2129 亿 kW·h，装机容量和年发电量的世界排名分别提升至第 2 位和第 4 位。

历史不会忘记，以胡锦涛同志为总书记的党中央继续带领我们走向辉煌。进入新世纪，龙滩、小湾、景洪、瀑布沟、拉西瓦等一批在国家西部大开发战略和“西电东送”战略实施之后开工的大型水电站相继投产发电，我国水电在装机容量与发电量、设计与施工、设备制造与运行管理等方面全面跨越，突飞猛进。2004 年和 2005 年，我国水电装机容量和年发电量先后跃居世界第一；2003～2009 年，我国水电投产容量的增幅每年超过 1000 万 kW，2009 年达到 2369 万 kW，创历史最高水平。到 2009 年底，全国水电装机容量达到了 19 629 万 kW，年发电量 5717 亿 kW·h，装机容量和年发电量分别是建国初期的 545 倍和 476 倍。日前，以小湾 4 号机组投产为标志，中国水电装机容量已突破 2 亿 kW。在水电快速发展的同时，以三峡工程为标志，中国的水电技术迈入了世界先进行列，中国水电已迈入大电站、大机组、高电压、自动化、信息化的新时代。迄今，我国已从一个开发利用程度低下，装机容量和电量水平很小，技术和设备制造水平落后的水电小国和弱国，逐步发展成为世界公认的水电大国和水电强国，中国不但水电装机容量世界第一，也是世界上水电在建规模最大、发展速度最快的国家。中国水电在国际水电市场也崭露头角，苏丹的麦洛维水电站，马来西亚的巴贡水电站，等等，由中国水电建设者建造并提供设备，水电已成为我国在国际市场上具有较强竞争力的行业之一，中国水电人的身影已满天下，中国水电实现了几代人的梦想！那对在石龙坝工作过的德国夫妇，在近一个世纪之前曾预言，再过 100 年中国将是世界上的一个水电大国。目前预言已经变成了现实。

二、辉煌的成就

世界水电看中国，中国水电冠全球。我国水电事业日新月异，成就斐然，令世人所瞩目。

（一）查清了水力资源状况

水电站大多地处深山峡谷，人烟稀少，勘探和建设条件十分艰苦。为了最大限度地摸清我国水能资源理论蕴藏情况，为水电开发提供依据，国家先后组织了几次水力资源普查和复查工作，几代中国新老水电人不畏艰险，跋山涉水，翻山越岭，克服了重重艰难困苦，深入河流险隘腹地，一次次掌握的资料更加准确完备。许多水文地质工作者从大学毕业就在深山老林，年复一年积累水文资料，送走了孤寂的一生，为建立和补充完善我国水力资源查勘数据立下了汗马功劳。

新中国成立后，燃料工业部、水利电力部分别于1955年、1958年和1977～1980年组织了三次全国水力资源的普查与核查，基本摸清了中国水力资源的状况。但随着经济社会的发展和市场经济体系的确立，技术水平、经济社会及生产条件均发生了一定变化。为更好地开发和利用中国的水力资源，2000～2003年期间，国家发展改革委组织全国1000多名工程技术人员，历时3年，对全国水力资源总量进行了复查。复查的范围涵盖了我国大陆境内河流装机容量1万kW及以上的3886条河流。查清了大陆水力资源理论蕴藏量、技术可开发装机容量和经济可开发装机容量分别为6.944亿kW、5.416亿kW和4.0179亿kW，并对台湾水力资源情况进行了了解。2006年，水电水利规划设计总院的50多名科技人员徒步考察了雅鲁藏布江河谷，第一次翔实记录了雅鲁藏布江大拐弯的水力资源情况。水力资源复查成果，为我国开发利用水能资源提供了重要的基础。

我国地域辽阔，山川众多，地形起伏，不仅常规水能资源丰富，而且抽水蓄能发电场地也相当多，据全国23个省市区初步研究和普查结果，已查明的优良抽水蓄能电站站址250余处，总装机容量可达3.1亿kW，工程技术经济指标优越，开发价值高，可以满足我国能源优化结构和电网安全运行的需要。

（二）水电开发规模不断迈上新台阶

水电作为清洁可再生能源，在世界能源结构中占有极其重要的地位。新中国成立以来，党和国家十分关心和重视水电的规划建设，但由于历史的种种原因以及建国初期生产力水平比较落后，改革开放前我国的水电建设相对较慢。党的十一届三中全会后，国家重新调整了水电资源开发战略，不断加大水电建设力度，一项项国家重点工程相继开工建设，水电建设步伐明显加快，平均年投产量逐年上升，为如火如荼的社会主义经济建设源源不断地贡献着清洁能源。进入21世纪，水电建设也进入新的发展阶段，在继续加大开发力度的同时，不断完善水电开发方针，提出了有效开发水电的新思路。2004年9月，我国水电总装机容量突破了1亿kW大关，2010年达到2亿kW，一跃成为世界上最大的水力发电国家。我们用10年左右的时间，实现了水电装机容量比建国50年的总和将近翻了两番的超越，水电能源开发利用率也从改革开放前的技术可开发量不足10%提高到34%。目前，全国已建和在建的30m以上的大坝近5200座，其中坝高100m以上的大坝有140多座，这些大坝和水电站集中体现了中国水电人的无限智慧和无穷创造力。水电事业的快速发展为改善和优化我国能源结构、减少温室气体排放、推进国民经济和社会又好又快发展作出了重要的贡献。

（三）水电坝工技术进入国际先进水平

科学技术是第一生产力。我国水电科技工作一直坚持以科学技术为引领，以电力建设为主战场，以国家重大工程为依托，以科技成果工程化为基点，不断推进水电建设和科技进步，走出了技术、资金和环保要求的约束，坝工技术不断提升。到目前为止，包括200m级特高碾压混凝土重力坝技术、200m级特高混凝土面板堆石坝技术、300m级特高拱坝及100m级特高碾压混凝土拱坝技术、坝工基础工程技术、高速水流的消能工技术创新在内的重大关键技术得到全面突破。这些顶尖的坝工技术使我国的水电事业跃升到现代科学技术成就的最高峰，我国的坝工建设水平在数量规模、技术难度和技术创新等方面都已进入世界先进和领先行列，为我国电力科技作出了卓著的贡献。汶川大地震使中国的水电工程经受了一次考验，在特大地震下没有一座水电大坝垮坝。

（四）水力发电设备国产化水平显著提高

从1927年研制成功第一台水轮机算起，中国水电设备工业已经走过了80多年的历程。旧中国的水电设备工业十分落后，没有专业的水电设备厂，水电设备产量很低，生产的水电机组容量小，技术经济性差。新中国成立到改革开放前，是中国水电设备工业由小到大蓬勃发展的时期。在此期间，我国自主研制生产了混流式、转桨式、冲击式水轮发电机组，基本满足了国民经济发展的需要。改革开放以后，我国的科技事业蓬勃发展，科技实力持续增强，创新型国家建设使自主创新能力稳步提高，取得了一系列举世瞩目的科研成果，有力地推进了高技术产业的发展和国际竞争力的提高。我国水电装备水平不断迈向新高度，前后经历了刘家峡、龙羊峡、岩滩、广蓄等一批单机容量30万kW级型机组投入运行，单机容量40万kW的李家峡，单机容量55万kW的二滩，特别是共30多台单机容量70万kW的三峡和龙滩机组顺利投产；正在建设或拟建设的溪洛渡、向家坝、拉西瓦、白鹤滩、乌东德等电站，单机容量普遍采用70万kW并拟向100万kW机组迈进。通过三峡等工程“技术转让、消化吸收、自主创新”的实践，我国大型水电装备制造业仅用了短短7年时间，实现了别的国家几十年的大跨越，标志着我国进入自主设计、制造、安装特大型水轮发电机组的时代。目前，我国已建单机容量50万kW及以上机组32台，在建109台，在建已建总装机容量达9075万kW，已建在建数量均居世界前列。

与此同时，随着宝泉、惠州和白莲河三个抽水蓄能电站通过统一招标和技贸结合的方式引进抽水蓄能机组的研发和设计技术，以及其后的黑麋峰、蒲石河等抽水蓄能电站机组作为后续依托项目，使得抽水蓄能机组设备国产化的步伐大大加快。我国抽水蓄能电站建设已进入大容量、高水头、高扬程的时代，机组设备制造技术水平的迅速提高，大大促进了我国抽水蓄能电站建设的发展。

（五）大型水电站的建设推动大容量、远距离、高电压输电技术屡攀新高峰

随着国民经济的不断发展，为满足大容量、长距离的送电需求，我国电网系统运行电压等级也在不断提高。国家步入改革开放新时代后，进一步促进了我国电力工业的飞速发展，电网建设很快步入超高压输电时代。高坝、大库、大电站的建设促进了大电网和高电压的蓬勃发展，丰满水电站220kV、刘家峡水电站330kV、葛洲坝水电站500kV、公伯峡水电站750kV以及向家坝水电站±800kV直流等高压输电线路相继建成投产，推动我国电网建设技术不断提高，达到了世界交直流输电技术的领先水平。

我国有70%以上的煤炭和水力资源位于经济相对落后的西部，而经济发达的东部能源资源匮乏，用电负荷相对集中。为了改变这种不均衡的能源结构，国家全面启动了“西电东送”工程。“西电东送”战略的实施，不仅为东部提供大量清洁电力，而且促进了区域联网，目前“西电东送”北、中、南三大通道送电能力已达到6000万kW。为了进一步满足我国西部水电开发输电需要，国家已启动建设的1000kV交流和±800kV直流输电示范工程顺利进行，作为国家电网的骨干网架，跨接各大区域电网，将对实现跨大区跨流域输电、水火电互济调节和全国能源资源优化配置起到积极作用。

（六）水电开发给国民经济和社会发展带来了巨大的综合效益

我国水电建设在为经济社会发展提供优质电力的同时，在水资源综合利用，推进节能减排、改善大气环境，促进“西部大开发”，发展区域经济，建设社会主义新农村，以及防洪、航运、灌溉、供水、养殖等方面都发挥了重要作用。仅三峡工程就可使长江中游荆江河段防洪标准由十年一遇提高到百年一遇，大大降低了洪灾对人民生命财产的威胁，让江汉平原和洞庭湖区1500万人口得到安全保护。100年来，我国水电累计发电量72 990亿kW·h，相当于替代了27亿t标准煤，减少二氧化碳排放约70亿t，节能和环保效益显著。水电事业的快速发展为国民经济和社会又好又快发展作出了重大贡献。

小水电是水电建设的重要组成部分，以其点多面广、资源丰富的优势，在解决偏远地区用电问题方面发挥了重要作用。通过小水电开发，实施水电农村电气化和“以电代柴”等工程，解决了全国1/2地域、1/3县（市）、3亿多农民的用电问题，为改善农村生产生活条件，全面推进社会主义新农村建设作出了积极贡献。西部大开发和“西电东送”战略的实施，在加快西部水电开发的同时，带动了当地公路交通等基础设施的建设，促进地区工业、农业、旅游业、商业、养殖业等的发展，进而带动新农村建设和城镇化建设，对扩大就业，推动区域经济发展，将当地的资源优势转换为经济优势起到了积极的作用。

今天，在科学发展观的指引下，中国水电正以其在清洁可再生能源中的重要地位，显现出历久而弥新的动人魅力。民生水电、绿色水电、生态水电、和谐水电，正以一种全新的面貌奏响我国能源发展和结构调整的时代强音。

三、成功的经验

高峡出平湖，当惊世界殊。100年来，几代中国水电人奋发有为，大胆创新，推动我国水电开发取得了举世公认的卓著成就，总结中国水电的光辉足迹是留给世人的巨大的经验财富。

（1）与时俱进，水电开发遵循了国家能源战略发展方向。我国电力工业发展的政策方针，从建国初期的水主火辅，到水火并举、因地制宜多搞水电，再到改革开放后的水火并举、逐步把重点放在水电上，“九五”“十五”期间的优化发展火电、大力发展水电、适当发展核电、同步发展电网，到“十一五”规划提出的“在保护生态基础上有序开发水电”，水电始终作为国家能源战略的一个重要组成部分。在应对气候变化的新形势下，在保护生态、妥善解决移民问题的条件下，大力发展水电成为国家能源发展的重要方针。从2000～2009年短短10年间，我国GDP由9.9万亿元增长到33.5万亿元，全国发电装机容量也由3.19亿kW增加到8.74亿kW，其中水电装机容量由7935万kW增加到1.97亿kW。我国的水电开发坚持贯彻落实科学发展观，在国家能源战略发展思想指导下，水电发展与国民经济同步发展，为加快全面建设小康社会进程作出了重要贡献。

（2）推进改革，水电开发呈现了多元化发展格局。在国家改革开放的总方针和以市场经济为取向的改革思路指引下，我国的水电体制改革在20世纪70

年代末开始启动，经过不断完善，完成了由计划经济模式向市场经济模式的变革。计划经济模式主要是自营制，市场经济模式则是从改革开放以后的投资包干责任制、概算总承包等过渡模式，经历了鲁布革招标承包制的冲击，逐步形成了以业主负责制、招标承包制和建设监理制为内容的三项制度，进而发展到按现代企业制度组建的项目法人负责制。如今，中国水电开发早已由单一形式走向了多元化发展格局，为水电开发注入了活力，使水电开发更加灵活和有序，进一步加快了我国水电开发建设的进程。

（3）科学规划，促进了水电开发的可持续发展。能源安全是国家安全的重要部分，能源资源的储量和评估，与国民经济和社会发展规划和总目标紧密相关。中国水电开发在党中央、国务院的高度重视和亲切关怀下，前后四次的水力资源普查和复查，投入了大量的人力物力，相对准确地摸清了全国水能资源理论蕴藏情况。通过科学规划和布局，精心设计和施工，严格质量和管理，优先发展大江大河水电建设，逐步形成了金沙江、雅砻江、大渡河、乌江、长江上游、南盘江红水河、澜沧江、黄河下游、黄河中游、湘西、怒江、东北、闽浙赣等十三大水电基地规划，实行资源优化配置，有序推进了我国水力资源的合理开发和利用，促进了水电事业可持续发展。

（4）重视环保和移民，实现了水电开发人与自然和谐共处。重视环保和移民，实现人与自然和谐是水电建设的前提条件，是当前我国推进水电合理、有序开发的科学理念，得到了社会各界的广泛认同，更为中国水电人所共识并在项目实施过程中认真加以贯彻落实，实现开发与环保、移民致富的多赢。多年来，水电开发移民工作在不断摸索中前进，移民举措也在不断调整完善。移民方针由过去的安置性移民向开发性移民调整，即不仅仅是对移民进行资金上的赔偿，更重要的是通过后期扶持政策，使移民的长期生产和生活得到科学合理的保障，实现移民工作“移得出、稳得住、逐步能致富”的目标。同时将移民的开发性安置与社会主义新农村建设有机结合起来，特别是进入21世纪，在搞好移民搬迁的基础上，水电开发更加重视实施移民安置的后期扶持政策，开发业主单位在充分理解和贯彻国家关于水电开发中的移民安置政策条例的前提下，创新出富有区域特点和地方特色的移民后期扶持政策，帮助移民走上勤劳致富的道路，推动电站所在区域的经济社会发展。多年来，水电工作者不断强化提升环境保护的理念，无论在规划设计阶段，还是施工建设期间，以及竣工撤场后场地清理和植被恢复，都十分重视环保。党的十七大报告提出了建设生态文明的理念，新时期水电建设对环保提出了更高要求，努力做到党中央、国务院要求的“在保护生态基础上有序开发水电”，实现在开发中保护，在保护中开发，真正达到水电开发人与自然和谐共处的境界。

（5）坚持改革开放，不搞故步自封，善于吸收前人和他人的经验和智慧。在改革开放的新形势下，我们引进国外的先进技术和设备，迅速缩小了与国外的差距。包括石龙坝在内，我国吸收和学习西方的文明技术才开创了中国的水电事业。强调自力更生、自主创新决不是闭关自守、故步自封。在新形势下，我们也不能妄自尊大，要不断吸取他人一切先进的东西。

（6）大力推行科技自主创新，推动坝工技术进步和加速装备国产化进程。在党中央、国务院提出的“建设创新型国家”的战略目标引领下，依托重大工程项目，经过多年的实践、总结和坚决贯彻自主创新，我国的水电坝工技术、设备制造技术和建设施工装备现代化水平突飞猛进，使我国水电建设的设计、施工、制造、安装、运行、管理等水平大幅提升，达到了国际先进水平。通过引进先进设备和引进核心技术并举的方针，充分发挥了国家重大工程对水电科技创新和重大技术装备创新的带动作用，引进、消化、吸收、再创新，走出了一条装备国产化的成功道路。水电建设周期大大缩短，百万千瓦级的水电站由过去8年左右建设周期缩短到5～6年，大大降低了工程建设成本，提高了水电的经济效益，增强了水电的市场竞争力。水电建设质量大幅提高，2008年爆发的四川汶川“5·12”特大地震，很多城市建筑物在地震中倒塌，而震区内所有水电站没有一座出现垮坝事故，也没有造成一起次生灾害，地处震中的沙牌电站高、薄的碾压混凝土拱坝安然无恙，紫坪铺水电站在震后第五天就恢复了发电。我国的电站大坝建设质量经受住了最严峻的考验。

四、形势与展望

当前全球气候变化、生态环境破坏和能源资源紧缺，深刻影响着人类社会的生存和发展。减少化石能源消耗、大力发展清洁能源，遏制气候变暖、拯救地球家园，是全人类共同的使命。2009年我国政府向国际社会做出了“争取到2020年非化石能源占一次能源消费比重达到15%左右，单位国内生产总值二氧化碳排放比2005年下降40%～45%”的庄严承诺。水电是我国仅次于煤炭的第二大常规能源资源，更是目前可再生和非化石能源中资源最明确、技术最成熟、最清洁和最经济的能源，随着我国在降低二氧化碳排放方面的压力和责任越来越大，水电对我国降低二氧化碳排放、发展低碳经济的作用和效果将愈加显现。我国水能资源世界第一，技术可开发量5.42亿kW，以目前的1.85亿kW（常规水电）计算水电开发利用率也还只有34%左右，仍远低于发达国家60%～70%的平均水平。随着国家核电建设步伐加快和风电快速发展，区域性电网运行中峰谷差日益加大，亟待加快推进抽水蓄能电站的建设以发挥其削峰填谷、保障安全运行的重要作用，这也进一步为水电发展带来了新的要求和机遇。根据最新规划，为实现2020年节能减排目标，届时水电装机容量须达到3.8亿kW，其中常规水电3.3亿kW，抽水蓄能5000万kW。我们只有下决心有序开发利用水电，才能进一步改善我国的能源结构，实现2020年节能减排和非化石能源发展目标的承诺，推进国民经济社会的可持续发展。

进入21世纪，安全可靠清洁的能源资源供给已成为经济平稳、长期健康发展的重要保障。站在可再生能源和新能源发展的历史新起点，需要广大水电工作者认清形势，既看到水电发展面临的历史机遇，也要充分认识当前水电发展面临的环保、移民等突出问题带来的严峻挑战，要统一思想，团结一致，认真贯彻落实好国家在生态环保、移民安置、耕地保护、社会主义新农村建设等方面的政策法规，主动承担起社会责任，努力把水电开发打造成为生态工程、民生工程、文明工程、和谐工程，造福人类社会，惠泽子孙后代。

(1) 贯彻落实科学发展观，以水电和谐维护社会和谐。广大水电工作者要按照党的十六大提出的构建社会主义和谐社会的总要求，进一步学习落实科学发展观，转变发展理念，提高认知水平，从单纯的工程水电转变到生态水电，从纯粹的技术工程转变到社会工程，更加重视移民利益和生态环境保护，把水电开发与水资源综合利用、生态工程建设和地区经济发展有机结合起来，保证我国经济建设和能源的可持续发展，以水电和谐维护社会主义和谐社会进程。

(2) 贯彻建设生态文明理念，构建水电开发的生态工程。合理有序开发水电、保障电力供应，实现国家确定的中长期水电发展目标，必须紧紧围绕党的十七大报告提出的“建设生态文明”新理念，遵循“开发中保护、保护中开发”的根本原则，进一步加大电站建设施工中的环境保护力度，完善各项环境保护措施，真正把水电开发与水资源综合利用、生态工程建设和地区经济发展相结合，实现流域水资源的综合开发，使水电建设有利于环境保护，建设更加优美的生态环境，用科学有序的开发促进人与自然的协调发展。

(3) 做好移民和稳定工作，构建水电开发的民生工程。着力解决民生问题是党的十七大报告的重要内容之一。移民工作是水电建设工作的重中之重，移民稳则建设顺，移民富则水电兴。要进一步坚持以人为本、构建和谐，在做好环保和移民的基础上有序开发水电的方针，切实加强水电建设中的移民工作和稳定工作，不断探索和创新移民后期扶持政策，使水电建设与移民利益更好地结合，让广大移民群众自觉支持和拥护水电建设，促进社会主义新农村建设，推动地方经济社会的协调发展，维护社会安定团结，着力构建水电开发的民生工程。

(4) 加大水电舆论宣传力度，为水电开发营造良好的社会环境。当前存在一些反坝反水电的舆论，并有一定的市场。对水电的利弊得失要进行科学的分析，趋利避害，认真整改水电建设中出现的问题，接受舆论监督，同时要正确引导社会各界对水电的客观认识和判断。做好水电开发舆论宣传工作，营造良好的社会环境，是新形势下水电建设的一项重要任务。要以科学发展观为指导，对我国水电进行科学、系统、全面、积极向上的正面宣传，重点宣传大巨型骨干水电工程的突出社会经济效益，为水电开发释惑解疑，努力提高水电开发在社会各界中的形象，为水电发展营造良好的舆论环境和社会环境，以水电的健康可持续发展支撑我国经济社会可持续发展。

(5) 深入推进流域梯级开发与统一调度，实现水电开发综合效益。要认真总结流域开发的经验，坚持流域梯级开发方针，搞好流域梯级联合统一调度和科学调度。以提高和保证社会效益、经济效益、电网安全运行为目的，在合理解决发电与水利之间，部门与部门之间，上下游和相邻省区之间，电站和电网之间的利益、矛盾的基础上，加快进行流域梯级统一调度的研究，加快推进流域梯级统一调度，争取早日实现全国各大流域的梯级电站群综合统一调度，促进流域电站综合经济社会效益最大化，更好地服务我国经济社会和谐发展。

(6) 不断完善水电建设体制机制，促进水电建设持续健康发展。针对水电开发面临的新形势和新任务，着力解决影响水电进一步发展的体制机制问题。建立健全水电开发法规制度，研究制定《水电开发管理条例》，明确水电开发的有关要求，进一步规范水电开发秩序；完善水电项目建设管理程序和办法，明确前期、核准、建设等各阶段的要求，建立符合投资体制改革要求和水电建设实际的核准制度；加强水电价格形成机制和合理定价机制研究，根据电价改革的目标和方向，按照社会主义市场经济要求，积极推动水火电同网同价和竞价上网改革；研究完善水电开发相关政策，将水电开发与移民脱贫致富和地方经济社会发展更好地结合起来，使水电开发更好地带动一方经济，造福一方百姓。

回顾百年历程，中国水电的辉煌成就令我们备受鼓舞和骄傲；展望未来发展，中国水电的开发建设将更加健康有序。中国水电事业前程似锦，中国水电人任重道远，更艰巨的任务等待着水电同仁们继续发挥聪明才智，锐意创新，再创辉煌。让我们在以胡锦涛同志为总书记的党中央坚强领导下，高举中国特色社会主义伟大旗帜，以科学发展观为指导，全面贯彻落实党的十七大和十七届三中、四中全会精神以及国家能源发展政策，凝聚起广大水电工作者的智慧和力量，再接再厉，开拓进取，积极投身水电等可再生能源和新能源发展事业，大力发展和创新水电科学技术，为推动水电事业健康可持续发展再立新功！为实现节能减排目标、促进经济社会可持续发展作出新的更大的贡献！

（摘自中国水电工程顾问集团公司《水电风电信息汇编》）

积极应对气候变化 有序推进水电又好又快发展

国家发展改革委副主任、
国家能源局局长　张国宝

一、进一步提高对应对气候变化的认识，坚持有序推进水电开发

虽然近年来水电、风电、太阳能等可再生能源发展取得了可喜的成绩，但能源结构调整和节能减排的任务仍十分艰巨。2009年，全国能源消费总量为31亿t标准煤，其中，煤炭约占70%、石油占18%、天然气占4%左右，非化石能源在能源消费总量的比重从2008年的8.9%左右下降到不足8%。在非化石能源快速发展的同时，化石能源消费的增长速度近年来并没有放缓。由于能源消费增长速度快，而核电、水电因建设周期长、前几年开工少等原因发展步伐受到影响，使煤炭的消费比重不仅没有下降，反而上升了。根据有关方面的研究，到2020年，我国能源需求总量可能达到45亿t标准煤，要确保实现2020年非化石能源消费占能源消费15%的目标，水电和核电应发挥主力作用，初步规划水电装机容量应达到约3.8亿kW，其中常规水电3.3亿kW以上（抽水蓄能电站5000万kW），年发电量1.15万亿kW·h。如实现这个发展目标，水电每年可节约原煤6.8亿t，减少二氧化碳排放13.5亿t，减少二氧化硫排放约920万t。此外，从我国水能资源开发潜力看，按国际惯例以发电量计算，目前我国水电开发程度仅为25%，而经济发达国家的开发程度在70%以上。如按开发完技术可开发年发电量的70%（即1.7万亿kW·h）测算，至少有1.1万亿kW·h的开发空间，节能减排潜力巨大。

由于水电建设周期长，大型水电站往往需要5～8年以上的建设时间。换言之，新建水电要在2020年发挥节能减排的作用，必须在2015年以前开工建设。根据目前装机容量和在建情况，考虑水电建设周期，初步推算，2010～2015年6年间需要核准开工水电项目1.2亿kW左右。但从目前水电核准开工速度来看，难度很大。近年来，受国际环境的影响，加之水库移民问题较为突出，水电发展面临的形势发生了很大的变化，环境和移民压力增大，管理体制和机制矛盾突出，新建项目核准处于停滞状态。2007年以来，国家核准的常规水电总装机容量只有1407万kW，平均每年不到500万kW，这将直接导致2012年以后，特别是2015年以后我国水电投产规模大幅下降，影响水电后续发展。如不抓紧开工一批新的水电项目，将难以实现我国向国际社会承诺的2020年节能减排目标。因此，水电开发目标的实现任重道远。在妥善处理好移民和环保问题的基础上，加快水电开发步伐十分必要。

现在社会舆论对水电开发的议论非常多，有些人甚至把2010年西南及湄公河流域旱灾也与中国在澜沧江建坝联系起来，认为是建大坝造成的，甚至大肆炒作。对此，我们通过外交等途径做了很多解释工作。对于水电建设，现在社会上有一种观点，认为就是破坏生态环境。事实上，任何事物都是有利有弊的，无论是哪种能源，包括水电、核电、风电、太阳能、生物质，都各有利弊，不能只看到不利的一面，而应该权衡利弊，做到科学地、可持续地发展。

所以在这个问题上，希望各部门、各单位要进一步统一思想、提高认识、坚定信心，认真领会并贯彻落实《可再生能源法》以及中央对加快可再生能源开发利用的有关指示精神，高度重视水电的开发建设，齐心协力、密切配合，共同把乌东德水电站和金沙江水能资源开发搞好。

二、坚持科学发展、以人为本，不断创新移民安置思路，扎实推进移民安置工作

水库移民安置是水电建设工作的重要组成部分，也是目前水电建设的难点。水电建设成就的取得，与广大移民群众的支持和奉献是分不开的。虽然从总体上看，水电建设为移民生产、生活条件的改善以及脱贫致富创造了条件，促进了地方经济和社会的发展，水电建设移民安置工作也在不断加强和完善；但也应该看到，由于种种原因，不仅已建水电站水库移民存在不少遗留问题，而且在建、拟建项目移民工作又面临着新的问题。面对新的形势，各级政府和各有关方面都要认真贯彻落实党中央、国务院关于移民工作的有关精神，坚持“以人为本”，不断创新移民工作思路和方法，精细推进移民工作，使广大移民基本生活

有保障、劳动就业有着落、脱贫致富有盼头。

第一，要进一步统一思想、提高认识。移民问题涉及政治、经济、社会、人口、资源、环境、工程技术等诸多领域，是一项庞大而复杂的系统工程。它既关系到对安置区水、土地、能源等自然环境的合理开发利用，又将对区域经济和社会人文特别是移民的生存环境产生重要影响。要进一步高度重视水库移民工作，把做好移民工作提高到深入贯彻落实科学发展观、“执政为民”的政治高度来对待。

第二，要进一步转变移民工作思路，创新移民工作方法。创新移民安置方式不单是当前移民安置工作的需要，更是安置区经济长远发展和社会和谐稳定的要求。水库移民安置要始终把“移民安置后能尽快达到或超过其原有生产生活水平”和促进移民脱贫致富、地方经济社会发展作为出发点和落脚点，积极探索移民安置的新思路和新办法。比如在移民的安置方式上，要结合库区实际，多渠道、多途径安置；同时也可研究探索实行移民全民养老保险和医疗保险等新措施。充分利用水电建设运行成本相对低、电价具有相对优势的特点，解决好电站本身的移民问题。

第三，要在尊重移民群众意愿的基础上开展移民工作。移民安置方式的采用必须从移民群众的根本利益出发，充分尊重移民的发展权利，尽可能满足不同移民的安置意愿，以便广大移民群众能充分把握和利用好搬迁安置这一机遇，实现移民家庭经济的跨越式发展。

第四，要不断完善移民工作程序及机制。要彻底转变重工程、轻移民的思想，试行“先移民、后建设”的水电开发新方针，在工程开工建设前适当超前开展移民安置工作。

第五，要积极推进“同网同价”，实行水电与新建火电厂相同的电价，为移民安稳致富进一步创造经济条件。水电开发除工程枢纽建设投资外，主要是移民成本。移民政策不完善，移民费用考虑不足，以及沿袭计划经济时期的成本定价模式，不仅不合理，人为造成了水火电电价的不平等，而且不利于新老移民问题的解决。目前，已建水电的平均上网电价比燃煤火电每千瓦·时电低0.1元左右，新建水电也总体低于火电不少。

第六，省级政府是水电站建设移民工作的责任主体和实施主体，要认真总结移民工作经验和教训，切实负起责任，扎实做好电站的各项移民工作，维护移民合法权益，确保移民工作万无一失。

第七，移民安置规划设计工作要充分发挥主体设计单位的重要作用。移民安置实施规划设计工作缺乏统筹协调和责任主体是移民工作进展缓慢、方案变更较多的重要原因之一。在移民安置规划实施工作中要充分发挥主体设计单位的责任主体作用，加强统筹协调、坚持“同库同策”，不断提高移民安置工作质量、确保移民安置工作进度。

三、坚持环境友好、有序开发，高度重视生态环境保护工作，妥善处理保护与开发的关系

水电是可再生的低碳、清洁能源，水电建设可以发挥巨大的综合效益，也不可避免地会对周围的生态环境产生影响。因此，必须正确处理水电开发与环境保护的关系。

第一，要进一步提高对水电建设环境保护工作的认识，要充分认识重视水电开发的生态环境保护问题是社会进步的体现，是坚持环境友好、实现人与自然和谐发展的行为。做好环境保护工作，既有利于水电建设综合效益和社会效益的充分发挥，也有利于促进人与自然的和谐相处、区域经济与社会的可持续发展。古代的都江堰、灵渠，新中国成立后的新安江、二滩等，都是水利水电建设与自然和谐发展的典型例证。不能一味地认为改变原来的状况就是坏事。

第二，要全面落实环境保护法规，严格河流水电规划环境影响评价和水电项目的环境影响评价制度，并重点加强对大型水电工程建设生态环境的研究和保护工作。切实抓好环保措施的落实，加强监督管理。

第三，要加快水电建设环境保护技术创新，研究并解决好水电建设的生态用水、低温水、鱼类洄游、野生动植物保护等问题，统筹兼顾、科学选择工程建设方案。

第四，高度重视移民安置区的环境保护问题。西南大型水库区生态环境较为脆弱，随着库区经济发展和人类活动增加，如果不采取有效措施，生态系统可能恶化，进而引发生态安全问题。要认真研究库区及移民安置区的生态环境承载力，合理布局移民安置区、落实相应环境保护措施，维护生态环境的可持续性，促进移民安稳致富和库区社会稳定。

（摘自中国水电工程顾问集团公司《水电风电信息汇编》）

落实责任　加强监管
促进农村水电又好又快发展

——在全国违规水电站清查整改工作总结大会上的讲话（摘要）

水利部副部长　胡四一

自2003年6月水利部发出《关于清查“四无”

水电站确保安全度汛的紧急通知》和启动违规水电站清查整改专项行动以来，在各有关部门的大力支持和密切配合下，在地方各级党委、政府的坚强领导下，水利部要求挂牌督办的3415座“四无”水电站全面完成了整改，同时，各地还陆续清查整改了其他各类违规水电站1785座，累计完成了对5200多座违规水电站的清查整改，全国违规水电站清查整改专项行动全面完成并取得显著成效。

这次会议的主要任务是：全面总结违规水电站清查整改专项行动取得的经验，交流农村水电安全监管工作中好的做法以及在体制、机制和制度建设方面取得的成果，研究部署下阶段工作，实现农村水电安全生产从专项治理到安全监管的转变，促进农村水电科学、有序、可持续发展。

一、真抓实干，违规水电站清查整改全面完成并取得了显著成效

农村水电是重要的水利基础设施和优质的可再生能源，在解决农村用电，加快农民脱贫致富，促进农村经济社会发展，保护生态环境和节能减排等方面都发挥了重要作用。前些年，随着电力体制和投资体制改革不断深化，农村水电成为社会资本关注的热点领域，开发速度明显加快。由于相关法规滞后、监管缺位以及一些地方招商引资心切等多方面原因，出现了不少“无立项、无设计、无监管、无验收”的“四无”水电站，安全事故和涉水纠纷明显上升。国内外媒体也多次报道“四无”水电站破坏河流生态环境，损害群众利益，引发安全事故的案例。农村水电发展环境和社会舆论日益恶化，影响了农村水电可持续发展和社会和谐稳定。为此国务院领导多次批示，要求农村水电发展要与农民利益、地方发展、环境保护和生态建设结合起来，规范农村水电开发，切实加强监管，维护公共安全。

根据国务院领导批示精神，水利部从2003年6月开始，加强与有关部门的协调和沟通，下发了一系列关于清查整改“四无”水电站的文件，召开各种专题会议进行落实和督办，派出工作组奔赴各地重点督查，在全国范围内对违规水电站展开了一场声势浩大的拉网式清查和集中整治专项行动。各地积极响应认真落实，取得了明显成效。

1. *各级政府高度重视，有关部门协同配合* 广东、广西、湖南、福建、贵州、江西、陕西等省（区）组成了省领导挂帅的清查整改工作领导小组，由水利部门牵头组织实施。其他各省（市、区）也设立了由水利部门牵头，国家发展改革委、国家工商总局、国家安监总局、国家电监会等相关部门参加的清查整改工作领导机构，为清查整改工作提供了强有力的组织保障。广东省政府专门召开动员大会，副省长李容根亲自动员，落实各级行政首长督办责任。湖南省六个部门联合发布了《关于开展“四无”水电站整改督办工作的通知》，明确各部门的职责和工作任务，建立联席会议制度，开展联合执法，加快了专项行动的进程。

2. *明确任务限期整改，落实责任加强监督* 各地按照水利部违规水电站清查整改专项行动的总体要求，对“四无”水电站展开了拉网式大排查。在此基础上，制订详尽的整改方案，签订“限期整改责任书”，地方行政首长挂牌督办，督促业主限期整改。不少地方还在媒体上公示每座“四无”水电站的业主和督办行政责任人，定期向社会公布整改工作进展情况，接受社会监督。云南、福建等10多个省（市），每座“四无”水电站都落实了具体整改措施，都有行政首长跟踪督办，违规水电站整改工作提前完成。

3. *强化措施铁腕整改，因地制宜分类实施* “四无”水电站数量多、分布广，形成的背景和原因十分复杂。各地结合实际出台了相关政策，制定了实施细则，分类进行整改。对于符合规划，通过整改满足安全运行条件的，按规定进行安全鉴定并完善相关手续，及时销号；对不符合规划或虽然符合规划但安全隐患严重的，采取措施铁腕整改。广东省政府统一规定了“四无”水电站处理原则、处理程序、资质和费用承担主体，并规定没有完成整改任务的水电站，一律不允许上网，一律腾空库容，对有严重安全隐患的工程一律拆除。广西壮族自治区通过对“四无”水电站集中的河流、地区和安全隐患严重的水电站加大整改力度，带动全区专项行动全面展开。湖南、江西、陕西等10多个省（区）还通过专项行动扩大战果，累计清查整改了其他各类违规水电站1785座。

4. *加强安全检查，严格事故督查* 水利部每年汛前都要组织开展农村水电安全大检查，会同国家安监总局、国家电监会等部门组织专项检查。各地高度重视，积极行动，结合实际制订实施方案，认真组织安全检查，落实农村水电安全管理分类和年检制度，取得了很好的效果。

对近年来发生的几起影响较大的农村水电安全生产事故，按照“四不放过”的原则，水利部及时会同有关部门进行了现场督查，并对四川屏山县双龙水电站、云南临翔区遮奈水电站、贵州丹寨县马颈坳水电站等较大安全事故在全国通报。

5. *完善法规制度，落实监管职责* 针对农村水电法规滞后、监管缺位等问题，水利部先后下发一系列文件，规范农村水电开发秩序。2009年，水利部、国家工商总局、国家安监总局、国家电监会联合下发《关于加强小水电站安全监管工作的通知》，明确了电

站业主的安全生产主体责任和各级政府及相关部门的安全监管职责，并对农村水电规划、环保、设计、审批（核准）、施工、验收和安全生产等各环节都提出了明确的要求。浙江、云南、陕西等20个省水利部门会同有关部门，联合转发了文件，并结合本地实际提出了具体要求。湖南、吉林、贵州、湖北、重庆、福建、陕西等省（市）分别出台了专门的地方法规和政府文件。

专项行动开展以来，在各级党委、政府的领导下，在各有关部门的大力支持和配合下，经过不懈的努力，水利部要求挂牌督办的3415座“四无”水电站已经全部完成整改并销号，其他在规划、立项、设计、验收、管理、环保等环节存在问题的1785座也已完成整改，全国共清查并整改违规水电站5200座，违规水电站清查整改专项行动全面完成、取得实效。违规水电站清查整改工作，大面积消除了农村水电领域安全隐患，有效遏制了无序开发、违规建设、事故多发的势头，农村水电发展基础逐步夯实，开发秩序逐步规范：一是确立了人水和谐的理念，在保障工程安全、河道行洪安全、群众生产生活用水安全和生态安全的基础上，统筹发电和水资源综合利用；二是形成了水能资源统一管理的共识，水能资源从属于水资源，应在政府监管下，进行科学规划、统一管理、有序开发；三是加强了农村水电行业管理，建立了全国农村水能资源地理信息系统，制订、修订了21项行业技术标准；四是改善了农村水电发展环境，初步形成了有限、有序、有偿开发农村水能资源的良好局面。

二、常抓不懈，进一步加强农村水电安全监管

党中央、国务院高度重视安全生产工作，把能否加强安全生产、实现安全发展，提高到对我们党执政能力的重大考验来加以强调。违规水电站清查整改专项行动全面完成并取得显著成效，但农村水电安全生产工作仍然任重道远。我们要清醒地认识到，农村水电行业法规、标准体系还不尽完善，杜绝违规水电站产生的长效机制还未形成，老旧水电站还存在不少安全隐患，极端天气事件也对我们提出了新的挑战，农村水电安全生产形势依然严峻。我们要站在贯彻落实科学发展观、构建社会主义和谐社会的高度，以对国家和人民高度负责的精神，认真总结和借鉴这次专项行动的成功经验，巩固已经取得的成果，进一步抓好农村水电安全监管工作。

1. 抓安全监管，把主体责任落到实处　各地要按照水利部、国家工商总局、国家安监总局、国家电监会2009年联合下发的《关于加强小水电站安全监管工作的通知》要求，进一步明确政府监管职责，逐站落实监管主体；细化农村水电站业主及设计、施工、监理单位安全生产主体责任。2011年汛前，全国每座农村水电站安全监管主体和安全生产责任主体都要落实到位，实现100%全覆盖。

要按照国家防总办公室、水利部的要求，做好农村水电工程防汛检查和安全生产大检查，发现隐患，及时整改。全面落实农村水电防汛工作行政首长负责制，科学合理制订度汛方案和应急预案。要警惕突发性暴雨、山体滑坡、崩塌和泥石流灾害，确保工程安全和人身安全。

2. 抓资源管理，把规范程序落到实处　水能资源开发利用往往会对流域上下游、干支流的水文情势及其他用水功能产生重大影响，单纯的垄断性、市场性开发可能导致资源分配不当，诱发一系列的生态、安全和社会问题。因此，要在政府主导下，按照合理开发资源、保护生态环境、维护公共利益、保障公共安全的原则，加快编制和修编中小河流农村水能资源开发利用规划，强化规划约束，完善管理手段，切实将水能资源管理作为新时期水利工作的一项重要任务抓紧、抓好。

进一步规范农村水电建设管理程序，严格项目审批核准前的技术把关，严格执行环境影响评价制度，严格工程开工报告制度，严格建设过程安全监管，严格工程验收制度，严格水库大坝安全管理制度，坚决杜绝违规建设和产生新的违规水电站。

3. 抓电站改造，把安全运行落到实处　经过前一阶段的专项行动，我们对5200多座违规水电站进行了整改。但是，目前还有近万座老旧农村水电站，受当时设计、建设水平和经济条件的制约，多年运行后普遍存在水能利用效率低、安全隐患严重等问题。如果不及时进行改造，不仅浪费大量优质可再生能源，还将威胁公共安全。对老旧农村水电站进行增效扩容改造，不增加移民和环境负担，开发成本和电能质量均优于风能、太阳能等同类能源。要加强调查研究，抓紧规划工作，加大协调力度，争取尽早启动。

进一步推进农村水电站安全管理分类年检制度，强化以“两票三制”和设备设施评级为核心的农村水电安全管理制度，实现农村水电运行管理标准化和现代化。

4. 抓法规建设，把长效机制落到实处　农村水电安全监管工作是一项长期的任务，必须建立长效机制。要从法律上确立农村水能资源开发利用的方针和原则，对农村水电规划、设计、审批、施工、验收、运行的全过程进行规范。当前，各地要认真研究和总结有关省规范水能资源开发、加强农村水电管理的立

法经验，结合本地实际，创造性地开展工作，推动当地立法进程。同时，水利部也将加快《农村水电条例》和《农村水能资源管理办法》的立法工作。抓紧制定涉及农村水电安全生产、河道生态基流、增效扩容改造的相关规程规范，完善技术标准体系，落实行政监管措施。

希望各级水利部门在当地党委、政府的领导下，进一步提高认识、加强领导、落实责任、通力协作，认真履行职责，促进农村水电又好又快发展，为保障人民群众的生命财产安全和公共安全。

回顾与展望

我国“十一五”时期经济社会发展的辉煌成就

2006～2010 年，我国成功地完成了“十一五”规划，面对国内外复杂环境和重大风险，全国人民在党的正确领导下，胜利的完成规划确定的主要目标和任务，并取得辉煌成就。

一、经济平稳较快发展，整体水平进一步提高

（1）经济年平均增长 11％左右，“十一五”期末，国内生产总值将超过 38 万亿元，经济总量将从“十五”期末的世界第 4 位上升为第 2 位。

（2）农业生产稳定发展，农村生产和生活条件改善。2009 年粮食总产量达到 10 616 亿斤，实现连续 6 年增产。提前 4 年达到 1 万亿斤规划目标。农村用电量增长 40％；到 2009 年底已解决 1.65 亿农村人口饮水安全问题。

（3）产业结构调整取得新进展。淘汰落后、耗能高、高污染的炼铁、炼铜、焦炭、水泥、造纸产能 2110 万 t、1640 万 t、1809 万 t、7416 万 t、150 万 t。自主创新能力明显提高。载人航天、月球探测取得成功，一大批重大技术装备实现自主制造。

（4）基础设施建设取得长足进展。与“十五”期末相比，“十一五”期末铁路营业里程从 7.54 万 km 增加到 9 万 km；公路通车里程从 335 万 km 增加到 395 万 km；输油（气）管道从 5.43 万 km 增加到 7.7 万 km。

（5）城镇化快速推进。城市化率从 2005 年的 43％提高到 2009 年的 46.6％，到 2010 年将超过预期 47％的目标。

（6）区域经济发展协调性增强。东部沿海发达地区经济布局优化，继续引领全国发展，中西部和东部地区发展加快，地区间差距趋于缩小。

（7）节能减排目标可如期实现，生态建设和环境保护力度加大。“十一五”规划提出 5 年单位国内生产总值能耗降低 20％，我国到 2009 年单位生产总值能耗已下降 15.6％，经过努力，到 2010 年底可实现规划目标。森林覆盖率从 18.2％，可达到 20％的规划目标。水生态保护和水资源利用取得新进展，新增水土流失治理面积达到 21.4 万 km^2。

二、社会建设取得重大进展，城乡人民生活明显改善

（8）就业规模继续扩大。“十一五”前 4 年，每年新增就业 1000 万人以上。城镇登记失业率控制在 4.3％以下。

（9）城乡人民收入大幅提高。2009 年城乡居民可支配收入增加到 17 175 元；农村居民人均收入增加到 5153 元，年增长分别为 10.2％和 8.3％。城乡人民储蓄存款余额从 14.1 万亿元增加到 26 万亿元，增长 84％。

（10）社会保障取得突破性进展。“十一五”时期是我国社会保障发展最快时期，农村低保制度和城镇居民基本医疗保险制度全面建立。新型农村合作医疗制度已全面实施。新型农村养老保险制度已在 23％的县进行试点。使我国有 2.4 亿人、4.1 亿人和 1.3 亿人在养老保险、医疗保险和失业保险中受益。

（11）科技、教育、文化事业迅速发展。“十一五”期间，我国不断加大科技投入，在基础研究和高科技领域取得一大批重大成果。突破了一批关键技术，全面普及九年义务教育，国民平均受教育年限从 8.5 年增加到 9 年以上。公益性文化事业和文化产业快速发展。人民群众精神文化生活更加丰富。

三、改革迈出新步伐，社会主义市场经济体制更趋完善

（12）现代市场体系建设取得积极成效。资源性产品价格改革、成品油价格和税费改革、上市公司股权分制改革已全面实施，多层次资本市场体系基本形

成。市政公用事业全面引入竞争机制。《劳动合同法》与《就业法》已颁布实施。人才与劳动力市场建设全面推进。

(13) 财税体制改革继续深化。财政转移支付制度和公共财政制度逐步完善。

(14) 金融体制改革稳步推进。国有商业银行股份制改革基本完成，政策性金融机构市场改革、中小金融机构市场准入有较大突破。

(15) 农村改革取得重要进展。农业支持保护制度初步建立，农业税、农业特产税等涉农税费已经完全取消。集体林权制度改革在全国推开，农民专业合作社快速发展。

(16) 行政管理制度改革取得积极进展。政府信息公开和行政问责制度逐步完善调整或取消部分行政审批项目，监察、审计等项工作得到加强，依法行政全面推进。重大灾害和公共突发事件应急管理体制初步建立。

(17) 基本经济制度进一步完善。国有资产管理体制改革和国有企业股份制改革继续推进，一批具有国际竞争力的大企业发展起来。国有资本经营预算制度初步建立。

四、对外开放水平提升，国际竞争力和影响力明显增强

(18) “十一五”期间进出口贸易额从 2005 年 1.42 万亿美元增加到 2009 年 2.21 万亿美元，增长 55.6%，由世界第 3 位，上升为第 2 位。其中：出口由 7620 亿美元增加到 12 017 亿美元，增长 57.7%；进口由 6601 亿美元增加到 10 056 亿美元，增长 52%。

(19) 利用外资持续增加。2009 年吸收外商投资与 2008 年持平，仍达到 900 亿美元，占世界跨境直接投资比重 8.9%，主要集中用于设计研发与服务营销领域。

(20) 对境外投入步伐明显加快。“十一五”规划前 4 年，非金融投资类对外投资达到 1188 亿美元，主要投入在能源资源项目，这些投资对我国长远发展有重要意义。

(21) 金融开放水平进一步提高。国际收支外汇管理逐步放宽，在国家经济实力不断加强，人民币币值稳定和充足的外汇储备基础上，人民币在国际金融危机中开始走向国际化，跨境贸易人民币结算试点成功，在周边国家和地区使用和流通范围扩大，对我国未来发展意义重大。

(22) 国际经济文化合作全面开展。对外工程承包和劳务合作取得新进展。“十一五”规划前 4 年完成对外承包工程营业额 2049 亿美元，劳务合作完成 219 亿美元，分别比“十五”增长 5.5 倍和 1.2 倍。

(本年鉴编辑部整理)

关于“十二五”经济社会发展的部署

一、确定主题——以科学发展作为“十二五”中国经济社会发展的主题

中国共产党第十七届五中全会审议通过的“十二五”规划建议最鲜明的特点，就是要以科学发展为主题。这是时代的要求，事关“十二五”乃至更长时期改革开放和现代化建设全局，是解决我国所有问题的关键。

“在当代中国，坚持发展是硬道理，本质要求就是要坚持科学发展，更加注重以人为本，更加注重全面协调可持续发展，更加注重统筹兼顾，更加注重保障和改善民生，促进社会公平正义”。“发展不等同增长，不能只看速度快慢、规模大小、一时得失。不讲科学的发展，路就会越走越窄”。“我们所谋求的是以人为本、全面协调可持续的发展”。

以科学发展为主题，以加快转变经济发展方式为主线，坚持把加快转变经济发展方式贯穿于经济社会发展全过程和各领域，提高发展的全面性、协调性、可持续性，实现经济社会又好又快发展的科学思路，进一步指明了当前和今后一个时期我国经济社会发展的努力方向。

二、勾勒主线——以加快经济发展方式转变为主线

“加快转变经济发展方式是我国经济社会领域的一场深刻变革，必须贯穿经济社会发展全过程和各领域……”，为此，全会对加快转变经济发展方式提出了这样的新要求：

——坚持把经济结构战略性调整作为主攻方向。

——坚持把科技进步和创新作为重要支撑。

——坚持把保障和改善民生作为根本出发点和落脚点。

——坚持把建设资源节约型、环境友好型社会作为重要着力点。

——坚持把改革开放作为强大动力。

党的十七届五中全会对加快转变经济发展方式提出了一系列新的目标：

加快形成消费、投资、出口协调拉动经济增长新局面；推进农业现代化，建设农民幸福生活的美好家园；发展现代产业体系、提高产业核心竞争力，培育

发展战略性新兴产业；构筑区域经济优势互补、主体功能定位清晰、国土空间高效利用、人与自然和谐相处的区域发展格局；加快建设资源节约型环境友好型社会，增强可持续发展能力；深入实施科教兴国战略和人才强国战略、加快建设创新型国家……

三、描绘蓝图——提出“十二五”经济社会发展主要目标

党的十七届五中全会指出：“‘十二五’时期是全面建设小康社会的关键时期……”。过去的5年，面对复杂多变的国际国内形势，中国共产党团结带领全国各族人民，紧紧抓住“发展”这个第一要务，取得了政治、经济、文化、科技、军事、外交等多方面的重大成绩，使国家面貌发生新的历史性变化。全会综合考虑未来发展趋势和条件，明确提出今后5年经济社会发展的主要目标：“经济平稳较快发展，经济结构战略性调整取得重大进展，城乡居民收入普遍较快增加，社会建设明显加强，改革开放不断深化，使我国转变经济发展方式取得实质性进展，综合国力、国际竞争力、抵御风险能力显著提高，人民物质文化生活明显改善，全面建成小康社会的基础更加牢固”。

四、注重民生——更加注重保障和改善民生，推进基本公共服务均等化

党的十七届五中全会对着力保障和改善民生提出了新的要求：“必须逐步完善符合国情、比较完整、覆盖城乡、可持续的基本公共服务体系，提高政府保障能力，推进基本公共服务均等化。”党的十六届五中全会以来的5年间，中共中央政治局共召开50多次会议，其中许多议题涉及经济、民生问题，说明保障和改善民生始终是摆在党和政府面前的头等大事。

党的十七届五中全会对进一步推进“民生工程”提出了一系列新的目标：

加强社会建设、建立健全基本公共服务体系，促进就业和构建和谐劳动关系，合理调整收入分配关系，努力提高居民收入在国民收入分配中的比重、劳动报酬在初次分配中的比重，健全覆盖城乡居民的社会保障体系，加快医疗卫生事业改革发展，全面做好人口工作，加强和创新社会管理，正确处理人民内部矛盾，切实维护社会和谐稳定。

五、调整结构——消费、投资、出口协调拉动经济增长

党的十七届五中全会提出“要加快形成消费、投资、出口协调拉动经济增长新局面”。与以往强调的“投资、消费和出口”三驾马车的说法有新的变化，更加强调了消费的重要性。过度依赖投资和出口，“不惜一切代价”投入资源能源，片面地强调增长，大量依赖廉价劳动力追求GDP的老路都是走不通的。我们不能简单复制从低收入国家迈向中等收入国家的既有路径和模式。国内消费一直在拉动，但其对经济增长的贡献率难以明显提高，说明收入分配机制中还存在问题。只有理顺收入分配机制，依靠科技进步和全要素生产率的提高促进经济发展，中国才能真正实现经济发展方式的转变。

展望“十二五”，中国经济总量将稳居世界第2位，人均GDP将超过5000美元。而选择科学的发展方式，避免“中等收入陷阱”，抓住机遇使经济社会发展迈上新台阶，才能为全面建成小康社会打下可靠的基础。

六、提升文化——文化产业有望跃升为国民经济支柱性产业

全会提出“基本建成公共文化服务体系，推动文化产业成为国民经济支柱性产业”。全会强调“要推动文化大发展大繁荣、提升国家文化软实力，坚持社会主义先进文化前进方向，提高全民族文明素质……”。

文化是一个民族的精神和灵魂，也是国家和民族振兴的强大力量。文化产业是市场经济条件下繁荣发展社会主义文化的重要载体，是满足人民群众多样化、多层次、多方面精神文化需求的重要途径，也是推动经济结构调整、转变经济发展方式的重要着力点。

“推进文化创新，深化文化体制改革，增强文化发展活力，繁荣发展文化事业和文化产业，满足人民群众不断增长的精神文化需求……”体现了党中央对文化发展的新思路和新部署。

党的十七届五中全会提出的要“充分发挥文化引导社会、教育人民、推动发展的功能，建设中华民族共有精神家园，增强民族凝聚力和创造力”的要求，让人民对“文化强国”充满期待。

七、推进改革——以更大决心和勇气全面推进各领域改革

党的十七届五中全会公报指出，要“大力推进经济体制改革，积极稳妥推进政治体制改革，加快推进文化体制、社会体制改革……”，全会指出，“必须以更大决心和勇气全面推进各领域改革……”，上层建筑更加适应经济基础发展变化，为科学发展提供有力保障。未来5年，中国将通过深化政府机构改革、转变政府职能、加强依法行政、强化社会管理和公共服务来进一步创新政府管理体制，为“到2020年建立起比较完善的中国特色社会主义行政管理体制”，奠定坚实基础。

改革是加快转变经济发展方式的强大动力。“加

快财税体制改革，深化金融体制改革，深化资源性产品价格和要素市场改革，加快社会事业体制改革”。全会提出“一揽子”改革方案，预示着未来几年，中国社会各领域改革将得到协调全面推进。

（本年鉴编辑部整理）

我国“十二五”电力规划及水力发电规划工作

一、指导思想和基本原则

电力工业发展要高举中国特色社会主义伟大旗帜，以邓小平理论和“三个代表”重要思想为指导，深入贯彻落实科学发展观，以科学发展为主题，以加快转变电力发展方式为主线，以保障安全、优化结构、节能减排、促进和谐为重点，着力提高电力供应安全，着力推进电力结构优化，着力推进资源优化配置，着力推进电力产业升级，着力推进电力和谐发展，努力构建安全、经济、绿色、和谐的现代电力工业体系，满足经济社会科学发展的有效电力需求，为实现2020年我国非化石能源在一次能源消费中比重达到15%左右和单位GDP二氧化碳排放量比2005年下降40%～45%的目标作出应有贡献。

1. 坚持统筹协调的原则　统筹协调是实现电力工业科学发展的根本方法。电力发展要自觉立足并融入经济社会发展特别是能源工业发展，坚持发展是硬道理，正确认识和妥善处理开发与节约、国内资源开发与境外资源合理利用、上游与下游的关系，注重全面协调、统筹兼顾，努力实现总量与结构、发展与环境、发展与社会、电源与电网、化石能源发电与可再生及新能源发电、煤电油运的全面协调发展，促进电力与经济、社会、生态环境的协调发展。

2. 坚持节约优先的原则　根据我国资源禀赋状况和特点，必须走节约发展的道路，因此，节约优先是电力工业发展的必然选择。要加快经济结构调整，加快推进重点行业节能降耗。要不断提高电能在终端能源消耗中的比重，降低单位产值电能消耗，提高电能效率。要紧密依靠科技创新，加快推广高效节能环保技术和电力装备应用，加大技术改造力度，促进电力发展方式转变。

3. 坚持结构优化的原则　优化结构是我国电力工业发展的长期性战略任务，也是转变电力发展方式的主要举措。要继续加快推进高能耗、高排放、高污染小火电机组关停退役，加快发展可再生及新能源发电，加快推进常规能源清洁高效发电。要优化区域布局，加快推进水电基地、煤电基地、核电基地建设和新能源发电，继续推进输煤与输电并举。要加快建设以特高压为骨干网架、各级电网协调发展的坚强智能电网，全面提高电网优化配置资源的能力，提高电力系统安全性、可靠性、经济性和互动性。

4. 坚持科技驱动的原则　科技进步与创新是电力工业发展的根本动力。要抓住世界能源电力格局调整和新科技革命的机遇，加快自主创新，在可再生和新能源发电、洁净煤发电、智能电网等领域，加强新材料、关键技术的攻关和设备研制，在关键技术和装备领域取得新突破，推动电力装备制造业升级，提高电力工业科学发展能力。

5. 坚持绿色和谐的原则　绿色和谐发展是电力工业发展的必由之路。要结合经济社会承受能力，发展低碳技术，加快推进绿色电力开发，减少排放和污染，为实现“两项承诺”作出应有贡献。积极推进电力普遍服务，改善农村和边疆地区用电条件，提高城乡居民用电水平。发挥电力发展对经济社会的支撑保障作用，带动相关产业，促进社会就业。建设优秀行业文化，推进和谐行业建设。

6. 坚持市场导向的原则　要加快体制机制创新，建立符合中国国情的电力市场和监管体系，发挥市场配置电力资源的基础性作用，加快推进电价改革，完善宏观调控和市场监管体系，充分发挥行业协会作用，提高电力资源配置效率和效益，促进电力发展方式转变。要充分利用国内国际两个市场、两种资源，实施“走出去”战略，提高电力企业的运行效率和抵御风险能力。

二、发展方针

按照以上指导思想和基本原则，电力工业发展的基本方针是：以科技创新为动力，以转变电力发展方式为主线，坚持节约优先，优先开发水电，优化发展煤电，大力发展核电，积极推进新能源发电，适度发展天然气集中发电，因地制宜发展分布式发电，加快推进坚强智能电网建设，带动装备工业发展，促进绿色和谐发展。

1. 优先开发水电　我国水电资源丰富，具备集中规模开发条件，而且水电技术成熟，优先开发利用绿色、可再生的水电资源，是实现我国能源可持续发展的重要支撑。要在坚持统一规划、加强生态保护和做好移民安置工作的前提下，加快核准开工一批大中型水电项目，推进重点流域水电梯级综合开发，因地制宜开发中小型水电站，完善水电相关政策措施，保障水电资源充分利用。加大抽水蓄能发展力度，提高电力系统运行经济性和灵活性。

2. 优化发展煤电　煤炭是我国的主要一次能源，煤电作为我国发电能源的基础地位仍将持续较长时间。考虑中东部负荷中心地区土地资源、大气污染、运输瓶颈、经济性等因素，优化煤电布局，加快西部、北部煤炭基地煤电一体化开发，建设坑口电站群，推进输煤输电并举；在供热负荷落实地区，优先发展热电联产；积极应用大容量高参数煤电机组和整体煤气化（IGCC），循环流化床（CFB）等先进洁净燃煤发电技术，实现煤电可持续发展。

3. 大力发展核电　随着能源需求快速增长，化石能源的成本和价格不断攀升，目前我国核电的发电成本已经低于负荷中心煤电成本。大力发展核电，即在确保安全的基础上高效发展核电，是保障我国能源电力供应、实现可持续发展的关键。

4. 积极推进新能源发电　非水可再生能源开发要在充分考虑经济社会电价承受能力和合理保持国内经济的国际竞争力的条件下积极推进。积极推进技术较成熟、开发潜力大的风电、太阳能发电和生物质发电等可再生能源发展。加快小型可再生能源发电建设，解决偏远农村地区用电问题。促进可再生能源技术和产业发展，提高可再生能源技术研发能力和产业化水平，力争我国风电技术到 2020 年、太阳能技术到 2030 年处于世界领先水平。

5. 适度发展天然气集中发电　天然气是清洁的化石能源，经济附加值较高。随着民用、交通、工业用气的快速增长，可供发电用气量较为有限。天然气应优先用于城乡居民生活和非电行业，天然气集中发电在电网中主要起调峰作用。在东部沿海地区配合 LNG 接收站的建设，适度建设燃气电站。在天然气丰富地区建设天然气电站解决当地用电问题。

6. 因地制宜发展分布式发电　结合城乡天然气管道布局推动分布式冷热电多联供发展，提高天然气利用效率；在有水资源地区鼓励发展小水电；在有风资源或太阳能资源地区发展小型风力发电、太阳能利用等；推动分布式发电和储能设施结合的分布式能源供应系统发展，加快研究应用微网技术。

7. 加快推进坚强智能电网建设　继续加大电网投入，进一步转变电网发展方式，立足自主创新，加快建设坚强主网架，促进大型能源基地集约化开发和清洁能源高效利用，加强城乡配电网建设改造，重视电力通信网和二次系统建设，推动各级电网和一次、二次系统的协调发展，不断提升电网的资源配置能力、安全稳定水平和经济运行效率。依靠现代信息、通信和控制技术，提高电网智能化水平，适应未来可持续发展的要求。

三、发展目标

（一）“十二五”发展目标

装机容量：2015 年，全国发电装机容量达到 14.37 亿 kW 左右，年均增长 8.5%。其中，水电 2.84 亿 kW，抽水蓄能 4100 万 kW，煤电 9.33 亿 kW，核电 4300 万 kW，气电 3000 万 kW，风电 1 亿 kW，太阳能发电 200 万 kW，生物质能发电及其他 300 万 kW。要按照装机容量可能达到 15 亿 kW 左右来规划安排电源项目前期工作，根据实际市场需求滚动安排年度开工规模。

电网建设：2015 年，全国 110kV 及以上线路达到 133 万 km，变电容量 56 亿 kVA。

电力投资：“十二五”期间电力投资达到 53 000 亿元，比“十一五”增长 68%。其中，电源投资达到 27 500 亿元，电网投资达到 25 500 亿元。

非化石能源比重：2015 年，非化石能源发电装机容量总规模将达到 4.74 亿 kW，占总装机容量的比重为 33%，比 2010 年提高 6.3 个百分点；非化石能源发电量 1.52 万亿 kW·h 左右，占总发电量的比重为 24.1，比 2010 年提高 3 个百分点左右；非化石能源发电可替代化石能源 5 亿 t 标准煤，占一次能源消费的比重达到 11.9%左右。

煤耗：2015 年，煤电平均单机容量 14.5 万 kW，比 2010 年提高 4 万 kW 左右。平均供电煤耗 330g/(kW·h)，比 2010 年下降 8g/(kW·h)。

供电可靠性：2015 年，城市用户供电可靠率达到 99.935% 以上，农村用户供电可靠率达到 99.765%以上。

线损：2015 年，全国电网线损率下降到 6.6%，比 2010 年下降 0.1 个百分点。

污染物排放：与 2010 年相比，2015 年我国燃煤电厂烟尘排放强度下降 25%左右，二氧化硫排放强度下降 34%左右，氮氧化物排放强度下降 34%左右。

综合利用：2015 年，全国粉煤灰综合利用率达到 75%，脱硫副产品综合利用率达到 60%。

社会效益：“十二五”期间，由于电力工业发展，每年将带动社会总产出增加 2.8 万亿元左右，每年提供就业岗位 270 万个左右。

（二）2020 年展望

装机容量：2020 年全国发电装机容量达到 18.85 亿 kW 左右，年均增长 5.6%。其中，水电 3.3 亿 kW，抽水蓄能 6000 万 kW，煤电 11.6 亿 kW，核电 9000 万 kW，气电 4000 万 kW，风电 1.8 亿 kW，太阳能发电 2000 万 kW，生物质、潮汐及地热等 500 万 kW，其比重见图 1。要按照装机容量可能达到 19.8 亿 kW 来规划安排电源项目前期工作，根据实际市场需求滚动安排年度开工规模。

电网建设：2020 年，全国 110kV 及以上线路达到 176 万 km，变电容量 79 亿 kVA。

电力投资：“十三五”期间电力投资达到 58 000

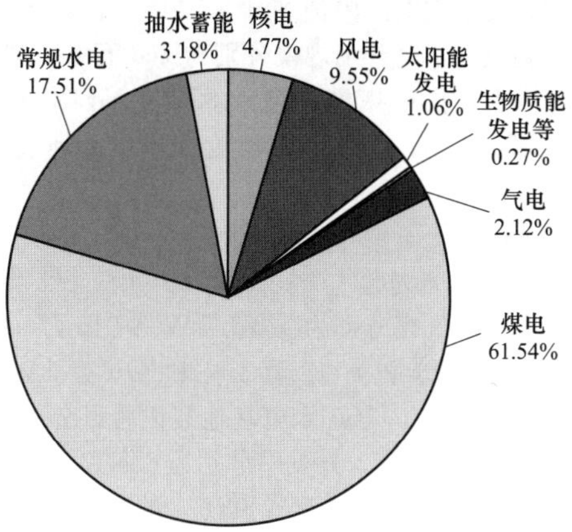

图 1　2020 年各类能源发电装机容量比重图

亿元，比“十二五”增长 9.4%。其中，电源投资达到 29 500 亿元，电网投资达到 28 500 亿元。

非化石能源比重：2020 年，非化石能源发电装机容量总规模将达到 6.85 亿 kW，占总装机容量的比重为 36.3，比 2015 年提高 3.3 个百分点；非化石能源发电量 2.2 万亿 kW·h 左右，占总发电量的比重为 26.9%，比 2015 年提高 2.8 个百分点左右；非化石能泥发电可替代化石能源 7 亿 t 标准煤左右，占一次能源消费的比重达到 14.1%左右。

煤耗：2020 年，煤电平均单机容量 16.8 万 kW，比 2015 年提高 2.3 万 kW 左右。平均供电煤耗 320g/(kW·h)，比 2015 年下降 10g/(kW·h)。

供电可靠性：2020 年，城市用户供电可靠率达到 99.955% 以上，农村用户供电可靠率达到 99.810%以上。

线损：2020 年，全国电网线损率下降到 6.5%，比 2015 年下降 0.1 个百分点。

社会效益：“十三五”期间，由于电力工业发展，每年将带动社会总产出增加 3.0 万亿元左右，每年提供就业岗位 300 万个左右。

经过多方案优化，综合多种因素，2020 年电源开发基准方案推荐为：总装机容量 18.85 亿 kW，其中水电占 17.5%，抽水蓄能占 3.2%，煤电占 61.5%，核电占 4.8%，风电占 9.6%，太阳能占 1.1%，生物质、潮汐及地热等占 0.3%，气电占 2.1%。按照我国 2020 年一次能源消费总量为 50 亿 t 标准煤测算，2020 年，非化石能源发电在一次能源消费中比重为 14.1%，电力工业为实现非化石能源在一次能源消费中比重达到 15%左右目标的贡献率为 94%。

四、水电开发规划

（一）水电资源及开发现状

我国水力资源理论蕴藏年发电量为 6.08 万亿 kW·h，平均功率 6.94 亿 kW；技术可开发装机容量 5.42 亿 kW，年发电量 2.47 万亿 kW·h；经济可开发装机容量 4.02 亿 kW，年发电量 1.75 万亿 kW·h。

我国水力资源在地域分布上极不平衡，总体来看，西部多，东部少，水力资源相对集中于西南地区。我国经济相对落后的西部地区水力资源约占全国总量的 81.4%，西南地区就占 66.7%，其次是中部地区占 13.7%，用电负荷集中的东部地区仅占 4.9%。

水电资源开发程度在地区间差异也很大，2009 年底我国水电开发程度为 33%，其中东部地区水电基本开发完毕，中部地区开发程度达到 73%，而西部地区开发程度较低，仅为 23%，特别是西南地区仅为 17%。

（二）水电开发思路

水电是供应安全、成本经济的可再生的绿色能源，替代燃煤发电的安全性、经济性和灵活性都很高，需要放在优先开发的战略位置。

1. 实行大中小开发相结合，推进水电流域梯级综合开发　加快水电流域规划和勘测设计，保证水电基地连续滚动开发。继续加快开发十三大水电基地，重点开发四川、云南和青海境内的大型水电基地电站，积极开展西藏境内河流水电流域规划、前期工作，适时开工建设。积极开发中小型水电站，促进能源供应结构优化，促进水电资源在更大范围内优化配置。

2. 促进绿色和谐开发　在河流规划、勘探设计、施工建设和投产运行全过程落实和强化生态环境保护，做到同步规划、同步建设和同步运行。结合区域、河流的生态环境和移民实际，进一步优化调整河流开发规划方案，适度控制高坝大库容水电站布局。成立国家级移民管理机构，统筹全国水电移民管理协调工作，负责装机容量在 1000 万 kW 以上的水电基地、100 万 kW 以上水电站以及跨省水电站移民的协调管理工作。逐步推广移民先行政策，体现以人为本的发展理念，使地方经济和人民群众真正从水电开发中受益。

3. 扩大资源配置范围　重视水电基地消纳市场研究，在满足本地区电力需求的基础上，合理地将水电输送到市场需求空间大、电价承受能力高的东中部地区消纳。重视西南地区水电季节性电能消纳研究，依靠价格和市场机制，扩大消纳范围，最大限度减少弃水。加强水电输电规划研究，加快输电通道建设，促进电源电网协调发展。加强水电开发管理，合理开放水电投资市场，鼓励市场竞争，促进水电基地加快开发。实施走出去战略，积极推动周边国家水电资源开发和向我国送电。

4. 加快抽水蓄能电站发展 把抽水蓄能电站纳入电力系统进行统筹优化和规划布局，研究制定促进抽水蓄能电站健康有序发展的投资模式和定价机制，加大抽水蓄能开发力度，提高电力系统运行的经济性和灵活性，促进可再生能源发电的合理消纳。

（三）水电开发重点及目标

继续加快开发、尽早开发完毕开发程度较高的长江上游、乌江、南盘江红水河、黄河中上游及其北干流、湘西、闽浙赣和东北等7个水电基地，重点布局开发金沙江、雅砻江、大渡河、澜沧江、怒江、黄河上游干流等6个规划装机容量合计超过2亿kW、开发率仅为11%的水电基地。

目前，金沙江、雅砻江等6个水电基地已核准容量3750万kW，需要在注重生态环境保护的条件下加快建设，尽早发挥效益。开展可行性研究和预可行性研究工作的水电站装机容量已超过规划总容量的50%，其中有约2500万kW容量的水电站已完成可行性研究审查，前期工作较为深入。考虑大型水电建设周期较长，需要在“十二五”期间新开工5000万kW以上，金沙江、雅砻江等水电基地的开发计划如下。

1. 金沙江水电基地 金沙江上游水电站、下游水电站和中游观音岩水电站，送电华中、华东和南方地区。中游的梨园、阿海、金安桥部分容量送广西电网消纳，中游其余电站立足云南省，在南方电网内消纳。“十二五”、“十三五”期间，金沙江水电开工规模分别为3900万kW和420万kW，投产规模分别为2580万kW和1510万kW。到2015年、2020年，金沙江水电基地装机容量分别达到2580万kW和4090万kW，开发率分别达到34%和53%。

2. 雅砻江水电基地 除锦屏一级、二级和官地电站部分容量送往华东电网消纳，其余电站立足四川省，在华中电网内消纳。“十二五”、“十三五”期间，雅砻江水电开工规模分别为550万kW和334万kW以上，投产规模分别为1080万kW和510万kW。到2015年、2020年，雅砻江水电基地装机容量分别达到1410万kW和1920万kW，开发率分别为48%和66%。

3. 大渡河水电基地 大渡河水电立足四川省、在华中电网内消纳。“十二五”、“十三五”期间，大渡河水电开工规模分别为890万kW和220万kW以上，投产规模分别为550万kW和900万kW。到2015年、2020年，大渡河水电基地装机容量分别达到1160万kW和2060万kW，开发率分别为43%和77%。

4. 澜沧江水电基地 小湾、糯扎渡和澜沧江上游水电站部分容量送广东电网消纳，其余水电站立足云南省、在南方电网内消纳。“十二五”、“十三五”期间，澜沧江水电开工规模分别为760万kW和324万kW以上，投产规模分别为825万kW和315万kW。到2015年、2020年，澜沧江水电基地装机容量分别达到1721万kW和2035万kW，开发率分别为54%和63%。

5. 怒江水电基地 “十二五”、“十三五”期间，怒江水电开工规模分别为920万kW和915万kW以上，投产规模分别为18万kW和670万kW。到2015年、2020年，怒江水电基地装机容量分别为18万kW和688万kW，开发率分别为0.5和19%。

6. 黄河上游水电基地 黄河上游水电立足西北电网消纳，部分容量与西北其他电源基地电力打捆送华北电网消纳。“十二五”、“十三五”期间，黄河上游水电开工规模分别为350万kW和150万kW左右，投产规模分别为156万kW和320万kW。到2015年，黄河上游水电基地装机容量达到1096万kW，开发率为62%；到2020年，黄河上游水电基地装机容量达到1416万kW，开发率为81%。

在“十二五”期间，6个大型水电基地可投产大型干流水电站主要有溪洛渡、向家坝、锦屏梯级、糯扎渡等，预计可投产容量5200万kW左右；其他省区市以及四川、云南两省的非干流水电可投产容量3550万kW左右，全国水电投产规模8750万kW左右。到2015年，全国常规水电装机容量预计达到2.84亿kW左右，水电开发程度达到52%左右（按技术可开发容量计算，下同），其中东部和中部水电基本开发完毕，西部水电开发程度在43%左右。

在“十三五”期间，6个大型水电基地可投产干流电站容量4000万kW左右，再加上其他省区市投产水电和四川、云南两省内非干流水电，全国水电投产规模达到4600万kW左右。到2020年，全国水电装机容量预计达到3.3亿kW左右，全国水电开发程度为61%，其中西部水电开发程度达到53%。

此外，要重视境外水电资源开发利用。重点开发缅甸伊江上游水电基地，在“十二五”开工1460万kW，在“十三五”开工680万kW、投产1460万kW，全部送入国内，主要在南方电网消纳。

按照优先开发水电的方针，预计2030年全国水电装机容量4.5亿kW，超过经济可开发容量，除西藏外，全国水电基本开发完毕。

（四）加大抽水蓄能电站开发力度和规模

抽水蓄能电站机组在电力系统中主要承担调峰、调频、调相和事故应急备用功能，解决风电等可再生能源开发和核电规模化建设带来的调峰等运行问题。

进一步加强电源的整体优化和统一规划，综合考虑电源结构和布局、电网发展、负荷特点等因素，研究确定抽水蓄能电站的合理比重、布局和建设时序，加大抽水蓄能开发力度。尽快研究制定促进抽水蓄能电站健康有序发展的投资模式，充分调动地方政府的积极性，降低项目移民征地、环境保护方面的工作难度，控制工程造价。加强抽水蓄能电站的前期工作，做好项目储备。建立完善电网电价机制和辅助服务定价机制，保障蓄能电站建设的合理投资回报。

截至2009年底，我国抽水蓄能电站装机容量为1424万kW，预计到2010年底将达到1780万kW。2015年，抽水蓄能电站规划装机容量4100万kW左右；2020年，抽水蓄能电站规划装机容量6000万kW左右。

（本年鉴编辑部整理）

中国水电工程顾问集团公司“十一五”时期改革发展总体情况回顾

“十一五”时期，中国水电工程顾问集团公司（以下简称集团公司）把握机遇、应对挑战、努力拼搏，得到了持续平稳较快的发展，在全面实现集团公司“十一五”规划目标的同时，也为国家在“十一五”时期的发展作出了贡献。

（一）全面贯彻落实科学发展观，研究制定并开始实施了集团公司新的发展战略

面对国际金融危机的深刻影响，面对我国水电发展持续低迷的困局，面对集团公司改革发展的新环境、新要求、新问题，集团公司全面贯彻落实科学发展观，对标先进企业，正确分析认识自己，经过一系列研究和探索，制定并开始实施了新一轮发展战略：实施“集团化管理、多元化经营、国际化发展”三大战略，争取用10年左右时间，实现把集团公司建设成为以技术和管理为核心竞争力的国际型工程公司的战略目标。

（二）推行“精细经营、协调经营、开拓经营”，实现了集团公司持续平稳较快发展

经营业绩和效益大幅提高：年新签合同从2005年的106亿元增长到2010年的180.4亿元，年均增幅11.2%；年实现营业收入从2005年的41.4亿元增长到2010年的105.1亿元，年均增幅20.5%；年利润总额从2005年的2亿元增长到2010年的18.1亿元，年均增幅55.4%；年净利润由2005年的1.54亿元增长到2010年的15.3亿元，年均增幅58.3%；资产总额由2005年的58.3亿元增长到2010年的192.2亿元，增加了133.9亿元，年均增幅26.95%；净资产由2005年的8.3亿元增长到2010年48.6亿元，增加了40.3亿元，年均增幅42.4%。多元化经营初具规模：非勘测设计业务和非水电行业新签合同额保持了持续稳定增长，累计新签非勘测设计业务合同309.1亿元，占总合同的47.2%，累计新签非水电行业合同177.2亿元，占总合同的27%；完成水电、风电投资94.62亿元，已建、在建装机容量达到284.24万kW，累计实现发电收入16.13亿元；2007年起，集团公司涉足水务领域污水处理和供水投资业务，目前已投入资金3.88亿元，拥有水务运行和在建规模27.1万t/d，实现收入0.54亿元。国际发展取得新突破，2005年集团公司新签国际业务合同仅2.5亿元，仅占当年合同额的2.3%，2010年集团公司国际业务合同达到39.5亿元，占总合同额的比例上升到22.3%，5年累计签订国际业务合同总额134.9亿元，项目遍布亚非拉数十个国家。

（三）不断建立健全管理体制机制，提高了集团公司管理水平

进一步完善公司法人治理结构，按现代企业要求健全企业各项规章制度；基本完成了中层及以上干部个人投资和持股清退、历史遗留的土地、房产变更登记及取证、资产的清理及经营与非经营资产的界定等基础工作；完善组织机构，加强集团化管理，集团公司总部调整了管理部门机构设置，完善了专业技术部门，从子公司调入干部充实总部高管人员，整合集团公司国际经营和投资业务力量，组建国际工程公司和投资公司；持续改进领导班子和干部队伍建设，通过交流任职、公开招聘、组织推荐等多种方式，不断改进领导人员选拔任用方式；进一步加强专业技术人才队伍建设，不断加强人力资源管理制度建设，加强人才培养和实践锻炼，新增全国工程勘察设计大师3名，获国务院享受政府特殊津贴专家4名；进一步加强和完善财务管理，不断提高财务管理水平，健全财务预算管理工作体系，加强资金集中管理，成立集团公司资金结算中心，建成覆盖子公司的资金在线监控系统；加强国际经营管理和投资管理，不断建立健全国际经营管理和投资管理体系；不断改进和完善质量管理体系和质量管理工作，通过内部技术评审及外部咨询与审查，提高设计水平和产品质量；持续加强安全生产管理，不断完善安全生产管理体系，建立安全生产长效机制，加大安全生产投入，加强隐患排查治理，严格责任追究力度，全面落实各项安全生产措施；加强企业内部控制和风险管理，坚持深入开展内部审计和效能监察，建立总法律顾问制度，成立法律事务部，防范法律风险；不断提升民主管理水平，成立集团公司工会，建立职代会制度，切实加强民主管理，搞好民主监督。

（四）加强科技创新，增强了集团公司核心竞争力

坚定不移地把科技进步和技术创新作为集团公司可持续发展的重要推动力，围绕集团公司的三大战略，加大科技投入、完善创新体系、培育创新人才、提高创新效果、增强核心能力。集团公司科技投入累计达到35.68亿元，占主营业务收入比重达9.4%。共获得国家科技进步奖11项，是“十五”的3.7倍，仅2010年就有4项。共组织113项水电技术标准的制修订，完成51项；风电技术标准完成20多项；标准英文版编译全面启动，完成标准编译54项。知识产权专利技术年申请数量从27项增至118项，年授权数量从15项增至92项，共获得专利授权173项，是“十五”末累计拥有45项的3.8倍。共建立3个博士后科研工作站，1个研究生培养基地以及多个区域性、专业性工程技术中心。

（五）坚持发挥技术优势努力工作，保障了国家水电风电的健康发展

“十一五”时期，我国水电投产规模9000万kW，占全国投产水电总装机容量的43%；风电装机规模从2005年的126万kW发展到2010年的3100万kW，跃居世界第二。这些令人骄傲的成就中，集团公司总部承担着工程的审查、咨询、安全鉴定、验收等任务，各子公司承担了大部分工程的规划、勘测、设计工作，通过集团公司上下的共同努力，我们克服了种种困难，科学组织、严格管理、精心设计、努力工作，从规划、勘测、设计、咨询、审查、监理、安全鉴定、验收等方面有效地保证了在建项目的顺利建设、前期项目论证的积极推进，为国家水电风电的快速发展和技术水平提高作出了十分重要的贡献。

（六）认真履行社会责任，树立了集团公司良好的中央企业形象

“5·12”汶川特大地震，集团公司在第一时间派出专家组深入重灾区，发挥技术优势，主动负责地承担起了水电工程和唐家山等堰塞湖的排险除难等重要工作，为国家全面夺取抗震救灾胜利发挥了重要作用、作出了重要贡献。玉树大地震和舟曲特大泥石流灾害发生后，集团公司也在第一时间作出反应，主动请战，及时派出专家组奔赴区，投入抗灾救灾工作，作出了应有的贡献。同时，集团公司和广大干部职工为汶川震区和玉树灾区累计捐款达2396万元，从经济方面进一步支援灾区人民抗震救灾。按照国务院扶贫办、国资委的要求，积极开展扶贫济困和社会捐助工作，集团公司为定点扶贫县——云南省剑川县捐助建设了4所希望小学，捐助资金300万元。关心支持民族地区教育事业，向阴法唐西藏教育基金会捐赠100万元，用于帮助贫困学生、奖励优秀教师和学生等。

（摘自晏志勇在中国水电工程顾问集团公司一届二次职代会暨2011年工作会议上的工作报告）

专　家　论　坛

水电关键是要解决制度问题

中国科学院、中国工程院院士　潘家铮

在水电百年之际采访潘家铮，话题虽长江大河、舆论纷扰，但谈话的人却从容坦率、知无不言。新中国成立后的水电事业，潘家铮奔走其中、奉献其中，与决策者、建设者、争鸣者、媒体人有着广泛的互动，直言，亦敢言。

他有着多元身份：两院院士、三峡工程技术总负责人、我国第一座自主建设的大型水电站新安江的技术负责人、科普作家也有着多元价值观：国家利益、技术经济、科学判断、百姓利益。本次访问，这位八旬老人给了我们太多东西：

首度澄清人们对他那句名言的传颂：“当初在论证期间，我就是一个听不进反面意见的人。我后来提出‘对三峡工程贡献最大的是那些持反对意见的人’，是在事后不断反思和总结才悟出来的道理。”他劝导各方：“要有听取不同意见的肚量——真心而不是表面地听取，认真加以分析研究，化分歧为合力。对持反面意见的人，这个说法也是一样适用的。”

首度对2010年三峡的表现作出评价：三峡迎来的并不是媒体所说的“大考”，最多只是“小考”；三峡调蓄水方案，也要与时俱进，把下游解放出来；2010年试验性蓄水，很可能达到175m。

首度全面分析水电与移民、生态环保、地震、泥石流的关系，而对于中国水电能否挑起能源界节能减排的大梁，他说，相比于资金和技术，关键是要解决制度问题。

我们想请他谈谈值得铭记的人和事，他说，我想

说说那些无名英雄，这些人不应被忘记，他们让我体会到什么是催人泪下。我们想让他谈谈水电装机容量达2亿kW的深层意义，他反问，如果没有这2亿kW的水电站和水库，对中国意味着什么？

由此，我们更愿意把潘家铮看成一位具备人文精神的工程师，一位保有赤子之心的老人——对于中国水电的理智与情感，他已深谙。

一、百年：四个阶段的“理智与情感”

能源评论：我们想用“理智和情感”来梳理中国水电百年发展历程，并且希望两者是平衡的，您认为这个角度能否帮助我们更全面地认识百年水电？您对于“理智与情感”的独到见解是什么？

潘家铮：理智与情感是个哲学命题，我怕说不好。我只觉得人是有情感的动物，他的一切思想言行都受情感影响。譬如说，我是中国人，我对中国有情感，所以我希望它富强。我是一名水电工程师，我对水电有情感，就希望水电能大发展。这是可以理解的。

但是人不能只凭情感做事，还要加上理智的判断。举个例子，不能因为要使自己的国家富强去侵略别人吧？不能因为爱水电而反对开发其他能源吧？或者只要是水电就不顾一切地要上吧？一座水电站应不应该建，必须通过研究论证，判断的标准就是看它是否符合国家利益，是否符合科学发展观。在20世纪50年代有些同志主张淹掉重庆建三峡高坝，就是情感压倒了理智。在我看来，真挚的情感与清醒的理智，两者结合起来就完美了。

能源评论：我们先从强国梦谈起。1950年7月从浙江大学土木工程系毕业后，您一直从事水电事业，对它有着强烈的使命感，您认为水电事业对于中国究竟意味着什么？除了装机容量世界第一这样的数字，还有哪些成绩值得总结？

潘家铮：今年中国水电装机总容量突破2亿kW，成为世界上无与伦比的水电大国，确实是件值得庆贺的大事。首先，水电为中国提供了强大的、廉价的、清洁的、再生的能源，这对我国来讲至关重要；其次水利水电不可分，中国的大水电、大水库几乎都有巨大的综合效益，亿万亩农田靠它灌溉，多少座城市、工厂靠它供水，大江大河要靠它防洪，其他像黄金水道的形成，旅游胜景的出现都离不开它。我们不妨反问一下，如果没有这2亿kW的水电站和水库，对中国意味着什么？

中国水电的开发，促进了建材业、制造业、航运业、旅游业、渔业的大发展，许多有关的科学技术突飞猛进，跻身于世界前列。水电大军深入大江大河、深山险水，驱除了贫困落后，带来文明繁荣，给许多地区的经济和社会面貌带来天翻地覆的变化。我想这些足以回答水电对中国的重大意义。

能源评论：水电百年，有些人是值得让公众了解和铭记的，可否从您个人角度为我们讲一些水电开发中难忘的人与事？

潘家铮：有许多水电界的著名前辈，把终生献给水电，甚至最后倒在战斗岗位上，他们的动人事迹在大量书籍报刊中都有很详细的介绍。但我今天想从另外一个角度讲讲，我们还有无数无名英雄，有一句话：“献了青春献终身，献了终身献子孙”，就是说他们的。这些人不应被忘记，他们的事迹同样催人泪下。

四川有条南桠河，有几座梯级电站，最上游那座龙头水库，叫做“冶勒”水电站。听听地名你就可以猜想是个什么情况。实际情况比想象的还严酷：高山严寒，一年中有大半年狂风暴雪无法工作，而河底的覆盖层几乎深不见底。20世纪50年代起，勘探人员就到了那里，咬紧牙关艰苦奋战。我在60年代曾去过一次，那时是计划经济，又是什么大跃进、反右倾一直到“文革”连绵不断，谁知道这种工程何年何月能够上马？无名英雄们就这样无怨无悔、不屈不挠地坚持到底，尽管希望渺茫谁也不忍离开，我看了后开始懂得了什么叫“催人泪下”。

现在这座水电站已屹立在南桠河之源，英雄们的壮志终于得酬，但他们的名字和下落我确实不知道，像这些人、这类事，在水电界不胜枚举。所以我们既要记得老前辈，也要想到这些无名英雄。

能源评论：从国力难以支撑重大工程，到科学技术的重重挑战，再到环保、移民、国际争端问题的化解，我国水电经历了很多，您认为该如何划分水电发展的不同阶段？

潘家铮：我国百年来的水电发展，道路很曲折，可以说几起几落，大起大落。有不同的划分考虑，我按照时间顺序把它划分成四个大阶段。

第一个阶段，是新中国成立前的40年，属于探索草创、望洋兴叹阶段。根据当时条件，我们能靠自己的力量修个几千千瓦的水电工程就很了不起啦，而美国已修起胡佛大坝。当然，在这个阶段，一些老前辈出国留学，给我们打下了一些基础。

第二个阶段，是新中国成立后的前30年。这段时期主要受政治干扰以及受技术水平、设备条件和资金限制，想快快不起来，发展道路十分曲折，可称苦难重重。尽管如此，在这段时间内，一支水电铁军已经逐步建立壮大起来，有了这样一支队伍，任何艰难险阻只能影响它开发的速度，阻挡不住它前进的步伐。在这30年里，我们虽然历经磨难，但也建起像新安江、刘家峡水电站这样的一些标志性工程。

第三个阶段，是改革开放、与世界接轨的阶段，这是一个思想大解放、科技大跃进、体制大改革的阶段。在这个阶段里，我们慢慢摆脱资金的制约，不再只依靠国家投入，另外也吸收国外先进技术，逐步解决了资金和技术问题。这个阶段的标志性工程很多，比如当时所称的“五朵金花”，云南漫湾水电站、湖北隔河岩水电站、广西岩滩水电站、闽江水口水电站，以及广州抽水蓄能电站，在20世纪90年代初期陆续投产。

第四个阶段，是新世纪大发展、大腾飞的阶段。我国的水电装机容量一路上升到2亿kW，再过十年、十五年可能达到3亿、3.8亿kW。水电发展的主要制约条件转化为移民和生态环境问题。这种转化是“与时俱进”的。

二、三峡：分歧往往不在“质”而在“量”

能源评论：您曾说“对三峡工程贡献最大的是那些持反对意见的人”，这种观点有助于把分歧变成合力。您是怎么理解那些“对方辩友”的？您认为有哪些争议是必要的，有哪些争议是无谓的？

潘家铮：我很赞成你们说的，把分歧变成合力。人们总是不习惯听到不同乃至反面的意见，如果是批评或斥责的意见就更反感了。

能听得进反面意见，这个人的本领就大了，做事就不容易失败了。只是要做到这点实在不容易，我国古代有些圣人贤君，能识得这个道理，如禹拜善言，闻过则喜，唐太宗能纳谏如流，真了不起。今天的人们恐怕还难做到。

以三峡工程论证来讲，对三峡提出质疑和反对的人，他们的意见（除极个别观点外）都有一定道理和根据。论证双方的分歧往往不是“质”而是“量”的问题。譬如三峡工程的防洪作用有没有那么大，对环境的影响是不是那么严重之类。我看绝大部分争议都是必要的，只有那些把分歧拉扯到政治上去、别有用心的所谓“争论”才是无谓的。

要澄清一点，当初在论证期间，我就是一个听不进反面意见的人。我后来提出“对三峡工程贡献最大的是那些持反对意见的人”，这是在事后不断反思和总结才悟出来的道理。

能源评论：可否举个例子，这种观念的转变，在三峡实际决策中是怎么发挥作用的？

潘家铮：国家在1985年前就基本批准了三峡的低坝方案，蓄水水位只有150m，发电量较小，防洪效益较差，万吨轮船也无法到达重庆，实现所谓的“黄金航道”。幸亏当时有那么多人反对，没有草率开工。

于是，又经过反复辩论和重新论证，通过了新的“175m方案”，要比过去合理得多。我希望人们能吸取足够多的教训，养成从一开始就能听得进不同意见的肚量——真心而不是表面地听取，认真加以分析研究，化分歧为合力，这对做好工作避免失误将起到极大作用。对持反面意见的人，这个说法也是一样适用的。

能源评论：很多人认为，三峡工程在2010年的洪水面前有上佳表现，发挥了巨大作用，您对此有何评价？

潘家铮：三峡工程对2010年长江的洪水确实起了调控作用，有人说三峡经历了大考，我看连中考都算不上，只能算小考。因为三峡工程考虑应对的是10多万m^3/s的千年一遇洪水，避免荆江大堤溃决，两岸一片汪洋，所以对于中小洪水一般不调，要在来水流量超过5.67万m^3/s才开始拦蓄，这次远未达到这个数字就开始调，大大缓解了下游的情况。在1998年大洪水中，国家领导人都亲临指挥，百万军民上堤抢险，2010年经三峡调蓄还不到警戒水位，只需常规巡视。

初步设计为什么这么规定？主要考虑如水库提前拦蓄，万一后面来了特大洪水，就没法调控；另外，担心增加泥沙淤积。但是现在上游的来沙量远远低于预计，过去预计年平均来沙5.2亿t，现在只有2亿多t。另外，预测预报水平也有极大提高，可以预测在一个星期内有没有发生大洪水的可能。

所以调控方式也要与时俱进，对大洪水要调，对中小洪水视需要也可以调，把下游解放出来。另外根据新情况可提前蓄水，要抓汛尾，不要到汛后的10月份才开始蓄水，避免影响下游供水。当前三峡工程正处于试验性蓄水的研究阶段，2010年很可能达到175m，我们要利用这一阶段开展各种试验研究。

能源评论：三峡的确是个特殊的例子，您是否觉得它的论证过程也是推动民主决策和科学决策的过程？

潘家铮：是的！

三、争议：有关地震、泥石流、生态环保

能源评论：可否谈谈您对近年来一些争议的主要观点。比如，水电与地震的关系？

潘家铮：水电开发和地震间的主要问题有两个：一是建坝建库是否会引起大地震，二是在地震区开发水电是否安全。

对第一个问题的回答是很明确的。真正造成灾难性后果的地震都是强烈的构造地震，这是由于大地板块移动碰撞，地壳不断变形，深层基岩中的地应力不断积累，超过岩石能承受极限，沿构造发生突然的断裂错动、使能量瞬时释放的一个过程。这个过程人无

法控制，甚至无法预测。一次大地震中积累和释放的能量是天文数字。无论多大的水库，建坝蓄水所产生的深层地应力变化与之无法相比，开发水电根本不可能“导致”这种地震，只能触发一些小地震，称为水库触发地震。这种触发地震一般量级很小，大部分只有仪器才能测到，蓄水若干年后就逐渐消歇。如果水库内或附近真孕育着较大地震，则因水库建设使其早期触发，也是件好事，可避免以后发生更大的强震，正像压力锅炉上装了个安全阀使其早些泄气一样。全球至今没有出现过哪座水库触发灾害性构造地震的例子。

其次，许多人反对在强烈地震区建高坝大库，担心万一大坝溃决会对下游造成毁灭性灾害。其实，建高坝大库需做详尽的地质勘探研究工作，查清地质背景，优选坝址和安全的结构型式。整个过程是非常严密的，要经过反复的论证和计算，一些人因为不了解这些情况，所以存有不少疑虑。

能源评论：请您能介绍一下国家对这种论证过程如何监控？

潘家铮：在地震地区建造一座高坝大库，要经过无数道审查。尤其建坝地区的基本地震强度要由国家的权威单位——国家地震局作出鉴定，水电部门无权评定。所有的抗震计算、模拟试验，都要经过一道道的审批。审查程序极其严格。

实际上，按照现代科技设计修建、精心维护运行的水坝，抗震潜力之大难以想象，远远超出其他建筑。在汶川大地震中，倒了多少桥梁、房屋，但震不垮一座普通的坝，甚至位于震中区的两座高坝——紫坪铺大坝和沙牌大坝都巍然屹立。

对高坝还要做溃坝计算和试验，分析后果作出应急预案。但是，全世界目前还没有产生过高坝大库因地震而溃决的例子。相反，真正产生险情的是地震中因山体崩坍造成的堰塞坝和堰塞湖，只有修建震不垮的高坝大库，才能在此时发挥调蓄作用，缓解险情，提供抢险的动力和通道。

因此，在地震区修建高坝大库，不但可行，而且必要。举一个例子，在20世纪60年代，雅砻江上曾发生过一次唐古栋大滑坡，一下子形成一个200m高的堰塞坝，导致下游断流。当时下游的人们除了逃命，一点办法也没有。现在我们正在雅砻江上修建300m高的锦屏大坝，再出现这种情况，可以把水库放低拦蓄，避免发生毁灭性危险。

能源评论：水库与泥石流的关系究竟怎样？

潘家铮：发生泥石流要具备三个条件：一是在较高的地方堆积有大量的泥石体；二是地形和泥石体的强度具备下滑的可能性；三是遇到特大降雨。具备这三个条件就会发生泥石流。水库与泥石流之间是什么关系呢？如果库水位没有接触到泥石体，水库和泥石流的发生就没有关系，但泥石流冲入水库，可能会引起次生灾害。如果库水位已触及泥石体，则会由于浸没及水位升降影响降低泥石体强度，增加下滑力，在大雨期间会促使泥石流发生。

一般在水电建设前期工作中，对可能存在的泥石流都要作勘测研究，拟订应对之策。

能源评论：我们该怎样看水库与生态环境的关系？

水库对生态环境的影响比较复杂。无论修建哪一座水利水电工程，总是有利有弊，天下不存在有百利而无一弊的好事。开发水电对生态环境既有正面影响，也有负面影响，衡量一座工程的得失，或论证其可行性，应全面分析，客观评价，对负面影响更要采取措施尽可能减免。

水电的正面作用如减排、防洪、供水等，人所尽知，只是人们不甚注意。最大的负面影响除淹没和移民问题外，主要有三点：一是水质污染；二是对鱼类的影响；三是泥沙淤积问题。

新安江工程、三峡工程等实践都说明，我们可以在一定程度上做到双赢。我希望能全面总结正反方面的经验，进一步改进工作，通过水电开发的大量投入和巨大经济效益，来促进生态环境的改善，而不是相反。

能源评论：新安江水电站是我国第一座自行设计、自制设备并自行施工的大型水电站，您曾是这个水电站的副总工程师、现场设计组组长，具体领导工程设计与施工技术工作。现在看这座水电站有何感觉？我国有许多老水电站进入需要维护、重建甚至拆掉的阶段，您怎样看水电站的生命周期？从全寿命周期规划建设的角度，您有哪些具体建议？

潘家铮：新安江水电站具有里程碑意义。工程做到了工期短、投资少，已安全运行50余年，成为华东电网的骨干调峰电源之一。水库（千岛湖）已成为著名旅游胜地和渔业基地，工程建设没有对生态环境产生重大不利影响，至今保持一库清水，说明建设和环保是可以做到双赢的。但为修建新安江水电站也付出了巨大代价，特别是淹没迁建两座县城，移民20余万，在当时“左”的形势下，造成移民的极大痛苦，事后党和政府进行长期补救，才逐步解决了问题。这始终是我心头一个负担。

新安江坝址地质条件相当复杂，工程在大跃进时期中修建，发生过许多质量事故，但经过认真补强和精心维护，现在情况良好，完全能够继续长期安全运行。我想许多老水电站情况也是类似的。除了一些地方修建的小工程以及个别情况（如日伪时期修建的工程），老水电站通过精心维修能够继续焕发青春。

目前，我国水电工程的技术水平和工程质量已远非昔日可比。经过科学设计、高质量施工和精心运行维护的水电工程，其寿命是非常长的，在可预见的时期内，它将安全可靠地运行，长期为国家人民造福。这和房屋、桥梁、道路等设施有所区别，水电站只要精心维护，就能长期运行，比如三峡工程的寿命，我就看不到底。

四、重点：充分重视移民权益

能源评论：我们观察到，您近年尤其关注水电移民问题，并认为移民问题解决不好，将是水电开发最大的瓶颈，今天可否谈谈您的最新想法？

潘家铮：移民已成为制约水电开发的重大问题。我对移民问题已多次发表过看法，不妨再重新归纳，分为以下几点阐述。

（1）建国后在较长一段时期内，开发水电时不重视移民权益，以致产生严重后果。例如，新中国成立后修建第一座大型水电站——新安江水电站时，制订过移民规划，列入充裕的移民安置经费，成立各级移民委员会，开工初期进行移民试点，移民也较满意。而大跃进一起，完全打乱，移民经费一再削减，最后实施突击迁移，编成营连，徒步落户外乡，远的迁到江西，生活缺乏保障。1960年后大量移民回迁，以后国家花了很大代价和极长时间，偿还欠债，但已无法挽回带给移民的巨大痛苦，许多人含恨而殁。

（2）今后待建的水电多位于西南山区，淹没及移民数量相对较少，不会再有三峡工程和南水北调工程那样上百万、几十万的移民。

（3）传统安置农民的方式是以“后靠”、“务农”为主，要求粮食自给，交给地方政府包干，这种做法不可能使移民稳定，更谈不上致富。应根据库区的环境容量，确定有多少农民可以留在库内，继续搞大农业或转为第二、三产业，发家致富。鳏寡孤独、老弱病残和失去土地一时未能安排的人，应率先实施生老病死的可靠社会保障。为此应详细调研库区所有资源和条件，在充分投入、经济转轨、统筹安排的原则下，确定发展什么产业，创办或引进什么企业（农业林业、渔业矿业、土产特产、加工升级、旅游休闲服务必须是现代化的清洁产业），为此要创造什么条件（交通、电力、引资、投资、宣传、教育、对口支援），使移民真正能在经济上翻身。

（4）其余的农民要外迁和改变身份。老一代农民一般是安土重迁的，但他们的子孙后代就不想展翅腾飞、永远靠一亩三分地过日子？我国现在有8亿～9亿的人民靠务农为活，从科学发展观看，这不是久长之计。我国应该有规划地改变数亿农民的身份。尤其对年青一代，要培养扶持，广开门路，让他们脱离农业，创业致富。

（5）这样，将待迁的农民分为三大类：第一类继续留在库区搞大农业和进入二、三产业；第二类外迁和改变身份；第三类实施社会保障。加上淹没耕地的作价入股，长期受益，就真正能促进库区经济发展，移民脱贫致富。

（6）实施新的移民方针，需要更多的投入，资金可从三方面来：首先是开发部门原来安排的移民费用；其次是按市场规则，实施电力同网同质同价、优质优价，水电还应享受可再生能源的政策优惠，对下游电站有补偿效益的工程应该获得合适回报，把增加的收益用到上游和库区来；最后是国家和地方政府的投入，因为这是对困难地区的大改造，是实施农民战略转移的大行动，政府应该买单。长期以来，水利水电开发总是利在下游和受益区，弊在上游特别是库区，这一情况应该扭转。

（7）移民工作绝非只是水利水电部门或开发企业的事，也不是他们所能胜任的事，必须由国家制定大政策，政府全面规划、组织、协调、支持和监督才能完成。现在常说水电开发技术成熟，完全可以市场化运作，国家不必管，这是片面的，水电开发不仅仅是能源开发，所涉及的移民问题关系到落后地区的经济社会发展和广大农民的改变身份，是国家意志和国家行为，在这种战略性问题上政府如果无所作为，是不符合国家的长远和根本利益的。

五、未来：主要解决制度问题

能源评论：我国要实现到2020年3.8亿kW的水电开发量，还需要注意哪些问题，进行哪些制度变革？

潘家铮：我认为首先应该将水电真正作为可再生能源看待。现在的《可再生能源法》里讲的是风电、太阳能，小水电也被认可是再生能源，对大水电则排除在外。经过我们的反复提议，现在对大水电是否算可再生能源的问题，由国家发展改革委来确定。这很不公平，所以国家应该承认大水电也是可再生能源，使其享受可再生能源的优惠政策，并将大水电的效益返回一部分到上游，解决生态和移民的问题。只有这样，水电才有希望。

另外，现在水电审批的程序太复杂了，许多部门都有权利叫停，但是光叫停，不提供解决途径。政府需要对此全盘考虑，就比如大水电开发的移民工作怎么能搞市场化运作？不能因为移民出了问题就叫停。否则这样下去，最终损害的是国家的重大、长远利益。水电要实现2020年的预定目标，主要还是解决制度问题，资金、技术方面的问题较易解决。

我曾经画过一个水电开发的流程图，开发水电之路好像唐僧取经，九九八十一难，甚至比这还困难。唐僧取经遇到的困难是一个接一个串联的，而开发水电要同时面对很多并联的问题，犹如迷魂阵。

能源评论：您写过不少科幻小说与诗歌作品，如果要挑选一首诗作为对我国水电的寄语，您会选哪一首？

潘家铮：南宋爱国诗人陆游曾写过一首著名的《示儿》诗。21世纪初，我已年届古稀，三峡工程虽已胜利在握，金沙江、雅砻江等大水电群尚无启动消息，生怕自己等不到这一天，所以在三峡公司一次年初工作会上，我把陆游的诗改了一下当众宣读："死去原知万事空，但悲西电未输东，金沙宝藏开工日，公祭无忘告逝翁。"

现在又快过去10年了，我很幸运还活在世间，并已看到向家坝、溪洛渡、锦屏等巨型水电的开工，甚至有希望看到它们发电，看来，上面那首诗中的金沙江应改成雅鲁藏布江了："死去原知万事空，但悲藏电未输东，大河湾上开工日，公祭无忘告逝翁"。原谅我再偷一次古人的诗作为对水电的寄语吧。

（摘自中国水电工程顾问集团公司
《水电风电信息汇编》）

三峡工程不仅是治水问题 也是哲学问题

中国工程院院士 陆佑楣

一、能不能解决全流域洪水灾害？不可能

南方周末：2010年7月长江洪水时，长江水利委员会、三峡电力各级领导，都通过媒体解释三峡防洪能力万年一遇、千年一遇、百年一遇的问题，是否这次三峡各部门内部的压力很大？

陆佑楣：我们为什么要建三峡？首要任务就是防洪，我把它看成建三峡的必要条件。我们一直对防洪强调了很多，会造成一种舆论：长江防洪不是有三峡吗？这次长江闹洪水，老百姓反过来说，三峡解决不了多大问题。正好长江水利委员会又说：三峡解决不了长江所有的洪水问题。这个话道理是对的，但老百姓回头一想，当年吵着非要上三峡，不就是为了防洪吗？就造成现在的反应。

要我看，最好来一场特大洪水来考验一下。

南方周末：那不是很危险吗？

陆佑楣：没危险，真的没危险。三峡工程本身设计标准非常高。今年这场水7万m^3/s的流量，还不到20年一遇。为了保证大坝安全、可靠，它的设计标准是千年一遇的，也就是9.88万m^3/s的流量。

南方周末：您说的是大坝本身没危险？

陆佑楣：是，本身的安全，就是不会漫坝。

南方周末：大坝不会毁，但不代表其他地方没事？

陆佑楣：大坝抗洪能力的设计标准很高。至于防洪功能，那是另一个概念。防洪功能就看下游荆江大堤，三峡的主要目标是为了解决荆江大堤安全。所以，它的防洪功能跟大坝自身的设计洪水标准是两回事。

南方周末：是的，人们很容易理解成三峡都能防万年一遇了，肯定就安全了。

陆佑楣：从防洪功能上说，没有三峡工程，荆江大堤的防洪标准就只有10年一遇，加固后大概可达到20年一遇。有了三峡水库，可以把荆江大堤的防洪标准提高到百年一遇，保护荆江大堤里面60万人口。当时最担心荆江大堤，这才是建三峡的主要目的。但能不能解决全流域所有的洪水灾害呢？不可能。

南方周末：这次洪水其实也没有多大，不过20年一遇，但上游也淹了，下游也淹了。

陆佑楣：对，但这跟三峡大坝没关系。下游发洪水，不是长江干流来水，是下游来的水大。上游来的水2010年7万m^3/s流量，不算太大。

南方周末：三峡大坝起到了间接作用？

陆佑楣：对。它只能控制干流，下游支流它根本控制不了。但下面紧急时可以拦一点，减轻下面的负担。

二、发电不是水利部的利益

南方周末：三峡工程前后论证了30年，现在民间声音越来越大。这次争论，可否说是人们对于几十年前不透明程序的反弹？

陆佑楣：对老百姓当时的民主程度来讲，我觉得在那个历史时代应该够了。

南方周末：说到水位，2008年、2009年两次175m实验性蓄水，我都在库区，两次都没有蓄到175m设计蓄水高度。

陆佑楣：2009年国务院确定9月15日开始蓄水，结果9月15日来水量一直下降，蓄不上去了。应该8月底、9月初就要考虑开始蓄水，要看天气趋势。但现在水利部门害怕后面再来一场洪水怎么办？所以一直不让提早蓄水。

南方周末：这里有个发电效益的问题。

陆佑楣：每次争论，都是在水利部和三峡电力（公司）之间。水利部害怕再来一场大水，出现问题是他的责任，发电不是他的利益。

南方周末：发电是三峡总公司的利益。

陆佑楣：三峡总公司也不是傻瓜，要考虑发电效益，同时也会保证安全。（两家）就为每年什么时候开始蓄水吵呀吵，最后由国务院拍板。从长江洪水流量看，9月1日蓄水，就可能蓄到175m。蓄满一库水，一直用到第二年的4月、5月，可以多发多少电？

南方周末：7万m^3/s的流量，对三峡总公司来讲显然是好事。

陆佑楣：假如从发电效益来看，现在少泄一点，下面也不缺水。你蓄高一点水，发电量就大得多。

南方周末：我看20世纪50年代当时长江规划有一种说法，说能点亮半个中国。

陆佑楣：这种说法现在没有了。北京市一天用电量大概3亿kW·h，三峡就解决北京一个城市的用电。

我1993年搞三峡工程，之前看报道，每年春节，湖北、湖南的书记、省长都要上大堤检查，多少民工在那儿加高加固。有了三峡工程就不需要了，安全感大大提高，所以防洪功能对三峡工程上马是必要条件。

三峡工程要大量投资，如果没有发电功能，要上也有一定困难。发电可以用经济效益来偿还债务，所以我把发电功能称为充分条件。三峡这次洪水就反映了发电效果非常好，一天就发了4.3亿kW·h，一直到现在是满发，超发。

南方周末：1998年8月底，您作为中国长江三峡集团公司总经理，在《人民日报》上预判：2009年竣工时，三峡基本可抵挡这种（1998）千年一遇的洪水，就是9.8万m^3/s的流量。如果有万年一遇的洪水——您当时的原话是12.4万m^3/s流量，三峡大坝可以超量蓄水到180.4m，库容能增加400多亿立方米。可2011年，7万m^3/s流量只能算20年一遇，为何三峡就不蓄了，泄洪了呢？

陆佑楣：这个是防总决定的，要是我，我胆子大（就会蓄）。

南方周末：他们不太敢？

陆佑楣：对，确实有一定的风险，往上蓄，如果上游继续来大水，我下泄的要更多，对下游也有一定危险。

南方周末：洪水期间，我们走访了武汉、九江等下游地区，这时三峡泄一滴水对于下游都是多余的。下游对三峡的质疑是，我们的警戒线就只差零点几米了，你还泄。

陆佑楣：只要下游安全，就可以泄。现在是，三峡调度流量不大也要你多放。下游有时是枯水时段，（为了下游通航），三峡大坝建好后保证下游的流量不低于5000m^3/s，而天然的长江在枯水期只有3000～4000m^3/s的流量。但现在要6000m^3/s，三峡也要放，保证下游在枯水期的各种需要。

南方周末：此次汛期损失大的是下游，尤其是一些支流。当年三峡工程最后拍板时，对外表述上基本把长江防洪当做一个整体，说三峡对长江防洪有决定性意义。

陆佑楣：实际上长江防洪要靠一个防洪体系。如洞庭湘、资、沅、澧四水，鄱阳湖下面很多支流，本身就要有防洪能力，不能全压在长江干流上。长江防洪体系是一个系统工程，干流、支流、河道两岸大量工作要做，三峡只是防洪体系中的关键工程，就是保荆江大堤。

三、三峡工程开建时，宣传得有些过分

南方周末：20世纪80年代，陆钦侃先生曾在《人民日报》刊载文章，说三峡对整个长江的防洪工作尤其是支流防洪作用不会很大，三峡解决不了整个长江流域的洪水。

陆佑楣：是的，谁也没有说过（能解决）。

南方周末：科学家确实谁也没有打这个包票，但真正到对外宣传报道表述的时候，就会给人们这种印象。

陆佑楣：这是一种误导。

南方周末：相信很多官员也这么认为，有一种很乐观的情绪。

陆佑楣：甚至中国的高级领导也会有一种概念，好像有了三峡，就什么都解决了。这是不可能的。

南方周末：但从三峡开工一直到建成，有一种情绪，就是三峡上了，就基本上解决长江洪水这个心腹大患了。

陆佑楣：三峡的防洪效果要看什么地区，太乐观了就有一点不讲科学了。靠一个水利枢纽工程就万事大吉了，这个思想肯定不对。三峡工程开建时，宣传得有些过分，不是用科学态度宣传，什么三峡库区放鞭炮，这种气氛应该避免。

说实话，当时要搞三峡工程，没有一股精神也支撑不下来。我当时站在江边上看这么一条江，也很迷茫，干得起来？干不起来？也需要一种精神的力量。

南方周末：现在回头看30年来对三峡工程的表述，不少具有浪漫色彩的想象和乐观主义的情怀。直到最近，对三峡工程的表述才变得专业、理性起来。如一位三峡负责人在谈及多少年一遇的问题时，连续引用了十多个专业数字。

陆佑楣：实际是原来宣传的口径有点过分。感性的东西太多，理性的东西太少。

南方周末：作为一个理性的科学工作者，您和您的同事们只是提供了技术上的可能性，工程最后拍板的是政治家，这里面的政治考量和科学考量，哪个会

起到决定性作用?

陆佑楣：还有一个哲学家，你别忘了哲学家。

南方周末：当年三门峡工程拍错了。

陆佑楣：是的。但飞机有可能要坠毁，就别干飞机了？不行。三峡工程要保护荆江大堤，荆江分洪区鱼米之乡要不要保，沿江土地要不要保？我觉得，这种大型工程最终不是治水的问题，是个哲学问题。人该不该干这件事情，科学家、工程师只能把客观情况反映清楚，对未来的预见有科学推理，决策是政治家、哲学家的事情。

人在地球上总归要干事情的。曾经有一股风要崇尚原生态，地球上哪有原生态的地方？恐龙时代也不是原生态的。达尔文的《进化论》是对的，整个宇宙都在不断进化，是不是？所以重大工程往往要靠政治家决策，该不该干，本质上是从哲学的观点看人要不要干这件事。

南方周末：但人其实是害怕改变的，尤其事关他切身利益时，肯定有疑虑。

陆佑楣：人必须改变。人在地球上做的事情多了，何止一个三峡工程？三峡工程在整个人类活动中是很小的事。新疆输气管送到上海几千公里，中间出现一点事，上海没有气，一天都过不下去。所以越是现代化的人，生活风险越大。这是人类进化的结果。现在没有瓶装水、桶装水，有人不敢喝自来水，20年前哪有这个情况？所以这是一个哲学问题，即究竟人该怎么活在地球上。

南方周末：从三峡建成到现在发挥作用，您的想法有什么改变吗?

陆佑楣：我基本上是一致的。三峡工程是应该建的。

南方周末：我觉得三峡工程受到一些质疑，也受到很多工程论证不完善的影响，大家怕了。

陆佑楣：科学家还是进行了很充分的论证，就怕一些当政者想怎么干就怎么干，那就要出问题。

（摘自中国水电工程顾问集团公司《水电风电信息汇编》）

水利水电蓄能运行有利于节能减排

中国工程院院士　曹楚生

水利水电的蓄能运行，作用主要表现在三个方面，即利用低谷电能抽水，以供尖峰时再次发电或需要时供水；使系统中各种火电水电等机组都可以在较优工况下平稳运行，可减少启停次数、降低能耗的作用；当今核能、风能、太阳能等新能源已相继崛起，并将迅速发展，电网须有足够的调峰能力予以支持，否则不能充分发挥各种电能的作用。相关研究及实践表明，水利水电以及火电、核电、风电、太阳能发电等考虑蓄能运行后，对节能减排和可持续发展非常有利。

（一）能源发展新形势

我国电能长久以来以火电为主，水电、核电等分别仅占15%和2%。这不仅使我国煤炭、石化能源消耗日增，而且煤、油、气等燃烧使用后排出的有害气体因其温室效应而造成气候变暖，已成为全球重大问题。对此，我国政府制订了节能减排规划，并提出一系列发展可再生清洁能源如水电、核电、风电、太阳能发电的决定。

(1) 我国水能资源蕴藏量为6.94亿kW，其中可开发的容量是4.02亿kW，为世界之冠。古称我国有三江三河，除了这三江以外，还有雅鲁藏布江、澜沧江、怒江水资源也是非常丰富的。故上述可开发容量还有可能增加10%～20%。

(2) 核电是一种技术成熟可大规模取代化石燃料的清洁能源。在国外发展中曾有起伏，现今核能利用已占各种电能总和的17%。核电在我国起步晚，约占1%。

(3) 我国风力资源丰富，年均风速大于6m/s的面积达66万m^2，风电的发展前景良好。

(4) 太阳能发电，我国储量极为可观。

可再生能源中水电目前尚有较大的开发空间，一些条件较好的站点正在修建中，再过10余年后将逐渐进入尾声。非水能可再生能源（以后简称可再生新能源）中风电近年进展迅速、前景看好，其余太阳能、生物能等正在起步阶段，应发挥各自优势，着力加快这些可再生新能源技术整体的发展。这些可再生新能源的开发利用，可替代日益短缺的煤、油、气和水能资源，对节能减排十分有利，且它们的资源相对丰富，有可靠的保障能力，可大规模开发利用。

（二）抽水蓄能的兴起

常规水电受水资源的限制，因此电网中水电比重日益减少，这样将导致调峰电源缺乏，造成电网中能源比例失调，在不得已时常采用两种措施：① 火电机组深度调峰大于50%，有的甚至采用分班制。② 水电弃水调峰，在我国很多以火电为主的电网，为不使因调峰而使、让占多数的火电机组受阻，令水电在多水期间采用弃水调峰。

作为水电的补充，抽水蓄能电站的兴起使水电重新步入了新的境界。虽然已无新的水能资源以供开发，但可利用电力系统低谷电能，通过抽水蓄能储存转换在巅峰时发电，这样蓄能运行使水利水电的发展增加了新的活力。

（三）水利水电蓄能运行

现在各种类型的水利水电工程在发电、防洪、供水时，火电、核电等在有条件时考虑蓄能运行即增设抽水蓄能，特别在发展至一定程度后处理受阻时其作用效益应当更加显著，情况往往会有很大的改观，呈现新的发展空间。这里面有发展抽水蓄能电站；江河入海口水域的开发；江河上游山区河段的开发利用；跨流域引水，跨地区送电等几个好处。当前正处于新旧能源交替时期，因此应关注以下问题：

（1）节能减排。当今气候变暖，有害气体的排放已成为全球重大问题。我国政府对此已制定了规划，要发展清洁和可再生能源并规定了具体节能和减排要求。

（2）优化能源结构。

（3）清洁和可再生新能源开发。核电、风电和太阳能发电等的开发利用终将取代日益短缺的火电和水电资源，对节能减排十分有利，且它们的资源相对丰富，有可靠的保障能力，可大规模开发利用。

（4）改善水利水电工程设施。由于水利水电长期来重建设轻管理，当前普遍存在的水库淤积、河道萎缩，江河的防洪、防凌、供水、生态、环境等问题日益突显。在我国大江大河中黄河尤为突出，水少、沙多、水沙不协调是关键，我认为黄河水利委员会提出的开展骨干枢纽上拦下排并做好全河调水调沙是需要的，同时发挥“数字黄河”平台优势，通过水情预报和仿真计算提出并指导具体调水调沙方案是可行的。

（四）电能和抽水蓄能应合理调度

当前我国火电水电发展已达到高潮。由于煤炭、水能等资源短缺，不久将逐年趋缓，新的能源将取代旧能源。在此新旧能源交替的各个时段，要及时考虑各种电能连同水利水电和抽水蓄能的优化配置、合理调度运行，以保证安全运行并发挥节能减排的预期效果。此外，在水利水电方面，建议充分发挥三门峡、小浪底以及古贤、大柳树等水库的上拦下排和溯源冲刷作用，防止河道进一步萎缩和淤积，改善河道形态。

（摘自中国水电工程顾问集团公司《水电风电信息汇编》）

可持续健康发展的中国水电

中国水力发电工程学会　李菊根

为了适应国际社会减排温室气体的需要，我国将在做好保护生态和移民安置的前提下积极发展水电，重点推进西南地区大型水电站建设，因地制宜开发中小河流水能资源，科学规划建设抽水蓄能电站，重点建设金沙江、雅砻江、大渡河等重点流域的大型水电站，在“十二五”开工建设水电 1.2 亿 kW。到“十二五”时期末，我国非化石能源占一次能源消费比重将由 2010 年的 8.3%提高到 11.4%左右。水电是目前技术最成熟、最具市场竞争力且可以大规模开发的优势清洁可再生能源，我国水电开发坚持以人为本、科学发展，高度重视环境保护和移民安置工作，在保障能源供给、应对气候变化、促进经济社会可持续发展发挥着不可替代的重要作用。

一、我国水电开发的战略地位及其综合效益

1. 水电开发在我国能源供应中的战略地位　我国水能资源十分丰富，总量居世界第一。根据 2003 年最新复查数据，水能资源理论蕴藏量 6.94 亿 kW，年发电量 6.08 万亿 kW·h；技术可开发量 5.7 亿 kW，年发电量 2.47 万亿 kW·h；经济可开发量 4.02 亿 kW，年发电量 1.75 万亿 kW·h。

据统计，2010 年我国发电设备容量 9.664 亿 kW，年发电量为 42 278 亿 kW·h，其中水电装机容量 2.161 亿 kW，年发电量 6867 亿 kW·h；火电装机容量 7.097 亿 kW，年发电量 34 166 亿 kW·h；核电装机容量 1082 万 kW，年发电量 747 亿 kW·h；风电并网装机容量 2958 万 kW，年发电量 494 亿 kW·h。我国水电的开发程度，按国际惯例使用的发电量计算，约为 25%；按装机容量计算，也只占到技术可开发量的 37%左右，与发达国家 60%～70%的平均水平还有较大差距。而在整个电力结构中，水电装机容量只占电力总装机容量 22%左右，相对还比较低，而近几年来比例有所下降，要达到 30%难度很大。

我国农村小水电开发建设情况，截至 2010 年底小水电装机容量 5840 万 kW，年发电量 1700 多亿千瓦时，覆盖了全国 1/2 的地域，为 1/3 的县（市）、1/4 的人口提供了价廉质优的清洁电源，增强了电网的覆盖面积，为全面推进社会主义新农村建设作出了重大贡献。

2. 水电开发的综合效益　水电在水资源综合利用，推进节能减排、改善大气环境，推进“西部大开发”战略实施，发展区域经济、建设社会主义新农村，实现“西电东送”、改善电源结构、保障电网安全经济运行，减少河道泥沙淤积、改善水质，保护河流生态、再造秀美山川，以及在防洪、航运、灌溉、供水、养殖、旅游等方面都发挥了重要作用。水电事业的快速发展为国民经济社会又好又快发展作出了积极贡献。例如，2010 年我国水电年发电量 6863 亿 kW·h，可以替代 2.06 亿 t 标准煤，相当于减少二氧化碳排放 5.97 亿 t，节能降耗和生态环保效益十分显著；2010 年 7 月 22 日三峡水电站入库洪峰流量接

近 70 000m³/s，经水库调蓄后出库流量为 40 000m³/s，有效缓解了长江特大洪峰对下游的威胁，防洪功能得到充分发挥；三峡船闸通过能力持续提升，三峡水库枢纽已成为连接我国中、东、西部的重要物流集散地；龙滩水电站通过合理调蓄库容来充分发挥对下游的压咸补淡作用，有效保障了珠三角地区和澳门的供水安全。

二、我国水力资源分布特点

（1）水力资源地区分布不均。我国西部 12 个省区水力资源占全国总量的 81%，中部 6 省区占全国总量的 11%，而经济发达、用电量大的东部 13 省区仅占全国总量的 8%。这就决定了我国的水电开发需要按“西电东送”的战略格局进行。

（2）水力资源季节分布不均，需要建设水库进行调节。我国位于亚欧大陆的东南部，季风气候明显，大多数河流年内、年际径流分布不均，丰枯季节流量相差悬殊，需要建设调节性能好的水库，对径流进行调节，提高水电的总体发电质量。

（3）水力资源集中分布在大江大河，便于建立水电基地实行战略性计划中开发。通过科学规划和合理布局，我国按照主要河流流域，规划了十三大水电基地分别是：长江干流上游、金沙江、大渡河、雅砻江、乌江、南盘江红水河、澜沧江、黄河上游、黄河北干流、东北、湘西、闽浙赣和怒江水电基地。从我国主要水电基地的开发利用现状来看，东部和中部地区的水电基地开发程度较高。相比之下，金沙江、澜沧江、雅砻江、大渡河、怒江、黄河上游水电开发程度低，西南、西北地区水电开发潜力较大。

三、我国水电可持续发展的突出成就

（一）水电开发技术装备水平显著提高

新中国成立，特别是改革开放以来，我国以重大工程建设为依托，坚持自主创新，加强技术研发，着力解决工程建设中的技术难题，水电工程建设技术和装备制造水平突飞猛进，多方面达到了世界先进水平。

1. 坝工技术　建成了世界最高碾压混凝土重力坝——龙滩水电站（216.5m）、世界最高面板堆石坝——水布垭水电站（233m）、世界最高拱坝——锦屏一级水电站（305m）等，坝工技术已迈入世界先进行列。

2. 机电设备　具备了 70 万 kW 水轮发电机组的自主研制开发生产能力，并已成功应用于三峡、龙滩、拉西瓦等大巨型水电站。正在建设的溪洛渡、向家坝和将要开工的白鹤滩、乌东德等电站，单机容量从 70 万 kW 向着 100 万 kW 机组迈进；掌握了 30 万 kW 抽水蓄能机组的制造技术，并已广泛应用于抽水蓄能电站建设中，形成了具有国际竞争力的水电设备制造能力。

3. 特高压输电工程　高坝、大库、大水电站的建设促进了大电网和高电压的蓬勃发展。为了推进“西部大开发”，保障国家能源安全和电力供应，国家启动了远距离、超高压输电示范工程，大力促进“西电东送”顺利实施。2009 年 1 月，晋东南—南阳—荆门的 1000kV 特高压交流工程投入运行。2010 年，云南—广东、向家坝—上海±800kV 特高压直流输电工程建成运行。

（二）推进完善全国水电规划

2005 年，完成并发布了《中华人民共和国水力资源复查成果（2003 年）》，以及全国主要江河流域的水电开发规划。根据流域社会经济的变化及西部水电开发的需求，适时开展了大渡河干流、乌江干流、金沙江干流等部分河段的水电规划修编和调整工作。2006 年，水电水利规划设计总院的 50 多名科技人员徒步考察了雅鲁藏布江河谷，第一次翔实记录了雅鲁藏布江大拐弯的水力资源情况。

为适应抽水蓄能电站的发展需求，我国以省（自治区、直辖市）为单元，全面启动了抽水蓄能电站选点规划，已查明的优良抽水蓄能电站站址 250 余处，总装机容量可达 3 亿多 kW，工程技术经济指标优越，开发价值高，可以满足我国能源优化结构和电网安全运行的需要。目前已完成福建、海南、安徽、广东、江苏等省选点规划工作。

（三）不断完善移民安置工作

近年来，水电开发移民工作在不断摸索中前进，移民举措也在不断调整完善。国家不断修订移民安置法规，提高水库淹没补偿标准，完善后期扶持政策，加大后期扶持力度，积极探索先移民、后工程的水电开发新方针，开展多渠道、多途径安置移民的工作，移民工作更加科学合理、规范有序，大力推进实现“移得出、稳得住、逐步能致富”的水库移民目标。

（四）全面提升水电开发的环境保护

在流域规划和电站建设中，积极推进“在开发中保护、在保护中开发”，全面开展了河流水电规划环境影响评价工作，加强环境友好型水电技术研发，初步形成了水电建设环境保护技术标准体系，重点开展了分层取水、过鱼设施、驯养繁殖等技术研究和工程应用，努力实现水电开发的人与自然和谐共处。

（五）加强水电可持续发展的国际合作与交流

近些年来，我国水电行业坚持互惠共赢的原则，加强与周边国家及发展中国家的国际合作，先后与 80 多个国家建立了水电规划、建设和投资的长期合作关系。

积极开展国际水电技术交流和研讨，分享水电可持续发展的成功经验和最佳实践，增加了国际河流水电开发的透明度。例如，参与国际水电协会水电可持续评估规范的研讨修编，与湄公河委员会开展了关于澜沧江—湄公河干流水电开发的上下游合作与信息共享等。

四、当前水电发展面临的形势和任务

当前，世界各国都在大力调整能源结构，减少化石能源消耗、大力发展清洁能源，遏制气候变暖，已经成为全人类共同的使命。2009 年我国政府向国际社会做出承诺：争取到 2020 年非化石能源占一次能源消费比重达到 15%左右，单位国内生产总值二氧化碳排放比 2005 年下降 40%～45%。据消息，即将出台的国家“十二五”能源发展规划将重点围绕实现这两项目标承诺展开。“十二五”时期是我国全面建设小康社会的关键时期，是深改革开放、加快转变经济发展方式的攻坚时期，是有序履行节能减排承诺的严峻考验时期。水电是我国仅次于煤炭的第二大常规能源资源，更是目前可再生和非化石能源中资源最明确、技术最成熟、最清洁和最经济的宝贵能源，随着我国在降低二氧化碳排放方面的压力和责任越来越大，大力发展水电将是我国履行温室气体减排承诺的最重要保障，更是实现中国经济社会可持续发展的战略选择。除了大力发展常规水电，近 10 年国家将大力推进风电、核电（需重新进行安全性评估后再确定新的发展规模）、太阳能发电等新能源的开发建设，这需要及时配套建设一定容量的抽水蓄能电站以提高电网运行的安全稳定性。此外，已建成运行有一定年限的电厂老机组的技术革新和优化改造等一系列深层次的、后续的创新发展问题也应引起足够的重视，以努力提高水电站的综合运行效率。

此外，由于水电开发与水资源开发密不可分，世界上几乎所有的大型水电站建设，都需要同时解决水资源问题和能源问题。水资源的社会重要性是不言而喻的。水旱灾害频繁历来都是中华民族的心腹大患。近年来我国频繁发生的严重水旱灾害，造成重大生命财产损失，已经暴露出我国的水利等基础设施十分薄弱，不能适应现代化社会发展的需要，必须大力加强水利基础设施建设。特别是近年我国南方多地发生特大干旱和紧接着旱涝急转，多个省份遭受洪涝灾害，造成了巨大损失，再次警示我们加快水利基础设施建设刻不容缓。全面加强水利建设，不仅要解决最后几公里的农田水利基础设施问题，而且更要解决那些由于无法调蓄水资源的时空分布矛盾所造成的，汛期洪水成灾，枯期水资源枯竭的工程型缺水问题。如果不能通过修建水库拦蓄更多的汛期洪水，解决旱季水资源短缺的根本问题，修建再多的农田灌渠也只能是英雄无用武之地。因此，中央决定“十二五”期间抓紧建设一批流域防洪控制性水利枢纽工程，不断提高调蓄洪水能力。

目前，国际社会成功解决水资源矛盾的普遍经验，都是通过建设大型水库来增加调蓄能力，在现实中，几乎所有的大中型水库都具有发电的功能，所以，如何利用市场机制调动起社会各界开发建设大型水电站的积极性，又好又快地加速水利水电开发，以及充分发挥好电站水库大坝在防洪抗旱、保障供水安全等方面的巨大功效，是从根本上解决我国水资源的调蓄能力不足矛盾的重要举措，也是我们落实中央一号文件，全面加速我国水利建设的重要任务之一。

总之，我国水电事业大有可为，必将很快迎来新一轮的又好又快发展。根据规划，为实现 2020 年节能减排目标，届时水电装机容量须达到 4 亿 kW 左右，其中常规水电 3.5 亿 kW 左右，抽水蓄能装机容量达到 5000 万 kW 左右。预计到“十二五”期末，我国水电装机容量将达到 2.9 亿 kW 左右，年发电量可达 9100 亿 kW·h。站在可再生能源和新能源发展的历史新起点，需要广大水电工作者认清形势，统一思想，团结一致，认真贯彻落实好国家在生态环保、移民安置、耕地保护、社会主义新农村建设等方面的政策法规，主动承担起社会责任，努力把水电开发打造成为生态工程、民生工程、文明工程、和谐工程。

五、我国水电可持续健康发展的展望

我国水电事业前景光明，任重道远，使命光荣。为努力推进实现国家到 2020 年的节能减排目标承诺，在未来 10 年里，个人认为可通过合理途径和措施，实现我国水电的可持续健康发展：

（1）坚持将大型水电基地作为水电发展的重点。

（2）坚持将妥善安置移民和保护生态环境作为水电建设的重要前提。

（3）坚持有序推进小水电开发，增加电力供应，改善广大农村生产生活条件和生存环境，推进社会主义新农村建设。

（4）持续加强科技投入和自主创新，不断提高水电规划建设、设备制造、运行管理技术水平，推进完善系列技术标准体系。

（5）高度重视大坝安全问题，这是事关人民生命财产安全和经济社会和谐稳定的大事。要做到水电工程建设全过程的质量在控可控，确保水电站建成投产后的持续安全运行。

（6）继续深入开展国际水电开发交流合作，建立互利共赢的长期合作关系，借鉴、分享水电可持续发展的国际经验和最佳实践。

(7) 加强对老机组的技术革新和优化改造，进一步提高水电站的综合运行效率，促进水力发电可持续发展。

优先加快开发水电 促进电力可持续发展

中国电力企业联合会专职顾问 王永干

一、优先加快开发水电是促进电源结构调整实现电力可持续发展的必然选择

刚刚结束的党的十七届五中全会提出科学发展是“十二五”经济发展的主题，要更加注重以人为本、更加注重全面、协调、可持续发展和统筹发展。同时提出把主攻方向放在加快转变发展方式，调整经济结构，把转型的着力点放在建设资源节约型和环境友好型社会。中国电力企业联合会进行的“十二五”电力规划研究中建议电力工业在“十二五”期间的发展方针为：优先发展水电，优化发展煤电，大力发展核电，积极推进新能源发电，适度发展天然气集中发电，因地制宜发展分布式发电，加快电网建设，推进电力系统智能化，带动装备工业发展，促进电力工业又好又快发展。优先加快水电开发，正是落实党的十七届五中全会精神的具体体现。

首先，优先加快开发水电是解决我国能源资源短缺、保障国家能源安全的需要。我国能源匮乏，人均化石能源拥有量远低于世界平均水平，煤炭、石油、天然气人均剩余可开采储量分别只有世界平均水平的57%、不到8%和7%。同时，我们正处于全面建设小康社会实现现代化的关键阶段，能源需求增长空间很大。根据我们的测算，2010年，全社会用电量将达到4.12万亿kW·h，“十一五”期间年均增长10.7%；到2015年全社会用电量将达到5.99万亿kW·h，年均增长7.8%；到2020年，全社会用电量将达到7.84万亿kW·h，年均增长5.5%。但化石能源的发展受到资源、环境和国际法则的极大制约。2009年，我国能源消费总量31亿t标准煤，预计2015年达到42亿t标准煤左右，2020年将达到50亿t左右，能源供应与能源需求及环境制约的矛盾非常突出。水电是非化石绿色能源，加快优先发展水电，不但可以加快节约和替代部分化石能源，加快电力结构调整、进一步解决我国能源资源的短缺，而且可以极大地提高生态文明水平，对积极应对全球气候变化，减少污染物排放。我国目前非化石能源消费占一次能源消费比重仅为7%左右，要实现2020年达到15%，必须大力加快水电、核电、风电等绿色能源发电。

其次，优先加快开发水电是促进西部大开发的需要。我国西部地区经济发展相对落后，水能资源却非常丰富。通过优先加快开发水电，实施国家区域发展战略，把西部地区的水能资源优势转变成经济优势，可以大大促进区域经济发展，促进新农村建设，进一步提高西部人民生活水平。

再次，水电是最具大规模开发条件的可再生能源。与其他可再生能源比，风电成本高，集中输送困难较大；太阳能、海洋能等处于开发性研究阶段，短期内难以达到大规模商业开发的程度；而水电集资源较为丰富、技术成熟、设备国产化率高、开发成本相对较低等诸多优点于一身。据研究预测，2015年，全国电力总装机容量达到13.9亿kW，其中水电装机容量2.84亿kW，抽水蓄能电站2800万kW，非化石能源发电装机容量预计达到3.89亿kW，占总装机容量的28%；到2020年全国电力总装机预计达到17.8亿kW，水电达到3.3亿kW，抽水蓄能电站4000万kW，非化石能源发电装机容量预计达到5.2亿kW，占总装机容量的29.2%；到2030年全国水电装机容量达到4.5亿kW。

二、优先水电开发遇到的困难和存在的主要问题

(1) 人们对水电开发对生态环境影响的认识存在误区。水电开发对生态环境的影响十分复杂，受研究深度的限制，短期内难以取得共识，已经成为制约水电开发的重大问题。需要我们进行客观公正的评价，对水电开发带来的环境效益和不利影响进行综合分析和评价，趋利避害，特别是要走出目前片面看待负面效益的认识误区。

(2) 水电移民安稳致富难问题制约水电开发。移民主要由人口搬迁和生产生活重建两个部分组成，水电工程水库淹没涉及范围广，移民数量大且集中。当前，前期补偿标准不统一、后期扶持政策可持续性差、就业安置渠道窄等制约着水电移民的安稳致富，制约着水电开发。

(3) 水电项目核准程序复杂。项目业主完成流域综合规划、水电规划，经国家发展改革委审批通过后，方可开展各梯级电站预可行性研究工作。完成预可行性报告，并取得水电项目所在省各相关部门的意向性支持文件，方可向国家发展改革委上报开展前期工作的请示文件（相当于立项申请）。国家发展改革委同意项目开展前期工作（批复“路条”）后，项目业主方可据此开展可行性研究。完成可行性研究报告，并取得国家有关部委关于国土、水土保持、环境

保护、接入系统、林业、交通等诸多同意文件后，方可申报核准。工作效率低，审批周期长。

(4) 水电电价低制约了水电开发。目前我国电价总体水平偏低，相对于其他能源价格偏低20%～60%，电价涨幅低于国内其他能源品种价格涨幅。成本传递关系尚未形成，因煤电联动不到位等原因，销售电价总体水平较低，历史欠账约7.29分/(kW·h)。水电与火电等其他电源形式相比，电价偏低，其根本原因在于水电价格形成机制不能充分反映水资源价值、移民补偿和环境保护成本。价格的制约是最大的制约。

此外，我国是世界上国际河流最多的国家之一，其开发涉及与邻国的关系问题，情况较复杂，问题也可能较多。

三、有关建议

(1) 坚持优先加快开发水电方针，统筹作好水电开发规划。十三个大水电基地建设、七大风电基地和十六个大煤电基地建设要综合考虑，把握节奏，统筹发展。要按照建设现代能源产业和综合运输体系建设要求，认真做好水电流域和区域规划。一是要实行大中小开发相结合，推进水电流域梯级滚动综合开发。二是促进绿色、和谐开发。在河流规划、勘探设计、施工建设和投产运行全过程落实和强化生态环境保护，做到同步规划、同步建设和同步运行。三是扩大消纳范围，要抓紧研究四川、云南等地水电外送问题，重点是金沙江下游、中游以及雅砻江、大渡河、澜沧江、黄河上游、怒江、西藏等地的水电消纳问题，要充分利用市场配置资源。重视水电基地的消纳市场研究，在满足本地区电力需求的基础上，合理地将水电输送到市场需求空间大、电价承受能力高的东中部地区消纳。加强水电输电规划研究，加快输电通道建设，促进电源电网协调发展。四是水电开发要有重点、有步骤、有节奏，做到统筹协调。

(2) 坚持水电流域、梯级、滚动、综合开发。对于中小型河流，原则上鼓励一家多元化投资主体进行滚动开发。开放水电投资市场，引导和鼓励各种资金和投资主体形成多元化利益共同体，参入流域梯级滚动开发。

(3) 正确引导人们对水电开发的认识，切实加强生态环境保护力度。要通过各种形式正确引导舆论和媒体，全面、系统认识水电开发对环境影响，形成良好的水电开发氛围。

(4) 成立国家移民管理机构，研究长治久安的移民政策及机制。成立国家级移民管理机构，统筹全国水电移民管理协调工作，全面负责装机容量在1000万kW以上的水电基地、100万kW以上水电站以及跨省水电站移民的协调管理工作。

(5) 完善水电开发配套机制，促进水电可持续开发。一是简化水电审批程序，在作好区域和流域规划的基础上，预可行性研究和可行性研究可以合并来做，对大型的水电项目，政府各部门可以采取联合会商办公制度。二是进一步完善水电电价定价体制，水电电价必须提高。关键是要有一个较为完善的价格形成机制，真正反映市场需求、资源稀缺、环境治理、电力送出和移民安置的价格机制。还可以考虑把新增的水电容量减少的二氧化碳排放权纳入价格机制；到2015年新增非化石能源发电装机容量预计1.5亿kW，其中水电8750万kW；到2020年新增非化石能源发电装机容量1.3亿kW，其中水电4600万kW，应把由此减排的二氧化碳、二氧化硫、氮氧化物等转变成排放权的金融市场来促进水电发展。三是建立水电梯级效益补偿机制。四是重新建立综合利用水电工程投资分摊机制。五是加快水电文化建设，弘扬水电行业艰苦奋斗、追求卓越的优良传统，促进水电发展的社会认同感，形成水电发展的流域经济、区域经济互补，资源高效利用，人与自然和谐发展的水电文化。六是继续实施走出去战略，加强水电技术设备等方面的国际化。

优先加快开发水电，是贯彻落实科学发展观的重要举措，是形势的迫切需要和电力可持续发展的迫切需要，全行业要有机遇意识和忧患意识。只要我们坚定信心、克服困难，加快发展水电的目标就一定能实现。

新形势下我国抽水蓄能电站发展前景

一、我国的电源结构

(一) 我国电源结构与抽水蓄能电站建设现状

截至2009年底，我国装机容量达8.74亿kW，其中火电占74.6%，常规水电占20.86%，抽水蓄能电站占1.66%，核电占1.04%，风电占1.84%。在我国电源结构中，燃煤火电比重偏高，比世界平均水平高40多个百分点；由于资源分布的特点，我国常规水电大部分在中西部地区，中东部地区运行灵活、调峰性能优良的水电比重很小；抽水蓄能电站比重很低，不能满足电网运行需要。

我国抽水蓄能电站建设起步较晚，20世纪90年代以后，随着经济发展速度和规模的持续增长，用电负荷迅速增加，电网水电比重逐年下降，调峰供需矛盾日益突出，电网安全稳定运行面临更大的压力，建设抽水蓄能电站来解决电网调峰和保证安全运行逐步形成了共识。我国抽水蓄能电站的建设主要集中在华东、华北、南方电网的广东和华中煤电比重较高或水电调节能力较差的电网，截至 2009 年底，我国大陆已建抽水蓄能电站装机容量合计 1454.5 万 kW，在建抽水蓄能电站 12 座，总容量 1114 万 kW。

（二）与日、美、法等国电源结构的比较

总体看，我国电源结构单一，目前主要以火电为主，占 75%左右。从华东电网看，截至 2009 年底，华东四省一市装机容量达 188 005.5MW，其中：常规水电占 9.8%、抽水蓄能占 2.6%、煤电占 76.8%、油气占 6.3%、核电占 2.7%、新能源及其他占 1.8%。华东电网与日本、美国、法国电源结构比较见表 1。

表 1　华东电网与日本、美国、法国电源结构比较表

项　目	合计	常规水电	蓄能	燃油燃气	煤电	核电	其他
华东电网（%）	100	9.8	2.6	6.3	76.8	2.7	1.8
日本（%）	100	8.86	10.71	44.22	14.93	21.07	0.21
美国（%）	100	7.39	2.06	46.66	31.83	10.12	1.95
法国（%）	100	18.77	3.93		18.07	57.82	1.4

注　华东电网为 2009 年数据，日本、美国、法国为 2006 年数据。

如将常规水电、燃油和燃气机组、抽水蓄能电站作为调峰电源考虑，并将抽水蓄能电站容量以双倍计。则 2006 年日本和美国调峰电源比重为 74.5%、58.17%，我国华东电网调峰电源比重仅占 21.6%，全国平均不到 25%。可见日本和美国电网的调峰电源比重较大，调峰能力较强。

从电源结构看，我国以火电为主电网调峰能力不足。由于华东电网等中东部电网常规水电资源已基本得到开发，又不具备大规模发展燃油和燃气电站的条件，因此建设调峰能力较强的抽水蓄能电站是解决我国华东等电网调峰问题的重要手段，也是促进核电、风电等清洁能源和可再生能源发展的重要保证。华东电网与国外调峰电源容量比重见图 1。

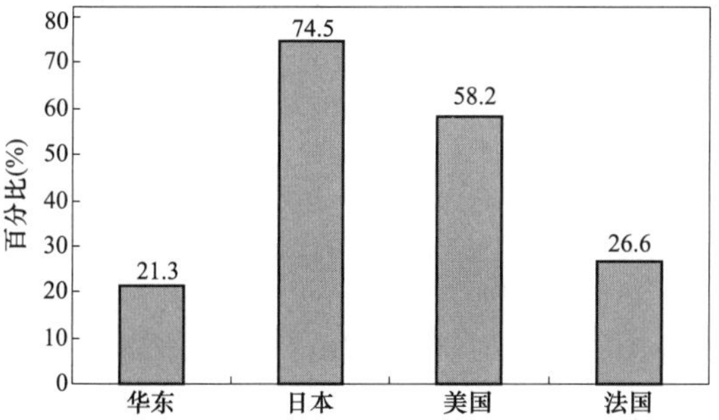

图 1　华东电网与国外调峰电源容量比重示意图

二、核电、风电发展与抽水蓄能电站的关系

截至 2009 年底，我国核电装机容量 908 万 kW，在建核电装机约 2500 万 kW，主要集中在沿海地区，核电建设呈加速之势，除沿海地区外，湖南、湖北、江西等内陆省份也在积极开展核电的前期工作，预计 2020 年我国核电装机容量将达到 8000 万 kW 左右。

为应对全球气候变化，节能减排，世界各国都在大力发展可再生能源，近年来世界风电装机容量快速增长，年均增长近 30%。截至 2009 年底，我国风电装机容量达到 2216 万 kW，我国风电装机容量从 2002 年的 44.9 万 kW 世界排名第 11 名上升至目前的第 3 名，装机规模达到新水平，“十一五”期间前 3 年风电装机容量年均增长率达 105%，今后相当长一段时间内，风电将继续呈现快速增长的态势，预计 2020 年有望达到 1.5 亿 kW 以上。在“三北”地区及江苏沿海风能资源丰富地区，将建设多个千万千瓦风电基地。

随着我国核电、风电建设步伐的加快，核电的基荷运行特点和风电的间歇性特点，使得我国电力系统调峰问题、安全稳定运行问题面临前所未有的挑战。电网迫切需要建设启停迅速、运行灵活的调峰电源。我国华东、华北和东北电网电源结构主要以燃煤火电为主，电网调峰问题一直较为突出，随着核电、风电和太阳能等新能源的大规模发展，电网调峰问题更为严峻。

燃煤火电从技术上讲可以有较大的调峰幅度，最大调峰幅度甚至可达到 50%，但煤电机组深度调峰，煤耗增加、检修费用上升、安全隐患增加。鉴于这些原因，我国以火电为主电网的调峰问题，除煤电和有限的常规水电外，主要应通过建设抽水蓄能电站来解决。抽水蓄能电站具有双倍容量作用，运行灵活、是经济可靠的调峰电源，特别是当前核电、风能等清洁和可再生能源快速发展形势下，合理的抽水蓄能电站规模是保证电网安全运行的重要手段。

下面以华东电网为例分析抽水蓄能电站与核电及风电等清洁和可再生能源发展的关系：

（一）华东电网现状及需求预测

华东电网供电范围包括上海、江苏、浙江、安徽和福建四省一市，是我国最大的跨省市电网之一，网

内煤电 76.8%，是一个以火电为主的电网。根据预测华东电网2020年最高用电负荷30 700万kW，需电量17 850亿kW·h。

（二）华东电网核电、风电与抽水蓄能电站发展的关系

1. 核电 华东电网现有核电装机容量506.8万kW，预计2020年前新投核电3000万kW，2020年核电规模将达到3500万kW左右。为保证核电安全稳定运行，一般按基荷运行考虑。以核电投入后不增加火电调峰负担、核电和抽水蓄能电站配合后使其总体调峰幅度达到电网平均需要的调峰幅度为原则，华东电网最小负荷率约为60%，考虑备用后电网需要参与运行机组的平均调峰能力应在45%左右。

2020年前华东电网新增3000万kW核电，从电网运行的经济性和安全性考虑，为使电网煤电机组调峰幅控制在35%～40%这一较为合理幅度内，系统燃料消耗和总费用现值相对较小，抽水蓄能规模需增加800万～900万kW，约为核电装机容量的30%。

2. 风电 华东电网现有风电规模较小，2008年底全网风电装机容量240万kW，随着国家对风电等可再生能源发展鼓励政策效应的逐步体现，以江苏沿海千万千瓦基地建设为主的华东电网风电将快速增长，2020年华东电网风电规模预计达到1700万kW，风电与常规电源不同，具有很强的随机性，对电网而言，其发电容量的可靠性很低，大规模风电并入电网后，对电网调峰能力提出更高的要求。而风电作为一种清洁能源，电网应采取相应的措施，尽可能接受风电场的全部出力。

根据有关资料，江苏陆上风电场全年平均出力容量系数约为26%，海上风电场全年平均出力容量系数约为32%，根据风电场逐时出力分析，风电场5%～10%的容量可作为可控容量，其保证率能达到80%左右。大规模风电场出力达装机容量60%～70%以上的概率较低，约为10%，其电量在5%左右。

风电对于电网调峰方面的影响主要体现在电网负荷低谷时段，如果负荷低谷时段风电出力很大，为了吸纳这部分风电，电网的火电将压负荷运行，势必增加电网的幅度压力。根据江苏省风电基地在负荷低谷时段各出力段的电量分布情况，在负荷低谷时段，超出50%装机容量的出力对应的发电量不足全年发电量的2%，超出70%装机容量的出力对应的发电量约占全年发电量的0.5%。因此，可以考虑在负荷低谷时段，当风电出力超出一定范围时，不再吸纳超出部分的风电出力。通过舍弃电网负荷低谷时段部分的风电电量可减轻电网的调峰压力，以减小电网调峰电源的建设规模。

将电网负荷低谷时段允许吸纳的风电最大出力与风电装机容量之比称为风电反调峰幅度。根据江苏电网资源条件，初步分析认为，江苏省抽水蓄能电站建设条件一般，风电反调峰幅度可按50%考虑较为经济合理，即低谷时段舍弃风电装机容量50%以上部分的出力。

如按风电反调峰系数50%考虑，为使电网有效吸纳风电电量，根据调峰容量平衡，配合风电建设的蓄能电站容量应为风电装机容量的30%，据此华东电网2020年1700万kW风电应配合建设500万kW左右的抽水蓄能机组，才能较好地满足风电发展所带来的调峰需求。

3. 核电、风电发展与抽水蓄能电站的关系 按照华东电网2020年新增3000万kW核电，核电总规模3500万kW左右，风电规模1700万kW考虑，为保证电网调峰需求、安全运行和有效接受风电电力，电网应配合建设抽水蓄能电站1300万kW左右。因此随着核电和风电容量的大规模增加，为优化电源结构，提高电网运行效益，应加快调峰电源建设，提高抽水蓄能电站在电网中的比重。

华东电网电源结构以火电为主，建设一定规模的抽水蓄能电站可以同等规模替代煤电建设容量，可以解决大规模发展核电、风电等清洁和可再生能源规模化发展后带来的煤电深度调峰、电网安全和经济性等问题，也有利于风电电量的消纳，可以节省系统运行费用和耗煤量，使电力系统运行较为经济。初步电源优化分析认为：华东电网2020年最高负荷30 700万kW，系统需要装机容量约37 000万kW，考虑风电和核电的发展抽水蓄能合理规模以2500万～3000万kW左右比较合适。

三、结语

（1）建设抽水蓄能电站是优化电源结构的重要手段。随着我国社会经济的持续快速发展，对电力需求也不断增长，电力工业的可持续发展可为国民经济持续快速协调发展和社会全面进步提供强有力的保障，也对电网安全、可靠运行提出了更高的要求。与发达国家相比，我国煤电比重偏高，调峰能力较好的电源比重偏低，煤电调峰任务较重，提高电网调峰能力、保证电网安全经济运行是我国电源结构优化的重要内容。抽水蓄能电站是现代电力系统中有效的、不可或缺的调节工具，合理配置抽水蓄能电站对提高电网供电质量、优化电源结构、促进我国核电、风电等可再生能源的大规模发展、实现我国电力工业可持续发展都具有重要意义。根据目前我国的电源结构和布局，今后相当长一定时间内，我国电源结构仍将以煤电为主。有关电源优化研究表明，为达到必要的电网调节能力，我国以火电为主的电网，抽水蓄能电站的合理

规模应占电力系统总装机容量的6%～8%。2009年，我国抽水蓄能电站比重仅1.66%。因此我国抽水蓄能电站的建设规模还不能满足我国经济快速发展和以煤电为主的电力系统安全稳定运行的需要，我国抽水蓄能电站具有较大的发展空间。

(2) 核电、风电大规模投入将促进蓄能电站的发展。积极发展核电、大力发展风电等清洁和可再生能源是保证我国能源供应、节能减排、实现电力工业可持续发展的重要措施。以华东电网为例，2020年核电装机容量预计达到3000万kW以上，风电装机容量1500万kW左右，从配合核电和风电建设考虑，抽水蓄能电站规模就需要1000万kW以上。核电和风电的快速发展将促进抽水蓄能电站的建设。预计2020年我国核电装机容量将达到8000万kW左右，风电装机容量有望达到1.5亿kW以上。伴随着核电、风电的大规模发展，为解决电网调峰问题、保证电网安全经济运行、有效接受风电出力，配合建设的抽水蓄能电站规模应在5000万kW以上。

(3) 尽快形成抽水蓄能电站效益回收机制。抽水蓄能电站作为一种经济有效的调峰电源，除调峰填谷外，还可以承担调频、调相、事故备用以及黑启动等任务，可提高电网供电质量，改善电网内火电、清洁能源和可再生能源的发展，降低系统发电综合成本，社会及经济效益显著。尽管抽水蓄能电站在电力系统中的作用和效益显著，但由于其效益以容量效益为主，动态效益难以量化，在现行电力体制和市场环境下，其财务效益难以较好地实现，投资者的合理回报得不到有效保障，没有很好体现“谁受益、谁分担”的原则，效益回收机制尚未形成是目前影响抽水蓄能电站健康发展的主要问题。需要国家有关部门加强电力体制和电价机制改革力度，使抽水蓄能电站的效益能得到真实反应，电价能较好地反映其在电网中的作用。

(中国水电顾问集团华东勘测设计研究院　计金华)

我国抽水蓄能电站发电电动机的国产化问题

一、国产化进展情况

为解决抽水蓄能机组的国产化问题，2003年4月，国家发展改革委印发〔2003〕97号文件《关于宝泉和惠州抽水蓄能电站机组统一招标及组织管理协调会议纪要的通知》，以河南宝泉和广东惠州两座抽水蓄能电站（后增补了白莲河）为依托工程，通过统一招标和技贸结合的方式，引进抽水蓄能电站机组设备设计和制造技术，逐步实现我国抽水蓄能电站机组设备制造的自主化。2004年，阿尔斯通公司中标抽水蓄能电站依托工程。

2005年5月8日，为了支持技术转让接受方哈尔滨电机厂有限责任公司（以下简称哈电）和东方电气集团东方电机有限公司（以下简称东电）全面掌握、吸收和应用已经引进的技术，巩固技术引进的成果，实现抽水蓄能电站机组设备国产化目标，国家发展改革委以〔2005〕886号印发《关于抽水蓄能电站机组设备国产化后续工作安排会议纪要的通知》，决定将辽宁蒲石河、桓仁、广东深圳、内蒙古呼和浩特、福建仙游和湖南黑麋峰抽水蓄能电站作为抽水蓄能电站机组设备国产化后续工作的依托项目，机组设备采用招标方式在哈电和东电之间进行采购。

哈电于2006年12月作为主包方签订了辽宁蒲石河电站4台300MW抽水蓄能机组供货合同，法国阿尔斯通水电公司作为技术支持方/分包方；2009年1月又签订了安徽响水涧电站4台250MW抽水蓄能机组合同，开始独立设计、制造大型抽水蓄能机组。

东电在黑麋峰、呼和浩特项目中，承担300MW的发电电动机设计，ALSTOM作为技术支持方。

二、设计技术掌握情况

哈电、东电为国家两大发电设备支柱企业，研发能力强、水平高、装备齐全、加工能力及技术储备雄厚。特别是经过三峡水电站的工程实践，在常规水电机组的设计、制造方面，哈电、东电已走在世界水电制造业的前列。

对于抽水蓄能机组技术，经“打捆招标”的工程实践，已在人才储备、技术装备、计算程序、部分应用实例（“打捆招标”的后几台机）等方面取得了长足的进展。对于发电电动机，“打捆招标”引进的程序共7大项，39个子项。引进的程序内容：① 推力轴承和导轴承润滑、轴瓦及支撑件变形和循环冷却系统计算程序；② 发电电动机通风系统和发热计算程序；③ 发电电动机的电磁设计程序；④ 发电电动机主要结构件的强度、刚度和振动计算程序；⑤ 发电电动机启动性能计算程序；⑥ 发电电动机运行工况转换分析计算程序；⑦ 二维电磁场计算。上述程序及技术，已在惠州、宝泉、白莲河等电站机组设计、制造中应用。哈电、东电已基本掌握阿尔斯通的设计。

三、要重点解决的问题

抽水蓄能机组的发电电动机，与常规水轮发电机相比，具有以下特点：① 双向旋转，其通风设计、轴承设计独特；② 启停频繁，产生交变热应力、机械应力，应注意绝缘、机械材料选取；③ 负荷陡增；

④ 需专用的启动设备，大、中型常用静止变频启动装置；⑤ 过渡过程复杂。

1. 发电电动机的推力轴承设计　发电电动机推力轴瓦采用的中心支撑，轴瓦倾斜度、最小油膜厚度、承载能力、变形及变形度、压力比等与常规水轮发电机采用偏心支撑相比，存在特殊性。因此，设计中应考虑其独特性，并针对不同容量—转速机组，合理选择推力轴承的支撑结构、冷却方式以及减少搅拌损耗的措施（如高压油顶起的连续使用等）。方案设计时还应考虑伞式、悬式结构的不同对推力轴承设计的影响。

2. 发电电动机的通风设计　由于双向旋转，发电电动机通风设计独特。设计中应考虑双向设计的协调性，并考虑转子自身的风扇作用产生必需的风量，以带走相应的损耗（注：美国巴德溪水电站原采用磁轭径向通风后改为外加风机）。大容量高速及特高转速发电电动机通风设计中还应考虑外加风机或磁轭径向通风方式对风磨损耗等的影响。

3. 其他特殊的问题　如特殊转速（如 272.7r/min、428.6r/min）的一些特殊问题，机组电气自振频率与尾水管压力脉动频率（DTPP）共振问题，不对称绕组设计、低电压机组设计、半伞机组使用范围拓宽、紧急工况转换、高转速机组轴系稳定和经济功率因数的选择等问题，应在已有经验的基础上，进一步积累综合调试、网机联系、首机首次不同启动方式（发电或电动）下调试等经验，并注意与水泵水轮机设计、调试等的协调，统筹考虑，予以解决。

4. 相应标准的修订　经过多个抽水蓄能电站的工程实践，我国已在设计理念、设计原则、设计方法和调试等方面取得开拓性的进展，已为电机标准的修订打下了坚实的基础。今后标准修订时应注意对应力计算、疲劳评估、镜板硬度、冷却水温相关条款和振动、试验标准等方面的修订。

四、博采众长提升水平

毕竟，我国在抽水蓄能机组设计制造方面起步不久，尚缺独立的设计、制造经验，特别是各类机型设计与实际的比对，实测数据少，工程实例较少。

由于抽水蓄能电站建设存在独特性及差异性，同一容量机组由于转速不同，机组设计差别很大。不同制造商基于其经验及设计惯例均有各自的设计特点。因此，除了掌握“打捆招标”机组的技术外，还应研究天荒坪和宜兴（GE 设计）、十三陵、桐柏和琅琊山（VA TECH 设计），张河湾、泰安（Fuji-Siemens 设计）、广蓄Ⅱ（Siemens 设计）、西龙池（三菱—东芝设计）等抽水蓄能电站的发电电动机。对于上述电站发电电动机制造厂家（如 GE、东芝、西门子、Fuji、VA TECH）的技术，应对其参数选择、结构选择、电磁计算、结构计算等进行归纳总结，分析其设计理念、材料选择、疲劳评估、安装及调试标准等，博采众长，为我所用。同时，对已投运抽水蓄能电站进行调研，了解发电电动机运行情况，对已建抽水蓄能电站机组资料汇总、分析、整理，有针对性地解决实际问题。

（中国水电顾问集团华东勘测设计研究院　赵　政）

央　企　工　作

国家电网公司 2010 年及“十一五”工作回顾

2010 年是全面完成“十一五”目标任务的关键一年。国家电网公司上下坚决贯彻党中央、国务院的决策和部署，全面落实一届五次职代会暨 2010 年工作会议各项要求，深入推进“两个转变”，各方面工作取得显著成效。国家电网公司完成固定资产投资 2905 亿元，其中电网投资 2644 亿元，开工 110（66）kV 及以上交流线路 4.7 万 km、变电容量 2.1 亿 kVA，直流线路 1038km、换流容量 120 万 kW；投产 110（66）kV 及以上交流线路 5.1 万 km、变电容量 2.5 亿 kVA，直流线路 6040km、换流容量 2580 万 kW。完成售电量 2.7 万亿 kW·h，同比增长 18.0%。收入 1.5 万亿元，增长 22.4%。利润 450.9 亿元，增加 404.9 亿元。经济增加值 54.1 亿元，增加 317.1 亿元。资产负债率 62.5%。

1. 安全供电水平持续提高　以确保大电网安全为重点，狠抓责任制落实，扎实开展安全大检查和隐患排查治理，全面实施状态检修，安全基础进一步夯实，电网和设备事故同比减少 80% 和 26%。特高压交流试验示范工程投运两年来保持安全稳定运行，累计输送电量 206.5 亿 kW·h。充分发挥特高压和大电网优势，缓解了华中地区用电紧张局面，有力支援了南方地区抗旱和亚运会供电。加强组织领导，发挥集团优势，圆满完成了上海世博会保电任务。积极应对玉树地震、舟曲和映秀特大山洪泥石流等自然灾害，保证了电网安全和可靠供电。

2. 电网发展实现重大突破　自主建设的向家坝—上海±800kV特高压直流示范工程成功投运，特高压发展再次取得具有里程碑意义的重大创新成果。特高压交流试验示范工程通过国家验收并荣获“国家优质工程金质奖”。德宝直流、呼辽直流、宁东直流极Ⅰ系统和新疆与西北联网、甘肃千万千瓦级风电一期送出等重点工程建成投运，区域和省级电网主网架进一步加强。被誉为“电力天路”的青藏联网工程开工建设，基础施工提前完成。智能电网试点项目取得重要进展，建成了一批智能变电站、智能小区和电动汽车充换电站。基本实现经营区内“户户通电”，启动了新一轮农村电网改造工程。高质量完成“十二五”国家电网公司和电网发展规划编制工作。

3. 企业经营管理继续加强　强化综合计划和全面预算管理，严格全过程成本控制。初步形成人财物核心资源一体化管理格局，大型供电企业全部达到定员标准，资金归集度达到99%，10kV及以上主要设备、材料实现总部统一组织招标，公司内部资源配置能力和业务协同程度不断提高。组建金融控股集团，建立了金融统一运作平台。加大直属产业整合力度，推进煤电、新能源以及电工装备制造产业资产重组。支持战略性新兴产业发展，与经营区域全部地市政府签订电动汽车充电设施建设合作协议。国家电网计量中心获得国家质量监督检验检疫总局授权。稳健运营菲律宾国家电网；成功收购巴西7家输电特许权公司，国家电网巴西控股公司开始运营。扎实开展“三指定”自查整改、“小金库”和工程建设领域专项治理，依法治企取得新进展。网省公司层面主多分开基本完成，集体企业管理进一步加强。

4. 科技和人才建设取得新成果　“交直流特高压输电系统电磁与绝缘特性的基础问题研究”等项目获得国家重点基础研究发展计划（973计划）立项，风光储输示范工程、新型柔性交流电力控制技术列入国家科技支撑计划。具有自主知识产权的特高压升压变、串补装置和直流换流阀等关键设备研制取得突破。获得国家科学技术奖4项、中国标准创新贡献奖2项、中国专利奖6项。SG186信息系统进一步完善，应用水平明显提升。落实中央关于“千人计划”的部署，引进6名海外高层次人才。面向社会公开招聘15名金融紧缺人才。建成国家电网管理学院，完善了培训体系。加强全员教育培训，全员培训率达到92%，完成1.2万名员工转岗培训。

5. 创先争优活动成效显著　认真贯彻中央部署和要求，将创先争优活动、建设学习型党组织与国家电网公司工作紧密结合，不断加强“三个建设”。认真落实中央《关于进一步推进国有企业贯彻落实“三重一大”决策制度的意见》，制订实施办法。积极创建“四好”领导班子，各级领导班子的领导力和执行力进一步提高。深入开展电网先锋党支部创建、劳动竞赛和建功立业活动，大力宣传吕清森等先进典型，广大员工呈现出敬业奉献的良好精神风貌。各省公司在公共服务行业行风测评中取得优异成绩。以上海世博会为契机，成功建设和运营国家电网馆，全面展示电网发展成就和“创新、绿色、低碳”发展理念，“国家电网”品牌影响力进一步提升。

回顾2010年，国家电网公司广大员工迎接挑战、拼搏奉献，全面完成了国家电网公司一届五次职代会暨2010年工作会议部署的各项任务，圆满实现了“十一五”的发展目标。

五年来，我们认真贯彻落实科学发展观，遵循电网和企业发展规律，积极探索、勇于创新，确立了以“三个建设”为保证、全面推进“两个转变”、建设“一强三优”现代公司的科学发展总战略。经过五年发展，国家电网规模总体实现翻番，装备水平、科技水平、安全水平进入国际先进行列，开创了世界特高压电网发展新纪元；国家电网公司集团化运作格局基本形成，集约化发展成效显著，精益化管理和标准化建设持续推进，初步实现了由传统企业向现代企业的战略转型。

“十一五”期间，国家电网公司累计完成电网投资1.2万亿元，超过新中国成立56年电网投入的总和；投产110kV及以上输电线路25.4万km、变电容量12.7亿kVA，分别增长60%和118%；售电量从1.5万亿kW·h增加到2.7万亿kW·h，增长83.6%；国家电力市场交易电量达到3585亿kW·h，增长3.6倍；累计实现利润1336亿元、利税近5000亿元；资产总额达到21 192亿元，增长81.2%；净资产收益率4.87%，提高了2.77个百分点；全员劳动生产率达到40.3万元/(人·年)，增长1倍多。国家电网公司业绩考核连续六年两个任期获得A级，世界企业500强排名由2005年的第40位上升至2010年的第8位。

五年来，我们认真履行经济责任、政治责任和社会责任，为经济社会发展作出了重要贡献。深入研究能源和电力发展规律，大力推进“一特四大”战略。坚持“四个服务”宗旨，与各级党委政府建立战略合作机制。加强电网规划，加快电网建设，满足了国民经济年均10%以上快速发展对电力的需求，在国家能源结构调整和布局优化中发挥了重要作用。确保电网安全稳定运行，保障了奥运会、世博会、新中国成立60周年庆典等重大活动的安全可靠供电。认真落实节能减排政策，发挥电网的能源配置平台作用，累计节约标准煤超过8000万t、减排二氧化碳超过2亿t。实施“新农村、新电力、新服务”战略，积极服务“三农”、改善民生，投资158.6亿元，解决了边远落后地区134万无电户、509万人口的用电问题。在电网经受特大自然灾害、设施大量损毁的情况下，全力保障抢险救灾用电，用最短时间完成电网抢修任务。促进和谐社会建设，持续开展电力扶贫、援疆、援藏，“十一五”期间爱心捐助超过15亿元。

五年来，我们坚定不移推进电网发展方式转变，打造了一个新型的国家电网。特高压电网建设取得历史性重大突破，交直流示范工程相继建成投运，标志着我国全面掌握了特高压输电核心技术和全套设备制造能力，带动了民族电工装备制造业创新发展，在世界电网科技领域实现了“中国创造”和“中国引领”。结合世界能源变革的新趋势，提出坚强智能电网发展战略，制订发展规划，系统开展工程试点，确立了我国在智能电网领域的国际领先地位。西北750kV电网主网架基本形成，三峡输变电工程全面建成，省级电网和城乡电网建设取得重大进展。实施电网输送能力提高工程，新增输送能力1.4亿kW。国家电网公司运行的直流输电线路总长度和输送容量跃居世界第一，跨区跨省输电能力翻了一番，电网大规模、远距离、高效率优化能源配置能力显著增强，国家电网发展迈上了一个大台阶。

五年来，我们坚定不移推进公司发展方式转变，塑造了一个崭新的国家电网公司。全面开展以集团化运作为核心的“四化”工作，强化“公转”、减少“自转”，深入推进人财物集约化管理，不断加强关键环节管控，推动建立科学高效的现代企业管理体系，国家电网公司管理初步实现了由松散粗放到集约高效的重大转变。总部“四个中心”作用日益突出，集团管控能力和执行力明显增强，国家电网公司管理水平、资源配置效率和整体实力大幅提升。坚持依法治企、严格管理，妥善解决了大量历史遗留问题，抵御风险能力显著增强。金融、直属产业发展的集约化水平不断提高，对国家电网公司利润贡献度达到四分之一，初步形成了界面明晰、布局优化的产业集群和一体化的金融平台。以菲律宾、巴西电网项目为标志，国际化经营取得历史性突破并保持良好发展态势，标志着中国电网技术和管理走向世界，国家电网公司的国际形象、国际地位明显提升。

五年来，我们勇攀高峰全力推动自主创新，国家电网公司核心竞争力和发展能力显著增强。解放思想，更新观念，大力推进理论创新、管理创新和科技创新，探索出一条具有中国特色的电网企业创新发展道路。加快创新型企业建设，构建以直属科研单位为核心、产学研相结合、协同高效的创新体系。建成了功能齐全、世界领先的特高压和大电网综合实验研究体系。持续加大科技投入，攻克了特高压核心技术研发和关键设备研制的难关，取得一大批具有自主知识产权、占据世界电网科技制高点的创新成果。获得国家科学技术奖22项（其中一等奖4项）、中国标准创新贡献奖11项、中国专利奖10项。在特高压领域申报专利711项，已获授权457项；编制国际标准4项，已发布国家标准16项、行业标准10项、企业标准130项。实施SG186工程，建成了世界上规模最大的一体化企业级信息系统，信息化整体水平进入国内领先、国际先进行列。国家电网公司成为全国首批“创新型企业”。

五年来，我们持之以恒加强“三个建设”，为国家电网公司可持续发展提供了坚强保障。始终坚持党的领导，深入学习实践科学发展观，认真开展创先争优活动，各级党组织的政治核心作用、党支部的战斗堡垒作用和共产党员的先锋模范作用得到充分发挥。深化“四好”领导班子建设，各级干部的领导能力明显增强。加强党风廉政建设，建立了具有国家电网特色的“三化三有”惩防体系。健全人才培养和教育培训体系，广大员工的职业素养、业务技能显著提高。在央企中率先建立职工代表大会制度，第一届职工代表大会738项提案全部落实，促进了科学决策和民主决策。确立了以“诚信、责任、创新、奉献”为核心的企业价值体系，培育出彰显时代精神的优秀企业文化。“努力超越、追求卓越”的企业精神被评为“新中国60年最具影响力十大企业精神”。推进全面社会责任管理，发布了我国第一份企业社会责任报告和企业履行社会责任指南，发挥了央企的表率作用。国家电网公司软实力显著提升，“国家电网”品牌跻身世界百强品牌，国家电网公司入选“共和国60年最具影响力品牌60强”企业。

五年来，我们战胜了前所未有的困难，经受了严峻考验，在攻坚克难中奋力前进。“十一五”初期，国家电网公司面临电力体制改革后如何实现科学发展的重大挑战，深化改革、创新管理的任务非常艰巨；发展特高压没有现成的技术和经验可以借鉴，更需要突破传统观念和思维方式的束缚，面临从理论研究到工程应用的重重难关和务期必成的重大考验。“十一五”期间，各种极端自然灾害接踵而来，煤电运紧张矛盾反复出现，我们不仅承担着与日俱增的安全稳定压力，而且经受了国际金融危机的严重冲击。这些矛盾和困难错综复杂、相互交织，对公司的决策能力、指挥能力、应急能力和广大员工的意志品质都是巨大的挑战。面对困难和考验，我们始终以对党和国家事业高度负责的态度，不争论、也不怕争论，团结一心、迎难而上，实现了国家电网公司和电网的持续快速健康发展，在实践中培养出一大批优秀人才，打造出一支特别顾大局、特别负责任、特别能战斗、特别能吃苦、特别能奉献的员工队伍。

“十一五”的五年，是历经考验、极不平凡的五年，是励精图治、变革创新的五年，是辛勤耕耘、开创国家电网事业发展新局面的五年。我们用国家电网建设的成就、用国家电网公司科学发展的业绩、用广大员工的卓越表现，彰显了国家电网在经济社会发展中的重要作用，彰显了国家电网公司的价值，向党和人民交上了一份合格的答卷。实践证明，我们以科学发展观为统领，所确定的“一强三优”现代公司战略目标和“两个转变”战略途径是完全正确的，必将引领我们不断取得新的更大胜利。

回顾“十一五”发展历程，我们走过了一段极其艰辛的道路。我们在奋斗中成长、在磨砺中坚强。我们不能忘记，党中央、国务院对国家电网公司发展高度重视、亲切关怀，中央领导同志多次莅临国家电网公司视察指导，对国家电网公司工作作出重要指示，为我们指明了前进方向，给予我们极大的鼓舞和鞭策。我们不能忘记，国家电网公司系统各级干部和广大党员在急难险重任务中勇挑重担、冲锋在前，表现出强烈的事业心和责任感，充分发挥了示范带头作用。我们不能忘记，广大员工立足岗位，以昂扬的精神状态和饱满的工作热情，奋勇拼搏、默默奉献，用实际行动诠释了国家电网公司核心价值观与企业精神的深刻内涵。我们尤其不能忘记，在抗击 2008 年雨雪冰冻灾害、汶川特大地震、2010 年玉树地震、南方洪涝灾害和迎峰度夏保供电中，16 位杰出员工英勇牺牲，用热血与生命铸就了对事业的责任和忠诚。英雄们的壮举感天动地，永远激励着国家电网公司 150 多万员工奋勇前进。

（摘自刘振亚在国家电网公司第二届职工代表大会第一次会议暨 2011 年工作会议上的报告）

中国长江三峡集团公司 2010 年工作情况

（一）概况

2010 年，中国长江三峡集团公司（以下简称中国三峡集团）认真贯彻落实党中央、国务院的决策部署，精心组织工程建设和电力生产。三峡工程首次实现 175m 蓄水目标，并经受“7·20”洪水检验，金沙江下游水电开发取得突破性进展，新能源开发和海外业务迈出新步伐，建设国际一流清洁能源集团战略目标更加明确。

2010 年，中国三峡集团全面完成国务院国资委下达的年度经营业绩考核指标，发电量、营业收入、利润均创历史新高。全年发电量 1023.81 亿 kW·h，同比增长 5.33%。其中，三峡水电站 843.70 亿 kW·h，葛洲坝水电站 162.41 亿 kW·h，风电 5.12 亿 kW·h。主营业务收入 290.33 亿元，同比增长 13.32%。利润总额 140.55 亿元，同比增长 9.86%。其中，主营业务利润 98.00 亿元，同比增长 12.97%。税前利润位居央企第 15 位，归属母公司净利润位居央企第 11 位。

（二）三峡工程综合效益全面提升

三峡工程实现 175m 蓄水目标后，监测数据表明枢纽建筑物及库区水质、环境、泥沙、地震和库岸正常，三峡工程开始全面发挥综合功能。

防洪抗旱作用得到充分发挥。三峡工程经受 70 000m^3/s 洪峰的考验，最大削减洪峰 30 000m^3/s，累计拦蓄洪水 266 亿 m^3，有效缓解长江中下游防洪压力。2010 年全年向下游补水 120 亿 m^3，平均增加航道水深约 0.8m，有效改善长江中下游生产、生活、生态用水和通航条件。

电力生产水平迈上新台阶。通过不断优化水库调度和运行方式，电站安全性和发电能力不断提升。三峡水电站 1830 万 kW 满负荷连续运行累计达到 1233h，葛洲坝水电站实现“零非停”。三峡和葛洲坝水电站全年共发电 1006 亿 kW·h，其中，通过优化中小洪水调度，增发电量 43.18 亿 kW·h。

三峡船闸通过能力持续提升。2010 年全年通过三峡枢纽货运量 8794 万 t，同比增长 18.4%。其中，通过三峡船闸货物 7880 万 t，同比增长 29.4%，促进长江流域经济发展。

三峡尾工项目进展顺利。地下电站 6 台机组完成土建向机电安装交面，3 台机组本体安装全面展开。升船机塔柱混凝土浇筑顺利，主体设备制造、安装和联合调试合同签订，首批齿条、螺母柱二期埋件顺利吊装完成。工程建设连续三年实现“零质量事故、零安全事故”目标。

三峡坝区规划项目全面实施，坝区面貌焕然一新，生态环境日益改善。三峡大坝景区全年接待游客 145 万人·次，同比增长 26%创历史新高。

（三）金沙江水电开发全面加快

2010 年 9 月 27 日，中国三峡集团在成都召开金沙江下游水电开发工作会议，有力推动金沙江下游水电开发各项工作。

工程建设有序推进。向家坝和溪洛渡大坝施工均实现快速上升，共浇筑混凝土 687 万 m^3，工程总体形象超过年度计划目标。向家坝地下电站主厂房关键线路工期有所提前，机组进入本体安装阶段。溪洛渡水电站完成13台机组座环和蜗壳安装，年度机电安装工程总量创造世界纪录。

向家坝、溪洛渡电力生产筹建全面展开。金沙江下游梯级电站已被纳入国家西南水电送出滚动规划范围，电力消纳原则基本确定。

移民工作取得实质性进展。调整、充实移民局力量，与国家能源局、云南省、四川省以及昭通、宜宾、凉山等市（州）政府部门建立多层次沟通协调机制。向家坝和溪洛渡库区移民实物指标复核工作基本完成，农村移民安置规划设计工作全面展开。屏山、绥江新县城和库区集镇建设全面启动，150万m^2移民安置房开工建设，首批农村移民启动搬迁。由中国三峡集团代建的“五路三桥”移民专项工程有序推进。

白鹤滩、乌东德前期工作取得突破。国家发展改革委批准同意两座水电站开展前期工作，四川、云南两省下达两水电站封库令。“先移民、后建设”试点方案编制取得初步成果。

（四）风电开发开创新局面

2010年，中国三峡集团风电新增投产装机容量39.9万kW，累计投产59.25万kW；发电量5.12亿kW·h。

陆上风电开发步伐加快。完成内蒙古化德二至四期工程、辽宁调兵山二期工程、河北尚义一期工程等6个风电场建设。与内蒙古风电配套的呼和浩特抽水蓄能电站四大主体工程全面复工。

海上风电开发稳步推进。响水近海和潮间带试验风机具备并网发电条件，响水20万kW海上示范风电场通过可行性研究审查，杭州湾20万kW海上示范风电场预可行性研究报告具备审查条件。

2010年，中国三峡集团分别与内蒙古、新疆、山东、浙江等省市签署战略合作协议，为后续风电开发奠定基础。

（五）国际化战略迈出新步伐

中国三峡集团利用三峡品牌，加强重大项目跟踪和市场开拓，海外业务发展势头良好。

海外承包业务稳健发展。在28个国家和地区承建的74个海外项目进展良好。与苏丹政府签署的上阿特巴拉项目总承包合同总额8.38亿美元，是中国公司在海外获得的第二大单项水利工程合同。以EPC方式承建的马来西亚沐若水电站成功截流。

海外投资项目前期工作成效明显。中国三峡集团作为中方联合体牵头方，签署缅甸孟东水电项目（装机容量630万～700万kW）开发谅解备忘录。首个海外投资项目老挝南立1-2水电站投产发电。

（六）公司管理不断加强

坚持科学决策。对于中国三峡集团重大事项，在深入论证的基础上，召开专题会、总经理办公会、党组会研究决策，规范决策程序，防范决策风险。加强投资管理，编制完成向家坝、溪洛渡工程执行概算，明确工程建设成本控制目标和责任主体。

加强财务管理。进一步加强资金集中管理，资金集中度由2010年初的88%提高到96%。发挥集团融资优势和长江电力、财务公司的融资平台作用，加大中国三峡集团债务管理力度，2010年全年减少财务费用5.68亿元。

加强审计监督和内部风险管控。开展建设项目合同完工结算审计和工程管理审计，积极探索海外项目建设过程跟踪审计。2010年全年完成合同审计项目54项，合同金额51.98亿元，审减金额2096.73万元。

推进信息化建设。信息技术全面融入工程建设和电力生产等核心业务，工程管理信息系统在沐若水电站、白鹤滩水电站、呼和浩特抽水蓄能电站等新项目中得到广泛应用。审计署选定溪洛渡作为国家重点建设项目联网审计试点。中国三峡集团网站在中央企业网站绩效评估中排第5名。

（七）企业改革不断深化

加快建立现代企业制度，不断深化人事、劳动、分配制度改革，建立健全激励约束机制，为企业发展增添活力和动力。

健全干部管理制度。出台中国三峡集团《2011～2015年人力资源发展纲要》，修订《干部管理办法》和《所属单位领导班子综合考核评价方案》，对深化干部人事制度改革作出部署。

完善职工薪酬福利体系。建立职工薪酬正常增长机制，2010年人均工资同比增长11%。开展住房公积金扩面工作，覆盖面由83%提高到97%。推进中国三峡集团医疗体制改革，多层次医疗保障体制的各项准备工作已经完成。

（八）党建工作取得明显成效

中国三峡集团以创先争优活动为抓手，以文化建设为载体，以廉政建设为保障，积极探索和完善思想建设、组织建设、作风建设、制度建设和反腐倡廉建设“五位一体”的党建工作模式。

精心组织创先争优活动。确定“抢抓机遇、转变作风、增强紧迫感、实现新跨越”的活动主题，初步形成“组织创先进、党员争优秀、企业上水平、职工提素质”的生动局面。在深入学习实践科学发展观活动中，整改方案所列的23个近期重点整改项目基本完成，17项中长期整改项目全部启动。中国三峡集团和二级单位都建立职代会制度，积极推进企业民主管理。

持续抓好反腐倡廉工作。强化反腐倡廉制度建设，出台《纪检监察组织建设若干规定》；充实基层纪检监察机构和干部队伍；认真开展“小金库”专项治理自查自纠和效能监察工作；扎实抓好工程建设领域突出问题专项治理，从源头上预防腐败行为的发生。

培育三峡特色的企业文化。注重总结和提炼工程建设、生产、经营管理理念，传承和丰富三峡文化，宣传三峡文化。抓好重组、参股公司与中国三峡集团之间的文化融合，增强企业凝聚力。加强新闻宣传，为三峡工程建设运行和金沙江水电开发营造良好的舆论环境。

（九）履行社会责任力度加大

中国三峡集团坚持把履行社会责任融入水电开发和生产经营全过程。在三峡工程调度运行中，坚持把防洪抗旱放在首位，严格执行国家防洪调度指令，确保长江中下游防洪安全，充分发挥航运和补水效益，体现出中央企业强烈的政治责任感和社会责任感。

在水电开发中更加注重地方经济发展，更加注重移民安稳致富，更加注重生态环境保护。积极参与和支持地方经济建设，认真落实节能减排与环境保护措施，加大三峡库区和金沙江库区对口支援力度。2010年全年共投入定点扶贫、对口支援、企地共建资金5340.54万元，完成基础设施建设、改善移民民生、促进移民就业等项目52个。

积极参与社会公益事业，共捐助4070.91万元支援青海玉树地震灾区、云南及四川旱区、甘肃舟曲泥石流灾区等。捐资5000万元响应“绿化长江重庆行动”。认真做好世博保电、亚运保电工作，中国长江电力股份有限公司被国家电监会评为世博会、亚运会保供电先进单位。枯水期加大机组出力，为保障湖北和重庆春节期间用电作出积极贡献。

（中国长江三峡集团公司　乔仁贵）

中国水利水电建设集团公司 2010 年工作概况

2010年，中国水利水电建设集团公司（以下简称集团公司）全面完成了年度各项工作任务，各项经营指标再创历史新高。优良的经营业绩标志着集团公司胜利地实现了“十一五”发展目标，取得了具有里程碑意义的重大成功，它将对集团公司“十二五”的发展产生重大而深刻的影响。

过去的五年，面对国际国内经济形势，在国务院国资委的坚强领导下，集团公司以科学发展观为指导，坚定不移地推进集团化建设，推进集团发展战略，调整结构、转变发展方式，提高队伍素质，提升管理水平，集团公司的经营规模、质量效益、员工收入大幅提升，取得了一系列重大发展成果，为集团公司“十二五”的发展奠定了坚实的基础。

一、生产经营连续五年保持快速增长，跨入资产规模、营业收入双超千亿的中央企业行列

“十一五”期间，集团公司累计实现营业收入3283.93亿元，年均增长25.71%；累计实现利润111.73亿元，年均增长57.36%，利润指标增长高于央企建筑业平均值。期末资产总额1209.93亿，所有者权益为135.87亿元。2010年与2005年相比，营业收入增长了3.14倍、利润增长了9.65倍、资产总额增长了3.52倍。新签合同年均增长23.98%，年底合同存量增长了2.5倍。营业收入、新签合同、资产规模均超过千亿元。“十一五”期间在岗职工人均收入从2005年底的19 242元/(人·年)，提高到2010年的45 606元/(人·年)，年均增长达到22.83%。

由于经营业绩突出，集团公司2007年获得了国务院国资委授予的“绩效进步特别奖”，2010年又获得了国务院国资委授予的“管理进步特别奖”。2010年，集团公司在全球最大225家国际工程承包商中以总营业额排名第26位，在“中国企业500强”中排名第78位，分别比2005年上升23位、21位，进入中国建筑业企业前5强行列。

2010年，集团公司实现营业收入1007.13亿元，同比增长33.33%。其中：国内水电建筑业务营业收入完成412.38亿元，占营业收入的40.95%，同比增长22.89%；国际业务完成262.62亿元，占营业收入的26.08%，同比增长35.95%；国内非水电建筑业务完成营业收入259.32亿元，占营业收入的25.75%，同比增长24.28%；电力生产等其他业务营业收入72.81亿元，占总营业收入的7.23%（其中：发电营业收入22.74亿元，占总营业收入的2.26%；房地产营业收入18.91亿元，占总营业收入的1.88%）。

2010年，新签合同1347.6亿元，同比增长44.9%。其中：国内水电建筑业务490.7亿元，占新签合同的36.4%，同比增长41.5%；国内非水电建筑业务306.1亿元，占新签合同的22.7%，同比增长47.4%；国际业务550.9亿元，占新签合同的40.9%，同比增长46.7%；合同存量为2127.5亿元，同比增长19%（其中：国内水电建筑业务合同存量820.2亿元，占合同存量的38.6%，同比增长19.1%；国内非水电建筑业务合同存量289.3亿元，占合同存量的13.6%；国际业务合同存量1017.9亿

元，占合同存量的47.8%，同比增长37.5%；国际合同存量首次超过1000亿元）。

2010年，集团公司实现利润总额37.95亿元，同比增长17.17%；营业收入利润率为3.77%；成本费用利润率3.91%；净资产收益率（不包含少数股东权益）16.25%；国有资产保值增值率112.3%。全员劳动生产率77.2万元/(人·年)，同比增长31.9%；在岗员工人均工资45 606元/(人·年)，同比增长12.3%。

从以上数据可以看出：第一，建筑业务结构调整成效突出。五年前，集团公司营业收入的90%以上来自水利水电施工，对单一业务的依赖度极高，目前这一状况得到扭转。第二，市场结构调整进展良好，国际经营业绩卓越，比重大幅度增加，实现了跨越式发展。第三，产业结构调整初见成效。房地产、发电营业收入占比4.06%，而利润占比18%，投融资业务对利润的贡献显著。从合同存量占比看，意味着从2011年开始集团公司对国际业务的履约、管理、体制机制的调整要更加关注。各子公司要认真分析自身的结构，对未来走势有一个基本判断，从而适时调整本企业领导力量、资源配置的比例，能做到平稳较快发展。

二、经营结构发生了重大变化，国际业务、非水电建筑业务、投资业务得到长足发展

“十一五”期间，集团公司始终坚持巩固水电建筑业务的核心主业地位，实现了营业收入、新签合同额、利润的稳步增长，集团公司在水电建筑行业的排头兵地位进一步巩固。同时，以“自强不息、顺势而变”的精神，实施“大集团、大土木、大市场、大品牌”战略，加快结构调整优化，加快战略转型升级，形成了国内水电、国际业务、国内非水电、投融资业务协调发展的经营格局。建筑承包业务已基本形成国内水电、国际业务、国内非水电“三足鼎立”的格局。集团公司已由单一的水利水电施工企业初步发展成为集国内外建筑工程承包，能源、房地产、基础设施、矿产等投资业务协调发展的具有较强国际竞争力的综合型跨国公司。

五年来，国际业务实现了快速发展，已成为集团公司持续发展的重要支柱。2010年底，国际业务合同存量超过1000亿元，营业收入和新签合同增长率均大幅超过我国对外承包业务的总体增长率。在全球最大225家国际承包商中，集团公司以国外营业额排名第41位，比2005年上升了40位。2010年，在中国外经企业排名中，集团公司以新签合同额排名第二、以营业额排名第三。“中国水电”已成为国际工程建设领域的知名品牌，已成为中国水电产业“走出去”的行业代表。

2010年，集团公司进一步调整优化国际市场结构，新开辟8个国别市场，成功进入西亚市场。水电十三局有限公司整体能力强、国际化程度高、自主营销业绩出色；水电八局有限公司在火力发电新领域业绩突出；水电七局五局罗塞雷斯联营体狠抓项目精细化管理，出色地整合、利用当地社会资源，创造了大坝月填筑强度超过110万m^3的新纪录，受到业主书面表扬；卡塔尔区域业务总部在路赛项目的变更索赔中，直接与欧美咨询公司和世界一流承包商同台竞技，合同索赔和新增合同额大幅增加，使区域合同总额接近30亿美元，取得良好效益和品牌效应。

五年来，国内非水电建筑业务持续增长，发展潜力巨大。集团公司已全方位进入公路、铁路、地铁、市政、港航疏浚及其他基础设施领域，占集团公司收入的比重大幅提高，经营质量和利润率逐步提升。“十一五”期间，承建了举世瞩目的京沪高铁三标项目，以优良的业绩得到了铁道部的充分肯定，奠定了“中国水电铁建”坚实的品牌基础。

2010年，集团公司继续大力推进非水电建筑业务发展战略，推动子公司大力开拓铁路、公路等非水电主业市场，并在核电、军工等建筑市场取得了突破。路桥公司、水电三局有限公司、水电七局有限公司、水电十四局有限公司在公路、铁路市场开发中成绩显著。全年集团公司非水电建筑业务收入、市场营销额都超过“十一五”规划目标值一倍以上，营业收入比2006年增长了7.16倍。

五年来，集团公司稳步推进投资业务发展，调整优化产业结构初见成效。投资开发了相关经营性产业，包括水电、火电、风电等能源项目、房地产项目、高速公路等基础设施项目、矿产项目等。“十一五”期末，集团公司投资项目形成的资产总量约400亿元，约占资产总额的33%。集团公司控股开发项目共计93个，其中电力项目总装机容量达1352万kW，权益装机容量约1020万kW，已投产运营装机容量395万kW。房地产业务以6亿元资金起步，创造了近80亿元的资产规模，累计开工面积186万m^2，累计销售面积113万m^2，累计获得项目用地2671亩（1亩$=6.67\times10^2m^2$），其中2010年新增项目用地1876亩，销售面积44.7万m^2，营业收入、土地储备和利润同比都大幅增长，房地产公司经营业绩、经营管理能力提升明显。

2010年，共完成投资195.3亿元，其中电力占43%、房地产占35%、基础设施占21%。主要投资项目营业收入、利润同比均有较大幅度增长，其中四川公司作出了突出贡献。2010年电力项目共完成投资83.1亿元，新增装机容量406万kW，其中崇信电

厂两台60万kW燃煤机组顺利投产发电，崇信发电公司工作卓有成效。由基础事业部/路桥公司组织实施的邛名、武邵两个BOT公路项目按期建成通车运营，扩大了“中国水电”品牌在基础设施投资领域的影响。

三、确立了集团公司战略发展目标，集团化建设取得显著成效

“十一五”期间，集团公司以增强核心竞争力、提高经营质量效益为重点，确立了“行业领先，管理一流，品牌影响力明显，具有持续成长性和较强自主创新能力、可持续发展能力和国际竞争力的质量效益型跨国企业集团”的战略目标，建立了集团公司国内、国际经营的战略管控模式，不断健全了战略管控措施。子公司的大局意识、整体意识大为增强，过去“集而不团、一盘散沙”，各自为战、内部争斗、政令不畅、我行我素的状况彻底改观。集团公司的发展战略和有效的集团管控，保证了集团公司的持续快速发展，得到了国务院国资委的充分肯定。

2010年，集团公司各项管理和管控工作进一步加强，企业风险总体受控。广泛开展“管理创效年”活动并取得预期成效，国际公司、水电四局有限公司、水电七局有限公司、水电八局有限公司、水电十一局有限公司、水电十四局有限公司、水电十五局有限公司、基础局有限公司、租赁公司等单位的管理创效工作各有特色，效果良好。2010年安全生产考核排名前五位的是：水电八局有限公司、水电十一局有限公司、京沪高铁三标段项目部、水电四局有限公司、水电七局有限公司。继续强化工程质量管理，工程质量合格率和优良率稳步提升。

四、企业改革取得重大进展，构建了现代企业制度的新体制新机制

“十一五”期间，集团公司以建立现代企业制度为目标，大力推进主辅分离辅业改制，圆满完成了各子企业的公司制改建，实现了集团公司整体改制，成立了股份有限公司。建立了规范的股份有限公司治理结构和管理体制，推进了规范的董事会建设，制定完善了各项议事规则和基本制度，明确了决策、执行、监督等方面的职责权限，形成了有效的运作、监督、管理机制并规范运作，进一步提升了集团公司治理水平，增强了发展的动力和活力，集团公司实现了从传统企业制度到现代企业制度的体制变革。

进行了管理体制的构建创新。整合集团公司内的优势资源和力量，构建了适应结构调整优化的组织结构和业务架构。开展了内部管理体制改革工作，理顺了子企业内部各级次之间的管理关系，在经营规模不断扩大的情况下，集团公司总体的管理级次基本控制在三级以内。

推进了管理机制的变革创新。全面推行了以质量效益、安全生产、廉洁从业为主要指标的业绩考核制度。不断调整和强化了内部激励、约束、监督机制。不断调整强化市场开发的管理运作机制，集团公司应对市场变化的能力和开拓市场的能力不断提高。加强管理创新工作，6项管理创新成果被评为“全国企业管理现代化创新成果”，28项管理创新成果被评为“电力行业管理现代化创新成果”。

五、自主创新能力持续提升，科技水平在我国水电建设行业处于领先地位

集团公司大力实施建设行业科技领先型企业战略，加强技术创新体系建设，科技资源配置得到优化，科技创新投入逐年加大，自主创新能力不断增强，攻克了建造各类特大型水利水电枢纽工程的一系列世界级技术难题，开发了一批具有自主知识产权的独有技术，系统掌握了铁路、公路、电力、市政等基础设施相关行业的关键技术。“十一五”期间，集团公司荣获“鲁班奖”15项（其中国际工程两项）、“国家优质工程金银奖”16项、“国家科技进步奖”4项，获得专利200余项、国家级工法55项，成立了国家级企业技术中心，集团公司在水电施工标准化工作的龙头地位得到强化。节能减排工作体系不断健全，工作扎实有效，全面实现了国务院国资委要求的节能减排考核目标。推进了信息化建设，信息化管理和信息化运用水平逐步提高。

六、经受特大地震等自然灾害和国际金融危机的重大考验，取得了抗震救灾恢复重建和防范金融危机风险的胜利

集团公司是在“5·12”汶川特大地震中受灾最严重的中央企业之一，也是遭受2010年洪灾损失的央企之一。面对“5·12”特大地震灾难，集团公司上下全力以赴抗震救灾，水电十局有限公司坚定信心，振奋精神，大力开展灾后恢复重建。水电一局有限公司、水电六局有限公司、水电十六局有限公司积极组织抗洪抢险，热情帮助受灾员工家属克服困难、规范有序实施灾后复建工作。同时，我们积极履行中央企业的社会责任，大力支援地方救灾和重建工作，得到了灾区地方政府和人民的赞誉。集团公司被住房与城乡建设部授予“抗震救灾先进集体”荣誉称号。

2008年以来，面对国际金融危机的严峻形势，集团公司及时提出了“三控三强一确保”的工作方针，建立健全了全面风险管理体系，加强了内部控制工作，使集团公司在国际金融危机形势下实现了稳步

快速发展，规避了系统性的经营风险，圆满实现了国务院国资委对集团公司第二任期的考核目标。

七、充分发挥党组织的政治核心作用和保证监督作用，党的建设、精神文明建设和企业文化建设成效显著

“十一五”期间，集团公司成立了党委，建立了党建工作新机制，建立了集团公司治理结构与党组织职责明确、有机融合、运转协调的运作机制。各级党委积极参与重大问题的决策，围绕生产经营中心和改革发展大局开展党建工作，深入开展“四好”领导班子创建活动，积极探索党管干部原则和市场化选聘人才相结合的有效方式，公开竞聘已经成为集团公司领导人员选拔的主要方式之一。2010 年，进一步健全完善了党建工作责任制度，健全了党委议事规则和“三重一大”民主决策制度，发挥党委在企业重大问题决策中的重要作用，深入开展了创先争优活动，加强了基层党组织建设和党员教育管理工作。

“十一五”期间，集团公司各级党组织全面推进党风廉政和反腐倡廉建设，加强了惩防体系建设。围绕“加快发展、增创效益、促进转型升级上水平”的中心任务，坚持标本兼治、综合治理、惩防并举、注重预防的反腐倡廉工作方针，促进企业领导人员廉洁从业、规范决策行为、提高决策水平、防范决策风险。2010 年党风廉政建设考核的前 5 位是：国际公司、水电十一局有限公司、水电七局有限公司、房地产公司、水电四局有限公司。

以“三创建”活动为内容的精神文明建设深入开展，建立并发布了集团文化体系。品牌形象建设效果明显，彰显了“中国水电”的品牌影响力。

（中国水利水电建设集团公司）

中国水电工程顾问集团公司 2010 年工作情况

2010 年，中国水电工程顾问集团公司（以下简称集团公司）按照科学发展观的要求，不断提高能力，积极把握机遇，沉着应对挑战，推进“集团化管理、多元化经营、国际化发展”三大战略实施，不断加强精细经营、协调经营、开拓经营，通过广大干部职工不懈努力，各方面都取得了较好的成绩，继续保持了平稳较快的发展势头。

（一）把握机遇，精细经营，企业经营业绩再创历史新高

2010 年，集团公司较好地把握住了国家水电发展形势逐步转好、风电继续保持快速发展态势和国际经济整体复苏、发展中国家不断加强基础设施建设的机遇，认真落实“精细经营、协调经营、开拓经营”的经营思想，通过广大干部职工的不懈努力，在国内，继续巩固和扩大传统主业市场，努力开拓新业务市场；在国际，继续实施“高端切入、规划先行、技术领先、融资推动、服务优良、风险可控、效益明显”的国际发展思路，发挥技术优势，国际经营取得实质性突破；企业经营效益大幅提高，资产规模大幅增长。

新签合同大幅增长，多元化经营取得实效。2010 年，集团公司新签合同 177 亿元，比 2009 年增长 21.2%，为历史最高值。在新签合同中，勘测设计合同为 86.4 亿元，占新签合同总额 48.8%，非勘测设计合同为 90.6 亿元（其中工程总承包和设备成套合同 60.1 亿元），占新签合同总额 51.2%；水电行业合同为 127.3 亿元，占新签合同总额 71.9%，非水电行业合同为 49.7 亿元、占新签合同总额 28.1%。集团公司巩固和扩大传统主业市场，努力开拓新业务市场，实施多元化经营取得实效。还应该特别指出，集团公司和有关设计院在国家水电发展低迷，抽水蓄能电站发展更困难的情况下，凭着对我国能源与电力发展的准确判断，坚持多年锲而不舍统筹运作，克服重重困难，采取包括上层推动、规划先行、协调关系、垫资投入等战略性措施，把握住了抽水蓄能电站勘测设计有史以来的最大机遇，凭借积聚的优势参加公开招标并成功中标，2009 年底，中国水电顾问集团北京勘测设计研究院、华东勘测设计研究院、西北勘测设计研究院、中南勘测设计研究院与国网新源控股有限公司一次性共签订了 20 个抽水蓄能电站、总装机容量近 2500 万 kW 的勘测设计合同。

国际化发展取得实质性突破，国际经营业务结构趋好。首个采用中国技术标准和设备的风电 EPC 国际项目——埃塞阿达玛（ADAMA）风电场合同正式生效，首个由商务部批准利用中国援助资金进行埃塞俄比亚风电和太阳能规划项目合同的签订，还受商务部委托承担了塞拉利昂小水电和朝鲜风电等援外项目的工作，在亚洲、非洲多个国家签订了多项水电风电勘测设计等技术服务合同和数项 EPC 及设备供货合同，另有多个项目进入商务谈判，集团公司国际化发展取得实质性突破。2010 年新签国际经营合同 39.5 亿元，较 2009 年增长 158%；占集团公司新签总合同额的 22.3%，较 2009 年增加 11.1 个百分点。更为重要的是，新签合同总额较 2009 年大幅增长，是由多个国家多个项目多种业务组成，结构趋好，可以大大减轻原来出现的一个国家一个项目独大的风险压力。此外，由中国水电顾问集团国际工程有限公司和昆明勘测设计研究院出资设立了中水顾问云南国际投

资有限公司，负责推进缅甸曼栋、瑙帕两个水电站的BOT项目。

投资业务稳步发展，投资收益大幅增长。2010年，集团公司共完成了水电、风电、水务项目固定资产投资33.43亿元，投入资本金共8.62亿元，控股资本金7.63亿元，参股资本金0.99亿元。张北坝头风电场一期工程（100MW）年内全部机组投产，全年发电1.2亿kW·h；瓜州北大桥第一风电场（200MW）完成全部风机吊装并作为国家首个千万千瓦级风电基地的三个第一批发电项目，于2010年12月31日实现首批机组并网发电；洼恼水电站实现全部机组并网发电；湖南郴州市第三污水处理厂BOT项目建成并投入运行；美姑河坪头水电站等水电项目、风电项目和水务项目建设顺利。2010年，集团公司控股水电、风电、水务投资项目完成发电量21.04亿kW·h，完成污水处理量3077.9万t。控股项目实现销售收入52 559万元，较2009年增长40%；实现利润7154万元（权益部分），较2009年增长48.1%；参股项目实现投资收益3127.4万元，较2009年增长12.4%。

企业经营效益再创新高，资产规模增长快速健康。2010年，集团公司实现营业收入105.1亿元，较2009年增长18%；实现利润总额18.1亿元，较2009年增长58.2%；实现净利润15.3亿元，较2009年增长51.5%；实现经济增加值14.6亿元，较2009年增长52.37%；净资产收益率40.4%，与2009年持平；总资产报酬率11.3%，同比提高了2个百分点，各项经营指标均创历史新高。截至2010年12月底，集团公司资产总额达到192.2亿元，较2009年增长30%；资产负债率74.7%，比2009年降低了3.3个百分点；净资产48.6亿元，较2009年增长49.6%；归属于母公司所有者权益44亿元，较2009年增长50.9%，企业资产规模健康快速增长。

2010年，集团公司在取得上述经营业绩的同时，也全面超额完成了与国务院国资委签订的经营业绩考核目标，其中，实现利润总额完成目标值的148.8%，经济增加值完成目标值的163.3%，成本费用总额占主营业务收入比重比目标值多下降6.3个百分点，技术投入比率超目标值0.6个百分点。

根据2010年发布的排名结果，集团公司2009年的业绩在ENR全球150强设计公司中排名第21位，比2009年上升17位；在ENR国际200强设计公司中排名第92位，比2009年上升64位；在中国工程设计企业60强排名第2位，较2009年下降1位。

（二）克服困难，努力工作，为国家水电风电发展作出了新贡献

2010年，我国水电迎来百年华诞，全年新投产水电装机容量1161万kW，我国水电总装机容量突破了2亿kW，稳居世界第一。新投产风电装机容量1333万kW，总规模3100万kW，仅次于美国，首居世界第二。集团公司广大干部职工努力工作，克服困难，认真履职，科学规划，精心设计，优质服务，按计划完成了各项生产任务，为国家水电风电的发展继续作出了重要贡献。

水电风电规划再获新成果。完成了澜沧江上游西藏段水电规划，雅鲁藏布江中游、金沙江上游和怒江上游水电规划按计划推进，雅鲁藏布江下游水电规划终获国家发展改革委批准立项正式开展，完成了福建、广东、安徽等8省区的抽水蓄能电站选点规划，新完成4个千万千瓦级、3个百万千瓦级风电能源基地规划，开展了首批2个海上千万千瓦级风电能源基地规划工作，为国家水电风电发展战略的顺利实施打下了必备的重要基础。

国家有关部门委托的管理职责有效履行。完成水电和抽水蓄能工程各阶段勘测设计报告及专项报告审查223项，完成小湾、拉西瓦等41项水电工程的验收，完成三峡地下电站、金安桥等25项水电工程的安全鉴定；完成风电和光伏发电工程各阶段勘测设计报告及专项报告审查89项；完成都江堰灌区毗河供水一期工程等3项重大水利工程的项目评估工作。这些工作的完成为国家水电、风电、抽水蓄能电站、光伏发电和水利的发展发挥了重要作用。

勘测设计和总承包项目按计划顺利推进。集团公司承担水电工程规划、勘察设计任务及总承包284项，具体包括以下各项：规划阶段28项，预可行性研究阶段63项，可行性研究阶段56项，施工图设计阶段79项，总承包18项，境外勘察设计任务40项；承担风电场工程规划、勘察设计任务及总承包195项，其中：规划阶段19项，预可行性研究阶段14项，可行性研究阶段93项，施工图设计阶段50项，总承包15项，境外勘察设计任务2项；承担光伏发电工程规划、勘察设计任务及总承包33项，其中：规划阶段6项，预可行性研究阶段2项，可行性研究阶段15项，施工图设计阶段9项，总承包1项。所承担的勘测设计和总承包项目基本上按计划和要求完成了各项工作，保障了前期项目积极推进、在建项目按计划建设。

（三）完善方略，强化管理，企业管理水平进一步提高

制订了集团公司新的发展战略。为了全面贯彻落实党中央、国务院和国务院国资委对中央企业改革发展的部署和要求，科学把握发展机遇，有效应对各种挑战，推进企业做强做优，实现可持续发展，集团公司历时一年，通过广泛的调查研究，在认真总结发展历程，对标国际国内先进企业，系统分析发展环境和

自身能力的基础上，研究制订《中国水电工程顾问集团公司发展战略（2010年版）》，明确了集团公司新一轮的发展战略——实施“集团化管理、多元化经营、国际化发展”三大战略，用10年左右的时间，把集团公司建设成为“以技术和管理为核心竞争力的国际型工程公司”。

进一步完善了企业的组织机构。结合集团公司新的发展战略实施的需要，集团公司总部设立法律事务部和投资管理部，健全了管理部门下设机构，完成了专业技术部门组织机构的完善；子公司也结合自身实际对所属机构进行了进一步的调整健全。

进一步健全了集团公司全员考核体系。根据国务院国资委《关于进一步加强中央企业全员业绩考核工作的指导意见》（国资发综合〔2009〕300号）精神和要求，为了进一步加强集团公司的全员考核工作，成立了集团公司绩效考核委员会，制订了《关于进一步加强集团公司全员绩效考核工作的指导意见》、《子公司负责人经营业绩考核暂行办法》、《子公司领导班子和领导班子成员综合考核评价暂行办法》、《子公司全员绩效考核情况核查计分办法（暂行）》等，进一步健全了考核体系。同时，进一步理顺了集团公司的岗位设置，规范了岗位工资管理。

进一步加强了集团化经营管理。明确了有关要求，加强了集团公司内部协调经营工作，加强了子公司在同一领域投标的协调管理，防止子公司以低价进行恶性竞争。通过集团总部和各子公司的齐心协力、不懈努力，“02收费标准”的执行取得了较大的突破，常规水电项目以及抽水蓄能项目合同谈判基本以“02收费标准”为基础进行谈判，并取得了较好的成效。对于重大的战略性经营项目，做到了集团公司统一策划、子公司按要求执行。以完善集团公司经营报表系统、编制月度经营快报等措施，加强了经营信息沟通，促进精细经营。

进一步建立健全了国际发展管理体系。加强制度建设，颁发了国际经营管理、驻外机构管理、外经外事服务管理等制度，编制完成《境外业务安全生产管理规定》等六项制度；结合埃塞阿达玛（ADAMA）风电场EPC项目的实施，组织开展国际项目物流、劳务、风险管理业务交流；开发并正式运行了境外业务信息系统，进一步加强了国际经营信息管理和集团公司品牌宣传。国际经营秩序明显改善，经营能力、管理水平得到有效提高。

进一步加强了投资管理。进一步研究加强和规范管理的方法、措施，修订投资管理有关规定，完善投资管理工作流程、前置分析评价程序、审批程序；严格控制投资规模，对需整合的投资提出整改要求，控制低效投资行为；加强对新增投资项目立项尽责调查和立项审批的可行性研究，特别关注对参股项目立项审批和管理；加强已实施参股项目的股权管理，推进有效行使股东权利；投资支出严格按照有关规定履行申报、审批手续，加大了对所有投资项目跟踪、监督和管理的力度。

进一步强化了资金管理。按照国务院国资委的统一部署，认真开展了“小金库”专项治理工作，通过自查自纠和重点检查，共新查出存在“小金库”问题的二级子企业5户，涉及“小金库”资金685.81万元，按照有关规定进行了处理。结合开展了“小金库”专项治理工作，集团公司和子公司对发现的问题进行了认真分析，并着力于制度的全面检查，及时修订健全有关制度，加强制度执行力，进一步强化了资金管理。同时，加大了资金集中管理力度，盘活了存量资金，减少内部沉淀资金成本，提高了集团公司的信用度，融洽了银企关系，降低了资金使用成本。

进一步健全了企业内部监督。确立了“以防范风险为导向，以健全内控为核心，全面审计、突出重点，效能监察、源头控制”的企业内部监督工作方针，制定和执行统一的审计工作规范与标准，实施对有关单位落实监督意见与要求情况的跟踪检查和动态管理。集团公司总部建立了内部监督联系制，审计监察部门开展监督工作前，及时与有关职能部门沟通协调，听取有关方面的意见。2010年全年组织开展审计项目105项，其中完成了99项，审计出的各类问题所涉及金额7636.1万元，累计提出审计意见和建议388条，已经整改落实287条；效能监察立项48项，提出监察意见和建议94条，完善制度7项。

进一步强化质量管理工作。针对集团公司存在或潜在的一些质量问题，特别是个别单位不能正确对待质量问题，经过大半年的调查研究准备，集团公司召开了质量工作会议。这次会议的着力于客观分析自我，认真剖析所发生的一些质量问题，侧重于从主观方面分析原因、查找问题与不足，研究制定有效的整改措施，促进全集团进一步统一思想，提高认识，勇于面对，从本质上重视并强化质量管理、确保产品质量。

进一步强化了安全生产管理基础。深入开展“安全生产年”各项工作，认真组织开展安全生产“三项行动”大检查，着力强化制度的执行力，抓好生产一线及重点岗位、重点部位的从严管理。加强了各个层次的安全生产培训，不断提高干部职工安全生产意识和技能。加强了安全生产管理信息化建设，集团公司“安全生产在线管理系统”正式上线，日常安全管理逐步规范化、流程化、信息化。2010年集团公司安全生产情况总体趋好，中国水电顾问集团成都勘测设计研究院锦屏移民项目部被国务院国资委作为10个中央企业安全文明班组推荐给国务院安委会，但是，成都勘测设计研究院科研所在 2010 年 12 月 30 日做水工模型试验时，发生了导致 1 人死亡的事故。

建立了法律事务管理体系。集团公司和子公司建立了总法律顾问制度，设立总法律顾问，健全了法律事务管理部门；发布《加强法律工作意见》等法律管理制度，建立法律事务管理体系，明确了法律事务管理的职责和工作要求与流程。

（四）结合实际，突出重点，科技创新取得新成绩

水电风电的重大课题研究取得新进展。针对我国水电风电发展面临的需要，集团公司立题或受国家有关部门委托，积极开展有关重大课题的研究，完成了《水电价格形成机制改革课题研究》、《我国西南水电群与境外水电开发消纳有关问题研究》、《水电开发对国民经济和社会发展影响分析研究》、《三峡工程后续工作总体规划实施管理体制研究》、《风电与电力系统协同发展研究》和雅鲁藏布江下游基础地质系列研究等课题，开展了《风电接入电网和市场消纳研究》、《金沙江干流下游河段水电梯级开发环境影响及对策研究》以及金沙江界河电站移民安置与补偿政策有关问题研究、风电场技术标准专题研究、水工建筑物抗震设计专题研究等课题研究。这些重大课题的研究成果将为我国水电风电可持续开发提供重要支撑，受到了国家有关部门和单位的高度重视。

科研成果获奖和专利获得授权取得新成绩。“200m 级碾压混凝土重力坝建设关键技术研究与应用”、“高原高山峡谷区大型梯级开发的环境效应及生态安全调控”、“高混凝土坝整体稳定安全控制新理论及工程应用”、“水布垭超高面板堆石坝工程筑坝关键技术及应用”等 4 项荣获 2010 年度国家科技进步二等奖，另有 25 项科研成果获得省部级科技进步奖；新获授权专利 92 项，其中发明专利 14 项。截至 2009 年底，集团公司拥有专利 218 项，其中：发明专利 33 项。2010 年，集团公司科研成果获奖和专利获得授权，取得近十年的最好成绩。此外，晏志勇、宋胜武、范福平同志获得“全国优秀科技工作者”荣誉称号，周建平同志获首届“潘家铮奖”。

信息化水平取得新进步。全面贯彻国务院国资委第三次中央企业信息化工作会议精神，结合集团公司的实际情况，认真落实和调整登高计划，积极推进“两化融合”，做好信息化建设与市场开拓、经营生产、管理增效的结合。基本完成了“中国数字水电”一期开发，“水电工程枢纽布置三维可视化设计研究”等 4 项三维设计研究成果。针对信息化建设存在的弱项和不足，进行了全面梳理和分析，逐项落实，确保集团公司信息化由 C 上升到 B 级水平，全面提升集团公司信息化总体水平。

（五）创先争优，注重实效，党的建设进一步加强

创先争优活动全面开展。按照中央、国务院国资委党委和中央企业创先争优小组的统一部署和要求，集团公司党组认真组织开展了创先争优活动，制订了《中国水电工程顾问集团公司党组深入开展创先争优活动实施意见》，对集团公司创先争优活动进行周密安排，明确以“促进国家水电风电发展，推进集团公司国际型工程公司建设”为活动载体；强调紧密结合实际，突出实践特色，创新创先争优活动方式，努力做到“五个紧密结合”；带动工会、共青团开展创先争优活动；着力推进学习实践活动整改落实的后续工作全面完成，重点解决集团公司改革发展存在的突出问题，全面提升集团公司党建工作的科学化水平。

创先争优活动取得初步成果。通过开展近 8 个月的创先争优活动，集团公司和子公司都取得了较好的初步成果：学习实践活动整改落实的后续工作按计划有效推进，研究完成了集团公司新一轮发展战略，企业管理水平得到了进一步提高，企业经营业绩再创历史新高，科技创新取得新成绩；持续开展“四好”领导班子建设，进一步加强了对领导班子和成员的综合考核，领导班子的整体素质得到了进一步提高；认真开展党员集中教育培训工作，进一步加强了基层党组织和党员队伍建设，形成了组织创先进、党员争优秀的良好局面，涌现出一批先进典型，集团公司党组表彰 16 个先进基层党组织、23 名优秀共产党员、16 名优秀党务工作者，其中，中国水电顾问集团中南勘测设计研究院宜昌设计院党委、中国水电顾问集团成都勘测设计研究院西藏项目部经理王泽溪同志还分别被国务院国资委党委评选为中央企业先进基层党组织、优秀共产党员。

党风廉政建设得到进一步加强。加强了对党风廉政建设责任制落实情况检查，对所有设计院进行了检查考核；采取“请上来讲”和“走下去听”相结合的方式，组织集团 10 家子公司纪委书记进行工作述职，对 3 家设计院进行了抽查考核，总结经验，查找问题，推动了工作的深入开展。积极探讨运用风险管理理论和经验，推进惩治和预防腐败体系建设。研究制订了《关于加强和改进纪检监察组织建设的实施意见》，进一步加强纪检监察的组织建设。组织开展党纪条规学习月活动，深入开展廉洁文化建设，加强党风党纪宣传教育，营造廉洁从业的良好氛围。

以党建带工建、带团建取得进步。建立集团公司职代会制度，选举产生集团公司第一届工会委员会、工会经费审查委员会，制定了《集团公司职工代表大会条例》、《集团公司工会工作条例》，组建了集团公

司工会、职代会各专门委员会和工作小组，加强企业民主管理，维护职工合法权益。成立集团公司第一届共青团委员会，集团公司党组研究制订了《关于加强和改进中国水电工程顾问集团公司共青团工作的意见》，集团公司团委与各子公司团委和直属团委签订了“组织全覆盖目标责任书”，进一步加强了集团公司各级团组织和团员青年的工作。于12月在北京举行首届青年管理论坛，发动团员青年为集团公司改革发展献计献策。

（六）履行责任，回报社会，保持良好的中央企业形象

面对重大自然灾害，勇于担当，积极主动履行中央企业的社会责任。在玉树地区发生大地震后，根据国家能源局的要求，集团公司及时组织中国水电顾问集团西北勘测设计研究院派出专家组，急赴灾区，检查震区水电工程震损情况，并组织西北勘测设计研究院的专家在最短的时间内，研究编制完成了震区电力工程复建规划，为抗震救灾作出了贡献，受到了国家能源局领导的表扬。在舟曲发生特大泥石流灾害后，集团公司及时与国家防总办公室和水利部联系、请战，2010年8月8日当天晚上就指派西北勘测设计研究院组织专家组奔赴舟曲现场，发挥熟悉白龙江、掌握有关基本情况和资料的技术优势，积极主动参与有关工作，为战胜舟曲特大泥石流灾害作出了贡献，受到了国家防总办公室和水利部领导的表扬。

扶贫赈灾，支持民族地区教育事业。继续按照国务院扶贫办的要求，组织开展云南剑川县的定点扶贫，在2009年初西南地区发生严重旱灾后，集团公司及时向剑川县增加捐赠20万元，支持抗旱救灾，云南省委、省人民政府于2009年授予了集团公司“云南省社会扶贫工作先进集体”称号。玉树地区发生大地震后，集团公司和子公司在以企业方式捐款700余万元的同时，还积极组织广大干部职工开展捐款活动，支援灾区人民抗震救灾，共捐款194.36万元，玉树藏族自治州领导代表灾区人民对集团公司干部职工表示衷心感谢。为了支持西藏自治区教育事业，集团公司向西藏阴法唐教育基金会捐款100万元，用于帮助贫困学生、奖励优秀教师和学生等，受到了国家民委和西藏自治区领导赞扬。

在肯定成绩的同时，我们还须清醒地看到，集团公司的改革发展中还存在一些不可忽视的问题：经营业务对国内水电依赖程度仍然很高，子公司差异化发展没有明显进展，企业管理对标先进差距仍然较大，科技创新的目标和实施计划有待进一步明确、研发体系需进一步完善，领军人才和复合型人才培养缺乏有效措施，经营管理模式和生产组织模式不能适应国际化发展的需要，产品质量和安全生产还存在一些隐患等。这些问题必须引起高度重视，在今后的工作中要认真研究、很好解决。

（摘自晏志勇在中国水电工程顾问集团公司一届二次职代会暨2011年工作会议上的工作报告）

中国葛洲坝集团公司 2010年工作情况

2010年，中国葛洲坝集团公司（以下简称集团公司）继续保持又好又快发展。面对国际国内复杂多变经济形势和企业空前繁重生产经营任务，深入学习贯彻科学发展观，抢抓机遇，乘势快上，调结构、促转变，增实力、上台阶，实现了八个历史性大突破。

（1）资产总额大突破。2010年末资产总额首次突破500亿元，与年初相比增长20.4%，高于央企年平均增幅。

（2）市场开拓大突破。新签合同首次突破500亿元，同比增长32%。

（3）完成产值大突破。完成企业总产值同比增长37.5%，高于中央建筑施工企业的平均增幅。全年全员劳动生产率同比增长37%。

（4）实现利润大突破。预计全年实现利润总额同比增长23%。

（5）合同储备总额大突破。年末合同储备总额同比增长26.09%。

（6）获得管理创新成果大突破。全年共获得国家和省部级管理创新成果奖励15项。其中，2项成果获全国企业管理现代化创新成果二等奖，9项成果获得湖北省企业管理创新成果奖，4项成果获得全国电力行业管理创新成果奖。

（7）获得科技新成果大突破。全年共获得省部级以上科技奖励17项。专利申请受理143项，获得专利授权137项，均创企业历史之最。完成3项电力行业标准、2项电力行业英文标准报批。21项工法被评为省部级工法。

（8）职工收入大突破。职工人均年收入、一线职工人均年收入均较2009年度有较大幅度增长。

（一）抢抓机遇，企业继续保持快速发展

（1）企业综合实力不断提升。2010年，企业产值、签约、利润等主要指标均实现了较大幅度增长，尤其是产值、签约等指标连续七年实现增幅30%以上。产值利润率在8家中央建筑企业中始终处于前列。集团公司在“中国企业500强”评选中的排名位列第230位，较2009年提升了49位，较2004年提升了112位。

（2）市场开拓成绩显著。坚持以市场为龙头，将

市场开拓作为企业快速发展的重要支撑。水电市场的传统优势地位进一步巩固。全年水电项目签约额同比增长21.23%。签约观音岩水电站左岸大坝工程等一批大型重点项目，彰显了在水电施工行业的雄厚实力。非水电市场份额进一步扩大。全年共签约251项，合同金额同比增长41.27%，占总签约合同金额的57.46%，连续两年超越传统水电市场签约额。

(3) 子分公司经营能力进一步增强。全年以子公司自有资质签约额占集团公司国内签约总额的59.11%，同比增长72.9%。易普力公司、机船公司、六公司、机电公司等单位所有签约项目均为自有资质。五公司、电力公司自有资质签约比例均超过80%。一公司、二公司、五公司、六公司4家单位签约金额均超过50亿元。国际公司、一公司、二公司、五公司、水泥分公司、三峡分公司6家单位完成产值均超过30亿元。易普力公司、水泥分公司实现利润均超过3亿元，国际公司、一公司实现利润均超过2亿元，二公司、五公司、基础公司、财务公司、三峡分公司、海集房地产公司6家单位实现利润均超过1亿元。一批主业突出、布局合理、优势明显、治理完善的子分公司在大强富集团建设中担负起主力军重任。

(二) 调整结构，企业继续保持协调发展

(1) 经营结构不断调整，国际经营迈上新台阶。坚定不移地实施国际业务优先发展战略，国际化程度不断提高，66个项目遍布世界28个国家、地区。全年国际项目完成签约、产值、利润，分别占集团公司总额的40.54%、16.2%、23.33%。集团公司在“全球最大225家国际承包商”中的排名，继2009年首次进入百强排名第99位后，又前进15位排名第84位。各子分公司更加重视国际市场开拓，已有14家子分公司迈步走向国际。目前，集团公司国际板块从业人员15 168人，其中，国内管理人员1046人，外籍管理人员260人，外籍劳务10 249人，国内劳务3613人，集团公司国际工程管理人员国际化和劳务属地化程度进一步提高，国际经营管理水平进一步提升。

(2) 产业结构不断优化，投资兴业迈上新台阶。坚持“三主”目标，稳步推进投资兴业，加快在建投资项目建设，全年完成投资同比增长2.16%。水泥、炸药年产能均居全国前列。两个水泥余热发电项目并网发电。房地产业拓展至北京、新疆、海南等地，形成了新的战略布局。武汉、宜昌楼盘项目建设进展顺利，收益良好。斯木塔斯水电站成功截流，巩乃斯河水电开发项目奠基，眉山青神电航项目协议签订，全年新增水电开发权近70万kW。投资形成的产业全年完成产值占企业总产值的16.2%；非传统建筑主业利润总额占企业利润总额的52.84%；分布在投资板块的职工占职工总人数的30.49%。投资业朝着营业收入的主渠道、利润的主来源、职工从业的主平台目标迈出了坚实的步伐。

(3) 人才结构不断调整，企业发展后劲进一步增强。结合企业发展需求，精细实施职工素质工程，拓宽了人才培养和引进渠道，着力培养和引进了一批国际项目、非水电建筑承包施工项目、投资项目和房地产项目人才。五公司通过采取多种奖励措施，共有126人取得一级建造师资格。勘测设计院倡导“人人都是注册师”，具备取证资格人员取证率达到80%。

(4) 设备结构进一步调整，装备实力显著提升。全年新购设备3559台（套），设备新度系数达到65.66%，同比增长14%。其中，核心设备2176台（套），在保持洞室开挖、砂石加工等传统领域装备优势的同时，高铁、基础处理等施工领域装备实力得到迅速提升。目前，集团公司大型核心设备占总设备资产的60%以上，具有国际先进水平的设备占设备总量的35%，具有国内先进水平的设备和生产线占设备总量的45%，设备结构进一步优化。

(三) 精细管理，企业继续保持健康发展

一年来，坚持“依法、从严、精细”六字治企方针，注重规范运作，管理精细化程度进一步提高。2010年初，集团公司发行的认股权证行权取得圆满成功，行权比例创造了中国证券市场权证交易品种设立以来的最高纪录。集团公司的规范治理、良好业绩和发展潜力得到广大投资者充分认可，继续保持着沪深300指数、沪深300成长指数和上证公司治理指数样本股地位，集团公司网站在参评的近2000家上市公司网站中脱颖而出，成为获评的60家“中国最受投资者欢迎上市公司网站”之一和50家“中国最佳互动平台上市公司网站”之一。

(1) 财务和资金管理水平不断提高。加强了财务会计报告管理和资金预算管理，会计信息质量进一步提高。加大了银企合作力度，全年获得银行授信额度进一步提高。融资渠道进一步拓展，融资方式进一步创新，优化了债务结构，降低了融资成本，改善了财务状况。财务部、资金结算中心和财务公司“三位一体”的综合作用得到有效发挥。资金使用效率进一步提高，资金风险得到有效防范。集团公司全年积极争取到了重大技术创新及产业化能力建设项目补贴、节能减排补贴、施工技术创新补贴等一系列优惠补贴。襄荆高速公路收费提价申请得到批准，武汉实业公司盘活存量资产，土地置换顺利推进，置换土地效益显现。

(2) 安全质量环保工作稳步推进。切实履行监管职责，深入开展优质工程创建活动，加大教育培训力度，安全生产监控指标稳中有降，亿元产值事故率降至历史最低水平，质量、环境与职业健康安全管理体系有效运行，各项指标均在年度控制范围内。全年共获得13项省、部（行业）级及以上优质工程奖。其中二公司承建、机电公司参建的江苏宜兴抽水蓄能电站、新疆工程局承建的新疆乌鲁瓦提水利枢纽工程获得“鲁班奖”。

（3）审计、监察和法律事务工作得到强化。全年完成审计409项，促进了增收节支。扎实开展了国际工程项目管理、合同管理、应收款项管理和“小金库”治理等专项监察工作，推动了企业规范管理，堵塞了管理漏洞。加大企业经营法律风险防范力度，审查合同、招投标文件等3846份，审查规章制度295项。积极化解各类纠纷，避免和挽回了经济损失。“五五”普法成绩显著，集团公司荣获“湖北省国资系统‘五五’普法依法治理工作先进单位”称号。

（4）战略管理和资质申报工作得到加强。完善了战略管理工作体系，科学谋划新一轮发展战略，稳步推进战略实施。总承包特级资质申报工作有序推进。各子公司资质申报工作也取得较好成绩，全年5家子公司申报取得10项新资质、资格，其中一级资质2项，增强了子公司的市场竞争力。

（5）信息化进程进一步加快。成立了专门的信息中心，健全了组织机构，制定了工作规划，加强了信息系统集成力度，信息化业务协同能力进一步增强。目前，集团公司财务管理系统达到行业先进水平，办公门户系统、综合项目管理系统、设备物资管理系统、OA系统、档案管理系统、人力资源系统、社保系统、知识管理系统和全面风险管理系统基本建设完成，正式上线运行，促进了工作效率和管理水平进一步提升。易普力公司、水泥分公司信息化程度达到全国先进水平，信息化触角已经延伸到成本管理、物资采购等生产经营的各个角落。

2010年，集团公司还接受了国务院国资委主任离任延伸审计、国家税务总局重点税源企业税收检查、国务院国资委2009年度财务抽查审计、“小金库”专项治理检查等一系列高等级、高层次的检查，全面检阅、严格检验了公司各板块和各单位的管理工作，得到了国家主管部门的充分肯定，表明集团公司管理水平不断提高。

（四）提升品牌，企业继续保持创新发展

（1）科技创新力度进一步加大。进一步完善科技创新体制机制建设，围绕重点在建工程和市场开拓加大科技攻关力度，大力实施科技品牌战略，企业核心竞争力不断增强。集团公司参与的“水布垭超高面板堆石坝工程筑坝关键技术及应用”、“200m级高碾压混凝土重力坝关键技术”获得国家科技进步二等奖，“800kV气体绝缘输电线路（GIL）工程设计专题研究”获得青海省科技进步一等奖。一公司通过省级技术中心认定，基础公司获得高新技术企业认定，五公司获得省级工程技术研究中心认定。目前，集团公司所属企业共有3家被认定为省级技术中心，7家被认定为高新技术企业。三峡分公司、试验检测公司、五公司等单位申报专利数量和获得专利授权数量较2009年大幅增长，均超过15项。

（2）履约能力进一步提高。集团公司在建承包工程规模快速扩张，817个承包施工项目分布在全国31个省市自治区和世界28个国家、地区，履约和管理任务繁重。秉持“创世界品牌，铸世纪丰碑”的企业精神，在三峡垂直升船机工程、锦屏一级水电站大坝工程、南水北调中线穿黄工程等一系列具有世界级难度的工程建设中，彰显了集团公司的核心竞争力，充分发挥了央企的主力军作用。一年来，优化资源配置，全面提升“三化”管理水平，增强总部控制力，加大项目巡查力度，加强经济责任制考核，项目履约情况总体良好。全年共完成单元工程130 803个，合格率100%，优良率94.56%。测绘工程院研发并应用的激光准直等高精度测量技术，为三峡升船机高标准高精度施工提供了测绘保障。一公司承建的重庆中梁二级水电站、西北分公司承建的青海积石峡水电站、新疆下坂地水电站等均提前实现发电目标。三峡分公司承建的三峡升船机和地下电站工程、向家坝二期工程、柬埔寨额勒赛下游水电站大坝工程，西南分公司承建的西藏阿里过渡电源项目等74个项目受到地方政府、业主、监理95次来函表彰。

（3）企业社会责任进一步彰显。集团公司参与了西南干旱、舟曲泥石流、玉树地震、布仑口泥石流抗灾救灾，向灾区捐款捐物1000余万元。斥资兴建新疆那拉提灌溉工程，定点帮扶宁夏西吉县，同五峰县开展城乡共建，支持少数民族地区经济社会可持续发展。集团公司还积极参与国际工程项目所在国公益事业，无私援助当地人民，在中非友好协会和中国国际广播电台组织的“感动非洲的十大中国企业”评选中位列第二，并荣获“中非友好贡献奖”。集团公司连续三年入选由中华全国总工会、全国工商联和南方周末报社等联合发布的“国有上市企业社会责任榜”百强，2010年较2009年度排名提升41位，位列第52位。集团公司勇担社会责任获得社会各界广泛赞誉。

（五）深化改革，企业继续保持持续发展

一年来，继续推动资源向优势企业、优势产业集中，做大做强子分公司。加快子公司重组整合步伐，五公司合并项目管理公司；为加快推进投资兴业，成立了葛洲坝电力投资有限公司、葛洲坝新疆投资控股有限公司。资源配置进一步优化，管理体制更加顺畅，结构更趋合理。圆满地完成了主辅分离与辅业改制工作，企业轻装上阵，主业更加突出。在复杂多变的经济环境下，不断提高对风险的认识，通过采取大力引进有实力的战略投资者和对外兼并重组等措施，增强化解风险的能力，有效降低了企业经营风险。

一年来，继续深化收入分配制度改革，全面建立了以岗位绩效工资制为主体的基本工资制度，建立了职工工资晋升通道和职业发展通道，建立了覆盖全员的绩效管理体系，坚持工资分配向一线职工和关键岗位倾斜，提高了广大职工的积极性。

（六）秉持宗旨，企业继续保持和谐发展

2010年，正值企业成立40周年，集团公司成功举办了建企40周年系列庆祝活动，展现了企业和职工命运与共、和谐发展的动人情景。全体葛洲坝人的自豪感、荣誉感和归属感进一步提升，继往开来再创辉煌的信心和企业的凝聚力、向心力进一步增强。

扎实开展“四好”班子建设、“四强”党组织和“四优”共产党员创建活动，领导人员的模范带头作用、各级党组织的战斗堡垒作用、全体党员的先锋模范作用得到进一步发挥。召开党建工作研讨会，促进了党建工作良性发展。深入开展丰碑文化宣贯活动，加大企业文化的渗透与融合，企业的价值观更加深入人心。大力开展文明创建活动，集团公司继续保持了“省级最佳文明单位”称号，并已有28家单位获得委级以上文明单位称号，占企业总数的84.8%，为集团公司争创国家级精神文明单位奠定了坚实基础。深入推进党风廉政建设工作和反腐倡廉工作，为企业持续健康发展提供了良好的政治环境和纪律保障。

一年来，群团组织作用进一步发挥，劳动竞赛、降本增效和技术创新深入推进，建功立业活动成效显著；劳动关系协调机制、困难帮扶机制、民主管理机制、劳动争议与调处机制得到进一步完善和落实，班组建设取得新进展，单身青年职工婚恋工作、服务青年成长成才工作取得新成绩。组织实施生育保险，建立了职工基本医疗保险大额医疗费二次报销制度，提高了70周岁及以上退休人员医疗保险个人账户划入比例。长期待岗职工重新上岗1099人，安排特困户和工亡职工子女就业120人。葛洲坝商业街综合整治和樵湖一路、夷陵大道道路黑化改造完成，城区更加亮化、绿化和美化，面貌焕然一新。全面兑现了2010年初承诺的十件实事好事，职工分享到了企业又好又快发展的成果，企业更加和谐稳定。

一年来，保密、离退休、信访、医疗卫生、教育、人武、保卫、计划生育、消防、社会治安综合治理等各项工作也取得了较好成绩，共同为集团公司的改革发展和稳定作出了积极贡献。

（中国葛洲坝集团公司）

中國水力發電年鑒

2

水能及风能开发

水　能　开　发

珠江流域梯级规划

（一）珠江流域概况

珠江是我国七大江河之一，由西江、北江、东江及珠江三角洲诸河组成；西江、北江、东江汇入珠江三角洲后，经虎门、蕉门、洪奇门、横门、磨刀门、鸡啼门、虎跳门和崖门八大口门入注南海，形成“三江汇流，八口出海”的水系特点。流域涉及云南、贵州、广西、广东、湖南、江西6省（自治区）和香港、澳门特别行政区以及越南东北部，地理位置在东经102°14′～115°53′、北纬21°31′～26°49′，总面积45.37万km^2，其中我国境内面积44.21万km^2。

西江为珠江流域的主流，发源于云南省曲靖市乌蒙山余脉的马雄山东麓，自西向东流经云南、贵州、广西和广东4省（自治区），至广东省佛山市三水区的思贤滘与北江汇合后流入珠江三角洲网河区，全长2075km，流域集水面积35.31万km^2，占珠江流域面积的77.8%，主要支流有北盘江、柳江、郁江、桂江及贺江等。北江发源于江西省信丰县石碣大茅山，涉及湖南、江西和广东3省，至广东省佛山市三水区思贤滘与西江汇合后流入珠江三角洲网河区，全长468km，流域集水面积4.67万km^2，占珠江流域面积的10.3%，主要支流有武水、连江、绥江等。东江发源于江西省寻乌县的桠髻钵山，由北向南流入广东，至东莞市石龙镇汇入珠江三角洲网河区，全长520km，流域集水面积2.70万km^2，占珠江流域面积的6.0%，主要支流有新丰江、西枝江等。珠江三角洲水网密布，水道纵横交错，水系集水面积2.68万km^2，占珠江流域面积的5.9%，主要河道近100条，其中入注珠江三角洲的中小河流有流溪河、潭江、增江和深圳河等，网河区西、北、东江主干河道长294km。珠江流域还有较大的高原湖泊，均位于云南省境内，主要有抚仙湖、阳宗海、星云湖、杞麓湖、异龙湖、大屯海和长桥海等7个，总集水面积2406km^2，湖泊总容量202.5亿m^3，多年平均入湖总水量5.23亿m^3。

珠江流域涉及云南、贵州、广西、广东、湖南和江西6省（自治区）46个地（州）市、215个县及香港、澳门特别行政区，其中贫困县57个，占26.5%。2008年总人口11 723万人（未计港澳，下同），其中云贵、两广、湘赣人口比例分别占17.6%、81.1%、1.3%；平均人口密度为265人/km^2，高于全国平均水平，但分布极不平衡，西部欠发达地区人口密度小，东部经济发达地区人口密度大。流域城镇化率52.4%，其中广东省城镇化率最高，达72.7%。

（二）水力发电开发现状及存在问题

珠江流域水量充沛，河流自然落差较大，水力资源较为丰富，理论蕴藏量3969万kW，年发电量3477亿kW·h。单站装机容量0.01万kW及以上的技术可开发水电站共9473座，总装机容量3837万kW，年发电量1581亿kW·h。

目前已、正开发水电站共7777座，总装机容量2826万kW，年发电量1145亿kW·h，占技术可开发电量的72.4%，占理论蕴藏量的32.9%。已、正开发水电站中干流共39座，总装机容量1345万kW，年发电量564亿kW·h，分别占全流域的47.6%、49.3%，占干流技术可开发电量的80.8%，占干流理论蕴藏量的59.2%；支流共7738座，总装机容量1482万kW，年发电量581亿kW·h，分别占全流域的52.4%、50.7%，占支流技术可开发电量的65.8%，占支流理论蕴藏量的23.0%。

流域内水力资源开发存在“跑马圈地”现象，一些中小型工程未按规定审批、核准就开工建设，开工后补办规划同意书、水资源论证等审批手续，甚至出现开工后才开展河段开发方案调整专题论证的现象，工程建设方案也较少考虑综合利用要求，初期蓄水方案不考虑对下游供水、生态等方面的影响，引发地区之间的矛盾。

（三）主要河流水电开发规划方案

1. 南盘江　南盘江水力资源丰富，下游河段落差集中、开发条件好。原规划糯租以下至大桥河段为石门、大桥两级开发，梯级间不衔接，水力资源未能得到充分利用。同时，规划梯级淹没损失较大，加之沿岸高速公路、桥梁等基础设施的建设，导致规划方案难以实施。为此，本次规划对该河段的梯级开发方案进行了调整，推荐老独寨、水头寨、盘溪、西扯邑、盘江、巡检司、龙潭、小塘和大桥等9级开发方案，梯级开发任务以发电为主，兼顾供水灌溉等综合利用。

规划南盘江干流梯级采用古宁坝、天生关（桥）、柴石滩、红石岩、田坝、大乍起、罗碧、禄丰村、糯租、老独寨、水头寨、盘溪、西扯邑、盘江、巡检司、龙潭、小塘、大桥、雷打滩、云鹏、天生桥一级、天生桥二级和平班等 23 级开发方案，总装机容量 372 万 kW，年发电量 186 亿 kW·h，保证出力 147 万 kW。各梯级中，柴石滩开发任务为灌溉、发电、防洪和供水，云鹏开发任务为发电、航运，天生桥一级开发任务以发电为主兼顾航运和水资源配置，其他梯级开发任务基本以发电为主。规划梯级中，除天生桥一级、天生桥二级和平班为大型水电站外，其余均为中小型水电站；天生桥一级、柴石滩、云鹏、雷打滩分别具有多年、年、季和月调节能力，其他梯级均无（或日）调节能力。规划未建梯级共 12 级。

2. 红水河、黔江　红水河、黔江河段是珠江流域水力资源最丰富的河段，也是全国十二大水电基地之一。目前该河段只剩下大藤峡梯级尚未建设。大藤峡是西江流域防洪控制性工程和水资源配置关键性工程，工程的开发建设对提高浔江、西江及西北江三角洲等防洪保护区的防洪标准、保障西江下游及珠江三角洲地区的供水安全和水生态环境安全等方面具有重要作用。

大藤峡枢纽正常蓄水位 61.0m，防洪库容 15 亿 m^3，电站装机容量 160 万 kW，年发电量 72.0 亿 kW·h。这次规划对龙滩水电站 400m 方案和 375m 方案再次进行了比较，认为 400m 方案在发电、防洪、航运、水资源配置以及提高下游梯级电站发电质量和电量等方面的效益均优于 375m 方案，因此，正常蓄水位推荐 400m 方案；但 400m 方案水库淹没涉及贵州罗甸县城，移民安置处理难度较大，需妥善处理好移民问题。

3. 浔江、西江　浔江、西江河段的梯级开发方案，在“原珠流规”中推荐长洲、龙湾两级开发，总装机容量 78.9 万 kW，年发电量 37.5 亿 kW·h。其中长洲为大型水电站，龙湾为中型水电站，两电站均为径流式，该河段上游衔接的梯级为大藤峡。目前长洲梯级已建成，龙湾梯级因发电质量较差，泄洪、通航、发电建筑物布置受地形限制，工程投资大，指标不经济，尚未开发。广东省正在研究龙湾梯级开发问题，规划将原坝址下移 60km 至云浮市大湾村附近，工程建成后有一定的渠化航道、水资源配置、发电等方面的作用，但对西江中下游至河口区间的洄游、半洄游鱼类有一定阻隔，且涉及西江梧州段国家级水产种质资源保护区、西江广东舫国家级水产种质资源保护区、肇庆西江珍稀鱼类自然保护区以及云浮市饮用水源保护区，后续工作应重视协调，研究解决有关问题。

4. 北盘江　原石门坎梯级由已建的龙口梯级代替，同时将其上游已建的寨田梯级纳入这次规划范围；原万家口子梯级开发方案由于淹没、地质条件等问题难以成立，这次规划将其调整为范家、万家口子二级开发；石板寨梯级由于水库淹没大等原因调整为石板寨一级、石板寨二级开发；马马崖梯级由于受地质（下岩塌滑体规模巨大）因素制约，调整为马马崖一级（尖山坝址高坝方案）、马马崖二级（小花江坝址低坝方案）开发。

这次规划推荐北盘江干流梯级开发采用寨田、龙口、黄莺洞、达开、范家、万家口子、毛家河、响水、石板寨一级、石板寨二级、善泥坡、光照、马马崖一级、马马崖二级和董箐等 15 级方案，总装机容量 354 万 kW，年发电量 114 亿 kW·h，保证出力 74.6 万 kW。其中具有调节能力的梯级有光照（不完全多年调节）、龙口（年调节）和万家口子（不完全年调节），大型水电站有光照、马马崖一级和董箐。各梯级中寨田梯级开发任务为发电、灌溉，光照开发任务为发电、航运和水资源配置，马马崖一级、马马崖二级和董箐开发任务以发电为主、兼顾航运，其他梯级开发任务均为发电。目前已、正建的梯级有寨田、龙口、响水、光照和董箐等 6 级。

5. 柳江　为了更合理地开发柳江水力资源和水运资源，这次规划将榕江和从江两级高坝大库方案及洋溪梯级作相应调整，调整后的柳江干流共布置 18 个梯级，分别为白梓桥、柳叠、坝街、寨比、榕江、红岩、永福、温寨、郎洞、大融、从江、梅林、洋溪、麻石、浮石、古顶、大埔和红花，总装机容量 96.5 万 kW，年发电量 39.6 亿 kW·h，均为中小型水电站。其中寨比梯级具有季调节能力并承担榕江县城的防洪任务，洋溪梯级的主要任务是承担柳州市的防洪任务，其他梯级的开发任务为发电、航运。目前已、正开发总装机容量 56.4 万 kW，年发电量 24.9 亿 kW·h，柳江干流中下游河段的麻石至红花共 5 个梯级均已建成，上游的都柳江河段基本处于尚未开发状态，仅红岩、永福梯级已建。

6. 郁江　郁江干流上游河段属高山峡谷地区，耕地分散，人烟稀少，具有较好的开发条件。广西西林县城—那拉电站河段的 11 个梯级已全部建成投产。那拉—百色市河段“原珠流规”布置的那拉、瓦村、百色和东笋 4 个梯级，除瓦村梯级未建外，均已建成。瓦村梯级（350m 方案）因其淹没损失超出了当地社会的承受能力，难以实施，从发电量、淹没实物指标、对下游的影响等方面进行论证后，调整为按那读、瓦村二级开发。

郁江中游河段位于丘陵平原区，人口相对稠密，耕地集中，河床坡降平缓，落差不大，但具有较好的水运条件。“原珠流规”从控制淹没、利于航运、发电、灌溉和供水考虑，布设了那吉、鱼梁和金鸡滩3个梯级，目前除鱼梁梯级在建外，其他梯级均已建成。

郁江下游河段位于低丘平原区，人口稠密，耕地集中，河床坡降平缓，落差不大，水运条件较好。郁江干流共布置威后、母湖、者甲、斗皇、那维、那劳、那宾、那沙、弄南、八新、渭密、那拉、那读、瓦村、百色、东笋、那吉、鱼梁、金鸡滩、老口、邕宁、西津、贵港和桂平等24个梯级，总装机容量为171万kW，年发电量68.0亿kW·h，保证出力39.4万kW。调节性能较好的电站仅有百色（不完全多年调节）、威后（不完全年调节）、瓦村（季调节）、西津（季调节），其他均属于低水头径流式水电站，其中百色梯级为以防洪为主的大型水电站。郁江干流瓦村以下均有航运任务，规划梯级中，那吉、鱼梁、贵港和桂平为以航运为主的航电枢纽。目前郁江已、正开发总装机容量130万kW，年发电量53.8亿kW·h，规划未建的有瓦村、老口和邕宁3个梯级。

7. 桂江　桂江干流上游及各主要支流，河床较陡，降雨较大，建坝条件较好，水库淹没损失较小，无敏感环境问题，宜建高坝大库；中游的漓江河段，是国家级风景名胜区，不宜进行水电梯级开发和渠化航道；平乐以下河段，坡降较缓，两岸发育的一级阶地高程较低，且广泛分布有农田、村庄和交通设施等，不宜建高坝大库。

桂江干流梯级采用斧子口、双潭、巴江口、昭平、下福、金牛坪、京南和旺村8级开发方案，总装机容量36.1万kW，年发电量16.7亿kW·h，各梯级均为中小型水电站，调节能力较好的有斧子口（年调节），其余均为径流式。斧子口梯级承担桂林市防洪和漓江补水任务，其他梯级的开发任务均以发电和航运为主，兼顾旅游、供水、灌溉等综合利用。目前已、正开发总装机容量34.6万kW，年发电量16.2亿kW·h。目前，桂江干流仅剩斧子口尚未建设。

8. 贺江　为控制淹没，满足通航要求，这次规划将白沙梯级调整为扶隆和民华梯级，在白垢梯级至汇合口河段增加已建成的江口梯级，规划河段范围扩大至龟石河段，组成了龟石（多年调节）、龙井、升平、城厢、蒋家洲、羊头、黄石、芳林、厦岛、三家滩、白浪滩、合面狮（季调节）、信都、铺门、扶隆、民华、都平、白垢和江口等19级开发方案，各规划梯级均为中小型水电站，总装机容量24.6万kW，年发电量9.2亿kW·h，保证出力5.3万kW。龟石梯级承担防洪、灌溉和发电任务，合面狮以上其他梯级均为发电梯级，合面狮及以下梯级开发任务以发电和航运为主，合面狮梯级本身还承担防洪和灌溉任务。规划梯级中蒋家洲、三家滩、白浪滩、信都、铺门和扶隆等6级未建。

9. 北江　北江干流规划布置15个梯级，总装机容量45.8万kW，年发电量17.2亿kW·h，各梯级均为中小型径流式水电站。目前已、正开发总装机容量41.4万kW，年发电量15.7亿kW·h，规划未建的梯级有古塘、古市、马市、车头坪、新庄、鸡龙、周田和横岗等8级。

北江干流上游（浈江源头至韶关市沙洲尾）自上而下规划布置古塘、古市、马市、车头坪、江口、新庄、鸡龙、周田和湾头等9个梯级。

北江干流中游（韶关至清远飞来峡）河段采用孟洲坝、濛里、白石窑和飞来峡等4级开发方案。飞来峡枢纽的开发任务以防洪为主，结合航运、水资源配置、发电；其他梯级的主要任务是航运和发电，各规划梯级均已建成。

北江干流下游（飞来峡以下至三水河口）采用清远和横岗2级开发方案。清远梯级以航运、改善水环境、灌溉、供水为主，兼顾发电、反调节和旅游等开发任务，目前正在建设；横岗梯级以航运、灌溉、供水为主，兼顾发电和改善水环境等开发任务。

10. 东江　东江干流采用21级开发方案，分别为标下、长潭峰、狮子峰、南龙、斗晏、渡田河、枫树坝、龙潭、稔坑、罗营口、苏雷坝、枕头寨、蓝口、白埌塘、黄田、木京、横圳、沥口、下矶角、博罗（剑潭）和石龙，总装机容量59.8万kW，年发电量22.9亿kW·h，保证出力14.6万kW，各梯级均为中小型水电站，调节能力较好的有枫树坝（年调节）和斗晏（年调节），其余为径流式。枫树坝以上的标下、长潭峰、渡田河为发电梯级，狮子峰、南龙和斗宴梯级的开发任务为防洪和灌溉，枫树坝梯级的开发任务为防洪、航运、发电和水资源配置，龙潭—下矶角梯级的开发任务以发电、航运为主，兼有灌溉、供水和反调节等综合利用，博罗梯级的开发任务为改善水环境、发电和航运，石龙梯级的开发任务为供水、发电等。目前已、正开发总装机容量44.8万kW，年发电量16.7亿kW·h。规划梯级中标下、南龙、渡田河、稔坑、罗营口、苏雷坝、下矶角和石龙等8级未建。

11. 珠江三角洲　珠江三角洲水系主要河流梯级开发方案如下：

（1）流溪河。流溪河干流采用东坑二级、峡山、大贡头、流溪河、良口、青年、胜利、卫东、人工湖、塘下、大坳、牛心岭、李溪和人和等14级开发方案，总装机容量7.35万kW，年发电量2.25亿kW·h，各梯级均为小型水电站，调节能力较好的有流溪河（年调节），其他为径流式。除流溪河水库承担灌溉、防洪和航运任务外，其他梯级开发任务均为发电。目前仅塘下和牛心岭梯级未建，其他梯级均已建成，已开发总装机容量 7.09 万 kW，年发电量 2.15 亿 kW·h。

(2) 潭江。潭江干流采用三甲、锦江、塘劳、恩城、塘洲、东成、江洲和合山等 8 级开发，总装机容量 2.84 万 kW，年发电量 1.06 亿 kW·h，各梯级均为小型水电站，调节能力较好的有锦江（多年调节），其他为径流式。除锦江水库承担防洪和灌溉任务外，其他梯级均为纯发电工程。目前仅塘劳梯级未建，其他梯级均已建成，已开发总装机容量 2.74 万 kW，年发电量 1.03 亿 kW·h。

(3) 增江。增江干流采用天堂山、渠首、城西、西林、樟潭、花竹、水坑、虎跳、功武、仙女峰、西牛尾、白庙、正果和初溪等 14 级开发，总装机容量 5.84 万 kW，发电量 2.32 亿 kW·h，各梯级均为小型水电站，调节能力较好的有天堂山（年调节），其他均为径流式。除天堂山水库承担防洪、灌溉、发电综合开发任务外，其他梯级开发任务均为发电。目前除城西、樟潭、水坑、功武、仙女峰和白庙等 6 个梯级未建外，其他梯级均已建成。已开发总装机容量 4.22 万 kW，年发电量 1.56 亿 kW·h。

（中水珠江规划勘测设计有限公司　黎开志）

藤条江水电规划调整（勐秀—乌拉河口河段）

藤条江为红河右岸二级支流，发源于红河哈尼族彝族自治州红河县架车乡甲七洞山西北，流经红河、绿春、元阳县后进入金平县，在金平县金水河镇以南、藤条河汇入后，流入越南改称楠那河，在越南莱州汇入黑水河（李仙江），于越池附近汇入红河。

藤条江（云南省境内）流域面积约 4200.3km^2，河长约 173.3km，天然落差约 1828m。主要支流有乌拉河、茨通坝河、三家河、金平河、金水河、藤条河等。

自 1989 年以来，曾编写过《藤条江流域规划报告》、《藤条江水电补充规划报告（黄茅岭—那兰）》、《藤条江水电规划报告（架车乡—乌拉河汇口）》（以下简称《水电规划报告》）。在历次规划中，部分河段的梯级发电引用流量较小、利用水头较低、装机规模小，使水能资源利用率低、发电量较少、电站的规模效益和经济性较差，藤条江水能资源效益不能充分发挥。2010 年，按红河州政府安排，国电红河州分公司委托中国水电顾问集团昆明勘测设计研究院（以下简称昆明院）进行藤条江那兰以上河段水电规划调整工作。

（一）以往规划梯级开发方案及开发现状

1. 藤条江流域规划开发方案　1989 年 4 月红河州水电局在《藤条江流域规划报告》推荐架车（装机容量 0.11MW、年发电量 0.004 亿 kW·h，下同）、期码（1.26MW、0.08 亿 kW·h）、洛恩（1.6MW、0.11 亿 kW·h）、阿者（2.5MW、0.18 亿 kW·h）、子雄（1.26MW、0.10 亿 kW·h）、沙拉托（0.96MW、0.08 亿 kW·h）、黄茅岭（12.6MW、0.81 亿 kW·h）、头道桥（7.5MW、0.5 亿 kW·h）、普龙寨（6.4MW、0.41 亿 kW·h）、六家队（3.75MW、0.27 亿 kW·h）、那兰（100MW、5.96 亿 kW·h）水电站 11 级开发方案，合计装机容量约 137.9MW、年发电量 8.51 亿 kW·h。

2. 藤条江水电补充规划（黄茅岭—那兰）开发方案　1998 年昆明院在《藤条江水电补充规划报告（黄茅岭—那兰）》推荐黄茅岭（16.5MW、0.90 亿 kW·h）、头道桥（8.0MW、0.49 亿 kW·h）、普龙寨（8.0MW、0.48 亿 kW·h）、那兰（180MW、8.42 亿 kW·h）水电站 4 级开发方案，合计装机容量约 212.5MW、年发电量 10.29 亿 kW·h。

3. 藤条江水电规划（架车乡—乌拉河汇口）开发方案　2005 年，昆明院在《水电规划报告》推荐龙尼（3.0MW、0.14 亿 kW·h）、洛恩（6.4MW、0.29 亿 kW·h）、草果（5.4MW、0.24 亿 kW·h）、坝安（3.6MW、0.16 亿 kW·h）、俄甫（11.8MW、0.53 亿 kW·h）、俄扎（30MW、1.30 亿 kW·h）、勐秀（9.8MW、0.44 亿 kW·h）、碧播（18MW、0.80 亿 kW·h）、黄茅岭（7.6MW、0.34 亿 kW·h）、头道桥（20MW、0.89 亿 kW·h）、普龙寨（11MW、0.49 亿 kW·h）、六家队（9.4MW、0.42 亿 kW·h）水电站 12 级开发方案，合计装机容量约 136MW、年发电量 6.04 亿 kW·h。

4. 藤条江流干流开发现状　目前，藤条江干流上已建成沙拉托、头道桥、普龙寨和那兰水电站，在建的有六家队水电站，合计装机容量约 165.2MW、年发电量 7.03 亿 kW·h。藤条江干流已、在建水电站主要指标见表 1。

（二）2010 年规划调整主要成果

昆明院从资源条件、开发现状、资源利用率、工程规模效益、技术可行性和经济可行性、环境影响与水库淹没等方面进行分析研究，确定规划范围、明确开发任务、优选梯级开发方案和推荐近期工程。

表1　藤条江干流已、在建水电站主要指标表

水电站名称	沙拉托	头道桥	普龙寨	六家队	那兰
开发方式	引水式	引水式	引水式	引水式	坝式
引水道长度（km）	1.5	3	6	4	—
装机容量（MW）	0.33	3.83	5	6	150
近期年平均发电量（亿kW·h）	—	0.1	0.2	—	6.73

1. 水电规划调整范围　勐秀以上河段，在《水电规划报告》中已布置了龙尼、洛恩、草果、坝安、俄甫、俄扎、勐秀7座引水式水电站，虽然水电站规模较小，但开发方式及梯级衔接等基本合理、水能资源利用较充分，梯级开发方案调整余地不大，这次规划调整不考虑勐秀以上河段。勐秀—乌拉河口，河段长约29km，落差约211m，多年平均流量约23m³/s，落差较集中，水量较大，是水电开发的有利河段。在《水电规划报告》布置了碧播等5级水电站，装机容量约66MW。已开发头道桥、普龙寨和六家队水电站，实际装机容量仅14.8MW。由于都是采用引水式开发方式、无调节水库的径流式水电站，发电流量较小、水量利用不充分、装机规模偏小。已建水电站规模比规划水电站规模还小，是规划调整的重点河段。乌拉河口—国界，其中乌拉河口—那兰水电站库尾，河段长约11.8km，落差约44m，河道平缓，河谷开阔，沿岸多农田和居民点，已不适宜水电开发；那兰水电站开发较合理；那兰水电站—国界段长约23km，落差约28m，河道平缓、河谷开阔、沿岸多农田和居民点，基本不适宜水电开发，历次规划均未布置梯级。考虑该河段流量较大，可按淹没控制建低水头电站。综上所述，藤条江干流水电规划调整范围是勐秀—乌拉河口河段。

2. 开发任务　藤条江干流水电规划调整河段开发任务主要为发电，促进地方经济发展。

3. 推荐开发方案　通过对黄茅岭混合式一级开发方案与黄茅岭＋已、在建头道桥、普龙寨和六家队水电站4级开发方案比选，1级开发方案装机容量比4级开发方案大42.2MW，资源利用率较高，但引水线路较长、对已在建水电站影响较大，综合比较推荐黄茅岭混合式一级开发方案。

黄茅岭水电站坝址在黄茅岭附近，右岸隧洞引水，厂址在乌拉河口。拟建混凝土面板堆石坝，壅水高94m，最大坝高103m。水库正常蓄水位689m，死水位670m，调节库容0.634亿m³，具有年调节能力。引水隧洞长11 266.5m，内径4.5m。该水电站装机容量94MW、年发电量3.79亿kW·h。水量利用率98.35%。

黄茅岭水电站静态单位容量投资为9959元/kW。按资本金财务内部收益率8%测算的上网电价为0.347 9元/（kW·h），略高于脱硫火电上网电价0.33元/（kW·h）。

黄茅岭水库具有年调节能力，电能质量好，随着整个电力市场的发展和电力需求的增长，能源资源紧缺，电价上涨趋势渐显，该水电站将具有一定的竞争力。资本金净利润率达13.76%，盈利能力较强，经济指标较好。

（中国水电顾问集团昆明勘测设计研究院　向　军）

国电四川色曲河流域水电新项目开发与规划

2010年10月28日，中国国电集团公司下属的国电四川发电有限公司与甘孜藏族自治州色达县政府签署《四川省甘孜藏族自治州色达县色曲河流域开发协议书》，成功取得色曲河流域水电开发权。同年12月16日，国电四川色曲电力开发有限公司筹建处成立，主要负责色曲河流域水电开发前期规划和项目公司筹备的工作。

色曲河干流水电梯级开发规划拟订“一库四级”，装机总容量21.2万kW，该水电站联合运行年发电量约9.6亿kW·h。拟开发的4个梯级水电站自上而下依次为霍西水电站（装机容量6.0万kW）、羊格水电站（装机容量3.0万kW）、仁村水电站（装机容量7.8万kW）、歌乐沱水电站（装机容量4.4万kW），总投资约25.6亿元。

（中国国电集团公司　王良羽）

金沙江金安桥水电站水能设计简述

金安桥水电站位于丽江市境内，是金沙江中游“一库八级”梯级开发规划的第五级，也是金沙江中游开发启动的第一个项目。开发任务为发电，该水电

站建成后可发展旅游、水产养殖和库内航运等。2004年完成可行性研究报告并通过审查，2010年7月获国家发展改革委核准同意建设。

（一）径流调节计算

设计水平年：金安桥水电站设计水平年为2015年。考虑龙盘水库、阿海高方案对金安桥水电站装机容量的选择的影响，校核水平年采用2020年。2015年采用丰、平、枯三个设计代表年的日径流进行径流调节计算。2020年采用1953年6月～2001年5月共有48年576个月的月径流系列进行径流调节计算。

设计保证率：根据动能设计规范，水电站的设计保证率为95%～98%。考虑到云南省水电比重很大，在进行金沙江干流梯级联合补偿调节时，水电站群按年统计的设计保证率采用98.0%。

基本资料：水位库容曲线采用2002年完成的库区1/2000地形图量算成果；厂址水位流量关系曲线采用复核后的厂址天然水位流量关系曲线；初期运行时非发电用水只考虑水库蒸发增损。在龙盘水库建成后，根据“滇中调水”的初步成果年调水量15亿m^3；水头损失按$\Delta H=5.1\times10^{-7}Q^2$（m）计算，最大为2.58m；出力系数采用8.4；水头预想出力90.95m时1768MW，111m时2400MW。

计算方法：根据水库群最优蓄放原理，采用判别系数和用水库群总蓄能为指标的调度图相结合的方法进行水电站群优化补偿调节计算。在满足给定的水电站群的设计保证率和各水电站的水量平衡、水位限制、出力限制等各种约束条件的前提下，使水电站群的总保证出力最大，年发电量尽可能多。

（二）正常蓄水位选择

根据预可行性研究报告审查意见“基本同意本阶段初拟的水库正常蓄水位1414m，下阶段进一步分析与上游梯级阿海水电站的关系，进行多方案的技术经济比较”的要求，考虑阿海水电站的天然厂址水位变化，按不宜低于预可行性研究阶段的1414m，拟订金安桥水电站正常蓄水位1414m、1416m、1418m和1420m 4个比较方案。

综合分析，工程地形地质条件、施工工期、枢纽布置、水库淹没及移民安置、泥沙淤积、投资等因素对正常蓄水位选择均不起控制作用；从能量指标分析，单独运行时，随着正常蓄水位提高，保证出力和年发电量均增加，增幅较均匀。在上游阿海水电站投入后，正常蓄水位每增加2m，金沙江中游8级水电站群年发电量增加0.03亿～0.70亿kW·h，金安桥年发电量增加1.90亿～1.93亿kW·h，阿海水电站的保证出力和年发电量逐渐减少，阿海与金安桥2座水电站保证出力及年发电量之和呈增幅递减趋势；经济比较计算结果正常蓄水位越高费用现值越小；总体看正常蓄水位从1414m提高到1418m时尚属有利，而正常蓄水位从1418m提高到1420m时效益增幅已较少。考虑到金安桥水电站将单独运行较长的时间，金安桥与阿海水电站水头重叠多一些是合理的。推荐金安桥水库正常蓄水位为1418m。

（三）装机容量选择

1. 供电范围　金安桥水电站的供电范围为南方电网，该水电站接入云南电网，电力电量参与云南系统平衡，在满足云南省负荷增长需要的同时，保证“云电送粤”目标的实现。

2. 装机容量选择　从枢纽地形地质条件及枢纽布置条件分析，机组台数不宜超过为5台，根据金安桥水电站单机容量研究成果，其单机容量不宜超过650MW。

装机容量方案拟订：设计水平年拟订了1650MW（3×550MW）、1800MW（3×600MW）、1950MW（3×650MW）、2200MW（4×550MW）、2400MW（4×600MW）、2600MW（4×650MW）六个方案，校核水平年拟定了2000MW（4×500MW）、2400MW（4×600MW）、2600MW（4×650MW）、2500MW（5×500MW）、3000MW（5×600MW）共5个方案。

综合分析：

设计水平年时，布置4台机在满足总装机规模的情况下较为经济合理，土建工程量较少、投资较小；但从水轮机制造、运输，稳定运行等方面分析，单机容量以不超过600MW更为合适；经济分析计算的结果也表明，2400MW（4×600MW）方案经济上相对较优。

从校核水平年有无龙盘水库对金安桥水电站装机容量影响的研究结果来看，如果龙盘水电站能够于2015年投入，则金安桥水电站总装机容量为3000MW（5×600MW）是可行的。考虑龙盘水库发挥作用的时间在2020年以后的可能性较大，即金安桥水电站可能将长期处于上游无龙盘水库调节的情况，根据2020年水平年无龙盘水库时金安桥水电站的能量指标、2010～2020年金安桥电力电量的消纳情况、工程投资、经济比较结果等方面考虑，2020年水平年，在无龙盘水库时，金安桥水电站的装机容量以2400MW较为合适。

从兼顾水电站近期和远景效益的发挥来看，以装机容量2400MW并一次建成较为合理、经济；为此，推荐装机容量为2400MW（4×600MW）。

由于金安桥坝址地质条件较好，具备布置地下厂房的条件，将来也可以根据发展需求，适时地进行扩机。

（中国水电顾问集团昆明勘测设计研究院　杨杰锋）

云南省已有规划的主要河流开发情况

云南省已有水电规划的河流很多，现选择有一定代表性的南盘江、澜沧江中下游河段、金沙江中游河段和李仙江说明开发情况。

（一）南盘江干流水电规划及开发情况

1. 规划推荐的开发方案　南盘江是珠江上游，发源于云南省沾益县马雄山南麓，与支流黄泥河汇合后出云南省境，在云南省境内长651km，云南省发展改革委牵头于1985年完成《云南省南盘江流域综合利用规划报告》。水利部珠江水利委员会于1986年编制《珠江流域综合利用规划报告》，该报告推荐的南盘江干流开发方案是：柴石滩（规划装机容量60MW，下同）、大平地（28MW）、洛壁（32MW）、禄丰村（30MW）、糯租（90MW）、泸江口（7MW）、大桥（80MW）、雷打滩（70MW）、歹马河口（170MW）、冒水洞（45MW）10级水电站，利用落差648m，合计装机容量612MW。

2. 开发情况　除按上述规划方案基本开发完外，还增加多座小水电站，对糯租—大桥河段进行了补充规划。已投产发电的水电站有柴石滩（实际装机容量60MW，下同）、红石岩（原大平地，44MW）、洛壁（16MW）、禄丰村（40MW）、糯租（75MW）、雷打滩（108MW）、云鹏（原歹马河口，180MW）、凤凰谷（原冒水洞，100MW）9级水电站；在红石岩和洛壁之间又建成七江（12MW）、田坝（15MW）、鲊起（12MW）3座水电站。在凤凰谷水电站下游正筹建高良（20MW）水电站。

2010年，中水珠江规划勘测设计有限公司编写了《南盘江干流糯租—大桥河段梯级开发补充规划报告》，规划河段长169km，天然落差153m。推荐老独寨（7.6MW）、水头寨（9.2MW）、盘溪（14MW）、西扯邑（22MW）、盘江（16MW）、巡检司（19MW）、龙潭（46MW）、小塘（37MW）、大桥（58MW）9级水电站，利用落差139m，装机容量228.8MW。目前，西扯邑、龙潭、大桥等梯级已开展前期工作，均未建。

截至2010年底，柴石滩以下南盘江干流已开发水电站装机容量达662MW。

（二）澜沧江中下游河段水电规划及开发情况

1. 规划推荐的开发方案　澜沧江中下游（功果桥—南阿河口）河段长772km，落差828m。中国水电顾问集团昆明勘测设计研究院于1986年12月提出了《云南省澜沧江中下游河段规划报告（功果桥—南阿河口）》，1987年5月通过水电部和云南省政府联合审查。推荐“二库八级”方案，即：功果桥（750MW）、小湾（3600MW）、漫湾（1500MW）、大朝山（1250MW）、糯扎渡（4500MW）、景洪（1350MW）、橄榄坝（150MW）、南阿河口（600MW）8级水电站，共计装机容量13 700MW。

2. 开发情况　澜沧江中下游河段水电开发是按推荐的开发方案实施的，大部分水电站已开发完。已投产发电的水电站有：小湾（4200MW）、漫湾（1670MW）、大朝山（1350MW）、景洪（1750MW）4座水电站。正建的水电站有：功果桥（9000MW）和糯扎渡（5850MW）两座水电站。已完成橄榄坝（155MW）水电站可行性研究报告，水库具有反调节作用。最下游靠近国界的勐松（原南阿河口，600MW）水电站还处于开发方案研究阶段。截至2010年底，澜沧江中下游河段已正建水电站装机容量15 720MW。

（三）金沙江中游水电规划及开发情况

1. 规划推荐的开发方案　金沙江中游河段为石鼓—雅砻江口，考虑虎跳峡水库的回水，规划范围确定为奔子栏—雅砻江口，河段长约763.5km，落差约1020m。中国水电顾问集团昆明勘测设计研究院和中国水电顾问集团中南勘测设计研究院于1999年12月完成《金沙江中游河段水电规划报告》，2002年4月通过国家发展计划委员会组织的审查。推荐“一库八级”方案，即：上虎跳峡（2800MW）、两家人（4000MW）、梨园（2280MW）、阿海（2100MW）、金安桥（2500MW）、龙开口（1800MW）、鲁地拉（2100MW）、观音岩（3000MW）8级水电站，共计装机容量20 580MW。

2. 开发情况　金沙江中游河段水电开发，两家人以下河段是按推荐的开发方案实施的，已有一座正式开工建设，虎跳峡河段还在进行开发方案优化研究。正建金安桥（2400MW）水电站，正申请立项的有阿海（2000MW）、梨园（2400MW）、龙开口（1800MW）、鲁地拉（2160MW）、观音岩（3000MW）5座水电站，龙盘（原上虎跳峡，4200MW）和两家人（3600MW）水电站处于预可行性研究阶段，正按国家发展改革委安排进行虎跳峡河段开发方案优化研究。截至2010年底，正建水电站装机容量2400MW，申请立项水电站装机容量11 360MW。

（四）李仙江水电规划及开发情况

1. 规划推荐的开发方案　李仙江是红河支流，中国水电顾问集团昆明勘测设计研究院于1999年11月编制了《云南省李仙江干流河段水电规划报告（把边桥—国界）》，2001年8月通过了云南省发展计划委员会审查。规划河段全长191km，落差519m。推荐开发方案有崖羊山（120MW）、石门坎（120MW）、新平寨（60MW）、龙马（240MW）、居甫渡（240MW）、戈兰滩（381MW）、土卡河（150MW）7级水电站，合计装机容量1311MW。

2. 开发情况　李仙江是较大的支流，水能资源丰富，水电开发基本是按推荐开发方案实施的，基本开发完。2010年，在靠国界处又补充规划绿仙龙水电站。已投产发电的水电站有崖羊山（120MW）、新平寨（60MW）、龙马（240MW）、居甫渡（240MW）、戈兰滩（381MW）、土卡河（150MW）六座水电站，正建石门坎（130MW）水电站。截至2010年底，已正建水电站装机容量1595MW。

因规划的土卡河坝址涉及黄连山自然保护区，实际建设时，土卡河坝址上移约2.2km，至国界约11.1km。2010年5月，广西南宁水利电力设计院针对土卡河坝址至国界11km河段，编制了《云南省李仙江绿仙龙水电站开发规划专题报告》，在土卡河水电站下游又规划了绿仙龙水电站，装机容量66MW。

（中国水电顾问集团昆明勘测设计研究院　向　军）

云南省抽水蓄能电站选点初步规划简介

（一）云南省抽水蓄能电站开发条件优越

云南省因其独特的地形及水资源分布特点，具有丰富的抽水蓄能资源，而且开发条件优越，主要特点有以下几方面：

（1）距高比小，可用较短的引水道获得较大的高差；

（2）电站容量大、中、小齐全，可适应不同的需求；

（3）调节性能好，周调节占70%以上；

（4）水头高，投资相对较小，经济效益好；

（5）站址分布广，在负荷中心附近有大量适宜开发的站址。

（二）选点初步规划工作过程

2009年2月，云南省发展改革委委托中国水电顾问集团昆明勘测设计研究院进行云南省抽水蓄能选点规划工作。

中国水电顾问集团昆明勘测设计研究院在2005年云南省抽水蓄能电站普查的192个站点的基础上，按《抽水蓄能电站选点规划编制规范》（DL/T 5172—2003）要求，从资源点的分布以及各站点装机规模、水头、距高比、水源条件、地形条件、交通条件等方面进行初步筛选，共筛选出条件相对较好的22个站点。

2009年6月，结合区域地质条件、环境保护要求，进一步筛选出9个库容较大、成库条件较好的站点，即：向阳、布德隆、撒吴宗德、老营坡、甸岗、崇岗、长松坪子、母枝坪子和麻窝9个站点。其中：甸岗、长松坪子和母枝坪子具备季调节性能，其他6个站点具备周调节性能，9个站点全部为此次规划比选站点，装机容量合计为17 890MW。

2009年7月，中国水电顾问集团昆明勘测设计研究院组织规划、水库、地质、施工、水工等专业，对上述9个抽水蓄能电站站址进行了现场综合查勘。

在现场查勘的基础上，结合站点地质情况、工程建设条件、环境保护要求以及下库建成等条件，进行进一步的综合分析比较后，选出6个站点作为这次规划的重点规划站点，装机容量合计为13 630MW。6个站点分别是位于红河州泸西县境内的向阳、布德隆，昆明市禄劝县境内的撒吴宗德，曲靖市罗平县境内的老营坡，迪庆藏族自治州香格里拉县境内的甸岗以及红河州金平县境内的崇岗。

在野外勘探、测量和室内规划设计工作基础上，综合比较各站点的地形、地质、地理位置、水源、环境因素等资源条件以及装机规模、经济指标、机组国产化水平等因素，推荐向阳、布德隆以及老营坡三个站点为云南省抽水蓄能电站的近期工程，装机容量合计为3510MW。

2010年3月，编写了报告初稿，经修改和补充完善，于2010年11月完成《云南省抽水蓄能选点初步规划报告》，并上报云南省发展改革委。

（三）推荐的近期工程概况

1. 向阳抽水蓄能电站　向阳抽水蓄能电站位于泸西县向阳乡境内，距昆明市直线距离约150km。上水库为南盘江边的山间洼地，谷底底部高程1612m。上水库正常蓄水位1695m，死水位1640m，调节库容1279万m^3。坝型采用面板堆石坝，按直线型坝轴线方案布置，最大坝高41m，坝顶长度288m。采用全库盆沥青混凝土防渗。下水库利用已建成的凤凰谷水电站水库，水库正常蓄水位821m、死水位815m，调节库容1569万m^3，具有周调节能力。上、下水库进/出口水平距离约2km（两库间平距），电站平均水头842m，距高比为2.4。该水电站装机容量为1800MW，安装6台双级可调可逆式水泵水轮机组。工程静态投资77.15亿元，单位容量投资4286元/kW。

2. 布德隆抽水蓄能电站　布德隆抽水蓄能电站位于泸西县三塘乡境内，距昆明市直线距离约135km。上水库库区为高山溶蚀洼地，盆底高程1458.5m。上水库正常蓄水位1550m，死水位1490m，调节库容640万m^3。主坝采用常态混凝土重力坝，主坝最大坝高为 52m。坝基防渗采用帷幕灌浆进行防渗处理。下水库也是利用已建成的云鹏水库。上、下水库进/出口水平距离约 1878m，电站平均水头 626m，距高比为 3.0。该水电站装机容量为 750MW，安装 3 台单级离心可调可逆式机组。工程静态投资 34.25 亿元，单位容量投资 4566 元/kW。

3. 撒吴宗德抽水蓄能电站　撒吴宗德抽水蓄能电站位于禄劝县撒吴宗德村附近，距昆明市直线距离约 90km。上水库库区为狭长的高山溶蚀洼地，盆底高程约 2450m，上水库正常蓄水位 2500m，死水位 2480m，调节库容 397 万 m^3。主坝拟采用面板堆石坝，主坝最大坝高为 25m。全库底清挖坡积层后铺垫沥青混凝土防渗。下水库利用禄劝县境内普渡河干流上的铅厂水电站水库，电站正常蓄水位 1230m、死水位 1221m，正常蓄水位相应库容为 2114.9 万 m^3。上、下水库进/出口水平距离约 2319m，电站平均水头 1250m，距高比为 1.9。装机容量为 960MW，安装 4 台单级离心可调可逆式机组。工程静态投资 42.95 亿元，单位容量投资 4474 元/kW。

（中国水电顾问集团昆明勘测设计研究院　杨杰锋）

华东电网抽水蓄能电站规划及布局分析

（一）站址资源及开发现状

华东电网所在的四省一市（上海市、江苏省、浙江省、安徽省、福建省）位于我国东部沿海地区，土地面积 47.1 万 km^2，占全国的 4.9%，2009 年 GDP 总量 93 797 亿元，占全国的 28%，是我国经济最为发达的地区之一。这四省一市常规水电资源已基本开发完，但还有十分丰富的抽水蓄能资源待开发。

华东电网抽水蓄能电站选点调查工作始于 1974 年，包括中国水电顾问集团华东勘测设计研究院、上海勘测设计研究院、福建省水利水电勘测设计研究院、中国水电顾问集团中南勘测设计研究院、中国水电顾问集团北京勘测设计研究院等多家单位，进行了多次抽水蓄能电站资源普查工作。初步统计，华东四省一市抽水蓄能电站可开发站址 144 处，合计装机容量 176 570MW。浙江省、安徽省、福建省三省抽水蓄能电站资源丰富，建设条件良好，江苏省抽水蓄能资源建设条件相对较差，上海市无抽水蓄能资源。

目前，华东电网内已建抽水蓄能电站 4860MW，分别为浙江天荒坪、桐柏、溪口，江苏宜兴、沙河，安徽琅琊山、响洪甸；在建规模 5360MW，分别为江苏溧阳，浙江仙居，安徽响水涧、佛子岭，福建仙游等。

华东四省一市抽水蓄能电站站址资源及已、在建规模汇总见表 1。

表 1　华东四省一市抽水蓄能电站站址资源及已、在建规模汇总表

省（市）	站址（处）	装机容量（MW）	已建（MW）	在建（MW）
上海市	0	0	0	0
江苏省	22	22 650	1100	1500
浙江省	46	60 400	3080	1500
安徽省	27	28 050	680	1160
福建省	49	65 470	0	1200
合计	144	176 570	4860	5360

（二）华东电网抽水蓄能电站合理规模

华东电网是一个以火电为主的电网，2009 年底发电装机容量 188 009MW，其中常规水电占 9.8%，火电占 83.1%，核电占 2.7%，新能源占 1.3%，抽水蓄能电站占 2.6%，其他占 0.5%。

根据能源资源情况，华东地区将长期实施多元化的能源供应战略，包括充分利用并经济开发有限的水电资源，积极消纳区外来电，积极推进新能源发电，经济合理安排燃气电源建设，积极发展核电，合理发展抽水蓄能电站，优化发展煤电。

2009 年，华东四省一市全社会最高负荷和用电量为 152 600MW、9033 亿 kW·h，同比增长 10.98%、6.05%；预测 2015 年、2020 年最高负荷 240 000MW、307 000MW。电源结构优化分析表明，华东四省一市 2015 年抽水蓄能电站合理规模约 19 620MW，约占总装机容量的 6.7%，煤电综合调峰幅度夏季 30.9%、冬季 32.7%，煤电装机年利用小时数约 5802h；2020 年抽水蓄能电站合理规模约 25 020MW，约占总装机容量的 6.7%，煤电综合调峰幅度夏季 34.7%、冬季 36.5%，煤电装机年利用小时数约 5606h。

华东电网分省市电源结构优化分析表明，上海、江苏、浙江、安徽、福建电网，2020 年抽水蓄能电站合理规模约为 3100MW、9200MW、7280MW、3340MW、4800MW。

（三）华东电网抽水蓄能电站前期工作情况

受中国水电工程顾问集团公司和国网新源控股有限公司的委托，中国水电顾问集团华东院勘测设计研究院开展了江苏省、浙江省、安徽省和福建省的抽水蓄能电站选点规划工作，除已建、在建、江苏马山 700MW 待核准、天荒坪二级 2100MW 已完成可行性研究等站址外，还选择了 21 个装机规模百万千瓦以上的站址开展规划阶段的勘测设计工作，其中江苏省

3个、浙江省6个、安徽省6个、福建省6个等，详细情况见表2。推荐句容、竹海为江苏省近期开发工程（竹海站址仍需征得地方政府同意），绩溪、桐城、宁国、金寨为安徽省近期开发工程（绩溪、宁国站址主要服务于华东电网，桐城、金寨站址主要服务于安徽电网），推荐厦门、永泰白云、周宁为福建省近期开发工程，浙江省规划站址根据浙江电网和华东电网对抽水蓄能电站的需求择时、择优开发。

表2　华东电网抽水蓄能电站前期工作开展情况一览表

省份	站　名	装机容量（MW）	设计阶段
江苏省		4150	
1	句容	1350	规划站址，预可行性研究报告已审
2	竹海	1800	规划站址，预可行性研究报告待审
3	苏文顶	1000	规划站址，选点规划
浙江省		10 200	
1	宁海	1800	规划站址、预可行性研究
2	泰顺	1200	规划站址、预可行性研究
3	缙云	1800	规划站址、预可行性研究报告待审
4	淳安	1200	规划站址、预可行性研究报告待审
5	天台九龙	1800	规划站址、预可行性研究报告待审
6	建德乌龙山	2400	规划站址、预可行性研究报告已审
安徽省		7600	
1	绩溪	1800	规划站址、预可行性研究报告已审
2	桐城	1200	规划站址、预可行性研究
3	宁国	1200	规划站址、选点规划
4	金寨	1200	规划站址、预可行性研究
5	岳西	1200	规划站址、选点规划
6	蚌埠	1000	规划站址、选点规划
福建省		7800	
1	厦门	1200	规划站址、预可行性研究报告待审
2	永泰白云	1200	规划站址、预可行性研究报告待审
3	周宁	1200	规划站址、预可行性研究报告待审
4	漳平	1200	规划站址、选点规划
5	长泰	1800	规划站址、选点规划
6	福州鼓岭	1200	规划站址、选点规划

（四）华东电网抽水蓄能电站布局分析

1. 上海市　没有抽水蓄能站址资源，与上海市相邻的江苏省抽水蓄能站址资源较差，尚不能满足本省的调峰需求；福建省抽水蓄能站址资源丰富，但离上海较远且通过浙江电网相连；浙江省抽水蓄能站址资源丰富且建设条件良好，与上海相邻且电网联系紧密；安徽省抽水蓄能站址资源比较丰富，是皖电东送的送端，电网联系紧密，因此上海电网的抽水蓄能电站需求可由浙江电网和安徽电网进行支援。上海电网目前可用抽水蓄能电站容量1400MW，分别为浙江天荒坪分配600MW、浙江桐柏分配500MW、安徽琅琊山分配300MW；在建安徽响水涧计划在“十二五”

建成投产，分配上海500MW；除此以外，上海电网2020年尚需外部支援抽水蓄能电站容量1200MW。

2. 江苏省　负荷高、增长快，但省内抽水蓄能电站资源较差，其新增的抽水蓄能电站需求在优先建设本省资源条件较好的站址之外，不足部分可由浙江电网和安徽电网支援。除宜兴、沙河、溧阳、马山外，江苏省建设条件相对较好及前期工作较为充分的站址有句容（1350MW）、竹海（1800MW）合计3150MW，均位于苏南负荷中心，两站址已完成预可行性研究阶段勘测设计工作，可考虑优先建设；此外根据苏北负荷增长，2020年前也需要建设一定规模的抽水蓄能电站，根据苏北地区抽水蓄能电站的资源条件、网架结构及抽水电源，苏北地区的抽水蓄能电站可考虑在连云港建设，站址资源条件较好的有苏文顶（1000MW）。如句容、竹海、苏文顶能如期建设，江苏电网2020年抽水蓄能电站尚缺1250MW左右，如竹海、苏文顶不能如期建设，江苏电网2020年还有约4000MW抽水蓄能电站容量市场空间。

3. 浙江省　抽水蓄能站址资源丰富且条件良好，位于华东电网的负荷中心内，与上海和江苏负荷中心距离均较近，且与上海电网和江苏电网联系紧密，在满足自身需求的基础上，有条件支援华东电网（江苏、上海）抽水蓄能电站需求。浙江省内目前已建有天荒坪（1800MW，其中分配上海600MW、江苏500MW、浙江500MW、安徽200MW）、溪口（80MW）、桐柏（1200MW，其中分配上海500MW、浙江700MW），共计3080MW，其中浙江可用容量1280MW；仙居抽水蓄能电站目前已核准建设，装机容量1500MW；浙江电网2020年抽水蓄能电站合理规模约为7280MW，2020年需新增4500MW。天荒坪二级（2100MW）已完成可行性研究阶段勘测设计工作；缙云方溪（1800MW）、淳安（1200MW）、天台九龙（1800MW）、建德乌龙山（2400MW）、奉化溪口二期（400MW）已完成预可行性研究阶段勘测设计工作；宁海茶山（1800MW）、泰顺（1200MW）正在开展预可行性研究工作。浙江省规划站址将根据浙江电网和华东电网对抽水蓄能电站的需求择时、择优开发。

4. 安徽省　抽水蓄能站址资源比较丰富，且建设条件较好，省内新增抽水蓄能电站考虑在省内建设，此外，安徽省与江苏省相邻，与江苏和上海电网联系紧密，在满足本省调峰需求之外，有条件支援上海和江苏电网抽水蓄能电站需求。安徽省内除已建琅琊山、响洪甸、在建响水涧、佛子岭外，绩溪、桐城、宁国、金寨、岳西、蚌埠等6个站址已完成规划阶段的勘测设计工作。绩溪、桐城和金寨正在开展预可行性研究阶段的勘测设计工作。绩溪、宁国主要服务于华东电网（江苏、上海），桐城、金寨主要服务于安徽电网。

5. 福建省　福建电网与华东电网主网连接相对较弱，且与华东电网的长三角负荷中心距离较远，处于华东电网末端。虽然省内抽水蓄能电站资源丰富，仍考虑满足自身需求为主。福建电网除在建仙游抽水蓄能电站外，厦门五峰、永泰白云、周宁、漳平、长泰、福州鼓岭已完成规划阶段勘测设计工作，目前厦门五峰、永泰白云、周宁等站址已完成预可行性研究阶段的勘测设计工作。站址开发主要满足福建电网对抽水蓄能电站的需求。

（中国水电顾问集团华东勘测设计研究院
赵佩兴　吴世东）

风　能　开　发

云南省风电场规划

受云南省发展改革委的委托，中国水电顾问集团昆明勘测设计研究院（以下简称昆明院）作为云南省风电场工程规划设计工作技术负责单位，在云南省气象局负责完成的云南省风能资源评价成果基础上，经过大量的室内研究和现场踏勘走访，在云南省风能资源开发最佳和较佳区域内共选择了13个风电场场址，即下关、浑水海、罗平山、白沙、朵古、李子箐、杨梅山、朗目山、大海草山、大岩洞、三股水、落雪、清水海，总装机容量1157MW，并于2006年12月完成《全国风电建设前期工作成果（规划报告篇）第25卷　云南省》，该成果于2006年12月由中国水电工程顾问集团会同有关部门进行了审查和验收，根据验收意见对报告进行修改完善后，纳入了《中华人民共和国风电建设前期工作成果（2007年）总报告》。

2006年以后，云南省风力发电取得了长足的发展，有关风电场规划选址的工作仍在不断进行，在原规划的13个场址外又选择了部分场址。为摸清这些新选场址的资源情况以及为风电开发的前期工作奠定基础，云南省发展改革委和省能源局委托昆明院和云南省气象局共同承担《云南省风电场规划报告（2009年修编）》的编制工作。规划中首先是对2006年选择的、目前场址范围和装机容量已发生变化的场址进行调整，然后是对2006年后新选的场址进行规划。经过1年多的努力，对2006年选择的李子箐、罗平山、大海草山、朵古和下关风电场进行了规划修编调整，调整后2006年选择的13个场址总装机容量为1390MW；新增了25个风电场场址，分别为马鞍山、云弄峰、五子坡、沙帽山、雪帮山、海东、大营、马厂、清水朗山、太平、太安、牦牛坪、大风丫口、马英山、花石头、照碧山、驾车、胜境、大莫古、苏甲、羊雄山、里达、莲花山、大黑山、雷应山，合计装机容量2387MW。于2009年11月完成了《云南省风电场规划报告（2009年修编）》，该报告于2009年12月由中国水电工程顾问集团会同有关部门进行了验收，昆明院根据验收意见对报告进行了修改完善提出了最终报告。截至2009年底，云南省共规划了38个风电场，总装机容量3777MW。

考虑到2006年和2009年规划中，部分风电场规模相对较大，场址内开发建设条件也各有差别，宜对场址进行分区和进一步落实场址的开发建设条件，特别是风能资源条件，采取分期方式进行开发。因此，为确定合理的装机容量，并提出场址的开发顺序，指导风电场的开发，在收集了场址测风资料的基础上，受开发业主委托，昆明院对马鞍山、罗平山、李子箐、朗目山、大海草山、花石头等风电场又分别进行了总体规划。

根据风电场工程规划的主要工作内容，结合云南省实际情况，云南省风电场工程规划工作的过程主要包括以下几个方面：

（1）根据《云南省风能资源评价报告》，分析云南省风能资源特点和云南省风能资源丰富的区域；

（2）利用1∶50 000地形图和卫星影像图，在风能资源丰富区域初选风电场场址；

（3）对初选场址进行现场踏勘和调查走访，根据现场踏勘和调查走访情况对场址的开发建设条件进行分析，综合比较后确定规划风电场场址；

（4）根据1∶50 000地形图和现场踏勘情况，拟订规划风电场的场址范围，对规划风电场的风能资源、工程地质、交通运输及施工安装等建设条件进行分析，初选适合该地区的单机容量机组，对风机进行初步布置，估算风电场的装机容量；

（5）分析场址所在地区的社会经济、电网和负荷等情况，结合风电场装机规模对电网影响的初步分析，初拟风电场的接入系统方案；

（6）初步调查环境现状，分析各规划风电场的主要环境敏感对象，并对风电场进行环境影响初步评价；

（7）根据各风电场的实际情况，对风电场投资进行匡算，并进行初步财务评价；

（8）综合分析各规划风电场的各方面因素，初拟规划风电场的开发顺序。

（中国水电顾问集团昆明勘测设计研究院　杨杰锋）

国电云南新能源有限公司风电规划及工程建设情况

国电云南新能源有限公司是国电云南电力有限公司在云南成立的全资子公司，该公司于2010年10月8日正式注册成立，主要负责云南区域新能源项目的前期开发工作，经营范围为风电、太阳能光伏、光热发电、地热能等项目的开发以及设备安装、调试、维修等工作。

（一）电源项目

国电云南新能源有限公司先后取得寻甸县清水海风力发电场、富宁县里达风力发电场、元谋县雷应山风力发电场、巧家县大岩洞风力发电场等的优先开发权。目前，已掌控列入《云南省新能源发展规划报告》的可开发优质新能源项目共8个，其中：风力发电项目7个，即云南寻甸县清水海风电场（规划装机容量198MW）、云南元谋县雷应山风电场（规划装机容量247.5MW）、云南巧家县三股水和大岩洞风电场（预测装机容量148.5MW）、云南富宁县里达风电场（预测装机容量49.5MW）、云南罗平县白蜡山风电场（预测装机容量49.5MW）、云南罗平县阿岗风电场（预测装机容量99MW）、云南宜良县扎鹰山风电场（预测装机容量148.5MW）；太阳能光伏发电项目一个，即云南元谋县马头地太阳能光伏电站（规划装机容量100MW）。国电云南新能源有限公司新能源项目可开发总装机容量达1096MW以上，实现从无到有的突破性进展，取得显著成效。

（二）风电规划

已列入云南省新能源发展规划的5个风电项目，分别是：昆明寻甸县清水海风电场（规划装机容量198MW）；楚雄元谋县雷应山风电场（规划装机容量229.5MW）；昭通巧家县三股水风电场（预测装机容量50MW）；昭通巧家县大岩洞风电场（预测装机容量100MW）；文山富宁县里达风电场（预测装机容量50MW）。

其中：昆明寻甸县清水海风电场一期装机容量49.5MW，寻甸县大海子风电场（清水海二期装机容量49.5MW），楚雄元谋县黑马井（雷应山二期装机容量49.5MW），楚雄元谋县鸡冠山（雷应山三期容量 49.5MW），昭通巧家县三股水风电场（预测装机容量 50MW），文山富宁县里达风电场（预测装机容量 50MW），已列入云南省发展改革委、省能源局开发计划并报国家发展改革委备案。

（三）工程建设

1. 楚雄元谋县雷应山风电场（装机容量 229.5MW）2010 年 9 月完成风能资源评估、风电场规划、预可行性研究，项目 2010 年 12 月 31 通过云南省发展改革委核准。进场道路及前期工程已开工，计划 2011 年 10 月第一期工程（装机容量 49.5MW）投产发电。

2. 昆明寻甸县清水海风电场（装机容量 198MW）风能资源评估报告已通过云南省气象局审查，厂区规划报告、预可行性研究报告已经通过专家审查，项目勘测设计、工程施工监理、发电机组、塔筒及部分主要辅机等主要标段的招标工作已完成，目前进场道路已经开工，计划 2011 年 11 月第一期工程（装机容量 49.5MW）投产发电。

（中国国电集团公司　王　元）

云南省风电场建设情况

云南省风能资源较丰富，开发条件较好。由于各级政府的重视、业主的努力，近几年风电场开发进度较快。自 2008 年 12 月大风坝风电场建成投产，截至 2010 年底全省已建成 5 座风电场，装机容量达 340MW。

大风坝风电场是云南省乃至西南地区建成发电的第一个风电场，为规划的下关风电场东段，场址年平均风速为 8.1m/s，年平均风功率密度为 330.5W/m²，风能资源条件较好。装机容量 48MW，安装 64 台单机容量 750kW 的风电机组，风电场年上网电量为 8261.79 万 kW·h。2007 年 10 月 12 日开工建设，2008 年 12 月 6 日建成投产。业主单位为华能港灯大理风力发电有限公司，设计单位为中国水电顾问集团昆明勘测设计研究院。

已建成的风电场还有者磨山、马鞍山、杨梅山、罗平山风电场，合计装机容量 292MW。分别位于下关、洱源和鹤庆、陆良、洱源。县业主单位有水电十四局大理聚能投资有限公司、华能港灯大理风力发电有限公司、中国国电龙源电力集团股份有限公司和中国大唐新能源股份有限公司，相应的设计单位有中国福霖风能工程有限公司、中国水电顾问集团昆明勘测设计研究院和云南省电力设计院。

现在在建风电场有大磨古（陆良县）、石林（石林县）、清水海（寻甸县）、风屯（牟定县）、李子箐（泸西县）、牦牛坪（宁蒗县）等多座风电场，计划到 2011 年底，全省风电场总装机容量达 800MW 以上。

目前，云南省正在进行预可行性研究阶段和可行性研究阶段勘测设计工作的风电场较多，进入云南省进行风电场设计的单位也较多，主要有中国水电顾问集团昆明勘测设计研究院、云南省电力设计院、中国福霖风能工程有限公司、中国水电顾问集团华东勘测设计研究院和中国水电顾问集团北京勘测设计研究院等。中国水电顾问集团昆明勘测设计研究院是云南省最早开展风电场规划设计的单位，已完成 12 座风电场的可行性研究报告，总装机容量 546.75MW。其中，已建风电场 2 座装机容量 97.5MW，在建风电场 4 座装机容量 197.25MW。

（中国水电顾问集团昆明勘测设计研究院　向　军）

华能贵州乌江源风电场工程简介

贵州乌江源风电场位于贵州省毕节地区威宁县炉山镇、盐仓镇与板底乡境内。风电场距威宁县城约 25km，距毕节地区所在地毕节市城区约 160km，距六盘水市城区约 105km；风电场场址区高程在 2350～2834m 之间，场址面积约 70km²。

贵州乌江源风电场共由 6 个风电场组成，规划总装机规模为 6×49.5MW，是目前贵州省规划装机规模最大的风电场。风电场拟采用分期开发，这次开发百草坪、祖安山、海柱和大法 4 个风电场，共安装 4×33 台单机容量为 1.5MW 风电机组，总装机容量为 4×49.5MW，工程总投资为 23.19 亿元。

风电场 60m 高度处年平均风速 8.6m/s，风功率密度为 557.2W/m²，年平均等效满负荷小时数 1975h，年上网电量 3.91 亿 kW·h。工程建成后，与同等发电量火电厂相比，每年可节约标准煤约 13.29 万 t，减排二氧化碳约 36.34 万 t，二氧化硫约 1.17 万 t，氮氧化物约 5865t。

该项目由华能新能源产业控股有限公司投资兴建，中国水电顾问集团贵阳勘测设计研究院设计。该工程计划于 2011 年 4 月正式开工建设，2011 年 10 月首批机组投产发电。

（中国水电顾问集团贵阳勘测设计研究院　刘晓云）

贵州盘县四格风电场工程简介

贵州盘县四格风电场位于贵州省六盘水市盘县四格乡境内，场址位于四格乡坡上草原牧场。风电场呈南北向长条形，场址区高程在 2200～2780m 之间。风电场北距六盘水市区公路距离约 110km，南距盘县县城公路距离约100km，风电场距盘县、六盘水市、贵阳市的直线距离分别为约59km、50km、211km。

贵州盘县四格风电场规划总装机规模为100MW，分两期开发，一期工程共安装19台单机容量为2.5MW风电机组，总装机容量为47.5MW，工程总投资为4.95亿元。

风电场70m高度处年平均风速6.4m/s，风功率密度为284.4W/m²，年平均等效满负荷小时数2108h，年上网电量1.0015亿kW·h。工程建成后，与同等发电量火电厂相比，每年可节约标准煤约3.4051万t，减排二氧化碳约9.31万t，二氧化硫约0.30万t，氮氧化物约1502t。

该项目由广西桂冠电力股份有限公司投资兴建，中国水电顾问集团贵阳勘测设计研究院设计。该工程计划于2011年4月正式开工建设，2011年10月首批机组投产发电。

（中国水电顾问集团贵阳勘测设计研究院　刘晓云）

风电场工程安全评价方法及验收管理体系研究

（一）项目研究背景

我国风能资源丰富，风电发展初具规模，国家对风电资源开发建设的速度大大加快。与此同时，国家对工程安全生产条件的符合，从业人员安全、健康，行业可持续发展的要求也越来越高。和水电工程相比较而言，风电场工程安全评价方法及验收管理体系目前国内还未详细规定。为了尽快适应迅速发展的风电建设项目市场需求，亟须完善风电场工程的相关规定，进行风电场工程安全评价方法及验收管理体系的研究。为配合风电场工程安全评价及安全“三同时”管理工作长期积极高效开展，2006年12月～2010年5月水电水利规划设计总院立项开展了风电场工程安全评价方法及验收管理体系研究。该课题于2010年9月通过中国水电工程顾问集团公司组织的科技项目验收，并已获得中国水电工程顾问集团公司2010年度科学技术进步奖二等奖。

（二）项目研究主要内容

该项目在研究风电场工程风险辨识的基础上，总结了风电场建设工程安全评价、劳动安全与工业卫生设计、安全设施竣工验收等具体工作的实践经验，提出了风电场工程安全评价的通用评价技术和方法，建立了安全“三同时”管理体系，开发了风电场工程安全评价及安全“三同时”管理软件。

1. 开展风电场工程危险、有害因素的辨识分析及安全评价方法研究　深入分析风电场建设工程施工期和运行期建设、管理特点，广泛征求风电场工程设计单位、施工单位、建设单位和运行单位意见，辨识、筛选出风电场建设工程施工期和运行期中可能存在的主要危险及有害因素。

研究适合风电场项目的通用风险分析技术，分析目前通用的定性定量安全评价方法，如道化学火灾、爆炸危险指数评价模型、ICI蒙德法评价模型、安全检查表法、预先危险性分析法等评价方法，研究通用安全评价方法在风电场建设工程安全预评价及安全验收评价工作中的适用性，并通过对常用安全评价方法的分析、计算，建立常用安全评价方法的算法模型。

2. 开展风电场工程安全“三同时”管理体系研究　广泛调研风电行业以及相关行业安全设施“三同时”管理情况，深入总结已经开展的风电场工程安全预评价、劳动安全与工业卫生设计、安全验收评价以及安全设施专项竣工验收审查及相关工作实践经验，全面汇总、提炼国内安全生产、电力行业安全“三同时”管理相关法律、法规、部门规章、技术标准等的精神和要求，研究风电场工程安全“三同时”管理体系的体系结构、构成要件、业务流程、控制措施、实施办法等内容。

3. 研制开发统一的风电场工程评价在线管理平台　研究建立风电场项目安全评价平台，通过互联网实现风电场项目安全评价的网上评价平台，从而起到对安全评价行业统一管理的作用。选择适当的操作语言和界面，研制开发统一的风电场项目评价在线管理平台，通过管理平台，实现评价报告的在线提交与审查，实现评价报告自动备案和检索。规范业主单位、中介机构和审查机构之间的数据接口，提高各单位之间的沟通效率。

4. 研制开发风电场工程安全评价报告编制基本模版　对常用的安全评价方法进行分析、计算，建立常用安全评价方法的算法模型。选择适当的操作语言和界面，开发安全评价报告编制软件，实现对安全评价报告编制的规范统一，提供安全评价模型选择。

5. 研制开发风电场工程安全评价工程信息数据库　采用合适的数据库开发软件，研制开发风电场项目信息数据库，实现对业主单位基本信息和工程项目信息的管理和查询；建立安全评价机构信息数据库，实现对安全评价机构的统一管理，建立业主单位对安全评价机构的工程委托信息数据库以及委托平台；建立评价依据（法律、法规）数据库的方法，并搜集现有的相关法律、法规，通过软件技术批量存储到数据库中；研究政府、企业以及评价机构对安全评价的不同需求，通过软件实现对评价结果的管理及查询。

（三）项目研究主要成果及达到的技术性能指标

（1）通过研究，建立了风电行业一整套科学的、完善的、适合于风电场工程建设管理特点的安全“三同时”管理体系。

（2）通过开展风电场建设工程危险、有害因素的辨识和分析，以及对大量安全评价方法的深入研究，筛选汇总出了适合风电场建设工程的风险辨识方法，并建立了相应的算法和数学模型。

（3）完成了风电场工程安全预评价、安全验收评价报告编制办法，以及安全设施竣工验收办法等规范、规定和技术标准的制定。

（4）建立了风电场工程安全评价在线申报和管理子系统，完成了软件CFD风电工程软件——风电场工程安全评价方法及验收管理系统V1.0的研制开发，并已申请了计算机软件著作权登记，登记号2008SRBJ5607。

（四）项目应用情况

风电场建设工程危险及有害因素辨识、分析方法，单元风险分析的划分原则，以及安全评价方法的研究和开展有利于规范和指导风电场工程安全预评价报告和安全验收评价报告的编制；风电场工程安全评价验收管理体系的建立有利于建立规范化和科学化的风电场工程安全设施“三同时”管理工作制度，并已先后应用在60余项风电场工程的安全评价和竣工验收中。该系统软件的成功开发填补了我国在风电场工程安全评价软件方面的空白，目前已在近20个风电场工程安全评价报告的编制中进行了使用。项目研究成果取得了良好的经济效益和社会效益。

（水电水利规划设计总院
杨志刚　王继琳　牛文彬　王　利）

风电机组几大技术发展情况

（一）大功率风电机组技术

早期的风电机组功率只有几十千瓦，20世纪80年代中后期，市场上出现了功率在几百千瓦的风电机组，商用风力发电机风轮直径从1980年的15m增长到1990年的40m。目前，国际上主流的风电机组功率已达到2～3MW，功率6MW的风电机组也已经投入运行，功率7MW的风电机组则已经进入技术论证阶段，其风轮直径达到了150m，是1980年的19倍。

据欧洲风电协会EWEA预测，随着风电技术的日趋成熟，未来风电机组将向风轮直径更大、功率更大的方向发展；到2020年，风电机组风轮直径可达300m，功率可达20MW。

（二）水平轴风电机组技术

水平轴风电机组具有风能转换效率高、转轴较短等特点，在大型风电机组应用上更显出其经济性。目前，水平轴风电机组已逐步成为世界风电发展的主流机型。垂直轴风电机组因转轴过长、风能转换效率不高以及启动、停机和变桨困难等问题，应用数量逐渐减少。

（三）直驱式、全功率变流技术

无齿轮箱的直驱式技术能有效地减少由于齿轮箱问题而造成的机组故障，提高系统运行可靠性和寿命，减少维护成本，因而受到了市场的青睐。伴随着直驱式风电系统的出现，全功率变流技术也得到了发展和应用。应用全功率变流的并网技术，使风轮和发电机的调速范围从零到额定转速的1.5倍，提高了风能的利用范围。

（四）“智能变桨”技术

“智能变桨”是随着风机单机容量增大而出现的技术热点之一。传统的风机控制方式是根据风速的变化，通过桨距调节机构，同时改变3个桨叶的攻角以调整电能输出，从而有效地利用风能。“智能变桨”是通过控制系统分别对3个桨叶单独控制来转换角度和方向，该技术对桨叶控制与系统可靠性提出了更高的要求。

（五）“中速双馈”机组技术

“中速双馈”技术是在分析现有直驱、高速双馈和混合驱动系统特点的基础上提出的，主要目的是克服高速双馈机组的齿轮箱严重疲劳、易损坏等问题。从理论上讲，“中速双馈”机组可以延长齿轮箱的寿命和降低齿轮箱的故障率，从而大大地增加机组的可靠性，这对于海上风电的应用尤为重要。

（六）深海漂浮式风电机组技术

海上风电有近海风电和深海风电两种方式，它们最主要的差别在机组的基座上。深海机组的基座需要采用和近海完全不同的技术路线，即采用浮体式。深海漂浮式风电机组技术尚处于概念和小容量示范阶段。2006年，在挪威的斯塔万格建立了第一台深海漂浮式风力发电机组“Hywind”。2007年，荷兰Blue H公司在意大利普里亚的离岸17km、水深108m处，安装了一台容量80kW的深海风电原型机（双桨叶）和平台基座。2008年，日本三菱重工也表示，将开发主要用于海上的5～7MW风电机组，先开发近海风电机组，2～3年后再发展浮体式基座和相应的风机设备。

（七）风—光互补发电系统的开发

风—光互补发电系统是由风力发电机与太阳能电池组成的联合发电系统，是一种充分利用可再生能源的发电装置。该装置由太阳能光电板、风力发电机组、系统控制器、蓄电池组和逆变器等几部分组成。风光互补发电系统可根据用户的用电负荷情况和资源条件进行系统容量的合理配置，既可保证系统供电的可靠性，又可降低发电系统的造价。在晴天可利用太阳光照发电，产生电能；阴雨天和夜晚可利用风力发电，产生电能。

（中国水利水电第七工程局有限公司　李庆云）

中国水利水电第七工程局有限公司进入风电领域施工情况

中国水利水电第七工程局有限公司（以下简称水电七局有限公司）于2007年进入风电施工市场，主要在浙江慈溪，江苏响水、连云港，广东台山，山西神池，甘肃玉门、瓜州等地区承担风电项目施工。截至2010年底，在近4年的时间里完成土建及安装工程合同金额55 644万元，安装1.5～2.5MW风机407台，总装机容量631MW。

响水风电场是目前国内在建的大风电场之一，由中国长江三峡集团新能源开发公司投资建设。水电七局有限公司在该项目施工中，总结出了一套在潮水浸没区沿海滩涂采用置换法、排水固结法、复合地基法，成功修建了施工道路和风电设备安装平台。在广东台山山地施工引入GPS测量技术，相对于原来的全站仪测量方法具有极大的优越性，观测点之间无需通视、定位精度高、观测时间短、提供三维坐标、操作简便以及可全天候作业，解决了山地植被密集不通视的问题。

沿海滩涂的风机基础、杆塔基础大多在盐池中，水位高，淤泥较多。为了减少潮水对施工干扰，采用两栖挖掘机，并在打桩平台外围铺设彩条布。用彩条布包裹素土作为围堰，打桩平台内部采用两栖挖掘机集土，平台面层采用粒径较为均匀的石渣填筑，以利打桩机正常施工。

风机设备主要由底座、塔筒、机舱、轮毂、叶片、箱式变压器及电气等部分组成。各种机型设备的重量不同，塔筒的高度不同使用的吊装设备也不同。主要使用400t、500t履带式起重机和50t、120t汽车式起重机安装风电设备。中国水利水电第七工程局有限公司风电项目施工情况见表1。

表1　中国水利水电第七工程局有限公司风电项目施工情况表

序号	项　目　名　称	单机容量（MW）	风机台数（台）	装机容量（MW）
1	浙江慈溪风电场土建及安装工程	1.5	33	49.5
2	江苏响水风电场土建及安装工程Ⅰ标	1.5	66	99
3	江苏响水风电场土建及安装工程Ⅱ标	1.5	68	102
4	山西神池风电场首批2台风机吊装工程	2	2	4
5	山西神池风电场首批（22台）风机吊装工程	2	22	44
6	江苏连云港50×2MW风电项目发电设备土建安装C标	2	14	28
7	广东台山上川岛风电场二期场内道路、风机及箱变基础工程施工1标	—	仅土建	无安装
8	江苏响水潮间带试验风机土建及安装工程	2.0/2.5	2	4.5
9	甘肃玉门桥湾三南风电场100MW工程风机安装工程	1.5	67	100.5
10	甘肃瓜州干河口第四风电场风机及箱变基础工程B标	—	仅土建	无安装
11	广东台山端芬北风电场场内道路、风机及箱变基础工程	—	仅土建	无安装
12	广东台山广海风电场场内道路、风机及箱变基础工程	—	仅土建	无安装
13	甘肃瓜州干河口第四风电场风机、箱变及低压电缆施工安装工程A标	1.5	73	109.5
14	甘肃瓜州干河口第四风电场风机、箱变及低压电缆施工安装工程B标	1.5	60	90

（中国水利水电第七工程局有限公司　李庆云）

中国水电顾问集团投资有限公司投资开发的风电项目简介

中国水电顾问集团投资有限公司是由中国水电工程顾问集团公司发起（以下简称集团公司），由集团公司、中国水利水电建设工程咨询公司以及集团公司所属七家设计院（子公司）共同出资组建的专业从事投资业务的有限责任公司。中国水电顾问集团投资有限公司于2007年9月28日正式成立。3年来，中国水电顾问集团投资有限公司主要致力于投资开发风电、水电项目，其中风电项目投产装机容量在2010年底达到30万kW，在建装机容量4.95万kW。

（一）河北张北坝头风电场

张北坝头风电场是我国首个百万千瓦级风电基地——张家口坝上地区百万千瓦级风电基地首期开发的风电场之一。该工程场址位于河北省张北县境内，总装机容量9.9万kW，安装66台单机容量1500kW的风力发电机组，年设计发电量为23 467万kW·h，年平均等效满负荷利用小时数为2370h。

2010年4月30日首台机组并网发电，同年6月底全部机组并网发电，经华北电网有限公司批复于2010年11月16日零时起正式进入商业运营阶段。当年发电量达1.2亿kW·h。

（二）甘肃瓜州北大桥第一风电场

甘肃瓜州北大桥第一风电场是我国首个千万千瓦级风电基地——甘肃千万千瓦级风电基地“十一五”建设项目之一。该工程场址位于甘肃省酒泉市瓜州县以北约18km的戈壁滩上，总装机容量20.1万kW，安装134台单机容量1500kW的风力发电机组，年设计发电量为46 146万kW·h，年平均等效满负荷利用小时数为2296h。

该项目于2010年12月31日首台机组成功并网发电，创造了集团公司“一年时间建成一座20万kW风电场”的建设速度。

（三）云南泸西李子箐风电场

李子箐风电场为云南省规划选择的首批风电场场址之一，规划面积约55km^2，规划总装机容量16.8万kW。风电场拟按四期进行开发，其中一期工程装机容量4.95万kW，安装33台单机容量1500kW的风力发电机组，年设计发电量11 725万kW·h，年平均等效满负荷利用小时数为2369h。该项目于2010年4月7日主体工程开工，12月1日完成全部机组吊装。其他各分期工程正有序推进可行性研究等前期工作。

（中国水电顾问集团投资有限公司 李岳军）

中國水力發電年鑒

3

大中型水电工程

常 规 水 电 工 程

三峡工程 2010 年建设情况

（一）固定资产投资完成情况

2010 年三峡工程投资计划 79.62 亿元，实际完成投资 53.59 亿元，占年度计划的 67.3%。其中：建安工程完成投资 29 282.29 万元，比计划投资 37 000.94 万元减少 7718.66 万元；设备费完成投资 6181.54 万元，比计划投资 7136.69 万元减少 955.15 万元；其他费用完成投资 11 140.38 万元，比计划投资 18 889 万元减少 7748.62 万元；水库移民费完成投资 45 亿元，比计划投资 69 亿元减少 24 亿元。

2010 年三峡地下电站投资计划 16.62 亿元，实际完成投资 13.33 亿元，占年度计划的 80.2%。其中：设备费完成投资 83 945.28 万元，比计划投资 125 852 万元减少 41 906.72 万元。

截至 2010 年底，三峡工程累计完成投资 1645.98 亿元，其中：枢纽工程静态投资完成 482.3 亿元，占枢纽工程概算 500.9 亿元的 96.29%；库区移民完成静态投资 521.32 亿元，占库区移民静态投资 530 亿元的 98.36%；价差 491.04 亿元；贷款利息 151.3 亿元。静态、动态投资均控制在国家批准的概算及预测的投资范围内。

2010 年三峡工程固定资产投资完成情况详见表 1。

表 1　2010 年三峡工程固定资产投资完成情况汇总表　万元

项　目	2010 年计划	2010 年完成	占年计划（%）	自开工累计完成
三峡工程投资	796 227	535 869.44	67.30	16 459 817.53
1. 建安工程	37 001	29 282.29	79.14	3 165 079.59
2. 机电设备费	2079	2028.57	97.57	940 744.00
3. 金属结构设备费	5058	4152.97	82.11	197 245.09
4. 其他费用	16 803	9471.74	56.37	438 368.09
5. 基本预备费	2086	1668.64	80.00	81 515.50
6. 水库淹没处理补偿费	250 221	163 187.87	65.22	5 213 229.48
7. 价差预备费	482 979	326 077.37	67.51	4 910 361.20
8. 贷款利息				1 513 274.61

（二）主要工程量完成情况

2010 年三峡工程主要工程量完成情况见表 2；主体工程土建与金属结构安装工程单元质量评定完成 1046 个，合格率 100%，优良率 93.6%。实现全年无质量事故管理目标。

表 2　2010 年三峡工程主要工程量完成情况汇总表

项　目	单位	2010 年计划	2010 年完成	占年计划（%）	自开工累计完成
土石方开挖	万 m^3		8.49		14 026.21
土石方填筑	万 m^3		2.80		5352.17
混凝土浇筑	万 m^3	6.68	7.07	105.90	2840.37
钢筋制作安装	万 t	0.66	0.85	129.10	60.52
锚杆	万根		0.39		57.39
机电安装	万 t				19.06
金属结构安装	万 t	0.04	0.13	307.14	22.17

（三）主要工程形象进度

1. 升船机续建工程　船厢室段 1～4 号塔柱混凝土浇筑分别至高程 122.65、126.15、129.65、126.15m；剪力墙最高浇筑至高程 94.5m；上闸首排架柱最高浇筑至高程 198.9m；下闸首边墙、下游引航道护坡混凝土浇筑完成。平衡重导轨二期混凝土浇筑至高程 63.9～67.8m。平衡重导轨安装至高程 71.7～75.6m。

2. 地下电站工程　32、31、30、29、28、27 号机组分别于 6、6、7、8、11、12 月完成发电机层土建向机电安装交面。主厂房高程 46.5m 廊道、集水井二期混凝土浇筑完成。32 号机组完成转轮及导水机构、水发大轴、调速系统油压装置安装；完成定子安装及转子吊装，开始机组总装。31 号机组完成转轮、导叶及顶盖吊装，调速系统压油装置完成安装。30 号机组完成底环组装、定子磁化试验、转子支架完成组焊、下机架中心体及支臂挂装。29 号机组完成基础环锪平。28 号机组完成基坑测定、定子机座进场及组圆。32～29 号机组引水洞完成上弯段混凝土浇筑。尾水围堰开挖于 10 月开始，12 月 8 日地下电站尾水基坑进水。500kV 升压站主变压器楼 8 月土建完成。

3. 坝区规划项目　枢纽管理区规划项目 2010 年完工和在建项目包括建筑类 9 项、水保绿化类 18 项、交通类 7 项、市政类 3 项、电力类 6 项，共计 43 项。完成柳树湾生态停车场工程及生态停车场第二标段绿化、望家坝区域水保绿化及大树移植、84m 高程混凝土系统绿化、陈家冲渣场西园、武警特勤营地绿化、185m 高程平台至古树岭区工程绿化、乐天溪污水处理厂、对外交通专用公路路面修复、枢纽核心区封闭围墙。左右岸坝面清理与保护工程完成 21.4 万 m^2。

（中国长江三峡集团公司　乔仁贵）

溪洛渡水电站工程 2010 年建设情况

（一）固定资产投资完成情况

2010 年，溪洛渡水电站工程计划投资 57.87 亿元，实际完成投资 53.55 亿元，占计划的 92.53%。其中：建安工程完成投资 246 905.38 万元，比计划投资 242 412 万元增加 4493.45 万元；设备费完成投资 69 684.35 万元，比计划投资 101 217 万元减少 31 532 万元。

截至 2010 年底，溪洛渡水电站工程累计完成投资 266.67 亿元，其中：建安工程完成投资 149.86 亿元，永久设备完成投资 20.9 亿元，建设征地及移民安置费完成投资 38.84 亿元，其他费用完成投资 46.45 亿元，贷款利息 10.63 亿元。

2010 年溪洛渡水电站工程固定资产投资完成情况详见表 1。

表 1　2010 年溪洛渡水电站工程固定资产投资完成情况汇总表　万元

项　目	2010 年计划	2010 年完成	占年计划（%）	自开工累计完成
溪洛渡水电站投资	578 740	535 509.04	92.53	2 666 669.21
（一）枢纽工程	343 629	316 589.73	92.13	1 707 543.18
1. 建安工程	242 412	246 905.38	101.85	1 498 567.37
建筑工程	242 412	234 107.11	96.57	1 476 353.45
施工辅助工程	29 774	28 017.17	94.10	487 096.95
建筑工程	209 442	203 358.86	97.10	956 015.74
环保工程	3196	2731.08	85.45	33 240.76
安装工程		12 798.27		22 213.92
2. 永久设备	101 217	69 684.35	68.85	208 975.81
机电设备费	81 827	59 110.35	72.24	189 468.53
金属结构设备费	19 390	10 574.00	54.53	19 507.28
（二）征地和移民安置费	93 140	93 965.00	100.89	388 350.00
（三）独立费用	54 735	45 507.03	83.14	264 532.04
（四）基本预备费				
（五）价差预备费	57 236	46 109.29	80.56	199 920.53
（六）贷款利息	30 000	33 337.99	111.13	106 323.46

（二）主要工程量完成情况

2010年溪洛渡水电站工程主要工程量完成情况见表2。

截至11月底，2010年溪洛渡主体工程共评定单元工程4260个，合格4260个，优良4083个，优良率95.8%。

表2　溪洛渡水电站工程主要工程量完成情况汇总表

项　目	单位	2010年计划	2010年完成	占年计划（%）	自开工累计完成
土石方明挖	万 m^3	32.17	120.57	374.79	5580.32
石方洞挖	万 m^3	25.15	63.97	254.35	2034.74
混凝土浇筑	万 m^3	302.38	315.98	104.50	811.84
锚杆（锚筋）	万根	12.25	28.20	230.20	232.12

（三）主要工程形象进度

1. 大坝工程　大坝主体6～24号坝段混凝土平均浇筑至高程424.8m，最高浇筑至高程454m。

2. 水垫塘及二道坝工程　二道坝混凝土平均浇筑至高程385m。水垫塘底板混凝土浇筑完成437仓。

3. 地下厂房工程　主厂房1～18号机组第一次向机电安装标交面全部完成；1～18号机组混凝土平均浇筑至高程358.43m；副安装间混凝土浇筑完成。1、4～15、18号机组蜗壳制造完成。主变压器室1～9号机组混凝土最高浇筑至高程390m，最低浇筑至高程380.3m；10～18号机组混凝土最高浇筑至高程403m，最低浇筑至高程376.1m，其中主变压器室14号机组混凝土浇筑完成。1号出线竖井上段、4号竖井下段、3号竖井上下段混凝土浇筑完成。1～6号尾水调压室流道底板及边墙混凝土浇筑完成，1、3、7、8号机组阻抗板混凝土高程354m以下浇筑完成。调压室边墙滑模混凝土最高浇筑至高程385m。1、6号尾水洞出口闸室整体达到高程410.5m，出口启闭机排架柱混凝土浇筑完成。1～4号泄洪洞洞挖全部完成，中闸室混凝土分别浇筑至高程537、538.5、540、540m。1、2号泄洪洞进水塔混凝土分别浇筑至高程560、554m，3、4号泄洪洞进水塔混凝土浇筑完成。

（中国长江三峡集团公司　乔仁贵）

向家坝水电站工程2010年建设情况

2010年向家坝工程建设按照年度计划稳步推进，主要工程项目进度受控。二期厂坝工程基本攻克了基础固结灌浆的难题，大型施工设备顺利投产，为大坝全面上升提供了可靠的保障，大坝混凝土浇筑全面进入高峰期。

（一）固定资产投资完成情况

2010年，向家坝水电站工程计划投资86.88亿元，实际完成投资77.05亿元，占全年计划投资的88.69%。其中：建安工程完成投资255 628.09万元，比计划投资286 157万元减少30 529万元；永久设备费完成投资47 175.8万元，比计划投资93 112万元减少45 936万元；独立费用完成投资41 349.02万元。比计划投资63 696万元减少22 347.46万元。

截至2010年底，向家坝水电站累计完成投资224.04亿元。其中：建安工程完成投资85.47亿元，设备费完成投资12.51亿元，建设征地和移民安置费完成投资91.82亿元，基本预备费用完成投资1.9亿元，其他费用完成投资26.82亿元，贷款利息5.52亿元。

2010年向家坝水电站工程固定资产投资完成情况详见表1。

表1　2010年向家坝水电站工程固定资产投资完成情况汇总表　万元

项　目	2010年计划	2010年完成	占年计划（%）	自开工累计完成
向家坝水电站投资	868 818	770 489.05	88.68	2 240 408.18
（一）枢纽工程	379 269	302 803.89	79.84	979 792.72
1. 建安工程	286 157	255 628.09	89.33	854 706.15
建筑工程	286 157	248 743.10	86.93	842 214.47
施工辅助工程	45 076	43 371.61	96.22	340 101.08
建筑工程	237 985	202 685.85	85.17	483 466.64
环保工程	3096	2685.64	86.75	18 646.75
安装工程		6885.00		12 491.68
2. 永久设备	93 112	47 175.80	50.67	125 086.57
机电设备	74 775	33 596.84	44.93	107 379.58

续表

项　目	2010年计划	2010年完成	占年计划（%）	自开工累计完成
金属结构设备	18 337	13 578.96	74.05	17 706.99
（二）建设征地和移民安置费	362 776	379 086.00	104.50	918 224.00
（三）独立费用	63 696	41 349.02	64.92	190 799.12
（四）基本预备费	4867	866.22	17.80	19 017.02
（五）价差预备费	32 210	21 115.17	65.56	77 372.08
（六）贷款利息	26 000	25 268.76	97.19	55 203.24

（二）主要工程量完成情况

2010年向家坝水电站工程主要工程量完成情况见表2。主体工程共评定单元工程2739个，合格率100%，优良率92.81%。

表2　2010年向家坝水电站工程主要工程量完成情况汇总表

项　目	单位	2010年计划	2010年完成	占年计划（%）	自开工累计完成
土石方明挖	万m^3	219.00	458.35	209.29	5021.00
石方洞挖	万m^3	17.50	33.86	193.49	324.75
混凝土浇筑	万m^3	407.03	397.34	97.62	878.57
固结灌浆	万m	35.89	37.62	104.82	57.11
帷幕灌浆	万m	9.50	5.23	55.05	28.27
钢筋	万t		4.36		17.50
锚杆（锚筋）	万根		8.22		92.56

（三）主要工程形象进度

1. 左岸主体及导流工程

（1）基础处理工程：固结灌浆全部完成；帷幕灌浆累计完成4.55万m。

（2）混凝土工程：冲沙孔坝段停留在一期设计高程340m，左非①～⑥坝段停留在导流缺口高程280m，左非⑦～⑱坝段全部浇筑至坝顶。

2. 二期厂坝工程

（1）土石方工程：2月完成坝基齿槽大面积清基交面，11月完成消力池齿槽清基交面。完成坝基防渗墙施工平洞（长约85m）及竖井开挖。

（2）基础处理：泄洪坝段标，基本完成泄洪坝段坝内固结灌浆，剩余泄3～泄6坝段甲块（改在廊道内施工）、泄8坝段齿槽斜坡部位和泄9～泄13坝段丙块斜坡部位固结灌浆；完成右非1～5坝段固结灌浆；完成消力池齿槽右侧先浇块固结灌浆。厂房坝段标，完成坝内固结灌浆（7.86万m）；升船机坝段钢管桩全部完成（共295根）。坝后厂房标，除门机轨道占压段外，固结灌浆全部完成。升船机标，共有4个浇筑块开始混凝土施工，完成3块固结灌浆。船厢室段固结灌浆全部完成；下闸首完成固结灌浆2000m。

（3）混凝土浇筑：泄洪坝段标，泄1～泄13坝段甲、乙、丙块分别平均浇筑至高程263.4m、259.3m、243.6m；高平台泄9～泄13甲块浇筑至高程275m；右非1～5坝段平均浇筑至高程279m；消力池齿槽回填至高程231m。厂房坝段标，厂1～厂8坝段甲块平均浇筑至高程274m，乙块平均浇筑至高程276m，丙块平均浇筑至高程274m，升船机坝段浇筑至高程264.5m。坝后厂房标，5～8号机Ⅰ区浇筑至高程251m，Ⅱ区浇筑至高程231～244m，Ⅲ区浇筑至高程246.7～257.4m，升船机渡槽段浇筑至高程261.24m。升船机标，船厢室段A、B、C块分别浇筑至高程240m、255m、250.5m；下闸首浇筑至高程248m。

（4）金属结构制作安装：完成8～5号机压力钢管制作50节、安装30节（共4×73节）；8～5号机背管混凝土浇筑至高程252.9m；完成8、7号机穿墙钢管安装。完成8号机锥管安装，完成7、6号机肘管安装，完成5号机肘管第一次安装。

3. 右岸地下电站

（1）进水口：1～4号进水塔分别浇筑至高程373m、379m、384m、382.7m。连接塔浇筑至高程367m。1、2号排沙塔分别浇筑至高程367m、376m。

（2）引水系统：1～4号洞下弯段全部浇筑完成，1、2、3、4号调斜井段分别完成2段、1段、1段、1段（下弯段4段、斜井段3段、上弯段3段，共10段）。

（3）主厂房：主厂房吊顶全部完成。1号机母线层浇筑至高程271.24m，2号机蜗壳混凝土浇筑至高程261.5m，3号机完成蜗壳安装，4号机完成蜗壳安装70%。

（4）主变压器室及母线洞：主变压器室，完成电缆沟槽和底板混凝土浇筑；完成第1层楼柱子浇筑。母线洞，基本浇完1～3号母线洞2层楼板和4号母线洞1层楼板。

（5）尾水闸门室：1～4号闸门井浇筑至高程274.74～282m。

(6) 尾水洞：尾水扩散段（分3段浇筑），完成1～4号尾水扩散底板和边墙混凝土施工，完成2号尾水扩散顶拱衬砌。尾水支洞（共3层），完成1～4号支洞开挖支护，完成2号支洞底板浇筑。1、2号尾水主洞开挖完成。1、2号尾水塔分别浇筑至高程250m、242m。

(7) 尾水渠：开挖全部完成，完成部分底板和护坡混凝土浇筑。

(8) 出线系统：完成开关站二期槽挖；基本完成GIS室1层楼浇筑（共2层楼）；完成副厂房底板和第1层柱浇筑（共7层）。出线竖井（共214.7m），11月下旬完成滑模安装及调试，井身浇筑至高程326m。

(9) 排沙洞（共338m）：完成排沙洞及闸门室开挖支护。

4. 灌溉取水口　左岸灌溉取水口连接隧洞（50m）完成开挖支护。右岸灌溉取水口连接隧洞（299m，前期已完成140m），完成开挖支护60m，剩余99m。

（中国长江三峡集团公司　乔仁贵
中国水电顾问集团中南勘测设计研究院　潘江洋）

黄河上游水电开发有限责任公司所属四个水电站2010年建设情况

（一）拉西瓦水电站

2010年，完成工程投资6.18亿元。1号机于8月18日实现并网发电，至此，一期5台机组全部并网发电。混凝土双曲拱坝浇筑基本完成，坝顶门机安装完成。坝前右岸果卜岸坡监测及研究取得阶段性成果，水位逐步提升到2430m高程运行。南干渠工程开工建设，环境综合治理方案审查基本完成。12月26日电站管理权限完成现场移交。

（二）积石峡水电站

全年完成工程投资16.82亿元。2010年10月14日工程下闸蓄水，1、2、3号机组分别于11月9日、11月27日、12月12日并网发电，实现了“一年三投”的目标。面板堆石坝填筑完成，左右岸帷幕补灌工作已全面开始，导流洞临时封堵、泄洪排沙底孔、厂房围护结构施工已完成，中孔泄洪洞进口部位完成，金属结构设备安装调试已完成。

（三）班多水电站

班多水电站为黄河干流龙羊峡以上、茨哈—羊曲河段水电规划的第二个梯级水电站，坝址位于青海省海南州兴海县与同德县交界处的班多峡谷出口处，距西宁333km。坝顶高程2764m，最大坝高78.45m；设计正常蓄水位2760m，总库容1535万m^3；安装3台单机容量为120MW的水轮发电机组，总装机容量360MW，多年平均发电量14.27亿kW·h。

2010年，完成投资51 489.65万元；完成混凝土浇筑150 182.74m^3，钢筋制作安装5404.10t，固结灌浆钻孔2355m，固结水泥灌浆318t，帷幕灌浆钻孔6314m，帷幕水泥灌浆521t，砂石骨料生产318 494.2t，内观仪器埋设49支（组）。

主要工程形象进度：2月19日，左副坝第一仓混凝土浇筑；3月1日，1号机机坑土建向机电交面；4月底1～3号机尾水副厂房高程2728m层封顶，尾水闸墩及尾水平台混凝土浇筑完成；5月15日，2号机机坑二期混凝土全部浇筑完成主厂房封顶；6月厂房、右副坝混凝土全部到顶，左副坝达到2755m高程，进水口闸门安装完成并下闸，工程达到坝体挡水形象；8月，水准网首测工作及地下水长期观测孔施工完成；9月10日，左副坝最后一仓混凝土浇筑完成，坝顶贯通；9月底，电站垂直位移测量点以及左右岸两条引张线施工取值完成，垂线系统投用；11月18日，3号机主厂房封顶，机坑二期混凝土全部浇筑完成，电站土建主体工程基本完成。10月30日，首台机组并网发电；12月18日，2号机组并网发电。

（四）羊曲水电站

该电站位于青海省海南州兴海县与贵南县交界处，是黄河干流龙羊峡水电站上游茨哈、班多和羊曲三个规划梯级电站的最下一级，距上游班多水电站约75km，距下游龙羊峡水电站河道距离约100km，距离省会西宁市242km。电站最大坝高为150m，正常蓄水位2715m，相应库容14.72亿m^3；安装3台单机容量为400MW的水轮发电机组，总容量1200MW，多年平均发电量47.12亿kW·h。

2010年完成工程投资9962.47万元。主要工程形象进度：对外交通专用公路各标段5月29日开工，生活营地规划设计完成审查，接待中心基础部分施工完成，砂石料筛分混凝土拌和系统的招标文件审查完成，水轮发电机组合同谈判完成。

由于征地移民问题未能得到有效的解决，自10月1日起，羊曲村村民进行阻工，对外专用交通公路和接待中心工程及已进场的左、右岸供水区，生活区场地平整工程均处于停工状态，导致年度工期目标未能按期实现。

（黄河上游水电开发有限责任公司
许为宁　张文俊）

锦屏水电工程2010年进展情况

2010年，锦屏一级大坝最高浇筑高度达到105m，全年混凝土浇筑量超过100万m^3；锦屏二级四条引水洞全年开挖完成21.7km，其中1号引水隧洞完成开挖8.7km，施工排水洞完成开挖约6km；锦屏一级、二级机电安装工程全面开展。工程各项工作进展顺利，2010年锦屏水电工程安全、质量、环境保护（简称环保）、水土保持（简称水保）以及投资控制情况良好。

（一）完成的主要工程量

2010年，锦屏水电工程共完成土石方开挖459万m^3，混凝土浇筑194万m^3，喷混凝土16.91万m^3，各类锚杆74.31万根，钢筋制作安装4.96万t。

（二）主要工程形象面貌

截至2010年12月底，主要工程形象面貌如下：

1. 锦屏一级水电站

（1）大坝浇筑最高坝段至1685m高程，最低坝段至1653.5m高程，垫座混凝土A块浇筑至1791.5m高程，B块浇筑至1799m高程；水垫塘左边墙最高浇筑至1643.5m高程，最低浇筑至1606m高程，右边墙最高浇筑至1617m高程；二道坝2、4号坝段浇筑至1604.5m高程。

（2）电站进水口3、5号塔体混凝土浇筑至1847m高程；1～6号拦污栅墩混凝土浇筑至1810m高程；全年压力钢管安装10 500t；主厂房4、5、6号机组蜗壳支墩混凝土浇筑完成；主变压器室4～6号机组底板混凝土完成；1、2号尾水出口闸室混凝土浇筑至1634m高程。

（3）左岸基础处理工程，各高程回填灌浆基本完成，固结灌浆完成27.58万m，帷幕灌浆完成10.48万m；灌浆廊道、置换平洞及竖井、帷幕灌浆洞的开挖支护及混凝土衬砌完成。

（4）泄洪雾化区边坡及下游河道防护工程，A标段合同内的左、右岸主（被）动防护网全部完成；B标段右岸道班沟山梁1670m高程以下开挖和支护完成，左岸护坡混凝土最高已浇筑至1680m高程。

（5）锦屏一级、二级和官地水电站鱼类增殖站工程构（建）筑物施工及设备采购安装工程，除景观绿化、围墙施工外，土建工程主体全部完工。

（6）机电设备安装：6号机组蜗壳挂装及焊接全部完成；5号机组蜗壳挂装及焊接完成50%的工作量；4号机组蜗壳管节拼装完成50%。

2. 锦屏二级水电站

（1）闸坝工程，满足2010年汛期过水要求。

（2）引水隧洞西端开挖，折合全断面年度完成：1号引水隧洞为1649m，2号引水隧洞为1295m，3号引水隧洞为1410m，4号引水隧洞为1235m。

（3）引水隧洞东端开挖，1、2号引水隧洞折合全断面，年度完成分别为5803m、2729m；3号引水隧洞TBM年度开挖完成3334m，4号引水隧洞上半断面年度开挖完成2300m，下断面开挖1800m。

（4）上游调压室1号竖井开挖支护基本完成，1号机组蜗壳外包混凝土已浇筑到1317.85m高程，2号机组大体积混凝土浇筑到1316.75m高程，3号机组完成蜗壳压水试验，4号机组混凝土浇筑到1313.32m高程并完成蜗壳挂装，5、6号机组已完成座环安装，7、8号机组已完成肘管安装，1～4号尾水闸门室基本具备下闸条件。

（5）1～4号引水隧洞进口岩塞段开挖支护施工完成，1～4号闸门井闸门安装以及汛期下闸挡水工作完成。

（6）施工排水洞，西端年度开挖完成2737m，东端年度开挖完成3260m。

（7）机电设备安装，1号机组向土建提交蜗壳保压浇混凝土工作面，2号机组完成蜗壳安装，3号机组完成蜗壳安装的50%，4号机组完成锥管安装及座环安装间焊接。

（三）其他工作完成情况

1. 安全管理　2010年是锦屏水电工程施工的高峰年、攻坚年，锦屏一级水电站大坝混凝土浇筑和锦屏二级水电站引水隧洞开挖施工任务艰巨，厂房枢纽工程由开挖转入金属结构和机电安装，安全生产和防洪度汛形势严峻。本着科学发展、安全发展的理念，参建单位共同努力，深入开展安全生产年活动和隐患排查治理，强力推进安全标准化建设，切实做好各项防汛工作，实现了“零死亡事故，创文明工地”的目标，保持了平稳可控的安全生产势头。

2. 质量管理　2010年，锦屏一、二级各土建工程项目合计共评定12 567个单元，合格单元12 567个，优良单元11 440个，单元工程优良率91.0%；机电安装工程项目共评定11个单元，其中优良单元11个，单元工程优良率100%；评定“锦屏水电工程B级样板工程”1个，评定“锦屏一级大坝工程样板仓”3个。全年无质量事故发生，工程质量总体受控。

3. 环保、水保管理　2010年，严格贯彻执行国家和地方环保、水保法律、法规、规章、政策及制度和二滩水电开发有限责任公司环保、水保管理要求；持续完善环保、水保管理体系，全面落实环保、水保责任，做到了机构健全、人员落实、制度完整、管理规范；按照环境影响报告书、水土保持方案报告书和“三同时”制度要求落实各项环保、水保措施；做好已建环保、水保设施的运行管理和维护。

（二滩水电开发有限责任公司　徐　建）

官地水电站正式开工建设

2010年10月20日下午，在成都和官地、桐子林水电站工程施工现场三地间以视频传输方式举行了雅砻江官地和桐子林电站开工典礼，官地水电站正式开工建设。

官地水电站位于四川省凉山州西昌市与盐源县交界的雅砻江干流河段上，总装机容量 240 万 kW，计划 2012 年 7 月首台机组投产发电，2013 年 7 月工程竣工。该水电站将成为雅砻江上第一个将清洁能源通过“西电东送”中通道送往华东的电站。

2010 年，官地水电站工程各项工作进展顺利，工程安全、质量、环保水保以及投资控制情况良好。

（一）完成的主要工程量

2010 年，官地水电站工程共完成土石方开挖 24 万 m^3，混凝土浇筑 249 万 m^3，喷混凝土 0.5 万 m^3，各类锚杆 3.6 万根，钢筋制作安装 5 万 t。

（二）主要工程形象面貌

截至 2010 年 12 月底，主要工程形象面貌如下：

1. 大坝工程

（1）挡水坝段，1、2、5 号坝段分别浇筑至 1334m、1300m、1259m 高程；6～9 号坝段和 11、12 号坝段浇筑至 1254m 高程；10、15 号中孔坝段浇筑至 1250m 高程；13、14 号坝段和 16～21 号坝段浇筑至 1253.5m 高程；24 号坝段浇筑至 1332m 高程。

（2）消力池碾压混凝土施工完成，浇筑至 1180m 高程。

2. 引水发电系统工程

（1）1 号进水塔塔身混凝土浇筑至 1325m 高程；2～4 号进水塔塔身混凝土浇筑完成（至 1334m 高程）。

（2）1～4 号压力管道开挖完成，上平段底拱混凝土浇筑完成。压力钢管制作完成，2、3 号压力钢管安装完成。

（3）1 号机组混凝土浇筑至 1206.50m（机墩高程）；2 号蜗壳打压完成；3 号机组座环安装完成，开始蜗壳挂装；4 号机蜗壳及座环支墩混凝土浇筑完成。副厂房浇筑完成 5 层（共 7 层）。

（4）主变压器室及第二副厂房浇筑完成（顶拱除外）。GIS 楼及控制楼板梁柱混凝土浇筑完成。

（5）尾水调压室开挖支护完成；1 号室 1 号机组流道混凝土浇筑至 1194m 高程，其余流道边墙混凝土浇筑至 1187m 高程。1 号尾水主洞边顶拱混凝土浇筑累计完成 240m，剩余 180m（总 420m）；2 号尾水主洞边顶拱浇筑累计完成 170m，剩余 360m（总 530m）。尾水出口闸室浇筑完成，闸门门槽、启闭机安装完成。

3. 机电安装工程　1 号机组蜗壳保压混凝土浇筑完成，定子定位筋托块焊接完成，转轮退火后焊缝打磨、探伤完成；2 号机组蜗壳水压试验完成；3 号机组座环焊接完成，开始蜗壳挂装；4 号机组锥管安装完成。

4. 南线公路　南线公路全线贯通，具备通车条件。

（三）其他工作完成情况

1. 安全管理　2010 年，官地水电站工程未发生人身死亡事故，未发生责任性安全事故，安全生产目标总体受控，安全生产形势总体稳定。

2. 质量管理　2010 年，官地水电站工程质量处于受控状态，无质量事故发生，无大的质量缺陷。单元工程验收合格率为 100%，单元验收评定总体优良率为 93.8%。2010 年 10 月与 12 月，分别从 14、10 号坝段三级配碾压混凝土中取出长度为 18.28m 与 18.20m 的超长芯样（芯样直径 150mm），刷新了全国碾压混凝土芯样纪录。从获取的混凝土芯样进行的外观检查表明，芯样外观光滑，骨料分布均匀，层间结合良好，结构致密，无裂缝，满足规范和设计要求。

3. 环保、水保管理　2010 年，严格贯彻执行国家和地方环保、水保法律、法规、规章、政策及制度和二滩水电开发有限责任公司环保、水保管理要求；持续完善环保、水保管理体系，全面落实环保、水保责任，做到了机构健全、人员落实、制度完整、管理规范；按照环境影响报告书、水土保持方案报告书和“三同时”制度要求落实各项环保、水保措施；做好已建环保、水保设施的运行管理和维护。

（二滩水电开发有限责任公司　张超锋　宋志评）

桐子林水电站正式开工建设

2010 年 10 月 20 日下午，在成都和官地、桐子林水电站工程施工现场三地间以视频传输方式举行了雅砻江官地和桐子林电站开工典礼，桐子林水电站正式开工建设。

（一）工程概况

桐子林水电站位于四川省攀枝花市盐边县境内雅砻江干流上，距上游二滩水电站约 18.0km，距雅砻江与金沙江汇口约 15.0km，是雅砻江下游最末一个梯级电站。工程枢纽由左、右岸挡水坝段，河床式发电厂房，泄洪闸等建筑物组成，最大坝高 71.3m。电站装机容量为 600MW，与上游锦屏一级、二滩水库联合运行多年平均发电量 29.75 亿 kW·h。水库正常蓄水位为 1015.00m，总库容 0.912 亿 m^3，具有日调节性能。电站以发电任务为主，兼有下游综合用水要求。工程土石方明挖约 530.5 万 m^3，混凝土约 176 万 m^3，钢筋约 5.52 万 t。工程动态投资 625 710.38 万元。

桐子林水电站 2009 年 4 月可行性研究报告（重编）通过水电水利规划设计总院的审查，2009 年 12 月项目核准报告通过了中国国际工程咨询公司评估，

2010年9月25日通过国家发展改革委项目核准，2010年10月20日工程正式开工建设。计划2011年11月大江截流，2015年6月底第一台机组发电，2016年6月工程竣工。

（二）工程进展情况

桐子林水电站自2004年10月25日筹建以来，先后启动了17项前期准备工程。主要有：导流明渠工程、混凝土拌和系统及左岸供水系统工程、金龙沟人工砂石骨料生产系统工程、35kV施工供电系统工程等。

截至2010年底，桐子林水电站前期筹建及准备工程基本完成，电站建设的辅助系统（骨料供应、混凝土拌和、供电、供水、道路、营地、渣场）全部形成，导流明渠施工按计划稳步推进。

桐子林水电站2010年安全、质量、环保、水保以及投资控制情况良好。

（二滩水电开发有限责任公司　伍宇腾　宋志评）

瀑布沟水电站2010年建设情况

2010年，瀑布沟水电站工程按照“安全·投产·转型·核准·效益”的年度工作主题，以“保全投、保完建、保稳定”为中心任务，坚定信心、埋头苦干、抓细抓实，圆满实现了年度各项目标任务。主要情况如下：

（1）全年完成枢纽建筑物投资17.84亿元，占全年计划投资的132.18%。

（2）电站4台机组成功投产发电。3月31日，瀑布沟水电站4号机组顺利通过72h试运行，正式并网发电投入商业运行；6月29日、12月8日又有3号机组、2号机组投产发电；12月26日，瀑布沟水电站最后一台机组1号机组投入商业运行。至此，总装机容量360万kW的瀑布沟水电站6台机组全部投产发电，成为西南地区投产发电最大的水电站和四川电网的主力发电站。由此，国电大渡河流域水电开发有限公司投产发电装机规模达到527万kW，成为四川省和中国国电集团公司最大的水力发电企业。

（3）尼日河引水工程顺利贯通，下游河道整治工程及拉裂体二期治理工程基本完工。

（4）年内共计验收评定建筑单元工程5003项，质量合格率达100%，优良率达到93.9%。机电安装单元工程189项，合格率100%，优良率达到100%。金属结构安装单元工程405项，合格率100%，优良率达到99%。

（5）全年实现安全无事故工程，累计实现安全生产2346d。

（6）4月29日，国电大渡河公司在瀑布沟水电站库区举行首次大渡河珍稀鱼类增殖放流活动，37.15万尾人工繁育的大渡河特有珍稀鱼苗放归大渡河。此次放流的重口裂腹鱼、齐口裂腹鱼、长薄鳅、白甲鱼、中华倒刺鲃、长吻鮠均为大渡河特有珍稀鱼种。其中，国家重点保护鱼类重口裂腹鱼苗种放流量在1万尾以上，齐口裂腹鱼、中华倒刺鲃、长吻鮠放流量均在10万尾以上，是大渡河流域近年来规格最高、投入最大、品种最全、数量最多、操作最规范的一次大型放流活动，对补充和恢复水生生物资源、确保大渡河瀑布沟库区生态安全、促进渔民增收和长江渔业可持续发展将发挥积极作用。

（7）9月26日，瀑布沟水电站顺利完成溢洪道泄洪试验，标志着瀑布沟水电站溢洪道满足汛期泄洪要求。瀑布沟水电站工程溢洪道位于大坝左岸，为1级水工建筑物，主要作用是承担瀑布沟水电站运行期汛期泄水任务。溢洪道最大泄洪量为6831m^3/s，最大流速约38m/s。本次泄洪试验历时38min，最大泄流量1167m^3/s。

（8）10月13日，瀑布沟水电站库区蓄水至850m高程，达到水库最高设计水位。瀑布沟水电站水库蓄水分两期进行，一期蓄水于2009年11月1日开始，于12月10日蓄水至死水位790m高程；二期蓄水于2010年5月8日开始，蓄水至850m设计高程时，库区蓄水量累计约50.29亿m^3，回水长72km。

（中国国电集团公司　孙剑炜）

大岗山水电站2010年建设情况

大岗山水电站位于四川省雅安市石棉县境内，为大渡河干流规划的第十四级电站，总装机容量4×650MW。电站枢纽建筑物由混凝土双曲拱坝、水垫塘及二道坝、泄洪隧洞、引水及尾水建筑物、发电厂房、开关站等组成，发电厂房为地下式。最大坝高约210m，总库容7.42亿m^3，调节库容1.17亿m^3，多年平均年发电量114.3亿kW·h。

2010年，大岗山水电站枢纽工程稳步推进。大坝左、右岸拱肩槽分别开挖至970m和1000m高程，右岸边坡卸荷裂隙下三层抗剪洞加固处理基本完成；主厂房开挖至第Ⅶ层，主变压器室开挖支护全部完成，尾水调压室开挖至第Ⅷ层；大坝高、低线混凝土系统安装调试完成，具备投产条件；大坝砂石加工系统棱子坝料场具备规模开采条件，棱子坝料场剥离施工全面展开，料场顶部剥离至1405m高程；B1运输线改线工程土建施工已基本完成；大坝深部基础处理工程置换平洞开挖与衬砌基本完成；度汛工程按计划顺利完成；4号缆机安装完成并投入运行。

在安全管理中突出业主的主导作用，通过开展形式多样的宣传教育和培训活动，不断强化参建单位安全生产责任意识、忧患意识。创新性地开展危险源管理工作，通过组织分析各施工部位安全风险，制定有效的预控措施，提高安全管理的针对性和时效性。积极组织开展月度安全检查和各种专项检查，坚持日常巡视检查，及时查处大量危及人员和设备安全的隐患，为工程平安建设发挥了积极的保障作用。严格过程监督，通过执行安全文明施工考核处罚规定和实行安全隐患责任追究，营造了“安全生产、人人有责”的浓厚氛围。2010年，未发生任何生产安全责任事故。截至2010年12月31日，大岗山水电工程连续安全生产1948d。

围绕全年质量控制重点，狠抓质量管理责任落实，充分发挥监理和三大中心的监管作用，进一步明确了从设计到施工的各级质量管理职责。认真贯彻执行“达标投产、争创电力优质工程奖”的质量方针，加强了组织领导，充实了质量管理人员，健全了质量管理体系，完善了相关管理制度，强化了宣传教育，加强了过程控制。2010年，全年共完成水工单元工程评定1891个，合格1891个，合格率100%；优良1799个，优良率95.1%。

2010年12月5日，大岗山水电站项目获得国家发展改革委核准，成为大渡河公司成立之后获得核准开工的第三个项目。

（中国国电集团公司　孙剑炜）

深溪沟水电站2010年建设情况

深溪沟水电站是大渡河干流规划的第十八级电站，位于四川省雅安市汉源县和凉山州甘洛县境内，是瀑布沟水库的反调节电站。电站设计最大坝高49.5m，电站装机容量4×165MW，设计年发电量32亿kW·h。工程于2006年4月核准开工。

2010年，深溪沟水电站按照“1234”的工作思路，以“七一发电、年内双投”为核心，紧紧围绕“投产年”十大工程建设目标，扎实推进各项工作。主要情况如下：

（1）投资超额完成，工程造价全面受控。全年完成投资10.56亿元，占年计划的117%，累计完成枢纽建筑物投资35.4亿元，105个完工主要建安项目，降低工程造价大约为6.30%。

（2）工程顺利推进，双投任务圆满完成。4月30日，大坝一线闸门安装完成，具备挡水条件；6月12日，开始下闸蓄水；6月27日10时20分，首台机组（1号机）顺利通过72h满负荷试运行，投产发电；11月30日21时12分，2号机组顺利完成72h试运行投入商业运行。深溪沟水电站圆满实现年内双投目标。

（3）工程质量续佳绩，施工质量铸造精品。2010年完成土建单元工程评定793个，合格率100%，优良率92.1%；完成机电、金属结构安装单元工程评定278个，合格率100%，优良率98.2%；工程质量优良。未发生任何质量事故和设备损坏事故。

（4）实现“双零”目标，安全生产态势平稳。未发生任何重大及以上责任安全事故，截至2010年12月31日，实现连续安全生产1725d。

（5）大渡河深溪沟水电站1号机组成为四川省发电装机容量突破4000万kW的标志性机组。

（中国国电集团公司　孙剑炜）

金安桥水电站工程建设情况

（一）工程概况

金安桥水电站位于云南省丽江市境内，是金沙江中游河段规划“一库八级”水电规划中的第五级电站，坝址距永胜县城和丽江市城区公路里程均为52.5km，距昆明市、大理市和攀枝花市的公路里程分别为589.5km、232.5km、225.5km。工程开发任务为发电。水库正常蓄水位1418m，死水位1398m，总库容9.13亿m^3，调节库容3.46亿m^3，具有周调节性能。电站装机容量2400MW，多年平均年发电量110.43亿kW·h，年利用小时数4601h，采用500kV一级电压、2回出线接入云南省电网。

工程枢纽主要由碾压混凝土重力坝、溢流表孔及其消能设施、右岸泄洪冲沙底孔、左岸冲沙底孔、电站进水口及坝后厂房等建筑物组成，最大坝高160m。

电站施工采用全年围堰挡水、隧洞导流、基坑全年施工的导流方式。

工程于2003年8月8日开工筹建，2004年1月导流洞开工，2006年1月9日实现大江截流，2006年12月28日开始浇筑大坝混凝土，2010年11月25日导流洞下闸蓄水，计划2011年3月首台机组投产发电，2012年6月工程完工。

（二）工程勘测设计及审批立项过程

1999年12月，中国水电顾问集团昆明勘测设计研究院（以下简称昆明院）和中国水电顾问集团中南勘测设计研究院联合完成了《金沙江中游河段水电规划报告》。2003年，国家发展计划委员会办公厅以《国家计委办公厅关于印发“金沙江中游河段水电规划报告”审查意见的通知》（计办基础〔2003〕37号）对该报告进行批复。

昆明院在进行金沙江中游河段规划的同时，根据云南省人民政府的安排，开始进行金安桥水电站预可行性研究工作，并于1997年12月编制完成了《云南省金沙江金安桥水电站预可行性研究报告》。

2000年9月，昆明院开展了金安桥水电站可行性研究选坝阶段的部分工作，提出了《云南省金沙江金安桥水电站可行性研究选坝阶段下坝址混凝土面板坝枢纽布置方案研究简要报告》。

2002年，华睿投资集团有限公司（现为汉能控股集团有限公司）与云南省发展计划委员会签订了《云南省金沙江金安桥水电站投资开发协议书》。同年7月1日，华睿投资集团有限公司与昆明院签订了《金安桥水电站预可行性研究补充及可行性研究技术开发合同书》，委托昆明院开展金安桥水电站预可行性研究补充及可行性研究工作。

2002年7月，昆明院全面启动了金安桥水电站预可行性研究勘测设计补充工作，对原预可行研究报告和简要报告进行复核、补充和完善，提出了《云南省金沙江金安桥水电站预可行性研究报告》。

2002年10月13～15日，中国水电顾问有限公司会同云南省计委在昆明市主持召开了《云南省金沙江金安桥水电站预可行性研究报告》审查会议，会议通过了该报告的审查。

2003年2月20日，水电水利规划设计总院以《关于印发〈金沙江金安桥水电站预可行性研究报告审查意见〉的函》（水电规规〔2003〕0011号）批复了《云南省金沙江金安桥水电站预可行性研究报告》。

预可行性研究报告通过审查后，昆明院全面开展了可行性研究阶段的勘测设计工作，并于2004年10月全部完成。2004年12月水电水利规划设计总院会同云南省发展和改革委员会审查通过了《金沙江金安桥水电站可行性研究报告》，并以《关于印发〈云南省金沙江金安桥水电站可行性研究报告审查意见〉的函》（水电规水工〔2005〕0017号）给予批复。

2005年，国家环境保护总局以《关于云南省金沙江金安桥水电站环境影响报告书评审意见的复函》（环审〔2005〕285号）批复了《云南省金沙江金安桥水电站环境影响报告书》。

2005年，中华人民共和国水利部以《关于云南省金沙江金安桥水电站工程水土保持方案的复函》（水保函〔2005〕123号）批复了《云南省金沙江金安桥水电站工程水土保持方案报告书》。

2005年，中华人民共和国国土资源部以《关于金沙江金安桥水电站项目建设用地预审意见的复函》（国土资预审字〔2005〕180号）批复了《关于云南省金沙江金安桥水电站建设项目用地预审的申请》。

2005年，中国南方电网有限责任公司以《中国南方电网有限责任公司关于云南省金安桥水电站接入系统方案论证报告的批复》（南方电网计〔2005〕53号），同意云南金安桥水电站接入南方电网。

2006年，水利部长江水利委员会以《关于〈云南省金沙江金安桥水电站工程水资源论证报告书〉的审查意见》（长许可〔2006〕122号）批复了《云南省金沙江金安桥水电站工程水资源论证报告书》。同年，水利部长江水利委员会下发了《取水许可证书》（国长审字〔2006〕15002号）。

2006年，中国国际工程咨询公司对金安桥水电站项目申请报告进行了评估，并以《关于云南省金沙江金安桥水电站项目（申请报告）的核准评估报告》（咨能源〔2006〕176号）印发评估报告。

2010年7月，国家发展和改革委员会以《国家发展改革委关于金沙江中游金安桥水电站项目核准的批复》（发改能源〔2010〕1443号）核准了金安桥水电站项目。

（三）工程建设管理体制

金安桥水电站工程建设、管理和运行单位为金安桥水电站有限公司。设计单位为中国水电顾问集团昆明勘测设计研究院；施工单位主要为中国水利水电第四工程局有限公司、中国葛洲坝集团有限公司、中国水利水电第八工程局有限公司；监理单位为长江三峡技术经济发展有限公司；工程质量监督部门为电力建设工程质量监督总站；工程蓄水安全鉴定单位为中国水电工程顾问集团公司。

（四）工程建设的特点

金安桥水电站是云南省西电东送规划的骨干电站之一，对发展地区经济具有重要的意义。该电站是金沙江干流河段最早开发的水电站，工程建设主要有以下特点和难点：

（1）工程规模大，合同实施范围广，工期较长，技术复杂，施工场地狭窄，施工道路布置困难，施工强度高、工期紧。大坝工程的施工条件复杂，影响因素众多，各种因素的影响效果具有不确定性，因此工程施工各种因素之间、各子系统之间以及子系统与总系统之间相互制约、彼此交织，构成了一个复杂的系统工程。

（2）大坝混凝土浇筑强度高，采取不分纵缝通仓薄层斜层碾压浇筑，坝体混凝土浇筑仓面大，高峰持续时间长，温控防裂要求严格。坝后式厂房的布置格局增加了碾压混凝土快速施工的难度，厂房坝段施工是控制本工程大坝混凝土施工进度的关键，特别是引水压力钢管安装与混凝土浇筑交叉或平行作业，干扰大，施工质量和安装精度要求高。

（3）工程区域新构造运动强烈，依据中国地震局批复的工程场地地震安全性评价结果，坝址区50年超越概率10%、5%，100年超越概率2%的基岩水平地震动峰值加速度分别为0.185g、0.246g、0.399g，相应的地震基本烈度为Ⅷ度。

（五）工程建设质量管理体系

金安桥水电站工程建设实行“业主负责，监理控制，施工保证，政府监督”的质量管理体系，质量方针为“百年大计、质量为本，规范运作、严格管理、优质建设”。以工程质量全过程为主线，以参建各方的建设合同管理为依据，涵盖参建各方各单位的质量管理过程与管理关系。由金安桥水电站有限公司主导参建各方组成了项目工程建设质量管理体系，建立了相应工程质量管理组织机构，健全了系统的质量管理制度，同时主动接受电力建设工程质量监督总站的质量监督。

金安桥水电站工程实行工程建设质量责任终身制，即承建单位对其承建的工程项目施工质量负终身责任。设计、监理、施工的项目经理（总监）为施工质量第一责任人。

金安桥水电站有限公司主导各参建单位树立“工程质量就是电站的生命”的思想，强化“质量责任重于泰山”意识，推行“质量就是进度”、“质量就是效益”的观念，将工程质量管理视为己任，把保证工程质量放在第一位，实行“质量一票否决制”。

（六）金安桥水电站环境影响评价

金安桥水电站的环境影响评价工作始于2002年，2003年5月昆明院编制完成了《云南省金沙江金安桥水电站环境影响评价大纲》，并于2003年7月通过了国家环境保护总局的审查。2004年11月编制完成《云南省金沙江金安桥水电站环境影响报告书（送审稿）》，国家环境保护总局环境工程评估中心于2004年12月在北京主持召开了《云南省金沙江金安桥水电站环境影响报告书》技术评估会议。会议认为：《环境影响报告书》内容全面，专题报告齐备，基本符合《水电工程环境影响评价导则》等技术性规范要求，经修改完善后，可以上报审批。云南省环境保护局和金安桥水电站有限公司于2005年1月分别向国家环境保护总局上报了《云南省环保局关于云南省金沙江金安桥水电站环境影响报告书的审查意见》和《关于报批〈云南省金沙江金安桥水电站环境影响报告书（报批稿）〉的请示》。国家环保总局于2005年3月下发了《关于云南省金沙江金安桥水电站环境影响报告书审查意见的复函》。

与此同时，金安桥水电站有限公司于2004年12月向水利部上报了《关于报批〈云南省金沙江金安桥水电站工程水土保持方案报告书（报批稿）〉的请示》，水利部于2005年3月下发了《关于云南省金沙江金安桥水电站工程水土保持方案的复函》。2005年12月，云南省水土保持生态环境监测总站对《金安桥水电站工程水土保持监测实施方案》进行了回复，下发了《关于金安桥水电站工程水土保持监测实施方案的审查意见》。在工程建设中，金安桥水电站有限公司按照政府有关文件批函，对环境保护、水土保持工作高度重视，管理机构健全，运行有效，制度完善。制定了《金安桥水电站工程环境保护及水土保持管理办法》、《金安桥水电站工程环境保护及水土保持管理规定》以及《金安桥水电站工程环境污染应急预案》。环境保护、水土保持工程配置专职监理工程师进行监理，严格执行“三同时”制度，每年金安桥水电站有限公司与参加单位均签订环境保护、水土保持责任书。

（七）工程质量监督巡视评价

根据云南金沙江中游水电开发公司的申请，电力建设工程质量监督总站巡视组于2005～2010年，对金安桥水电站工程质量进行了六次监督巡视。六次质量监督报告中，巡视组认为：该工程的建设中，业主发挥了主导核心作用，建立了质量管理体系，质量目标明确，各项规章制度得到贯彻落实；工程设计符合国家有关强制性标准及现行规程、规范，努力做到设计优化及新技术应用；业主重视现场质量、安全管理工作，工程质量、安全生产处于受控状态；业主在工程质量管理方面做了大量的工作，采取了许多的措施，克服资金十分紧张等困难，使工程进展基本顺利，工程建设质量总体处于受控状态。监理单位按“四控制、两管理、一协调”做好工程质量监控工作。施工单位执行“三检制”，工程实体质量处于受控状态。

（八）工程建设形象面貌

截至2010年10月15日，工程枢纽与下闸蓄水有关的碾压混凝土重力坝、左岸冲沙底孔、右岸泄洪冲沙底孔、溢洪道、电站引水进水口及厂房尾水出口、下游河岸防护等建筑物的土建工程施工和金属结构设备制造与安装，以及相应的安全监测工程施工均基本完成。溢洪道13号坝段高程1400.8m至高程1402m闸墩混凝土浇筑，电站进水口拦污栅、事故闸门和检修闸门安装调试，以及少量安全监测工程施工等少数未完工程项目已做了施工计划安排。枢纽工程建设形象面貌可以满足2010年11月上旬初期蓄水设计要求。

2010年10月，安全鉴定专家组在工程现场经过查勘检查、阅研和查阅资料，与参建有关单位座谈讨论并交换意见，综合分析研究，编制提出了《云南金沙江金安桥水电站枢纽工程蓄水安全鉴定报告》（第一阶段蓄水水位1398m）。2010年11月23日在云南丽江市召开了金沙江金安桥水电站工程初期蓄水验收会议。会议通过了金沙江金安桥水电站工程初期蓄水验收鉴定书，主要结论为：“云南金沙江金安桥水电站枢纽工程建设符合国家有关法律、法规和审批文件的规定，工程设计符合相关规程规范要求；枢纽工程形象面貌满足1398m水位下闸蓄水要求，少量未完工程已做出安排；已完工程施工质量总体满足设计和规范要求；工程蓄水安全鉴定单位已提出本工程具备初期蓄水条件的明确意见；云南省移民开发局验收认为移民搬迁和库底清理工作满足初期蓄水要求；工程蓄水计划、防洪度汛方案及应急预案基本可行。"

验收委员会认为："云南金沙江金安桥水电站工程已基本具备初期蓄水条件，同意金沙江金安桥水电站于11月25日下闸蓄水，并控制蓄水位不超过1398m高程。"

2010年11月25日，金安桥水电站2号导流洞顺利下闸，水库开始初期蓄水，蓄水后大坝运行正常。

（金安桥水电站有限公司　刘兴荣）

长河坝水电站工程建设情况

（一）工程概况

长河坝水电站位于四川省甘孜藏族自治州康定县境内，是大渡河干流水电规划"三库二十二级"的第十级电站，上游为猴子岩水电站，下游为黄金坪水电站。坝址位于大渡河上游金汤河口以下约7km河段，距上游的丹巴县城约85km，距下游的泸定县城为50km，距成都市约360km。电站是以单一发电为主，无航运、漂木、防洪、灌溉等综合利用要求，枢纽工程等别为一等，工程规模为大（1）型。电站大坝为240m高砾石土心墙堆石坝，河床覆盖层深厚（深约60～80m），又处在高地震烈度（基本烈度Ⅷ度，设防烈度Ⅸ度）、狭窄河谷地区，目前国内外尚无先例，技术难度处于世界前列。

水库总库容11.4亿m^3，总装机容量2600MW，安装4台单机650MW的混流式机组，保证出力为363MW/615MW（单独运行/与双江口联合运行），多年平均发电量107.9亿kW·h/110.5亿kW·h（单独运行/与双江口联合运行），年利用小时数4160h/4270h（单独运行/与双江口联合运行），以2回500kV输电线路接入四川电网。水库淹没耕地4.9亩，淹没园地3587.2亩，淹没林地14 440.3亩，迁移人口1629人。

（二）水文和水库特性

大渡河全流域面积77 400km^2，坝址以上流域面积56 648km^2，为流域面积的73.19%，多年平均流量843m^3/s，多年平均径流量266亿m^3。千年一遇设计洪水流量7650m^3/s，相应库水位1690.00m；校核洪水流量（可能最大洪水PMF）10 400m^3/s，相应库水位1694.60m。正常蓄水位1690m，相应库容10.15亿m^3；死水位1680.00m，调节库容4.15亿m^3（正常蓄水位至死水位），为季调节水库。正常蓄水位时水库面积12.54km^2，回水长度36.4km。电站额定水头200m，最大工作水头216.2m，最小工作水头166m，单机额定流量364.24m^3/s。水量利用系数89.1%/91.3%（单独运行/与双江口联合运行）。

（三）枢纽布置

坝址区分布有花岗岩、闪长岩、石英砂岩、白云岩、灰岩、千枚岩等，岩体致密；河床第四系沉积物有崩坡积、冲洪积、泥石流堆积与冰碛、冰水堆积类型。坝址区地震基本烈度为Ⅷ度，大坝抗震设防类别为甲类，按Ⅸ度抗震设防，基岩水平峰值加速度取100年超越概率2%的值即0.366g。枢纽主要建筑物由砾石土心墙堆石坝、引水发电系统、2条开敞式泄洪洞、1条深孔泄洪洞和1条放空洞等建筑物组成，泄水建筑物布置于右岸，引水发电建筑物布置于左岸。砾石土心墙堆石坝坝高240m，坝顶高程1697.00m，坝顶长497.94m。开敞式进口泄洪洞单孔孔口17.0m×16.5m，堰顶高程1673.5m，采用挑流消能，单孔校核泄洪流量3138m^3/s，最大单宽流量224$m^3/(s\cdot m)$，洞内最大流速49m/s。深孔泄洪洞孔口14.0m×11.5m，堰顶高程1650.00m，采用挑流消能，校核泄洪流量3692m^3/s，最大单宽流量264$m^3/(s\cdot m)$，洞内最大流速45m/s。放空洞孔口9.0m×11.0m，堰顶高程1590.00m，采用挑流消能，洞内最大流速33m/s。地下主厂房尺寸为228.8m×30.8m×73.45m（长×宽×高）（不含安装场），水轮机安装高程1463.45m。厂内安装4台单机容量为650MW的混流式水轮发电机，4台主变压器额定容量均为723MVA。

（四）工程量与施工导流方案

主体工程量为：明挖土方281.62万m^3，明挖石方739.87万m^3，洞挖石方358.43万m^3，填筑土方431.4万m^3，填筑石方2817.09万m^3，混凝土和钢筋混凝土173.55万m^3，喷混凝土10.46万m^3，金属结构安装23 160t，帷幕灌浆25.85万m，固结灌浆58.56万m，回填灌浆25.92万m^2，混凝土防渗墙1.29万m^2。

设计总工期100个月（不包括工程筹建期），其中施工准备期31个月，首台机组发电92个月。施工导流采用断流围堰隧洞导流。上游土石围堰最大高度53.5m，导流流量（$P=2\%$）为5790m^3/s，该围堰河床全封闭垂直混凝土防渗墙最大深度83m，由中国水利水电基础工程局施工。

（五）项目投资与申报情况

建设单位为四川大唐国际甘孜水电开发有限公司，股东方投资比例为：大唐国际发电股份有限公司70%，甘孜州甘投水电股份有限公司17%，华电国际电力有限公司17%，中国水电顾问集团成都勘测设计研究院3%。2004年5月17日，四川省发展和改革委员会以川发改能源〔2004〕254号文同意由大唐国际发电股份有限公司负责开发建设长河坝水电站。2005年1月，长河坝水电站预可行性研究报告通过水电水利规划设计总院审查。2007年12月，长河坝水电站可行性研究报告通过了水电水利规划设计总院审查。2010年11月8日，国家发展和改革委员会以发改能源〔2010〕2665号文下发了长河坝水电站项目核准意见。按2007年三季度价格水平，核准静态总投资为174.43亿元，动态总投资219.05亿元，项目资本金占总投资的20%，为43.81亿元。设计单位为中国水电顾问集团成都勘测设计研究院。大坝工程由中国水利水电第五工程局有限公司承建，引水发电系统工程由中国水利水电第十四工程局有限公司承建，泄洪洞及放空洞工程由中国水利水电第七工程局有限公司承建。

（六）工程完成情况

2010年完成投资约8亿元，开工至2010年底累计完成投资约37亿元。2010年底工程建设形象面貌：

（1）“三通一平”工程已完成，初期导流洞工程全面完工。省道S211复建公路沿线总长35.832km，已开工标段隧道开挖累计完成约97.1%，明线段路基开挖累计完成约95.3%，桥梁建设累计完成约90%。场内交通共14条公路，已开工标段主体工程完成约77%，部分主干交通道路已经通车。大坝左岸坝肩开挖高程1735～1485m，已开挖至1635～1616m高程；大坝右坝肩开挖高程1791～1485m，已开挖至1645～1635m高程。

（2）2010年10月23日成功实现了工程截流，导流洞过流。大坝围堰工程，上下游围堰防渗墙平台均已形成，正在进行上下游围堰全封闭防渗墙施工，计划于2011年4月15日前完成防渗墙施工。

（大唐国际发电股份有限公司　余圣刚）

银盘水电工程2010年建设情况

银盘水电站位于乌江下游河段，地处重庆市武隆县，是乌江干流水电开发规划第十一梯级，是其上游彭水水电站的反调节电站。电站以发电为主，兼顾航运，枢纽工程等别为二等，工程规模为大（2）型，通航建筑物为单级500t船闸。装机容量600MW，保证出力161.7MW，多年平均年发电量27.08亿kW·h，以2回220kV输电线路接入重庆市电网。库区改善通航里程55km。大坝为混凝土重力坝，最大坝高78.5m。水库淹没耕地2102.0亩，淹没园地50.3亩，淹没林地955.9亩，迁移人口4235人。

2010年完成投资112 816万元，其中：建筑工程28 642万元，安装工程费3663万元，设备购置费18 693万元，其他费用61 818万元。

2010年，银盘水电站工程建设主要形象面貌如下：

1. 厂房及围堰工程　3月16日，1～4号机组尾水管顶板全部封顶；9月23日，第一台机组Ⅱ区15层移交机电安装，进行座环安装；10月18日，4台机组进水口底板全部浇筑完成；11月13日，厂房左非坝段全线到顶。厂房标段全年完成混凝土浇筑53.91万m^3，累计完成混凝土浇筑66.83万m^3，占总设计量的83.0%。全年完成基础固结灌浆10 444.4m，累计完成14 569.4m，占设计量的100%。

2. 大坝工程　4月18日，泄5～8号表孔溢流面全部施工完毕；5月5日，纵向围堰坝身段上游块混凝土浇筑到设计高程227.3m；6月10日，左中区护坦全部施工完毕。全年完成大坝混凝土33.52万m^3，累计完成混凝土49.46万m^3，占总设计量的91.4%。全年完成大坝基础固结灌浆1150.45m，占设计总量100%；3月开始基础帷幕灌浆施工，全年完成11 184.3m，占设计总量的98.8%。

3. 机电及金属结构安装工程　4台机组尾水锥管安装调整加固验收完成，尾水管以下部分测量、电缆及水、气管路埋设完成，安Ⅰ坝段193m高程以下水管、油管路埋设完成，安Ⅱ坝段193m高程以下水管、气、油管及电缆管等埋设完成，1、4号机组座环、转轮室安装调试完成并移交土建进行蜗壳顶板钢钎维混凝土浇筑，2、3号机组座环安装调整完成并移交土建进行蜗壳顶板备仓。

泄洪坝段完成弧门底槛、侧轨，检修门门槽、底槛，临时叠梁门底槛、门槽以及5～9号闸墩锚栓架安装，完成6～9号闸墩油缸支铰座等安装，完成埋件约750t；完成泄洪坝段门机安装；完成1～4号机组厂房尾水闸门底槛、门槽（门楣以下部分）安装。

（大唐国际发电股份有限公司　余圣刚）

沙沱水电站工程建设情况

（一）工程概况

沙沱水电站位于贵州省沿河县境内，为乌江干流规划梯级电站的第九级，也是乌江流域贵州境内的最后一级水电站，上游为贵州思林水电站，下游为重庆彭水水电站。坝址处控制流域面积54 508km^2，多年平均流量966m^3/s。工程的开发主要任务为发电，兼顾航运、防洪及其他综合利用。水库总库容9.21亿m^3，调节库容2.87亿m^3，正常蓄水位365m。电站装机容量4×280MW，保证出力322.9MW，多年平均发电量45.52亿kW·h。该工程是“西电东送”第二批开工的“四水”工程之一。

枢纽由碾压混凝土重力坝、坝身溢流表孔、左岸引水坝段、坝后厂房及右岸垂直升船机等建筑物组成。河床部位布置拦河大坝，坝身溢流表孔共7孔，布置在河床中部主河道上，引水发电建筑物布置在河床左岸，通航建筑物布置于溢流坝段的右侧，靠岸边。

1. 大坝工程　大坝为混凝土重力坝，最大坝高101m，从左到右依次为左岸挡水坝段、厂房取水坝段、电梯井坝段、溢流坝段、右岸升船机坝段和右岸挡水坝段，坝顶全长631m。基础防渗采用帷幕灌浆形式，通过坝内灌浆廊道与两岸灌浆隧洞相连，形成坝区防渗体系，帷幕线全长约1796m。坝基防渗底线为180m高程，最大孔深约100m。

2. 泄洪建筑物　溢流表孔共7孔，布置在河床中部主河道上，每孔净宽15.00m，闸墩宽5.00m（边墩宽4.0m），溢流前沿总宽143.00m，堰顶高程342.00m。采用宽尾墩与戽式消力池联合运用的消能形式，宽尾墩布置于溢流堰面后段的闸墩后缘。消力池护坦顺下游河道布置，护坦长度为100m，宽135m，护坦开挖高程282～284m，护坦顶高程287m。

3. 引水发电建筑物　引水发电系统布置于河床左岸，采用一机一管供水方式，由引水道、进水塔、混凝土渐变段和压力钢管四部分组成，进水口前沿宽130.10m，通过四条压力钢管单元引水至发电厂房，钢管采用坝后背管形式，引水管路总长117.50m。厂区枢纽主要由主厂房、上游副厂房、上游主变压器室及GIS开关站、左端上游中控楼、下游副厂房、下游尾水平台、尾水渠及进厂交通洞等建筑物组成。主厂房由主机间、安装间组成，总长193.30m，高73.85m，宽35.50m。厂内安装4台单机容量280MW的水轮发电机组，机组安装高程285.4m，发电机层高程306.5m。

4. 通航建筑物　通航建筑物采用垂直升船机型式，布置于溢流坝段的右侧，靠岸边，为500t级，通过的标准船舶尺寸为55m×10.8m×（1.6～2.0）m（长×宽×吃水深），承船厢有效水域为64m×12m×2.5m（长×宽×水深），承船厢外形尺寸68m×16m×6.5m（长×宽×高），船厢池尺寸为68.1m×16.8m（长×宽）；通航净空9.6m，本体段设备层高程376.6m。

电站动态总投资107亿元。设计主要工程量为：土石方明挖约443万m^3，洞挖8.2万m^3，混凝土280万m^3，金属结构制作安装1.71万t，帷幕灌浆钻孔进尺15.3万m。

工程施工总工期5年6个月。

（二）工程进展情况

贵州乌江水电开发有限责任公司于2006年启动了该项目的前期建设工作。2007年全面开始“三通一平”工程建设。2008年12月完成了可行性研究设计，并通过审查。2010年12月9日，国家发展和改革委员会以发改能源〔2010〕2918号文核准乌江沙沱水电站项目。计划2012年上半年首台机组投产发电。

至2010年底，工程所有辅助系统已全部完成，各项主体工程施工均已全面展开；累计完成土石方开挖423.1万m^3，混凝土浇筑151.3万m^3，钢筋制作安装3.55万t；完成工程投资35.46亿元，共签订合同438项，合同金额35.77亿元。

工程自破土动工以来，相继有江南水利水电工程公司、中铁十七局等单位参加建设，目前由福贵联营体和江南水利水电工程公司承担大坝建筑工程，“一六八”联营体承担厂房工程，中国水利水电第六工程局有限公司和中国水利水电第八工程局有限公司承担机电设备安装工程，中国水利水电第九工程局有限公司和中国水利水电第八工程局有限公司承担渗控工程，中国水电基础局有限公司等也参加工程建设。

（贵州乌江水电开发有限责任公司沙沱电站建设公司
李沐春　顾　龙）

潘口水电站工程建设进展情况

潘口水电站枢纽建筑物主要由混凝土面板堆石坝、右岸岸边开敞式溢洪道、右岸泄洪洞、左岸引水隧洞、地面厂房和开关站等组成，属一等大（1）型工程。主体工程于2007年10月28日正式开工建设，2009年9月26日成功实现了截流。2010年12月23～25日，组织召开了潘口水电站工程蓄水安全鉴定第一次会议。

潘口水电站2010年全年完成土石方明挖76.9万m^3，石方洞挖3.8万m^3，混凝土浇筑20.95万m^3，钢筋制作安装1.04万t，压力钢管制作83节、重1070t，固结灌浆1.3万m，帷幕灌浆0.72万m。2010年全年完成投资8.6亿元，其中建筑工程2.34亿元，安装工程0.69万元。工程自开工至2010年底，累计完成投资30.8亿元。

截至2010年底，工程形象面貌如下：

1. 导流洞工程　导流洞已于2009年投入使用，2010年主要完成了进口塔体排架柱施工，浇筑混凝土544m^3，钢筋制作安装120t。导流洞工程已全部施工完毕并通过了验收。

2. 泄洪洞工程　泄洪洞于2010年4月10日完成了洞身段混凝土浇筑、固结灌浆及排水孔施工；进水口塔体已于2010年11月16日浇筑至顶部高程362.00m，预应力锚索施工已完成，尚余启闭机排架以及泵房未施工；挑流鼻坎段完成一期以及翼墙混凝土浇筑，二期过流面混凝土未施工；出口段开展了齿槽部位混凝土施工，尚未完工。浇筑混凝土3.3万m^3，钢筋制作安装2500t，预应力锚索30根。月最大浇筑强度为6500m^3。

3. 大坝工程　坝体于2009年11月22日开始填筑，2010年4月26日，提前达到拦洪度汛临时断面高程325.00m，11月15日达到防浪墙底部高程358.00m。大坝混凝土面板计划采用分两期施工，一期顶部高程321.60m。

(1) 全年完成填筑料砂砾石备料47万m^3，完成潘口河石料场剥离料以及施工道路开挖232万m^3，完成有用料开挖204万m^3，其中备料40万m^3。

(2) 大坝拦洪度汛断面累计填筑138万m^3，大坝填筑总计258万m^3，月填筑最大强度为32.5万m^3。

(3) 趾板混凝土于2010年1月3日开始浇筑，全年完成37块趾板浇筑，浇筑混凝土4356m^3，钢筋制作安装1611t。

(4) 基础处理集中在趾板上的固结灌浆以及帷幕灌浆，完成固结灌浆3469m，帷幕灌浆7164m。

(5) 大坝上游坡面完成清理、整修1.6万m^2，大坝321.600m高程以下刻槽全部完成。

4. 溢洪道工程　主要进行了溢洪道开挖以及混凝土浇筑，5月8日第一仓混凝土（进水渠底板）开始浇筑。混凝土浇筑集中在进水渠底板、左右侧边墙、闸室段以及泄槽段，全年混凝土浇筑完成3.76万m^3。

5. 引水系统工程

(1) 进水口完成了剩余边坡支护工作，其中锚杆安装1203根，排水孔1863m，混凝土喷护798m^3。完成了进水口基础固结灌浆工作，固结灌浆1698m；进水口塔体大部分已浇筑到顶部高程362.00m，完成一期混凝土浇筑4.87万m^3，完成二期混凝土浇筑126m^3，钢筋制作安装1829t。

(2) 两条引水隧洞于2010年6月29日完成开挖及支护，全年石方洞挖3.8万m^3，锚杆安装2155根，混凝土喷护318m^3。进行了上平洞段混凝土衬砌，浇筑混凝土4400m^3，钢筋制作安装426t。

(3) 引水系统压力钢管共计138节，累计制作了83节，安装了25节。

6. 发电厂房　2010年2月28日完成了发电厂房基坑以及尾水渠开挖，全年完成土石方明挖5.54万m^3，最大月开挖强度达到3万m^3。边坡支护已全部完成，其中锚桩安装12根、锚杆安装1283根。厂房基础处理工作全部完成，固结灌浆6250m。主机间混凝土于3月7日开始浇筑，安装间上下游排架柱及预制吊车梁浇筑完成，基本具备桥机安装条件。浇筑混凝土8.12万m^3，钢筋制作安装3900t。

7. 金属结构

(1) 导流洞两扇封堵门完成制作和安装，单扇闸门尺寸为7.5m×18.443m（宽×高），重169.37t；完成了两台2×2000kN导流洞固定卷扬式启闭机的制作及安装。

(2) 引水隧洞进水口两扇事故工作门完成了制作，单扇闸门尺寸为9m×10.3m（宽×高），重135.17t。

8. 机电安装

(1) 1号机组水轮机，尾水管肘管全部采用钢里衬，2010年4月12日第一节吊装就位，5月15日安装完成；座环于10月1日吊装就位，10月15日封焊完成；蜗壳于10月31日开始吊装，12月25日蜗壳挂装全部完成。

(2) 2号机组水轮机，5月17日肘管拼装完成，10月7日锥管开始吊装。

（中国水电顾问集团中南勘测设计研究院　胡　伟）

阿海水电站大坝土建及金属结构安装工程标段建设情况

（一）概况

阿海水电站位于云南省丽江市玉龙县（右岸）与宁蒗县（左岸）交界的金沙江中游河段，为金沙江中游河段规划的第四个梯级。电站坝址距丽江市、昆明市、攀枝花市公路里程分别为130km、636km和299km。

阿海水电站工程属一等大（1）型工程，以发电为主，兼顾防洪、灌溉等综合利用；由混凝土重力坝、左岸溢流表孔及消力池、左岸泄洪（冲沙）底孔、右岸排沙底孔、坝后主副厂房等组成；水库库容为8.79亿m^3，电站装机容量2000MW（5×400MW）。

碾压混凝土重力坝坝顶高程1510m，最大坝高130m，坝顶长度482m，从左至右依次为左岸1～3号非溢流坝段，4～7号溢流坝段，8号左冲沙底孔坝段，9～13号厂房坝段，14号右冲沙底孔坝段，15～19号右岸非溢流坝段。

电站进水口为立式坝面进水口，进口高程1460m；采用单机单管引水，为坝后背管设计，钢衬钢筋混凝土管，管径10.5m。

工程施工导流采用围堰一次断流，1、2号导流隧洞泄流的全年导流方式。截流后第一个枯水期由1号导流隧洞泄流，第一个汛期2号导流隧洞参与度汛。

阿海水电站2007年4月导流隧洞开工，2008年12月上旬大江截流，2009年9月坝体混凝土开始浇筑；计划2012年6月底首台机组投产发电，2013年12月工程竣工。

阿海水电站主要分为八个标段，分别为导流洞土建及金属结构安装工程、砂石加工系统及料场开采工程、左岸上游混凝土拌和及制冷系统工程、左岸1420m高程以上大坝及缆机基础开挖支护工程、右岸1420m高程以上大坝及缆机基础开挖支护工程、大坝土建及金属结构安装工程、厂房土建及金属结构安装工程、机电设备安装工程。中国水利水电第三工程局有限公司中标承担大坝土建及金属结构安装工程（合同编号AH2008/C02）施工。

（二）大坝土建及金属结构安装工程标段主要工程量

本标段主要包括大江截流及围堰工程，厂、坝基坑开挖及基础处理，碾压混凝土重力坝坝体土建及金属结构安装工程等。主要工程量为：土石方开挖342.14万m^3（其中：土方明挖108.76万m^3，石方明挖233.24万m^3，石方洞挖0.14万m^3）；围堰填筑159.18万m^3；各种锚杆4070根，锚筋桩3508根，预应力锚索2384.4万kN·m；帷幕灌浆38 706m，固结灌浆115 350m，接触灌浆15 054m^2，接缝灌浆10 127m^2；各种砌体2250m^3，各种混凝土浇筑332.28万m^3（其中：碾压混凝土163.91万m^3，常态混凝土157.85万m^3，其他混凝土10.52万m^3），排水孔65 260m；钢筋制作安装42 687t，压力钢管安装5059t，闸门、埋件及启闭机安装9734t等。

中标合同金额为1 483 903 837元。

（三）大坝土建及金属结构安装工程标段建设进展情况

本标段工程于2008年8月26日开工。截至2010年12月31日累计完成产值683 087 957元，完成合同额46%；共完成土石方开挖240.27万m^3；围堰填筑159.18万m^3；各种锚杆738根，锚筋桩1804根，预应力锚索612万kN·m；帷幕灌浆7427m，固结灌浆105 862m；混凝土浇筑204.5万m^3（其中碾压混凝土131.49万m^3、常态混凝土73.01万m^3）；排水孔10 488m；钢筋制作安装11 468t；压力钢管安装3823t。

1. 截流工程　截流时段为1号导流洞单洞过流；采用单戗堤立堵截流方式，从右岸向左岸单向进占。截流主要工程量：石渣167 273m^3，中石81 792m^3，大石62 515m^3（其中大块石36 650m^3，特大石25 865m^3），钢筋石笼5114m^3，混凝土四面体767m^3，总计317 461m^3。2009年1月17日截流成功。

2. 围堰水上填筑工程　上游围堰堰顶高程1465m，围堰顶宽15m，堰顶长287.6m，上、下游面水上部分坡比为1∶1.8，水下部分坡比为1∶1.5，最大堰高69m。下游围堰堰顶高程1433.0m，围堰顶宽15m，堰顶长226m，上游坡比水下部分为1∶1.5，水上部分为1∶1.8，下游边坡坡比与上游相同，最大堰高30m。上、下游围堰下部采用混凝土防渗墙防渗，围堰防渗墙体厚度为0.80m，采用C20混凝土，上部采用土工膜心墙防渗。主要的工程量为：土石方开挖5万m^3，填筑总量约169.44万m^3，混凝土0.8万m^3，复合土工模2.82万m^2，帷幕灌浆钻孔2810m。2009年4月25日～5月31日，完成上下游围堰水上填筑施工。

3. 土石方开挖工程　土石方明挖主要包括左右岸1420m高程以下的坝基、厂基、消力池等；总工程量为240.27万m^3。开挖高峰月强度61.2万m^3，其中保护层月开挖强度7.29万m^3，开挖强度高是本工程的特点。2009年4月25日～9月1日完成土石方开挖施工。

4. 混凝土工程　本工程混凝土主要分布在碾压混凝土重力坝和泄水建筑物。主体混凝土总量329.93万m^3，其中大坝常态混凝土103.98万m^3，大坝碾压混凝土163.91万m^3；消力池及泄槽段常态混凝土和其他常态混凝土62.04万m^3。2009年9月1日，大坝第一仓混凝土开始浇筑；2009年10月18日，厂房坝段基础垫层混凝土开始浇筑。截至2010年12月31日，大坝17～19号坝段已到坝顶1497m高程，9～16号坝段达到1452m高程，8号坝段达到1445m高程，4～7号坝段达到1453m高程，2～3号坝段达到1447m高程；1号坝段未施工；消力池底板、挑坎及护坦共13块（总共40块）到达设计高程；左冲泄槽段最低高程达到1420m；消力池左边墙最低高程达到1423m。

5. 压力钢管及金属结构工程

（1）阿海水电站压力引水管道为厂坝后钢衬钢筋混凝土压力背管，共5条；其钢管管径均为10.5m，由渐变段、上弯管、斜直段、下弯管及下平段组成。另还有一条压力钢管道布置在右冲沙底孔，其管径为6.5m。钢管工程总量5059t。2009年5月27日开始第一节压力钢管安装，截至2010年12月31日共完成压力钢管吊装232节，剩余75节。

（2）溢洪道表孔共有5孔，检修闸门采用平面滑动钢叠梁门，1扇门叶，由坝顶2×500kN单向门机起吊操作；工作闸门采用露顶式弧形工作闸门，5扇门叶，采用2×3500kN悬挂式液压启闭机操作。左岸泄洪冲沙底孔检修闸门采用平面定轮闸门，1扇门叶，由3500kN坝顶双向门机操作；工作闸门采用潜孔式弧形工作闸门，2扇门叶，采用3500kN/1000kN摇摆式液压启闭机操作。电站进水口设置25孔前后两道垂直拦污栅槽，共有27扇拦污栅（其中25扇为工作栅，2扇为检修备用栅），由坝顶双向门机的悬臂小车带1000kN自动抓梁起吊操作；检修闸门采用平面滑动闸门，1扇门叶，由3500kN坝顶双向门机操作；事故闸门采用平面定轮闸门，5扇门叶，采用拉杆连接液压启闭机的方式操作。右岸冲沙底孔检修门采用平面滑动闸门，1扇门叶，由3500kN坝顶双向门机操作；工作闸门采用平面定轮闸门，1扇门叶，采用3000kN/1000kN液压启闭机操作。1号导流洞进口用中墩分隔成两个孔口，设置有2扇封堵平面滑动闸门，采用固定卷扬式启闭机操作。2号导流洞出口设置1扇叠梁门。启闭机设备1790t，闸门及门槽埋件7196.4t，附属设备608t。安装工作已开始。

6. 基础处理工程　基础处理包括坝基和溢洪道基础固结灌浆、帷幕灌浆，坝基接触灌浆，压力钢管及右冲沙底孔钢衬接触灌浆；厂坝分缝接缝灌浆。主要工程量：固结灌浆，钻孔总量12.05万m，灌浆0.82万t；帷幕灌浆，钻孔总量3.4万m，灌浆0.17万t；坝基接触灌浆1.01万m^2；钢衬接触灌浆0.51万m^2；厂坝接缝灌浆0.45万m^2；回填灌浆0.22万m^2。截至2010年12月31日，完成情况如下：

(1) 固结灌浆共完成105 862m。其中2、3号坝段1444m高程以下，4～17号坝段，18、19坝段1487m高程以下，左泄槽的固结灌浆全部完成；消力池底板除门机占压的B1、B2、B3段未施工外，其余固结灌浆全部完成。消力池左边墙固结灌浆全部完成。

(2) 帷幕灌浆共完成7427m。其中，消力池底板、左边墙及左冲泄槽段帷幕灌浆已完成；大坝帷幕灌浆正在施工。

（中国水利水电第三工程局有限公司　霍亚民）

善泥坡水电站建设情况

善泥坡水电站位于北盘江干流中游河段的贵州省六盘水市水城县顺场乡境内，是北盘江流域综合规划中的第八个梯级电站，为混合式开发。坝址以上流域面积8920km^2，多年平均流量为129m^3/s，多年平均径流量为40.8亿m^3。水库总库容0.85亿m^3，属日调节水库。枢纽由碾压混凝土双曲拱坝、坝身泄水建筑物、右岸引水系统及地下厂房组成，为三等中型工程，主要建筑物为3级建筑物。电站总装机容量185.5MW，保证出力20.78MW，多年平均发电量6.788亿kW·h，是一座以发电为主的水力发电工程。

工程区大地构造单元属扬子准地台、上扬子台褶带的曲靖台褶束与威水断褶束的交接过渡地带。该区新构造运动总的表现为间歇性抬升，断块间差异运动不明显。断裂晚更新世以来无活动表现，库坝区断裂规模小，为较完整的稳定地块，区域构造稳定。

坝址位于善泥坡峡谷出口段，河谷为U形谷，两岸为接近垂直的陡坡。坝址区出露地层主要为二叠系下统茅口组（P_1m）、栖霞组第二段（P_1q^2）、第一段（P_1q^1）及梁山组（P_1l）地层，第四系以崩塌堆积体为主，分布于河谷两岸陡壁脚。P_1q^2、P_1m灰岩地层岩溶较发育。地下厂房为上统马平群（C_3m）厚层块状灰岩，岩层产状较平缓，夹层不发育，岩体较完整，属Ⅲ类围岩。

拦河大坝为碾压混凝土双曲拱坝，坝顶弧长216.85m，坝顶高程888.00m，最大坝高119.40m，坝底厚24.00m，厚高比0.201。因两岸岸坡高陡，采用窑洞式开挖形成拱肩槽。两岸防渗帷幕均从坝肩向下游延伸与梁山组地层相接，防渗帷幕线总长度2758m，防渗面积28.38万m^2。

泄洪建筑物布置于拱坝坝身，由3个溢流表孔（14m×10m，宽×高）和2个泄洪中孔（6m×7.5m，宽×高）组成，最大下泄流量6294m^3/s。溢流表孔堰顶高程875.00m，出口采用鼻坎挑流消能；泄洪中孔底板高程为825.0m，相间布置于3个溢流表孔之间，采用窄缝消能，使泄洪水流纵向拉伸以适应狭窄河床。

引水发电系统布置于右岸，采用一洞两机的布置方式，主要建筑物包括进水口、引水隧洞、调压井及压力管道、地下厂房、尾水隧洞、尾水闸门井、尾水渠等。引水隧洞洞长2374m，采用圆形断面，内径8m。调压井位于引水隧洞末端，采用圆筒阻抗式，井筒内径为23m，高为70m。压力管道位于调压井至厂房之间，由一条压力主管、“卜”字形岔管、两条支管组成。

发电厂房采用地下厂房布置型式，厂内装有两台单机容量90MW的混流式水轮发电机组。主要洞室有主厂房、主变压器洞、尾水闸门室、母线洞、尾水洞等，还有交通、通风、出线、排水等辅助洞室和竖井、各层施工支洞。厂房、主变压器洞、尾水闸门室三洞室平行布置，机组安装高程773.10m。主变压器洞布置在主厂房下游侧，由母线洞、主变压器运输洞和主变压器交通洞相连。开关站为220kV GIS开关站，布置于主变压器洞内。

考虑到生态保护区的水源问题，在大坝右岸下游约350m处布置一个小型机组厂房，电站装机容量5.5MW，最小引用流量为7m^3/s，厂房布置于地下，由主机间、安装间、上游副厂房和尾水渠组成。

善泥坡水电站2009年11月项目建议书评估通过后，2009年12月15日贵州省发展改革委以黔发改能源〔2009〕2989号文批准兴建。工程于2009年12月26日正式开工，总工期为3年9个月，主体工程施工期2年1个月。各标段施工已全面展开，预计2011年11月初截流。

善泥坡水电站由贵州西源发电有限责任公司负责建设和管理，中国水电顾问集团贵阳勘测设计研究院负责设计。

（中国水电顾问集团贵阳勘测设计研究院
罗洪波　徐　林）

安江水电站建设情况

安江水电站工程位于湖南省洪江市境内沅江干流中游，是沅江干流规划中的第九级电站，与上游洪江梯级相距31km，下游铜湾梯级相距47km。该工程以发电为主，兼顾航运等综合利用。

坝址控制流域面积40 101km^2，坝址多年平均流量830m^3/s。水库正常蓄水位165.0m，总库容2.3亿m^3，死水位163.0m，调节库容0.197亿m^3，为日调节水库。电站总装机容量140MW，安装4台35MW灯泡贯流式发电机组，年发电量5.62亿kW·h，保证出力33MW，年利用小时4014h。航道等级为Ⅳ级航道。

安江水电站为二等大（2）型工程；由河床式电站厂房、溢流闸坝、挡水坝和船闸等组成；坝轴线长1109.0m，最大坝高38m。河床式电站厂房布置于左汊河心洲，包括四个机组段和一个安装场段；溢流坝布置在两汊主河床，设18孔宽20m溢流表孔，采用弧门挡水，液压启闭，底流消能；左汊河床布置500t级船闸；两岸采用土石坝与山体连接。

施工导流采用分期导流方式：一期围左汊厂房、船闸及6孔溢流闸坝，由右汊河床泄洪和通航；二期围右汊12孔溢流闸，由左汊已建成的左汊6孔溢流坝泄流，船闸通航。

主体工程土石方开挖389万m^3，土石方填筑211万m^3，混凝土68万m^3，钢筋1.79万t，帷幕灌浆8472m，高喷灌浆10 753m。计划总工期40个月，施工准备期4个月，施工期24个月，完建期12个月，首台机发电工期28个月，工程静态总投资15.15亿元。

沅水是洞庭湖四水中水量最大的河流。20世纪50年代以来，对沅水进行过多次规划设计工作，1989年完成了《沅水河流规划报告》，2003年完成了《沅水干流规划复核报告》，2009年完成了《沅水洪江至铜湾河段复核规划报告》。同年，湖南省水利水电勘测设计研究总院完成了《安江水电站工程可行性研究报告》，并通过了湖南省水利厅的审查。

安江水电站工程项目业主为广水安江水电开发有限公司，主体土建工程与机电安装均由广东水电二局股份有限公司承担，主机供货单位为天津市天发重型水电设备制造有限公司。

电站主体工程于2010年9月正式开工兴建。2010年10月10日一期围堰截流，10月28日第一仓混凝土浇筑。

（湖南省水利水电勘测设计研究总院
谢育健　盛晓波）

中国水利水电建设集团公司投资的3个水电站2010年建设情况

（一）毛尔盖水电站

毛尔盖水电站位于四川省阿坝藏族羌族自治州黑水县境内，是黑水河流域水电规划“二库五级”中的第三级，为水库引水式，具有年调节性能，由中国水利水电建设集团公司投资建设。首部枢纽距茂县县城约90km，厂区距茂县县城约75km、距成都260km。电站开发任务为发电，兼顾有与紫坪铺水利枢纽一道向成都、都江堰灌区供水的作用。

毛尔盖电站工程枢纽由砾石土心墙坝、岸边溢洪道、放空洞、引水隧洞、调压井、埋藏式压力钢管、地面厂房等建筑物组成。电站引用流量219m^3/s，额定水头220m，装机容量42万kW，年发电量17.17亿kW·h。大坝坝高147m，正常蓄水位2133m时，库容5.35亿m^3；经左岸隧洞引水至俄石坝左岸建厂发电，隧洞全长16.3km，工程总投资约68亿元。

该电站2008年2月正式开工建设，2008年11月大江截流，2009年、2010年实现安全度汛。至2010年底，毛尔盖水电站项目完成投资199 654万元（其中地震恢复重建完成投资19 792万元），完成计划的100.37%，投资受控。

2010年底，主要工程形象如下：

（1）大坝枢纽工程：大坝全断面填筑至2100m高程，累计完成大坝填筑791.24万m^3。大坝基础处理，放空洞、溢洪道等工程均提前或按期完成年度计划。

（2）引水隧洞工程：2010年6月15日，16.3km引水隧洞开挖及支护全线贯通；引水隧洞混凝土衬砌已累计完成12 107延米；灌浆工作已于2010年10月启动。取水口工程形象满足2011年3月下闸蓄水要求。

（3）厂区枢纽工程：调压井工程（井深171m）于2010年6月15日完成全井开挖及支护，实现贯通，井身混凝土衬砌已全部完成。压力管道、主副厂房、GIS室及安装间、机电及金属结构安装等工程均按期或提前完成年度计划。

目前毛尔盖水电站工程建设进度整体受控，工程建设进度满足2011年3月中旬下闸蓄水要求。

（二）安谷水电站

安谷水电站位于四川省乐山市境内，是大渡河下游最后一个梯级，兼有防洪、航运、灌溉、供水等综合利用，为大（2）型水电工程。电站枢纽布置从左至右为左岸副坝、左岸非溢流坝、13孔泄洪冲沙闸、河床式电站、船闸、右岸接头坝；正常蓄水位为398m，总库容6330万m^3；总装机容量77.2万kW，多年平均发电量31.44亿kW·h。建设期为2010～2015年，总投资97.54亿元。

2010年底，完成投资39 757.92万元。6个移民安置点完成基础设施建设并且经验收后移交给地方政府，完成导流明渠土石方开挖467.96万m^3，完成导流明渠和尾水渠钢筋笼防护7100m^3。

（三）沙湾水电站

沙湾水电站位于四川省乐山市境内，是大渡河干流下游河段（铜街子以下）的一个梯级电站，为四川省重点工程、乐山市能源开发骨干项目，由中国水利水电建设集团公司投资建设。

该电站坝址位于大渡河乐山市沙湾区葫芦镇河段，坝址距乐山市城区44.5km。电站以发电为主，兼顾灌溉；采用混合开发方式；枢纽由面板堆石坝、闸坝储门槽段、泄洪冲沙闸、发电厂房、厂房储门槽段、右岸接头坝、尾水渠及库区防洪堤等构筑物组成。建坝壅水高15.5m，河床式厂房接长9015m的尾水渠，尾水渠利用落差14.5m。大坝轴线长699.82m。水库总库容4867万m^3，正常蓄水位432.0m，相应库容4554万m^3。电站额定水头24.5m，设计引用流量2203.2m^3/s，选用单机容量12万kW的轴流转桨式水轮发电机组，总装机容量48万kW，保证出力15.1万kW，年利用小时数5015h，年发电量24.07亿kW·h。总投资约49亿元。

1号、4号、3号机组分别于2009年4月23日、7月10日、12月14日投入商业运行，2010年2月最后一台机组投入商业运行。2010年发电18.11亿kW·h，发电平均利用小时数3996h。

（中国水电建设集团四川电力开发有限公司　刘元秀）

彭水水电工程尾工建设情况

2010年度，彭水水电工程投资完成7.426 2亿元，累计完成总投资118.641 2亿元（含移民征地）。主要完成500t级船闸及升船机通航系统装修、设备安装调试工作，其中金属结构及设备安装1196t，建筑房屋装修5700m^2。

升船机主设备安装及无水调试于6月8日完成，通航系统试通航试验于11月20日完成。

鱼类增殖站于5月31日完成建设，并于11月19日举行了鱼类人工增殖放流仪式。除通航单项验收工作未完成以外，枢纽工程其余各单项工程均完成验收，并完成了竣工安全鉴定和竣工阶段的质量监督工作。消防专项验收也于11月3日完成。

（大唐国际发电股份有限公司　余圣刚）

毛滩水电站建设情况

毛滩水电站位于青衣江干流夹江县顺河乡境内，混合式开发，水库总库容3000万m^3，调节库容100万m^3，具有日调节能力，总装机容量10.5万kW，多年平均发电量48 853万kW·h。

该电站由国电四川毛滩水电开发有限公司（中国国电集团公司下属的国电四川发电有限公司的全资控股子公司）建设和运营。2009年10月13日，项目取得四川省发展和改革委员会核准。总投资为134 530万元。

工程于2009年12月16日正式开工建设。2010年工程建设目标任务是：5月20日完成厂房小基坑围堰基础防渗墙工程；8月20日完成砂石骨料生产制备系统工程；12月20日完成厂房小基坑开挖。经参建各方共同努力，目标任务均提前全面完成，主要情况如下：

1. 厂房小基坑围堰基础防渗墙工程　该项工程由中国水电基础局有限公司承建。2010年1月6日开工建设，2010年5月8日完工。比合同工期提前12d完成目标任务。

2. 尾水渠及砂石骨料系统工程　该项工程由中国水利水电第八工程局有限公司承建。2010年4月20日开工建设，其中，砂石骨料生产制备系统2010年8月16日完工，比合同工期提前4d完成目标任务。

3. 厂坝工程土建及金属结构设备安装工程　该项工程由中国水利水电第四工程局有限公司承建。2010年8月11日开工建设，其中，厂房小基坑开挖工程于2010年12月16日实现首仓混凝土开盘浇筑，比合同工期提前4d完成目标任务。

厂房机坑首仓混凝土的浇筑，标志着2010年毛滩水电站工程建设三个重大进度节点目标的全面提前完成，标志着毛滩水电站主体工程由土石方开挖转入混凝土浇筑，为毛滩水电站后续工程建设奠定了坚实的基础。

（中国国电集团公司　邓兴平）

长沙综合枢纽工程建设情况

长沙综合枢纽工程位于湖南省长沙市望城县境内的湘江蔡家洲，是湘江干流苹岛—长沙河段第八个梯级。坝址上距长沙市外环线月亮岛公铁两用桥13.2km，上距长沙港口主枢纽霞凝中心港区下游端沙河子9.2km，在香炉洲下游7km，下距沩水河口2.2km。工程以保证长株潭城市群生产生活用水、适应滨水景观带建设和进一步改善湘江航运条件为主，兼顾发电、旅游等的水资源综合利用。

坝址控制流域面积90 520km^2，多年平均流量2237m^3/s。水库正常蓄水位29.7m，总库容6.75亿m^3。电站总装机容量57MW，安装6台9.5MW灯泡贯流式机组，年发电量2.315亿kW·h，年利用小时4061h。航道等级Ⅱ级。

枢纽等别为一等，工程规模为大（1）型。枢纽主要建筑物从左至右依次为：预留的三线船闸、双线船闸、27孔净宽20m（堰顶高程19.00m）主泄水闸、排污槽、电站、鱼道、蔡家洲副坝、右汊19孔净宽14m（堰顶高程25.00m）副泄水闸。坝顶高程39.70m，坝长1749.6m。厂房布置于蔡家洲左岸，包括6个机组段和1个安装场段；泄水闸分别布置于左汊及右汊河床，采用弧门挡水，液压启闭，底流消能；左汊左岸布置Ⅱ（3）级船闸。

施工导流分三期导流，一期围右汊20孔泄水闸，由左汊束窄河床过流和通航；第二年围左汊船闸+左汊11.5孔泄水闸，由左汊束窄河床及右汊河床过流，左汊束窄河床通航；三期围左汊剩余的14.5孔泄水闸和厂房，由已建左汊泄水闸和右汊20孔高堰泄水闸联合过流，已建船闸通航。主要采用土石围堰，设计洪水标准10年一遇，围堰挡水流量13 500m^3/s（2年一遇）。

主体工程混凝土总量149.19万m^3，钢筋34 309t，土石方开挖1120.25万m^3，地基处理灌浆进尺5.56万m，高压旋喷灌浆3.17万m。施工总工期为72个月，船闸通航工期35个月，第一台机组发电工期60个月。2009年12月以前为工程筹建期；2009年12月为施工准备期，共1个月；2010年1月～2014年11月为主体工程施工期，共59个月，2014年12月～2015年12月为工程扫尾期，共12个月。预算总投资63.78亿元。

近年来湘江长株潭河段枯水期水文情势发生重大变化，枯水水位较2000年以前明显降低（约1m），但水量却略有增加，给城镇供水带来很不利的影响，严重制约长株潭地区经济发展；且长达6个月的枯水期，裸露的河滩、河床呈现出脏、乱、差等有碍观瞻的景象，仅靠两岸修建沿江风光带，难以彰显“山、水、洲、城”的生态城市特色。航道水深条件恶化，航道等级实际上达不到Ⅲ级标准，远远不能适应船舶迅速大型化发展的实际状况，不能满足社会经济发展带来的水运量发展对航道通过能力的要求，而湘江航道资源的开发和利用还远不够充分，仍有较大的开发潜力。

为此，建设湘江长沙综合枢纽，能够保障在全年各时段均有足够的水量，稳定宽阔清澈壮观的水面，确保满足长株潭湘江河段及滨水带的生态开发建设和供水要求，与已建的株洲枢纽和大源渡枢纽一起渠化湘江黄金水道，改善航道条件，提高航道等级和航运能力。

2007年8月，国家发展改革委以发改交运〔2007〕1938号文对项目建议书进行了批复，同意建设湘江长沙综合枢纽工程项目。

2009年7月，完成《湘江长沙综合枢纽工程可行性研究报告》编制工作。

2009年12月，国家发展改革委以发改基础〔2009〕3048号批复同意按工程可行性研究报告内容建设。

2010年2月，完成湘江长沙综合枢纽工程初步设计。

2010年3月，交通部以交水发〔2010〕122号文件对本工程初步设计进行了批复。

2010年4月，组织专家对湘江长沙综合枢纽右汊工程两阶段施工图设计文件进行了评审。

2010年6月，湖南省交通厅以湘交基建〔2010〕257号文对右汊工程施工图设计文件进行了批复。

湘江长沙综合枢纽工程业主为长沙市湘江综合枢纽开发有限责任公司；蔡家洲护岸、航道疏挖、船闸施工由中交第二航务局承担；左右汊泄水闸、电站厂房施工由中国水利水电第八工程局有限公司承担。工程设计由湖南省交通规划勘察设计院、湖南省水利水电勘测设计研究总院共同承担。

工程于2009年12月6日开工建设。

（湖南省水利水电勘测设计研究总院
彭映凡　李　强）

广东省清远水利枢纽工程

（一）概况

清远水利枢纽工程位于北江干流上，是《北江干流飞来峡—河口河段梯级开发补充规划报告》开发项目中的第一个梯级，坝址上距飞来峡水利枢纽46.73km，下距北江支流大燕河河口约1km。工程任务以航运、改善水环境为主，结合发电和反调节，兼顾灌溉和供水、旅游、养殖；属河床式开发，总库容为3.018亿m^3，正常蓄水位10.0m，相应库容为1.4亿m^3，电站装机容量44MW，航道等级为Ⅳ级；由主体工程、大燕河水闸工程及库区工程三大部分组成。

北江是珠江的第二大水系，发源于江西省信丰县石碣大茅山，自北向南，流经曲江、英德、清远，至佛山市三水区的思贤滘与西江相汇，流域面积46 710km^2。由于河道挖沙等人类活动，北江下游河道的河床下切很深，水位下降幅度很大，对北江下游地区的航运、生态、灌溉、供水、防洪等方面均产生了不利影响。清远水利枢纽工程建成后，将彻底解决库区河段浅滩枯水期经常塞船和断航问题，提高库区航道的等级和通过能力，改善清远市北江干流和大燕河等支流的水质和水环境，促进北江流域经济的发展。

本工程属一等大（1）型工程。考虑本工程非常洪水条件下，上、下游水位差为0.3m，且壅水建筑物最大水头小于10m，将枢纽主要建筑物的级别降低一级为2级。经过主管部门批准，枢纽主要永久性水工建筑物泄水闸、电站厂房、船闸上闸首、连接坝段等均为2级建筑物，洪水标准按50年一遇洪水设计，200年一遇洪水校核（电站下游副厂房、开关站等按100年一遇洪水校核，左、右岸土坝连接段按300年一遇洪水校核）。

本工程船闸属Ⅲ级船闸，设计最大船舶吨级为1000t。

工程施工总工期为3年8个月，其中施工准备期5个月，主体工程施工期32个月，工程完建期7个月，第一台机组发电工期为3年1个月。

2009年8月30日清远水利枢纽工程顺利开工。

（二）工程布置及主要建筑物

1. 主体工程布置及主要建筑物　清远水利枢纽主体工程的建筑物从左至右依次为左岸土坝、门库段、厂房安装间、厂房主机间、31孔泄水闸、门库段、船闸、船闸门库段、右岸土坝，同时厂房左侧预留位置布置二线船闸和鱼道。枢纽坝顶全长1520.42m。坝顶上游侧布置一条贯穿整个枢纽的坝顶交通公路，行车道宽5m，人行道1m。由于通航净空要求，坝顶交通公路在船闸段路面升至24.4m，左、右两侧分别以1.7%及5%的坡度与水平段相接。

（1）泄水闸布置在河床主河道可兼排漂及冲沙作用，软基建闸，采用平底宽顶堰型，堰顶高程3.0m，基本与原主河床齐平，底板根据结构计算取为3.0m，根据河床变化趋势分析及结构要求，闸底板上、下游设齿槽，以增加闸底板沿建基面的抗滑稳定性。两孔闸设一结构缝，闸墩分缝。泄洪规模水闸孔数为31孔，闸孔单孔净宽16.0m。由基础应力计算及坝顶结构布置要求，水闸水流方向长20.5m，闸室内设有上游检修门槽和工作闸门槽各一道。工作闸门为露顶式平板钢闸门，由固定式卷扬机启闭；上游检修门为露顶式平面滑动钢闸门，由厂房上游门机启闭。泄水闸采用底流方式消能，设消力池。消力池采用钢筋混凝土结构，末端底坎下设混凝土防渗墙防冲。消力池后接混凝土护坦，护坦后接斜坡钢丝石笼海漫，护坦尾部设堆石防冲槽。泄水闸进口上游设混凝土防冲板，上游端设堆石防冲槽。为提高基础的稳定性及承载力，以泄水闸中心线30m范围内的河床砂基础进行振冲挤密，遇含泥基础通过添加碎石进行处理。振冲平均深度15m。防渗处理采用悬挂式垂直防渗，选用混凝土防渗墙结构，通过渗流计算，防渗墙底平均高程为−18.0m，防渗墙厚0.4m。

（2）厂房布置于枢纽左岸，为河床式厂房，前缘总长115.47m，主机间下部顺水流方向长度88.75m，机组安装高程定为−6.26m。厂房由主机间、安装间和副厂房组成。安装间位于主机间左侧。主机间右侧与门库坝段相连，副厂房由主机间下游副厂房和安装间副厂房组成。根据清远水利枢纽布置及地形特点，材料及设备采用垂直进厂方式，即通过坝顶公路和设于安装间上游平台的垂直运输井，由汽车和上游门机将设备运至安装间。

（3）船闸布置在河床右岸岸边，右侧接船闸检修门库段，左侧与泄水闸检修门库段相接。船闸按通过1000t级单船设计，闸室有效尺度为180m×23m×4.5m（长×宽×门槛水深）。船闸由上、下游引航道，上闸首，闸室和下闸首组成，上下游引航道直线段长度2010m，采用闸墙长廊道侧支孔出水的分散输水系统。

（4）左岸土坝与厂房、泄水闸与船闸、船闸与右岸土坝间设有重力式连接坝段，共3段均兼做门库，门库坝段采用重力式，软基形式坝顶高程19.5m，门库坝体内设门库，用以存放检修闸门。

（5）枢纽采用土坝与左、右岸堤防相连，左右岸土坝分别位于两岸一级阶地上，左岸土坝基础高程约10m，右岸土坝基础高程约5m。左岸土坝坝顶长470.1m，右岸土坝坝顶长169.4m，坝顶高程19.5m，坝顶宽8m，最大坝高15.4m。土坝为黏土防渗分区土石坝，筑坝材料主要为砂砾料，坝顶为沥青混凝土路面，坝上、下游均采用干砌石护坡，上游坡比1∶3.0，下游坡比1∶2.5，坝后设堆石棱体。坝体上游侧填筑黏土做防渗体，防渗体后设上昂式反滤排水体，下游侧填筑砂砾料。土坝砂砾石基础采用垂直截渗方式，选用混凝土防渗墙，墙体底高程−18.0m。

2. 大燕河水闸（副坝）　为了保证清远水利枢纽正常蓄水位，汛期确保大燕河天然分洪状态，并实现从北江干流调水经滘江入大燕河，以改善大燕河流域的灌溉、供水和水环境效益，在大燕河进口以下约120m布置大燕河水闸（副坝）。大燕河水闸与清远水利枢纽配合调度。

大燕河水闸总长为305m，从左至右依次为7孔平板钢闸门泄水闸（前缘长122m）及右岸交通桥（桥长183m）连接至右岸省道。泄水闸采用两孔一缝，中墩厚3.0m，缝墩厚2.0m，边墩厚1.5m，闸室底板顺水流长为15m，闸室内设有检修门槽和工作门槽各一道，其中心相距3m，工作闸门为露顶式平板钢闸门，由固定式卷扬机启闭，闸顶高程17m。在泄水闸后设消力池，长25m，底高程6.5m，泄水闸上游采用25m长黏土铺盖，上设浆砌石护坦，护坦顶高程7.0m。

3. 库区工程 工程建成蓄水后，由于库水位的抬升，对库区两岸堤围、围内排涝及农田浸没有一定的影响，为减少库区上述影响，须对库区进行防护处理。主要包括：库区两岸堤防安全复核、堤身加固及基础防渗；库区两岸围内浸没影响分析、浸没处理范围、浸没处理方案；库区两岸排涝工程总体规划、分布、治理措施；堤内各类土地防护等。

（三）基础处理

清远水利枢纽坝址河床根据地质钻孔及地质剖面揭露，河床冲积层由砂层和砂卵砾石层组成，呈松散～中密状，上部砂层为近现代河流冲积，由含泥中细砂、含砾中粗砂、砾质中粗砂等组成，一般层厚8.0～22.0m，最厚达25.0m；下部砂卵砾石层由含泥砂卵砾石和砂卵砾石组成，局部有含泥中粗砂，一般层厚4.4～9.0m，最厚达15.0m。基岩深埋于第四系松散沉积层以下，埋深均大于22m，最深处钻孔41m尚未钻穿覆盖层。据标贯试验成果，河床0～3.0m砂层呈松散状，地基承载力为100～150kPa，以下渐变呈稍密～中密。中上部砂层和含砾中粗砂层呈松散～稍密状，天然地基承载力约250～300kPa，故需对软基进行处理后作为建筑物基础使用。

泄水闸、厂房、安装间等基础均采用振冲挤密措施对河床上部砂层进行处理，振冲深度15～18m。

船闸上闸首建基面基底为淤泥层，厚约10m，基础承载力很低，仅为70kPa。经比较采用400mm×400mm预应力钢筋混凝土方桩基础，正方形布置，桩间距为1.75m，桩长15.8m。闸室建基面基底为含泥粉细砂层，允许承载力为150kPa进行振冲密实处理。下闸首建基面基底为砂卵砾石层，允许承载力400kPa，天然地基可满足设计要求。

为防止坝基渗漏，减少渗透压力、防止渗透破坏，基础防渗采用垂直混凝土防渗墙结构，防渗墙厚0.4m。底高程平均－18.0m。

（中水珠江规划勘测设计有限公司 李 静）

内蒙古乌海海勃湾水利枢纽工程建设有关情况

（一）工程概况

黄河海勃湾水利枢纽位于黄河干流内蒙古自治区境内，是《黄河流域防洪规划》和《“十一五”全国大型水库规划》中的黄河干流梯级工程之一。工程左岸为乌兰布和沙漠，右岸为内蒙古新兴工业城市乌海市。工程任务是防凌减灾、发电提供清洁能源以及改善生态环境与防洪等综合利用工程。坝址下游87km处为已建的内蒙古三盛公水利枢纽；距乌海市海勃湾区中心约3km，距呼和浩特市约550km，距离兰州市约600km。

海勃湾水利枢纽工程为二等大（2）型工程，主要由河床电站、泄洪闸、土石坝等建筑物组成。水库正常蓄水位1076.0m，总库容4.87亿m^3。电站总装机容量90MW，年发电量3.82亿kW·h。

工程建设共分4个标段，中国水利水电第三工程局有限公司承担电站土建及金属结构与机电设备安装标。

（二）电站土建及金属结构和机电设备安装工程

本标段的永久建筑物包括右岸连接坝段、河床电站以及库岸防护工程。右岸连接坝段布置在电站与右岸岸坡间，河床电站为河床式电站厂房型式，布置在主河槽右侧。电站顺水流方向长69.1m，最大坝高35.2m。主厂房中心纵轴线平行于坝轴线布置，装有4台单机22.5MW的贯流式水轮发电机组，主厂房内还设有长度分别为22.5m和18.5m的主、副两个安装场。主厂房总长度为137.0m，宽度23.0m；副厂房为钢筋混凝土框架结构。GIS开关站设在主厂房下游尾水平台右侧岸边，与主、副厂房成“品”字形布置。

合同工期39个月，开工时间为2010年10月1日，2013年12月31日前完成全部合同工程。

主要工程量：土方开挖79.6万m^3，土石方填筑36.4万m^3，直径0.8m振冲碎石桩38 234m，预制混凝土639m^3，现浇混凝土252 130m^3，钢筋制作安装10 583t，砖砌体4479m^3，浆砌石23 704m^3，钢结构及预埋件制作安装646t，闸门及启闭机安装2455t，防渗墙1.8万m^2。

2010年10月16日工程破土动工，10月21日开始围堰戗堤预进占，11月22日基本具备截流条件。由于种种原因截流未能如期进行，预计推迟至2011年3月。

（中国水利水电第三工程局有限公司 周兴安）

雅砻江中游水电开发 2010 年进展情况

雅砻江中游河段上起甘孜州新龙县和平乡，下至凉山州木里县卡拉乡，流经四川省甘孜州的新龙、道孚、雅江、理塘、康定、九龙和凉山州的木里县共 7 个县，长 385km，天然落差 980m，河道平均比降 2.55‰。

根据四川省人民政府批复的《四川省雅砻江中游（两河口至卡拉河段）水电规划报告》和 2010 年确定的雅砻江中游两河口—牙根河段开发方案，中游河段从两河口至卡拉，河段长 385km，拟定了两河口（300 万 kW）、牙根一级（21.4 万 kW）、牙根二级（99 万 kW）、楞古（271.8 万 kW）、孟底沟（184 万 kW）、杨房沟（150 万 kW）、卡拉（100 万 kW）等 7 级开发，总装机容量 1126.2 万 kW。

2010 年度中游各项目工作进展情况如下。

（一）两河口水电站

两河口水电站是雅砻江中下游的“龙头”水库电站，位于四川省甘孜州雅江县境内。电站的开发任务为发电，结合汛期蓄水兼有减轻长江中下游防洪负担的作用。工程枢纽主要由砾石土心墙堆石坝、泄水及地下引水发电系统等建筑物组成，砾石土心墙堆石坝最大坝高 295m，是世界最高的土石坝之一。水库正常蓄水位 2865m，相应库容 108 亿 m^3，具有多年调节性能；电站装机容量 3000MW，多年平均年发电量约 114 亿 kW·h；项目总投资约 271 亿元。2009 年完成两河口电站可行性研究的技术论证，2010 年底两河口水电站移民安置实物指标成果得到确认，开始进行可行性研究阶段移民安置规划设计工作。

2005 年二滩水电开发有限责任公司启动了两河口水电站前期筹建准备工作，截至 2010 年底，累计完成投资约 43.5 亿元。

（二）牙根水电站（牙根一级、牙根二级）

2010 年 8 月两河口—牙根河段水电开发方案通过审查，明确分为牙根一级和牙根二级两级开发。

牙根一级水电站为两河口水电站的下游衔接梯级，位于雅江县城上游约 4.5km 的雅砻江干流上。工程枢纽主要由混凝土闸坝和河床式厂房等建筑物组成。闸坝最大坝高 59m。水库正常蓄水位 2602m，相应库容为 3190 万 m^3；电站装机容量 214MW，与两河口水电站联合运行时多年平均年发电量 9.672 亿 kW·h。电站静态总投资约 33 亿元。牙根一级水电站于 2010 年启动预可行性研究工作。

牙根二级水电站为雅砻江中游第三个梯级电站，位于四川省甘孜州雅江县境内。工程枢纽由混凝土重力坝和地下引水发电系统等建筑物组成。水库正常蓄水位 2560m，相应库容 2.54 亿 m^3；装机容量 990MW，与两河口水电站联合运行时多年平均年发电量 45.09 亿 kW·h。工程静态总投资约为 146 亿元。已于 2010 年完成预可行性研究工作，开始可行性研究。

（三）楞古水电站

楞古水电站为雅砻江中游第四个梯级电站，位于甘孜州康定县、雅江县交界的雅砻江干流上。工程枢纽由拦河大坝、长引水系统、地下厂房系统等建筑物组成。水库正常蓄水位 2475m，相应库容 1.712 亿 m^3。电站装机容量 2575MW，多年平均年发电量 117.40 亿 kW·h。工程总投资为 400 亿元。2010 年主要进行预可行性研究阶段外业勘探工作及专题研究工作。

（四）孟底沟水电站

孟底沟水电站为雅砻江中游第五个梯级电站，位于甘孜州九龙县与凉山州木里县交界的雅砻江干流上。工程枢纽由混凝土拱坝、地下引水发电系统等建筑物组成。混凝土拱坝最大坝高 229m，水库正常蓄水位 2254m，相应库容 8.68 亿 m^3。电站装机容量 1840MW，多年平均年发电量 80.05 亿 kW·h。项目总投资约 183 亿元。2010 年主要进行预可行性研究阶段的外业勘探工作。

（五）杨房沟水电站

杨房沟水电站为雅砻江中游第六个梯级电站，位于四川省凉山彝族自治州木里县境内。工程枢纽由双曲拱坝、坝身泄洪消能建筑物、左岸引水发电系统等建筑物组成，混凝土双曲拱坝最大坝高 156m。水库正常蓄水位 2094m，相应库容为 5.190 亿 m^3。电站装机容量为 1500MW，多年平均年发电量 68.56 亿 kW·h。项目总投资约 182 亿元。2007 年 12 月完成项目预可行性研究报告并通过审查。2010 年基本完成可行性研究技术论证工作，2010 年 12 月移民安置规划工作正式启动。

（六）卡拉水电站

卡拉水电站是雅砻江中游的最末一级水电站，位于四川省凉山彝族自治州木里县境内。工程枢纽由碾压混凝土重力坝、坝身泄洪消能建筑物、左岸引水发电系统等建筑物组成，碾压混凝土重力坝最大坝高 129m。水库正常蓄水位 1987m，相应库容 2.558 亿 m^3。电站装机容量为 1000MW，多年平均年发电量 46.85 亿 kW·h。项目总投资约 100 亿元。卡拉水电站已于 2008 年 6 月完成预可行性研究报告并通过审查，2010 年主要进行可行性研究阶段的技术论证工作。

卡拉、杨房沟水电站交通专用公路2009年3月获得单项核准，于2010年4月开工建设。

（二滩水电开发有限责任公司 姚 雷）

国电大渡河流域水电开发有限公司2010年项目筹建情况

2010年，国电大渡河流域水电开发有限公司认真贯彻“科学、有序、合规”和“组织最优、开发最快、效益最好”的原则要求，强化“一抓三保”各项措施，前期项目筹建取得重要进展。

1. 双江口水电站 规划装机容量200万kW，是大渡河干流的龙头电站，位于阿坝州马尔康县境内。正在进行可行性研究收口工作。双江口水资源论证报告、珍稀保护植物影响及保护措施规划专题报告、移民安置规划报告通过审查。核准支持性文件已取得地灾、压矿、文物、地震安全性评价、接入系统、工程安全预评价、防震抗震、“封库令”、移民安置规划大纲等批文及资本金承诺函、银行贷款承诺函等。

2. 金川水电站 规划装机容量76万kW，位于大渡河上游阿坝州金川县境内。金川水电站可行性研究报告枢纽部分已完成。移民安置规划大纲、规划符合性论证报告和防洪评价报告通过审查。核准支持性文件已取得地灾、压矿、文物、地震安全性评价、“封库令”等批文。

3. 猴子岩水电站 规划装机容量170万kW，位于大渡河上游甘孜州境内。已取得项目核准所有支持性文件，项目申请报告已经报送至国家发展改革委，并完成中国国际工程咨询公司评估，取得评估意见。目前正在国家发展改革委履行相关程序，有望在2011年核准。

4. 枕头坝水电站 分两级开发，规划总装机容量95万kW，位于瀑布沟水电站下游。枕头坝一级水电站枢纽工程和移民安置审查已完成。项目申请报告编制完成并经中国国际工程咨询公司评估，取得了除环保、土地预审以外的项目核准报批所需的近40个批文，即将全面完成可行性研究并报出核准申请报告。

5. 沙坪水电站 分两级开发，规划总装机容量78万kW，位于枕头坝水电站下游。沙坪二级水电站枢纽工程和移民安置审查已完成。项目申请报告编制完成并经中国国际工程咨询公司评估，取得了除环保、土地预审以外的项目核准报批所需的近40个批文，即将全面完成可行性研究并报出核准申请报告。

6. 安宁、巴底水电站 原规划的巴底水电站分为安宁、巴底两个梯级开发，规划装机容量110万kW，位于大渡河上游阿坝州境内。预可行性研究报告已通过审查，全面进入可行性研究设计阶段。

7. 丹巴水电站 规划装机容量110万kW，位于大渡河上游甘孜州境内。预可行性研究报告已通过审查，全面进入可行性研究设计阶段。

8. 老鹰岩水电站 规划装机容量64万kW，位于大渡河中游雅安市境内。2010年取得了国家发展改革委前期工作“路条”，开发方式研究报告通过审查，确定了三级开发方案。

（中国国电集团公司 孙剑炜）

井冈山水电站前期工作情况

2010年4月6日，国家发展和改革委员会以发改办能源〔2010〕742号文，同意江西井冈山水电站开展前期工作，由中国国电集团公司负责建设和管理。

（一）规划方面

2010年2月，《长江流域综合规划报告（2009年修订）》通过专家审查。报告提出：赣州以下采用万安（已建）、井冈山、石虎塘、峡江（在建）、永太和龙头山六级开发方案，梯级枢纽渠化与航道整治结合。《长江流域综合规划报告（2009年修订）》和《江西省赣江流域规划报告》（1990年）赣州以下梯级开发方案基本相同，并且进一步明确万安—泰和河段采用井冈山梯级开发。

（二）预可行性研究情况

2010年6月21～23日，水电水利规划设计总院会同江西省发展和改革委员会、能源局在井冈山召开了井冈山水电站预可行性研究报告审查会。会议认为，《赣江井冈山水电站预可行性研究报告》的内容和工作深度基本满足水电工程预可行性研究阶段的要求，基本同意该报告。报告推荐井冈山水电站坝址位于江西省吉安市万安县境内，在万安水电站下游34.8km处，正常蓄水位68m（黄海高程）；电站以发电为主，兼顾航运等综合利用要求，总装机容量138MW，年平均发电量5.1亿kW·h。推荐方案由于坝址上移，有效避开了淹没较多的支流通津河两岸相关村镇，为工程实施创造了有利条件。

2010年9月3日，水电水利规划设计总院以水电规〔2010〕112号文，下发了《关于印发〈江西赣江井冈山水电站预可行性研究报告审查意见〉的函》。

（三）可行性研究等情况

2010年10月11日，中国国电集团公司以国电集〔2010〕607号文，同意赣江井冈山水电站开展可行性研究。

2010年12月可行性研究全面启动，经与长江勘测规划设计有限责任公司多轮磋商，基本谈定《江西赣江井冈山水电站可行性研究、招标设计及施工详图阶段勘查设计合同》条款。

计划于 2011 年 1 月成立井冈山水电项目筹建处，2 月签订《赣江井冈山水电站可行性研究、招标设计及施工详图阶段勘察设计合同》。

（中国国电集团公司　兰才汉　郭瑞涛）

国电阿克苏河流域水电开发有限公司工程建设情况

2010 年，国电阿克苏河流域水电开发有限公司（以下简称阿克苏公司）实现了吐木秀克水电站工程机组投产，小石峡水电站项目顺利截流，台兰河一、二级水电站项目核准落地开工，大石峡水电站项目预可行性研究审查完成，周边小流域前期工作快步推进，有效实施“大中小水电并举”战略，实现了“公司齐动员、大小流域一起抓”的国电特色水电开发模式。

（一）项目规划及进展

1. 库玛拉克河　库玛拉克河是阿克苏河的第一大支流。该河自吉尔吉斯共和国流入中国，主流全长 293km，国内部分河段长 118km，落差 609m，多年平均年径流量 48.71 亿 m^3，河段规划为“一库四级”（依次为大石峡、小石峡、塔尕克和吐木秀克）开发，规划总装机容量约 866MW，梯级电站联合运行年发电量约 31 亿 kW·h。其中，大石峡（装机容量 600MW，计划于 2012 年核准开工）、小石峡（装机容量 110MW，在建）、吐木秀克水电站（装机容量 48MW，2009 年 12 月已建成投产）由阿克苏公司负责建设和经营。

2. 台兰河流域　根据《台兰河河段水电规划报告》，台兰河流域规划了“一库六级”（大桥一级、大桥二级、台兰河一级、台兰河二级、台兰河三级、台兰河三级），其中：台兰河一级水电站、台兰河二级水电站于 2010 年 6 月 9 日获阿克苏地区发展和改革委员会核准、2010 年 10 月 30 日开工建设。项目建设规模均为 48MW，年发电量分别为 1.50 亿 kW·h、1.53 亿 kW·h；台兰河三级可行性研究报告计划于 2010 年 12 月编制完成。

3. 柯克椏河、喀拉玉尔滚河　2010 年 10 月 30 日阿克苏公司同温宿县人民政府签订了《温宿县柯克亚河流域梯级水电站投资协议》、《温宿县喀拉玉尔滚河梯级水电站投资协议》，获得了柯克亚河和喀拉玉尔滚河的水能开发权。在对两河开展了大量的现场勘察工作后，由新疆水利水电设计研究院于 2010 年 11 月完成了《柯克亚下游河段初步水力发电规划报告》及《喀拉玉尔滚河初步水力发电规划报告》，初步规划柯克椏河装机容量 30MW，喀拉玉尔滚河装机容量 47.5MW，现正在开展优化工作。

4. 库玛拉克河下游河段　阿克苏公司协同中国水电顾问集团西北勘测设计研究院及新疆水利水电设计研究院对库玛拉克河水能资源进行了详细的考察论证，确定了库玛拉克河协和拉—吐木秀克镇河段的挖潜项目。2010 年 10 月，完成了《新疆库玛拉克河协和拉—吐木秀克镇河段初步水电规划报告》，初步规划装机容量 248MW，现正在开展优化工作。

（二）在建工程情况

截至 2010 年底，阿克苏公司在建项目三个，即小石峡水电站、台兰河一级水电站和台兰河二级水电站。

1. 小石峡水电站　小石峡水电站位于温宿县与乌什县交界处，是库玛拉克河河段水电规划的第二级，是大石峡水电站的反调节电站。采用堤坝式开发，总装机容量 110MW（4×27.5MW），年均发电量 3.82 亿/4.35 亿 kW·h（单独/联合运行）。属三等中型工程，动态投资为 10.235 1 亿元，总工期 35 个月。该电站于 2009 年 9 月由新疆维吾尔自治区发展改革委核准，2009 年 12 月开工建设，2010 年 10 月 30 日实现河床截流。截至 2010 年 12 月 31 日，已完成联合进水口开挖及衬砌、导流兼深孔泄洪洞进口闸井混凝土浇筑及门榍以下埋件安装、洞身混凝土衬砌及固结灌浆、出口闸井混凝土浇筑及工作闸门安装、出口消力池混凝土施工；引水发电洞进水塔混凝土浇筑至 1465m 高程；厂房土石方开挖及底板混凝土浇筑完成，3、4 号肘管安装完成；退水渠土石方开挖工作基本完成；大坝主坝 0+180m～0+451m 段填筑至 1440m 高程。自开工土石方开挖累计完成 246.91 万 m^3，土石方填筑完成 63.9 万 m^3，混凝土浇筑完成 9.999 万 m^3。

2. 台兰河一、二级水电站　台兰河一级水电站装机容量 48MW，多年平均年发电量为 1.50 亿 kW·h，为四等小（1）型工程。工程静态总投资 44 324 万元，总投资 46 950 万元。台兰河二级水电站装机容量 48MW，多年平均年发电量为 1.53 亿 kW·h，为四等小（1）型工程。工程静态总投资 27 681 万元，总投资 29 271 万元。台兰河一、二级项目于 2010 年 6 月获得阿克苏地区发展改革委核准，2010 年 10 月同时开工，计划 2012 年 10 月同时并网发电，施工总工期为 24 个月。截至 2010 年 12 月 31 日，主要进行临时工程建设（营地建设及临时道路建设）和主体工程开挖、填筑工作，临时工程基本完成。自开工累计完成土石方开挖 126.37 万 m^3，土石方填筑 23.67 万 m^3。

（三）工程质量

阿克苏公司认真贯彻执行质量法律法规，坚持“百年大计、质量第一”的方针，不断完善质量管理体系和规章制度，不断深化管理，监督、协调参建各方认真履行质量管理职责。截至2010年12月底，未发生各类质量事故，工程质量可控、在控。

（中国国电集团公司　冯飞鹏）

国电新疆开都河流域水电开发有限公司2010年水电开发与建设情况

（一）开都河中游河段水电规划修编情况

国电新疆开都河流域水电开发有限公司（以下简称国电开都河公司）于2006年委托水利部新疆水利水电勘测设计研究院对1995年新疆维吾尔自治区人民政府批准的《关于新疆开都河中游河段水电规划报告及审查意见的批复》（新政函〔1995〕118号）进行开发建设方案优化，2010年9月完成《新疆开都河中游河段水电规划（修编）报告》，2010年11月通过了新疆维吾尔自治区发展和改革委员会的审核，上报新疆维吾尔自治区人民政府等待批复意见。《新疆开都河中游河段水电规划（修编）报告》将原规划中的“二库九级”优化为“二库六级”梯级开发方案，自上而下分别为阿仁萨很托亥（670MW）、霍尔古吐（440MW）、滚哈布奇勒（315MW）、察汗乌苏（309MW，2008年已建）、柳树沟（180MW，在建）、大山口（80MW，1992年已建）。新规划梯级总装机容量1994MW，较原规划方案增加524MW，单独运行保证出力约361.58MW，单独运行多年平均发电量约66.4亿kW·h。

（二）柳树沟水电站工程建设情况

柳树沟水电站是新疆开都河中游新规划中的第五个电站，目前正在建设。2008年2月3日获得新疆维吾尔自治区发展和改革委员会的项目核准（新发改能源〔2008〕118号）。电站装机容量设计为180MW（2×90MW），设计年发电量为6.9亿kW·h，为三等中型工程，以发电为主。

柳树沟水电站泄水标于2009年9月10日开工建设，2010年5月之前工程进展顺利，但是由于2010年5月3日泄洪洞进口边坡发生大塌方，进口边坡全部坍塌。根据中国国电集团公司工程建设部调整审查意见，确定为改线方案。截至2010年底，泄洪洞洞身改线洞段开挖完成92m（共130m），泄洪洞有压洞洞身衬砌完成70%，进水塔混凝土浇筑至1431m高程，明流洞段边墙滑模施工全部完成。溢洪洞、引水洞进口边坡开挖完成约90%，支护完成约75%。大坝标和厂房标于2010年8月进场施工，截至2010年底，完成大坝标右岸高线路和厂房工程土方开挖，大坝坝肩和趾板开挖正在紧张有序的进行中。

2010年，安全生产形势总体平稳，处于受控状态。由于安全监测及时准确，决策果断，应急处理措施迅速得当，泄洪洞进口边坡“5·3”大塌方事件没有任何人员伤亡和重大设备损失，成为水电工程建设避险的经典案例，获得西北电监局和中国国电集团公司的高度赞扬。

对大坝主堆石料场进行了优化。根据现场实际条件，将原确定的距坝址约8km的位于坝线下游左岸洪水沟料场，优化选择为距坝址直线距离约500m的独树沟料场。从独树沟料场的岩性、岩石物理力学指标等来看，与原洪水沟料场的实验结果相近，可以满足大坝主堆石区的填筑质量要求。另外，独树沟料场表层基本为裸露岩石，开采时表层无用层的厚度比洪水沟料场小，开采效率高。且独树沟料场紧邻上坝路，交通条件较洪水沟料场好。此优化建议可减少坝料的运输距离约6.5km，提高大坝填筑速度，减少坝料运输道路的修建约5km，减少料场表层剥离无用层约21万m^3；节省工程投资约828万元，取得了较好的经济效益。该项优化建议获得了2010年度“中国国电集团公司优秀合理化建议奖”。

（中国国电集团公司　郑丽娜）

国电四川绰斯甲河流域、足木足河水电项目建设进展情况

国电四川阿水电力开发有限公司现阶段主要负责阿坝州境内部分水电资源的开发和经营管理，计划用8～10年时间完成绰斯甲水电站、观音桥水电站、上寨水电站和卜寺沟水电站的开发建设，形成总装机容量近130万kW，年发电量约58亿kW·h的水电生产能力。上述4个项目及2010建设进展情况如下。

（一）绰斯甲水电站

绰斯甲水电站位于四川省阿坝州金川县和壤塘县境内，是大渡河一级支流绰斯甲河干流（曾克寺—麦斯卡段）“一库四级”水电规划中的第三级水电站，控制流域面积12 166km^2，上接蒲西水电站，下游与观音桥水电站库尾衔接；长引水式开发，初拟装机容量39万kW，年发电量17.62亿kW·h，年利用小时数4717h；为二等大（2）型工程，总投资约40.31亿元。电站由闸坝、引水系统、厂区枢纽组成，最大闸高为26.00m，正常蓄水位2788m，正常蓄水位时水库库容116.20万m^3，其中调节库容47.90万m^3，具有日调节性能。

2010年4月，水电水利规划设计总院会同四川省发展和改革委员会在成都完成《绰斯甲水电站可行性研究阶段正常蓄水位选择专题报告》审查工作。绰斯

甲水电站正常蓄水位确定为2788m。2010年4月，中国水利水电建设工程咨询公司在成都完成《绰斯甲水电站可行性研究阶段坝址及枢纽总布置选择专题报告》咨询工作。2010年6月，水电水利规划设计总院会同四川省发展和改革委员会在成都完成《绰斯甲水电站可行性研究阶段施工总布置规划专题报告》审查工作。2010年9月7日，四川省扶贫和移民工作局在成都完成《绰斯甲水电站建设征地实物指标调查细则及工作方案》审查工作。2010年11月18日，四川省人民政府以《关于绰斯甲水电站建设征地范围内禁止新增建设项目和迁入人口的通知》（川府函〔2010〕245号）批复同意绰斯甲水电站从2010年11月18日起，水库淹没影响区及枢纽工程建设区禁止新增建设项目和迁入人口。

（二）观音桥水电站

观音桥水电站位于四川省阿坝州金川县境内，是绰斯甲河干流（曾克寺—麦斯卡段）“一库四级”水电规划中的第四级水电站，上衔绰斯甲水电站，下接大渡河双江口水电站；采用混合式开发，开发任务为发电，兼顾下游生态环境用水要求；初拟装机容量15.90万kW，年发电量7.94亿kW·h，年利用小时数5000h。

2010年1月，四川省工程咨询研究院在成都完成《观音桥水电站预可行性研究阶段科研大纲》咨询工作。2010年11月，四川省发展和改革委员会在成都完成《观音桥水电站预可行性研究报告》审查工作。

（三）上寨水电站

上寨水电站是绰斯甲河干流（曾克寺—麦斯卡段）水电规划的“龙头”水库，控制流域面积10 338km^2，坝式开发，初拟装机容量38万kW，年发电量17.19亿kW·h，年利用小时数4560h。电站最大坝高约250m，正常蓄水位3100m，总库容近11亿m^3，具备年调节性能，为一等大（1）型工程。

2010年1月，中国水利水电建设工程咨询公司在北京完成《上寨水电站预可行性研究阶段科研大纲》咨询工作。2010年10月，中国水利水电建设工程咨询公司在北京完成《上寨水电站预可行性研究阶段坝址比选专题报告》咨询工作。

（四）卜寺沟水电站

卜寺沟水电站位于阿坝州马尔康县境内的足木足河上，是大渡河干流水电规划“三库二十二级”的第四级水电站，上接达维水电站，下游与双江口水电站衔接，控制流域面积18 379km^2，坝式开发，初选装机容量36万kW，年发电量16.40亿kW·h，年利用小时数4555h。电站由面板堆石坝、左岸泄洪放空系统、右岸引水系统、右岸厂区枢纽组成；最大坝高约130m，正常蓄水位2600m，总库容2.46亿m^3，具有日调节性能。

2010年8月，水电水利规划设计总院会同四川省发展和改革委员会在成都完成了《卜寺沟水电站可行性研究阶段施工总布置规划专题报告》审查工作。

（中国国电集团公司　罗　恒）

国电四川东义河流域水电项目建设情况

（一）项目前期工作

2010年，四川民和水电投资有限公司（以下简称民和公司）共获得了东义河流域干、支流及支沟13级电站的建设开发权。总装机容量约51万kW，年发电量约21.97亿kW·h。完成往子沟电站、夹依龙巴沟电站多个专题审查，取得往子沟电站和夹依龙巴沟电站项目核准批复；益地电站取得四川省人民政府颁发的“封库令”；完成了益地电站水生、陆生资源现状与保护方案以及水资源、行洪、水土保持、地质灾害和压覆矿等专题；完成了《益地电站环境影响评价报告（送审稿）》的编制送审工作。截至2010年12月，已完成色苦、东义、俄椏、尼隆沟、高羊古、开江宫、小水牙等7个电站共27个专题审查，取得高羊古、尼隆沟、小水牙3个电站的“封库令”，完成了色苦电站、俄椏电站预可行性研究报告审查、小水牙电站可行性报告审查工作。

（二）工程建设与管理

结合东义河流域水电开发点多面广、工期紧、人力资源紧张等客观因素，民和公司针对小型水电站项目开展工程总承包（PC）的建设模式，各电站设立项目管理部实施项目管理模式（MPC）。2010年，民和公司设立往子沟项目部、夹依龙巴沟项目部、益地项目部、东义河还建道路工程部，清晰界定各项目部的工作职责和运行机制，确保工程建设顺利实施。装机容量6.4MW的夹依龙巴沟电站实施工程总承包。

1. 辅助工程建设　东义河沿河道路新建工程于2010年5月中旬基本完成全线路基开挖，并于6月底全面完成沿河道路两座主要桥涵工程，基本满足了全流域道路通行需要。夹依龙巴沟电站施工道路1标段（大坝、支洞、前池段）工程于2010年3月开始现场施工准备，4月正式施工，6月底全部完成路基开挖调平并基本满足了道路通行需要。夹依龙巴沟电站施工道路2标段（厂房段）工程在现场进行施工前期准备阶段，发现原设计线路存在严重的地质灾害风险，民和公司积极配合设计院进行方案调整、测量和设计工作，后确定为“路改桥”方案。由于完成调整设计和招标工作后已进入汛期，无法及时组织进行桥梁工程施工，至10月施工单位才开始进行现场施工准备，目前正在进行桥梁引道施工，预计2011年3月竣工。往子沟施工营地于2010年5月底建成，并正式投入使用。益地电站施工道路3个标段、龙达河俄極电站进场道路3个标段2010年11月如期开工；东义河水情测报系统2010年完成部分水位站、雨量站和水文站的装设工作。

2. 主体工程建设

(1) 往子沟电站引水隧洞及首部枢纽工程（1标段）于2010年4月15日正式动工，并开始2号支洞施工；在完成洞口明挖及洞脸边坡支护施工后，6月2日进入2号支洞洞挖施工阶段。由于支洞地质条件较差，以及“7·17”洪涝灾害和“8·27”、“9·17”地质灾害等严重影响，主洞洞挖与支护进尺完成150m，厂房及压力管道工程按计划进行。

(2) 夹依龙巴沟电站总承包施工单位于9月底进场，基本完成生活及施工临建设施建设，11月开始现场施工。

3. 工程安全 2010年，民和公司建立健全工程安全管理组织机构和三级网络体系，坚持安全例会、安全专题会议制度，认真落实安全生产责任制，与各参建单位签订“工程施工安全合同”和“安全生产责任书”。深入开展现场安全隐患排查治理活动，全年查出一般安全隐患47项、重大安全隐患15项，所有隐患整改完毕。积极应对“7·17”洪涝灾害，确保了工程设备设施和员工人身安全，并快速恢复生产。切实加强交通安全管理，落实流域行车安全防范措施，自2009年10月12日至2010年12月31日已连续安全生产446d。

（中国国电集团公司 肖 艳）

国电云南阿墨江发电有限公司2010年水电建设情况

2010年，国电云南阿墨江发电有限公司（以下简称阿墨江公司）实现了三江口电站的投产发电，取得了普西桥项目核准和忠爱桥项目“封库令”。

（一）工程进展情况

1. 三江口电站 2010年7月19日实现了导流洞下闸并开始水库蓄水，9月4日通过云南省发展改革委组织的下闸蓄水验收，9月7日通过机组启动验收，9月13日首台机组并网发电，2010年9月28日三台机组顺利并入商业运行。

2. 普西桥电站 2010年，普西桥项目被列入云南省“十二五”规划并获得了电网接入许可，12月31日普西桥电站实现核准。2010年7月完成了普西桥项目监理标、主机设备招标工作，10月、11月组织专家完成了普西桥电站主体工程土建、机电安装招标文件审查工作。

3. 忠爱桥电站 2010年，与普西桥电站项目同时被列入云南省“十二五”规划并获得电网接入许可，通过了可行性研究阶段正常蓄水位选择和施工总布置规划专题报告，获得了地质灾害专题报告、压覆矿产资源评估专题报告、地震安全性评价专题报告的批复。11月26日，云南省发展改革委正式批复《阿墨江流域忠爱桥以上河段开发方案的研究报告》，12月2日获得忠爱桥水电站“封库令”，库区实物指标调查、环保、水土保持、水资源等前期项目以及可行性研究阶段各项工作正在推进中。

（二）设计优化情况

(1) 三江口电站挑流鼻坎段混凝土修改为同标号毛石混凝土，大坝下游护岸边坡岩石采用挂网喷混凝土支护，减少了外购骨料约1万m^3。

(2) 取消了普西桥电站生态流量取水口，完成了进场公路和施工占地计优化，节约工程投资近1000万元。

(3) 完成忠爱桥水电站施工区占地调整，减少占地331亩，节约投资520万元。

（三）经营管理

阿墨江公司以大股东补足小股东欠缴资本金的方式，解决了长期以来小股东资本金不到位的问题，大幅度地降低了公司资产负债率；全面推进CDM项目工作，已通过世界水坝委员会和经济实体审查，待报联合国审核。

2010年，阿墨江公司荣获“云南省劳动关系和谐企业”荣誉称号。

（中国国电集团公司 吕维君）

国电红河水电开发有限公司水电建设情况

（一）公司简介

2010年5月16日，中国国电集团公司下属的国电云南电力有限公司与广州东送集团有限公司、广州西电电力发展有限公司签署协议，整体收购云南东送水电开发有限公司。经营范围为：电厂、电站建设投资；电力设备、电力材料、建筑材料、金属材料（贵金属除外）的销售；电力技术咨询（以上经营范围中涉及国家法律、行政法规规定的专项审批，按审批的项目和时限开展经营活动）。

2010年7月6日，经中国国电集团公司批准，成立国电红河水电项目筹建处，全权负责中国国电集团公司在红河州区域内水电项目的前期开发工作。前期项目分布在藤条江流域、小黑江流域、南溪河流域、南盘江大桥河段、红河干流新街河段、李仙江土卡河以下河段。

2010年9月15日，云南东送水电开发有限公司更名为国电红河水电开发有限公司，并入国电红河水电项目筹建处职能，全权负责中国国电集团公司在红河州境内（含界河）水电资源的规划、建设、运营管理等工作。

（二）工作进展

（1）成功取得小黑江流域水电资源开发权，规划总装机容量突破100万kW。在2009年成功取得红河州藤条江流域、南溪河流域、南盘江大桥河段、红河马堵山以下河段等四条河段（流域）、总装机容量达63.74万kW的水电资源开发权的基础上，2010年5月，通过与广州东送集团公司签署《云南东送水电开发有限公司股权转让协议》，取得了小黑江流域及李仙江土卡河以下河段水电资源开发权。经过设计院优化设计，小黑江流域及李仙江土卡河以下河段装机容量可达36.9万kW。至此，中国国电集团公司在红河州境内取得的水电资源开发权已突破100万kW。

（2）注册成立国电红河水电开发有限公司。2010年8月，由国电云南电力有限公司成立接收小组，成功接管了云南东送水电开发有限公司。之后，积极与地方工商管理部门沟通、协调，先后进行了股权变更和名称变更。2010年9月，两项变更工作完成，注册成立国电红河水电开发有限公司，国电云南电力有限公司拥有100%的股权。此举标志着中国国电集团公司在红河州的水电开发有了公司实体，将会极大地推动各项目的开发进程。

（3）流域规划全面完成，部分电站完成预可行性研究设计。藤条江流域、南溪河流域、红河马堵山以下河段、南盘江大桥河段的流域（河段）规划调整编制报告于2010年1月编制完成，小黑江流域、李仙江土卡河以下河段的规划编制工作于2010年5月完成。2010年4月，国电红河水电开发有限公司在蒙自市举行部分电站预可行性研究、可行性研究研设计合同签字仪式，红河州及各县市领导、国电云南电力有限公司领导、各设计院领导出席，并签署了黑龙（22.5万kW）、大桥（5.8万kW）、南溪（3万kW）、金水河（2.9万kW）四个电站的预可行性研究、可行性研究设计合同。上述四个电站及勐曼二级、三级电站的预可行性研究报告已编制完成。

（4）流域规划审批工作全面展开，前期工程动工在即。南盘江流域规划已经珠江水利委员会审查通过。小黑江流域规划已经得到红河州发展改革委的批复。各设计院正在进行小黑江流域梯级电站、南溪电站、二道河电站、大桥电站的前期进场公路工程设计工作，并拟于2011年初动工。

（5）与地方政府沟通卓有成效，所有电站均已列入红河州“十二五”规划。在中国国电集团公司和国电云南电力有限公司的大力帮助和支持下，经过与地方政府沟通、协调，国电红河水电开发有限公司的所有项目均已列入云南省红河州“十二五”发展规划，其中黑龙电站被红河州政府列入西部大开发“十二五”重点建设项目上报给云南省政府。

（中国国电集团公司 张洪瑞）

国电浙江瓯江水电开发有限公司外雄电站建设情况

2009年11月18日，国电电力发展股份有限公司与浙江瓯能电力集团股份有限公司在浙江省丽水市签署了浙江瓯江水电开发有限公司股权转让合同，国电电力发展股份有限公司收购了浙江瓯江水电开发有限公司50%的股份，收购后浙江瓯能电力集团股份有限公司持股30%，浙江加益投资有限公司持股20%。同年12月4日，开始接管浙江瓯江水电开发有限公司的生产管理工作，12月15日正式更名为国电浙江瓯江水电开发有限公司。

外雄水电站位于青田县高市乡雄溪村，距丽水市区约39km，距青田县城约33km；开发任务以发电为主，结合改善航运条件；坝址以上集水面积9265km^2，占瓯江流域面积的51.2%，多年平均径流量87.7亿m^3；水库总库容4351万m^3，正常蓄水位28.0m，相应库容1717.4万m^3；电站装机容量2×24MW，多年平均发电量1.4150亿kW·h。

该工程等别为三等，主要建筑物泄洪闸、河床式电站、船闸、两岸连接坝为3级建筑物；发电厂升压站为4级建筑物。

该工程建设项目法人为浙江瓯江水电开发有限公司，浙江省水利水电勘测设计院负责设计，河南信禹监理有限公司承担工程建设监理，中国水利水电第十二工程局有限公司负责土建工程施工、机电安装、金属结构制作和安装，南京水利科学研究院对蓄水进行了安全鉴定，浙江省水利水电工程质量监督中心站承担工程质量监督。

2006年4月28日浙江省水利厅以浙水许〔2006〕41号文批复开工报告。

该枢纽工程分二期施工，一期工程施工的主要项目为右岸8孔泄洪闸、发电厂房、升压站及右岸连接坝段；二期工程施工的主要项目为左岸7孔泄洪闸、船闸及左岸混凝土连接坝段。至2008年10月，一期工程基本建成，利用二期围堰进行水库一期蓄水。电站第一台机组于2009年5月28日通过了72h试运行，第二台机组于2010年5月23日完成了72h试运行，两台机组已顺利投入商业运行。

该工程已累计完成土石方178万m^3，占设计土石方总量的118.00%；完成混凝土浇筑34.63万m^3，占设计混凝土浇筑总量的108%。已完成46个分部工程。完成工程建设投资67 505万元，其中土建完成22 596万元（其中一期土建15 300万元），金属结构及机电完成17 451万元，移民政策处理完成16 889万元，送出工程1400万元，其他费用9169万元。

（中国国电集团公司 钟 震）

青龙水电站建设情况

青龙水电站位于湖北省恩施市境内，是马尾沟流域梯级开发的第二级水电站，电站大坝位于马尾沟流域新塘乡阴沙潭处，电站厂房位于马尾沟六级电站坝址上游800m处，坝址与厂址之间相距约6.9km，坝址距恩施市约120km，厂房距恩施市约113km，是以发电为主的水电工程。

坝址以上流域面积208km^2，多年平均流量7.31m^3/s。水库正常蓄水位735.00m，相应水库库容2830万m^3，总库容2939万m^3，死水位704.0m，可调节库容1620万m^3，为不完全年调节水库。电站装机容量为40MW，安装2台单机容量20MW的混流机组，多年平均发电量为1.119亿kW·h，保证出力5.2MW，年利用小时数2788h。

工程为三等中型工程。枢纽主要建筑物有碾压双曲混凝土拱坝，引水系统，坝后式厂房。碾压混凝土双曲拱坝采用抛物线拱，坝顶高程737.7m，河床建基面高程600.0m，最大坝高137.7m，顶拱最大中心角82.94°，顶拱弧长116m，拱冠梁顶厚6m，底厚23m，厚高比为0.167。采用坝身表孔泄洪，布置3孔10m×7m（宽×高）溢流表孔，堰顶高程728.0m，堰面为WES曲线，挑流消能。引水隧洞布置在左岸，采用一洞双机；进水口布置在拱坝左坝端上游约70m处，采用竖井式，设置拦污栅和检修闸门。发电引水隧洞总长约5.6km，为圆形断面，洞径3.2m；调压井布置在厂房后山坡760m高程平台上，为简单圆筒式，内径10m，高度为74m。发电厂房布置在下一梯级电站新塘六级水电站大坝上游约800m左岸一级阶地上，距大坝约6.9km，包括2个机组段、1个安装场段，副厂房布置在主厂房上游段。

施工导流采用一次性拦断河床的隧洞导流方式，选用全年导流时段，围堰采用过水土石围堰。导流隧洞采用钢筋混凝土衬砌，衬砌后尺寸5m×5.5m（宽×高），顶拱半径2.89m，顶拱中心角120°；进口底板高程618.0m，出口底板高程614.3m，隧洞全长289.2m，底坡1.28%。大坝上、下游围堰为土石围堰，堰顶高程分别为628.70m、618.40m，均采用黏土斜墙十心墙防渗。主体工程混凝土总量26.5万m^3，土石方开挖35.7万m^3，钢筋0.4万t。计划工期39个月，预算总投资3.53亿元。

主体工程于2008年12月25日正式开工。

恩施市境内马尾沟干流河段水能开发，自20世纪起，湖北省科技服务中心省水利学会分部、湖北省恩施市水利电力规划设计室等有关部门就开展了研究工作，1986年提出了《湖北省恩施市马尾沟流域梯级开发规划报告》。该报告对马尾沟干流的水能开发进行了较全面的研究，提出了在马尾沟干流上兴建6个梯级电站的规划方案，总装机容量37.2MW，年平均发电量2.07亿kW·h。按照该规划，现已建成装机容量8MW的马尾沟六级电站（新塘水电站）。

2003年初，恩施市政府委托长江水利委员会长江勘测规划设计研究院对马尾沟流域进行全面规划，同年长江水利委员会长江勘测规划设计研究院编制完成了《湖北省恩施市马尾沟流域水电开发规划报告》。该规划报告经综合比较后推荐流域四级开发方案：梯级一（965m）＋梯级二（788m）＋梯级三（735m）＋梯级四（原马尾沟六级，已建）。

受恩施市地方政府和业主的委托，武汉大学设计研究总院于2003年底接手对马尾沟干流水电开发进行可行性研究，经与地方主管部门和业主充分交换意见，本着充分利用马尾沟水能资源、投资省、效益大的原则，认为将规划报告推荐方案中一级和二级分别开发的方案变为联合开发方案较为有利，并将一级和二级联合开发的电站命名为仙女湖电站，将其中的三级电站命名为青龙水电站。这样，马尾沟干流就变成了三级开发的方式：第一级——仙女湖水电站；第二级——青龙水电站；第三级——已建的新塘水电站。

2005年5月武汉大学设计研究总院编制完成了《恩施市马尾沟青龙水电站工程可行性研究报告》。2005年8月通过湖北省水利厅审查，2005年12月获得湖北省发展改革委批复。

2007年6月，恩施市马尾沟流域水电发展有限公司委托湖南省水利水电勘测设计研究总院进行青龙水电站工程初步设计阶段的勘测、设计和科研工作。2008年11月完成了《湖北省恩施市马尾沟青龙水电站工程初步设计报告》。2008年12月通过湖北省水利厅审查。

青龙水电站工程项目业主为恩施市马尾沟流域水电发展有限公司，大坝和引水隧洞上平段由广东水电二局股份有限公司承建；厂房及引水隧洞下平段由恩施州水利电力工程建设公司承建；机电、金属结构制作单位为湖南桃江县湘中水工机械有限公司，主机厂家为福建南电股份有限公司。

2008年12月25日主体工程开始建设，同时进入左、右岸坝肩开挖。由于两岸山体陡峭，左右坝肩均设计为窑洞式开挖；边坡总高150m，地质情况异常复杂。在业主的组织下，由湖南省水电勘测设计院和广东水电二局联合组成课题组研究支护方案、指导施工，坝肩开挖完成情况较为理想，没有发生安全事故。大坝计划于2011年12月开始浇筑混凝土，2013年3月第一台机组开始发电。

（湖南省水利水电勘测设计研究总院 胡强 黄华新）

新疆沙尔布拉克水电站建设情况

沙尔布拉克水电站坝址位于新疆富蕴县境内喀拉额尔齐斯河下游，为喀拉额尔齐斯河规划的最后一个梯级电站。坝址下距汇合口40.47km，距富蕴县城约60km，距下一个梯级喀腊塑克水利枢纽42.47km。沙尔布拉克水电站是以发电为主，结合水产养殖、旅游等综合效益的水利水电工程。

沙尔布拉克水电站坝址以上控制流域面积6124km^2，多年平均流量为45.7m^3/s。正常蓄水位802m，相应库容8630万m^3，死水位790m，相应库容4280万m^3，调节库容4350万m^3，为季调节水库。电站厂房位于下游右岸，通过发电引水隧洞引水发电，电站总装机容量45MW，安装3台15MW立式混流机组，年发电量1.3亿kW·h，保证出力5.1MW，年利用小时2890h。

沙尔布拉克水电站工程为三等中型工程，主要建筑物级别为3级，次要建筑物级别为4级。主要建筑物有溢流坝及两岸非溢流坝、放空冲沙孔、发电引水隧洞、发电厂房等，最大坝高59.5m，坝顶总长213.25m，发电引水隧洞长476.37m。电站厂房位于坝线下游约350m河床右岸，包括1个机组段和1个安装场段，GIS配电装置位于安装场端部；溢流坝布置在河床中部，设2个10m宽溢流表孔，采用钢质弧门挡水，液压启闭，挑流消能；放空冲沙孔紧邻溢流坝布置位于河床右岸，孔口底板高程770.5m，孔口尺寸2.5m×2.5m。

施工导流采用一次拦断河床的隧洞导流方式。主体工程混凝土量为22.1万m^3，土石方明挖26.4万m^3，石方洞挖3万m^3，钢筋1770t，帷幕灌浆4050m。工程计划施工总工期为41.5个月，第一台机组发电工期30个月，预算总投资4.42亿元。

2010年9月，主体工程正式开工。

沙尔布拉克水电站地处新疆阿勒泰地区富蕴县境内，其建设可缓解当地用电紧张矛盾，促进富蕴县经济社会发展。2007年3月，金威水利水电开发有限公司委托湖南省水利水电勘测设计研究总院进行勘测设计工作。2008年4月完成了《新疆富蕴县沙尔布拉克水电站可行性研究报告》。2008年5月新疆阿勒泰地区行署水利局组织召开了可行性研究报告审查会并通过该报告。

沙尔布拉克水电站工程项目业主现为新疆华电沙尔布拉克水电有限责任公司，主体工程大坝土建及金属结构制作安装由中国水利水电第十六工程局有限公司承担，主体工程发电引水系统、厂房土建及机电安装由中国水利水电第十工程局有限公司承包，主机厂家为福建南电股份有限公司。

（湖南省水利水电勘测设计研究总院 邹胜华）

四川省几个水电站建设情况

（一）溪古水电站通过项目核准

2010年1月4日，由中国水电顾问集团西北勘测设计院与四川省清源工程咨询有限公司设计的溪古水电站，通过了四川省发展和改革委员会的项目核准。溪古水电站工程位于四川省甘孜州九龙县境内，是九龙河水电规划"一库五级"开发方案的"龙头"水库电站。电站为三等中型工程，工程任务以发电为主；采用混合式开发，额定水头386m，总装机容量为24.9万kW，多年平均发电量9.778亿kW·h，并可增加下游4个梯级年发电量1.481亿kW·h。建设总工期41个月。电站建成后优先满足当地用电需求。

（二）狮子坪水电站首台机组发电

2010年3月3日，经过6年的艰苦卓绝、顽强拼搏，遭遇了特大地震、雪灾重创的狮子坪水电站，首台机组顺利通过72h试运行，成功投产发电。狮子坪水电站作为四川华电杂谷脑河水电梯级开发的龙头电站，是四川省阿坝州"5·12"地震灾后重建以来投产的最大水电工程。该电站坝址位于杂谷脑河上游四川省阿坝州理县境内，3台机组装机容量共19.5万kW，水库具有不完全年调节能力，是一座以发电为主，兼有防洪、拦沙等综合效益的水电工程。工程于2004年5月开工建设，2009年9月21日实现一期蓄水，2010年3月1日首台机组进入72h试运行。

（三）踏卡水电站首台机组并网发电

2010年10月24日，踏卡水电站首台机组并入四川电网，投入72h试运行发电，比原计划提前5d达到目标。踏卡水电站位于四川省甘孜藏族自治州九龙县境内，是踏卡河“一库两级”梯级开发方案中自上而下的第二个梯级电站，总装机容量 11 万 kW，多年平均发电量 4.96 亿 kW·h；由中国水利水电第七工程局有限公司控股的四川久隆水电开发有限公司投资建设。电站主体工程于 2008 年 11 月正式开工建设，2010 年 10 月 11 日完成工程下闸蓄水及机组启动验收工作。踏卡水电站的并网发电，为即将到来的甘孜州建州 60 周年献上了一份厚礼，对促进民族地区经济发展、民族团结、社会稳定将起到积极作用。

（四）昭化水电站实现大江截流

昭化水电站是白龙江梯级开发的最后一级电站，位于元坝区昭化镇境内，也是大唐川北公司开发建设的第一个水电项目。该电站为河床式开发，水库正常蓄水位 466.00m，相应库容 1375.78 万 m^3，总库容为 3209.37 万 m^3，额定水头 8.0m，装机容量 6 万 kW，年发电量约 2.4 亿 kW·h。电站主要任务为发电，兼有灌溉、生态用水、航运等综合效益。

2010 年 11 月 18 日，电站成功实现大江截流。这标志着昭化水电站建设取得了阶段性的重要成果，为 2011 年上半年实现首台机发电奠定了坚实的基础。

（本年鉴编辑部摘编）

新疆几个水电工程建设情况

（一）下坂地水电站 1 号、2 号机完成 72h 试运行

新疆下坂地水电站位于新疆喀什地区塔什库尔干塔吉克自治县班迪尔乡境内的叶尔羌河上，是我国海拔最高的山区水利枢纽工程之一。电站共安装 3 台单机容量为 5 万 kW 的水轮发电机组。

中国葛洲坝集团机电建设公司承担了该电站的机电安装工程，2009 年 5 月进场施工。下坂地水电站 1 号、2 号机组分别于 2010 年 6 月 20 日、8 月 18 日完成 72h 试运行，3 号机组也于 2010 年 10 月 15 日具备试运行条件。

（二）斯木塔斯水电站建设达到年度形象目标

斯木塔斯水电站是中国葛洲坝集团股份公司在新疆投资建设的第一个工程项目。2010 年，电站建设累计招标 21 项，招标金额占工程静态投资的 85.52%。工程建设区移民已完成搬迁安置，水库淹没区移民安置小区基本建成，各项施工有序推进。继 9 月 30 日电站工程顺利实现截流后，电站厂房主机间混凝土浇筑于 11 月 8 日达到发电机层高程，引水发电洞于 12 月 23 日全线贯通，工程建设达到年度形象目标。

（三）可可托海水电站扩建工程开工奠基

2010 年 10 月 14 日，新疆有色集团稀有金属公司可可托海水电站扩建工程开工奠基，自治区人大常委会主任艾力更·依明巴海出席奠基仪式。可可托海水电站位于富蕴县境内西南 10km 额尔齐斯河上游干流，1958 年开工建设，1967 年 2 月 5 日第一台水轮机正式投产发电。本次扩建工程项目投资 3.5 亿元，将建成 6.5 万 kW 的装机容量，届时年发电量超过 2 亿 kW·h。

（四）吉勒布拉克水电站完成大坝工程招标

吉勒布拉克水电站位于新疆阿勒泰地区哈巴河县境内，是额尔齐斯河一级支流——哈巴河规划的第三个梯级水电站，由新华水利水电投资公司投资建设。电站主要任务是发电，正常蓄水位 752m，总库容 2.32 亿 m^3，装机容量 14 万 kW，由拦河大坝，泄洪、引水建筑物及地面厂房等组成。其中大坝为混凝土面板堆石坝，坝顶宽 8.0m，坝长 473.5m，最大坝高 146.3m，主要工程量包括：坝体填筑 506 万 m^3，混凝土浇筑 7.5 万 m^3，钢筋制作安装 4500t，帷幕灌浆 3.4 万 m。

2010 年 7 月，吉勒布拉克水电站大坝工程完成招标，中国水利水电第十一工程局有限公司以 3.44 亿元中标承建。

（五）石门水电站完成大坝及引水系统进水口土建工程招标

石门水电站工程位于新疆呼图壁县呼图壁河中游河段，是该河段规划中的第三级水电站，总装机容量 9.5 万 kW，多年平均发电量 2.14 亿 kW·h。电站枢纽由沥青混凝土心墙砂砾石坝、右岸泄洪系统、左岸引水系统和地面厂房组成。沥青混凝土心墙砂砾石坝最大坝高 106m，坝顶全长 312.51m。沥青混凝土心墙为碾压式，位于坝体中部；引水系统进水口为岸塔式，塔身高 68m。

2010 年，石门水电站大坝及引水系统进水口土建工程完成招标，中国水电建设集团十五工程局有限公司中标承建。合同额 2.29 亿元，工期 30 个月；主要工程量有：土石方开挖 186 万 m^3，砂砾料填筑 305 万 m^3，沥青混凝土心墙 2 万 m^3，混凝土 5.6 万 m^3，钢筋 1543t。项目于 2010 年 6 月开工，计划 2012 年 11 月完成。

（六）库什塔依水电站完成机电安装与调试工程招标

库什塔依水电站位于新疆特克斯县境内的特克斯河一级支流库克苏河上，是伊犁河流域库克苏水力发电规划“三库六级”中的第五个梯级电站，距特克斯县 20km，距伊宁市 139km，距乌鲁木齐市 831km。电站总装机容量 10 万 kW，安装 3.5 万 kW 机组 2 台，1.5 万 kW 机组 2 台，多年平均发电量 3.45 亿 kW·h。工程为二等大（2）型工程，发电洞及电站厂房为 3 级建筑物，引水系统为一管四机供水；采用 110kV 一级

电压接入系统，出线3回，承担电力系统的基荷。

2010年9月，库克苏河库什塔依水电站建设完成机电安装与调试工程招标，中国水利水电第四工程局有限公司以中1531.26万元中标。合同约定2011年12月底首台机组投产发电，2012年4月底末台机组发电。

（本年鉴编辑部摘编）

云贵渝甘青浙等省市一些水电站建设情况

一、云南省

（一）庙林水电站投产发电

庙林水电站位于云南昭通，安装3.25万kW机组两台，总装机容量6.5万kW。工程由中国水利水电第十四工程局有限公司承建。在施工期间，项目部克服了重重困难，采取有效措施抢进度，2010年2月，两台机组通过试运行后正式投产发电。

（二）龙江水电站1号机组正式投入商业运营

2010年7月21日，龙江水电站1号机组正式投入商业运营。这标志着由水利部和云南省共同投资22.71亿元建设的龙江水电站——瑞丽江流域内唯一一个具有年调节能力的综合性水利枢纽工程——正式发挥防洪、发电等效益。龙江水电站安装3台水轮发电机组，总装机容量24万kW，多年平均发电量10.25亿kW·h。1号机组由中国水利水电第四工程局有限公司安装，于2010年6月16日开始尾水充水，18日进行压力钢管充水，相继进行了发电机升流、升压试验、过速试验、220kV GIS升流、升压试验、带负荷、甩负荷试验、发电机温升试验、励磁系统、调速器系统等试验，7月14日21时机组正式进入72h试运行。

（三）勐野江水电站完成厂区枢纽工程招标

勐野江水电站位于云南省江城县宝藏乡勐野江（为李仙江右岸支流）上，由云南大唐国际勐野江水电开发有限公司开发建设；以发电为主，为三等中型工程，装机2台，单机容量3.4万kW。

2010年11月13日，云南大唐国际勐野江水电开发有限公司与中国水利水电第十六工程局有限公司在昆明签订了勐野江水电站厂区枢纽工程施工合同，工程总造价10 371.776 4万元，总工期30.7个月。本标段由引水道系统、地面厂房等部分组成，主要包括3.29km长引水隧洞、跨江管桥、调压井、压力管道、厂区工程等项目的土建、机电设备安装、压力钢管金属结构制作安装和消防通风设备安装等。

二、贵州省

（一）毛家河水电站土建工程全面施工

毛家河水电站位于北盘江上游支流清水河上，左岸属云南宣威市，右岸属贵州六盘水市，坝址以上流域面积4935km^2；水库正常蓄水位1300m，水库总库容1281.3万m^3，为日调节水库；电站装机容量18万kW，多年平均发电量6.47亿kW·h，接入贵州电网，在六盘水电力系统中承担发电、调峰任务。工程等别为三等工程，工程规模为中型。毛家河水电站的建设，可带动当地建材业、运输业等相关产业的蓬勃发展，社会效益显著；同时每年可减少燃烧约20万t的标准煤，有利于区域环境的保护。

2009年12月，大坝工程经招标，由中国水利水电第三工程局有限公司开始施工。

2010年3月，电站厂区土建工程完成招标，中国水利水电第三工程局有限公司中标承建。合同额为1.25亿元，主要工程为调压井及其隧洞连接段、压力钢管、厂房及开关站、尾水渠、尾水河道土建工程等项目。

（二）石垭子水电站下闸蓄水

石垭子水电站是洪渡河干流梯级规划方案中的第六级电站，位于遵义市务川县柏村镇，是洪渡河流域规划梯级中规模最大的电站；大坝高134.50m，坝顶长217.86m、宽7m，水库总库容3.492亿m^3；装机容量2×7万kW，年平均发电量4.8亿kW·h。

该电站2006年被列入贵州省重点建设工程项目，由中国水利水电第九工程局有限公司承建，2007年3月正式动工。2010年9月，石垭子水电站成功下闸蓄水。

三、重庆市

草街航电枢纽首台机组投产发电：

草街航电枢纽工程位于重庆市合川区嘉陵江上，是以航运为主，兼顾发电、灌溉、旅游、养殖等综合效益的航电枢纽工程。电站共安装4台单机容量12.5万kW的轴流转浆式水轮发电机组。中国葛洲坝集团机电建设公司承担了全部机组安装任务，2007年7月进场施工。2010年10月3日，草街航电枢纽首台机组在圆满完成72h试运行后投产发电。

四、甘肃省

水泊峡水电站首台机组并网发电：

2010年2月7日，甘肃白龙江水泊峡水电站首台水轮发电机组顺利完成各项试验，成功并网发电。甘肃白龙江水泊峡水电站总装机容量57MW，是白龙江尼什峡—沙川坝河段13座梯级开发规划的第七个梯级水电站，开发方式为混合开发，电站的主要任务是发电。是甘肃省电力投资集团公司目前已建成的最大的水电站，也是甘南藏区最大的水电站。

五、青海省

（一）石头峡水电站完成主体工程招标

石头峡水电站兼有发电、调水、防洪，提高下游水电走廊电站年利用小时数和发电量等功能，是“引大济湟”跨流域调水的“龙头”水库，属于大型水利枢纽工程，总投资约9.96亿元，被确定为青海省“十一五”重点建设项目，由青海水利水电集团公司投资建设。该工程主要由拦河坝、溢洪道、导流泄洪洞、引水发电系统、发电厂房和送出工程等建筑物组成，装机容量9万kW，年发电量3.5亿kW·h。

2010年11月，石头峡水电站建设圆满完成主体工程——混凝土面板堆石坝和溢洪道工程施工招标，中国水电建设集团十五工程局有限公司与青海水利水电工程局有限公司组成的联合体成为总承包人。

（二）纳子峡水电站完成混凝土面板堆石坝工程招标

纳子峡水电站位于青海省大通河流域上游，是大通河流域水利水电梯级规划中的第四座水电站，工程开发方式为混合式，主要任务是发电，由枢纽区、引水发电系统及地面式发电厂区等组成。混凝土面板堆石坝顶宽度为10m，最大坝高121.5m，面板为不等厚面板，顶端厚度0.3m，底部最大厚度0.65m，坝体填筑总量532.7957万m^3。电站总装机容量8.7万kW，多年平均发电量3.106亿kW·h。

2010年10月，纳子峡水电站建设完成混凝土面板堆石坝工程施工招标，中国水利水电第四工程局有限公司中标。主要项目包括：3095m高程以下坝基和边坡开挖处理工程，混凝土面板堆石坝工程，溢洪道工程，主河床截流，上、下游围堰填筑和其他临建设施等，计划2013年9月30日完工。

六、浙江省

青田三溪口水电站成功截流：

三溪口水电站位于浙江省大溪和小溪汇合口下游的瓯江干流上，距青田县约6km，装机总容量10万kW，是一个集开发瓯江水力资源、改善瓯江航运和生态环境于一体的综合性项目，将在发电、航运、旅游及提升城市品位等方面发挥重要作用。中国葛洲坝集团六公司承担了该电站的全部土建施工任务。

2010年2月24日，青田三溪口河床式水电站工程成功截流，为电站安全度汛奠定了坚实的基础。

（本年鉴编辑部摘编）

托口水电站工程简介

托口水电站坝址位于湖南省洪江市境内沅水干流上，为沅水干流规划的第五级，距怀化市74km；坝址以上流域面积24 450km^2，占沅水总流域面积的27.2%，多年平均年径流量170.3亿m^3，多年平均流量540m^3/s。托口水电站水库正常蓄水位250.00m，相应库容12.49亿m^3，汛期限制水位246.00m，死水位235.00m，具有不完全年调节能力；电站装机4×200MW和2×15MW（生态放水小机组），总容量830MW，保证出力为128.9MW，多年平均发电量为21.31亿kW·h。

本工程以发电为主，兼有防洪、航运等其他综合利用要求；通航建筑物按Ⅶ级航道、50t级规模设计。

本工程库区淹没影响人口36 357人，淹没影响耕地1.45万亩。

枢纽建筑物由东游祠主坝、王麻溪副坝、电站厂房、引水系统、通航建筑物、白土冲副坝和河湾地块防渗工程等组成。东游祠主坝建筑物由右岸黏土心墙堆石坝、河床混凝土溢流坝、左岸混凝土重力坝组成；王麻溪副坝由右岸重力坝、河床进水口坝段、电站厂房、一级垂直升船机坝段和左岸重力坝段组成。白土冲副坝位于东游祠主坝和王麻溪副坝之间；东游祠主坝和王麻溪副坝之间的山体布置有河湾地块防渗帷幕。

托口水电站为一等大（1）型工程。大坝的正常运用洪水设计标准为洪水重现期500年，非常运用洪水设计标准为洪水重现期5000年。电站厂房为引水式坝后厂房，其正常运用洪水设计标准为洪水重现期100年，非常运用洪水设计标准为洪水重现期500年。与生态放水设施配套的电站厂房正常运用洪水设计为洪水重现期50年，非常运用洪水设计校准为洪水重现期200年。消能防冲的设计洪水标准为洪水重现期100年。

本工程从正式开工到第一台机组发电工期为3年3个月，总工期为4年。

（中国水电顾问集团中南勘测设计研究院　詹前波）

亭子口水利枢纽工程2010年建设情况

亭子口水利枢纽位于四川省广元市苍溪县境内，是嘉陵江干流的控制性骨干水利枢纽工程，开发任务以防洪、灌溉及城乡供水、发电为主，兼顾航运，并具有拦沙减淤等综合利用效益。水库正常蓄水位

458m，总库容40.67亿m^3，可灌溉农田292.14万亩，电站装机容量4×275MW，保证出力163～187MW，设计年平均发电量29.67亿～31.94亿kW·h。工程建成后，将是川东北地区规模最大的具有年调节能力的大型水电电源，可有效地缓解川东北地区电网调峰容量不足的紧张局面；同时还可提高下游15座梯级电站的保证出力188MW，增加多年平均发电量约4.5亿kW·h，可为川东北地区经济社会可持续发展提供能源保障。通航能力为2×500t级。坝型为混凝土重力坝，坝轴线总长995.4m，坝顶高程465m，最大坝高115m。

（一）工程质量

2010年，原材料及中间产品抽检合格率达到100%；完成单元工程评定5516个，合格率100%，机电工程优良率96%，土建项目优良率91.7%，未发生重大质量事故，工程质量受控，主体工程安全稳定，实现了质量管理目标。

（二）主要工程形象进度

2010年，完成土石开挖320万m^3，占年度计划280万m^3的114.28%，完成混凝土浇筑41.8万m^3，占年度计划35万m^3的119.43%。

土建工程总体形象面貌比进度计划有所超前：左右共8个非溢流坝段已浇至设计坝顶高程，厂房坝段浇至360m高程，底孔坝段浇至356m高程，溢流坝段大面浇至353m高程，电站厂房1号机浇至350m高程，其余机组段均上升至343m高程以上。

机电设备安装与调试工程：2010年7月，承包人开始进场施工；10月开始机组埋件安装，机电设备安装工程正式开始。

金属结构：2010年5月，压力钢管厂即金属结构制造厂基本建成，9月正式投产，10月完成首批机组埋件制造及出厂交货。11月27～28日在工地召开了底孔及进水口液压启闭机设计联络会，11月28～29日在工地召开泄洪底孔弧形闸门（埋件部分）设计联络会，完成了这两个项目的阶段审查。

大型施工设备：2010年3月，缆机设备开始到货；4月在工地组织召开了缆机安装方案专家咨询会，审定缆机安装方案；10月23日，1号缆机完成负荷试验投入试运行；12月9日，2号缆机完成负荷试验投入试运行。

（三）安全管理

2010年安全生产形势平稳，未出现重伤及以上安全生产事故，安全文明施工管理工作整体受控，达到了年初制定的安全管理考核目标，保持了“中国大唐集团公司安全文明施工样板工地”称号。

（四）移民工作

亭子口水利枢纽库、坝区涉及广元市的4个县（区）35个乡镇151个村14个集镇149个单位和21个企业，移民搬迁安置人口3万余人，工程建设征地18万亩（耕园地4.8万亩、林地5.3万亩）。2010年完成移民投资9.68亿元，占计划8亿元的111.3%，完成库区移民搬迁1786户7421人，生产安置5911人，占年计划的134.8%；完成二期围堰涉及的4个集镇基础设施建设，进新集镇企事业单位30家，移民新集镇建房527户；完成了等级公路等专业复建项目启动。库区农村移民搬迁安置工作超额完成，确保了二期围堰安全度汛，取得了国家对亭子口库坝区使用林地的批文。移民工作推进有力，确保了大江截流和工程建设工期，亭子口工程涉及的移民和谐稳定。

（嘉陵江亭子口水利水电开发有限公司 谢贤臣 王 博）

广西桂冠电力股份有限公司有关水电工程建设情况

（一）岩滩水电站扩建工程开工

2010年6月24日，岩滩水电站扩建工程项目正式通过国家发展改革委核准。12月3日上午，岩滩水电站扩建工程举行隆重的开工仪式。

岩滩水电站位于红水河中游，是红水河梯级的第五级水电站，于1995年建成投产，安装4台混流式机组，总装机容量为121万kW。岩滩水电站扩建工程利用一期工程已建大坝和水库，在坝址右岸新建一地下厂房安装2台30万kW混流式水轮发电机组，年均增加发电量12.13亿kW·h，项目总投资27.44亿元，设计工期为52个月。扩建工程完成后，岩滩水电站总装机容量将达到181万kW，年设计发电量将达到74亿～76亿kW·h。

广西桂冠电力股份有限公司十分重视扩建工程的建设，成立项目筹建处开展项目前期工作，协调解决有关问题，优化项目设计，开展招标投标等工作。

岩滩水电站库坝区移民长远生计问题处理，是制约扩建工程推进的关键因素。项目筹建处按照计划，努力推进库坝区移民长远生计问题处理规划报告修编、讨论咨询工作，跟踪审批进展。2009年6月11～13日，水电水利规划设计总院组织召开岩滩水电站库坝区移民长远生计问题处理规划报告咨询会。2009年10月28日，《广西红水河岩滩水电站水库移民遗留问题处理规划设计报告》获得了国家发展改革委的批准，分摊了一期工程移民遗留问题处理基础设施投资中的8亿元。

为使整个扩建工程的安全文明施工水平达到“设施标准、行为规范、施工有序、环境整洁”的要求，项目筹建处组织编写了《岩滩水电站扩建工程安全文明样板工程策划书》、《岩滩水电站扩建工程安全文明施工样板工程考核管理办法》及《岩滩水电站扩建工程违章作业处罚实施细则》等规章制度。同时从项目组织管理、勘察设计管理、施工监理管理、工程招标管理、合同管理、施工技术管理、工程进度管理、施工质量管理、职业健康安全管理、材料物资管理、设备管理、资金与工程造价管理、启动试运行管理、建设项目信息与档案管理等方面编写90多个规章制度，为扩建工程规范、有序管理创造条件。

（二）百龙滩水电站船闸工程通航验收顺利通过

百龙滩船闸为电站枢纽的配套通航设施，为一座单级船闸，主要由上游引航道、船闸本体段（上闸首、闸室、下闸首）和下游引航道等部分组成。闸室有效尺度为120m×12m×3.0m（长×宽×门槛水深），设计通航500t级船舶，设计年货运量通过能力180万t。设计上游最高通航水位130.05m，最低通航水位125.00m；下游最高通航水位123.46m，最低通航水位113.84m。工程于2005年1月25日开工建设，2007年7月5日工程完工，2010年9月16日通过单位工程竣工验收。

2010年9月20日，广西壮族自治区港航管理局在百龙滩水电站召开百龙滩水电站船闸工程通航验收会议。会前，通航验收委员会和专家观看了船闸运行实况，听取了船闸工程建设、设计、施工、监理、质量监督、运行单位的工作汇报，对船闸竣工资料进行了认真的审阅和充分的讨论。

通航验收意见认为，百龙滩水电站船闸工程已按照设计的内容及标准全部建设完成，并已通过有关部门组织的单位工程竣工验收，工程质量等级评为优良，船闸运行状态良好，各项指标基本满足船闸安全运行要求，船闸运行管理规章制度基本建立，运行人员配备到位，基本具备了通航条件，同意通过通航验收。

百龙滩船闸通航验收的顺利通过，对加快黄金水道红水河流域的复航和促进社会和谐发展意义重大。

（广西桂冠电力股份有限公司）

西藏怒江松塔水电站项目建设情况

（一）项目概况

西藏怒江松塔水电站位于滇、藏省界上游约7km的西藏自治区察隅县境内，是怒江中下游河段水电规划“两库十三级”中第一个梯级电站，为规划河段的“龙头”水库。该项目已纳入西藏自治区“十二五”发展规划编制。

该工程预可行性研究工作开始于2006年，2009年完成预可行性研究工作。2010年正式开展可行性研究阶段工作，计划于2013年底完成项目可行性研究阶段的工作和确保成果通过相关审查，并按工程基本建设程序要求开展项目核准的工作，力争在2015年前工程项目开工建设。

按预可行性研究阶段咨询意见推荐，松塔电站坝型为混凝土双曲拱坝，规划装机6台，总装机容量3600MW，电站多年平均发电量159.6亿kW·h。松塔水电站工程初选水库正常蓄水位1925m，水库死水位1860m，水库调节库容23.76亿m^3。工程静态总投资3 084 392万元。

根据项目前期进展情况和电站建设施工总体进度计划安排，工程建设总工期11年，筹建期3年。松塔首台机组在第9年12月初投产发电，第11年12月底工程全部建成。目前项目前期工作处于可行性研究报告设计阶段。

（二）项目必要性

按照国家《电力工业“十二五”规划研究报告（送审稿）》阐述，在“十二五”规划期间，电力规划将延续节能减排思路并优先发展水电资源。西藏怒江松塔水电站工程的建设符合国家电力行业发展规划，是中国大唐集团公司开拓西藏地区水电建设总体规划的重点工程项目。

2010年9月，中国大唐集团公司与西藏自治区政府在拉萨签署《关于进一步加强西藏能源项目合作的补充协议》。根据协议内容，中国大唐集团公司将结合西藏“十二五”能源发展规划，加快西藏境内怒江干、支流以及察隅河流域水电的开发建设，积极参与西藏中小水电、太阳能、风能等能源项目和林芝地区波密县波堆水电站的开发建设。

松塔水电站项目已纳入西藏自治区“十二五”发展规划编制。

（三）项目优势分析

松塔水电工程是“西电东送”和“藏电外送”重要电源，有利于促进西藏自治区民族团结、构建和谐社会，有利于西藏自治区民族文化保护和生态保护，工程建设条件好，是怒江梯级电站的优越站址。

作为龙头水库的松塔水电站，对怒江中下游梯级电站有着明显的补偿效益，并直接影响着怒江水电能源基地的规模和电能质量。松塔水电站的建设，不仅是“西电东送”和“藏电外送”的优质电源点，而且是满足广东省用电需求的优质项目。松塔水电站地理位置优越，工程建设条件好，工程规模较大且技术可行，是怒江在西藏境内不可多得的优越站址。此外，松塔水库淹没损失较小，库区移民仅为2000人，不存在环境制约因素。该电站的建设还能促进当地经济发展和民族团结，为生态环境保护作出贡献。

（四）工作目标及里程碑计划

1. 总体目标　全面贯彻执行中国大唐集团公司关

于水电工程项目前期工作指导意见和对松塔水电工程工作目标要求，建立完善的项目管理体系和运作机制，调动各种积极因素，加大项目管理力度，到2013年底完成松塔水电站可行性研究阶段工作，确保成果通过相关审查，并于2013年下半年适时开展项目核准的相关工作。

2. 近期目标（可行性研究阶段2000～2013年）

（1）完成松塔水电站工程可行性研究阶段工作，相关成果通过审查。

（2）立足工程建设控制高度，统筹安排各项工作。启动工程对外交通、主材供应、电力对外线路等先期研究工作；结合省区的工程区域交通布置，2011年启动对外公路工程规划设计和实施工作。

（3）2013年适时启动项目核准工作，确保“十二五”完成工程项目核准和开工。

3. 远期目标（工程建设期2015～2029年） 确保在“安全、有序和可控”的原则下顺利完成工程建设的各项任务，移民稳定安置，机组按计划投产运行发电，实现“即投产、即稳定、即盈利”的目标。

（五）目前重点开展工作

松塔水电站前期工作目前处于可行性研究报告设计阶段。应根据《水电工程可行性研究报告编制规程》（DL/T 5020—2007）的规定，使松塔水电站可行性研究报告的主要内容和深度达到要求。

（龙滩水电开发有限公司 刘建成）

桃源水电站开工建设

桃源水电站位于湖南省常德市桃源县城附近的沅水干流上，是沅水干流最末一个水电开发梯级，是一个以发电为主，兼顾航运、旅游等综合效益的工程。坝址紧邻桃源县城，左、右岸分别为桃源县漳江垸和浔阳垸，距离常德、长沙公路里程分别为31km和216km。坝址上游距凌津滩水电站约38km，下游距桃源县延溪河口约1.6km。坝址控制流域面积86 700km²，占沅水总流域面积的96%；多年平均流量2060m³/s。电站正常蓄水位为39.50m，相应库容1.28亿m³；总装机容量为18万kW，设计水头5.6m，为径流式低水头电站，年发电量7.93亿kW·h，年利用小时数4404h。

枢纽布置横跨双洲岛，从左至右依次布置有左岸副坝、左14孔泄洪闸、双洲船闸、厂房、右11孔泄洪闸、右岸副坝等，坝顶全长1315m，坝轴线所处位置在双洲洲尾。河床式电站厂房布置在双洲靠右槽侧，单级船闸布置于双洲中的陈家洲，泄洪闸布置于左右槽的主槽，左槽布置14孔泄洪闸，右槽布置11孔泄洪闸，孔口尺寸为20m×13.5m，堰面采用宽顶堰，堰顶高程为26m，泄洪闸坝段总长583.60m。电站厂房安装9台灯泡贯流式水轮机发电机组，主厂房长222.20m，标准段机组长度为22.00m。船闸级别为Ⅳ级，最大过坝船舶为500t级，由上游导航堤、上闸首、闸室、下闸首、下游导航堤等组成。

桃源水电站由中国水电顾问集团投资有限公司控股的中国水电顾问集团桃源开发有限公司负责开发、建设和运营管理。2010年11月7日，该电站正式开工建设。首台机组计划于2013年投产发电。

（中国水电顾问集团投资有限公司 李岳军）

抽 水 蓄 能 工 程

蒲石河抽水蓄能电站2010年建设进展情况

2010年是蒲石河抽水蓄能电站工程建设主体开工建设的第四年，经过各参建各方共同努力，年度安全、质量、投资、进度目标均已完成。全年主体工程共完成土方开挖5.6万m³，石方明挖1.01万m³，石方洞挖和井挖0.9万m³，土石方回填30.4万m³，喷混凝土5931m³，混凝土浇筑10.2万m³，钢筋制作安装4038t，固结灌浆30 100m，帷幕灌浆45 773m，回填灌浆22 365m²，金属结构制作安装625t，预埋各种水机、电气、给排水等管路2.06万m，主机设备安装34台（套）。

全年共完成工程建设投资8.13亿元，截至2010年末固定资产投资累计完成35.05亿元。主体土建工程共验收评定单元工程1838个，合格率100%，优良率94.1%。混凝土外观质量较好。机电、金属结构安装工程质量验收评定单元工程59个，合格率100%，优良率100%。

2010年工程主要形象面貌如下：

1. 上水库面板坝工程 面板和坝顶防浪墙、坝后挡墙、坝顶公路浇筑完成。面板表层止水全部完成。坝前辅助防渗体填筑完成。面板和趾板表面裂缝处理完成。趾板范围内岩体灌浆全部完成。坝肩、库岸帷幕灌浆施工完成。

2. 地下厂房及输水系统土建工程

(1) 主厂房混凝土施工全部完成，4台机组的二期混凝土全部浇筑至发电机层地板高程。安装间、副厂房、主变压器洞混凝土工程、砌体及砂浆抹面施工基本完成，各房间地面地板砖施工大部分完成。地面开关站主体结构全部完成，装修大部分完成，设备及支架安装完成。

(2) 上库进/出水口和引水上平段施工完成。两条引水斜井混凝土浇筑全部完成。两个引水下平段混凝土浇筑全部完成，固结灌浆完成（F_3 断层部位加钢衬处理除外）。

(3) 尾水支洞及岔管衬砌全部完成、固结灌浆完成。尾水主洞衬砌全部完成。尾水闸门室混凝土施工全部完成，顶拱吊顶施工完成。

(4) 2号施工支洞通往引水下平段，封堵Ⅰ期混凝土完成，进行固结灌浆施工。6号施工支洞通往引水斜井中部，封堵Ⅰ期混凝土完成，开始灌浆施工。连接两个引水上平段的连通洞，封堵工作正在进行。

(5) 下水库进/出水口闸门、拦污栅及启闭设备安装工程完成。

(6) 上水库进/出水口闸门及启闭设备安装工程完成。

3. 下水库土建及金属结构安装工程　下水库大坝全部达到设计高程。坝后消力池工程全部完成。大坝基础和坝肩岩体灌浆完成，坝基排水孔施工完成。泄洪排沙闸7孔弧门及启闭机安装完成，1扇平板检修门及坝顶门机安装完成。引水坝段4扇检修门安装完成。导流底孔两孔进口闸门安装完成。坝内渗漏排水泵安装完成。下水库坝于7月22日通过水电水利规划设计总院安全鉴定，并于9月19日通过水电水利规划设计总院组织的蓄水验收。

4. 机电安装工程

(1) 4号机组：主机设备安装完成，具备盘车条件；球阀设备安装完成；18kV封闭母线系统安装完成；主变压器安装就位。

(2) 3号机组：定子吊装完成，转子吊装完成；球阀设备安装完成；18kV封闭母线系统安装完成；主变压器安装就位。

(3) 2号机组：导水机构进行安装；球阀设备安装完成；18kV封闭母线系统进行安装。

(4) 1号机组：底环吊装完成。

(5) 地下GIS和地面GIS：500kV高压电缆安装完成；地面开关站出线场避雷器、电压互感器、500kV出线构架、低压配电室、直流设备、直流蓄电池安装完成。

(6) 副厂房已完成：① 29.90m高程层10kV高压开关柜安装；② 22.00m高程层机组自用盘室和公用盘室设备安装；③ 13.20m高程层照明变压器及照明配电屏室、应急配电屏室、调试监控室设备安装；④ 7.50m高程层10kV高压开关柜安装，直流蓄电池室及直流设备安装，电热配电屏安装；⑤ 空压气系统设备安装；⑥ 透平油系统设备安装。

（辽宁蒲石河抽水蓄能有限公司　赵忠文）

洪屏抽水蓄能电站建设情况

(一) 项目简况

洪屏抽水蓄能电站位于江西省宜春市靖安县境内，设计装机容量2400MW，分两期开发，本期1200MW。建成后服务于江西和华中电网，承担调峰、填谷、调频、调相和事故备用等任务，是江西省第一座抽水蓄能电站。电站设计年均发电量17.43亿kW·h，年均抽水电量22.93亿kW·h，综合转换效率76%，折合年发电利用小时1453h。工程动态总投资51.88亿元，单位千瓦总投资4323元。

(二) 前期工作及项目核准简况

江西省抽水蓄能规划选点设计于1997年7月通过审查，在洪屏、柘林、云居山等三个站址中，推荐洪屏站址首选开发。2001年8月，洪屏抽水蓄能电站预可行性研究报告通过审查。2006年8月，国家发展改革委批准开展前期工作（发改办能源〔2006〕1771号）。2007年2月，项目筹建处成立，隶属国网新源控股有限公司。2008年5月，可行性研究报告通过审查；2009年4月，中国国际工程咨询公司完成项目评估；2010年3月8日，项目获国家发展改革委核准（发改能源〔2010〕454号）。

2009年12月，国网新源控股有限公司、华中电网有限公司、江西省电力公司和江西省投资集团公司签署协议，共同投资建设洪屏抽水蓄能电站，出资比例分别为55%、15%、20%和10%。根据《中华人民共和国公司法》和项目法人责任制的有关规定，组建江西洪屏抽水蓄能有限公司，负责开发建设与运营洪屏抽水蓄能电站。2010年1月22日，江西洪屏抽水蓄能有限公司正式登记注册。

2010年6月6日，开工动员大会在靖安县隆重举行，国家电网公司总经理刘振亚为项目公司授旗，江西省委书记苏荣下达开工令，省长吴新雄、国家电网公司副总经理舒印彪讲话，工程正式开工建设。

（三）工程主要建筑物及技术指标

洪屏抽水蓄能电站枢纽建筑主要由上水库、下水库、输水系统、地下厂房洞室群、地面开关站和地面中控楼等建筑物组成。

地下厂房内安装4台单机容量为300MW的混流可逆式水泵水轮机组，安装高程93.0m。上水库由一座主坝和两座副坝组成，主坝为混凝土重力坝，最大坝高44.0m，西副坝及西南副坝均为混凝土面板堆石坝，最大坝高分别为57.7m和37.4m，上水库总库容约3077万m^3；下水库拦河大坝为碾压混凝土重力坝，最大坝高77.5m，总库容约6316万m^3。

本工程属于一等大（1）型工程，主要永久性建筑物按1级建筑物设计，次要永久性建筑物按3级建筑物设计。

（四）2010年工程进展情况

1. 投资完成情况　2010年完成投资4.01亿元。建设内容均为筹建期工程，有12个标段先后破土动工，包括场内交通工程、通风兼安全洞工程、进厂交通洞工程、下库导流洞工程、施工供电系统、现场办公生活等基础设施建设、施工控制网以及建设征地和移民安置等。

2. 枢纽工程形象进度

（1）场内交通工程包括进场公路和上下库连接公路，分5个标段展开施工。下库区进场公路路基土石方挖运完成35万m^3，隧道开挖累计进尺435m，桥梁基础工程完成65%，涵洞完成4座、挡墙砌筑9200m^3；上下库连接公路路基土石方挖运43万m^3，挡墙砌筑5600m^3。

（2）通风兼安全洞洞挖进尺270m；进厂交通洞工程洞脸支护完成，洞挖进尺130m；下库导流洞工程进尺30m；施工供电系统35kV中心变电站主控楼基础工程完成60%；35kV铁塔组立16基，10kV线路杆塔组立完成105基，10kV线路架设18km；施工控制网测设全部完成并交付使用。

3. 建设征地及移民安置情况　2010年3月26日，江西省常务副省长凌成兴主持召开工程建设协调会，确定了采用移民过渡搬迁方式尽快为工程创造开工条件的方针。2010年建设征地及移民安置完成投资1.39亿元，完成计划的95%。其中：农村移民补偿费投资完成1.32亿元，专业项目复建、补偿费投资完成0.05亿元，环境保护和水土保持工程费投资完成0.02亿元。完成移民过渡搬迁318户，共1119人，完成率为100%；拆除私人房屋50 389.42m^2，集体房屋2391.77m^2，完成率为100%。2010年征收筹建期工程永久用地1125亩，征用工程临时用地255.25亩。

（国网新源控股有限公司　詹先伟　邹友平　刘旭伟）

仙居抽水蓄能电站开工建设

2010年12月17日，浙江仙居抽水蓄能电站工程在工地现场举行了隆重的开工仪式，标志着该电站筹建期项目全面开工建设。

仙居抽水蓄能电站位于浙江省仙居县湫山乡境内，距仙居县城50km，距台州、金华公路里程分别为136km、138km；为日调节纯抽水蓄能电站，额定水头437m，安装4台单机容量为375MW混流可逆式水轮发电机组，总装机容量为1500MW，年平均发电量为25.125亿kW·h，年平均抽水电量32.63亿kW·h，综合效率77%；主要服务于浙江电网，承担系统调峰、填谷、调频、调相及事故备用等任务。电站枢纽由上水库、输水系统、地下厂房、地面开关站及下水库等建筑物组成，属一等大（1）型工程。

浙江仙居抽水蓄能电站工程项目，于2010年3月9日获国家发展改革委核准（发改能源〔2010〕455号）；3月17日，浙江省发展和改革委员会将该工程列为“2010年省重点建设项目”（浙发改基综〔2010〕222号）。

仙居抽水蓄能电站由浙江仙居抽水蓄能有限公司（以下简称仙居公司）负责开发建设与运营；设计单位为中国水电顾问集团华东勘测设计研究院，工程建设监理单位为中国水利水电建设工程咨询北京公司。工程实行分阶段分专业工程平行承包的分标方式，仙居公司将设计、土建、材料设备供应等工程实施内容委托不同的承包商，各承包商分别与仙居公司签订合同，向仙居公司负责，由委托监理（咨询）单位与业主方人员共同进行项目管理。仙居公司委托监理单位承担工程项目管理的绝大部分基本事务性工作，为仙居公司提供专业化的、全方位、全过程的咨询和管理服务。仙居公司则主要对工程保持必要的参与，总体上掌握情况，按合同支持和检查督促监理工程师的工作，负责项目的宏观控制和高层决策、协调等。计划于2015年4月底上水库开始蓄水，2016年1月底首台机组投产发电，2016年11月初工程全部完建。

筹建期工程分为8个标段，主体土建工程分为4个标段，机电安装工程为1个标段。通过招标，筹建期8个标段已确定承包商。主体工程正在招标。

筹建期8个标段的主要情况如下：

1. 通风兼安全洞工程标（Q1标）　通风兼安全洞长1055.18m，断面净尺寸为7.0m×6.5m（宽×高），布置在地下厂房左侧，施工期作为主副厂房洞及主变压器洞顶拱施工支洞。由浙江省正邦水电建设有限公司承包，计划于2011年12月完成。

2. 进厂交通洞工程（Q2 标） 进厂交通洞长 1804.13m，断面净尺寸为 7.8m×7.8m（宽×高），布置在地下厂房右侧，施工期作为主副厂房洞的主要施工通道。由中国水利水电第十一工程局有限公司承包，计划于 2012 年 12 月底完成。

3. 上下库连接公路工程（Q3 标） 上下库连接公路全长约 10km，三级公路，设计车速 30km/h，混凝土路面宽 7.0m，路基宽 8.5m。由中国人民武装警察部队水电第二总队承包，计划于 2012 年 4 月具备通车条件。

4. 厂区交通及护岸工程标（Q4 标） 厂区交通及护岸工程包括：长 1.65km 的进厂公路，三级公路，设计车速 30km/h，混凝土路面宽 7.5m；长 138m，宽 10m 的新建大桥；官里村营地区及湖头村沿河防洪护岸及河道清理、场地平整、下水库弃渣场挡排设施等。由浙江省第一水电建设集团有限公司承包，计划 2011 年 12 月完成。

5. 业主营地工程标（Q5 标） 包含接待中心、办公楼、宿舍 1、宿舍 2、宿舍 3、宿舍 4，总建筑面积 10 093.1m^2 的土建；水电管线安装、建筑装修工程以及室外环境工程建设等。由国强建设集团有限公司承包，计划 2011 年 12 月完成。

6. 施工供电系统工程标（Q6 标） 主要包括：总长 12.785km 的 35kV 架空线路 1 回；每回长 2.77km 的 10kV 架空线路 2 回；10kV 施工配电所所内配套工程；从施工配电所至各施工分区变终端杆的场内 10kV 施工用电架空线路，合计约为 8.427km 等。由仙居县恒信电力有限公司承包，计划 2011 年 10 月完成。

7. 地方道路改线及改造工程施工标（Q7 标） 地方道路改线及改造工程路线全长约 3.04km。其中改线段长约 0.96km（含新建改线桥一座，桥长约 115m，宽 9m），三级公路，设计车速 30km/h，混凝土路面宽 6.5m，路基宽 7.5m；改造段长约 2.08km。由浙江省第一水电建设集团有限公司承包，计划 2011 年 12 月完成。

8. 中平洞施工支洞工程标（Q8 标） 引水中平洞施工支洞长约 958.00m，断面净尺寸为 7.0m×6.5m（宽×高）。施工期作为引水上斜井、引水中平洞、引水下斜井的施工通道，进口端与上下库连接公路相连，终点接至引水中平洞。由中国人民武装警察部队水电第二总队承包，计划于 2012 年 6 月完成。

（浙江仙居抽水蓄能有限公司 曹 玺
中国水电顾问集团华东勘测设计研究院 徐文仙）

黑麋峰抽水蓄能电站工程建成投产

黑麋峰抽水蓄能电站位于湖南省长沙市望城县境内，距离省会长沙市公路里程 30km，紧邻湖南电网负荷中心；安装 4 台单机容量 300MW 的可逆式机组，总装机容量 1200MW；设计年发电量 16.06 亿 kW·h，年抽水耗用低谷电量 21.41 亿 kW·h；担负湖南及华中电网的调峰、填谷、调频、调相及事故备用等任务。该抽水蓄能电站是我国抽水蓄能电站机组设备打捆招标第二批次项目之一，为抽水蓄能电站机组设备国产化后续工作的依托项目。它由电源企业投资建设，是湖南省建成的首座大型抽水蓄能电站。2010 年底，黑麋峰抽水蓄能电站工程全部建成投产。

（一）2010 年施工项目及枢纽工程总完成工程量及投资

2010 年，黑麋峰抽水蓄能电站工程主要施工项目包括：电站 3 号机和 4 号机调试、试运行至投产，土建消缺、主厂房部分精装修、环境美化建设的建筑小品施工和场地绿化完善等。

电站枢纽建筑物由上水库、下水库、输水及发电系统等部分组成。工程于 2010 年底完建。枢纽工程全部完建的主要工程量包括：土石方明挖 589 万 m^3，洞挖 73.23 万 m^3，土石方填筑 314 万 m^3，混凝土总量 32 万 m^3，锚杆 9 万根，固结灌浆 11.2 万 m，金属结构制作安装 5184t。

工程概算动态投资 34.286 亿元，实际投资 33.805 亿元。

（二）工程建设历程

2005 年 5 月，电站主体工程开工；2007 年 8 月 1 日，电站上、下水库开始蓄水；在通过 30d 考核试运行后，电站 1～4 号机组，分别于 2009 年 8 月 23 日、2010 年 1 月 5 日、2010 年 9 月 25 日和 2010 年 10 月 6 日投产；电站 1 号和 2 号机组于 2010 年 6 月 1 日起，通过租赁方式由湖南省电网调度转入商业运行，电站 3 号和 4 号机组具备投入商业运行条件。

2010 年 11 月，枢纽工程通过了国家电监会大坝安全监察中心组织召开的竣工安全鉴定；2010 年 12 月，通过了工程的竣工质量监督检查、工程档案专项验收和工程消防验收；2010 年 12 月 26 日，工程通过中国电力投资集团公司达标投产竣工考核。

（三）工程建设质量情况

电站工程质量优良，单位工程优良率 100%，其中，土建主体工程混凝土单元工程优良率为 92.4%，灌浆单元工程优良率为 92.5%，金属结构制作安装单元工程优良率为 94.3%，机电设备安装单元工程优良率为 96.6%。电站投运以来，工程建筑物没有出现任何质量隐患，设备运转正常。

（五凌电力有限公司 唐建国
中国水电顾问集团中南勘测设计研究院 张孝松）

南方电网调峰调频发电公司电源建设情况

（一）电源规划

2010年初，中国南方电网有限责任公司相继开展了广东省和海南省中长期调峰规划研究和抽水蓄能电站选定规划工作。2010年5月，水电水利规划设计总院会同广东省发展改革委对广东省抽水蓄能电站选点规划报告进行了审查，同意梅州五华、江门新会站点作为广东电网2020年新增抽水蓄能电站站点。7月，水电水利规划设计总院会同海南省发展改革委对海南省抽水蓄能电站选点规划报告进行了审查，同意琼中大丰、三亚羊林站址作为海南电网近期开发的抽水蓄能电站推荐站点。9月底，海南和广东两省抽水蓄能选点规划报告及审查意见上报至国家能源局。

（二）工程前期工作

1. 深圳抽水蓄能电站　2010年8月上旬，项目申请报告上报国家发展改革委。10月中旬，中国国际工程咨询公司对项目申请报告进行了评估，评估认为建设必要、布局合理、技术可行、核准支持性文件齐备。项目待国家发展改革委核准。

2. 阳江抽水蓄能电站　积极同中国广东核电集团有限公司就项目移交进行磋商的同时，开展了项目可行性研究修编工作，包括项目建设必要性论证和接入系统研究、文物保护规划专题编制以及核准支持性文件的梳理完善等。

3. 梅州抽水蓄能电站　组织了项目勘测设计招标工作。编制完成了项目预可行性研究报告，2010年10月底，水电水利规划设计总院对预可行性研究报告进行了审查。可行性研究阶段的勘测设计工作稳步推进，开展项目前期工作的请示已上报国家发展改革委。完成了进场公路等前期工程设计工作。

4. 海南抽水蓄能电站　2010年8月31日，开展项目前期工作的请示上报国家发展改革委，11月27日国家发展改革委批复同意。编制完成了项目预可行性研究报告，2010年12月21～22日，水电水利规划设计总院对预可行性研究报告进行了审查。项目被海南省发展改革委增补为2010年海南省重点预备项目。

（三）在建工程情况

1. 惠州抽水蓄能电站　2010年，惠蓄电站A厂单项工程顺利通过竣工验收；B厂5号机组于5月29日投入可靠性运行，7月19日投入商业运行；6号机组于8月6日投入可靠性运行，9月30日投入商业运行；7号机组于11月7日投入可靠性运行，12月19日投入商业运行。工程在质量、安全、进度、投资等方面均处于良好的受控状态。电站继续推行NOSA五星安健环管理系统，与2009年同期相比，安健环事故减少5起。工程合格率100%，土建工程优良率达到90%，机电工程优良率达到93.7%。

2. 清远抽水蓄能电站　2010年，主厂房完成首层开挖，年底$Ⅱ_1$层开挖完成38%。上水库导流泄洪洞具备过流条件，主坝开始填筑。下水库主坝坝基开挖累计完成40%，导流泄洪洞具备过流条件，泄洪竖井明挖完成。5月25日永久公路全线贯通。移民安置村动工建设。电站第一批用地许可在10月获得了国务院、国土资源部的批准，移民生产安置全面启动。5月26日，电站4×320MW蓄能机组采购项目合同签订。电站工程在质量、安全、进度、投资等方面均处于良好的受控状态，土建工程合格率100%，优良率为94%；安健环管理12月17日获得了NOSA二星认证。

3. 深圳抽水蓄能电站　2010年，深圳抽水蓄能电站核准报告于11月底进入国家发展改革委审批会签流程。“三洞一路”工程10月底完成主要工程施工，10kV施工及永久备用电源工程于10月中旬通过竣工验收。上下库连接道路完成了合同工程量的10%。征转地遗留问题基本解决，主体工程开工的现场准备工作基本完成。

（中国南方电网有限责任公司调峰调频发电公司）

南 水 北 调 工 程

南水北调工程建设有关情况

（一）丹江口水电站左岸大坝加高工程全线浇筑到顶

2010年3月31日，随着左岸18号坝段顺利加高至176.6m完建高程，丹江口水电站左岸大坝加高工程全线浇筑到顶，主体混凝土施工告竣。

丹江口水电站大坝加高工程是南水北调中线的源头、龙头工程，也是目前国内最大的水利枢纽改扩建工程，具有新老混凝土结合难、工期紧、任务重等特点。左岸大坝加高工程主要由16～44号混凝土坝段和左岸土石坝组成，坝顶设计高程176.6m。自

2005年开工以来，中国葛洲坝集团二公司积极开展科技攻关，优化施工方案，克服了施工场地狭窄、设备布置困难等诸多难题，确保了施工进度、质量和安全。

（二）南水北调引江济汉工程正式开工

2010年3月26日，南水北调引江济汉工程正式开工。湖北省省委书记罗清泉、省长李鸿忠，国务院南水北调办公室主任张基尧、副主任张野等出席在湖北荆州区李埠镇龙洲垸荆江大堤举行的开工奠基典礼。

引江济汉工程是从长江荆江河段引水至汉江兴隆河段的大型输水补水工程，也是中国当代最大的人工运河工程。引江济汉渠首位于荆州市龙州垸长江左岸，线路沿北东向穿荆江大堤，在潜江市高石碑镇北穿汉江干堤入汉江，线路全长67.23km。该工程的开工建设，对于加快南水北调工程建设步伐，推进汉江中下游综合治理开发，促进汉江中下游乃至湖北省经济社会可持续发展都具有十分重要的意义。

中国葛洲坝集团一公司中标并承担了该工程进口段泵站与进水节制闸土建及金属结构、机电安装工程。主要施工内容包括泵站与进水节制闸土建工程、配套渠道工程、泵站与进水节制闸金属结构、机电设备安装工程、监测仪器的埋设与施工期观测及临建项目工程，计划工期33个月。

（三）南水北调山东干线主体工程全面开工

2010年12月30日，南水北调东线山东段干线主体工程济南以东段、南四湖—东平湖段、鲁北段三大输水渠工程正式破土动工，标志着南水北调山东段干线主体工程进入全面开工、整体推进、加速建设的新阶段。

这次开工建设的济南以东段、南四湖—东平湖段、鲁北段三大输水渠工程，是南水北调东线一期工程的重要组成部分，是沟通长江、淮河、黄河、海河和连接胶东输水干线的纽带。三条输水渠总投资82亿元，总长度406km，总工期18～36个月。

工程建成后，将形成鲁南、鲁北、济南以东直到青岛、烟台、威海3个供水片，并具备向河北、天津应急供水的条件，可有效解决这些地区水资源紧缺问题。同时，对南四湖和东平湖水资源的联合调度，对沂沭泗汶洪水资源的利用，都具有十分重大的意义。另外，两湖段工程结合航运实施，将实现南四湖—东平湖三级航道通航的目标。

（本年鉴编辑部摘编）

中國水力發電年鉴

4

工 程 勘 测

工程地质勘察与评价

糯扎渡水电站工程地质勘察与评价

（一）工程概况

糯扎渡水电站位于澜沧江中下游河段，电站装机容量为5850MW，枢纽布置为黏土心墙堆石坝（坝顶高程821.5m，河床高程600m），左岸地下厂房，左岸溢洪道及左、右岸各一条泄洪洞，最大坝高261.5m，正常蓄水位高程812m，总库容237.03亿m^3。

1986至2003年6月完成了前期勘察工作，2004年开工建设，计划2012年7月开始发电。

（二）地勘试验工作量

规划、预可行性研究、可行性研究及招标等设计阶段，对本电站进行了大量的地质测绘、勘探、试验工作，项目及数量见表1。

表1　勘察实物工作量表

项　　目	单位	规划预可行性研究	可行性研究	招标	合计
区域地质复核	km^2	44 000			44 000
水库区地质测绘	km^2	21 850	1462.7		23 312.7
坝址区地质测绘	km^2	16	4.84		20.84
坝址地质剖面	km/条	14.5/9	22.92/16		37.42/25
天然建筑材料料场测绘	km^2	11.24	8.54		19.78
钻探	m/孔	10 602/74	21 131.53/218	9190.49/219	40 924.02/511
平洞	m/洞	4053/38	10 771.5/105	3671.7/43	18 496.20/186
竖井	m	38	44.8		82.8
坑槽探	m^3	19 570	13 007.82	18 853.2	51 431.02
平洞声波测试	m	4136.1	10 256.4		14 392.5
综合测井	m	531.37	4640		5171.37
物探地震法	m		12 693.0		12 693.0
现场岩体变形试验	点	14	47	10	71
现场大型抗剪试验	组	5	38	19	62
平面及空间应力测量	孔		34		34
收敛观测	断面		7		7
水压致裂试验	孔		2		2
高压压水试验	孔		3		3
定向压水试验	孔		4		4
现场渗透变形试验	组		4		4
岩体固结灌浆试验	组		1	1	2
岩石物理力学试验	组	63	64		127
土料试验	组	435	526	1464	2425
石料试验	组		64		64
有害气体测试及放射性检测	洞		3		3

此外，根据所选定的枢纽建筑物特点及存在的主要工程地质问题，还有针对性地进行了专项研究和科研工作，主要有以下几项：

(1) 澜沧江糯扎渡水电站工程场地地震安全性评价（汶川地震后进行了复核评价）；

(2) 坝址区右岸软弱岩带（体）成因、特性及工程适宜性评价；

(3) 左岸地下洞室群及左岸系统工程地质研究；

(4) 坝址区水文地质条件分析及渗流场特性研究；

(5) 水库诱发地震危险性预测研究；

(6) 澜沧江糯扎渡水电站枢纽区高边坡工程地质特性及其稳定性研究；

(7) 库岸稳定性蓄水响应与失稳预测信息管理系统开发。

（三）地质简况

工程外围地震地质构造背景复杂，新构造运动迹象明显，地震活动性较强烈。坝址区地震动参数为：50年超越概率为10%的基岩水平峰值加速度为0.204g，相应的地震基本烈度为Ⅷ度，100年超越概率为2%的基岩水平峰值加速度为0.380g，100年超越概率为1%的基岩水平峰值加速度为0.436g。

库区岸坡稳定性较好，根据库岸稳定性分类，以基本稳定岸坡为主。水库不存在向坝址下游及低邻谷的永久渗漏。水库诱发地震对工程建筑物区的影响烈度估计均小于Ⅵ度，低于本工程区的地震基本烈度。水库淹没、浸没损失小。

坝址区河道顺直，河面高程约600m，河谷呈V形，两岸地形坡度约40°，左岸高程850m处存在平台地形，适合布置岸边开敞式溢洪道。

枢纽区基岩岩性主要为中细粒花岗岩，仅坝址左岸高程650～810m以上为T_{2m}（中三叠系）砂泥岩和角砾岩。河床冲积层厚约6～32m。坡积层厚度一般小于3m，覆盖范围广。

枢纽区结构面很发育，主要有两组：① N10°～30°E，NW∠60°～80°；② N10°～40°W，SW∠50°～70°。坝基右岸沿NNW向的F_{12}、F_{13}断层由于叠加岩体的强烈蚀变和风化作用，形成了构造软弱岩带，其一般宽度达30～50m。主要由F_{12}、F_{13}断层破碎带及所夹的碎裂结构和镶嵌碎裂结构的风化、蚀变花岗岩体组成，带内岩体均一性、完整性差，抗变形能力低。

溢洪道通过左岸坝体下游糯扎支沟、糯扎沟，该地段有F_1、F_{35}、F_3断层分布，由三条断层交叉的地段是枢纽区岩体最破碎的部位，工程地质条件最差。

坝址区岩体的风化，在左岸河床较浅，右岸随高程增加风化带变深，全、强风化深度自低高程处的20m，向高处达110m。

坝基左岸卸荷裂隙水平深度较浅，一般约为10～34m；右岸卸荷深度随高程增加而变深，最大深度达74m。

坝址区地下水以基岩裂隙水为主，水位坡降小。基岩的透水性自地表至深部逐渐变小，局部受断层影响透水性相对较强。

（四）主要地质勘察成果

根据糯扎渡水电站地形地质特点，将主要工程地质问题归纳如下：

1. 坝基右岸构造软弱岩带工程地质特性及工程处理措施　坝基心墙建基面大部分可置于弱风化花岗岩上，右岸上部可放在强风化基岩上，满足工程要求。但坝基右岸沿F_{12}、F_{13}断层发育的构造软弱岩带，岩体均一性、完整性差，强度低，难以满足地基变形和坝基渗透要求。为此进行了右岸构造软弱岩带的特性及其工程处理措施研究，结论为：构造软弱岩带中的Ⅳa和Ⅳb类岩可满足心墙堆石坝对地基的要求，对构造软弱岩带中的断层破碎带及其余Ⅴ类岩体需进行开挖回填处理。对F_{12}、F_{13}断层进行了渗透变形试验，其抗渗破坏比降大于13.3，临界水力比降大于4，其临界渗透比降大于水库蓄水后的坝基实际承受的水力比降（约为2）。考虑到仍有少量岩体安全余度不大，为坝体安全起见，对软弱岩带需采取帷幕灌浆等防渗处理措施，以确保坝基渗透稳定。

2. 枢纽区高边坡稳定性评价　枢纽区的高边坡有：右岸坝肩边坡，上部永久边坡高度220m，下部临时边坡高度261.5m，边坡总高度481.5m；溢洪道消力塘左侧边坡，高度235m；尾水隧洞出口边坡高度224m；另有左岸导流洞进口边坡、右岸导流洞进口及出口边坡、电站进水口边坡等。可行性研究及招标阶段对枢纽区的高边坡进行了边坡工程地质特性研究、边坡破坏型式的研究及边坡稳定性计算。结果表明：枢纽区边坡多为由花岗岩（有少量砂泥岩）组成的岩质边坡，边坡整体稳定性较好，主要存在以下两方面问题：① 边坡上部一般都存在有全强风化岩体，其稳定性差，一般采取1∶1.0～1∶1.2的开挖坡比，并进行网格梁植草护坡；② 少数边坡部位存在顺坡向结构面（如小断层、挤压面等），开挖边坡的坡度不得大于该组裂面的倾角，如确实必须大于裂面的倾角时，须采取加固的支护措施，如锚筋桩、锚索等。

3. 地下厂房区工程地质条件　地下厂房位于左岸山体内，为微风化～新鲜花岗岩，岩体完整，厂区地下洞室群的围岩以Ⅱ、Ⅲ类为主。可行性研究阶段对地下厂房洞室群的工程特性进行了研究。研究表明，坝址左岸山体无致命的地质缺陷，在左岸布置地下厂房是适宜的。厂区地下洞室群围岩稳定性较好，但在几条Ⅲ级断层分布部位存在一定的塑性变形和小范围的破坏现象，因此在厂房边墙的中部高程布置了锚索，厂房边墙、端墙、顶拱布置了锚杆，对断层带部位增设网片加强封闭支护。目前厂房已开挖完毕，地质条件与前期结论吻合，变形监测成果显示最大变形位于厂房边墙的中上部，约为17mm，变形已收敛，围岩稳定性良好。

4. 溢洪道工程地质条件　溢洪道部位工程地质条件复杂，地层岩性为T_{2m}砂泥岩和角砾岩及中细粒花岗岩，发育有F_1、F_{35}、F_3等断层，受这三条件断层的影响，断层交叉处岩体很破碎，风化较深，工程地质性状差与周围岩体存在较大差距，可能产生不均匀变形。为改善断层带部位的地基条件，对这些部位的溢洪道底板加深开挖1m，并进行深度9m的固结灌浆以改善地基工程地质条件。

5. 天然建筑材料

(1) 农场土料场为三叠系砂泥风化土料，分三层：① 坡积层，为含砂高液限黏土（CHS）；② 构造残积（全风化）层，为黏土质砂（SC）、卵石混合土（SICb）和黏土质砾（GC）；③ 强风化层，为卵石混合土（SICb）和黏土质砾（GC）。由于坡积层砾质含量少而下部强风化粗颗粒含量较多，实际开采时，采用立采混合料即坡积层、构造残积层和强风化层混拌开采。混合料主要质量技术指标符合做碾压式心墙防渗材料的基本要求。可采储量约为823万m^3，为需要量的2.26倍。

(2) 白莫箐石料场可用层为弱风化角砾岩和花岗岩，湿抗压强度80～110MPa，质量满足要求，可采储量达5480万m^3，剥离量为750万m^3，剥采比为1∶7.5。品质优良，储量丰富。

(3) 电站进水口、溢洪道及左岸洞室开挖渣料中，弱风化及以下砂泥岩类岩石属中硬岩，由于多为泥质胶结，耐久性差，作为次堆石区堆石料。弱风化及以下花岗岩和角砾岩属坚硬岩石，作为堆石料、轧制反滤料和人工骨料。

（中国水电顾问集团昆明勘测设计研究院　张四和）

金安桥水电站工程地质勘察与评价

（一）工程概况

金安桥水电站位于云南省丽江市境内金沙江中游河段。电站枢纽布置型式为河床坝后式厂房。挡水建筑物为碾压混凝土重力坝，最大坝高160m。总装机容量2400MW，设计多年平均年发电量为109.87亿kW·h，年利用小时数为4580h。工程规模巨大，属大（1）型水力发电工程。电站前期地质勘察工作始于1993年，2004年10月可行性研究报告通过审查。工程于2003年8月8日开工，2010年12月25日初期蓄水至1398m高程。

（二）工程地质条件与评价

1. 区域构造稳定性　电站所在区域处于扬子准地台西部边缘丽江台缘褶皱带内，主要受近南北向和北东向的构造控制，区内断裂发育且规模巨大、活动强烈，其中程海断裂、大具—丽江断裂、丽江—小金河断裂、中甸—乔后断裂、德钦—洪门口等断裂新活动迹象明显，为区内的主要发震构造。但坝址区及其附近8km范围内无晚更新世以来活动的断裂，即不存在发生强震或中强震的发震构造，也不存在断至地表的断层位错。根据国家地震局地质研究所的研究成果并经2008年汶川地震后复核，枢纽区50年超越概率10%的基岩水平加速度峰值为0.185g，相应的地震基本烈度为Ⅷ度。

2. 水库工程地质条件及评价

(1) 水库回水至上游阿海水电站，库长80km，正常蓄水位为1418m，相应库容为8.47亿m^3。库区属高中山深切割侵蚀剥蚀峡谷地貌，两侧山体雄厚，地层岩性主要为火山岩，部分库岸为灰岩、白云质灰岩。岩层走向与河道近平行，无大的横向断层沟通，不存在渗漏问题。

(2) 坝前分布的B_1崩塌堆积体，体积约276万m^3，组成物质主要为大块石及碎石土，堆积体受三层凝灰岩层面控制，形成了阶梯状的底界面，其总体稳定性较好，水库蓄水对其稳定性无大的影响。距坝址21.3km和23.5km处发育的树底滑坡和九贝滑坡，规模较大。其中，九贝滑坡位于金沙江左岸，目前处于稳定状态。树底滑坡位于金沙江右岸，滑坡体规模巨大，方量约3000万m^3。组成物质松散，滑坡体长期处于蠕滑变形状态，但不存在发生整体瞬时滑动的可能，对坝址的影响较小。蓄水前对该滑坡体开展了监测工作，目前蓄水对其未产生明显影响。

(3) 库区部分地段存在构造型及构造—岩溶型诱发地震的可能，影响烈度小于当地基本烈度，对枢纽区建筑物不致产生大的影响。目前库区数字地震监测台网已正式投入运行。库区不存在大型矿点的淹没和土地浸没问题。

3. 枢纽区工程地质条件及评价

(1) 枢纽区河道顺直，河谷呈V形，为纵向单斜谷，两岸地形基本对称，山体雄厚，地形陡峻。地层为二叠系上统玄武岩组上段（$P_2\beta^3$），岩性为玄武岩、杏仁状玄武岩、火山角砾熔岩夹凝灰岩。流层总体产状近南北，倾向西，倾角12°～30°。构造形态主要表现为断裂，无区域性大断层，亦无顺河大断层发育。岩体以弱风化下带为主，其中河床坝基、厂基大部分坐落在微风化、新鲜岩体之上。相对隔水层（q<1Lu）顶面埋深：左岸坝基以下15～50m；右岸坝基以下10～30m，局部50m；河床坝基以下5～12m。

（2）坝基开挖揭露的实际地质条件与前期勘测成果基本一致。两岸坝基岩性为玄武岩、杏仁状玄武岩夹玄武质火山角砾熔岩及t_{1c}、t_2两层软弱凝灰岩夹层，揭露的较小规模陡倾角断层4条，岩体以弱微风化为主。坝基岩体主要为Ⅱ、Ⅲ类。两层凝灰岩在部分坝基出露，对坝段的抗滑稳定存在不利影响，施工过程中采取了槽挖回填混凝土处理。裂面绿泥石化岩体主要分布在河床坝基部位，主要为微、新风化岩体，岩体呈“似完整碎裂结构”或“原位碎裂结构”，属Ⅲb、Ⅲc类岩体。但易受开挖扰动，强度降低，对坝基变形存在一定影响。施工开挖采用梯段爆破，预留保护层，采用人工及机械撬挖到位的方式，在大坝浇筑前采取了固结灌浆及灌浆孔内插筋等处理措施。

（3）厂房部位岩性主要为裂面绿泥石化岩体。厂房地基范围内无较大断层、裂隙。主要为微、新风化岩体。厂基岩体主要为Ⅲb、Ⅲc类岩体。针对建基面上分布的裂面绿泥石化岩体开挖后易扰动的特点，施工过程中采取了与河床坝基同样的处理方法。

（4）溢洪道部位岩性为玄武岩、火山角砾熔岩及凝灰岩夹层。共发育5条较小规模断层、裂隙。以弱风化下带及微新岩体为主。地上无影响抗滑稳定的大的不利地质条件组合，稳定性较好。t_{1c}凝灰岩在消力池1314m高程平台出露，由于其倾角较缓，出露面积大，对其进行了挖除处理。溢洪道右侧开挖形成最大高度约128m的人工边坡。t_{1c}、t_2凝灰岩均缓倾山里，对边坡稳定影响不大。F_{63}断层顺坡发育，组成物质以岩屑夹次生泥为主，胶结中等，与垂直坡面陡倾节理交错发育，存在形成不稳定的柱状块体或楔形体的条件，对边坡稳定不利。施工过程中对右侧边坡进行了系统锚杆支护，局部位置增加随机预应力锚索加固。

（5）左岸边坡为顺向坡，其稳定性主要受控于边坡中发育的多层凝灰岩夹层，尤其是泥化夹层发育的t_{1c}、t_2两层凝灰岩缓倾坡外，倾角12°～30°。t_{1c}层间挤压、泥化现象明显；t_2局部泥化，有崩解现象，抗剪强度低，受顺河向和横河向两组陡倾角裂隙的切割，存在平面滑移失稳的条件。坝基及边坡开挖工程中，针对凝灰岩夹层可能对坝基及坝肩边坡产生的不利影响，采取了必要的锚固措施。左岸坝后从上至下分布了B_2及B_{20}两个规模较大的崩塌堆积体，物质组成较松散，局部存在架空现象，且均以凝灰岩为底界面，工程性状差，其对工程枢纽的布置、选择有较大影响，对工程施工、运行安全存在潜在威胁。尤其是泄洪雾化的影响，可能恶化堆积体的工程地质性状，导致前缘局部沿凝灰岩底界面产生滑移或其本身发生局部的浅表层塌滑失稳，对工程构造危害。施工开挖过程中针对这两个崩塌堆积体进行了工程处理，对后缘陡崖进行了挂网喷混凝土以及多排预应力锚索加固，还进行了削头压脚、坡面设置网格梁、植草护坡等工程处理措施。

4. 天然建筑材料　金安桥电站上下游围堰均采用土工膜防渗，未使用防渗土料；所用混凝土骨料除临建工程采用导流洞开挖的玄武岩石料外，主体工程骨料全部采自金安桥玄武岩料场。根据前期勘察及施工期的复核，玄武岩骨料为非活性骨料，储量和质量均满足工程建设要求。

（中国水电顾问集团昆明勘测设计研究院　高　健）

金安桥水电站枢纽区工程地质条件

（一）枢纽区的工程地质条件

金安桥水电站枢纽区金沙江总体呈向东凸起的弧形，主体建筑物布置地段的河流近南北向，枯期河水面高程1294m，水面宽60～100m，水深约10m。河谷呈V形，为纵向单斜谷，两岸地形基本对称，山体雄厚，地形陡峻。因受产状和顺河向陡倾角结构面影响，两岸岸坡多形成阶梯状地形。右岸为逆向坡，高程1320～1350m之间为长约1500m、宽100～170m的平缓台地。两岸浅沟发育，左岸有1～9号5条，右岸有2～14号7条。

枢纽区地层主要为二叠系上统玄武岩组上段（$P_2\beta^3$），岩性为玄武岩、杏仁状玄武岩夹火山角砾熔岩及凝灰岩，枢纽区分布有数层连续性较好的凝灰岩，其中对建筑物影响较大的有t_{1b}、t_{1c}、t_2、t_3四层。玄武岩、杏仁状玄武岩及火山角砾熔岩岩石坚硬，受构造影响，玄武岩较破碎，河床部位分布有较厚的裂面绿泥石化玄武岩岩体，杏仁状玄武岩及火山角砾熔岩岩体相对较完整。凝灰岩属相对软弱岩层，顺凝灰岩层常发生顺层挤压并出现泥化现象，个别凝灰岩有崩解现象。两岸零星分布的坡积层厚度一般小于3m。

枢纽区岩层呈单斜构造。玄武岩流层呈舒缓波状，其总体产状近南北，倾向西，倾角为12°～30°。枢纽区以坚硬的玄武岩为主，构造形态主要为断裂构造、断层等。坝段内分布的断层有3条（F_5、F_8、F_{29}），但均远离主要建筑物。

枢纽区物理地质现象以崩塌为主，少量岩体有风化和卸荷裂隙。崩塌作用以滑移型崩塌为主，底面受凝灰岩层面控制。枢纽区左岸为顺向坡凝灰岩夹层缓倾坡，1360～1600m高程间从上游到下游分布有B_1、B_2、B_{20}三个规模较大的崩塌堆积体，一般厚度达20～40m，最厚达60余米。

（二）坝基工程地质条件

坝基岩石以玄武岩为主，夹火山角砾熔岩及凝灰岩。玄武岩及火山角砾熔岩坚硬，湿抗压强度在80MPa以上。凝灰岩在新鲜完整状态下具有较高的强度，属硬岩或中硬岩。t_{1c}、t_2凝灰岩顺层挤压明显，具泥化、软化现象，为软弱夹层，岩层走向与河流近平行，缓倾右岸偏下游，倾角12°～30°，对坝基抗滑、变形稳定不利。t_{1b}位于河床坝段坝基以下20～30m，总体完整性较好，强度高，经分析对坝基抗滑及变形稳定影响不大。分布于左岸坝肩部位的t_{1c}，顺层挤压强烈，泥化夹层厚度大，抗剪强度、变形模量均很低，且埋深浅，有顺河向陡倾角结构面侧向切割，下游t_{1c}又被冲沟切割临空，从地质结构上已构成不利的组合，对左岸坝肩抗滑及变形稳定很不利，加固处理难度大，建议挖除处理。分布于右岸坝基部位的t_{1c}、t_2凝灰岩受顺河向陡倾角结构面切割，对局部坝段抗滑及变形稳定不利，建议对坝基出露地段采取槽挖并置换混凝土，在坝基内部设置抗剪洞等工程措施，以提高其抗滑稳定性，并满足工程要求。除凝灰岩夹层及不太发育的玄武岩流层外，坝基范围内分布的少量断层及Ⅳ、Ⅴ结构面以陡倾角为主，对坝基抗滑稳定一般不起控制作用，但对延伸较长且缓倾上、下游的绿帘石、石英错动面，应分析其对局部坝基抗滑稳定的影响及处理措施。分布于河床坝基下的裂面绿泥石化岩体，特别是Ⅳa类岩体，抗剪强度及变形模量较低，对坝基抗滑及变形稳定不利，应进行专门研究。采用调整上部结构，并进行工程处理以提高其整体抗滑稳定性及抗变形能力。

（三）坝基渗透稳定分析

坝基岩体以玄武岩为主，节理裂隙延伸长度有限且多闭合，透水性较弱，不存在发生化学管涌及机械管涌的问题。分布于右岸的t_{1c}、t_2凝灰岩及断层F_{63}贯穿整个坝基，需注意断层破碎带及凝灰岩顺层挤压泥化带的渗透稳定问题。根据左岸t_{1c}凝灰岩泥化夹层试验资料，室内定名为黏质土砾或微含黏质土砾，渗透系数在2×10^{-5}～3×10^{-5}cm/s之间，临界水力坡降达1.3，颗分曲线斜率均匀。t_2凝灰岩泥化夹层性状与t_{1c}相同。F_{63}断层破碎带宽20～50cm，由角砾岩、片状岩、糜棱岩及断层泥组成，具压扭性质，挤压紧密，胶结差，在弱风化上带岩体中断层破碎带呈全、强风化状。经分析，贯穿右岸坝基上下游的t_{1c}、t_2凝灰岩及断层F_{63}，在水库蓄水后的实际工程水力坡降均小于凝灰岩泥化夹层的临界水力坡降，沿凝灰岩和断层产生渗透变形的可能性不大。但从安全考虑，仍须进行必要的防渗处理。

（四）结语

通过大量的勘测、试验和研究工作，在考虑了岩性、构造、岩体结构、卸荷和风化等诸多因素后，对坝基岩体进行了岩体质量类别的划分。坝基以Ⅲ类岩体为主，河床坝基分布的碎裂裂面绿泥石化岩体强度偏低，需采取可靠的工程处理措施。

（中国水电顾问集团昆明勘测设计研究院
高　健　孙朝碧）

阿海水电站工程地质勘察与评价

一、概况

阿海水电站坝址位于云南省丽江市玉龙县鸣音乡（右岸）和宁蒗县翠玉乡（左岸）境内的金沙江中游河段，系金沙江中游河段八个梯级电站的第四级，上接梨园水电站，下接金安桥水电站。该电站采用碾压混凝土重力坝、坝后厂房方案，最大坝高138m，正常蓄水位1504m，总库容8.82亿m^3，装机容量2000MW。

该电站规划工作开始于1992年，1999年提交了规划报告。2002年10月～2008年先后开展预可行性研究、可行性研究和招标设计阶段的勘测设计，完成了大量的勘测、试验和专题研究工作，共完成物探20 574.5m、钻孔13 643.48m、平洞6518.5m、坑槽探40 865.46m，现场岩体变形试验51点、现场抗剪试验21组、现场载荷试验10点、专题研究报告4份，查明了工程区及建筑物的主要工程地质问题，坝址部位互层状砂板岩地层的建坝适应性是本工程坝型及枢纽布置格局选择的关键工程地质问题。工程于2007年5月开始筹建。

二、主要工程地质条件与评价

（一）区域构造稳定性

工程区处于扬子准地台西部、松潘—甘孜褶皱系南部两大构造单元交界部位，区域地质构造背景复杂，外围断裂发育，地震活动强烈，区域构造稳定性较差。近场区位于川滇菱形块体的中南部，边界活动断裂距工程100km以上，距坝址较近（15～20km）的发震断裂有中甸—海罗断裂、小中甸—大具断裂和小金河—丽江断裂。工程区位于青藏地震区的鲜水河—滇东地震带内，历史外围地震对坝址的最大影响烈度接近Ⅷ度。场址区 8km 范围内无活动断裂分布，地震危险性主要受外围地震活动的影响。根据工程场地地震安全性评价，50 年超越概率 10%的基岩水平加速度峰值为 0.160g，相应地震基本烈度为Ⅷ度。

（二）水库工程地质

阿海水电站水库回水至梨园水电站，库长约 80km。两岸山体雄厚，山顶高程多在 3000m 以上，河谷深切，呈山高谷深的地貌景观。岸坡基岩多裸露，以二叠系和三叠系分布范围最广，岩性以砂泥岩、页岩为主，其次为灰岩、白云质灰岩和玄武岩、火山角砾岩、沉凝灰岩等。库区大部分为非可溶岩地层，灰岩分布不连续、岩溶化微弱，无较大规模的断层沟通水库上、下游，水库不存在永久性渗漏问题。坝前至宝山石头城约 21km 库段为砂板岩、碳酸岩类和辉绿岩等基岩岸坡和崩积、冰碛、冲积等混合成因的堆积体岸坡，各堆积体整体稳定，库岸属稳定～基本稳定，局部塌岸不会对水库运行产生大的影响。远坝库岸除拉丁里—美古地和沟牛—四川坪子两段分别发育 6 个和 3 个滑坡，岸坡稳定性较差外，其余属稳定～基本稳定岸坡，多数滑坡在水库蓄水后产生整体滑移失稳的可能性不大，且距工程较远，不存在危及工程兴建的库岸稳定问题。坍岸和部分冲沟的泥石流将增加水库淤积。

（三）左岸坝前堆积体及稳定性

左岸坝前距坝轴线约 300m 以上分布由崩积、冰碛、冲积等混合成因的堆积体，分布高程为 1410～1620m。地质勘察表明，堆积体厚度一般 20～40m，体积约 470 亿 m^3，上部主要为冰碛物和部分崩塌堆积，下部靠前缘主要为卵砾石等冲积物，其间顺河向不连续分布有多层厚 0.5～1m 的粉细砂。各堆积物密实度好，部分呈半胶结状，下伏基岩面在横河方向总体倾向河床，坡度与地表相当，前缘形成凹槽（古河床）。堆积体形成较早，天然状况下处于稳定状态。根据稳定性分析，水库建成后，在部分工况条件下稳定性不满足要求，需进行工程处理。

（四）复杂层状岩体建坝适应性及建基面岩体质量

坝址基岩为横河向中陡倾向上游的泥盆系下统阿冷初组（D_{1a}）砂板岩和顺层侵入的辉绿岩，层面倾角 45°～60°，多为胶结较好的硬性完整层面，断层裂隙不发育。D_{1a}岩层根据岩性岩相特征，从下游至上游划分为 D_{1a}^1～D_{1a}^5 五个工程地质岩组：D_{1a}^1 岩层板岩类分布相对较多；D_{1a}^5 岩层以砂砾岩为主；D_{1a}^2 和 D_{1a}^4 主要为砂岩夹板岩或砂岩与板岩互层；D_{1a}^3 为辉绿岩两侧的硅化变质岩。若坝基置于 D_{1a}^2 岩体，坝型和枢纽布置将很好地适应坝址地形条件，枢纽布置较灵活，因此针对该岩层进行了大量勘探、试验和专题研究，开展了精细化的岩性剖面量测，并进一步将 D_{1a}^2 岩层划分为三类：① 以中厚层砂岩为主（含量>70%）夹板岩；② 砂岩（含量为 30%～70%）与板岩均匀相间分布；③ 板岩（含量>70%）夹砂岩。

1. 复杂层状岩体建坝适应性　地质勘察和专题研究成果表明，D_{1a}^2 岩层以砂岩类或砂板岩互层的坚硬岩或较坚硬岩为主，约占总厚度的 70%，板岩均匀分布于砂岩中，单层厚度小，坝基具一定的整体均一性，且两岸风化弱，坝基可以置于微新风化岩体之上。岩体单层厚度虽小，但层间黏结十分紧密，层面效应基本消失，完整性大大提高，声波普遍大于 4000m/s，大量岩石及岩体力学试验成果表明，岩石强度、岩体变形模量、承载力等满足修建 140m 级混凝土重力坝的坝基要求，岩体各向异性特征不明显。

2. 建基面岩体质量　结合坝基岩体的工程地质条件，岩体质量划分为Ⅱ、Ⅲ、Ⅳ、Ⅴ四个大类，并进一步将Ⅲ类和Ⅳ类岩体分别划分为Ⅲ$_1$、Ⅲ$_2$ 和Ⅳ$_1$、Ⅳ$_2$ 亚类。坝基中Ⅱ类岩体为微风化～新鲜的中厚层状砂岩、砂砾岩或硅化变质岩以及完整的辉绿岩，分布在右岸坝段，岩体强度高，属良好的坝基岩体；Ⅲ$_1$ 类岩体为微风化～新鲜的砂岩相对集中带（板岩类含量<30%）或部分硅化变质岩、辉绿岩，岩体变形模量 6～12GPa，岩体完整，属较好的坝基岩体，可满足不同坝高的建基要求；Ⅲ$_2$ 类岩体主要为微风化～新鲜的互层状砂板岩，板岩类含量 30%～70%，以硬岩居多或软、硬相间，整体强度仍较高，岩体变形模量 4～10GPa，岩体完整或较完整，作适当处理后可作为高坝段坝基。根据地质勘察，坝基岩体以Ⅲ$_1$ 类为主，其次为Ⅲ$_2$ 类。坝基主要地质缺陷为顺层发育的挤压带以及厚度不大的板岩集中带，需视其性状、规模进行专门处理。

（五）坝基变形稳定

河床坝段以及两岸低高程坝段，坝基岩石以砂岩、粉砂岩为主夹粉砂质板岩、板岩或呈相间分布的互层状，总体以坚硬岩、较坚硬岩为主，强度偏低的板岩类均匀分散于砂岩中，集中发育厚度不大，硬岩是力的主要承担者，坝基岩体质量大部分为Ⅲ$_1$ 类，部分Ⅲ$_2$ 类，岩体声波一般在 4500m/s 以上，变形模量 4.5～8GPa，虽存在少量的不明显的各向异性，但坝基的整体均一性较好，总体满足高坝对地基的变形要求，局部存在的Ⅳ$_1$ 类岩体需进行专门处理。两岸高高程坝段坝基岩石与河床坝段类似，右岸部分为弱风化硅化变质岩和辉绿岩，岩体强度相对较高，多为Ⅲ$_1$、Ⅲ$_2$ 类岩体，变形参数满足要求。分布于坝基的层间挤压带以片状岩为主，软弱物质少见，挤压紧密，且有石英脉穿插胶结，性状与周围岩体差别不大，适当处理可满足要求。

（六）坝基抗滑稳定分析

坝基岩体主要表现为层面和层间挤压带的影响，层面虽发育且延伸长，但多为纹理构造，黏结紧密，挤压带均为石英脉充填、胶结，力学性质大为提高，它们虽倾向上游，但倾角较陡。缓倾角节理裂隙仅在局部零星发育，延伸短、连续性差且属硬性裂面，统计表明倾角小于30°的缓倾角节理连通率小于10%。以上坝基发育的层面裂隙面的产状、性状对坝基深层抗滑稳定影响较小。坝基绝大部分为Ⅲ类岩体，经计算分析，混凝土与基岩接触面和岩体的参数满足抗滑稳定要求。

（七）坝基渗漏及渗透稳定

坝址为横向谷，发育的主要结构面呈中陡倾角的横河向分布，其中的层间挤压带挤压紧密且多为石英脉充填、胶结，层面多闭合，胶结较好，坝基不存在渗透稳定问题。坝基为层状岩体，岩层相对完整，其间的含炭质、泥质、粉砂质板岩等相对隔水，压水成果表明建基岩体基本为弱～微透水岩层，无大的坝基渗漏和绕坝渗漏问题，且对坝基防渗有利。

（八）坝基开挖边坡

坝址区天然岸坡高陡，自然岸坡基本稳定。左、右岸坝基包括缆机平台以上开挖临时边坡最大高度分别为260m、220m，永久边坡最大高度分别为160m、133m，开挖边坡均为岩质坡，边坡岩体为弱风化和微风化～新鲜岩体，坡顶部分为强风化岩体，主要结构面走向与开挖坡面走向近垂直，为横向坡，总体上边坡稳定性较好，边坡主要失稳模式为层面与反倾向节理或其他节理间组合随机形成的楔形体失稳、掉块等。建议开挖坡比：强风化岩体1∶1.1，弱风化岩体1∶0.75～1∶0.5，微风化～新鲜岩体1∶0.5～1∶0.3。

（九）天然建筑材料

工程需混凝土骨料约435万m^3，坝址附近无可利用的天然砂砾料料源，需采用人工骨料。经过对数个料场的勘察和比较，采用新源沟石料场为骨料料源。料场距坝址直线距离约2.5km，其岩性为志留系中上统中厚层状灰岩，岩溶属弱～中等发育程度，岩石强度高，湿抗压强度76.4～100MPa，软化系数0.68～0.83，为非活性骨料。根据料场地形地貌划分为Ⅰ、Ⅱ两个开采区，其中Ⅰ区为主开采区，有用料储量约1895.8万m^3，剥采比为1∶6.22，石料质量、储量均满足工程要求。石料场三面临空，开采条件较好，且运输距离近，但料场高差大，开采边坡较高。

（中国水电顾问集团昆明勘测设计研究院　张　瑞）

江边水电站基础深厚覆盖层研究

（一）概况

江边水电站首部枢纽混凝土闸坝建在冲洪积（Q_4^{al+pl}）漂（块）卵（碎）石层上，基础须采用固结灌浆处理。

闸址区位于踏卡背斜的西南翼，为单斜岩层区，岩层产状较为稳定，一般为N40°～60°W，NE∠50°～60°。坝区断裂不发育，以小断层和裂隙为主，无区域性断层或较大断层。

河流右侧至堆积台地前缘埋藏古河槽，槽底高程1684m左右，第四系覆盖层最厚109.2m。闸基第四系覆盖层深厚，是影响建闸坝的主要不利条件。按岩性和埋藏条件分为五大层：第①层为崩坡积（Q_4^{col+dl}）碎石土，厚度2.9～18.6m，结构松散，局部架空，承载力低，不能作为闸坝基础。第②层为冲洪（Q_4^{al+pl}）漂（块）卵（碎）石层，总厚度7.5～40.7m，主要由卵（碎）石组成，漂（块）石散布其中，上部局部架空，下部较密实，地层较均一，可作为闸坝基础持力层；在闸址处夹分布有中细砂、含砾粉土及泥质粉砂透镜体夹层，其中中细砂夹层分布规模最大，埋深1.2～32m，厚0.4～10m，存在液化可能，做闸基时应处理。第③层为冲湖积（Q_4^{al+l}）砂质粉土，夹有粉质黏土及粉砂透镜体，厚度一般10.5～66.3m，最大厚度达71.65m，分布于第②层以下，呈密实状，平均渗透系数为1.78×10^{-5}cm/s，属微透水性，与坝基两岸弱风化微透水岩体直接相连，是较好的天然铺盖，可利用其作为坝基防渗依托。第④层为冲洪积（Q_4^{al+pl}）卵（碎）砂砾，杂色，泥质弱胶结，密实，仅分布于古河槽底部。第⑤层为冲洪积（Q_4^{al+pl}）卵（碎）石，为古河道两岸阶地堆积物，颗粒岩性以黑云母石英片岩为主，泥质弱胶结，密实。

由于闸基覆盖层结构复杂，在技术施工设计阶段，采用多种试验方法和手段，对深厚覆盖层灌浆前后的力学特性作进一步研究，为建在百米深覆盖层上的闸坝沉降分析提供依据。

现将对第②层卵砾石层的主要试验情况、成果分析介绍如下。

（二）主要试验情况及成果

1. 颗粒组成及颗分试验　本次工作在灌浆前的闸基面选择具有代表性的部位进行了1组漂（块）卵（碎）石层的颗分试验，结合前期试验10组试验成果，表明该土层以粗颗粒为主，属不良级配土，均可定名为漂石混合土（SIB），其颗粒组成不均匀，各粒径质量百分含量变化较大，其中：漂（块）石（即粒径大于200mm）含量为15.3%～43.2%，卵（碎）石（即粒径20～200mm）含量为29.2%～51.1%，小于20mm的含量为12.3%～34.4%。

第②层漂（块）卵（碎）石天然密度为2.09～2.46g/cm³，平均值为2.31g/cm³；天然含水率为10.5%～16.1%，平均值为13.3%；饱和含水率为14.4%～19.0%，平均值为16.33%；干密度为1.89～2.12g/cm³，平均值为2.04g/cm³。

2. 超重型动力触探试验（N_{120}） 在灌浆前后分别对第②层漂（块）卵（碎）石层进行孔内超重型动力触探试验。试验成果表明，第②层结构不均匀，试验数据离散性较强，漂块石含量较高部位结构密实，反弹现象明显，无法采集数据，而砾及砂质含量较高孔段进尺较快，数据采集顺利，但数据偏小。试验数据多位于无漂块石分布孔段，灌浆前修正后N_{120}击数以3～6击为主，占48%，7～11击比例亦较高，占38%，1～2击多位于砾及砂质富集部位，所占比例较小，仅为13%。第②层N_{120}击数平均值为7.8击，结构属稍密～中密（$6<N_{120}\leqslant 11$），考虑漂块石部位结构密实，且漂块石含量可达30%～40%，故第②层结构应以中密～密实为主。砾及砂质富集部位$N_{120}\leqslant 3$，不宜按N_{120}判定其密实度，现统计$N_{120}\leqslant 3$的孔段平均值为2.6击，按$N_{63.5}=2.5N_{120}$计，上述砾及砂质富集部位$N_{63.5}$平均击数为6.6击，属稍密状。灌浆后N_{120}击数平均值为9.5击，提高了22%，这与闸基灌浆加固有关，也与试验孔段内的漂（块）石、卵（碎）石含量较高有关。

骨架间充填的卵砾石，由于零星分布有卵（碎）石，局部修正后N_{120}击数可达23～35击（未参与统计），灌浆前、后其修正后N_{120}击数均以3～6击为主，所占比例分别为67%及54%，灌浆前、后N_{120}击数平均值均为4.5。由于现行规范及国内经验未利用N_{120}击数针对砾石层进行密实度划分，现依据$N_{63.5}=2.5N_{120}$（TBJ 18—1987《动力触探技术标准》）进行换算后平均值为11.2击，表明骨架间充填的卵砾石结构总体上较均匀，以稍密～中密（$5<N_{63.5}\leqslant 10$）为主。

3. 预钻式钻孔旁压试验 本次对第②层漂（块）卵（碎）石层的灌浆部位与未灌浆部位钻孔分别进行了3段孔内旁压试验。由于受试验手段制约，每次试验段长为50cm，不能对漂块石分布孔段进行旁压试验，试验孔段位于卵碎石及卵砾石，据旁压试验成果，借用国外经验，根据P_L-P_0判断闸基第②层的密实度。灌浆前，孔深11、14.2、16.6m处卵碎石的P_L-P_0值分别为1538、1869、1776kPa，均大于1500kPa，结构密实。灌浆后，孔深12.4m处卵碎石的P_L-P_0值为1513kPa，结构密实。但灌浆后数值没有提高，经分析，这与不同孔中砾和砂含量有关。

4. 载荷试验 本次在闸基第②层漂（块）卵（碎）石层做了7组载荷试验，其中4组为灌浆前闸基地表浅层平板试验，3组为灌浆后混凝土灌浆盖板之下的基础表层深层平板试验。载荷试验取得的第②层灌浆前、后承载力特征值见表1。各试验点在最大载荷下均未出现明显的地基变形加剧及破坏现象；在最大荷载（灌前为1004kPa、灌后为4092kPa）之前，$P-S$曲线多呈线性变化，曲线均未出现陡降，仅2号点及3号点在某级荷载（分别为694kPa及794kPa）之后$P-S$曲线出现略为下降现象，这可能与2号点及3号点下伏第②层不均匀，局部压密有关。根据《建筑地基基础设计规范》（GB 50007—2002）可采用“相对变形控制法”选取承载力特征值，即当浅层平板载荷试验承压板面积为0.25～0.5m²（本次试验板直径d为0.8m，面积为0.5m²）及深层平板载荷试验承压板直径为0.8m时，取$S/d=0.01\sim 0.015$，即$S=8\sim 12$mm（扣除初始沉降S_0）所对应的荷载作为承载力特征值。灌浆前承载力特征值平均值为727kPa，灌浆后承载力特征值平均值为1554kPa。

表1 第②层各载荷试验点承载力汇总表

阶段	试验方法	点号	承载力特征值选取方法	初始沉降量S_0（mm）	单级变形总量S_i（mm）	单级实际沉降量S_i'（mm）	承载力特征值f_{ak}（kPa）	
							试验值	平均值
灌浆前	浅层平板	1	相对变形控制法	2	13.33	11.33	694	727
		2	比例界限法				694	
		3					794	
		4	相对变形控制法	2.5	13.91	11.41	1240	未统计
灌浆后	深层平板	5	相对变形控制法	3.4	11.71	8.31	1860	1554
		6		1.2	12.42	11.22	1091	
		7		6.1	14.42	8.32	1711	

（三）试验成果分析及力学参数的选取

1. 试验成果汇总　通过超重型动力触探试验、钻孔旁压试验和载荷试验，第②层变形模量、承载力特征值的计算结果见表 2、表 3。

表 2　　第②层变形模量计算结果汇总及建议表

阶段	层位	试验方法		变形模量 E_0（MPa）			
				前期建议值	试验值	平均值	建议值
灌浆前	卵（碎）石	超重型动力触探试验		50～60	39～44	42	50～60
		旁压试验	$E_{01}=K_1E_M$		97～140	114	
			$E_{02}=K_2G_M$		152～251	189	
	漂（块）卵（碎）石	浅层平板载荷试验			28～36	31	
灌浆后	卵（碎）石	超重型动力触探试验			49～52	51	55～65
		旁压试验	$E_{01}=K_1E_M$		95		
			$E_{02}=K_2G_M$		171		
	漂（块）卵（碎）石	深层平板载荷试验			37～85	66	
灌浆前后	卵砾石	超重型动力触探试验			25～31	28	
		旁压试验	$E_{01}=K_1E_M$		92～102	97	
			$E_{02}=K_2G_M$		152～171	162	

注　卵砾石充填于漂（块）、卵（碎）石间，并非独立层位，故无需提供变形模量建议值。

表 3　　第②层承载力特征值计算结果汇总及建议表

阶段	层位	试验方法	承载力选取方法	承载力特征值 f_{ak}（kPa）			
				前期建议值	试验值	平均值	建议值
灌浆前	卵（碎）石	超重型动力触探试验		600～700	605～680	635	600～700
		旁压试验	极限荷载法		769～935	864	
	漂（块）卵（碎）石	浅层平板载荷试验	相对变形控制法及比例界限法		694～794	727	
灌浆后	卵（碎）石	超重型动力触探试验			652～808	735	650～750
		旁压试验	极限荷载法		757		
	漂（块）卵（碎）石	深层平板载荷试验	相对变形控制法		1091～1860	1554	
灌浆前后	卵砾石	超重型动力触探试验			370～470	426	
		旁压试验	极限荷载法		453～516	483	

注　卵砾石充填于漂（块）、卵（碎）石间，并非独立层位，故无需建议承载力特征值。

2. 成果综合分析

（1）根据超重型动力触探试验及旁压试验确定的灌浆前地基承载力分别为 605～680kPa 及 769～935kPa，基本吻合，但由于上述两种试验手段均无法运用于漂石分布孔段，而本工程闸基第②层漂（块）卵（碎）石层漂块石平均含量可达 30%～40%，故超重型动力触探试验及旁压试验均无法反映闸基第②层的总体性状。

（2）旁压试验及超重型动力触探试验孔段均位于卵碎石及骨架间充填的卵砾石内，但旁压试验所确定的变形模量高达 92～251MPa，远高于超重型动力触探试验确定的变形模量 25～44MPa。《岩土工程勘察规范》（GB 50021—2001）并不推荐利用旁压试验取得地基土的变形模量，这是由于国内外多是将旁压试验运用于黄土及黏性土，欠缺在漂（块）、卵（碎）石中运用的经验。且已有经验均采用了慢速加荷法，同时考虑了排水固结。而本次试验采用了快速加荷法，且位于地表水位以下，故不宜采用旁压试验确定闸基第②层变形模量，其计算结果仅供参考与对比。

(3) 第②层漂块石间充填的卵砾石灌浆前、后超重型动力触探试验击数均为 4.5 击，灌浆前旁压试验确定的闸基第②层的承载力（769～935kPa）比灌浆后（757kPa）高，钻探揭露灌浆前、后的岩芯并无较大改观。上述现象均表明本次灌浆对闸基第②层的加固效果不佳，故灌浆后的各试验手段一定程度上也反映了闸基第②层的原状力学性状。

(4) 载荷试验可较为客观地反映地基土的力学性状，本次试验在 1004～4092kPa 压力下闸基第②层均未出现地表裂缝、沉降急增、沉降 24h 内未稳定等土体破坏迹象，这说明第②层总体上具有较高承载力。同时由于灌浆效果不佳，灌浆后的 5～7 号点载荷试验一定程度也反映了第②层的原状力学性状，其承载力高达 1091～1860kPa。而灌浆前的 1～3 号点载荷试验所确定地基承载力较低（694～794kPa），这说明第②层结构不均匀，不同部位承载力存在差异。而灌浆前 1～3 号点及灌浆后 6 号点的第②层变形模量仅 28～37MPa，与卵碎石部位超重型动力触探试验所确定灌浆前的变形模量（39～44MPa）反映的第②层总体变形特性相比略低。这表明 1～3 号及 6 号点地表以下一定深度内砾、砂质含量较高，而漂块石含量较低，上述诸点的变形模量不具代表性。

综上所述，确定闸基第②层原状承载力特征值时考虑到地基不均匀，局部承载力较低，取 f_{ak}＝600～700kPa 是安全的。确定闸基第②层原状变形模量时如采用本次旁压试验、灌浆前超重型动力触探试验及 1～3 号点载荷试验成果，将造成闸坝实际沉降量与室内数值模拟沉降量出现较大差异，故参考灌浆后 5 号及 7 号点载荷试验及 GK3 孔超重型动力触探试验成果，并结合前期勘察成果，建议闸基第②层原状变形模量 E_0＝50～60MPa。

(四) 结论

江边水电站最大的特点就是建在 100m 以上深度的覆盖层上，坝基沉降成为设计控制的重点，基础处理措施选择是否合适，直接关系到工程安全和工程造价。江边水电站还未投入蓄水运行，但通过对坝体施工期坝体变形的观测，沉降变形量远小于设计计算变形量。

(中国水电顾问集团华东勘测设计研究院 丁玉财)

天花板水电站高拱坝坝基岩体工程地质特征

(一) 坝址区工程地质概况

天花板水电站位于云南省昭通市境内的金沙江右岸一级支流牛栏江下游河段，为牛栏江水电十级开发中的第七级。目前，该电站两台机组已全部并网发电。水电站坝型为碾压混凝土双曲拱坝，最大坝高 107.0m。坝址位于天花板峡谷进口段，河谷为 U 形谷，出露的岩层为震旦系东龙潭组粉晶白云岩。

坝址区位于谓姑背斜中段东翼与大脑包向斜南段之间，白云岩岩层产状为 NE40°～60°SE∠10°～18°，倾向上游，岩相较稳定，无区域性断裂。局部岩体陡倾角裂隙发育，为 NW 向，延伸数十米至近百米，裂隙面平直光滑。两坝肩局部断层发育。

坝址区岩体风化相对较弱，开挖后大部分岩体呈弱风化～微新状态，局部受构造作用影响，为强风化岩体。岸坡为近陡立边坡，两岸局部卸荷裂隙较发育。

(二) 坝基岩体工程地质特征

拱坝坝基岩体的完整性及抗滑稳定性是施工地质工作研究的重点。坝基岩性为粉晶白云岩。单轴饱和抗压强度（R_c）40～60MPa，为中硬岩，大部分岩体完整或较完整。经过对坝基岩体的宏观判断及测试分析，建基面主要为Ⅱ类岩体、Ⅲ$_1$ 类岩体，少量为Ⅲ$_2$、Ⅳ类岩体。坝基岩体质量特征如下：

1. 左坝肩　弱～微风化，层理不发育。不同高程坝基岩体存在差异，裂隙未形成不利组合，拱座边坡整体稳定性较好，岩体质量较均一，完整性较好，岩体声波纵波速度一般在 3500m/s 以上。受裂隙切割及爆破影响，局部发生弱卸荷现象，垂直拱肩槽方向深度 1～1.4m，波速 2800m/s。高程 1023～1077m、1017～985m 主要为Ⅱ类岩体，1017～1023m、970～985m 高程主要为Ⅲ$_1$ 类岩体。Ⅱ类岩体约占 82%，变形模量 12～15GPa，声波波速 5000～5400m/s；Ⅲ$_1$ 类岩体约占 18%，变形模量 8～10GPa，声波波速 3500～4000m/s。

2. 右坝肩　强～弱风化，层理不发育。断层 f_{15} 分布于拱肩槽中间部位，走向 NW345°，倾向 SW，倾角 87°，面起伏差较大，宽度一般为 10～20cm，局部达 50cm，最小宽度 3cm，为逆断层，主要由白色碎裂岩和角砾岩组成，断层带内物质性状差。受断层 f_{15}、其他因素影响，坝基岩体存在较大差异、变形模量不均一、抗变形能力较低的问题，但破裂面未形成大的不利组合，拱座边坡整体稳定性较好。经对建基岩体的专题研究，判定岩体表部存在弱卸荷带及机械扰动现象，一般垂直拱肩槽深度 2.5m，局部受断层影响达 5m 左右，声波速度 2000～3000m/s。Ⅲ$_1$ 类岩体约占 60%，变形模量 8～10GPa，波速 3800～4500m/s；Ⅲ$_2$ 类岩体约占 27%，变形模量 5GPa，波速 3000～4000m/s；Ⅳ类岩体约占 13%，变形模量 2～3GPa，波速 2000～2500m/s。

3. 河床坝基　强～弱风化，层理不发育。受断层 f_{15}、f_{11}、f_6 及其他因素切割及影响，坝基岩体存在差异。受爆破影响，建基岩面表部存在深度约 3m 的弱卸荷带，声波速度 2200～2500m/s。$Ⅲ_1$ 类岩体占 99%，变形模量 8～10GPa，波速 4000～4500m/s；Ⅳ类岩体占 1%，变形模量 2～3GPa，波速 2000～2500m/s。

（三）坝基工程地质问题及处理措施

1. 左坝肩　坝基岩层由厚层状白云岩组成，层间多闭合，层理不发育，岩体较完整，变形模量 12～15GPa，局部发育裂隙密集带 J_1，基岩大部分为Ⅱ类岩体，抗变形能力较强，不存在拱座抗滑稳定问题。但在拱肩槽后侧发育陡倾角断层 F_5，该断层与拱肩推力方向大致垂直，破碎带宽度可达 1.5m，为此布置平洞和做现场试验进行了深入研究，认为该断层不具有形成侧向滑移面的可能性，但拱座可能产生压缩变形。施工中采用混凝土置换洞塞的方案进行了处理，强度可以满足设计要求。

2. 右坝肩　拱座建基面大部分岩体较完整。陡倾角断层 f_{15} 主要分布于拱肩槽中间部位，该断层及其次生断层走向基本与拱肩推力方向平行，破坏了岩体的完整性，为此专门进行了物探测试分析和研究。破碎带及影响带部位的表部受开挖及卸荷的影响较明显，波速较低，而 6m 以下挤压较紧密，波速可达 3800～4500m/s。综合判断断层对拱肩抗滑稳定不会产生较大影响，坝肩岩体完整性较差，施工中对断层及其影响带进行部分混凝土置换处理，同时适当增加固结灌浆处理，强度可以满足设计要求。

3. 河床坝基　坝基岩体为厚层状，弱风化为主，层理不发育。受断层 f_{15}、f_{11}、f_6 及其他因素切割及影响，坝基岩体存在差异，三条断层对坝基岩体的抗滑稳定影响较小，基本满足抗滑稳定要求。因坝基存在 f_{15}、f_{11} 断层及断层影响带等软弱面，存在局部块体稳定及不均匀变形问题，施工过程中对断层及断层影响带进行了置换和固结灌浆等补强处理，可以满足抗滑稳定要求。

（中国水电顾问集团北京勘测设计研究院
付长明　刘振军）

土卡河水电站混凝土重力坝软岩坝基岩体工程特性

（一）工程概况

土卡河水电站位于云南省江城县与绿春县交界处的李仙江下游河段，是李仙江干流 7 个开发梯级的最末梯级。拦河坝为混凝土重力坝，最大坝高 59.2m。正常蓄水位 368m，死水位 365m，装机容量 165MW，多年平均发电量 7.066 亿 kW·h。

该电站 3 台机组已全部并网发电，无论电站建设周期还是发电运行以来的安全监测资料都说明该工程为一个成功范例。

坝址地层岩性主要为二叠系下统栖霞组（P_{1q2}）砂质页岩、砂岩与炭质页岩互层，夹粉砂岩及钙质砂岩透镜体等。坝基为典型的软岩坝基，岩体合理利用和建基面选择是工程设计中的关键课题。

（二）坝基岩体物理力学性质

1. 岩体物理力学性质　坝基岩体一般呈薄层状，炭质页岩集中分布部位（如厂房坝段）呈碎块、碎屑状，岩体物理、力学强度指标较低。

2. 岩体变形特性　强风化页岩变形模量 0.12～0.57GPa，弹性模量 0.54～2.11GPa；弱风化页岩变形模量 0.23～0.81GPa，弹性模量 0.74～1.45GPa；微风化页岩（浸水）变形模量 0.20～1.60GPa，弹性模量 0.76～5.51GPa；炭质页岩变形模量 0.05～0.1GPa。

3. 岩体抗剪（断）强度特性　强风化页岩、混凝土抗剪断最大峰值强度 $f'=0.76$，$c'=0.48$MPa，平均 $f'=0.69$，$c'=0.38$MPa；微风化页岩、混凝土抗剪断最大峰值强度 $f'=0.81$，$c'=0.29$MPa，平均 $f'=0.75$，$c'=0.16$MPa；微风化页岩基岩、基岩抗剪断最大峰值强度 $f'=1.1$，$c'=0.91$MPa，平均 $f'=0.99$，$c'=0.85$MPa。

（三）坝基岩体工程特性

1. 岩石矿物成分

（1）砂质页岩中，黏土质占 90%～95%，主要为水云母，其次是绿泥石；粉砂占 5%～10%，主要成分为石英。

（2）砂岩由 70%～75%碎屑和 25%～30%胶结物组成。碎屑 90%～95%为石英，长石占 5%～10%。

2. 砂质页岩、炭质页岩的膨胀性和崩解性　两种页岩均含有膨胀性的黏土矿物，黏土矿物的内部结构遭到破坏后，岩石就会吸水膨胀。坝基中的页岩吸水性较强，浸入水中数天后全部崩解，但当其日晒失水后，结构受到扰动，则发生崩裂现象。炭质页岩吸水后，在机械开挖扰动的情况下，易软化成泥，给建基面的清理工作造成不利影响。

3. 泥化夹层特性　坝基岩体内泥化夹层分布广泛，连续性好，共发现泥化夹层 900 多条。泥化夹层粒度成分和厚度各不相同，按其特点，可划分为三种类型：

（1）泥夹岩屑型，为含少量岩屑黏性土，岩屑成分与软岩夹层的岩石成分相同，粒径多在 1～3mm 之间，呈棱角状多被泥包裹。

(2) 岩屑夹泥型，岩屑含量20%～50%，岩屑以片状为主，呈次棱角状，偶尔夹岩块。

(3) 全泥型，为厚度0.5～2mm不含岩屑的黏性土。层面大部分为光滑层面。

4. 岩体结构特征 坝基没有区域性断裂或贯穿整个坝基的较大断层，坝基内发育有规模较小的断层和中、小裂隙，对岩体的完整性有一定影响，少部分也可能成为影响建筑物地基的控制性因素。

(四) 岩体工程地质分类

根据坝基岩性复杂、构造发育的特点，对坝基岩体质量进行了深入研究，坝基岩体工程地质分类见表1。

表1 坝基岩体工程地质分类表

岩体分类	位置	岩性	结构类型	岩体工程地质特征	风化状态	完整性系数	纵波速(m/s)	钻孔岩石质量指标(%)	透水率(Lu)
Ⅳc	9～16号坝段	砂质页岩	薄层状结构	裂隙较发育，岩体完整性较差	弱风化	0.35～0.45	2500～3000	0～10	10～30
	9～13号坝段	砂岩夹炭质页岩	薄层状结构	裂隙较发育，层间结合较差，泥化夹层较发育，岩体完整性较差	弱风化	0.35～0.45	2500～4000	0～10	10～30
	1～8号坝段	砂岩和炭质页岩互层	极薄～薄层状结构	层理、裂隙发育，层间结合差，泥化夹层较发育，岩体完整性差	弱风化	0.35～0.45	2500～3500	0～10	10～30
	5～7号坝段	炭质页岩夹砂岩	极薄层状结构	层理、裂隙发育，层间结合差，泥化夹层较发育，岩体完整性差	弱风化	0.35～0.45	2300～3000	0～10	10～30
Ⅴc	1～4、14～16号坝段	砂质页岩	薄层状结构	岩体风化严重，裂隙发育，泥化夹层较发育，岩体完整性差	强风化	<0.35	2000～2500	0	20～50
	5～8号坝段	炭质页岩	极薄层状(碎屑)结构	岩体易开裂，遇水易软化，岩质较软弱，岩体完整性较差	弱风化	<0.1	1500～2000	0	20～40
	1～4号坝段	石英砂岩	碎块状结构	岩体完整性很差，风化严重，裂隙发育，疏松状条带穿插分布	强风化	<0.15	2000～2500	0	30～50

(五) 坝基工程地质问题处理

该电站坝基为典型的软岩坝基，软弱结构面发育，为了确保工程安全，施工中采取了多种处理措施：

(1) 对开挖后的建基面进行全面分析和判断。在降低建基面无明显改善岩体质量的前提下，通过抬高建基面并采取其他工程处理手段，提高施工效率，节约工程投资。

(2) 对坝基岩体均采取固结灌浆处理，以提高岩体的完整性及力学指标。

(3) 采用机械开挖，并进行分区、分块开挖，及时覆盖混凝土保护层，以防建基面岩体发生崩解、风化。

(4) 加强基坑排水，保持建基面干爽，以防建基面岩体遇水软化。

(5) 对局部炭质页岩集中、破碎严重部位，采取挖除或混凝土塞处理。

(6) 施工中，对坝基内发育的断层及泥化夹层采取了固结灌浆、挖除、混凝土置换、锚固等处理措施。如11～12号坝段的f_{58}、f_{60}断层与泥化夹层切割成不稳定体，进行了混凝土齿墙和预应力锚索加固措施处理。

（中国水电顾问集团北京勘测设计研究院 侯 波 刘振军）

柱状节理玄武岩力学特性研究

柱状节理构造是常见于火山熔岩中的一种规则柱体形态的原生张性破裂构造，在玄武岩中最为常见。白鹤滩水电站厂区的柱状节理主要由于火山喷发冷凝形成，根据柱体尺寸，岩体共分三类，其中较为典型的$P_2\beta_3^{3-2}$柱状节理玄武岩为灰黑色柱状节理玄武岩，该岩体柱长1～5m，柱体直径15～25cm，柱体倾角70°～85°，截面以五边形和四边形为主，柱面平直粗糙。柱体内发育近平行柱面纵向微裂隙，长度0.3～0.5m，平直光滑。柱状节理受到原生节理面的切割，其完整性较差，单个柱体内部还存在隐晶微裂隙，具有明显的非连续、易断裂特性，因此采用常规的连续介质分析方法已不能满足其物理力学属性研究的需要。中国水电顾问集团华东勘测设计研究院以3DEC离散元程序为平台，借鉴岩体劣化本构模型，建立JRDM（节理岩体劣化模型），利用C++程序完成本构模型的二次开发，并利用该模型对柱状节理的力学特性进行分析研究。

（一）柱状节理玄武岩现场承压板试验

刚性承压板的试验布置于两岸勘探的平洞内，分铅直加载与水平加载。每次加载试验前，清除爆破松动层，凿制ϕ60cm圆形试验面，其周围1m范围亦大体凿平，以满足试验边界条件。采用ϕ50.5cm圆形刚性承压板，承压板面积2000cm^2，厚度6cm，1台300t千斤顶施加荷载，分5级采用逐级一次循环法加压，采用对称布置在承压板上的4只千分表测量岩体变形。实验曲线显示，在柱状节理密集并且隐晶微裂隙发育区，承压板试验曲线往往为上凹型，即岩体在逐级循环荷载作用下，岩体变形模量有逐渐增大的趋势。在白鹤滩右岸柱状节理试验洞内进行承压板试验路径形式也为近似的上凹型。

根据现场柱状节理承压板试验曲线的形式，分析导致上凹现象原因有两种：一种是由于柱状节理原生裂隙而产生的，柱状节理岩体在承受铅直加载时，承压板的端部压力仅作用在少数柱体之上，柱体间的应力传递是通过柱体与柱体之间的节理面进行传递的，而且开挖卸荷后表层原生节理松弛开裂，柱体间的抗剪能力降低。但是随着荷载的循环增加，原生节理闭合密实，并将应力逐步向下部及周围岩体传递，使应力与变形曲线上凹。另一种原因是柱体内部隐晶微裂隙的发育是平行柱面纵向的，因此将各个柱体切割为不连续的块体，而在竖向或者水平向循环加载时，随着块体轴向与侧向变形的增加，微裂隙闭合密实，柱状节理的变形模量提高，故试验测得的应力曲线为上凹型。正是由于这两种裂隙的存在才使得在铅直和水平向加载时均能产生上凹型曲线，同时受力机理的不同也使得柱状节理在宏观表现为极强的各向异性力学特征。

（二）柱状节理玄武岩分析模型

对现场试验承压板试验结果的分析可以发现，柱状节理岩体是一种同时受到原生裂隙与隐晶微裂隙共同切割的岩体，由于两种裂隙力学机制的差异，造成该玄武岩具有不连续、易断裂和各向异性的力学特征，为了分析评价柱状节理玄武岩对白鹤滩水电站坝基与地下洞室群围岩稳定性的影响，将岩体劣化模型（RDM）与离散单元相结合分析，建立一种将离散分析与等效连续体相结合的分析方法。

1. 原生裂隙　柱状节理玄武岩中原生裂隙的分布往往具有一定的规律性，使得柱体的长度、截面形状以及倾向可以利用统计方法进行描述。并且原生裂隙在洞室开挖后，其裂隙的开裂、滑移以及塌落都可以利用离散元进行块体分析。3DEC为美国ITASCA公司所发展的应用性程序，以二维UDEC应用程序为基础，用离散单元法编写数值分析程序。3DEC将岩体视为由许多完整的岩块所组成，各完整的岩块被岩体中的不连续面分割而成，这些不连续面被视为岩块的边界。完整的岩块可被模拟成刚体和可变形体。3DEC在模拟可变形岩块的时候，将岩块自动分割成许多次级块体，每个次级块体可配合岩体的材料和外力作用情况，计算岩块的受力及应力分布情况。在节理的模拟方面，主要根据位移—作用力法则，计算岩块在节理面上的剪应力和正应力，作为岩块的应力边界条件，因此可模拟岩块的大位移和转动情况。同时3DEC在非连续性节理岩体的行为模拟方面，可使用统计的方法，将岩桥与节理平均分配在非连续性节理面上。因此3DEC无论从建模到计算都适用于模拟原生节理。

2. 隐晶微裂隙　柱状节理玄武岩柱体在由三向应力状态向开挖后的二向应力状态调整过程中，应力集中、卸荷与原生裂隙开裂导致柱体内部的受力状态发生变化，使得隐晶微裂隙的开裂张开，并最终导致岩体发生劣化并产生屈服破坏，在这一过程中，柱体的基本力学性质发生了明显的变化。从细观的层面来看，表层柱体力学参数发生了明显劣化，其原因一方面是卸荷作用使得原处于密闭状态下的细微裂隙趋于张开，另一方面洞壁环向应力的劈裂作用和施工扰动进一步加剧了隐晶微裂隙的扩展和新裂隙的产生，从而产生局部的掉块以及塌落现象。从宏观层面来看，可认为是柱体变形模量 E、黏聚力 C、内摩擦角 ϕ 以及抗剪强度 f 等发生改变的过程。岩体劣化模型利用等效塑形应变可以很好地对岩体的受力状况进行判定，从而对各宏观力学参数进行动态确定。本文在研究时增加了抗剪强度（f）一项指标，利用该指标可以更好地描述，卸荷过程中隐晶裂隙张开导致柱体抗剪强度的变化，参见式（1），从而建立考虑隐晶微裂隙的 JRDM 本构模型。

$$\begin{cases} E(\bar{\varepsilon}^p) = E_0 \cdot f_E(\bar{\varepsilon}^p) \\ C(\bar{\varepsilon}^p) = C_0 \cdot f_C(\bar{\varepsilon}^p) \\ \phi(\bar{\varepsilon}^p) = \phi_0 \cdot f_\phi(\bar{\varepsilon}^p) \\ f(\bar{\varepsilon}^p) = f_0 \cdot f_f(\bar{\varepsilon}^p) \end{cases} \tag{1}$$

该模型在计算中每计算一步都根据塑性应变的量值动态调整该模型的计算参数，其剪切屈服函数仍然采用 Morh-Coulomb 屈服准则；考虑到柱体岩块抗拉强度的影响，采用最大拉应力强度准则。利用 C++ 程序编制了 JRDM.dll 动态链接库文件，可以在 3DEC 平台上调用计算。

（三）在承压板试验中的拟合分析

为证明 JRDM 模型适用于研究柱状节理玄武岩力学特性，选择右岸 $P_2\beta^{3-2}$ 岩层段 EK70－2－05 的 $Ⅲ_1$ 类柱状节理玄武岩铅直承压板试验作为研究对象。该试验点处的岩体为镶嵌碎裂结构，裂隙微张，局部铁锰质浸染，块度大于 10cm 的占 60%，其余为 3～5cm。探洞开挖卸荷后，围岩初始水平应力为 8MPa，竖直应力为 5.7MPa。根据现场地质条件建立三维模型。

柱状节理岩体节理面以及柱体的有关力学参数，参见表 1 和表 2。

表 1　　节　理　参　数

法向刚度（GPa）	切向刚度（GPa）	内摩擦角（°）	黏聚力（MPa）	抗剪强度（MPa）
52.9	12.8	25	0	0

表 2　　岩　体　力　学　参　数

柱体参数	密度（kg/m³）	弹性模量（GPa）	泊松比	内聚力（MPa）	摩擦角（°）	抗剪强度（MPa）
初始值	2.8	60.0	0.2	0.9	45	5.0
残余值	2.8	50.0	0.2	0.5	55	0.0

1. 围岩的应力　数值模拟计算结果显示，表层（距离洞壁 0.0～0.5m）围岩应力出现了明显降低，而且已经进入松动区；而在距离洞壁 1～3m 的区域出现了高应力区，并且受到原生节理作用的影响，高应力区域出现了不连续性。现场围岩的声波测试结果显示，洞周表层岩体的波速较低，为柱状节理玄武岩的松弛区，而在距离洞壁 1～2.0m 的地方波速出现了升高现象，即出现了高应力区域。数值模拟与现场测试成果比较，规律性基本一致（见图 1）。

2. 围岩的变形　根据离散元与 JRDM 本构模型计算位移的结果显示，洞室开挖后受到节理产状以及柱体的倾角影响，围岩两侧边墙、底板与顶拱的变形规律不相一致，而且从矢量云图可以发现柱状节理玄武岩具有明显的各向异性特点，而且通过位移矢量的比较可以发现，节理开裂是导致岩体局部产生大变形的主要原因，而节理的法向位移显示洞壁表层岩体的变形较大，可以解释表层岩体波速试验偏低的现象的产生。

在开挖计算之后，对探洞底板处的加卸载试验进行了仿真计算，通过计算应力应变曲线与实测应力应变曲线的对比，发现两者曲线的规律基本上一致，能够反映柱状节理岩体的力学特性。

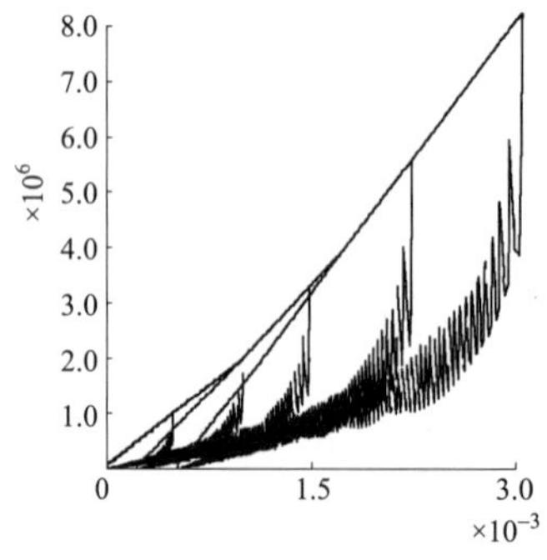

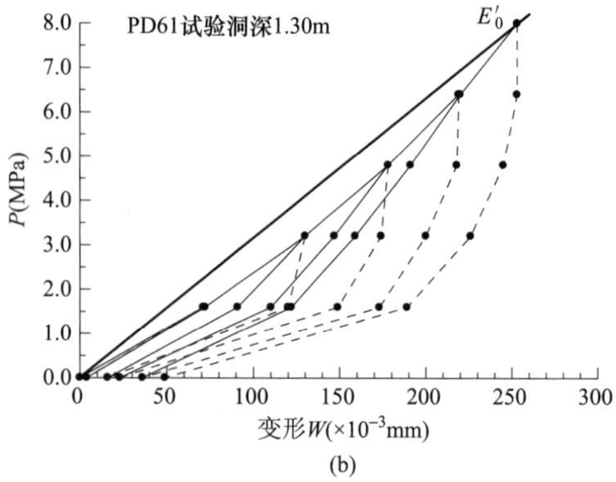

图 1　数值模拟与试验结果比较

（a）数值模拟；（b）现场试验

（四）结论

根据现场探洞的长期观测与承压板试验发现，柱状节理是由原生裂隙与柱体内隐晶微裂隙共同切割的节理岩体。该岩体具有非连续、易断裂以及各向异性等力学特点。由于目前缺乏该节理岩体的研究成果，因此本文以3DEC为平台，借鉴岩体劣化模型思想，综合考虑原生裂隙与隐晶微裂隙对岩体力学性质的影响。通过对现场探洞开挖与现场承压板试验的仿真分析，发现该分析方法可以很好地解释现场声波测试与承压板试验的力学现象，能够为白鹤滩水电站坝基与地下洞室群稳定分析提供理论支撑。

（中国水电顾问集团华东勘测设计研究院
金长宇　江亚丽）

工程地质问题处理

锦屏二级水电站引水隧洞不良地质和岩溶裂隙水综合超前地质预报

锦屏二级水电站引水隧洞工程地质及水文地质条件极为复杂，在勘察前期要完全查清十分困难，而引水隧洞的超埋深、高地应力及高压岩溶裂隙水对工程危害极大。加上物探成果的多解性，不同方法对不同的不良地质条件与岩溶裂隙水预报效果不尽相同。因此，为了提高预报的准确性，尽可能减少隧洞地质灾害，进行深埋隧洞的综合超前地质预报十分必要。

（一）预报的原则

已有超前预报试验和实践表明，开展深埋长隧洞综合超前地质预报应针对深埋长隧洞地质情况，在施工中遵循“洞内外结合，长短结合，地质与物探结合，不同物探方法结合”的基本原则，在对隧洞风险进行分级的基础上，采用“合理搭配、科学管理、贯穿全程、因地制宜”的综合预报方案。

（二）预报体系

图1是综合超前地质预报示意图，主要表示出宏观预报、长期预报、短期预报、超前钻探、地质反馈分析等相结合的预报方式。首先通过地质分析宏观上确定所要预报隧洞各段的围岩情况，进行风险等级划分。在岩性较好的地段，一般用TSP预报100～150m，

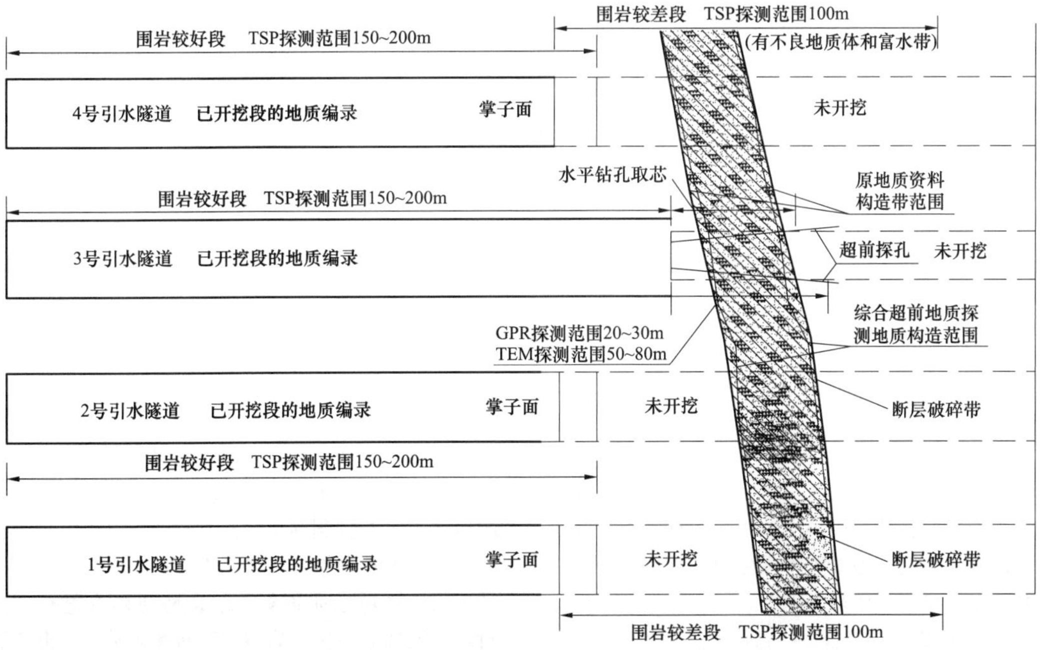

图1　综合超前地质预报示意图

在岩性较差的地段一般预报 100m，当接近不良地质体时，采用地质雷达或瞬变电磁进行短期更精确的预报，同时施工超前探孔进行进一步确认。也可在先行隧洞中从侧向钻探，了解不良地质构造的情况。通过这几种手段的结合基本上确定不良地质体的性质和规模。预报结果和开挖揭露情况要及时对比、分析反馈，以不断提高综合超前地质预报的准确性。图 2 为综合超前地质预报体系图。

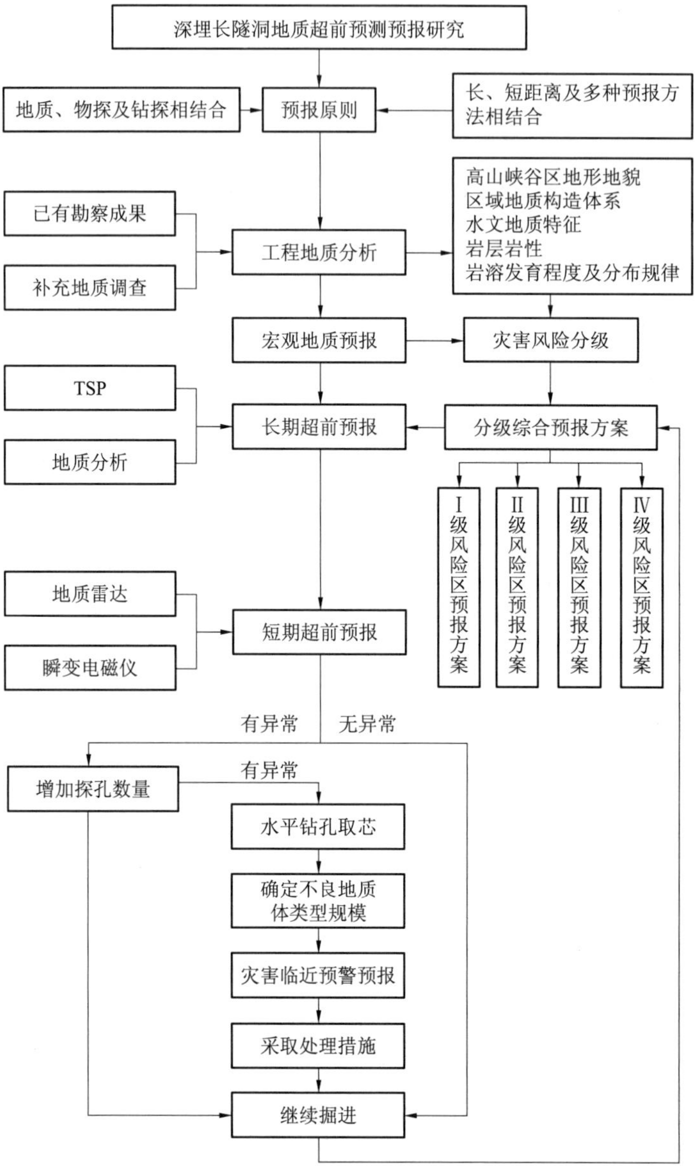

图 2 综合超前地质预报体系图

（三）实施程序

综合超前地质预报的流程为：资料获取→地质分析→宏观预报→长期超前地质预报→短期超前地质预报→超前钻探→施工地质灾害发生可能性判断→临近警报和发布。主要程序简介如下：

1. 宏观超前地质预报

（1）隧洞宏观预报的具体内容为：① 隧洞的洞身主要不良地质类型，特别是能够引发施工地质灾害的主要不良地质类型，如岩溶、断层等；② 隧洞洞身主要不良地质的空间分布规律；③ 隧洞洞身主要的地质灾害对隧洞施工的影响。

（2）宏观预报的主要程序为：① 首先收集、整理工程区区域地质资料，结合地质调查进行资料分析，研究区域断裂及岩溶发育规律，从而判断工程区岩溶发育特征、断裂发育方向和规模，以及可能出现的地质灾害；② 根据前期的地质勘察资料，对隧洞的工程地质和水文地质状况作出预测；③ 依据前述分析结果，预测地层岩性分布、主要构造、可能突水突泥段、围岩类别、有害气体等洞段的桩号范围及风险级别，提出隧洞需加强预报及预处理的洞段，以及计划采取的综合超前地质预报方案，并随开挖过程进行调整。

2. 长期（距离）超前地质预报　采用多种方法的综合勘探技术手段，定性和定量地预报距掌子面前方 50～200m 范围内的不良地质体。长期超前地质预报实施程序见图 3。

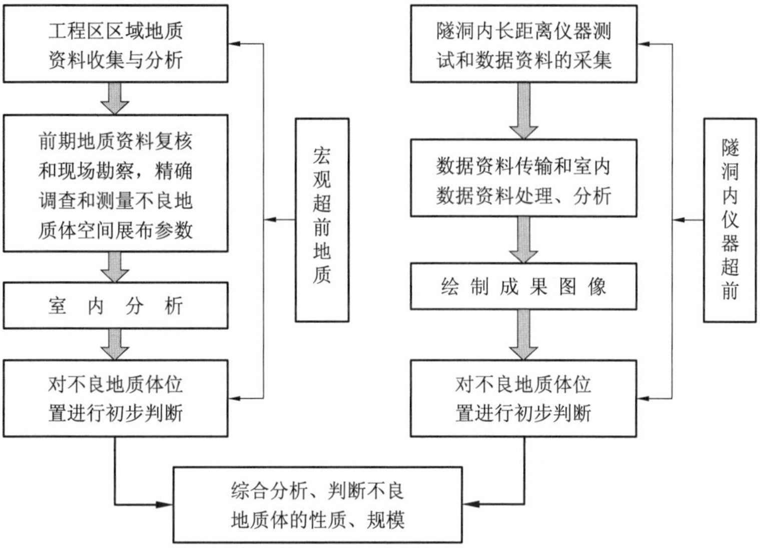

图 3　长期超前地质预报实施程序图

（1）长期超前地质预报分为两个部分：一般采用工程地质法对地面不良地质体进行预报，采用 TSP 技术进行隧洞内 150m 的长距离探测。必要时采用陆地声纳法作为 TSP 预报成果的对比验证手段。

（2）预测掌子面前方存在的岩层界线、断层、软岩、溶洞和富水带等不良地质体。主要是查明上述不良地质体的位置和规模，用于指导短期预报。

（3）一般一次预报洞段长 150m，每 100m 预报一次，重复段 50m。

3. 短期（距离）预报　通常在长期超前地质预报的基础上进行，预报距掌子面前方 50m 范围内的不良地质情况，判断围岩类别等。所采用的预报方法主要为物探仪器测试、超前钻探及经验法。

（1）主要是通过工程地质法、经验法、地质雷达（含孔内雷达）、瞬变电磁、超前钻探相结合的方法进行预测，确认不同地质体标志及出现前兆标志，对不良地质体预测和判断可能出露的位置、类型、规模。

（2）短期预报距离分两种情况：① 掌子面前方岩体完整、反映信息较强时，通常预报距离为 50m；② 掌子面前方裂隙发育、岩体较破碎、反映信息较弱时，一般预报距离为 20～30m。

（3）短期预报成果包括地层岩性、构造、岩溶、地下水、围岩类别、有害气体等。

由于短期预报是在长期预报的基础上进行的，所以预报的精度一般要超过长期超前地质预报，特别是对不良地质体性质的预报，对地质灾害预报而言，相当于临灾预报。

4. 超前钻探　根据长短期超前地质预报结果，重点对软弱、破碎围岩段，特别是富水带等不良地质地段实施超前钻探。孔深一般为 5～30m，其中在掌子面每开挖循环布置加深钻孔，探测深度可达 7～8m 左右，利用多功能地质钻机钻深 20～30m。通过钻进时间、速度、压力、卡钻、跳钻及涌出物等特征，可以判断掌子面前方岩性、地下水变化等地质情况。

5. 施工地质灾害临近警报　出现断层破碎带、溶洞、暗河、岩溶陷落和洞穴淤泥带之前，一般都会出现前兆标志，预示前述不良地质体已经临近。因此，隧洞施工地质灾害监测、判断和临近警报技术有助于掌子面前方不良地质体的性质鉴别和临近的判断，主要包括施工地质灾害的环境监测、施工地质灾害发生可能性的判断。通过灾害临近警报，判断塌方、涌水等不良地质灾害发生的可能性和位置，从而达到减少甚至避免严重施工地质灾害发生的目的。隧洞风险等级判断见表 1。

表1　隧洞风险等级划分表

风险等级	宏观地质分析预测	风险描述	预报方案及预警
Ⅰ级风险区	可能的富水带核心部位（流量大于 $1m^3/s$），极强岩爆发生段，大断层通过段	对人员、设备和施工进度造成特大影响	综合预报方案，红色预警
Ⅱ级风险区	可能的富水带核心部位（流量 $0.5\sim1m^3/s$），强岩爆发生段，较大断层通过段	对人员、设备和施工进度造成重大影响	综合预报方案，橙色预警
Ⅲ级风险区	可能的富水带影响部位（流量 $0.1\sim0.5m^3/s$），中等及轻微岩爆发生段，一般断层通过段	对人员、设备和施工进度造成较大影响	地质分析＋单仪器预报方案，黄色预警
Ⅳ级风险区	可能的富水带影响部位（流量小于 $0.1m^3/s$），轻微或无岩爆发生段，无断层通过段	对人员、设备和施工进度影响较小	地质分析＋单仪器预报方案，蓝色预警

（中国水电顾问集团华东勘测设计研究院　单治钢）

TRT6000 隧道超前地质预报技术的应用

TRT6000 型隧道地质超前预报系统采用真正的反射层析成像技术（True Reflection Tomography，简称 TRT 技术），由美国 C－Thru 大地工程有限公司推出，2006 年引进国内。

一、工作原理

复杂介质传播的地震信号是由折射、反射、散射、弥散等多类波形所组成。扫描成像是利用信号波形变化来估计介质性质变化的位置和范围的反演技术。岩石三维成像技术的基本原理是基于地震能量在不同种类介质中以不同的衰减率和速度传播。与破碎或裂隙发育的岩土体、空洞或含水条件相比，地震波在完整坚硬的介质中传播时，具有更高的传播速度和更低的衰减。TRT 技术的基本原理是利用了地震波在岩土体传播过程中，遇到具有不同震动特性的岩土区带界面时，部分地震波能量将产生反射的特征。大多数地质结构异常及岩性变化，在地震信号可及的局部范围内，均可形成可探测的地震反射。

二、技术特点

TRT6000 预报成本低，操作简单，结果准确、全面、直观，代表了隧道超前预报领域最新领先的技术，是隧道超前预报系统发展的方向，具有以下技术特点：

(1) 使用锤击作为震源，可在同一点多次锤击，通过信号叠加，使异常体反射信号更加明显。

(2) 用锤击作为震源，减轻、避免了爆炸对周围岩体造成的挤压破坏，从而保证接收到真实的地震波信号，同时适用于不宜使用爆破开挖的软岩。

(3) 采用高精度的加速计作为传感器，灵敏度高（1V/g），最大限度地保留了高频信号，提高了精度及探测距离（硬质岩中为 300m，软质岩中为 150m）。

(4) 传感器、地震波采集、处理器之间采用无线连接，减小了现场安装工作量。检测设备体积小，携带方便。

(5) 传感器采用立体布点方式，在隧道两侧分别布置 4 个，在隧道顶部布置 2 个，可获得真实的三维立体图，直观地再现了异常体的位置、形态及大小。

(6) 采用扫描图像处理方式，绘制三维视图，可从多角度观察缺陷，使图像更加清晰，易于进行缺陷诊断。

三、设备配置

设备配置情况如下：1 个连接到重锤的触发器；10 个加速度传感器；11 个远程数据收集模块，其中 1 个用来作为触发单元；1 个基站，可连接笔记本电脑，控制远程模块收集数据；1 个能为远程数据收集模块充电的运输箱；1 台专用笔记本电脑及其他部件；1 套专用数据处理软件。

四、工程应用实例

（一）大同—西安客运专线南山上隧道地质超前预报

南山上隧道位于忻州和阳曲县交界处，进口里程 DK221＋596，出口里程 DK227＋604，全长 6008m，最大埋深约 370m。全隧道位于直线上，隧道设单面坡，自进口至 DK221＋750 为 1.65％的上坡，自

DK221+750 至出口为 1.9%的上坡。进口段地层以老黄土、弱风化灰岩为主，含钙质结合层和洪积碎石类土，下伏弱风化片麻岩等。

预报地段为 DK221+792～DK221+902，计 110m。用 TRT6000 扫描成像，参见图 1。预报结论为：

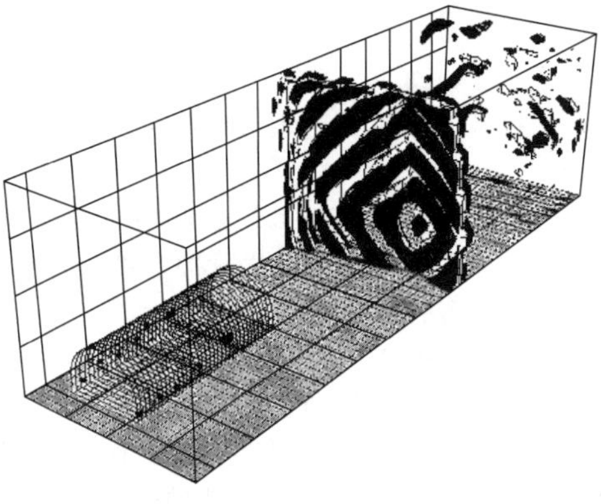

图 1　TRT6000 层析扫描成像图（立体图）

（1）围岩与掌子面基本类似，为黄土夹碎石土，松散结构，完整性、自稳性差，易坍塌，围岩参考等级为Ⅳ级，建议加强超前支护。

（2）DK221+835～DK221+855 段有一软弱结构面，推断是岩体较潮湿或较破碎造成的。

（3）DK221+835～ DK221+850 段有一软弱夹层带，与地貌图中冲沟位置相吻合，软弱夹层应为冲沟底部长期积水形成。

该预报结果与设计地质资料、地质编录的对比见表 1。

（二）江苏溧阳抽水蓄能电站地下厂房地质超前预报

工程区内断层发育，厂区岩性以中厚～巨厚层岩屑石英砂岩、泥质粉砂岩为主，岩性相对单一，岩层强烈褶皱，断裂错动频繁，沿层错动及层间小断层较多。层间错动面一般厚度小于 2cm，大部分为硬性接触面，少量充填泥膜或岩屑。层间破碎夹层多具有断层性质，厚度大部分为 2～20cm，由泥、角砾岩、碎块、碎屑充填，绝大部分夹层属于碎块型；层间挤压破碎带是指由几条密集的层间错动或破碎夹层组成的顺层破碎带。厂区岩体节理发育，且受岩层产状影响较大，方向分散，规律性差。引水洞及地下厂房枢纽区岩体普遍风化强烈、深度大。强风化下限埋深为 9～20m，弱风化下限埋深一般为 15～50m。输水发电系统工程区地下水主要是基岩裂隙水，地下水受大气降水补给，地下水位埋深 20～140m 不等。岩体透水性受构造、风化卸荷等因素控制。透水性主要以弱透水为主，部分为微透水，少部分为中等透水。洞内普遍滴水、渗水，局部出现线状流水或涌水。

表 1　南山上隧道设计地质资料、预报结果及地质编录对比表

里程范围	设计地质资料	预报结果	地质编录
DK221+800～DK221+835	老黄土，浅棕红色，硬塑～坚硬，含钙质结核层和洪积碎石类土，大块状压密结构，洞顶覆盖层较薄，围岩等级为Ⅳ级	岩性与掌子面基本相同，为老黄土，预测围岩等级为Ⅳ级	老黄土，浅棕红色，硬塑～坚硬，致密，均一，含少量铁锰质斑点和钙质结核
DK221+835～DK221+850	老黄土，浅棕红色，硬塑～坚硬，含钙质结核层和洪积碎石类土，大块状压密结构，洞顶覆盖层较薄，围岩等级为Ⅳ级	有一软弱结构面，可能是岩体较潮湿或较破碎造成，预测围岩等级为Ⅳ级	老黄土，浅棕红色，坚硬～硬塑，含少量铁锰质斑点和钙质结核，含水率为 14.5%～15.8%
DK221+850～DK221+906	老黄土，浅棕红色，硬塑～坚硬，含钙质结核层和洪积碎石类土，大块状压密结构，洞顶覆盖层较薄，围岩等级为Ⅳ级	老黄土，局部夹钙质结核，预测围岩等级为Ⅳ级	老黄土，浅棕红色，坚硬～硬塑，含少量铁锰质斑点和钙质结核，含水率为 15.8%～17.5%

本次预报为厂房交通洞及 8 号施工支洞。

1. 厂房交通洞　厂房交通洞掌子面岩性为浅灰色细砂岩，岩层倾角约为 60°～70°，裂隙发育，弱风化，裂隙面呈铁锈色；发育小断层，断层内充填岩石碎块、粉末。地质 TRT6000 层析扫描成像参见图 2。预报结论为：

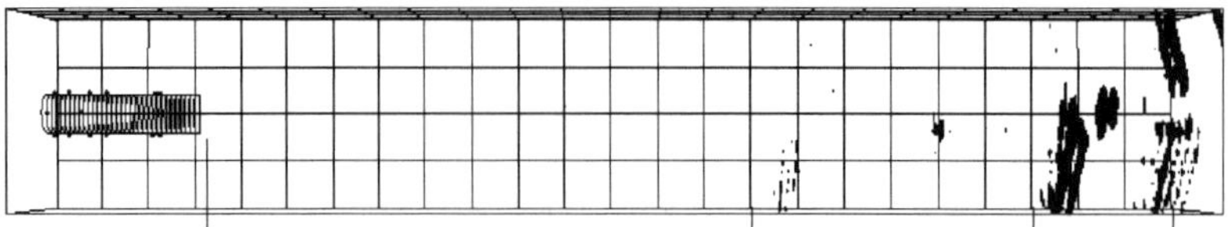

图 2 TRT6000 层析扫描成像图（俯视图）

（1）桩号 1＋215～1＋338 段岩体状态与掌子面基本一致。

（2）桩号 1＋338～1＋395 段局部（长约 57m），推测可能含有少量裂隙水。

（3）桩号 1＋395 处可能含有较丰富的裂隙水；桩号 1＋395～1＋422.5 段围岩节理裂隙发育，岩体破碎，可能有断层或者岩脉蚀变带，透水性中等。

2. 8 号施工支洞 8 号施工洞掌子面岩性为中～厚层泥质粉砂岩，灰色，岩层倾角 40°～50°。裂隙发育，岩体破碎，裂隙内充填棕红色泥、碎屑，局部有渗水、流水现象。地质 TRT6000 层析扫描成像参见图 3。预报结论为：

（1）桩号 1＋281～1＋320 段岩性及岩体完整性基本与掌子面一致。

（2）桩号 1＋327 附近顶部和右侧存在岩脉或岩性变化。

（3）桩号 1＋460～1＋497 段围岩节理裂隙发育，岩体破碎，可能有断层或者岩脉蚀变带，透水性中等，含有较丰富的裂隙水。

进厂交通洞桩号 1＋395～1＋422.5 与 8 号施工洞桩号 1＋460～1＋497 所描述的区域为同一空间位置，从不同方向均预报出存在复杂围岩状态。对此要有高度重视，建议对此处补充地质勘察。

（中国水利水电第三工程局有限公司
李 磊 陈光荣 董 栋）

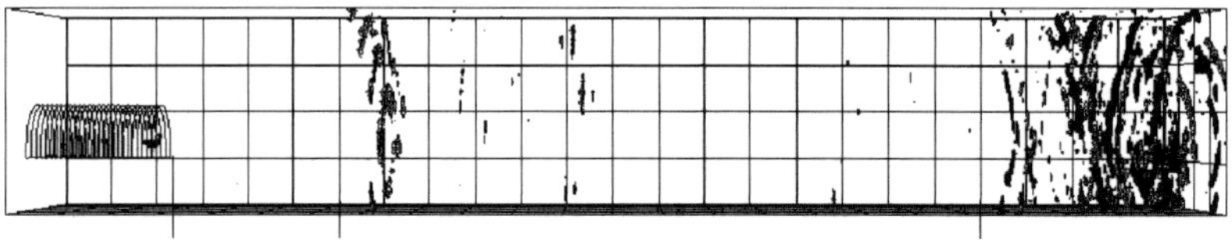

图 3 TRT6000 层析扫描成像图（侧视图）

苗尾水电站导流隧洞进口边坡变形处理

（一）工程概况

苗尾水电站位于云南省大理州云龙县旧州镇境内的澜沧江河段，电站装机容量 1400MW（4×350MW）。施工导流采用断流围堰、隧洞导流方式。其中导流隧洞共两条，布置于坝址左岸，1 号导流隧洞全长 1174.50m，2 号导流隧洞全长 1069.82m，均采用城门洞形断面，全断面混凝土衬砌，净断面尺寸 13.0m×15.0m（宽×高），顶拱角度 120°。

导流隧洞进口边坡地质条件以强风化、强倾倒岩体为主，中薄层状砂板岩组成，底部发育有缓倾角断层 F_{154}，稳定性较差。洞身均位于弱风化下段～微风化岩体内，无较大的不利结构面组合，围岩主要为Ⅳ～Ⅲ类。边坡主要类型为顺坡向缓倾角的卸荷裂隙、NE 向的陡倾角裂隙和岩层层面，边坡中下部发育有缓倾角断层 F_{154}。开挖边坡受上述多组结构面的切割影响，岩体破碎，稳定性较差。

导流隧洞进口渐变段设计开挖断面为 22.50m×21.15m（宽×高），由于地质条件极差，从边坡实际开挖揭露的地质情况可知，强倾倒变形及顺坡向缓倾角的卸荷裂隙是制约导流隧洞开挖安全、保证洞室稳定的关键因素。为保证进口开挖的安全、稳定，进口边坡采取了较强的支护型式，见图 1。

（二）导流洞进口边坡变形情况

当导流隧洞进口边坡开挖至 1312.50m 高程，1 号导流隧洞进口渐变段正在进行Ⅰ层开挖，2 号导流隧洞进口渐变段已经完成Ⅱ－1 层开挖，正在进行洞身渐变段的支护施工时，因导流洞进口岩体质量较差，倾倒变形严重，洞口开挖后系统支护不及时，致使顶拱下沉，导致边坡倾倒变形加剧（向下游及河床方向产生旋转），发生张拉裂缝。经统计，共有 17 条裂缝，裂缝情况见表 1。

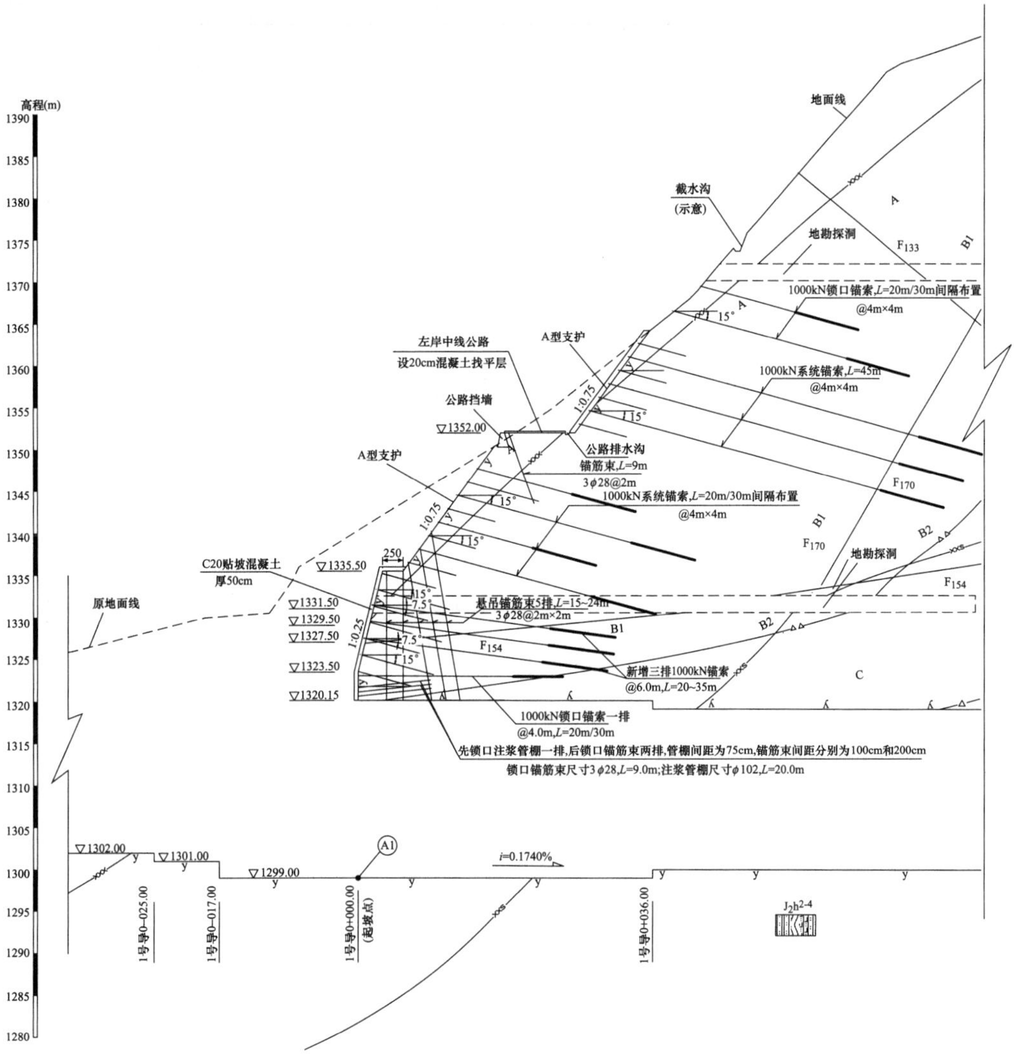

图1 导流洞进口边坡开挖支护典型剖面图

表1 导流洞进口边坡裂缝特性汇总表

编号	位 置	宽度(mm)	坡面分布角度	备 注
1	1320～1335m，贴坡混凝土最左侧	20～30	沿接触面自下而上	结合缝，外倾且张开
2	1320～1335m，贴坡混凝土	1	60°～70°	张拉裂缝
3	1320～1335m，贴坡混凝土	2	60°～65°	延伸至施工缝后，沿施工缝垂直向上发展
4	1320～1335m，1号导流洞上方贴坡混凝土	2	垂直自下而上	施工缝张开
5	1312.5～1352m，两个导流洞之间	2～5	垂直自下而上	从中隔墩施工缝张开延伸至1352m中线公路后缘
6	1345～1365m	3～5	60°～65°	1345m边坡上框格梁断开，穿过1352m中线公路延伸至后缘边坡上
7	1338～1348m边坡上	3	60°～65°	框格梁断开

续表

编号	位　　置	宽度（mm）	坡面分布角度	备　　注
8	1338～1348m 边坡上	5	60°～65°	框格梁断开
9	1338～1348m 边坡上	8～10	60°～65°	框格梁断开
10	1335～1345m	3～10	60°～65°	1335m 马道后缘拉开
11	1352～1358m	2	60°～70°	1352m 中线公路延伸至后缘边坡上
12	1350～1358m	8～10	60°～70°	挡墙施工缝张开，穿过中线公路延伸至后缘边坡
13	1352m 中线公路	1～2	平行于中线公路	1352m 中线公路中间
14	1353～1359m	1～2	60°～70°	1352m 中线公路后缘边坡
15	1353～1359m	1～2	60°～70°	1352m 中线公路后缘边坡
16	1352m 中线公路	0.5	垂直中线公路	12 月 17 日现场巡视发现
17	贴坡混凝土延伸至 1352m 中线公路后缘	1～2	垂直中线公路	

（三）加固处理方案

在出现上述变形后，首先暂停了进口部位的开挖施工，并采取了以下加固处理方案：

（1）预留 1 号导流隧洞 0＋010.00～0＋027.00 段暂不开挖，待 2 号导流隧洞进口段锁口混凝土施工后再行开挖。

（2）在中墩以上及 1 号导流隧洞洞顶右侧贴坡混凝土的 1322.5m、1325.5m 高程分别布置一排 1000kN 黏结型锚索，间距 3.0m，锚索长度 45.0m，梅花形布置。锚索方向：沿轴线向上游偏 20°水平布设，具体见图 2。

（3）在两洞间中墩边坡的 1312.0m、1316.0m 高程上布置的两排锚索吨位保持 600kN 不变，长度调整为 45.0m，间距调整为 3.0m，方向调整为：水平平行洞轴线布设，布置高程保持不变，具体见图 2。

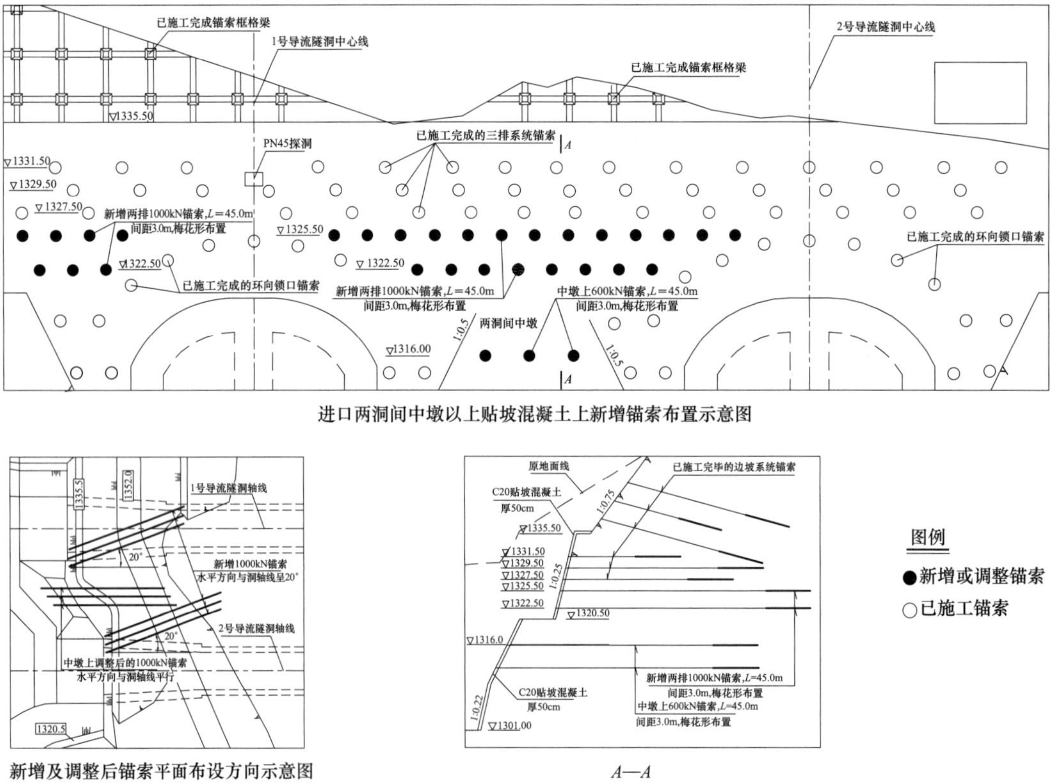

图 2　新增坡面锚索布置图

(4) 在1号导流隧洞进口洞身渐变段左侧边墙1306.0m、1309.0m、1312.0m高程分别设置一排600kN黏结型锚索，间距3.0m，长度20.0/30.0m梅花形间隔布置。锚索方向：水平沿轴线向上游偏45°，垂直上仰5°。

(5) 在1号导流隧洞进口洞身渐变段右侧边墙（对应于2号导流隧洞左边墙）1306.0m、1309.0m、1312.0m高程分别设置一排600kN水平对穿锚索，间距3.0m，长度约20.0～32.0m。

(6) 对1号导流隧洞桩号1号导0+000～1号导0+049段右边墙及2号导流隧洞桩号2号导0+000～2号导0+036段左边墙，以及桩号1号导0+000～1号导0+036段左边墙、2号导0+000～2号导0+036右边墙采用固结灌浆加固。固结灌浆参数：孔深12.0m，间距2.0m×2.0m。按分序加密的原则进行施工，每序孔分3段进行灌浆：第一段（0～3m）灌浆压力0.2MPa，第二段（3～6m）灌浆压力0.4MPa，第三段（6～12m）最大灌浆压力0.6MPa。

（四）实施效果

通过采取以上加固处理方案，边坡变形得到了有效的控制，裂缝没有进一步发展。目前，两条导流隧洞均已成功贯通。

（中国水电顾问集团华东勘测设计研究院　王凤军）

S211公路新扎沟隧道塌方原因分析及其治理技术

（一）概况

金川水电站位于四川省阿坝藏族羌族自治州金川县城上游新扎沟口大渡河上游河段，工程区有省道S211线通过，因水库蓄水将淹没S211省道的部分路段，为此需对该路段进行改线，以解决地方永久对外交通和本工程施工期的过坝交通问题。

新扎沟隧道在省道S211改线公路的K0+550.00～K1+230.00段，全长680m，净空宽10.7m，高7.15m。隧道洞向NW352°，与岩层走向夹角约30°；穿越地层为杂谷脑组上段（T_{3z2}）变质细砂岩夹黑色千枚岩，岩体多呈薄层状，部分呈薄层～中厚层。开挖揭露的岩体呈强卸荷，岩石节理、层理较发育，部分层理面受区域构造影响而产生扭曲变形。隧道出口段岩体有倾倒变形迹象，全段无地下水出露。

2009年8月24日9时左右，在桩号K1+105.4掌子面左侧拱肩围岩失稳，在撤出钻爆台车及施工人员后，隧洞出现了大规模的垮塌，向内延伸至K1+103.4～K1+104.4，初期支护结构沿钢拱架开裂，向外延伸至K1+108.4～K1+109.4，塌方高度约8m。该处隧洞埋深约为46m，监测数据表明，地表无沉陷迹象。

（二）塌方原因分析

(1) 新扎沟隧道围岩主要是强、弱风化变质细砂岩，夹层为黑色千枚岩，层状构造，层位较薄且层间分离。该薄层状围岩受爆破开挖的影响，掌子面拱顶左侧岩层产生向内临空，在无有效支撑情况下，层间黑色千枚岩层首先破坏，加之层间节理破坏，导致岩层整体受剪破坏，形成塑性滑移楔形体，造成支护结构剪切破坏。该复杂层状岩层隧道塌方破坏属斜顶鼓起型，如图1所示。

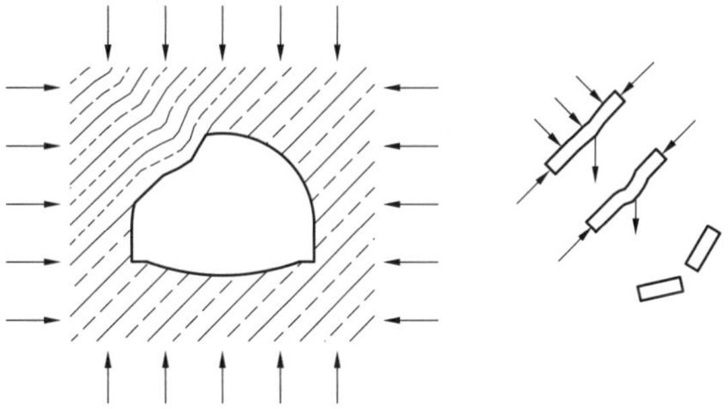

图1　隧道斜顶鼓起破坏模型

(2) 支护结构与围岩未贴合密实。施工中因超挖而进行各种回填，因回填不密实造成支护结构不能与围岩贴合紧密，起到有效的支护作用。施工中忽略了围岩变形的连续性和突发性，特别是爆破震动影响的突发变形。加上超前注浆小导管施工质量不合格，临空面围岩位移突然增大，支护抗力小于塑性滑移楔形体滑移力，塌方即发生。

(3) 施工不当。超前小导管施工质量较差，开挖时爆破对围岩的扰动过大，开挖后围岩暴露时间过长，风化程度加剧。

（三）塌方治理

塌方的治理原则是先加固、防扩展、后处理，要求有条件的情况下宁早勿迟、宁强勿弱。根据隧道开挖揭示的地质条件，以及初期支护下沉、开裂的实际情况，充分考虑复杂层状围岩岩体结构的相互关系，确定采用小导管超前注浆+钢拱架+锚网喷联合支护方式通过塌方段。

1. 初期治理方案

(1) 将隧洞拱顶与坍塌体结合部位采用喷射C20混凝土封闭。

(2) 对塌方影响段K1+103.4～K1+105.4架设3榀I18钢拱架作为副拱，对每榀钢拱架打设8根锁脚锚杆（ϕ22mm药卷锚杆，$L=4.0$m），施工完成后确保塌方部位不再继续向洞身轴向延伸，确保后续施工有一个安全环境。

(3) 采用碎土石装入人工编织袋，交错码砌于塌方体坡脚位置，码砌高度2.8m，厚度3.0m，清理出小导管施工空间，修筑施工平台。

（4）对塌空区暴露面进行C25钢纤维混凝土封闭，厚度约20～25cm，分2～3次喷射完成，以达到稳定不掉快，提供稳定的作业面。

2. 塌体治理方案

（1）小导管超前注浆。本隧洞塌方段围岩呈复杂层状，坍塌后为碎屑状，考虑达到塌方跨度约4～5m，超前注浆小导管采用ϕ50mm×3.0mm热轧无缝钢管，长6.0m。小导管前部钻注浆孔，孔径为8mm，孔间距20cm，梅花形布置；前段加工成锥形，尾部长度1.0m作为不钻孔的预留止浆段，并焊接ϕ8mm钢筋制成铁箍。采用双排管布置，两排小导管排距为60cm，小导管环向间距均为30cm。第一排小导管外插角100°～150°，第二排小导管外插角50°～100°，小导管纵向水平搭接长度2.0m，最后一排小导管超过塌方体3.0～4.0m。注浆材料为单液型水泥浆液，其水灰比为0.8∶1，缓凝剂为磷酸氢二钠，掺量为水泥质量的1.5%，胶凝时间约为2.0min，逐步由稀变稠。根据新扎沟隧道开挖揭露的围岩特性，注浆压力选定为0.8～1.2MPa。注浆完成后管口及时堵塞，防止浆液外流。

（2）穿越塌方段。拱部上半断面开挖采用留核心土法分左右两侧导洞先后开挖，宽度1.0～1.5m，每循环进尺0.8～1.0m，出渣采用人工配合反铲装载机出渣。当工作面挖出后及时喷射C25钢纤维混凝土3～5mm，然后铺设ϕ6mm、间距20cm×20cm钢筋网片，架设I18钢拱架，塌方段钢拱架间距0.6m，最后焊接一榀钢拱架的纵向连接筋，预留下次纵向连接筋，清扫喷射面，再次喷射C25钢纤维混凝土，总厚度覆盖钢拱架。拱部开挖完成，开挖下部，支护措施与上部一样，下接上半端面钢拱架并打设8根锁脚锚杆（ϕ22mm药卷锚杆，$L=4.0$m）。在拱脚以上50cm和100cm处打设径向锚杆防止拱脚向临空面变形，其参数：ϕ22mm药卷锚杆，$L=4.0$m，纵向间距50cm，梅花形布置。

（3）在刚性支护完成后，对塌腔进行分层回填。沿着预留孔分层泵送C20混凝土约2.0m厚，并预留注浆管，待达到一定强度后进行下一次泵送。第二次泵送C20混凝土约3.0m厚，通过预留注浆管泵送到空腔内部，将空腔充填密实。泵送混凝土与未坍塌侧的围岩，用锚杆进行连接，以成整体。

（四）塌方影响区域监控量测

为了正确判断塌方处理后其影响区域围岩的稳定性，分别在K1＋103、K1＋105、K1＋107、K1＋110设了4组测站，监测隧道拱顶下沉量和收敛位移。测点布置断面见图2。

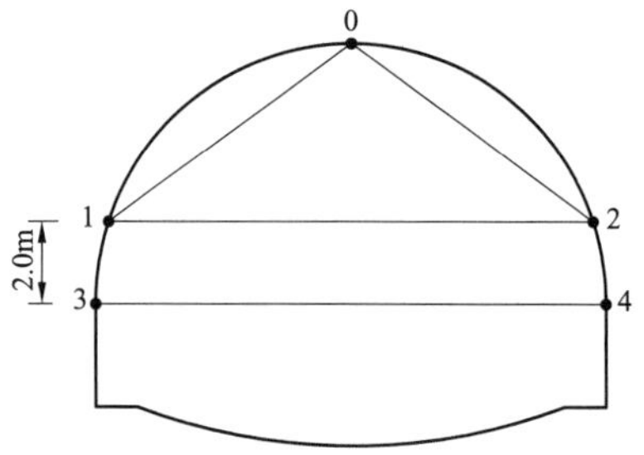

图2 测点布置断面

取K1＋103和K1＋107测站量测结果进行分析，结果如下：

（1）K1＋103断面拱顶下沉量相对最大值是中间测点，为0.413%，收敛位移相对最大值为0.385%。

（2）K1＋107断面量拱顶下沉量相对最大值是中间测点，为0.421%，收敛位移相对最大值为0.390%。

（3）规范规定隧道在Ⅳ级围岩中埋深在50m以下的允许相对位移值在0.10%～0.50%，本方案处理满足规范要求。

（中国水电顾问集团西北勘测设计研究院
赵弋舟 高徐军
西安公路研究院 折 娟）

勘测技术与设备

三维激光扫描技术在水电大比例尺地形测量中的应用研究

（一）概况

三维激光扫描技术是近年来发展起来的一门新技术，被誉为“继GPS技术以来测绘领域的又一次技术革命”。该技术通过高速激光扫描测量的方法，大面积高分辨率地快速获取被测对象表面的三维坐标数据，为快速建立物体的三维影像模型提供了一种全新的手段，具有快速性，不接触性，实时、动态、主动性，高密度、高精度，数字化、自动化等特性。

青海黄河拉西瓦水电站坝前右岸果卜区域，由山顶平台和岸坡组成。山顶平台地形相对平缓，特征地形较多；岸坡山体地势陡峭，冲沟众多，地形复杂，河谷至岸顶相对高差达 500m。因平台错落变形、岸坡山体表层松动，时有石头滑落及崩塌，地形测量采用传统的测量方法难以企及。为及时获得该区域地形数据，中国水电顾问集团西北勘测设计研究院决定采用 Riegl LMS_Z420i 三维激光扫描技术。

（二）三维激光扫描系统

1. 技术特点　Riegl 三维激光扫描系统采用全回波数字化技术。工作时，扫描仪沿水平面顺时针方向匀速旋转，同时激光束竖向逐列扫描被测物体表面，并自动解析记录激光的回波信号。其扫描速度可达 11 000 点/s，2min 内能够实现 360°（水平）×(80°～360°)（垂直）全景粗略扫描；扫描最大有效距离 1170m（标称测程 1000m），最高采样密度 0.2mm（10m 距离），优于±8mm（100m 的距离）的距离测量精度，便携计算机操作控制。

2. 系统组成及原理　Riegl 三维激光扫描系统的主要部件包括激光扫描仪、数码全景照相机、电子倾斜补偿器、光学望远镜、专用电池驱动和控制器（手簿或计算机）。

三维激光扫描技术的核心原理是激光测距和空间极坐标法，类似于免棱镜全站仪，但其将点测量模式转化为面测量模式。其工作方式是脉冲激光测距的方法，采用无接触式激光测量，通过其内部的激光脉冲二极管发射激光脉冲，射向被测物体，激光碰到被测物体的表面后反射回来，并由扫描仪内的探测装置接收并记录。根据激光束发射和接收时刻的飞行时间差 T 或者相位移动值，获取扫描点到仪器的斜距 S、系统发射出去的激光光束的水平方向角度 α 和垂直方向角度 θ，即得扫描区域中每个点的相对位置（该位置分别用空间坐标系中 x 方向、y 方向、z 方向三个矢量数据表示）。

点坐标的计算原理与全站计算原理相同，即极坐标法。不同处在于该系统以扫描仪位置为原点在内部自建坐标系统，其坐标原点为扫描仪的内部测距激光发射的几何中心，z 轴为仪器的竖轴，水平面上为 x、y 轴，y 轴常为扫描默认起始方位，x 轴与 y、z 轴垂直并构成右手系。

（三）三维数据的获取与处理

数据采集使用奥地利公司的 LMS_Z420i 型号三维激光扫描设备，处理软件使用随机 RiSCAN PRO 软件，外业标靶控制点大地坐标使用全站仪进行测量。

1. 外业数据采集方案　扫描作业之前，对果卜区域进行了两天踏勘，确定在左岸设站点用于 2400～2800m 高程处的地形扫描，在右岸山顶选站用于岸坡 2800m 以上地形及平台地形扫描。考虑在下部扫描过程中可能会出现的盲区，站点和标靶点精心选取。扫描测量工作根据事先踏勘方案进行，在左岸的山下共扫描 4 站，右岸山顶平台扫描 4 站，现场扫描有效作业时间约 4h，总计获取点云数据 880 多万个，设置标靶控制点 30 个。

2. 数据拼接与坐标转换　由于所获得的不同视角的 8 站扫描点云数据都是以扫描仪位置为参考点的独立坐标系统，各站扫描点云数据坐标互不关联，因此必须对所获取的扫描点云数据进行拼接及坐标转换，使扫描数据坐标与大地坐标一致。点云拼接具体实现采用控制点拼接和手工拼接。控制点拼接分标靶控制点法和测站后视标靶法。标靶控制点法（交会法）可自由设站，利用激光扫描的反射强度寻找布设在控制点上的标靶（至少需要 3 个标靶）来获取测站的三维坐标转换参数；测站后视标靶法（极坐标法）是将扫描仪对中、整体安置在已知控制点上，利用激光扫描获取布设在控制点上的 1 个标靶实现坐标转换。手工拼接由人工将相邻站点有一定重叠度的点云数据通过至少 3 个公共特征点实现拼接。左岸山下设的 4 站和右岸山顶的 2 站数据，使用标靶控制点法进行坐标转换；右岸山顶的 2 站数据，分别使用测站后视标靶法和手工拼接方法将其内部坐标转换到大地坐标中。整个坐标转换误差取决于标靶点的定位精度，拼接结果表明，拼接完整的站点点位误差最大为 57mm，最小为 9mm。不同测站重合部分数据的融合性好，未有错层现象。

3. 数据后处理　拼接完成后对点云数据进行去噪处理，如天气浮尘、移动物体（车、人等）、构筑物及树木等，处理后的点云数据仅有地表点。采集的点云数据是海量数据，在保证精度及地形特征的前提下，选择提取特征数据后对数据按距离精简，得到最终的点云数据，以此作为建模点进行三维建模。利用软件模块建立平面，生成三角网，对三角网进行平滑、补洞、细分、曲面拟合等处理并形成果卜数字高程模型（DEM），其模型效果见图 1。然后在 DEM 模型基础上，设置等高距，输出 1∶1000 等高线图。

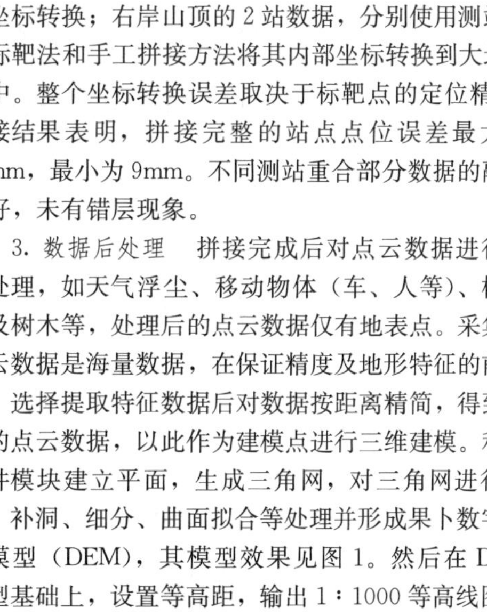

图 1　果卜三维地形模型效果图

（四）地形图数学精度检验

地形图精度检验主要检查其数学精度（平面和高程精度）。采用GPT－3002LN全站仪［测距±（3＋2D）mm］实地采集地物点平面位置与高程注记点高程检查数据，检查点覆盖整个测区，其平面、高程中误差的具体统计分别见表1和表2。

表1 地物点平面精度检查统计表 m

序号	常规测量		扫描测量		Δ（扫描－常规）		
	x坐标	y坐标	x坐标	y坐标	Δx	Δy	ΔS
1	92 647.17	6561.07	92 647.14	6561.26	－0.03	0.19	0.19
2	92 643.72	6564.80	92 643.76	6564.79	0.04	－0.01	0.04
3	92 650.31	6570.92	92 650.34	6570.91	0.03	－0.01	0.03

注 已检查3个地物点的平面点位中误差为±0.01m，允许限差为±0.5m。

表2 高程精度检查统计表

地形类型	测图比例尺	基本等高距（m）	检查点数	高程中误差（m）	允许限差（m）
高山地	1∶1000	1	43	±0.26	±0.33
平地		1	18	±0.11	±0.25

从表1和表2的数据统计可以看出，该1∶1000地形图精度完全满足测量规范要求。

（五）结语

本次应用研究表明：该技术适宜水电工程地形测量中高山陡峭峡谷、植被稀少的区域作业，可以解决危险目标、环境及人员难以企及区域的地形数据采集问题，还可以提高工作效率，减轻测量技术人员的劳动强度；能快速实现大比例尺地形测量工作，建立DEM模型，测量精度完全满足地形测量要求。该技术的成功应用为今后的使用推广及探索奠定了基础。

（中国水电顾问集团西北勘测设计研究院
吕宝雄 巨天力）

地电阻率在新能源工程地质勘察中的应用

地电阻率泛指大地阻碍电流通过的能力，是接地系统设计的重要参数。接地主要有防雷接地、交流工作接地、安全保护接地、直流接地、交流接地、防静电接地、功率接地及重复接地等，主要作用是将设备漏电或者雷电、静电等导入地下，避免设备、建筑物和人员的伤害。

（一）地电阻率值的测定方法

地电阻率值的测试原理：把直流电源通过电极向地下供电，形成人工直流电场，由两个电极（A、B点）供电，两个电极（M、N点）测量，测量其间的电位差。目前多采用对称四极（A－M－N－B）法（简称四极法）。

（二）地电阻率的影响因素

地电阻率的主要影响因素有岩性、构造、含水量、矿物含量等。一般而言，岩浆岩的电阻率最高，变质岩的电阻率较高，沉积岩的最低。致密岩石电阻率较高，结构疏松岩石电阻率较低。透水性较好的砂岩、砾岩取决于含水条件，孔隙水矿化度越高，岩石的电阻率越低。对于不同类型的环境水，含电解质越多，其电阻率就越小。

第四系松散堆积物的电阻率主要受颗粒组成、含水量、水溶液的矿化度、密实度、均一性、冻结程度等影响。

1. 颗粒组成 地基土颗粒粒径越小，土层的架空现象越少，地电阻率值越低。如德令哈光伏电站位于洪积扇的中部，地基土为角砾层及圆砾层，地电阻率值平均值为151～340Ω·m，见表1。格尔木东出口及格尔木东地基土为粉细砂，地电阻率值为57～90Ω·m，见表2、表3。

2. 含水量 松散堆积物中存在的水以潜水及承压水的形式存在，水中因电解质的含量不同，电阻也不同，如雨水的电阻率大于1000Ω，潜水的电阻率小于100Ω，河水的电阻率为10～100Ω，而海水的电阻率仅0.1～1Ω。因此，地层含水量越大，水中电解质含量越大，地层的地电阻率越小。

3. 矿化度或电解质含量 与土层含水量类似，地层的矿化度越高，越有利于电荷的传导，地层的地电阻率越小。

4. 地基土的均匀性 地基土均匀程度越高，地电阻率测试值离散性越小。如格尔木东出口及格尔木东（见表2及表3），20m内均为粉细砂层，其电阻率测值在平面上变化不大。而德令哈西出口，地基土均匀性相对较差，场址西侧表部角砾层粉土透镜体分布较多，其电阻率测在平面上差异较大，最大值为2073Ω·m，最小值仅35.2Ω·m。

5. 测试时段间 北方寒冬季节由于存在季节性冻土或多年冻土，其地电阻率值往往高于冰点以上温暖季节的几倍。由德令哈西出口成果可知，测试深度内易溶盐含量、含水量相差不大，其0～1m的地电阻率值大于下部1～5m及5m以下的地电阻率，其中的主要原因是2m深度内为季节性冻土层（测试时段处于冻结期的11月）。

表1 德令哈西出口光伏电站地电阻率测试值统计表

层位	最大值	最小值	平均值	标准差	变异系数	样本个数
全部数据	2073	35.2	298	377	1.27	70
0～1m	2073	35.2	452	636	1.41	21
1～5m	305	49.1	151	68.6	0.45	28
5m以下	581	144	340	151	0.44	21

表2 格尔木东出口光伏电站地电阻率测试值统计表

层位	最大值	最小值	平均值	标准差	变异系数	样本个数
全部数据	196	29.7	73	31	0.42	54
0～1m	196	30.6	86	39.5	0.46	18
1～5m	82.9	29.7	57.5	17.6	0.31	24
5m以下	131	57.2	90.0	20.8	0.23	18

表3 格尔木东光伏电站地电阻率测试值统计表

层位	最大值	最小值	平均值	标准差	变异系数	样本个数
全部数据	215	39.3	88	34	0.38	54
0～1m	215	39.3	105	44.5	0.42	18
1～5m	118	41.5	77.9	25.4	0.33	24
5m以下	129	62.9	86.8	19.0	0.22	18

（三）地电阻率值的取值原则

接地电阻为接地点处的电位与接地电流的比值，其大小主要取决于接地装置的结构、尺寸、埋入地下的深度及地基土的地电阻率。金属接地体的电阻率远小于土壤地电阻率，故接地体本身的电阻在接地电阻中可以忽略不计，因此接地电阻的大小主要取决于地层的地电阻率。不同的接地对接地电阻有不同的要求，如独立的防雷保护接地电阻应小于等于10Ω，独立的安全保护接地电阻、交流工作接地电阻、直流工作接地电阻应小于等于4Ω，防静电接地电阻一般要求小于等于100Ω。接地电阻越小，对保护对象越安全。但要求接地电阻越小，则人工接地装置的投资也就越大，而且在土壤电阻率较高的地区不易做到。如垂直接地，要达到所要求的接地电阻值，往往需埋设多根垂直接体，并排列成行或环形。

地电阻率的取值决定接地电阻的大小，也决定了建筑物的安全程度，如地电阻率设计值偏大，接地电流相应的接地面积就大，需设置更多的接地，造成浪费。设计值偏小，不能及时导出电流，给建筑、人身及设备安全带来威胁。因此必须选择合适的接地电阻，并选取适当的安全系数。

由于复杂的成因及构造，地基土的均匀性不同，因此，每个测点的地电阻率值都不可能完全相同，通过测量值统计可得最大值、最小值、平均值、大值平均值、小值平均值。对于土层的一般物理参数，多以平均值为推荐值，对于接地电阻则完全不同。接地电阻的平均值、小值平均值和最小值均不可取，因为其安全程度较低，难以保证工程安全。取值时应根据地层的均匀程度，对比最大值、大值平均值和标准值，在两三个值中选取合适的标准值，再乘以相应的安全系数即为地电阻率设计值。对风电场而言，设计接地电阻为单机设计，设计值应为实测值乘以安全系数；对光伏电场而言，接地系统为场地共享，可设多个接地点，各接地点并联，设计值应为大值均值乘以安全系数；对于重要设施如变电站等，接地电阻设计值应采取最大值乘以安全系数。另外，还应结合分析地电阻率的测试时段以及接地电阻的变化规律，采取不同的地电阻率值。如在雨季，地层含水量较高，温度较高，此时的地电阻率值偏小，不能满足冬季运行的安全需要。

（四）地电阻率在新能源工程地质勘察中的应用

在新能源工程地质勘察中，应结合不同的工程特点提出相应的测试方法。风电工程有多个风塔，每台风机均有接地，应对每台风机进行地电阻率值实地测试，属“点”工程。对于水电站、火电站、建筑物、变电站等的接地，应测试设置接地部位的地电阻率，其接地部位不止一个，属“多点”工程。光伏发电工程的电池组件分布在整个场区，接地分布于整个场址区，应测试场址区的地电阻率，属“面”工程。

对于“点”工程，可采用单剖面法测量该点的地电阻率。对于“面”工程，应采用网格状剖面测试，剖面形式按“井”字形布置或“十”字形布置，测点密度取决于测试的变化值，应提供场地地电阻率值分区图或等值线图。另外，对于“面”工程及“多点”工程，应根据场址地基土的均匀程度合理布置测量工作量。对于均匀地层，地电阻率值变化较小，可布置较少的工作量或较大的测试间距；对于结构复杂的地层，地电阻率变化大，应布置较多的工作量或较小的测试间距，为设计提供准确的实测数据。

（五）结论

随着新能源工程的蓬勃发展，对地电阻率的测试将越来越多。在勘察时，应对测试地区的水文、气象及地基土的特性有全面的认识，确定勘察期所处时段，查明地基土的结构、均匀性、含水量、易溶盐含量等，以及其随季节的变化趋势；保证测试的数量和质量，提高测试的精度。

（中国水电顾问集团西北勘测设计研究院
钟建平 侯智斌 王志硕 乔佃岳）

中國水力發電年鉴

5

水 工 设 计

大 坝 设 计

沙沱水电站碾压混凝土重力坝设计

（一）概况

沙沱水电站是乌江干流开发中的第九级，是乌江流经贵州省境内的最后一级电站；以发电为主，其次航运，兼顾防洪等综合效益；装机容量 4×280MW；为二等大（2）型工程。拦河大坝为 2 级建筑物，按 500 年一遇洪水设计，2000 年一遇洪水校核。

坝址河谷开阔，河心有一连续的脊状礁滩；两岸均发育Ⅰ级基座阶地，阶地高程至河水面为灰岩岸坡，左岸坡角约 35°，右岸坡角约 50°。坝址出露奥陶系桐梓组（O_1t）至志留系龙马溪组（S_1L_n）地层，岩层倾向下游偏右岸，与河流交角 40°左右。两岸岸坡主要由红花园组（O_1h）和桐梓组灰岩地层组成，相对较稳定。其中，O_1h 和 O_1t^2 地层岩性主要为厚层、中厚层灰岩、白云质灰岩，岩体强度高，允许承载力为 5.5MPa，能满足百米级碾压混凝土重力坝对基础的要求。但由于大坝基础溶蚀裂隙和软弱夹层发育，并受地质结构面和地质构造影响，存在一定范围的基础涌水、渗透稳定和大坝深层抗滑稳定问题。

经多个枢纽建筑物组合方案布置比较，沙沱水电站最终选用了碾压混凝土重力坝＋坝身溢流表孔＋左岸坝身取水＋坝后厂房＋右岸垂直升船机的枢纽布置方案。

坝体混凝土总量约 138.75 万 m^3。其中碾压混凝土 130.13 万 m^3，占坝体总方量的 93.78％；常态混凝土 3.03 万 m^3，占 2.19％；变态混凝土 5.59 万 m^3，占 4.03％。

（二）大坝布置

大坝坝顶全长 631m、宽 10m，坝顶高程 371m，最大坝高 101m，最大坝底宽 83.39m，坝轴线方位 N43°W，在左岸取水坝段的左侧向上游折转至 N73°W 以适应左岸地形，两岸由非溢流坝段与岸坡相接。坝体从左岸到右岸共设 16 个坝段，布置情况见图 1。挡水坝段上游面在 310m 高程以下的坝坡为 1∶0.15；下游面坝坡为 1∶0.75，折坡点高程为 356.167m。

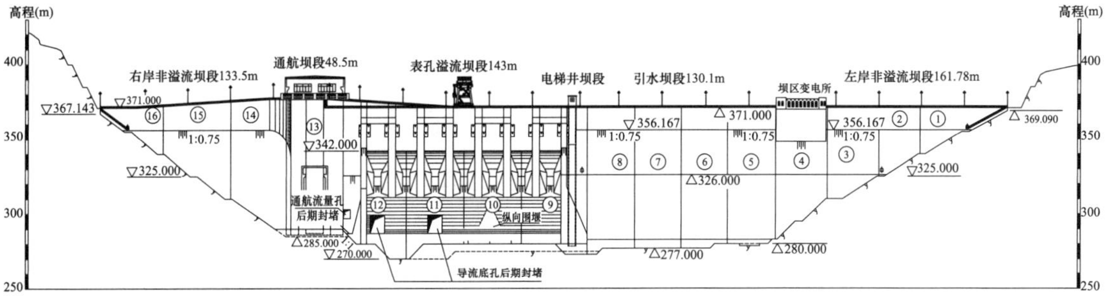

图 1　沙沱水电站大坝下游立视图

泄水建筑物布置在主河床 9、10、11 号和 12 号坝段，全长 143m，设有 7 个溢流表孔，孔口尺寸为 15m×23m（宽×高），溢流堰顶高程 342m，最大下泄流量为 32 035m^3/s。沙沱坝址位于沿河县城上游约 7km 处，其下游 600m 有沙沱大桥，泄量达 32 035m^3/s 时，消能问题显得突出。本工程采用 X 形宽尾墩使溢流表孔水流分成上、中、下三股，使不同下泄流量在消力池中得到充分消能，并利用台阶坝面保证堰面水流底部的掺气和消能。台阶堰面＋宽尾墩＋消力池联合运用的消能型式，通过模型试验，消能效果明显，大大减轻了对沙沱大桥的影响，同时也为不远处的沿河县城提供了安全保障。

大坝每个溢流表孔堰上均设有一扇弧形工作闸门，由液压启闭机启闭。在弧形闸门上游设有平板检修门门槽，7 孔共用 2 扇检修门，由坝顶移动式门机启闭。表孔之间的中墩厚 5m，边墩厚 4m，采用预应力混凝土以满足弧门启闭时巨大推力的要求。溢流堰面采用 WES 堰面设计，其直线段的坡比为 1∶0.75，与下游台阶面衔接，反弧段半径为 10m。为充分利用河道宽度，减少左岸引水发电厂房的开挖，利用厂房右端墙作为消力池左导墙。同时结合施工导流安排，利用消力池右导墙作为垂直升船机施工的纵向围堰，使枢纽建筑物布置更加紧凑。

（三）大坝结构设计

1. 坝体混凝土分区

（1）大坝垫层混凝土在 285m 高程及其以下采用 0.5m 厚的 C20 三级配常态混凝土，在 285m 以上采用 0.5m 厚的 C20 二级配变态混凝土。

（2）大坝上游面防渗层：1～3 号和 14～16 号坝段采用 C20 三级配碾压混凝土，抗渗等级为 W8，其余坝段均采用 C20 二级配碾压混凝土，抗渗等级为 W8。防渗层厚度在坝顶为 3m，以 25.5∶1 的坡度往坝基逐渐加厚。

（3）坝体内部大体积混凝土：1～3 号和 14～16 号坝段采用 C15 四级配碾压混凝土，抗渗等级为 W6，其余坝段均采用 C15 三级配碾压混凝土，抗渗等级为 W6。

（4）大坝的上下游面、电梯井周边、碾压混凝土分区内的廊道及孔口周边，以及其他不便碾压施工的部位，采用 C15 或 C20 变态混凝土。溢流堰面及护坦采用 C30 抗冲耐磨混凝土，闸墩采用 C30 混凝土，弧门支铰采用 C45 混凝土。

2. 坝体分缝及止水

（1）共布置了 15 条横缝和 8 条诱导缝。同时，结合弧形闸门挡水时混凝土闸墩垂直水流向传力需要，将右边墩与通航坝段之间上游 13.75m 范围内横缝设置为诱导缝。设置横缝及诱导缝后，各坝段宽度最大为 36m，最小为 20m。止水及横缝周边采用变态混凝土，其厚度为缝两边各 50cm；横缝采用 2cm 厚的沥青杉木板分隔；诱导缝采用切缝机切缝，切缝面积为缝面面积的 2/3。

（2）坝体横缝处上游坝面及溢流面均设置二道铜片止水，第一道止水距坝面 0.5m，第二道止水距坝面 1.0m。左右岸非溢流坝及厂房坝段下游坝面相应校核洪水位以下横缝内设置一道橡胶止水，止水片距下游坝面 0.5m，厂房上游边墙与坝体连接部位设置一条橡胶止水条。坝内廊道跨横缝处均沿周边设置一道橡胶止水带。考虑坝基深层抗滑稳定、降低基础渗压及接触灌浆分区等要求，厂房引水坝段上游开挖面还沿边坡布置了一道“爬山虎”止水。止水埋入坝体部分要求与混凝土紧密结合，中间的伸缩段应涂刷隔离剂保证其伸缩自由，并在 U 形“鼻子”内填塞氯丁橡胶棒。横缝处靠基础止水及“爬山虎”止水均通过挖槽 50cm 并回填 C20 混凝土的方式确保其端头防渗效果，在坝基接头处理入基岩面以下 0.4m。

3. 坝体排水　在坝体上游碾压混凝土防渗层下游侧自左岸到右岸布置了一层间距 3m、孔径 150mm 的排水孔，以形成一坝体排水幕。排水孔从坝顶至 310m 高程段为竖直布置，310m 高程以下则根据基础廊道位置确定。排水孔采用钻孔或预埋无砂管，其底部通过预埋的波纹管接至基础廊道。

4. 坝内廊道及交通

（1）在坝内设有基础灌浆排水廊道、基础排水廊道和交通观测廊道。基础灌浆廊道底部高程为 280.50m，中心线距上游坝面 5.5m，并沿两岸岸坡布置成斜坡廊道。基础排水廊道共布置两排，与基础灌浆廊道平行，并由纵向排水廊道连接，其中溢流坝段及通航坝段下游排水廊道兼作下游基础灌浆廊道之用。结合右岸防渗帷幕施工及大坝安全监测需要，在右岸 328m 高程沿坝轴线设置一层交通及观测廊道。坝内廊道断面均为城门洞形，基础灌浆廊道断面尺寸为 3m×4m（宽×高），基础排水廊道、交通观测廊道断面尺寸均为 2m×2.5m（宽×高）。

（2）在 9 号坝段布置电梯井（电梯、楼梯）连接坝体底层 280.5m 廊道、中层 328m 廊道和坝顶，同时在左岸 2 号坝段和右岸 15 号坝段的下游坝面分别布置 328m 和 342m 廊道出口，以解决垂直交通问题。7 个溢流表孔布置交通桥连接左右岸挡水坝段，并接左岸 371m 永久公路，以解决大坝水平交通。

5. 大坝基础处理及渗控措施

（1）为减少坝基爆破开挖对建基面造成的松动破坏并减小渗径，在布置基础插筋的同时，还采取固结灌浆的方式使坝基岩体在一定深度范围内形成整体。固结灌浆间排距均采用 3m×3m 布置，以覆盖整个建基面。河床区固结灌浆深度为 5m，左、右岸坝基区深度均为 8m。施工期根据坝基实际揭露的岩溶发育情况及坝基深层抗滑稳定要求，加深了左岸厂房引水坝段和部分溢流坝段的固结灌浆，灌浆孔平均深度为 20m，最大深度达 28m。

（2）防渗帷幕布置主要根据地质情况及地下水深度综合确定。河床部位 O_1t^1 相对隔水层埋深约 80m，坝基帷幕接 O_1t^1 相对隔水层，形成封闭式帷幕；两坝肩及两岸隔水层埋藏较深，两坝肩部位帷幕深度按 0.5～0.7 倍坝高和伸入吸水率 1～3Lu 区域综合考虑，两岸帷幕深度按低于地下水位 30～40m 和伸入吸水率小于 3Lu 区域内综合考虑。两岸一定范围内出露有页岩夹粉砂岩 O_1m^1 相对隔水层，故两岸防渗帷幕最终与 O_1m^1 相接，以截断坝基及两岸的渗水通道。

（3）在溢流坝段、通航坝段和厂房坝段下游侧布置了一道辅助防渗帷幕，并通过通航坝段纵向帷幕灌浆和消力池左侧顶板帷幕灌浆使整个坝基形成封闭区域，以减少下游及岸坡地下水的渗入，充分降低基础扬压力。

（四）碾压混凝土

1. 大坝混凝土设计指标　坝体混凝土主要设计指标见表 1。

表 1 沙沱水电站大坝混凝土主要设计指标

混凝土种类	强度等级	抗压强度标准值（MPa）	级配	抗渗等级	抗冻等级	90d 极限拉伸值（1×10^{-4}）	重度（kN/m^3）	强度保证率（%）
大体积碾压混凝土	C15	17.3	三	W6	F50	≥0.60	≥24	80
防渗层碾压混凝土	C20	22.4	二	W8	F100	≥0.65	≥24	80
坝基垫层混凝土	C20	18.5	三	W8	F100	≥0.85	≥24	80
大体积碾压混凝土	C15	17.3	四	W6	F50	≥0.75	≥23.5	80

2. 碾压混凝土配合比　坝体内部 C15 三级配碾压混凝土石子级配为 4∶3∶3（大∶中∶小），水胶比为 0.53，其中胶凝材料含量分别为水泥 63.4 kg/m^3，粉煤灰为 95kg/m^3；C15 四级配碾压混凝土骨料最大粒径为 12cm，石子级配为 2∶3∶3∶2（特大石∶大石∶中石∶小石），水胶比为 0.5，其中胶凝材料含量水泥为 57kg/m^3，粉煤灰为 85kg/m^3。

3. 四级配碾压混凝土施工　四级配碾压混凝土的碾压设备、摊铺厚度及防止骨料分离等方面有特殊要求。振动碾自重应不小于 20t，产生的激振力应不小于 20t。压实厚度为 50cm，分三次摊铺，由现场工艺试验选择最合理的摊铺和碾压遍数。装卸过程中应严格控制下料口与接料设备及仓面的距离，运输过程中应控制合理的车速和转弯半径，以防止骨料分离。摊铺过程中发现骨料分离现象应及时采用人工拌和等应急措施。

沙沱大坝四级配碾压混凝土的研究与应用在国内尚属首次。初步研究成果表明，四级配碾压混凝土的应用在技术上是完全可行的，具有良好的经济效益和应用前景。

（中国水电顾问集团贵阳勘测设计研究院
苏　鹏　张海超　何福娟　彭成佳）

沙沱水电站碾压混凝土重力坝温度控制设计

（一）工程概况

沙沱水电站位于贵州省沿河县城上游约 7km 处，是乌江梯级规划中的第九级，总装机容量为 1120MW，多年平均发电量 45.52 亿 kW·h。

拦河大坝为全断面碾压混凝土重力坝，坝顶全长 631m，坝顶高程 371m，河床最低建基面高程 270m，基础最宽处 73.125m，坝顶宽 10m。坝体混凝土总量约 138.75 万 m^3，其中碾压混凝土约 130.13 万 m^3，常态混凝土约 3.03 万 m^3，变态混凝土约 5.59 万 m^3。结合坝体结构布置及碾压混凝土的施工条件，大坝共设 16 个坝段。溢流表孔共 7 孔，布置在河床中部主河道上，每孔净宽 15m，溢流前沿总宽 143m，堰顶高程 342m，溢流水流以台阶堰面＋宽尾墩＋消力池联合运用的方式消能。

工程采用分期导流方式。前期右岸施工，由左岸河床泄流；中、后期由坝体导流底孔及缺口联合下泄。

坝址河段两岸平缓，施工场地宽阔；地处亚热带季风气候区，多年平均气温 17.5℃，实测极端最高气温 42.0℃，实测极端最低气温－5.4℃，多年平均相对湿度为 77%。其全年各月平均气温、水温及地温资料见表 1。

本工程主要选用重庆彭水茂田能源开发有限公司生产的“国茂”和重庆三磊水泥有限公司生产的“三磊”硅酸盐水泥，采用鸭溪电厂和遵义电厂生产的Ⅱ级粉煤灰，采用 HLC、DH4AG、ADD－3 缓凝高效减水剂和 AE 型引气剂。采用的人工砂石骨料，母岩属灰岩，根据已建成的水电工程资料，其拌制的混凝土具有较好的抗裂性能。

（二）混凝土拌和系统布置

1. 混凝土拌和系统　布置于左岸坝址上游约 600m 的 340m 高程处。由一座 2×4m^3 强制式混凝土拌和楼（目前碾压混凝土产量 200m^3/h，具备同时拌制三种掺合料和四级配碾压混凝土的功能），一座 1×3m^3 的强制式混凝土拌和楼（常态混凝土生产能力 90m^3/h）和一座 2×6m^3 强制式预冷混凝土拌和楼（碾压混凝土生产能力 360m^3/h）组成。

2. 制冷系统

（1）制冷厂布置于混凝土拌和系统旁边的平台上，紧邻风冷料仓。在风冷调节料仓及拌和楼骨料仓各安装 4 台冷风机。粗骨料先在一次风冷调节料仓冷却至原温度的 40%以下，经由上楼皮带机输送到拌和楼料仓二次风冷至 4～9℃。2×6m^3 强制式预冷混凝土系统制冷厂内布置 3 台 ABLGⅢ250 和 1 台 JABLGⅢ220 型螺杆氨泵机组及配套设施，总制冷容量为 10 460MJ/h（250 万 kcal/h），可满足拌和楼二次风冷骨料和拌和系统拌和用冷水车间所需的制冷容量。

表1 沿河站全年各月平均气温、水温及地温统计表 ℃

月份	1月	2月	3月	4月	5月	6月	7月	8月	9月	10月	11月	12月	全年
多年平均气温	6.4	7.7	12.2	17.6	21.6	24.9	28.0	27.7	24.0	18.3	13.3	8.5	17.5
多年平均水温	12.7	13	15.3	18.4	20.6	21.7	23.3	23.7	22.5	20	17.3	14.4	18.6
地面平均温度	7.1	8.5	13.3	19.4	24.2	27.9	32.6	32.4	27.0	20.3	14.4	9.0	19.7

(2) 大坝混凝土夏季通水所用的15℃冷却水由移动式制冷机组生产。配置2台LSBLGFYD1160Ⅱ移动式制冷机组，左、右岸坝肩各布置1台，制冷总容量共12 555MJ/h（300万kcal/h)，制冷水量共700m³/h。

(三) 混凝土温度控制标准

1. 基础温差 本工程基础混凝土28d龄期的极限拉伸值不低于0.70×10^{-4}（碾压混凝土）和0.85×10^{-4}（常态混凝土)，基础允许温差见表2。

2. 坝体内外温差 拟定5～9月不超过15℃，其他月份不超过20℃。坝体混凝土各月允许最高温度见表3。

3. 温控设计标准 大坝混凝土出机口温度T_0、入仓温度T_{BP}、浇筑温度T_P见表4。

4. 温控基本措施 根据推荐配合比设计资料，经差分法温控防裂计算，结合本工程的具体特点，确定各月温控基本措施见表5。

表2 混凝土坝基础约束范围内温控标准 ℃

基础约束范围		基础允许温差	稳定温度	允许最高温度
强约束区（离基础面高度0～0.2L)	常态垫层混凝土	16	16	32
	碾压混凝土	12	16	28
弱约束区（离基础面高度0.2L～0.4L)	碾压混凝土	14	16	30

注 L为浇筑块的最大长度，基础允许最高温度=基础允许温差+坝体稳定温度。

表3 满足内外温差的坝体混凝土各月允许最高温度 ℃

月份	1月	2月	3月	4月	5月	6月	7月	8月	9月	10月	11月	12月
多年月平均气温	6.4	7.7	12.2	17.6	21.6	24.9	28.0	27.7	24.0	18.3	13.3	8.5
内外允许温差	20	20	20	20	15	15	15	15	15	20	20	20
坝体允许最高温度	26.4	27.7	32.2	37.6	36.6	39.9	43.0	42.7	39.0	38.3	33.3	28.5

注 按内外温差控制坝体允许最高温度=内外允许温差+多年月平均气温。

表4 大坝混凝土出机口温度T_0、入仓温度T_{BP}、浇筑温度T_P ℃

月份	1月	2月	3月	4月	5月	6月	7月	8月	9月	10月	11月	12月
T_0	11.17	12.28	16.28	21.35	24.93	28.01	30.77	30.58	27.16	22.16	17.46	13.12
T_{BP}	10.61	11.74	15.81	20.92	24.55	27.65	30.45	30.24	26.80	21.72	16.97	12.59
T_P	9.10	10.29	14.51	19.72	23.49	26.66	29.57	29.33	25.79	20.49	15.65	11.12

表5 大坝混凝土各月温控基本措施表

月份	1月	2月	3月	4月	5月	6月	7月	8月	9月	10月	11月	12月
基础强约束区（离基础面高度0～0.2L)	☆	☆	☆	☆	○	√	√	√	√	○	☆	☆
基础弱约束区（离基础面高度0.2L～0.4L)	△	△	☆	☆	○	√	√	√	√	○	☆	△
其他区域	△	△	☆	☆	☆	☆	○	○	☆	☆	☆	△

注 △表示自然入仓，可满足混凝土温控要求；☆表示自然入仓，通河水冷却条件下可满足混凝土温控要求；○表示混凝土浇筑温度不大于18℃，一期通河水冷却可满足温控要求；√表示混凝土浇筑温度不大于18℃，一期通15℃制冷水冷却可满足温控要求。

（四）坝体混凝土温控措施

1. 混凝土的浇筑温度控制

（1）采取各种温控措施控制混凝土的出机口温度不大于15℃，主要是：① 提高骨料堆料高度，要求成品骨料堆高不低于6m；② 成品料堆、骨料罐搭盖遮阳棚，以避免阳光直射；③ 高温季节在骨料堆顶部用喷雾机喷冷水雾，水温2～5℃；④ 骨料运输设置防晒隔热设施，并尽可能在早、晚或夜间运输骨料；⑤ 混凝土生产中采取骨料预冷，加冰或加冷水拌和混凝土；⑥ 要求拌和系统骨料罐尽量装满罐，以保证预冷效果。

（2）预冷后的混凝土在运输过程中应采取如下措施：① 运输车上设置活动防晒、防雨篷布等，车的侧壁要隔热；② 禁止采用尾气排气管设于车厢的汽车运输混凝土；③ 在拌和楼对运输车辆车厢进行喷雾冷却后再运输混凝土；④ 浇筑方案选择和施工布置设计时，尽量减少运输距离，避免多次倒运。

（3）降低混凝土的浇筑温度，减少浇筑过程中的温度回升。具体措施有：① 仓面采取喷雾措施，必要时再采取搭设遮阳棚的办法，使之形成人工小气候；② 下层混凝土碾压完毕、上层混凝土未覆盖前，表面立即用1cm厚的聚乙烯卷材覆盖；③ 加强管理，合理规划仓面面积，加快混凝土入仓至覆盖的施工速度，缩短混凝土暴晒时间，高温时段碾压混凝土从出料到碾压完毕必须控制在1h之内，每层覆盖时间不得超过2h。

（4）避开高温时段浇筑，尽量避免在白天高温时段浇筑混凝土，充分利用早晚和夜间低温时段及阴天浇筑。

2. 浇筑层厚及浇筑层的间歇期控制　碾压混凝土应采用大仓面薄层连续短间歇浇筑，浇筑层厚3m，间歇期要求5～7d；若采用4d间歇期，则需增加冷却水管密度，缩短水平间距。

3. 坝体通水冷却　坝体全断面预埋冷却水管。冷却水管采用导热系数 $k \geqslant 0.45$W/（m·℃）的 ϕ32mm塑料管，在仓面上蛇形布置，同一层中每根冷却水管长度按250m控制，水平间距1.5m×1.5m，水管弯曲半径0.75m。在水管进出口设置流量计和闸阀，通水流量控制在20～25L/min，每12h改变一次通水方向。冷却水管初期通水时间为20d，降温速度不大于1℃/d。汛前，对坝体过水面以下的大坝混凝土冷却水管应保证有足够的通水时间。具体通水参数应根据现场混凝土浇筑情况进行适当调整。现场建立通水检查监督制度，应每天检查通水组数、流量，检测通水进口温度、出口温度、通水情况等，及时将通水及温度情况上报。

4. 混凝土表面保护

（1）在高温季节，对新浇混凝土表面可用1cm厚的聚乙烯卷材覆盖进行保护。

（2）冬春季节气温较低，寒潮较频繁，应尽量减少混凝土的暴露面和暴露时间，特别是坝体导流底孔、通航流量孔、廊道、孔洞等部位更应加强保护。新浇混凝土拆模后立即采用等效热交换系数 $\beta \leqslant 10.0$kJ/（m^2·h·℃）的保温材料覆盖其侧表面。对长期暴露面和体形结构对温控不利等部位挂贴保护材料，顶表面覆盖持水保温材料。

5. 混凝土表面养护

（1）混凝土收仓终凝后即应进行养护，平面养护至上一层混凝土开始浇筑为止，侧面养护时间不少于28d，养护方式以喷雾或流水为主。

（2）对于即将度汛的碾压混凝土，应延长养护时间，在混凝土表面可采用流水养护，增加浇筑块顶面散热并降低混凝土的表面温度，必要时可在顶层铺设钢筋网，以避免碾压混凝土因突然遭受洪水的侵袭而产生裂缝。

（中国水电顾问集团贵阳勘测设计研究院
王晓峰　罗　敏　周先练）

龙开口水电站碾压混凝土重力坝设计

龙开口水电站位于云南省大理州鹤庆县朵美乡境内，为金沙江中游河段规划的第六级电站，是一座以发电为主，兼顾灌溉和供水的一等大（1）型水电工程。电站装机容量1800MW，年发电量82.7亿kW·h。水库总库容5.58亿m^3，调节库容1.13亿m^3，具有日调节性能。

（一）工程地质条件

坝址区金沙江流向总体自北向南，两岸山体雄厚，河谷地形较开阔。Ⅱ～$Ⅲ_2$类岩体呈层状分布于整个坝基，其中Ⅱ类岩体左岸埋深21～80m，河床段埋深约10m，右岸埋深12.4～100m；$Ⅲ_1$类岩体左岸埋深12～64m，右岸埋深12.4～70m，23、24号坝段受挤压带J_{47}影响埋深达100m左右；$Ⅲ_2$类左岸埋深6～37m，右岸埋深7～52m。Ⅳ类岩体不连续地分布于两岸坝肩附近，厚度较薄；Ⅴ类岩体分布于右坝肩局部及左坝肩边坡陡崖上部。

坝基中Ⅱ类岩体以微风化为主，无层间错动带或Ⅱ级结构面分布；$Ⅲ_1$类岩体以弱风化下段岩体为主，层内错动带不发育，局部见有陡倾角断层；$Ⅲ_2$级岩体以弱风化上段岩体为主，岩体完整性较差，节理较发育，有层内错动带结构面分布，对局部坝段的抗滑稳定有一定影响；Ⅳ类岩体为强卸荷、强风化玄武岩和凝灰岩夹层岩体，属较软弱地基，原则上不作为坝基利用；Ⅴ类岩体为强风化强卸荷岩体，不能作为坝基利用岩体。

电站坝址区场地地震基本烈度为Ⅷ度，设计烈度Ⅸ度，地震水平向加速度峰值为0.394g。

（二）枢纽总体布置

枢纽为坝后式厂房布置形式，主要由碾压混凝土重力式挡水坝、河床泄洪建筑物、右岸坝后厂房及冲沙底孔、厂坝间升压开关站、左右两岸坝头灌溉取水口等建筑物组成。

碾压混凝土重力坝最大坝高119.0m，坝顶高程1303.00m，坝顶长768.0m。大坝从左至右依次为：左岸挡水坝段长，左泄洪中孔坝段，泄洪表孔坝段，右泄洪中孔坝段，厂房坝段，冲沙底孔坝段，右岸挡水坝段。

泄洪建筑物布置在主河床，由5个溢流表孔和4个泄洪中孔组成。溢流表孔采用开敞式溢流堰，堰顶高程1278.00m，孔口尺寸13.0m×20.0m（宽×高）；中孔对称布置于泄洪表孔两侧，泄洪中孔进口底槛高程1238.00m，控制断面尺寸5.0m×8.0m（宽×高）。表、中孔均采用挑流消能。

冲沙底孔孔口尺寸3.0m×5.0m（宽×高），进口底高程1224.60m，从厂房安装场下部水平穿过，出口接平底泄槽，泄槽尾部设挑坎消能。

电站进水口为立式坝面进水口，进口底槛高程1262.64m。进水口顺水流方向依次布置有拦污栅、检修闸门、快速闸门。引水道采用单机单管引水，管径10.0m，为钢衬压力半背管，外包1.5m厚钢筋混凝土。

（三）大坝建基面选择

根据各类岩体承载能力、物理力学参数指标，结合坝基抗滑稳定、应力分析成果，对坝高大于100m的坝段利用$Ⅲ_1$类岩体作为建基面，100～50m坝高的坝段利用$Ⅲ_1$～$Ⅲ_2$类岩体作为建基面，小于50m坝高的坝段可置于$Ⅲ_2$类岩体之上。Ⅳ类岩体原则上不作为坝基，两坝肩高高程的Ⅳ类玄武岩体经过加固处理后，部分可作为坝头岩体利用。

（四）重力坝基本断面设计及坝体布置

坝体基本断面选择充分考虑地震作用的影响。经采用基于SQP的多目标优化程序进行断面参数影响的静动分析，并参考国内外工程经验，综合枢纽及结构布置等因素，确定大坝基本断面体形为：基本断面三角形顶点设在坝顶1303.00m高程，下游坝坡坡率为0.75，上游坝面折坡起点高程设在约1/3坝高的1235.00m高程，上游折坡坡率为0.20。

两岸挡水坝段坝顶宽10.0m，溢流坝段坝顶宽37.4m，厂房坝段坝顶宽30.0m。坝顶全范围内可通汽车，对外交通有左、右岸上坝公路可供进出。

坝体共设29条横缝，间距为20～35m。其中，宽度大于30m的坝段在上游迎水面设一条深4m的短缝。坝体横缝均设置键槽。

（五）坝体防渗、排水和混凝土材料分区

坝体防渗结构为二级配碾压混凝土和变态混凝土组合型式，上游横缝设2道止水铜片，下游横缝在最高水位以下设1道止水铜片。为降低坝体内渗透压力，坝体上游面、下游面最高水位以下均设有坝体排水管。坝体渗水在高程1256.3m以上由交通廊道自流排出坝外，高程1256.3m以下进入基础集水井，由坝体抽排系统排出坝外。

坝体混凝土分区见表1。

（六）大坝基础处理设计

1. 基础防渗及排水系统 本工程下游水深大，基础防渗排水系统由上、下游防渗帷幕及相应的坝基抽排水设施组成。

（1）上游帷幕：对坝高大于100m的坝段及右岸地质条件相对较差且坝高大于50m的坝段设主副2排帷幕，其余坝段及两岸山体内的绕坝防渗设1排帷幕。主帷幕孔深入相对隔水层（$q \leqslant 1Lu$）以下5m，且孔深不小于上游水深的1/2，副帷幕孔深为主帷幕孔的0.5倍。

表1 坝体混凝土分区表

分区编号		设计龄期(d)	强度保证率（%）	强度等级	抗渗等级	抗冻等级	级配	使用部位
常态混凝土	CⅠ	90	80	$C_{90}20$	W6	F100	三级配	坝顶常态混凝土
	CⅡ	90	80	$C_{90}20$	W8	F100	三级配	基础混凝土，厚0.5m
	CⅢ	28	95	C25	W8	F100	三级配	6～7号坝段1235m高程以下，泄洪中孔及溢流坝下游边墙内侧
	CⅣ	28	95	C25	W8	F100	二级配	溢流面、进水口、压力管管周、泄洪中孔、冲沙底孔周边及闸室区
	CⅤ	28	95	C30	W8	F100	二级配	溢流坝闸墩、门槽闸墩等部位二期混凝土

续表

分区编号		设计龄期(d)	强度保证率(%)	强度等级	抗渗等级	抗冻等级	级配	使用部位
常态混凝土	CⅥ	28	95	C35	W8	F100	二级配	6～7号坝段导流底孔周边、泄洪中孔及溢流表孔过水面抗冲耐磨混凝土（硅粉或HF混凝土）
	CⅦ	28	95	C40	W8	F100	二级配	锚固块、中孔支撑大梁
	CⅧ	28	95	C25	W8	F100	二级配	6～7号坝段门槽二期混凝土
	CⅨ	90	80	$C_{90}20$	W6	F100	三级配	导流明渠左挡墙（坝下0+067.875～0+89.500）
碾压混凝土	RⅠ	90	80	$C_{90}15$	W6	F100	三级配	1240m高程以上坝体内部混凝土
	RⅡ	90	80	$C_{90}20$	W6	F100	三级配	1240m高程以下坝体内部混凝土
	RⅢ	90	80	$C_{90}20$	W8	F100	二级配	大坝上游防渗层混凝土
	RⅣ	28	95	C20	W6	F100	三级配	大坝下游面1240m高程以上
变态混凝土	Cb	各项指标不低于其相应周边部位碾压混凝土的指标					二级配或三级配	大坝上下游面、电梯井、廊道、孔口周边、岸坡侧及其他不便碾压施工的地方

(2) 下游帷幕：下游帷幕设1排，与厂房帷幕结合形成封闭的防渗体系。帷幕线左、右岸延伸至坝基面高程1245.00m。下游帷幕深入相对隔水层（$q\leqslant$ 3Lu）以下5m，且孔深不小于下游水深的1/2。

(3) 基础排水：基础排水采用抽排设计，将坝基渗水和厂房基础渗水分别集中排至各自的渗漏集水井，再抽排至下游。其中，坝基共布置4条纵向排水廊道和10条横向排水廊道，高程1265.7m以上渗水由交通廊道自流排出坝外，高程1265.7m以下进入基础集水井，由抽排系统排出坝外。

2. *基础加固处理措施*　龙开口坝基无深层抗滑稳定问题，坝基范围内无规模较大的断层分布，采用水泥固结灌浆对基础进行加固处理。将坝基分为A、B、C三区进行，A区为上防渗帷幕上游侧及其下游4m、下游防渗帷幕下游侧等渗流水力梯度较大的部位，固结灌浆孔深15m、孔距3m、排距2m；B区为坝基中部，其孔深8m、孔排距均为3m；C区为局部地质缺陷补强加固区，主要采用刻槽回填混凝土及加强固结灌浆等措施处理。

（七）大坝防震抗震措施设计

从单个坝段和枢纽整体坝段群两个层面进行了深入分析。分析表明，在设计地震荷载作用下，本工程大坝动力响应符合一般规律，大坝抗滑稳定及抗压强度均满足规范要求，部分坝段存在拉应力局部超标现象，但超标范围和数值小。动力模型试验表明，本工程大坝起裂加速度均大于设计加速度，因此，大坝防震抗震设计满足规范要求。在校核地震作用下，虽然大坝的动力反应较设计地震作用时有所增大，但坝头折坡部位未出现开裂，坝基交界面开裂范围不大，尚未达到帷幕位置；整个地震动时程中，建基面抗滑稳定性能够满足抗震安全要求。极限抗震能力分析表明，大坝具有一定的地震荷载超载能力，不存在溃坝的危险。

经比选后，采取了以下抗震措施：

(1) 泄洪建筑物选用5个13m×20m的泄洪表孔和4个5m×8m泄洪中孔，能有效降低坝前水位和库容，减免次生灾害的发生和便于震后大坝检查、检修，尽快恢复生产。

(2) 大坝分仓缝内设置半球形键槽、仓内诱导缝切缝形成键槽等工程措施，以加强坝段间的连接和大坝的整体性，降低大坝的地震动力反应。

(3) 与参建各方进行充分沟通和设计交底工作，加强混凝土施工温控及施工细节控制工作，尽可能减少大坝混凝土初时缺陷，提高大坝混凝土的抗震性能。

(4) 在大坝上游高程1214m以下设置黏土铺盖，使低高程坝体在遭遇高烈度地震后可能出现的裂缝渗漏自愈，从而提高大坝的安全性。

(5) 对坝体下游动应力较大区域适当提高其混凝土强度等级，并在大坝上、下游坝面配置抗震钢筋，以提高坝体的抗震限裂性能。

(6) 对坝体折坡部位的体形进行圆滑化处理，减少地震动应力，并适当加强抗震钢筋。

(7) 发电引水坝段进水口下部牛腿根部与下游折坡处、溢流坝闸墩与堰面交接部位、坝体各类孔口两侧边墙等是抗震薄弱部位，地震动应力较大，进行了加强配筋处理。

(8) 坝体横缝止水选用变形能力大的止水型式，以适应坝段间因地震荷载可能产生的相对错动变形。

(9) 对坝基中的断层、破碎带、节理密集带、软弱夹层等进行刻槽回填混凝土、加强帷幕及固结灌浆等处理，减少基础渗漏和降低渗透压力。

(10) 在多个断面不同高程布设了强震观测设施，以监测坝体不同部位的地震反应，指导震后修复工作。

(11) 设置专门的地震台网，用以监测库、坝区附近因工程运行而可能诱发的地震。

（中国水电顾问集团华东勘测设计研究院
陈国良 熊立刚）

董箐水电站面板堆石坝设计技术特点

（一）工程概况

北盘江董箐水电站位于贵州省贞丰县与镇宁县交界处，是北盘江干流规划的第四级电站，上游为马马崖二级，下游为龙滩水电站库区。电站装机容量880MW，多年平均发电量30.26亿kW·h。电站大坝为钢筋混凝土面板堆石坝，最大坝高150m，是目前国内率先采用软硬岩（砂岩和泥岩）混合石料作为坝体堆石料的高面板堆石坝。坝顶长678.63m，宽高比4.54，坝顶高程494.50m，坝顶宽10m，大坝填筑总方量1025万m^3。工程于2005年3月开始前期筹建，2006年11月截流并开始大坝填筑，2010年6月完建。

坝址区岩体为砂岩、粉砂岩夹泥岩。用做坝体堆石料的溢洪道开挖料为砂岩和泥岩互层，其中砂岩占65%～85%，泥岩占15%～35%。砂岩属硬岩，其干抗压强度一般大于70MPa，饱和抗压强度在46～60MPa之间；而泥岩属软岩，其干抗压强度一般为20～30MPa，饱和抗压强度为10～20MPa。该种天然的软硬混合石料能否用做高面板堆石坝的填筑料，国内外未有先例。为满足工程设计节能降耗、环境友好、安全经济的要求，围绕该工程开挖料的利用和软硬混合石料筑坝技术开展了大量的试验研究工作，提出了适应软硬混合石料填筑面板坝的坝体断面分区、施工分期、变形控制和安全监测等具有突出特点的设计技术成果，并在工程建设中实施，取得了良好的经济效益和社会效益。

（二）坝体设计

1. 设计标准　大坝挡水标准按500年一遇洪水设计，5000年一遇洪水校核；大坝抗震设计标准采用基准期50年超越概率5%、相应基岩地震动峰值加速度水平向0.087g；大坝抗震校核标准采用基准期100年超越概率2%，相应基岩地震动峰值加速度值水平向0.158g。

2. 坝体布置　大坝布置于河道右岸的洗鸭沟和河道左岸的坝坪沟之间，坝轴线位于洗鸭沟下游380m处，坝轴线方位NE74°11′48″，与河流大致正交。水库正常蓄水位490.00m，设计洪水位490.70m，校核洪水位493.08m。坝顶高程494.50m，防浪墙高4.5m，其顶高程495.70m，高出坝顶1.2m。坝顶宽10m，坝顶长678.63m，最大坝高150m。大坝上游坡比1∶1.40，下游综合坡比1∶1.50。为满足坝体渗流监测需要，在下游坝脚处设置混凝土挡墙，挡墙顶高程378.00m，高20.0m，底宽16.5m。

坝体布置主要有三个特点：① 在平面布置上巧妙利用了两个冲沟有利的地形条件，将大坝布置于上、下冲沟之间，使左岸溢洪道在坝坪沟消能，右岸引水系统及放空洞进口易于布置，且工程量少；② 坝体的下游坝坡采用了1∶1.5，比通常的面板坝下游坝坡略缓，这主要考虑到砂泥岩筑坝是首次使用，以及放缓下游坝坡对抗震有利而采取的安全措施；③ 下游设混凝土挡墙，在满足了坝体渗流监测的同时，还防止了发电厂房尾水对坝脚的淘刷。

（三）断面分区

根据对砂泥岩料的特性研究，将坝体填筑分区划分为垫层区、过渡区、排水堆石区、主堆石区、块石护坡区及上游黏土铺盖和石渣盖重区。其中垫层区、过渡区、排水堆石区和块石护坡区采用灰岩料，约296万m^3；主堆石区采用砂泥岩料，约596万m^3；上游黏土铺盖用黏土约26万m^3，石渣盖重区用砂泥岩料约107万m^3。分区特点包括：

(1) 在坝体上游设置了竖向排水堆石区和在底部设置了水平排水堆石区。这样做是考虑到砂泥岩料填筑后其渗透系数为$i\times10^{-2}$cm/s级，比灰岩堆石料渗透系数为$i\times10^{-1}$cm/s级要小。为确保坝体渗流控制安全，排水堆石区采用灰岩料填筑，同时在水平排水堆石区与砂泥岩堆石区之间设过渡区。

(2) 堆石区不分主、次堆石区，堆石碾压采用同一控制标准，即干密度不小于2.192g/cm^3，孔隙率不大于19.41%。这样，坝体形成了均质体，有利于坝体上、下游均匀变形，可预防面板结构性裂缝的产生。不分主、次堆石区后，简化了坝体分区设计，有利于施工速度的提高。

(3) 过渡区设置了上游过渡区、水平过渡区、岸坡过渡区及下游坡过渡区。主要目的是使砂泥岩料处于保湿状态，防止其因干湿循环发生崩解而产生较大的蠕变。

（四）坝体分期及面板分期

(1) 坝体填筑共分6期。Ⅰ期从2006年12月15

日到2007年7月8日，填筑完成临时断面，上游至424m高程，下游至378m高程。Ⅱ期从2007年7月9日到2007年12月30日，填筑断面至435m高程。Ⅲ1期从2007年12月31日到2008年6月3日，填筑下游断面至461.8m高程；Ⅲ2期从2008年6月初到8月初，全断面填筑至461.8m高程。Ⅳ期从2008年8月初到2008年12月底，全断面填筑至491.2m高程。Ⅴ期进行坝前黏土铺盖和石渣盖重的填筑，于2009年5月30日前完成。Ⅵ期在2009年11月填筑至494.5m坝顶高程。

(2) 大坝面板施工分3期。第一期从2008年1月到2008年5月底，浇筑面板从349m至415m高程；第二期从2009年2月到2009年5月30日，浇筑二期面板至477m高程；第三期计划从2009年汛后开始施工，浇筑三期面板至491.2m高程。

分期特点是注重施工期坝体变形控制。尽量保持坝体填筑总体平行上升，且每期面板施工前，采用预沉降时间和预沉降收敛两指标进行控制，使坝体预沉降时间不少于3～6个月，月沉降量不大于5～10mm。

(五) 大坝监测设计

1. 面板挠度监测　选取面板横左0+097.50、横右0－022.50、横右0－157.50三个监测断面上布置电平器以监测面板挠度。但根据已建类似工程经验，面板上电平器可能会因黏土铺盖填筑施工或蓄水过程中黏土铺盖的滑移损坏，因此在董箐面板挠度监测中还采用了光纤陀螺技术。选取了面板最大断面横0+007.50作为监测断面安装光纤陀螺仪，以补充传统监测方法中的不足或缺陷，使面板挠度监测技术进一步丰富和发展。

2. 坝基渗流量监测　由于董箐工程大坝下游为龙滩库区，龙滩水库近期正常蓄水位为375m高程，远景水库正常蓄水位将达到400m高程，下游水位较高，水位变幅较大。为有效监测坝坝基渗流量，将坝体渗流量分成左、右坝肩岸坡渗流量和基础渗流量三部分。在左、右坝肩岸坡403.5m高程分别设渗流量截水沟和量水堰。在403.50m高程以下，结合坝脚混凝土挡墙（挡墙顶高程378.00m），将大坝、坝基渗漏水截住并沿指定的出口位置流出，在出口处设置量水堰。分测渗漏量有如下优点：① 当龙滩水位在375～400m变幅时，可根据水位的具体情况有效保证渗流量资料的完整性，可掌握各部位的渗漏量，给监控安全运行提供可靠的保障；② 当渗漏量发生突变时，可缩小事故查找范围，避免盲目性；③ 可检验左右岸防渗效果、周边缝的止水效果和面板的工作状况。

(六) 运行状况及工程效益

该大坝于2009年8月开始蓄水，经过一年多的蓄水运行的考验，坝体最大沉降2004mm，占坝高的1.34%，渗漏量约30L/s，各项技术指标稳定、正常。工程建设缩短工期一年，直接节约工程投资1.96亿元，取得了显著的社会经济效益，实现了经济、环保、节能的目标。

（中国水电顾问集团贵阳勘测设计研究院
湛正刚　蔡大咏）

潘口水电站混凝土面板堆石坝设计

(一) 工程概况

潘口水电站位于湖北省竹山县境内的堵河上，水库正常蓄水位355.00m，相应库容19.70亿m^3，为完全年调节水库。电站装机2台，总装机容量500MW，多年平均发电量10.8亿kW·h。工程为一等大(1)型工程。电站拦河坝采用混凝土面板堆石坝，最大坝高114.0m。工程区地震基本烈度为Ⅶ度，工程设防烈度为Ⅷ度。

(二) 坝体断面设计

混凝土面板堆石坝最大坝高114m，坝顶高程362.00m、宽9.2m、长292.0m。大坝上下游坡比为1∶1.4，下游坝坡在333.0m、308.0m高程各设置一条2.0m宽的马道，283.0m高程设置一条5.0m宽的马道，下游坝坡综合坡比1∶1.51。

潘口水电站堆石料场料源较为紧张，且料场开采难度较大，河床有部分砂砾料可供利用。为充分利用河床砂砾料，减小堆石料场石料开采量，本工程在施工详图阶段对大坝坝体分区进行了优化调整，增加了河床砂砾料作为筑坝材料进行坝体分区。坝体断面设计主要原则为：

(1) 各区料之间应满足水力过渡的要求。考虑到砂砾料的物理力学性质，用砂砾石作为坝体底部下游侧经常水位以下区域和坝体中部干燥区，可有效解决石料场料源储量不足的问题，并减小石料场开采强度。

(2) 为保证满足自由排水要求，在坝体内偏上游设置竖向排水区，同时沿坝体中、低部高程设置水平条带排水区，将全部渗水自由排出坝体外。排水区采用透水性较好的潘口河料场的硅质岩（灰岩）料填筑。

(3) 为充分利用枢纽建筑物的开挖料，下游堆石区采用溢洪道开挖料填筑。

根据以上断面设计原则，坝体从上游至下游依次分为盖重区(1B)、上游铺盖区(1A)，面板、垫层区(2A)、特殊垫层区(2B)、过渡区(3A)、主堆石1区(3B1)、主堆石2区(3B2)、下游堆石区(3C)及下游护坡(P)，坝体标准剖面见图1。

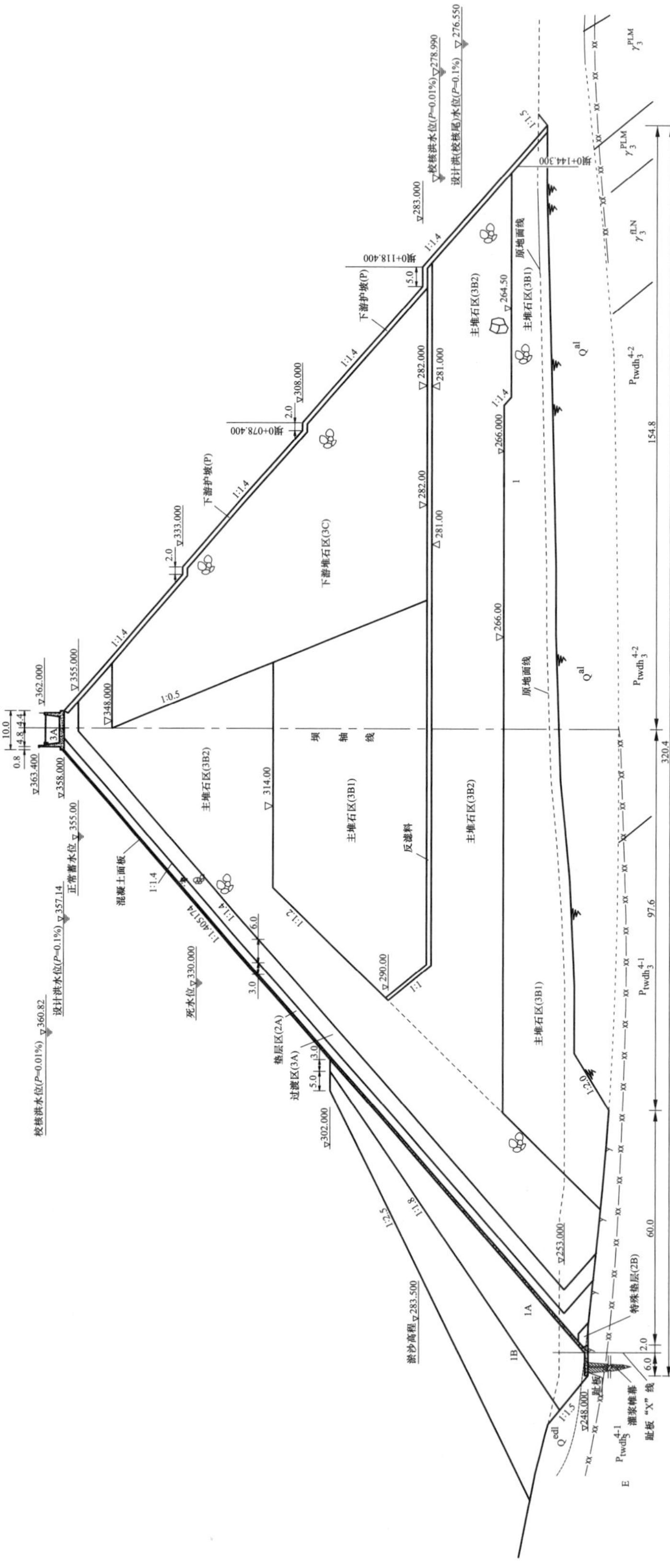

图 1 潘口水电站面板坝标准剖面图

（三）大坝防渗结构设计

该坝防渗系统主要由混凝土面板、趾板、基础帷幕灌浆及分缝止水等组成。

1. 面板　混凝土面板厚度为0.30～0.63m，承受的水力梯度为9.4～179，小于200，满足抗渗要求。面板采用C25W12F150，二级配混凝土；钢筋采用单层双向配筋，配筋率0.4%。根据施工需要，面板混凝土分两期施工，一期面板顶部高程为321.60m，一、二期面板相连接的水平缝按施工缝处理。坝顶设U形防浪墙，防浪墙高5.2m，底宽10.0m。

2. 趾板　趾板型式采用b形，基础置于基岩的弱风化中下部。趾板宽度分别为4、6、8m，厚度分别为0.5、0.6、0.7m，承受的水力梯度分别为0.7～8.4、5.6～11.8、8.9～14.1。趾板采用C25W12F150，二级配混凝土；钢筋采用单层双向配筋，配筋率0.4%。趾板与基岩间设有锚筋连接，深入基岩5.0m，间、排距1.5m，梅花形布置。

3. 帷幕灌浆　坝基水文地质条件较简单，多为基岩裂隙水，局部有裂隙承压水。小于3Lu的抗水层顶板埋深一般为：左岸25～50m，河床35～40m，右岸30～60m。设计采用水泥灌浆帷幕，河床趾板高程290.00m以下设2排帷幕，主、副帷幕各1排，左右岸帷幕灌浆设1排。主帷幕孔深按深入相对不透水层（$q\leqslant$3Lu）以下5.0m控制，副帷幕孔深取主帷幕孔深的一半。帷幕灌浆孔孔距2.0m，主副帷幕排距1.5m。

4. 分缝止水　面板堆石坝坝体分缝包括面板间的垂直缝（A型缝及B型缝）、面板与趾板间的周边缝（C型缝）、面板与防浪墙间的沉降缝（D型缝）、防浪墙间的伸缩缝（E型缝）、趾板间的伸缩缝（F型缝）等。根据坝体各种接缝工作条件的差异，接缝间采用不同的止水型式。

（1）周边缝（C型缝）缝宽12mm，缝内设12mm厚沥青浸渍杉木板。针对周边缝的受力情况，根据规范要求及类似工程经验，周边缝共布置3道止水，即底部铜止水＋上部橡胶止水＋表层复合盖板。

（2）面板沿坝轴线方向每隔6.0m或12.0m设一条垂直缝，共设垂直缝26条（A型缝及B型缝），其中河床中部面板设14条压性垂直缝（B型缝，间距12.0m），两坝肩面板设12条张性垂直缝（A型缝，右侧6条，间距6.0m；左侧6条，间距12.0m）。面板垂直缝采用两道止水，即底部铜止水＋表层复合盖板。

（3）趾板沿X线方向每隔10.0～20.0m设置1条伸缩缝（F型缝），共设置36条伸缩缝，伸缩缝与面板垂直缝错开，且垂直于趾板X线。趾板伸缩缝共布置三道止水，即底部铜止水＋中部橡胶止水＋表层复合盖板。

（4）面板与防浪墙间的接缝（D型缝）采用两道止水，即底部铜止水＋表层复合盖板。防浪墙每12.0m设置一道伸缩缝（E型缝），缝间设一道T形止水铜片，底部与D型缝底部铜止水焊接连接，并在高程358.33m焊接一道T形止水铜片与D型缝表层柔性填料相连，构成全封闭的止水系统。

（5）为加强防渗设计，在面板高程290.0m以下铺设粉沙质黏土，并用石渣覆盖保护，在周边缝下游铺垫200cm的特殊垫层料。

（中国水电顾问集团中南勘测设计研究院　管志保）

马来西亚巴贡水电站面板堆石坝设计综述

（一）工程概况

巴贡水电站位于马来西亚沙捞越州中部拉让江支流巴鲁伊河上，电站总装机容量2400MW（8×300MW），水库最高正常运行水位228m，最低运行水位195m，最大可能洪水位232.80m，总库容440亿m³。枢纽主要建筑物由混凝土面板堆石坝、开敞式斜槽溢洪道、电站进水口、8条有压引水发电洞及发电厂房组成。

主体工程于2002年10月8日开工，2004年4月下旬开始大坝填筑，2007年5月上旬填筑至防浪墙底高程。一期面板于2005年12月10日开始浇筑，二期面板于2007年8月29日开始浇筑。

（二）工程特点及技术难点

（1）坝高库大，工程位于热带雨林地区，水文条件、地形地质条件复杂，为多年调节的高坝大库工程，工程具有“高边坡、多岩性、多洞室、大泄量”的特点。

（2）最大坝高202m，是目前已建和在建的最高的面板堆石坝之一。坝体变形尤其是后期变形是设计者关注和研究的关键问题，适应坝体变形的止水结构设计和面板设计是设计工作中的重点和难点。

（3）由于降雨量大，左右两岸沟梁相间的复杂地形，以及由坚硬的杂砂岩和相对软弱的页岩构成的互层所构成的不利地质条件，使得设计和施工在解决上述问题和坝基处理问题时面临艰巨的挑战。

（4）大坝填筑施工期间雨季时段长，降雨量大，解决大坝反渗排水问题是重点问题之一。

（5）大坝填筑材料主要由杂砂岩和部分页岩（泥岩）组成，特别是页岩（泥岩）强度低，在干湿交替条件下易崩解。

（三）坝体平面布置和分区设计

大坝最大坝高202m，坝顶长740m、宽12m，坝顶上游侧设7.5m高L形混凝土防浪墙。上游边坡坡度为1∶1.4，在125.00m高程以下的面板上，加设顶宽10m坡度1∶2.5的土石压坡体；下游坝坡设有10m宽的“之”字形上坝公路，下游综合边坡坡度为

1∶1.52，实坡为1∶1.3。坝脚下游用弃石渣及卵漂石回填成顶高程为70.00m的平台，其中55.00m高程以下采用强透水的3DI堆石料回填。趾板分别位于砂岩、砂岩与页岩或泥岩互层上，宽度为5～10m，在地质条件较差部位设置内部延伸板。

为了减小坝基渗漏及消除以后发生管涌和侵蚀的可能性，沿趾板的灌浆帷幕布置3排灌浆孔，帷幕最大深度140m。

1. 坝体分区 坝体各分区的坝料岩性、填筑参数和压实标准见表1、表2。

表1 坝料岩性、填筑参数和压实标准

坝体分区	2A区	2B区	3A区	3B区（包括3BⅠ和3BⅡ）	3C区	3D区（包括3DⅠ和3DⅡ）
岩性	杂砂岩	杂砂岩	杂砂岩	杂砂岩或杂砂岩/页岩混合料	杂砂岩或杂砂岩/页岩混合料	杂砂岩
料源	加工料	加工料	料场爆破料	料场爆破料和建筑物开挖料	料场爆破料和建筑物开挖料	料场爆破料和人工挑选料
风化程度	新鲜	新鲜	新鲜	3BⅠ：轻风化～新鲜；3BⅡ：中风化～新鲜	轻风化～新鲜	轻风化～新鲜
铺料方法	后退法	后退法	后退法	进占法	进占法	进占法
压实机具	CP300	CA602	CA602	CA602	CA602	BW225D－3
最小压实遍数或时间（min）	6	8	8	8	8	3DⅠ：6 3DⅡ：4
孔隙率（%）	≤17	≤17	≤18	≤20	≤20	3DⅠ：≤20 3DⅡ：≤22.5
干容重（kN/m^3）	≥22.7	≥22.6	≥22.3	≥21.8	≥21.8	3DⅠ：≥21.4 3DⅡ：≥20.8
最大压实层厚（m）	0.2	0.4	0.4	0.8	0.8	1.6
洒水量（%）	≥5	≥5	≥15	≥15	≥15	≥15
最大粒径（mm）	40	80	300	800	800	1600
粒径小于0.075mm的细粒含量（%）	≤5	≤5	≤5	≤5	≤5	≤5

表2 1A和1B区土料的要求和压实标准

料区	压实干容重（kN/m^3）	渗透系数（cm/s）	级配（粒径小于0.075mm的颗粒）	塑性指数（%）	最大粒径（mm）
1A	16.0	$<10^{-4}$	≥10%	≤7	5
1B	19.0	—	—	—	—

2. 大坝上游反渗排水设计 大坝上游反渗水主要包括降雨、堆石碾压洒水、施工废水和坝基渗水等。经分析按降雨设计。反渗排水流量按5年一遇1h最大暴雨设计，设计雨强70mm/h，设计排水量为3.4m^3/h。根据坝基开挖后的地形特点，将施工期坝体排水分为两部分：上游部分汇水通过设在趾板下两根ϕ250mm的钢管和36m高程的ϕ600mm钢管自流排向趾板上游的集水坑；下游部分的汇水利用河道的天然坡度自流到设在大坝下游的集水井。

（四）坝基处理

1. 趾板地基缺陷处理 对于地基内有充填物的断层、节理和夹层，挖除充填物后用水泥砂浆或混凝土回填，开挖深度为2倍的断层带、节理或夹层宽度，并不超过2m。页岩基础在开挖后立即喷混凝土予以保护。对于页岩地基，在喷混凝土保护层上布置钢筋混凝土板，此混凝土板向下游一直延伸到杂砂岩并继续延伸至少0.1倍的水头，然后在延伸板上铺设厚度分别为0.4m、1.2m和1.6m的2A、2B和3A料。

2. 趾板地基灌浆　趾板地基的固结和帷幕灌浆，以及坝肩两岸的帷幕灌浆。固结和帷幕灌浆的设计原则：坝体和坝基的总渗漏量不得超过250L/s，帷幕灌浆孔不少于3排，深度不小于孔口以上库水深度的2/3，且应深入基岩的相对不透水层。整个趾板地基都进行固结灌浆。

（五）混凝土面板设计

面板为钢筋混凝土面板，采用C30二级配混凝土，共50块，除左岸坝肩的1块宽度为7.331m，右岸坝肩的2块宽度分别为10m和7.814m外，其余47块均为15m。

为了适应大坝后期沉降，面板坡度在210.8m高程以上和以下分别采用不同的计算公式。同时为了增加河床面板抵抗挤压破坏的能力，在121.00m高程以上加大了面板的厚度并采用双层配筋。

面板分两期施工，一期、二期左右岸面板采用单层双向配筋，钢筋布置在面板中部，水平向和垂直向配筋率均为0.4%（按底部断面计算），邻近趾板15m范围内每向配筋率均为0.5%。在周边缝及面板垂直压性缝附近，即距缝面2m范围的面板内，分别在面板顶部和底部设置ϕ12@200的抗挤压钢筋，以提高面板边缘的抗挤压破坏能力，从而防止面板边缘挤压破坏。

对于河床中部第19～30块面板的二期部分，采用双层双向配筋，两层钢筋网分别放置在面板的顶面和底面，每层钢筋网的每向配筋率均大于0.2%。

（六）趾板

趾板采用平趾板形式，底宽取相应部位趾板底面以上水深的1/20，最小宽趾板度取5m，以保证趾板在扬压力和滑动力的作用下具有足够的稳定性。趾板厚按趾板宽度取值，其厚为1.0～0.6m。趾板与基岩间设有锚杆，以保证趾板与基岩的牢固连接。趾板采用单层双向配筋（变形钢筋，设计强度为500MPa），每向配筋率约为趾板平板段横截面（不含超挖）面积的0.4%，钢筋铺设在趾板顶面以下100mm处。

（七）接缝和止水

1. 趾板接缝和止水　趾板接缝包括施工缝和收缩缝。收缩缝缝面涂刷3mm厚乳化沥青，钢筋不过缝；施工缝的间距按15m左右控制。趾板共分为77块，其间共设缝76条，除第44～47块趾板间接缝由于地基内存在断层F_{13}按收缩缝设计外，其余接缝均按施工缝设计。收缩缝和施工缝内均设一道平板铜片止水，止水上游端通过止水坑与基岩相连，止水下游端与周边缝底部的铜片止水和顶部的GB塑性填料止水相连。

2. 面板接缝和止水　面板接缝主要包括施工缝和垂直缝。施工缝缝面凿毛且钢筋过缝，以便新老混凝土间的良好结合。为安全起见，在缝顶设置一道GB塑性填料止水。垂直缝是为了适应面板变形和便于滑模施工而设置的顺面板坡度方向的接缝，共49条。选取大坝中部第16～34块面板间的18条垂直缝按压性缝设计，两侧其余的31条垂直缝按张性缝设计。第16～21块及第27～34块面板间共12条垂直缝，缝宽均为12mm，缝内填充沥青木板，木板弹性模量大于11 000MPa；缝顶设100mm深的V形槽。第21～27块面板间6条垂直缝，在121m高程以下，缝的上部宽度均为60mm，缝内填充Pulai软木板；缝的底部200mm范围宽度仍为12mm，缝内填充沥青木板；在121m高程以上，缝宽均为50mm，缝内填充Pulai软木板；在距周边缝15m（斜坡距离）范围以内，缝宽均为12mm，缝内填充沥青木板；缝顶设100mm深的V形槽。面板垂直压性缝和垂直张性缝均设两道止水，在缝底设W形铜片止水，缝顶设GB塑性填料止水。

3. 面板周边缝和止水　周边缝为柔性接缝，缝宽20mm，缝口设100mm深的V形楔槽，缝内填充厚20mm的沥青木板，木板弹性模量大于11 000MPa。面板与趾板间的周边缝内设三道止水，即底部铜片止水和顶部波形橡胶止水、顶部GB塑性填料止水。止水尺寸是根据坝体三维有限元计算的周边缝最大变位并考虑1.5～3倍的安全系数设计的，设计采用的周边缝变位为：张开100mm，沉降50mm，剪切50mm。面板与防浪墙间的周边缝内设两道止水，即底部铜片止水和顶部GB塑性填料止水。底部E形铜片止水鼻子宽12mm、高80mm。在铜片止水下设砂浆垫和橡胶板，为铜片止水提供平整的基础面和可靠的支撑。在缝顶部设有一道GB塑性填料止水，缝口V形槽底部设置直径30mm的橡胶棒。

（八）结语

通过对已有监测资料的分析，目前测值规律基本正常。从沉降速率来看，坝体沉降变化不大，最大月变化量在0.3cm，坝体沉降已基本趋于稳定。大坝最大沉降值为227.5cm，与有限元计算结果相差不大。各周边缝测点与设计值（60mm）相比都较小，基本在10mm以下。这表明，巴贡高混凝土面板堆石坝的设计、施工中所采用的技术是合适的。

（中国水电顾问集团西北勘测设计研究院
王君利　范建朋）

滩坑水电站面板堆石坝筑坝材料性状研究

滩坑水电站拦河坝为混凝土面板堆石坝，最大坝高162m，为华东地区第一高坝。枢纽建筑物开挖的火山集块岩，存在20%左右易风化、崩解、软化的胶结物，能否利用其来筑坝是工程建设需解决的关键技术问题。

湿化和软化是土石料的两项基本特性。所谓湿化是指土石料浸水后引起其内部结构变化所产生的附加变形，而软化是指土石料矿物成分浸水软化和颗粒破碎导致堆石体变形模量和强度的降低。堆石浸水以后均会产生一定程度的湿化和软化变形，只是程度不同而已，跟母岩的化学成分和力学特性有关。目前对面板堆石坝考虑湿化和软化变形的工程较少，特别是对于高面板堆石坝。虽然也有工程采用软岩或风化料筑坝，但高坝通过堆石分区将这些软岩或风化料局部使用于下游次堆石区较为干燥的部位。滩坑面板堆石坝坝高达162m，又建立在深厚覆盖层上，整个坝体堆石料要采用火山集块岩填筑，有必要分析其浸水湿化后对坝体应力应变状态及面板变形的影响。

中国水电顾问集团华东勘测设计研究院对滩坑水电站火山集块岩进行了湿化变形的研究。研究成果不仅解决了滩坑面板堆石坝筑坝材料的问题，而且可推广运用到其他土石坝工程。这对提高开挖料的利用率，降低建设成本，加快施工进度，拓宽堆石坝的适用范围很有意义。

一、坝料特性研究

坝料母岩岩性为火山集块岩，由集块体与胶结物两部分组成。集块体为致密坚硬的熔结凝灰岩，单轴饱和抗压强度80～130MPa，岩石抗风化、抗软化、耐崩解能力强，力学强度较高。胶结物分为硬质和软质两种，硬质胶结物与集块体呈熔结接触，结合较坚固，不易受构造影响，岩块力学强度较高，但开挖块体暴露在空气中，较易风化、出现裂纹，浸水后强度降低；软质胶结物由火山灰、玻屑等组成，与集块体呈压结接触，结合差，其力学强度较低，岩质软弱，易风化，极易崩解。通过地质勘察工作的统计，火山集块岩以集块体为主，胶结物在集块岩中所占比例约20%，其中软质胶结物所占比例小，仅为3.123%。

针对胶结物的特性，分别进行了矿物化学分析、耐崩解试验和软化试验。由试验成果可知，软、硬质胶结物成分相同，主要由云母类黏土矿物、石英、长石、方解石、绿泥石等组成，仅黏土矿物含量不同，造成硬质胶结物抗压强度比软质胶结物高。

虽然软、硬质胶结物在干燥状态下力学强度都不低，但浸水饱和后强度迅速降低，主要原因是胶结物中含有较多的亲水性强的黏土矿物，特别是软质胶结物不仅浸水后力学强度低，湿化抗压强度仅为15.80MPa，而且极易软化，软化系数仅0.29，抗风化能力差，耐崩解性能差。

硬质胶结物虽然浸水后力学强度仍有50MPa，但较之干燥状态强度降低了近50%，软化系数仅0.53，属于易软化岩石。

二、湿化变形试验

滩坑堆石湿化试验采用双线法，风干样与饱和样在同一应力水平下的轴向应变和体积应变的差值即为双线法浸水轴向应变和浸水体积应变。考虑到软质胶结物含量仅占胶结物总量的3%，而且在填筑过程中已破碎作为细颗粒填充到堆石骨架中，其浸水变形对堆石基本无影响，因此试验和计算均只研究不同的硬质胶结物掺量（15%、20%、25%）、不同风化程度的硬质胶结物（风化或新鲜）的堆石体强度、模量、湿化、软化变形情况，并推求软化和湿化参数。

根据试验可求得坝料湿化变形的轴向应变增量$\Delta\varepsilon_a$、体积应变增量$\Delta\varepsilon_v$及剪应变增量$\Delta\gamma$，见表1。

表1 湿化变形试验结果表

试样名称	ρ_d (g/cm³)	应力状态		湿化应变		
		σ_3(MPa)	S_l	$\Delta\varepsilon_a$(%)	$\Delta\varepsilon_v$(%)	$\Delta\gamma$(%)
堆石料	2.03	0.3	0.38	0.20	0.01	0.20
			0.52	0.18	0.05	0.16
			0.74	0.43	0.11	0.39
		0.8	0.26	0.31	0.05	0.29
			0.73	0.45	0.20	0.38
			0.84	0.78	0.37	0.66
		1.2	0.30	0.23	0.07	0.21
			0.60	0.60	0.29	0.50
			0.81	1.12	0.47	0.96
		1.6	0.33	0.37	0.27	0.28
			0.53	0.43	0.37	0.31
			0.84	1.23	0.64	1.02

试验表明，含硬质胶结物的堆石料浸水后将产生湿化变形，湿化轴向应变从总体的趋势看，随围压σ_3增大而增大，如应力水平为80%左右时，随着围压从0.3MPa增至1.6MPa，湿化轴向变形从0.43%增至1.23%。而在同一围压下，湿化轴向应变随应力水平的增大而增加。同样湿化体应变也随着围压的增加而增大，湿化剪应变则随着应力水平的增加而增长。坝料模型参数见表2；湿化、软化模型计

算参数通过湿化试验结果推求，见表3。

三、湿化变形有限元计算

（一）计算方法与计算参数

坝料的本构模型采用“南水”双屈服面弹塑性模型，计算时同时考虑含风化胶结物的堆石料的浸水软化和湿化变形问题。计算全面模拟坝体的施工和水库蓄水过程。坝料的计算参数由大三轴剪切试验和湿化试验提供。混凝土面板与垫层料之间的相互作用采用Goodman单元模拟。

表2 坝料模型参数

材料 \ 参数		双屈服面模型参数							抗剪强度		干密度 ρ (t/m^3)
		R_f	K	n	K_{ur}	R_d	c_d (%)	n_d	ϕ_0 (°)	$\Delta\phi$ (°)	
壤土卵（砾）石Q_3		0.67	412	0.47	618	0.66	0.97	0.39	42.0	3.4	1.99
砂卵（砾）石Q_4		0.66	1109	0.36	1663	0.59	0.22	0.60	54.0	9.6	2.13
坝体堆石含25%风化胶结物	干样	0.72	1013	0.27	1519	0.69	0.46	0.69	55.1	11.9	2.03
	含水量4%	0.75	966	0.26	1449	0.71	0.47	0.72	54.4	11.6	2.03
	饱和样	0.73	871	0.25	1306	0.70	0.50	0.72	54.0	11.5	2.03
坝体砂砾石		0.82	1150	0.33	1725	0.61	0.15	0.95	45.6	4.2	2.10
垫层料		0.82	1340	0.42	2010	0.60	0.39	0.67	52.1	9.0	2.20
过渡层料		0.88	1440	0.44	2160	0.59	0.51	0.52	56.0	11.5	2.15

表3 湿化、软化模型计算参数

试样名称	湿化模型计算参数			软化模型计算参数			
	c_w (%)	n_w	b_w (%)	α_1	α_2	α_3	α_4
堆石料	0.86	1.35	0.18	1.08	0.31	1.08	0.40

（二）湿化变形计算分析

（1）本次计算重点研究堆石料中胶结物含量为25%的情况。为了便于比较，计算分不考虑湿化和考虑湿化两种情况进行对比分析。由计算成果可以发现：① 坝体最大沉降，不考虑湿化变形时为105.74cm，考虑湿化变形后为119.64cm，增加了13.9cm，约13%；② 面板的最大挠度，不考虑湿化变形时为47.47cm，考虑湿化变形后为54.09cm，增加了6.62cm，约14%；③ 面板主要受压，仅在顶部小范围存在较小的拉应力，不考虑湿化变形时，最大压应力为7.55MPa，最大拉应力为0.55MPa；考虑湿化变形后，面板最大压应力为8.46MPa，最大拉应力为1.14MPa，拉应力范围也有所增大。总之，考虑湿化变形后，坝体沉降有所增加；随着浸润线以上堆石体饱和度增加，坝体的湿化变形也增大；同时，坝体变形增大导致混凝土面板挠度增大，面板内压应力和拉应力值均有所增加。计算成果比较见表4。因此，在滩坑堆石坝设计时应计入堆石体湿化变形的影响。

表4 考虑与不考虑湿化计算结果（最大值）比较表

计算工况	不考虑湿化			考虑湿化			
工况	竣工期	正常水位	校核水位	正常水位			
				饱和度100%	饱和度80%	饱和度60%	饱和度40%
坝体沉降（cm）	97.24	105.74	114.58	119.64	116.29	114.72	112.95
面板挠度（cm）		47.47	56.25	54.09	51.01	49.03	46.86
面板压应（MPa）		7.55	7.28	8.46	7.72	6.80	5.95
面板拉应（MPa）		0.55	1.03	1.14	0.99	0.88	0.76

（2）表5为不同风化胶结物含量的堆石料，坝体平面有限元湿化变形计算的特征结果。由计算结果可以发现，堆石料风化胶结物含量不同，计算结果有所不同，堆石料风化胶结物含量低时，其强度和变形模量稍高，故坝体应力变形性状也略好。随着堆石体中胶结物含量增多，坝体和面板应力变形量增大，但变化幅度较小，说明硬质胶结物的强度较高，对堆石体性质的影响较小。因此，在堆石料中掺加一定比例的胶结物是可行的。

表 5 坝体平面有限元湿化变形计算结果（最大值）

风化胶结物含量	25%				20%				15%			
饱和度	100%	80%	60%	40%	100%	80%	60%	40%	100%	80%	60%	40%
坝体沉降（cm）	104.73	100.96	98.25	95.64	103.3	99.49	97.42	94.63	98.01	96.19	94.69	92.88
面板挠度（cm）	49.73	46.67	45.84	44.27	46.01	45.64	44.11	43.35	44.05	43.83	42.26	41.72
面板压应力（MPa）	7.11	6.97	6.71	6.45	7.09	6.91	6.68	6.38	7.02	6.67	6.22	6.01
面板拉应力（MPa）	1.05	0.85	0.72	0.57	1.03	0.82	0.70	0.55	0.99	0.81	0.67	0.49

四、坝体变形监测成果反馈分析

滩坑面板堆石坝于2005年12月开始填筑，2006年3月坝体填筑至37m高程，汛期坝体过水；2007年7月底坝体填筑到123m高程挡水度汛，预沉降3个月后于10月底开始浇筑一期面板。2008年4月底水库下闸蓄水，库水位一直维持在一期面板顶高程115m以下，同年7月30日大坝填筑到顶（防浪墙底高程167.5m），预沉降3个月后于11月1日开始浇筑二期面板。坝体内、外部变形已取得较为系统的观测资料，通过对这些观测数据的反馈分析，进一步验证研究成果。

（一）坝基沉降特性

实测的大坝坝基沉降过程线表明：2006年9月以前大坝填筑缓慢，坝基各测点的沉降量均较小，之后坝体填筑速率加快，坝基各测点的沉降速度也随之加快，到2008年7月底坝体填筑到顶，坝基沉降速度减缓，沉降过程基本趋于稳定。到2008年底，坝基最大沉降量为53.6cm，为河床覆盖层厚度的1.99%，比设计计算的竣工期沉降值（50.11cm）略大。

（二）坝体变形特性

1. 坝体沉降

（1）最大断面内部各测点沉降过程线变化平稳，沉降量随着填筑高程的增加而增大，前期沉降较快，随着上覆堆石体的增高和时间的推移，底部测点的沉降速率逐渐趋缓。

（2）沉降过程还与坝体填筑速率成正比，坝体填筑速度快，各测点沉降速率也较大。

（3）最大坝高断面，坝轴线位置沉降最大，上下游侧逐渐减小，坝轴线两侧坝体垂直位移较为对称。

（4）到2008年底，坝体最大沉降量为85.5cm，位于坝轴线附近1/2坝高处，为坝高的0.56%，比设计计算的竣工期坝体最大沉降97.24cm略小。

2. 坝体水平位移

（1）内部各测点的水平位移变值较小，在堆石体填筑期间，除底部测点外，坝体上游侧堆石向上游移动，下游侧堆石向下游移动，越靠近坝体边缘处位移越大。

（2）向上游最大水平位移11.1cm，向下游最大水平位移为13.1cm，均位于2/3坝高处。

（三）面板变形特性

1. 面板挠度与应变

（1）因水库水位较低，面板变形较小，主要受坝体填筑的影响，向上游位移的最大挠度为13.3cm，向下游位移最大挠度为21.6cm。

（2）实测混凝土面板最大压应变为337.62$\mu\varepsilon$，最小压应变为171$\mu\varepsilon$，没有产生拉应变。

2. 接缝位移

（1）面板与面板接缝位移量大多数都在±1mm之内，最大位移量为4.22mm，最小位移量为−1.35mm。

（2）面板与趾板周边缝位移量较小，最大开合度为11.94mm，最大剪切位移为3.79mm，最大沉降变形为17.13mm。

（四）量水堰的流量

主要随降雨等因素变化而变化，在8.0～15L/s范围波动。

（中国水电顾问集团华东勘测设计研究院
彭 育 陈振文 汤 旸）

巴山水电站筑坝材料选择

（一）概况

巴山水电站工程位于重庆市城口县境内的任河干流上，坝址位于巴山镇上游约1km的冉家坝处，采用长引水洞、地面厂房的开发方式。坝址以上流域面积1712km^2，水库总库容3.165亿m^3，电站装机容量2×70MW。

大坝为混凝土面板堆石坝，坝高155m，坝轴线为折线。大坝填筑量（压实方）：堆石区为446.77万m^3，过渡料为40.90万m^3，垫层料和小区料为32.47万m^3，上游防渗铺盖料为8.56万m^3。本工程挖填不平衡，需另外开辟料场。

（二）坝料设计要求

1. 堆石料　大坝堆石区可分为主堆石区和次堆石区。

（1）主堆石料要求是新鲜、微～弱风化岩石，可含少量分散强风化岩石，最大粒径 600mm，小于 25mm 的颗粒含量为 20%～40%，小于 5mm 的颗粒含量为 0～15%，小于 0.1mm 的颗粒含量≤5%。

（2）下游次堆石料允许部分强风化石料分散填筑，最大粒径 1000mm，小于 5mm 的颗粒含量为 10%～35%，小于 0.1mm 的颗粒含量≤5%。

如果利用天然砂砾石料作为筑坝材料，最大粒径 600mm，小于 5mm 的颗粒含量为 10%～25%，小于 0.1mm 的颗粒含量≤5%。

2. 过渡层料　过渡层料最大粒径 300mm，小于 5mm 的颗粒含量为 5%～20%，小于 0.1mm 的颗粒含量≤5%。过渡层料、垫层料要求铺填时不分离，并同层碾压，过渡层料与垫层料界面处过渡料粒径不大于 20cm。

3. 垫层料和小区料

（1）垫层料要求具有半透水性及渗透稳定性，渗透系数 $i \times 10^{-3}$ cm/s，要求对面板上游的防渗铺盖料起反滤作用。最大粒径 80mm，小于 5mm 的颗粒含量为 35%～55%，小于 0.1mm 的颗粒含量为 4%～8%。

（2）小区料设在混凝土面板周边缝下游，要求对面板上游的防渗铺盖料起良好的反滤作用。最大粒径 40mm，小于 5mm 的颗粒含量为 45%～55%，小于 0.1mm 的颗粒含量为 5%～8%。

4. 上游防渗铺盖料　上游防渗铺盖料可采用黏土、粉土，也可采用粉煤灰。

（三）料源情况

1. 工程开挖料　本工程各枢纽建筑物开挖料岩性均为震旦系下统跃岭河群上段（$Z_{ayl}{}^2$）的含砾凝灰质岩屑砂岩，弱微风化岩体呈厚层～巨厚层状，较完整，弱微风化岩石饱和抗压强度 60.4～62.7MPa，为坚硬岩，软化系数 0.68～0.72，吸水率 0.4%～0.51%，孔隙率 0.7%～1.03%，可满足大坝填筑用料要求。能利用的石方明挖料主要来自溢洪道、厂房基坑和大坝趾板槽的开挖料。在剥离表层的全强风化料、剔除软弱夹层、考虑开挖过程中损耗和中转损失后，可利用的石方明挖料总量为 149 万 m^3（自然方），利用率为 70%；石方洞挖料总量为 30 万 m^3（自然方），利用率为 80%。

2. 天然砂砾料

（1）巴山天然砂砾料料场：位于坝址下游 0.5～5.0km 的任何河漫滩上，由四个小料场组成。各料场相对集中，交通条件较好，有沿江公路直达坝址。料场砂砾成分及岩性相近，级配较好，岩性多为凝灰质砂岩，弱风化为主，强度较高，砂砾天然密度 1.68～1.86g/cm^3，压密后紧密密度 1.82～1.97g/cm^3。巴山砂砾料水上储量约 24.37 万 m^3，水下部分按 3～5m 开挖深度计，约 54.11 万 m^3，总计约 78.48 万 m^3。

（2）钟亭天然砂砾料料场：位于坝址下游 12～14km 的任何河漫滩上，由三个小料场组成，各料场交通条件、砂砾成分颗粒、岩性、颗粒级配等与巴山料场类似。水上储量 51.22 万 m^3，水下储量 125.86 万 m^3，总储量 177.08 万 m^3。

3. 火山坡石料场　位于坝下游任河左岸，距坝址约 4km 左右，有公路与坝址相通，交通较为便利。料场山体雄厚，岩性为含砾凝灰质岩屑砂岩，块状，岩石致密坚硬，主要为弱～微风化和新鲜岩石。以开采宽度约 1100m、开采高度 300m 左右计算，有用层储量为 3261.45 万 m^3。该料场在施工总布置规划中选定为本工程混凝土骨料料源。

4. 白岩湾石料场　该料场位于坝址上游右岸，距坝址约 1.5～2.0km，交通便利。料场山体雄厚，覆盖层浅薄，范围较小，基岩出露，岩性亦为含砾凝灰质岩屑砂岩，可开采方量约 300 万 m^3。

（四）坝料选择

1. 可研阶段坝料选择　堆石区筑坝材料除优先利用工程开挖料外，选择了巴山天然砂砾料场约 50 万 m^3 砂砾料，不足部分从火山坡石料场开采；过渡层料优先利用工程洞挖料，不足部分从火山坡石料场开采；垫层料和小区料从火山坡石料场开采，经左岸下游约 1.5km 的棕坝人工砂石料系统轧制后填筑；上游防渗铺盖料采用粉土填筑。

选取巴山料场部分天然砂砾料填筑坝体的主要原因是为了降低工程造价，然而根据天然砂砾料的质量、大坝应力应变、渗流稳定等结构要求，砂砾料只能在坝体的局部区域可以采用。巴山料场距坝址较近，总储量满足要求，而钟亭料场运距较远，还涉及跨省（四川省万源市）征用问题，政策处理难度大。

选择火山坡石料场的原因主要有以下几点：① 石料储量和质量均满足工程要求；② 施工布置比较顺畅，不存在倒运，施工期也不需要跨越趾板；③ 上坝运输道路布置方便；④ 与混凝土骨料料源、部分过渡料、垫层料和小区料料源等集中布置在一起，便于施工管理，有利于环境保护和水土保持。

2. 实施阶段坝料选择　工程开工建设后，一些边界条件发生了变化，主要有以下几点：

（1）火山坡石料场开采道路修建困难，料场剥离缓慢；由于弃渣场没有按期启用，滚落到坡脚的剥离料没有及时清理，导致河道堵塞，上游水位抬高，影响到河道两岸居民的汛期安全；料场爆破作业和爆破产生的飞石对进入大坝施工区唯一的一条地方交通公路影响较大；由于料场边坡较陡，开采工作面较难展开，同时边坡支护工作量较大，一定程度上占压和制约了开采工作面，前期开采强度小。这些因素导致火山坡石料场在大坝填筑初期不能满足所需的填筑强度要求。

(2) 溢洪道开挖存在征地移民问题不能及时解决，前期开挖有用料少，开挖强度跟不上。同时，存在“高料低运”问题。

(3) 由于大坝上游围堰为枯水期围堰，2007年汛前大坝必须具备临时断面挡水条件。如果大坝达不到度汛面貌，汛期将面临洪水翻坝，直接影响巴山镇及下游居民的生命财产安全。

基于以上因素，经综合分析，决定迅速启用白岩湾石料场作为大坝堆石料的应急料场。该料场主要有以下几方面的优势：① 料场位于水库库水位以下，附近没有居民和田地，不存在新增征地和移民，可快速进点施工；② 料场距坝址较近，有沿江公路从料场底部通过，新修开采道路工程量较小；③ 料场已有勘探成果，岩性与火山坡石料场相同，基岩出露，剥采比较小；④ 坝体中低高程的填筑量所占比例较大，且大坝填筑前期填筑强度较大，大坝上游具备修建专用的跨趾板钢栈桥和上坝填筑专用公路的条件，修建方便，可满足施工进度和运输强度要求。

因此大坝中低高程堆石料主要料源最终选择了白岩湾石料场，开采方量约100万m^3，坝体中高高程的堆石料主要利用工程开挖料，不足部分取自火山坡石料场。

过渡层料、垫层料和小区料的料源与可研阶段相同，没有改变。

由于坝址周边区域没有粉土料，上游防渗铺盖料最终选择了粉煤灰。

（中国水电顾问集团华东勘测设计研究院　陈永红）

地震作用下拱坝有限元等效应力的计算

目前，拱坝有限元等效应力计算及评价仅被应用在静力作用下的分析中，而且规范中没有明确规定动力作用下等效应力的应力控制标准。中国水电顾问集团西北勘测设计研究院对在地震烈度高、动力荷载强的情况下计算等效应力并进行相应的应力评价进行了研究，依照相关混凝土拱坝设计规范补充计算了有限元等效应力的控制标准，以大丫口水电站混凝土拱坝为例，把有限元等效应力的计算与动力作用下的应力分析结合起来，用时程分析法计算得到动力作用下的应力最值，进而得到静动综合作用下的应力最值，与推导出的应力控制标准相比较，进行应力评价。

（一）动力作用下等效应力计算原理

1. 应用时程分析法计算应力值　反应谱法应用在动力分析上虽然简单方便，但仅是种准动力法，只能考虑平均场地条件，很难考虑具体工程场地条件对地面加速度的影响。因此，本研究选用时程分析法来进行动力分析。时程分析法是由结构基本运动方程输入地震加速度记录进行积分求得整个时间历程内结构地震作用效应的方法。这种方法可以考虑地震动的振幅、频谱和持时三个要素，也可以考虑地震环境和场地条件的影响，能够对结构进行非线性分析，还可以计算能量耗损和损伤等。按时程分析法进行地震反应计算过程是：选定经过数学化的地面加速度；计算体系的动力特性；确定步长和步数，从$t=0$时刻开始，一个时段一个时段地逐步运算，在每一时段均利用前一步的结果，而最终时段应根据问题的初始条件来确定初始值。应用时程分析法计算得到的是动力作用下应力最大值，与静力分析得出的应力值对应累加，最后会得到拱坝在静动综合作用下的应力最值。利用时程法进行计算时，选取工程资料中给定的地震波。本算例地震波持续时间25s，步长0.05s，步数500步，峰值加速度0.29g，并在横河向与铅直向分别乘以1/3的遇合系数。

2. 应用傅作新教授方法计算等效应力　傅作新教授采用8节点六面体等参单元和6节点三棱体等参单元对拱坝进行有限元离散。单元沿径向分为3层，在用弹性有限元法求得拱坝应力之后，便可以用等效应力法求出拱坝上下游面的三个应力分量，然后由该处微分体的平衡条件求得另外三个应力分量，就能进一步求出拱坝上下游面的主应力。为了求得数值稳定的坝基面应力，傅作新教授建议在位于坝基面以上的坝体中布置一层薄层单元，薄层厚度为最大坝高的1/100～1/200，由此得到的等效应力将能相当合理地表征坝基面上的地应力状况。

以上这种方法只适用于坝体沿径向分为三个单元以上的情况。为了使计算结果更接近实际情况，本算例采用径向分为15个单元的坝体网格进行计算。

（二）应力控制标准

由于规范中没有明确规定动力作用下等效应力的应力控制标准，故依照DL/T 5346—2006《混凝土拱坝设计规范》补充计算了有限元等效应力，所采用的应力允许值推导如下：

由规范，坝体等效应力σ应满足：

$$\gamma_0\psi\sigma\leqslant\frac{1}{\gamma_d}\cdot\frac{f_k}{\gamma_m} \quad (1)$$

式中 γ_0——结构重要性系数，大丫口大坝按2级建筑物设计，取为1.0；

ψ——设计状况系数；

γ_d——结构系数；

f_k——混凝土强度标准值；

γ_m——混凝土强度性能分项系数。

故：

$$\sigma\leqslant\frac{f_k}{\gamma_d\gamma_m\gamma_0\psi} \quad (2)$$

即允许应力为：

$$[\sigma]=\frac{f_k}{\gamma_d\gamma_m\gamma_0\psi} \quad (3)$$

以C20混凝土为例，按式（3）计算的地震工况下的有限元等效应力允许值列于表1。表中同时列出了计算时所取的分项系数，其中按DL 5073—2003中6.1.7条规定，取抗压、抗拉结构系数分别为1.30、0.70；按DL 5073—2003中4.7.3条规定，取材料性能分项系数1.5；按DL 5073—2003中4.6.1条规定，地震作用下混凝土的抗压强度为正常作用下的30%，抗拉强度为抗压强度的10%。

表1 地震工况下的有限元等效应力允许值表

项目	混凝土强度（MPa）	材料性能分项系数	结构重要性系数	设计状况系数	结构系数	允许应力（MPa）
抗压	26	1.5	1.0	0.85	1.30	15.69
抗拉	2.6	1.5	1.0	0.85	0.70	2.91

（三）算例

1. 工程概况 南捧河大丫口水电站大坝坝顶高程为653.00m，最大坝高92m，正常蓄水位650m，死水位630m。其混凝土弹性模量20 000MPa，考虑混凝土徐变影响取17 000MPa，线膨胀系数0.000 007/℃，泊松比0.167；计算淤沙高程620.00m，淤沙容重8.5kN/m³，内摩擦角14°。坝顶中部设置3孔净宽为8m的溢流表孔，堰顶高程643.50m；坝身设置1孔冲沙底孔。工程地处青藏地震区、滇西南地震带，地震动峰值加速度为0.29g，地震动反应谱特征周期为0.45s，即设计烈度为Ⅷ度。

2. 等效应力计算及评价 坝体计算网格单元数16 380个，节点数18 128个。静力与动力计算的有限元模型完全一致。计算各工况下坝体静动综合作用下的应力列于表2。

表2 各工况下坝体静动综合作用下应力

工况	有限元等效拉应力（MPa）	最值发生位置	有限元等效压应力（MPa）	最值发生位置
正常温升地震	2.49	坝体底部拱冠处	5.71	左岸1/3坝高处
正常温降地震	2.18	坝体底部拱冠处	5.20	左岸1/3坝高处

表2中，由时程分析法得到的有限元等效拉应力及有限元等效压应力均为所有步骤中的最大值，也就是最危险的应力值。其等效拉、压应力小于相应的允许应力的控制标准（2.91、15.69MPa），满足强度要求。

曾应用二滩拱坝来复核校验控制标准。二滩拱坝坝基建基面处运用C30标号混凝土，根据式（3）计算，C30混凝土拉、压应力控制指标分别为3.97、21.40MPa，其中结构重要性系数取为1.1。经建立三维有限元模型计算，二滩拱坝正常温升地震作用有限元等效拉、压应力最值分别为3.69、12.24MPa。可见，用本方法确定的允许应力控制标准是合适的。

（中国水电顾问集团西北勘测设计研究院
李 梦 张立英 王启鸿）

面板堆石坝坝体沉降监测方法技术总结

目前，越来越多的面板堆石坝采用了水管式沉降仪和电磁式沉降管相结合的方法监测坝体内部沉降变形。为合理设计，现对这两种监测方法的经验进行对比、总结。

（一）水管式沉降仪和电磁式沉降管简介

水管式沉降仪一般水平布置在监测断面内不同高程处，同一高程测线间隔布置多个测点，测线末端布置观测房作为工作基点和集中观测的场所。水管式沉降仪常和钢丝水平位移计配套埋设，从而可获得测点位置沉降量和沿测线方向的水平位移。该方法测量原理简单，监测方便，可实现自动化观测。

电磁式沉降仪主要包括沉降管、磁性锚块和测量装置，沉降管和磁性锚块随着坝体填筑逐步埋设于坝体内，测量时，通过内有电缆导线的刻度卷尺的牵引，探头下降到沉降管中可以检测出管外的磁性锚块位置，并可由卷尺的刻度值确定锚块沿沉降管轴向的变形。电磁式沉降管测点沿垂线方向布置，可以监测到水管式沉降仪以下的坝体沉降及覆盖层沉降等。该方法测量方法简单，受环境影响较小，可以进行水下测量。

(二) 电磁式沉降管的改进

在前期的一些面板堆石坝工程中，电磁式沉降管进行沉降观测时，坝轴线上游、面板下部的电磁式沉降管只作为施工期观测；面板施工时，电磁式沉降管停止观测。

为解决面板堆石坝坝轴线上游、面板下部电磁式沉降管的永久监测问题，在后期面板堆石坝沉降监测设计中对电磁式沉降管进行了修改。其布置图见图1。

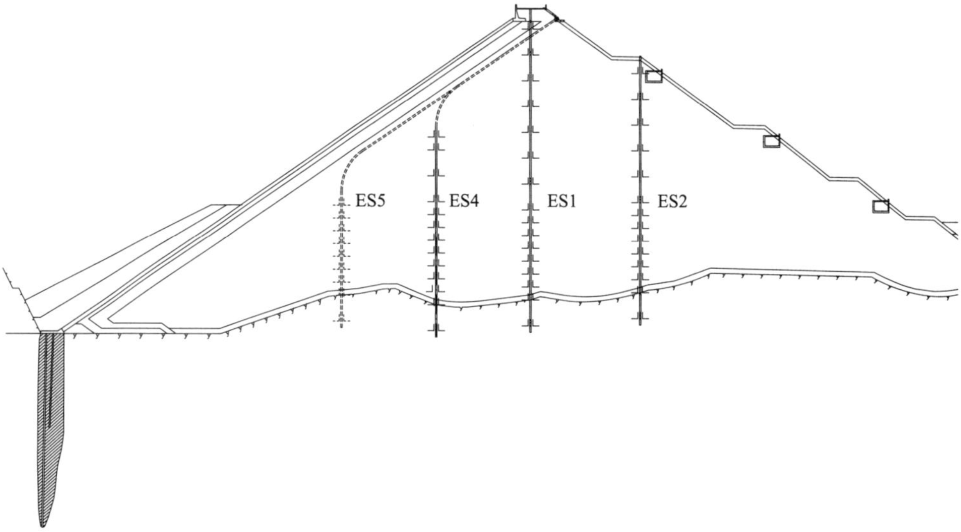

图1 电磁式沉降管布置图

从图1可以看出，位于坝轴线上游、面板下部的电磁式沉降管在靠近顶部处弯曲，然后随坝体填筑，将沉降管管口引至坝顶或坝后坡部位。弯管段的设计半径主要根据探头、吊锤等的尺寸决定，保证探头等自由活动不受限制。从取得的监测资料来看，该解决方案实施效果较好。

(三) 水管式沉降仪和电磁式沉降管对比

1. 监测范围

(1) 在空间方面，水管式沉降仪一般布置在大坝的不同高程，在水平测线上测点较多；电磁式沉降管测点沿垂线方向布置，在垂线测线上测点较多。水管式沉降仪一般在坝体填筑到一定高程后，才开始埋设该仪器，对埋设高程以下的范围无法监测；电磁式沉降管可以监测到水管式沉降仪以下的坝体沉降及覆盖层沉降。

(2) 在时间方面，水管式沉降仪在观测房施工期间无法观测，导致测点沉降明显偏小。电磁式沉降管随坝体填筑施工，一般不会损失沉降量。

2. 观测误差　电磁式沉降管一般的标称误差为3mm，水管式沉降仪大概在1mm左右。水管式沉降仪监测坝体沉降要利用坝后观测房基准点，基准点观测一般采用水准法，其观测误差一般在2mm左右。因此，水管式沉降仪监测坝体沉降的误差大概也在3mm左右。电磁式沉降管一般要求深入基岩，以沉降管底部作为不动点。总结多个工程的实测资料，从电磁式沉降管和水管式沉降仪监测资料的稳定性和观测精度来看，两者的观测误差相当。但对于有些深厚覆盖层面板堆石坝，电磁式沉降管无法达到基岩以下，这时要以管口高程为基准，其观测误差要加上管口高程测量误差，因此大于水管式沉降仪。

3. 施工干扰　电磁式沉降管在施工时一般要用直径1m的保护筒对沉降管进行保护，影响周边直径3m左右范围施工。且由于沉降管是竖直布置，在整个坝体填筑过程中都会带来一定的施工干扰。水管式沉降仪施工需要大量的开挖和回填，影响范围较大，但是阶段性的，对施工的干扰只在一段时期内存在。两者在施工干扰方面相差不大。

4. 自动化监测　水管式沉降仪能够实现永久观测和自动化观测。电磁式沉降管目前尚未能实现自动化测量，但电磁式沉降管测量相对简单。

(四) 工程应用情况

1. 积石峡面板堆石坝　积石峡面板堆石坝为建在基岩上的面板堆石坝，最大坝高103m。截至2009年12月底，大坝已填筑到防浪墙底1857m高程。坝体沉降监测采用水管式沉降仪和电磁式沉降管相结合的方式，电磁式沉降管以深入基岩10m的孔底测点为基准进行监测。根据实测资料，两种监测手段，测点沉降值和测值稳定性都相差不大，见图 2。

2. 察汗乌苏面板堆石坝　察汗乌苏面板堆石坝为深厚覆盖层面板堆石坝，坝高 110m，覆盖层深 46m。坝体和覆盖层沉降监测采用水管式沉降仪和电磁式沉降管相结合的方式。2009 年 6 月，水库蓄水水位 1645m 高程。从沉降管与水管式沉降仪测点沉降过程对比图（见图 3）中可以看出：① 水管式沉降仪测点测值明显小于电磁式沉降管测点测值（这主要与水管式沉降仪始测日期较晚，损失了部分沉降量有关）；② 同时期两者沉降测值相近；③ 水管式沉降仪测点测值稳定性要好于电磁式沉降管（这主要是由于电磁式的沉降管在施工时遭破坏，建基面以下测点无法恢复，测点沉降以管口高程为基准进行监测，误差要大于水管式沉降仪）。

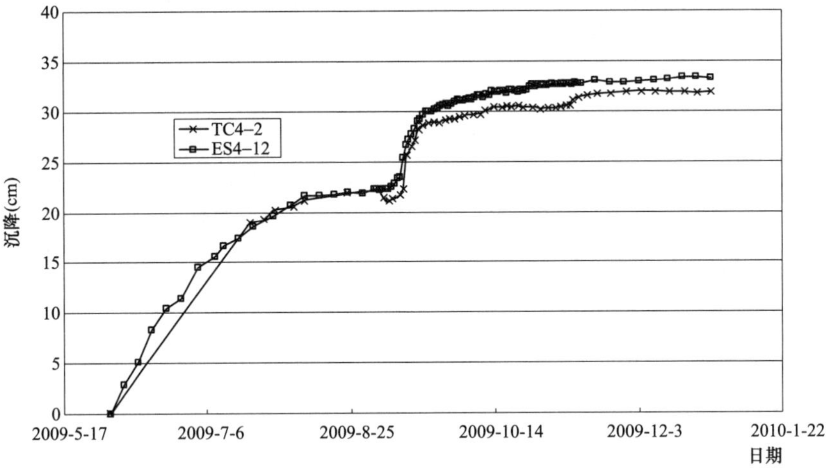

图 2　积石峡面板堆石坝电磁式沉降管与水管式沉降仪相近测点沉降对比过程线

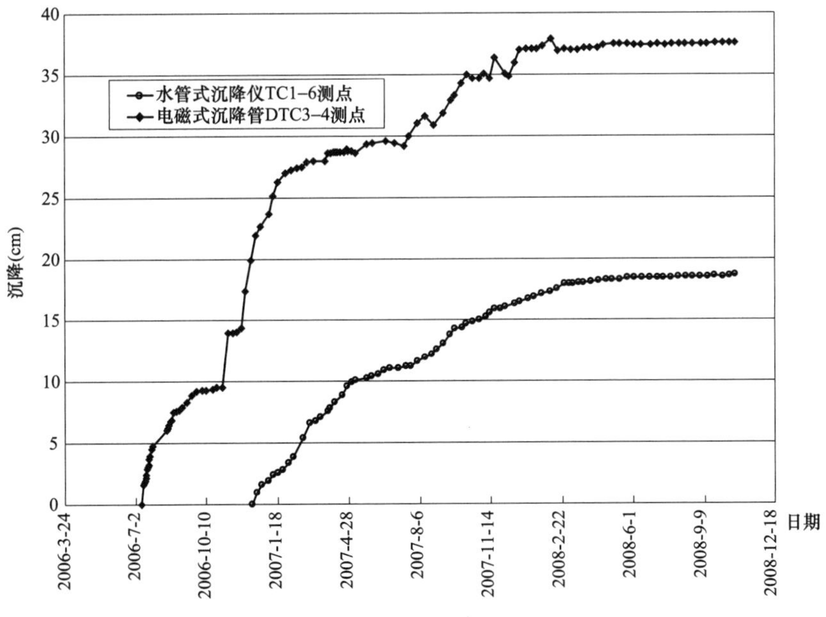

图 3　察汗乌苏面板堆石坝电磁式沉降管与水管式沉降仪相近测点沉降对比图

（五）结论

通过对面板堆石坝坝体沉降监测技术的总结，得到以下主要结论：

(1) 水管式沉降仪与电磁式沉降管相结合的方式，能对面板堆石坝坝体沉降形成网格化监测，可得到较完整、全面的监测资料，而且两种监测手段可互相校验。

(2) 通过对两种监测方法的对比可知：电磁式沉降管监测范围相对较大，受影响较小；电磁式沉降管以孔底作为基准点观测时，观测误差与水管式沉降仪相当，以管口为基准点观测时，误差较水管式沉降仪大。

(3) 在坝后观测房施工滞后的情况下，应准确测量水管式沉降仪测点安装高程（出水口高程）；观测房基准点应尽早投入观测。

(4) 通过对电磁式沉降管改进，能解决坝轴线上游、面板下部电磁式沉降管的永久监测问题。

(5) 无论哪种监测方法，安装和观测时均需严格按照规程规范、设计要求和仪器使用说明书的规定进行。

（中国水电顾问集团西北勘测设计研究院
顾永明 陈树联）

大体积混凝土结构表面保温措施工程实例分析

实践经验证明，在大体积混凝土表面铺设保温板是一种有效的温控防裂措施，尤其是对于高寒地区以及受寒潮作用的大体积混凝土建筑物效果十分明显。中国水电顾问集团西北勘测设计研究院结合某严寒地区碾压混凝土重力坝工程，用等效表面散热系数法计算分析了无保温板和有保温板条件下坝体的温度场、温度应力场，进一步证明了大体积混凝土表面铺设保温板对于防止表面裂缝的有效性。

（一）工程概况

某水利枢纽工程碾压混凝土重力坝坝顶高程为745.50m，最大坝高121.50m，坝顶宽10m，总长1570.00m。重力坝段上游面672.00m高程以上为铅垂面，672.00m高程以下上游坝坡为1∶0.15，下游坝坡为1∶0.75。

坝体由多种材料组成，基础垫层厚1.2m，为R_{90}200W8F100；上游防渗体从高程625.20m到高程675.00m，采用二级配碾压混凝土R_{180}200W10F100，从高程675.00m到坝顶，采用二级配碾压混凝土R_{180}200W10F300；下游表面3.5m厚度范围内在高程650.00m以下为二级配碾压混凝土R_{180}200W10F300，以上为二级配碾压混凝土R_{180}200W6F200；坝体内部基础垫层以上，高程650.00m以下为R_{180}200W4F50，其余均为R_{180}150W4F50。

（二）基本资料

1. 坝址气温和水温 坝址多年平均气温为2.8℃；极端最高气温40.1℃；极端最低气温−49.8℃；多年平均降水量为183.9mm；多年平均蒸发量为1915.1mm；最大积雪深75cm；最大冻土深175cm。在仿真计算中，气温按照每个月的旬气温资料进行拟合，水温随水深和旬气温变化。

2. 碾压混凝土热力学参数 基岩及坝体混凝土热力学参数见表1。

混凝土徐变度C近似按下列公式计算：

$$C(t,\tau)=(A_1+B_1\tau^{-C_1})[1-e^{-D_1(t-\tau)}]+(A_2+B_2\tau^{-C_2})[1-e^{-D_2(t-\tau)}]$$

徐变度单位为10^{-6}/MPa，其中A_1、B_1、C_1、D_1、A_2、B_2、C_2、D_2材料特性参数采用值见表2。

表1 基岩及坝体混凝土热力学参数拟定值

混凝土种类	导热系数[kJ/(m·h·℃)]	导温系数(m^2/h)	线膨胀系数(10^{-6}/℃)	放热系数[kJ/(m^2·h·℃)]	绝热温升表达式
RCC R_{180}200W10F300	10.105	0.005	8.6	67	$T_\tau=22.47\tau/(1.15+\tau)$
RCC R_{180}200W10F100	10.105	0.005	8.6	67	$T_\tau=22.47\tau/(1.15+\tau)$
RCC R_{180}150W4F50	10.223	0.005	8.6	67	$T_\tau=15.96\tau/(1.15+\tau)$
RCC R_{180}200W6F200	10.223	0.005	8.6	67	$T_\tau=20.22\tau/(1.15+\tau)$
RCC R_{180}200W4F50	10.105	0.005	8.6	67	$T_\tau=16.36\tau/(1.15+\tau)$
基础垫层混凝土R_{28}200W8F100	9.820	0.004 6	8.6	67	$T_\tau=30.18\tau/(1.66+\tau)$
基岩	6.87	0.003 19	7	67	0

注 τ为混凝土龄期，以d为单位。

表2 混凝土徐变度材料特性参数采用值

材 料	A_1	B_1	C_1	D_1	A_2	B_2	C_2	D_2
RCC R_{180}150W4F50 RCC R_{180}200W6F200	4.56	100	0.313	0.5	0	100	0.325	0.1

续表

材　料	A_1	B_1	C_1	D_1	A_2	B_2	C_2	D_2
RCC R_{180}200W10F300 RCC R_{180}200W4F50RCC R_{180}200W10F100	0.056	100	0.5	0.5	0	99.836	0.45	0.075
基础垫层混凝土 R_{28}200W8F100	5.943	54.597	0.45	0.3	13.417	22.809	0.45	0.005

3. 施工进度及蓄水过程　该计算坝段的混凝土开始浇筑时间为2007年4月1日，竣工时间为2009年9月23日，冬季（11月～次年3月）停工。水库蓄水过程见表3。

表3　　坝体挡水水位表

时　段	坝体挡水水位（m）	下游水位（m）	备注
2007年～2008年9月	0	0	上下游围堰挡水
2008年9月～2009年3月	645.00	645.00	枯期二十年一遇
2009年4月～2009年9月21日	707.84	645.00	百年一遇
2010年7月1日	739.00	645.00	

（三）温控方案及计算模型

1. 温控方案　为了研究保温板保温效果，在计算中采取以下两种方案对比分析：方案1，混凝土浇筑采用自然入仓方式，即不采取任何温控措施，不埋设冷却水管，混凝土表面不采取保温措施，自然入仓方式的浇筑温度为旬平均气温；方案2，在方案1的基础上，在坝体上下游面铺设5cm的泡沫苯板，混凝土浇筑初凝后开始保温，全年保温，并且对施工期的两个长间歇面（高程645m和高程699m）分别在间歇期冬季（2007年11月1日～2008年3月31日和2008年11月1日～2009年3月31日）进行保温，保温材料同上下游面。保温材料热学性质见表4。

2. 计算模型　取坝体在坝轴线方向横缝之间的整个坝段为计算模型。由于温度应力是一个自平衡力系，其影响主要发生在温度变化激烈部位的周围，而坝体对地基温度的影响深度一般不超过30m，同时考虑到计算规模和时间上的限制，取计算域坝基范围为：在坝踵上游和坝趾下游以及地基深度方向均取约一倍坝高150m。

表4　　保温材料热学性质表

材　料	导热系数［kJ/（m·h·℃）］	容重（kN/m^3）	导温系数（m^2/h）	比热容［kJ/（kg·℃）］	等效表面散热系数［kJ/（m^2·h·℃）］
泡沫苯板（5cm）	0.1256	0.24	2.58×10^{-3}	2.0	2.42

整体坐标系的坐标原点在坝段左侧坝踵处。坝轴线指向右岸为x轴正向，沿水流方向为y轴正向，铅直向上为z轴正向。

温度场计算中边界条件的选取：地基底面和4个侧面以及坝体横缝面均为绝热边界。坝体上下游面在水位以上为固—气边界，水位以下为固—水边界。固—气边界按第三类边界条件处理，方案1固—水边界按第一类边界条件处理，方案2固—水边界按第三类边界条件处理。应力场计算边界条件的选取：地基底面按固定支座处理，地基在上下游方向按y向简支处理，地基在沿坝轴线方向按x向简支处理，其余为自由边界。

（四）温度场计算结果分析

根据相关的资料和施工进度安排，进行了施工期和运行期全过程温度场仿真计算。施工期按每0.25d（浇筑碾压混凝土一薄层的时间）计算一次坝体温度场，运行期计算了18年，时间步长为0.5～30d的变步长。分析计算结果可以看出：

（1）从方案1和方案2的温度等值线图（见图1、图2）相比较可以看出，冬季外界环境温度较低时，由于保温板的保温效果，方案2混凝土表面温度受环境温度影响小，比方案1同时期混凝土表面温度高出许多。可见采用保温板进行保护之后，可以提高坝体表面的最低温度值，从而大大减小低温季节坝体表面温差。

（2）坝体表面典型点（上游面点和下游面点）温度，受外界环境温度影响较大，在混凝土浇筑之后，其温度首先升高，然后开始下降，并且随外界环境温度呈简谐变化，当水库蓄水后，典型点温度为水温，水深小于60m时，水温随时间呈简谐变化，水深大于60m时，典型点温度为水温5℃。坝体内部点（中心点）温度，受外界环境温度影响较小，温度随时间下降较为缓慢。保温板能有效降低混凝土表面温差，5cm

的保温板可以将混凝土表面－22～＋22℃的温差，减小至－8～＋20℃。保温后，坝体中心混凝土温度升高。

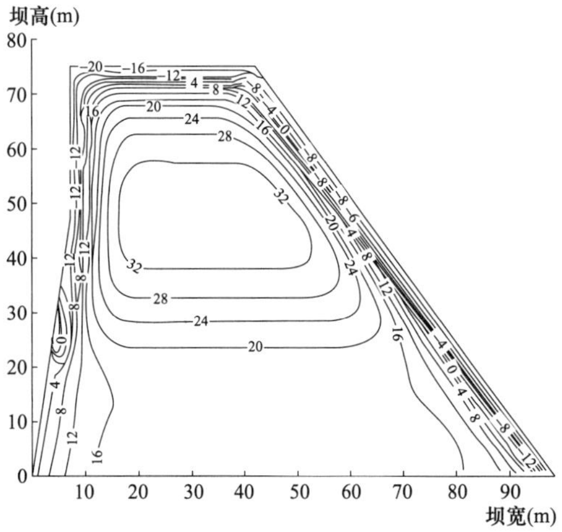

图 1 方案 1 中横剖面施工期 22 月末（2009 年 2 月 1 日）温度等值线图（℃）

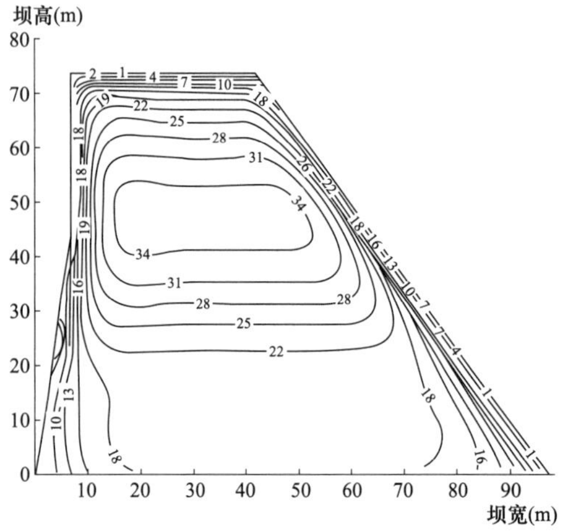

图 2 方案 2 中横剖面施工期 22 月末（2009 年 2 月 1 日）温度等值线图（℃）

（3）采用自然入仓的方式浇筑，浇筑温度为旬平均气温，不采取任何温控措施，坝体各部位最高温度均超过规范允许最高温度，方案 2 对坝体上下游表面保温，仅降低了坝体表面温差，各部位最高温度仍然很高。因此，还要采用通水冷却措施，降低坝体中心温度。

（五）应力场计算结果分析

为了既能反映坝体温度应力随时间的变化情况，同时又能分析研究设置保温板对坝体温度应力的影响，分别整理了方案 1 和方案 2 的横剖面典型点 x、y、z 三个方向的最大温度应力包络线图、长间歇面 645m 高程最大温度应力分布图、长间歇面 699m 高程典型点（中心点）温度应力历时对比曲线。可以看出：

（1）坝体因为在冬季无法施工，长时间停歇而造成越冬层面（高程 645m 和高程 699m）。方案 1 中越冬层面裸露，出现较大的拉应力，在高程 645m 处，$\sigma_{x\max}$ 为 1.96MPa，$\sigma_{y\max}$ 为 4.35MPa，$\sigma_{z\max}$ 为 3.69MPa；在高程 699m 处，$\sigma_{x\max}$ 为 1.44MPa，$\sigma_{y\max}$ 为 2.17MPa，$\sigma_{z\max}$ 为 1.91MPa。方案 2 越冬层面铺设保温板，最大应力有所降低，在高程 645m 处，$\sigma_{x\max}$ 为 0.99MPa，$\sigma_{y\max}$ 为 1.74MPa，$\sigma_{z\max}$ 为 1.91MPa；在高程 699m 处，$\sigma_{x\max}$ 为 1.03MPa，$\sigma_{y\max}$ 为 1.30MPa，$\sigma_{z\max}$ 为 1.61MPa。通过对比可知，冬季停工期间对越冬层面铺设保温板后，最大应力降低幅度在 15.7%～60% 之间。

（2）坝体温度应力沿坝高的分布与温度场的分布规律基本吻合，高温区的温度应力大，低温区的温度应力相对较小。坝踵、坝址以及长间歇面的应力都较大。方案 2 对坝体上下游面以及越冬层面铺设 5cm 苯板保温后，减小了环境对混凝土的影响，温度应力较方案 1 减小许多。

（中国水电顾问集团西北勘测设计研究院 雷 艳
四川大渡河双江口水电站开发有限公司
赵丽娟 周 伟）

引水建筑物设计

锦屏二级水电站进水口设计

（一）概况

根据雅砻江锦屏水电站“一级先行、二级继上”的开发方式，考虑锦屏一级高坝大库的拦蓄作用，锦屏二级水电站首部枢纽采用闸坝与进水口相分离的布置方式。前期设计阶段，经比较，二级拦河闸坝布置在猫猫滩，进水口布置在景峰桥下游 550～730m 雅砻江右侧凹岸，下距猫猫滩闸址约 2.9km，上距锦屏一级坝址约 4.6km。为减少进水口边坡开挖范围和高度，采用拦污栅和事故闸门分开布置的型式，拦污栅布置在户外岸塔式拦污栅墩内，事故闸门室采用地下洞内竖井式布置，两者相距约 100m。

该进水口区域河道顺直，右岸为侵蚀岸，低阶地缺失，高程1700m以上为峭壁，地形坡度为55°～75°，岩层走向与河流以40°～50°的较大角度斜交，高程1700m以下坡麓地带地形较缓，坡度一般为28°～40°，为第四系松散堆积层，表部多为崩、坡积碎块石夹少量壤土。工程区出露地层主要为三叠系下统（T_1）绿片岩、三叠系中统杂谷脑组（T_{2z}）大理岩及第四系覆盖层，滑坡、泥石流等物理地质现象不甚发育，边坡小规模塌方现象多见，易形成危岩，并产生滚石。工程区内无区域性断层通过，亦无较大的顺河断层分布，结构面均在Ⅱ类以下。区域内岩体风化较弱。进水口边坡较陡，岩层陡立，表层岩体浅部卸荷较强烈，但斜坡中的卸荷带保存较浅，强卸荷不发育。进水口工程区边坡岩体宏观上块状～次块状结构发育，岩体质量总体较好，以Ⅲ级和Ⅱ级为主，部分为Ⅳ级，但受结构面组合控制，存在多种由裂隙组合构成的随机不稳定组合块体，尤其是上游侧大理岩地层内深部陡倾角结构面和顺坡向的中缓倾角底滑面的组合，以及下游侧绿砂岩地层内的小规模的块体结构组合，对工程边坡稳定不利。

（二）电站进水口布置设计

电站进水口建筑物主要由洞外拦污栅墩、拦污栅平台交通洞、进水口事故闸门室及交通洞、进水口边坡、边坡排水洞、抗剪洞和4条引水隧洞进口段等建筑物组成。

拦污栅布置在连续通长的拦污栅墩内，顺水流方向依次为平台拦沙坎→斜坡→拦污栅墩→闸后通仓流道→引水隧洞进口喇叭段，总长44.5m，高43m，平台高程1659.00m，底槛高程1618.00m。4条隧洞进口中心轴线间距36m，每条隧洞进口分别对应4孔拦污栅，每孔间通过缝墩、中墩相隔，拦污栅墩前缘总宽145m。进水口平台上、下游侧分别布置两条交通洞，同进水口事故闸门室交通洞相接，呈拥抱状，为进水口平台的主要交通通道。

进水口事故闸门室位于引水隧洞进口下游侧约100m处，采用地下竖井式布置，与4条引水隧洞相匹配，事故闸门室内共设4扇事故闸门井、4个闸门检修平台、4个检修竖井和通长布置的启闭机室。事故闸门室左、右侧端部布置交通洞分别接印把子沟临时桥和景峰大桥，同对岸公路形成交通环线。

进水口凹岸拦污栅墩布置范围为边坡开挖区域，进水口平台高程以下为临时边坡，开挖坡比为垂直～1∶0.2，最大坡高43m；平台以上为永久边坡，开挖坡比为垂直～1∶0.2，最大坡高约100m，边坡开挖开口线外为自然边坡。

进水口布置纵剖面见图1。

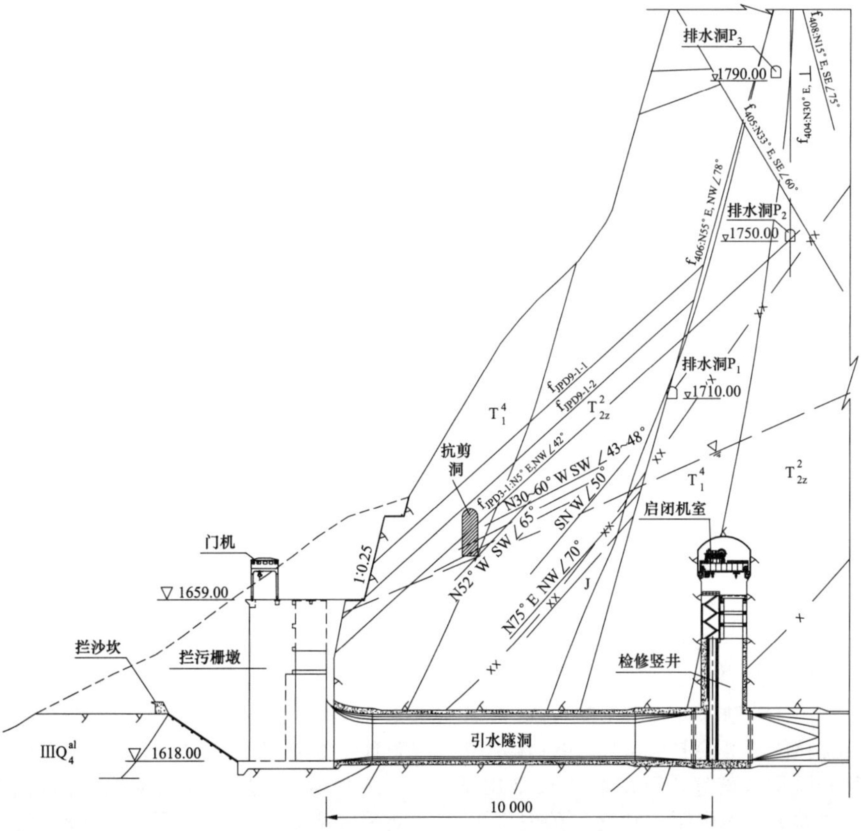

图1 进水口布置纵剖面图

（三）进水口边坡开挖支护设计

进水口边坡的开挖支护原则为“少开挖、强支护”，施工期间，根据开挖揭露的地质情况变化和安全监测成果，实时调整支护设计方案。

根据地层出露情况，进水口边坡以3号引水隧洞轴线为界分为上游侧边坡和下游侧边坡，以进水口平台高程为界分为上部永久边坡和下部临时边坡。上游侧永久边坡垂直开挖，下游侧永久边坡开挖坡比1：0.25，边坡每20m设置一级马道，马道宽5m；上游侧边坡最大坡高约70m，下游侧边坡最大坡高约150m，洞脸边坡坡高70～120m。

支护加固总体方案为：以预应力锚索深部加固、抗剪洞、排水洞以及边坡截、排水的工程措施，保证边坡的整体稳定以及明确的不稳定块体的稳定；对开挖过程中局部不稳定块体、潜在不稳定块体、表层松动岩体、岩体卸荷松弛变形等问题，采取以坡面挂网喷混凝土、锚杆、锚筋束及预应力锚索为主的支护措施。具体加固措施如下：

1. 边坡截、排水系统　遵循“治坡先治水”的设计理念，布置边坡排水系统。边坡排水系统由地下山体排水系统和坡面排水系统两大部分组成。

（1）坡面排水系统主要由截水沟、马道排水沟和坡面系统排水孔组成，排水孔直径90mm，入岩8.0m，间排距6.0m×6.0m。坡面表层渗水和地表积水通过截水沟和排水沟形成的地表排水网络通道疏导水流流向，排至工程区以外。

（2）地下排水系统主要由高程1710m、1750m和1790m三层排水洞以及洞内排水孔和事故闸门室交通洞上游侧边墙深排水孔组成。排水洞洞身断面尺寸2.5m×3.0m，排水孔入岩10～30m，排水洞的洞线走向尽量贴近不利结构面和节理裂隙带，有条件时加以追踪以发挥洞身本身的排水功能，减小排水孔深度和钻孔难度，增强排水效果。同时，根据排水洞主洞开挖揭露的实际地质情况，适当布置排水支洞，以扩大地下排水系统的覆盖范围。

2. 锚索支护　进水口边坡采用了预应力锚索作为深层加固的主要工程措施。主要采用了1000kN有黏结普通拉力型预应力锚索、2000kN预应力对穿锚索和3000kN无黏结压力分散型预应力锚索，锚索长度30～60m，间排距4.5m×4.5m。

（1）进水口下游侧为三叠系下统T_1^4变质粉细砂岩，抗风化能力弱，同时，由于受岩体中几组发育裂隙组合的影响，将岩体切割成大小不等的块体，沿中倾坡外偏上游结构面发生滑移拉裂破坏，变形破坏机制主要为滑移—拉裂型破坏。下游侧边坡采用了1000kN级预应力锚索，增强了岩块之间的嵌固力，减小了边坡岩体开挖卸荷的范围和深度。

（2）进水口上游侧杂谷脑组T_{2z}^2大理岩变形破坏机制表现为弯曲—拉裂型破坏，主要发生在边坡突出部位以及陡崖（与层面走向近平行）处，同时受岩体内不利结构面的组合以及岩体开挖卸荷作用影响，边坡岩体产生新的表生结构面或使原有结构面规模增大，加上地下水的溶蚀作用，使裂缝继续增宽，在自重应力及外界因素的作用下，破碎岩体沿临空面方向发生倾倒变形破坏。针对以上边坡岩体的破坏特征，上游侧边坡采用3000kN级预应力锚索，通过预应力锚索的深部锚固，保证边坡的整体稳定。

（3）进水口自然边坡陡峻，相对高差千余米，坡脚一带可能积聚高应力，进而给引水隧洞进口段的开挖带来潜在的大变形或岩体应力型破坏问题，最终危及边坡的整体稳定性。同时，引水隧洞进口段相邻隧洞间距为36m，岩柱相对较薄，尤其是进口喇叭段岩柱更薄。为保证相邻隧洞间岩柱的稳定，同时尽量避免隧洞塑性区发展过大对边坡稳定产生不利影响，在隧洞进口5～30m范围洞段布置2000kN级对穿锚索。

3. 抗剪洞　抗剪洞主要针对进水口上游侧大理岩地层中中倾坡外的f_{JPD3-1}结构面与相关结构面组合的块体的稳定加固，通过抗剪洞的刚性阻滑作用，配合边坡预应力锚索的加固，确保上游侧边坡的稳定。抗剪洞沿块体底滑面f_{JPD3-1}布置，开挖前根据PD3探洞中f_{JPD3-1}的出露情况布置探洞追踪f_{JPD3-1}，长度直到f_{JPD3-1}尖灭为止并延伸至稳定岩石中至少5m，断层必须在探洞下游侧边墙或顶拱出露。断层延伸情况摸清后再利用f_{JPD3-1}追踪平洞扩挖形成抗剪洞，断面尺寸4m×12m（宽×高），洞身采用C30混凝土回填密实。

4. 表层支护　边坡表层岩体采用挂网喷混凝土+系统锚杆的支护措施，以便控制边坡表层松弛岩体的失稳以及加固小规模不稳定块体，锚杆直径28/32mm，$L=6.0/9.0$m，间排距1.5m×1.5m。此外，为防止边坡岩体因不利结构面的组合以及开挖爆破的影响产生新的坡面不稳定体，同时确保坡面的开挖形态，边坡开口线以及各级马道边线位置布置锁口锚筋束进行超前支护，锚筋束直径3ϕ28mm，$L=16$m，间距3.0m。

5. 断层出露带加固处理　进水口边坡坡面主要出露f_{401}、f_{419}等断层及影响带。为保证该部位岩体自身的稳定性，同时给预应力锚索锚墩提供必要的承载力，对边坡坡面出露的断层带破碎岩体采用钢筋混凝土或素混凝土进行置换，置换混凝土厚50cm，两侧布置插筋与周围岩体固定。

边坡施工过程中，针对地质情况的变化和安全监测数据成果，相继进行了洞脸边坡、边坡坡脚应力集中区、引水隧洞进口岩柱等部位的加强支护，目前监测数据显示边坡处于稳定状态。

（中国水电顾问集团华东勘测设计研究院
张　洋　吴旭敏　张　伟）

锦屏二级水电站高压管道设计

（一）工程概况

锦屏二级水电站位于四川省凉山彝族自治州木里、盐源、冕宁三县交界处的雅砻江干流锦屏大河湾上，是雅砻江干流上的重要梯级电站。

电站引水系统由进水口、引水隧洞、上游调压室、高压管道、尾水出口事故闸门室以及尾水隧洞等建筑物组成，采用4洞8机布置形式。4条引水隧洞平行布置，穿越锦屏山，从进水口至上游调压室的平均洞线长度约16.7km。引水隧洞立面为缓坡布置，底坡0.365%，由进口底板高程1618.00m降至高程1564.70m与上游调压室相接。调压室与下游侧地下厂房水平距离为300～350m，垂直高差约250m，通过8条高压管道连接。高压管道由上游调压室底部分岔，采用竖井式布置，长度为540～584m，直径6.5～7.5m，下平段以60°斜向进入地下厂房。

锦屏二级水电站高压管道靠近地下发电厂房和边坡布置，洞径大、水头高，其安全运行和渗漏控制对锦屏二级电站的工程安全至关重要。工程前期设计阶段，根据地质勘察成果，除近厂段为控制渗透稳定采用钢衬结构外，其他洞段，包括上平段、竖井和下平段首部，设计推荐采用钢筋混凝土结构，利用围岩联合承载。

（二）施工图阶段高压管道衬砌型式变更设计

工程开工后，高压管道地质情况渐趋明朗，各洞段分别位于$T_{2y}^{5-(1)}$灰黑色中厚层细晶大理岩和$T_{2y}^{5-(2)}$灰白色粗晶（臭）大理岩及花斑状大理岩内，围岩属强富水性可溶岩。高压管道竖井及下平洞现场施工和补充勘探表明其间岩溶相对较发育，并以竖直型岩溶裂隙通道为主，局部小规模溶洞发育。

锦屏二级水电站高压管道设计静内水压力90～340m，动水压力120～410m，$P \cdot D$值达到2380～2550m·m。若仍采用原设计的钢筋混凝土衬砌，在高内水压力作用下，将可能引起严重的内水外渗，从而损失发电水量、恶化地下厂房运行环境，威胁厂区边坡安全，且不满足围岩承载设计准则与规范要求，工程的安全性得不到可靠保障。因此，结合现场地质情况的变化，积极开展衬砌型式优化研究，提出高压管道全段采用钢衬结构，钢衬起始点位于调压室下游渐变段末端。详见图1。

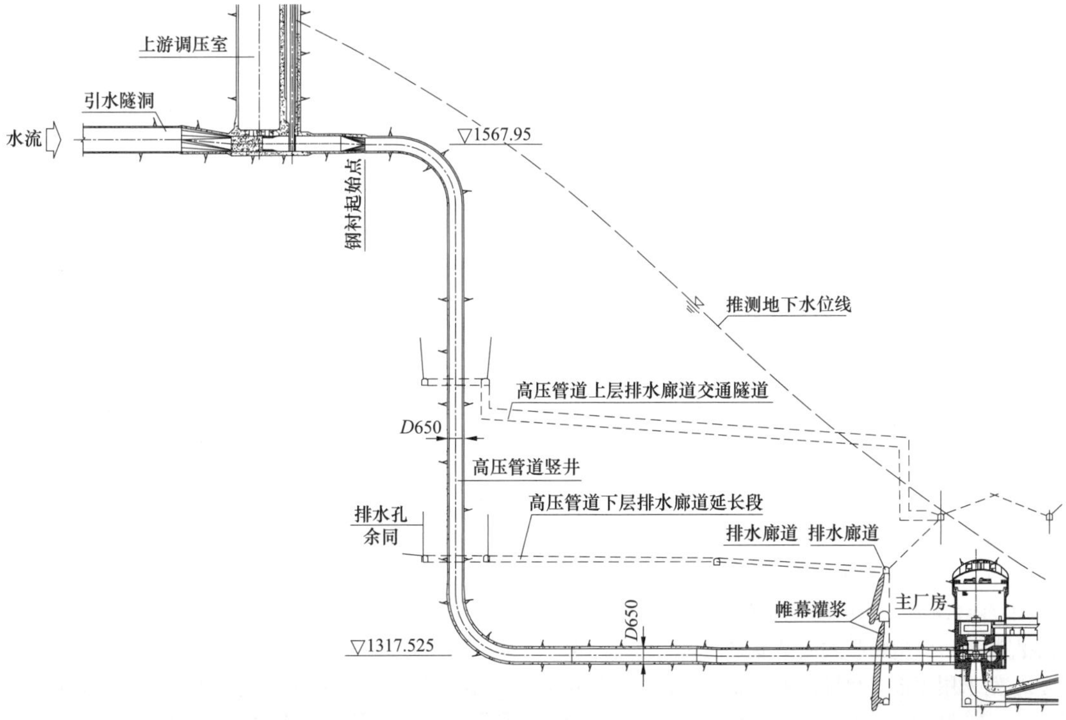

图1　锦屏二级水电站高压管道布置纵剖面布置图

（三）压力钢管结构设计

高压管道衬砌型式调整后，钢衬段管径统一为6.5m，下平段钢衬在厂前渐变至6.05m，与机组蜗壳延伸段相接；额定工况下最大流速7m/s。钢衬厚度20～56mm，分段选用Q345R低合金钢板及600MPa级高强钢板；并全长设置加劲环，加劲环间距1000mm，断面尺寸为（22～38）mm×200mm（宽度×高度）。钢衬外侧0.8～1.1m厚空腔回填C20素混凝土。

局部Ⅳ类围岩洞段及溶洞区域，则采用裸岩固结灌浆及钢板外侧布置双层钢筋混凝土联合承载方案予以加强结构。为提高钢衬抗内压能力，并尽量简化施工工艺，在高压管道内水压力较大的下平段钢衬布置开孔，进行固结灌浆，以充分利用围岩联合承载，提高钢衬结构的运行可靠度。

（四）压力钢管外排水系统设计

薄壁钢管承担外水压力的能力远小于其承担内水压力的能力。为了使在内水压力条件下确定的钢板厚度能够满足承载外水压力的要求，除了在钢管外壁设置一定间距的加劲环，提高钢管自身抗外压能力以外，还必须采取工程措施有效地降低压力钢管的外水压力。这不仅可以节省工程投资，而且可以提高压力钢管的运行安全可靠度。考虑到锦屏二级水电站厂区枢纽岩体岩溶化特点以及高压管道上游侧巨型引水隧洞与上游调压室存在内水外渗的风险，高压管道压力钢管外排水设计采用了外围两层排水廊道、竖井围岩排水孔以及钢管贴壁外排水三套排水系统相互配合的设计方案，确保压力钢管抗外压安全。

（五）压力钢管灌浆设计

锦屏二级水电站高压管道压力钢管除靠近地下厂房段采用明管与半埋管设计外，其他管段均采用钢管与围岩联合承载的埋管设计。高压管道下平段受高地应力与结构面等因素影响，开挖后围岩表层卸荷破坏现象较严重，喷层鼓胀开裂或表层掉块现象较多发生，而且具有明显的时间滞后效应，即随着开挖面暴露时间的延长，围岩表层卸荷破坏现象持续发展，并逐步向深层发展。下平段开挖后实测围岩松弛圈深度范围为1.2～5.4m，岩体较破碎，围岩质量较差。现场开展的裸岩固结灌浆试验成果显示其对提高表层围岩弹性模量、抗压强度效果不良，而表层围岩是与钢管联合承载的主要围岩区域，因此高压管道下平段压力钢管确定采用钢衬预留灌浆孔，钢管安装回填混凝土后实施封闭式固结灌浆加固围岩，预留灌浆孔后期采用灌浆塞封焊。固结灌浆参数为灌浆孔入岩4m，每断面8孔、排距3m，灌浆压力为3.5MPa，浆液水灰比为0.6∶1～1∶1。

高压管道段岩溶处理，遵循在压力钢管安装前将一倍洞径范围的岩溶空腔性岩体处理成节理裂隙型岩体的设计原则，针对开挖或钻孔揭露的岩溶溶腔先回填C25混凝土，而后进行岩溶灌浆。灌浆深度8m，最大灌浆压力1.5MPa，浆液水灰比为0.5∶1～0.8∶1，耗浆量大时先改换水泥砂浆灌注，确保围岩表层8m范围灌浆密实。岩体灌后压水吕荣值应小于1Lu，确保钢管外层联合承载岩体的弹性抗力水平。

（六）压力钢管防腐设计

以往水电站压力钢管内壁防腐一般采用先涂环氧富锌防锈底漆，再涂厚浆型环氧煤焦油沥青防腐面漆。工程应用表明环氧富锌漆长期处于水下环境，锌的电化学保护功能不能很好发挥，若涂料层有破损，有水条件会与锌发生反应，而使涂层起泡破坏，另外环氧富锌漆的一次喷涂厚度一般只有40～60μm。近年来，相关单位研究及工程实践表明，环氧树脂类涂料与钢板的黏结力大于环氧富锌漆或环氧沥青漆与钢板的黏结力，一次喷涂厚度可以大于250μm，压力钢管内壁采用超强环氧树脂类涂料耐久性更好。

考虑到锦屏二级水电站压力钢管运行期日常检修维护困难，特别是8条竖井段压力钢管，因此确定压力钢管内壁底漆与面漆均采用耐久性能更好的环氧树脂类涂料——无溶剂厚浆型超耐磨环氧涂层，底漆漆膜厚度（干）不小于400μm，面漆漆膜厚度（干）不小于400μm，总干漆膜厚度（底漆＋面漆）不小于800μm。压力钢管外壁表面采用含少量减水剂（木钙0.3%）、防锈剂（亚硝酸钙10L/m^3）的无机改性水泥浆防腐，总厚度不小于500μm，涂后注意养护。

（中国水电顾问集团华东勘测设计研究院
潘益斌 陈念辉 吴旭敏 侯 靖）

锦屏二级水电站差动式调压室设计

（一）工程概况

锦屏二级水电站位于四川省凉山彝族自治州木里、盐源、冕宁三县交界处的雅砻江干流锦屏大河弯上，是雅砻江上正在兴建的一座以发电为开发目的的超大型引水式地下电站，是“西电东送”的骨干电站之一。电站总装机容量4800MW，单机容量600MW，额定水头288m，多年平均发电量242.3亿kW·h。

电站引水系统由进水口、引水隧洞、上游调压室、高压管道、尾水出口事故闸门室以及尾水隧洞等建筑物组成，采用4洞8机布置形式。四条引水隧洞平行布置，横穿跨越锦屏山，进水口至上游调压室的平均洞线长度约16.7km，隧洞中心距60m，洞主轴线方位角为N58°W。引水隧洞立面为缓坡布置，底坡3.65‰，由进口底板高程1618.00m降至高程1564.70m与上游调压室相接。引水隧洞全长采用钢筋混凝土衬砌，衬后直径11.2～11.8m，单洞引用流量465m³/s，流速3.77～4.72m/s。

引水隧洞末端接上游调压室，共设4座上游调压室。1、2号调压室与3、4号调压室分别两两平行对应布置，与下游侧地下厂房水平距离为300～350m，调压室底部与厂房机组安装高程之间垂直高差约250m。

（二）上游调压室型式优选

鉴于锦屏二级水电站四条引水隧洞具有超长、引用流量较大、洞内流速较高等特点，位于引水隧洞末端的四座上游调压室通过对阻抗式、半差动式及差动式三种型式的比较，最终优选采用差动式型式。过渡过程仿真计算和模型试验表明，相对于阻抗式调压室，差动式调压室能有效增大调压室涌浪波动衰减率，改善甚至消除机组运行限制条件，在机组对电网AGC负荷调整速率的适应能力、运行调度的灵活性以及出力波动对电网的影响等方面都具有一定的优势，整体水力学条件更为优越，也能在一定程度上减少巨型调压室的开挖跨度，更适合锦屏二级水电站的工程特性。

由于差动式调压室在过渡过程工况，其大井底板和升管隔墙压差远大于阻抗式调压室，结构强度要求更高。设计通过方案比选，确定采用厚底板暗梁＋底部布置通长分流墩、升管外置于大井外侧的结构布置方案，并根据水力学和结构特点，对差动式调压室进行了细部优化。三维有限元计算分析表明，最终推荐的差动式调压室结构在水力过渡过程各种极端工况下均能保证结构稳定，裂缝宽度限定在允许范围内，满足设计和规范要求。

（三）差动式调压室结构设计

锦屏二级上游差动式调压室主要由大井、升管（兼闸门井）、溢流堰、回流孔、底板阻抗孔、上室以及事故闸门有关的闸门检修和启闭平台、闸门后通气孔等组成，如图1所示。

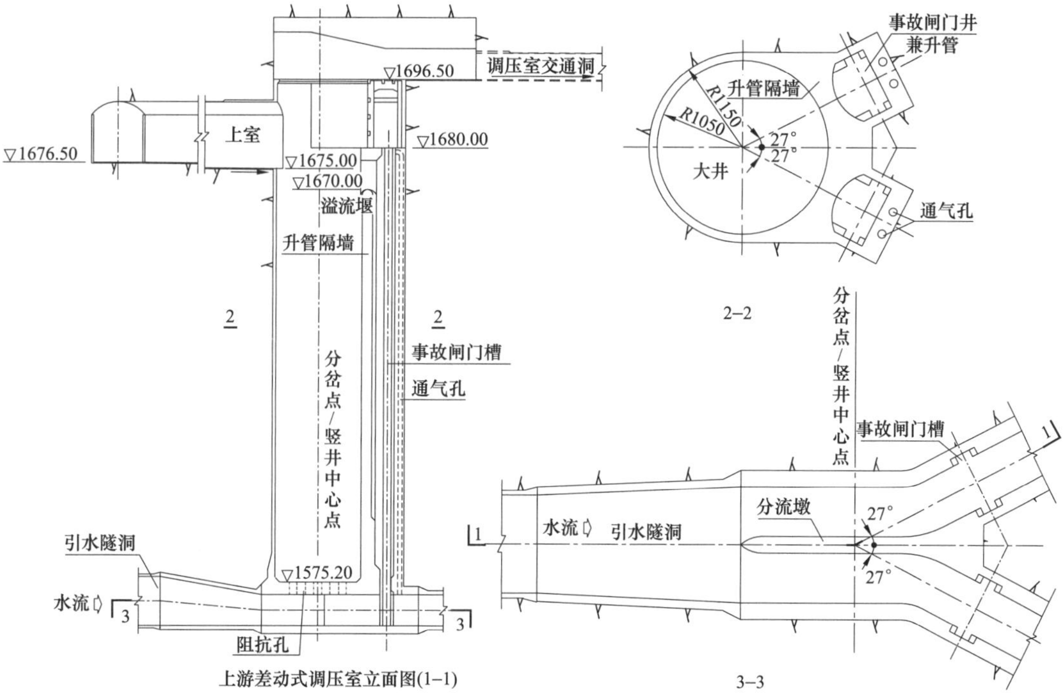

图1 差动式调压室结构布置图

每个调压室竖井的下游侧布置两扇高压管道事故检修闸门，闸门井兼作调压室升管。考虑机组负荷变化过程中升管和大井压差较大，为了确保升管结构安全，升管及闸门井布置于调压室竖井以外，成“品”字形。调压室大井衬砌后内径21m，钢筋混凝土衬厚1～2m；底板采用3m厚板＋暗梁结构，以抵御机组负荷变化过程中隧洞内水流惯性作用对底板的压力；大井底板在分流墩两侧共布置4个直径2.1m的圆形阻抗孔，升管和大井之间最小隔墙厚度沿高度方向自上而下逐渐加厚，上部最小厚度2.5m，底部最大厚度4.7m；升管顶部有6m宽的溢流堰沟通大井。上室底板高程根据过渡过程仿真计算成果确定，横断面为变高度城门洞形，四个调压室上室相通，并互为通气洞。相邻调压室连通上室的中间设置混凝土分隔墩，在一般工况下，相邻调压室不发生水力联系。

闸门井上部设置有闸门检修平台和启闭机平台，启闭机为一门一机，每个调压室布置两台固定式启闭机。调压室交通洞分别与四个调压室内的闸门启闭机室平台相通。1号和2号调压室之间以及3号和4号调压室之间为放置闸门启闭机操作用电气设备，分别设置一个变配电室及二次设备室洞。四个调压室竖井、上室、变配电室和二次设备室洞，以及调压室交通洞、通风洞共同形成了上游调压室洞群。

（四）差动式调压室开挖支护设计

锦屏二级水电站上游差动式调压室洞群规模巨大，调压室总高约150m，大井开挖直径23m，顶拱最大开挖跨度达30m，四座调压室上室顶部连通，全长约725m，采用13m×14.85m城门洞形断面。

调压室大井跨度大、高度高、地质条件较为复杂，且4号竖井南侧边墙发育f_7断层，加之不利的结构面走向，支护工作难度较大。大井采用喷锚支护＋钢筋混凝土复合衬砌型式，喷锚支护以系统锚索、锚杆＋挂网喷射混凝土为主；调压室顶拱以长短预应力锚杆系统间隔布置＋挂网喷射混凝土为永久支护形式；调压室上室底板和边墙采用喷锚支护＋钢筋混凝土复合衬砌型式，顶拱则以喷锚支护为永久支护型式。各部位开挖支护参数详见表1。

表1 差动式调压室开挖支护设计参数列表

部位	喷 锚 支 护	二次衬护
大井	ϕ25与ϕ28砂浆锚杆相间布置，L=4.5/6.0m@1.5m×1.5m；1500kN压力分散型预应力锚索，L=15m@3.0m×3.0m（不利结构面发育位置锚索吨位增加至2000kN，长度增加至25m）；挂网喷混凝土C25厚15cm	钢筋混凝土衬砌
顶拱	ϕ28与ϕ32预应力中空注浆锚杆相间布置，T=120kN，L=6.0/8.0m@1.5m×1.5m；挂网喷混凝土C25厚15cm＋CF30纳米钢纤维混凝土厚10cm	
上室	ϕ25砂浆锚杆，L=4.5m@1.5m×1.5m；喷混凝土C25厚10cm，局部挂网	边墙增加钢筋混凝土衬砌

上游差动式调压室自2008年初开始施工，到2010年底完成了1号调压室开挖。在洞群施工过程中，设计采用“动态支护”的设计理念，及时调整支护参数，保证了调压室洞群的围岩稳定。目前各项围岩监测数据稳定，1号调压室已开始混凝土浇筑施工，2～4号调压室将相继由开挖支护施工转入混凝土衬砌施工。

（五）结语

锦屏二级水电站差动式调压室的大井底板和升管隔墙在过渡过程极端工况下最大压差达60～70m，是目前世界上最大的差动式调压室之一，结构稳定及设计要求高。技施设计阶段，针对差动式调压室开展了系统的三维有限元结构分析和比较工作，计算分析成果表明，最终推荐的调压室结构布置方案安全合理，水力—机械过渡过程各控制工况下调压室结构安全均能得到保证。但由于差动式调压室结构复杂，质量要求高，施工过程中需特别重视质量控制，确保调压室的运行安全可靠。

（中国水电顾问集团华东勘测设计研究院
吴旭敏 潘益斌 陈晓江 陈 涛）

积石峡水电站坝后背管结构优化设计

采用坝后背管布置，既可避免坝体混凝土与钢管安装施工之间的干扰，加快施工进度，又对混凝土坝体的削弱不多，有利于保持大坝的整体性和安全性。因此，坝后式背管成了近几十年来发展很快的一种管道布置型式，已在许多大型水电工程中得到应用。采用钢管外包钢筋混凝土的联合受力结构，不仅能够把钢管内力部分分散到外围环筋上去，从而减少钢板厚度，解决钢板厚度过大而造成的钢管成型工艺和焊接的困难；而且外包钢筋接头分散，其焊接缺陷和钢管成型焊接缺陷极少在同一部位同时出现，结构的安全度也得到了提高。根据我国水电站压力钢管设计规范的规定，钢管与钢筋混凝土单独承担内水压力的安全系数应有一定的比值，实际上是钢管与钢筋的用量之比。钢管由于焊接、施工等各方面原因，其最大允许应力值小于钢筋允许应力值，钢管的材料强度得不到充分的发挥，因此钢管厚度在满足安全系数，以及制作、安装、所需的最小刚度要求下，应取最小值，减小用钢量。而钢管如果采用最小结构厚度，钢筋用量过多，将造成外包钢筋混凝土管施工很困难。

综上所述，坝后背管的优化设计是在确保结构安全的前提下，寻找能充分发挥材料强度，使总用钢量最小的优化配筋方案。中国水电顾问集团西北勘测设计研究院和西安理工大学利用Ansys优化设计功能，对黄河积石峡水电站坝后背管结构进行了优化设计。

（一）有限元模型

1. 有限元模型单元选取　黄河积石峡压力钢管采用一机一管布置，为直接敷设在岩石地基上的管道，钢管直径 11.5m，外包 2m 厚混凝土，为使施工方便只配置 3 圈钢筋（里圈 1 层钢筋，外圈 2 层钢筋），间距 20cm。其有限元模型，钢管采用梁单元 Beam3，钢筋采用杆单元 Link1，混凝土和地基采用平面单元 Plane42 来模拟，钢管和混凝土接触处设置接触单元 Contact12。整个计算按平面应变问题考虑。

2. 外包混凝土开裂模拟　由钢管—钢筋混凝土共同承载的压力管道是允许外包混凝土开裂的，混凝土的开裂并不是结构的破坏状态。具有径向裂缝的混凝土中环向应力为零，但仍然可以传递径向荷载，直到钢管或环筋屈服，最终导致结构破坏。因此，计算时必须考虑混凝土的开裂。钢管外包混凝土的主要作用是传递径向力，环向拉应力由外包钢筋和钢管共同承担。根据混凝土未开裂时计算成果和实际实验成果证实，在钢材的弹性阶段，压力管道只有腰部混凝土产生贯穿性裂缝，因此在建立有限元模型时在腰部对称位置预设缝。

由于混凝土的开裂，开裂区的混凝土与钢筋的黏结力与握箍力失效，钢筋与混凝土产生相对滑移，按下式计算出裂缝两侧钢筋与混凝土相对滑移长度 L

$$L=2(2.7a+0.1d/\rho_{te})v/3 \tag{1}$$

式中　L——钢筋与混凝土相对滑移长度；

a——混凝土保护层厚度；

ρ_{te}——受拉钢筋有效配筋率；

d——钢筋直径；

v——纵向受拉钢筋表面特征系数，螺纹钢取 $v=1.05$。

裂缝两侧钢筋与混凝土相对滑移长度为 L，也即裂缝两侧各考虑 L 长度的钢筋与混凝土发生错动，其余部分按钢筋与混凝土变形协调考虑。

3. 钢管与混凝土径向间隙的处理　由于钢管和混凝土因温度变化、混凝土干缩、钢管接触灌浆时受水泥细度影响等因素，钢管与外包钢筋混凝土管之间存在着径向间隙。钢管承受内水压力时，先单独承载产生自由变形，弥合间隙，然后与外包钢筋混凝土共同承载。有限元计算加载时将刨除钢管自由变形弥合间隙 δ 所分担的内水压力 $P_{\theta 1}$，最终钢管应力结果为有限元计算结果与 $\sigma_{\theta 1}$ 相叠加。$\sigma_{\theta 1}$ 为钢管单独变形弥合钢管与混凝土之间的间隙所产生的环向应力。实际计算时为增大结构的安全系数，对径向间隙缝的取值是不同的，计算外包钢筋应力不考虑间隙，计算钢管应力时取 δ_{max}。

（二）优化数学模型

Ansys 优化计算中的有限元模型的建立以及求解过程和一般有限元计算基本相同，只是在后处理中根据建立的优化数学模型反复计算以达到优化结果。

压力管道最优化数学模型表示如下：

目标函数：压力管道总的钢材用量 $f=f(d_1,d_2,d_3,t)$。

设计变量：外包各层钢筋直径 d，外包钢筋里圈一层钢筋，外圈两层钢筋，各层钢筋直径由里向外排序分别为 d_1、d_2、d_3。考虑混凝土结构的最小配筋率，最小钢筋直径不宜小于 20mm，另外根据现有的钢筋规格，钢筋直径均有取值范围。钢管壁厚 t，考虑钢管的安装，运输等因素，以及施工外压稳定性要求，要求钢管有最低刚度，因此钢管壁厚度不宜过小，另外考虑工艺卷板和焊接的困难，钢管壁厚不宜大于 32mm。

综合考虑以上因素，设计变量 d_1、d_2、d_3、t 的取值范围见表 1。

表 1　设计变量取值范围以及约束条件

设计变量	设计变量可取值（mm）	最大应力允许值（MPa）
钢筋直径 d_1、d_2、d_3（HRB335）	20、22、25、28、32、36、40	248.5
钢管厚度 t（Q345）	16、18、20、22、24、26、28、30、32	143.7

约束条件：外包钢筋应力值应满足 $\sigma_r(d_1,d_2,d_3,t)\leqslant\sigma_{Ry}$。

钢管应力应满足 $\sigma_t(d_1,d_2,d_3,t)\leqslant\sigma_R$。

外包钢筋应力和钢管应力最大允许值根据压力管道规范计算。

在满足约束条件及满足结构承载力要求和结构耐久性的条件下，进行优化计算，求解最优解，使得目标函数值最小即钢材总量最小。

（三）优化计算结果

通过对积石峡压力管道 4 个典型断面的优化计算，给出的优化配筋结果见表 2，其结构应力大小见表 3。

由表中可以看出钢管应力和外圈钢筋应力均和允许应力值基本接近，内外圈钢筋和钢管应力分布合理。即钢材的材料强度得到了充分的利用，达到了优化计算的目的。所得应力分布规律与已有的原型监测、模型试验、单轴对称模型计算结果是一致的。

表 2　优化配筋结果

截　面	内水压力值 (MPa)	钢管厚度 (mm)	钢筋直径 (mm)		
			外圈外层	外圈里层	里圈
1—1 剖面	0.532 6	18	22	22	20
2—2 剖面	0.765 5	20	28	28	20
3—3 剖面	0.997 6	22	36	32	25
4—4 剖面	1.089 4	24	40	36	28

表 3　优化配筋应力计算结果

截　面	内水压力值 (MPa)	钢管最大应力 (MPa)	钢筋最大应力 (MPa)		
			外圈外层	外圈里层	里圈（径向）
1—1 剖面	0.532 6	127	221	218	158
2—2 剖面	0.765 5	134	231	224	187
3—3 剖面	0.997 6	131	237	230	195
4—4 剖面	1.089 4	128	243	232	211

（四）结语

(1) 坝后背管是单轴对称性结构，当外包混凝土开裂时，混凝土和钢筋应力在环向很不均匀，管腰应力最大，其管腰混凝土产生贯穿性裂缝是不可避免的。外圈钢筋应力大大超过内圈应力，说明在裂缝处有较大的偏心拉应力。

(2) 当混凝土开裂后，钢管的最大应力与外圈钢筋应力相比小很多。

(3) 利用 Ansys 的优化计算，显著减少了计算工作量，不仅满足了结构承载力要求，而且能够实现自动优化配筋，减小了钢材的用量，使钢材的材料强度得到了充分的发挥，取得了良好的经济效果。

(4) 设计规范以钢筋平均应力作为控制标准，本优化设计以有限元计算应力值作为控制标准，这是一项突破，也更加符合背管结构的实际应力状况。但这对积石峡水电站外包管是适用的，对 $P \cdot D$ 值较高的背管，则难以满足。

（中国水电顾问集团西北勘测设计研究院
周郊鹏　王冬条
西安理工大学　陈　曦）

进水塔基础接触面的力学模型对塔体结构应力的影响

水工建筑物与基岩之间接触面问题是一个多体系统相互作用和接触问题，此类问题是非线性问题。国内外一些学者相继提出了各种计算模型与数值分析方法，对研究多体系统相互作用和接触问题起到了重要作用。中国水电顾问集团西北勘测设计研究院设计人员借助 Ansys 中接触单元，研究分析了在静动力状态下。进水塔基础接触面力学特性的模拟对上部结构应力的影响。

（一）接触单元特性简介

Ansys 支持三种接触方式：点与点，点与面，面与面。进水塔底板与基岩之间的接触方式可用面与面接触模式。

Ansys 提供 6 种接触面相互作用模式和 4 种接触状态。进水塔底板与基岩之间的接触要选择标准的法向双面接触，在计算过程中，若接触面发生分离，则法向压力 σ_n 为零。该接触面力学行为满足基本的库仑摩擦模型，即 $\tau = f\sigma_n + c$（τ 为等效剪应力，f 为摩擦系数，σ_n 为接触面压力，c 为接触面凝聚力），两个接触面在开始相互滑动之前，在它们的界面上会有某一大小的剪应力产生，一旦剪应力超过等效剪应力后，两个面之间将开始相互滑动。

（二）分析方法

建立塔体三维有限元数值分析模型。塔体、地基均用六面或五面体块单元模拟；地基接触面用接触单元模拟。模型单元数为 73 216，节点数为 39 822。

进水塔与地基间的动力相互作用对进水塔的地震和地基反力的作用有一定影响。在地震反应分析中，以无质量地基底部均匀输入的方式考虑地基与塔体的动力相互作用。为此，在计算分析中，取上下游、左右及深度方向约为1.0倍塔高范围的无质量地基，以反映地基弹性影响。模型中坐标系为右手系直角坐标系，其中：x轴水平，顺水流方向，以指向上游为正；y轴为竖向轴，向上为正；z轴水平，垂直水流方向，指向左岸为正。

库水对塔体地震反应有一定的影响。计算采用《水工建筑物抗震设计规范》（DL 5073—2000）给定的方法确定附加质量，体现库水和门槽内水体的动力影响。混凝土材料的弹性模量按泄洪排沙洞进水塔分层分块图指定。

地震反应分析时，沿塔体平面上的水平主轴，即顺水流方向的x向，采用振型分解反应谱法计算地震反应。

计算对比分析方案见表1。根据方案1和方案2的计算结果，探讨接触单元对地基反力作用的影响；根据方案3和方案4的计算结果，探讨接触单元对扬压力作用的影响；根据方案5和方案6的计算结果，探讨接触单元对塔体的自震频率和地震惯性力作用的影响。为了便于比较分析，在底板、拦污栅墩和塔顶上设置观测点A、B、C。

表1　计算对比分析方案

方案编号	荷载					接触单元
	自重	水重	静水压力	扬压力	地震作用	
1	√					无
2	√					有
3		√	√	√		无
4		√	√	√		有
5					√	无
6					√	有

（三）计算与分析

1. 接触单元对地基反力作用的影响　计算分析方案1和方案2的3个观测点的正应力和剪应力统计见表2。从表2中可以清楚看出，地基接触面是否采用接触单元对塔体剪应力的影响是很小的，可以忽略不计；对底板顶面控制性正应力σ_z影响也不明显，只有5.5%，其他部位控制性正应力影响小于2.0%。有接触单元模型的底板拉应力σ_z大于无接触单元模型的底板拉应力σ_z，底板拉应力和压应力分布整体情况没有改变。

表2　方案1和方案2观测点应力　MPa

观测点		σ_x	σ_y	σ_z	τ_{xy}	τ_{yz}	τ_{zx}
A	有接触单元	−0.009 5	0.008 0	0.988 1	0.006 3	0.000 1	−0.000 2
	无接触单元	−0.023 1	0.007 2	0.934 0	0.007 6	0.000 1	−0.000 3
	差值	0.013 6	0.000 9	0.054 1	−0.001 3	0.000 0	0.000 1
B	有接触单元	0.000 3	−0.936 2	0.001 0	0.000 2	−0.001 3	−0.000 3
	无接触单元	0.000 3	−0.949 2	0.001 0	0.000 2	−0.001 3	−0.000 3
	差值	0.000 0	0.013 0	0.000 0	0.000 1	0.000 0	0.000 0
C	有接触单元	−0.247 6	0.014 2	−0.007 6	−0.026 9	−0.001 8	−0.001 0
	无接触单元	−0.247 6	0.014 3	−0.007 8	−0.027 0	−0.001 8	−0.001 0
	差值	0.000 1	0.000 0	0.000 2	0.000 1	0.000 0	0.000 0

2. 接触单元对扬压力作用的影响　计算分析方案3和方案4的3个观测点的正应力和剪应力统计见表3。从表3中可以清楚看出，地基接触面是否采用接触单元对塔体剪应力的影响是非常明显的，不仅影响其大小，而且影响其值的分布格局。底板控制性正应力σ_z拉应力较大值，采用接触单元，位于底板跨中的顶面；不采用接触单元，则位于基础接触面的两端，跨中的顶面处于受压状态，而非受拉状态。地基接触面是否采用接触单元对底板顶面控制性正应力σ_z影响达到120%，对其他部位控制性正应力影响不小于50.0%。

表3　方案3和方案4观测点应力　MPa

观测点		σ_x	σ_y	σ_z	τ_{xy}	τ_{yz}	τ_{zx}
A	有接触单元	−0.121 2	0.012 6	0.435 7	−0.001 5	0.000 0	0.000 0
	无接触单元	−0.189 4	0.002 9	−0.082 9	−0.002 9	0.000 0	0.000 0
	差值	0.068 3	0.009 7	0.518 6	0.001 4	−0.000 1	0.000 0

续表

观测点		σ_x	σ_y	σ_z	τ_{xy}	τ_{yz}	τ_{zx}
B	有接触单元	−0.188 2	−0.324 4	−0.188 3	0.001 0	0.000 1	0.000 1
	无接触单元	−0.188 1	−0.131 2	−0.188 3	0.000 3	0.000 2	0.000 0
	差值	−0.000 1	−0.193 2	0.000 0	0.000 7	−0.000 1	0.000 1
C	有接触单元	−0.061 8	0.006 0	0.024 1	−0.001 9	0.000 1	−0.000 3
	无接触单元	−0.033 3	0.003 0	0.009 3	−0.001 8	0.000 0	−0.000 2
	差值	−0.028 6	0.003 0	0.014 8	−0.000 2	0.000 0	−0.000 1

3. 接触单元对地震作用的影响

（1）计算分析方案5和方案6的塔体结构自振频率见表4。从表4中可以清楚看出，地基接触面是否采用接触单元对塔体结构自振频率影响是很小的，最大约为3.0%。

（2）计算分析方案5和方案6的3个观测点的正应力和剪应力见表5。从表5中可以清楚看出，地基接触面是否采用接触单元对振型分解反应谱法计算地震反应的影响很小；对塔体剪应力的影响可以忽略不计；对底板顶面控制性正应力 σ_z 影响略大，达到13.0%，对其他部位控制性正应力的影响小于3.0%。

表4 方案5和方案6塔体结构自振频率

阶数	无接触单元频率(Hz)	有接触单元频率(Hz)	相对百分比(%)	阶数	无接触单元频率(Hz)	有接触单元频率(Hz)	相对百分比(%)
1	5.16	4.99	3.15	6	17.99	17.54	2.50
2	6.49	6.40	1.44	7	19.59	19.16	2.20
3	10.26	10.02	2.32	8	21.50	20.99	2.35
4	13.71	13.63	0.55	9	23.91	23.77	0.59
5	15.51	15.43	0.55	10	25.14	25.12	0.08

表5 方案5和方案6观测点应力 MPa

观测点		σ_x	σ_y	σ_z	τ_{xy}	τ_{yz}	τ_{zx}
A	有接触单元	0.028 21	0.004 99	0.016 46	0.014 03	0.000 46	0.004 58
	无接触单元	0.026 66	0.002 57	0.014 22	0.013 81	0.000 28	0.004 21
	差值	0.001 55	0.002 42	0.002 24	0.000 23	0.000 18	0.000 38
B	有接触单元	0.015 07	0.388 78	0.041 72	0.009 21	0.066 94	0.007 62
	无接触单元	0.015 56	0.381 06	0.039 27	0.009 91	0.066 06	0.007 65
	差值	−0.000 49	0.007 72	0.002 45	−0.000 70	0.000 88	−0.000 03
C	有接触单元	0.423 11	0.126 91	0.355 89	0.330 58	0.176 48	0.019 12
	无接触单元	0.419 95	0.125 69	0.352 24	0.327 23	0.174 75	0.018 96
	差值	0.003 16	0.001 22	0.003 65	0.003 35	0.001 73	0.000 17

4. 误差来源分析　有限元计算误差主要来源于本构模型、屈服准则、网格剖分、计算参数和边界条件等，对于这些因素本文不作分析，而是要分析在接触单元（也有的叫节理单元）中，接触面与目标面的相互嵌入而引起的误差，见图1。接触单元是由接触面与目标面上的两组单元组成的，在外力的作用下，若法向刚度、目标接触刚度等参数不恰当，就很容易发生接触面与目标面相互嵌入。相互嵌入就会额外引起应力增加。图2表示仅在结构自重状态下，地基反力在观测点A产生的正应力 σ_z 与嵌入量的关系。

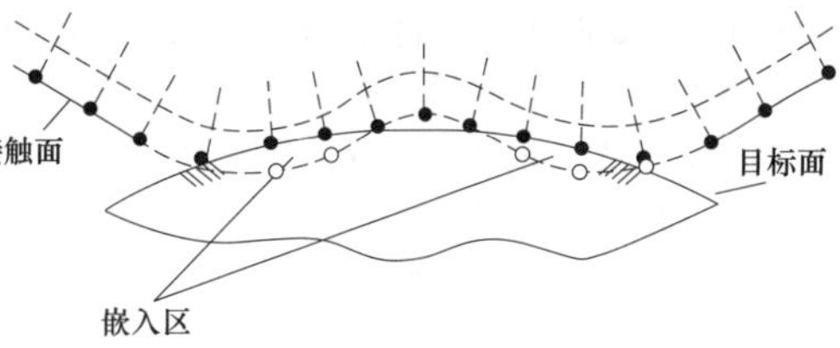

图 1　接触面的相互嵌入

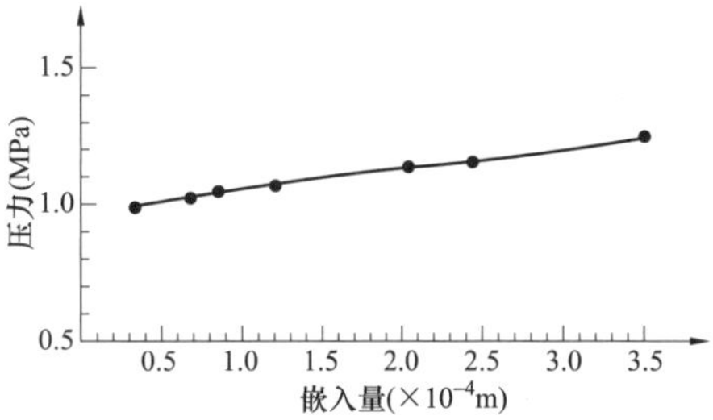

图 2　观测点 A 的正应力 σ_z 与嵌入量

经计算：当 $\beta=0$ 时，$\sigma_z=0.978\ 1$MPa，比无接触单元时的应力值大 4.7%；当 $\beta=0.001$ 时，即嵌入量为 1.0mm，$\sigma_z=1.708\ 1$MPa，比无接触单元时的应力值大 82.9%。因此，在进行接触非线性分析时，要尽量调整法向刚度、目标接触刚度等参数，降低接触面与目标面相互嵌入量，从而达到降低接触单元本身引起的误差。经分析，要把接触单元本身引起的误差降到 10%以下，接触单元中的接触面与目标面相互最大嵌入量不得超过 0.1mm。

通过反复调整接触单元特性参数计算，发现接触单元的两个面不发生相互嵌入是很难的，尤其是在多组单元或多组接触面情况下，可以说一定发生相互嵌入。不仅有限元如此，目前被认为能很好解决接触非线性问题的非连续变形法（DDA）和流行法（NMM），在分析若干组节理岩体时，也无法避免两个面相互嵌入。

（四）结语

进水塔基础接触面的力学模型对扬压力作用的影响是非常明显的，对地基反力、地震作用影响是很小的。基础面是一弱面，理论上按接触问题处理合理，但由于接触单元的接触面与目标面容易发生相互嵌入，而易产生应力增加或降低的假象，因此，对接触单元的应用一定要慎重，计算中可采用某些对比计算（如进行简单的解析解计算）或与监测数据进行对比，保证计算结果的可靠性。

（中国水电顾问集团西北勘测设计研究院　石广斌）

枢 纽 布 置 设 计

金安桥水电站枢纽布置

金安桥水电站是金沙江中游河段“一库八级”水电规划的第五级电站，工程开发任务为发电。坝址以上河长 2426km，落差 4106m，河道平均坡降 1.69‰，控制流域面积 23.74 万 km^2，多年平均流量 1640m^3/s。水库正常蓄水位 1418.0m，死水位 1398.0m，正常蓄水位的相应库容为 8.47 亿 m^3，调节库容为 3.46 亿 m^3，具有周调节性能。电站装机容量 2400MW，单独运行时电站保证出力 473.70MW，年发电量 110.43 亿 kW·h；龙盘水库投入后，保证出力 1351.3MW，年发电量 129.02 亿 kW·h。

（一）地质条件

枢纽区金沙江的总体流向为由北向南，在左岸 9 号冲沟口上游的河道较为顺直，下游水流转向为 S24°W，河道呈弧形，左岸属凹岸，右岸属凸岸。枯期河水面高程 1294m，水面宽 60～100m，水深约 10m。河谷呈 V 形，为纵向单斜谷，山体雄厚，两岸地形基本对称。两岸无深切冲沟，地形相对完整。右岸高程 1320～1350m 之间有长约 1500m、宽 100～170m 的平缓台地。

坝址区左岸分布有 3 处崩塌堆积体。B_1 崩塌堆积体在上游，体积约 276 万 m^3，前缘分布高程为 1400m。在其下游约 740m 是 B_2 崩塌堆积和卸荷松弛岩体，分布高程 1370～1495m；其中松弛岩体沿 t_{1c} 泥化夹层产生蠕滑拉裂，形成卸荷松动岩体，体积约 52 万 m^3，其上部覆盖有厚 15～25m 的崩塌坡积层，体积约 32 万 m^3。B_{20} 崩塌堆积体分布在 B_2 下游 200～400m 处，体积约 226 万 m^3，前缘最低点已延伸至江边。

坝址分布的基岩主要为玄武岩、杏仁状玄武岩及火山角砾熔岩，其间夹有 t_{1a}、t_{1b}、t_{1c} 及 t_2 等层凝灰岩夹层。凝灰岩顺层分布，缓倾右岸偏下游。t_{1c}、t_2 具有顺层错动挤压，在浅表部有泥化现象。t_{1c} 在左岸 B_2 范围的宽度为 1～2m，泥化现象严重，但向上游其地表出露分布高程逐渐抬高，宽度变窄，形状变好。河床部位分布有 t_{1a}、t_{1b} 两层凝灰岩夹层，顺水流方向倾向下游，其中 t_{1b} 埋藏在建基面以下 30～50m，t_{1a} 埋藏深度大于 85m，均未发现泥化及失水易崩解现象。t_{1b}完整性好，强度高，与其相邻的层玄武岩接触紧密。

河床冲积层厚度5～9m，冲积层底部至t_{1b}之间分布有厚30～50m的裂面绿泥石化岩体。受爆破开挖扰动及遇水易产生卸荷松弛，岩体破碎，整体强度降低。由于裂面绿泥石化岩体厚度较大，不可能全部挖除。

枢纽区岩层呈单斜构造，玄武岩流层呈舒缓波状，其总体产状倾向右岸略偏下游，倾角12°～30°。左岸为顺向坡，右岸为逆向坡。左岸除t_{1c}上盘局部地段风化卸荷较深外，一般为40～60m，河床为10～15m，右岸为20～50m。

枢纽区无区域性Ⅰ级断层分布，Ⅱ级断层分布有3条且远离主要建筑物，Ⅲ级断层分布有F_{63}等5条仅对右岸两条导流洞有影响，断层均以陡倾角为主。发育的缓倾角结构面主要为绿帘石及石英脉错动面（EP），质坚硬，在卸荷带内错动面常张开，在微新岩体中张开不明显。其抗剪参数值顺坡（倾向）明显低于顺河（走向）方向，相差达一倍。一般延伸较长，多数大于10m，最长达200m。

（二）枢纽布置方案选择

1．坝型　坝址心墙防渗土料的质量和数量不够理想，可行性研究阶段研究了面板堆石坝右岸溢洪道方案与混凝土重力坝坝后厂房右岸溢洪道方案进行比选，经技术经济综合比较，确定混凝土坝为选定坝型。

2．坝线　对位于B_1及B_2崩塌堆积体之间的Ⅰ、Ⅱ、Ⅲ勘线作为碾压混凝土重力坝比选坝轴线。Ⅰ勘线至Ⅲ勘线间距离约150m，Ⅱ勘线位于Ⅰ、Ⅲ勘线之间。Ⅲ勘线两岸均有冲沟切割，坝后厂房及泄洪建筑物距B_2崩塌堆积及卸荷松动体仅40m。受B_2崩塌堆积、绿帘石石英脉的错动面（EP）及t_{1c}凝灰岩夹层影响相对较大。地形地质条件明显劣于Ⅰ线和Ⅱ线。Ⅰ、Ⅱ勘线的工程地质条件基本相似，都具备修建混凝土重力坝的条件，地质条件差异不大，枢纽布置格局相同，但Ⅱ勘线枢纽方案主要工程量明显少于Ⅰ勘线枢纽方案。因此，确定Ⅱ线为选定坝轴线。

3．枢纽布置格局　通过长期对枢纽布置格局的多方案研究后，分别确定了碾压混凝土重力坝右岸溢洪道河中坝后厂房枢纽布置方案和碾压混凝土重力坝河中溢流右岸地下厂房枢纽布置方案为枢纽布置格局比选的代表方案。对两个代表方案相应的主要建筑物进行专项科研和深化设计后，从地形地质条件、工程枢纽布置、运行环境、工程投资及施工工期等方面综合比较，选定坝后厂房枢纽布置方案。

（三）枢纽总布置

电站枢纽总布置见图1，主要由拦河坝、河中坝后式厂房、右岸坝身表孔溢洪道及右岸泄洪冲沙底孔组成。左岸冲沙底孔的压力钢管前段穿坝布置，后段从主房安装间下方延伸至下游；河中厂房坝段坝身布置电站进水口及引水压力半背管，坝后布置主副厂房及GIS楼；在厂房坝段及溢流坝段之间，布设2孔泄洪冲沙底孔；右岸溢流坝段布置5个溢流表孔，坝身反弧段后接长泄槽及消力池。

（四）主要建筑物

本工程为大（1）型，工程等别为一等。其主要建筑物：碾压混凝土重力坝、泄洪建筑物和引水发电建筑物属1级建筑物。次要建筑物属3级建筑物。

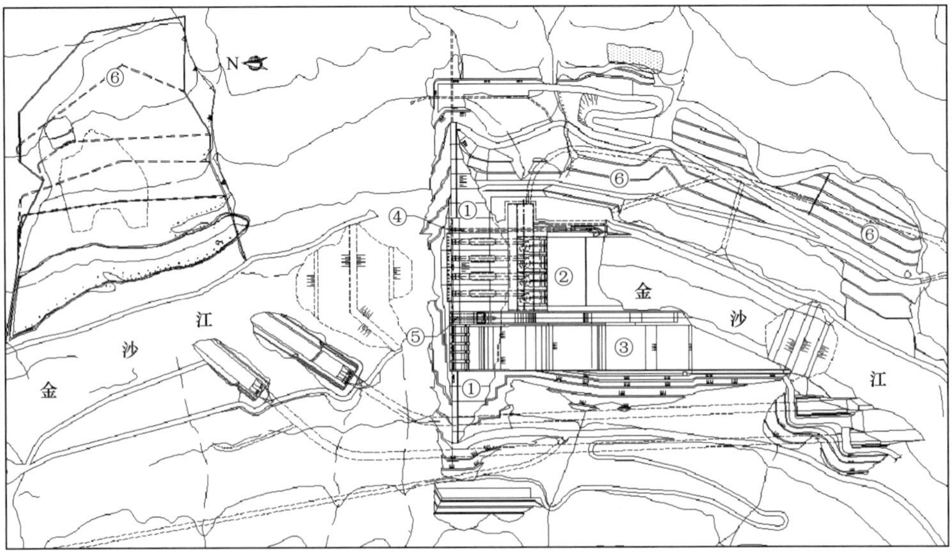

图1　金安桥水电站枢纽总布置图

①—碾压混凝土重力坝；②—坝后厂房；③—溢洪道泄槽及消力池；④—左岸冲沙底孔；⑤—右岸泄洪冲沙底孔；⑥—依次为B_1、B_2、B_{20}崩塌堆积体

1. 碾压混凝土重力坝　碾压混凝土重力坝坝顶高程1424m，建基面最低高程1264m，最大坝高160m，坝顶长度640m。非溢流坝段坝顶宽度12m，电站进水口坝段坝顶宽度16m。上游坝面在1330m高程以上为铅直，以下坝面坡度为1∶0.3。下游坝面坡度为1∶0.75。大坝共分21个坝段，0～5号坝段为左岸非溢流坝段，长192m；6号坝段为左冲沙底孔坝段，长30m；7～11号坝段为坝后厂房坝段，长156m；12号坝段为右岸泄洪冲沙双底孔坝段，长26m；13～15号坝段为溢流表孔坝段，布置5个溢流表孔，长93m；16～20号坝段为右岸非溢流坝段，长143m。

2. 泄洪冲沙建筑物　泄洪冲沙建筑物的设计洪水标准为500年一遇，校核洪水标准为5000年一遇，消能防冲建筑物设计洪水标准为100年一遇，相应洪峰流量分别为14 700、17 900、12 400m^3/s。经水库调洪后5000年一遇时下泄流量为17 653m^3/s。天然情况下金安桥水电站坝址年平均输沙量3995万t，正常蓄水位1418m以下水库总库容8.47亿m^3，库沙比约为26，在上游龙盘调节水库建成前电站单独运行时工程泥沙问题突出。为此，通过右岸泄洪兼冲沙双底孔和左岸冲沙底孔的排沙作用，采用水库排浑蓄清的运行方式，以期达到保证水库的调节库容，降低坝前淤沙高程及保障进水口“门前清”的目的。

(1) 右岸表孔溢洪道，由闸室控制段、泄槽段、消力池及出池护坦组成。泄槽末端设6m跌坎，在消力池中形成混合流消能，最大临底流速约14.96m/s。溢洪道水平投影总长为394～594m，消力池净宽为88m。堰顶高程1398.0m（与死水位同高程），采用WES堰型，设5孔13m×20m工作弧门，校核洪水位时最大泄量为14 980m^3/s。消力池前段底板高程1276.5m，后段底板高程1282.5m，出池护坦高程1298.00m。

(2) 左岸冲沙底孔，进口底高程1305m，压力钢管管径6.5m，前段穿坝布置，后段从主房安装间下方通过，出口设孔口尺寸为4m×4m弧形工作门，采用扭鼻坎挑流消能。该底孔不参与泄洪，主要功能是冲沙及下闸蓄水时向下游供水，最大下泄流量为566m^3/s。

(3) 右岸泄洪冲沙底孔，进口高程1335m，设孔口尺寸为5m×8m的工作弧门，在水库校核水位时最大泄量为2674.9m^3/s。泄槽末端采用挑流消能。

3. 引水发电建筑物　电站厂房布置在河中7～11号坝段，进水口为沿坝面立式布置，进口高程1370.0m，分别设检修门及事故门，孔口尺寸分别为9m×14m和9m×12m。拦污栅平台悬出上游坝面10m，平台底高程1366.0m。引水管为单机单管布置，管径10.5m，采用钢衬压力半背管，外包1.5m钢筋混凝土。主厂房体形尺寸为215m×34m×79.2m（长×宽×高），安装4台600MW水轮发电机组。从左至右依次布置安装间、主机段及副安装间，机组安装高程1285.0m，发电机层高程1303.0m，机组间距34m。水机副厂房共分7层，布置在尾水管的上方，布设抽水、通风及辅助设备。尾水管设置8扇检修门（11.64m×11m）。上游电气副厂房布置电气设备、母线及GIS，楼顶为出线场；厂坝间填筑至1320.0m高程，以作主变压器平台利用。中控楼布置在上游侧电气副厂房的左端头。

进厂交通洞（10m×12m）布置在左岸，从安装间左端进入主厂房。

（中国水电顾问集团昆明勘测设计研究院　洪永文）

沙沱水电站枢纽布置特点

（一）工程概况

沙沱水电站是乌江干流12座梯级电站的第九级，是乌江流经贵州省境内的最后一级电站，位于贵州省沿河县城上游约7km处，距贵阳市421km，距下游彭水水电站115km，距上游思林水电站114.4km。电站以发电为主，其次为航运、兼顾防洪等综合效益。水库正常蓄水位365.00m，总库容9.21亿m^3，电站装机4×280MW，是系统中调峰、调频、事故和负荷备用的电源点。

（二）枢纽布置

1. 坝址选择　经工程地质和水文地质综合分析论证，可选坝址仅在上游淇滩渡口与下游沙沱大桥之间的1.0km河段，有上（淇滩）、下（沙沱）两个坝址。上坝址河谷狭窄，主要岩体为奥陶系桐梓组（O_1t^{2-2}、O_1t^{2-3}）中厚层、厚层白云质灰岩，岩体坚硬，宜修建刚性坝；但两岸岩溶发育，水文地质条件非常复杂，且左岸库区沿F_{46}断层存在渗漏通道，帷幕线需穿过渗漏通道与地下水位相接，防渗帷幕工程量较大。下坝址河谷开阔，主要岩体为奥陶系桐梓组（O_1t^{2-2}、O_1t^{2-3}）中厚层、厚层白云质灰岩和红花园组（O_1h）厚层结晶灰岩，岩体坚硬，右岸高高程分布有奥陶系湄潭组（O_1m^1）软岩，宜修建刚性坝和当地材料坝；水文地质条件相对简单，防渗帷幕线均与两岸一定范围内出露的奥陶系湄潭组（O_1m^1）页岩相对隔水层相接，结合河湾地形进行库区F_{46}断层的渗漏通道帷幕封堵，防渗帷幕工程量相对上坝址小。经分析比较，下坝址适合大泄量泄洪建筑物的布置，河中出露礁滩有利于导流建筑物的布置，且防渗工程量大大少于上坝址，较上坝址混凝土坝方案投资节省近3.0亿元。因此，可行性研究报告中推荐下坝址。

2. 坝型选择　下坝址针对重力坝和面板堆石坝进行了比较。重力坝方案枢纽布置较顺畅，可通过坝身布置规模较大的泄洪建筑物，通航建筑物采用垂直升船机型式，采用分期导流方式，导流工程较为简单。面板堆石坝方案只能在岸边设泄洪、引水发电、通航建筑物，而坝址区无天然垭口，溢洪道需开挖岸坡形成，开挖和支护工程量均较大，施工导流布置困难且工程量较大，综合投资比重力坝方案高约 8.0 亿元。最终选用混凝土重力坝。

3. 总布置原则　根据坝址区地形地质条件、电站承担的任务和安全运行需要，枢纽建筑物布置要遵循如下原则：① 挡水建筑物布置避开上、下游横河向的 F_{88} 和 F_2 断层；② 利用主河道及靠右岸深槽布置泄洪建筑物，使泄洪水流归槽和消能条件良好；③ 利用左岸级阶地布置引水发电系统，减少泄洪水流对电站尾水出流的影响；④ 右岸建筑物布置尽可能避免高高程湄潭组（O_1m^1）软岩地层的高边坡开挖。

4. 选定方案　最后选定的枢纽总布置由碾压混凝土重力坝、库首防渗工程、坝身溢流表孔、左岸引水坝段、坝后厂房及右岸垂直升船机等建筑物组成，形成了主河道泄洪、左岸布置引水发电系统、右岸布置通航建筑物的枢纽布置总格局。枢纽布置见图 1。

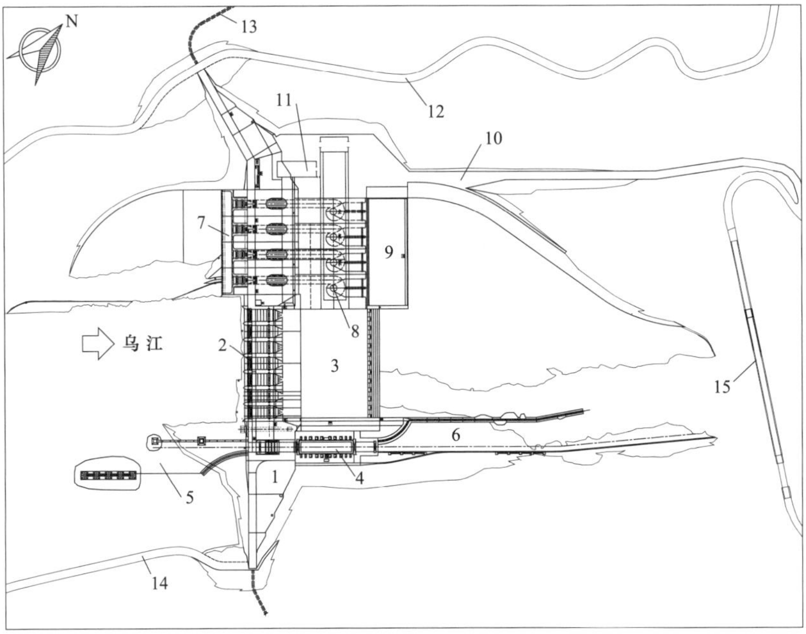

图 1　沙沱水电站枢纽布置图

1—碾压混重力坝；2—溢流表孔；3—消力池；4—垂直升船机；5—上游引航道；6—下游引航道；7—进水口；8—发电厂房；9—尾水渠；10—进厂公路；11—GIS 开关站；12—1 号公路；13—帷幕灌浆隧洞；14—2 号公路；15—沙沱大桥

（三）主要建筑物

1. 拦河大坝及防渗工程　碾压混凝土重力坝最大坝高 101m，坝顶全长 631m，宽高比 5.68。坝顶高程 371m，坝顶宽 10m，最大底宽 83.39m，坝体上游坝坡为 1∶0.15，下游坝坡为 1∶0.75，坝轴线布置上游避开了横河向 F_{88} 断层，相距约 40m，为下游泄洪消能建筑物远离沙沱大桥留出空间。坝体材料共分四个区，混凝土总量约 139 万 m^3，以 C15 碾压混凝土为主。在两岸非溢流坝段拟采用四级配碾压混凝土。坝基岩体主要为奥陶系桐梓组（O_1t）和红花园组（O_1h）地层，坝基开挖以挖除控制深层抗滑稳定的 J4 夹层为主，两岸边坡开挖坡比均不陡于 1∶1。坝体共分 16 个坝段，根据各坝段布置情况，并结合施工工艺增设诱导缝。防渗帷幕底部接桐梓组第一段（O_1t^1）钙质页岩相对隔水层，两岸接湄潭组（O_1m^1）泥灰岩和钙质页岩相对隔水层，库区左岸 F_{46} 渗漏通道结合河湾地形进行帷幕封堵，形成封闭的库首防渗系统。两岸共设两层帷幕灌浆隧洞，在坝基底部设一层灌浆廊道，沿岸坡设斜坡廊道与两岸的底层灌浆隧洞相接，最大灌浆深度约 100m。

2. 泄洪建筑物　采用坝身溢流表孔型式。溢流坝段长 143m，设有 7 个溢流表孔，孔口尺寸为 15m×23m（宽×高），堰顶高程 342m，最大下泄流量为 32 035m^3/s（$P=0.05\%$）。采用台阶堰面＋宽尾墩＋消力池联合运用的消能型式，消力池长 100m，底板高程 287m。每个溢流表孔堰上均设有一扇弧形工作闸门，由液压启闭机启闭。在弧形闸门上游设有平板检修门门槽，7孔共用2扇检修门，由坝顶移动式门机启闭。

3. 引水发电系统及开关站

（1）引水系统：进水口布置于左岸取水坝段，前沿宽130.10m，底板高程328m；设8m×10.1m（宽×高）平板检修门和平板快速事故门各一道。采用一机一管的供水方式，4条压力钢管采用坝后背管，直径10m，单机最大引用流量490.4m^3/s，引水管路总长146.45m。

（2）发电厂房：位于左岸取水坝段下游，轴线平行于坝轴线，相距109m；厂房右侧紧靠消力池，其右端墙兼作消力池左导墙。厂区枢纽由主厂房、上游副厂房、上游主变压器室及GIS开关站、左端上游中控楼、下游副厂房、下游尾水平台、尾水渠及进厂交通等建筑物组成。主厂房总长193.3m，高74.25m，宽35.5m，净跨28.5m，内装4台单机容量280MW的水轮发电机组，机组安装高程285.0m，发电机层高程306.5m。进厂平台高程326.0m，由厂房下游左岸公路进厂。

（3）GIS开关站：布置于上游副厂房上游侧的厂坝间的326m平台上，为户内式GIS开关站，通过安装间左侧的装卸场连接交通。升压开关站尺寸为133.4m×18.5m（长×宽）。

4. 通航建筑物　采用垂直升船机型式，布置于溢流坝段的右侧，轴线与坝轴线垂直，坝段总宽48.5m。升船机本体段与消力池相邻，消力池右导墙兼作升船机本体段结构施工的纵向围堰。垂直升船机为1×500t级，最大垂直提升高度74.88m，建筑物由上游引航道、上游闸首、升船机本体段、下游闸首、下游引航道组成，全长约806m。上游最高通航水位为365.00m，最低通航水位为353.50m；下游最高通航水位为297.10m，最低通航水位为290.12m。

（四）枢纽布置的主要特点及技术难点

（1）采用的枢纽总布置格局充分体现了对坝址区的地形地质条件的适应性。上游避开横河向F_{88}断层，下游避免对沙沱大桥的影响，左岸充分利用阶地布置坝后式厂房，右岸尽可能减小湄潭组（O_1m^1）软岩地层的边坡开挖。

（2）将泄洪建筑物布置于主河床上，并采用台阶堰面＋宽尾墩＋消力池联合运用的消能型式，有效解决了泄洪建筑物的安全泄洪和下游消能防冲问题。同时台阶堰面的设置为坝体碾压混凝土的施工提供了便利。

（3）利用左岸级阶地布置坝身取水、坝后厂房，既减少了开挖工程量，又尽可能缩短了引水管路。利用厂房右端墙兼作消力池左导墙，节省了厂房开挖和混凝土工程量；同时，充分利用厂坝间的空间布置上游副厂房和开关站，使枢纽布置更为紧凑。

（4）通航建筑物布置于泄洪建筑物右侧靠右岸，结合分期导流设计，充分利用了通航建筑物上、下游引航道和通航坝段预留缺口作为右岸顺畅的导流和度汛通道，使整个工程的施工工期更为紧凑。同时利用消力池右导墙作为通航建筑物本体段施工的纵向围堰，永久和临时建筑物的结合在本工程中得到了最大限度的展现。

（5）积极采取新技术、新工艺，将四级配碾压混凝土筑坝技术应用于两岸挡水坝段，属国内首创；开展坝后背管结构应力分析及连接型式技术研究与应用科研工作，其成果的应用取消了伸缩节，节约投资约1000万元；硬填料筑坝技术在二期下游围堰工程中的应用亦属国内首创。

（6）由于河床溶蚀裂隙和断层结构面纵横深度发育，左岸导流时，河水通过纵向围堰基础渗漏，右岸施工基坑涌水严重，影响开挖和混凝土浇筑。通过对基坑涌水点分布和水量调查研究，采取堵、排结合，解决了施工难题，确保了工程进度。

（7）受基础缓倾角结构面和溶蚀裂隙影响，坝基深层抗滑问题较突出，根据开挖揭露的实际情况，加强基础物探监测，进行动态设计，及时复核分析并调整处理措施，确保大坝安全。

（中国水电顾问集团贵阳勘测设计研究院
罗洪波　姚元成）

其　他

沙沱水电站施工导流设计

（一）概况

沙沱水电站位于贵州省沿河县，是乌江干流规划的第九个梯级，坝址以上控制流域面积为54 508km^2，下游有彭水水电站，上游为思林水电站。

电站为二等大（2）型工程，装机容量1120MW（4×280MW），正常蓄水位365.00m，总库容9.21亿m^3，枢纽由碾压混凝土重力坝、左岸引水发电系统、坝身溢流表孔及右岸通航建筑物组成，坝顶高程

371.00m，最大坝高101m，坝顶全长631m。通航建筑物为垂直升船机，过坝船舶吨位500t级。建设工期5年零6个月。

根据坝址处河床宽阔，枯期河床中有礁滩出露，碾压混凝土坝型也便于实施坝身过流的特点，通过分析比较，确定本工程采用分期导流方式，利用礁滩修筑纵向混凝土围堰，前期由左岸河床泄流，中、后期洪水由坝体导流底孔及缺口联合下泄。

（二）自然条件

1. 水文气象　本流域内雨量丰沛，沙沱坝址以上流域多年平均降水量为1091mm，降水的年内分配很不均匀，5～8月降水量占全年的58.1%。5～10月为汛期，大暴雨多发生在6～7月，一次暴雨持续时间一般为1～3d，洪水过程线以复峰和双峰居多。另外，由于本流域地处高原山区，昼夜温差大，常形成夜雨。多年平均气温17.5℃，实测极端最高气温42.0℃，实测极端最低气温－5.4℃。沙沱水电站不同频率分期洪水成果见表1。

表1　沙沱水电站不同频率分期洪水成果

施工时段	起讫时间	沙沱坝址设计值（m^3/s）				
		20%	10%	5%	2%	1%
3个月	12月1日～2月28日	871				
5个月	12月1日～4月30日	994				
6个月	10月26日～4月25日	3800	4820	6540	8380	
6个月	11月6日～5月5日	3720	4820	6100	7280	
6个月10天	11月6日～5月15日	4540	5680	6810	8270	
6个月20天	11月6日～5月25日	5710	7380	9060	11 300	
全年	1月1日～12月31日	12 300	14 800	17 300	20 400	22 700

2. 地形地质　坝址河段地形较为宽阔，河谷呈不对称的V形谷，枯期河水面宽90～150m。河床中间有大型礁滩，礁滩宽50～110m，高程288.30～292.64m，大部分时间露出水面，礁滩距左岸15～25m，河床较浅，枯季水深0.2～4.5m；礁滩距右岸25～87m，河床深4.5～30.4m，为纵向深槽。河谷两岸均发育Ⅰ级侵蚀阶地，阶地高程320～335m，坝址区连续出露奥陶系桐梓组（O_1t）至志留系龙马溪群（S_1Ln）地层，河水面至320m高程为灰岩河谷陡岸，Ⅰ级阶地以外为湄潭组（O_1m）碎屑岩形成的侵蚀低山，第四系（Q）覆盖层分布于两岸Ⅰ级阶地和河床深槽。

（三）导流时段、标准及程序

沙沱水电站各施工期导流时段、标准及程序如下：

（1）2006年12月16日～2007年4月30日，进行左岸河床扩挖、纵向混凝土围堰Ⅰ区和Ⅲ区295.00m高程以下部位及纵向混凝土子堰的施工；选取枯期5年一遇洪水标准，流量为$Q_{20\%}=994m^3/s$，泄流通道为右岸原河床，河床水位为292.52m。

（2）2007年11月6日～2008年5月5日，右岸河道截流，堆筑一期上、下游围堰，同时进行纵向混凝土围堰Ⅰ区和Ⅲ区295.00m高程以上部位、纵向混凝土围堰Ⅱ区、右岸坝段和通航建筑物常枯水位以下部位的开挖及混凝土浇筑施工；选取枯期10年一遇洪水标准，流量为$Q_{10\%}=4820m^3/s$，泄流通道为左岸河床。本时段内必须形成导流底孔和缺口，且右岸坝体临时断面高程高于307.00m，一期上、下游围堰挡水水位高程分别为306.45m和300.11m。

（3）2008年5月6日～11月5日，右岸坝段过水，右岸坝段、通航建筑物施工停止，泄流通道为左岸河床、右岸坝段、缺口和导流底孔；度汛流量为全年10年一遇洪水标准，相应流量$Q_{10\%}=14\ 800m^3/s$。

（4）2008年11月6日～2009年5月5日，左岸河道截流，堆筑二期上、下游围堰，同时进行左岸坝段、引水坝段和厂房等常枯水位以下部位的开挖及混凝土浇筑施工。此时段左岸坝体及进水口临时断面高程应高于308.00m，设计洪水标准选择枯期10年一遇洪水，流量为$Q_{10\%}=4820m^3/s$，泄流通道为右岸坝体缺口和导流底孔；二期上、下游围堰挡水水位高程分别为307.30m和300.11m。

（5）2009年5月6日～11月5日，左岸坝段河床过水，左岸坝段施工停止，泄流通道为左岸坝段、右岸坝体缺口和导流底孔，度汛流量为全年20年一遇洪水标准，相应流量$Q_{5\%}=17\ 300m^3/s$。

（6）2009年11月6日～2010年5月5日，引水坝段及厂房继续施工，泄流通道为右岸导流底孔和坝体缺口，设计洪水标准选择枯期10年一遇洪水，流量为 $Q_{10\%}=4820m^3/s$，期间坝体整体碾压至336.80m高程。

(7) 2010年5月6日～11月上旬，坝体碾压至336.80m高程以满足全年施工要求，此期间泄流通道为右岸导流底孔和坝体缺口，度汛流量为全年50年一遇洪水标准，相应流量 $Q_{2\%}=20\ 400m^3/s$。

(8) 2010年12月上旬～2011年2月下旬，通航坝段预留缺口封堵，泄流通道为右岸导流底孔。2011年2月下旬，右岸导流底孔开始下闸，先封堵1号导流底孔，由2号导流底孔导流，导流设计标准选取10年一遇洪水，相应流量为 $543.2m^3/s$；2号导流底孔于2011年4月底下闸，下闸标准选取10年一遇洪水，相应流量为 $1138m^3/s$。2号底孔下闸后库区开始蓄水，并于2011年12月1日第一台机组发电。

(四) 导流建筑物设计

本工程导流建筑物由纵向混凝土子堰，纵向混凝土围堰，一期上、下游围堰，二期上、下游围堰，导流底孔及缺口组成。一期和二期施工导流平面布置图分别见图1与图2。

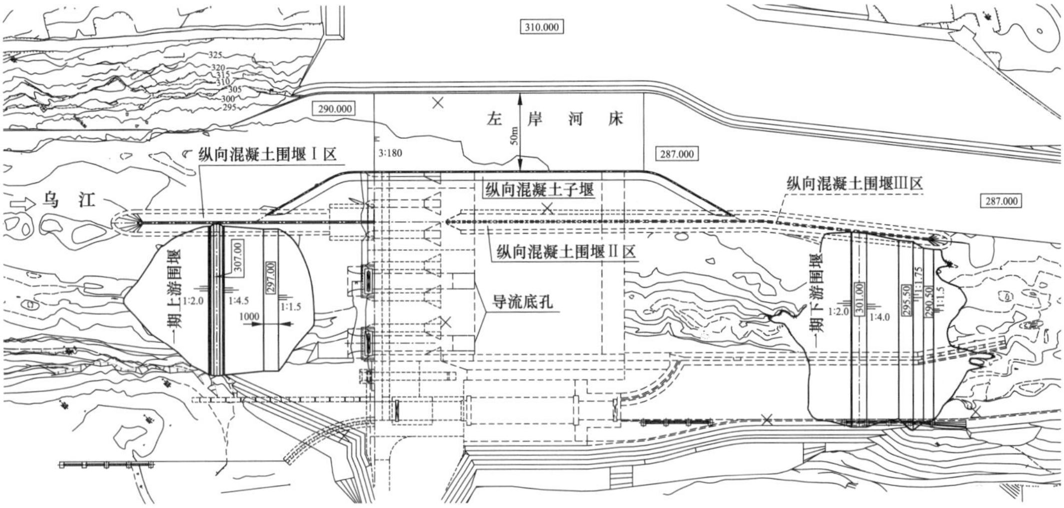

图1　一期施工导流平面布置图

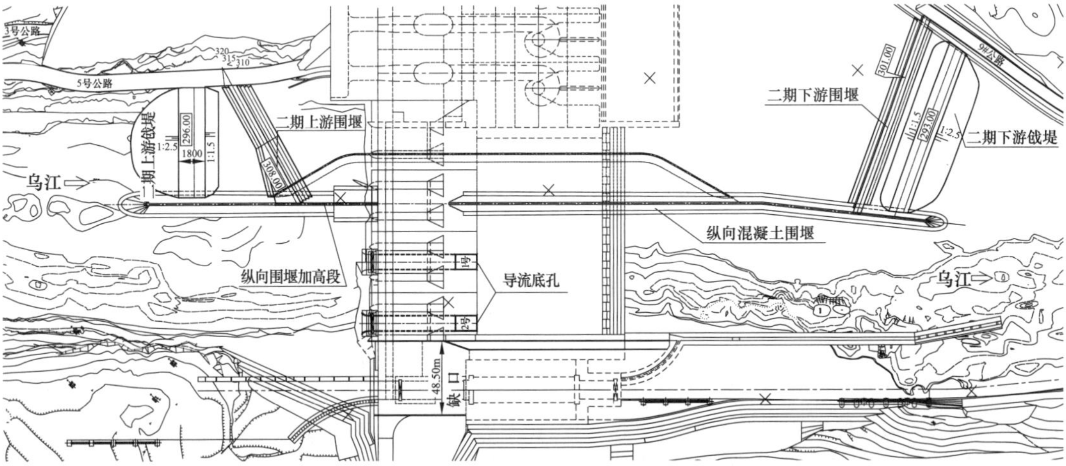

图2　二期施工导流平面布置图

1. 纵向混凝土子堰　堰体体形为梯形结构，堰顶高程295.00m，顶宽1.0m，长326.076m，最大堰高8.5m，迎水面为垂直墙面，背水面坡度1∶0.75，堰体材料292.00m高程以下为C20常态水下混凝土，

292.00m高程以上为C15常态混凝土。堰体不设防渗体，沿子堰轴线从堰顶设置入岩8m，间距2m的防渗灌浆孔进行堰基防渗。

2. 纵向混凝土围堰　纵向混凝土围堰总长564.672m，上游端顶高程307.00m（二期截流后，纵向混凝土围堰坝纵0＋000.00～坝纵0－060.00m桩号段加高至308.00m高程，以满足施工期挡水要求），下游端顶高程301.00m，分为三区：Ⅰ区为导0－176.725～0－030.000m桩号段，Ⅱ区为导0－030.000～0＋177.125m桩号段，Ⅲ区为导0＋177.125～0＋385.947m桩号段。除Ⅱ区坝体段属永久结构，按大坝永久建筑物设计外，坝体以外部分按临时建筑物设计，堰体体形为梯形结构，顶宽1.5m，最大堰高25.536m，两侧坡度为1∶0.35。Ⅰ区和Ⅲ区堰体材料292.00m高程以下为C20常态水下混凝土，292.00m高程以上为C15常态混凝土，堰体不设防渗体，沿围堰轴线两侧堰脚292.00m高程设置入岩8m、间距2m的防渗灌浆孔进行堰基防渗；Ⅱ区坝体以外堰体材料为C15常态混凝土，堰体不设防渗体，Ⅱ区坝体上游段由于堰基裂隙发育较深，要求在围堰轴线两侧堰脚282.00m高程设置入岩大于15m、间距2m的防渗灌浆孔进行防渗，Ⅱ区坝体下游段由于建在消力池上，故堰体和堰基均不再设防渗体。

3. 一期围堰　按土石过水围堰体形设计，堰体由块石、反滤层、土石渣、防渗体、护面结构等组成。

（1）上游围堰，堰顶高程307.00m，最大堰高28m，堰顶宽10m，堰顶长度96m。由于围堰过水时基坑落差大，为降低围堰护面保护难度，在上游围堰顶设置子堰，堰高4.0m，顶宽4.0m，汛前需人工引溃。过流面顶高程303.00m，下接1∶4.5的泄流面，然后接297.00m高程消能平台，平台顶宽10m。围堰上游边坡为1∶2.0，下游边坡为1∶1.5，堰体296.00m高程以下采用双排塑性灌浆防渗，296.00m高程以上堰体采用黏土心墙防渗。

（2）下游围堰，堰顶高程301.00m，最大堰高32m，堰顶宽10m，堰顶长度126m，泄流面坡度为1∶4.0，然后接295.50m高程消能平台，平台顶宽10m。围堰上游边坡为1∶2.0，下游边坡为1∶2.0，堰体294.50m高程以下采用双排塑性灌浆防渗，294.50m高程以上堰体采用黏土心墙防渗。

4. 二期围堰　围堰型式为碾压混凝土围堰，按重力式围堰设计，堰体材料为C15三级配混凝土。

（1）上游围堰，堰顶高程308.00m，最大堰高20m，堰顶宽5m，堰顶长度103m。迎水面为铅直面，背水面为台阶状，由于上游围堰处堰基裂隙及渗漏通道发育，在迎水面295.00m高程灌浆平台（4m宽）设置间距1m、30m深的防渗灌浆孔进行防渗。

（2）下游围堰，堰顶高程301.00m，最大堰高14m，堰顶宽5m，堰顶长度137m。迎水面为铅直面，背水面为台阶状，在迎水面292.00m高程灌浆平台（4m宽）设置间距1m、12m深的防渗灌浆孔进行防渗。

5. 导流底孔及缺口

（1）导流底孔，共2个，矩形断面，尺寸为10m×12m（宽×高），孔底高程为287.00m，与消力池底板高程相一致。1号导流底孔轴线布置在坝横0＋397.50m桩号，2号导流底孔轴线布置在坝横0＋437.50m桩号。

（2）缺口布置在坝体第13号坝段，宽度为48.5m，为保证缺口封堵时混凝土的干地施工，底板高程为297.00m。

（五）截流设计

1. 一期截流　选择在2007年11月，采用11月5年一遇频率洪水，相应月平均流量为778m³/s。采用上游单戗立堵法截流，龙口设在纵向混凝土围堰右侧，由右岸向左岸进占，截流戗堤布置在上游围堰轴线的下游。戗堤设计断面为梯形，顶高程为296.00m，总长90m，顶宽15m，上、下游边坡均为1∶1.5，戗堤堤头设计边坡为1∶1.25。戗堤根据抛投材料分为预进占区、龙口Ⅰ区、Ⅱ区、Ⅲ区，预留龙口顶宽度30m。截流时最大落差为1.66m，最大平均流速为5.61m/s，最大单宽流量为26.45m³/(s·m)，最大单宽功率为26.85t·m/(s·m)，截流材料以大块石、钢筋笼和钢筋笼串为主。

2. 二期截流　截流时间为2009年4月。由于上游思林水电站首台机组发电，截流时只需考虑思林水电站单台机组发电流量加思林—沙沱坝址区间频率洪水作为截流设计流量。采用4月10年一遇频率洪水，相应月平均流量为670m³/s。采用上游单戗立堵截流方案，龙口设在纵向混凝土围堰左侧，由左岸向右岸进占，戗堤布置在上游围堰轴线的上游。戗堤设计断面为梯形，顶高程为296.00m，总长70m，顶宽15m，上、下游边坡均为1∶1.5，戗堤堤头设计边坡为1∶1.25。戗堤根据抛投材料分为预进占区、龙口Ⅰ区、Ⅱ区、Ⅲ区，预留龙口顶宽度30m。截流时最大落差为1.92m，最大平均流速为4.53m/s，最大单宽流量为15.73m³/(s·m)，最大单宽功率为25.16t·m/(s·m)，截流材料以大块石、钢筋笼和钢筋笼串为主。

（六）下游通航流量

根据通航要求，沙沱水电站下闸蓄水期间必须保证下游最小通航流量 228m³/s。在通航坝段预留一个通航流量孔，以保证在 2 号导流底孔下闸封堵时下游的通航流量。

通航流量孔底板高程设为 297.00m，断面尺寸为 5m×6m（宽×高），2 号导流底孔下闸前上游水位高程为 302.00m，下闸后通航流量孔刚好满足泄流量为 228m³/s。大坝蓄水从高程 302.00m 至水位 342.00m 期间由通航流量孔供给下游通航流量（$Q \geqslant 228m^3/s$）；当水位超过溢流堰堰顶高程 342.00m 时，由溢流表孔和通航流量孔联合下泄通航流量；当溢流表孔下泄流量超过 228m³/s 后，开始下闸封堵通航流量孔，通过控制溢流表孔开度，库水位不断上升，直至达到发电死水位 353.50m 后，厂房具备发电条件并能满足最小通航流量。

（七）施工期通航

沙沱水电站位于思南—沿河县之间的通航河段上，现有的船只、航道属于Ⅵ、Ⅶ级航道。经分析只有当流量小于 480m³/s 而大于 332m³/s 时，所对应的流速才适宜通航，船只自航（不考虑绞滩助航）的流速为 3.00m/s，而坝址区流量在此范围的时间仅一个月（枯期 10 年一遇流量），通航时间很短，不满足通航要求。因此，沙沱水电站施工期间，过坝物资只能通过设置在坝址处的上、下游码头经过公路转运过坝。

（中国水电顾问集团贵阳勘测设计研究院
谢　豪　罗　敏　周先练　张　庆）

锦屏二级水电站过水围堰设计

（一）工程概况

锦屏二级水电站位于四川省凉山彝族自治州木里、盐源、冕宁三县交界处的雅砻江干流锦屏大河湾上，是雅砻江干流规划建设的 21 座梯级电站中装机规模最大的水电站，装机 8 台，单机容量 600MW，总装机容量 4800MW。

本工程根据闸址地形地质条件，以及水文和枢纽布置特点，闸坝施工采用枯水期断流围堰、汛期围堰过水、右岸单洞导流方式。

（二）过水围堰设计

1. 设计标准　锦屏二级水电站闸坝为 1 级建筑物，根据相关规范规定，相应临时导流建筑物级别为 4 级。经对水文资料及施工条件分析，本工程过水围堰挡水标准采用枯水期 10 年一遇洪水，其相应导流设计流量为 1450m³/s。上、下游围堰采用土石过水围堰结构，从 2008 年 11 月 30 日河床截流至 2011 年 11 月初拆除，要经过三个汛期，过水度汛标准按全年 20 年一遇洪水设计，相应设计流量 Q=8850m³/s。

2. 地质条件　河床覆盖层较厚，粗细颗粒混杂，上、下游堰址处河床覆盖层厚度为 20～43m，按物质组成及颗粒大小由下至上可分为四层：① Q_3^{al} 含漂石卵砾石层，厚 12.15～19.35m，粒径一般为 2～12cm，孤石最大块径达 3m，呈磨圆状～次磨圆状；② Q_3^{pl+al} 含砂壤土碎砾石层，厚度变化大，且分布不稳定，约为 8.85m；③ Q_4^{al} 卵砾石含孤块石层及 Q_4^{Col+al} 含孤块石卵砾石层，前者在河床中均有分布，厚度 5.75～18.20m，后者厚度 0～6.40m；④ Q_4^{Col+al} 块碎石夹砾卵石层，一般厚 5～7m。

3. 围堰布置　根据雅砻江流域水文特性、坝址区河床覆盖层较深以及当地施工材料等条件，上、下游过水围堰均采用混凝土面板护面土石过水围堰型式，堰体及基础均采用塑性混凝土防渗墙防渗。根据 10 年一遇洪水流量（1450m³/s）水力学计算，上游水位为 1643.95m，上游围堰顶高程为 1644.5m（含上部子堰），最大堰高为 24.5m；下游水位为 1633.16m，下游围堰顶高程为 1633.8m，最大堰高为 19m。

4. 结构型式

（1）上游过水围堰采用混凝土面板护面土石围堰型式，堰顶高程 1641.0m，堰轴线处长 150.4m，最大堰高 21.0m，堰顶宽 10.0m，上游堰坡 1∶1.5～1∶3，下游堰坡 1∶3.5～1∶2，在 1626.0m 处设置宽 35.0m 的消能平台。堰体及基础防渗采用厚 0.8m 的塑性混凝土防渗墙，最大深度 60.0m。根据过水最大堰顶设计单宽流量 47.0m³/（s·m）、堰面最大平均流速 12.7m/s、过水时最大水位差 5.4m 等水力特性，围堰堰顶及下游坡面采用混凝土护面保护，混凝土护面厚 1.2m，面板设置排水孔和拉筋。根据导流模型试验，围堰下游堰脚结合基坑保护 65m 范围内采用厚 1.2m 钢筋石笼保护。围堰典型剖面见图 1。

（2）下游围堰也采用土石过水围堰型式，堰轴线长 107.0m，堰顶高程 1633.8m，最大堰高 19.0m，堰顶宽 6.0m，上游边坡为 1∶2，下游边坡为 1∶5～1∶1.5，在围堰下游坡面高程 1631.0m 处设置宽 45.0m 的消能平台。堰体及基础防渗采用厚 0.8m 的塑性混凝土防渗墙，最大深度 54.0m。根据过水最大堰顶设计单宽流量 67.0m³/（s·m），堰坡最大流速 9.7m/s，过水时最大水位差约 3.25m 等水力特性，围堰堰顶、下游坡面及消能平台采用混凝土和钢筋石笼上浇 20cm 厚混凝土护面保护，混凝土护面厚 1.2m，堰脚采用钢筋石笼及合金钢网兜保护，围堰典型剖面见图 2。

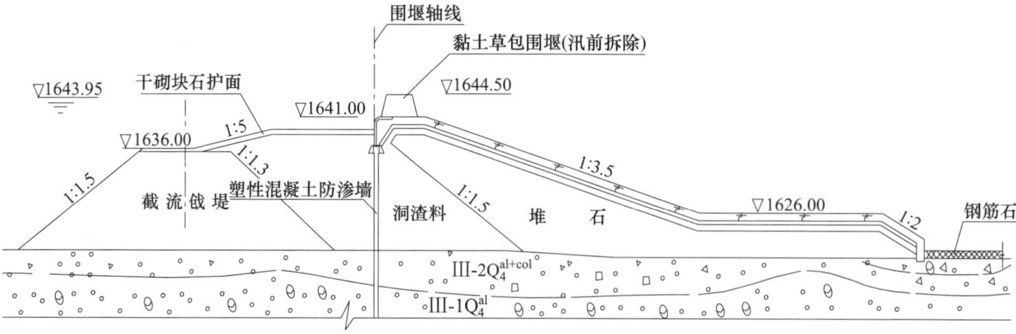

图 1 上游围堰典型剖面图

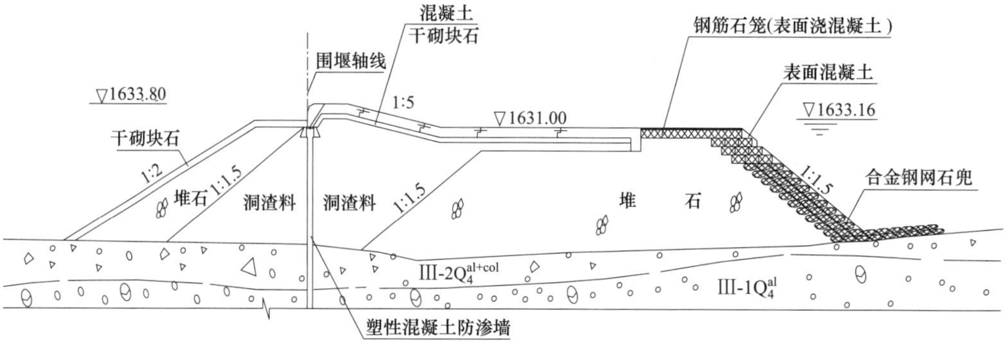

图 2 下游围堰典型剖面图

（三）实施及过流情况

锦屏二级上、下游土石过水围堰于 2008 年 12 月开始修建，至 2009 年 5 月全部完工。上、下围堰于 2009 年 6 月 25 日开始翻堰过流，直到 2009 年 10 月 14 日停止过流，过水历时长达 110d，过流期间河道来水最大流量为 6960m^3/s（大于 5 年一遇标准），最大过堰流量达 5200m^3/s。根据监测资料，上游围堰最大沉降为 6mm，下游围堰最大沉降仅为 2mm，渗压变化跟随水位的变化而变化，符合变化规律，水流条件与设计基本吻合。汛后基坑完成抽水后对围堰及两岸边坡进行仔细检查，围堰及边坡完好无损，没有出现裂缝等异常现象。

（中国水电顾问集团华东勘测设计研究院
贺元鑫 李 军 蔡建国）

苗尾水电站导流隧洞进口段开挖超前支护

（一）工程概况

苗尾水电站位于云南省大理州云龙县旧州镇境内的澜沧江河段上，枢纽建筑物主要由砾质土心墙堆石坝、左岸溢洪道、冲沙兼放空洞、引水系统及地面厂房等组成。电站正常蓄水位 1408.00m，相应库容 6.60 亿 m^3，电站装机容量 1400MW（4×350MW），砾质土心墙堆石坝最大坝高 139.80m。

本工程坝址区属中高山深切河谷地貌，河床呈不对称的 U 形，枯水期水位 1304.00m 高程时河谷宽 80.0m，正常蓄水位 1408.00m 高程时河谷宽 550.0m，河谷形状系数 4.13，河床较窄，两岸岸坡较陡，左岸 5°～30°，右岸 40°～60°；坝址区河道呈 S 形拐弯，挡水建筑物砾质土心墙堆石坝位于 S 形拐弯的上段（坝高 139.8m）。根据地形地质条件及枢纽布置特点，本工程施工导流采用断流围堰、隧洞导流方式。初期导流标准选用 20 年一遇洪水，相应流量 7180m^3/s。大坝临时挡水度汛标准选用全年 200 年一遇洪水，相应设计流量 10 700m^3/s。

（二）导流隧洞布置

1. 导流隧洞地质条件　导流隧洞布置于坝址左岸，进口位于回槽子沟上游，出口位于石沙场沟沟口。洞向由 S83°E 转向 S40°E。隧洞进口 1440m 高程以上覆盖层深厚，主要为残坡积碎石土，自然坡度 25°～35°；1440～1320m 高程段地形较陡，自然坡度 40°～50°，覆盖层浅薄；1320m 高程以下覆盖层相对较厚，一般厚度 15～25m，主要为冲洪积碎块石和冲积砂卵石。隧洞出口处地形陡峻，1480m 高程以下基岩出露，自然坡度 50°～60°，局部为陡崖；1500m 高程左右分布一缓坡平台。导流隧洞沿线地层岩性为弱～微风化砂质绢云板岩及变质石英砂岩，岩体破碎，以Ⅲ～Ⅴ类围岩为主，其中Ⅲ类约占50%，Ⅳ类约占45%，Ⅴ类约占5%，通过导流隧洞主要断层及破碎带有F_{122}、F_{109}、F_{125}、F_{124}、F_{139}、F_{135}、F_{151}、F_{127}、F_{126}、F_{156}、F_{153}、F_{155}。导流隧洞进出口段岩体倾倒变形发育，极强倾倒水平发育深度5～22m，强倾倒水平发育深度30～70m。

2. 导流隧洞布置特性　本工程布置2条导流隧洞，1号洞全长1158.09m，2号洞全长1052.82m，中心距50.0m；2条导流隧洞进、出口高程相同，进口高程1302.00m，出口高程1300.00m；城门洞形，衬后净断面尺寸13.0m×15.0m（宽×高）。

（三）进口段开挖超前支护设计

导流隧洞进口边坡地质条件以强风化、强倾倒岩体为主，中薄层状砂板岩组成，底部发育有缓倾角断层F_{154}，主要结构面类型为顺坡向缓倾角的卸荷裂隙、NE向的陡倾角裂隙和岩层层面，边坡中下部发育有缓倾角断层F_{154}，开挖边坡受上述多组结构面的切割影响，岩体破碎，稳定性较差。

导流隧洞进口渐变段设计开挖断面为22.50m×21.15m（宽×高），为保证进口开挖的安全、稳定，按以下超前支护设计措施进行：

（1）在马道1335.50m设置5排悬吊锚筋桩，规格为3ϕ28mm@2.0m×2.0m，梅花形布置；长度按照穿过洞身衬砌轮廓线不小于25cm控制（长度L=15～24m），便于后期进洞开挖时与洞身主要系统支护（钢拱架等）焊接，以达到系统、整体受力，并利用悬吊锚筋桩孔进行坡面固结灌浆，灌浆压力为0.2～0.5MPa，以增加坡面岩体的完整性。

（2）完成洞脸坡面系统支护后，对导流隧洞进口顶拱120°范围以内进行超前支护，距离开挖顶拱轮廓线外50cm，环向布置间距为50cm，深度L=20.0m的大管棚。管棚内径为90mm，壁厚15mm，管身布置ϕ20mm孔，为后续灌浆预留通道。后续灌浆压力0.3～0.8MPa，水灰比0.4～0.8，间歇性进行。

（3）距离大管棚外侧1.0、2.0m环向位置分别布置环向间距为1.0、2.0m，规格为3ϕ28mm，L=9.0/12m的锁口锚筋桩，打设角度上倾5°～10°，并利用锚筋桩孔进行灌浆，灌浆压力为0.2～0.5MPa。

（4）为进一步对顶拱环向部位进行较为彻底的固结，在完成大管棚、锁口锚筋桩施工后，在距离外侧锁口锚筋桩外侧85、170cm，分别布置一排环向深孔固结灌浆孔。环向孔距2.0m，孔深20m，灌浆压力0.2～0.5MPa。

（5）为防止洞脸超前锁口锚筋桩、大管棚与先前完成的马道悬吊锚筋桩发生交叉，设计允许根据悬吊锚筋桩的位置对下部的超前支护施工布置做局部微调。

导流隧洞进口开挖超前支护情况见图1和图2。

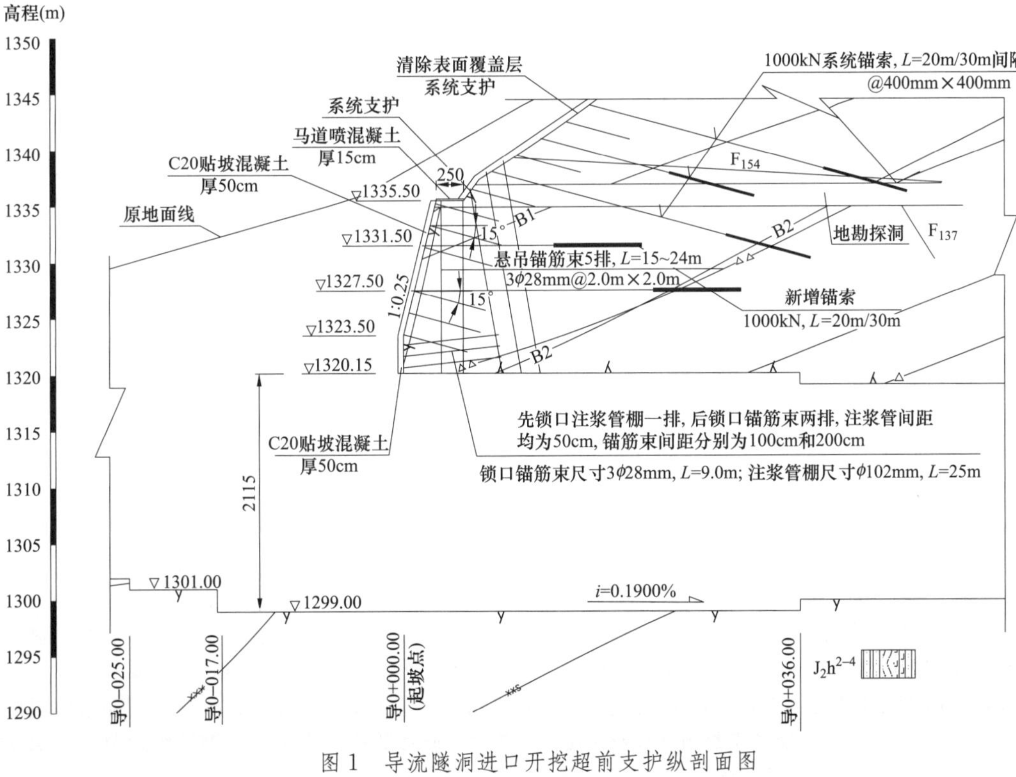

图1　导流隧洞进口开挖超前支护纵剖面图

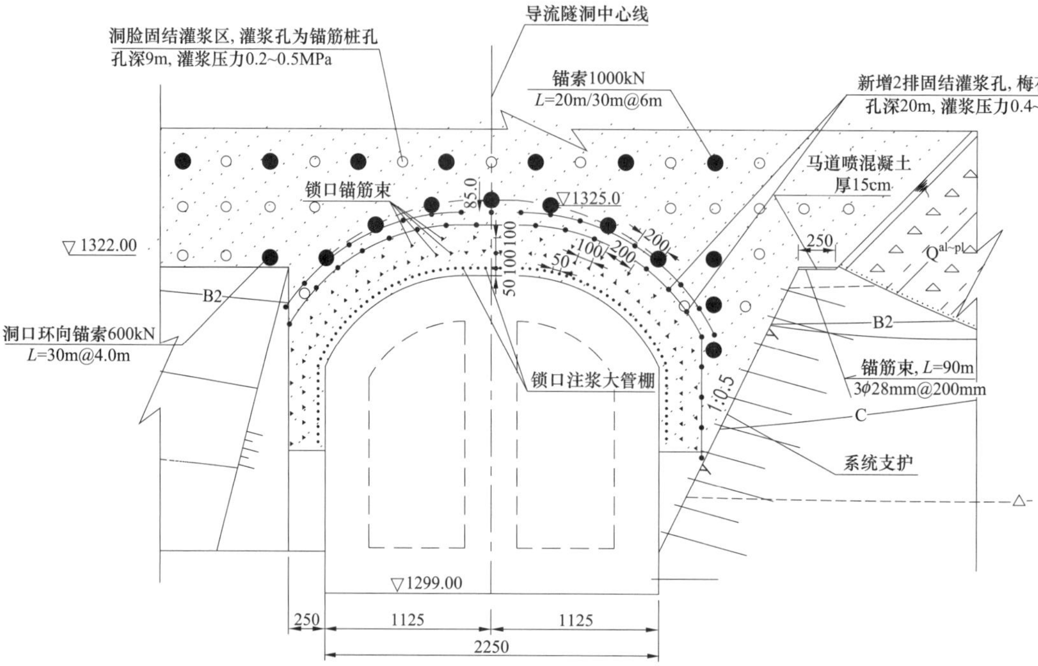

图 2　导流隧洞进口开挖超前支护典型断面图（单位：cm）

（四）进口段开挖超前支护实施效果

完成所有超前支护后，重点对深孔固结灌浆的效果进行了灌浆前后的声波检测对比。检测结果显示：灌前纵波平均波速为 2327m/s，灌后平均波速为 2696m/s，波速提高率为 16.2%，灌浆对围岩加固效果较为理想。经专家咨询、审查、论证后，一致认为：导流隧洞已具备进洞条件。在设计突发预案的保障下，对导流隧洞进行进洞开挖，并对相应部位的监测点进行加密监测。

2 号导流隧洞进口段通过近一个半月的边支护边开挖，在桩号导 0＋012.00m 附近实现顺利贯通。施工中未出现较大的变形和塌方，超前系统支护在开挖过程中起到了关键的作用。

1 号导流隧洞进口段开挖在 2 号导流隧洞贯通后进行，但开挖过程中，顶部边坡出现了较大变形，拉裂围岩结构面和进水口边坡喷混凝土层，出现数条张开度和长度不一的裂缝。后采取了边坡及洞身加固措施，并预留 0＋010.00～0＋027.00m 段暂不开完，待 2 号导流隧洞进口段锁口混凝土施工后再行开挖。

（五）结语

在极差地质条件、强倾倒变形严重、开挖洞径大、跨度大的不利因素下，胜利实现苗尾 2 号导流隧洞的进洞开挖施工，不仅为工程本身建设赢得了宝贵的工期，还为国内同类型工程积累了超前支护设计经验。

（中国水电顾问集团华东勘测设计研究院
贺元鑫　任金明　陈永红　黄泰仁）

硅粉钢纤维混凝土在滩坑泄洪洞工程中的应用

（一）概况

滩坑水电站总装机容量 600MW，水库正常蓄水位 160m，相应库容 35.2 亿 m^3。其泄洪洞为 1 级建筑物，最大设计泄洪流量 1728m^3/s，有压段平均流速 22m/s，无压段最大流速 38.19m/s，属高速水流隧洞，须采用强度高、抗冲磨性能好的高性能混凝土。

经研究，混凝土中掺入硅粉可显著提高其抗压强度、抗冲磨能力和抗空蚀能力，但有易塑性开裂的缺点，影响结构耐久性能；掺入钢纤维的混凝土，抗拉强度、变形能力以及耐动荷载能力都大大提高，并可明显减少混凝土的开裂，但其抗冲磨能力不能令人满意（原因是钢纤维与水泥浆的黏结强度不够）；而硅粉钢纤维混凝土，其抗压、抗拉、抗弯强度都有所提高，密实性也得到改善，同时有效地抑制了塑性开裂。国内，硅粉钢纤维混凝土在紫坪铺、映秀湾、珊溪等工程中得到成功运用。滩坑泄洪洞与珊溪工程规模相当，工程条件相似，且同属于浙江省境内流域，因此在设计过程中充分借鉴了珊溪泄洪洞的相关经验和数据，使用硅粉钢纤维混凝土作为抗冲磨材料。

（二）硅粉钢纤维混凝土的应用

滩坑水电站泄洪洞，无压段（长 237.23m）底板及侧墙采用 C40 硅粉钢纤维混凝土衬砌，厚度分别为 50、35cm；出口消能工底板及边墙过流面层采用 C40 硅粉钢纤维混凝土，厚度 40cm。

1. 材料性能

（1）硅粉掺料采用南京水利科学研究院研制并通过部级鉴定的 NSF-A 硅粉剂。该材料复配了保塑剂、其他活性材料及微膨胀材料，可减少自身体积收缩变形约 100×10^{-6}。

（2）钢纤维掺料采用上海哈瑞克斯金属制品有限公司生产的 AMi04－32－600 型铣削钢纤维，长径比为 35～40。

2. 室内研究试验　混凝土的配合比及混凝土性能研究借鉴了珊溪工程外委试验成果，其中不同硅粉剂和钢纤维掺量的影响试验成果见表 1。

表 1　高性能泵送钢纤维混凝土的主要性能

钢纤维掺量（kg/m^3）	45	45	60	60	75	0
NSF-A 剂掺量（kg/m^3）	53	97	53	97	52	0
水泥用量（kg/m^3）	374	393	374	393	374	460
粉煤灰掺量（kg/m^3）	66	69	66	69	64	0
用水量（kg/m^3）	141	127	147	127	154	202
坍落度（cm）	19.0	20.1	19.0	22.0	10.9	19.3
28d 抗压强度（MPa）	52.5	65.8	53.0	68.3	55.1	30.2
28d 劈裂抗拉强度（MPa）	3.7	3.8	4.0	4.4	3.3	1.4
冲磨失重率（%）	3.3	3.5	4.4	3.7	4.5	6.4
抗冲击韧性（kN·m）	37.1	40.8	—	48.0	—	8.2

由表 1 可见：① 掺入 NSF-A 剂的硅粉钢纤维混凝土比普通混凝土抗压强度提高了 73%～126%，劈裂抗拉强度提高了 164%～214%，抗冲磨性能提高了 40%～93%，抗冲击韧性提高了 3.5～4.9 倍；② 在水泥、粉煤灰及 NSF-A 剂用量相同的情况下，随着钢纤维用量的增加，混凝土的抗压强度、劈裂抗拉强度、抗冲击韧性都略有增加，但抗冲磨性能却略降低，因此 C40 硅粉钢纤维混凝土的钢纤维掺量以不大于 $60kg/m^3$ 为宜；③ 配制 C40 高性能抗冲磨钢纤维混凝土，NSF-A 剂掺量可取为水泥与粉煤灰总重量的 10%～12%。

为研究掺与不掺与 NSF-A 硅粉剂的钢纤维混凝土性能差别，进行室内试验对比，成果见表 2。

表 2　掺与不掺硅粉剂的钢纤维混凝土性能对比

编号	水泥（kg/m^3）	粉煤灰（kg/m^3）	NSF-A 剂（kg/m^3）	钢纤维（kg/m^3）	减水率（%）	坍落度 起始（cm）	坍落度 2h 后（cm）	坍落度 损失率（%）
1	404	71	0	60	—	20.3	0	100
2	405	71	57	60	35	24.2	21.5	11.2

编号	抗压强度（MPa） 1d	抗压强度（MPa） 7d	抗压强度（MPa） 28d	抗冲磨强度［h/（$kg\cdot m^2$）］	干缩率（$\times10^{-6}$） 7d	干缩率（$\times10^{-6}$） 14d	干缩率（$\times10^{-6}$） 28d	干缩率（$\times10^{-6}$） 60d
1	4.7/100	21.3/100	33.6/100	7.58/100	142	237	335	501
2	13.7/291	43.3/199	61.2/182	13.8/182	187	280	371	469

由表 2 可见，掺入 NSF-A 硅粉剂比不掺的减水 35%，各龄期抗压强度均有较大幅度的提高，抗冲磨性能提高 82%；2h 坍落度损失仅 11.2%，能满足泵送要求；干缩率 2d 前增大不超过 50×10^{-6}，28d 后小于普通钢纤维混凝土。

3. 现场施工试验　现场对 C40 硅粉钢纤维混凝土进行施工试验。结合实际材料性能、施工工艺等，优化配合比，结果见表 3。

表 3 C40 硅粉钢纤维混凝土施工配合比

水泥 (kg/m³)	粉煤灰 (kg/m³)	硅粉剂（10%）(kg/m³)	钢纤维 (kg/m³)	水 (kg/m³)	引气剂（1.4%）(kg/m³)	坍落度 (cm)	28d 抗压强度 (MPa)	28d 抗拉强度 (MPa)	28d 抗折强度 (MPa)
386	68	45	60	159	6.356	16～18	48.5	4.1	5.8

4. 施工要求

（1）水泥、砂、石、水的品质及称量误差应满足水工混凝土施工规范要求；NSF-A 剂应满足出厂品质量指标要求，称量误差不应大于 1.5%。

（2）宜采用机械拌和，搅拌的投料次序和方法以拌和过程中钢纤维不产生结团和保证一定的生产率为原则。硅粉掺料 NSF-A 剂可与水泥同时或前后相继加入。由于掺 NSF-A 剂的混凝土略为黏稠，配制机口坍落度要求比一般泵送混凝土大 2～4cm，达到 20cm 左右，拌和时间比普通混凝土延长约 0.5 倍。

（3）在拌和、出料、运输机具停工或发现混凝土或砂浆黏结时，应适时清洗。

（4）为防止掺 NSF-A 剂的混凝土产生早期塑性开裂，浇筑过程中发现表面发白或水分蒸发速度大于 0.5g/（cm² · h）时，要采取挡风装置、喷雾等措施保持浇筑面湿度，减小表面水分蒸发速度。蒸发速度按图 1 查取。硅粉钢纤维混凝土应与普通混凝土同步振捣，确保紧密结合，且振捣时间宜适当延长。

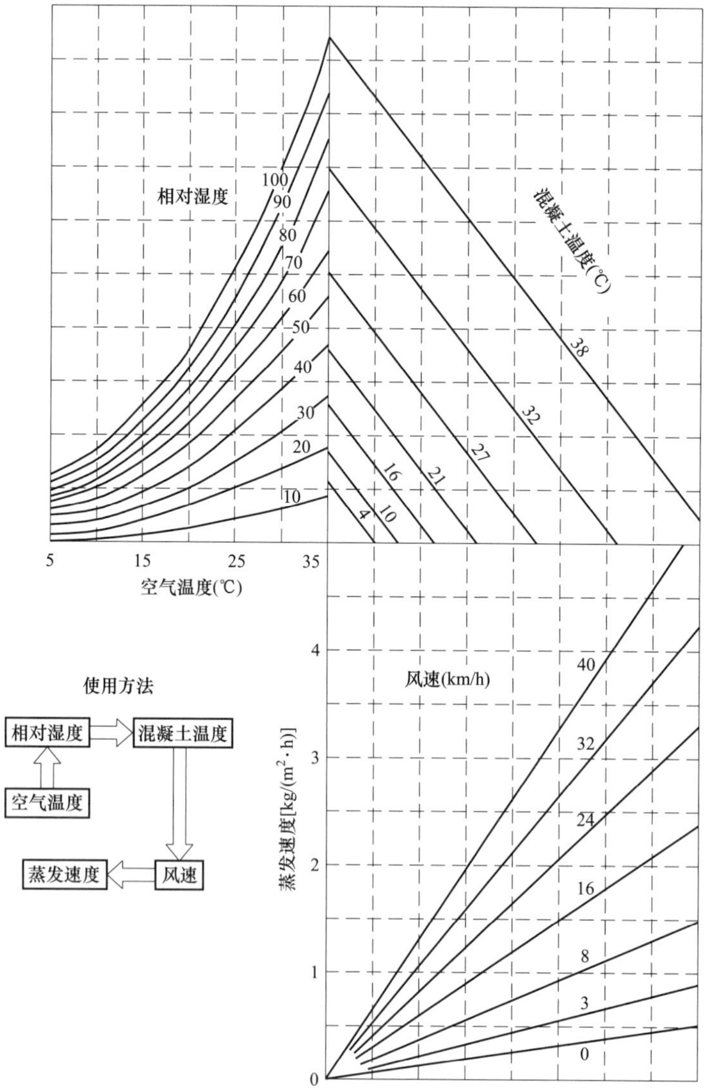

图 1 空气温度、相对湿度、风速对混凝土表面蒸发速度的影响

（5）浇筑完毕后，立即进行不间断喷雾或覆盖湿草袋养护，使表面始终处于饱和水潮湿状态21d以上。

5. 施工质量

泄洪洞无压段及出口消能工C40硅粉钢纤维混凝土施工质量良好，混凝土表面光滑、起伏差小、裂缝少。

泄洪洞于2008年8月首次行洪，过流量1120m^3/s，运行正常。泄水后进入洞内检查，没有发现混凝土结构损伤，但其抗冲耐磨性能还有待于今后进一步检验。

（中国水电顾问集团华东勘测设计研究院　王东锋　陈振文）

边坡抗滑稳定计算中均值、小值均值、设计值三种状态时可靠度比较

土石坝坝坡、堤坡、土（岩）质边坡（以下简称边坡）稳定分析在工程结构计算中十分重要。由于边坡岩土材料性能的复杂性，长期以来各规范使用单一安全系数法计算边坡稳定性。新规范有所突破，DL/T 5353—2006《水电水利工程边坡设计规范》将“边坡稳定性的可靠度评价”列在规范性附录D里；DL/T 5395—2007《碾压式土石坝设计规范》明确单一安全系数法为抗滑稳定计算基本方法，同时将基于可靠度的“抗滑稳定分项系数设计法”列在资料性附录F里。但在运用中，由于边坡的可靠度设计与其他结构可靠度设计有较大的不同，按上述规范给出的可靠度方法直接求解的仍很少。

中国水电顾问集团西北勘测设计研究院在设计工作中分析了两个规范求边坡抗滑稳定的异同及采用可靠度分析的难点，借助与两个规范有类似原理、方法的“土工技术软件GEO—Slope”，对某原状土边坡和加固后边坡的均值、小值均值、设计值三种状态进行计算分析比较。这种比较有利于理解小值均值、设计值与规范规定安全系数的关系，有利于直接求解可靠度。现简介如下。

（一）分析思路

土工技术软件“GEO—Slope”计算原理与前面所述两个规范的理论基础高度一致，采用满足力和力矩平衡的摩根斯顿—普赖斯（Morgenstern-Price）等方法能够方便地得到采用不同方法计算的边坡安全系数。运用蒙特卡罗法在不同荷载条件、不同土的性质情况下模拟出边坡安全系数的正态分布状况，计算出失效概率。

分析思路：某土质边坡原状土的抗剪强度指标c、φ为随机变量。

（1）求出在随机变量为均值时的最小安全系数、概率密度函数曲线、概率分布函数曲线、失效概率。

（2）在边坡断面不变情况下，再求出在随机变量为小值平均值时（不输入标准差）的最小安全系数并与规范比较。

（3）在边坡断面不变的情况下，将各随机变量取设计值（$\mu-3\sigma$），若得到的安全系数小于1.0，就再进行下一步。

（4）在边坡断面不变的情况下，反算出安全系数为1.0时（极限状态）的抗剪强度指标，以其在概率分布函数曲线上的位置得到失效概率，得知各随机变量取设计值（$\mu-3\sigma$）的前提条件是可靠指标应大于3.5，在$\mu-3\sigma$条件下得到安全系数为1.0，就意味着小值平均值时的最小安全系数能够满足规范的规定。

（5）用加固处理的思路，试算提高各随机变量参数，直到满足可靠度指标大于等于3.5，在此基础上，比较均值、小值平均值及设计值（$\mu-3\sigma$）时的安全系数；由小值均值时的c、φ与安全系数为1.0时的c、φ之比得出分项系数。

（二）计算分析

1. 原状土边坡　某边坡上层土的重度均值$\mu_\gamma=15kN/m^3$，标准差$\sigma_\gamma=1kN/m^3$；$\mu_\varphi=20°$，$\sigma_\varphi=3°$；$\mu_c=5kN/m^2$，$\sigma_c=2kN/m^2$。下层土的重度均值$\mu_\gamma=18kN/m^3$，标准差$\sigma_\gamma=2kN/m^3$；$\mu_\varphi=25°$，$\sigma_\varphi=5°$；$\mu_c=10kN/m^2$，$\sigma_c=2kN/m^2$；底层为岩体。应用土工技术软件“GEO—Slope”计算：

（1）求得原状土均值为定值情况下最小安全系数为1.464；求得考虑随机变量的标准差，得到安全系数概率分布函数，见图1。从图1可以知道在不同的分位值处安全系数处于何种可靠度水平。

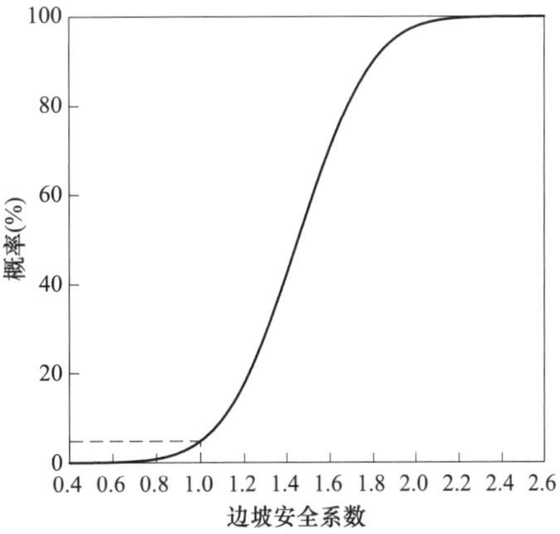

图1　安全系数的概率分布函数

（2）假定抗剪强度指标服从正态分布，取土的抗剪强度指标为$\mu-k\sigma$（μ、σ为其均值和标准差），则小值平均值相当于取其概率分布的0.25分位值，相

应的 $k=0.675$，保证率为 75%。求得原状土边坡小值均值时的最小安全系数为 1.244，不满足 DL/T 5353—2006 中表 5.0.4 要求的系数。

（3）按 $\mu-k\sigma$ 取到 $k=3$ 左右为设计值，即邓肯的“3σ 法”计算，原状土边坡设计值时的最小安全系数为 0.564，小于 1.0。

（4）以安全系数为 1.0 对应的分位值作为各随机变量取值的初始值，经过模拟试算，上层土的重度设计值采用小值均值 14.33kN/m³，而 $\varphi=15.77°$，$c=2.18\text{kN/m}^2$；下层土的重度设计值采用小值平均值 16.65kN/m³，而 $\varphi=17.95°$，$c=7.18\text{kN/m}^2$，可得安全系数 1.0（极限状态）。再按随机变量为 $\mu-k\sigma$（μ、σ 为其均值和标准差）反算，安全系数为 1.0（极限状态）时相当于取相应的 $k=1.41$，其概率分布为 0.079 3 分位值，保证率为 92%。求得极限状态 $K=1.0$ 时最小安全系数为 1.018。

由小值均值时的 c、φ 与安全系数为 1.0 时的 c、φ 之比，得到分项系数为：上层土 $\gamma_\varphi=\frac{17.98}{15.77}=1.14$；$\gamma_c=\frac{3.65}{2.18}=1.67$。下层土 $\gamma_\varphi=\frac{21.63}{17.95}=1.21$；$\gamma_c=\frac{8.65}{7.18}=1.20$。虽然分项系数都不小，但可靠度是很低的。

2. 经加固处理提高参数值后边坡　按可靠指标 3.5 试算的所需均值、标准差加固处理边坡后，上层土的重度均值 $\mu_\gamma=17\text{kN/m}^3$，标准差 $\sigma_\gamma=2\text{kN/m}^3$；$\mu_\varphi=25°$，$\sigma_\varphi=3°$；$\mu_c=14\text{kN/m}^2$，$\sigma_c=3\text{kN/m}^2$。下层土的重度均值 $\mu_\gamma=19\text{kN/m}^3$，标准差 $\sigma_\gamma=2\text{kN/m}^3$；$\mu_\varphi=26°$，$\sigma_\varphi=3°$；$\mu_c=17\text{kN/m}^2$，$\sigma_c=3\text{kN/m}^2$。

（1）求得加固后边坡均值参数下最小安全系数为 1.809；求得加固后边坡均值参数下安全系数的概率分布函数见图 2。

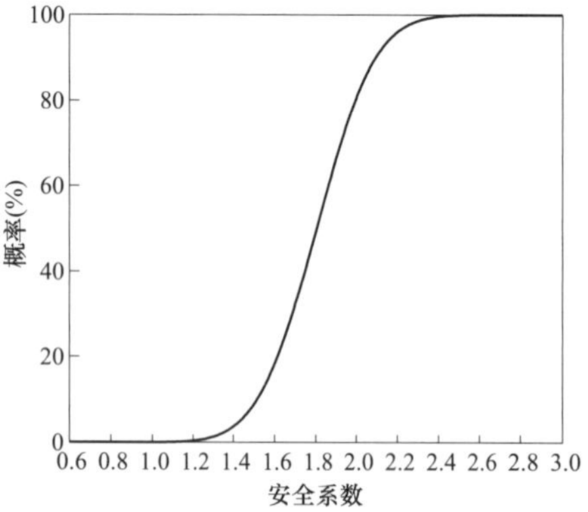

图 2　加固后边坡均值参数下安全系数的概率分布函数

（2）求得加固处理提高参数后，小值平均值时的最小安全系数为 1.652，满足 DL/T 5353—2006 中表 5.0.4 要求的系数。

（3）反算安全系数为 1.0（极限状态）时的抗剪强度指标。从功能函数的概率分布函数或结果数据上可以查到可靠指标为 3.5，失效概率为 0.000 23，即概率分布为 0.000 23 分位值，保证率为 99.977%。以这个分位值作为各随机变量取值的初始值，查表有 $k=3.5$。经过模拟试算，取随机变量的值为：上层土的重度 $\gamma=15.65\text{kN/m}^3$，$\varphi=16°$，$c=5\text{kN/m}^2$；下层土的重度 $\gamma=17.65\text{kN/m}^3$，$\varphi=17°$，$c=8\text{kN/m}^2$，可得安全系数 1.0（极限状态）。再按随机变量为 $\mu-k\sigma$（μ、σ 为其均值和标准差）反算，安全系数为 1.0（极限状态）时的各值相当于取 $k=3.0$，其概率分布为 0.000 97 分位值，保证率为 99.903%。

求得极限状态 $K=1.0$ 时最小安全系数为 1.023。

得到分项系数为：上层土 $\gamma_\varphi=\frac{23}{16}=1.44$，$\gamma_c=\frac{12}{5}=2.4$；下层土 $\gamma_\varphi=\frac{24}{17}=1.41$，$\gamma_c=\frac{15}{8}=1.88$。

（三）结论

只要岩土材料各参数按均值、标准差输入后可靠指标在 3.5 左右，则小值均值（$\mu-0.675\sigma$）输入后得到的诸多滑动面的安全系数中，最小安全系数可以达到规范规定的单一安全系数；设计值（$\mu-3\sigma$）输入后得到的最小安全系数可以达到 $K\geqslant1.0$（极限状态）。

小值均值与 $\mu-3\sigma$ 附近的设计值之比，即分项系数。

边坡抗滑稳定计算没有正常使用极限状态的概念，所以标准值取 0.25 分位值或 0.1 分位值并不重要，只有输入小值均值得到的最小安全系数才能与规范的单一安全系数比较的其他主要原因是：① 土体抗剪强度指标的影响因素多而复杂，土体和土类范围广，不同土层的变异性较大，同一类土不同地区的变异性也不完全一致，岩土的统计分析波动大，小值均值的概念比分位值的概念容易理解和把握；② 由于土体自重可能是作用，也可能是抗力，很难将其分开，为偏于安全，小值均值所在的分位值有利于岩土材料在当作用时取大值，当抗力时取小值；③ 历史形成以小值均值求单一安全系数和分项系数的基础。

（中国水电顾问集团西北勘测设计研究院　冯兴中）

鸭姆潭水电站技术改造工程厂房设计

鸭姆潭水电站技术改造工程位于永安市曹远镇境内的沙溪干流九龙溪上，下游距永安市 12km，上游距安砂电站 29km。鸭姆潭水轮泵电站于 1977 年 10

月开始建设，1980年10月竣工投产。工程枢纽建筑物由拦河闸坝、挡水坝段、左岸坝后式厂房、水轮泵房及35kV升压开关站等组成，是一座具有灌溉、发电、供水等综合效益的水利枢纽工程。技术改造工程设计应根据已建工程的实际情况、地形地质条件合理布置，应尽可能减少对已建工程的影响，并对老结构做好防护和加固工作，做到方案最优、结构合理、施工简单。鸭姆潭水电站技术改造工程于2004年5月开工。2007年1月竣工投产，机组运行情况良好，达到了预期的目标。

（一）厂址选择

根据原鸭姆潭水轮泵电站的枢纽布置及实际地形、地质情况，鸭姆潭水电站技术改造工程的厂房位置只能选在右岸。右岸有两个方案可供选择。第一个方案：厂房布置在溢流坝右侧下游的岸边，在右坝头开凿明渠引水发电。该方案的优点是对原大坝的泄洪设施没有影响；缺点是在上游水库内需修建进水渠，厂房布置在岸边，开挖量增加，投资增大。第二个方案：厂房布置在右侧第一孔溢流坝的下游侧，溢流坝与厂房之间两侧设挡水墙，左挡水墙内设垂直提升门。该方案的优点是水库内不需修建进水渠，厂房离开岸边有一定的距离，开挖量少，投资省；缺点是机组发电时，溢流坝顶的流速较大，水头损失也较大。厂房占据了主河道，而且右侧第一孔溢流坝泄洪时水流侧向进入河道，对原大坝的泄洪影响较大。经比较，决定第一方案为选定方案。

（二）厂房布置

鸭姆潭技术改造工程厂房由进水渠、地面厂房、开关站及副厂房等建筑物组成。根据鸭姆潭水轮泵电站已建成的工程总体布置，并结合右岸地形地质条件、坝顶交通桥及右侧上游村级公路不能中断等因素，把进水渠布置在大坝上游侧库区内，采用侧向进水方式。

（三）厂房设计特点

常规厂房的装配场、装卸场及主厂房为左右向布置。鉴于右坝头位置狭窄，且只有一台机组，因此，采用上下游“一”字形布置方式，即装卸场、装配场布置在主厂房的上游侧。由于电站进水口、尾水管均较长，为有效利用上部空间，在进水口上部空间布置水机辅助设备、消防设备及安装场。在机组段的下游侧尾水管顶上布置六层下游副厂房，主要用于布置电工一次设备及主变压器、开关站等，利于运行管理及电缆敷设，节省工程量，加快施工进度。根据工程的总体布置，鸭姆潭技术改造工程上游混凝土纵向施工围堰位于水库内，采用水下混凝土浇筑技术，上游侧与岸边相接，下游侧与右岸第一孔溢流坝2号墩连接。为保证右边墩在施工期及运行期的安全可靠，经研究采用在右边墩上打4ϕ25mm树脂锚杆，@1m×1m梅花形布置，锚杆长1.8m，伸入右边墩1m，外露0.8m，与装卸场、装配场段边墩整体浇筑共同受力。对于已出现的裂缝，采用HK—G环氧灌浆处理，迎水面采用开凿V形槽嵌SR胶处理，保证了老结构的安全。技术改造工程厂房基坑开挖施工过程中，发现原1号溢流坝基础已有脱空现象，为保证原坝体安全，对溢流坝基础进行固结灌浆，固结灌浆孔呈梅花形布置，间、排距均为2m，孔深5m，离闸墩距离不小于1m，确保原坝体的基础稳定。厂房基坑右侧原地面高程较高，右侧边坡开挖后，高度差最大达33.13m。为不影响周边原有建筑物的安全及对外交通，同时考虑到该部位岩体为石英砂砾岩，质地坚硬致密，抗风化能力较强，边坡采用光面预裂爆破技术，控制装药量，尽可能直立开挖，以减小开挖范围，保全原有厂区公路及公路之上的建筑物。

（中国水电顾问集团华东勘测设计研究院　杜筱萍）

6

土 建 施 工

大 坝 施 工

金安桥大坝碾压混凝土快速施工关键技术

金安桥水电站大坝混凝土总量 360 万 m^3，其中碾压混凝土 259 万 m^3，常态混凝土用在大坝进水口、拦污栅墩、门槽、闸墩等区域。大坝碾压混凝土以 1350m 高程为界，坝体下部为 $C_{90}20$ 三级配碾压混凝土，上部为 $C_{90}15$ 三级配碾压混凝土，上游面防渗区为 $C_{90}20$ 二级配碾压混凝土。

金安桥大坝工程具有规模大、技术复杂、施工强度高的特点。针对碾压混凝土采用玄武岩人工骨料特性以及立体气候条件明显等诸多不利因素的影响，通过配合比设计、入仓方案、仓面分区、层间结合、温控防裂等关键技术的优化和技术创新，保证了碾压混凝土快速施工和度汛等重大节点工期目标的按期实现。

（一）施工难点

（1）混凝土采用玄武岩骨料，需要解决碾压混凝土可碾性差的难题。

（2）坝址区立体气候明显，碾压混凝土施工需要解决昼夜温差大、高温、干燥、雨量集中等因素带来的难题。

（3）坝身孔口多。大坝布置了 5 孔泄洪表孔、3 孔冲沙泄洪底孔、4 孔厂房进水口。

（4）坝体廊道多。大坝布置了 5 层廊道，纵横交错，廊道累计长度超过 5000 延米。

（5）坝体仓面大。坝体不分纵缝，碾压混凝土采取通仓薄层摊铺浇筑，浇筑仓面大，层间结合、温控防裂是大坝施工关注的重点。

（6）工期紧迫。大坝混凝土于 2006 年 12 月开始浇筑，碾压混凝土于 2007 年 5 月 2 日开始浇筑，为保证 2008 年 5 月底坝体达到 1350m 挡水高程的安全度汛要求，需要高强度连续施工。

（二）配合比设计优化

金安桥工程采用玄武岩人工骨料，骨料密度大，表面粗糙，具有很强的吸附性，导致混凝土用水量急剧增加，单位用水量比一般灰岩骨料高 20～30kg/m^3。且碾压混凝土表观密度大，三级配、二级配的表观密度分别达到 2630kg/m^3 和 2600kg/m^3。

针对玄武岩人工砂石粉含量低，采用外掺石粉代砂、石粉精确控制技术方案，$C_{90}20$、$C_{90}15$ 三级配石粉含量分别按 18%、19%进行控制，有效提高了碾压混凝土拌和物性能。针对玄武岩骨料碾压混凝土用水量高、*VC* 值经时损失快的情况，提高缓凝高效减水剂的掺量，降低用水量。*VC* 值实行动态控制，出机口 *VC* 值控制以仓面可碾性好为原则。优化 $C_{90}15$ 三级配碾压混凝土，单位水泥用量从 72kg/m^3 降至 63kg/m^3，有效降低了水化热温升。通过碾压混凝土配合比设计优化，碾压混凝土拌和物性能明显改善，消除了碾压后混凝土表面麻面的现象，提高了碾压混凝土层间结合质量。

（三）坝体分区优化

金安桥大坝坝体分区设计优化主要有以下几方面：

（1）原设计非溢流坝段从 1413～1424m 高程 13m 范围为常态混凝土。经优化，把碾压混凝土分区范围从 1413m 高程提高至 1422.5m 高程，碾压混凝土分区提高 9.5m，减少常态混凝土 3.5 万 m^3，有利大坝温控防裂，同时加快了施工进度。

（2）7～10 号进水口坝段碾压混凝土分区从原设计 1366m 提高至 1367.8m 高程，采用汽车入仓方式，减轻了大坝常态混凝土的浇筑压力。

（3）7～10 号进水口坝段 1367.8～1424m 高程原设计为 $C_{28}25$W8F100 二级配常态混凝土，其胶凝材料用量 300kg/m^3。针对进水口坝段宽度 34m，钢管直径 10.5m 的特点，对 1384m 高程以上 $C_{28}25$ 常态混凝土分区进行设计优化，每坝段钢管两侧各 10m 宽度优化为 $C_{90}30$W8F100 三级配混凝土，中间 14m 宽的管槽区域仍为原设计二级配混凝土。由于采用 90d 三级配常态混凝土，提高了粉煤灰掺量，降低了混凝土水化热，防止了进水口坝段混凝土裂缝产生。

（4）右泄中孔基础采用常态混凝土浇筑，工期严重滞后，优化改用碾压混凝土（17.01 万 m^3），既保证了施工进度，又取得了良好的技术经济效益。

（四）运输入仓方案优化

金安桥大坝混凝土入仓按照“汽车直接入仓、汽车＋满管溜槽＋汽车”的方案。大坝下部 1350m 以下采用自卸汽车直接入仓方式，大坝上部 1350m 以上采用“自卸汽车＋满管溜槽＋仓面汽车”联合运输方案。这样充分利用了自卸汽车运输机动性强、满管溜槽效率高、仓面汽车入仓灵活的优势，满足了大坝碾压混凝土高强度快速施工要求。金安桥箱式满管溜槽以大坝岸坡地形为依托进行布置，在左岸1号坝段、右岸20号坝段坝顶高程布置箱式满管。

本工程采用800mm×800mm箱式满管溜槽，下倾角40°～50°，受料斗容积约20m³。仓外自卸汽车运输9m³碾压混凝土通过满管溜槽卸入仓面自卸汽车中，一般用时为15～25s，十分简捷快速，单条箱式满管设计输送能力为500m³/h。箱式满管溜槽运输碾压混凝土，*VC*值损失小，骨料不分离，运行平稳。金安桥大坝采用箱式满管溜槽输送混凝土约70万m³，输送强度和质量令人满意。

（五）层间结合质量控制

层间结合质量关系到大坝防渗、抗滑稳定和整体性能，是现场施工的质量控制重点。碾压混凝土液化泛浆是在振动碾压作用下从混凝土液化中提出的浆体，这层表面浆体是保证层间结合质量的关键所在，液化泛浆已作为评价碾压混凝土可碾性的重要标准。

金安桥大坝施工严格按照制定的“碾压混凝土施工工法”进行，开仓前对缝面冲毛，清除仓面积水、杂物等，第一坯碾压混凝土摊铺前均匀摊铺一层1.5cm厚的砂浆层，保证新老混凝土的层间结合质量。碾压层混凝土按规定的碾压参数进行控制，及时检测，对于碾压层出现的不泛浆、麻面、骨料集中、冷缝等，及时采取清除、加浆补碾等措施处理，确保层间结合质量。

*VC*值的大小对碾压混凝土的性能有显著的影响，拌和物现场控制的重点是*VC*值和初凝时间，*VC*值动态控制是保证碾压混凝土可碾性和层间结合的关键。金安桥碾压混凝土*VC*值根据不同季节、时段、气温变化随时调整，白天控制出机口*VC*值1～3s（仓面*VC*值按3～5s控制），夜晚控制出机口*VC*值2～5s，确保了可碾性。针对玄武岩骨料碾压混凝土液化泛浆较差的情况，在保持配合比参数不变的条件下，提高外加剂掺量，在外加剂减水和缓凝的双层叠加作用下，降低了*VC*值，延缓了凝结时间，有效提高碾压混凝土可碾性、液化泛浆和层间结合质量。

金安桥大坝主要采用斜层平推法碾压。斜层碾压的坡度控制在1∶10～1∶15范围，升程高度3m，斜层的长度为30～36m，斜层面积一般控制在2000m²内。斜层碾压的优点是摊铺面积小，层间结合好；仓面作业协调，资源配置经济；喷雾保温措施易行，适应高温季节施工。

（六）温控防裂技术

坝址区海拔高、昼夜温差大、光照强烈、多风、蒸发量大，极端最高气温为40℃，极端最低气温为－6.2℃，冬、春季寒潮降温频繁，对温控防裂影响较大。

大坝碾压混凝土分13个温控区，各区控制要求略有不同，按内外温差、允许浇筑温度、容许最高温度等进行控制：① 碾压混凝土内外温差控制不超过15℃；② 基础强约束区4～9月高温期允许浇筑温度17～18℃，基础弱约束区18～20℃，非约束区20～22℃；③ 在高温期4～9月，碾压混凝土容许最高温度为：强约束区27℃，弱约束区28.5～29.5℃，非约束区30.5～33℃。

大坝碾压混凝土配合比设计采用高掺粉煤灰、高掺外加剂，低用水量、低*VC*值和石粉代砂的技术路线。$C_{90}20$及$C_{90}15$三级配碾压混凝土粉煤灰掺量分别提高至60%及63%，提高外加剂掺量至1.2%，把原三级配用水量从100kg/m³降低到90kg/m³，同时采用外掺石粉代砂技术方案，有效降低了碾压混凝土水化热温升，改善混凝土性能。同时，把好原材料进场关，如水泥入罐温度、砂含水率等，从源头上控制水化热温升。

拌和系统预冷设施按碾压混凝土出机口温度不大于12℃、常态混凝土不大于10℃进行配置。根据外界气温及混凝土出机口温度要求，可选择骨料一次风冷、二次风冷、加冷水、加冰等不同的组合方式，满足预冷混凝土出机口温度要求。

严格控制碾压混凝土浇筑温度。本工程以汽车直接入仓为主，混凝土从出机口至碾压完成的温度回升一般不大于5℃，浇筑温度满足设计要求。主要措施如下：自卸汽车运混凝土时车厢顶部设置遮阳苫布，防止曝晒；加快仓面碾压速度，从出机口到碾压完毕一般控制在4h以内；白天干燥或高温时段用喷雾枪喷水雾，改善仓面小气候，降低仓面温度4～6℃，对仓面喷雾降温保湿；对刚收仓的混凝土面覆盖聚氯乙烯卷材，对已终凝混凝土进行不间断洒水养护，保持仓面潮湿。

本工程冷却水管采用专用HDPE塑料水管，间距一般为1.5m（防渗区的水平间距加密到1m），冷却水管铺设顺碾压条带进行，单根管路总长不大于300m。一期通水冷却是削减混凝土水化热温升的有效措施之一。一期通水时间为20d左右，一般可以削减2～4℃最高温度峰值。根据实测资料，碾压混凝土最高温度出现在混凝土浇筑后4～9d。加强通水冷却的日常管理十分重要，必须确保通水的有效性。为了及时监测坝内混凝土最高温度，还埋设了必要的电子测温计，对大坝内部混凝土进行了有效的监测控制。

（金安桥水电站有限公司　田育功）

金安桥水电站大坝混凝土温控防裂技术

（一）工程概况

金安桥水电站位于云南省丽江市境内的金沙江中游河段上，是金沙江中游河段规划的第五级电站。枢纽工程主要有拦河坝、右岸溢流表孔及消力池、右岸泄洪（冲沙）底孔、左岸冲沙底孔、坝后厂房及交通洞等。拦河坝为碾压混凝土重力坝，最大坝高160m，坝顶高程1424m，坝顶长度640m，顺流向最大宽度156m。坝体上、下游面为变态混凝土防渗层，中间部位为碾压混凝土。坝体混凝土总量360万m^3，其中碾压混凝土259万m^3（含右泄基础17.01万m^3）。

（二）温控技术要求

1. 基础温差　坝体碾压混凝土基础容许温差见表1，坝体常态混凝土基础容许温差见表2。

表1　坝体碾压混凝土基础容许温差　℃

距离基础面高度 h（m）	浇筑块长边长度 L（m）		
	30m以下	30～70m	70m以上
0～0.2L（强约束区）	16.0	13.5	12.0
0.2L～0.4L（弱约束区）	17.0	15.0	13.5
0.4L以上（脱离约束区）	19.0	17.0	15.0

表2　坝体常态混凝土基础容许温差　℃

距离基础面高度 h（m）	浇筑块长边长度 L（m）				
	17m以下	17～21m	21～30m	30～40m	40m以上
0～0.2L（强约束区）	24.0	22.0	19.0	17.0	15.0
0.2L～0.4L（弱约束区）	26.0	25.0	22.0	20.0	17.0
0.4L以上（脱离约束区）	28.0	27.0	24.0	22.0	20.0

2. 新老混凝土温差标准　在间歇期超过28d的老混凝土面上继续浇筑时，老混凝土面以上1/4L（L为浇筑块长边长度）范围内的新浇筑混凝土温差控制标准为：碾压混凝土不大于13℃；常态混凝土不大于15℃。

3. 混凝土内外温差标准　碾压和常态混凝土的内外温差控制不超过16℃。

4. 混凝土允许最高温度　依坝体位置和时段（4～9月、3月、10月、11月～翌年2月）确定，范围在27.0～38℃。

（三）温度控制及防裂措施

1. 混凝土配合比设计优化　通过混凝土配合比设计和优化，水泥采用质量稳定的中热42.5硅酸盐水泥，并掺用了一级或二级粉煤灰和高效缓凝减水剂，降低了水泥用量，削减了水泥水化热。通过优化混凝土配合比设计，提高混凝土抗裂能力。

2. 降低混凝土出机口温度　出机口温度按碾压混凝土12℃、常态混凝土10℃控制。出机口温度按不同部位允许浇筑温度降低3～5℃动态控制。根据外界气温确定采取加冰，4℃制冷水拌和，骨料一、二次风冷中的一种或几种措施拌和混凝土。散装水泥入罐最高温度控制不超过65℃，粉煤灰不超过40℃；细骨料的含水率在6%以下，波动幅度小于2%。

3. 降低混凝土入仓温度和浇筑温度　混凝土运输和浇筑过程采取遮阳隔热设施，在浇筑仓面采用喷雾机及喷雾枪喷雾，可降低仓面环境温度3～6℃。混凝土碾压、振捣密实后，立即覆盖聚氯乙烯卷材进行保温。混凝土覆盖时间严格控制在5h之内，碾压混凝土从拌和到碾压完毕最长时间不超过2h。缩短高温季节混凝土浇筑覆盖间歇时间，在高温时段气温高于25℃时，仓内进行喷雾。采取上述措施后，混凝土浇筑温度较出机口温度回升不大于5℃，常态混凝土回升不大于6℃。

4. 控制浇筑层厚及间歇期　采用薄层、短间歇、均匀上升的浇筑方法。常态混凝土垫层，浇筑层厚不大于1.5m，其余部位浇筑层厚不大于3.0m，层间间歇期不少于6d。碾压混凝土浇筑层厚一般不大于3.0m，层间间歇不少于7d。

5. 通水冷却　冷却水管垂直水流方向蛇形布置，水管的单根长度不超过300m。冷却水管水平间距为1.5m，上游防渗层1.0m，二级配碾压混凝土及常态$C_{28}25$二级配混凝土的水平间距为1.0m。当浇筑层厚为3m时，垂直间距1.5m或3m。冷却水管距离上、下游混凝土表面1.0～1.5m，距施工缝及临时缝的间距0.75～1.5m，距各种孔洞的间距1.0～1.5m。碾压混凝土在坯层覆盖48h内通制冷水进行冷却，常态混凝土与混凝土浇筑同步通水。冷却水管入口处冷却水温度按10～18℃控制，通水流量控制在1.2～1.5m^3/h，通水冷却时间不少于15d，冷却水方向24h调换一次。

6. 混凝土表面保护及养护　龄期小于90d的混凝土进行表面保护，对坝体上下游面及孔洞部位全年挂贴保护材料；对日气温变幅较大季节（11月～翌年3月），模板内或外侧粘贴保温材料，拆模时间不得早于3d；混凝土初凝后即开始采用流水或洒水养护，养护时间不少于28d。

（四）温度检测成果及分析

1. 基础温差　3.1～22.2℃，合格率96.48%；超温0.1～5.6℃，其中超温0.1～1.7℃的占57.90%，超温2.0～3.7℃的占21.05%，超温4.4～5.6℃的占21.05%。

2. 新老混凝土温差　2.6～15.5℃，合格率100%。

3. 大坝混凝土内外温差　合格率93.36%，超温0.1～9.7℃。

4. 混凝土最高温度　经过一期通水冷却，碾压混凝土闷温最高值均在27℃以下，平均值25℃以下；常态混凝土闷温最高值均在28.0℃以下，平均值27℃以下。混凝土最高温度满足设计要求。

（五）结语

大坝碾压混凝土由于大量掺用粉煤灰，碾压混凝土中的水化热发展推迟，而坝体上升速度较快，碾压混凝土施工过程中通过浇筑层面散失的热量较少，加之气温年变化和寒潮的袭击，混凝土极易出现温度裂缝。通过加强出机口温度、入仓温度、浇筑温度、混凝土分层分块及间歇期等环节控制，采取混凝土保护、养护、通水冷却等综合温控措施，大坝混凝土温度控制满足设计要求。

（长江三峡技术经济发展有限公司　刘化配）

金安桥大坝玄武岩骨料碾压混凝土研究与应用

金安桥水电站坝址区岩体以玄武岩及弱风化玄武岩为主。水电站大坝、泄水及引水发电系统等主体工程混凝土方量约629万m^3，所需骨料量巨大。在进行大坝碾压混凝土配合比试验过程中发现：玄武岩人工砂，石粉含量低，细度模数大，无法生产出符合施工要求的碾压混凝土；特别是用水量急剧增加，新拌碾压混凝土拌和物性能差，不能满足可碾性和液化泛浆的施工要求。因此，对玄武岩骨料碾压混凝土进行了试验研究。

（一）玄武岩微观分析

对玄武岩石粉、灰岩石粉和Ⅱ粉煤灰，进行化学成分和颗粒筛分比对试验，结果表明：玄武岩化学成分明显有别于石灰岩。玄武岩主要化学成分为二氧化硅、三氧化二铝、氧化铁、氧化钙，其中二氧化硅含量最多占45%，矿物主要为绿泥石、云母、石英、长石、方解石。颗粒测试表明，玄武岩粉粗糙，38μm及以下粒径的含量只有48.3%，而石灰岩粉和粉煤灰，38μm及以下粒径的含量均在74%以上。

（二）玄武岩骨料碾压混凝土性能研究

1. 外加剂掺量对用水量的影响　试验结果表明：碾压混凝土水胶比为0.55，当缓凝高效减水剂掺量从0%逐步提高到1.0%，引气剂掺量为0.25%时，三级配用水量分别从127kg/m^3降至95kg/m^3；二级配用水量分别从137kg/m^3降低到105kg/m^3。这说明：提高减水剂掺量是降低碾压混凝土单位用水量及胶凝材料用量最有效的技术措施。

2. 骨料品种对用水量的影响　玄武岩骨料与灰岩骨料碾压混凝土用水量对比试验结果表明：玄武岩骨料碾压混凝土的用水量明显高于石灰岩骨料碾压混凝土。

3. 石粉含量对碾压混凝土性能的影响　为研究外掺不同石粉含量对碾压混凝土性能的影响，确定玄武岩骨料碾压混凝土的最佳石粉含量，进行了玄武岩人工砂石粉含量为14%、16%、18%、20%、22%的碾压混凝土拌和物性能和力学性能试验。试验结果表明：当人工砂石粉含量增加到18%时，碾压混凝土拌和物的外观逐渐变好，将*VC*值测试完成的混凝土从容量筒中倒出，试体表面光滑、密实，石粉含量继续增加，浆体充足，拌和物黏聚性增强。随着人工砂石粉含量的增高，碾压混凝土中材料的总表面积相应增大，用水量呈规律性的增加。石粉含量在16%时碾压混凝土抗压强度最高，但和易性较差。石粉含量在18%～20%范围时，碾压混凝土拌和物性能和强度均达到最佳。

（三）配合比设计优化

针对玄武岩骨料碾压混凝土可碾性差的情况，其配合比设计优化采取了如下措施：

（1）外掺石粉代砂，使C_{90}20三级配石粉含量为18%，C_{90}15三级配石粉含量为19%。

（2）出机口*VC*值调整为1～3s，并以仓面可碾性和液化泛浆好为原则。

（3）提高缓凝高效减水剂的掺量，降低了用水量，解决了液化泛浆差的难题。

金安桥水电站大坝玄武岩骨料碾压混凝土配合比经过反复大量的试验研究以及现场生产性试验，优化确定的碾压混凝土施工配合比见表1。

（四）*VC*值动态控制研究

结合金安桥水电站碾压混凝土的施工过程以及气候环境特点，对碾压混凝土*VC*值与可碾性进行了相关试验，为碾压混凝土的*VC*值动态控制提供依据。

试验结果说明，如果碾压混凝土运输时有苫布遮阳，入仓后和摊铺过程中现场采用喷雾降温措施，可显著减小碾压混凝土*VC*值的损失。从碾压混凝土施工和现场碾压效果来看，当摊铺后碾压前*VC*值小于5s时，碾压后的混凝土表面光滑、泛浆充分，随着*VC*值的增大，碾压混凝土液化泛浆逐渐变差；当摊铺后碾压前*VC*值大于9s时，碾压后的混凝土表面有大面积的石子外露，增加碾压遍数也无法改观。

表 1　碾压混凝土施工配合比

设计指标	级配	水胶比	砂率(%)	粉煤灰(%)	用水量(kg/m^3)	ZB-1RCC15(%)	ZB-1G(%)	VC 值(s)	密度(kg/m^3)
C_{90}15W6F100(1350m 以上)	三	0.53	33	63	90	1.2	0.15	1～3	2630
C_{90}20W6F100(1350m 以下)	三	0.47	33	60	90	1.0	0.30	3～5	2630
C_{90}20W8F100(上游面)	二	0.47	37	55	100	1.0	0.30	3～5	2600

（五）碾压混凝土质量检测

金安桥大坝碾压混凝土于 2007 年 5 月 2 日开始浇筑，至 2009 年 12 月底完成碾压混凝土浇筑 259 万 m^3。机口取样检测设计龄期：C_{90}20W6F100 三级配碾压混凝土 1906 组，平均抗压强度为 24.9MPa；C_{90}20W8F100 二级配碾压混凝土 261 组，平均抗压强度为 26.8MPa；C_{90}15W6F100三级配碾压混凝土 665 组，平均抗压强度为 21.9MPa；强度保证率在 94.3%以上。碾压混凝土的强度、变形性能和耐久性均满足设计要求。

（六）结语

金安桥水电站大坝玄武岩骨料碾压混凝土，通过研究，采用外掺石粉代砂、提高粉煤灰和外加剂掺量、VC 值动态控制等技术措施，解决了玄武岩骨料碾压混凝土用水量高、可碾性差等难题。实际应用表明，碾压混凝土的强度、变形性能和耐久性均满足设计要求，为玄武岩骨料碾压混凝土成功应用积累了宝贵的经验。

该项目获“2010 年度中国水利水电建设股份有限公司科学技术进步三等奖”。

（中国水利水电第四工程局有限公司
康小春　张改香）

磷渣微粉在沙沱水电站碾压混凝土工程中的应用

沙沱水电站采用全断面碾压混凝土大坝。其碾压混凝土设计要求：28d 抗压弹性模量小于 30GPa，密度不小于 2350kg/m^3，强度保证率 80%；三级配的 C_{90}15 抗渗等级为 W6，抗冻等级为 F50，28d 极限拉伸值不小于 0.60×10^{-4}；二级配的 C_{90}20 抗渗等级为 W8，抗冻等级为 F100，28d 极限拉伸值不小于 0.65×10^{-4}。

碾压混凝土掺合料掺量大，由于粉煤灰供应量不足，拟采用磷渣微粉部分替代粉煤灰。为此，进行了磷渣微粉和粉煤灰混掺与单掺粉煤灰两种方案的碾压混凝土性能试验。通过成果比较，分析论证磷渣微粉作为碾压混凝土掺合料的适用性和技术性。

（一）配合比

两种方案的碾压混凝土配合比见表 1。

表 1　碾压混凝土配合比表

配比编号	设计要求	级配	水胶比	粉煤灰掺量(%)	磷渣掺量(%)	砂率(%)	外加剂		材料用量(kg/m^3)					
							HLC(%)	AE003(%)	水	水泥	粉煤灰	磷渣	砂	石
FL3	C_{90}15 W6F50	三	0.51	33	32	34	0.7	0.09	78	54	50	49	757	1508
F3	C_{90}15 W6F50	三	0.51	65		34	0.7	0.09	78	54	99		754	1501
FL2	C_{90}20 W8F100	二	0.50	27.5	27.5	38	0.7	0.09	88	79	48	48	829	1388

续表

配比编号	设计要求	级配	水胶比	粉煤灰掺量（%）	磷渣掺量（%）	砂率（%）	外加剂		材料用量（kg/m^3）					
							HLC（%）	AE003（%）	水	水泥	粉煤灰	磷渣	砂	石
F2	$C_{90}20$ W8F100	二	0.50	55		38	0.7	0.09	88	79	97		825	1381

注 FL3表示粉煤灰和磷渣粉混掺碾压混凝土三级配，FL2表示粉煤灰和磷渣粉混掺碾压混凝土二级配；F3表示粉煤灰单掺碾压混凝土三级配，F2表示粉煤灰单掺碾压混凝土二级配。

两种方案的原材料，除磷渣微粉外都一样。磷渣微粉采用贵州省瓮安县瓮福黄磷有限公司产品，品质检测结果见表2。

表2 磷渣微粉品质检测结果

需水量比（%）	比表面积（m^2/kg）	烧失量（%）	含水率（%）	密度（g/cm^3）	28d活性指数（%）
95	304	0	0.1	2.92	84

（二）室内验证试验成果

（1）混凝土拌和物性能比较见表3。两方案混凝土拌和物的密度、工作性能无明显区别，但混掺掺合料的混凝土*VC*值较单掺粉煤灰混凝土的*VC*值略小，含气量约高1%。

（2）混凝土拌和物凝结时间比较见表4。混掺掺合料的初凝时间较单掺粉煤灰的长150min左右，终凝长300min左右。

（3）硬化混凝土性能比较试验成果详见表5。混掺掺合料碾压混凝土的28d抗压强度较单掺粉煤灰混凝土低约3.0MPa，90d抗压强度基本接近；28d抗压弹模、28d极限拉伸值，前者较后者略低，但均能满足设计技术要求；抗渗、抗冻性能也均满足设计技术要求。

表3 碾压混凝土拌和物试验成果

配比编号	*VC*值（s）	含气量（%）	泌水率（%）	密度（kg/m^3）	工作性			
					外观	包裹	黏聚	含砂
FL3	3.5	4.5	0	2480	好	充分	好	富
F3	4.5	3.4	0	2480	好	充分	好	富
FL2	4.0	4.3	0	2472	好	充分	好	富
F2	5.0	3.5	0	2477	好	充分	好	富

表4 碾压混凝土凝结时间试验成果

配比编号	*VC*值（s）	含气量（%）	凝结时间（min）				试验环境温度（℃）
			初凝	差值	终凝	差值	
FL3	3.5	4.5	1280	+151	1822	+307	18～25
F3	4.5	3.4	1129	0	1515	0	
FL2	4.0	4.3	1229	+153	1801	+306	
F2	5.0	3.5	1076	0	1495	0	

表5 硬化碾压混凝土试验成果

配比编号	抗压强度（MPa）		抗压弹模（GPa）	极限拉伸值（$\times10^{-4}$）	抗渗等级	抗冻等级
	28d	90d	28d	28d		
FL3	19.1	28.7	27.9	0.62	>W6	>F50

续表

配比编号	抗压强度(MPa)		抗压弹模(GPa)	极限拉伸值($\times10^{-4}$)	抗渗等级	抗冻等级
	28d	90d	28d	28d		
F3	22.3	29.1	28.2	0.74	>W6	>F50
FL2	23.1	33.2	28.3	0.73	>W8	>F100
F2	26.4	34.5	29.7	0.89	>W8	>F100

（三）现场取样试验成果

（1）混凝土拌和物性能见表6。混掺掺合料的碾压混凝土*VC*值统计平均值较单掺粉煤灰的略小，含气量统计平均值约高1%。

（2）混凝土抗压强度成果统计见表7。磷渣微粉、粉煤灰混掺和单掺粉煤灰两种不同方案统计成果比较：碾压混凝土28d抗压强度平均值前者较后者低2.0MPa左右，90d抗压强度平均值两者基本接近，但180d抗压强度平均值前者比后者高2.0MPa左右。从后期强度发展规律看，混掺混凝土强度发展系数比单掺粉煤灰的强度发展要大。

（3）硬化碾压混凝土的力学、变形性能见表8。

表6　现场取样碾压混凝土拌和物性能试验统计成果

统计项目	配比编号	统计内容			
		组数	最大值	最小值	平均值
*VC*值（s）	FL3	151	7.0	1.0	3.0
	F3	315	7.5	1.0	3.7
	FL2	61	5.6	1.0	2.8
	F2	54	6.3	1.0	3.7
含气量（%）	FL3	151	4.8	2.9	3.9
	F3	315	3.8	2.0	3.0
	FL2	61	4.8	2.7	3.8
	F2	54	4.0	2.2	3.1

表7　现场取样碾压混凝土抗压强度统计成果

配比编号	龄期(d)	组数	最大值(MPa)	最小值(MPa)	平均值(MPa)	强度发展系数
FL3	28	21	23.1	11.4	18.1	0
	90	16	31.5	17.4	27.2	1.50
	180	3	37.2	26.3	32.8	1.81
F3	28	62	24.0	12.4	20.5	0
	90	164	31.7	18.3	27.8	1.36
	180	16	35.5	24.2	30.8	1.50
FL2	28	7	26.0	16.7	21.9	0
	90	12	36.3	24.3	32.5	1.48
	180	3	40.6	28.3	38.7	1.77
F2	28	21	25.0	17.9	24.0	0
	90	51	35.1	23.5	33.3	1.39
	180	4	38.1	28.1	36.9	1.54

混掺掺合料的28d抗拉强度、28d极限拉伸值、28d抗压弹模均比单掺粉煤灰要低。

(4) 硬化碾压混凝土抗渗性能见表9。两方案无明显区别。

(5) 现场施工碾压混凝土压实容重统计见表10。两方案无明显区别，可碾性均能满足施工要求。

表8　现场取样硬化碾压混凝土力学、变形性能试验成果

配比编号	抗拉强度（MPa）	抗压弹模（GPa）	极限拉伸值（$\times10^{-4}$）
	28d	28d	28d
FL3	1.11	27.2	0.64
F3	1.62	27.6	0.70
FL2	1.55	28.2	0.73
F2	1.83	28.8	0.79

表9　现场取样硬化碾压混凝土抗渗性能试验成果

配比编号	试验情况	渗水高度（mm）	抗渗等级
FL3	加压至0.7MPa未出现渗水	110	＞W6
F3	加压至0.7MPa未出现渗水	110	＞W6
FL2	加压至0.9MPa未出现渗水	90	＞W8
F2	加压至0.9MPa未出现渗水	95	＞W8

表10　现场施工碾压混凝土压实容重统计结果

配比编号	组数	压实密度（kg/m^3）			平均压实度（%）
		最大值	最小值	平均值	
FL3	1983	2487	2437	2464	99.2
F3	2004	2455	2410	2425	98.9
FL2	224	2464	2422	2437	99.1
F2	158	2429	2394	2409	98.8

(四) 结论

通过两种方案碾压混凝土性能试验成果比较分析，可以得出以下结论：

(1) 磷渣粉和粉煤灰混合掺入碾压混凝土中，相同条件下混凝土拌和物的VC值略有减小，含气量提高1%左右，说明掺入磷渣微粉可略微减少混凝土的单位用水量；且因磷渣微粉为高温煅烧后的产物，其烧失量几乎为零，混掺后减少了粉煤灰对混凝土含气量的吸附，混凝土拌和物的含气量得到一定程度提高。

(2) 磷渣粉和粉煤灰混合掺入碾压混凝土中，由于磷渣微粉中含有未完全提炼的P_2O_5，使碾压混凝土拌和物的凝结时间有一定程度的延长。常温下初凝时间较单掺者延长150min左右，终凝时间延长300min左右。

(3) 磷渣微粉和粉煤灰混合掺入碾压混凝土中，28d抗压强度较单掺粉煤灰混凝土低2.0MPa左右，90d抗压强度两者基本接近，180d抗压强度较单掺粉煤灰混凝土提高2.0MPa左右。从发展规律看，由于磷渣微粉的活性比粉煤灰大，磷渣微粉和粉煤灰混掺的抗压强度发展系数较单掺粉煤灰大。

(4) 由于受磷渣粉二次水化时间的影响，磷渣粉和粉煤灰混合掺入碾压混凝土中，导致混凝土的28d抗拉强度、极限拉伸值较单掺者低，28d抗压弹性模量也相应降低。

(5) 由于施工时采用的磷渣微粉比表面积仅$304m^2/kg$，和单掺粉煤灰相比，碾压混凝土的抗渗性能相差不大。相关技术资料表明：若能将磷渣微粉比表面积提高至$380m^2/kg$以上，混凝土的抗渗性能将得到显著提高。

(6) 磷渣微粉和粉煤灰混合掺入碾压混凝土中，对碾压混凝土的压实度影响不大，其可碾性均能满足施工操作要求，碾压密实度也能达到设计和规范要求。

(7) 磷渣粉和粉煤灰混合掺入用于沙沱水电站碾压混凝土中，混凝土的拌和物及硬化混凝土的性能均能达到设计技术要求，可供类似工程借鉴。

磷渣是生产黄磷时排出的工业废渣，储藏量大，占地堆放不仅浪费土地资源，且其中所含的P_2O_5对地下水源造成污染。如合理利用能减少污染，变废为宝，在水利、房建、公路、桥梁工程施工中利用还可以提高混凝土的性能。

（武警水电第一总队　朱国忠　李宏伟）

高温季节碾压混凝土通水冷却效果简析

碾压混凝土因大量掺加粉煤灰，水化热温升降低，温升速度减慢，但碾压混凝土坝施工速度快，层面间歇时间短，热量散发少，坝体同样存在温度控制问题。目前，碾压混凝土温控措施主要是降低入仓温度及后期通水冷却两方面。降低入仓温度有避免高温季节施工、骨料预冷、加冰或冰水拌和、仓面喷雾、仓面保温、斜层碾压等措施；通水冷却主要采用金属管或塑料管进行分期通水，降低温升，减小混凝土温度梯度。工程实例表明，降低混凝土入仓温度能有效

控制温度裂缝，但骨料预冷、加冰拌和等措施使成本增加。同时在薄层碾压工艺条件下，混凝土在高温季节温度回升迅速（幅度可达10℃）。通水冷却技术出现于20世纪30年代，成本较低，可有效削减温升，有利于后期坝体内部散热，加快达到稳定温度，成为常用及有效的温控措施。合理利用通水冷却的方式进行碾压混凝土温度控制，对简化浇筑工序、实现碾压混凝土工程全年施工具有重要的意义。

（一）混凝土中水泥水化过程及混凝土强度性能

硅酸盐水泥的水化过程基本分为三个阶段：①早期水化，从加水到约3h的水化，反应较低；②中期水化，从加水3h到20～30h期间为中期水化，分加速期和减速期，加速期放出大量水化热；③后期水化，从加水20～30h后为后期水化。

根据相关研究结果，中期结束时，仅有30%左右的水泥参加了反应。对1d龄期内的混凝土，正处于中期和后期的交界点，尚有大量水泥未参加反应。

国外有学者用试验手段测定新鲜混凝土拉伸强度的增长规律。有试验结果表明，混凝土成型后的2～4h内，存在一个拉伸强度增长的休眠期，在此期间，混凝土拉伸强度低得无法测试，而在此时间后，混凝土的拉伸强度增长较快。

养护温度的不同会引起水泥水化产物的微观结构、分布及密度等诸多方面的变化，从而导致其最终强度的差异。有研究发现，在养护周期内某时段将养护温度由常温20℃调整为5℃或40℃，混凝土的最终强度变化不大。此外，混凝土搅拌成型3d后的养护温度，对混凝土的最终强度基本上没有影响。

（二）冷却水管通水冷却混凝土效果分析

通水冷却的混凝土温度问题是一个复杂的三维不稳定温度场问题。为定性评估冷却水管冷却效果，建立有限元计算模型：取半径0.75m的圆形混凝土分析范围，混凝土中心置有冷却水管，内径32mm，壁厚2mm。为简化计算，假定混凝土不与外界发生热交换，混凝土初始温度为25℃，冷却水温为15℃。冷却水管为高密度聚乙烯冷却水管，导热系数$\lambda=1.62$kJ/（m·h·℃）；混凝土导温系数$\alpha=0.004$ m^2/h，导热系数$\lambda=8.5$kJ/（m·h·℃）。通过有限元计算，获得连续通水1h、2h、3h、4h、6h、12h、1d、3d、7d、30d、60d情况下的混凝土内部温度分布情况。

有限元计算结果如图1所示，在设定的边界条件下，通水6h即能影响到冷却水管周边半径0.75m的范围，通水1d能让混凝土温度降低0.5～4.5℃，3d能让混凝土温度降低2.5～6℃。随着通水时间的持续，多数区域混凝土温度梯度逐渐减小，温度场区域均匀化，同时因温差变小，混凝土温度下降速率变小。

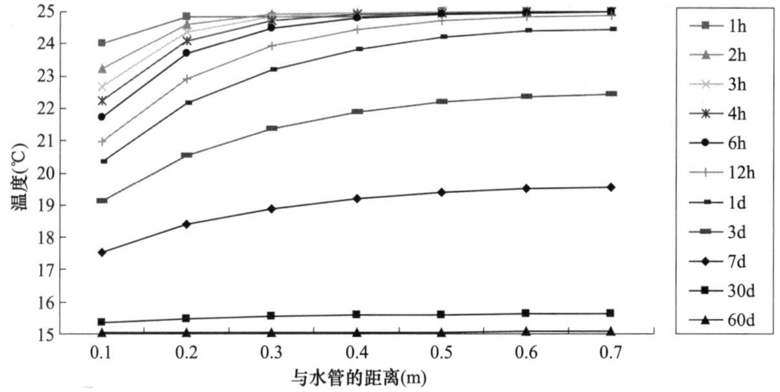

图1　不同时段通水冷却效果模拟计算结果

统计表明，碾压混凝土温升速率与浇筑温度密切相关，浇筑温度高则达到最高温升时间短，相反则较长。在冷却水管被覆盖后立即通水冷却，削弱浇筑温度偏高带来的不利影响，延迟温升速率，降低温度峰值，能满足混凝土温控要求。

在混凝土刚浇筑后的抗拉弹模休眠期，通水冷却不会引起冷却水管周边混凝土收缩微裂纹；当混凝土抗拉弹模逐渐增加时，伴随有胶凝材料的水化放热，通水冷却减缓温升速率，在通水冷却及水化热共同作用下，冷却水管周边混凝土不易形成导致收缩微裂纹的温度场。结合混凝土养护温度对后期强度影响不大的特性，在冷却水管被覆盖后即通冷却水是可行的。

（三）工程实例

1. 工程概况　沙沱水电站拦河大坝为全断面碾压混凝土重力坝，坝顶高程371.00m，河床最低建基面高程270m，最大坝高101m，基础最宽处83.38m，坝顶宽10m，顶全长631.00m。坝体大体积混凝土为$C_{90}15$三级配碾压混凝土，坝体上游面采用$C_{90}20$二级配变态混凝土结合$C_{90}20$二级配碾压混凝土防渗。

沙沱电站2009年4月17日实现二期截流，截流后为保证安全度汛及施工度汛，须在高温季节进行碾压混凝土浇筑。

2. 基本资料

(1) 坝址区气候温和湿润，多年平均气温17.5℃，流域内雨量丰沛，坝址以上流域多年平均降水量为1091.0mm，年内各月气温要素见表1。

(2) 温控标准：基础允许温差见表2。当浇筑块上次混凝土上升高度大于浇筑块最大宽度的0.5时，上下层允许温差取18℃。混凝土内部最高气温与外界气温之差不超过20℃，对于脱离基础约束区的上部混凝土，坝体混凝土各月允许最高温度见表3。

表1 坝区气温要素表 ℃

月份	1	2	3	4	5	6	7	8	9	10	11	12	全年
多年平均	6.4	7.7	12.2	17.6	21.6	24.9	28.0	27.7	24.0	18.3	13.3	8.5	17.5
极端最高	24.6	28.6	32.7	35.6	39.1	39.9	41.6	42.0	38.4	36.6	32.7	25.2	42.0
极端最低	−5.4	−3.1	0.0	1.8	9.0	13.9	18.3	17.5	13.0	7.0	−0.3	−3.5	−5.4

表2 混凝土坝基础约束范围内温控标准 ℃

月　份	1	2	3	4	5	6	7	8	9	10	11	12
强约束区基础允许温差	16	16	16	16	16	16	16	16	16	16	16	16
弱约束区基础允许温差	18	18	18	18	18	18	18	18	18	18	18	18
按基础温差控制各月允许最高温度	32	32	32	32	32	32	32	32	32	32	32	32

表3 满足内外温差的混凝土允许最高温度 ℃

月　份	1	2	3	4	5	6	7	8	9	10	11	12
允许最高温度	26.4	27.7	32.2	37.6	41.6	44.9	48.0	47.7	44.0	38.3	33.3	28.5

3. 温控措施及效果分析

11号坝段304～306.5m高程混凝土于2009年6月20～22日完成浇筑，原计划浇筑至307m，因突发阵雨于306.5m停仓，停仓后在混凝土面落实防雨措施并铺设聚苯乙烯泡沫板保温，防止内外温差超标，6月25日起开始306.5m以上混凝土浇筑。混凝土入仓温度为29.5℃，浇筑过程中采用仓面喷雾等常规温控手段，在混凝土覆盖后即通水冷却，冷却水管采用ϕ32mm高密度聚乙烯管，壁厚2mm，水管间距×层距=1.5m×1.5m，冷却水管导热系数$K \geqslant 0.45$W/(m·℃)，冷却水管进出水温度测值如图2及图3所示。

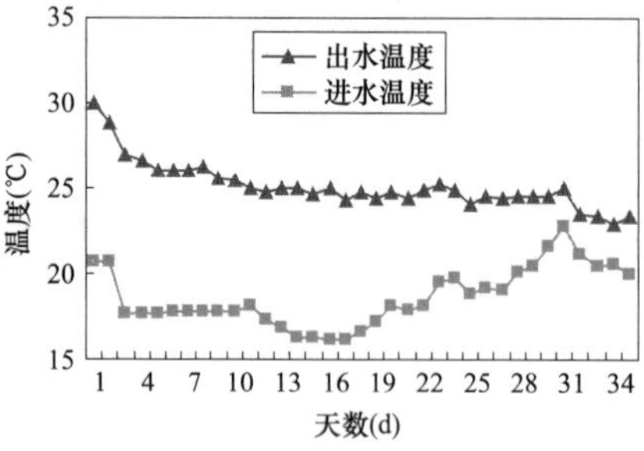

图2 11号坝段305.6m通水冷却测值

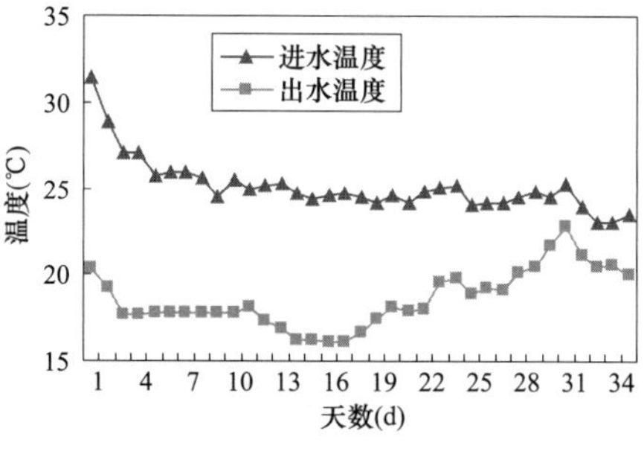

图3 11号坝段307.1m通水冷却情况

11号坝段306m上游侧防渗区、中间三级配混凝土区及下游侧变态区布置5支电阻式温度计，监测结果显示，混凝土浇筑后第2天达到第一次峰值后略有下降，第4天起混凝土开始第二次温升，第12天达到第二次峰值，之后混凝土温度开始下降，过程线如图4所示。监测结果显示，中间部位三级配碾压混凝土最高温度为36.80℃，水化热温升为7.30℃。

根据11号坝段测温光纤测得的温度场图，2010年1月25日最高温度为29℃，2010年4月25日最高温度为27.5℃，温度较高区域主要分布在306m高程附近，与浇筑温度较高区域对应。坝体内温度在逐

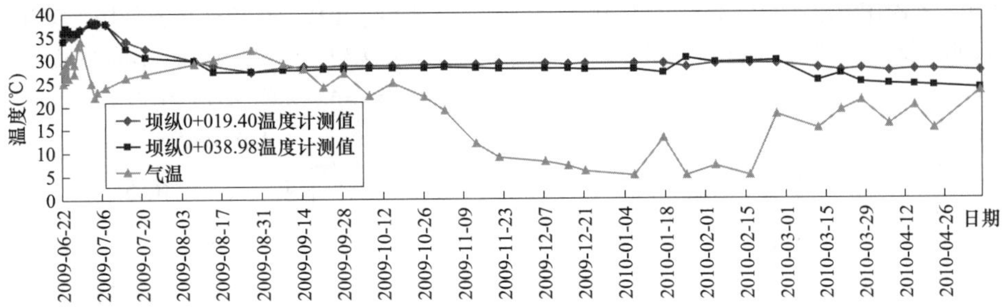

图4　11号坝段306m中间部位温度计实测混凝土温度变化过程线

渐降低，且温度分布趋于均匀化。经检查坝体表面无裂缝，大坝温控情况满足设计要求。

（四）结语

通水冷却可以有效削减碾压混凝土温度峰值。对沙沱水电站高温季节混凝土施工及温度监测资料分析可以得出：弱化对入仓混凝土温度的控制，在碾压混凝土覆盖后立即通水冷却，同时在高温季节进行流水养护，在低温季节及寒潮来临时加强保温措施，可满足混凝土温控要求。

（贵州乌江水电开发有限责任公司沙沱电站建设公司
张发勇　范雄安）

严寒干燥气候条件下的新疆喀腊塑克碾压混凝土大坝施工技术

（一）概况

新疆喀腊塑克水利枢纽碾压混凝土重力坝工程位于新疆阿勒泰地区的福海县与富蕴县境内，工程等别为一等，规模为大（1）型。大坝为1级建筑物，采用全断面碾压混凝土重力坝，坝顶长度1570m，最大坝高121.50m，碾压混凝土约300万m^3。

坝址区受准噶尔盆地古尔班通古特沙漠的影响，多年平均气温为2.7℃，极端最高气温40.1℃，极端最低气温−49.8℃；多年平均风速1.8m/s，最大风速25m/s；气候干燥，多年平均降水量为183.9mm，多年平均蒸发量为1915.1mm，多年平均降水量仅为蒸发量的9.6%，多年平均水面蒸发量为1168.2mm；4～10月多年平均相对湿度为20%。

该大坝碾压混凝土施工气候恶劣，在我国同类型大坝施工中罕见。2007年4月大坝开始碾压混凝土施工，中国水利水电第十六工程局有限公司专门成立了"严寒干燥气候条件下碾压混凝土重力坝施工技术"科研课题组，针对严寒干燥气候条件碾压混凝土施工遇到的技术难题开展深入的研究和实践。

（二）主要创新点

1. 风、干、热及高蒸发环境下长间歇层施工工艺　首先采用高压水冲毛，验收合格后，将结合面充分浸润，在浇筑上层碾压混凝土之前，先铺一层3mm厚的水泥净浆，再铺1.5cm砂浆。

2. 风、干、热及高蒸发环境下碾压混凝土温控技术　主要措施有：①"两风一冷"；②有效动态控制VC值；③采用雾化水汽进行失水补偿，提高碾压混凝土层间结合质量；④采用斜层碾压工艺，缩短层间间歇时间；⑤高温时段及时做好过程覆盖保湿；⑥仓面4℃水喷雾、遮阳等。

3. 持续高寒条件下越冬保温措施　工程所在地冬季气温低，极端最低气温−49.8℃，10月底气温低于0℃。每年的11月至次年3月约5个月的时间，因气温太低而不宜浇筑混凝土，其他时间浇筑的混凝土越冬保温问题也很突出。一旦措施不到位，将导致混凝土表面出现裂缝。通过三维有限元仿真计算研究及现场试验研究，确定了越冬保温措施。

4. 片麻花岗岩人工骨料和石粉、戈壁天然砂的应用　通过控制原材料品质，选择较低的水胶比、适宜的粉煤灰掺量，外掺片麻花岗岩石粉补充天然砂中石粉不足的技术方案，以及提高混凝土含气量，改善了拌和物的和易性。

5. 风、干、热及高蒸发环境下混凝土VC值的有效动态控制　通过一系列的现场试验，得出VC值的损失与历时、外界气温、相对湿度、含气量等的相互关系，最终实现VC值的有效动态控制：碾压混凝土出机口VC值控制在1～3s，现场VC值控制在3～6s。

6. 碾压混凝土抗冲磨试验研究　喀腊塑克水利枢纽大坝泄水建筑物表孔溢流面混凝土表层50cm采用常态二级配作为抗冲磨混凝土，与之相接的是2.5m厚三级配变态混凝土和三级配碾压混凝土。在国内类似工程施工中，通常采用常态和碾压混凝土同步上升或常态后浇的浇筑方式。由于常态混凝土水泥用量高，硬化过程中混凝土产生的水化热温升比碾压混凝土高，容易产生不同的温度梯度从而引起应力裂缝。本工程通过对碾压和常态混凝土的抗冲磨性能比对研究，提出了在碾压混凝土坝型中采用碾压混凝土直接作为抗冲磨混凝土的建议，具有重要的参考价值。

（三）结语

新疆喀腊塑克碾压混凝土大坝严寒干燥气候条件下筑坝技术的研究应用，开始于2007年4月，结束于2009年12月。该攻关技术的成功应用确保了大坝工程的优质快速施工。在中国水电建设股份有限公司组织国内专家组织的鉴定会上，鉴定意见认为：该技术解决了“冷、热、风、干”特殊气候条件下碾压混凝土重力坝施工的难题，积累了宝贵的经验，提升了RCC筑坝水平，技术经济和社会效益明显，可在类似气候条件下的工程中推广应用，该技术达到了国际先进水平。

（中国水利水电第十六工程局有限公司
刘　辉　周宗斌）

布西水电站大坝面板混凝土无轨滑模施工

（一）概况

布西水电站地处青藏高原向四川盆地过渡地带，两岸山岭海拔高程为3200～3800m，最高处达4560m。坝址处冬季漫长而严寒，多年平均气温2.4℃（1月），极端最低气温－21.3℃。

布西水电站混凝土面板堆石坝，最大坝高135.8m，上游坝面坡比均为1∶1.4，下游坡面干砌石（浆砌石）坡比为1∶1.45及1∶1.5。钢筋混凝土面板，顶部厚30cm，并随高程降低逐渐加厚，底部最大厚度为77.9cm，C30混凝土总量20 500m^3。面板总计分为33块，其中1～10号面板和23～33号面板宽度为6m，11～22号面板宽度为12m。以3260m高程划分两期施工，3260m以下为一期面板，3260m以上为二期面板，采用无轨滑模施工。

面板施工须在6月底全部完成，直线工期仅3个月，受雨季影响，混凝土浇筑月最大强度达8800m^3，工作面狭窄，协调难度大。

施工中采用钢筋直螺纹套筒连接、超长连续挤压成型止水片等较多的新技术。面板基础面采用挤压边墙施工工艺。

（二）施工准备

1. 模体　无轨滑模由底部钢面板、上部型钢桁架及抹面平台三部分组成。滑模前部设振捣平台，后部设二级抹面平台，顶部搭设雨阳棚。模体长7.5m，重5.15t。宽度为6m的面板用1块，宽度为12m的面板用2块组合，总长15m。

2. 侧模　采用钢木组合模板，尺寸根据面板的渐变厚度及斜坡面长度每段按照2m加工。主要为角钢配木模板组成，两侧木檩条加固，顶部角铁包边，刚度满足无轨滑模可直接在其顶部滑动而不破坏的需要。采用钢结构立架支撑，结构型式见图1。

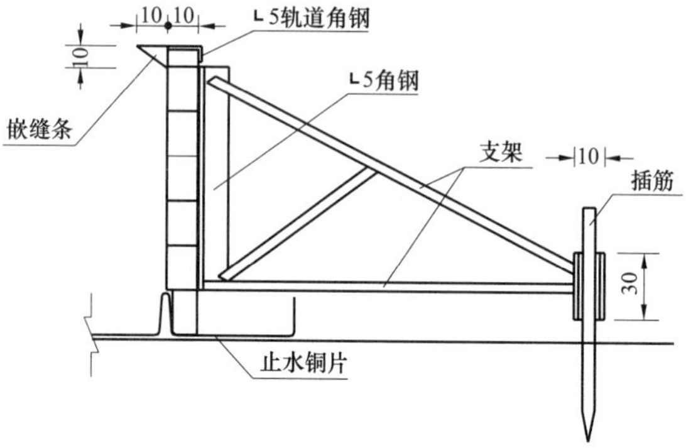

图1　侧模结构形式（单位：cm）

3. 溜槽　由于混凝土斜坡输送距离较长，溜槽设计时适当加大深度，以增加摩擦力，控制溜料速度，防止骨料分离。溜槽采用2mm厚的钢板卷制而成，圆弧半径为300mm，槽深459mm，每节长2m。拉性块布置2套溜槽，首段设置封闭的受料斗，尾端设置布料机。

4. 运输台车　长距离滑模施工作业，钢筋、模板、止水材料、工具等都要通过大坝上游坡面运输，根据现场情况布置轻便的运料台车2套。

5. 卷扬机安装　拉模牵引采用2台10t地锚固定卷扬机，钢丝绳直径28mm，单股牵引。

（三）施工方法

1. 侧模安装　侧模外侧采用角钢与圆钢焊接成的三角支架支撑固定，内侧用短钢筋将侧模与结构钢筋网焊接固定，人工从下至上安装。安装时，接缝必须平整严密无错台，同时要确保止水片安装牢固。

2. 滑模安装　滑模分段运输至坝顶施工平台拼装，经检查无误后，放下抹面平台尾部两侧支承滑轮，吊装到侧模上。由自身行走机构支撑后，用手拉葫芦及保险绳固定，连接牵引钢丝绳。用卷扬机牵引，试滑2～3次，在确保牵引装置稳固可靠后，卸下手拉葫芦。混凝土浇筑前，将滑模滑移至浇筑条块底部。

3. 混凝土浇筑　操作人员站在滑模前沿的操作平台上进行。浇筑按板边、边角和板中的顺序均匀布料，层厚250～300mm，止水片周围辅以人工布料。仓面中部采用$\phi70$～$\phi100$mm插入式振捣器充分振捣，靠近侧模和止水片部位采用$\phi30$～$\phi50$mm软管振捣器振捣。振捣插点应均匀，插点间距不大于40cm。在模板前沿振捣，插入下层混凝土的深度为50mm，以混凝土不再显著下沉、不出现气泡并开始泛浆为准。

混凝土浇筑时，要及时割断架立筋，以减少垫层区对面板的约束。从混凝土拌和站至坝面卸料入仓振捣完毕，最大时限不超过60min。

4. 滑模滑升　两端提升应平衡、匀速、同步。每浇完一层混凝土滑升高度约25～30cm，滑升速度取决于脱模时混凝土坍落度、凝固状态和气温等因素，一般平均滑行速度为1～1.5m/h，最大不超过2m/h，拉升间隔时间一般为10～15min，最大不超过30min，具体参数由现场试验确定。

5. 人工收面及表面处理　脱模后的混凝土，人工用木模和钢模及时进行第一次收面，面板平整度用2m靠尺检查应不大于5mm。用人工磨面法进行表面吸水处理，以提高混凝土表面强度，并及时对混凝土表面进行第二次压面抹光，确保混凝土表面密实、平整，避免面板表面形成微通道或早期裂缝。

（四）控制要点

1. 混凝土和易性控制　面板混凝土滑模施工时，混凝土在水平运输、溜槽输送、平仓浇筑等各个环节中都要求有良好的和易性。因此，在施工过程中，不断优化设计配合比，保证混凝土的拌和质量；在满足设计强度及耐久性指标的同时，尽量添加掺和料，最大限度地改变混凝土和易性。由于面板既薄又高，混凝土易裂，本工程经协商添加了聚丙烯纤维。

2. 混凝土坍落度控制　布西电站混凝土拌和系统本着就近原则，距坝顶的水平运距约600m，还采用了20mm厚的EPE材料对溜槽覆盖，混凝土入仓坍落度基本控制在4～6cm，能够满足设计及施工要求。

3. 钢筋施工质量控制　面板混凝土钢筋设计总量2353t，混凝土含筋量达到112kg/m^3。混凝土浇筑时，及时割断架立钢筋，以减少垫层区对面板的约束。架立钢筋切割略超前于滑模模体，一般控制在模体前沿2m范围内，否则混凝土的浮托作用会导致钢筋网上浮，影响混凝土质量。在溜槽安装位置的下部要专门设置架立钢筋，禁止将溜槽直接放置在钢筋网上。

4. 混凝土浇筑温度控制　电站坝址处昼夜温差大，夜间温度低。通过检测，4月中旬至6月末施工时段温度基本稳步上升，检测到的最高温度为：水温12.5℃，粗细骨料温度11.5℃，混凝土出机口温度14℃，入仓温度13℃，面板混凝土浇筑温度基本可以控制在15℃以内。施工时，混凝土拌和用水直接抽取河水，对成品骨料仓采用加大料堆高度的措施，取料时在表层适当洒水降温。在仓面作业过程中，采用EPE材料覆盖溜槽，在滑模模体上设置塑料顶棚遮阳，浇筑间歇期间采用塑料薄膜覆盖仓面等措施，起到了降低混凝土浇筑温度的作用。

5. 混凝土养护　由于面板滑模施工一般需要3～5d，为此，加强混凝土初期养护极为重要。首先，在模体后拖挂5～8m的塑料薄膜，防止面板混凝土出模后表面水分过分蒸发损失。随着模体的滑升，对初凝后的混凝土表面，应及时采用草帘子覆盖，并布置可移动水管洒水养护。整块面板施工结束后，在面板顶部及中部设置两道固定水管洒水养护。洒水量应使养护设施表面养生水处于流动状态。

（五）表面检查及裂缝处理

一期面板检查，测得裂缝共计46条，全部为水平裂缝，其中宽度达0.2mm的裂缝2条，都根据设计要求进行了处理。

处理时，首先进行裂缝表面清理，用角向磨光机对裂缝两侧各10cm范围进行打磨，再除去打磨后表面的浮尘、杂质。对宽度小于0.2mm的裂缝，先将处理剂涂刷在处理好的基面上，处理剂无显迹后即可进行PUA涂料的施工。将拌和好的涂料倒在工作面上，用抹子均匀刮涂推平，边刮边推，衔接无痕，刮涂厚度在1mm左右。涂料刮抹分2道横竖交替进行，第1道涂层完成后4～5h进行第2道涂层的施工。对宽度大于等于0.2mm的裂缝，清理完成后粘贴HK-61低黏度环氧粘贴灌浆盒，注意将进浆嘴对准裂缝，盒间距一般为20～50cm，视裂缝大小而定。灌浆盒粘贴完成后用HK-61环氧涂料，刷涂整条缝面2遍，以封闭裂缝表面。待封缝材料达到一定强度后，即可进行HK-G环氧浆液灌注，可单点灌注也可采用多点同时灌注，顺序应自下而上进行。灌浆压力一般为0.3～0.5MPa，直至不再有浆液灌入，屏浆5min后停止灌浆。灌浆结束48h后可除去灌浆盒，并用角向磨光机再次进行缝面清理，除去原涂刷的环氧封缝材料，清理完成后再用PUA-75聚脲弹性涂料进行表面处理，方法与小于0.2mm的裂缝处理方法相同。

（中国水利水电第三工程局有限公司　郭海志）

德拉迪斯大坝灌浆稳定浆液配合比设计与优化

（一）工程简介

德拉迪斯（Draa Diss）大坝位于阿尔及利亚塞提夫（Setif）省Medjez河流上。坝基为风化石灰岩和黏土质砾岩，钻孔灌浆工程量为103 500m，其中帷幕灌浆65 900m，固结灌浆37 600m。

（二）浆液性能要求

德拉迪斯大坝工程招标技术条款及设计图纸要求

采用稳定浆液进行帷幕灌浆和固结灌浆。在2010年2月，设计院针对灌浆试验施工吸浆量特大的情况，对浆液性能参数作了调整。招标技术条款及设计院报告对稳定浆液的主要性能参数要求见表1。

表1 浆液主要性能参数

分项	马氏黏度	析水率	初凝时间	备注
12125-RP-500-12-A报告	0.8水灰比浆液大约30s	2h析水率小于5%	5～6h	要求测试浆液连续搅拌1、2、3h后的黏度、密度、析水率
特别技术条款6.5.4.1	未做要求	1h析水率小于5%	不超过24h	只要求测试2h的析水率

（三）浆液配合比设计与试验

2009年7月依据招标技术条款要求完成了浆液配合比试验，并在11月开始进行帷幕灌浆试验施工。2010年3月又根据设计院对浆液的新要求再次进行了配合比试验。两次浆液试验均采用塞提夫SOCIET DES CIMENTS DE AIN EL KEBIRA生产的CPJ-CEMⅡ/A42.5水泥和奥兰BENTONITE公司供应的膨润土。

1. 首次浆液配合比试验　考虑到集中供制浆和现场灌浆站配浆的因素，配合比不宜复杂化。每种比级浆液的膨润土、减水剂掺量最好是一致的，这样在灌浆站配制稀浆时只考虑加入水即可。共进行了12组室内试验，根据浆液性能要求推荐了三种浆液配合比，见表2。从帷幕灌浆试验看，所用浆液的黏度差别过小，不利于大吸浆量时通过变换浆液来堵塞裂隙；浆液凝结时间过长，致使灌浆待凝时间很长，对工期影响较大。业主工程师要求使用0.8∶1浆液开灌，且不认可集中制送浓浆和在灌浆站加水配浆的方法，因此可不再考虑配浆的困难，调整配合比的空间更大，可减少膨润土和减水剂的用量来降低成本。

2. 浆液配合比优化设计与试验　在设计院确定新的浆液性能参数后，共比选了3个厂家的13种外加剂，进行了66组室内试验和12组现场浆液试验。通过对比分析试验结果，向业主推荐了4种浆液配合比（见表3），并获得批准。每组浆液配合比均检测了1、2、3h的浆液黏度、析水率、密度，并绘制了浆液黏度—时间曲线、浆液析水率—时间曲线、浆液密度—时间曲线、浆液初终凝时间曲线和抗压强度曲线。

表2 首次推荐浆液配合比及性能参数

序号	浆液配合比				主要性能参数				
	水灰比	膨润土	砂	减水剂	马氏黏度(s)	1h析水率(%)	初凝时间(min)	终凝时间(min)	28d抗压强度(MPa)
1	1∶1	2%	—	0.5%	28.8	3.5	934	1118	15.2
2	0.8∶1	2%	—	0.5%	34.3	1.7	921	980	21.1
3	0.6∶1	2%	75%	0.6%	36.0	2.8	396	462	35.2

注　减水剂为Granitex厂家生产的MEDA FLUID SFR122。

表3 采用配合比及性能参数

序号	浆液配合比				主要性能参数				
	水灰比	膨润土	砂	减水剂	马氏黏度(s)	2h析水率(%)	初凝时间(min)	终凝时间(min)	28d抗压强度(MPa)
1	0.8∶1	0.6%	—	—	31.2	2.9	508	551	13.2
2	0.6∶1	0.2%	—	—	35.1	1.5	394	409	34.8
3	0.5∶1	—	—	0.3%	37.1	1.3	386	422	39.8
4	0.7∶1	2%	50%	0.8%	44.6	0.5	619	697	17.6

注　减水剂为Sika厂家生产的SIKAFLUID R DZ。

（1）稳定剂的优化选取：阿尔及利亚买不到完全符合招标技术条款要求的膨润土，设计院要求进行不添加膨润土的稳定浆液试验。试验结果（见表4）表明，在其他性能参数达到要求的情况下，掺加膨润土的浆液凝结时间短于掺加 INTRAPLAST R.C.C 的浆液，膨润土的掺量少，价格也只有后者的15.8%。如果使用 INTRAPLAST R.C.C，对节约成本极为不利（工程合同规定不支付外加剂费用）。通过试验数据说服了业主和设计院，采用膨润土作为稳定剂。这比使用 INTRAPLAST R.C.C 作为稳定剂可节约成本170万元，并经多次试验获得了不掺加减水剂的浆液配比，常用比级浆液不再使用减水剂，又节约成本60万元。

表4 不同稳定剂浆液性能参数比较

序号	配合比及稳定剂			主要性能参数				
	水灰比	稳定剂品种	稳定剂掺量	马氏黏度（s）	2h析水率（%）	初凝时间（min）	终凝时间（min）	28d抗压强度（MPa）
1.1	0.8∶1	膨润土	0.6%	31.2	2.9	508	551	13.2
1.2		INTRAPLAST R.C.C.	4.0%	31.9	4.3	623	738	14.2
2.1	0.6∶1	膨润土	0.2%	35.1	1.5	394	409	34.8
2.2		INTRAPLAST R.C.C.	0.5%	33.1	3.0	370	430	26.0

（2）凝结时间的优化：由于灌浆试验施工过程中遇到了较多大吸浆量孔段，受一次灌入量200～300L/m和待凝17h再扫孔复灌的限制，出现了一个孔段灌浆28次仍不能达到结束标准的情况。为减少待凝时间，设计院要求浆液的初凝时间达到5～6h，对阿尔及利亚Sika公司可用于灌浆的外加剂进行了大量试验，浆液的初凝时间缩短至6～8h，比较接近设计要求。这减少了待凝时间50%以上，对加快施工进度有利。

（3）浆液比级的优化：优化后的浆液配合比降低了开灌比级（0.8∶1）的浆液黏度，有利于灌注地层中的细微裂隙，在吸浆量较小时也可减少堵塞管路的现象。采用逐级增大黏度（黏度差值增大）的系列比级浆液灌浆，既保证了细微裂隙的灌注效果又可堵塞宽大裂隙，不致浆液扩散范围过大，造成浪费。

（四）结语

德拉迪斯大坝稳定浆液配合比试验，结合技术经济指标不断优化配合比设计，大大减少了外加剂用量，改善了浆液黏度，缩短了凝结时间，提高了灌浆效果，加快了进度，节约了成本，获得了较好的技术经济效果，可供类似工程借鉴。

（中国水利水电第三工程局有限公司
陈进心 王奋生 张 兵）

金安桥水电站大坝碾压混凝土的运输措施

金安桥水电站大坝碾压混凝土运输采用自卸汽车和箱式溜管。大坝1350m高程以下部位的混凝土利用自卸汽车直接入仓；1350m高程以上部位，用自卸汽车分别从左、右岸拌和楼运至左、右岸箱式满管溜槽受料斗，由箱式满管溜槽卸料至仓面汽车，再由汽车入仓。为实现混凝土用汽车入仓，采取了如下措施：

（1）完善道路规划。根据枢纽布置规划，有左右岸坝顶公路、左岸1320m及1360m高程施工道路，以及下游围堰下基坑道路；结合大坝1275、1290、1314、1332m高程马道，修建了右岸11号坝段坝后1275m高程道路、右岸12号坝段坝后1290m高程道路、右岸消力池前段斜坡Z字形1290～1332m高程道路、右岸1400m高程供料线。右岸20号坝段坝后1275m高程道路、左岸3号坝段坝后1360m高程道路、左岸1号坝体坝后1424m高程道路，这些道路与三条供料线配合形成用于不同高程碾压混凝土运输的道路，为大坝整体快速施工创造了良好的施工条件。

（2）利用基坑开挖出渣时形成的路基。右岸13～17号坝段1323～1345m高程分为两个大仓，混凝土通过1320m高程道路运至坝前，下游经预留道路入仓，坝前混凝土入仓道路则利用基坑开挖出渣时形成的路基（坡度小于12%）。左岸7～11号坝段1300～1315m高程部分，在6号坝段或11号坝前垫渣，也利用基坑开挖出渣时形成的路基，用汽车运混凝土入仓。为防止汽车轮胎将污物带入仓内，距入仓口40～60m处设置轮胎冲洗槽。

（3）采用在坝前和坝后垫渣形成道路。大坝厂房坝段和泄洪坝段，因冲沙底孔将坝体从中部分开，汽车入仓道路布置困难。因此，1330m高程以下分左、右岸入仓，高出入仓的部分道路，采用在坝前和坝后垫渣形成，这样混凝土就可采用汽车直接入仓。

（4）设置箱式满管溜槽。大坝左、右岸各设置2条箱式满管溜槽输送混凝土。箱式溜管截面尺寸为800mm×800mm，安装倾角控制在45°左右，接料高度控制在3～4m范围。右岸在19号坝段1400m高程、20号坝段1424m高程先后了布置一套，垂直高差分别为22、24m；左岸在4号坝段1360m高程和1号坝段1424m高程先后布置一套，垂直高差分别为30.5、46m。该技术解决了大坝许多部位无法用自卸车直接入仓的问题。试验证明，在溜管角度不大于45°时，二级配常态混凝土及碾压混凝土基本无骨料离析，三级配碾压混凝土有少量骨料集中，通过在下料口设置挡板可完全解决。

（5）采用常态混凝土与碾压混凝土同步上升的工艺。在大坝溢流坝段1∶0.75斜溢流面施工中，采用常态混凝土与碾压混凝土同步上升的工艺，既有利于碾压混凝土与常态混凝土结合，又便于采用自卸汽车直接入仓。

（长江三峡技术经济发展有限公司　谢永英　付　波）

金安桥水电站施工期大坝安全监测

（一）概况

金安桥水电站施工期大坝安全监测包括左岸非溢流坝段、左冲右泄坝段、厂房坝段、溢流坝段、右岸非溢流坝段等，主要监测项目有变形监测、渗流监测、应力应变及温度监测等。

监测仪器设备采用北京木联能工程科技有限公司成套产品及南京南瑞集团公司等国内外知名厂家生产的可靠的、先进的仪器设备。所有监测仪器安装前均经过中国水电顾问集团昆明勘测设计研究院科学研究分院（通过CMA计量认证和国家实验室认证）率定检验合格，监测仪器安装埋设、基准值选取各环节均严格按规程规范及设计技术要求进行。严格按照规程规范和设计技术要求进行监测，及时进行数据采集和资料整编分析，及时提交监测成果报告，指导了施工，对工程安全起到重要作用。

截至2010年11月5日，完成了大坝浇筑高程以下的所有监测仪器安装埋设，共1167台（套）。

（二）施工期监测

1. 变形控制网　采用与施工控制网相同的坐标和高程系统，即平面坐标系统为金安桥独立坐标系，边长投影至1400m高程面；高程系统采用1956年黄海高程系。

（1）平面控制网已完成建网埋设，并完成两遍建网观测，其成果最弱点位精度均优于±1.94mm，满足设计文件中最弱点位中误差小于±2.0mm的要求；灵敏度指标椭圆长、短半轴较为接近，最大值小于±1.8mm，满足灵敏度椭圆长半轴不大于±2.0mm的要求。两遍建网观测成果的平均值为平面控制网的基准值。

（2）垂直监测控制网按一等水准的技术要求施测，进行了两遍独立观测。第一遍水准观测精度为每公里水准测量偶然中误差±0.45mm，第二遍偶然中误差为±0.36mm，均符合《国家一、二等水准测量规范》中一等水准每公里水准测量偶然中误差不超过±0.45mm的要求。

2. 大坝监测

（1）选择8个坝段作为重点监测坝段，采用倒垂线、多点位移计、基岩变形计、测斜孔、测缝计等仪器进行坝底基岩深部的变形监测；采用正垂线、表面变形监测点、水准点、测缝计、裂缝计、静力水准等仪器进行坝体变形监测。采用坝基测压管、渗压计、水位孔等仪器进行坝基坝体渗流监测。采用压应力计、应变计（组）、无应力计、锚索测力计、钢筋计及温度计等仪器进行应力应变及温度监测。

（2）大坝已取得的监测资料分析表明，坝基变形量较小，变化趋势稳定。坝体拉应力普遍较小，大部分测点最大拉应力不超过1.0MPa，徐变应力各分量的发展趋势较稳定。坝体内温度受混凝土水化热影响，前期温升较快，在温控冷却措施下，坝体最高温度基本控制在30℃以下；各坝段基岩温度最高值在26.25～21.21℃，平均值在24.4～19.73℃；基本在设计要求范围以内。接缝变形各部位测缝计开度最大值普遍不超过1mm，且开度测值变化平稳，绝大部分测点处于闭合状态，混凝土与基岩面结合较好；渗流状态因尚未蓄水，坝内渗压计测值普遍较小，两岸绕坝渗流水位孔已取得可靠的初始值。

（三）结语

（1）安全监测项目全面，监测重点部位明确，仪器选型和布置合理，监测方法可靠，满足有关规范的要求，能够全面监控碾压混凝土重力坝运行状况。

（2）仪器设备采购、检验率定、安装埋设、施工期观测等各环节质量控制严格，监测信息分析、反馈及时。

（3）枢纽区变形监测控制网已经建立并取得基准值，变形监测控制网各点点位稳定，精度满足相关规范和设计要求。

（4）大坝已取得的资料分析表明，大坝变形、渗流、应力等符合一般规律，工作状态正常，坝体总体上处于受控状态。

（5）施工期大坝安全监测满足初期蓄水需要。

（中国水电顾问集团昆明勘测设计研究院　段会文）

金安桥大坝碾压混凝土取芯、原位抗剪及芯样试验

金安桥水电站大坝为碾压混凝土重力坝，大坝混凝土总量360万m^3，其中碾压混凝土259万m^3（含右泄基础17.01万m^3）。大坝碾压混凝土于2007年5月开始浇筑，至2009年12月底浇筑完成。根据规范及设计要求，对坝体碾压混凝土进行了三次钻孔取芯和压水检查试验，对大坝下部C_{90}20W6F100、上部C_{90}15W6F100三级配碾压混凝土进行了现场原位抗剪试验，同时对钻取的碾压混凝土芯样进行了物理力学和耐久性性能试验。通过上述钻孔取芯压水、现场原位抗剪及芯样试验，综合评价了金安桥大坝碾压混凝土的施工质量。

（一）钻孔取芯及压水试验

1. 芯样情况　金安桥水电站大坝碾压混凝土先后安排三次钻孔取芯，钻孔进尺总计791.25m，累计取出ϕ200mm和ϕ150mm大于10m的长芯样10根，芯样获得率98.86%，芯样平均长度达到0.98m。芯样长度和获得率属国内前列。2008年12月22日，在11号坝段11－Ⅱ－01深40.07m的同一孔内，除取出一根ϕ150mm的15.73m长芯样外，同时还取出另外两根10.92m和10.36m的长芯样，刷新了在同一个碾压混凝土钻孔中取出3根超过10m以上的芯样纪录。2009年5月11日，在1号坝段取出一根ϕ150mm长16.49m的超长芯样。取出的碾压混凝土芯样外观质量好，表面平整、光滑，骨料分布均匀，结构密实，气孔少，骨料架空现象少。

2. 压水试验成果分析　碾压混凝土压水孔为ϕ75mm，充分考虑防渗区和主填筑区不同部位，每3m为一压水段长；采用单点法进行压水试验，第一段压力为0.3MPa，第二段压力为0.6MPa，其余各段压力均为1.0MPa。压力结束标准：在稳定的压力下每5min读一次压水流量，在流量无持续增大趋势，每一次连续5个流量读数中最大值与最小值之差小于最终值10%时，全孔压水试验结束，用满足要求的水泥砂浆封孔。总压水段数为58段。压水试验结果表明，碾压混凝土最小透水率为0.02Lu，最大透水率为0.90Lu（孔口段），透水率小于0.1Lu、为0.1～0.5Lu、为0.5～1.0Lu的段分别占33%、62%、5%。大坝碾压混凝土整体抗渗性能良好。

（二）现场原位抗剪试验

1. 试验部位　大坝碾压混凝土现场共布置6组原位抗剪断试验，分两次进行。第一次试验于2008年12月在10号坝段坝后1317.5m高程平台进行，试验组数为3组，每组5块试件，混凝土设计等级为三级配C_{90}20W6F100碾压混凝土；第二次试验在2009年2月进行，试验位置为1号坝段坝后1422.5m高程，试验组数为3组，每组5块试件，混凝土设计等级为三级配C_{90}15W6F100碾压混凝土。

2. 成果分析　坝体现场原位抗剪缝面工况为连续上升的热缝，坝体下部三级配C_{90}20W6F100和上部三级配C_{90}15W6F100碾压混凝土现场原位抗剪断试验成果分别见表1、表2。现场原位抗剪试验成果表明：① 坝体下部三级配C_{90}20W6F100碾压混凝土试件剪切破坏面沿缝面剪断或混凝土剪断，混凝土剪断面20%～45%，剪切面起伏差大，为5～7cm，混凝土胶结良好，石子分布均匀；② 坝体上部三级配C_{90}15W6F100碾压混凝土试件剪切破坏面沿缝面剪断或混凝土剪断，剪切面较平整，最大起伏差3～5cm，混凝土胶结良好，石子分布均匀，有少量石子剪断；第二组混凝土试件有两块剪断面约50%～60%，剪切面起伏差大，为8～9cm。

表1　C_{90}20碾压混凝土现场原位抗剪断试验成果

参数	综合值	第一组	第二组	第三组
f'	1.28	1.28	1.32	1.24
c'（MPa）	1.63	1.65	1.51	1.73

表2　C_{90}15碾压混凝土现场原位抗剪断试验成果

参数	综合值	第一组	第二组	第三组
f'	1.20	1.20	1.20	1.21
c'（MPa）	1.79	1.87	1.71	1.78

（三）芯样试验

对大坝三次钻取的碾压混凝土芯样，分别进行了密度、抗压强度、抗拉强度、极限拉伸、抗压弹模、抗剪以及抗渗、抗冻性能等试验。试验按照DL/T 5150—2001《水工混凝土试验规程》进行。

1. 密度与抗压强度

（1）检测二级配C_{90}20混凝土芯样15组，抗压强度平均值为26.0MPa，最大值32.5MPa，最小值18.6MPa；检测三级配C_{90}20混凝土芯样15组，抗压强度平均值为24.1MPa，最大值38.6MPa，最小值20.7MPa。满足抗压强度设计要求。

（2）对二级配C_{90}20碾压混凝土密度检测25组，平均值为2541kg/m^3，最大值为2590kg/m^3，最小值为2455kg/m^3；对三级配C_{90}20碾压混凝土密度检测40组，平均值为2641kg/m^3，最大值为2729kg/m^3，最小值为

2573kg/m³。符合玄武岩骨料密度值较大的特性。

2. 抗拉强度、极限拉伸和静力抗压弹性模量

(1) 二级配 $C_{90}20$ 混凝土芯样轴心抗拉强度平均值为 1.09MPa，最大值 1.12MPa，最小值 0.92MPa。极限拉伸值平均为 0.69×10^{-4}，最大值 0.80×10^{-4}，最小值 0.53×10^{-4}。三级配 $C_{90}20$ 混凝土芯样轴心抗拉强度平均值为 1.01MPa，最大值 1.42MPa，最小值 0.70MPa。极限拉伸值平均为 0.59×10^{-4}，最大值 0.77×10^{-4}，最小值 0.47×10^{-4}。说明两种级配混凝土抗拉强度和极限拉伸值满足设计要求。

(2) 二级配 $C_{90}20$ 和三级配 $C_{90}20$ 混凝土芯样所测得静力抗压弹性模量分别为 31.5GPa、29.45GPa，芯样抗压弹性模量值较低，有利于坝体抗裂。

3. 抗剪试验 碾压混凝土芯样抗剪强度进行了本体热缝和层面冷缝抗剪强度试验，结果见表 3。从表 3 可以看出，二级配和三级配混凝土的本体热缝、层面冷缝的抗剪强度均能满足设计要求。本体热缝的抗剪强度比层间冷缝强度参数要高。

表 3 芯样抗剪试验结果

设计强度指标	芯样直径(mm)	试验组数	检测龄期(d)	抗剪断峰值强度参数	
				f'	c' (MPa)
$C_{90}20$ 二级配本体	150	2	306～336	1.32	1.83
$C_{90}20$ 三级配本体	200	2	286～313	1.27	1.82
$C_{90}20$ 三级配层面	200	3	337～433	1.22	1.65

注 f'指坝体混凝土层面的抗剪断摩擦系数，c'指坝体混凝土层面的抗剪黏聚力。

4. 抗渗和抗冻等级

(1) 选取 3 组二级配 $C_{90}20$ 和 4 组三级配 $C_{90}20$ 碾压混凝土芯样进行抗渗等级试验，抗渗等级均满足 W8 设计要求，但劈开后其渗水高度均较高。

(2) 对三级配 $C_{90}20$ 碾压混凝土芯样进行 2 组抗冻试验，其抗冻等级 5 块为 F75（检测龄期为 294～360d)，一块为 F50（检测龄期为 294d)，低于 F100 设计要求，原因在于：混凝土运输、层面摊碾过程，混凝土含气量急剧损失；现场混凝土芯样为全级配，其浆体量少于试验室标准条件要求量；芯样在钻取、运输以及切割过程中，对混凝土芯样会有影响，造成芯样混凝土抗冻损坏加速、抗冻等级降低。但这不影响碾压混凝土的耐久性。

(四) 结语

金安桥水电站大坝碾压混凝土钻孔取芯表明，芯样表面光滑，结构致密，骨料分布均匀，层间结合良好，混凝土与基岩接触良好，钻孔压水检查结果满足设计要求。

现场原位抗剪试验表明，坝体碾压混凝土抗剪参数满足设计要求，碾压混凝土层（缝）面胶结良好，石子分布均匀，大坝抗滑稳定性好。

碾压混凝土芯样的物理力学性能和耐久性试验结果表明，大坝碾压混凝土质量满足设计要求，坝体碾压混凝土质量整体良好。

（金安桥水电站有限公司 李迪光）

乌江沙沱水电站大坝碾压混凝土取芯长度创造新纪录

2010 年 8 月 20 日，沙沱水电站 5 号坝段成功取出直径仅 150mm、长度达 16.92m 的三级配碾压混凝土芯样，打破了云南戈兰滩水电站（直径 150mm、长度 15.86m)、新疆喀腊塑克水利枢纽（直径 190mm、长度 16.46m）的国内大坝碾压混凝土取芯纪录。这是我国碾压混凝土筑坝技术不断进步的表现。

该电站为乌江干流开发的第九级，也是乌江水电开发中最后一个在建项目。面对建设前期冰冻灾害、枯期超标洪水、基坑矩阵式涌水等不可抗力因素的不利影响，沙沱电站建设公司精心调整施工组织，通过科学有效的分析，提出碾压混凝土温控措施转移的理念，即在满足混凝土温控要求的前提下，取消拌和楼的骨料预冷，并弱化对混凝土入仓前的温控要求，将温控措施由入仓前转移至碾压完成后，同样保障了混凝土温控效果。在这一理念的指导下，参建各方精心组织，严控质量，特别是在高温季节碾压混凝土施工上，采取了富有特色的一揽子温控措施，沙沱水电站大坝混凝土各项指标均处于可控状态。

该混凝土长芯取自 5 号坝段 303.53～320.45m 高程，施工时段为 2009 年 8 月 31 日至 2010 年 1 月 24 日，贯穿高温季节及低温季节。该混凝土芯样包含了 7 个施工层面、58 个碾压层面，整个芯样表面光滑，骨料分布均匀，结构密实，层间结合良好。芯样充分证明了沙沱大坝可靠的施工质量，更为温控措施转移的理念提供了有力的证据。

（乌江水电开发有限责任公司沙沱电站建设公司 张发勇）

光照水电站 200m 级大坝土建工程快速经济施工技术

(一) 工程概况

光照水电站位于贵州省关岭县和晴隆县交界的北

盘江中游，是北盘江干流的龙头梯级电站，工程以发电为主，其次航运，兼顾灌溉、供水等任务。工程等级为一等大（1）型工程，挡水坝、泄水建筑物、引水发电系统等永久建筑物为1级建筑物。

工程枢纽由碾压混凝土重力坝、坝身泄洪表孔、放空底孔、右岸引水系统及地面厂房等组成。电站装机容量1040MW（4×260MW），保证出力180.2MW，多年平均发电量27.54亿kW·h。水库正常蓄水位745m，死水位691m，总库容32.45亿m^3，死库容10.98亿m^3，为不完全多年调节水库。

大坝由河床溢流坝段和两岸挡水坝段组成，坝顶全长410m，其中溢流坝段长（含底孔坝段）91m。最大坝高200.5m，坝顶宽12～25m，上游坝坡1∶0.25，下游坝坡1∶0.75，坝底最大宽度159.05m，共分20个坝段。泄水建筑物为坝顶3个开敞式溢流表孔，每孔净宽16m，堰顶高程725m，每孔设有16m×20m弧形工作闸门，下游出口采用窄缝挑流消能型式，设计最大下泄流量9857m^3/s。一个底孔布置于溢流坝右侧，底孔进口底板高程640m，最大泄流量798.5m^3/s，孔口控制尺寸4m×6m，出口采用斜鼻坎挑流消能。

（二）重大施工技术难题攻关

1. 大坝垫层常态混凝土厚度由3m调整为1.5m　碾压混凝土具有施工快速、高效、经济的特点。参建各方就大坝垫层常态混凝土厚度由3m调整为1.5m的方案进行可行性论证，由设计单位复核和计算后，认为调整方案可行。将大坝垫层常态混凝土厚度由3m修改为1.5m，相应增加碾压混凝土厚度，充分发挥其施工快速和高效的优势，加快了大坝浇筑进度，降低了工程造价。

2. 两岸坝肩612m高程以下垫层常态混凝土改用变态混凝土　参建各方就两岸坝肩612m高程以下垫层常态混凝土改用变态混凝土方案进行可行性论证，由设计单位复核和计算后，同意改用变态混凝土，与碾压混凝土同步浇筑。这避免了施工缝留下的隐患问题，减少了施工准备工作量，加快了施工进度，实践证明效果显著。

3. 碾压混凝土斜层法施工工艺技术的广泛应用　光照大坝碾压混凝土广泛采用斜层法施工工艺，把大仓块转换成小碾压仓面，有效地解决了大仓块混凝土覆盖问题；在不改变现有混凝土生产、运输、浇筑能力的前提下，大大缩短碾压混凝土层间间隔时间，提高混凝土层间结合力；当气候发生突变时能做到及时有效地处理，体现了大仓块小碾压仓面的科学性和合理性。

4. 水力模型试验为优化施工方案提供科学决策　光照大坝原设计2006年度汛采用预留缺口过洪。混凝土跨缺口入仓难，并需近1000万元的投入。为了取消大坝过洪预留缺口，采用全断面过洪方案，委托河海大学做了水力模型实验。实验证明，全段面过洪方案可行。据此，结合上游围堰加高腾出的初汛时段，参建各方一致同意取消2006年度汛缺口方案，解决了跨缺口混凝土入仓难题，加快了施工进度，节约了经费投入，实现2006年大坝安全度汛的目标。

5. 取消左岸泄洪底孔　大坝底孔施工工艺复杂，工序交错，制约施工进度，影响2007年安全度汛和下闸蓄水。经过业主、监理和设计单位多次论证，取消了左岸泄洪底孔，有效降低了工程造价，为2007年8月具备下闸蓄水创造了有利条件。

6. 溢流坝段碾压混凝土与常态混凝土同步上升　为了加快溢流坝段碾压混凝土和常态混凝土施工，提出溢流坝段碾压和常态混凝土同步上升的方案，经参建各方讨论后，认为可行。这既缩短了两者分开施工的准备时间，又解决了溢流坝段碾压与常态混凝土层间结合问题。

（三）工程施工新技术应用和创新

1. 浓相气力输送水泥及粉煤灰技术　水泥、粉煤灰输送系统采用流态化仓式输送泵进行浓相输送粉料，解决了粉料输送效率低、耗风量大、管壁易磨损和堵管的难题，提高了粉料输送的稳定性、耐久性，又降低了运行成本。该技术荣获“中国水利水电建设集团科学技术进步三等奖”。

2. 箱式满管垂直输送混凝土技术研究及应用　箱式满管输送混凝土能实现碾压混凝土的快速运输，保证VC值不受损失，解决了混凝土垂直运输难题，在浇筑中发挥了巨大的作用。光照大坝用箱式满管输送碾压混凝土达150万m^3，运行状态平稳，曾达到日浇筑11 161m^3，月浇筑强度达221 831m^3，输送强度和质量均令人满意。

3. 移动式制冷机组冷却水回收二次利用　混凝土通水冷却消耗水量很大（20～25m^3/h）。光照工程采购移动式制冷机组时，与厂家一同研究如何解决冷却水回收二次利用的问题，要求厂家在移动式制冷机组设计方案上考虑。经过多次论证，厂家在移动式制冷机组上配备了相应设备，实现了冷却水回收二次利用，回收率达到90%以上。

4. 深槽高速胶带机输送碾压混凝土的应用　为了解决630m高程以上混凝土入仓的问题，从左岸拌和楼至左坝头混凝土采用深槽高速胶带机输送方案。胶带机带宽1.0m，带速3.15m/s，输送强度可达500m^3/h。左坝头至仓面采用箱式满管垂直输送，仓内自卸车接料，形成拌和楼、高速胶带输送机、箱式满管垂直向泄槽、自卸车一条龙作业，最大日浇筑强度达 11 161m^3，解决了高边坡条件下汽车无法直接运输混凝土入仓的问题。

5. 拌和系统骨料输送采用 PLC 系统全自动控制新技术　混凝土骨料由砂、小石、中石和大石组成，光照大坝月浇筑连续强度在 18 万～23 万 m^3，从砂石料系统输送到拌和系统有 400m 距离通过胶带机输送。为了准确、快速地将各种砂石料输送到风冷料仓内，骨料输送采用 PLC 新技术，实现全自动控制。这大大提高了骨料输送速度，减少人为操作不当而发生的失误。

（中国水利水电第十六工程局有限公司
陈祖荣　周宗斌）

筱溪水电站复杂地基处理施工技术综述

（一）概况

筱溪水电站位于湖南省新邵县资水中游，坝址控制流域面积 15 843km^2，多年平均流量 409m^3/s，是以发电为主、兼顾航运等综合利用的工程。枢纽主要建筑物包括溢流坝、电站厂房、通航建筑物。大坝为混凝土重力坝，总库容 1.41 亿 m^3，电站装机容量 135MW，航道等级Ⅵ级。

坝址区地质构造异常复杂，岩性软硬相间，节理裂隙发育，存在大小断层 24 条，且多条相互交错，其中有 11 条断层通过枢纽主体建筑物基础。由于坝区岩性软弱相间，构造挤压较强烈，层间多有错动，所夹页岩或炭泥质、炭质板状页岩多有泥化现象。顺河向 F_1 区域性断层宽约 100m，基坑 1～6 号溢流坝及其消力池几乎全部坐落在断层带；F_{28} 断层厂房从 3 号机组一直延伸到 1 号机组，宽约 20m。岩体破碎，风化较强，力学强度极不均一；基岩承载力 0.15～0.8MPa，变模 0.18～0.6GPa 不等；工程岩体分类为Ⅳ～Ⅴ类：二期基坑断层岩体波速 1560～3640m/s。

本工程基础处理规模较大，通过设计结构优化调整，设置键槽、插筋、灌浆系统，及时进行基础和边坡保护，采取化灌、有压重水泥固灌、无重压水泥固灌、多次补强复灌、系统锚筋桩施工等措施综合处理，效果较好。

（二）处理措施及成果简述

1. 建基面开挖　针对岩性复杂且软硬相间的特点，基础开挖预留 1.5～2m 的保护层，保护层分层开挖，0.5m 以上采用机械开挖，局部必须钻爆部位采用小孔径（38～42mm），低单耗（0.22～0.28kg/m^3），最大单响 5～8kg，底部设柔性垫层排间微差爆破法施工。最后 0.5m 人工撬挖，高压风吹洗，建基面暴露 24h 内完成覆盖。

2. 水泥固结灌浆　通过对比试验，确定采用 0.6∶1 浆液，压力按抬动小于 0.2mm 控制，实际最大压力 1.6MPa，共完成水泥固灌 40 389m。使用改性环氧对碳质板岩区域进行大面积的化学补强固结灌浆，采用低压慢灌的渗透性灌浆工艺。灌浆后声波波速有明显提高，灌浆效果明显。

（1）溢流坝地基：压水试验，一期工程从灌前的 37.9Lu 减小至 4.1Lu，减少了 61.7%；二期工程从 8.95Lu 减小至 1.27Lu，减少了 85.8%。单位注入量，一期深层固灌从 111.0kg/m 减小至 14.52kg/m，减少了 70.1%；补强固灌从 37.68kg/m 减小至 23.44kg/m，减少了 37.8%；二期从 38.15kg/m 减小至 14.4kg/m，减少了 62.2%。透水率，一期地层从平均 17.61Lu 减小至 1.1Lu；二期从平均 1.27Lu 减小至 0.631Lu。声波测试，灌后波速提高，最高达到 37%。

（2）厂房地基：压水试验，从 12Lu 减小至 9.3Lu，减少了 22.5%。单孔注入量，从 27.5kg/m 减少至 20kg/m，减少了 28%；补强灌浆从 27kg/m 减少至 21.3kg/m，减少了 21.2%。地层透水率从灌前平均 10.8Lu 减小至灌后 0.35Lu。声波测试，波速有所提高，最高达 26%。

3. 化学固结灌浆　采用 AC－Ⅱ丙烯酸盐对帷幕灌浆进行补强，国内尚属首次，该材料渗透性强。浆液主要由 A、B 液两部分组成。A 液：丙烯酸盐溶液、促进剂等；B 液：引发剂、调节剂等。缓凝剂（当 A、B 液混合后的凝胶时间需延长时使用）浓度为 15%～20%。0 号和 3 号机主机段、右三孔和 4、5 号溢流坝基础进行化学补强固结灌浆。以 0.2MPa 为起始注浆压力，分阶段增加，每次增加幅度 0.2MPa，压力按抬动小于 0.2mm 控制，共完成化学固灌 2990m。灌后检查孔取芯平均获取率由灌前的 4.8%增加到 66.1%。灌后检查孔声波平均比灌前提高 17.2%。

4. 帷幕灌浆　水泥帷幕灌浆灌浆浆液采用 0.6∶1 单一比级，压力按抬动小于 0.2mm 控制，最大压力达到 1.56MPa，共完成帷幕灌浆 15 258m。压水试验，溢流坝从Ⅰ序孔的 1.92Lu，减小至Ⅱ序孔的 1.37Lu，再减小至Ⅲ序孔的 1.1Lu；厂房从Ⅰ序孔的 1.35Lu，减小至Ⅱ序孔的 0.98Lu，再减小至Ⅲ序孔的 0.75Lu，最后减少至检查孔的 0.16Lu。单位注入量，溢流坝从Ⅰ序孔的 21.46kg/m，减小至Ⅱ序孔的 14.02kg/m，再减少至Ⅲ序孔的 11.8kg/m；厂房从Ⅰ序孔的 21.94kg/m，减小至Ⅱ序孔的 13.1kg/m，再减少至Ⅲ序孔的 8.1kg/m。检查孔压水试验，地层透水率溢流坝从平均 1.45Lu 减少至 0.36Lu；厂房从平均 1.1Lu 减少至 0.54Lu。

5. 铺筋桩　基础处理完成新型坝基抗剪锚筋桩 1320 束（3ϕ32 钢筋，长 12～15m，球形锚头，圆形垫板），基础锚筋 1497 根。

6. 键槽、插筋及接缝灌浆系统　垂直施工缝均设有梯形或三角键槽、插筋及接缝灌浆系统。对先浇块安装止浆片、键槽、骑缝木条、铁丝、排气圆条、插筋，验收合格后进行下一道工序。在后浇块施工时，对先浇块表面清理干净，用风镐进行缝面凿毛处理，露出粗砂粒或小石，然后安装进浆管、回浆管、备用进浆管、备用回浆管、升浆出浆管、充气拔管、排气设施，布设接缝灌浆系统。

（三）结语

筱溪水电站复杂地基处理，采用重复性固结灌浆进行加固是有效的，固结灌浆对大坝基础处理效果明显：溢流坝基础采用全基面均布锚筋桩提高坝基抗剪强度，从而提高了大坝抗滑稳定性，是较经济的；厂房采用机组间并缝处理，解决不均匀沉降变形问题是有效的。溢流坝段间采用塑性跨越（纵缝链槽与过缝钢筋）方案是有效的，通过基础综合处理措施加固处理后，大坝基础承载力可满足坝基应力要求，大坝、厂房的沉降和不均匀沉降变形甚微；厂坝基础帷幕设计和施工可确保基础防渗及渗透变形稳定。通过不断优化施工参数、施工工艺，调整施工方法，保证了工程进度和施工质量。

2009 年 5 月水库蓄至设计正常水位，经检测目前基础廊道最大渗流量 1.6L/s，全部机组运行正常。通过研究和试验证明，上述处理方案和方法，对水利水电工程复杂地质问题治理效果比较好，其施工方法、经验和相关参数，对类似工程处理有借鉴意义。

（中国水利水电第三工程局有限公司　蒋　平）

西龙池抽水蓄能电站沥青混凝土施工技术

（一）工程概况

西龙池抽水蓄能电站位于山西省忻州市五台县境内，总装机容量 1200MW（4×300MW），电站枢纽由上水库、水道系统、地下厂房系统、下水库、地面副厂房及开关站等建筑物组成。

上水库极端最低气温－34.6℃，采用简式沥青混凝土面板全库防渗方案，其中上水库堆石坝和库岸斜坡段、反弧段面板采用改性沥青混凝土，库底采用普通沥青混凝土，即采用分区选择沥青原材料的方式。防渗面积约 21.57 万 m^2，其中库岸及坝坡约 10.18 万 m^2，库底约 11.39 万 m^2，工程量约 4.6 万 m^3。上水库铺筑最大斜坡面长约 77m，库坝坡度为 1∶2。

下水库库盆采用全库防渗，总防渗面积约 17.73 万 m^2，其中库内坝坡和库底采用沥青混凝土面板防渗，库岸为钢筋混凝土面板防渗。沥青混凝土防渗面板约 10.88 万 m^2（含斜坡 6.845 万 m^2 和库底 4.035 万 m^2），工程量约 2.36 万 m^3。下水库铺筑最大斜坡面长 121m，坡度为 1∶2。

本工程上、下水库已经蓄水，沥青混凝土面板经过一个冬季，未见异常。

（二）施工程序

沥青混凝土施工流程：拌和→运输→摊铺→碾压→检测。简式结构施工顺序为整平层→防渗层（包括加厚层）→封闭层。施工步骤是：（测温）摊铺→（测温）初碾→（测温）复碾→（测温）终碾。温度控制是沥青混凝土施工的关键指标。

（三）沥青混合料制备和运输

沥青混合料采用辽阳筑路机械厂 3000 型拌和系统生产，整平层混合料搅拌工艺为：骨料与填料干拌 25s，然后加入沥青后湿拌 35s。防渗层混合料的搅拌工艺为：骨料与填料干拌 45s，然后加入沥青后湿拌 40s。

沥青混合料采用自卸汽车运输，玛蹄脂采用特制玛蹄脂保温运输车运输。

（四）沥青混凝土摊铺施工

1. 库底摊铺碾压

（1）由自卸汽车直接供料，两台 RP951 型摊铺机作业，摊铺条带宽 6.4m，摊铺条带开放边呈 45°角。经现场试验确定整平层、加厚层、防渗层摊铺厚度分别为 11.5、6、11cm，碾压完成后厚度分别为 10、5、10cm。

（2）机械摊铺不到的部位采用人工用平板耙和铁锹进行摊铺。

（3）碾压用 SW330 型振动碾，振动碾压不到的地方使用平板夯或手持电动夯压实。

2. 库坡摊铺碾压

（1）库坡摊铺施工采用两套设备。使用 ZJJ235 型主卷扬台车牵引两台 ABG326 型摊铺机摊铺作业，使用 LJJ103 型副卷扬台车牵引振动碾。自卸汽车向吊罐供料，再由主绞车吊运吊罐送料至喂料小车，然后由喂料小车向摊铺机供料。摊铺出来的条带开放边呈 45°角。摊铺温度控制与库底相同。

（2）闸门井部位和库顶小圆弧段由人工摊铺。

（3）斜坡碾压由副绞车牵引 SW330 型坡面振动碾碾压。边角处及人工摊铺区采用 4 台 HS66ST 型手扶式振动碾，小型平板夯辅助。

沥青混凝土摊铺、碾压施工温度控制标准见表1。

表1 沥青混凝土摊铺、碾压施工温度控制标准 ℃

项 目	防渗层		整平胶结层
	改性沥青混凝土	沥青混凝土	
摊铺温度	150～170	140～160	140～160
初始碾压温度	＞140	＞130	＞120
二次碾压温度	＞110	＞110	＞100
终碾温度	＞90	＞90	＞90

3. 接缝处理 接缝根据温度分为热缝和冷缝，高于90℃为热缝，低于90℃为冷缝。接缝在碾压时，振动碾的一边碾压在已摊铺成型的条幅上，宽度为10～15cm。

(1) 对高于140℃的热缝，其碾压方式与普通区域相同。对于90～139℃的热缝，其缝面温度低于沥青混合料黏结的最佳温度，须在摊铺施工前用摊铺机上的红外线加热器进行加热，加热范围为接缝面及相邻10cm水平区域。

(2) 冷缝是由于每天的施工限制和突变的天气状况或机械状况造成的。冷缝处理方式：先将接缝处杂物清理干净后涂一层冷沥青涂料，再用摊铺机上的红外线加热器进行加热，加热范围同热缝。

(五) 其他部位施工

1. 加强网格铺设 加厚层与防渗层之间铺设加强网格。铺设前先在加厚层上均匀地涂一层乳化沥青，然后铺上加强网格，拉紧，相邻网格搭接宽度25cm，然后再均匀地涂一层乳化沥青，最后摊铺其上的防渗层沥青混凝土。

2. 与混凝土结构相接部位施工 主要为进出水口、廊道周边与沥青混凝土面板连接部位。施工时，人工用钢丝刷和压缩空气清理水泥混凝土表面后涂刷冷沥青，涂刷量约0.4kg/m²。干燥后，在混凝土表面均匀铺一层厚度为3mm的沥青玛蹄脂塑性过渡料。

3. 封闭层施工 封闭层厚2cm，玛蹄脂由沥青拌和机拌制，拌制后存到储罐中，由运输车运到现场。玛蹄脂在现场被加热后自流到吊罐中，再用汽车吊将玛蹄脂卸到喷洒车中。库坡施工时，玛蹄脂喷洒车靠主绞车牵引。玛蹄脂配合比为矿粉：改性沥青＝7：3。普通沥青玛蹄脂涂刷温度约160℃，改性沥青玛蹄脂涂刷温度约180℃，相邻条带喷洒重叠宽度20cm。

（中国水电顾问集团北京勘测设计研究院
庄洪志 白 宇）

张河湾抽水蓄能电站上水库工程开挖施工质量控制与管理

(一) 工程概况

张河湾抽水蓄能电站位于河北省石家庄市井陉县测鱼镇附近的甘陶河干流上，工程等级为一等。电站总装机容量1000MW，装机4台，单机容量250MW。电站建成后接入冀南电网，在系统中担负调峰填谷、调频调相和紧急事故备用等任务。

上水库位于老爷庙山顶，采用开挖筑坝围库而成，工程主要包括堆石坝、库盆沥青混凝土防渗面板、排水系统、库岸基础处理。上水库坝顶高程812m，坝顶轴线长2846.088m，坝顶宽8.0～10.0m，上游坝坡1：1.75，下游坝坡1：1.5，最大坝高（轴线处）57m；正常蓄水位为810m，死水位为779m，工作水深31m，总库容789.0万m³，调节库容717.5万m³。上水库采用复式沥青混凝土面板全库盆防渗，总面积34.5万m²。

(二) 1：1.75边坡预裂的质量控制

1. 施工特点 上水库库盆边坡属1级永久建筑物的边坡，开挖坡度陡（坡比1：1.75），由835m高程至777.218m高程，其中835～811m为环库公路边坡，坡度为1：0.75，开挖面积为11 657.9m²；811～777.218m为库盆边坡，坡度为1：1.75，开挖面积为113 577m²。边坡开挖质量要求高，不允许欠挖，超挖量不大于20cm。

上水库地层由寒武系馒头组与长城系大红峪组组成，二者呈平行不整合接触。上部的寒武系地层大多为薄层状，其中砂质泥岩、砂泥岩夹泥灰岩的性质软弱，强度较低，遇水可软化，失水易崩解。顺层发育众多软弱夹层，其矿物成分含有蒙脱石及绿泥石，亲水性较强。

长城系大红峪组石英砂岩质地坚硬、性脆，强度高，岩石抗压强度长城系石英砂岩为30.8～312.7MPa。高倾角节理裂隙较发育，因层间错动而形成众多近水平向软弱夹层，夹层中普遍含泥化层，强度低，局部岩体较破碎，地质条件复杂。

张河湾上水库边坡开挖综合特性为钻爆工作量大，石方开挖为950万m³，钻孔工作难度大（坡比1：1.75，岩石硬、脆、碎），月开挖强度高，最大开挖强度达82万m³，工期短（合同工期为2004年4月1日～2005年5月31日），建基面开挖质量要求高，由于坡度缓，第二梯段以下边坡预裂选用造孔设备受到限制（液压钻机、潜孔钻不适合造孔，只能选用手风钻造孔）。

2. 爆破方案与爆破参数的选择　边坡预裂要求爆破效果达到 3m 内不平整度应控制在 20cm 以内，库岸岩石边坡最大超挖应小于 30cm，孔壁表层不产生明显的爆破裂隙，残留炮孔痕迹保存率控制在规范 SL47—94《水工建筑物岩石基础开挖工程施工技术规范》的规定范围。

结合现场的地质条件、岩石特性、开挖边坡线的坡比、钻机的造孔角度以及施工预裂孔爆破破坏半径范围，在对多次预裂爆破试验结果分析、总结的基础上，并经过施工初期的不断优化调整，最终确定采用预留水平宽度 3m 保护层施工预裂以及边坡手风钻开挖相结合的施工方案。其爆破具体参数为：施工预裂孔孔斜 1∶1.75，孔长 12m，孔径 102mm，孔距 2m。施工预裂孔距设计边坡水平距离 3m，孔内采用 ϕ32mm 乳化炸药间隔 15cm 装药，孔口堵塞长度 80cm。缓冲孔孔径 105mm，孔距 2m，距施工预裂孔水平距离 2.5m，堵塞长度 1.0m，单耗 0.5kg/m^3，孔斜 1∶1.75，采用 ϕ70mm 乳化炸药不耦合装药。第一排主爆孔孔径 105mm，孔距 3m，距缓冲孔 2.5m，单耗 0.63kg/m^3，斜角 45°。各主爆孔孔底距施工预裂孔最小距离 1.1m。

靠永久设计边坡水平宽 3m 的保护层内选用手风钻造孔，采用 ϕ32mm 乳化炸药，开挖高度为 1.5m，预裂爆破参数为：孔径 42mm，孔距 0.5m，排距 1.0m，单孔装药量 0.45kg，堵塞长度 0.5m，线装药密度 150g/m。

3. 施工质量　上水库开挖及填筑工程采用施工预裂方法开挖的边坡约 8 万 m^2，开挖后坡面平整度良好，半孔率平均约为 80%，最大为 90%，最小约为 60%，单元工程优良率为 84%，爆后渣料粒径、级配满足上坝料要求，可以直接上坝使用，利用率近 100%。

（三）水平建基面的施工质量控制

1. 施工特点　上水库水平建基面保护层开挖量约 13 万 m^2，工期紧。建基面岩石绝大部分为石英砂岩，质地坚硬、性脆，强度高，高倾角裂隙发育，因层间错动而形成众多软弱夹层，强度低，为单斜岩层，褶曲平缓，岩层走向近 SN、倾向 W，倾角 6°～10°，局部倾角 14°。

2. 施工方法及爆破参数的选定　根据多次试验结果，选定两次爆除法：第一次梯段爆破，孔底加柔性垫层；第二次手风钻爆破，孔底也加柔性垫层。在梯段高度 6～8m，底部设 50cm 柔性垫层，钻孔直径 89mm，4m×2.5m（孔距×排距）的孔网参数，铵油炸药实行孔内连续耦合装药，堵塞长度 1.2m，单位耗药量 0.47～0.63kg/m^3。爆破完后保留 0.5～0.9m 的薄层岩体，然后对库底和岩坡建基面采用手风钻钻孔开挖，即采用“预留薄层保护层、一次爆除法”施工，孔径 42mm，预留 1m 左右的薄层保护层，钻孔深度为 1.15m，每孔超钻控制在 0.1m。施工程序为：上钻面平整清理—测量放点—钻机就位—钻孔—装药、连线—爆破。建基面爆破参数为：孔径 42mm，孔距 1.5m，排距 1.0m，单孔装药量 0.5kg，堵塞长度 0.4～0.5m，超深 10～15cm。装药结构为不耦合（连续）装药，ϕ42mm 炮孔中部采用 ϕ32mm 乳化炸药不耦合装药，爆破孔采用孔内孔外相结合的起爆网络，火雷管引爆，塑料导爆管毫秒微差爆破，一次爆破到设计高程。

（四）坝体填筑主堆石料的施工质量控制

1. 坝体分区设计　上水库为沥青混凝土面板堆石坝，上游坝坡选用 1∶1.75，下游坝坡为 1∶1.5。从上游至下游，坝体填筑分区为碎石垫层区（水平宽 2m）、过渡区（水平宽 2m）和主堆石区。其中碎石垫层料采用青垴灰岩料场的弱风化和微风化岩石经人工砂石料系统加工而成，最大粒径 80mm，粒径小于 5mm 的含量为 20%～35%，不均匀系数大于 15。

2. 施工特点　上水库堆石坝主堆石料为上水库开挖的弱、微风化石英砂岩。设计要求最大粒径 600mm，粒径小于 5mm 的含量不超过 20%，粒径小于 0.1mm 的含量不大于 5%。曲率系数为 1～3，不均匀系数宜大于 10，最终确定的级配应是连续级配，并通过现场碾压试验调整。

3. 施工方法及爆破参数的选定　由于库盆开挖的合格石料被要求直接上坝，为了提高爆破料上坝率，合理确定获得大坝主堆石料合格率高的最佳爆破参数组合，保证大坝主堆石料开挖爆破满足设计及规范要求，同时通过爆破试验完善和提高上水库主堆石料开挖爆破技术，提前对爆破进行试验并选定了合适的爆破参数，详见表 1。施工中根据出露的地质情况及爆破效果，对选定的爆破参数可进行微小的调整。

表 1　主堆石料爆破参数（采用铵油炸药）

孔径（mm）	孔距（m）	排距（m）	单耗药量（kg/m^3）	堵塞长度（m）	梯段高度（m）
102	4	2.0	0.66	1.2～1.5	7～10
105	4	2.5	0.63	1.2～1.5	7～10
115	4	3	0.63	1.1～1.6	7～11

（五）坝体填筑过渡料的施工质量控制

按照合同要求，上水库堆石坝过渡料为上水库开挖的弱、微风化石英砂岩和铁质砂岩石料。最大粒径 300mm，粒径小于 5mm 的含量不超过 25%，粒径小于 0.1mm 的含量控制在 5%以内。曲率系数为 1～3，不均匀系数宜大于15，最终确定的级配应是连续级配，并通过现场碾压试验调整。

为了保证库盆开挖的石料直接上坝，需要合理确定大坝过渡料合格率高的最佳爆破参数组合，保证大坝过渡料开挖爆破满足设计及规范要求。通过爆破试验选中的爆破参数（采用铵梯炸药）为：孔径105mm，孔距4m，排距2.5m，单孔装药量0.70kg，堵塞长度1.0～1.3m，梯段高度7～10m。

（六）爆破震动的监测管理工作

上水库四周山体单薄，其开挖后岩质边坡主要由寒武系馒头组的泥岩和长城系大红峪组的砂岩组成，库周岸坡陡峻，卸荷裂隙（特别是进出水口一侧砂岩地区）和构造节理裂隙均比较发育，存在缓倾角软弱夹层，对库岸稳定不利，故防止开挖爆破引起山坡外移是库盆开挖施工中的控制重点。

为保证上库库外边坡的稳定，建设单位委托专业机构对上水库库盆进出水口附近及人工边坡等部位开展全面的爆破振动测试工作和爆破松动区域声波测试工作，掌握了砂岩开挖爆破振动衰减规律以及爆破影响深度等，为爆破设计和控制爆破振动提供了科学依据，确保了开挖后岩质边坡的稳定。

（七）开挖工程质量控制措施

在库盆开挖质量控制中，以提高承建单位质量意识为根本，以合同管理为主线，要求监理工程师严格控制，制定质量控制流程，使整个施工过程处于受控状态，采取的主要控制措施如下。

（1）严格审查爆破设计，要求施工单位在每次爆破前提交爆破设计，经监理工程师批准后方可施工。同时对开挖方法、程序、设备、资源配备、试验计划进行重点审查，确保施工组织设计和爆破设计受控。

（2）要求施工单位必须严格按经批准的爆破设计进行施工，要求监理工程师对装药、爆破网络连接等进行旁站或爆破前核查。

（3）钻孔的质量直接影响爆破效果，尤其是1∶1.75边坡预裂，欠挖后处理极其困难，超挖会带来投资的增加。钻孔质量控制：要求监理工程师加强巡视检查，对钻孔进行严格控制，重点是钻孔前的准备工作、工作面的清理平整、钢管架的固定等，未经检查合格不得进行钻孔施工。要求施工单位在钻孔过程中对钻孔倾角和方位角进行检查，如发现偏差，及时进行纠偏，不能纠偏的做废孔处理，进行堵塞后，在旁边重新定位钻孔，同时对钻爆参数做相应调整。

（4）精确测定开孔位置。每次钻孔前进行精确测量定位，确保开孔位置的准确性。

（5）每次爆破完成后，要求施工单位及时清理预裂面并提交测量资料，根据爆破效果对钻爆参数进行调整。

（国网新源控股有限公司　张学清）

阿海水电站混凝土月浇筑量创纪录

2010年10月，阿海水电站继8月、9月连续两个月混凝土月浇筑量突破20万m^3后，混凝土月浇筑量突破25万m^3，达到25.4万m^3。这是阿海水电站混凝土月浇筑量的新高，也是中国水利水电第三工程局有限公司历史上创出最高产的纪录，在国内同规模的电站中也是罕见的好成绩。

2010年10月计划完成混凝土浇筑22.93万m^3。为提前半年发电，中国水利水电第三工程局有限公司阿海施工局组织开展“大干60天劳动竞赛”活动，提出实现平均日浇筑混凝土8500m^3的目标。为加快施工步伐，保证混凝土浇筑进度，采取了多项措施。

（1）科学管理，合理调度，充分发挥自卸车、长臂反铲、缆机、门机、满管溜槽等多种浇筑手段的优势。

（2）增加混凝土运输车辆，并由专人负责调度，及时定点定量定车为施工现场供应混凝土，提高了混凝土输送效率。

（3）做好混凝土浇筑的质量控制工作，针对阿海电站昼夜温差较大，特别加强了温控管理措施，严格控制混凝土的浇筑温度，浇筑完成及时进行养护，并不断探索、总结、提高，形成了一整套先进的工艺和工法。

（4）及时消除大坝增高后高空作业带来的安全隐患，处理好进度与质量、安全的关系。在业主、设计、监理及兄弟施工单位的大力支持、积极配合下，经过全体员工夜以继日的团结奋战，终于在10月首次突破了25万m^3混凝土月浇筑强度大关。该月份实际完成25.4万m^3，其中常态混凝土8.21万m^3，碾压混凝土17.19万m^3，完成率高达110.7%。

截至10月22日，大坝工程共完成：土石方开挖282万m^3，土石方填筑128万m^3，锚杆和锚筋1232根，混凝土浇筑148.88万m^3（其中常态混凝土55.36万m^3，碾压混凝土93.52万m^3），钢筋制作安装4652t，固结灌浆106 483m，帷幕灌浆2627m。大坝工程剩余混凝土工程量约为144.64万m^3。工程整体形象满足提前半年发电的计划要求。由于大坝1442m高程平台已出现，厂房坝段仓号面积变小，下一阶段厂房坝段碾压混凝土的浇筑量也将随之减少。

（中国水利水电第三工程局有限公司　张　锐）

单掺火山灰碾压混凝土配合比试验与研究

弄另水电站拦河坝为碾压混凝土重力坝，最大坝高 90.5m，碾压混凝土 29.76 万 m^3。由于当地无粉煤灰，电站可研阶段及招投标设计阶段混凝土胶凝材料均为硅酸盐水泥＋双掺料（50%凝灰岩灰、50%磷矿渣灰）。因磷矿渣需从昆明采购，运距远，供应不稳定，较难保证高峰期施工强度的需要，且采用双掺料方案，需增加储料、衡量系统一套，难度大、费用高。为此，中国水利水电第三工程局有限公司经对周边凝灰岩资源调查，据腊寨水电站常态混凝土单掺火山灰的成功经验，与河海大学共同对加工后的火山灰进行了深入研究，提出了碾压混凝土单掺火山灰的方案。现将配合比试验与研究情况简介如下。

（一）火山灰性能试验

试验所用掺和料为云南省腾冲县华辉石材有限公司生产的火山灰。其化学成分分析结果见表 1；品质检验结果及火山灰细度与强度比关系见表 2。分析试验结果，可以得出：火山灰细度越小强度比越大，也就是说火山灰越细它的活性也越高，而且随着龄期的增长其强度也呈增长趋势。

表 1　　火山灰化学成分分析结果

化学成分	SiO_2	Al_2O_3	Fe_2O_3	CaO	MgO	K_2O	Na_2O	TiO_2	P_2O_5	MnO	SO_3	烧失量
含量（%）	56.95	19.4	6.26	5.6	2.31	3.49	3.43	1.13	0.50	0.11	0.03	0.54

表 2　　火山灰品质检验结果及火山灰细度与强度比关系

样品编号	需水量比（%）	细度（%）	密度（g/cm^3）	含水量（%）	强度比（%）			
					7d		28d	
					抗折	抗压	抗折	抗压
H—1	100	10.9	2.70	0.2	75.1	61.3	75.6	67.7
H—2	100	13.0	2.71	0.2	74.2	61.1	72.6	65.0
H—3	100	17.0	2.72	0.2	66.7	55.6	70.7	63.6

（二）碾压混凝土配合比试验

1. 砂率、单位用水量　经试验，二级配碾压混凝土，砂率选用 32%，单位用水量 89kg/m^3，*VC* 值比较合适；三级配碾压混凝土，砂率选用 30%，单位用水量 99kg/m^3，*VC* 值比较合适。

2. 三级配碾压混凝土（$C_{90}15W_{90}4F_{90}50$）

（1）试验配合比见表 3。

（2）混凝土拌和物性能测试结果见表 4。

3. 二级配碾压混凝土（$C_{90}20W_{90}8F_{90}100$）

（1）试验配合比见表 5。

（2）混凝土拌和物性能测试结果见表 6。

4. 混凝土极限拉伸与轴拉强度试验　结果见表 7。

5. 混凝土干缩试验　三级配和二级配混凝土的试验结果分别见表 8、表 9。

表 3　　$C_{90}15W_{90}4F_{90}50$ 碾压混凝土试验配合比表

编号	水胶比	减水剂 HC-3（%）	引气剂 HC-9（%）	掺合料比例（%）	砂率（%）	每立方米材料用量（kg）							
						水	水泥	火山灰	磷矿渣	砂	小石	中石	大石
1	0.53	0.7	0.02	60	29.8	88	67	99	—	645	456	609	456
2	0.53	0.7	0.02	55	29.8	88	75	91	—	645	456	609	456
8.7	0.49	0.7	0.02	58	30	79	68	47	47	654	457	609	457
8.22	0.49	0.7	0.02	58	30.7	79	68	96	—	669	452	604	452

表 4　　$C_{90}15W_{90}4F_{90}50$ 碾压混凝土性能测试结果

编　号	VC 值 (s)	抗压强度（MPa）				劈拉强度（MPa）				抗渗等级	抗冻等级
		7d	28d	60d	90d	7d	28d	60d	90d	90d	90d
1	5.9	9.5	14.1	—	19.1	0.66	1.02	—	1.26	W4	F50
2	5.5	10.7	15.5	—	21.5	0.84	1.23	—	1.39	W4	F50
8.7	6.5	11.6	17.1	22.5	26.7	0.72	1.18	1.29	1.80	W4	F50
8.22	7.0	—	14.9	18.7	22.2	—	0.85	1.12	1.40	W4	F50

表 5　　$C_{90}20W_{90}8F_{90}100$ 碾压混凝土试验配合比表

编号	水胶比	减水剂 HC－3 （%）	引气剂 HC－9 （%）	掺合料比例 （%）	砂率 （%）	每立方米材料用量 （kg）							
						水	水泥	火山灰	磷矿渣	砂	小石	中石	大石
1	0.5	0.7	0.03	57	32	94	82	107	—	678	685	756	—
2	0.5	0.7	0.03	57	32	94	82	53	53	678	685	756	—
8.8	0.48	0.7	0.03	60	34	80	68	74	25	733	676	746	—
8.23	0.45	0.7	0.03	58	34	98	91	126	—	710	654	723	—

表 6　　$C_{90}20W_{90}8F_{90}100$ 配碾压混凝土性能测试结果

强度等级及性能要求	VC 值 (s)	抗压强度 (MPa)				劈拉强度 (MPa)				抗渗等级	抗冻强度
		7d	28d	60d	90d	7d	28d	60d	90d	90d	90d
1	6.2	11.2	17.3	—	22.9	0.56	1.29	—	1.63	W8	F100
2	6.0	13.3	19.5	—	26.8	0.82	1.52	—	1.91	W8	F100
8.8	5.7	—	18.2	22.5	—	—	1.35	1.76	—	W8	F100
8.23	3.9	—	16.7	22.4	—	—	1.30	1.82	—	W8	F100

表 7　　混凝土极限拉伸与轴拉强度

编　　号	配合比情况	极限拉伸（$\times 10^{-4}$）	轴拉强度（MPa）
		28d	28d
$C_{90}15W_{90}4F_{90}50-1$	RCC15，$T=60\%$	0.79	1.27
$C_{90}15W_{90}4F_{90}50-2$	RCC15，$T=55\%$	0.78	1.42
$C_{90}20W_{90}8F_{90}100-1$	RCC20，$T=57\%$	0.74	1.49

表 8　　$C_{90}15W_{90}4F_{90}50$ 混凝土干缩试验结果

编号	不同龄期干缩率（$\times 10^{-6}$）											
	1d	2d	3d	5d	7d	14d	19d	21d	24d	27d	28d	41d
1	38.71	55.91	55.91	141.94	148.39	247.31	258.06	270.97	292.47	309.68	341.94	376.34
2	32.26	60.22	81.72	126.88	146.24	197.85	236.56	268.82	266.67	292.47	320.43	341.94

表 9　　$C_{90}20W_{90}8F_{90}100$ 混凝土干缩试验结果

编号	不同龄期干缩率（$\times10^{-6}$）								
	1d	3d	5d	7d	14d	18d	21d	28d	35d
1	47.31	68.46	113.98	144.09	245.16	260.22	339.78	348.39	359.14
2	40.86	64.46	113.98	150.54	238.71	292.47	307.53	311.83	346.24

由试验结果可见，混凝土 7d 的干缩率在 $144.09\times10^{-6}\sim150.54\times10^{-6}$ 之间，28d 的干缩在 $311.83\times10^{-6}\sim348.39\times10^{-6}$ 之间，双掺磷矿渣和火山灰碾压混凝土干缩与单掺火山灰碾压混凝土的干缩未见明显差别。可见，单掺火山灰没有明显加大碾压混凝土的干缩。

6. 混凝土的热学性能　混凝土的导温系数、比热容、导热系数的测定与计算结果见表 10。

表 10　　混凝土热学性能测定与计算结果

编　　号	配合比情况	导温系数（m^2/h）	比热容［kJ/（kg·℃）］	密度（kg/m^3）	导热系数［kJ/（m·h·℃）］
$C_{90}15W_{90}4F_{90}50-1$	RCC15，$T=60\%$	0.003 565	0.951 7	2420	8.21
$C_{90}20W_{90}8F_{90}100-1$	RCC20，$T=56.6\%$	0.003 532	0.976 1	2402	8.28

绝热温升试验结果表明，C15 碾压混凝土绝热温升在 14d 龄期后趋于平缓，C20 碾压混凝土绝热温升在 20d 龄期后趋于平缓，其 28d 绝热温升值均在 20℃以内。

（三）推荐用于现场施工的配合比

在前期工作的基础上，水泥调整为奥环水泥，经复核并结合现场碾压情况，对部分配合比进行了适当调整及优化，推荐用于现场施工的配合比见表 11。

混凝土拌和物及抗压、劈拉等性能试验结果见表 12。

（四）现场配合比优化

根据现场原材料以及施工情况，对配合比中的掺合料掺量和砂率做了相应的调整。试验结果见表 13。

表 11　　单掺火山灰碾压混凝土配合比

强度等级及性能要求	水胶比	砂率（%）	掺合料比例（%）	外加剂（%）		每立方米材料用量（kg）							
				HC－3	HC－9	水	水泥	火山灰	火山灰代砂	砂	小石	中石	大石
$C_{180}10W4F50$	0.55	30	65	0.8	0.02	87	55	103	10	638	458	612	458
$C_{180}15W4F50$	0.49	30	55	0.8	0.02	79	73	88	30	624	458	610	458
$C_{180}20W8F100$	0.45	32	50	0.8	0.03	98	109	109		668	674	745	

表 12　　碾压混凝土性能测试结果

强度等级及性能要求	VC 值（s）	抗压强度（MPa）			劈拉强度（MPa）			抗渗等级	抗冻强度	极限拉伸（$\times10^{-4}$）
		28d	90d	180d	28d	90d	180d	90d	90d	90d
$C_{180}10W4F50$	5.5	7.8	10.2	—	0.59	0.85	—	W4	F50	0.79
$C_{180}15W4F50$	4.2	11.7	16.1	22.6	1.02	1.31	1.87	W4	F50	0.90
$C_{180}20W8F100$	5.3	14.4	20.1	26.6	0.88	1.47	1.91	W8	F100	0.93

表 13　　单掺火山灰碾压混凝土现场优化配合比及试验结果

强度等级	水胶比	减水剂 HC－3（%）	引气剂 HC－9（%）	火山灰掺量（%）	水泥掺量（%）	砂率（%）	水	VC 值（s）	抗压强度（MPa）			
									7d	28d	90d	180d
C_{180}10W4F50	0.55	0.8	0.03	70	43	32	80	5.5	—	7.0	10.6	—
C_{180}15W4F50	0.50	0.8	0.03	60	64	32	80	8.6	—	13.0	17.4	—

在施工过程中对 RCC_{180}10、RCC_{180}15 两种内部碾压混凝土进行了优化，试验结果表明：在原材料相对稳定的情况下 RCC_{180}10 混凝土的单位用水量降至 80kg 时水泥用量为 43kg；RCC_{180}15 混凝土的单位用水量降至 80kg 时水泥用量为 64kg；其 90d 龄期的抗压强度均满足设计要求。由此可以看出，单掺火山灰碾压混凝土配合比仍然有一定的优化空间，以后的碾压混凝土施工仍需做进一步的试验研究工作，为日后的推广应用提供依据。

（中国水利水电第三工程局有限公司
王晓丽　侯　彬）

双河口水电站面板堆石坝度汛断面及一期填筑道路优化

双河口水电站采用面板堆石坝，坝体填筑总量为 240 万 m^3，度汛采用临时断面挡水。2005 年 3 月 28 日开始坝体填筑；5 月 20 日由于超标洪水，坝面过水，进场道路中断，暂停施工，12 月 1 日大坝恢复填筑；2006 年 5 月 29 日达到度汛高程 551m。大坝一期度汛断面填筑共计 121.67 万 m^3（其中包括 2005 年过水前填筑 14 万 m^3），历时 7 个月，平均填筑强度 17.35 万 m^3/月，高峰填筑强度 28 万 m^3/月。建设过程中，对大坝度汛临时断面和一期填筑道路方案，根据实际情况作了调整和优化。

（一）度汛临时断面方案调整情况

招标图纸，度汛标准为 $P=2\%$洪水，相应流量为 $Q=3510m^3/s$；大坝度汛临时断面顶面宽 25m，高程为 549m，填筑工程量为 116.43 万 m^3。

2004 年 12 月，设计对临时挡水断面进行了调整，顶面宽 15m，高程为 544.5m，上、下游坡度基本不变，填筑工程量为 82.32 万 m^3。这是第一次调整，大坝按此方案开始填筑。

2005 年汛期后，由于上游河道堆渣影响和导流洞过水条件变化（导流洞淤积 1.3m），经设计重新调洪演算，度汛水位为 550.47m，大坝度汛高程抬高至 551m。2005 年 12 月 1 日，设计第二次对度汛临时挡水断面进行调整，顶面宽 25m，高程为 551m，上、下游坡度也基本不变，填筑工程量为 120 万 m^3。

2006 年 3 月，由于受前期过水后趾板槽清理、趾板浇筑以及油料、炸药等主要施工材料供应影响，大坝临时挡水断面只填筑至 513m，距设计度汛高程 551m 还差 38m。为满足 2006 年度汛要求，设计对大坝临时挡水断面进行第三次调整，顶面宽 10m，高程为 551m，上、下游坡度也是基本不变，填筑工程量为 107 万 m^3。

第三次调整后，由于增加了坝后临时“之”字形道路，实际填筑工程量没有减少，最终填筑量为 121.67 万 m^3。且由于 540m 高程以上断面减小，设备无法全部利用，效率降低。

（二）一期填筑道路优化

1. 原设计方案　临时断面填筑利用开挖道路及在左右两坝肩半挖半填形成循环道路，道路宽 8.0m，最大纵坡 10%，经过坝体部位填筑的道路与坝体填筑料及要求相同。其中：Rt1 从 1 号道路接引，在下游围堰上游侧基坑内向左、右岸延伸至 500.00m 高程；Rt2 从 1 号道路接引，经下游围堰和左侧 Rt1 向左、右岸延伸至 510.00m 高程；Rt3 利用 Rt2 加高延伸至 523.00m 高程；Rt4、Rt5 利用左岸的 1 号道路叉口沿厂房左侧冲沟至坝体开挖范围线外 540.00m 高程，然后分别向上下各填筑一条施工道路，终点高程 535.00m 和 545.00m。左岸坝体内填筑道路 Rt2、Rt3 结合坝肩开挖，在坝肩开挖同时形成。

2. 填筑道路优化　大坝基础开挖覆盖层剥离完成后，右岸山坡陡约 70°以上，填筑施工道路很难形成；左岸由于厂房施工以及冲沟内汛期水流较大，Rt5 道路也无法形成，原填筑施工道路布置方案基本无法实现。2006 年 3 月结合大坝临时挡水断面的调整，重新研究，只有填筑坝后“之”字形道路方案可行。

该道路在大坝右侧 514m 高程（已填筑到该高程）开始起坡，经一次转折到达 551m 高程，道路宽 9m，总长约 350m，平均坡度 10.4%，转弯半径 12.67m，增加填筑方量约 5.5 万 m^3。

从大坝临时断面填筑情况看，坝后“之”字形道路方案经济、简单、快捷，只是增加临时断面填筑工程量，强度有所增加。

（三）结束语

双河口电站大坝一期临时挡水断面的方案调整及填筑道路的优化，既保证了大坝临时挡水安全，又保证了工程进度，为工程实现安全度汛奠定了基础。

（中国水利水电第三工程局有限公司
刘占昭　宋翠翠）

隧　洞　施　工

溪洛渡水电站右岸泄洪洞混凝土施工

溪洛渡水电站右岸布置3、4号泄洪洞，其轴线平行，中心间距54.30m，全长分别为1433.55、1633.61m，依次由岸塔式进水塔、圆形有压隧洞段、地下工作闸门室、圆拱直墙形无压隧洞段、龙落尾段和出口明渠挑坎等组成。

该泄洪洞断面大、流速高，设计采用了抗冲耐磨混凝土，设置了掺气坎，优化了流道混凝土分缝，提出了较高的混凝土浇筑质量要求。

湖北安联建设工程有限公司针对以上要求，采用大型钢模板、专用异形钢模板和支撑系统，洞室混凝土采用整体台车进行衬砌浇筑，有压段底拱、无压段底板设置刮轨托撑，采用刮轨工艺进行收面，从而有力地保证了混凝土平整度的要求；通过优化配合比、采用预冷混凝土、预埋冷却水管通水冷却等措施，狠抓过程质量控制，确保了混凝土“内实、外光”。

（一）进水塔混凝土施工

右岸3、4号进水塔，塔基高程540m、塔底高程545m、塔顶高程610m，之上为23m高的排架柱，排架柱上部为启闭机房；塔内各设置一扇事故检修门及两个对称布置的通气孔，事故闸门孔口尺寸为12m×15m（宽×高），通气孔断面尺寸均为3.5m×2m（宽×长）；进水口呈喇叭形，上唇和两侧边墙为椭圆曲线；在599～602m高程设置牛腿，悬挑3m。

进水塔混凝土采用塔机配$9m^3$立罐入仓，台阶法浇筑，ϕ100mm和ϕ70mm振捣棒人工进行平仓、振捣，胸墙过流面部分搭设满堂排架，采用一次性定型钢模整体立模、分层浇筑的方式施工，分层高度不超过3m。待胸墙达到一定强度后拆除排架，采用悬臂钢模板浇筑胸墙以上部分。通气孔采用定型钢模，转弯弧形段使用异形木模。

施工中的技术创新主要有：

（1）优化混凝土级配。塔体混凝土为C_{90}25F150W8二级配混凝土，根据现场实际情况及类似工程施工经验，为保证工程质量、降低工程造价，2010年10月向业主提出合理化建议，将进水塔胸墙571m高程以上C_{90}25F150W8混凝土由二级配调整为三级配，共约4.56万m^3混凝土。调整后共计节省水泥1094t、粉煤灰500t，直接降低工程造价78.5万元。同时由于胶凝材料用量减少，简化了混凝土温控措施，降低了温控成本，有效地保证了混凝土浇筑质量。

（2）采用定型胸墙模板。过流面曲线均采用定型钢模板，边墙采用定型悬臂钢模板，胸墙采用定型拼装钢模板，两进水塔各配备一套，确保了混凝土体形和平整度、光洁度。

（二）有压段混凝土施工

泄洪洞有压隧洞段由直段接平曲线段组成，进出口两端设置渐变段，进口端为长25m方变圆连接段，末端为长24m圆变方连接段。圆形断面衬砌后$R=7.5m$，全断面钢筋混凝土衬砌，衬砌厚度为100cm或105cm（渐变段150cm），采用C_{90}40W8F150混凝土，平整度要求为5mm，温控要求底板不大于37℃，边顶拱不大于38℃。

1. 有压段底拱混凝土　如图1所示，拱100°范围采用刮轨工艺和翻模工艺浇筑常态混凝土，底拱中部31.245°（弧长4.09m）范围设置无模区，采用刮轨工艺进行收面处理，底拱两侧部位选用弧形定型钢模板立模，按照平铺法（层厚≤40cm）两侧均匀布料同步上升，并从下往上依次翻模抹面。为有利于温控，利用长臂反铲浇筑C_{90}40F150W8二级配常态混凝土（坍落度7～9cm）。

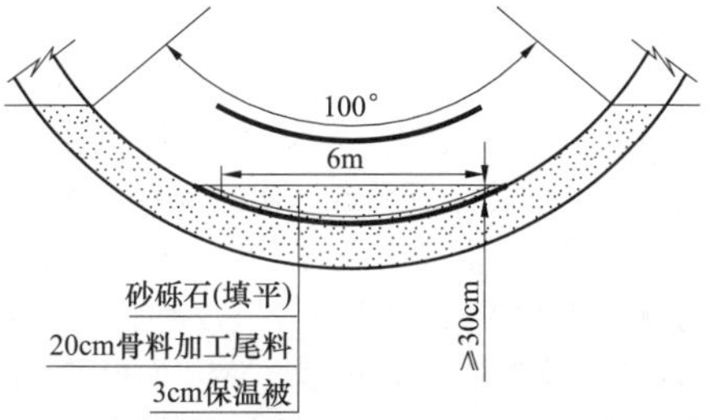

图1　有压段底拱垫层布置断面图

2. 有压段边顶拱混凝土　如图 2 所示，采用整体钢模台车进行施工，混凝土输送泵浇筑 C_{90}40F150W8 二级配混凝土（腰线以下坍落度 14～16cm，腰线以上坍落度 16～18cm），收仓采用退管法浇筑 C_{90}40 自密实混凝土，按照平铺法两侧均匀布料同步上升（腰线以下层厚不大于 30cm，腰线以上层厚不大于 40cm），人工平仓振捣。

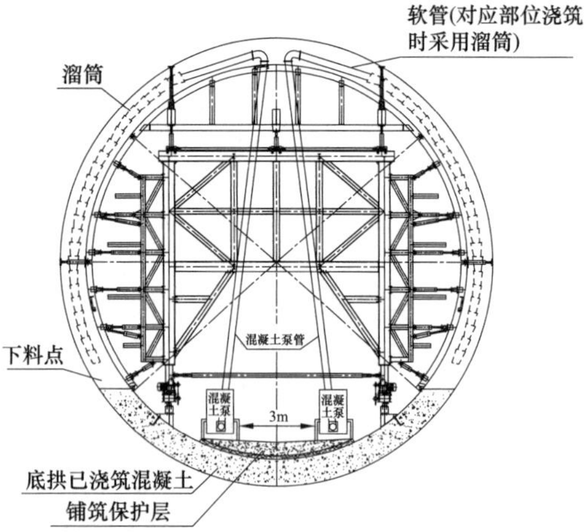

图 2　有压段边顶拱混凝土浇筑方法示意图

3. 施工中的技术创新

(1) 顶撑螺栓创新：为避免混凝土垫块对过流面带来的不利影响，采用顶撑螺栓替代混凝土垫块作为弧形模板的支撑。顶撑螺栓装在带丝的套筒内，可通过旋动螺栓调节模板安装高度，翻模后即将顶撑螺栓拆卸；套筒与钢筋网焊接，距设计混凝土表面 3～4cm，确保拆模后不出露在混凝土表面。

(2) 接安螺栓改进：针对接安螺栓调节距离太小，不便于模板安装调整的缺点，根据有压段底板翻模抹面的特点，改进拉条连接方式，用加长螺杆取代接安螺栓，既满足了模板安装调节要求，又可在拆卸模板时一并拆除，省去了拆模后卸除接安螺栓这一道工序，提高了翻模效率。

(3) 抹面平台改进：用 ϕ25mm 镀锌薄壁钢管焊接的方形桁架取代 ϕ48mm 钢管和 ϕ12mm 钢筋焊接的三角桁架，具有质量轻、方便移动、更利于抹面作业等优点，为保证抹面质量创造了有利条件。

(4) 刮轨工艺抹面：中部无模板区振捣完成后，采用刮轨工艺进行抹面。先滚筒提浆，后用刮尺收面。完成后，搭设抹面平台，移除刮轨，进行抹面。初凝前第一道平整混凝土表面，第二道收光混凝土表面，初凝时进行第三道压光。

(5) 台车支撑系统改进：针对台车面板与底拱老混凝土面搭接不紧密、容易漏浆的问题，除了采取打磨混凝土搭接面、贴双面胶外，还改进了台车面板底脚支撑系统，在每侧模板底脚增加了 6 支螺旋千斤顶，使台车面板与混凝土面搭接紧密，有效解决了漏浆问题。

(6) 温控措施改进：高温季节在台车上安装了大功率移动式空调，向仓内输送冷气，浇筑过程中安排专人做仓内环境温度和浇筑温度记录，对降低混凝土内部温升具有一定作用。另外采取个性化通水，将腰线上下冷却水管分开，在浇筑过程中跟踪监测内部温升情况并及时对腰线以下通水冷却，使其内部温度得到有效控制。

（三）无压段混凝土施工

无压段衬砌断面形式为圆拱直墙型（城门洞形），衬砌后断面尺寸为 14m×19m（宽×高），平整度要求为 5mm，设计温控要求不大于 39°。

1. 无压段底板混凝土　按台阶法分两层组织施工，采用全幅无盖模浇筑，堵头模板采用组合钢模板现场拼装组立，止水片部位采用 U 形钢管支撑模板连成整体，防止模板移位。自卸车运输常态二级配混凝土卸至集料斗内，长臂正铲挖运连续均匀入仓，人工平仓振捣。设置刮轨托撑，采用刮轨工艺收面。为确保边墙与底板连接质量，施工缝划分在边墙内，下部边墙 30cm 与底板混凝土同时浇筑，采用具有新型实用专利的组合式拐角模板。拐角模板高 40cm，压角宽 15cm，在夹角处采用螺栓连接，并在混凝土初凝前对底部 15cm 压模作翻模抹面处理。

2. 无压段边墙混凝土　高 12.57m 的边墙浇筑坍落度 7～9cm 的 C_{90}40F150W8 二级配常态混凝土，采用二次复振施工工艺。自行式钢模台车顶部设计有受料系统，含 2 条双向可逆式皮带及 1 条连接皮带。混凝土由 20t 自卸车运输，长臂正铲输送至台车顶部料斗，经皮带机水平运输至溜槽入仓。人工平仓振捣，层厚不大于 40cm，两侧均匀上升。

3. 无压段顶拱混凝土　采用 HBT60C 拖泵泵送+溜筒的方式入仓。泵管沿着钢模台车布置，上升至堵头模板最高处，横向延伸，然后接软管，后接溜筒至浇筑面；每侧单仓布置三个下料点，两侧同步均匀下料。待混凝土上升到人无法从堵头模板进入仓内后，自里向外边浇边撤出泵管，然后改以钢模台车顶拱封拱器位置入仓。预先从顶拱封拱器接管到仓面高处，通过封拱器泵送混凝土入仓封拱即退管法封拱施工。封拱时采用自密实混凝土。

4. 施工中的技术创新

(1) L 型模板创新：为防止混凝土开裂，在边墙底部 30cm 处设置水平施工缝，两侧矮边墙与底板混凝土同仓浇筑。底板无模区采用刮轨工艺抹面，而矮边墙则采用立模浇筑。若采用组合钢模板，在矮边墙浇筑过程中，由于侧墙压力过大，会导致底板已浇筑的混凝土面隆起变形；若采用一体式拐角模板，须终凝后拆模，底板盖模下混凝土由于无法有效振捣而产生的气泡，需后期进行修补。施工过程中，设计了新型L拐角模板，分直立和水平板面，水平板面宽15cm，背楞采用螺栓连接。直立部分待混凝土终凝后拆模，水平部分在混凝土初凝前拆模，进行抹面处理。新型L拐角模板解决了采用一体式拐角模板和组合钢模板存在的问题，获得了国家专利。

(2) 长臂反铲的改造：为在泄洪洞现有空间下良好运行，将一台CAT320反铲及一台PC360反铲改造成长臂正铲，对反铲长臂、油缸系统和配重进行设计改造，既能满足泄洪洞底板反铲运行，又能满足边墙正铲运行，为无压段浇筑常态混凝土提供了保证。

(3) 模板面板改进：为使台车面板刚度满足要求，模板面板采用了10mm厚钢板，有效地保证泄洪洞边墙浇筑体形和表面平整度。

(4) 边墙浇筑常态混凝土：为降低水泥用量，有效控制混凝土内部温升，在边墙台车顶部加装皮带系统，采用长臂正铲将混凝土提升至台车顶部皮带机，由皮带机输送至溜筒下料，浇筑常态混凝土，打破了边墙只能采用泵送混凝土的传统方式。

(5) 皮带机供料系统设计：台车顶部只设置一个料斗，而两侧下料点均为上、下游各一个，故分别在上、下游横向各设置一条皮带连接仓内溜筒进行下料，纵向设置一条皮带连接料斗和下游皮带。料斗分两个卸料口，由一块挡板进行分料。由于下料程序较复杂，培训专人在浇筑时负责皮带机的运行，保证下料过程准确、规范。

（湖北安联建设工程有限公司　吴　浪　覃壮恩）

溪洛渡1、2号泄洪洞无压段底板小边墙混凝土气泡成因分析与控制技术

（一）概况

溪洛渡水电站左岸1、2号泄洪洞无压段为城门洞形，衬砌后净空断面为14m×19m（宽×高），衬砌厚度0.8～1.0m，设计混凝土标号C_{90}40F150W8，分底板、边墙、顶拱三序浇筑，按9.0m进行分块。其中，泄洪洞无压段底板浇筑含两侧60cm小边墙，单仓小边墙尺寸为：9.0m×1.0m×0.6m（长×宽×高），小边墙模板采用1.5m×0.6m拼装钢模板。

试验仓浇筑期间，底板小边墙气泡问题较突出，出现了直径达5mm的大气泡。混凝土气泡缺陷不仅影响外观，最严重的是对泄洪洞安全持久运行产生影响。为避免气泡缺陷造成高速水流下对泄洪洞表面的空蚀破坏，减少后期的修补费用，对混凝土气泡成因进行了分析，并在施工中采取控制措施，以减少表面气泡的出现。

（二）混凝土气泡的物理特性

混凝土振捣前内部散布着大量气泡，主要包括混凝土拌和、运输、下料过程引入的空气泡，减水剂中引入的气泡以及引气剂中的微小气泡。

作为单纯水溶液中的气泡，为气—液两相体系，气泡的液膜是很薄的，只有几纳米厚，容易破灭。而存在于混凝土浆液中的气泡的液膜黏附有大量水泥等固体颗粒，气泡由单纯的液膜变成液—固复合膜，液膜变厚，弹性增强，存在的稳定性大大加强。

通过振捣，部分气泡直接排出，部分气泡发生移动；独立存在的气泡可能相遇，并产生黏附；当两个气泡间的液膜在振捣机械作用下被气体冲破，两泡就合并，反复作用后，可形成大气泡。

因此，大气泡形成与气泡的特性（气泡液膜的稳定性）以及振捣影响密切相关。

（三）气泡稳定性分析

1. 空气泡　空气泡主要是混凝土拌和、运输、下料过程中产生的。该类型气泡泡径大且极不稳定，极易聚合成更大泡径的气泡，称为不稳定气泡。混凝土浇筑在欠振、漏振的情况下，产生的表面气泡主要是这类空气泡。

2. 减水剂引入气泡　减水剂引入一定量微细气泡。这些气泡由于相同的电性斥力作用处于水泥颗粒之间使水泥颗粒分散，从而增加了水泥颗粒间的滑动作用，起到减水作用。但是这些气泡大小不均匀，形状不规则、不稳定。随着运输和振捣的进行，往往小气泡互相聚合成为大气泡，并最终向外溢出到达混凝土表面形成气泡。因其介于稳定与不稳定间，称为介稳气泡。

本工程混凝土采用的减水剂为JM－PCA聚羧酸高效减水剂，厂家掺入大量的气泡而达到高效减水剂的性能。为消除减水剂自身带有和拌制过程中形成的有害气泡，通常引入了具有消泡功能大分子单体组分，其分子结构一定程度上能抑制气泡的聚集合并。本工程高强度混凝土为减少水泥用量、降低水化热，减水剂的掺量较大，达到了0.8%。而因有抗冻要求，消泡剂的掺入量相对减少，具有形成大量表面气泡的条件。

3. 引气剂引入气泡　引气剂形成许多微细气泡，这些气泡尺寸在20～200μm之间，而且均匀分布在混凝土内部，液膜比较牢固，气泡相对比较稳定，不易破灭，与减水剂引入的气泡有本质区别，对混凝土抗渗和耐久性都是有利的。本泄洪洞混凝土引气剂掺量按含气量4%的设计下限水平控制，引气剂与混凝土表面气泡形成关联不大。

4. 水泡　水泡为水泥颗粒凝絮作用所包裹的水

在后期蒸发所形成，与水泥的多少和水灰比的大小关系较大，水泥用量较少的低标号混凝土中自由水相对较多，从而使水泡形成的概率增大。泄洪洞 $C_{90}40$ 高标号混凝土由于高效减水剂对水泥颗粒的强分散作用和Ⅰ级粉煤灰良好的解絮作用，使混凝土中形成水囊空腔的先决条件不存在。

（四）气泡排出机理分析

混凝土表面气泡的形成，主要是混凝土中气泡无法顺利排出聚集在模板边缘的结果。

混凝土在振捣作用下液化，成为稠厚匀质的固、液、气三相共存的似液混合物。振捣使微小气泡相互接近，聚结成稍大的气泡，在浮力作用下克服浆液黏性阻力上升排出。根据 stoke 原理，气泡上升的速度与气泡的大小成正比，与黏液的黏性成反比。

（1）高标号混凝土胶凝材料用量较大，其混凝土的黏性较大，造成气泡排出需要的时间较长。经过现场计时，本工程单点振捣时间要达到 60～80s 时混凝土表面才有大气泡冒出。另外，本工程浇筑坍落度 14～16cm 泵送混凝土的边墙气泡问题较浇筑坍落度 7～9cm 常态混凝土要严重得多。所以，$C_{90}40$ 高标号混凝土黏性对气泡排出的影响客观存在，并且比较明显。

（2）就气泡特性而言，在相同振捣情况下，空气泡的聚合排出比减水剂气泡的聚合排出容易，而引气剂的气泡基本难以聚合形成有害气泡，故由减水剂形成的气泡小且不易排除。

（3）结合本工程减水剂的特性以及振捣强度偏大的特点，可以推断所出现的大量 5mm 左右的小气泡很可能是减水剂中的消泡剂成分因过度振捣失效后造成减水剂引入的气泡聚合，且因体形较小尚未能及时上升排出而形成表面气泡所致。

（五）振捣影响分析

振捣在气泡排出中的作用主要是通过振动脉冲液化砂浆，降低粗集料之间的内摩擦力，为气泡上升排出提供最基本环境条件。同时，振捣使气泡发生移动并促使其不断聚合，成为一定体积的气泡，为气泡上升排出间接提供动力。振捣有效半径及振捣时间是影响振捣排气效果的两个因素。

1. 振捣有效半径　其大小主要与混凝土的特性及振捣棒的性能有关。

（1）干硬性混凝土，和易性越差，振动能的衰减越大，有效距离越短。稀软性混凝土则相反。本工程均为稀软性混凝土，对振动有效半径的影响小。

（2）在钢筋混凝土中，振动能量易被钢筋所吸收。本工程采用在模板与钢筋网之间进行振捣的方式，其排气效果明显好于隔着钢筋网对模板周边进行振捣的方式。

（3）振捣棒的振幅及频率与振捣半径大小关系较大。据研究，频率为 200Hz 时作用半径最大；在各种频率下，加大振幅会增大作用半径。本工程在施工过程对振捣间距的控制都在其有效振捣半径之内进行。

（4）从气泡分布比较均匀、无明显集中分布的情况分析，可以排除漏振原因造成气泡发生的可能。

2. 振捣排气阶段分析　根据中国长江三峡集团公司试验中心的相关资料，得出了气泡数量与振捣时间的关系，见图 1。

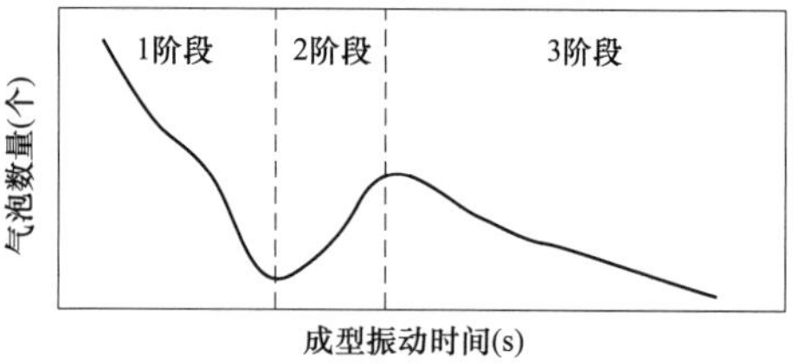

图 1　振捣时间与气泡数量关系图

气泡随振捣时间的延长，变化过程可分为三个阶段：

第一阶段，大气泡数量随振动时间的延长而迅速减少至第一个谷值。该阶段不稳定的空气泡迅速大量排出。

第二阶段，大气泡数量呈渐升趋势达峰值，但大气泡孔径相对第一阶段的大气泡孔径较小。该阶段介稳气泡（本工程中的介稳气泡即减水剂中引入的气泡）吸收了足够多的能量，摆脱周围介质的束缚，发生移动，少部分直接排出混凝土，大部分则互相汇聚，形成新的大气泡（不稳定气泡）。此时混凝土中大气泡数量渐增，但介稳气泡的汇聚和排出速度较慢。

第三阶段，大气泡数量随振动时间的延长而逐渐减少，直至趋近于零，并且气泡孔径也随振动时间的延长而逐渐减小。

工程在第五仓常态混凝土浇筑过程中，在左右两边墙进行了不同振捣时间条件下的对比试验，以验证该排气阶段分析是否符合实际。采用 50 型振捣棒，按基本相同振捣间距，一边墙平均振捣时间控制 60s 左右，另一边墙加强振捣，平均振捣时间控制在 80s 左右，最终效果见表 1。对比试验表明，并非振捣时间越长，气泡数量越少，确实存在一定阶段气泡随着振捣时间的延长而增多的现象。

3. 小结　通过上述分析，泄洪洞混凝土气泡是由减水剂产生的，且因振捣时间不恰当（时间偏长），使振捣排气处于第二阶段，造成减水剂气泡数量激增。

表1　常态混凝土第五仓左侧边墙与右侧边墙气泡量对比

部位	间距（cm）	平均振捣时间（s）	总振捣时间（s）	气泡总数（个）	平均气泡数（个/m^2）	气泡量15个以下的比例（%）	气泡量20个以上的比例（%）
左侧	28	66	2118	94	17	67（3.6m^2）	33（1.8m^2）
右侧	25	87	3212	168	31	0	100（5.4m^2）

（六）混凝土坍落度对气泡的影响

采用泵送浇筑，选用坍落度14～16cm二级配混凝土，气泡问题比较突出。混凝土有害气泡密集且泡径及深度较大，甚至出现直径10mm以上的大气泡。气泡的分布没有明显特征，小边墙上部、中部、下部都有发生。

采用常态混凝土，选用坍落度7～9cm二级配混凝土，气泡问题有了明显的好转，有害气泡产生的频率及程度都显著降低，特别是大气泡由原来的密集发生变为个别现象，存在的气泡以小气泡为主，最大气泡直径一般不超过5mm，但是没有完全消除气泡，仍有少量超直径气泡产生。

（七）控制措施

1. 原材料的选择　造成本工程高标号混凝土表面气泡的根源是混凝土减水剂中的气泡，需要进一步试验不同种类减水剂对气泡的影响。本工程对比试验了JM－PCA与X404两种减水剂的影响，结果表明两者并无很大区别。

2. 坍落度的选择　同标号混凝土应尽量选择坍落度小的混凝土，以减少胶凝材料用量来减少混凝土的黏性，易于气泡的振捣排出。

3. 模板及脱模剂的选择　为减少模板周边气泡排出时的阻力，模板应表面光洁平整，涂刷优质脱模剂，避免使用废机油之类黏性较强的脱模剂，影响气泡的排出。本工程采用全新钢模板，脱模剂主要为色拉油，也采用TF－8水质脱模剂，后者可提高表面光洁度。

4. 振捣工艺

（1）减小分层厚度。按30cm进行分层，在缩短气泡排出路径的同时，减少了振捣时间，降低了对减水剂气泡的扰动，减少其合并成大气泡的概率。

（2）控制振捣间距在振捣棒有效振捣半径之内，避免漏振。同时，尽量能够靠近模板进行振捣操作，本工程振捣排气操作在钢筋模板之间进行。

（3）采用35型振捣棒（其激振力仅为50型的1/3），减少对减水剂气泡的扰动。这是提高振捣排气效果的重要手段之一。在相同条件下，35型振捣棒与50型振捣棒排气效果对比见表2。

表2　35型振捣棒与50型振捣棒排气效果对比表

型号	面积	大气泡量比例			
		10个以下	10～20个	20～30个	30个以上
35型	9m^2	70%（6.3m^2）	10%（0.9m^2）	20%（1.8m^2）	0
50型	12.6m^2	21%（2.7m^2）	7%（0.9m^2）	50%（6.3m^2）	21%（2.7m^2）

（4）注意振捣排气的操作，在进行边墙排气振捣时，应通过多个缓慢的提拉动作，带出气泡，加快气泡排出的速度。控制振捣时间，减少扰动，这是该振捣工艺的另一关键点。要求“快插慢拔”，振捣时间内每棒需操作3个以上插拔循环，每棒振捣时间30～40s左右，不允许过振，最长不超过50s。

（5）初振完成后，间隔一段时间进行排气二次振捣。停止振捣后、初凝前，混凝土仍处在一定的液化状态，不用通过振捣，部分气泡仍会有一定的上浮、位移并聚集合并，通过间隔合理的时间，可以减少振捣扰动，提高排泡的效率。本工程初振结束后30min进行二次的振捣排气操作。

（八）结语

高标号混凝土，因其黏性大且又高掺减水剂，故易产生气泡问题。通过对气泡形成机理、排出机理的分析研究，对消除气泡提出了一些解决办法，并取得了良好的效果。

（中国水利水电第七工程局有限公司　杨　勇　吴峥嵘）

澜沧江苗尾水电站导流洞工程施工

（一）概述

苗尾水电站位于云南省大理州云龙县旧州镇境内的澜沧江河段上，枢纽建筑物主要由砾质土心墙堆石坝、溢洪道、冲沙兼放空洞、引水系统、发电厂房等组成，装机容量1400MW。

大坝、厂房施工导流采用断流围堰、隧洞导流方式。其中导流隧洞共两条，布置于坝址左岸，见图

1。1号导流隧洞全长1174.50m，纵坡0.173%，2号导流隧洞全长1069.82m，纵坡0.190%；两条导流隧洞均采用城门洞形断面，全断面混凝土衬砌，净断面尺寸13.0m×15.0m（宽×高），顶拱角度120°。1、2号导流隧洞进出口同高程布置，进口高程1302.00m，出口高程1300.00m。

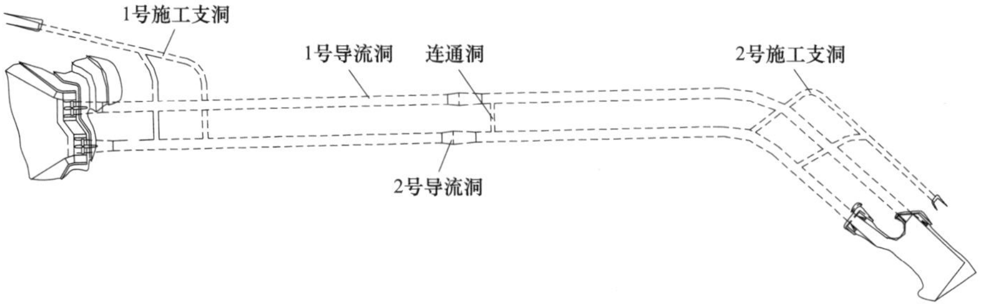

图1 苗尾水电站导流洞及施工支洞布置图

（二）施工导流规划

根据施工总进度安排，2011年11月上旬截流，利用2号导流隧洞过流；2012年3月31日1号导流隧洞具备过流条件，汛期利用1、2号导流隧洞过流。据此，导流洞施工导流程序及标准如下：

一期导流：2009年9月1日～2011年11月30日，由1、2号导流隧洞进出口围堰挡水，河床泄流；导流设计标准为全年10年一遇洪水，流量为6130m³/s。

二期导流：2011年12月1日～2012年3月31日，由1号导流隧洞进、出口围堰及大坝上游围堰挡水，2号导流隧洞过流；导流设计标准为枯期12月～次年3月10年一遇洪水，流量为861m³/s。

（三）导流隧洞进出口围堰

1. 导流隧洞进出口一期围堰

（1）1、2号导流隧洞进口一期围堰主要利用左岸底线公路作为预留岩埂，堰面高程1318.00m，采用帷幕灌浆防渗。

（2）为了不占压导流隧洞出口结构，并保证2号导流隧洞过流后对1号导流隧洞出口围堰不产生较大影响，出口一期围堰采用单洞单独布置形式。其中1号导流隧洞出口围堰采用混凝土重力式，堰基采用帷幕灌浆防渗，堰顶高程1312.50m；2号导流隧洞出口围堰采用洞内预留岩埂，堰体采用帷幕灌浆防渗，堰顶高程1312.50m。

2. 1号导流隧洞进出口二期围堰

（1）进口二期围堰采用L形重力式混凝土围堰，布置在1号导流隧洞进口底板齿墙外侧，堰顶高程1318.00m。围堰一侧与1、2号导流隧洞进口中隔墩相连，另一侧与1号导流隧洞进口上游侧边坡连接，采用帷幕灌浆防渗。

（2）出口二期围堰采用L形重力式混凝土围堰，布置在1号导流隧洞出口底板齿墙外侧，堰顶高程1311.00m。围堰一侧与1、2号导流隧洞出口隔墙贴坡混凝土相连，另一侧与1号导流隧洞出口左导墙混凝土相连，采用帷幕灌浆防渗。

（四）施工通道布置

在导流隧洞进口上游、出口下游各布置1条施工支洞（见图1），其中1号施工支洞主洞长320.25m，上岔洞长128.09m；2号施工支洞主洞长319.64m，上岔洞长105.25m。2条施工支洞均为城门洞形断面，净断面尺寸为7.0m×6.5m（宽×高）。另在导流隧洞中部布置联通洞，为城门洞型断面，净断面尺寸为7.0m×6.5m（宽×高）。

导流隧洞开挖出渣路线为：开挖工作面→1号施工支洞（或2号施工支洞）→左岸低线道路→上游临时交通桥→右岸沿江道路→苗尾寨弃渣场。

导流隧洞洞身段混凝土运输路线为：厂房工程混凝土生产系统→下游永久交通桥→左岸低线道路→2号施工支洞→混凝土浇筑工作面。

（五）进出口施工

1. 施工程序

（1）导流隧洞进出口开挖分两期进行，一期进行1320.00m（出口为1318.00m）高程以上部分的开挖，利用左岸低线道路及其分岔的道路进行；二期进行1320.00m（出口为1318.00m）高程以下部分开挖，利用左岸低线道路分岔的下基坑临时道路进行。

（2）进水塔混凝土在进口明挖及洞身1号施工支洞上游段开挖完成后进行施工，先施工进水塔底板混凝土，再进行底板固结灌浆施工，然后自下而上逐层浇筑进水塔混凝土至1335.50m高程后进行门槽安装，之后继续浇筑混凝土至1344.00m高程。

（3）进口引渠、导墙混凝土待进口明挖完成后同进水塔混凝土一起进行浇筑施工，按先底板后边墙的顺序浇筑。出口引渠、导墙混凝土待出口明挖完成后进行浇筑施工，按先底板后边墙的顺序浇筑。

2. 施工方法

（1）采用自上而下分层开挖，分层高度6～10m，洞脸部位部分为直立边坡，为有效控制边坡的围岩稳定，减小爆破对进出口围岩的扰动，分层高度控制在4.0m以下。

(2) 覆盖层采用反铲开挖，推土机集料；石方开挖采用潜孔钻辅以手风钻钻孔爆破，推土机集料，$2m^3$ 挖掘机配 20t 自卸汽车出渣，渣料运至苗尾寨弃渣场。为保证开挖边坡稳定和施工期安全，支护紧跟开挖进行，锚喷支护滞后开挖面不大于 10m，锚索支护滞后开挖面不大于 30m。

(3) 导流隧洞进出口混凝土由厂房工程混凝土系统供料，采用 $6m^3$ 混凝土搅拌车运至吊运点，进口采用塔机配 $1m^3$ 或 $3m^3$ 吊罐入仓浇筑，出口采用溜槽或泵送入仓。

(六) 洞身段施工

1. 施工程序 导流隧洞断面尺寸大，地质条件差，为确保安全，参考类似工程，洞身段拟分三层进行开挖支护。上层控制高度 8.0～9.0m，开挖断面面积 102～$140m^2$；中层控制高度 7.15～10.15m，开挖断面面积 105～$200m^2$；下层为保护层开挖，控制高度 2.0m，开挖断面面积 30～$42m^2$。洞身衬砌混凝土分为底板和边顶拱两次浇筑成型，按先底板后边顶拱的顺序进行混凝土浇筑施工。

2. 施工方法

(1) 上层开挖Ⅴ类围岩采用预留核心土法，采用手风钻或风镐分部开挖分部支护，先开挖周边进行钢支撑等支护，再开挖中部核心土；Ⅳ类围岩采用分区开挖法，分左、右两区分别开挖支护，三臂凿岩台车钻孔配手风钻钻孔；Ⅲ类围岩采用全断面开挖法，三臂凿岩台车钻孔配手风钻钻孔。上层开挖采用 3～$4m^3$ 侧卸装载机配 20t 自卸车出渣。

(2) 中层开挖采用梯段爆破，两侧预留保护层，围岩梯段采用液压钻钻孔，保护层采用潜孔钻钻孔，出渣采用 1～$2m^3$ 反铲配 20t 自卸车；下层开挖采取水平光爆，手风钻钻孔，出渣采用 3～$4m^3$ 侧卸装载机配 20t 自卸车。

(3) 导流隧洞洞身段混凝土由厂房工程混凝土系统供料，采用 $6m^3$ 混凝土搅拌车运至浇筑点。边顶拱渐变段混凝土采用钢管脚手架配定型钢拱架浇筑，洞身典型断面采用边顶钢模台车浇筑；底板混凝土根据施工通道要求，分为全辐或半辐浇筑。

(中国水电顾问集团华东勘测设计研究院 王凤军)

莲麓水电站左右岸灌浆平洞施工技术

(一) 工程简介

莲麓水电站位于甘肃省渭源、康乐交界处的洮河干流九（甸峡）—海（甸峡）河段，河床式，以发电为主，总装机容量 66MW（3×22MW），属三等中型工程。

左岸灌浆平洞位于左坝肩总长 34.5m，其中坝左 0－100.22～坝左 0－104.22 为浇筑高位水池时下部结构，长度为 4.0m；剩余部位需要在左坝肩岩石内开凿成城门洞形，开挖断面尺寸为 3.4m×4.5m（宽×高），混凝土衬砌完成后的断面尺寸为 2.5m×3.5m（宽×高），底板高程为 2069.5m。

右岸灌浆平洞位于右坝肩，总长为 37.0m，其中明洞长度为 16.0m，采取现浇混凝土，内部净尺寸为 4.0m×5.2m（宽×高）。明洞浇筑完成后，用砂砾石进行回填，上部为 10cm 混凝土路面，与原九电峡公路相接，回填量 $3000m^3$。开挖隧洞断面分两种形式，Ⅰ型隧洞断面开挖尺寸为 5.3m×6.6m（宽×高），支护完成后的隧洞断面尺寸为 4.0m×5.2m（宽×高），Ⅱ型隧洞断面开挖尺寸为 3.6m×4.55m（宽×高），支护完成后的隧洞断面尺寸为 2.5m×3.5m（宽×高），底板高程为 2068.50m。

(二) 地质条件

坝址位于柳林沟逆断层（F_4）与磨沟—宗石平移逆断层（F_5）之间的三角区。F_4 断层产状 NW290°～310° SW ∠65°～80°，F_5 断层产状 NW315°～335°NE∠65°～75°，两断层的交汇点位于坝址上游的柳林村北，距坝线 0.9km，受两断层的挤压、推覆影响，坝址区岩层的小型拖曳褶曲和次一级断裂构造比较发育，主要有 F_{23}～F_{30} 等次一级断层。在技术施工阶段开挖揭露范围内未发现上覆块碎石土层和阶地堆积层被上述断层断错的形迹，均属于第四纪晚期以前断层。

坝线左岸泥质灰岩地层中，有岩溶形成的小溶洞、溶孔和溶隙，多沿构造及卸荷裂隙交汇带发育，岸坡溶洞和溶孔以垂直和斜坡向为主，水平向次之，并多为粉质壤土、黏土充填或半充填。河床左侧泥质灰岩的溶洞（孔）内粉质黏土充填较好，连通性较差。左坝肩岩体属于中硬岩 BⅢ类岩体。

右岸上部为阶地冲洪积砂卵砾石、坡积块碎石土，厚度不等，结构松散，基底以右岸 F_5 断层为界，西侧为二叠系上统（P_2）褐紫色泥质灰岩、肉红色～灰白色灰岩、紫红色及灰绿色粉砂岩的夹层组合，岩层呈一背斜和向斜构造，与坝线呈 62°～82°角相交；东侧为三叠系中统（T_2）厚层灰岩夹薄层砂岩、粉砂岩，岩层单斜倾向坡内，与坝线呈 62°～82°交角。

(三) 左岸灌浆平洞施工

1. 常规部分

(1) 钻孔采用 YT－28 型气腿式手风钻钻孔，中间菱形单空孔掏槽，周边光面爆破，全断面开挖一次成洞。出渣采用装载机运至洞外，再用车运至左岸1号弃渣场。在第一次洞口进尺时，控制进尺为0.8～1.0m，第二循环开挖增加进尺至1.2m，进洞至10m后，控制每循环进尺在1.8～2.0m左右。

(2) 由于岩石破碎，为保证每个循环开挖后岩石的稳定和安全，在进行下一个循环施工前先安装超前锚杆。锚杆为ϕ25mm螺纹钢，采用YT－28手风钻造孔，与坝轴线呈7°夹角，孔深为3.0m，锚杆间距为20～30cm。

(3) 周边光爆孔在钻孔时，钻杆应稍微向外倾斜3.0°，使孔底落在设计轮廓线外约15cm，以便在下一循环周边光爆孔钻孔时有足够的工作空间，同时避免断面越来越小。光面爆破采用毫秒微差非电延期雷管控制，起爆顺序为：中间掏槽孔→主爆孔→周边光爆孔。

(4) 爆破参数见表1。

表1 爆破参数表

孔数	段位	孔深(m)	孔间距(m)	孔排距(m)	孔径(mm)	钻孔角度	药卷直径(mm)	单孔装药长度(m)	单孔装药量(kg)	堵塞长度(m)	单响(kg)
光爆孔											
26	MS11	1.5	0.5	0.5	42	3.0°	32	0.4	0.03	0.9	0.78
爆破孔											
4	MS3	1.5	0.3	0.4	42	90°	32	0.9	0.1	0.6	0.4
10	MS5	1.5	0.7	0.8	42	90°	32	0.9	0.35	0.6	3.5
13	MS7	1.5	0.8	0.9	42	90°	32	0.9	0.45	0.6	5.85

(5) 钢拱架采用18工字钢制作，在每个进尺的爆破、清渣完成后，随即进行安装，间距为80cm（实际现场施工中部分位置调整至40cm）。钢拱架安装完成后，用ϕ22mm螺纹钢将钢拱架连接牢靠，间距50cm，特殊部位还用钢管与钢拱架、岩石间的支撑加固。连接钢筋安装完成后，进行系统锚杆和随机锚杆的施工。锚杆施工完成后，进行挂网、喷混凝土，挂网钢筋6.5mm盘条，混凝土为C20、15cm厚，全断面喷护。

2. 冒顶处理　在洞口位置按原设计施工时，出现冒顶，开了天窗。天窗位置约为进尺距离6m，左右5m，高程方向约为20m。已安装完成的钢拱架被砸坏3榀。与设计、监理、业主沟通后，确定如下处理方法：

(1) 首先对已安装的3榀钢拱架进行加固处理。利用钢管对钢拱架进行加固，钢管一端与钢拱架焊接，另外一段抵到岩石面上。

(2) 人工配合装载机将洞内坍塌的碎石清理干净。

(3) 在已安装完成的钢拱架两侧掏空部位砌筑浆砌石，范围各为1m×2.25m。另沿拱顶120°范围内布置螺纹钢ϕ20mm，单根长3m，间距10cm，将钢拱架连成一体，然后进行挂网喷护施工。

(4) 沿平洞开挖轮廓线安装钢模板，在浇筑高位水池第三层时将天窗部位一起进行回填。

(5) 高位水池第三层浇筑完成后，顶部高程为2078.5m，在平洞中心桩号坝下0＋4.75m上下各3.75m范围内泵送浇筑C15贴坡混凝土，厚度为1.5m，坡比1∶0.5。

3. 管棚法施工　前8m施工中由于岩石非常破碎出现冒顶现象，后续的平洞开挖利用管棚法进行施工。

(1) 制作钢花管：管棚采用ϕ48mm钢管制作，长3m。管壁钻注浆孔扩散孔，孔径5～10mm，孔间距20cm，呈梅花形布置，尾部留不钻孔的止浆段100cm。

(2) 支撑加固钢拱架：护拱内设1榀18工字钢制作的钢拱架为环向支撑。注浆孔口管应牢固焊接在工字钢上，钢拱架安设的平面位置、倾角、外插角的准确度将直接影响管棚钻孔的质量，应用测量仪以坐标法在工字钢架上定出其平面位置；用水准尺配合坡度尺设定孔口管的倾角；用前后差距法设定孔口管的外插角，见图1。

(3) 钻孔：作业平台用钢管脚手架搭设。钻孔采用YT28钻孔。注浆钢管孔环向间距50cm，直径不小于60mm；超前锚杆孔与注浆钢管孔交错布置，间距50cm，直径不小于40mm。钻孔方向与洞轴线平行，上仰倾角为1°～3°且不大于5°。

(4) 安装钻孔检测合格后，采用工人将钢管装入孔内。如遇故障，需清孔后再将钢管插入。在注浆管间插入超前锚杆（直径25mm螺纹钢，长3m），孔口用短ϕ10～ϕ12mm钢筋头固定，用风动注浆器注浆。注浆材料为42.5号普通硅酸盐水泥，砂子采用小于

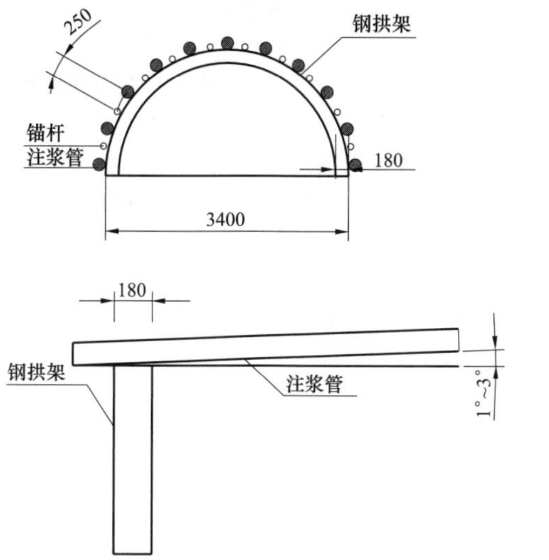

图 1　管棚孔布置与钢拱架安设示意图（单位：mm）

2.5mm 的中细砂，配合比应通过试验选定。

（5）注浆：钢管顶进到位后，用小木楔在钢管与围岩壁楔紧，再用防水胶泥（锚固剂）将空隙封闭住。采用注浆机将水泥浆注入管棚钢管内，注浆量达到设计注浆量或达到终压 0.5MPa 后可停止注浆。注浆结束后用 M20 水泥砂浆充填钢管，以增强管棚强度。

（四）右岸灌浆平洞施工

方案优化后不再进行明洞段施工，直接进行了Ⅰ型隧洞的开挖。原设计考虑Ⅰ型隧洞位于坡积体上，首先要进行超前固结灌浆施工。由于需进行水平孔的造孔施工，采取在洞脸混凝土上预埋钢管确定孔位，直接用圆盘钻机打孔（设计孔深 6m），无需采用其他设备，出现塌孔现象的处理办法为提前灌浆，待凝后继续钻进灌浆。在实际施工当中，固结灌浆效率非常缓慢，设计 38 孔只施工完成 5 孔后，考虑工期因素，停止了超前预注灌浆，直接采用了强支护的开挖方法。

强支护进洞的方法采用 18 工字钢制作钢拱架，由原设计的 60cm 调整为 30～40cm。短进尺开挖采用反铲与人工共同开挖的方法，局部孤石可采用小范围解爆的措施，一榀钢拱架的安装即为一个开挖进尺，采用在钢拱架上打孔，孔眼直径满足钢架管要求即可。在顶拱 180°范围内，布满用钢管制作而成的小管棚，间距为 20cm。一个循环施工完成后，立即视现场情况进行随机锚杆的施工，挂网、喷混凝土施工过程同左岸。设计Ⅰ型洞为 6m，实际施工由于围岩情况开挖完成 8m。

Ⅱ型洞的开挖相对平稳，采取了常规洞的开挖施工方法，即手风钻打孔，周边光爆，中部掏槽，日开挖进尺在 1.8～2m 之间。一个循环进行了钢拱架安装，间距 60cm，系统锚杆与随机锚杆的施工、挂网钢筋为 6.5mm，喷 C20 混凝土全断面 15cm。

（中国水利水电第三工程局有限公司
柳洪丹　贾　建）

金家坝水电站引水隧洞施工情况

金家坝水电站位于重庆市酉阳县双河镇，坝址距酉阳县城 47km，是一座以发电为主的引水式电站，为甘龙河流域水电规划梯级电站的第三级。枢纽主要建筑物由挡水坝、岸坡式溢洪道、引水隧洞、发电厂房及开关站等组成。水库总库容 1.58 亿 m^3，电站总装机容量 75MW，年发电 2.4 亿 kW·h，属二等大（2）型工程。

该工程的业主为重庆市水利投资（集团）公司。工程施工由中国水利水电第三工程局有限公司承担，合同金额 4.428 7 亿元；主要工程量：土方开挖 129.39 万 m^3，石方开挖 112.21 万 m^3，石方洞挖 38.33 万 m^3，土石方填筑 267.38 万 m^3，混凝土浇筑 19.28 万 m^3，钢筋制作安装 6924t，固结及帷幕灌浆 47 435m，金属结构制作安装 2034t。

引水隧洞全长 7144m，设置 3 条施工支洞，支洞总长 2161.37m。洞身段位于二叠系栖霞组厚层沥青质灰岩和志留系上统韩家店组灰色页岩地层。栖霞组地层中主要有沥青质灰岩和沥青质燧石结核灰岩，含有瓦斯、硫化氢等多种易燃易爆气体。2008 年 6 月 20 日，引水隧洞 2 号施工支洞掘进至 0＋460m 桩号处揭穿栖霞组地层时，游离或积存在栖霞组沥青质灰岩中的多种易燃易爆气体通过裂隙及节理散发出来，形成掌子面烷类气体浓度超限，施工人员在作业面感到熏眼、恶心、头昏等不适症状。

工程参建各方对此高度重视，中国水利水电第三工程局有限公司立即组织进行专项研究，制订了引水隧洞多种易燃易爆有害气体涌出段专项施工技术方案、专项安全技术措施和专项应急救援预案，由专家对方案进行讨论审查，详细论证其科学性、合理性及安全性。采取的主要技术及安全管理措施为：

（1）对 2 号施工支洞进行优化改线，尽量避开高瓦斯地段。

（2）超前预探、排放，加强通风。

（3）加强瓦斯等有害气体检测，强化过程控制。

（4）控制火源，机械设备、车辆、施工用电等采取相应防爆、限爆措施，并采取防雷措施。

（5）加强爆破管理。

（6）加强进出洞管理：① 在洞内情况不明的条件下，人员、机械设备不能进洞施工；② 严格实行进出洞登记制度；③ 进洞人员身体检查不合格时不允许进洞作业。

(7) 加强施工人员安全教育培训，经考试合格方可上岗，并建立档案，提高施工人员安全意识与应急避险意识，并配置防护应急自救物资。

在多种易燃易爆气体条件下，引水隧洞施工过程中，运用生产性试验结合理论分析、专家咨询的方法，边施工边调整，完成了施工任务，也对综合治理技术进行了系统研究。施工期间，无人员伤害和财产损失。2010年5月24日，引水隧洞全线贯通。

经过近4年建设，2010年11月28日上午，金家坝水电站成功下闸蓄水，计划2011年初电站发电。

金家坝水电站所发电力将供应渝东南地区，有利于当地经济的发展和人民生活的改善。此前酉阳大部分居民和工业用电，主要依靠来自长寿的500kV变电站。夏季用电高峰时，从县城到农村都出现过拉闸限电现象，电站的建成将改变这种情况。此外，将利用水库容量大的特点，在水库内养殖草鱼、白鲢、花鲢等生态鱼种，预计年产量可达15万kg。

（中国水利水电第三工程局有限公司
刘斌洲 樊 建）

水电站进水口渐变段采用整体钢结构模板施工技术

（一）概况

阿海水电站为金沙江中游河段规划的第四个梯级，水库库容为8.79亿m^3，电站装机容量5×400MW。工程以发电为主，兼顾防洪、灌溉等综合利用，属一等大（1）型工程，主要永久性水工建筑物为1级建筑物。

电站进水口为立式坝面进水口，事故门孔口与下游压力钢管采用混凝土渐变段连接，从矩形断面变为圆形断面，见图1。渐变段混凝土施工模板，采用了锥形整体钢模板与组合钢模板结合的形式。

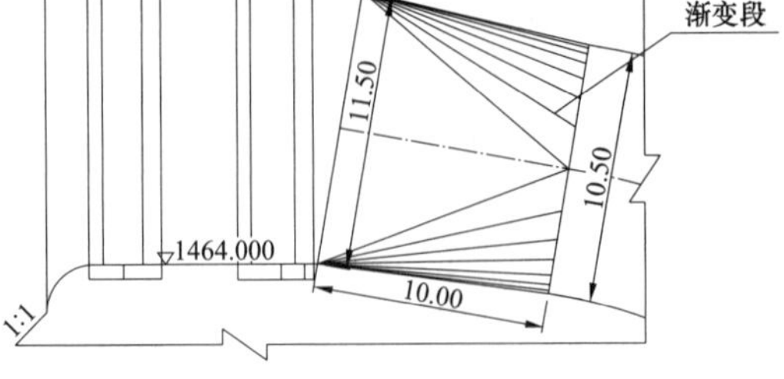

图1 进水口渐变段立面布置

（二）模板的设计与制作

1. 模板的设计

(1) 渐变段模板是一个从矩形断面向圆形断面渐变的体形，可由四个角的四分之一圆锥和四个面的三角形平面组成（见图2），只有四个角的圆锥为曲面模板。因此，设计时将1/4圆锥部分采用整体钢结构模板，两侧和顶面的三角形平面部分采用组合小钢模板，小钢模板与整体模板接缝位置局部采用木模补缝，底板三角形区域抹面形成。

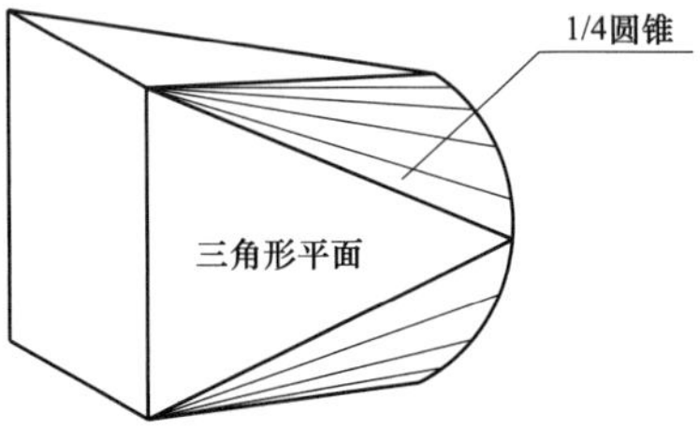

图2 渐变段体形立体图

(2) 侧面三角和圆弧区域采用内拉拉筋方式加固，顶部承重模板区域采用钢管架支撑系统，设螺旋丝杠调整顶模高程。

(3) 渐变段模板典型断面见图3。

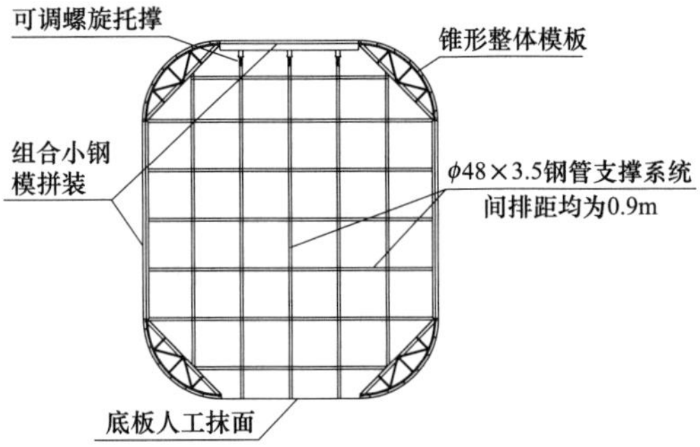

图3 渐变段模板典型断面图

2. 模板的制作 渐变段模板的三角形平面区域采用组合小钢模在现场拼装无需加工，四角的锥形整体钢模板需提前进行加工制作（实际只需制作2块，先用于下半部浇筑，再用于上部立模）。锥形整体钢模板的面板采用3mm厚钢板，背面用∠50×50角钢作肋，由ϕ25、ϕ22钢筋和∠63×63角钢焊接形成的多个椭圆锥体形变化的圆弧排架支撑成型，参见图4。

（三）模板的安装与拆除

1. 模板的安装 进水口渐变段高度达11.5m，混凝土浇筑分层进行，相应渐变段模板的安装分两个阶段进行，第一个阶段为下半部安装，第二个阶段为上半部安装。

(1) 下半部模板安装工艺流程：渐变段底板钢筋安装完成→在渐变段底板钢筋网上焊接两侧的锥形整

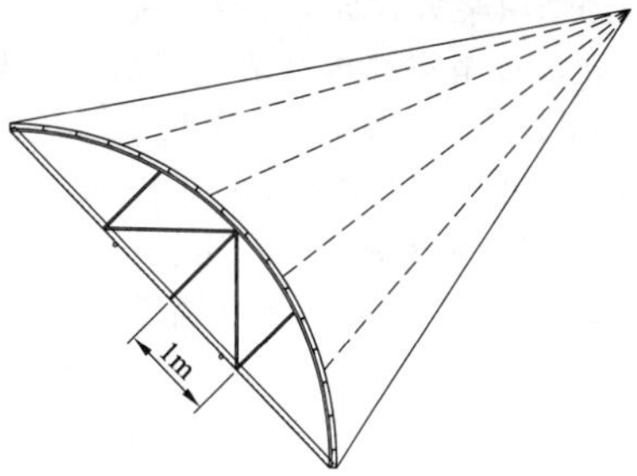

图 4　锥形模板制作立体图

体模板支撑架→吊装下部左右两块锥形整体模板→对锥形整体模板进行测量校正、加固→用组合小钢模拼装侧面三角区域的面板→整体内拉拉杆加固→测量检查、验收模板→仓号验收、混凝土浇筑。

(2) 上半部模板安装工艺流程：渐变段中心线以下混凝土浇筑完成→拆除下部两侧锥形整体模板→清理拆下的锥形模板的面板→搭设承重钢管排架→吊装锥形模板到钢管排架→测量检查、校正加固→用组合小钢模拼装侧面和顶部三角区域的面板→侧模内拉加固、承重钢管排架检查验收→侧面及顶板钢筋安装→仓号验收、混凝土浇筑。

2. 模板的拆除　下半部，在混凝土浇筑等强 1d 后，先拆除侧模的组合小钢模，之后利用起吊设备将两侧的锥形模板整体拆除。上半部，待混凝土浇筑等强 14d 后，人工解体拆除。

(四) 小结

水电站进水口渐变段混凝土施工采用钢结构模板替代传统木模板结构，可大大提高混凝土的外观质量，且工艺简单，施工速度快，节约成本。同时节约大量的木材，对大力推行环保施工的理念也具有重要的意义。

(中国水利水电第三工程局有限公司　赵正平)

溪洛渡水电站左岸泄洪洞出口明挖数值模拟分析

(一) 概况

溪洛渡水电站左岸布置有 1、2 号两条泄洪洞，其轴线平行，中心间距为 50.00m，结构为有压接无压，洞内龙落尾型式。两泄洪洞出口位于杨家沟上游侧，相距 98m，边坡最大开挖高程 598m，最低开挖高程 370m。

高程 598～441m 为一期开挖范围，在 584、554、494、464m 高程设有马道，在 524m 高程设一平台，相邻马道平台高差 30m，开挖边坡坡比为 1∶0.3。

高程 441～400m 为二期开挖范围，实质为 1、2 号泄洪洞出口的槽挖。槽挖施工长度，1 号泄洪洞为 185.93m，2 号泄洪洞为 152.20m，开挖边坡坡比1∶0.3～1∶0.5。

高程 400～370m 为三期开挖范围，实质为泄洪洞出口的岸坡治理开挖，在高程 385m 设有马道把三期开挖边坡分为了两段，每段的高差为 15m，开挖边坡坡比为 1∶1。

为施工安全，利用二维有限元软件对开挖支护过程位移进行数值模拟，现介绍如下。

(二) 支护参数

左岸泄洪洞出口支护类型主要有锚索、锚杆、喷混凝土、挂钢筋网四大类型。

1. 锚索　在 2 号泄洪洞出口左侧边坡 494、468m 高程各布置一排长 30m、1000kN 锚索；在 430m 高程布置一排长 35m、1000kN 锚索；在高程 463～439m 之间，布置一斜排长 30m、1000kN 对穿锚索，相邻锚索间高差 4m；各锚索间距 4m，俯倾角 5°。

2. 锚杆　主要有三种参数：① 普通水泥砂浆锚杆 ϕ25mm、长 4.5m，ϕ28mm、长 6.0m 交错布置，间排距 1.5m；② 普通水泥砂浆锚杆 ϕ28mm、长 6.0m，ϕ32mm、长 9.0m 交错布置，间排距 1.5m；③ 普通水泥砂浆锚杆 ϕ28mm、长 6.0m 和预应力锚杆 ϕ32mm、长 9.0m 交错布置，间排距 1.5m。

3. 喷混凝土　主要有两种参数：① 喷 C25 混凝土，厚 10cm；② 喷 C25 混凝土，厚 15cm。

4. 挂网钢筋　分系统挂网和随机挂网，挂网钢筋参数为 ϕ6.5mm@150mm×150mm。

(三) 地质条件

左岸 1、2 号泄洪洞出口区坡面呈阶梯状，总体自然坡度 30°～40°，地表大部分被崩坡积块碎石覆盖，厚度 2～5m，天然边坡稳定。构成地基和边坡的基岩主要为 $P_2\beta_9$～$P_2\beta_{12}$ 层致密状玄武岩和角砾集块熔岩，产状 N40°～50°E/SE∠8°～18°，与河谷岸坡近于正交。$P_2\beta_{11}$ 层顶部分布有厚 1.0～1.5m 的紫红色凝灰岩，浅表风化严重，性软，遇水易软化崩解。

开挖后形成边坡均由坚硬的玄武岩组成，未发现控制边坡整体稳定的结构面分布，裂隙延伸不长，边坡整体较稳定。但局部分布的错动带强风化夹层和规模较大且倾下游的层内错动带，对边坡局部岩体的稳定性有一定影响。

溪洛渡地区地应力三向应力值 $\sigma_1=14.79\sim21.06$MPa，平均值为 17.94MPa；$\sigma_2=10.05\sim15.85$MPa，平均值为 13.10MPa；$\sigma_3=4.05\sim7.59$MPa，平均值为 5.73MPa。三向应力之比为：$\sigma_1/\sigma_2=1.37$；$\sigma_1/\sigma_3=3.14$；$\sigma_2/\sigma_3=2.29$。σ_2 倾角较陡，σ_1、σ_3 倾角平缓。在埋深较大的状态下，天然地应力场仍以近水平的构造应力为主。

（四）施工方法简介

1. 石方开挖　永久开挖坡面采用预裂爆破法进行施工，主开挖区采用毫秒延期梯段爆破法进行施工，爆破梯段高度10～15m。一期渣料采用反铲逐层下翻，利用高程441m大面平台进行装运出渣。二、三期明挖直接在开挖面装渣。出渣采用3.0m^3装载机或1.6m^3反铲装20t自卸汽车进行。主爆孔采用CM351和ROCD7钻机造孔，预裂孔采用100B钻机造孔。主爆孔间距2.5～3.0m，排距2～2.5m；预裂孔间距0.8m。主爆孔与预裂孔之间布置有一排缓冲孔，以保护开挖边坡。预裂面采用“超欠平衡法”，以便安装100B潜孔钻机，从而控制坡脚位置。预裂孔造孔前，采用架子管搭设样架，确保对位准、角度精。预裂孔采用竹片间隔装药，导爆索引爆。明挖炸药综合单耗0.4～0.6kg/m^3。

2. 锚杆　采用ϕ48mm架管搭设施工平台。采用YT手风钻和100B钻机造孔，DEGUNA20T锚杆注浆泵注浆。4.5、6m锚杆采用先注浆后插杆办法施工，9m锚杆采用先插杆后注浆办法施工，注浆密实度采用无损检测仪进行检测。

3. 锚索　按造孔、下锚索、锚墩施工、锚固段注浆、等强、张拉、自由段注浆顺序进行施工。采用ϕ48mm架管搭设锚索施工平台，锚索钻机就位后用扣件固定在架管上。采用XZ－40或XZ－30型锚固钻机造孔，孔径为115mm，在遇到无法成孔时，采用固壁或固结灌浆方式处理。钻孔完毕，应用高压风冲洗钻孔，直至将孔内钻渣吹静后再安装锚索。采用1860MPa级低松弛高强度无黏结钢绞线制作锚束，其锚固段钢绞线剥离并清洗干净构成无黏结式锚固结构，内锚固段每1～1.5m安装一个隔离架，自由段每2m安装一个隔离架。锚墩混凝土用中心场拌和系统拌制。单根预紧张拉采用YDC240Q型千斤顶，整体张拉拟采用YCW150B型千斤顶。制浆采用NJ－600型高速搅拌机，灌浆采用3SNS灌浆泵。

4. 喷混凝土　在施工现场进行拌制，采用TK961湿喷机进行喷射施工。喷射混凝土必须控制好速凝剂掺量，按先下后上的顺序沿一定方向分区、分块、分薄层均匀施喷。

（五）数值模拟

1. 模型范围及边界条件　本次数值模拟以泄洪洞出口1号泄洪洞龙落尾右侧（即2号泄洪出口明挖左侧）边坡为对象，计算范围包含了1号泄洪洞龙落尾和2号泄洪洞出口槽挖，宽190m，高223m。模型采用三周约束边界，假定下边界点位移全为零，左右侧边界水平位移为零，右侧自然边坡无约束。岩石物理力学参数见表1，喷混凝土、锚杆力学参数见表2。根据溪洛渡坝区地应力测试成果分析，相对而言泄洪洞埋深不大，地应力较低，故模拟忽略地应力的影响，仅考虑重力的效应。

表1　岩体物理力学参数表

岩体类别	密度（g/cm³）	变形模量（GPa）		泊松比	抗剪断强度（MPa）	坚固系数
		水平	垂直			
Ⅰ	2.8	24～36	24～36	0.2	2.8	>7
Ⅱ	2.7	17～26	12～16	0.2	2.5	6～7
Ⅲ$_1$	2.6	11～16	9～11	0.25	2.2	5～6
Ⅲ$_2$	2.5	5～7	4～6	0.25	1.4	4～5

表2　喷混凝土、锚杆力学参数表

力学参数	弹性模量E_c（GPa）	泊松比μ	抗拉强度（MPa）	抗压强度（MPa）
C25喷混凝土	28	0.2	1.27	11.9
ϕ25/ϕ28/ϕ32锚杆	200		300	300

2. 计算程序　利用PHASE2程序进行计算。PHASE2是一个二维弹塑性有限元分析程序，主要功能是分析岩土体在外力作用下的应力和位移，它的用户界面设计遵循标准的Windows程序标准，用户界面设计友好，便于操作。

3. 单元划分　采用三角形单元，分5步模拟。第1步，模拟未挖时在重力场作用下的初始位移，共分7369个单元3858个节点。第2步，模拟开口至524m高程开挖支护后的位移，共分6397个单元3378个节点。第3步，模拟开口至441m高程开挖支护后的位移，共分4765个单元2567个节点。第4步，模拟开口至416m高程开挖支护后的位移，共分4267个单元2340个节点。第5步，在第4步的基础上，模拟1号泄洪洞开挖后整个明挖边坡的位移，共分3885个单元2180个节点。

4. 模拟位移　按照开挖支护顺序，分5步研究同一位置其位移变化情况。位移模拟值见表3。从中可见：边坡表面在重力场的作用下，每一步位移值随高程的下降而减小；边坡开挖后岩石松弛，边坡最大松弛位移值为8mm；524m高程平台外侧边坡松弛位置值最大，其次是524m高程平台内侧边坡和554m高程马道，再次是494m高程马道和584m高程马道。

表3　　位移模拟值表　　mm

位　置	第1步	第2步	第3步	第4步	第5步	1～2步	1～3步	1～4步	1～5步
高程584m马道	38	33	32	32	33	5	6	6	5
高程554m马道	34	27	27	27	27	7	7	7	7
高程524m平台内	28	23	21	21	23	5	7	7	5
高程524m平台外	26	20	18	18	20	6	8	8	6
高程494m马道	20	17	14	14	15	3	6	6	5
高程464m马道	12	11	9	9	9	1	3	3	3
高程441m马道	8	8	6	8	8	0	2	0	0

5. 模拟锚杆应力　锚杆模拟应力最大值14.09MPa，最小值−10.77MPa，发生在第5步494、441m高程附近，见图1。此外通过模拟值发现，在马道附近的锚杆表现出受压应力，边坡其余绝大部分锚杆表现为受拉应力。

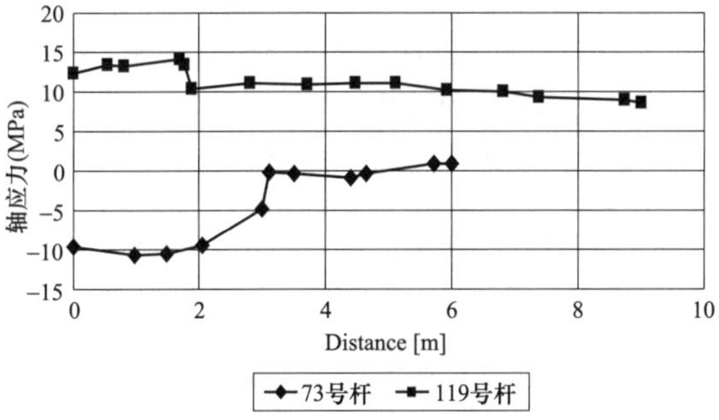

图1　锚杆应力模拟值图

（六）监测成果

截至2010年6月底，泄洪洞出口边坡共埋设6套3点位移计、2套4点位移计、14支锚杆应力计、3孔钻孔倾斜仪、5座变形测点。

8套位移计，最大累计位移量8.97mm，累计最大松弛位移测点位于L_1-L_1断面496m高程。

14支锚杆应力计，应力在−11.76～32.17MPa，其中12只锚杆应力在−12～15MPa，最大应力位于L_1-L_1断面460m高程。

5座变形测点，X方向最大累计位移量为−5.94mm，Y方向最大累计位移量为6.25mm，测点主要表现为向河谷变形，但变形量不大。

（七）结语

（1）左岸泄洪洞出口明挖支护后的变形数值模拟值与实际监测值基本一致。

（2）实际埋设的14只锚杆应力计中有10只监测值均在数值模拟极值内，但还有2只锚杆应力计实测极值比模拟极值大出许多，估计是岩体局部裂隙发育、卸荷所致。

（中国水利水电第七工程局有限公司　刘正树
中国长江三峡集团公司　彭作为　刘太平）

其　　他

金沙江向家坝水电站多级马道缓边坡混凝土拉模施工技术

（一）工程概况

向家坝水电站右岸地下厂房的尾水出口边坡为土质和岩石开挖边坡。坡面永久支护采用混凝土贴坡衬砌，厚度1.0m，坡比1∶2，底板高程260m，坡顶高程296m。在260m高程处设置3m宽坡脚护坦，在270、280、290m高程处分别设置2m宽3级马道，形成4级边坡。坡面排水管按2m×2m设置。混凝土强度等级为C25，面层设计单层双向钢筋网。

常规护坡混凝土滑模施工虽在很多工程采用，但多为无马道短边坡，对于多级马道、长缓边坡一般也仅采用有轨逐级滑升。湖北安联建设工程有限公司通过技术革新，实现了本工程多级马道缓边坡混凝土一次拉模到顶浇筑，加快了施工进度，提高了施工质量。

（二）关键技术

通过设计框体装配式定型模板用于支撑盖模的侧模，设计无轨拉式盖模，盖模自重的法向分力大于混凝土浇筑过程的浮托力，采用计算配置的慢速卷扬机牵引作为拉升动力，一次拉模到顶浇筑边坡混凝土。该技术有如下特点：

(1) 采用定型框架内嵌标准钢模组合成侧模，装配式三角架支撑固定，配重式面模直接安放在侧模上，整套系统稳固性好，立模备仓方便快捷。

(2) 利用慢速卷扬机作为拉升动力，牵引面模直接在侧模上行走，可根据混凝土初凝速度快慢灵活控制面模滑升速度，操作简单。

(3) 在马道转折处，采用定型卡式斜向支撑减缓拉模变角，使面模顺利通过马道，实现连续滑升。

(4) 平行于坡面搭设溜槽，在马道处设转角缓冲，根据边坡坡比及气温等条件，选择合适坍落度，辅以少量人工控制，能克服骨料分离现象，确保混凝土入仓质量，且效率较高。

（三）实践应用效果

2010年，向家坝水电站右岸地下厂房的尾水出口边坡施工中，采用配重式无轨盖模一次拉模到顶技术已成功进行42条带（单条带8.8m宽，4级边坡，3级马道，边坡总长86.5m）拉模施工，平均混凝土滑升1.5m/h，单仓施工（含备仓时间）每循环约5d（原计划单条带平均时间每循环约12d），实现了连续施工，对于加快边坡混凝土护坡施工进度、及早封闭边坡具有很强的实用性。

在拉模施工中同时注重混凝土外观的质量控制，滑升同时进行抹面收光，达到了外观质量优良，整体性好，取得了很好的效果，得到了设计、监理、业主的广泛认可。

相比较传统的逐级浇筑的方法，采用此工法施工有如下优点：

(1) 可靠保证施工质量，面板平整度好，基本上不出现蜂窝、麻面等可见缺陷。

(2) 采用不分级连续施工，减少了停仓次数，可以有效加快施工进度。

(3) 结构简单，施工方便。采用可拆卸装置和活动配重，便于人工操作，更加省时省力。

(4) 增加了拉模的周转次数，减少了设备投入与费用摊销，有效节约了成本。

在水电站、堤防、高速公路、铁路等工程施工中，边坡处理与治理常常采用混凝土贴坡方法进行，对于较大面积护坡，只要坡度适宜，均可采用本工法进行拉模施工，马道有无均可，无马道更适合拉模。对于加快边坡处理进度，及早封闭边坡具有很强的实用性，应用前景广泛。

（湖北安联建设工程有限公司
赵久海 李 刚 徐永明）

BOX管受料系统在滑模施工中的应用

拉西瓦水电站6个进水塔为岸塔式，紧靠双曲拱坝右坝肩布置，基础为高边坡开挖形成，塔身最大高度为115m，前缘长138m，顺水方向宽29m，设有拦污栅，混凝土方量约25万m^3。进水塔及拦污栅采用滑模施工，混凝土连续浇筑，入仓要求高。由于塔身垂直高度大，采用常规的高架门机吊罐、泵送混凝土，难以满足施工进度需要。为解决进水塔混凝土垂直运输问题，经研究，决定采用BOX管受料系统。

（一）BOX管受料系统工作原理和布置形式

1. 工作原理 BOX管受料系统是一种全新的混凝土运输手段，其原理是利用混凝土自重和高差势能自由下落，使混凝土分割、融合、再分割地循环作用，达到混凝土输送过程中不分离的目的。通过BOX管向下输送混凝土，可防止骨料分离，保证混凝土和易性。该项技术是日本前田建设工业株式会社研制的，曾在三峡工程施工中得到成功运用。

2. 系统的组成 参照三峡工程永久船闸施工中所采用的施工图进行设计加工制作，整个系统由溜筒、缓冲器和下降溜槽三个部分组成。溜筒采用ϕ320mm钢管。缓冲器每一组两个，单个高65cm，重115kg；顶部入口和底部出口均为300mm×300mm的正方形口；内部由两块十字交叉形布置的钢板隔成两个螺旋式下落通道；入口和出口通过一个变径与溜筒相连。溜筒、变径和缓冲器之间全部采用法兰，利用ϕ28mm螺栓连接。

3. 布置形式 拉西瓦水电站进水塔混凝土浇筑，为采用BOX管受料系统，布置了皮带机运输系统。在塔后高边坡岩石上，沿进水塔长度方向架设一座钢栈桥，布置了3条皮带机运输设备，再分别在1号与2号塔、3号与4号塔、5号与6号塔三处后侧的开挖马道上搭设承重脚手架，顶上形成一个平台，分别布设1条皮带机运输设备。通过皮带机运输系统将混凝土输送到BOX管受料漏斗内。BOX管受料系统沿脚手架外边缘垂直布置，固定在脚手架上，筒间还用ϕ28mm的钢丝绳连接。安装时，顶节为9m长的溜筒，其中间安装一组两节BOX管缓冲器，下部每9m安装一组缓冲器，直到浇筑部位上部采用溜槽分流到各个浇筑部位。

（二）混凝土配合比

针对滑模施工和皮带机、BOX管受料系统运输特点，选定了合理的混凝土配合比。

1. 拦污栅混凝土　采用C25W8F300二级配混凝土；受金属结构埋件实行一期超强定位技术施工影响，混凝土初凝时间控制在10～12h，初凝强度达到0.25MPa。设计入仓混凝土坍落度为11～13cm，平均入仓强度控制在30～35m³/h。拦污栅混凝土配合比见表1。

2. 进水塔混凝土　采用C25W8F300二级配混凝土；初凝时间控制在16～18h，初凝强度达到0.25MPa；设计入仓混凝土坍落度为17～19cm，平均入仓强度控制在35～40m³/h。进水塔混凝土配合比见表2。

表1　拦污栅混凝土配合比

水灰比	砂率（%）	用水量（kg/m³）	水泥（kg/m³）	粉煤灰（kg/m³）	砂用量（kg/m³）	小石（kg/m³）	中石（kg/m³）
0.38	35	118	233	78	696	646	647

注　1. 粉煤灰掺量为25%。
2. 外加剂为：JM－2掺量0.6%和DH9掺量0.003%。

表2　进水塔混凝土配合比

水灰比	砂率（%）	用水量（kg/m³）	水泥（kg/m³）	粉煤灰（kg/m³）	砂用量kg/m³）	小石（kg/m³）	中石（kg/m³）
0.4	40	127	270	48	789	651	533

注　1. 粉煤灰掺量为15%。
2. 外加剂为：JM－2掺量0.65%和DH9掺量0.004%。

（三）应用注意事项

1. 系统安装　为了保证进水塔混凝土浇筑顺利进行，防止皮带机撕裂、BOX管堵塞等情况的发生，该系统安装、使用应该注意以下事项：

（1）BOX管受料系统安装要求做到垂直，在条件不具备的部位尽可能做到垂直，不得出现大的转折和扭曲。

（2）溜筒与下部溜槽之间距离应大于20cm，下部溜槽搭设角度应大于30°，防止因间距和坡度过小，混凝土溜放不畅造成堵塞。同时，底节溜筒出口保持向外的斜口，防止骨料飞溅伤人。

（3）对受损坏的BOX管应及时修复。混凝土自由下落过程中，经过溜筒对缓冲器产生高速冲刷，造成缓冲器磨损，甚至被磨穿。制作缓冲器，要选用耐磨性好的材料，一般采用锰钢板进行制作，以提高BOX管使用寿命和减少使用中的维修率。

（4）浇筑过程中，为防止超径石骨料及其他杂物进入，一般在BOX管入口的受料漏斗上铺设钢筋网拦栅。

2. 系统运行　拉西瓦水电站引水发电工程浇筑所使用的混凝土由右岸低线混凝土拌和系统统一生产。在进水塔及拦污栅墩混凝土浇筑过程中，水平运输经右低线转右高线，经过1、2号交通隧洞到达塔后混凝土受料平台。运输采用9m³混凝土搅拌车，以保证皮带机上料运输均匀，方便控制混凝土入仓强度。混凝土浇筑作业应严格做到：

（1）浇筑前先用清水或砂浆润滑皮带机传送带和BOX管运输系统及下部溜槽，浇筑完成后及时用水将缓冲器和溜筒清理干净，以免停用时间过长导致BOX管堵塞。

（2）皮带机及BOX管输送系统上下游应设有对讲装置和电铃等通信设备，当下部有情况时及时通知上部停止放料，防止因下料过快等原因造成皮带机损伤和BOX管堵塞。

（3）混凝土浇筑过程中，设专人放料，在皮带机传送带沿线及BOX管下料口配置监护人员，确保系统正常运转。

（四）结语

在拉西瓦水电站右岸进水塔混凝土浇筑施工中，BOX管受料系统承担了70%以上的工程量，累积输送混凝土17.5万m³，解决了施工场地狭小、垂直手段紧张等难题，保证了进水塔施工质量和工期。此外，在该电站引水洞竖井、坝肩帷幕灌排洞廊道以及开关站母线孔竖井等部位的混凝土衬砌中，也进行了应用，并取得了良好的效果。

（中国水利水电第三工程局有限公司
王秀红　崔佰奎）

快易收口网在水电建设中的应用

（一）概况

河口水电站是以发电为主，兼有灌溉、旅游及改善环境等综合利用效益的中型水电站，装4台贯流式机组。工程施工中二期混凝土主要分布在机组管型座、基础环伸缩节、宽缝、电器设备基础及闸门槽、底槛部位。整个电站二期混凝土约11 200m^3。

常规二期混凝土，施工前需先将一期混凝土模板拆除，并对与二期混凝土的结合面进行凿毛，之后进行埋件、设备安装，再立模浇筑。由于一、二期混凝土结合面上大多布设有插筋及键槽，拆模费工，木模损坏严重，循环利用率低。不少结合界面空间狭小，凿毛难度大。因此，二期混凝土施工准备工作时间长、耗费大。

河口水电站CⅡ标段施工工期紧，任务重。工程开工后发现门槽二期混凝土施工占直线工期，成为影响目标工期和安全度汛的决定性因素。为加快门槽二期混凝土施工进度，经研究决定在门槽二期混凝土施工部位采用快易收口网代替常规钢模或木模，从而缩短二期混凝土施工准备时间。

（二）快易收口网简介

快易收口网是以薄形热浸镀锌钢板为原料，经加工成为由单向U形密肋骨架和单向立体网格组成的新型材料，常被人称为免拆模板网。它的网孔及钢性系U形断面，网面完全无接点，孔张力特强。快易收口网具有如下优点：

(1) 较一般模板具有更佳的应力强度及形状的自由性。

(2) 快易收口网的网状孔眼可协助分散浇注时水泥砂浆所产生的水压，减少灌入混凝土压力达2/3，比传统模板的侧压力少得多，可大量节省模板的支架，降低人工及材料费用。

(3) 快易收口网本身的特殊网孔，可方便肉眼监视浇筑过程，因而可减少孔隙和蜂巢出现。

(4) 快易收口网厚度为0.18～0.60mm，质量为1.19～5.05kg/m^2，是普通钢模板质量的1/10，且安装快速，运输容易，在高空作业中尤为突出。

(5) 优化二期混凝土施工工艺，加快施工进度。快易收口网材料为永久性模板，浇筑时混凝土通过网眼格孔渗透到界面外，形成一种抗剪性能理想的粗粒界面。无需拆模和凿毛便可以黏结新浇筑混凝土，简化结合界面准备工作。

(6) 便于穿筋和连续绑扎钢筋。由收口网的多孔性及密布的特种网格，稍微用力便可使12mm以下钢筋穿越。直径稍大的钢筋可以剪开网格，等钢筋穿越后扳回位置便可。而快易收口网也可以安装于绑扎钢筋之前，然后透过其网孔刺入安装。

(7) 使用快易收口网不用铁钉，无杂物、油污，支架少，使工地保持洁净，同时减少木模使用，节约木材，对资源保护和环保都有积极作用。

（三）快易收口网施工

(1) 快易收口网安装时可根据二期混凝土接缝形状水平或垂直放置，相邻的网片面搭接150～200mm，上、下端口采用方木固定，中间部位根据单仓浇筑高度布设钢筋或钢管支撑，避免浇筑过程中快易收口网因局部侧压力过大而造成侧拱歪曲，影响二期混凝土接缝体形。

(2) 快易收口网加固采用短条钢筋。紧固支撑可采用焊接或铅丝绑扎在外侧钢管支撑上。浇筑时可利用二期插筋和快易收口网外部钢管支撑对其进行整体约束，避免浇筑时变形。

(3) 在混凝土浇筑过程中，混凝土浆液通过振动会直接嵌入快易收口网的网孔，为避免快易收口网附近混凝土因漏浆而造成局部混凝土质量缺陷，需将该部位混凝土坍落度控制在90～110mm，且不允许在距快易收口网45cm范围内振捣，以保证整个二期混凝土的施工质量。

(4) 二期混凝土浇筑前对快易收口网网眼外侧因渗漏而集中成块的混凝土浆块进行清理，之后立模并对整个网孔面进行充分湿润后方可直接进行二期混凝土浇筑作业。

（四）二期混凝土施工质量检查

通过对河口水电站泄洪闸门槽二期混凝土与一期混凝土结合面的接缝检查及渗透检查，其界面黏结密实，无渗透，完全满足规范及设计要求。

（五）采用快易收口网后的效益分析

河口水电站CⅡ标工程通过在二期混凝土部位采用快易收口网，使主体工程施工进度提前半个月，为后期工程施工赢得了施工时间，极大地减小了整个工程的施工压力。经测算采用快易收口网后节约原材料成本投入约2.4万元，节约人工成本费约9.7万元，工期提前节约施工成本约7.64万元，合计产生经济效益为19.74万元。经计算每平方二期混凝土结合面产生效益为228.9元。

（中国水利水电第三工程局有限公司　崔佰奎）

滑框倒模在金安桥水电站拦污栅施工中的运用

金安桥水电站进水口布置在坝体7～10号厂房坝

段，每个坝段宽度均为34m，共136m。进水口拦污栅，每个坝段有2个边墩、4个中墩，墩体与墩体、坝体采用连系梁及连系墙连接。这些栅墩混凝土运用滑框倒模技术，采用液压调平内爬式滑升模板施工。

（一）滑模设计

滑模装置主要由模板系统、提升系统、操作系统和液压支撑系统等几部分构成。

1. 模板系统　模板模板面板采用$\delta=6$mm的钢板，加劲肋采用∠50×50角钢，模板高度为1.26m。围圈采用∠100×100的角钢制成1200mm×1000mm矩形桁架梁，与模板采用∠50×50×5的角钢连接。

2. 提升系统　提升架是滑模与混凝土间的连系构件，整个滑升荷载将通过提升架传递给爬杆。爬杆由ϕ48mm钢管制成。提升架分"7"字形和"开"字形。"7"字形提升架采用［18槽钢组合而成。"开"字形提升架采用角钢焊制成断面尺寸为30cm×40cm的小型桁架梁作为立杆和上横杆，用两根［12槽钢作为第一层横杆进行制作。

3. 操作系统　操作盘是滑模的主要受力构件之一，也是滑模施工的主要工作场地。操作盘用∠100×100角钢加工成钢桁架，利用角钢互相连接形成网架，盘面铺设$\delta=50$mm木板。为便于施工人员随时检查脱模后的混凝土质量，及时修补混凝土局部缺陷，以及对混凝土表面进行洒水养护，在操作盘下方约2.7m处悬挂一辅助盘，用ϕ16mm圆钢悬挂于桁架梁和提升架下。

4. 液压及支撑系统　液压系统由YKT-36型液压控制台、HM-100型液压千斤顶、油管及附件组成。组装前必须检查管路是否通畅，耐压是否符合要求，有无漏油等现象，若有异常，必须及时排除。支撑杆的下段埋在混凝土内，上段穿过液压千斤顶的通心孔，承受整个滑模荷载，并作为竖筋的一部分存留在混凝土内。HM-100型液压千斤顶选择ϕ48mm钢管做支撑杆，经计算，其承载力及稳定性符合要求。

5. 其他　为使脱模的混凝土得到良好养护，在辅助盘上固定一周ϕ50mm塑料管，每隔20～30cm钻ϕ2mm左右的小孔，挂在模板上，孔口对混凝土壁面通自流水养护，高压水管与此管用三通接头相通，向此管供水，对混凝土进行洒水养护。为保证设计体形，在地面上投放控制点，在操作盘平面上吊挂四根垂线，随时监测模体偏移及旋转情况，以便及时纠偏，确保模体垂直滑升。

（二）滑模施工

滑模施工按以下顺序进行：钢筋绑扎→下料→平仓振捣→滑升→钢筋绑扎（循环）。滑模滑升要求对称均匀下料，按300mm一层进行铺料；采用ϕ70mm插入式振捣器振捣，经常变换振捣方向，并避免直接振动爬杆及模板，插入深度不得超过下层混凝土内50mm，模板滑升时停止振捣。滑模滑升速度根据现场施工情况合理确定，正常滑升每次间隔2h，控制滑升高度30cm，日滑升高度控制在2.5m左右。混凝土初次浇筑和模板初次滑升应严格按以下六个步骤进行：第一次浇筑时先铺设15mm厚的砂浆，接着按分层300mm浇筑两层，厚度达到700mm时开始滑升30～50mm，检查脱模的混凝土凝固是否合适，第四层浇筑后滑升150mm，继续浇筑第五层，滑升150～200mm，第六层浇筑后滑200mm，若无异常情况，便可进行正常浇筑和滑升。

为保证墩体中心不发生偏移，需对滑模中线和滑模水平进行控制。滑模中线控制是在前后墩头及边墩外侧，各悬挂一根或几根垂线进行中心测量控制。滑模水平控制，是利用千斤顶的同步器进行水平控制，利用水准仪测量进行水平检查。

由于滑模施工升层的快速性或操作不当，会出现模体倾斜、爬杆弯曲的情况。对于模体倾斜，利用千斤顶自身纠偏，即关闭五分之一的千斤顶，然后滑升2～3个行程，再打开全部千斤顶滑升2～3个行程，反复数次逐步调整至设计要求。利用千斤顶安装的行程限位器，以及爬杆上安装的水平调节器，有效地保证滑模的垂直上升。同时在千斤顶与油管的连接处安装针形阀，通过针形阀的开关来调节因混凝土内外侧模板的摩擦阻力不同而引起的内外模板滑升的不同步。当爬杆出现弯曲时，采用加焊钢筋或斜支撑，弯曲严重时切断，接入爬杆重新与下部爬杆焊接，并加焊"人"字形斜支撑。

（三）结语

金安桥水电站进水口拦污栅栅墩混凝土施工中，采用滑框倒模技术，解决了制约工期的排架搭设、模板安装与拆除费时费力问题。滑框倒模因其施工连续性强，设备配套简单可靠，操作简便安全，施工工序简化，缩短了施工时间，节约了施工成本，保证了施工质量，适合在拦污栅栅墩混凝土施工中推广应用。

（长江三峡技术经济发展有限公司　刘化配）

沙沱水电站二期上游围堰安全性评价

沙沱水电站工程采用分期导流，二期施工，枯期由左岸二期围堰挡水，底孔和升船机坝段缺口泄流，汛期左岸基坑、导流底孔及升船机坝段缺口联合泄流。按照招投标阶段截流方案，2008年11月6日～2009年5月5日进行左岸河道截流，堆筑二期上、下游围堰。由于受到2008年初冰冻天气及2008年

11月枯水期超标洪水淹没右岸基坑的影响，右岸未能按计划在2008年11月达到二期截流面貌要求。根据工程实际施工进度，为避免工期滞后影响扩大，经研究于2009年4月17日进行了二期截流，上游围堰因过水条件及工期的调整，由原计划的不过水围堰调整为过水围堰。

截流后乌江流量持续增加，上游水位不断上升，土石戗堤闭气困难，渗流量达200m³/s。为满足主汛期前围堰达到307m高程，同时确保围堰防渗灌浆同步推进，二期上游围堰采用了水下混凝土+碾压混凝土分期浇筑方案。该围堰布置于戗堤下游57.5m处，折线形。其迎水面为垂直面，便于碾压混凝土施工快速连续上升。下游于292.7、298.7m高程布置两台阶，有利于过水消能，同时满足防渗施工平台及后期基坑道路布置要求。堰顶宽度10m，以满足防汛抢险与交通运输要求，典型断面如图1所示。

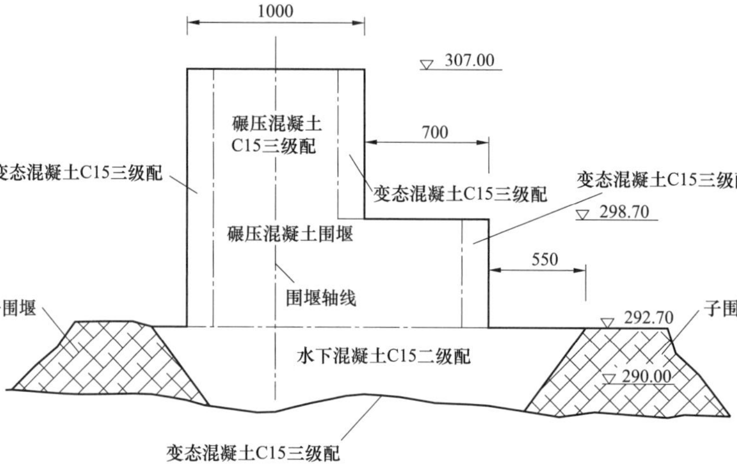

图1 围堰典型横剖面图（单位：cm）

围堰结构的安全性是安全度汛的重要的保证，鉴于围堰结构特点及施工条件，对沙沱工程二期上游围堰进行了结构安全评估。

（一）计算

为了充分评估围堰结构安全性，根据实际建立的有限元模型计算分析。该模型在堰体上下游方向取约1.5倍堰高，往左岸基岩深部取1倍堰高，往右岸取至纵向围堰，底部基础也取1.5倍堰高范围。模型侧边界施加法向位移约束，底边界施加全约束。有限元网格采用8节点6面体等参单元划分，单元总数共计52 487个，节点总数共计59 836个。

主要考虑的荷载为岩体自重、堰体上游静水压力，以及堰底扬压力。其中，上游水位齐堰顶、下游无水，由于不设排水设施，堰底扬压力不折减，坝踵为上游水头，坝趾为零。计算所采用的参数见表1。

表1 计算所采用的参数表

参数	弹性模量（GPa）	泊松比	密度（kg/m³）
堰体C15碾压混凝土	22	0.167	2400
堰体C15变态混凝土	22	0.167	2400
水下C25混凝土	28	0.167	2400

续表

参数	弹性模量（GPa）	泊松比	密度（kg/m³）
水下C20混凝土	25.5	0.167	2400
水下C15混凝土	22	0.167	2400
纵向围堰C15常态混凝土	22	0.167	2400
坝基岩体	8	0.28	2600

根据《水利水电工程围堰设计导则》（DL/T 5087—1999）的要求，混凝土围堰按照抗剪强度计算的抗滑稳定安全系数K应大于1.05，同时，在运行期各种荷载作用的组合下，迎水面允许主拉应力不大于0.15MPa，堰体允许主拉应力不大于0.2MPa。

计算中，抗滑稳定系数K是将有限元得到的正应力和剪应力代入抗剪公式，仿照传统的刚体极限平衡法计算得到的安全系数。

（二）正常荷载作用下围堰受力特性

1. 围堰典型剖面上应力状态　堰体处于较低的应力水平，几乎全断面受压。在堰体上游面底部有一定的压应力集中，在岩体下游的298.7m高程与292.7m高程剖面变化处压应力值也较大，岩体下游面底部附近剪应力较大。典型剖面堰体应力极值以及特征点（见图2）的应力值见表2，堰体应力满足规范强度要求。

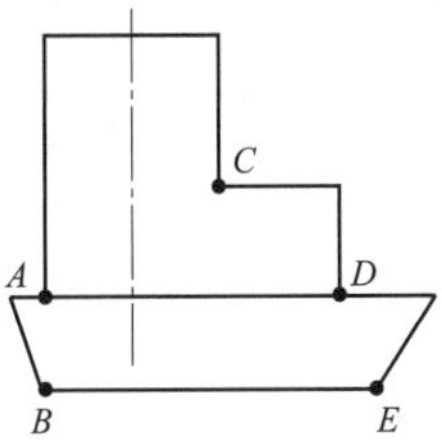

图 2　围堰典型剖面特征点位置图

表 2　围堰典型剖面应力特征值　MPa

应力	主拉应力	主压应力	竖直向正应力	顺河向剪应力
极值	0.08	−0.59	−0.59	0.14
点 A	−0.10	−0.33	−0.32	−0.04
点 B	−0.13	−0.60	−0.59	0.06
点 C	−0.10	−0.31	−0.24	0.10
点 D	−0.05	−0.33	−0.25	0.13
点 E	−0.11	−0.55	−0.49	0.14

注　正应力以拉应力为正，剪应力以向下游为正。

2. 围堰抗滑稳定性　截流前围堰基础已开挖至基岩，但在截流前与截流过程中水流及截流后戗堤渗流将石渣带到围堰建基面，围堰水下混凝土浇筑场地狭窄、工期紧，难以进行彻底清渣。因此建基面摩擦系数较低，并且实际可能有较大的变化区间。为了较合理客观地评估围堰沿建基面安全抗滑稳定系数，围堰与建基面的抗剪摩擦系数 f 分别取 0.3、0.4、0.5。经计算，围堰典型剖面沿建基面及碾压混凝土层面的抗滑稳定系数见表 3。由表 3 可知，沿层面抗滑稳定系数很高，即使在建基面的 f 值仅有 0.3 的情况下，堰体沿建基面的抗滑稳定系数也有 1.35，大于规范的 1.05，不会发生失稳破坏。2009 年，汛期最高水位达 303.75m 高程，围堰安全运行。

表 3　围堰典型剖面抗滑稳定安全系数

滑　动　面	f	K	[K]
建基面	0.3	1.35	
	0.4	1.80	
	0.5	2.25	1.05
298.7m 高程层面	0.7	5.30	
292.7m 高程层面	0.7	3.24	

（三）围堰加高后安全性分析

二期围堰挡水标准为 2009 年 11 月 6 日～2010 年 5 月 5 日 $P=10\%$ 洪水，对应洪峰流量为 4820m³/s。根据 2009 年来水较小的特点，构皮滩以上梯级电站各水库至 2010 年 4 月逐步消落，有可能至死水位，则各梯级电站的滞洪库容较多。特别是构皮滩电站初期蓄水阶段，蓄水位较低，滞洪库容较大。在考虑上游水电站调蓄影响前提下，得出沙沱电站施工期（2010 年 5 月 6 日～2010 年 6 月 30 日）坝址处全年 $P=10\%$、$P=5\%$洪水，洪水成果见表 4。左岸坝段、底孔及坝体缺口泄流流量—水位关系见表 5。

表 4　沙沱坝址洪水成果（上游思林水电站调蓄及构皮滩水电站运行）　m^3/s

频率	沙沱洪峰	
	思林调洪，构皮滩不发电	思林调洪，构皮滩发电
10%	6908	8783
5%	7774	9649

表 5　左岸坝段、底孔及坝体缺口泄流流量—水位关系曲线表

上游水位 (m)	左岸坝段泄流量 (m^3/s)	2 个底孔泄流量 (m^3/s)	缺口泄流量 (m^3/s)	总泄量 (m^3/s)
301.02		1998.8	563.3	2562.1
307.30		2509.7	2310.3	4820
308.98	68.72	2588.58	2938.12	5595.15
309.76	165.39	2624.17	3229.68	6019.45
311.58	479.81	2684.57	3944.75	7108.51
313.81	992.00	2724.15	4883.55	8600.56

可见，加高上游围堰水位可有效提高左岸基坑防洪标准。纵向围堰及下游围堰均为混凝土围堰，也具备快速加高条件。

考虑上游围堰加高 2m 及 4m，即上游水位为 307m 高程及 309m 高程的工况，对堰体采用水位超载法进行计算分析。根据该计算结果，围堰抵御超高 2m 水位的能力是可以保证的，至少可以将堰体加高至 309m 高程。

为了确保安全度汛，实现2010年全年施工，沙沱工程对下游围堰及纵向围堰进行了加高处理，同时做好上游围堰加高准备工作，确保能在洪水预见期内快速加高上游围堰，满足左岸基坑不过水。并根据上游电站调蓄情况及沙沱电站工程建设情况，优化大坝施工组织，全力提升左岸大坝挡水高程。2010年6月28日，上游围堰后8号坝段307.5～310.5m高程浇筑完成，上游围堰成功完成使命。

（贵州乌江水电开发有限责任公司沙沱电站建设公司 范雄安 张发勇）

金安桥水电站左岸砂石加工系统增容改造

金安桥水电站左岸砂石加工系统主要承担碾压混凝土大坝、引水发电系统等主体工程约629万m^3混凝土所需的约1180万t砂石骨料的制备，其中碎石730万t，人工砂450万t。

该人工砂石加工系统，毛料为玄武岩，按照招投标设计文件及要求建成后，试生产期间砂产量达不到设计要求，同时石粉含量与砂脱水也存在较大的矛盾。玄武岩易碎难磨，保水性好，产砂率低。同样使用巴马克（Barmac9100）设备制砂，金安桥的玄武岩产砂率仅为18%左右，而在三峡下岸溪花岗岩制砂率可达36%以上。

为满足金安桥水电站工程混凝土施工月高峰强度23万m^3（实际混凝土浇筑最高月在2008年1月为28万m^3）的要求，在不影响正常砂石料生产供应的前提下，进行了大规模的制砂系统增容改造。增容改造施工于2007年1月启动，2007年5月完成。

（一）增容改造情况

1. 破碎设备　全部选用美卓（Metso）公司产品。粗碎设备为2台MKⅡ-42-65；中细碎设备为2台Hp500-ST-C和3台Hp500-ST-F；制砂设备为4台Barmac9100。该破碎设备噪声低、磨耗小、产量高，2号粗碎设备第一次更换衬套时已生产骨料360万t，1号中碎设备更换衬套时已生产200万t；单台设备小时生产能力都在400t左右。这在其他同类人工砂石料生产系统中是少见的。

2. 生产灵活性　经过多次改造，系统可以根据需要生产各个级别的砂石料。细碎和超细碎及三筛联动时，可闭路循环生产砂、中石和小石。第一筛分系统、第二筛分系统、第四筛分系统和中细碎设备联动时，可根据需要增加或减少大石的入仓量。

3. 增加石粉的措施　按照专家的建议，采取的增加石粉措施主要有如下四项：

（1）在砂石系统三筛的集水槽内增加了1台渣浆泵并配置1台脱水筛，将三筛筛分流失的0.08mm左右的颗粒回收部分。

（2）利用4台黑旋风专门回收0.08mm以下的石粉。

（3）对进入砂仓的干砂采取了防雨水措施，以减少石粉流失。

（4）为了减少成品砂脱水难度，生产砂时，将成品砂的石粉含量控制在10%～14%。在混凝土拌和时，再添加4%～5%的石粉。

4. 砂脱水难问题　2007年7月进入雨季不久，承担大坝混凝土施工的承包单位反映砂的含水率高，无法生产碾压混凝土。现场检测结果，砂的含水率平均为8%，符合规范要求（砂含水率≤6%）的仅为20%，并且很不稳定。为了解决这一问题，通过多次检筛分析，并对多种脱水措施进行试验，基本掌握了玄武岩砂脱水难的主要原因，即：① 金安桥玄武岩含铁量高（用磁铁可将石片吸住），在“石打石”的制砂研磨过程中，理顺了砂分子极性，成品砂很容易成团，增强了砂的保水性能；② 由于玄武料场裂隙多，岩石含泥量大，在生产过程中很难将砂中的泥冲洗干净，增加了脱水难度；③ 石粉含量在15%以上时，在10d内很难将玄武岩成品砂的含水率降到6%以下。为此，采取了毛料开采精细化、每仓砂售空后清洗盲沟及滤料、干湿砂分仓分储、在销售时按20%比例掺干砂等一系列措施，解决了玄武岩砂脱水及含水量稳定性问题。

（二）仍存在的问题

（1）粗碎生产系统竖井井径太小。由于粗碎高程与加工系统高程相差165m，毛料经过粗碎系统加工后，通过竖井和胶带机运输进入半成品调节料仓。竖井井径设计为3500mm，但贯通后，由于井壁岩石相当破碎，采用挂网喷混凝土支护，约占去了400mm；试用时，井壁发生塌方，采取钢筋混凝土加钢板衬砌，现井径只剩2500mm左右。由于井径太小，毛料下落时对井壁内衬钢板造成很大的摩擦力，以致钢板很快被磨蚀，不时脱落掉块而堵塞下料口，给生产造成较大影响。

（2）毛料受料仓面积太大，不利于设备检修。粗碎受料仓为10m×11m，吊车离吊件中心最小为9m，50t轮式吊车在这一距离无法吊起20t的物件。每次维修时，需要2台吊车同时作业，才能完成拆装工作，增加了维修成本和施工难度。按照实际需要，只要做7m×8m的毛料受料仓就可满足要求。如能在粗碎受料仓口上安装1台桥机，则可方便维修施工。

（3）超细碎制砂设计不合理。该系统（Barmak9100）的超细碎的制砂出料与二筛的细碎出料混合后，一并进三筛筛分，这样砂的细度模数损失大。在超细碎下料口取样，进料为5～40mm的玄武岩碎石，石打石破碎工艺，制砂率为24%，砂的细度模数为3.0以下，石粉含量为10%左右。而进入三筛经过筛洗后，砂的细度模数为3.5左右，石粉含量仅为3%左右，砂的细度模数和石粉损失都很大。根据以往经验，超细碎的出料配洗砂机单筛单洗并用小型脱水筛脱水，能更好地保证砂的细度模数和石粉含量。

(4) 成品仓仓容小。该系统碎石总仓容为3.7万m^3，砂仓也仅为5.5万m^3。碎石仓和砂仓的单仓都有30%左右的死库容，可用仓容小。这不利于成品料的储存及脱水，不利于系统设备检修，尤其是砂仓太小，不能保证砂脱水时间（7d以上）。金安桥水电站混凝土施工高峰期每天都在8000～9000m^3，且高峰期延续了近半年，曾因生产设备出现故障而引起砂石料供应断档的情况。

(5) 砂仓脱水设计不合理。由于玄武岩制出的砂保水性能强，一般前3d砂的含水率从16%脱水至10%左右，以后每天脱水效果不明显。尤其石粉含量在18%以上时，7d脱水至10%左右后，很难再达到6%。玄武岩砂脱水难，同时也有砂仓脱水系统设计存在的缺陷。砂仓现有的排水系统，砂内水流渗径太长，不利于砂脱水。如能加密横向集排水沟，形成若干个小的脱水单元，则更为有利。

（长江三峡技术经济发展有限公司　董家清）

布西水电站工程优化施工方案取得好效益

（一）工程简介

布西水电站位于四川省凉山州木里县东南的鸭嘴河中游。鸭嘴河是雅砻江右岸一级支流，上游为布定沟和鲁昌沟，汇口以下称鸭嘴河。鸭嘴河干流全长53km，流域面积556km^2，河道平均比降42‰，河口海拔约1760m。坝址以上流域面积409km^2。

布西水电站工程建筑物包括：拦河大坝，表孔泄洪洞、泄洪放空洞、发电引水隧洞首部取水口，引水发电建筑物等。

本工程属二等大（2）型工程。其永久性水工主要建筑物为2级，次要建筑物为3级。拦河坝的地震设防烈度为Ⅷ度。

大坝采用钢筋混凝土面板堆石坝，水库正常水位3300m，坝顶高程3305.8m，最大坝高140.8m（趾板抬高5m后坝高135.8m），坝顶全长271m，坝顶以上设有1.2m高防浪墙，坝顶宽度12m，在坝顶防浪墙外设有0.8m宽检修平台。

中国水利水电第三工程局有限公司承担的大坝土建及金属结构安装工程（C2标段）项目主要包括：混凝土面板堆石坝工程、泄洪洞工程、放空洞工程、引水隧洞进水口工程、引水隧洞工程（引0+000～引0+050m）、公路工程、交通洞工程、渣场防护工程等永久土建工程，以及泄洪洞、放空洞、引水隧洞进水口等金属结构设备安装工程。

（二）施工方案优化

电站大坝于2008年3月1日正式开工，导截流、施工道路、料场道路及覆盖层剥离、趾板及坝基开挖、过坝公路施工、放空洞及泄洪洞洞挖、马岗沟及恰岗沟渣场防护等立即进入施工高峰。由于点多面广，场地狭窄，不利于机械和设备布置。为保证关键工程顺利进行，迫切需要结合工程实际进行方案优化。

1. 围堰施工方案优化　围堰在投标阶段挡水标准为全年20年一遇标准，费用99.34万元；进场后修改为全年50年一遇标准，费用为139.69万元。工程投资虽有小幅增加，但很大程度地降低了工程施工风险，确保了工程稳步推进。

2. 拌和破碎及筛分系统位置优化调整　投标阶段拌和破碎及筛分系统布置在马岗沟内，需要回填至3265m高程后建厂，并且位于料场下部，干扰大，需要进行大量的防护。施工组织设计阶段改建在右岸3270m高程平台处，不仅进场后即能开工建设，而且减少施工干扰及防护费用。

3. 料场规划调整　投标阶段料场布置在马岗沟内，施工组织设计阶段改在马岗沟沟口，道路由原来的4.9km减少至现在的3km，减少运距约1.9km。施工期间又增加了右岸料场，解决了上坝强度问题。根据原投标4km运距单价为24.94元/m^3，3km运距单价为22.23元/m^3，每立方米节省2.71元。大坝填筑共需要在料场开采240.94万m^3，该项料场规划调整节约投资652.95万元。

4. 施工道路优化　投标阶段左岸布置一条203m交通洞，该项为总价承包项目，费用为87.79万元；实施阶段交通洞缩短为60m，费用为14.85万元，节省费用72.94万元。另通过方案修改，取消了导流洞进口20m和泄洪洞进口40m的贝雷桥，根据投标费用中贝雷桥费用约为5万元/跨（20m），共计节省费用约15万元。按市场租价39m跨度贝雷桥半年费用为33万元计算，60m贝雷桥一年费用为60×（33/39）×2＝101.54万元。施工道路优化节约费用为72.94＋（101.54—15）＝159.48万元。

5. 过渡料破碎加工改为爆破直采　投标阶段过渡料为破碎加工料，施工组织设计阶段改为爆破直采。根据投标单价，过渡料加工的颚式破碎机＋皮带运输＋给料机＋装载机＋人工费用为 3.18 元/m^3，爆破炸药单耗为 0.32kg/m^3，炸药单价 7.9 元/kg，倒运一次装车费用按 4 元/m^3 计算，28.37 万 m^3 的费用为（3.18＋4＋0.32×7.9）×28.37＝275.42 万元；改为爆破直采，实际爆破单耗为 0.5kg/m^3，则只需 0.5×7.9×28.37＝112.06 万元，此项优化节约费用 163.36 万元。

（中国水利水电第三工程局有限公司
郭海志 刘 斌）

苗家坝水电站溢洪洞出口桥预应力混凝土箱型梁制作及安装施工技术

（一）概况

苗家坝水电站溢洪洞出口桥共有 7 片 20m 长的钢筋混凝土薄腹箱梁，每片重约 38t。该梁两端头横断面外口尺寸为宽 149cm、高 100cm，内口尺寸为宽 85cm、高 70cm；梁中渐变横断面外面上部 78cm 为倒梯形（梁底仍宽 149cm），内口尺寸为宽 101cm、高 70cm，两侧边厚度由 36cm 渐变为 16cm。梁体内纵向布置预应力钢束，均用 270 级 ϕ15.25 钢绞线，上、下各两根，上部两根被布置成抛物线形，下部两根预应力钢束采用直线形布置。

该桥上下游均位于土方填筑区域，地基松软，承载力不能满足大型起重设备布设，而且路线较长，路面窄，大型起重设备难以通行，采用大型吊车架梁显然不适宜。采用导梁穿行架设，一次性投入大，利用率低，经济上不合算。经对该桥具体情况分析，墩台不高，溢洪道与桥轴成正交，桥不长，具备人工架设的条件。因此，设计了一种简易的人工架梁方法——低托梁横移梁法（走板法），利用溢洪洞出口明拱段作为架桥通道，解决了架梁问题。

（二）预应力箱型梁制作

1. 预制场地设置　梁底座采用 C20 二级配混凝土，厚 50cm，平台宽度、长度与箱梁尺寸一致，水平高差在 5mm 以内，每隔 1.2m 设拉筋孔一道以便于支模用。在平台两端距端头 50cm 处各设一道宽 20cm、高 25cm 的横向贯通槽为后期安装顶梁器使用。该槽在箱梁制作时用细砂充填密实，箱梁浇筑等强完后再将细砂掏出。

2. 箱梁施工工艺流程　底模修整→底板及腹板钢筋焊接绑扎→埋设波纹管→外、内模板安装→顶板钢筋绑扎→安装水平、负弯矩波纹管→浇筑底板、腹板、顶板混凝土→拆模养生→穿束→钢绞线张拉→孔道压浆→封锚。

3. 工艺要点

（1）钢筋的加工、安装严格按照图纸及规范要求进行，保证尺寸、规格无误，位置准确，不要遗漏。

（2）预应力孔道的根据需要在工地按设计实际尺寸下料，严格按照图纸设计坐标布设，利用定位钢筋点焊在钢筋骨架上。为了保证孔道畅通及防止混凝土浆堵管，采用以下措施：① 接头处用胶带缠绕，保证其严密性；② 附近电焊作业应对波纹管加以保护，焊接工作完成后再仔细检查；③ 浇筑混凝土前用厚壁塑料管穿入波纹管中，浇筑过程中来回抽动，防止波纹管挤压变形；④ 混凝土振捣时，严禁振动棒触碰波纹管，以免波纹管变形、破裂、移位。

（3）锚垫板的位置应符合设计要求，并连同锚固钢筋、加强钢筋、螺旋钢筋可靠地固定在箱梁两端的模板和钢筋网上，与端模紧密贴合。

（4）外模板采用 1.5cm 厚竹胶板制作，加劲肋为 8cm×12cm 方木。各块模板之间用双面胶镶嵌；外模与底座之间嵌橡胶条，以防漏浆。底部每 1.2m 布置一根拉杆。模板外支架均采用 ϕ48mm 钢管，每隔 3m 设一根。

（5）内模单件尺寸 1m，每隔 60cm 布置一道支架；先在拼装场地按 4～6m 拼装成节，待底板、腹板钢筋及波纹管道安装完毕后，分节吊入箱梁内组拼。内模与钢筋间设置混凝土垫块作为支撑。为了防止内模上浮，在外模上方每隔 1～1.2m 设一道横梁，以模板横梁作为支撑用可调螺杆向下顶紧。为了固定内模使其不偏移轴线位置，采用木方及三角楔将内模与外模顶牢，在浇筑混凝土时将木撑逐步拆除。

（6）封头模板采用定型木模，表面倾角与设计锚垫板倾斜角度一致，在波纹管位置留口，将波纹管伸出端模之外，防止混凝土浆灌入波纹管中。

（7）混凝土坍落度控制在 10～12cm；浇筑采用一次成型工艺，由一端底板开始，内模底板每 5m 设一孔洞便于振捣棒插入，浇过孔洞用木板封底后开始浇注腹板及顶板混凝土。当腹板混凝土的分层坡脚达到底板 5m 位置后，底板再向前浇筑 5m，以此类推进行浇注完成。腹板混凝土采用对称、分层下料，分层厚度不大于 50cm。振捣时，振捣棒移动间距不大于 30cm，每次插入下层的深度为 5～10cm，两侧腹板振捣须对称、同步进行，以避免内模偏位。

（8）混凝土强度达到设计强度的 40%～50%时方可拆模。拆模时注意棱角部位，防止掉边。

（9）混凝土强度达到设计强度 90%时，进行钢绞线穿束。穿束保证钢绞线顺直。

（10）张拉时按设计文件要求双向对称张拉，采用张拉力和伸长值双控，理论伸长值和实际伸长值误差不应超过6%。

（11）按设计要求进行孔道压浆和封锚。

（三）预应力箱梁安装

1. 架梁方案的总体思路　靠桥台的溢洪洞明拱段只浇到与桥台一样高程，作为运梁通道，以上部分待架完梁后再施工。架梁从一侧边梁开始顺序进行，预制梁时要按预设顺序布置梁位。在预制平台上用顶梁器将梁顶起，底部放置加工好的走板，将梁移至桥台处。采用横向走板法，调整梁的方向。调整就位后向溢洪洞出口明拱部分移动，当梁整个移至明拱上时开始横向走板移位，移至要架设的位置时开始落梁。架梁时从里向外逐个进行，架至第三榀梁时可直接在架好的梁上移梁。

2. 移动系统的设计

（1）上走板分两种形式，一种是纵向移梁时的走板，尺寸为150cm×150cm；另一种是横向移梁时的上走板，尺寸为150cm×40cm，由硬杂木拼装成走板，在滚动面上镶嵌钢板。

（2）下走板采用硬杂木和钢板，随梁的移动向前移动；铺设时先将地面平整压实，硬杂木铺设应平顺，以免上部钢板受压变形。下走板铺设范围为3～4m。

（3）滚杠采用直径40mm钢棒，每端走板下有13根左右，间距为10cm。直线移梁时滚杠与走板正交，转向时调整滚杠偏向。

（4）通过计算，走板移梁时所需牵引力为13.5t，用滑车组，牵引设备采用5t卷扬机。

3. 顶升、落梁系统

（1）每端配2对千斤顶。

（2）顶梁器用14mm厚的钢板加工。托具置于梁端的腹板上，是千斤顶的主要着力位置，顶梁时能保证梁的重心相对稳定。木垫块和楔木用硬木制作，主要用来垫千斤顶和两端底部。

4. 注意事项

（1）箱梁通过明拱完全置于桥跨上方时，开始横向移梁。明拱高程为717.0m，此时要在桥台上加工临时横向导梁架，横向导梁架由工字钢加工而成。箱梁用千斤顶顶升一定高度后，将纵向走板换为横向走板开始横向移梁，横向移梁时要把梁移至梁要架设的正上方。

（2）当箱梁到达安装位置正上方时开始落梁。落梁使用千斤顶（为便于控制，使用螺旋千斤顶），用枕木支垫，根据千斤顶顶程分几次下落。落梁时注意箱梁位置与安装位置是否一致，与预埋件等的位置要对齐，避免返工。

（四）结语

溢洪洞出口桥箱梁架设于11月8日开始，12月5日结束。虽然进度相对慢一些，但使用人力少，准备工作时间短，材料消耗少，又基本不用动力设备，其综合费用低。本次施工，只组织一个工班按序作业，如果增加几个人和少部分机具，分成移运和顶升两组作业，架设速度还可以加快。

（中国水利水电第三工程局有限公司
马利平　高　勇　闫伟宏）

钢筋吊拉结构在现浇T形门机梁中的应用

（一）概况

弄另水电站大坝为碾压混凝土重力坝，布置2个溢流坝段，总宽为44m，布置3孔表孔。表孔溢洪道孔口宽10.0m，闸墩中墩宽4.0m，边墩宽3.0m，采用钢筋混凝土结构。坝顶门机梁布置在5号及6号溢流坝段闸墩顶部，每孔检修闸门上下游各布置1根，共计6根。门机梁长度为11.92m，净跨距为10.0m，T形钢筋混凝土结构（底宽60cm，高度为150cm，顶端两侧翼板宽度分别为90cm及55cm，厚度为15～19cm），单根重量为35.3t。

由于大坝碾压混凝土采用汽车运输入仓，溢流坝段闸墩及溢流面等部位的常态混凝土改为泵送，现场没有布置大型起吊设备。门机梁下游坝顶交通桥只有4m宽，无法布置汽车吊等移动式起吊机械。因此，T形门机梁由坝顶预制改为现场浇筑。

前期初定现浇门机梁方案为采用搭设满膛式脚手架作为支架。由于需要大量的材料，脚手架基础在溢流面弧形堰面不可靠，对检修门金属结构安装及门槽二期混凝土施工有一定的影响，经过分析及经济比较，决定改用钢筋吊拉结构作为T形门机梁现浇支架。

（二）结构设计

1. 钢筋吊拉结构型式　吊拉支架系统结构型式见图1。

（1）蛇形柱立柱，采用ϕ28mm、ϕ18mm螺纹钢筋焊制，主要为吊拉钢筋进行受力传导。

（2）吊拉钢筋，直接采用ϕ14mm圆钢筋焊接，是本吊拉系统中主要的受力结构。

（3）两端支撑三角架，采用预埋定位锥悬挂多卡模板下部三角架组成，主要作为备仓施工期立模、安装钢筋支撑使用，承担浇筑期两端头部位施工荷载。

（4）跨中型钢，设计期采用12号工字钢，本工程施工中结合现场材料，采用多卡模板背部竖向12号双槽钢围檩焊接而成，主要作为备仓施工期立模、安装钢筋支撑使用。

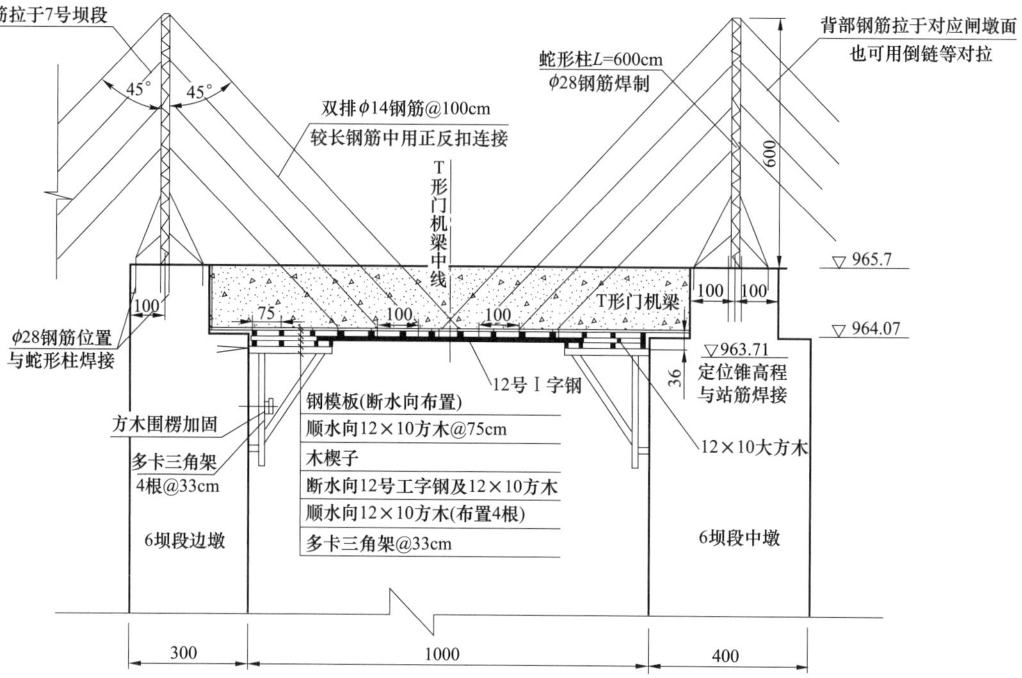

图 1　钢筋吊拉结构现浇门机梁支架系统纵剖面图（单位：cm）

2. 吊拉钢筋抗拉强度验算　钢筋吊拉支架系统主要分布有模板结构自重、新浇混凝土自重、钢筋自重、新浇混凝土对模板侧面的压力等恒荷载，以及施工人员及施工设备荷载、振捣混凝土时产生的荷载、倾倒混凝土时产生的荷载等活荷载。

3. 型钢抗弯强度验算　现浇门机梁下部布置 2 根 12 号工字钢，净跨度 $L=600$cm，主要作为备仓施工期立模、安装钢筋支撑使用。因此仅承载钢筋、模板自重及施工期人员和设备荷载，其中永久荷载 $G_k=3.38$kN/m，可变荷载 $Q_{ik}=1.5$kN/m。

（三）施工工艺

现浇门机梁施工采用钢筋吊拉结构时，其施工工艺流程为：预埋两端定位锥→安装两端三角支架→安装跨中型钢横担支撑→安装底模→绑扎钢筋→安装侧模→安装钢筋蛇形立柱→安装吊拉钢筋→调整吊拉钢筋→浇筑混凝土→拆除模板和吊拉结构。

1. 梁底支架系统安装　两端定位锥应根据梁底高程及下部支撑材料确定其预埋高度，在施工闸墩结构时按照确定好的位置进行预埋。在两端悬挂的三角支架应水平、稳定。本工程现浇门机梁一端布置 4 榀三角架，在施工时下部及顶部均采用方木将 4 榀三角架连成整体。在两端三角架安装完成后，对三角架顶部采用方木配木楔进行找平，跨中型钢放置在找平后的方木上，并用铅丝进行固定，确保 4 榀三角架受力均匀。

2. 模板安装

（1）底模采用钢模板进行拼装。安装应计算模板的起拱度，对底模下的方木进行调整，所有标高的调整必须在方木上完成。要保证接缝平整，不能有悬空和翘曲，对模板的接合处，以及每块板中心的标高应进行检测，做到大面平整。按设计及规范要求，底部模板起拱高度宜为全长跨度的 1/1000～3/1000，本工程门机梁净跨度为 10m，底部跨中按 1.5cm 进行起拱。

（2）侧模：外侧模应按底模的要求，严格控制其大面平整度；在内外侧模之间设对拉拉杆进行固定，在侧模外侧，用撑杆进行加固，防止侧模整体偏移。为防止底侧模间漏浆，侧模的安装可采取“底包侧”的结构型式。

3. 钢筋绑扎　钢筋必须按要求采购，并按规定要求进行抗拉、抗弯、物理、化学分析等试验。钢筋安装位置应准确，固定要牢靠，底板处采用砂浆垫块垫高。当个别钢筋的位置与其附近的钢筋发生冲突时，其定位的优先次序是：主要的普通受力筋→一般构造筋，或遵循先粗后细，先螺纹后圆钢的次序。

4. 蛇形立柱及吊拉钢筋安装　钢筋蛇形立柱在厂区焊制成型，使用时与闸墩顶部预埋的锚筋进行焊接。吊拉钢筋与模板采用钢管围楞与螺丝杆进行连接，螺丝杆丝扣位置安装 2 个螺母，防止单个螺母在施工时松动及脱落。吊拉钢筋采用倒链进行拉紧，在跨中较长拉筋上可布置正反扣调节拉筋的松紧度，选用的正反扣的抗拉强度应不低于受力拉筋的抗拉强度值。立柱左右侧布置的拉筋数量应相同，并且布置在同一直线位置，保证拉筋受力平衡。若拉筋无法布置在同一直线位置时，应在立柱的上下游侧加设拉筋或支撑系统，保证立柱的整体稳定。吊拉钢筋与钢筋立柱的夹角根据具体现浇梁跨度可进行调整，但不宜小于45°。

5. 混凝土浇筑　浇筑方式采用从梁两端同时下料，在跨中处合龙。采用分层下料、振捣，每层厚度不宜超过30cm，上下层浇筑时间相隔1～2h（视浇筑时气温而定）。上层混凝土必须在下层混凝土振捣密实后方能浇筑，以保证混凝土有良好的密实度。在浇筑过程中应对吊拉钢筋的松紧度进行检查，出现钢筋松弛现象时，应及时采用正反扣进行调整，保证吊拉钢筋的整体受力稳定。

6. 拆除模板和吊拉结构　模板、吊拉结构的拆除时间根据模板部位和混凝土所达到的强度而定。对于本工程梁底板、翼板及吊拉结构，必须在混凝土强度达到设计强度的100%时，方可拆模。本工程坝顶门机梁为3跨，第一跨梁的一端吊拉结构可直接应用于第二跨梁的一端，因此单跨门机梁在拆除吊拉结构时，只需拆除一端即可。

（四）施工安全

（1）门机梁施工部位均为高空作业，并且下部为金属结构安装及二期混凝土施工工作面，上下交错作业，易发生安全事故。因此在结构设计时除应满足承载力的要求外，还应考虑安全施工的需要。本工程在施工时对门机梁临空临边面采用安全网进行防护，在12号工字钢下部采用青竹搭设施工平台，供梁底模、吊拉钢筋安装及加固使用。并采用钢管将上、下游梁连接成整体，在其上部铺设马道板作为施工平台，并在下部悬挂安全网防止上部坠落物体。

（2）吊拉钢筋采用焊接连接时，应满足钢筋焊接规范要求，并应对吊拉钢筋进行力学试验及焊接接头抗拉试验，以确定吊拉钢筋符合设计值。

（3）门机梁浇筑时应安排专人进行模板及拉筋的检查及监视，并对浇筑速度及浇筑方式进行监督，严禁集中下料。

（五）结语

现浇门机梁采用钢筋吊拉结构进行施工，方法新颖，结构简单，可解决搭设满堂式脚手架前期准备时间长、施工中需占用大量材料的缺点，并且不影响梁下部各工作面的施工。弄另水电站共采用钢筋吊拉结构浇筑门机梁6根，钢筋吊拉结构在使用中稳定、可靠，6根现浇梁未出现任何质量问题。

（中国水利水电第三工程局有限公司
侯　彬　王晓丽）

中国水力发电年鉴

7

机电及金属结构

水电机组及辅机

金安桥水电站600MW水轮发电机组主要结构特点

(一) 600MW水轮发电机组主要参数

金安桥水电站装机4台，单机容量600MW，总装机容量2400MW。水轮发电机组主要参数如下：

1. 水轮机主要参数

水轮机型号	HLD316a－LJ－780
旋转方向	俯视顺时针
转轮公称直径	7800mm
额定水头	111m
额定出力	612.2MW
额定转速	93.75r/min
飞逸转速	170r/min
额定流量	597.95m^3/s
吸出高度	－8.89m

2. 发电机主要参数

发电机型式	立轴半伞式、三相、密闭自循环空冷
型号	SF600－64/16200
额定功率	600MW
额定电压	18kV
额定电流	21 383A
额定功率因数	0.9
额定频率	50Hz
转动惯量	220 000t·m^2

(二) 水轮发电机组主要结构特点

1. 水轮机

(1) 座环采用分4瓣焊接结构，由上环板、下环板、固定导叶、上过渡板、下过渡板、舌板等主要部分构成，整体重量289t。座环上法兰面与顶盖把合的螺栓孔及座环下环板与底环把合的螺栓孔在厂内机加工，但座环在工地进行焊接，焊接变形将导致座环内镗口变形，引起座环上、下法兰面上螺栓孔在圆周上的分度变化，使与之把合的顶盖及底环上通孔与座环上的部分螺栓孔存在错牙，在后续安装时需对顶盖及底环法兰面上的通孔进行扩孔处理，会相对降低部件强度。该问题应引起厂家设计人员重视。

(2) 顶盖采用钢板焊接结构，分4瓣制造运输，自重约222.3t；为减少导叶关闭时的漏水量，在顶盖相应部位设置密封；顶盖过流面上设置不锈钢抗磨板。

(3) 转轮进口直径为7.8m，高3.838m，重约241.1t。转轮上冠、下环及叶片材料均为ASTMA743CA－6NM，采用优质进口铸件，分散件运至工地组焊加工成整体。上冠为大小瓣铸造结构；叶片15个，每个单重8.408t，采用新型“轮缘翼前置”型式，可降低水压脉动，有利于水轮机稳定运行；下环采用分瓣铸造结构，重36.97t；上冠和下环处设置不可更换的不锈钢止漏环。转轮在工地专用加工厂内完成组装、焊接、退火、铲磨、无损检查、机加工、静平衡等工序，最后形成成品转轮。为在水轮机整个运行范围内消除转轮出口可见卡门涡，转轮叶片出水边形线采用了防卡门涡设计，大轴中心设置补气装置。

2. 发电机

(1) 定子由定子机座、定子铁芯和定子绕组等组成。定子机座外径18 040mm，高3100mm，由钢板焊接而成，分6瓣运输；采用无上、下环结构，大齿压板直接放于定子基础板上，上端通过支墩与上机架相连。定子铁芯外径16 200mm，内径15 220mm，总高2900mm；采用50M250高导磁、低损耗、无时效优质硅钢片，全圆64片；轴向均匀设有高度为5mm的通风沟71个，通风槽钢采用非磁性钢；为了减小附加损耗，铁芯两端叠成阶梯形，并在齿部开有小槽，压指及端箍均采用非磁性材料。为了避免定子铁芯因热膨胀而产生翘曲变形，定位筋采用浮动式双鸽尾结构，定位筋与托块间留有2mm间隙。

(2) 转子外径15.161m，重1323t，由中心支架、磁轭、磁极、引线和制动环板等组成。转子中心体与分瓣扇形支臂工地进行焊接。磁轭由3mm厚的高强度冲片现场叠压而成，并通过热打键的方式将磁轭与转子支架形成整体。64个磁极用磁极键固定于磁轭外侧。转子中心体在制造厂内焊接成整体，退火消应后，上、下法兰面进行精加工；下法兰的外缘在厂内焊接宽400mm、厚70mm的环形钢板，在环形钢板的外侧开X型焊接坡口。由于中心体下法兰不直接参与焊接，而由下法兰外缘处的环板进行焊接，此处焊接引起的变形对下法兰影响很小，经对转子圆盘支架焊接前、后测量数据分析，基本上没有引起下法兰面的变形。

(3) 发电机为立轴半伞式。上导轴承布置在上机架中心体内，稀油润滑，16 块巴氏合金瓦，内循环冷却。下机架上分别设置下导轴承和推力轴承。推力轴承共设有 20 块扇形巴氏合金瓦，采用多波纹弹性油箱支撑方式，采用外循环冷却方式。下导轴承为稀油润滑，24 块巴氏合金瓦，内循环冷却。

金安桥水电站 4 号机组自投运以来，振动、摆度很小，定子铁芯及线圈温度、导轴承及推力轴承瓦温均在厂家要求范围之内，机组总体运行性能较佳。

(金安桥水电站有限公司　韩展鹏)

黑麋峰抽水蓄能电站水泵水轮机结构设计

(一) 概况

黑麋峰抽水蓄能电站安装 4 台单机容量为 300MW 的抽水蓄能机组，是国家发展改革委指定的抽水蓄能机组设备国产化后续工程的依托项目之一，水泵水轮机的水力设计从法国阿尔斯通公司引进；结构设计由阿尔斯通公司提供技术支持，并由东方电机有限公司与阿尔斯通公司联合完成。

机组运行工况分为发电运行、抽水运行和调相运行。抽水工况的启动以变频启动为主要启动方式，背靠背为备用启动方式。机组有多种运行工况转换，其主要工况转换为：静止←→发电；静止←→抽水；静止←→发电调相；静止←→抽水调相；发电←→抽水；发电←→发电调相；抽水←→抽水调相；发电调相→抽水；抽水调相→发电。为了满足电力系统的要求，机组还设计有黑启动工况。

(二) 基本参数

黑麋峰抽水蓄能电站水泵水轮机的基本参数见表 1。

表 1　黑麋峰抽水蓄能电站水泵水轮机基本参数表

项　目		参　数
水头/扬程	最大毛水头/静扬程	335.0m/335.0m
	最小毛水头/静扬程	272.8m/272.8m
	水轮机模式额定水头	295m
流量	水轮机模式额定流量	118.3m³/s
	水泵工况最大流量	104.7m³/s
功率	水轮机工况额定输出功率	306MW
	水泵工况最大轴输入功率	≤325MW
转速	额定转速	300r/min
	稳态飞逸转速	465r/min
旋转方向	水轮机模式	俯视逆时针
	水泵模式	俯视顺时针
吸出高度（导叶中心线至下游最低水位）		－50m

(三) 结构简介

黑麋峰抽水蓄能电站水泵水轮机为高水头单级混流可逆式机型，主要由埋入部分和可拆部分组成，其中埋入部分包括尾水管、导水机构底环、蜗壳座环、机坑里衬、埋入管路及各种预埋附件。除埋入部件外，其余均为可拆部件。水泵水轮机检修的拆卸采用上拆方式，可拆部分包括转轮、主轴及其连接件、水导轴承、主轴密封部件、导水机构、接力器等。

1. 转轮　转轮具有 9 个叶片，叶片包角约为 105°；采用铸焊结构；名义直径 5040mm，喉径为 2700mm，最大直径为 5100mm，重 43.5t。转轮上冠、下环及叶片的材料均为抗空蚀、抗磨损性能较好的低碳镍铬优质不锈钢 ASTM A743 GR CA6NM (精炼)；由于钢水中碳含量受到严格的控制，其焊接性能较好。叶片与上冠的接头焊缝为全熔透焊缝；叶片与下环的接头焊缝分为三段，两端为全熔透焊缝，中部约 90°圆弧部分流道狭窄，较难施焊，且不属于高应力区，故采用非熔透焊缝。

叶片采用数控加工，保证其流道型线与模型完全一致。在转轮的上冠和下环上直接加工出止漏环，其止漏环型式具有典型的高水头止漏环特征，上冠侧为梳齿式迷宫环结构，而下环侧为阶梯式迷宫环结构。上冠、下环、止漏环布置在同一圆柱面上，使作用在转轮上的水推力得到平衡。转轮没有设置单独的泄水锥。转轮上冠靠近联轴法兰处均匀布设 9 个直径 65mm 的排气孔，孔口位于上冠流道内、两个叶片之间，用于水泵工况启动或调相工况结束时转轮腔排气充水。

转轮精加工后进行平衡试验，转轮静平衡后允许最大不平衡量值为 8.73kg·m，静平衡精度满足有关标准的规定。平衡重量采用钻孔去除金属的方法获得，钻孔位置优先选在下环底平面，如不够用，可在下环外表面低应力区钻取。

根据模型验收试验报告，水泵工况最高效率为 93.65%；水轮机工况最高效率为 94.44%；水泵工况零流量最大扬程为 410m，相应的输入功率不大于 65MW。

2. 主轴及其连接件　主轴为双法兰带轴领的传统结构，采用优质合金钢 (ASTM A668 Cl. E) 整体锻造，具有足够的强度和刚度，能够承受在任何工况条件下可能产生的作用在主轴上的扭矩、轴向力和水平力，并满足临界转速时主轴应力的要求。水轮机轴与发电/电动机轴之间采用18个精配合螺栓连接并传递扭矩，采用液压拉伸器预紧；转轮和主轴通过9个螺栓连接，另外采用9个150mm的圆柱销传递扭矩。由于转轮端主轴法兰上平面需要安装主轴密封抗磨板，联轴螺栓不能露出法兰表面，因此，这些螺栓采用电加热器加热预紧。为了防止高强度螺栓在预紧时螺纹卡死，设计时对螺纹的公差进行了严格的要求。主轴法兰螺栓孔及销孔按镗模加工，可以保证各台机之间转轮的互换。

3. 水导轴承　水导轴承为稀油润滑分块瓦结构，具有10块可双向运行的非同心轴瓦，轴领和瓦面直径分别为1500mm和1504mm。在冷油状态下，轴承间隙值调整到0.3mm；在热油状态下，由于热膨胀作用，其间隙将减小到0.25mm，这也是轴瓦的设计运行间隙。轴瓦间隙的调整通过其背面的顶瓦垫块、楔子块及调整块完成。顶瓦垫块与楔子块之间球面接触，可实现轴瓦运行中的自适应调整。

轴承采用外循环喷淋系统冷却和润滑。与内循环油冷却相比，外循环油冷却系统结构比较复杂，但可以节省轴承布置空间，且便于维护油冷却器。该系统包括了两套互为备用的油泵、油冷却器、双筒滤油器，以及相应的油、水管路及控制元件。油循环过程大致如下：油泵将轴承油箱中的热油抽出，送入油冷却器冷却后进入滤油器，过滤后送回轴承油箱，通过喷油管将冷油均匀喷洒在轴瓦之间的轴领上，通过轴领旋转带入瓦面。由于抽水蓄能机组双向运行的特性，轴瓦的一侧在发电工况是进油侧，而在抽水工况则是出油侧。

为了防止机组运行时轴承甩油，设计时在主轴轴领上部开有8个1/4英寸的甩油孔，其内侧面开有环形甩油槽，且低于挡油圈顶面；在轴领底部设置防油旋转的护盘；在挡油圈与轴领之间设置缝隙密封等。

轴承盖采用双层非金属迷宫式接触密封，防止油雾溢出；另在轴承盖上装有呼吸器，以平衡轴承内外压力。轴承采用20个直径40mm的销子将径向力传递到顶盖上。

4. 主轴密封　主轴密封包括工作密封和检修密封，布置于水导轴承下部。主轴密封是水泵水轮机的一个比较重要的部件。由于机组复杂的工况转换，要求主轴密封必须满足各种恶劣的工作条件，既能在发电、抽水工况下封水，又能在压气、调相工况下封气。国内外抽水蓄能机组因为主轴密封出现问题而导致机组无法正常运行的现象时有发生。

本机组的工作密封结构为动态水压自补偿型轴向密封。密封名义直径1500mm，运行时平均线速度为23.5m/s。工作密封由抗磨板、密封环、浮动环、压紧弹簧、密封支架等零件组成。抗磨板材料为马氏体不锈钢板，固定在主轴下法兰上，其摩擦表面抛光处理，平面度要求比较严格；密封环材质为CESTIDUR超高分子量聚合物树脂材料，这种材料具有较好的自润滑性能，不吸水膨胀，且抗磨、抗冲击，另在其摩擦表面嵌入用KETRON材料制作的非金属销钉，以提高其高温抗磨性能。密封环整圈由4个扇形块组成，扇形块之间采用凹凸槽连接，以弥补温差变形量。密封环分为内、外两圈密封面，中间为密封水均压槽。密封环固定在浮动环上，与抗磨板组成一对摩擦副。浮动环可上下浮动，向下运动可以自动补偿密封块的磨损量；如果机组发生抬机，浮动环可以与转动部件随动上移，避免密封环与抗磨板研死或烧损。

主轴密封工作时，被密封水（或气）压（尾水压力P_3）、均压槽内压力（密封供水压P_2）、密封面水膜压力、弹簧作用力、浮动环自重等作用力共同组成一个自平衡力系统，并在抗磨板和密封环之间形成一定厚度的润滑水膜，最小水膜厚度不小于0.05mm。主轴密封的冷却和润滑水取自上游压力钢管，经减压、过滤后，通过节流孔板调整到合适的压力，再导入密封块的均压槽内。节流孔前水压力约为1.9MPa，节流孔径计算值为10mm，需要在机组调试时最终确定，以满足密封漏水量的要求。节流孔可随被密封水压的变化自动调节密封水的压力和流量，达到密封系统的最终平衡。密封水压力始终高于被密封介质（水或气）的压力是密封系统工作成败的关键因素之一。

主轴密封设置有相应的安全检测装置：差压开关用于监测密封腔供水压力P_2和被密封水（或气）压P_3，压差P_2-P_3应始终大于0.05MPa，否则应停机检查；测温计用于监测密封环的温度变化，报警温度可设定为比最高水温高10℃，超过该设定值应立即停机检查；磨损监测装置用于监测密封环的磨损量，密封环最大磨损量为15mm。

5. 顶盖　顶盖是水泵水轮机的重要结构部件，必须具有足够的强度和刚度。黑麋峰抽水蓄能电站机组顶盖采用双法兰结构与座环连接，加强其结构刚度。顶盖与座环通过80个M105×4螺栓连接。顶盖与座环径向配合设计间隙为2mm，用于安装时调整机组轴线；顶盖与转轮上冠间隙为15mm，保证止漏环前压力均匀；止漏环梳齿前间隙为1.7mm，梳齿后间隙为3mm。

顶盖过流表面铺设用螺钉紧固的不锈钢抗磨板，贴合面涂抹特殊油漆，以防止产生电化学腐蚀。顶盖与座环把合面设置有2道直径12mm的密封圈。

顶盖分为两瓣制作，满足运输和安装的要求。顶盖止漏环为梳齿式整体结构，材料为铸造铝青铜，用40个M36螺杆固定在顶盖本体上；另有10个直径30mm圆柱销定位。止漏环配有一套冷却水管路，机组在水泵启动工况或者调相运行时冷却止漏环。

顶盖内布置有两套潜水泵用以排除积水。顶盖内还布置有众多管路，如均压管、充水排气管、测压管、轴承外循环油管、密封水管和气管等。

6. 导叶及操作机构　活动导叶分布在5904mm的布置圆上，瓣体高度521.4mm，材质为铸造不锈钢ZG06Cr13Ni4Mo。导水机构开档为522mm。20个导叶通过控制环、连杆和导叶拐臂进行操作，其中6个导叶设置有非同步操作机构。导叶最大开度为32°，最大可能开度为35.2°（加10%裕量）。根据模型试验，在水泵工况下，导叶在开度0°～25°之间具有自关闭趋势；而在水轮机工况下，普遍呈现自开启趋势，尤其在开度0°～12°范围内，自开启趋势比较明显。

黑麋峰抽水蓄能电站水泵水轮机的结构型式与常规高水头混流式水轮机相近，对此类机型，东方电气集团东方电机有限公司积累了大量的设计制造经验。本机组设计上基本采用成熟的结构，对于新材料、新结构的选用比较慎重。在本机组的设计期间，国内几个类似机组（如惠州、宝泉、白莲河、张河湾等）正处于安装调试阶段，根据工地返回的信息，及时对相关部件的结构细节进行了修正，以保证类似机组上出现的问题不会在本机组上重复发生。

黑麋峰抽水蓄能电站1号、2号、3号机组分别于2009年7月、12月和2010年1月完成工地调试工作，3台机组的调试工作基本顺利。其中，1号机组的调试工作由外方全程负责，2号、3号机组的调试工作由国内制造厂家和安装单位共同完成。

（东方电气集团东方电机有限公司　常喜兵）

梨园水电站水轮机主要参数和结构型式

梨园水电站位于云南省丽江市金沙江中游河段，是该河段开发的一库八级的第三级，其水轮机最大水头118m，额定水头106m，最小水头94m，额定功率612.2MW，额定转速93.8r/min。

（一）水轮机主要参数

1. 比转速和比速系数　在各设计阶段和水轮机招标过程中，对衡量水轮机能量特性、经济性和先进性的综合性能指标比转速和比速系数进行了详细的分析论证，梨园水电站水轮机比转速选在199.1～218.5（m－kW制），相应的比速系数值为2050～2250较为合适。

2. 单位转速和单位流量　国内外水电站的实际运行经验表明，水轮机的综合性能的优劣，与模型水轮机的单位转速和单位流量的匹配关系极大。结合梨园水电站特点，为使其水轮机具有良好的防空蚀、抗磨损和运行稳定性能，模型水轮机单位转速取值为70～75r/min，相应的模型水轮机最大（限制工况）单位流量为0.92～0.98m^3/s。

3. 水轮机效率　随着计算机技术在水轮机设计上的应用，水轮机水力设计和试验技术以及制造手段、工艺的不断改进、提高和发展，水轮机水力效率有了很大提高，当前国外生产的大型混流式水轮机模型最高效率已超过94%，甚至有的已达到95%，真机最高效率达到96%左右。对梨园水电站这样的大型水轮机，效率水平的高低对经济效益影响很大，至少应达到或超过当今世界上已具有的水平；但也要充分考虑电站的具体特定条件。经综合分析，梨园水电站水轮机效率推荐为模型转轮最优工况效率不低于94.0%。

4. 空化系数　空化系数的大小关系到水轮机的安装高程和水轮机的运行稳定性以及水轮机的使用寿命。由于梨园水电站是地面厂房，水轮机转轮空化系数对厂房土建开挖工程量的影响较大，在保证有利于转轮的水力设计和水轮机稳定运行的前提下，应尽量减小临界空化系数，以免增加过多的厂房投资。经分析选择模型转轮额定工况临界空化系数不大于0.11。

5. 稳定性指标　水轮机尾水管压力脉动值的大小，直接影响机组的安全稳定运行。经对国内外大型水电站水轮机尾水管压力脉动相对值（$\Delta H/H$）和其实际运行情况的统计分析，结合电站的实际运行特点，梨园水电站水轮机尾水管压力脉动值规定为在电站整个运行范围内最大值不大于8%，在电站主要运行工况范围内最大值不大于4%。

6. 额定转速　经综合分析，结合梨园水电站水轮机运行的实际条件，当额定转速为93.8r/min时，其水轮机的各项性能和技术指标均较优，参数匹配合理，经济指标也较好，发电机额定电压、并联支路数、槽电流、冷却方式等都较为合理。因此梨园水电站水轮机的额定转速选取为93.8r/min。

7. 模型水轮机验收试验结果　模型验收试验表明，梨园水轮机主要技术参数选择是先进合理的。其主要模型试验结果是：最优单位转速为71r/min；限制工况单位流量为0.92m^3/s；模型转轮最优工况效率95.24%；模型转轮额定工况临界空化系数不大于0.07；尾水管压力脉动最大值，在电站整个运行范围内没有大于7%，在电站主要运行工况范围内也没有大于4%。

原型水轮机参数：转轮直径（喉径）8.15m，额定功率612.2MW，额定水头106m，额定转速93.8r/min，飞逸转速不大于180r/min，吸出高度－8m；比转速215.8（m－kW制），相应的比速系数为2222。

（二）水轮机结构设计特点

1. 转轮　转轮进口公称直径为8150mm，公称出口直径为7823mm，15个叶片，最大外径为8300mm，高4348mm，总重270t。叶片、上冠、下环均采用ASTM A743 CA6NM不锈钢铸造。上冠不开泄水孔，设置一短泄水锥，泄水锥与上冠焊接为一个整体；上、下迷宫均采用间隙式，转动止漏环均在上冠、下环上直接加工，这样的特殊结构有效地提高水轮机运行稳定性。由于电站大件运输条件的限制，转轮制造采用现场装配加工的工艺，即转轮上冠、下环、叶片铸造成型后，在制造厂内完成所需的检验与加工，其中叶片（包括焊接坡口）经过数控加工及抛光，上冠下环过流面及上冠与主轴连接的法兰也完成加工。各部件以散件方式运往工地，在工地转轮加工车间完成组焊、退火、铲磨、无损检测、精加工、静平衡等工序。制造厂在转轮加工车间车板交货，然后运往主厂房安装场进行安装。

2. 座环　座环由上下环板和24个固定导叶组成。上下环板用厚180mm的S355J2G3－Z35钢板制造。在每间隔一个（共12个）固定导叶及相应位置的座环筋板上设置圆筒阀的导轨，上环板以上的相应位置设有1/3圆筒阀高度的导轨，导轨为不锈钢材料。座环分4瓣运输，在工地用预应力螺栓把合后，进行立面和上下环板焊接。为了校正座环在现场组装焊接、浇筑混凝土后的变形，制造厂提供一套现场加工的专用工具。对上下固定止漏环、基础环平面、座环上下环板内圆、圆筒阀导轨及座环与顶盖连接的平面进行加工。加工裕量1～5mm，各部位加工余量不同。座环上下环板与蜗壳之间设有300mm长的过渡板。由于制造厂加工设备的限制，过渡板在工地焊接。

3. 蜗壳　蜗壳（包括延伸段）共分27节，采用S500调质钢板，在工地制作；进口段上开设2个DN450的取水口，并在偏－Y轴15°处设置一直径650mm的外开铰接式进人门，在最低高程处设有1个直径500mm的排水阀。在蜗壳上游圆周段设置4个不锈钢测压计接头，以测量水轮机的净水头；在蜗壳末端设置2个不锈钢测压计接头，以测量蜗壳末端水压力；在蜗壳进口设置2个不锈钢测压计接头，以测量蜗壳进口压力脉动。蜗壳采用上部外包弹性垫层的方式浇注混凝土。

4. 导轴承　水轮机导轴承为稀油自润滑，巴氏合金分块瓦楔子板支承的型式。设有10块轴瓦，轴承径向间隙0.3mm。在各种运行工况下轴瓦温度不超过65℃，油温不超过60℃，轴瓦能在90℃下长期运行，不烧瓦。导轴承油冷却器采用外置式，布置在轴承箱外的顶盖上。

5. 圆筒阀　为了减轻导水机构的空蚀和泥沙磨损，水轮机设置了圆筒阀。圆筒阀具有自关闭性能和动水关闭能力，可作为机组防飞逸的设施之一。

（1）圆筒阀外径10 496mm，内径10 136mm，阀体厚180mm，阀体高2480mm，采用进口材料S355J2N制成，在上下密封区域，均堆焊有不锈钢层；阀体采用分半结构，分半面用螺栓连接表面封焊。在12个固定导叶上设有不锈钢导轨，在筒体相应处设有铜镍合金的不锈钢导向板。筒体与接力器采用M80超级螺栓连接。圆筒阀上下密封采用特殊形状的橡胶密封环，密封件用不锈钢压板固定在底环和顶盖上。筒体下部形状由模型试验确定，具有较强的自关闭能力。

（2）圆筒阀采用6个直缸接力器操作，额定油压为6.3MPa，关闭时间60～120s可调。接力器采用电液同步装置，位置测量系统由BALUFF BTA－011数字处理卡和置于接力器上的BTL2传感器组成，该系统具有可靠和调整方便的特点。

（中国水电顾问集团昆明勘测设计研究院　曾镇铃）

金窝水电站140MW冲击式水轮发电机组结构

（一）概况

金窝水电站位于四川省石棉县及康定县境内的田湾河上，装设2台单机容量为140MW的水轮发电机组。该机组由东方电气集团东方电机有限公司设计制造，是国内单机容量最大、转轮直径最大、球阀直径最大的冲击式水轮发电机组，也是目前亚洲单机容量最大的冲击式水轮发电机组。

（二）水轮机部分

1. 水轮机的基本技术参数

水轮机型号	CJ610－L－263/6×24
额定出力	143.6MW
最大出力	160MW
最大水头	619.8m
最小水头	594.9m
额定水头	595m
额定转速	375r/min
额定流量	$27m^3/s$
喷嘴数	6
射流直径	240mm

最大飞逸转速 675r/min

机组旋转方向 俯视顺时针

2. 水轮机结构 金窝水电站水轮机为立轴、6喷嘴6折向器结构的水斗式水轮机，每个喷嘴和折向器均设有接力器及行程位移传感器，通过电信号使喷针及折向器协联动作，确保机组稳定运行；喷嘴的运行个数，按照水轮机的负荷自动切换，以达到水轮机的最佳效率；采用刚度较好的筒式导轴承，且轴承的支架及油箱充分利用了埋入混凝土中的机壳内盖部分。

主要部件有转轮、喷嘴装配、水轮机主轴、水导轴承、配水环管、机壳、稳水栅、管路系统及仪表等。其中转轮及喷嘴装配由奥地利维奥公司设计制造。

(1) 转轮。其结构具有足够的强度和刚度，在最大水头、最大负荷、启动工况或飞逸工况下，作用在转轮水斗根部的最大交变应力不超过32MPa，平均应力不超过60MPa。转轮的等效冲击次数不低于为1.5×10^{10}次，在此等效冲击次数内转轮承受周期性变动负荷作用下不发生断裂或有害变形。转轮材料为X3CrNi13－4不锈钢，采用高焊工艺（HI WELD™）制造，轮盘锻件延伸至40%最大工作应力（交变应力）处，外部水斗也采用锻件数控加工；加工完成后将进行整体退火消除应力处理。转轮拆卸采用下拆方式，经稳水栅运出。

(2) 喷嘴装配。喷管采用直流内控式，控制机构设在喷管内；各喷嘴可并列同步投入运行，也可单独投入运行。喷针接力器正常工作油压等级为6.3MPa，内设有平衡弹簧，调速器油压系统失压时，在运行水头范围内，喷针具有从全开到全关位置的自关闭能力。偏流器的切水刀板采用铸不锈钢，采用油压开启及弹簧关闭，都有独立的接力器。每个喷管外部设有反映喷针行程的变送器，将信号传递给计算机监控系统。喷管用法兰和配水环管连接，中间设有调整法兰，调整法兰随喷管供货，以便微调射流方向和位置，调整固定后将保持长期不变。

(3) 水轮机主轴。采用20SiMn钢整锻，中空结构，外法兰式。在主轴中心孔可以安装提升转轮用的接力器。水轮机主轴与转轮采用摩擦联接方式，用液压拉伸器预紧连接螺栓。由于受流道尺寸控制，主轴下段（滑转子以下）外径/内径为800/300mm，主轴上段（滑转子以上）外径/内径为950/650mm。主轴与转轮连接部分由维奥公司设计。

(4) 水导轴承。为了满足喷嘴切换过程中轴承受力的大小和方向经常变化的工况，采用刚度较好的筒式导轴承，并且轴承的支架及油箱充分利用了埋入混凝土中的机壳内盖部分，为确保其刚度及精度，机壳内盖整体制造和加工，这样可大大提高轴承运行时的稳定性。冷却器采用金属翅片式冷却管，上拆，便于检修及维护，轴瓦分两半。

(5) 配水环管。材料为WDB620，其屈服强度大于490MPa，抗拉强度大于620MPa。配水环管采用单面环绕的进水方式，其进口直径为1900mm；在厂内分6段制造，每岔管1段，最大运输尺寸6815mm×4230mm×2400mm，厂内整体预装；三岔管采用月牙肋加强方式。配水环管进水口设有推力环，与进水球阀伸缩节用法兰连接。配水环管设计压力为1.25倍最大运行水头，厂内按1.5倍的设计压力分段打压，工地现场按1.5倍的设计压力整体打压。

（三）发电机部分

发电机采用具有上下两个导轴承的立轴悬式结构。主要特点有：轴系采用一根轴结构，推力轴承置于上导轴承上面的油槽内，并采用内循环冷却方式。发电机通风型式为双路密闭自循环空气冷却系统，机组转速较高，转动部件的应力高，结构布置紧凑。

1. 发电机的基本技术参数

型　号	SF140－16/5800
额定容量	155.56MVA
额定功率	140MW
额定电压	15 750V
额定电流	5702A
功率因数	0.9（滞后）
飞逸转速	675r/min
定子铁芯外径	5800mm
定子铁芯长度	2100mm

2. 电磁设计

(1) 合理控制电磁负荷，优化电磁方案。

(2) 采用高电场强F级绝缘系统，采用绝缘厚度为0.20mm的双玻璃丝包扁铜线，减薄了绝缘厚度，有效地提高了定子槽利用率，提高了发电机效率。

(3) 小于360°换位技术，减少定子线棒的附加铜耗。

(4) 采用优质50WW290优质冷轧硅钢片，具有低损耗、无老化、高导磁率的优点。

(5) 磁极线圈采用带散热匝的异形铜排绕制而成，可以有效降低转子绕组温升。

(6) 采用合理的风路设计以减小通风损耗，发电机采用由上、下盖板和上、下挡风板形成的双路全封闭空气冷却通风系统。

3. 结构设计

(1) 采用具有上下两个导轴承的立轴悬式结构，轴系采用一根轴结构，推力轴承置于上导轴承上面的油槽内，并采用内循环冷却方式。发电机通风型式为双路密闭自循环空气冷却系统，励磁方式为自并激静止可控硅励磁。

(2) 定子机座为运输方便而分成3瓣，在工地组焊成整圆，机座外圆直径为 ϕ7000mm。通风槽钢采用矩形非磁性钢制成。为了减小附加损耗，铁芯两端叠成阶梯形，并采用非磁性压指及非磁性端箍。

(3) 定子绕组为条形波绕组，采用F级高场强绝缘系统，单根线棒由42股股线绝缘为0.2mm厚的双玻璃丝包铜扁线编织而成，并采用小于360°换位以减小环流损耗。定子线棒在槽内固定采用槽楔加波纹垫条的方式，可以保证线棒长期运行而不会松动。

(4) 转子采用螺旋桨式风扇结构，磁轭冲片的叠装及磁极挂装均在工地进行。转子支架为圆盘式焊接结构，中心体和主轴在工地热套。

(5) 磁轭采用2mm厚的优质高强度钢板DER550冲片叠压而成，磁轭沿轴向均匀设有7个高度为30mm的通风沟，在磁轭的下方设有可拆卸的多块制动环。磁轭与支架的连接采用热打键的连接方式。

(6) 磁极铁芯采用1.5mm厚的NKHA－690薄钢板冲片叠压而成，并采用三T尾结构与磁轭相连。磁极线圈采用带散热翅的异型铜排绕制而成，并采用F级绝缘。

(7) 推力轴承采用双层瓦加托盘的刚性支撑方式，共设有8块弹性金属塑料瓦，内循环冷却方式，在油槽内部设有高效油冷却器。推力轴承设于发电机上机架上面的油槽内。

(8) 上、下导轴承分别设在上、下机架中心体内，分别有8块及12块钨金瓦，采用支柱螺栓偏心支撑方式。

(9) 上机架为6边形框架结构，通过6个三角形支架与基础相联，该结构可将导轴承所受径向力转化成切向力传递给基础混凝土。下机架设有6个支臂，支臂和下机架中心体在厂内焊接后整体运至工地。下机架可通过定子铁芯整体吊出。

(10) 6个直径280气压复位式制动器（油气腔分开）设置于下机架腿上。制动瓦块材料采用非金属无石棉材料。机械制动在发电机转速降至20%额定转速时投入，并在2min内将机组制动停机。

(11) 采用由上、下盖板和上、下挡风板形成的双路无风扇全封闭径向通风系统。在定子机座外圆均匀布置6个空气冷却器。圆盘式转子支架结构使进入转子的风量得到较均匀的分配，螺旋桨式风扇增强了定、转子线圈的冷却效果。

(12) 采用喷雾式的水灭火系统，上、下喷雾环管布置在定子线圈端部附近，在出现火灾时自动或手动控制投入。

(13) 按协议要求，在发电机的定子、轴承及冷却系统设有温度监测装置。

（四）球阀部分

金窝水电站机组的最大水头约为620m，由于用户考虑到高水头电站阀门的重要性，所以选择了球阀作为该机组的事故保护和检修装置。要求阀门的设计水头为最大水头的1.25倍，即球阀设计水头为775m。

1. 球阀的基本参数

型　　号	QF620－WY－190
最大水头	620m
升压水头	775m
操作油压	6.3MPa
水压试验压力	11.65MPa
接力器直径	800mm
接力器行程	1540mm
开启时间	90～120s（可调）
关闭时间	220s

2. 球阀详细受力分析和结构设计

(1) 合理分析受力工况、优化结构方案。

(2) 活门在全开位置时将承受7.75MPa的水压力，全关位置承受2315t水推力。

(3) 阀体在全关位置承受7.75MPa的水压力。

金窝水电站水轮发电机组已于2009年全部投运，机组运行稳定，各项技术参数完全满足合同要求。金窝水电站冲击式水轮发电机组的成功投运，标志着我国在大型冲击式水轮发电机组的设计制造方面已达到或接近国际先进水平。

（东方电气集团东方电机有限公司
李邦明　钱生坤　晏克力）

狮子坪水电站水轮机结构设计

（一）概况

狮子坪水电站位于四川省阿坝藏族羌族自治州理县境内的岷江右岸一级支流的杂谷脑河上，是杂谷脑河干流规划的“龙头”电站，水库总库容1.33亿m^3，调节库容达1.189亿m^3，具有年调节能力。电站上游正常蓄水位2540.00m，下游正常尾水位2088.70m。该电站为单一的发电工程，在电力系统中担任调峰、调频作用，无其他综合利用要求。电站业主为四川华电杂谷脑水电开发有限责任公司，2003年开始兴建。

电站总装机容量为195MW，枯水期平均出力为59.9MW，多年平均年发电量为8.76亿kW·h，年利用小时数为4492h。该电站装设3台65MW混流式水轮发电机组，由东方电气集团东方电机有限公司设计制造，是东方电机迄今为止设计制造的水头最高的混流式机组。

（二）水轮机基本技术参数

水轮机型号	HLD372a－LJ－210
水轮机额定出力	67MW
最大出力	76.6MW
最大水头	451.7m
额定水头	390m
最小水头	344m
加权平均水头	426.1m
额定转速	600r/min
飞逸转速	931r/min
额定流量	18.74m^3/s
最高效率	94.2%
机组安装高程	2078.70m
允许吸出高度（至导叶中心）	－9.22m
轴向水推力	106.8t

（三）水轮机结构设计特点

狮子坪水电站水轮机水头高，机组转速高，在设计中重点要考虑由此带来的可靠性和稳定性问题。

电站过机泥沙含量虽然不大，但泥沙硬度高，且由于电站水头较高，泥沙对通流部件的磨损不容忽视。鉴于此，水轮机在水力设计、耐磨材料及耐磨护面层选择、结构设计等方面，采取了一系列有效的抗磨措施，以保证水轮机大修间隔不低于6年。

水轮机主要部件有金属尾水管、金属蜗壳和座环、导叶、顶盖、底环、导叶操作机构、转轮、主轴、轴承装配、密封装配、接力器装配、安装工具及管路等。

1. 转轮　公称直径2100mm，最大外径2150mm，高度862mm，有17个叶片，重量7.36t。转轮采用铸焊结构，上冠、下环材质均为VOD超低碳精炼的具有良好的抗空蚀和抗磨损性能不锈钢ZG0Cr16Ni5Mo，叶片为不锈钢0Cr16Ni5Mo钢板模压后数控加工。上冠、叶片、下环出厂表面硬度达HB260，转轮各过流表面粗糙度不超过3.2μm。转轮的上冠及下环处采用梳齿式或阶梯式止漏环，以减少容积损失。转轮与主轴采用销套加摩擦方式传递扭矩，具有互换性。为了增大摩擦系数，提高摩擦传扭的可靠性，工地安装时需要在转轮把合面喷涂一层厚薄均匀的碳化钨增磨剂，联轴螺栓也需要按要求用液压拉伸器进行预紧，并精确测量其伸长值。转轮上装有可更换的不锈钢材质的泵板装置。上止漏环，由于布置泵板的需要，向外偏移了约1.5个梳齿的距离，共设4道梳齿（5道配合面），配合段总长315mm，间隙0.85～1.15mm；下止漏环共5道台阶（5道配合面），配合段总长290mm，间隙0.80～1.00mm。转轮外缘间隙2.1～2.4mm。转轮设计有如下特点：

（1）合理选取上冠、下环厚度。

（2）合理设计泵板关系到无接触金属密封的成败，考虑到泵板是一个易磨损件，采用螺钉把合结构以方便更换。

（3）高水头转轮流道弯长而且狭窄，转轮焊接空间狭小，本机下环设计成两段结构，以方便焊接和铲磨。

（4）止漏环的设计关系到水轮机的稳定运行，是高水头转轮的重点之一，设计仔细考虑了止漏环梳齿的数量、宽度、长度（深度）、位置、间隙等，为使上冠、下环受力基本平衡，上、下止漏环的位置应基本位于同一圆柱面上。

2. 主轴　采用20SiMn低合金钢整锻空心薄壁轴无滑转子结构，轴身外径600mm。水轮机轴与发电机轴用16个M80×6精配合螺栓连接，螺栓承受剪切力；水轮机主轴与转轮采用16个M80×6螺栓连接，靠销套加摩擦传递扭矩，螺栓不受剪切力。其设计特点为：

（1）本机主轴与转轮采用销套加摩擦传递扭矩，可以满足主轴与转轮的互换性要求；为保证摩擦传扭的工作可靠性，在工地安装时摩擦面（转轮法兰面）涂碳化钨增摩剂。

（2）联轴螺栓采用16－M80×6螺纹，并采用液压拉伸器预紧，以避免在高预紧应力下发生螺纹咬死现象。

（3）联轴螺栓材质为锻钢34CrNiMo，屈服极限Ts大于或等于800MPa，预紧应力取400MPa，此时圆螺母M80×6对主轴法兰面的挤压应力为255MPa，可以可靠地预紧，尚不致使主轴法兰局部产生永久塑性变形。

（4）由于法兰接合面摩擦力只与正压力和摩擦系数有关，因此本机主轴法兰接合面与传统结构相比明显偏小，这样既可以使螺栓分布圆两侧把合面受力均匀，又可以减少把合面加工难度。另外适当加大了螺栓分布圆直径，在相同的摩擦力下，可以获得更大的摩擦扭矩。

3. 顶盖与底环　均采用厚钢板焊接结构，以增大其整体刚度，防止充水后变形。顶盖采用Q235B钢板及ZG20SiMn焊接整体结构，其刚度可以保证顶盖在水轮机充水运行时，导叶分布圆处顶盖上抬量小于0.1mm。安装检修时可整体从机坑上方吊入。顶盖、底环过流面堆焊10mm不锈钢抗磨层。顶盖、底环上设有镍铝青铜铸造的固定止漏环，顶盖止漏环为梳齿式（径向间隙0.85～1.15mm），底环止漏环为阶梯式（0.80～1.00mm），均为螺栓把合。导叶轴套采用进口的ThorPlas非金属自润滑轴承；导叶中、下轴颈处设有防泥沙保护装置及O形橡胶密封圈防止漏水。在不拆顶盖的情况下，可以通过套筒更换中轴颈密封圈。采用嵌入式导叶端面密封，结构简单。顶盖设有降低顶盖下腔压力的排水结构，排水腔设置在止漏环后面，通过转轮止漏环梳齿的漏水，由5根直径80mm排水管引出至尾水管，以减轻转轮的轴向水推力。底环的导叶轴孔设有排水管路，防止导叶上浮。顶盖底环设计特点为：

(1) 顶盖、底环刚度大，厚度为200mm的过流板，采用ZG20SiMn整铸，每两个导叶设一块厚度为60mm的筋板。

(2) 顶盖、底环与座环的把合螺栓均采用细长螺杆（$L>6d$），可以有效地提高其疲劳强度。其余把合螺栓也都尽量采用长螺杆形式，并规定了预紧扭矩，以增强其抗疲劳性能。其实现方式为加厚把合法兰或者加工带沉孔的螺纹。

(3) 底环止漏环设计为自上而下把合结构，更方便加工和装拆。

(4) 顶盖、底环止漏环大致位于同一直径上，因此作用在顶盖、底环上的水压力近似相等，使座环受力平衡。

(5) 为减小水推力，同时也为了给转轮上的泵板让出空间，顶盖止漏环比底环止漏环稍向外偏移了30mm（约1.5个梳齿），最多可减少水推力约70t。

4. 控制环　采用Q235B钢板焊接而成，整体直接放置在顶盖上。利用水导轴承法兰作为控制环压板，防止控制环在操作时跳动。控制环的导向抗磨板采用具有自润滑性能的复合材料，用螺钉把合在控制环上。在设计中加大了大耳朵的布置尺寸，以便减小接力器的尺寸。

（东方电气集团东方电机有限公司
王继娥　邓佑林）

德尔西水电站高水头水轮机机型及参数的设计选择

（一）概况

德尔西水电站工程地处南美厄瓜多尔，为长引水式，水库正常蓄水位1481.00m，最大水头为524.5m，最小水头为494.4m，额定水头为498m，加权平均水头500.3m，总装机容量2×57.7MW，年平均发电量8.97亿kW·h，年利用小时数7780h。电站出线2回，电压等级为138kV。

枢纽主要由挡水坝、岸边溢洪道和引水发电系统及地面厂房建筑物等组成。引水系统采用“一管两机”布置，在每个支管上设置进水球阀。

该电站由中国水电顾问集团西北勘测设计研究院设计。

（二）机型选择

按照设计手册及设计规范规定，可选择机型有混流式水轮机或水斗式水轮机，在本电站的前期阶段，就两种方案的技术、经济等各方面进行了比较。

就两种机型总体相比较，混流式水轮机单位转速和单位流量较大，机组转速高，尺寸相应较小，而水斗式水轮机单位转速和单位流量较小，机组转速低，尺寸相应较大；混流式水轮机允许吸出高度小，厂房开挖深度大，而水斗式机组因整体布置在最高尾水位之上，不存在开挖深度问题；混流式水轮机最优效率比水斗式水轮机高，但水斗式水轮机效率曲线平坦，在负荷变化时效率的改变较混流式水轮机小，尤其是多喷嘴水斗式水轮机可以通过调整使用喷嘴的数目适应负荷的变化，有良好的负荷适应性。

就两种方案的投资及制造难度分析，混流式水轮发电机组方案，其原型水轮机转轮公称直径小，额定转速高，而水轮机转轮直径偏小，增加了转轮和发电机的制造加工难度，进而增加了机组造价；而水斗式水轮发电机组方案，我国制造厂具有成熟的技术，无技术难题，但转轮有可能采用进口，且因其转速较低，设备重量相对增加，机组造价会有所上升。在投资方面水斗式机组略高于混流式机组，而制造难度方面水斗式机组占优。

就机组运行稳定性分析，水斗式水轮机具有双重调节机构，易将压力上升和机组转速上升控制在较低的数值，具有较好的调节保证参数，尤其对长引水管电站，在运行稳定性方面较混流式机组更具有优势；机组稳定运行区域，水斗式水轮机能在相应水头下的机组最大保证功率的25%～100%范围内稳定运行，而混流式水轮机在相应水头下的机组最大保证功率的45%～100%范围内稳定运行。水斗式水轮发电机组，稳定运行范围大，运行调度灵活性较好，具有一定的优越性。

就机组运行维护分析，对于高水头水电站（尤其是450m以上水头段），水斗式水轮发电机组运行经验成熟，而混流式水轮发电机组运行经验较少，且高水头下混流式水轮机过流部件泥沙磨损和空蚀破坏较水斗式水轮机严重；而水斗式水轮机转轮在大气中运行，空蚀磨损较轻，且多集中在针阀、喷嘴和水斗等部位，检修或更换零部件均较方便，工作量较混流式水轮机小。

综上所述，在技术、设计制造难度、运行稳定性和灵活性、安全运行维护等各方面水斗式水轮发电机组均较优。

在本电站的前期设计阶段，对两种机型均进行了选择计算，计算成果见表1。

表1 德尔西水水电站机型选择计算结果比较表

项目	混流式方案	水斗式方案
确定转轮公称直径（m）	1.95	1.98
确定同步转速（r/min）	720	450
水轮机额定效率	92.2%	90%
额定单位流量（m^3/s）	0.16	0.15
额定单位转速（r/min）	62.9	39.93
额定比转速（m－kW制）	74	45.8
水轮机额定流量（m^3/s）	13	13.4
水轮机重量（t）	90	170
发电机重量（t）	200	280
确定机组段长度（m）	12.2	14
厂房总长度（m）	42.4	50
厂房净宽度（m）	14.7	18
吸出高度（m）	－11.0	—
实取安装高程（m）	943.70	962.5
确定水轮机层高程（m）	947.00	964.5
确定发电机层高程（m）	954.70	973.6
确定吊车轨顶高程（m）	963.10	985.0
确定尾水管底板高程（m）	936.80	957.2

经综合分析，最终推荐德尔西水电站采用水斗式水轮机。

（三）水斗式水轮机主要参数选择

1. 单位比转速及比转速　本电站水斗式水轮机比转速选择采用改变比转速法，即根据电站的应用水头选择一个单位比转速，再利用单位比转速和拟定的喷嘴数计算确定水轮机比转速，而单位比转速则根据图1中曲线1和曲线2选取。

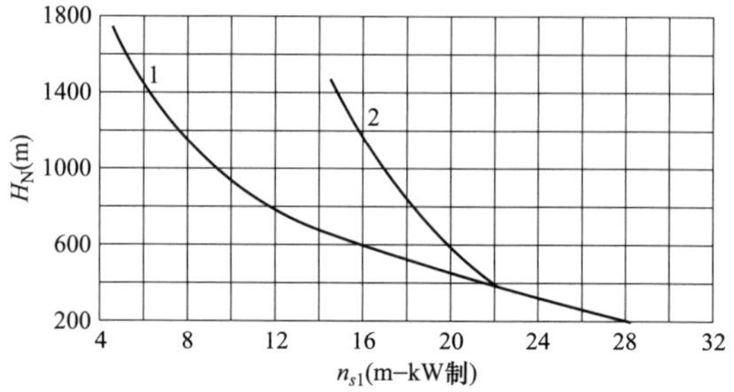

图1 电站额定水头与单位比转速关系曲线
1—常规选取曲线；2—无空蚀曲线

从图中可查得本电站水头段内单位比转速 n_{s1} 的取值范围可在18～21（m－kW制）之间，结合国内目前500m水头段单位比转速选用经验，应保证单位比转速的选择在无空蚀曲线范围之内，故最终本电站取值为18.7（m－kW制）。计算中根据电站单机容量及布置形式暂拟定选用喷嘴数为6，转轮数为1方案，计算的比转速为45.8（m－kW制）。

2. 转速、射流直径、转轮直径

（1）额定转速，根据以上所获得的单位比转速和水轮机比转速，由常用公式计算得443.8r/min，因本电站为海外工程，当地电网频率为60Hz，故可选额定转速为450r/min。

（2）射流直径，常用公式计算为172.0mm。

（3）转轮直径，可根据最优单位转速、额定转速、额定水头来确定。本电站的水斗式水轮机最优点单位转速，参考表2，在39～41r/min选取，按适中考虑，取值为40r/min。计算得转轮公称直径为1.98m。

表2 可参考的水斗式水轮机转轮参数表

转轮型号	最大使用水头（m）	最优工况			推荐使用的单位最大流量	备注
		n'_{10}（r/min）	Q'_{10}（L/s）	η_0（%）	Q'_1（L/s）	
CJA475	1000	41.5	19.5	90.5	30.2	单喷嘴
CJA237	600	41.0	15.95	89.8	29.0	单喷嘴
CJ20	600	39.0	21.4	86.6	30.0	单喷嘴

（4）其他参数可根据以上额定转速、转轮直径、射流直径等参数计算获得。

（四）喷嘴数的选择

水斗式水轮机喷嘴数的选择是该种机型的另一种重要计算，喷嘴的个数会影响到水轮机比转速的选择，继而会影响到额定转速的选择，会影响到射流直径的选择，相应的会引起转轮直径、D_1/d_0值、喷嘴直径等一系列参数的变化，故在喷嘴数的选择时应结合机组单机容量、设计制造水平等综合考虑。常规的选择方法可分两种，第一种为首先知道机组单机容量，后可根据单喷嘴最大额定出力，确定水轮机喷嘴数，但这种计算方式不可考；第二种可按照《机电设计手册》规定初拟的几种可能方案，进行技术经济综合比较，最终选择最佳的喷嘴数。在该水电站的设计选型按第二种方式进行，表3为计算结果。

表3　不同喷嘴数方案技术参数指标

项目	4喷嘴	5喷嘴	6喷嘴
转轮直径（m）	2.48	2.23	1.98
射流直径（mm）	208	186	172
水轮机转速（r/min）	360	400	450
比转速（m－kW制）	37.4	41.8	45.8
水轮机重量（t）	215	195	170
发电机重量（t）	330	305	285

由表4可看出，在同样的单机容量条件下，随着喷嘴数的增多，水轮机比转速相应增大，转轮直径及射流直径依次减小，额定转速依次上升，相应水轮机及发电机重量依次减小。故对于本电站而言，选择6喷嘴无论从设备投资节省的角度考虑，还是设备制造难度来看，均是有利于4喷嘴和5喷嘴方案，故本电站推荐采用6喷嘴方案。

（五）安装高程的确定

水斗式水轮机安装高程的确定与反击式水轮机不同，立轴水斗式水轮机的安装高程指的是喷嘴中心高程，且水斗式水轮机的安装高程应根据发电的最高尾水位确定，在确定安装高程时应保证在任何工况下尾水渠以保持足够的通气高度，而主要的计算指标为排出高度。该值主要是使水斗式水轮机安全稳定运行，避开变负荷的涌浪、保证通风、防止因尾水渠中的涡流及水流飞溅而造成能量损失所必需的高度。按照经验统计，排出高度近似估算约为3.5m，待机组厂家确定后可进一步进行修正。而对于立轴水斗式水轮机而言，安装高程应等于下游最高尾水位和水轮机排出高度之和，根据本电站下游水位流量关系曲线查得下游最高尾水位为959.00m，故最终确定本电站安装高程为962.50m。

（中国水电顾问集团西北勘测设计研究院
赵有东　刘国峰）

潘口水电站水轮机

（一）工程概况

潘口水电站的开发任务以发电、防洪为主，水库正常蓄水位355.00m，总库容23.38亿m^3，调节库容11.20亿m^3，为完全年调节水库；电站装设2台混流式水轮发电机组，总装机容量500MW，电站保证出力86.7MW，多年平均发电量10.785亿kW·h，年利用小时数2157h。潘口水电站以500kV一级电压接入电力系统，同时接纳龙背湾水电站、小漩水电站的电能，三个电站一同接入湖北电网和华中电网，参与电网的调峰、调频和紧急事故备用等。电站按“无人值班”（少人值守）原则设计。电站基本参数见表1。

表1　潘口水电站基本参数表

项目	参数
上游水位	
校核洪水位	361.04m
设计洪水位（P=0.1%）	357.14m
正常蓄水位	355.00m
死水位	330.00m
下游水位	
校核洪水位（P=0.1%）	276.55m
设计洪水位（P=0.5%）	275.97m
设计尾水位（Q=170m^3/s时）	261.60m
水头	
最大水头（净）	93.4m
最小水头（净）	65.6m
加权平均水头（净）	87.9m
设计水头（净）	83.0m

（二）水轮机型式及主要参数

1. 水轮机型式的选择　潘口水电站水头范围为65.6～93.4m，$H_{max}/H_{min}\approx1.42$，水头变幅不大。结合电站单机容量、立足于设备国内招标采购、可靠性及工期保证等因素，推荐潘口水电站选用混流式水轮机。

2. 水轮机比转速选择　根据已建电站的统计资料，本电站水头段水轮机比转速在220～270（m－kW制）之间，相应比速系数在2000～2500之间。潘口水电站水库总库容23.53亿m^3，具有完全年调节性质。堵河天然河道1981～1990年的平均含沙量为0.664kg/m^3，相应中数粒径为0.05mm。由于潘口水库的拦沙作用，汛期过机泥沙含量明显减少，中数粒径细化，预计泥沙磨蚀不会对水轮机产生较大威胁。据此，并考虑潘口水电站以发电为主要开发任务，潘口水轮机可选择较高的比转速参数。根据电站运行水头、泥沙含量等实际情况，综合考虑能量特性和空化特性以及水电站运行稳定性等因素，推荐选择水轮机比转速在240（m－kW制）左右，相应的比转速系数为2187。

3. 水轮机单位参数选择　国内外水电站的运行实践及试验资料表明，水轮机综合性能如能量特性、空化特性等的优劣主要取决于水轮机单位转速和单位流量等参数匹配的好坏，只有这些基本参数的最优组合，才能获得较好的综合性能。经比较分析，推荐选择水轮机单位转速为75r/min左右，水轮机单位流量不大于1.15m^3/s左右。

4. 水轮机效率选择　潘口水电站以发电为主要开发任务，因此要求水轮机具有较高的效率水平，特别是加权平均效率。经分析比较，选择水轮机模型最高效率不低于94%。

5. 空蚀系数选择　水轮机空蚀性能直接影响电站工程量、投资、运行安全及稳定性、检修周期等。根据选定的水轮机比转速、单位参数等，通过对本电站水头段适用的相关模型空化系统进行分析，并参考同等水头段其他水电站，选择潘口水轮机装置空化系数不大于0.17。

6. 水轮机主要参数　潘口水轮机由浙江富春江水电设备股份有限公司中标，转轮水力开发设计由挪威Rainpower公司分包，2008年10～12月在挪威特隆赫姆Rainpower的水力实验室进行了模型试验及见证试验。试验表明转轮的各项性能指标达到或优于合同要求。

经国内招标采购的原型水轮机主要参数如下：

水轮机型号	HL－LJ－611.2
机组台数	2
额定水头	83.0m
额定出力	255.1MW
额定转速	115.4r/min
额定流量	337.8m^3/s
额定点单位流量	1.0m^3/s
额定工况点效率	92.8%
额定点比转速	232.5（m－kW制）
比速系数	2118
最高效率	96.7%
初生化蚀系数	0.132
临界空化系数	0.11
吸出高度	－4.5m

（三）水轮机主要结构

1. 转轮　采用ZG00Cr13Ni4Mo材料铸焊。由上冠、下环和13只叶片组成，分别采用VOD铸造。转轮重量为119.374t，高度为3341mm，最大直径为6199mm；转轮加工完毕，在工厂做无损探伤和静平衡试验，采用整体运输方式。转轮和主轴法兰采用20－M150×6的销钉螺栓连接，用摩擦加剪切的方式来传递扭矩。

2. 座环　采用无蝶形边的焊接结构，上环为箱型结构，下环为平板结构，上下环板均采用Q345R－Z25抗撕裂钢板。由上下环和24个固定导叶组成。座环分4瓣运输至工地，座环合缝面工地把合后焊接。

3. 水导轴承　采用稀油润滑的巴氏合金分块瓦轴承，采用楔形调整块的抛物线曲面瓦和可拆卸的分瓣轴承体组成。其中轴瓦高465mm，与主轴总间隙为0.52～0.59mm，循环油量为130.7L/min。轴承的冷却器采用内置式，用紫铜管制作，冷却水量为150L/min，组合螺栓采用不锈钢材料。

4. 主轴密封　在水导轴承下方，主轴通过顶盖的部位设置主轴工作密封，为浮动式恒压自补偿端面密封，工作密封元件采用赛思德尔耐腐蚀材料制作。在机组停机时，为防止水进入顶盖，且方便检修水导轴承和工作密封，在工作密封下面设有一套心形橡胶条的检修密封，工作时通0.4～0.7MPa的压缩空气，检修密封用的螺栓、螺母等均采用不锈钢材料。

5. 导水机构　导水机构主要由顶盖、底环、24只活动导叶、导叶轴套、控制环及操作机构等部件组成，由两只接力器操作。导水机构在制作完毕后在工厂内进行整体预装、动作试验。

（1）顶盖采用Q235－B钢板制作，与导叶端面对应处设置不锈钢抗磨板，与转轮上冠对应处设置不锈钢止漏环；顶盖抗磨板上，导叶全关位置对应处设置了一圈聚氨酯密封条，并用压板可靠地固定在顶盖上。顶盖上设置6根直径219mm顶盖平压管，以减小机组水推力。

（2）底环采用焊接结构件，为了便于运输采用分瓣结构。底环上在活动导叶活动的范围内设置可拆卸的超高分子聚乙烯抗磨板，其上设置一“⌒”型小凸台作为端面密封。

（3）活动导叶采用三支点轴承结构，从最大开度位置到空载开度位置范围内，导叶的水力矩特性具有自关闭的趋势。导叶采用焊接结构，本体采用ZG06Cr13Ni4Mo铸造，导叶轴采用16Mn锻造。导叶轴与本体焊接成一体，整体退火后再进行加工。导叶轴颈设有可靠的止水方式，上部为J型，下部为O型密封，可以阻止水流进入导叶轴承。

（4）每个导叶上设置有1个可调节的自润滑推力轴承，导叶推力轴承和附件能防止由于水力或其他力的作用，引起导叶和抗磨板之间的过分挤压。

（5）导叶间隔设置1个剪断销，导水机构中设置有剪断销装置，当剪断销剪断时，能自动报警。

（6）导叶设有摩擦限位装置，该装置能限制导叶在剪断销剪断后产生不稳定运动。

(7) 控制环采用 Q235－B 钢板焊接而成，分两瓣运输，工地组装成整体。

(8) 水轮机设置 2 个直径 550 直缸式液压活塞式接力器，其额定操作油压为 6.3MPa。

6. 蜗壳及尾水管

(1) 蜗壳采用金属蜗壳，包角为 345°，与模型流道完全相似，用 Q345R 钢板焊接而成，其中同一环节设置不同厚度的钢板。在蜗壳延伸段设置 1000mm 的弹性波纹管伸缩节。

(2) 尾水管里衬，包含直锥段和肘管段，在水平扩散段设置一个中墩护头。直锥段采用 20mm 钢板焊接而成（其中进水口 2000mm 为不锈钢），肘管段和中墩护头采用 16mm 钢板焊接而成。

（中国水电顾问集团中南勘测设计研究院　杨征勇）

潘口水电站水轮发电机

根据接入系统设计要求，潘口水电站水轮发电机功率因数 0.9，并具备在额定功率下进相 0.95 的能力；机组转动惯量不小于 70 000t・m²。

潘口水电站水轮发电机为三相凸极同步发电机，立轴半伞式、密闭循环、自通风、空气冷却结构。主要由定子、转子、下机架、推力轴承及下导轴承、上机架及上导轴承、空气冷却系统、制动和顶起系统、灭火系统、自动化系统等零部件组成。

(一) 主要结构

1. 定子　定子由机座、铁芯、绕组等组成，在现场进行定子机座的整体组焊、铁芯叠装和下线。

(1) 定子机座为正十六边形焊接结构，分 4 瓣运输，现场焊接。机座设上环、中环、下板，环间沿圆周等距离布置加强立筋和导风板等。下齿压板采用大齿压板结构，上、下齿压板的压指均采用高强度非磁性材料，以减小漏磁引起的附加损耗导致端部发热。机座与基础板用螺栓连接，径向销定位并传递扭矩，以适应定子的热膨胀。

(2) 定子铁芯采用 50W270 低损耗的无时效、优质冷轧高磁导率硅钢片整体冲制，两面涂固化时间短、收缩率小、硬度高的 F 级硅钢片漆。为防止铁心长期运行后的松动，在铁芯拉紧螺杆的上端设一组高强度碟形弹簧，使漆膜收缩后铁心仍保持一定的安全面压。采用新型绝缘漆和碟簧压紧结构，可保证发电机长久运行后铁芯不产生松动。定子铁芯的定位压紧采用特殊的定位拉紧螺杆，该定位拉紧螺杆在铁芯的一侧为圆形，在机座的一侧为倒鸽尾形，两头有压紧用螺纹。

(3) 定子绕组为双层杆式波绕组、4 支路星形连接。绕组绝缘为 F 级，线棒主绝缘采用微机自动控制热压成形工艺。定子线棒换位方式采用槽内 360°罗贝尔换位，以降低附加损耗和均衡线棒中股线间的温差。线棒的槽部、出槽口及弯曲过渡部分均作防晕处理。

2. 转子　转子为无轴结构，由转子支架、磁轭、磁极和制动环等部件组成。转子保证有足够的刚度和强度，在飞逸转速下安全运行 5min 不发生有害变形，并在任何工况下能稳定运行，强度安全系数不小于 1.5，结构合理、紧凑，有良好的电磁性能和通风性能。转子支架为直支臂圆盘式焊接结构，分成一个中心体和四块扇形外环组件，在现场焊接而成。转子磁轭由 3mm 厚 WDER600 高强度扇形冲片交错叠成，并用铰制拉紧螺杆紧固，设有径向通风沟，不设风扇。转子磁极由磁极铁芯和磁极线圈组成。

3. 主轴和镜板　主轴由推力头和轴身构成。推力头为 20SiMn 铸钢，轴身为 20SiMn 锻钢，满足发电机提高功率因数 $\cos\varphi=1$ 时的最大传递扭矩要求，并且可在包括最大飞逸转速在内的任何转速下运行而不产生有害的振动和摆度。水轮机和发电机主轴联轴后，旋转部分的一阶临界转速大于最大飞逸转速的 125%。镜板采用 55 号锻钢，镜面硬度大于 200HB，镜面硬度差值不大于 30HB，平面平行度为 0.02mm，镜面平面度为 0.02mm，镜面粗糙度为 0.2μm。

4. 轴承　推力轴承装于下机架中心体上的油槽内，采用弹性圆盘支承结构，具有性能可靠、瓦间受力均匀、形状小巧、结构简单、安装维护方便等优点。下导轴承布置在下机架中心体内，采用巴氏合金瓦，和推力轴承共用一个油槽。上导轴承装于上机架中心体内，同样采用巴氏合金瓦。

5. 机架　上机架为非负荷机架，由中心体和 8 条支臂在现场组焊组成。下机架为负荷机架，承受所有转动部件重量、水轮机的轴向水推力、下机架自重和推力轴承、下导轴承重量以及各种工况下作用在下机架上的径向和切向负荷。下机架由中心体和 6 条支臂组成，同上机架一样在现场组焊。

6. 风洞及机坑　发电机装于钢筋混凝土机坑内，在坑顶与楼板同高处设置盖板，从而将机坑封闭，盖板间设置特制的密封条，构成密闭的风罩。

7. 集电装置和接地碳刷　滑环置于发电机上端轴的上端，材质为 Q235－A 钢，具有不易发热的优点。刷架固定于发电机顶罩上。刷架与滑环均在密封的风罩内，且与发电机风室分开，以保证碳刷粉尘不污染定子、转子。

8. 附属设备　发电机附属设备包括通风冷却系统、制动装置、灭火装置、防潮装置、防油雾装置和自动化系统等。

(1) 通风冷却系统：采用密闭主、次风路径向自循环通风方式。在转子上、下两端的转子支架外缘和定子铁心内径之间安装固定挡风板，同时在转子支架上、下圆板上开有适当数量和大小的风孔。经过空气冷却器出来的冷风，在转子自风扇功能的驱动下，进入下一个循环，整个风路风量分布均匀。

(2) 制动装置：机组制动采用电气与机械制动配合使用方式，并允许电气制动和机械制动单独使用。

(3) 灭火装置：定子两端装有水灭火环管。

(4) 防潮装置：在机坑内沿圆周方向均布 12 只 2kW 的电加热器和 2 只除湿机，加热器在停机时能自动投入，机组运行时能自动退出。

(5) 防油雾装置：上油槽内设置树脂材料接触式密封，密封材料后设置弹簧自动补偿。下油槽内设置迷宫环和树脂材料接触式密封。

(6) 自动化系统：机组按“无人值班”（少人值守）的原则进行自动化元件配置。

(二) 发电机主要技术参数

发电机型号	SF250－52/13400
额定容量	250MW/277.78MVA
额定电压	15.75kV
额定电流	10 182.5A
额定功率因数	0.9（滞后）
额定频率	50Hz
额定转速	115.4r/min
飞逸转速	230r/min
绝缘等级	F/F
冷却方式	密闭主、次风路径向自循环空气冷却系统
励磁方式	静止晶闸管
机组 GD^2	70 000t・m^2
旋转方向	俯视顺时针

（中国水电顾问集团中南勘测设计研究院　谭先春）

小湾水电站直径 8690mm 筒形阀结构设计

(一) 概况

小湾水电站是东方电气集团东方电机有限公司（以下简称东电公司）第一个自行研发、设计、制造并成功投入运行的、在单机额定出力 700MW 机组上带大型电液同步筒形阀的水电站。

小湾水电站以发电为主，兼有防洪、灌溉、拦沙及航运等综合利用效益，系澜沧江中下游河段梯级开发的第二级电站和龙头水库，水库库容 149.14 亿 m^3，电站装机容量 4200MW（700MW×6）。

东电公司和上海福伊特西门子水电设备有限公司作为一个联合体，在 2005 年 1 月 6 日与云南华能澜沧江水电有限公司签订的产品供需合同。上海福伊特西门子水电设备有限公司提供 1 号、3 号、5 号 3 套 700MW 水轮机，3 套筒形阀。东电公司提供 2 号、4 号、6 号 3 套 700MW 水轮机，3 套筒形阀。筒形阀设计是从 2005 年 1 月开始，于 2006 年 7 月 25 日完成图纸施工设计；分别于 2005 年 6 月 26 日～7 月 11 日在德国、2005 年 9 月 11～16 日在上海、2006 年 3 月 7～10 日在德阳、2007 年 3 月 7～8 日在德阳召开了四次设计联络会。

(二) 水轮机及筒形阀的性能参数

1. 水轮机的性能参数

型号	HL153－LJ－660
最大水头	251m
设计水头	216m
最小水头	164m
设计流量	360.3m^3/s
额定出力	714MW
额定转速	150r/min
飞逸转速	286r/min
旋转方向	俯视顺时针

2. 筒形阀的基本数据

筒体外径	8690mm
筒体壁厚	180mm
筒体高度	1360mm
操作接力器个数	6 个
接力器直径	400mm
接力器行程	1250mm
筒形阀开启时间	≤90s
筒形阀关闭时间	≤60s
接力器操作油压	6.3MPa
筒形阀最大工作水头	251m
筒形阀承受的最大升压水头	290m
筒形阀的最大漏水量（初装）	10L/s
筒形阀的油压装置型号	YZ－10－6.3

(三) 筒形阀的结构设计

筒形阀是水轮机的一种新型进水阀门，它装设于水轮机的蜗壳座环的固定导叶与导水机构活动导叶之间，全关时密封性能良好，全开时不产生水头损失，可动水关闭，是水电站，尤其是多泥沙水电站较为理想的水轮机进水阀门。

本筒形阀阀体的上、下游间隙以及下端面形状都是在 Economos 公司水力试验室的能量台上通过试验确定的；筒体全模拟设计，能保证动水关闭时，在筒体上作用最小拉力，并以此最小下拉力为基础，确定操作机构的容量并进行操作机构的强度计算。东电公司在设计、制造筒形阀方面，具有丰富的经验。本筒形阀在全关位置时，由于上、下端的密封的合理布置，使作用在筒体上的水压力向下，具有自密封作用；采用直缸接力器操作，油压设备较小，筒形阀的结构在国际上也是很先进的。

1. 筒形阀筒体、密封及导向部分

（1）筒体外圆直径 8690mm，高 1360mm，厚 180mm，重约 50.7t，由 ASTM A516 Gr70 钢板卷制而成。在筒体上、下密封区均堆焊有不锈钢层。

（2）在筒体外圆的 12 个导向区，均焊有 4 块铜质抗磨板（起导向作用）。此导向板与座环固定导叶的内侧焊有的不锈钢导轨成匹配关系，铜质导向板的厚度方向留有裕量，在工地安装时与导轨配加工，间隙为 0.8～1.2mm（漫湾一期筒形阀为 0.6～0.8mm，本阀直径和行程较漫湾一期大）。

（3）由于运输的要求，筒体分成两半，每个分半面用 7 只 M56 螺栓连接及 3 只直径 50mm 的定位销定位。螺栓材料采用 35CrMo 高强度钢并经调质处理。筒体在厂内加工完后，与专用运输支架把合组装在一起发运，以减少筒体的变形。

（4）到达工地后进行筒体组圆，连接螺栓拧紧力矩达到 5500N·m 后，进行分半面周圈焊缝的焊接。由于焊后不进行热处理，故必须严格执行焊接工艺规范，以使焊接变形控制在图纸规定范围内。

（5）筒体与提升杆采用埋入式螺栓连接，超级连接螺母置于筒体上开设的窗口内，窗口外侧用 20mm 不锈钢板 0Cr18Ni9 封堵，内侧敞开。与漫湾一期旋入式螺栓连接相比有如下优点：① 避免筒体内的螺纹在安装或拆卸过程中发生研坏现象；② 当提升杆连接螺栓折断或接力器发生事故时，可以实现在机坑内检修处理，而无需把筒体吊出机坑，避免造成进一步的损失；③ 采用超级螺栓连接比采用液压拉伸器或电加热棒连接更简单方便，所占操作空间小。

（6）筒形阀的下密封采用聚氨酯 G-ECOPUR 材料，用压板结构装于底环上；上密封采用聚氨酯 G-ECOPUR 材料，用压板结构装于顶盖上；所有的压板、压环及内六角螺钉均为不锈钢材质。上、下密封件分 4 半制作，在工地安装时黏结成整圈。筒形阀工作时，下密封的压缩量为 1.5～2mm，上密封的压缩量为 3～4mm。下密封是在筒体吊装前安装，上密封的安装是在筒体与接力器连接后和同步机构安装完毕后，将筒体调到一定开度时安装。

2. 接力器部分

（1）本筒形阀采用 6 只内径为 400mm 的直缸接力器操作，接力器行程为 1250mm。提升杆与筒体接触间增设了一个垫环，以降低挤压应力，便于调整筒体与提升杆的垂直度。接力器下缸盖与顶盖间增设了一个垫环，便于在接力器与顶盖法兰面不垂直时，采用修磨垫环来处理。接力器活塞采用锻钢 35A 制作，活塞密封采用两道孔用方形圈密封，三道导向环，这种组合式密封的密封耐压高，不研缸，不漏油，效果好。提升杆采用高强度不锈钢 0Cr17Ni4Cu4Nb 制造，调质处理，外径为 180mm，与活塞、筒体均用 M100×4 的螺纹连接，这种结构加工工艺性好，便于检修下缸盖和更换密封。电液同步的接力器上、下始终是直线运动，比机械同步的接力器结构简单。

（2）筒形阀开启，油压设备向一个同轴的 6 个齿轮泵的油马达供油，6 个齿轮泵的油马达分别一对一的向 6 个接力器供油，使 6 个接力器的进、排油均匀，为粗调。靠近每个接力器的下腔进、出油管路上设置有电磁球阀，电磁球阀被组装在阀块组中，此电磁球阀为接力器行程精调用。筒形阀开启时，当接力器之间的行程误差超过 30%时，动作过快的接力器的电磁球阀动作，将下腔油压降压，使其动作速度减慢，达到同步；筒形阀关闭，与开启原理相反，当接力器之间的行程误差超过 30%时，动作过慢的接力器的电磁球阀动作，将接力器下腔油压降压，使其动作速度增快，达到同步；6 个接力器上都分别装设有一个数字位移传感器，在筒形阀的开启关闭过程中，连续测量各活塞的绝对位移，传输至 PLC 中心，通过 PLC 等逻辑单元求取各接力器活塞位移偏差值，并转换为电气信号量，藉此信号调整各相关阀组，从而控制各接力器的位移速度，实现同步。一旦筒形阀的大偏差没有调整过来发卡时，控制系统将使筒形阀停止动作，并控制筒形阀向相反方向运动 60s，以矫正偏差。若偏差被矫正过来，则筒形阀朝原方向运动；若偏差未被矫正过来，则筒形阀朝相反方向再运动 60s。如此，偏差被矫正过来，则筒形阀朝原方向运动；若偏差仍未被矫正过来，则筒形阀停止运动，并发出卡阻报警信号，进行处理。筒形阀开启达 95%开度时，由数字位移传感器发出的信号控制油管路系统节流，慢开启筒形阀，避免筒体撞击顶盖，损坏筒形阀部件。

3. 操作管路　本筒形阀的操作油源为 YZ－10－6.3 油压设备，额定油压为 6.3MPa。一台筒形阀用一套油压设备。筒形阀接力器的漏油接入业主自备的 $2m^3$ 集油箱，然后打回专门的油处理装置，经处理后，再抽回到回油箱中。上海福伊特西门子水电设备有限公司提供所有的管路（不锈钢钢管）、阀门、法兰，密封及其他管件。

（四）筒形阀运行情况

小湾水电站 1～3 号机组筒形阀分别于 2009 年 9

月25日、11月15日、12月24日投入运行，总的来说，动作情况良好。其余3台机组2010年底全部投运。2号机组筒形阀动作相对平稳些，1号、3号机组筒形阀动作平稳度要略差些，可能是导轨与导向板间的间隙大小造成的，2号机组筒形阀的导轨与导向板间的间隙为0.8～1.2mm，1号、3号的间隙为1.5～2mm。

筒形阀的全关、全开动作灵活，无卡阻现象；全开位置时，从控制系统监测数据来看，其下腔压力没有任何变化，说明接力器活塞上、下腔不窜油，新的活塞组合式密封性能良好。在开启、关闭过程中，接力器之间的油压差值相对于机械同步的要大。

（东方电气集团东方电机有限公司
林洪德　刘礼政　杜　江）

黑麋峰抽水蓄能电站机组直径2800mm球形阀的设计

（一）概况

黑麋峰抽水蓄能电站4套300MW水泵水轮发电机组及辅助设备由东方电气集团东方电机有限公司提供，其中有4套直径2.8m球形阀设备。该球形阀的型号为QF335－WY－280，本体由整体阀体、活门、自润滑轴承及上游检修密封、下游工作密封、摇摆式接力器等零部件组成；附属设备有上游连接管、下游伸缩节、作排气和补气用的空气阀以及用于球形阀控制的水系统、油系统和自动化元件，球形阀控制系统的油压设备系统，主要性能参数如下：

名义直径	2800mm
额定流量	118.3m^3/s
最大工作水头	335m
最大升压水头	490m
空气阀直径	80mm
接力器直径	520mm
接力器个数	2个
接力器行程	1797mm
接力器操作油压	5.8～6.3MPa
油压装置型号	HYZ－8－6.3
集油装置	10m^3（4台共用）
阀体水压试验压力	7.36MPa
球形阀开启时间	40～120s（可调）
球形阀动水关闭时间	30～120s（可调）
球形阀最大漏水量（初装）	0L/min

（二）工作原理

当球形阀要开启时，首先解除上游检修密封处的16套周围均布的沿水流方向锁锭检修密封的锁锭，检修密封的活动密封环在钢管压力水作用下开启，此时，下游工作密封关闭腔的压力水泄压排出，其活动密封环也在钢管压力水作用下开启，水流就通过这两道密封周围的间隙向蜗壳充水；当活门前后压力平衡，压力开关达到设定值发出信号，由接力器转动活门开启，其中，转动到40%开度时，水轮机活动导叶与球形阀联动开始开启。当球形阀要关闭时，先由接力器转动活门由全开旋转到全关，然后，在下游工作密封的关闭腔通入压力水，使其活动密封环关闭，水流被全部截断。

（三）结构设计特点

1. 球形阀主密封　该球形阀主密封副采用双变形结构，从设计理念上有别于通常采用的单变形结构。

（1）球形阀的检修和工作密封的活动密封环、活门上的固定密封环均采用不锈钢锻件，材料不是通常采用的铸不锈钢。

（2）活动密封环采用像鞋形的活塞式结构。这与以往通常采用的T形密封环、L形密封环、球形弹性金属密封环不一样。T形活动密封环断面尺寸大、刚性好，对活门的挠度变形要求小（0.2～0.4mm），因此，固定密封环采取预变形方式加工，以补偿活门在受压工作状态挠度变形。而球形活动密封环断面尺寸小，刚性小，可较大地补偿活门的挠度变形，此球形阀活门的挠度变形为3.62～4.05mm。

（3）操作介质为水。当在活动密封环的关闭腔引入压力水，将活动密封环推动到与活门固定密封环紧密接触，从而达到止水；当活动密封环关闭压力水泄压并将水排出时，活动密封环在钢管压力水作用下开启，活门才可转动。这种操作方式无污染，与通常用油作操作介质比，系统也简单。

（4）活门上的固定密封环采用焊螺钉挡板防松，与通常采用点焊螺钉防松也不同。

（5）活动密封环上的非金属密封圈首次采用D形截面的密封圈。这种断面的密封圈在活动密封环往复移动时，不会在槽内扭曲翻转，密封效果好。O形截面的密封圈在活动密封环往复移动时，在槽内容易扭曲翻转而损坏，寿命短。现在通常采用方孔专用方形密封圈，它的内侧是O形橡胶密封圈，外侧是耐油耐水的长方形聚氨酯的密封圈，这种组合密封圈的密封效果好，使用寿命长。D形截面的橡胶密封圈在国内才刚开始使用，国内还没有厂家生产（聚氨酯材料的有），需从国外进口。

2. 旁通管路　黑麋峰球形阀取消了向蜗壳内充水平压的旁通阀，只设置了测量导叶漏水量的管路系统，其通径为80mm。当需要测量导叶漏水量时，关闭管路上的手动闸阀，拆除封堵法兰，安装上不锈钢电磁流量计及下半段管路；在导叶关闭的情况下，开启闸阀向蜗壳内充水，根据蜗壳内的压力变化计算出导叶漏水量。采用旁通阀平压方式，水流对伸缩节产生集中冲击力，使机组产生振动较大。球形阀靠开启活动密封环，利用活动密封环与固定密封环间的间隙向蜗壳内充水平压，这种方式水流对伸缩节冲击力小，流量远超过旁通阀，不需旁通液压阀及为检修液压阀而设置的闸阀和管路，使球形阀的结构及操作系统简化了许多。

3. 活门及阀体

(1) 活门采用锻造的阀轴与钢板冷卷成型的桁架活门焊接为一体的结构。活门本体由内、外圆筒中间加支撑筋组成，刚性大，重量相对较轻。

(2) 阀体采用钢板分块点压成型并焊接成整体结构。其方式是先将阀体焊接成按沿水流方向垂直分成两半的阀体，然后粗加工阀体轴孔及分半面坡口，再将粗加工好的活门装入两半阀体内进行分半阀体合缝面的焊接。阀体在焊接成两半后及两半组焊成一体后都要进行退火处理。阀体与活门的大部分加工工作量是活门装入阀体后的加工，包括活门固定密封环座及螺孔、活门轴外径及轴端面和轴端面的螺孔、销孔，阀体轴孔及轴孔端面和螺孔、阀体上、下游法兰面、法兰面螺孔等。这种整体阀体相对于分半阀体来讲可减轻阀体重量，提高阀体的整体刚性。由于取消分半面及分半面的连接件，本规格的阀体能减轻约 12～15t，大大降低产品的制造成本。

(3) 活门与阀体钢板的材料基本上选用屈服强度为 355MPa 等级的钢板材料，而采用铸钢件，材料屈服强度一般为 285MPa，本球形阀的活门与阀体的重量应更轻，质量应更好，不存在铸造容易产生的缺陷。

(四) 运输

该球形阀本体不超过 140t，尺寸也不太大，采用了整体运输方式，从德阳大件路运到乐山码头，经长江水运至长沙。

(五) 电站试验

球形阀安装后，进行了无水操作试验、油与水管路打压试验、有水操作试验等一系列机组运行前的试验。机组运行后，在业主认为方便的时候，由业主方主持，有各方代表参加的，在制造厂代表指导下进行的动水关闭操作试验。球形阀的动水关闭操作试验对球形阀来说是一种工况最恶劣环境的试验，一般业主不愿意做此试验，因而在我国做了球形阀动水关闭操作试验的水电站并不多。对制造厂家来讲，提供的球形阀设备应该具备此功能。黑麋峰球形阀已于 2009 年 6 月 18 日带负荷并网运行，总体运行良好。

（东方电气集团东方电机有限公司
林洪德　张利民　杜　江）

金安桥水电站首台机组定子铁芯磁化试验

(一) 概况

金安桥水电站共安装 4 台机组。发电机型号为 SF600－64/16200，额定容量 667MVA，额定功率 600MW，额定 18kV，额定电流 21 383A，额定功率因数 0.9；定子机座外径 18 040mm，高 3100mm；定子铁芯内径 15 220mm，高 2900mm，槽数 768 槽。发电机采用立轴半伞式结构，定子机座采用无上、下环的钢板焊接结构，大齿压板直接安放于定子下环板上。机座由钢板焊成，共有 6 层环板，环板间用盒形筋支撑；分 6 个扇形瓣运到工地，在现场组焊成整圆。定子铁芯在工地叠片，冲片采用 0.5mm 厚 50M250 低损耗高导磁硅钢片，全圆有 64 张扇形片组成，每片 12 槽。铁芯轴向分 72 段，设 71 个通风沟，每个通风沟高 5mm；用 256 根拉紧螺杆把合成整体，藉助于 128 根均布的鸽尾筋固定在机座上。

按规定，本电站机组在铁芯叠片结束后，为检查硅钢片有无短路和绝缘损坏现象，以及铁芯的压紧情况和单位功率损耗，必须进行定子铁芯磁化试验。

按 GB/T 8564—2003《水轮发电机组安装技术规范》的规定，采用 50Hz 的交流电源，在 8～10kGs 的磁通密度下进行试验，持续时间为 90min。当各点温度按 10kGs 磁通密度折算时，铁芯齿部的最高温升不应超过 25℃；各齿部的最大温差不应超过 15℃。

2009 年 3 月 26 日，金安桥水电站首台机组（4 号机）定子铁芯磁化试验在机坑进行，结果符合相关要求，各部位测点温升以及温差正常，最大单位铁损 1.414W/kg，小于厂家要求值 1.65W/kg。

(二) 试验接线

根据电站首台机用电的环境特点，选用 10kV 电压等级为试验电源。由于没有专用的大容量的隔离变压器，直接使用施工用电变电站 110/10kV 三相变压器来代替。变压器容量 12 000kVA，大于理论计算所需的 2700kVA，满足试验需要。

(三) 试验准备

(1) 检查并清除铁芯通风沟及上、下端处可能遗留的金属遗物。

(2) 依据计算，采用 50mm² 高压铜芯软电缆，在定子铁芯上按相同方向均匀缠绕励磁线圈，分 8 处，每处 8 匝（因为电缆长度不够，实际分 6 处，每处 10 匝）。缠绕时，在铁芯和机座棱角处用厚 5mm 的绝缘橡皮包绕励磁电缆，并用扎带固定在电缆上。

(3) 测量线圈匝数为 1 匝，采用 4mm² 的胶质线，放置于槽底，紧贴铁芯，包绕铁芯有效截面。

(4) 把定子铁芯内圆周分为30个等分部位，每个部位分上、中、下三个测量点，共90个测点，采用90支酒精温度计测量。定子机座沿圆周均分9个测点，采用9支酒精温度计测量。上、下齿压沿圆周各均分8个测点，共16个测点，采用红外测温仪测量。铁芯背部沿圆周均分9个部位，每个部位分上、中、下三个测量点，共27个测点，采用红外测温仪测量。

(5) 在机坑内定子安装平台的中心上安装一个旋转架，在旋转架上安装一台红外线测温仪（TVS—100），试验中循环扫描定子铁芯内侧，用来实时监视铁芯内侧过热点。

(6) 用$50mm^2$的导线将定子外壳可靠接地。

(7) 检查接线的正确性及接线头是否牢靠。

(8) 试验前用2500V绝缘电阻表测量各绕组与定子铁芯的绝缘电阻，检查并测量高压电缆绝缘应良好。

(9) 计算并整定好10kV开关柜保护装置，开关分、合应准确可靠。

(四) 试验操作

(1) 关闭所有可能照射到定子铁芯上的照明，各部位测量人员就位，记录好各表计的初始值及环境温度。

(2) 合10kV高压开关，同时开始计时，严密监视各电压、电流、功率值。每隔10min记录一次各表计读数，用红外线测温仪测量各测点的温度并记录，用红外线测温仪循环扫描定子铁芯，随时监测各部位温度，找出高温区进行重点监测。观察定子铁芯各部位声音及振动情况。

(五) 试验结果

试验结果见表1和表2。

表1 金安桥水电站4号机定子铁芯磁化试验铁损及噪声情况

时间 (min)	U_1 (V)	U_2 (V)	I (A)	f (Hz)	B' (T)	P (W)	P_{Fe} (W)	ΔP_{Fe} (W/kg)	噪声 (dB)
初始	9960	162.20	170.0	49.99	1.036	66.00	198 000	1.343	89
10	9960	161.60	170.0	50.01	1.031	66.00	198 000	1.354	94
20	9900	160.50	169.0	49.98	1.025	65.00	195 000	1.350	96
30	9960	160.60	172.0	50.00	1.025	66.00	198 000	1.370	97
40	9960	159.60	173.0	49.99	1.019	66.00	198 000	1.387	97
50	9960	159.80	175.0	49.97	1.021	66.00	198 000	1.382	98
60	9960	159.50	176.0	49.99	1.018	66.00	198 000	1.388	98
70	9960	159.30	178.0	50.00	1.017	66.00	198 000	1.393	98
80	9960	158.20	178.0	49.97	1.011	66.00	198 000	1.410	98
90	9840	158.10	180.0	50.00	1.009	66.00	198 000	1.414	99
平均值	9942	159.94	174.1	49.99	1.020	65.90	197 700	1.379	96.4
最大单位铁损（1T时）：1.414W/kg									

注 U_1为励磁电源一次电压；U_2为测量线圈的测量电压；I为励磁电流；f为试验时的电源频率；B'为试验时磁通密度的实际值，$B'=(U_2/4.44\times f\times S)\times 10^4=0.319\,198(U_2/f)$；$P$为实测功率；$P_{Fe}$为测量功率折算出的实际损耗，$P_{Fe}=P$（电流互感器变比）$(\omega_1/\omega_2)=P\times 6000$；$\Delta P_{Fe}$为实际损耗折算到1T时的损耗，$\Delta P_{Fe}=P_{Fe}/G(1/B')^2$。

表2 金安桥水电站4号机定子铁芯磁化试验温度测量情况

部位	温度	合格标准
定子齿部温度（酒精温度计）	初始平均温度22.49℃。90min时，最高温度28.50℃，最低温度24.00℃；最大温升4.80K，最大温差3.91K	最大温升≤25K，最大温差≤15K
机座温度（酒精温度计）	初始平均温度21.83℃。90min时，最高温度21.00℃，最低温度22.00℃；最大温升0.87K，最大温差0.87K	
铁芯压齿温度（红外测温仪）	初始平均温度24.13℃。90min时，最高温度29.36℃，最低温度25.06℃；最大温升4.33K，最大温差3.56K	最大温升≤25K，最大温差≤15K
铁芯背部温度（红外测温仪）	初始平均温度24.69℃。90min时，最高温度43.20℃，最低温度33.90℃；最大温升16.33K，最大温差8.08K	最大温升≤25K，最大温差≤15K

（金安桥水电站有限公司 魏应兵）

国产700MW级水电机组调速系统

小湾水电站安装6台单机700MW的国产化水轮发电机组，采用国网电力科学研究院自行研制的SWT－2000H型双微机调速系统。该电站2009年9月25日首台机组投产运行，同年11月15日和12月15日，2号、3号机组相继投入商业运行，2010年8月22日，最后一台机组投产发电，6台机组在不到一年的时间里顺利投产，标志着我国巨型水电机组国产化水平又上了一个台阶。

700MW级水电机组调速系统集水、机、电等多专业于一体，技术难度大，国内市场长期由少数国外公司主导，存在核心技术受制于人、价格昂贵等问题，迫切需要研制自主知识产权的产品。而小湾水电站则采用国网电力科学研究院自行研制的SWT－2000H型双微机调速系统，从2007年3月开始，经过技术骨干两年多的不懈努力和技术攻关，首套系统于2009年9月在云南小湾水电站成功投入运行，之后相继在澜沧江、雅砻江、金沙江等多座大型电站推广应用。经中国电机工程学会组织，业内院士等专家组成的鉴定委员会认为“项目首次实现了700MW级水轮机调速系统国产化，总体技术具有国际先进水平”

本项目已申请专利4项，其中发明专利3项，获得授权2项。作为自主创新的大型调速系统，本项目取得了多项关键技术的重大突破：首次提出了基于分层递阶原理的调速器控制策略和设计方法，突破了巨型机组控制策略可靠性与响应速度难以同时兼顾的瓶颈；首次提出了变结构变参数改进型双微分通道PID算法，克服了常规算法控制死区较大和有效带宽较窄的不足；首次研制了基于FC主配压阀的电液随动系统智能闭环控制装置，解决了调速器手动控制时接力器漂移和控制机构复杂的难题；首次开发了基于双冗余控制结构和智能切换单元的调速电气装置，实现了700MW级水轮机调速系统国产化。

本项目的实施，为我国在巨型水电机组控制技术方面提供了技术和经验积累，促进了行业科技进步，推动了我国重大装备国产化进程，对提高我国电力系统的安全稳定运行水平有积极意义。

（国网电力科学研究院）

电　　气

变压器现场局部放电测试及原因分析

变压器在现场安装后，须按GB 50150《电气装置安装工程　电气设备交接试验标准》进行一系列的常规试验以确保变压器的安装质量，但往往不能有效地检测到放电性故障。而设备内部的放电性故障正是造成电力系统事故的隐患，必须在设备投运前发现并消除。局部放电试验作为查寻放电性故障的有效方法得到越来越普遍的重视，然而受现场干扰和试验条件的限制，其有效性也难得到保证。在实际应用中，需采用专用试验电源，并结合现场情况，采取了一些有效的措施，才能提高局部放电检测试验的有效性。班多水电站2号主变压器现场局部放电试验，采用了“多端测量，多端校正”的方法，准确发现并确定缺陷部位。

（一）试验设备及方法

班多水电站Ⅴ2号主变压器为有载调压三相电力变压器，型号为SFP－140000/330GY W3，额定容量为140MVA，联结组别为YNd11。

试验采用单相接线进电，逐相加压的方式进行。高压绕组中性点接地，高压分接开关置Ⅲ分接。高压绕组的方波校准分别从高压绕组引出套管断开导体处输入信号，在高压套管末屏处取响应信号。试验电源及变压器为长沙海沃生产的变压器局部放电试验装置，型号分别为无局放变频电源（HVFP—260kW）和无局放励磁变压器（ZB—300kVA/2×5/10/35kV）。该装置本身放电水平低，在1.3倍额定电压下放电水平低于50pC，完全满足有关标准的规定。采用XD2102局放测试仪，施加的试验电压以被试变压器额定电压的标幺值（简称p.u.）表示。试验采用低压绕组励磁接线方式。

（二）试验情况及结果

1. 第一次试验　按上述接线后逐相加压进行局部放电试验，测得的结果见表1。从测试结果看，B、C相的放电水平均超过DL/T 417—2006《电力设备局部放电现场测量导则》的规定（≤500pC），而且起始电压约为1.1p.u.，放电水平并不随时间增长。

表 1　　第一次试验三相试验结果

频率	施加电压标幺值	加压时间(min)	测量端放电水平(pC)		
			A	B	C
113Hz	1.1	1	150	1800～2600	2100～3000
	1.5	5	150	1800～2600	2100～3000
	1.5	10	150	1800～2600	2100～3000
	1.5	15	150	1800～2600	2100～3000

经检查测试，在试验电压下，试验回路本身的放电水平很低，可以排除试验回路和接地不良引起放电的可能性，放电应来自被试变压器。

2. B、C相高压套管清污后试验　经对低压套管、高压套管检查，发现B、C相高压套管有污染情况。在完成B、C相高压套管清洁工作后，对变压器进行测试，三相加压测得的局部放电结果见表2。

表 2　　三相试验结果

频率	施加电压标幺值	加压时间(min)	测量端放电水平(pC)		
			A	B	C
113Hz	1.1	1	150	170	2100～3000
	1.5	5	150	190	2100～3000
	1.5	10	150	190	2100～3000
	1.5	15	150	190	2100～3000

从表2的测试结果看，A、B两相的放电水平符合DL/T 417—2006的规定，C相放电水平依然超过，说明B相放电水平超标的原因是因为套管污染造成的，而且主要来自高压套管，C相放电水平超标的原因为变压器内部放电性缺陷。

3. C相单相加压试验　变压器任何部位的局部放电，都会通过不同的耦合途径，向各个部位传递，油箱上的各个端子都能接收到它的信号；同样也可以依次在各个端子对地注入脉冲电荷，此时其他端子也会有各自的响应。通过若干组模拟，可以得到一个校正矩阵，将每个端子的实测放电信号与之比较，它与哪一组校正数据接近，则表明放电源与这一对校正端子相关。为此对C相进行单相加压试验。加压时，进行多端校正，多端测量，其校正结果见表3，局放测试结果见表4。

表 3　　C相加压三相同时多端校正结果　　pC

端注入端	A	B	C
A—地	1000	60	55
B—地	50	1000	52
C—地	53	57	1000

表 4　　C相加压三相同时多端测量结果　　pC

测量端电压标幺值	持续时间(min)	A	B	C
1.1	1	150	169	1750
1.5	5	152	190	2140
1.5	15	152	190	2983

测试结果表明，放电性缺陷靠近C相高压侧。

4. 热油循环后试验　为了进一步确定C相放电部位的几何位置，本打算进行电气—超声联合测试。电气—超声联合定位法的基本原理是利用电信号与声信号传播速度的差别以及声信号的强弱来对放点电进行定位的。由于该变压器急需投运，而超声波局部放电探测装置又一时无法取到，因此，电气—超声联合测试未能实施。

经分析，发生放电性故障的原因，可能是变压器B相中存在气泡或绝缘油中存在杂质。于是在确认变压器现场安装内部无遗留物，且330kV引出线与铝屏蔽管间的连线连接良好情况下，决定利用热油循环进行处理。其基本原理是利用外接真空净油机将绝缘油抽出变压器脱气并进行加热后，再注入变压器内部，同时，开启变压器本身的油泵自身循环，使变压器内部存在的空气排出变压器。热油循环72h停止并静置，待油温降至环境温度后，进行局部放电测试。热油循环后测试结果见表5。

表 5　　热油循环后三相试验结果

频率	施加电压标幺值	加压时间(min)	测量端放电水平(pC)		
			A	B	C
113Hz	1.5	5	170	70	50
	1.7	1	通过	通过	通过
	1.5	5	170	90	50
	1.5	10	170	90	50

续表

频率	施加电压标幺值	加压时间(min)	测量端放电水平（pC）		
			A	B	C
113Hz	1.5	15	170	90	50
	1.5	20	170	90	50
	1.5	25	170	90	50
	1.5	30	170	90	50
	1.5	35	170	90	50
	1.5	40	170	90	50
	1.5	45	170	90	50
	1.5	50	170	90	50
	1.5	55	170	90	50
	1.5	60	170	90	50
	1.1	1	170	90	50

这次测试结果表明，放电性故障已消除，三相的放电水平均达到 DL/T 417—2006 的规定的要求。

（三）结语

变压器安装后进行了直流电阻和绝缘电阻等常规测试，并未发现异常；而通过局部放电试验，却检测出放电性故障隐患。通过这次现场局部放电试验，进一步证实了在变压器安装投运前进行局部放电试验的必要性。目前，电力设备电压等级不断提高，设备的单台容量不断增大，必须采取更加有效的、先进的测试技术进行检验。

本次局部放电试验的成功，消除了设备隐患，对确保电网的安全运行很有意义。试验中，第一次在现场采用了单相加压三相同时测量的多端校正，多端测量方法，是一种较方便的确定局部放电位置的有效测试手段。

（中国水利水电第三工程局有限公司　岑　仑）

楚穗直流孤岛运行方式下金安桥水电站的对策

（一）楚雄换流站概况

楚穗（云南楚雄—广东穗东）直流工程输电规模5000MW，电压等级±800kV，每极采用双12脉动阀组串联接线方式。输电线路长度约1418km，导线截面为 6×630mm²。2009 年单极投产，输电容量2500MW；2010 年双极投产，输电容量 5000MW。

楚雄换流站变压器参数：S_n＝250.21MVA，变比：525/169.85kV，U_k＝18%。换流变型式为单相双绕组变压器，共 24 台；换流变接线组别采用 YNy 和 YNd。

楚雄换流站 500kV 电气主接线采用 3/2 接线，除分别通过 2 回 500kV 线路与小湾和金安桥水电站相连外，还通过 2 回 500kV 交流线路与云南主网的500kV 和平变电站（昆西北变）相连。

金安桥水电站总装机容量 2400MW，电气主接线为 3/2 接线，4 台机以 2 回 500kV 线路接入楚雄换流站，线路长度约 285.264km，采用紧凑型线路 LGJ－6×300mm²。输电容量 2×1300MVA。

小湾水电站总装机容量 4200MW，电气主接线为 4/3 接线，4 台机共 2800MW 容量以两回500kV 线路接入楚雄换流站，线路长度约 248km。另外，2 台机组经第 3 回 500kV 线路接入和平变电站，线路长度约 234km。3 回线路都采用紧凑型线路 LGJ－6×300mm²。

和平变电站 500kV 电气主接线采用 3/2 接线。2 回同楚雄换流站连接，1 回同小湾水电站连接。

（二）楚雄换流站的运行方式

楚穗直流工程正式投运后可能存在着交直流并联运行和孤岛运行两种方式。南方电网技术研究中心经过研究，确定楚穗直流工程的孤岛运行方式为一种正常的运行方式。

楚穗直流工程采用孤岛运行方式，可以提高云南外送的暂态稳定水平，提高系统稳定水平在 1000MW以上，经济效益十分显著。但是，特高压直流送电容量巨大，无论是单极故障还是双极故障，由于大量的功率转移，都会对交流电网产生很大冲击，安全稳定控制装置会比较复杂。而孤岛接线避免了直流故障时的功率转移，减少了对交流电网的冲击，减少了不可预见因素对安稳控制的影响，可以简化安全稳定控制方案。因此，楚穗直流工程的正常运行方式确定为孤岛运行方式。它的接线方式为：

小湾水电站以二回线接入楚雄换流站。小湾水电站机组除送入楚雄换流站外，其余 1～2 台机组单独通过 1 回线接入和平变电站，同时断开至云南主网和楚雄换流站的 2 回 500kV 线路。此时，应断开楚雄换流站 KK1、KK2、KK3、KK4 以及和平变电站KK5、KK6、KK7、KK8 和小湾水电站 KK10、KK11 开关，实现孤岛运行方式。

对于楚雄换流站孤岛运行方式的判断，主要涉及楚雄换流站、小湾水电站及和平 500kV 变电站的断路器位置状态信息和有关线路电气量信息。若考虑母线检修、母线故障、开关检修、线路跳闸等情况所形成的孤岛方式都需要自动判断，则势必使得孤岛方式判别变得十分复杂。与并联运行方式相比，孤岛方式下直流的运行工况恶劣很多，尤其是很多设备面临直流双极故障后过电压的考验。所以建议在送端交流系统运行方式为正常接线时，才进入孤岛运行方式A或者B。非常规孤岛方式则通过调度员人工投退方式判别压板来实现。

楚雄换流站采取孤岛运行方式，运行方式见表1。孤岛运行过电压主要针对以上9种方式进行。

表1 运行方式及计算条件

运行方式	小湾开机台数	小楚线路投入情况	金安桥开机台数	金楚线路投入情况	电源装机容量（MW）	直流系统输送功率（MW）	无功补偿容量（Mvar）	故障方式
1	6	3	2	1	5400	5000	2880	双极闭锁
2	5	3	4	2	5900	5500	3040	双极闭锁
3	4	3	4	2	5200	5000	2720	双极闭锁
4	4	2	4	2	5200	5000	2880	双极闭锁
5	4	2	2	1	4000	3750	2240	双极闭锁
6	4	2	1	1	3400	3000	1760	双极闭锁
7	3	2	3	2	3900	3750	2080	双极闭锁
8	2	1	4	2	3800	3500	2080	双极闭锁
9	1	1	4	2	3100	3000	1760	双极闭锁

（三）金安桥水电站的对策

1. 过电压　由于发电机带长线路运行以及换流站母线上配置有大量无功补偿设备，楚雄换流站在孤岛运行各方式下楚穗特高压直流系统发生双极闭锁时，产生的过电压水平最高，换流站此时的操作过电压水平在1.59～1.65p.u.，最高暂时过电压水平为1.57p.u.（$1p.u.=550\sqrt{2}/\sqrt{3}kV$）。

楚雄换流站直流如发生双极闭锁故障，金安桥水电站这一侧过电压水平相对最高。在楚雄换流站直流控制保护措施没有执行完前，不宜先切除金楚线路开关及发电机开关，否则会对发电厂设备和断路器造成损坏。金安桥水电站和换流站保护定值应协调配合，避免事故发生。主要有：① 发电机过电压保护；② 发电机过激磁保护；③ 主变过激磁保护；④ 线路过电压保护。

云南—广东±800kV直流输电工程《楚雄换流站孤岛运行研究总结》中提出：根据收集资料和常规发电厂的设计，如过电压保护延时为0.1s，发电厂设备和线路具备承受过电压的能力，因此建议将小湾、金安桥水电站保护设置合理的延时。

另外，直流单极运行方式下，发电厂同负荷的联系较弱，此时再发生单极闭锁故障也将导致过高的过电压。因此，应避免出现孤岛系统单极运行方式。

2. 发电机自励磁　水电机组不产生自励磁的条件为$X_c>X_s$。X_c为发电机外电路容抗，包括交流滤波器容抗以及空载线路的等值容抗；X_s为电源阻抗，包括发电机同步电抗和变压器漏抗。云南—广东±800kV直流输电工程《楚雄换流站孤岛运行研究总结》中提出：在各种运行工况下，金安桥水电站都不会发生自励磁。

金安桥、小湾水电站机组采用并列运行方式，根据《交流电气装置的过电压保护和绝缘配合》规定，发电机的容量大于被投入空载线路的充电功率，就可以保证不发生发电机自励磁。通过计算，换流站在各种运行方式下，小湾和金安桥水电站投入的总容量都远远大于双极闭锁后线路和交流滤波器的总的容性充电功率。因此，各种运行方式下，均不会发生发电机自励磁。

3. 切机配合　金安桥水电站配备有安全稳定装置，装置按双套系统设置，每套均由一台RCS－992A主机、一台RCS－990A从机及其他辅助设备组成。双套配置系统构成A和B两套系统，两套系统完全独立，互为备用运行。安稳装置采集电厂两回500kV线路、4台机组的投停信息，将电厂4台机组可切容量向远方主站楚雄换流站安稳装置发送，接收并执行由远方安稳主站发来的远方切机命令；并接收楚雄站发来的孤岛方式/联网方式信息，以及楚雄直流极闭锁标志。

（1）远方切机功能：正常运行时，测量1～4号机组发电机出力，按固定顺序（2号－3号－4号－1号），考虑自动保留机组（保留机组台数由定值设定）之后，将当前可切机组的出力按固定顺序上送至楚雄换流站，由楚雄换流站根据策略切机需要逐台选择本厂机组后，将需切机组矩阵下发至金安桥水电站。

（2）出线$N-1$故障切机功能：当本厂出线双线运行方式下，发生$N-1$故障，装置根据事故前的断面潮流，采取切机措施，切除相应容量机组。如果金楚甲线跳闸，切机优先顺序为4号－2号－3号－1

号，并且不论4号机组允许切机连接板是否投入，只要4号机组运行就先切除4号机组，其他要切除机组必须为可切机组；如果金楚乙线跳闸，切机优先顺序为3号－2号－4号－1号，并且不论3号机组允许切机连接板是否投入，只要3号机组运行就先切除它，其要切除机组必须为可切机组。如果发生两回线在同一启动周期内相继跳闸，按先判断出跳闸那回线对应切机顺序处理。

(3) 高频切机功能：本站装置测量本站两条500kV出线电压的频率，计算系统高频。装置分别为孤岛方式、联网方式设置高频定值，孤岛方式设置三轮高频定值（第一轮：Fset1－1＝51.0Hz，Tset1－1＝1s；第二轮：Fset1－2＝51.5Hz，Tset1－2＝0.8s；第三轮：Fset1－3＝52.0Hz，Tset1－3＝0.6s），联网方式设置三轮高频定值（第一轮：Fset1－1＝51.0Hz，Tset1－1＝1s；第二轮：Fset1－2＝51.5Hz，Tset1－2＝0.8s；第三轮：Fset1－3＝52.0Hz，Tset1－3＝0.6s）。三轮高频切机功能一个外部硬连接板“投高频功能”控制进行投退，仅仅硬连接板处于投入状态时，高频切机功能才投入。高频继电器每轮均设有独立的控制字、频率、延时定值及切除机组功率定值。每一轮高频动作，切除一台机组，多轮次动作时，切机台数进行累加。在同一个启动周期内如果远方切机与本地高频切机相继动作，则在远方命令之后动作的高频轮次的要切机组需要在远方切机之后追加切除；在远方命令之前的高频轮次需要切机台数与远方命令的切机台数按较大者执行。

4. 电压控制及功率控制　电站稳控装置接收电网传送的联网/孤岛/直流停运三种状态量，根据这三种状态采取不同的对策。联网方式下电压调整及功率控制均采用常规方式，即按空载、并网试验时的参数运行；孤岛方式下电压调整及功率控制由试验确定，参数基本类似于孤网运行模式，根据小湾水电站的试验，电压调整的比例放大系数为联网方式下的一半，调节时间延长；调速器的比例放大系数同样减小，调节时间延长。

通过以上措施，才能保证孤岛运行方式下电网电压及频率的控制。

（四）研究与试验

南网在实验室模拟试验的基础上，通过三阀组、四阀组第一、第二阶段（1000MW，仅带小湾水电站）的试验积累了很多经验，基本解决了孤岛状态下电压/频率调节质量、直流停运时水电站机组间振荡等问题。

根据南网要求，金安桥水电站、小湾水电站均订购了一台AVC控制设备、两台调速器控制设备、一台励磁控制设备，南网科研院准备做进一步的仿真试验，这样可为下一步的孤岛试验提供更多的依据。

在试验中发现，在联网转孤岛、孤岛转联网的瞬间，系统、水电站承受了较大的冲击。这个问题需进一步研究解决。

（五）结语

楚穗直流输电系统转为孤岛运行方式时，电压调整参数及功率调整参数都要发生变化，向类似孤网运行的方式趋进。电压控制和频率控制是孤岛运行的一个重要的研究课题。水电站认为直流停运后应采用如下的安全稳定控制策略下：在楚雄换流站设立控制主站，发出切机命令至小湾和金安桥水电站，机组全部解列，之后经过一定的延时，切除金楚甲乙线、小楚甲乙线，再隔离直流系统。紧接着和平变带起一条500kV线路，等待系统恢复；这种方式比直流停运后小湾和金安桥各带台机组的方式要易于操作，而且避免了两座水电站之间振荡等复杂问题。

楚穗直流孤岛运行方式对金安桥的主要影响是：有利之处可避免直流系统故障导致的功率转移，大大简化了安稳装置；不利之处除以上问题外，送出线路的稳定情况发生变化。

（金安桥水电站有限公司　李凡林　魏应兵）

金安桥水电站500kV金楚甲线启动试验

（一）概况

金安桥水电站共装设4台单机容量为600MW的立轴混流式水轮发电机组，总装机容量为2400MW，机组采用带发电机出口断路器的发电机变压器组单元接线方式，500kV系统主接线为3/2接线，4进2出。以金楚甲线、金楚乙线接入楚雄换流站。

500kV金楚甲线连接楚雄换流站和金安桥水电站，设计全长285.264km，导线型号为4×LGJ－500/45、6×LGJ－300/40。

本次启动调试范围为：500kV金楚甲线线路及其两侧高抗，500kV开关站。调试内容为：由楚雄换流站用500kV金楚甲线5021断路器对金楚甲线及两侧高抗充电并核相；金安桥水电站500kV开关场充电。

（二）启动前相关厂站设备运行状态

1. 一次设备状态

(1) 金安桥水电站第三串5031断路器、第三串联络5032断路器、第三串5033断路器在冷备用状态，500kV金楚甲线50316隔离开关、500kV 4号主变高压侧50336隔离开关在分闸位置，500kV第三串5031、5032断路器T区503167接地开关、500kV金楚甲线 5031617 接地开关、500kV 第三串 5032、5033 断路器 T 区 503367 接地开关、500kV 4 号主变压器高压侧 5033617 接地开关在分闸位置。金楚甲线在冷备用状态，金楚甲线高抗接入线路，500kV 金楚甲线 5031DK1 隔离开关在合闸位置，500kV 金楚甲线 5031DK17 接地开关在分闸位置。

（2）金安桥水电站第二串 5021 断路器、第二串联络 5022 断路器、第二串 5023 断路器在冷备用状态，500kV 3 号主变压器高压侧 50216、500kV 金楚乙线 50236 隔离开关在分闸位置，500kV 第二串 5021、5022 断路器 T 区 502167 接地开关、500kV 3 号主变压器高压侧 5021617 接地开关、500kV 第二串 5022、5023 断路器 T 区 502367、500kV 金楚乙线 5023617 接地开关在分闸位置。

（3）金安桥水电站第一串 5011 断路器、第一串联络 5012 断路器、第一串 5013 断路器在冷备用状态，500kV 1 号主变压器 1B 高压侧 50116 隔离开关、500kV 2 号主变压器 2B 高压侧 50136 隔离开关在分闸位置，500kV 第一串 5011、5012 断路器 T 区 501167 接地开关、500kV 1 号主变压器 1B 高压侧 5011617 接地开关、500kV 第一串 5012、5013 断路器 T 区 501367 接地开关、500kV 2 号主变压器 2B 高压侧 5013617 接地开关在分闸位置。

（4）金安桥水电站 500kV 1、2 号母线处冷备用状态。

（5）楚雄换流站 500kV 金楚甲线 5021 在冷备用状态，500kV 金楚甲线 5022 在检修状态。500kV 金楚甲线 5021 断路器、500kV 金楚甲线 5022 断路器在分闸位置；50211、50212、50221、50222 隔离开关在分闸位置；502117、502127 接地开关在分闸位置；502217、502227 接地开关在合闸位置；502167 接地开关在分闸位置。500kV 金楚甲线处于冷备用状态，金楚甲线高抗接入线路，5021DK1 隔离开关在合闸位置，5051DK17 接地开关在分闸位置。

2. 继电保护临时措施　在待启动范围内所有设备的保护、控制、保信系统及故障录波器正常投入，已执行正式定值单的基础上采取以下临时措施：

（1）金安桥水电站第三串 5031 断路器 RCS921A 保护的充电Ⅱ段保护定值改为 0.14A/0.1s，投入第三串 5031 断路器 RCS921A 保护的充电保护，控制第三串 5031 断路器潮流不超过 500MVA。

（2）金安桥水电站退出第三串 5031 断路器、第三串联络 5032 断路器的重合闸。

（3）楚雄换流站，500kV 金楚甲线 5021 断路器 RCS921A 保护的充电Ⅱ段保护定值改为 0.27A/0.1s，投入 500kV 金楚甲线 5021 断路器 RCS921A 保护的充电保护，控制 500kV 金楚甲线 5021 断路器潮流不超过 900MVA。

（4）楚雄换流站：退出 500kV 金楚甲线 5021 断路器的重合闸。

（三）启动步骤

1. 楚雄换流站对金楚甲线进行充电及核相的步骤

（1）金安桥水电站合上 500kV 金楚甲线线路电压互感器二次自动开关。

（2）楚雄换流站合上 500kV 金楚甲线线路电压互感器二次自动开关。

（3）金安桥水电站合上 50311、50312、50321、50322、50331、50332、50316 隔离开关，将 500kV 金楚甲线转为热备用状态。

（4）楚雄换流站合上 50211、50212 隔离开关，将 500kV 金楚甲线转为热备用状态。

（5）楚雄换流站控制 500kV 母线电压不超过 535kV，合上 500kV 金楚甲线 5021 断路器，对 500kV 金楚甲线线路第一次充电，至少保持 5min。

（6）金安桥电站检查 500kV 金楚甲线电压互感器充电情况，电压互感器二次电压、相序应正常，高抗保护极性应正确。

（7）楚雄换流站检查 500kV 金楚甲线电压互感器充电情况，电压互感器二次电压、相序应正常，高抗保护极性应正确。

（8）楚雄换流站断开 500kV 金楚甲线 5021 断路器。

（9）5min 后，楚雄换流站控制 500kV 母线电压不超过 535kV。合上 500kV 金楚甲线 5021 断路器，对 500kV 金楚甲线线路第二次充电，至少保持 5min。

（10）楚雄换流站断开 500kV 金楚甲线 5021 断路器。

（11）楚雄换流站控制 500kV 母线电压不超过 535kV，合上 500kV 金楚甲线 5021 断路器，对 500kV 金楚甲线线路第三次充电，至少保持 5min。

（12）楚雄换流站断开 500kV 金楚甲线 5021 断路器。

（13）5min 后，楚雄换流站控制 500kV 母线电压不超过 535kV。合上 500kV 金楚甲线 5021 断路器，对 500kV 金楚甲线线路第四次充电，至少保持 5min。

（14）楚雄换流站断开 500kV 金楚甲线 5021 断路器。

（15）5min 后，楚雄换流站控制 500kV 母线电压不超过 535kV。合上 500kV 金楚甲线 5021 断路器，对 500kV 金楚甲线线路第五次充电，楚雄换流站对金楚甲线充电结束。

2. 金安桥电厂 500kV 开关场充电

（1）确认 500kV 1 号母线具备送电条件后，合上

500kV 金楚甲线 5031 断路器对该母线进行充电，并用 500kV 1 号母线电压互感器与 500kV 金楚甲线电压互感器进行核相，应正确。

（2）核实 4 号主变压器短引线保护已投入。

（3）合上 500kV 第三串联络 5032 断路器。

（4）确认 500kV 2 号母线具备送电条件后，合上 500kV 4 号主变压器 5033 断路器该母线进行充电，并用 500kV 2 号母线电压互感器与 500kV 金楚甲线电压互感器进行核相，应正确。

（5）核实 500kV 1 号主变压器、2 号主变压器、3 号主变压器、金楚乙线短引线保护已投入。

（6）合上 50111、50112、50121、50122、50131、50132、50211、50212、50221、50222、50231、50232 隔离开关。

（7）合上 500kV1 号主变压器高压侧 5011 断路器，合上 500kV 第一串联络 5012 断路器，检查 500kV 2 号主变压器高压侧 5013 断路器同期正常后，用 5013 断路器同期合环。

（8）合上 500kV 3 号主变压器高压侧 5021 断路器，合上 500kV 第二串联络 5022 断路器，检查 500kV 金楚乙线 5023 断路器同期正常后，用 5023 断路器同期合环。

500kV 金楚甲线极性检测及保护措施恢复后，进入 24h 试运行，试运行正常后投入 500kV 金楚甲线线路两侧的重合闸。

（金安桥水电站有限公司　魏应兵）

金安桥水电站计算机监控系统

（一）设计原则

金安桥水电站的运行值班方式按“无人值班”（少人值守）的原则设计，并按照无人值班的原则预留接口和平台。电站监控方式采用以计算机监控系统为基础的全厂集中监控。

系统选用开放式、全分布的系统结构，系统配置和设备选型适应计算机发展迅速的特点，具有先进性和向后兼容性，能充分保护用户的投资。软件采用模块化、结构化设计，保证系统的可扩性，满足功能增加及规模扩充的需要。系统具有冗余容错设计，不会因局部的故障而引起系统误操作或降低系统性能，各 LCU 能脱离主控级独立运行。

（二）系统结构

金安桥水电站计算机监控系统采用基于 UNIX 操作系统跨平台的全分布开放系统结构，系统设电站级和现地控制单元级，网络结构采用双光纤双星型 1000Mbps 以太网结构。

1. SCADA 服务器　完成实时数据库的数据采集与管理、开关量报警处理、模拟量越限检查、数据库数据的指定计算、AGC 及 AVC 计算和处理等任务。

2. 历史数据服务器集群　由 2 套 Sun Fire V490 型服务器及 1 套 Sun StorageTek（TM）2540 双通道光纤磁盘阵列组成。完成历史数据的存储、管理。

3. 操作员工作站　实现运行人员对电站的监视和控制。

4. 工程师工作站　用于系统的维护和管理。

5. 培训工作站　用于电站相关人员的培训。

6. 调度通信服务器　作为与南方网调及云南省调的调度通信，两台互为热备用方式运行。

7. 站内通信服务器　负责与厂内自成体系的系统进行数据通信。

8. ON-CALL 服务器　完成语音/电话报警、电话查询、事故自动寻呼（ON-CALL）及手机短信报警等工作。

9. 生产信息发布 WEB 服务器　用于电站生产管理、历史数据库的生成等，并满足 MIS 系统的访问要求。

10. 电源系统　上位机配置了 2 套 30kVA 并联冗余不间断电源系统，保证切换时不中断供电，提高系统电源的可靠性。现地控制单元采用交直流双供电装置，每套由一路厂用直流 220V DC 和一路厂用交流 220V AC 电源同时供电，交流输入端配置隔离变压器；其中机组现地控制单元单独增加一路 220V DC 电源给紧急停机回路供电，以保证机组紧急停机回路电源的可靠性。

11. 现地控制单元（LCU）　按被控对象设置机组（4 台）、开关站、公用、坝区共 7 套 LCU。本地 I/O 与远程 I/O 之间通过 1Mbps 冗余 RIO 现场总线连接。完成对被监控设备的就地数据的采集及监控，当其与主站级系统脱离后仍然能在当地实现对有关设备的监视和控制。

（三）主要功能

监控系统采用全计算机监控系统，控制方式设置调度控制方式、上位机控制方式、现地 LCU 控制方式三级，控制级别现地最高。

1. 上位机　负责整个电站的监视、控制和调节，完成从各 LCU 和外部子系统采集数据、数据归档、事件记录与归档、生产报表、趋势曲线和语音报警，实现电站 AGC、AVC 功能，同时，还负责电站计算机监控系统与南方电网、云南电网的通信连接。

2. 现地控制单元（LCU）　采用施耐德 Unity Quantun 系列 PLC 构成，全部模块采用标准化模件，均满足带电热插拔要求，输出模块故障可预定义；可与采用不同规约现场总线的现场设备通信。LCU 自动接收来自电站层的命令和数据，采集被控设备各模拟量、温度量、开关量和脉冲量及非电量，存入机组LCU数据库中，经过相应处理，根据主控级的要求上送数据；通过液晶触摸显示屏，显示设备的运行状态及运行参数，当运行人员进行操作登录后，可通过触摸屏对被控对象进行自动控制和调节。LCU与主控级的通信，将采集到的数据及时准确地传送到主控级计算机中，同时接收主控级发来的控制和调节命令，并将执行结果回送主控级；接收主控级的同步时钟信号，保持与主控级同步。LCU通过现场总线与被控对象的智能设备进行通信；设置与便携式工作站通信的接口，用于调试。

（四）系统特点

（1）采用全分布开放系统结构，按照开放的接口、服务和支持格式规范而实现的系统，使应用系统能以最少修改，实现在不同系统中的移植；能同本地的或远程系统中的应用实现互操作。

（2）数据库服务器、操作员工作站、工程师工作站、通信工作站、电话语音报警服务器站等都使用符合IEEE和ISO开发系统国际标准的UNIX/Linux/Windows操作系统。冗余化的设计和开放式系统结构，使系统既可靠实用，又便于扩充。监控系统具有分布式数据库，全厂实时数据库和历史数据库分布在厂站级计算机中，各单元实时数据库分布在各个LCU上，系统功能分布在各个节点上，每个节点严格执行指定的任务和通过系统控制网与其他节点进行通信。

（3）网络上接入的每一设备都具有自己特定的功能，实现功能的分布，保证了网络上的节点设备中任一部分故障或不工作，均不影响系统其他功能部分的运行。网络节点设备资源相对独立又可为其他节点共享，为今后功能扩充提供了较大的方便。

（金安桥水电站有限公司　李春兰）

18声路超声测流及机组效率监测系统在三峡右岸电站的应用

三峡右岸电站共装设12台700MW水轮发电机组。22号机组为首台发电机组，由法国Alstom Hydro供货，机组额定流量907.2m³/s，最大流量1020m³/s，引水压力钢管和水轮机蜗壳进口直径为12.4m，选用了国网电力科学研究院UF－911型超声测流及机组效率监测系统。此前，国内运用多声路超声波法测量的最大管径是福建水口水电站，为10.5m，采用国网电力科学研究院生产的UF－911型交叉4声路（8声路）超声波流量计。三峡右岸机组引水管道直径大、直管段短、流态复杂，为了提高流量测量精度，国网电力科学研究院采用了18声路超声测流方案。

（一）实施方案

根据三峡右岸电站压力钢管的实际情况，测流断面选择在压力钢管水平直管段，直径为12 400mm，距上游弯管不足1倍的直径；为了避开伸缩节，测量断面尽量选择靠近蜗壳。压力钢管和测流断面位置采用交叉9声路（18个声路）布置。

超声测流系统由主机＋现地单元＋防水电缆＋穿缆器＋换能器组成；主机与现地单元之间采用RS485总线，为防干扰，总线电缆为多模光纤，最远距离超过1km；现地单元与换能器之间采用加强型防水信号电缆连接。由于压力钢管直径大，声路长，每个声路声波传播时间相应也较长。在这种情况下，如果采用顺序控制声路切换，从第一个声路开始到完成18个声路测量用时多，必然影响测量的精度。为此采用了分布并行技术，每台机组配置2套有独立CPU的智能现地单元，分别负责9声路测量；2台现地单元并行运行，同时完成2个交叉9声路（18声路）的实时测量，然后将测量数据打包上传，测量时间压缩了近一半。

（二）应用情况

2007年3月进行工程实施。这是国内首次采用18声路测流技术，国网电力科学研究院认真解决了相关的工程技术问题，如定位点的X/Y向修正值、积分权值的推算、采用CFD技术进行精度的评价等；在工程施工中采用高精度的测量仪器激光经纬仪进行测量定点，根据理论计算18声路，各声路安装点的安装角度及安装修正尺寸，做到实际安装位置符合理论位置，把安装误差控制在现有的测量工具的精度范围之内，保证换能器的安装精度。同年随该机组在右岸电站首次开机运行，取得了令人满意的结果，得到用户认可。

在12.4m管径上采用超声波测流，这在国内外是第一次。UF－911型18声路超声测流及机组效率监测系统三峡右岸机组应用成功，为解决大型、巨型水电机组流量的精确测量难题，提供了有效手段。

（国网电力科学研究院　刘占果）

拉西瓦水电站计算机监控系统全部投运

2010年8月17日19时46分，黄河干流规模最大的水电站——拉西瓦水电站1号机组顺利完成72h

试运行，成功并网发电。1号机组的顺利投产标志着该电站首批5台机组全部投产发电。由国网电力科学研究院负责研制的电站计算机监控系统全部顺利投运，为首批5台机组全部投产发电作出贡献。

拉西瓦水电站位于青海省的黄河干流上，安装6台单机容量700MW混流式水轮发电机组，多年平均发电量约102.23亿kW·h，是黄河流域装机容量最大、大坝最高、发电量最多、单位千瓦造价最低的水电站，也是“西电东送”北通道的骨干电源和关键工程。电站额定水头205m，机组转速142.9r/min，采用750kV输出电压。拉西瓦水电站建成后，主要承担西北电网的调峰和事故备用，对西北电网750kV网架起重要支撑作用，将大大加强西北电网“西电东送”的能力。

该项目于2001年10月1日开始筹建，2004年初实现截流，2009年3月实现下闸蓄水，2009年4月首批2台机组5、6号机并网发电，2009年10月3号机并网发电，2009年12月2号机并网发电，2010年8月1号机并网发电，至此首批5台机组全部投产发电。

拉西瓦水电站计算机监控系统项目于2007年3月开始项目实施。鉴于该电站在西北电网中的重要地位，同时也是我国水电行业继三峡水电站、龙滩水电站后第三个单机容量达700MW的水电站，国网电力科学研究院成立了拉西瓦水电站计算机监控系统项目部，组织力量，在很短的时间内完成了项目的设计、所内调试、用户联合开发等工作。2008年12月开始现场施工后，国网电力科学研究院先后派出了包括项目经理、部门经理的6名工程师赴现场调试。这些人员积极与监理、施工单位合作，从柜间接线到设备元件检查，从信号正确性核实到程序的完善，每一项工作都细致入微，使各机组计算机监控系统顺利投运。稳定可靠的系统深受电站方的肯定。

（国网电力科学研究院　郝秀峰）

蒲石河抽水蓄能电站的计算机监控系统

蒲石河抽水蓄能电站位于辽宁省丹东市宽甸满族自治县境内，距丹东市约60km，建成后并入东北电网，担任调峰、填谷、调频、调相和事故备用任务。电站安装4台300MW可逆式水泵水轮机－发电电动机组，年发电利用小时数1550h，年抽水利用小时数2008h。电站主接线采用发电机变压器组单元接线，在发电电动机与主变压器之间接有换相开关和发电机断路器。发电机/电动机工况转换时的换相和机组并入系统的同期均在主变压器18kV侧进行。每2组发电机变压器组单元在主变压器500kV侧联合，500kV侧采用二进一出三角形接线，以1回出线接至500kV五龙背变电所。

蒲石河抽水蓄能电站计算机监控系统采用开放式分层分布系统，全分布数据库。全厂数据库分布在各计算机中，系统各功能分布在系统的各个节点上，每个节点严格执行指定的任务和通过系统网络与其他节点进行通信。

整个监控系统由丹东集控中心、电站主控级和现地控制单元三部分组成。丹东集控中心与电站主控级之间采用1000Mb/s以太网进行通信。主控级与现地控制单元之间采用100Mb/s交换式冗余以太环网进行通信，通信协议为TCP/IP网络协议。现地控制单元之间通过冗余以太网络进行信息自动交换，这样在主控级退出运行后仍能实现机组抽水起动。现地控制单元与其他计算机控制子系统之间通过现场总线进行信息交换，对于无法采用现场总线进行通信的设备采用硬布线I/O进行连接，另外，对于重要的安全运行信息、控制命令和事故信号除采用现场总线通信外，还通过I/O点直接连接，以实现双路通道通信，确保通信安全。

蒲石河抽水蓄能电站厂站级采用国网电力科学研究院NC2000监控系统软件，现地控制级采用国网电力科学研究院SJ－600系列现地单元监控装置，该装置以国网电力科学研究院高性能的MB80系列PLC为核心，辅以国网电力科学研究院的SJ－12D双微机自动准同期装置以及其他人机界面和I/O设备。

蒲石河抽水蓄能电站计算机监控系统设4种控制方式，以满足电站的运行需要，即网调远方控制、丹东集控中心远方控制、电站控制室控制和电站现地控制，其中电站现地控制权限最高，电站控制室控制权其次，接着为丹东集控中心远方控制，网调远方控制权限最低。网调/集控中心控制权在集控中心操作员工作站选择；网调/电站控制室或集控中心/电站控制室的控制权在电站控制室操作员工作站选择；远方/现地控制权在LCU现地选择。并且为了保证控制和调节的正确、可靠，所有操作均按“选择—确认—执行”方式进行，并且每一步骤都有严格的软件校核、检错和安全闭锁，同时硬件方面也有防误闭锁措施。

辽宁蒲石河抽水蓄能电站监控系统项目2008年10月签订合同，经过约20个月的厂内调试工作，于2010年5月出厂。计划2011年3月起，监控系统各现地控制单元陆续投运，2011年12月实现首台机组的商业运行。

（国网电力科学研究院　靳祥林）

大型工程安全监测自动化系统通信、组网及多系统集成技术研究

（一）概况

大型工程安全监测自动化系统通信、组网及多系统集成技术研究依托小湾水电站进行。

小湾水电站为混凝土双曲拱坝，最大坝高294.5m，装机容量4200MW，枢纽区建筑物主要包括大坝及坝基坝肩抗力体、引水发电系统、泄洪洞、两岸坝肩高边坡等，工程安全监测测点超过10 000个。传统自动化系统网络结构、通信系统传输容量受限，难以保证数据采集实时性、一致性和可靠性。

本研究旨在大型工程安全监测自动化系统实现相关监测量同步测读，胜任多测点、密测次和减少人工干预的要求，提供建筑物在时间上和空间上更为连续的信息。

（二）系统构成

自动化系统通常由数据采集装置、数据传输网络及网络硬件设备等要素构成。常规自动化系统侧重于数据采集，数据传输及信息管理难以满足大规模集成化与信息实时反馈的要求。为此，小湾水电站将工程安全监测自动化系统分为自动化数据采集系统和安全监测信息管理系统，以实现通信、组网、信息等方面模块化、专业化。

1. 自动化数据采集系统　主要功能是按照相关设置，把分布在建筑物的各类监测传感器的标准和非标准电信号进行准确的采集、传输到指定的存储设备上，并按照一定的格式进行储存。一般情况下分为两级系统，其一为采集模块通过和传感器类型相匹配的激励模式电路和A/D数模转换电路，对现场传感器的模拟信号进行数据采集、转换和存储；其二为上位机通过计算机网络系统对采集模块进行操作、控制，将观测数据以数值量的方式传输到指定的存储设备上并按照一定的格式进行储存。采集系统中通信的主要功能是根据相关协议建立各设备之间的物理联系进行信息传递，包括数据采集装置和传感器之间、数据采集装置与监测管理站之间、监测管理站与监测管理站之间、监测管理站与监测中心站之间、监测中心站与流域管理站之间的通信。

2. 安全监测信息管理系统　主要功能是对所有观测数据以及与安全有关的文件、施工资料等进行科学有序的管理、整理整编与综合分析，并最终对分析成果、原始信息等以可视化的方式输出，为实时掌握工程的运行状况提供有效的参考依据。

（三）网络设计

目前国内外众多采集系统所使用的网络结构有星形结构、环形结构和总线结构。结合小湾水电站实际情况，为确保系统的可靠和实用，小湾水电站安全监测自动化网络结构采用分布式网络结构，监测管理站和现场监测站之间采用RS－485总线网络，监测中心站和监测管理站之间采用星形网络，充分发挥各网络结构型式的优点。

（四）通信及组网

小湾水电站安全监测自动化系统网络采用分布式、多级连接的RS－485总线结构。监测管理站和现场监测站之间采用RS－485总线网络，监测中心站和监测管理站之间采用星形网络（电厂内部局域网）；监测数据传输方式主要采用有线和GSM、GPRS无线通信。对所有自成体系及未接入自动化体系的大型临时建筑物和各子系统未接入自动化系统的人工测读数据，在安全监测信息管理系统层面实现集中统一管理。对地震信息纳入安全监测自动化系统进行阈值触发，以实现系统对地震实时动态监测。

（五）多系统集成研究

小湾水电站建筑物范围广、监测项目众多，即使采用分布式监测系统对整个枢纽区接入自动化系统的监测项目全部巡测一次也耗时较多。为了系统的可靠和实用，根据小湾水电站建筑物的功能相似、部位接近等特点和目前自动化网络架构，并考虑建筑物的重要性和接入安全监测自动化系统的必要性，小湾水电站安全监测自动化系统分为6个子系统，即右岸拱坝监测子系统、左岸拱坝监测子系统、右岸坝肩抗力体子系统、左岸坝肩抗力体子系统（含导流洞堵头）、地下引水发电洞室群监测子系统和高边坡监测子系统。各子系统的监测管理站计算机连接相关建筑物的数据自动采集设备，数据自动采集设备连接各部位的监测传感器。各监测管理站有各自的监测硬件、软件和通信网络，分区域管理，各自独立，相互之间组成局域网可进行通信，并和上一级监测管理中心站的监控主机之间可进行相互通信，并实现系统集成。

（六）应用效果评价

目前小湾水电站安全监测自动化系统集成测点超过5000多个，已稳定运行近3年，为大坝的安全运行提供了大量的实时、准确的监测数据，在反馈信息、指导工程下闸蓄水及安全运行等方面发挥了重要作用。该工程安全监测自动化系统，监测资料可靠、及时，与环境量同步，并集成了相对独立的激光三维变形监测系统、GNSS测量系统，使分析资料的连续性、实时性和系统的易用性、可扩充性大为提高；同时，节省了人工观测的大量人力，解决了人工观测与

环境量的同步性较差的问题，经济上和技术上都取得了很好的效果。

（中国水电顾问集团昆明勘测设计研究院
赵志勇　谭志伟）

景洪、小湾、马鹿塘二期三座水电站机组温度保护系统的设计与运行情况

近年来，投运的景洪水电站、小湾水电站、马鹿塘二期水电站，其水轮发电机组测温元件的配置总体情况见表1。其中温度控制仪输出开关量信号，作用于事故停机及报警；测温装置（巡检仪、R I/O温度模块、机组测温LCU）输出模拟量信号，作用于报警。

这三座电站的机组温度保护系统的设计与运行情况简介如下：

（一）景洪水电站

1. 设计时的机组温度保护配置

（1）机组LCU中，除了配置有PLC控制回路外，还设计有常规继电器硬接线的后备紧急停机回路。

表1　景洪、小湾、马鹿塘二期水电站每台机组测温元件总体配置情况表

工程名称		景洪水电站		小湾水电站		马鹿塘二期水电站	
单机容量		350MW		700MW		100MW	
测温元件		温度控制仪	R I/O温度模块	温度控制仪	机组测温LCU	温度控制仪	巡检仪
报警信号总计		50点	196点	12点	348点	26点	86点
跳闸信号	上导瓦温	4	2	2	12	4	8
	下导瓦温	4	1	2	12	5	10
	推力轴瓦	4	1	4	16	6	12
	水导瓦温	4	1	4	8	4	12
	总计	16点		12点		19点	

（2）在机组LCU中配置R I/O温度模块，通过Pt100测温电阻对机组各部位进行温度测量。

（3）每块温度控制仪有一对用于温度升高报警的触点和两对独立的温度过高的报警触点，此外还输出一路4～20mA的模拟量信号。

（4）上导、下导、推力、水导轴瓦的温度控制仪均有1对触点用于温度升高报警，另有两对温度过高触点用于事故停机，其中一对温度过高触点输入机组现地计算机监控系统（LCU），启动机组事故停机流程，进行事故停机；另一对温度过高触点输入机组LCU的继电器硬接线后备停机回路，进行事故停机。

2. 温度保护设计思路　只有用温度控制仪进行监测的轴瓦温度过高的开关量信号才进行事故停机，用温度控制仪进行监测的油温和空冷器的温度只报警、不停机；温度控制仪输出的4～20mA模拟量信号只用于报警、不停机；通过机组LCU的R I/O温度模块采集的轴瓦温度、油槽温度、空气冷却器温度、定子温度等只用于温度升高报警，不进行事故停机。

3. 投运后的机组温度保护　首台机组于2008年6月投产，投产后发生了多次因机组温度保护误动而引起的非计划停机。后来对机组温度保护系统进行了如下修改：

（1）机组LCU中PLC的温度保护策略修改为：由温度控制仪输入的同类轴瓦温度过高信号任意两点同时动作并延时0.5s后启动机组紧急停机流程，以提高温度保护的抗干扰性。由于使用了PLC，其逻辑组合及延时功能修改非常容易。

（2）在机组LCU中常规继电器硬接线后备紧急停机回路的温度保护策略修改为：由温度控制仪输入的同类轴瓦温度过高触点两两串联后直接动作于机组事故停机。由于常规继电器硬接线的修改比较困难、没能实现延时功能，修改后的逻辑组合也不够完善，拒动的可能性较大。

（二）马鹿塘二期水电站

1. 初始设计的机组温度保护配置

（1）机组LCU中，除了配置有PLC控制回路外，还设计有常规继电器硬接线的后备紧急停机回路。

（2）配置温度巡检装置对其余的测温点进行检测。

（3）每块温度控制仪有一对用于温度升高报警的触点和两对独立的温度过高的报警触点。

（4）上导、下导、推力、水导轴瓦的温度控制仪均有1对触点用于温度升高报警，另有两对温度过高

触点用于事故停机，其中一对温度过高触点输入机组LCU的PLC控制回路，进行事故停机；另一对温度过高触点输入机组LCU的继电器硬接线后备停机回路，进行事故停机。

2. 温度保护设计思路　只有用温度控制仪进行监测的轴瓦温度过高信号才进行事故停机，用温度控制仪进行监测的油温和空冷器的温度只报警、不停机；通过温度巡检装置监测的轴瓦温度、油槽温度、空气冷却器温度、定子温度等只用于温度升高报警，不进行事故停机。

3. 修改后的设计　电站于2009年底首台机组投运后，频繁发生机组温度保护误动事故，引起了多次非计划停机，给电站带来很大损失，业主方强烈要求对机组温度保护设计进行修改。在参考了业主的意见后，采取了如下修改措施：

（1）在机组LCU中PLC的温度保护策略修改为：由温度控制仪输入的同类轴瓦温度过高信号任意两点同时动作并延时20s后启动机组紧急停机流程。

（2）在机组LCU的常规继电器硬接线后备紧急停机回路中增加一个时间继电器。

（3）在机组常规继电器硬接线后备紧急停机回路的温度保护策略修改为：由温度控制仪输入的同类轴瓦温度过高接点两两串联与后时间继电器的延时触点串联，经20s延时后动作于机组事故停机。由于常规继电器硬接线后备紧急停机回路修改后的逻辑组合也不够完善。

（三）小湾水电站

1. 初始设计的机组温度保护配置

（1）机组LCU中，除了配置有PLC控制回路外，还设计有由独立的PLC构成的后备紧急停机回路。

（2）配置了机组专用测温LCU，通过其配置的测温模块对Pt100测温电阻进行温度测量。

（3）每块温度控制仪有一对用于温度升高报警的触点和两对独立的温度过高的报警的触点，此外还输出一路4～20mA的模拟量信号；上导、下导、推力、水导轴瓦的温度控制仪均有1对触点用于温度升高报警，另有两对温度过高触点用于事故停机，其中一对温度过高触点输入机组LCU的PLC控制回路，经该PLC进行事故停机；另一对温度过高触点输入机组LCU的后备紧急停机PLC控制回路，经该PLC进行事故停机。

（4）机组测温LCU除了用网络通信方式向电站计算机监控系统传送温度数据外，还以硬触点方式输出两类事故信号：① 上导轴承、下导轴承、推力轴承、水导轴承、定子绕组、定子铁芯的温度过高信号；② 轴承温度过高信号。

2. 温度保护设计思路

（1）温度控制仪监测的轴瓦温度过高的开关量信号作用于事故停机；油温和空冷器的开关量温度信号只报警，不停机；温度控制仪输出的所有4～20mA模拟量信号只用于报警，不停机。在机组LCU的PLC及后备紧急停机PLC中，温度控制仪输入的轴瓦温度过高判断逻辑为上导、下导、推力、水导中同类型点任意两点温度过高动作，经1s延时后启动事故停机流程。

（2）机组专用测温LCU采集的轴瓦温度过高的开关量输出信号作用于事故停机，采集的轴承油槽温度、空气冷却器温度等，只用于温度升高报警，不进行事故停机；经以太网传输的所有温度测量值只用于显示和报警，不进行事故停机。在机组专用测温LCU中，同类型点任意两点温度过高同时动作，经1s延时后才发出相应的温度过高信号，并输入机组LCU的PLC启动紧急停机流程；把上述几个信号取“或”逻辑后再形成“轴承温度过高”信号，输入机组LCU的后备紧急停机PLC，启动该PLC的紧急停机流程。

3. 运行情况　小湾水电站于2009年9月首台机组投运后，至今没有发生机组温度保护误动的事故，也没有发生烧瓦而温度保护拒动的事故。

（四）结束语

从水电站实际运行的实践经验看，机组温度保护误动的情况远远多于温度保护拒动的情况。小湾水电站机组温度保护系统的设计是比较成功的，其设计思路可以借鉴，但它毕竟是单机容量700MW的巨型机组的设计，不是各种容量机组都有条件采用。对于各种类型的水电站和各种容量机组的温度保护系统，除应突破传统的设计思路，对有关的规程规范进行相应的修改外，现实工作中应采取：

（1）在机组招标文件中不仅要要求配置质量好的测温电阻，而且要要求主机厂对测温电阻的引接线采取有效的保护措施。

（2）机组LCU的后备紧急停机回路采用PLC实现，不再使用常规的继电器接线回路。

（3）温度保护的动作逻辑为：同类型轴瓦中任意两点温度过高同时动作，经5s延时后启动PLC的紧急停机流程。

（中国水电顾问集团昆明勘测设计研究院　陈家恒
华能景洪水电工程建设管理局　杜灿勋）

光电式电弧光保护系统的应用

中、低压母线产生的电弧光，如不及时切除，容易造成电缆护套着火、母线熔毁、并产生大量有害气体，甚至导致开关柜爆炸，对设备及人员造成的危害极大。中、低压母线一般是依赖上一级的后备过流保护，过流保护有延时，故障切除慢，造成的损害大。采用光电式电弧光保护系统，能够有效减轻电弧光对设备和人身的伤害；现结合甘肃兰州河口水电站的使用，介绍如下。

（一）系统的构成

RIZNER—EagleEye 光电式电弧光保护系统主要由主控单元、电流单元、弧光单元、弧光传感器、电源模块、光纤三工器（可选用）及连接各部件之间的光纤和数据线组成。

1. 主控单元　用于管理、控制整套电弧光保护系统。它检测故障电流和弧光信号，并对收到的两种信号进行处理、判断，在满足跳闸的条件时，发出跳闸指令切除故障。主控单元有 4 个数据输入接口，共可接入 24 个弧光单元或电流单元；输出接口包括 4 路快速跳闸输出和 6 路常规继电器跳闸输出。

2. 电流单元　用于检测过电流信号，A、B、C 三相电流均可检测，可同时匹配 5A、1A 的电流互感器；其中电流的整定可通过面板上的电位计来调节，范围为 50%～500%。电流单元检测到的信号通过光纤和数据线传到主控单元，每个电源进线装设 1 台。

3. 弧光单元　每个单元有 10 个弧光检测接口，这些接口均为光纤接口，用于连接弧光传感器。弧光传感器的感光强度则可以通过弧光单元面板上的电位计来调节设定，范围为 10～50klux。弧光单元通常安装在选定的开关柜中，检测到的信号通过光纤和数据线传到主控单元。

4. 弧光传感器　是探测弧光的感应元件。当发生弧光故障时，光强度大大增加，弧光传感器直接将光信号传送给主控单元或者弧光单元。

5. 电源模块　工作电源为交直流两用，基本上不受现场制约。AC 85～264V 或者 DC 80～350V、19～140V，输入频率 47～440Hz，输出功率 12W。

6. 光纤三工器　可以在标注数量的保护通道不足的情况下扩展保护点。不是必配，为可选用元件。选用它可节约相应费用，在不影响系统功能的情况下，满足了用户扩展保护点的要求，给用户带来方便。

（二）工作原理

电弧光保护动作判据主要采集母线故障时产生的 2 个重要条件——弧光和过电流。当检测到弧光和电流量增加均超过设定值时发出跳闸指令，分开断路器并且发出对应故障点报警信号；当只检测到弧光或者电流量增加超过设定值时发出对应故障点报警信号，不发跳闸指令（只检测到电流量增加超过设定值，可能由于突然投入大的负荷；只检测到弧光增加超过设定值，可能由绝缘减低造成对地放电或者通过小母线接地）。

根据弧光传感器安装位置及报警信息，检修运行人员可立刻判断出故障位置，并进行处理。如果与速断保护配合，更有利于电气保护事故后的分析、判断和处理。

（三）安装与调试

弧光传感器小巧，在安装时，一般对准 10kV 母线靠近接地开关的裸露处，在柜壁钻孔安装固定，再用光纤接入弧光单元或者主控单元。

调试使用继电保护测试仪加到动作电流设定值，使用强光手电筒对准弧光传感器照射一下，这时主控单元应发出跳闸命令，分开断路器切除故障区域，同时报警信号送至 LCU；只增加电流达到设定值，不强光照射弧光传感器，只发报警信息；强光照射弧光传感器，不加电流，也只发报警信息。

（四）系统优点

（1）动作迅速可靠。该电弧光保护系统跳闸回路采用了快速继电器 Triac 技术，确保在 1ms 内发出跳闸信号，加上断路器动作时间（35～60ms），使电弧光故障总切除时间控制在 60ms 以内。而一般继电保护装置包括测量、计算、自检、动作等时间累计约 44ms，加上断路器动作时间，差动保护和无时限电流速断保护动作，故障切除时间约 100ms（如果是带时限电流速断保护延时 100ms、过电流Ⅰ段延时 300ms，则更长）。采用本弧光保护系统比一般保护至少快 40ms。本系统采用检测弧光信号和过电流闭锁的双判据原理，实现了保护的可靠动作；所具有持续全面的自检功能，充分保证整套系统工作的可靠性和安全性。

（2）具有故障点定位功能。根据弧光传感器的实际安装位置可以实现分区保护。弧光传感器可以安装在开关设备的任何位置（一般安装在母线室内，以检测母线故障），并在主控单元上显示故障发生的位置。此功能可以减少故障处理时间，快速恢复供电。

（3）抗干扰能力强。弧光保护系统采用无源弧光传感器探测弧光，系统主控单元、弧光单元、电流单元及传感器采用了光纤星形连接及传输技术，且装置完全满足电磁兼容 EMC 的标准，确保了整个弧光保护系统的可靠性及高强的抗干扰能力。

（4）有断路器失灵保护。该系统能在主断路器拒动时发出跳闸指令跳上一级断路器，提高保护系统的安全性。

（5）配置灵活，适应性强。系统采用先进的处理技术，通过对弧光和过电流动作信号的灵活编程，可对各段母线提供选择性保护，适用不同类型的接线和运行方式。

(6) 安装调试简单、经济适用。弧光保护组成元件少，成本低，能够有效弥补电气保护时间上的不足，降低了封闭母线由于电气事故造成的损害程度，节省故障母线的修复时间，大大提高供电的可靠性。

（五）结束语

光电式电弧光保护是电气保护一个新的分支，电弧光保护以感光快速和电流大小的逻辑配合使其优越性表现更为突出，无差错、误动等可靠性而更具有普及性的一方面。电弧光保护一般现场安装、调试，要求盘柜不透光，对盘柜制造有更高的要求。

（中国水利水电第三工程局有限公司　王大勇）

小湾水电站成功实现远程集控

小湾水电站系澜沧江中下游河段梯级开发的第二级电站，距昆明公路里程约456km；以发电为主，兼有防洪、灌溉、拦沙及航运等综合利用效益；其下游接已建成的漫湾电站，上游为规划的功果桥电站。

小湾水电站为地下厂房，电站装机容量4200MW，装机6台，单机容量700MW。电站以500kV一级电压3回出线接入云南电网运行，电能量同时满足云南电网负荷发展和云电送粤的需要，在系统中担负基荷及调频、调峰和事故备用任务，电站按“无人值班”（少人值守）原则设计。

在电站地下厂房与右岸坝肩分别设置了地下简易控制室及地面中控室，两控制室的电缆距离大约有800m。

小湾水电站计算机监控系统采用国网电力科学研究院开发的NC2000监控系统。NC2000系统软件是国网电力科学研究院积累了多年NARI Access监控软件在全国多个水电站的使用经验后开发完成的新一代电力系统计算机监控系统软件。系统采用CLINET/SERVER体系结构，支持不同的硬件，操作系统及关系型数据库系统。

小湾水电站计算机监控系统分为主站级和现地控制单元级，主站级由1套冗余历史数据库服务器、1套冗余的系统实时服务器、4套操作员工作站、1套移动操作员站、1套工程师工作站、2套调度通信工作站、1套厂内通信工作站、1套ON－CALL设备、1套生产信息服务器、2套集控通信工作站、4套纵向认证加密装置、1套冗余1000M网络交换机、4台打印机、2套冗余GPS组成。

电站站控层负责整个电站的监视、控制和调节。完成从各LCU和外部子系统采集数据、数据归档、事件记录与归档、生产报表、趋势曲线和语音报警，实现电站AGC、AVC功能。同时，还负责电站计算机监控系统与南方电网、云南电网及集控中心的通信连接。

澜沧江流域在昆明设有集中控制中心，集控中心在电网调度机构的调度指挥和授权下，统一负责流域梯级电站设备的安全监视、远方操作、水务调度管理等工作。

小湾水电站在2010年全面投产的同时，也同步完成了接入华能澜沧江集控中心计算机监控系统的工作，实现了小湾水电站机组由昆明集控中心远方自动开停机、负荷调节以及AGC功能。澜沧江集控中心对小湾水电站的远方控制，是目前国内首次实现对单机容量700MW水电站的远程集控。

（国网电力科学研究院　刁东海）

自动电压控制在贵州电网的应用

（一）概况

贵州电网处于南方电网西电东送通道的首端，属于典型的送端电网，在无功电压控制方面，也具有显著的送端电网特点。保证电网电压质量是调度运行部门最主要的任务之一，随着贵州电网的快速发展，现有电压控制机制已难以满足电网安全、优质和经济运行的要求。为了更好地适应贵州电网发展和电力市场建设的需要，一方面除了要解决无功资源合理配置外，另一方面需要尽快进行自动电压控制（AVC）系统的建设，实现在全局的层次上对电网和无功分布进行综合的在线决策、调度和管理，提高电能质量及电网运行的安全性和经济性。

2010年8月，国网电力科学研究院设计的基于NC2000计算机监控系统的集成自动电压控制系统首次在贵州电网进行应用，满足了《贵州电网水电厂自动电压控制系统技术规范》和相应国家标准、规范的要求。

（二）电厂侧自动电压控制一般控制策略

国网电力科学研究院开发的电厂侧自动电压控制子站系统接收自动电压控制主站系统下发的全厂控制目标（一般为高压母线电压或全厂总无功），按照相应控制策略（电压曲线、恒母线电压、恒无功）合理分配给每台机组，通过调节发电机无功出力，达到全厂目标控制值，实现全厂多机组的电压无功自动控制。在保证机组安全运行的条件下，为系统提供可充分利用的无功功率，减少电厂的功率损耗。

1．约束条件　电压模式时，AVC电压死区ΔV具体定值由电网给定。当电压设定值与母线电压实测值之差的绝对值小于死区 ΔV 时，AVC 停止进行无功分配。AVC 约束条件首先无功要控制在机组最小与最大无功值之内。同时还要考虑：功率因数在允许值范围内（取国标定值）；满足最大转子电流限制；满足最大定子电流限制；满足最大定子电压限制。

2. 控制模式　自动电压控制提供以下控制模式：按照中调/当地给定全厂总无功方式控制全厂无功负荷分配；按照中调/当地给定的母线电压值，对全厂无功进行分配，使电厂母线电压维持在给定水平。当母线电压值在正常电压范围以外，进入紧急调压模式；同时也支持增量指令下发和计划曲线指令下发。

3. 分配原则

（1）等功率因数原则。每台机组的功率因数保持一致，即自动电压控制根据当前各台机组的有功实发值按比例分配无功到各台机组。

（2）无功容量成比例原则。自动电压控制根据当前各台机组可发的最大无功和最小无功得出的容量，来进行成比例分配无功到各台机组参加自动电压控制的机组。

（3）相似调整裕度原则。比无功容量成比例更进一步，自动电压控制根据当前机组可发的最大无功和最小无功得出无功容量，然后依据当前实发值和调节方向，算出每台机组切实可以调节的无功范围，再依据这个范围分配无功到各台参加自动电压控制的机组。

（三）关键技术

由于水电厂自动电压控制系统控制目标一般为高压母线电压和全厂无功二者之一，但实际上高压母线电压和全厂无功又是直接相关的。因此寻求两者协调控制的策略也成为水电厂自动电压控制系统的关键技术，具体策略如下：

（1）省调自动电压控制主站，实时计算地调 220kV 变电站与省调的交换无功，在正常情况下尽量维持各变电站 220kV 主变压器无功就地平衡，在 220kV 电网电压越限且电厂失去调节能力情况下，充分利用地区电网的无功调节能力参与主网调压。

（2）母线电压和关口无功目标均以绝对值方式下发，同时省调自动电压控制主站下发母线电压参考值和关口无功最大容许偏差。

（3）电厂接收到电压绝对值和无功上、下限双重目标，首先满足电压设定的要求，但同时保证电厂无功在一定范围内。通过设置无功参考上下限，能严格将电厂的无功水平限制在一定范围之内，这样即使电压调整不到位，也可以通过无功约束保证电厂的电压安全稳定。

（4）此外，考虑消除共模误差，只采用高压母线 UAB 线电压作为信号采集源。

（四）结束语

贵州水电厂自动电压控制采用高压母线电压目标和调度下发参考无功上、下限协调控制的策略，自 2010 年 8 月下旬试投运以来，运行良好，保证了电厂的安全稳定运行。项目已通过贵州电网公司组织的科技成果鉴定。

（国网电力科学研究院　朱　华）

经济调度控制系统在田湾河流域梯级水电站成功试用

（一）田湾河流域梯级水电站概况

田湾河是大渡河中游的一级支流，其梯级开发以支流环河上的天然海子——仁宗海形成龙头水库，将田湾河经“引田入环”工程引入仁宗海水库，依次修建仁宗海水库电站、金窝水电站和大发水电站，形成“一库三级”的田湾河流域梯级水电站。

田湾河流域梯级水电站总装机容量 760MW，其中仁宗海水电站采取地下厂房的混合式开发，装有 2×120MW 冲击式水轮发电机组；金窝水电站采取地面厂房的引水式开发，装有 2×140MW 冲击式水轮发电机组；大发水电站采取地下厂房的引水式开发，装有 2×120MW 冲击式水轮发电机组。

金窝、大发水电站调节池的来水量在主要取决于上一级电站的发电负荷的同时，还取决于金窝、大发底格栏栅坝明渠引水量的大小。而仁宗海、金窝和大发三级电站之间距离较短，彼此的水力联系非常紧密，而且金窝、大发调节池的容量较小，难以维持金窝、大发水电站机组较长时间运行。因此，三级电站之间必须协调运行，综合准确地计算出各电站的出力和泄水量，做到安全、充分、经济利用水资源，尽量避免两个调节池被迫溢流弃水，并确保避免两个调节池下限水位运行而导致水工建筑物发生事故。

（二）田湾河流域梯级水电站经济调度控制系统结构

经济调度控制（EDC，Economic Dispatching Control）是用以确定最经济的发电调度以满足给定的负荷水平，是梯级远程集中监控系统的重要组成部分。经济调度控制根据水库调度系统的中长期优化调度结果，考虑电力系统负荷平衡、频率控制要求、各水电站机组特性等众多因素，进行梯级水电站群联合短期优化调度和梯级实时负荷分配，制定梯级各电站所有机组的启停计划，并实时自动调整梯级各电站、各机组的出力。其目标是在完成上级调度部门下达的负荷指令的同时，始终维持梯级水电站群在最小耗能状态。

梯级远程集中监控系统优化调度部分细分为经济调度控制和各水电站的自动发电控制（AGC，Automatic Generation Control）两个部分。经济调度控制负责梯级总负荷在各级水电站间的最优分配，主要考虑最优蓄放水次序、站间联合躲避振动区、避免负荷在站间大规模转移等因素；而自动发电控制负责电站总负荷在投入自动发电控制的所有机组间的最优分配，主要考虑机组躲避振动区、最短开停机时间、机组启停顺序等因素。

田湾河梯级远程集中监控系统由国网电力科学研究院研制，经济调度控制功能设计和程序开发充分体现分层、分组和分布式的理念，程序修改、升级方便，人机界面友好，可维护性强，且能适应电网网架结构的变化。

（三）田湾河流域梯级水电站经济调度控制系统控制策略和数学模型

根据田湾河三座梯级电站的运行特点，要实现田湾河优化调度与经济运行须按照以下原则确定经济调度控制、自动发电控制的调整控制策略。

1. 一个电源节点统一调度原则　田湾河流域梯级水电站在正常运行状况下，必须以一个电源节点的方式接受四川省调的调度。在经济调度控制运行策略中要充分考虑异常运行方式。

2. 安全原则

（1）电站及机组本身的安全。三座电站均为高水头、大容量、高转速冲击式机组，本身就是一个重大危险源。因此，在设置电力系统常规保护装置的同时，要充分考虑田湾河梯级运行、调节池库容小以及计算机网络机构庞大的实际情况，设置可靠的水位与流量保护。

（2）系统的安全。由于田湾河流域梯级水电站系统结构的特殊性，在送出线路、电站母线或某站机组事故时，极易造成多机组大幅度降低出力、甚至全厂停机的大事故。因此，在不同类型故障发生时，计算机监控系统要迅速计算与改变机组当前的运行方式与调整策略。

3. 经济原则　经济原则主要是考虑水的充分利用，具体原则如下：

（1）在保证电能质量的前提下，金窝、大发调节池尽量考虑从金窝、大发底格栏栅坝多引区间水，即在自动发电控制进行初解后，因调节池水位的变化而涉及多个电站机组负荷调整的过程中，增负荷的优先级别按大发、金窝、仁宗海，减负荷的优先级别按仁宗海、金窝、大发的顺序进行。

（2）在保证电能质量的前提下，金窝和大发调节池水位不在正常水位时，计算机监控系统要迅速依据调整策略进行调整，使调节池水位迅速回到到正常水位；到达正常水位后，即按入库流量等于出库流量的方式运行以维持调节池水位处于正常范围。此时，实现流量加水位调节。

4. 数学模型和求解算法　田湾河流域梯级水电站经济调度控制系统主要采用如下优化准则：最大蓄能量准则和最小库水位越限程度准则。约束条件包括机组运行约束、电站运行约束、水库运行约束、电力电量约束和调度约束等。求解算法采用了简单实用的工程化算法（根据各级电站流量平衡计算初始解，根据负荷调整策略表进行各级电站负荷调整，根据约束条件进行负荷校核等）。

（四）结束语

我国流域梯级水电站经济调度控制还处在研究和试运行的阶段。经济调度控制系统通过合理分配机组发电负荷，不仅可以减轻运行人员的生产压力，避免人为生产事故的发生，同时，还可以提高流域梯级水资源的综合利用效率。田湾河流域梯级水电站的经济调度控制系统于 2009 年底开始投入试运行，一年来运行可靠，给流域梯级水电站的研究和发展提供了重要的参考。

（国网电力科学研究院　徐　麟）

清远抽水蓄能电站 H9000 V4.0 计算机监控系统

清远抽水蓄能电站位于广东省清远市清新县境内，装有 4 台立式单级混流可逆式水泵水轮机/发电电动机机组，单机容量 320MW，总装机容量 1280MW。电站在电网中主要担负调峰、填谷、调频、调相和事故备用等任务。电站建成后将由南方电网总调、广东省调调度，按无人值班运行方式管理。电站采用北京中水科水电科技开发有限公司 H9000 V4.0 系列计算机监控系统。

（一）系统结构

清远抽水蓄能电站计算机监控系统采用分层分布式结构，系统由厂站控制层和现地控制层组成，通过 1000Mb/s 双光纤以太环网连接。系统的监控对象包括四台 4 台发变组、500kV 开关站、上水库、下水库、技术供水系统、气系统、油系统等。

现地控制层按机电主设备单元及其分布进行设置，完成现地监视任务，包括 10 套现地 LCU：4 套机组 LCU、1 套机组公用 LCU、1 套厂内公用 LCU、1 套开关站 LCU、1 套上库 LCU、1 套下库 LCU 和 1 套中控室 LCU。厂站控制层完成全厂设备的实时信息采集处理、监视和控制任务。

监控系统各项功能分布在系统的相关节点上，每个节点严格执行指定的任务，通过系统网络与其他节点进行通信。监控系统采集、管理各类实时数据，接收监控系统以外的其他厂内外系统的数据信息，对采集的每种数据进行相应的处理，控制各相关设备，完成监视、控制和记录功能。

（二）系统特点

（1）监控系统与其他各系统之间全部采用Profibus-DP现场总线，构成面向监控对象的现场网络，实现交互通信。

（2）监控系统的卫星时钟系统作为全厂统一时钟信号源，由主时钟装置和二级时钟装置组成，向厂内其他设备提供多种对时信号。

（3）监控系统的高级应用软件齐全，如自动发电控制（AGC）、自动电压控制（AVC）、联合抽水控制（PJC）等，可有效提高电站管理水平。

（4）监控系统设备在关键节点上采用冗余设计，保证系统的可靠性。

（北京中水科水电科技开发有限公司）

MAX三维技术在水调自动化系统应用的研究

（一）MAX的建模方法简介

1. 旋转建模　用于具有中心轴对称的物体。这类造型比较简单，用line工具绘出对称截面，加入lathe（旋转）修改器可得到三维实体，有些还需加入特殊变形，以更加真实地表现现实的效果。

2. loft放样建模　用于在一段路径上具有一致截面或有少数截面的情况。在绘制这类模型时要求绘出截面形状和截面的走样路径（即z轴）的二维线形，进行loft放样可得到最终目标。特殊的情况下单一截面且放样路径为直线，换用extrude修改器更加简单，这种造型方法十分有用，坝体建模，房体建模大多是用这种方法。

3. Boolean建模方法　用来将两个造型物体进行Boolean合成。合成方法有union、subtraction、intersection和cut四种，前三种相当于数学中的并、差、交，后一种方法对造型本身不会有大的影响，只是会形成子物体的重定义，以便做进一步的修改。表面挖孔等的造型设计多用些。

4. 细分建模　主要用于具有较为规则的平面或光滑曲面的物体。这是一种十分有用的造型方法，一般较为复杂的直面物体（如船闸）或简单的曲面体（如坝体）都可划归此类。

5. 复制、堆积建模　用于具有不规则形态的形体阵或堆积（如树木，石块）。这种物体需对单个的物体进行详细绘制，少量的群体可通过复制、不等比例放缩、旋转、位移形成没有章法的排列；大量的群体如草地，则需要加入Scatter修改器，加入确定的变化参数，形成不均匀的排列。

6. 依附建模　用于带有空间扭曲或变形的物体建模。现实中有些物体不是孤立存在的，它们的存在形式与所附物体形态有关，如电力架、闸门支架。这种造型是在已建造好的模型上结合了一定的变形和空间扭曲。

7. 面片建模　用于房子建模。

8. NURBUS曲面建模　用于大部分的曲面物体。它是曲面造型的最常用的方法，也是造型中最为复杂的一类建模方法。现实中大部分具有精细曲面的物体都需由它来完成。

9. 材质建模　这类建模方法的实现主要由材质来完成，如displace修改器和opacity透明贴图。Displace本身进行gizmo变化，形成一些特殊的效果，如大坝周围的地形。

10. 组合建模　用于的复杂物体建模，如栏杆，船闸等。这些物体由多个或相同或不同的部分组成，要完成最终的目标物体，需要利用各种不同的坐标轴，经常还需要改变一些部分的轴心，使用旋转、移动、缩放、对齐、阵列等各种常用工具，通过切换各个视图来方便地进行操作，最后成组完成一个完整的个体部分。

特殊的造型如粒子等，MAX中有专门的工具构造，这里不列作建模方法说明。需要指出的是，上述的各种建模方法都不是独立和固定的，现实中需要根据不同的物体，结合具体的建模要求，灵活使用各种方法。

（二）MAX模型在VRML中的应用

VRML（Virtual Reality Modeling Language）是虚拟现实造型语言的缩写形式，它是描述虚拟环境中场景的一种标准。

虚拟现实是计算机生成的给人多种感官刺激的虚拟世界（环境），是一种高级的人机交互系统。它是综合运用计算机、由各种开发工具完成，以真实地模拟现实场景为目的的一种手段。

水调自动化系统VRML使用户能方便地与各应用对象进行交互，能直观地查询、观测各对象的实时和历史数据，模拟闸门启闭过程及其相应的流量变化。国网电力科学研究院在国调三峡－葛洲坝虚拟仿真系统、福建水口水电站三维仿真系统、漫湾水电站三维仿真系统等就具体应用了MAX三维建模技术。

MAX简单、直观的建模表达方法，大大地丰富和简化了虚拟现实的场景构造，有助于人们更加真实地认识客观世界。

（国网电力科学研究院 周海艳）

水调自动化系统中人机界面的色彩设计

水调自动化系统人机界面常用色彩的对比手段，达到一定的视觉效果，在占支配地位的色彩中，利用突出的异质色彩的诱惑力给人以强烈的特征表现，起到短时“凝聚”人的视觉的作用，达到“先声夺人”效果。随着现代科技的发展，人机工程学中的界面技术也在不断发展，人机界面色彩设计显得尤为重要。为此，国网电力科学研究院在水调自动化系统人机界面设计中，对色彩进行了研究。

（一）色彩设计的有关知识

1. 色彩的三个属性

（1）色相，表示色的特质，是区别色彩的重要名称。例如红、橙、黄、绿、青、蓝、紫等。

（2）明度，表示色彩的强度，也即是色光的明暗度。

（3）彩度，表示色的纯度，也即是色的饱和度。具体来说，是表明一种颜色是否有白或黑的成分。例如某色不含有白或黑的成分，便是（纯色），彩度最高。

2. 两种三原色　我们所见的各种色彩都是由三种色光或三种颜色组成的，而这三种颜色本身不能再分析出其他颜色成分，所以被称为三原色。

（1）物体三原色：分别为青（Cyan）、品红（Magenla red）、黄（Yellow）。这三色相混，会得出黑色。它不同于色光，自己可以放出色光，物体三原色要靠光线照射，再反射出部分光线去刺激视觉，使人产生颜色的感觉。

（2）光学三原色：分别为红（Red）、绿（Green）、蓝（Blue），将这三种色光混合，便可以得出白色光，电视荧光屏和电脑显示器上看到的色彩，均是由这三种色光构成的。

3. 色彩的配合　有单色法、两色法、多色法。单色法的配合与一般心理分析近似，只要熟悉色彩心理的一般特征就可以了。两色法或多色法，就必须了解主调色的要领，如果从面积的大小现象来分，可分为三种类型：① 单一色系占绝对优势，如某色点90%以上；② 某一色系占优势，如某色占75%，第二色占20%，第三色占5%；③ 两色或三色所占面积基本相同。配色效果不仅与色彩面积有关，还与色彩的质地以及造型等变化因素有关。

（二）解读色彩密码

色彩涉及学问很多，包含有美学、光学、心理学和民俗学等。心理学家近年提出许多色彩与人类心理关系的理论。他们指出每一种色彩都具有象征意义，当视觉接触到某种颜色，大脑神经便会接收色彩放出信号，即时产生联想，例如红色象征热情，于是看见红色便令人心情兴奋；蓝色象征理智，看见蓝色便使人冷静下来。经验丰富的设计师，往往能借色彩的运用，勾起一般人心理上的联想，从而达到设计的目的。但心理学家也认识到，一种颜色通常不只含有一个象征意义，正如上述的红色，既象征热情，却也象征了危险，所以不同的人，对同一种颜色的密码，会作出截然不同的反映，除此之外，个人的年龄，性别、职业、他所身处的社会文化及教育背景，都会使人对同一色彩产生不同联想。例如，中国人对红色和黄色特别有好感，这多少和中华民族发源于黄土高原有点关系。

这种色彩和心理联想的理论，对设计师来说两个重要的发现，他们在选择运用何种色彩时，须得同时考虑作品面向的是哪一个社群，以免取得相反的效果。

（三）色彩与人机界面

色彩的运用在友好的人机界面设计中有起重要的作用。彩色显示器的配置为用户提供了很大的方便，其优点是不言而喻的，但如何将色彩运用好则是大有学问的。一些设计者为了使自己的程序界面美观、吸引观众，在界面中使用过多的颜色或过多的色彩变化，结果却适得其反，使用户眼花缭乱，分不清主次，以至引起用户的反感。在界面中正确使用颜色，可改善可读性，缩短搜索时间，使警告信息醒目，结构清晰，给用户优美感等。一般说来，界面使用3～5种颜色就足够了，前景和背景的颜色组合既不能是反差较大的强烈组合也不能是颜色相近的模糊组合。简单的组合完全可以达到美观的目的。

（四）水调系统人机界面色彩设计应注意的问题

（1）要满足系统功能要求。界面色彩的设计需结合系统功能要求配色，这样以便有利于系统功能的发挥并取得良好的功能效果。水调系统人机界面主体用色以比较稳重柔和的颜色为主色调，比如工业蓝或者普蓝搭配灰色或者白色。这样的配色方案眼睛长时间面对屏幕，不会很快产生疲劳。对于水调系统中常用画面的色彩设计，一般是根据交流定下来的主界面来确定配色方案的。通常多坐标图元要展示多种类型数据线，为了达到一目了然的效果，制作时要设成不同线色。这时首先要注意同种类型画面用色的一致性，同时兼顾不同数据类型字色和线色在不同画面中要保持大体的一致性。这样可以让使用者通过数据颜色和线色获知数据类型，可以避免使用者视觉上的混乱，增强系统的专业性，充分体现系统的功能要求。

（2）要满足人机协调的要求。系统人机界面良好的色彩设计，能给人创造一个宜人的色彩环境，使得操作者心情愉快舒畅、具有安全感，提高生产率，维护身心健康，在工作中得到美的享受。例如，水调系统人机界面中的流域图、雨量等值线、雨强图底图用色，主体通常采用纯度底的浅色，背景色采用的是浅灰或者纯度更低的同色，背景也可采用同色的渐变色，底图主体色和背景色色阶变化范围在3～5个为宜，画面的数据字色可以采用对比色，这样可以更加突出测站的相关信息。当然底图上某些特别强调的元素我们可以采用高纯度色。

（3）要符合时代的审美要求。由于生产力和科学技术的发展以及社会环境的变化，人民生活水平和生活档次会发生改变，审美标准和对美的追求也会不同。人们对某些颜色带有倾向性的偏爱，这些颜色在某个时期或某个地区甚至在世界范围里，受到人们的欢迎并广泛流行，成为所谓的流行色。由于流行色具有强烈的时代气息和新奇性能适应人爱好变化的心理，因而流行色在一个时期内会特别引人注目并成为广泛使用的颜色。人机界面的色彩，在有条件的情况下，也因充分考虑使用流行色，以符合配色的时代性要求。

（4）注意不同国家和地区对色彩的爱好和禁忌。系统软件人机界面的色彩设计应针对不同的市场环境，而采取不同的设计方案，要了解不同国家和地区的文化和历史，因人而异。就我国不同地域而言，人们对色彩的偏好也是有所不同的：东北地区，人们偏好色相反差大、明度对比大的色彩，有一种雍容华贵的气质；西北黄土高原地区，人们偏好的色彩浓艳、热烈、纯粹，体现着西北人豪迈而纯朴的民风；西南少数民族地区，人们偏好丰富、细腻的色彩，不同民族则有自己偏好和崇尚的色彩；东南沿海地区，总体来说，人们偏好的色彩淡雅、别致，但由于经济的发达，人们的在色彩方面的个性化的爱好也是很明显的。

（国网电力科学研究院　周海艳）

我国小型水电站计算机监控及保护系统应用情况

根据中国水力发电工程学会秘书处领导关于注重并承担信息统计工作的讲话精神，为了解我国近15年（1995～2010）来小型水电站自动化系统（监控、保护）应用的现状和成就，中国水力发电工程学会水电控制设备专委会通过向全国各水电站自动化设备制造厂家发调查函，进行了小型水电站和变电站应用计算机监控及保护系统情况调查。

根据收到的29份回函及相关资料，主要是制造厂家提供的业绩表，统计了在装机容量5万kW以下水电厂和县级以下变电站的应用情况。1995～2010年，全国有6246座小型水电站和和变电站采用了计算机监控及保护系统。

在提供这些水电站和变电站所用计算机监控及保护系统的制造厂家中，湖南华自科技股份有限公司、南京南瑞自动控制有限公司、许继电气股份有限公司、重庆新世纪电气有限公司、国电南京自动化股份有限公司、武汉华工电气自动化有限责任公司、湖南紫光测控有限公司、北京中水科水电科技开发有限公司、河北电力自动化研究所有限公司、杭州南望自动化技术有限公司等10家企业，共占了81%的份额。被调查的企业中，国有企业和民营企业用户数量占比分别为39%和61%。

15年来，我国的小型水电站及县级变电站自动化系统技术发展非常迅速，成长了一大批优秀企业，推动了水电站自动化行业的进步。特别是近10年，随着中国电站装备产业在国外市场份额的不断扩大，中国水电站监控与保护产品以可靠的质量和优越的性价比为中国制造赢得了声誉。水电站计算机监控及保护系统的制造与应用已成为我国能源领域技术含量较高的新兴产业。

（中国水力发电工程学会水电控制设备专委会　孔昭年）

金属结构

蜀河水电站超大型弧形闸门安装

（一）概况

蜀河水电站位于陕西安康，5孔泄洪道的工作闸门弧形闸门，由液压启闭机操作。该闸门尺寸为13m×24.3m，重457.8t，属超大型弧门，在同类型弧门中列亚洲第三；底槛高程193.5m、桩号0+021.484，弧门支铰中心高程217.6m、位于0+042.50。

坝顶高程230.0m，布置有一台2×16000－200kN门式起重机，用于弧形工作门上游侧的检修门操作，同时可利用其上的200kN回转起重机进行弧形门液压启闭机液压缸体的检修工作。

按照大坝混凝土浇筑施工安排，当浇筑施工到坝顶高程后，利用2×16000－200kN门式起重机轨道二期预留槽安装MQ900临时施工高架门式起重机，实现对上下游侧剩余混凝土施工和闸门、启闭机等设备安装。

由于施工导流的需要，泄洪道在施工到215.0m高程后就过水，因此，5孔弧形闸门安装须在泄洪道过水的情况下安装。

（二）安装方法

该闸门由9节门叶组成，单节门叶最重为31t，支铰单重33t。布置在坝顶的MQ900B高架施工门式起重机最大吊重30t，相应有效回转半径为17m，而其起吊中心桩号0+004.55，与弧门支铰中心、弧门底槛的水平距离分别为37.95、16.934m，吊装距离和起重量均不能满足该弧门的安装需求。泄洪道顶部的坝顶门式起重机预制轨道梁（公路桥）虽已安装，但只能承载50t，无法使用大型汽车式起重机等辅助吊装设备；2×16000－200kN永久坝顶门式起重机由于制造工期滞后，还未安装，且对该闸门安装不能起到关键作用。以上各种条件限制使该弧形工作闸门安装难度很大，只能采取如下特殊安装方法进行：

（1）选择在最低水位的2～4月，分孔用上游侧检修闸门挡水，实施该孔弧形闸门安装。

（2）在泄洪道导墙上铺设临时轨道至支铰安装部位，采用自行设计制造2×40t临时龙门式起重机，实现闸门构件的安装就位。

（三）安装前的准备工作

1. 2×40t临时龙门式起重机设计制造　某电站施工期用临时挡水叠梁箱型门叶，在电站建成后废弃在制造厂，可用作为临时龙门式起重机的主梁，设计制作箱型支腿和大车行走梁即可。由于为临时使用，且考虑到在5孔之间的转移，其本身重量必须控制在MQ900B高架施工门式起重机30t的起吊范围内，因此取消了大车驱动装置，采用在每侧轨道端头布置导链牵引移动。经设计，该龙门式起重机结构件重21.7t，在主梁上布置2台10t卷扬机和滑轮组、钢丝绳等附件，总重量约26.9t。

2. 2×40t临时龙门式起重机安装

（1）由孔口中心线按龙门式起重机轨距进行轨道的放点。为了不影响与其相交的坝顶MQ900B高架施工门机的正常使用及坝面结构，将龙门式起重机轨道抬高200mm。在轨道下方间隔50cm加垫油枕，用铁路专用道钉进行轨道加固，并在枕木四周采用膨胀螺栓进行加固，以防止枕木左右移动。轨道摆放后，进行高程、直线度、平面度调整，应符合要求。

（2）在制造厂将大车行走梁的车轮安装调试好。采用坝顶MQ900B高架施工门式起重机分别吊装大车行走梁、立柱和主梁；在结构件安装合格后进行卷扬机及电气等附属设备的安装和负荷试验，其配重采用运输到大坝的检修闸门门叶。

3. 泄槽上游侧挡水　根据枯水期水文资料，用2节检修闸门即可满足上游侧挡水需要。先用50t汽车式起重机和MQ900B高架施工门式起重机将检修闸门就位于坝顶，再利用2×40t临时龙门式起重机进行下闸。

4. 安全防护　5孔泄洪道中的1孔实施挡水而其他4孔过流，24h观察泄槽情况；在支铰安装部位下方搭设平台，便于作业人员操作；同时采取防护栏、保险带等安全器具，防止作业人员从高处跌落伤害；底节门叶与下支臂对接时，采用焊接临时操作平台并配备安全带，保证作业时的人身安全。

（四）闸门安装

1. 支铰和支臂裤衩吊装

（1）用40t拖车组将重达33t的弧门支铰运输到坝顶交通桥位置，利用2×40t临时门式起重机进行卸车。再用临时门式起重机将弧门支铰吊起，通过导链将临时门式起重机缓缓移动到支铰安装位置进行安装。为便于支铰与预埋垫板连接，在牛腿部位搭设操作平台，支铰倾斜度利用导链调整。

(2) 支臂裤衩重约 9t，采用 MQ900B 高架施工门式起重机吊装。此时支铰用 2×40t 临时门式起重机临时固定，当裤衩吊装到位后，利用导链调整倾斜度，与支铰连接，等待支臂的到位安装。

2. 支臂吊装　该弧门每侧为三支臂结构形式。为利用 MQ900B 高架施工门式起重机吊装，采取下、中、上支臂分别吊装的办法，单根最大重量约 21t。

(1) 支臂长 26m，分 2 节运输，需要在交通桥上进行拼对焊接。事前在坝顶交通桥上布置 8 个钢支墩，用水准仪找平后，将支臂置于钢支墩上进行拼焊。

(2) 用 MQ900B 高架施工门式起重机吊装下支臂，利用导链调整其倾斜度，合适后与裤衩连接；再缓缓调整支臂与门叶连接端高度，符合要求后焊接临时支撑，固定在泄槽底板上，等待底节门叶的吊装到位后与之连接。其他中、上节支臂吊装雷同。

3. 门叶吊装　门叶最重节为底节，31t。用 40t 拖车组将其运输到坝顶交通桥位置，利用 2×40t 临时门机进行卸车。再用 2×40t 临时门式起重机吊起，通过导链将该门式起重机缓缓移动到门叶安装位置进行安装。当门叶吊入门槽到预定安装位置时，通过导链调整，使门叶与下支臂对接。左右两侧下支臂与门叶螺栓连接到位后，检查安装几何尺寸并进行微量调整，满足图纸规范要求后在侧轨上焊接楹门桩进行临时加固。其他八节门叶采用同样方法实施吊装。

4. 水封及附件安装　结构件安装完成后，再用 2×40t 临时门式起重机采用如同支臂的吊装方法实施液压油缸的安装；随后对高强螺栓等连接外露部分涂刷油漆加以保护。当液压启闭机安装达到运行条件时实施联动试验，检查弧门的运行情况，特别是两侧的油缸同步情况、门叶运行轨迹情况，对其误差进行适当调整；符合图纸和规范要求后，实施水封和侧轮的安装，以及弧门安装部位的防腐。

(五) 结束语

在对 2×40t 临时门式起重机设计时，考虑了 5 孔闸门的使用，其总重量控制在 MQ900B 高架施工门式起重机起吊重量之内；当 1 孔闸门吊装完成后，通过 MQ900B 高架施工门式起重机可方便实施转移。同时轨道布置为相邻孔位共用一侧轨道，既省了时间也节约了成本。5 孔弧形闸门水上安装，没有发生一起安全事故，质量得到了业主和监理的一致好评。

(中国水利水电第三工程局有限公司
张　民　邹振忠)

金安桥水电站右泄底孔弧形门安装

金安桥水电站右岸泄洪冲沙底孔在大坝 12 号坝段，分 2 孔；进口处设置 1 扇公用事故检修闸门 (5m×9m－83m)，用 1 台 QM4000kN/1000kN 双向门式起重机及配套自动抓梁启闭；下游出口布置 2 扇 5m×8m－83.3m 弧形工作闸门，各由 5500/2000kN－10.8m 液压启闭机启闭。

(一) 主要安装方法

该弧门安装采用了一套独特的精确安装方法，在进行划弧试验后回填门槽二期混凝土。其安装工序为：设备清点验收→安装放点→支承大梁安装及二期混凝土浇筑→门槽埋件安装→支铰安装→门叶安装→支臂安装→门叶支臂整体调整→支臂焊接→门叶焊接→焊缝探伤检查→闸门划弧检查→充压水封座调整→活水封压缩量检查→充压水封打压→联合验收→埋件二期混凝土浇筑。

1. 支承大梁安装　支承大梁重 25t，长 7300mm、宽 2240mm、高 1320mm，吊装时必须保持大梁倾斜角。安装前在 1344.5m 高程平台搭设临时滑道，采用 300kN 缆机将支承大梁吊装到滑道上，再利用 2 个 50kN 导链将支承大梁向下游牵引至安装位置进行调整，并焊接 20 号槽钢和 ϕ42mm 圆钢加固，防止变形。

2. 门槽埋件安装　固定水封座和侧轨组装到一体，吊运至一期混凝土门孔。此部件重 21.3t、弧长 9.3m，因门孔空间比较狭窄，安装难度大，须仔细。待充压水封座调整完成后，进行全行程划弧试验，合格后再浇筑埋件二期混凝土。

3. 支铰安装　固定支铰及活动支铰已在厂家组装整体。待支承大梁二期混凝土强度达到要求后，采用 2×300kN 缆机将支铰总成吊入，安装后再解体进行调整。利用挂在支铰总成上方预埋在支承大梁内的锚钩上的 2 个 200kN 导链，初步调整同心度；在固定支铰孔及活动支铰孔中放上基准线，调整固定及活动支铰的倾斜角度；经测量检查合格，将轴穿入支铰孔内。

4. 门叶安装　门叶总重 26t，在门孔口内组装，采用 300kN 缆机从下至上顺序吊装，调整门叶中心至孔口中心上，用钢卷尺从弧门支铰中心测量检测门叶外缘的位置，在底槛临时焊定位挡板，调整好后进行加固。

5. 支臂安装　下支臂、连杆和连接板组装焊完分节运至安装场地，采用300kN缆机吊装左右下支臂，调整角度与中心，拧上与活铰座的连接螺栓。再吊装左右上支臂，拧上上下支臂与门叶的连接螺栓，保证支臂与水平面的夹角和组合面接触面积及间隙控制。检查支臂与门叶的偏差，并进行调整；检查门叶的左右偏差，再吊装连杆和连接板并进行调整。

6. 门叶、支臂整体调整验收　门叶、支臂整体调整、检测，满足图纸和规范要求后，点焊固定。检测各部位外形尺寸，紧固所有连接杆螺栓，经监理验收后，才能进行支臂连接系及门叶上焊缝。

7. 支臂焊接　支臂连接系的大部分焊缝已在组装厂完成，剩下竖梁腹板、连接板、翼缘板的焊缝在门叶焊缝焊完再焊，焊接时采取对称焊，主要是控制焊接变形和收缩量。

8. 门叶焊接　按照先焊边梁腹板，中间隔板腹板，边梁后翼，中间隔板后翼板，迎水面板的焊缝顺序层层焊接。上述焊接每个部位时都必须从中间往两侧跳着焊接和对称焊接。

9. 焊缝探伤检查　门叶安装组合焊缝进行外观检查，合格后对一、二类焊缝进行超声波探伤检查。

10. 闸门划弧检查　液压启闭机无水调试完成后，进行闸门划弧试验，划弧试验的主要目的是检查闸门的全行程运行轨迹，释放闸门安装焊接过程中产生的系统连接应力，确定埋件的安装位置与其运行轨迹是否相吻合。

11. 充压水封耐压及压缩量检查　充压和活动水封安装检查验收合格后，将闸门落至全关位置，进行充压水封耐压试验。充压水封的调试，先做系统模拟试验对管路进行耐压试验，然后与门叶相配合做系统充压试验：

(1) 系统模拟试调包括水位控制器的调整、电动阀的模拟动作、水泵的试运转、蓄能罐充压及控制元件的调整。试验压力按设计要求工况进行，在试验压力下保压10min，检查压力变化和管路渗水情况，同时调整水位器、电动阀、水泵及控制元件等，使其动作准确无误，运行控制正常，满足设计要求。

(2) 模拟调试完成后，与门叶配合做系统充压（水封充压）试验。试验时可根据实际情况采用水箱取水充压。充压试验过程中应按设计要求分步升压，每次保压10min后再继续升压，一直达到设计的工作压力的1.25倍，保压24h。检查水封密封和耐压情况，满足设计要求。同时检查充压水封系统机、电、液的各部位动作均完全准确可靠。

(3) 用钢板尺和手电检查充压水封与门叶面板是否存在局部间隙及透光现象，并加以调整。检查侧水封压缩量是否满足要求，以及压缩量是否均匀等。

（二）门楣安装问题及处理

门楣射水挡板经过二次处理仍转动困难，主要原因是结构上不合理：① 射水挡板和门楣之间间隙10mm，安装了15mm的平面橡皮垫，安装预压力$F=(\Delta LEA)/L=1280$kN（厚度L为1.5cm、面积A为4800cm^2、弹性模量E为8MPa、压缩量ΔL为0.5cm），其产生的摩擦力太大，影响射水挡板转动；② 射水挡板自重产生的转动力不到10kN，且射水压力和弹簧力相同，弹簧反力达150kN。在无法安装调试的情况下，经研究，将10个弹簧拆掉7个，10个射水挡板销轴只装6个，才安装到位。在左泄洪冲沙底孔弧形工作门上已改进，储簧筒数量比原来少一半，橡皮厚度减小5mm。射水挡板材质为MGD复合工程材料，主要防止闸门刚起时水往上方射水，最终达到运行功能。

（金安桥水电站有限公司　赵海林）

金安桥水电站缆机设备选型与使用

（一）设备选型

金安桥水电站工程缆式起重机（简称缆机），主要用于进水口坝段1370m高程以上、两岸溢流坝段和非溢流坝段1390m高程以上的常态和碾压混凝土吊运入仓，也承担金属结构吊装任务。整个施工时段需要吊运混凝土的最大能力，1号缆机为3.15万m^3/月，2号缆机为2.88万m^3/月。按此生产能力要求，采用20t缆机浇筑勉强满足。但需吊装的金属结构最大单件重约50t，采用2台20t缆机，起重量不够。考虑采用相同跨度的30t缆机与20t缆机在设备加土建总费用上相差不太大，决定采用2台30t缆机。

1. 缆机主要参数　金安桥水电站工程缆机跨度797m，工作垂度40m，工作级别M7；平移式，左岸支点高程1487m、塔高20m；右岸支点高程1505m、无塔；大钩吊重30t、扬程250m，满载下降速度180m/min、满载上升速度133m/min、空罐升降速度180m/min；小车横移速度450m/min、距离左右支点70m不工作；大车行走速度12m/min、行走范围167m。

2. 缆机生产能力　缆机吊运1罐混凝土的循环时间随着操作技术熟练程度、浇筑块的工作条件、升降高度、小车运行距离以及供料情况等而变化。根据缆机的运行参数、大坝混凝土最大吊运距离（厂房坝段底部混凝土），计算缆机的运行强度为10罐/h，基本可确保入仓强度为80m^3/h，2台缆机8万m^3/月。

（二）主要结构

1. 塔架　平移式缆机塔架越高轨距越大、钢材用量大、土建开挖量和基础混凝土量显著增加，因此在地形条件允许的条件下，尽可能选用无塔架或低塔架缆机。金安桥选用了杭州国电大力机电工程有限公司右岸主塔无塔架、左岸副塔20m高塔架缆机。

2. 承码　缆机承码主要有牵引式、自行式、固定式（张开和不张开式）。金安桥水电站选用的杭州国电大力机电工程有限公司产品配2×5对自行式承码。

3. 电动机及控制系统　电动机主要有交流电动机、直流电动机和变频调速电动机。交流电动机维护方便，但控制性能差。金安桥水电站缆机选用的直流电动机调速范围大，起步稳，用计算机数据线和司机室连接，相对比较先进，安全可靠。

4. 主索　金安桥水电站采用ϕ95mm封闭单索缆机，主索运输重量50t，破断力1022t。主索调整采用了复滑轮组双出绳结构。

5. 提升牵引机构和滑轮　起升钢丝绳在卷筒摆动角允许的情况下尽量采用与卷筒轴线垂直布置，若采用与卷筒轴线平行布置时，要增设同步排绳机构，相对也增加了磨损和不安全因素。金安桥水电站牵引索采用摩擦传动，摩擦面采用了高摩擦系数复合材料，结构轻巧，钢丝绳用量小，使用安全可靠。滑轮选用了重量轻、对钢丝绳磨损小的MC尼龙滑轮，提高了钢丝绳的使用安全可靠性。

（三）使用情况

从2006年运行至2010年12月底，2台30t缆机全部完成了设计施工吊运任务。国产缆机设计制造接近世界先进水平，但也有一些经验教训和待研究改进的地方。

（1）金安桥水电站缆机承码出现了断轴等问题，后进行了设计改造，问题得到了解决。所选用的自行式承码夹着主索和牵引索行走，易使主索和牵引索磨损断丝，影响缆机安全运行，且更换不方便（牵引式和固定式相对安全）。主索、起升索、牵引索全进口，主索局部有断丝，但没有暴丝，牵引索更换了2次。

（2）副塔行走台车由常州矿山车辆厂制造，存在不应有的设计制造缺陷，运行不到6年时间，两台缆机64个大车车轮逐个进行了更换，并且其结构更换不方便，对混凝土浇筑产生了较大影响。

（3）缆机高度偏低，坝顶门式起重机安装后运行受限制。

（4）电气维护能力较弱，操作不够熟练，单台缆机月混凝土浇筑量2万m^3，与设计月浇筑量4万m^3的差距较大。

（5）主索如改用多索，安装使用会更方便；主索调整采用的复滑轮组双出绳结构，也不如复滑轮组单出绳结构方便。

（金安桥水电站有限公司　安志茂）

洞坪水电站泄洪表孔液压系统的应用和运行

（一）概况

洞坪水电站位于湖北省宣恩县忠建河（清江中游南岸最大的支流）下游，是一座以发电为主，兼顾防洪与库区航运、交通、水产养殖和旅游等综合效益的二等大（2）型工程。水电站主要由混凝土双曲拱坝及其坝身泄洪建筑物、左岸发电引水隧洞和地下厂房建筑物组成。最大设计坝高135m，正常蓄水位高程490m，水库总库容3.42亿m^3，电站总装机容量110MW。

泄水系统为2个溢流表孔，底槛高程为478.00m；工作闸门为弧形闸门，双吊点液压启闭；每套闸门设置一套液压启闭机，油缸支铰安装高程为486.80m；液控站布置在511m高程。

（二）泄洪表孔液压系统主要技术参数

表孔弧形门液压启闭机液压控制系统主要技术参数见表1。

表1　液压控制系统主要技术参数

序号	项目		参数
1	有杆腔计算压力		17.76MPa
2	无杆腔计算压力		0.5MPa
3	启门	有杆腔进油量	64L/min
		无杆腔进油量	102L/min
4	系统最大工作压力		25MPa
5	系统最大工作流量		70.4L/min
6	电机		Y225S－4 37kW 1500r/min
7	油泵		PV046R1K8T1NFWS Parker
8	主油箱容积		2000L
9	油管直径	有杆腔	20mm
		无杆腔	25mm

（三）液压控制回路系统

1. 液压系统组成　能源装置由2台轴向柱塞变量泵组成，一台主用，另一台备用；执行装置为两液压缸，实现闸门的启闭；控制调节装置由换向阀、节流阀、溢流阀、单向阀、调速阀等液压元件集成的阀组，完成液压系统中油液的压力、流量和流动方向的控制；辅助装置由油箱、过滤器、油管、油位计等元件组成，保证液压系统可靠、稳定、持久地工作；工作介质为抗磨液压油。

2. 基本控制回路

(1) 空载启动回路：油泵启动后，电磁溢流阀YV1不带电，液压油通过溢流阀通往回油箱，实现空载启动。

(2) 方向控制回路：闸门开启是在空载启动油泵电动机组，延时10s后，DT1、DT2电磁铁同时通电，压力油流经方向控制插装阀、二套独立的整流回路、带压力和温度补偿的二通型调速阀作同步控制进入左右液压缸有杆腔，液压缸无杆腔油液经单向阀(0.5MPa)，回油滤器回油箱。闸门关闭是在空载启动油泵电动机组，延时10s后，DT3、DT4电磁铁同时得电，压力油经叠加式单向节流阀调节控制打开液压缸有杆腔缸旁锁定阀块中的液控单向阀，左右液压缸有杆腔油液经各自调速阀、方向插件流回液压缸无杆腔，同时压力油向液压缸无杆腔补油，补油压力为0.2MPa，闸门靠自重关闭。

(3) 双缸同步控制回路：主要有流量同步、容积同步、伺服同步三种类型。洞坪溢流表孔液压启闭机容量大，活塞杆长，油缸内径360mm，工作行程6900mm，故选用流量同步回路，采用整流调速阀组粗调、旁路泄油纠偏阀组旁路泄油纠偏的同步闭环控制回路。闸门开度及行程测量采用德国BALLUFF公司绝对型内置式线性位移传感器，装于主缸头部的测量缸内，采用三角比例测量方式，数字显示闸门开度值，并输出位置信号。在闸门启闭过程中，闸门开度及行程控制装置全程连续检测两液压缸的行程偏差，当偏差值≥10mm时（可根据现场实际情况设定），电磁铁DT5、或DT6通电，自动调整相应液压缸有杆腔进、出油量，使闸门同步运行；当偏差值≥30mm，液压系统自动停机并发出报警信号。

(4) 压力控制回路：上升时，系统压力由上升压力溢流阀YV1设定，最高压力17.76MPa，这时无杆腔压力油流经背压单向阀流回回油箱，压力调整为1.5MPa；闸门在开启状态锁定时，两油缸的安全锁定块上的安全阀控制油缸下腔最高压力21MPa。下降时，系统下降压力由溢流阀设定，最高压力5MPa；打开液压缸锁定阀组的液控单向阀，闸门靠自重闭门，有杆腔压力油流回无杆腔，同时压力油向液压缸无杆腔补油，补油压力为0.2MPa，建立一定的背压，保证闸门关闭运行平稳。

(5) 速度控制回路：通过2个带桥式单向阀的调速阀来实现。

(6) 闸门自动复位、油缸下腔超压保护回路：缸旁锁定阀组确保闸门在任意位置的锁定，当闸门在开启位置长期停留时，为防止因液压系统泄漏引起闸门超量下沉而影响运行，工作回路应具有闸门下沉自动回升的功能。当闸门全开或局部开启时活塞杆下滑50mm时，行程控制装置指令工作油泵电机组启动，油缸工作将活塞提升至工作位置；如活塞杆下滑超过50mm，液压启闭机未能启动，闸门继续下滑，当下滑量达80mm（可根据现场实际情况设定）时，另一组油泵电机组启动，将活塞杆提升至工作行程位置，同时发出声光报警信号。当闸门运行异常，造成油缸下腔压力超过设定压力时，缸旁溢流阀溢流，保护油缸避免损坏液压缸。

(7) 其他辅助控制：系统压力设PJ1、PJ2、PJ3、PA声光报警，发信分别表明系统泵源工作压力过高、泵源工作故障、高压软管爆裂、油缸无杆腔失压，应停泵检修；由P1压力传感器输出信号为4～20mA模拟量，提供给远方集控室，随时检测闸门运行时系统压力状况。油箱液位设HJ1、HJ2、HJ3声光报警，发信分别表明液位过高、液位偏低、液位过低，液位偏低要检查原因，液位过高或过低，应停泵检修。滤油器设DJ1声光堵塞报警，发信表明滤油器已堵塞，提请清洗或更换滤芯。

(四) 液压控制系统的特性分析

液压系统采用了变量泵供油，液压泵的工作压力主要取决于负载，用溢流阀来限定系统的最高工作压力。空载卸荷采用溢流阀和二位二通阀组成卸荷回路。方向控制回路是以二位四通电磁换向阀来实现，采用行程控制制动式换向回路，主油路除了受换向阀控制外，还受先导阀控制。由于先导阀的制动行程恒久不变，阀口又采用锥面密封，并带有阻尼孔，因而使该液压系统运行平稳，工作可靠，冲击小，泄漏少。

该液压系统为一泵二缸结构，尽管液压缸的有效工作面积相等，但是由于闸门在制造，安装和启闭过程中的多种因素而造成的负载与阻力的不平衡，摩擦阻力也不相等，泄漏量也不同，因此偏载是不可避免的。在系统中虽然配置了两个带桥式单向阀的调速阀，对两只油缸的速度进行控制，但调速阀自身不具有自动平衡功能。因此，在带桥式单向阀的调速阀与油缸有杆腔中间，增加了旁路泄油纠偏阀组的同步闭环控制，使闸门在启闭过程中通过开度检测仪检测闸门两侧的运行速度，经PLC控制纠偏阀组动作，不断地对闸门两侧的油流进行调整，达到闸门平稳同步的运行要求。

为使闸门能在任意位置可靠停留，系统采用了液控单向阀的锁紧回路，在液压缸的进、回油路中都串接液控单向阀（又称液压锁），活塞可以在行程的任何位置锁紧，其锁紧精度只受液压缸内少量的内泄影响。本液压系统的锁紧回路设置在油缸下腔的进油口上，阀块上的安全控制阀可调节油缸下腔最大持住力，设定后能有效地保护油缸下腔压力超载和闸门的安全运行。

（五）存在的问题及解决方法

（1）闸门在开启过程中运行很平稳，但在关闭过程中，如中途进行停止，闸门停不住，必须紧急关闭主油路球阀才能停止；且这时闸门已偏向一边，卡死在门槽，如再进行第二次操作时，必须手动纠偏后才能正常操作。经认真研究，认识到液压系统的调速回路粗调，不是大致的调整，应根据闸门的实际情况先选准速度范围，然后多次缩小适合该闸门启闭的速度，再适当增大旁路纠偏回路的纠偏流量以提高纠偏能力。2008 年 3 月按照以上方法精心调整，解决了闸门下滑和纠偏的问题，并且实现了自动控制。经多次运行，闸门和液压系统运行平稳，纠偏精度高，能保证防洪度汛安全。

（2）该液压启闭系统在安装过程中没有清扫彻底，且当时土建施工和机电安装调试同时进行，工作环境非常恶劣，有大量粉尘、水汽、泥沙，在后来的运行中多次使阀组活塞卡阻，液压启闭机不能正常工作。2008 年 5 月，对整个液压系统的液压油（包括液压油缸内的液压油）全部进行过滤，过滤精度 20μm，同时对油箱和阀组进行清洗（管路采用不锈钢钢管，且又运行了两年，经过多次冲洗），使整个液压系统运行正常。

（湖北宣恩洞坪水电有限责任公司　陈　洪）

中國水力發電年鉴

8

科学研究与技术创新

水电科学研究

高水头大流量泄洪洞水力学关键技术问题研究

（一）研究成果

（1）研究了相间阻力中紊动扩散对水流掺气浓度的影响，改进了高速掺气水流的数值模型，改善了以往数值计算对水流掺气估算不足的状况，掺气浓度的分布和掺气量的计算结果与试验数据符合更加良好。

（2）分析了侧面水流的掺气机理和反弧段高速水流的水力特性，研究了侧掺气设施体型及适于反弧末端的三维掺气设施新体型，提出的楔形掺气坎与掺气槽相结合的侧掺气设施体型及侧坎加底部梯形挑坎的三维掺气设施体型，在锦屏一级、溪洛渡水电站工程中得到应用。

（3）基于两相流双流体模型，考虑相间阻力和虚拟质量力作用，采用小扰动方法导出了掺气水流压力波色散方程，研究了声速随水流掺气浓度的变化规律。

（4）结合锦屏泄洪洞泄洪功率大、河道狭窄的特点，提出了燕尾式非对称新型挑坎体型，该体型能有效改变主水舌方向，并在纵向拉伸扩散，解决了常规斜挑坎体型对左岸有明显冲击的问题。

（二）成果应用情况及社会经济效益

针对锦屏一级泄洪洞高水头、大流量、超高流速（大于 $50m^3/s$）的水力学问题，研究提出的四道掺气设施布置方案、渥奇段及反弧段体型优化及反弧段三维掺气设施体型等成果解决了锦屏一级泄洪洞设计中的关键技术问题，具有巨大的经济效益，已在设计中采用。

针对溪洛渡 3 号泄洪洞第一、二、三道掺气设施部位水流及边界条件提出的三维设施推荐体型在保持流态良好的条件下，能有效地消除掺气坎后两侧边墙的清水带，增大边墙附近水流的掺气浓度，有利于防止边墙发生空化破坏，并可适当减低边墙过流面不平整度的要求。该成果对保证泄洪洞的安全运行有重要意义，具有较大的经济和社会效益，已在溪洛渡泄洪洞设计中采用。

（中国水利水电科学研究院）

胶凝砂砾石筑坝技术研究及在围堰工程中的应用

中国水利水电科学研究院与福建水利水电勘测设计研究院、首钢工学院、中国大坝协会于 2002 年 7 月～2010 年 7 月开展了胶凝砂砾石筑坝技术研究，并在围堰工程中应用。

（一）研究成果

基于国际已建、在建胶凝砂砾石工程的资料调研，对胶凝砂砾石坝筑坝材料的物理力学性能、胶凝砂砾石坝设计原则和施工工法进行了系统研究，研究成果成功地应用于围堰工程，取得了良好的效果：

（1）系统研究了胶凝砂砾石筑坝材料的强度特性，在国内外首次进行了胶凝砂砾石材料渗透溶蚀试验。

（2）对胶凝砂砾石坝体稳定、变形和应力特性及其控制指标进行了系统地分析和研究，对坝体防渗结构型式进行了初步研究。提出了胶凝砂砾石坝设计的基本原则和方法。

（3）结合实际围堰工程，开展了胶凝砂砾石施工工法的研究，提出了胶凝砂砾石施工技术要求。

（4）研究成果首次成功应用于街面水电站下游围堰和洪口水电站上游围堰工程建设。其中，街面水电站下游围堰实现了两面挡水；洪口水电站上游围堰经受了超标准洪水的考验。该成果还在澜沧江功果桥水电站大坝上游围堰与乌江沙沱水电站左岸大坝二期下游围堰等工程上得到应用。

（二）成果应用情况及社会经济效益

研究成果首次成功应用于街面水电站下游围堰（坝高 16.3m）和洪口水电站上游围堰（坝高 35.5m）工程建设。

街面水电站下游围堰由于采用胶凝砂砾石筑坝技术加快了工程进度，加上胶凝材料用量大幅度减少，与原设计采用常态混凝土方案比较，工期缩短了约 55%，节约造价约 25%。街面下游胶凝砂砾石围堰成功实现了两面挡水，2004 年 12 月投入运用至今状态良好，在国际处于领先水平。

洪口水电站上游胶凝砂砾石围堰采用全断面碾压，不设横缝和纵缝，与原设计采用碾压混凝土方案比较，缩短工期约51%，综合节省成本25%以上，取得了良好的社会经济效益。该围堰经受了超标准洪水的考验，堰顶最大水头8m，总过水时间44小时，围堰未发生裂缝，至大坝蓄水前一直运行良好，在国际上处于领先水平。

该成果后期还在澜沧江功果桥水电站大坝上游围堰（坝高56m）与乌江沙沱水电站左岸大坝二期下游围堰（坝高14m）等工程上得到应用。

胶凝砂砾石筑坝技术具有良好的经济性与安全性，且能充分利用当地材料，方便施工，对环境影响相对较小，在我国的中小型水库大坝工程、堤防工程及中小型病险水库除险加固工程等领域中具有广阔的应用前景，具有良好的社会经济效益。

（中国水利水电科学研究院）

自调节起旋墩泄洪防蚀消能新技术研究

（一）研究成果

（1）提出了一种以自调节起旋墩泄洪防蚀消能新技术为基础的新型旋流环形堰竖井泄洪洞形式，其主要特点是：① 潜水起旋墩结构简单，既解决了堰顶浅水的旋流问题，又能增大泄流能力；② 起旋墩不受地形影响，在各种水头下均能产生稳定的空腔旋转流运动，消除溢流堰和竖井壁面的负压，避免发生空蚀，同时提高泄洪洞的消能率。

（2）揭示了自调节潜水起旋墩的旋流运动机理，即：当堰上水深较浅时水流沿着墩壁进入竖井，产生旋转流运动；当水深漫溢墩顶时，在惯性力的作用下水流自动调节入流角度加大泄流量，在底层旋转流的拖曳下同步旋转，并且增加了旋转力度。

（3）建立了新型旋流环形堰竖井泄洪洞的设计理论和水力特性计算方法，包括：新型泄洪洞结构组成，自调节起旋墩布置原则，旋流环形堰断面曲线、平面半径、竖井直径和流量系数的确定方法，竖井合成速度和压力分布理论计算公式等。

（4）利用洞顶余幅气体自掺气原理，提出了洞内带有自掺气顶压板（和自掺气消力墩）的压力消能工，明显提高消能效果。

（5）为清远下库设计出带有潜水起旋墩的旋流环形堰竖井泄洪洞。

（6）为清远上库设计出带有起旋墩（墩顶高于校核洪水位）的旋流环形堰竖井泄洪洞（适于小流量工程）。

说明：该研究成果虽然最大流量只有540m^3/s，但也适用于高水头大流量的竖井泄洪洞。

（二）成果应用情况及社会经济效益

所完成的研究成果已被广东清远抽水蓄能电站竖井泄洪洞工程采用，泄洪洞结构简单，导流洞改建工程量较小，通过经济比较，新型竖井泄洪洞比传统的泄洪方式节省投资2500万元。

该研究成果适于大、中型泄洪洞，特别是在土石坝水库修建非常泄洪洞和城市排水工程更有利，具有广泛的推广应用前景。提炼的成果已发表在国内外较高水平的期刊上。已获国家专利2项，已受理2项。

（中国水利水电科学研究院）

雅砻江锦屏一级水电站分层取水进水口水温模型试验研究

中国水利水电科学研究院与二滩水电开发有限责任公司于2008年12月～2010年6月进行了雅砻江锦屏一级水电站分层取水进水口水温模型试验研究。

（一）研究成果

该项目研究，采用水工模型模拟了锦屏一级水电站部分库区与电站分层取水取水口，通过分层绝缘加热方式模拟了水库水温的垂向分布，对叠梁门分层取水进水口提取表层水的取水效果进行了定量研究，并对电站叠梁门运行调度提出了建议。主要成果如下：

（1）基于浮力相似准则，对水库水温分布物理模拟的相似律进行了理论研究，导出了对应的温度分层相似关系。

（2）采用分层持续加热的方法，成功模拟出原型水库中的水温垂线分布，实现了水温场与流速场的同步模拟。

（3）模型试验表明：在水库进水口及其叠梁门运行对于邻近库区的温度分布与流场有一定的影响。就锦屏一级水电站而言，该影响域的上游边界距进水口约600m，在此范围以远的库区则无影响。

（4）叠梁门式分层取水进水口提取表层水的取水效果与叠梁门门顶水头密切相关：当库水位较高时，由于门顶水头较大，叠梁门运行对取水效果影响不大；而当库水位较低时，因门顶水头较小，更容易提取表层温水，取水温升较大。如锦屏一级电站，叠梁门门顶水头在20～70m之间，叠梁门运行所贡献的温升值分别为2.5℃与0.15℃，两者相差10倍以上。

（5）由于进水口取水高程、前池开挖及附近地形的影响，近坝区呈现三维流态。锦屏一级电站在引水过程中，在左坝肩附近形成较大的回流区，导致进水口前水温分布不均匀，使得不同孔口间的取水水温存在一定差异。

（6）水温研究的主要目标是论证电站进水口分层取水设施能否使水库在典型月份下泄水温接近于天然水温，以利鱼类繁殖和下游生态的恢复。从该研究的成果看，现有的三层叠梁门方案完全能够满足技术要求，并对进水口叠梁门运行调度方案进行优化。

（二）成果应用情况及社会经济效益

该项研究，通过水温物理模型试验，对锦屏一级水电站叠梁门分层取水进水口提取表层温水的取水效果进行了系统的定量研究，论证了设计方案的可靠性；并根据试验结果，提出了分层取水进水口的运行调度方案。上述成果为锦屏一级水电站叠梁门分层取水进水口的设计与运行管理提供了关键的技术支撑。

鉴于锦屏一级水电站最大坝高305m，是雅砻江干流中、下游河段的控制性工程，电站总装机容量3600MW，多年平均发电量166.2亿kW·h，发电效益巨大。而采用叠梁门分层取水技术是调控下泄水流水温的有效工程措施，对于缓解工程建设对下游鱼类的不利影响有重要作用，因此该项研究具有重大的社会环境效益。

值得指出的是，该研究首次对水库水温分布物理模型的模型相似律进行了理论分析，推导了理论上更为严格的浮力相似准则，对于类似问题的研究有重要的理论指导意义。

（中国水利水电科学研究院）

田湾核电站前池水温与取水口海水水温关联性研究

（一）研究成果

（1）依据原型观测和核电站一期工程实际运行资料，分析研究了安全厂用水取水温度和前池内水温分布的主要影响因素，论证并确认了拍板门＋前池进流方式对安全厂用水取水温度具有显著的平抑效应。安全厂用水取水温度的变化受控于隧洞入口水温、拍板门进流情况以及气象因素变化等，其取水温度峰值的出现往往是连续多天拍板门进水水温持续上升和太阳辐射造成前池内水温持续上升的累积结果。前池对安全厂用水取水温度具有削峰填谷作用。与循环水取水温度相比，安全厂用水水温随潮变化规律不明显，取水温度峰值减小，且出现时间有一定滞后。

（2）将EFDC模型进行二次开发成功应用于拍板门＋前池进流过程和前池水温分层的模拟。拍板门仅在外海潮位高过前池水位一定程度时才进水，其余时间关闭，模型成功模拟了其进流过程，计算的前池水位与实测水位吻合良好。前池内的水温受太阳辐射和气温变化而出现昼夜分层变化，模型中全面考虑了太阳辐射、风速、气温和降雨等各种气象条件的随时变化过程，模拟得到的前池内测点的水温变化过程和安全厂用水的取水温度与实测结果吻合良好。

（3）成功地建立了安全厂用水取水温度峰值与循环水厂用水取水温度关联性的预报模式，并提出了适宜的边界条件、计算时段选择原则、方法。据此进行的模型预报结果表明：在设计极端不利工况、核电站8台机运行情况下，前池削减安全厂用水取水温度峰值在0.4～1.3℃之间，削峰效果显著，据此得出的电厂一期安全厂用水取水温度不超过限制值。

（二）成果应用情况及社会经济效益

研究成果已应用于田湾核电站后期扩建工程之中，解决了困扰扩建工程的关键问题，节约了大量的改造工程投资。同时，研究成果具有重要的推广应用价值，为今后类似工程问题的研究解决提供了良好、有效的途径。

（中国水利水电科学研究院）

菲律宾MARIVELES 2×300MW级燃煤电厂取排水工程问题综合性研究

（一）主要研究内容

1. 全潮水文测验　2010年3月赶赴现场进行了全潮水文测验和资料收集工作，获取水下地形、工程海域的潮汐与海流特性、气象条件（包括气温气压相对湿度等）、水温、盐度、泥沙及波浪资料等。厂址附近深水贴岸，水下地形坡度较陡，取排水条件较好；潮流为往复流；厂址地处热带海洋性气候。

2. 工程海域流场模拟研究　这部分研究内容针对包括电厂取排水工程水域在内的马尼拉湾海域，开展大范围潮流场模拟计算工作。采用全潮水文测验同步实测潮位和海流资料进行模型验证，获悉流场特性，为电厂取排水方案布置提供依据，同时为物理模型试验模拟海域提供潮流边界条件。

3. 物理模型试验研究　海域流场模拟研究为物理模型试验模拟海域提供了潮流边界条件，以此为基础开展模型试验，模拟研究取排水工程附近水域的流场、温排水与环境水体间的掺混稀释特性以及温排水输移扩散规律。依据海域自然条件和工程特点，从实际出发，对方案进行优化，采取差位式离岸深排、近岸深取的布置原则，适当缩短取水管道长度，据此给出的推荐方案较好地兼顾了电厂取水及环保等方面要求。为电厂取排水工程设计和环境影响评价提供了科学依据。

（二）成果应用情况及社会经济效益

业主采用推荐方案，满足环境保护要求和工程运行的要求，还可节省投资上亿元，缩短工期，早日投产盈利。

（中国水利水电科学研究院）

福清核电厂取排水工程综合性技术研究

（一）研究成果

结合福清核电厂取排水工程所处海域复杂的地形地势、较强的潮流、温、盐分布等的特定条件以及取排水工程设计等方面要求，采用温排水及液体放射性流出物二维数模计算、温排水及液体放射性流出物物模试验相结合的手段以及总体综合分析和研究的技术路线，通过大量深入细致的研究工作，提出了可满足电厂安全取排水以及环保等方面要求的较为经济、可行的取排水方案。与一般工程相比，该项研究成果的创新之处在于：

（1）根据核电厂附近沿岸为发育宽阔而低缓的大片潮间浅滩，并分布着密集的海水养殖区的特点，改变传统的工程本身至上或将工程优化与环境保护完全对立起来的观念，全面综合研究电厂取排水所涉及的取水防热以及水环境保护（包括热污染、低放射性核素污染、余氯污染等）等方面问题，最终提出的取排水方案较好地兼顾了电厂取排水与环境保护等多方面要求。

（2）该项目液体放射性流出物浓度场模拟检测采用了中国水利水电科学研究院自行研制的新型的多点高精度浓度采集系统。该仪器具有响应时间短（128个测点巡检时间不超过 2s）、可靠性强、性能稳定、精度高等特点。大幅度提高了放射性废水试验研究成果质量。

（二）成果应用情况及社会经济效益

研究成果已被业主方及工程设计单位采用，推荐工程方案兼顾了安全取水与水环境保护两个方面，具有良好的经济效益与社会效益。

（中国水利水电科学研究院）

水电站工程高边坡安全监控系统研究

“水电站工程高边坡安全监控系统研究”为锦屏一级水电站施工期专题科研项目，该项目结合锦屏一级水电站左岸岩石高边坡安全监测，依托国家自然科学基金雅砻江水电联合研究基金重点项目“岩石高边坡失稳的大型滑坡预警与防治”(基金号：50539110)，重点开展了“水电站工程高边坡安全监控系统软件开发、锦屏一级水电站典型高边坡监测资料分析及现场服务、锦屏一级水电站典型高边坡的监测预测预报研究”三项工作。

研究工作自 2007 年 8 月开始，2009 年 11 月结束。2009 年 12 月 24 日，中国水电顾问集团成都勘测设计研究院与二滩水电开发有限责任公司在成都联合召开了“水电站工程高边坡安全监控系统研究”项目评审验收会。参与会议的人员一致认为：项目研究工作系统、深入，紧密结合锦屏一级水电站岩石高边坡工程实践，圆满完成了合同规定的各项任务，实现了合同制定的各项目标。

该项目主要研究内容包括：

（1）采用 C/S 构架的瘦客户端模式，应用具有高性能、多平台特点的 MySQL 网络数据库，在 VisualBasic. Net 集成环境下开发完成了“水电工程高边坡安全监测分析系统（SlopeMoni）”，实现了海量监测数据远程异地网络化的有效管理以及监测数据预处理、预测预报模型建模、监测数据分析管理、成果图绘制、统计表生成等功能。

（2）系统在锦屏一级水电站高边坡工程中进行了应用，完成了锦屏一级水电站左岸高边坡 21 类监测仪器、672 个测点、65 023 条监测数据的管理。

（3）对锦屏一级水电站左岸边坡工程的监测资料进行了分析研究，提交了安全监测分析月报 26 期，半年报 1 期、年报 1 期、简报 4 期，专题报告 2 期。

（4）运用现代数学方法、数据挖掘理论、智能优化和机器学习方法，研究了 BP－NN、GM、指数平滑和 PSO－SVM 等多种边坡预测预报模型，开展了锦屏一级水电站典型高边坡的预测预报应用研究工作。

研究工作内容饱满、技术路线合理、研究手段与方法先进，取得的成果和结论可靠，具有重要的理论意义和工程应用价值。

（河海大学）

虎跳峡河段龙头水电站环境经济损益分析研究

（一）研究内容

报告对龙头水电站的环境影响经济损益分析主要包括以下几个方面：

（1）世界自然遗产地和自然保护区经济损益分析。本部分主要对由于龙头水电站建设带来的“三江并流”世界自然遗产地及自然保护区的淹没损失进行分析与量化。

（2）风景名胜区经济损益分析。水库建设必然会对旅游风景名胜区产生影响，但经过旅游规划，对当地的旅游业将产生一定的推动作用，该部分主要就龙头水电站建设对玉龙雪山国家风景名胜区的旅游损益情况进行预测和分析，并对四川太阳谷省级风景名胜区的旅游损益情况进行定性分析。

（3）生态影响经济损益分析。主要就水库淹没造成的陆生植被生态价值损失，特有植被的损失，重点保护植物和名木古树的价值，水土流失，陆生动物栖息地的损失以及水温对下游水生生物价值损益的影响，鱼类多样性价值的损失和水库蓄丰补枯对下游的生态效益进行分析与量化。

（4）水库水面经济损益分析。水库的建成虽然会造成一定的损失，其形成的水域，却可以给当地人民带来大量的收益，本部分的内容主要包括对水库水面调节小气候的生态及旅游损益、水库休闲渔业效益、水库渔业收益、水库形成的湿地生态服务功能价值、水库调蓄洪水的生态价值的分析与量化，并定性分析水库水面的航运效益。

（5）水库局地气候效应对保护玉龙雪山冰川雪线经济损益分析。龙头水库建成以后形成大面积的水域，将对当地的气温、降雨、风力等产生一定的影响，从而影响当地的小气候及其生态平衡的维持，基于此，本部分内容包括龙头水库对冰川雪线冰雪水资源的供给效益、对冰雪旅游业的可持续发展效益以及对玉龙雪山生态平衡维持效益的量化与分析。

（6）滇中调水环境经济损益分析。在对滇中受水地区水环境现状分析的基础上，根据调水工程的具体情况，将环境影响的分析按受水地区和水源地的不同，从水质、生态景观环境、地质、动植物、水量调配及社会经济环境方面出发，定性分析滇中调水工程的环境影响。最后比较分析了滇中调水工程金沙江方案龙头水库在望城坡以上工程总投资和运行维护费上差别。

（7）地方经济收益分析。该部分从水电站建设带来地方 GDP、税收的增加、带动的工业 GDP、贫困人口年纯收入的增加额以及水资源费的征收五个方面来反映龙头水电站的建设对地方经济的影响。

（二）作用意义

该报告将用统一货币尺度来反映水电站的环境影响经济损益，其研究既有实践指导意义又有理论价值。

1. 实践指导意义

（1）为项目决策提供依据。对环境影响进行经济损益分析，是把软科学列入决策程序，有利于人们充分认识水利水电工程带来的环境成本与收益；有利于实现水利建设项目决策科学化、民主化，把有限的资源用于兼顾经济效益、社会效益、环境效益的项目，为水利水电项目决策提供依据。

（2）为水电与其他电力开发对环境影响成本的对比提供思路。该报告系统运用大量方法，在对龙头水电站造成的环境影响进行全面计量分析的基础上，分析了以电代煤减免的环境污染效益，为水火电环境影响成本及其他电力开发对环境影响的成本对比分析提供了方法和思路。

（3）为宏观电力结构的调整提供依据。大型水电工程的开发对环境影响争议颇大，加强水电站对生态环境影响的计量研究，可以将各种能源开发的环境成本用货币表示出来，更清晰直观的为国家的能源开发决策提供依据，从而奠定电力结构调整的基础。

（4）为库区发展提供契机。水电站建设是库区社会、经济发展的契机：可为移民劳动力提供充裕的就业机会，加快移民脱贫致富，提高移民生活水平；可改善移民的居住条件，促使库区城镇化率大幅度提高；水电建设带来的对当地生态环境和少数民族风情的投资，有利于当地少数民族文化的传承和发展，是项目区建设社会主义移民新农村难得的机遇。

2. 理论价值

（1）完善环境影响经济损益分析方法。该报告对虎跳峡河段龙头水电站环境经济损益进行系统研究，针对研究内容提出了系统、适宜的研究方法，对于完善环境经济损益分析理论，促进研究方法的系统化，以发挥理论的超前指导作用，推动水电站环境影响经济损益分析的顺利进行具有重要意义。

（2）完善环境影响评价制度。加强水电站对环境影响经济损益的计量研究，将改变环境影响评价中以定性分析为主的现状，从定量的角度全面衡量水电站建设产生的生态环境影响，将水利水电工程的环境影响经济损益货币化计量，是环境影响评价研究的突破，对环境影响经济损益分析水平的提高，环境影响评价制度的完善具有重要意义。同时，虎跳峡河段龙头水电站环境经济损益分析具有代表性，对其他电站环境损益分析的研究具有重要的借鉴意义。

（河海大学）

乌江银盘水电站船闸闸室底板限裂配筋技术研究

（一）应用领域和研究原理

该项目采用平面钢筋混凝土有限单元法对乌江银盘水电站船闸闸室配筋进行研究，给出了满足裂缝控制要求的钢筋用量及配筋形式，研究成果可直接应用于该结构的配筋设计，也可为今后类似的工程提供参考。

（二）研究内容

1. 合同要求的主要研究任务

（1）选取二个断面，进行平面线性有限元计算，按应力图形法计算结构承载能力所需的钢筋用量。

（2）对上述二个断面，进行平面非线性钢筋混凝土有限元计算，给出满足裂缝控制要求的钢筋用量和钢筋布置。

（3）对右闸墙后填土高度进行敏感性分析，给出填土高度对闸室结构受力的影响规律。

2. 实际达到的研究目标

（1）对整体方案选取了一个断面，先进行平面线性有限元计算，按应力图形法计算结构承载能力所需的钢筋用量；然后进行平面非线性钢筋混凝土有限元计算，给出满足裂缝控制要求的钢筋用量和钢筋布置。此外，讨论了扬压力对底板应力的影响，证实现有的填土高度是合适的。

（2）对半整体式方案选取了二个剖面，先进行平面线性有限元计算，按应力图形法计算结构承载能力所需的钢筋用量；然后进行平面非线性钢筋混凝土有限元计算，给出满足裂缝控制要求的钢筋用量和钢筋布置。此外，讨论了永久缝缝面上的渗透压力大小对裂缝宽度与长度、闸墙水平位移及永久缝水平开度的影响，还讨论了闸室结构与基岩接触面单元参数对计算结果的影响。

（三）成果的创新点、先进性

该项目的创新点、先进性体现在：采用非线性有限元方法，根据裂缝宽度要求配置钢筋。

（四）作用意义

该项目研究成果可直接应用于乌江银盘水电站船闸闸室的配筋设计，也可为今后类似的工程提供参考。

（河海大学）

龙江水电站枢纽工程双曲拱坝地质力学模型三维有限元分析研究

龙江水电站枢纽工程位于云南省德宏傣族景颇族自治州潞西县境内的龙江干流上，是以发电、防洪为主，兼顾灌溉、水产养殖、供水及改善环境、发展旅游等综合性水利枢纽工程。坝址距芒市 70km，距下游户拉村 13km。坝址至户拉村有等外级公路相连，昆明至瑞丽的国家级公路由户拉村通过。水库总库容 12.17 亿 m^3，电站总装机容量 240MW。工程规模为大（1）型，工程等别为一等；大坝及泄水建筑物为 1 级建筑物，引水发电系统为 3 级建筑物。拱坝校核洪水标准采用 2000 年一遇（$P=0.05\%$），设计洪水标准采用 500 年一遇（$P=0.2\%$）；厂房及引水建筑物校核洪水标准采用 200 年一遇（$P=0.5\%$），设计洪水标准采用 100 年一遇（$P=1\%$）。泄水建筑物消能防冲的设计洪水标准为 100 年一遇（$P=1\%$）。

枢纽由混凝土双曲拱坝、坝身泄洪表孔、放水深孔、坝下消能塘及引水发电系统组成，溢流坝段位于主河床，引水发电系统布置在左岸。

受中水东北勘测设计研究有限责任公司委托，该项目针对龙江水电站枢纽工程，进行双曲拱坝地质力学模型三维有限元分析研究，主要研究内容如下：

该报告针对龙江拱坝工程，根据设计提供的地质资料和枢纽布置资料，为了解坝和地基的实际工作状态，建立三维有限元计算模型，对大坝与地基联合作用进行分析，采用三维有限元方法进行计算。计算过程中模拟了坝体自重施工加载过程，考虑了分期水荷载、泥沙荷载、温度荷载、地震荷载等，明确坝体在各种工况下的应力与变形的大小的规律；考查了分期蓄水时封拱高程以上坝体横缝张开度；对设计地震及校核地震两种情况进行了动力时程分析，并讨论了无限地基辐射阻尼效应对计算结果的影响，分析了地震情况下横缝张开度的大小和分布。运用有限元内力法得到各种工况下的拱推力，为坝肩稳定分析提供所需要的力系，并用规范规定的坝肩稳定分析的基本方法——刚体极限平衡法对左右岸典型滑块的静、动力稳定安全系数进行了计算分析。动力的抗滑稳定计算中考虑了黏弹性边界（100%辐射阻尼）、固定边界（无辐射阻尼）和考虑 50%辐射阻尼三种情况，其中考虑 50%辐射阻尼的情况中所用到的加速度和地震产生的拱端力是块体在黏弹性边界和固定边界（无辐射阻尼）条件下分别所得的加速度和拱端力的和的一半。通过整体地质力学模型三维非线性有限元计算，对典型滑块采用降强法分析确定其坝肩稳定安全度，并以超水容重的方式确定坝体及地基的整体超载安全系数，以超地震峰值加速度的方式进行了动力整体超载计算，对断层等地质构造的压缩变形进行了分析，给出了坝基置换块部位基岩以及左右岸重力墩的应力分布情况。通过三维稳定渗流场分析，确定在不同水位下的地基浸润面位置，同时求解得到软岩、帷幕等部位的水力坡降，分析其渗透稳定性，确定各种水位工况下的坝基渗流量。对孔口、闸墩等外伸部位进行静动力应力分析，并按规范推荐的方法进行配筋量计算。

（河海大学）

黄登水电站坝基变质凝灰岩及火山细砾岩流变力学特性试验与长期稳定性研究

黄登水电站拟建坝型为碾压混凝土重力坝，坝基部位岩性以变质火山角砾岩、变质火山细砾岩为主，夹相对软弱的变质凝灰岩。变质火山角砾岩、变质火山细砾岩属坚硬岩石，可满足坝基变形稳定要求。变质凝灰岩夹层属中等坚硬岩石，且带中劈理化现象和顺层挤压面现象发育，岩体完整性较差，影响坝基岩体的均一性，对坝基变形稳定存在一定影响。

坝基岩石在长期荷载作用下，会发生流变现象，变质火山角砾岩、变质火山细砾岩以及变质凝灰岩的流变力学特性对坝基长期稳定性的影响是值得关注的课题。开展坝基岩石流变力学特性试验及长期稳定性研究非常必要。

该研究课题采用岩石全自动三轴流变伺服系统，对澜沧江黄登水电站坝基典型变质凝灰岩、变质火山细砾岩及变质火山角砾岩进行了考虑渗流作用的三轴流变力学特性试验，并根据三轴流变试验结果，确定出适合黄登水电站坝基岩石的流变本构模型，通过辨识得到了相应的力学参数，最后基于试验结果并结合工程实际，采用 FLAC3D 软件对黄登水电站工程进行了三维弹塑性数值计算和长期流变计算，对坝基岩石长期稳定性进行了分析。

（河海大学）

哈达山水利枢纽工程右岸绕坝渗流分析模型及控制技术研究

受松原市哈达山水利枢纽暨松原灌区开发有限公司的委托，河海大学承担了“哈达山水利枢纽工程右岸绕坝渗流分析模型及控制技术研究”。根据现行规范要求和国内外相关研究进展，结合该工程的特点，采用有限元法对哈达山水利枢纽工程土坝和右坝肩的渗流场进行计算分析，评价其渗透稳定性，并提出优化方案。

哈达山水利枢纽工程位于第二松花江下游河段，距第二松花江与嫩江汇合口处约 60km，是干流最后一级控制性工程。主要任务以吉林西部工农业和生活供水为主，兼顾生态环境保护供水、发电等综合利用。水库正常蓄水位 140.50m，校核洪水位 143.95m，相应下游水位 140.83m，设计洪水位 142.10m，相应下游水位 139.77m。工程规模为大（1）型，工程等别为一等，主要建筑物为 1 级建筑物，由混凝土重力坝、河床式电站、溢流坝、取水及门库坝段、黏土均质土坝组成。土坝长 1926.4m，坝顶高程 146.00m，最大坝高 13.00m，上、下游边坡均为 1：3.0。主要研究内容如下：

（1）根据工程实际情况，建立土坝及右坝肩的三维渗流有限元模型。该模型采用八节点等参元，详细模拟坝体结构、地基和右坝肩各地层，并采用固定网格的截止负压法增量迭代技术，求解渗流场。

（2）考虑正常、设计和校核三种工况，研究土坝和右坝肩的绕坝渗流场特性，分析浸润面和地下水位分布、渗透坡降和渗透稳定性，估算渗流量。

（3）研究确定防渗墙处理范围，提出满足坝肩绕渗稳定和渗流量控制要求的地基处理防渗方案。

（4）对防渗墙及基岩渗透参数进行敏感性研究，分析防渗墙及基岩渗透性变化对渗流场的影响。

（5）研究防渗墙施工缺陷对渗流场性态的影响，分析防渗墙施工缺陷对土坝和右坝肩渗透稳定性的影响，评价其安全性。

（6）研究冰冻对坝体浸润面的影响，分析冰冻条件下坝体浸润面的变化规律，提出合理化工程措施。

计算分析时，根据有限元计算原理，用 Visual C++开发了三维非稳定饱和一非饱和渗流有限元计算分析程序 CNPM3D。该三维非稳定饱和一非饱和渗流有限元计算分析程序是在原三维稳定渗流有限元计算分析程序 NP3 的基础上逐步发展而来的，经过不断完善和拓展，计算程序已能够求解稳定渗流问题、非稳定渗流问题和饱和一非饱和渗流问题，并可适用于岩体的等效连续介质，增加了处理断层、溶洞、排水孔（井）等结构的功能，可以计算分析绝大多数复杂渗流场的工程渗流问题。同时前后处理功能也逐步完善，开发了一系列图形接口、分析整理等前后处理软件。因此，结合 AutoCAD 和 Surfer 等商用图形处理软件，已形成了一套较为完善的渗流分析软件包。计算得到了该工程坝体和右坝肩渗流场以及防渗系统对渗流场影响的基本规律，建议右坝肩防渗墙自右坝端（桩号 2+432.4m）起延伸 80m，可以满足渗透稳定和渗流量的要求。

该项目深入研究了该坝的工作特性，论证了设计方案的合理性，为设计和施工提供了理论依据，并提出建议。

（河海大学）

巴河老虎嘴水电站左岸防渗结构变形有限元分析研究

受中国水电顾问集团西北勘测设计研究院的委托，河海大学承担了“巴河老虎嘴水电站左岸防渗结构变形有限元分析研究”。根据现行规范要求和目前国内外混凝土重力坝坝筑坝技术的研究进展，结合该工程的特点，对巴河老虎嘴水电站左岸防渗结构进行三维有限元计算分析，并对防渗墙与连接板、连接板与重力坝之间接缝的变形进行了较系统的计算分析研究。

老虎嘴水电站工程位于西藏自治区东南部的林芝地区工布江达县巴河干流上，是巴河巴松湖以下河段梯级开发规划的第七个梯级，距巴河出口处约4～6km。工程为三等（中型）工程，枢纽主要建筑物按3级建筑物设计，次要建筑物按4级建筑物设计。水库正常蓄水位为3297.00m，死水位为3296.00m，总库容为9350万m^3，调节库容350万m^3，为日调节水库。挡水建筑物为混凝土重力坝，最大坝高84m。电站装机容量102MW，年利用小时数4866h，多年平均发电量49 636万kW·h。坝址区地震基本烈度为Ⅶ度。工程总工期44个月。枢纽建筑物从右至左依次布置：引水发电系统、右副坝、溢流坝、泄洪洞（兼作导流洞）、左副坝。坝顶长度277.90m，坝顶高程3299.00m。河床左岸有一古河槽，覆盖层最大深度达206m。左副坝为混凝土重力坝，坐落于左岸覆盖层上，长101m，分为6个坝段，最大坝高36.2m。左岸坝基及绕坝渗流控制措施采用悬挂式混凝土防渗墙，最大深度为80m。防渗墙与混凝土坝的连接采用连接板柔性接头，连接板上下游侧均设置接缝和止水。主要研究内容如下：

（1）根据防渗墙、连接板、坝体的实际施工过程，建立了坝体和坝基分级加载、分期蓄水的三维非线性整体有限元模型。

（2）采用邓肯－张模型模拟覆盖层材料的非线性特性，详细模拟了防渗墙、坝体、连接板的施工顺序，以及水库水位上升的蓄水过程，计算分析了完建期、正常蓄水期以及地震作用下左岸防渗结构的变形，研究其变化规律。

（3）绘制了各工况下各坝段特征断面上防渗墙、连接板及坝基面的三向位移分布，以及连接板沿坝轴线的位移分布。给出了各工况下防渗墙与连接板、连接板与坝体之间接缝的变形，以及各级荷载增量作用下连接板和接缝的相对位移图。

（4）根据计算成果和工程实际情况，对大坝、防渗墙和接缝等的特征位移进行分析和评价，为设计提供依据，并提出建议。

计算分析时建立了老虎嘴水电站左副坝及其地基的三维有限元模型，采用三维非线性有限元法和分级加载技术，计算分析了完建期、正常蓄水期、校核洪水期和地震情况下，左副坝、防渗墙、连接板和接缝等的位移。这里地震作用采用拟静力法考虑。

该项目深入研究了老虎嘴水电站左副坝及其地基的应力变形特性，分析研究防渗墙与连接板、连接板与重力坝之间接缝的变形，为设计和施工提供理论依据，并提出建议。

（河海大学）

哈达山水利枢纽工程土坝动力分析模型及抗震技术研究

受松原市哈达山水利枢纽暨松原灌区开发有限公司的委托，河海大学承担了“哈达山水利枢纽工程土坝动力分析模型及抗震技术研究”。根据现行规范要求和目前国内外土石坝抗震计算分析的研究的进展，结合该工程的特点，对哈达山水利枢纽工程土坝进行了二维和三维静、动力非线性有限元计算分析，对坝体的变形性态和抗震特性进行了较系统的计算分析研究。

哈达山水利枢纽工程位于第二松花江干流下游、吉林省松原市东南20km处，下距第二松花江与嫩江汇合口处约60km，是一座以工农业供水及改善生态和水环境质量为主，结合水力发电，兼顾湿地保护，实现松辽流域水资源优化配置的骨干工程。该工程由坝区枢纽工程、库区左岸防护区工程和输水工程组成。坝区枢纽工程由挡水土坝、取水及门库段、溢流坝、河床式电站、重力坝连接段组成；防护区工程由防护堤、强排站和排水沟等组成；输水工程则包括渠首闸、输水干渠及其交叉建筑物等。水库正常蓄水位140.50m，总库容6.04亿m^3，灌溉面积285×103亩，电站装机容量34.9MW。工程规模为大（1）型工程，工程等别为一等，主要建筑物黏土均质坝、溢流坝、河床式电站、重力坝连接段、取水及门库段为1级建筑物，其他次要建筑物为3级。主要研究内容如下：

（1）针对不同地基处理方案，研究竣工期和蓄水期坝体的应力、位移分布，防渗墙的位移和应力，侧墙的位移和应力，防渗墙和侧墙接合处的应力等，论证了坝体结构设计的合理性，提出了优化设计的建议。

（2）分析设计地震作用下大坝的动力反应特性，

得到坝体和坝基（含侧墙和防渗墙）的加速度反应、位移反应、应力反应，以及坝体的地震永久变形等。对地基液化进行评价，分析大坝上、下游坡的抗滑稳定性，评价大坝的抗震安全性。并对地基处理方案进行优化计算分析，提出合理化建议。

（3）根据静动力计算分析，建议防渗墙塑性混凝土的主要特性指标取弹性模量 800MPa，抗压强度 R_{28} 为 5.5MPa。

（4）根据静动力计算分析，建议采用“压重＋振冲桩”的地基处理方案，且在原设计方案的基础上，将坝轴线附近的振冲桩减少 4 排，并且将桩长减小 3m。该地基处理方案的坝基抗地震液化仍具有一定的安全裕度。

计算分析时根据施工进度和蓄水计划，分级加载模拟了大坝填筑过程和水库蓄水过程，静力分析采用了邓肯一张（E－B）模型，动力分析采用等效非线性黏弹性模型和 Wilson 线性加速度法。采用整体变形计算方法，就目前应用较普遍的两个动应力一残余应变模型进行土石坝永久变形计算。评价抗震稳定性时，求出滑动面的方向和分布，根据摩尔一库伦破坏准则把局部安全系数小于 1 的区域组合在一起，判断出最危险的复合滑动面，在该面上用总抗滑力和总滑动力的比值来定义安全系数，求出在地震全部持续时间内的安全系数和时间经历的关系，这样在考虑不稳定持续时间的同时，也就评价了根据应力所表明的滑动稳定性。计算结果与分析表明，大坝各部位的位移和应力场分布具有一般规律性，在静动力荷载的作用下是稳定的。

该项目深入研究了该坝的工作特性，论证了设计方案的合理性，为设计和施工提供了理论依据，并提出了建议。

（河海大学）

锦屏二级水电站引水隧洞工程区域地下水运移计算及对周边环境水文地质影响研究

研究目标为建立基于工程区的水文地质模型，提出适合于工程区岩溶水文地质条件的渗流数值分析模型和计算参数，给出工程区三维初始渗流场及辅助洞、排水洞及引水隧洞开挖后渗流场分布规律并预测涌水量、降落漏斗影响范围等。

该阶段研究的主要研究工作包括：

（1）建立基于锦屏山雅砻江大河湾范围水文地质模型的数值分析物理模型。

（2）提出适合于锦屏山区岩溶水文地质条件的渗流分析模型和计算参数。

（3）锦屏山区三维初始渗流场分布规律研究。

（4）根据各条隧洞预定的开挖进度，逐步分析各隧洞贯通后渗流场分布规律、稳定涌水量及降落漏斗的影响范围。

（5）在前期研究工作提出的封堵标准的基础上，分析各隧洞封堵后的渗流场分布规律、稳定涌水量及降落漏斗的影响范围，及隧洞周边渗流场的分布特征。经过两年多的研究取得了一系列的适用性成果，对泸定电站的设计起到了很好的指导作用。

课题成果对今后类似工程可以提供很好的借鉴。

（河海大学）

脉冲射流水下高效清淤冲沙关键技术研究

该项目是水利部公益性行业科研专项课题。

（一）主要研究内容

（1）高效脉冲射流装置理论研究。建立了流体网络等效集中参数电学比拟网络模型关系；理论推导了自激振荡脉冲射流喷嘴装置频率特性；分析了影响自激振荡脉冲射流喷嘴装置频率特性的性能参数；得出了系统流速一定时，即来流入口压力一定时，喷嘴结构的腔长和腔径增大时系统的固有频率减小，上下喷嘴面积比越小，系统固有频率越大，当固有频率和来流扰动波主频率接近时，系统有较好的脉动效果（打击力）等结论。系统在稳定状态下存在产生最大谐振峰值的采用大涡模拟技术和空化模型，结合建立的几何约束条件、流动约束条件和能量约束条件，对非淹没条件下脉冲射流装置的内部流动特性进行了数值模拟研究，分析其内部不同时刻压力分布、流速分布和汽泡相体积分布，初步揭示了脉冲射流发生机理。系统在一定腔长和腔径的配比下，系统存在最佳阻尼比 $\xi=0.7$。该最佳阻尼比，为设计自激振荡脉冲射流喷嘴提供最佳参数，为试验提供理论依据。

（2）高效脉冲射流装置性能试验和数值模拟研究。设计并制造了不同结构参数的自激振荡脉冲射流装置，并对其非淹没工况进行了试验和数值模拟研究，确定了上喷嘴直径 8、10、12 和 14mm 脉冲射流装置能产生脉冲效果的最佳性能结构配比参数。采用大涡模拟技术和空化模型，结合建立的几何约束条件、流动约束条件和能量约束条件，对非淹没条件下脉冲射流装置的内部流动特性进行了数值模拟研究，分析其内部不同时刻压力分布、流速分布和汽泡相体积分布，初步揭示了脉冲射流发生机理。

(3) 高效新型水下脉冲射流装置研制。研制了高效水下脉冲射流装置－自激式自吸气脉冲射流装置，首先确定水下脉冲装置的吸气方式，在确定吸气方式以后，对淹没条件不同水深脉冲射流（围压 0.1～0.6MPa，即水深为 10～60m）进行了试验研究，分别获取了上喷嘴直径 8mm 和 10mm 脉冲射流装置配合不同腔长的射流性能参数以及吸气量大小。分析比较了脉冲射流装置不吸气和自吸气两种条件打击力强度，发现脉冲射流的自吸气平均打击力比不吸气提高明显。

(4) 脉冲射流装置水下冲蚀石蜡试验研究。采用石蜡作为冲蚀样本，进行淹没条件下不同水深（即不同围压）连续射流和自吸气脉冲射流打击效果试验。根据前述研究成果选用性能较好的自吸气脉冲射流装置的结构参数和工作参数，然后与连续射流冲蚀相同的石蜡样本 10min，获取冲蚀深度、冲坑直径、冲蚀面积和冲蚀容积等，全面地了解连续射流与自吸气脉冲射流冲蚀石蜡效果，发现脉冲射流冲蚀表面积提高 75%～144%，冲蚀体积提高 15%～30%。

(二) 主要技术指标

研制高性能脉冲射流装置，使脉冲射流的峰值压力、冲击体积和有效射程分别是连续射流的 1.2～1.5 倍、1.2～1.4 倍和 1.2～1.5 倍；设计大型脉冲射流清淤试验装置，对水下脉冲射流冲击淤泥的过程和规律进行试验研究，确定脉冲射流水下高效清淤冲沙装置的关键技术参数，使脉冲射流的冲击体积提高 15%～30%。

（华北水利水电学院）

非均匀沙输移规律研究

该项目为国家自然科学基金重点项目。

(一) 研究意义

非均匀泥沙的输移是一个典型的跨尺度、多物理过程相耦合的复杂自然现象，也是泥沙运动力学和河流动力学研究的核心内容和重要基础问题。同时，由于非均匀泥沙的输移对河床冲淤有着直接的影响，进而影响到洪水演进、河床演变，乃至水环境和生态的演化过程与物质交换；因而非均匀泥沙的输移规律又是解决工程泥沙问题的主要技术难题和关键所在。现有研究还处在经验性很强的阶段，难以正确描述非均匀沙运动的诸多关键问题，制约了泥沙学科的发展，也难以满足生产实践的需要。因此，非均匀泥沙输移基本理论的研究不仅具有重要的理论意义，也是生产实践中迫切需要解决的关键问题。

(二) 主要研究内容

围绕非均匀沙输沙所涉及的关键性科学问题，开展以下研究：第一，在基本规律层面，通过基于现代观测技术的精细实验研究和基本力学分析，揭示非均匀泥沙颗粒运动基本特性；第二，在基本理论层面，建立能够既体现颗粒个体运动特性，又能反映非均匀颗粒群宏观统计特性的基本理论系统，研究非均匀颗粒体系的动力学统计规律；第三，在宏观应用层面，研究非均匀沙输沙能力、不平衡输沙机理、床沙级配变化动力学过程等问题，奠定应用基础。项目研究取得如下成果：

(1) 运动泥沙与床沙的交换机理。

(2) 湍流非均匀颗粒运动规律及颗粒间的运动耦合机理。

(3) 非均匀泥沙运动动理学理论。

(4) 非均匀沙输沙关键参量及过程的定量关系。

(三) 应用前景

研究成果用于小浪底水库清淤冲沙。经初步估算，每年可排沙 400 万 m^3，按每立方米 0.5 元（按原水价格计）计算，每年产生经济效益 200 万元；同时，延长了水库的使用寿命，产生了较大的社会效益、环境效益和发电效益。

项目的研究成果将促进脉冲射流技术在河流水库泥沙工程中的应用，可带动相关制造业的发展，市场应用前景广阔。

（华北水利水电学院）

基于“淤滩刷槽”的洪水泥沙调控模式与造床机理研究

该项目为国家自然科学基金面上项目。

(一) 主要研究内容

利用小浪底水库调节能力，借助黄河下游宽滩分区滞洪沉沙条件，进行洪水泥沙调控，改善主槽萎缩、维持河流活力，是开展本项研究的出发点。根据能耗原理，引入表征综合造床效应的水沙关系频率指标，研究基于水沙变异条件下的造床流量计算方法以及造床流量与主槽断面形态的依存关系；分析长系列水沙组合下，维持黄河下游造床流量的适宜水沙条件。基于“阻力—边界动态耦合”调整技术，建立适于模拟宽滩区控制分滞洪沉沙效应的平面二维水沙数值模拟方法，开展宽滩河段不同量级洪水泥沙过程的数值模拟与模型试验，分析黄河下游洪水泥沙过程与河床边界的协调响应关系，寻求具有最佳累积刷槽效应的洪水泥沙组合及其控制模式。主要研究不同洪水水沙过程与槽、滩塑造的响应机理，研究启用不同滩区控制滞洪沉沙的淤滩刷槽效果，探寻刷槽效率高、漫滩损失小的洪水泥沙过程与滩区滞洪沉沙控制模式，提出基于过程控制的漫滩洪水泥沙调控方案。利用小浪底水库调节能力，借助黄河下游宽滩分区滞洪沉沙条件，进行洪水泥沙调控，改善主槽萎缩、维持河流活力，为“二级悬河”治理提供技术支撑。

（二）研究意义

黄河下游主河槽淤积萎缩促使“二级悬河”形成和发展，威胁河道防洪。基于过程的黄河下游河道水沙优化调控技术，是恢复黄河下游河道行洪功能的关键技术；对下游滩区采取滞洪沉沙，能有效缓解“二级悬河”对防洪的威胁。项目实施将为恢复并维持黄河下游主槽输沙与过洪能力、科学调控黄河下游洪水泥沙、解决主槽萎缩与“二级悬河”问题提供理论指导和技术支持，在理论及工程应用方面都具有重大意义。

（华北水利水电学院）

基于“淤滩刷槽”的黄河下游洪水泥沙调控技术

该项目为水利部公益性科研专项。

（一）主要研究内容

(1) 黄河下游中水河槽高效输沙关键技术：基于过程辨识与最优化方法，建立满足中水河槽高效输沙要求的临界判别式，提出基于过程控制的中水河槽水沙调控方案。

(2) 黄河下游典型滩区滞洪沉沙状况调查及设计方案分析：基于黄河下游典型滩区地理、社会、经济状况的调查，对滩区滞洪沉沙情况进行分析；构建洪水淹没与受灾度关系模式；进行滩区滞洪沉沙运用方案初步研究。

(3) 黄河下游滩区滞洪沉沙模式及效果研究：基于利用小浪底水库的调水调沙能力，研究黄河下游滩区滞洪沉沙关键技术，提出有利于“淤滩刷槽”不同量级组合的黄河下游洪水泥沙调控方案与滩区滞洪沉沙运用方式。

(4) 滩区洪水演进预测及受灾度评估：实现滩区洪水淹没影响预测和损失评估，初步建立黄河下游典型河段滩区洪水淹没评估系统。

提出基于过程控制的漫滩洪水泥沙调控方案，为“二级悬河”治理提供技术支撑。

（二）研究意义

基于过程的黄河下游河道水沙优化调控技术，是恢复黄河下游河道行洪功能的关键技术；对下游滩区采取滞洪沉沙，能有效缓解“二级悬河”对防洪的威胁。项目实施将为恢复并维持黄河下游主槽输沙与过洪能力、科学调控黄河下游洪水泥沙、解决主槽萎缩与“二级悬河”问题提供理论指导和技术支持，在理论及工程应用方面都具有重大意义。

建立滩区洪水淹没评估系统，针对不同量级组合洪水启用不同滩区进行滞洪沉沙，并根据淹没程度，科学贯彻执行黄河蓄滞洪区运用补偿政策。项目实施能最大限度地减少滩区受灾范围和程度，实现滩区经济社会可持续发展和滩区综合治理的和谐发展，能够产生重大的社会、经济和环境效益。

这项研究工作在黄河下游河道治理、黄河下游洪水泥沙调控、滩区开发建设与迁安救护等方面具有十分重大的应用价值，同时在多沙河流工程数值模拟理论与游荡性河段整治方法也具有重要的理论意义。

（华北水利水电学院）

水电建设工程安全评价及安全“三同时”管理技术研究

（一）项目研究立项背景

2005 年 5 月 9 日国家安全生产监督管理总局印发了《关于做好机械、轻工、纺织、烟草、电力和贸易等行业建设项目安全设施竣工验收工作的通知》（安监总管二字〔2005〕34 号），委托水电水利规划设计总院承担水电、风电等建设工程的安全设施竣工验收具体工作。由于当时水电行业还没有形成较为完善、健全的“三同时”管理体系以及适应水电工程的通用安全评价方法、技术，难以满足行业对提高安全“三同时”管理工作水平，规范安全设施竣工验收工作的迫切要求。因此亟须根据水电工程安全评价工作管理需要和长期发展规划，建立适合水电工程建设管理特点的“三同时”管理体系，并开发一套服务于水电行业的安全评价及安全“三同时”管理系统软件。为配合水电建设工程安全评价及安全“三同时”管理工作长期积极高效开展，2006 年 12 月水电水利规划设计总院立项开展“水电建设工程安全评价及安全“三同时”管理技术研究”，该课题于 2010 年 9 月通过中国水电工程顾问集团公司组织的科技项目验收，并已获得中国水电工程顾问集团公司 2010 年度科学技术进步奖二等奖。

（二）项目研究主要内容

该项目在研究水电建设工程风险辨识的基础上，总结了水电建设工程安全评价、劳动安全与工业卫生设计、安全设施竣工验收等具体工作的实践经验，主要针对水电建设工程安全评价方法、技术，安全“三同时”管理体系、管理技术的研究开展工作：

(1) 针对水电建设工程安全“三同时”管理要求，提出了一套行之有效的工作程序和切实可行的评价、验收的工作方法，规范了安全预评价、劳动安全与工业卫生设计、安全验收评价和安全设施竣工验收等工作，为安全评价、安全“三同时”管理办法和技术标准的制定提供支持。

(2) 系统总结出了水电建设工程近坝库岸、枢纽布置、挡水建筑物、泄水系统、厂房及引水发电系统等部位可能存在的各种潜在风险。通过对典型工程案例的重点分析，指出了导致风险产生的主要因素、风险事件后果，并在此基础上提出各类风险的预防和改进措施，以及相应的风险等级划分。同时采用了风险分析表方法对78个典型水电建设工程事故案例进行了风险分析。

(3) 重点以面板堆石坝为研究对象，深入分析了溃评价方法，并建立了相应的算法和数学模型。坝类型及对应的风险因子、溃坝可能性及溃坝概率，溃坝后果及损失估计等内容，采用机理分析与后果评价、概率计算与事故树定性分析、3S技术与统计资料分析相结合的方法，通过对面板堆石坝洪水漫顶、渗流破坏、滑坡失稳等破坏类型引起溃坝途径和影响因素的分析辨识，研究了历史资料统计法、实测资料法、重现期法、Monte-Carlo法、条件概率法、水力学法、地震风险动力有限元计算法、事故树分析法等溃坝概率的计算方法，进行了工程实例模拟计算，完成了溃坝风险评价方法研究及评价软件开发。研究还对梯级水库失事风险进行了分析和研究。完成了《溃坝风险评价方法研究及评价软件开发》研究报告。

(4) 分析、计算常用安全评价方法，建立常用安全评价方法算法模型，同时研究开发水电工程溃坝风险分析算法和评价方法，并将其应用到算法模型中。采用vs. net 2005开发工具，C开发语言研制开发安全评价报告编制软件。

(5) 完成了水电建设工程安全预评价、安全验收评价报告编制办法，以及安全设施竣工验收办法等规范、规定和技术标准的制定。

(6) 开发的CSD水电工程软件—水电建设工程安全评价及安全“三同时”管理系统V1.0，包括安全评价在线申报及管理、报告编制、数据库管理三个子系统，实现了安全评价在线委托、报告编制、申报、备案审核以及数据库统一管理、查询、检索等功能，并应用于泰安抽水蓄能电站和澜沧江托巴水电站两个工程。填补了我国水电建设工程安全评价软件方面的技术空白，软件已申请计算机软件著作权登记，登记号2008SRBJ5608。

（三）经济效益及应用前景

项目研究成果能够为水电建设工程安全“三同时”管理、监督和相关规定、标准的制定提供理论基础和技术依据，可以作为水电行业安全评价机构、设计单位进行水电安全评价和劳动安全与工业卫生设计的辅助工作，同时也可为工程建设、管理企业的安全管理和风险控制提供决策参考。目前项目研究成果已被吸收利用到《水电建设工程安全预评价报告编制规定》等11项与水电工程安全评价及安全“三同时”管理有关的国家技术标准和行业管理规定的制订，同时配套软件已在近40个水电工程安全评价报告的编制中得到了应用。项目研究成果取得了显著的社会效益和经济效益。

（水电水利规划设计总院
杨志刚　王继琳　牛文彬　王　利）

水电建设工程职业危害与职业病现状调查、研究

（一）项目研究立项背景

自2003年国家发展改革委、国家安全生产监督管理总局联合发布《关于加强建设项目安全设施“三同时”工作的通知》（发改投资〔2003〕1346号）发布至今，水电建设工程安全预评价、劳动安全与工业卫生设施设计、安全验收评价、安全设施专项竣工验收得到了良好的贯彻、实施。2005年卫生部发布《关于职业卫生监督管理职责分工意见的通知》（卫监督发〔2005〕31号），要求对建设项目进行职业病危害预评价审核、职业病防护设施设计卫生审查和竣工验收。但水电行业自2003年以来开展的安全设施“三同时”各项工作已包含了作业环境职业危害因素预评价、职业危害防护设施设计、职业危害因素现场检测，以及职业危害因素安全验收评价等内容。对于是否将职业病危害预评价审核、职业病防护设施设计卫生审查和竣工验收作为水电工程建设管理审查项目之一需要依托目前已经进行的相关工作成果和情况开展研究和论证。

目前国内外尚未见任何机构对水电建设工程职业危害与职业病进行全面普查过。针对卫生部对建设项目职业病危害进行评价的要求，鉴于目前还未见到相关研究的正式报道，亟须对我国水电建设工程进行全面的职业危害与职业病现状调查研究。

（二）项目研究主要内容

1. 典型在建水电工程职业危害现状调查研究

(1) 选取中南、华南、西南地区6个大型和特大型在建水电工程，对工程施工期劳动安全与职业

病危害管理情况、招投标文件中劳动安全与职业病危害条款落实执行情况、安全预评价报告中安全对策措施落实情况、应急预案的编制及演练情况等内容进行调查，并现场检测了噪声、粉尘、高温、工频电场等作业场所有害因素；根据调查和检测结果进行分析评价，找出在建水电工程的主要职业病危害因素的种类、危害特点、危害程度及范围等情况，以及目前在建水电工程在职业病危害管理方面存在的主要问题。

（2）调查结果显示：水电工程施工过程中，最严重的作业环境有害因素主要为噪声、粉尘、手传振动等；地下工程和夜间施工照明不达标，电焊时电焊烟尘及二氧化锰超标，办公室内苯、甲苯、二甲苯及TVOC超标值得重点关注；在建水电工程建设单位、监理单位和施工单位对职业卫生的管理需进一步加强和提高重视；所调查的工程中均未发现有群体性职业病发生的情况。

2. 典型已建水电工程职业危害与职业病现状调查研究

（1）收集全国124座已建水电工程，运用分层，多阶段，定额概率比例抽样方法确定样本工程，完成已建水电工程职业危害调查内容设计；通过对样本工程职业卫生管理及作业人员职业健康状况调查，找出已建水电工程职业卫生管理的薄弱环节；对作业场所职业危害因素的检测点合格率、测点浓度（强度）超标倍数，以及检测值超标影响因素等进行数据汇总及统计分析，并由此找出有害因素超标的影响因素、分布情况、变化特点。

（2）调查结果显示：所调查的工程基本建立了较为完善的职业卫生管理制度和体系；噪声、相对湿度异常和工频场强是作业场所中最主要的三种有害因素；基本不存在危害作业人员健康的低温和高温作业情况；噪声、工频场强出现超标的位置，作业人员的接触方式均为短时接触，危害相对较小；调查过程中未发现典型职业病患病案例。总体上看所调查的已建水电工程作业环境条件相对较好。

3. 在建和已建水电工程调查研究综合分析　所调查的单位中均未发现有群体性职业病案例，已建水电工程作业场所职业卫生条件以及作业人员职业危害管理情况优于在建工程；已建水电工程作业场所的有害因素检测值基本在国家相关标准要求的限值以内，在建水电工程部分作业场所的噪声、粉尘、手传振动、有害气体因素有超标现象。现有的水电建设工程职业安全健康管理制度、程序、办法能够满足国家对水电建设工程职业危害防护、控制和管理的要求。

4. 已建水电工程职业危害程度评价模型研究　根据已建水电工程职业危害管理及作业人员职业健康调查结果，职业危害因素现场检测结果分析，建立了已建水电工程职业危害程度评价指标体系。采用基于统计分析和三角模糊综合评价方法，建立了已建水电工程职业危害程度评价模型。该模型主要由作业场所职业危害因素评价子模型和职业危害管理现状评价子模型组成。研究选择云南省和吉林省两座水电工程，进行了职业危害现状评价和危害程度分级模型应用。

5. 水电建设工程职业危害与职业病现状数据库系统　根据国家在职业危害、职业病防治、调查、研究以及职业安全卫生评价中的有关法律、法规要求，在典型已建水电工程职业危害与职业病现状调查研究成果的基础上建立了CSD水电工程软件—水电建设工程职业危害与职业病现状数据库系统，实现基本数据维护、检测数据分析、职业卫生管理等功能。

（三）实施效果

研究成果填补了我国水电行业大中型水电建设工程职业危害与职业病现状调查研究及相关软件技术成果方面的空白，为掌握在建和已建水电工程职业危害和职业病情况，以及建设单位和施工企业制定职业病危害防治措施提供依据；为水电工程安全评价中作业场所职业危害分析、劳动安全卫生措施制定、作业场所职业危害程度评价提供典型类比工程分析实例和基础数据支持；为水电工程安全评价提供了一种可选择的半定量评价方法，具有良好的推广意义。

该课题于2010年9月通过中国水电工程顾问集团公司组织的科技项目验收，并已获得中国水电工程顾问集团公司2010年度科学技术进步奖三等奖。

（水电水利规划设计总院
杨志刚　王继琳　牛文彬　王　利）

南京水利科学研究院 2010年科研工作情况

2010年是南京水利科学研究院科研工作稳步发展，科技产业改革加快推进的一年。全院承担各类科研项目1274项，同比增长11.38%，新签科研项目601项；科研合同额3.66亿元，同比增长11.71%；获得国家和省部级科技进步奖24项，其中国家科技进步二等奖1项，省部级特等奖4项，一等奖6项，二等奖11项，三等奖2项；提交科研报告1100余篇，科研成果378篇；在国内外公开发表论文474篇，主编出版专著译著15部；新增发明专利12项、实用新型专利14项。

一、积极承担重大科研项目，各项科研工作有序开展

（一）全面高质量完成“十一五”科技支撑计划项目

主持的“十一五”国家科技支撑计划2个重点项目和承担的15个课题均已按计划完成研究任务，参与的41个课题也已完成预期研究任务。主持的“水库大坝安全保障技术研究”项目已完成相关课题验收，“雨洪资源化利用技术研究及应用”项目完成了全部课题的验收。专家建议两个项目在“十二五”期间应立项深入滚动研究。

承担的“三峡工程运用后对长江中下游防洪的影响评价研究”和“防洪工程体系洪水调控模拟关键技术”课题均已通过验收。“南水北调超大口径PCCP管道结构安全与质量控制研究”等课题均已完成研究任务。“十一五”国家科技支撑计划项目“中国国际河流水资源开发与安全保障关键技术研究”的5个课题和“震损水库安全评估与应急处置技术研究”课题也按计划实施。

西部交通建设科技项目“十一五”重大专项“风暴潮对港口水陆域及航道安全影响研究”课题和“港工自密实自养护抗裂型耐久混凝土关键技术研究”课题通过验收并取得高水平的研究成果。

（二）国家重点基础研究发展计划（“973”计划）项目立项

联合河海大学、中国水利水电科学研究院、北京师范大学、水利部水利信息中心和中科院大气所等共同承担的全球变化研究国家重大科学研究计划“气候变化对黄淮海地区水循环的影响机理和水资源安全评估”项目于2010年7月正式启动。项目将研究我国水资源最紧缺地区之一的黄淮海地区在未来气候变化下，可能进一步加剧流域内的洪旱灾害和水资源短缺形势，分析我国水资源的演变规律，揭示气候变化对水循环的影响机理，研究气候变化对我国旱涝灾害的驱动机制，科学评价气候变化对我国水资源安全的影响，积极采取应对措施，为保障我国水资源安全和经济社会可持续发展提供科技支撑，具有重要的基础理论研究价值和实际应用价值。这是该院首次承担“973”计划项目级科研任务。

国家“973”计划项目“土石坝—水库耦合系统动力学机理”课题，提出了均质土石坝和心墙堆石坝溃口发展过程和溃坝洪水流量过程的数值模型和数值计算方法，编制了相关软件，总结得出堰塞坝形成的主要方式及溃决破坏的主要模式、溃决原因和控制因素，研制成功400g t溃坝离心模型试验系统，项目获得好评，正继续开展深入研究。

（三）各项科研工作有序开展

国家自然科学基金项目重点项目研究工作进展顺利。“突出骨料因素和温湿度历史的高性能大坝混凝土”通过了专家评审，项目被评为A；“高土石坝地震突变模拟及安全控制方法研究”揭示了高土石坝筑坝材料在地震荷载作用下的特殊应力变形特性以及高土石坝的地震破坏机理，建立了相应的数值模型。

承担的21项水利公益性行业专项研究项目，年度科研经费1625万元。2010年交通部项目“清水冲刷条件下长江航道整治建筑物适应性及水毁研究”获准立项并开展研究工作。

2010年，继续承担多项解决国家重大工程关键技术难题的任务。承担了全比尺为1∶50，建成后装机容量仅次于三峡水电站的白鹤滩水电站整体模型试验任务；承担的港珠澳大桥项目提交了多项工程前期研究成果；继续做好长江黄金水道建设关键技术研究工作，开展了多项针对性的工程研究，对长江中下游航道治理提出了多种优化方案；开展了沪通铁路桥等涉水工程建设关键技术研究；重大工程珠海港高栏港区南水用业区弃土岸壁工程监测研究进展顺利；为鲁地拉水电站开展了工程新型PL掺合料试验与运用研究。

积极拓展国际科研市场。承担了印度、印度尼西亚、沙特阿拉伯等国家的电厂涉水工程科研项目和毛里塔尼亚、斯里兰卡等国家的波浪、泥沙领域的科研项目。完成了埃及苏伊塞德港集装箱码头、巴基斯坦卡西姆港等涉外科研任务，取得良好的国际声誉。

拓展清洁能源科研领域。开展了公益性行业科研专项“农村水电站安全保障关键技术研究”和“全国水能资源利用区划总体战略及支撑技术”研究工作。

二、加强科研总结和科学问题凝炼提升，科研成果丰硕

2010年，多项科研成果获国家和省部级奖励，一批发明专利和实用新型专利获得授权（详见专利项目简介“南京水利科学研究院2010年专利授权表”），出版了高水平的专著和论文，承担多项水利、交通、能源领域的规范编制任务。

三、积极主动服务民生水利，继续做好公益性行业科技支撑工作

在青海温泉水库发生重大险情当夜，随即派出专家投入温泉水库的应急除险工作；以南京水利科学研究院专家为技术骨干的大坝监测巡查组，实行24h不间断监测和巡查，彰显了南京水利科学研究院科研精神和科技优势。

2010年春天，我国西南地区以及湘西、湘中地

区发生严重干旱。南京水利科学研究院派出四批专家先后分赴湘西、云南文山、西双版纳等地实地指导抗旱工作，协助做好春季保苗抗旱，派员参加水库除险加固，为国家抗旱减灾决策提供科学支持。南京水利科学研究院的工作受到了当地政府的高度评价，云南省水利厅为此发来了感谢信。

2010 年 4 月 14 日，在青海玉树发生 7.1 级地震的第一时间，大坝中心即运用“全国水库大坝基本资料信息管理系统”查询玉树州及其周边地区水库分布，确定在玉树州府上游约 15km 处的禅古水电站坝体发生裂缝，及时向水利部上报相关信息，并迅速组成了抗震救灾专家组。

发挥设在南京水利科学研究院的水利部大坝安全管理中心的管理和技术优势，做好行业科技服务。2010 年大坝中心完成了《小型水库安全管理办法》与《水库调度规程编制导则》的编制工作。承担了中日合作水库运行管理能力建设项目《水库管理导则》大纲编制工作。面向全水利行业举办了“大坝安全监测技术”、“水库大坝应急预案与调度技术”、“水库大坝安全监测与评价”、“水库安全监控与管理信息化”、“水库调度技术”等培训班，400 多名学员参加了培训。

2010 年，应对气候变化研究工作进一步推进。应对气候变化研究中心协助水利部应对气候变化办公室认真答复人大提案；代水利部编写了《中国水利应对气候变化政策与行动 2009 年进展报告》和《“十一五”应对气候变化工作总结》；参加了《气候变化国家评估报告》的编写；成功组织申报了国家重大基础研究计划（“973”计划）项目“气候变化对黄淮海地区水循环的影响机理和水资源安全评估”。稳步开展气候变化领域研究工作，水利行业公益性重大专项取得重要的成果；积极开展中一英一瑞有关中国气候变化适应项目（ACCC 项目）“气候变化对中国区域水资源影响评价”和中荷国际合作项目“气候变化对黄土高原典型支流水资源的影响及适应对策”项目的研究；成功举办了“水文模拟技术交流与培训研讨会”。

作为国务院第一次水利普查工作办公室全国河湖普查技术组依托单位，全面完成了全国河湖普查第一阶段的工作，即全国河湖对象清查工作。目前基本完成各省和流域的河流湖泊对象名录汇总。先后编制了全国河湖普查技术大纲和技术细则，为全国各省市的水利普查提供了基础底图，完成了 4 次全国范围的大规模的水利普查培训，培训人数达 710 人次，为水利普查工作的顺利开展提供了强有力的保证。

积极参与重大规划制订工作。南京水利科学研究院专家参与完成了《全国水资源综合规划》、《全国抗旱规划》、《全国水文科技发展规划》等规划编制，正在负责开展《全国滩涂开发保护规划》、《“十二五”水利科技发展规划编制》工作；承担了“十二五”全国小型病险水库除险加固专项规划的编制工作。

在抗洪抢险方面，2010 年参加了江苏省军地防汛抢险联合演练。国家防总正式批复在南京水利科学研究院滁州实验基地建设“国家防总抗洪抢险实验（滁州）基地”，用于开展抗洪抢险指挥系统实战演习、大坝与堤防出险规律研究、抗洪抢险技术实战演习等工作。

亚太地区小水电培训中心积极为国家援外培训提供服务，被商务部称为“南南合作的典范”。2010 年中心主任程夏蕾荣获“中国援外奉献奖”。举办了“发展中国家农村电气化研修班”，培训了博茨瓦纳等 13 个发展中国家的 30 名学员；“发展中国家小水电技术培训班”，培训了亚、非、欧的包括巴基斯坦、朝鲜、印度、马拉维、赞比亚、格鲁吉亚等发展中国家的 17 名学员。

（南京水利科学研究院）

黄河水利科学研究院一批科研成果通过评审鉴定或验收

（一）“黄河小北干流连伯滩放淤模型研究”成果通过黄委评审

2010 年 11 月 12 日，黄河水利委员会（以下简称黄委）国际合作与科技局（以下简称国科局）组织专家对黄河水利科学研究院（以下简称黄科院）完成的“黄河小北干流连伯滩放淤模型研究”成果进行了评审。该项目针对小北干流连伯滩放淤试验工程，采用实体模型、数学模型和资料分析等手段，对放淤工程放淤闸闸位及引沙效果、输沙渠输沙特性、弯道溢流堰、淤区的布置形式及退水闸运用方式等进行了系统的试验研究，并已在连伯滩放淤试验工程得到实际应用，取得了较好的效果，为引洪放淤工程规划设计提供了技术支撑。一致认为该成果达到国际先进水平，并建议项目组进一步深化淤粗排细相关技术的研究。

（二）“水利工程管理体制改革后评估研究”成果通过黄委评审

2010 年 10 月 19 日，黄委国科局组织专家对黄科院、黄委建管局完成的“水利工程管理体制改革后评估研究”成果进行了评审。该项目是黄科院基本科研业务费专项资金资助下启动的。项目在广泛调研的基础上，运用公共政策后评估理论，结合黄委水利工程管理体制改革的实施，对以“管养分离”为核心的水管体制改革后评估问题进行了深入研究。有关成果已在黄委水利工程管理单位改革后评估中得到成功应用，评估结论和建议被国家有关部委采纳。研究成果可以推广到全国水管体制改革的后评估工作中，也可供国内其他公益性行业公共政策的后评估工作借鉴。鉴于此次改革的复杂性，项目组将继续对改革的有关问题作进一步跟踪研究。

（三）“黄河下游河道整治约束机制及调控效应”项目通过水利部鉴定

2010年10月11日，水利部国际合作与科技司在郑州主持召开了由黄河水利科学研究院、清华大学和水利部黄河泥沙重点实验室共同完成的“黄河下游河道整治约束机制及调控效应”科技成果鉴定会。该项目通过理论探讨、实测资料分析、动床模型试验、数学模型计算，研究了河道整治工程对河型转化及河势调整的力学机制，建立了不同河道整治工程布局组合下河势演变与河型转化的效应及河道排洪输沙能力调整的响应关系，提出了黄河下游河道整治与滩区治理模式。该成果已在黄河下游河道整治中得到应用，同时在黄河上游宁蒙河段、渭河等其他河段的河道整治研究、规划及实践中得到推广应用，取得了显著的社会效益和经济效益。

（四）亚行项目“黄河下游洪水演进及灾情评估系统”顺利通过验收

2010年7月23日，由黄河水利委员会组成项目验收委员会在郑州对亚行项目“黄河下游洪水演进及灾情评估系统”进行了竣工验收（合同号：TG0807）。

该系统由黄科院泥沙所数学模型课题攻关组承担。项目负责人黄河数学模型首席专家余欣代表项目组向与会专家汇报了系统建设情况及取得的主要成果，系统可以模拟黄河下游二维水流和泥沙分布及变化，进行下游洪水演进预测，评估灾情变化，为黄河下游防洪减灾提供决策支持。系统建立了基于GIS的黄河下游二维非恒定流洪水演进、泥沙冲淤和灾情评估模型，采用.NET技术对ArcGIS Engine进行二次开发，并采用COM技术将GIS、模型计算和计算结果可视化集成在统一的软件平台。

系统建成后应用于黄河下游风险图制作、国家防汛指挥系统建设（I期）、黄河2009调水调沙方案计算等多项生产实践，取得了良好的经济效益和社会效益。

验收委员会一致认为，项目执行情况基本符合国家基本建设管理规定和规程要求，质量管理体系健全、管理制度完善、成果质量满足设计要求；提交验收的档案资料基本齐全、内容翔实，符合竣工验收编制大纲要求，能反映项目实施过程及质量情况；项目投资控制在批复的概算内，资金使用基本合理；系统完成了项目批复的各项建设内容，同意通过竣工验收。

（五）黄科院承担的国家科技支撑计划重点项目通过验收

2010年5月17～18日，水利部在北京主持召开“十一五”国家科技支撑计划重点项目“黄河健康修复关键技术研究”课题验收会。会议由水利部国科司陈明忠副司长主持，黄委会薛松贵总工出席会议并致词。

由黄科院主持并参加的“黄河流域水沙变化情势研究”、“基于GIS的黄河水沙输移模拟系统研发”、“维持黄河主槽不萎缩的水沙条件”、“黄河健康修复目标及对策研究”、“黄河中下游水沙调控关键技术研究”、“黄河泥沙空间优化配置模式研究”、“黄河水资源一体化管理机制研究”等专题顺利通过验收。

经过三年的攻关，黄科院承担的“十一五”国家科技支撑计划重点项目取得了丰硕的研究成果。“黄河流域水沙变化情势研究”课题总结了黄河流域水沙变化特点，分析了变化规律；从气候、下垫面变化等方面的相互作用，剖析了河源区水量变化原因及产流机制的变化；提出了气候、人类活动对入黄径流量和泥沙量变化的影响程度；基本搞清了干流水库调节和主要灌区引水对干流水沙量、洪水过程的影响；初步分析了暴雨洪水对水利水保措施的响应关系；探索了基于GIS技术的人类活动对产流产沙影响的识别评价方法；利用多种方法预测分析了黄河流域水沙变化趋势等；研究成果对黄河水沙调控关键技术、黄河泥沙空间配置模式、黄河中游地区水土保持生态建设、黄河多沙粗沙区粗泥沙控制技术研究等都具有直接的技术支撑作用，为黄河治理开发与管理决策提供了新的科学依据，具有很大的推广价值，对于丰富黄河水沙变化研究领域的科学内容、促进水利科技进步具有积极意义。“基于GIS的黄河水沙输移模拟系统研发”课题提出了一套基于GIS的、能反映黄河小浪底水库及下游河道水沙输移规律的水沙输移模拟系统；研制了黄河小浪底水库三维紊流泥沙数学模型；提出了黄河下游弯道环流和河岸侵蚀模拟方法；分析了黄河下游高含沙洪水期洪峰异常增值现象及其成因，提出了减小洪峰增值的主要调控对策；开发完成黄河下游一维水流—泥沙—水质动态模型；研制了包括前处理模块、水沙输移模拟组件、后处理模块和帮助及辅助工具等模块组成的黄河中下游水沙输移模拟系统，建立了系统数据支持平台，实现了GIS与专业应用模型之间的集成和可视化；上述模型都经过了系统的构件测试、模型率定、模型验证，并在每年调水调沙、防洪预案等方案的制订中进行了应用，满足黄河水沙调控体系建设和水沙耦合调度需要。

(六)"黄河环境流研究"成果通过水利部鉴定

2010年5月18日,水利部国际合作与科技司在北京组织召开了由黄河水利科学研究院等单位共同完成的"黄河环境流研究"科技成果鉴定会。该项目的主要创新点为:① 系统阐明了河流环境流的科学内涵,提出了河流环境流的确定方法。② 首次论证提出了黄河水生态健康的评价指标及其标准。系统分析了黄河干流不同河段生态系统的结构、物种组成及演替过程,初步查明了各河段重要保护性物种的种类及其生态习性,并通过分析河川径流条件与河流生态系统典型生物繁衍生息的响应关系,提出了实现黄河现阶段生态保护目标。③ 提出用"平滩流量"作为表征黄河下游和宁蒙河段河槽健康的评价指标,并从满足高效输沙要求、防洪安全要求和与水沙条件相适应等方面论证提出了以上两河段河槽健康的适宜标准;从河槽冲淤影响因素分析入手,论证提出了维持黄河下游和内蒙河段河槽健康所需要的水沙条件。④ 深入分析了影响黄河水质的主要因素及其影响方式,提出了以水质目标为约束的黄河自净需水计算方法。⑤ 基于黄河自然功能和社会功能的用水需求以及河流的水文特点,提出了黄河各典型断面环境流推荐方案。

该项目研究紧密结合黄河实际情况,主要成果已应用于黄河流域综合规划修编、黄河水资源综合规划、黄河河口综合治理规划和黄河水量调度实践。建议进一步将河流环境流研究成果应用到黄河全流域。

(七)科技部项目"大型水库土质库岸崩滑机理及其防治研究"顺利通过验收

2010年5月13日,受科技部发展计划司委托,由水利部国际合作与科技司组织,在黄河水利科学研究院召开了"大型水库土质库岸崩滑机理及其防治研究"项目(项目编号:2005DIB3J054)验收会。"大型水库土质库岸崩滑机理及其防治研究"项目成果,针对土质库岸的特点,提出的土质库岸安全评价模型及防治措施,全面系统,针对性强,具有较高的推广应用价值。本课题的开展不仅为我国水利建设和发展提供了有力的技术支撑,还为库岸防治的深入研究奠定了良好的基础。

(八)水利部"948"项目"堤防渗漏与形变在线监测及预警系统关键技术"顺利通过验收

2010年5月13日,水利部"948"项目管理办公室在黄河水利科学研究院组织召开了堤防渗漏与形变在线监测及预警系统关键技术(合同号:200608)验收会。该项目在引进瑞士OMNISENS公司光时域反射分析系统的基础上,开展了国内光纤、光缆的传感监测应用研究,建立了堤防渗漏与光纤传感温度变化,结构形变与光纤应变变化间的映射关系,提出了一套适用于该系统的堤防渗漏、结构形变光纤监测工作程序和方法。

(九)水利部"948"项目"AGI边坡监测系统"顺利通过验收

2010年5月13日,水利部"948"项目管理办公室在黄河水利科学研究院组织召开了"AGI边坡监测系统"项目(合同号:200708)验收会。该项目在引进AGI边坡监测系统的基础上,通过开展室内模型试验,消化、吸收AGI系统的基本使用方法,选择典型边坡进行现场监测试验,解决了应用中的关键技术问题;进行了系统开发与创新关键技术研究,总结了AGI边坡监测数据换算方法,开发了具有数据管理、统计分析、数值分析功能的边坡监测数据后处理系统;基于人工智能原理,结合边坡安全监测的特点,建立了边坡安全人工神经网络、模糊系统、灰色理论、突变理论边坡稳定性评价模型。

该项目AGI边坡监测系统的引进,可以提高我国边坡安全监测能力与监测水平,有利于研究工程建设中存在的边坡稳定问题,为工程设计与建设提供技术支持。该系统还可成为"数字水利"规划"工程安全监测系统"的有机组成部分,应用前景十分广阔。

(黄河水利科学研究院)

黄河水利科学研究院"十一五"期间科研工作情况

"十一五"期间,国家科技发展计划的制订、治水思路的转变、"三条黄河"的建设、对基础研究和黄河科研的重视,以及科技体制改革等,为黄河水利科学研究院(以下简称黄科院)的改革和发展注入了新的活力,有力推动了黄河科研的发展,黄科院的各项工作取得了较大的进步,连年获得黄委目标管理奖。

(一)"三条黄河"工程建设成就显著

(1)"数字黄河"工程建设取得了显著成绩。"十一五"期间,黄科院紧紧围绕治黄重大需求,在"数字黄河"工程建设方面取得了显著成绩。在水库模型方面,完成了三门峡、小浪底水库一维水沙和四库防洪调度模型标准化改造和组装,初步完成小浪底水库三维水流—泥沙—水温数学模型研发;在河道模型方面,完成河道平面二维水沙演进、一维非恒定流水流—泥沙—水质模型开发;在河口模型方面,基本完成黄河口二维水沙模型研发,以及西河口以上黄河下游河道一维水沙模型与西河口以下黄河口二维模型嵌套连接;在水土流失模型方面,初步完成了孤山川流域年侵蚀产沙模型、小流域产流产沙机理模型、小流域次暴雨洪水泥沙作业预报模型和黄土高原水土流失数学模型支持系统的研发。完成黄河数学模拟系统V1.0、小流域产流产沙机理模型与支持系统的软件著作权登记。在平台建设与规划方面，编制完成了《“数字黄河”工程黄河数学模拟系统建设规划》；2006年9月建成黄河超级计算中心，使用率达98%；建成黄河数学模拟系统集成平台。完成了黄河水沙数据模型开发，利用面向对象技术和GIS技术设计开发了黄河水沙各类数据模型，实现了黄河水沙模型地理信息与黄河基础数据、模型数据库属性数据的空间耦合和查询；开发了前处理组件、水沙输移模拟组件、后处理组件及辅助工具等。实现了GIS与专业应用模型之间的无缝集成，能满足各种模型有效集成和可视化运行要求。在数学模型应用方面，黄河调水调沙生产运行和防洪预案编制、黄河防洪调度系统建设和黄河下游洪水风险图制作等工作中均应用了黄科院开发的泥沙数学模型，为治黄生产实践提供了科学决策依据；同时为“十一五”国家科技支撑、国家自然科学基金、水利行业专项等重大研究项目实施提供了强有力的分析工具。

(2)“模型黄河”工程建设进展顺利。根据《模型黄河工程规划》，在原有的黄河下游模型厅、小浪底库区模型厅和三门峡库区模型厅之后，“十一五”期间，先后新建了黄土高原模型厅、基础研究模型厅、水工试验厅、黄河模型试验测控及数据处理中心，黄河河口模型厅主体工程即将完工，使“模型黄河”工程的功能更加完善。模型“两技术”取得较大进展。重点开展了包括高含沙水流多参数测试仪、流场河势测试分析系统、激光三维地形量测系统、含沙量量测仪器、非接触免维护式水位计、激光地形仪、自动制模技术研究等研制开发，取得了一定成效。“十一五”期间，先后开展了大量的模型试验工作，如小浪底水库拦沙后期运用方式试验研究、黄河下游游荡性河道整治方案试验研究、小浪底水库异重流塑造试验研究、不同典型洪水泥沙演进过程试验研究、小北干流放淤试验研究、三门峡水库运用方式试验研究等。科学试验为重大治黄生产实践和方案论证提供了基础支撑。

(3)紧密结合治黄实际，为治黄生产提供技术支撑。“十一五”期间，紧密结合治黄实际，针对治黄实践中的关键和重大技术问题，通过“数字黄河”、“模型黄河”工程建设，加大攻关，潜心研究，多项成果在黄河下游河道整治、小浪底水库运用、黄河调水调沙试验和生产、小北干流放淤试验、三门峡水库运用方式调整、利用并优化桃汛洪水过程冲刷降低潼关高程试验等重大治黄实践和研究中得到应用，为黄河的治理开发与管理提供了科学咨询和决策依据。按照由“弄清情况、分析原因、提出对策”向“新发现、新解释、新建议”转变的年度咨询工作指导思想，完成了“十一五”期间的年度咨询跟踪计划研究工作，取得了良好的咨询效果。五年来的实践表明，年度咨询和跟踪研究这种研发机制的建立促进了治黄科研与治黄实践的密切相关，稳定了黄河基础研究工作和基础研究队伍。五年来的实践还表明，黄科院的年度咨询及跟踪研究工作实现或正在实现三种意识的转变，一是从定性研究逐步向定量研究的转变；二是从现象研究逐步向规律揭示的转变；三是从离散性研究逐步向系统性研究的转变。

（二）重大科研项目的立项和研究成果取得突破

“十一五”期间，在重大项目的立项、研究和成果获奖等方面取得突破。一是重大项目的立项取得新突破，承担的国家级项目逐渐增多。5年间，共承担国家级项目48项、省部级15项，包括国家自然基金、国家“973”、国家“863”计划项目和“十一五”科技支撑计划项目、水利部公益性行业科研专项等。2010年黄科院首次主持了“973”计划项目“沙漠宽谷河道水沙关系变化及驱动机理”，首次主持了国家“863”计划项目“植被恢复微孔复合材料”，标志着黄科院科技水平和竞争力的显著提高。

二是所承担的国家自然基金项目、国家“973”计划项目、“十一五”科技支撑计划项目、水利部公益性行业科研专项等均按计划进度顺利得到执行。

三是科研成果获奖取得新突破，黄科院参与研究建设的“黄河小浪底水利枢纽”工程荣获2009年中国水利工程优质（大禹）奖；作为主要完成单位参加完成的“黄河调水调沙理论与实践”获得国家科技进步奖一等奖。还获得国家科技进步奖二等奖3项（“十五”期间为0项）、省部级科技进步奖16项（“十五”期间为10项）、黄委科技进步奖25项（“十五”期间为11项）；黄科院先后获得黄委创新成果重大奖1项，一等奖5项、二等奖6项。同时，2008年黄科院被水利部评为全国水利科技先进单位，2010年黄河水利委员会基本建设工程质量检测中心被评为“全国水利技术监督工作先进集体”，2010年黄科院被水利部评为“十一五”国家科技计划执行先进单位。

2006年至今发表论文1013篇（“十五”期间705篇）；出版专著37部（“十五”期间为17部）；三大检索源检索165篇，其中SCI检索20篇、EI（工程索引）51篇、ISTP（科技会议录索引）94篇；获得专利14项。

（三）科研条件平台建设成效显著

“十一五”期间，先后成立了“水利部黄河泥沙重点实验室”、“水利部堤防安全与病害防治工程技术研究中心”、“水利部科技推广中心黄河科技推广示范基地”、“黄河水利委员会科技推广中心”、“黄河水利委员会黄河超级计算中心”、“国家研究生教育创新计划黄河研究生培养基地”、“博士后科研工作站”、进一步完善了“黄河水利委员会基本建设工程质量检测中心”、“‘模型黄河’沙门试验基地”、“新乡节水试验中心”等，试验设施与设备自动化水平得到提高，为治黄科技发展、科技创新、人才培养以及国内外先进科技成果在治黄实践中的转化、推广和应用提供了重要的支撑和保障作用。

充分利用中央级科学事业单位修缮购置专项资金和泥沙重点实验建设投资，进一步完善配置仪器设备等科研基础设施，2006～2010 年我院增加仪器设备 1500 余台套，新增形成的固定资产 6614 万元。几年来，为了改善科研办公条件，建设了质检中心楼；堤防中心得到立项，即将开工建设。

为加大市场开拓，拓宽经营领域，下大力气申报相关资质证书。目前，黄科院拥有水利部甲级《水土保持方案编制资格证书》、《水土保持监测资格证书》和《水文水资源调查评价资质证书》、《水土保持设施验收技术评估资质》、《水利工程质量检测单位资质等级证书》（岩土工程、混凝土工程、金属结构、量测甲级）；拥有公路水运工程试验检测机构等级证书（公路工程综合乙级）、河南省公路水运工程试验检测机构等级证书（公路工程综合乙级）、建设工程质量检测机构资质证书、建设工程质量检测机构资质证书（民用建筑室内环境检测二级）、工程设计与施工资质证书（特种专业工程专业承包资质）、建筑节能检测城市桥梁资质证书、文物保护工程勘察设计资质证书（专项乙级）等，为开拓市场提供了保证。

（四）学科和人才团队建设得到进一步加强

通过学科及创新团队建设，进一步加大高层次人才的培养和引进。5 年来，内培外引博士 14 人、硕士 28 人；新增教授级高级工程师 33 人、高级工程师 44 人。

“十一五”期间，黄科院有 1 人入选水利部“5151”部级人才工程人选；2 人获全国水利科技工作先进个人；1 人获得钱宁泥沙科学技术奖；1 人获黄河水利委员会十大杰出青年；1 人被选拔为第六批河南省优秀专家；4 人被选拔为河南省学术技术带头人（555 人才工程）；2 人进入第九届河南省青年科技奖暨河南省青年科技专家；2 人获得黄河水利委员会第三届优秀青年科技工作者；3 人获得黄河水利委员会第四届优秀青年科技工作者；1 人获得“全国野外科技工作先进个人”；1 人获得“十一五”国家科技计划执行先进个人等。

（五）国内外学术交流与合作成效显著

2006～2010 年共有 90 余人次出国（境）考察及学术交流；承办了中国水利学会河口治理与保护专业委员会 2009 年年会暨“河口健康与技术创新”学术年会、河道破冰减灾应用技术研讨会、中国水利学会泥沙专业委员会河床演变专题学术研讨会，以及第三届和第四届黄河国际论坛、水工模型试验和原型观测技术国际研讨会、水库大坝安全管理国际研讨会等。

与联合国教科文组织、世界粮食政策研究中心、澳大利亚分别进行了“气候变化对黄河水资源影响”、“黄河流域灌区缓解贫困的更有效的水资源分配政策研究”、“环境流量和健康评价”的项目合作。开展了中澳环境发展项目“加强灌区管理和水权交易提高水资源利用效率”项目合作。完成了赤道几内亚吉布洛水电站水工整体模型试验、厄瓜多尔 CCS 水电站模型试验、津巴布韦尚嘎尼水利工程水工整体模型试验等项目，解决了委托方提出的技术问题，提出了优化改进方案，得到了国内外专家的一致好评，为黄委和黄科院赢得了良好信誉。

黄科院“十一五”期间新增科研合同额是“十五”期间的 3.3 倍，“十一五”经济总收入是“十五”期间的 2.09 倍。经济实力得到进一步提升，职工生活水平不断提高。

（黄河水利科学研究院）

中国水利水电建设集团公司 2010 年科技工作开展情况

2010 年，中国水利水电建设集团公司（以下简称集团公司）坚持科学发展、着力做强做优，通过加强自主创新能力建设来提升企业核心竞争力。集团公司秉持“顺势而变、诚信守诺、科技领先、管理图强”的经营理念，在努力推进建设具有较强国际竞争力的质量效益型世界一流公司的进程中，继续大力实施建设“国际行业科技领先型企业”的科技发展战略。集团公司提升企业自主创新能力，科技创新体系不断完善，科技创新能力持续提高，科技创新取得丰硕成果。集团公司为主完成的科技成果再次获得国家科技进步二等奖，中国水电施工行业标准国际化取得阶段成果，首次实施了集团公司重大科技专项，科技工作取得了新的进步。

（一）科研成果、技术创新成果，开发应用情况

2010 年，集团公司科技攻关与创新工作硕果累累。在国家科学技术奖励大会上，由集团公司立项、中国水利水电第七工程局有限公司（以下简称水电七局）牵头组织研究的科研项目“200m 级高碾压混凝

土重力坝关键技术”荣获2010年度国家科技进步二等奖。“200m级高碾压混凝土重力坝关键技术”是在水电七局牵头的七八葛联营体中标龙滩水电站大坝工程后由集团公司立项的科研项目，该项目对200m级碾压混凝土重力坝的坝体断面、防渗排水结构、温控防裂和碾压混凝土高温多雨气候环境下全年连续施工等关键技术问题进行了深入研究，研究成果为龙滩工程的设计和施工提供了技术基础。该项研究成果已在龙滩大坝工程中应用，解决了设计和施工中的关键技术问题，使大坝工期缩短一年，提前蓄水发电，取得了显著的经济和社会效益。相关成果已在光照等高碾压混凝土坝工程中推广应用，部分研究成果已被纳入规范，项目研究成果达到国际领先水平。

在中国科学技术协会在北京人民大会堂举行的中国科协会员日暨全国优秀科技工作者颁奖大会上，集团公司宗敦峰等两位同志被授予“全国优秀科技工作者”荣誉称号。

2010年度集团公司累计结题并完成鉴定科技项目32项，被专家鉴定为国际领先8项；国际先进15项；国内领先3项；国内先进6项。从这些科技成果来看，体现了较高的技术水平，其中依托重点工程开展的科技项目，攻克了一批高难度世界级技术难题；新设备、新材料、新技术、新工艺在工程项目上得到了较好的应用，进一步提高了生产效率，降低了施工成本，提高了质量安全环保管理水平，使集团公司不断占领技术制高点，继续保持了集团公司水电施工建设国际领先水平。

2010年，集团公司共有36项科研成果获得集团公司科技进步奖，其中特等奖3项，一等奖7项，二等奖12项。在2010年度水力发电科技奖评审中，集团公司获得一等奖1项、二等奖2项、三等奖8项；在中国电力科学技术奖评选中，集团公司获得二等奖1项、三等奖5项。同时，集团公司完成的科研成果“大型水电工程控制爆破开挖技术”获得中国爆破工程学会特等奖，集团公司还获得中国电力建设科技成果奖一等奖3项，二等奖13项、三等奖4项。

2010年，集团公司在编行业标准28部，完成12部。目前，集团公司牵头的电力行业水电施工标准化技术委员会与水轮发电机及金属结构标准化技术委员会共有标准125部，由集团牵头或参加的标准有77部，集团标准化工作的龙头地位继续得到强化。集团公司牵头的近200万字的水电施工和水轮发电机技术国家及行业标准译审工作已圆满完成，共译审标准42部，其中38部正式出版发行。

集团公司的科技攻关与创新工作始终坚持面向经济建设的原则，科技项目绝大多数凝练于工程实践，来自于行业发展的需要，科研成果大多直接应用于生产一线，产生了较好的经济与社会效益。但由于科研成果主要为实用技术，主要为集团工程建设主业服务，较难形成规模产业。

（二）企业重大科研项目情况

为支撑和引领集团公司经济发展，增强企业核心竞争力，集团公司坚持科技立项、开展科技攻关与创新工作。集团公司的科技立项分三个层面：

一是对于子公司面临的局部性课题，由子公司设立专项资金、自行设立课题开展研究。

二是处于行业技术先进水平，可在集团范围推广、应用的专项技术，仍然延续以往的工作方式，由集团公司立项，委托子公司负责研究，集团公司指导。

三是为突出重点，提高企业核心技术能力，发挥集团公司集约化科技管理优势，对于事关行业和集团公司发展的施工关键技术系列研究和综合性课题及成果实施重大专项制度。集团公司重大专项是指紧密结合企业经济发展的重要需求，解决制约在建工程项目重大技术瓶颈，针对事关行业发展重大技术问题，通过集中科技资源开展科技攻关，形成具有核心自主知识产权，培养高层次科技创新人才，对企业自主创新能力的提高具有重大推动作用的课题。重大专项工作采取滚动开展，坚持成熟一批、推进一批的原则，设立专项研究资金，由科技委评审，集团公司批准后实施。重大专项科技攻关工作由集团技术中心统筹领导推进，通过有效整合子企业科技创新资源、充分依靠专家智力支持和深度开展产、学、研合作，采取集中研究的途径加以实现。

集团公司2010年首批批准立项重大科技专项4项，分别为：

（1）特高拱坝关键施工技术研究与应用。该专项以水利水电工程特高拱坝施工为主要研究对象，以安全优质快速施工、混凝土温控与防裂、信息化施工管理、节能环保技术为主要研究内容，并开展与施工技术相关的理论研究与探讨，形成一套具有国际领先水平的特高拱坝综合性关键施工技术。

（2）特大地下洞室群施工安全环保关键技术研究与应用。该专项以特大地下洞室群为研究对象，以安全、优质、快速施工技术为主要研究内容，研究中应结合国家对环境保护、节能减排、职业健康等方面的要求，并开展与施工技术相关的理论研究，形成一套具有国际领先水平的特大地下洞室群施工技术成果。

（3）特高边坡关键施工技术研究与应用。该专项以水利水电工程特高边坡开挖和锚固施工为主要研究对象，以安全、优质、快速、环保施工技术为主要研究内容，并开展与施工技术相关的理论研究与探讨，形成一套具有国际领先水平的特高边坡综合性关键施工技术。

(4) 高速铁路施工关键技术研究。该专项以高速铁路建设工程为依托，以施工关键技术为研究对象，在总结前期成果、拓展研究范围、深化研究内容的基础上，实现相关技术的突破和创新，形成企业系统的高速铁路施工技术，提高企业技术实力和竞争力。

集团公司科研项目主要研发方向为：

(1) 继续研究水利水电行业施工建设的前沿技术，保持行业科技领先水平。

(2) 在系统掌握工业与民用建筑、铁路、交通、市政建设、火电、核电、风电、机场等大土木行业相关技术的同时，集成水利水电技术的创新成果与相关行业技术实现再创新，跻身相关行业科技先进水平。

(3) 继续研究建筑企业管理技术。

(三) 取得的专利情况

2010年，集团公司专利申报得到较大突破，通过有效组织，共获得120项国家专利，其中发明专利17项，正在接受国家受理审查的专利150余项，使得集团公司的专利总数翻番。集团公司科技成果提炼申请的专利《双聚能预裂与光面爆破综合技术施工工法及其专用装置》获得2010年度中国专利优秀奖。

(中国水利水电建设股份有限公司)

中国水电顾问集团贵阳勘测设计研究院2010年科技工作

2010年，中国水电顾问集团贵阳勘测设计研究院(以下简称贵阳院)制订了《提取研发费管理办法》，规范了二级部门技术投入、技术标准译审费等计算标准；部分二级部门也相继出台了激励科研工作的具体措施，有效地促进了技术人员的科研积极性。2010年院级科研立项达28个，是2009年的2倍多，增幅显著。

建立了申报奖项计划评审制度，2010年、2011年报奖计划均已通过院评审，推进了各级各类奖项的策划和申报。

完成了2010年度贵阳院科学技术奖励评审工作，有24项产品获奖。

2010年申报2项贵州省科技基金项目，其中《泄洪雾雨影响边坡稳定的机理及其控制研究》获准立项；申报3项中国水电工程顾问集团公司科研项目，其中《河流水电梯级开发环境影响后评价技术研究》获准立项并完成研究大纲编制、合同签订。

依托工程项目立项大量科研专题专项研究工作，其中如美水电站立项“300m级面板堆石坝专题研究”、“植被恢复专题研究”等11项科研课题，完成了所有专题研究大纲的编制并开展了研究工作。出版了《天生桥二级水电站强岩溶深埋长大隧洞勘察与设计》技术专著。

贵阳院工程物探测试分院重视新技术开发及新设备研制，成立电磁波CT成像仪研发小组研制新仪器。采用电脑自动控制，对采集信息进行现场自动判别、滤波、信息存贮和CT图像扫描显示，进一步提高了CT测试现场的信息采集精确度和图像处理速度。

超高粉煤灰掺量碾压混凝土科研成果，成功推广运用在石垭子水电站大坝碾压混凝土，利用聚羧酸高效减水效果，使碾压混凝土粉煤灰掺量高达75%，碾压混凝土各项性能指标均满足要求，不但降低混凝土用水量、胶凝材料和单方成本，并且更加环保。

“水电站一水力机械设计系统(Hydrom)应用软件开发”成果应用于生产，显著提高了工作效率。

2010年度申报及获奖数量均创历史新高。全年共组织了42项成果申报，获得40项奖励，获奖数量是历年获奖总数的近四分之一。其中国家级奖励4项、省部级奖励20项，即国家科技进步二等奖和全国优秀工程咨询成果奖一、二、三等奖各1项；中国电力科技进步一等奖、中国电力科学技术奖三等奖、贵州省科技进步二等奖各1项；贵州省优秀工程勘察设计奖一、二、三等奖各4、3、2项；贵州省优秀工程咨询成果奖一、二、三等奖分别为2、2、3项。尤为可喜的是一次获3项中国水电工程顾问集团公司优秀工程勘察设计一等奖(光照水电站设计、勘察和大花水水电站设计)，占2010年度集团公司优秀工程勘察设计一等奖总数的近40%；同时，“北盘江董箐水电站可行性研究报告”所获得的全国优秀工程咨询成果一等奖在贵州省也属首次；“光照200m级高碾压混凝土重力坝筑坝技术研究”获贵州省科技进步二等奖。

(中国水电顾问集团贵阳勘测设计研究院 王 芳)

二滩水电开发有限责任公司水电科技发展情况

(一) 建设雅砻江虚拟研究中心，构建产学研合作平台

虚拟研究中心是围绕某一研究目标，利用互联网等现代通讯技术实现信息交流，开展研发合作的一种研发模式；可实现信息资源共享和分布式并行研发，相对于传统实体研发机构，具有信息传递速度快、研

发活动并行作业、组织结构柔性灵活等特点，有利于降低创新成本，提高创新效率。

二滩水电开发有限责任公司（以下简称二滩公司）是由国家授权负责雅砻江流域水能资源开发的国有大型水电企业，正在和即将建设锦屏一级（305m的世界最高拱坝）、锦屏二级（世界最大规模深埋长大隧洞群）和两河口（300m级高土石坝）等一系列世界级水电工程，工程面临的许多关键科学技术问题都处在我国乃至世界水电科技的前沿。为促进产学研交流合作，在解决二滩公司发展管理和雅砻江流域开发中面临的关键科学技术问题的同时，促进我国水电科技水平提升，二滩公司在2010年成立了雅砻江虚拟研究中心，构建产学研合作的科技创新平台。

二滩公司雅砻江虚拟研究中心依托网络平台（http：vrc. ehdc. com. cn）实现信息交流和资源共享，利用网络平台丰富的科技信息资源和流域开发中的科研课题来吸引国内高端科研机构始终关注雅砻江流域开发，参与有关科研和咨询活动，通过组织开展科研项目、学术交流、技术咨询等多种形式，在不改变中心成员主体地位和实体组织条件下联合国内水电科技领域优势科研力量组成一个柔性的研发组织，开展产学研合作的研发活动。

（二）建设中国锦屏地下实验室，推动前沿基础科学研究

2009年以来，二滩公司和清华大学共同推进中国锦屏地下实验室建设。2010年12月12日，世界最深、中国首个极深地下实验室——中国锦屏地下实验室投入使用仪式在锦屏水电站举行，国务院国资委副主任邵宁、国家自然科学基金委副主任沈文庆院士、清华大学党委书记胡和平、二滩水电开发有限责任公司总经理陈云华共同为中国锦屏地下实验室揭牌。

中国锦屏地下实验室埋深2400m左右，是世界上埋深最大的深地科学实验室，是开展深部工程与环境安全、地球物理、基础物理等诸多前沿基础科学领域内实验研究的最佳场所。中国锦屏地下实验室的建成，标志着我国已经具备了开展物理学重大基础前沿科学研究的自主地下实验平台，也开辟了国有大型企业支持国家基础科学研究的先河。

根据二滩公司与清华大学的合作计划，CDEX暗物质探测实验将成为中国锦屏地下实验室开展的第一个物理科学实验，将开展目前世界科学最前沿的暗物质直接探测实验。可以预见，在未来一段时间内，中国锦屏地下实验室将孕育出足以冲击诺贝尔奖的重大科学发现。

（三）加强科技成果管理，积极申报科技奖项

为体现科研创新成效，二滩公司与雅砻江流域水电开发各参与单位紧密合作，及时总结已有的科研项目成果，申报各级科技奖项。2010年度获得国家科技进步奖二等奖1项，省部级科技进步一等奖2项、二等奖2项。其中，“复杂水电能源系统优化运行关键技术研究及应用”获2010年国家科技进步二等奖；“流域水电智能化运行关键技术研究及应用”获2010年水力发电科学技术一等奖；“锦屏深埋交通洞设计施工关键技术研究及应用”获2010年中国电力科学技术一等奖。“重大水电工程岩石高边坡安全监控分析理论及应用”获2010年教育部科技进步二等奖；“水库调节对下游河道生态系统影响与水库生态友好调度”获大禹水利科学技术二等奖。

（二滩水电开发有限责任公司　陈秀铜）

水电技术创新

西龙池抽水蓄能电站地下厂房机组基础混凝土结构检测

（一）研究成果

该项目的主要创新点是大面积快速应用冲击弹性波CT技术对混凝土结构的潜在内部缺陷进行检测。另一个创新点是利用底部反射法和弹性波振幅谱分析法建立现场芯样抗压强度和弹性波传播速度的相关关系，更为准确地评价各CT检测断面内混凝土的实际状况。

该项目采用的从日本引进的冲击弹性波CT检测方法的特点是稳、准、快。检测设备采用高灵敏度的传感器和先进的数据信号处理系统，能够准确地捕捉振源冲击弹性波脉冲激发信号和接收波信号。同测点不同次间测试波形稳定，结果变异很小，检测数据可靠；通过各条测线上稳定可靠的弹性波波速结果，利用同时迭代重建技术（SIRT）和约束最小二乘类算法（ILST）等数值分析反演算法可获得整个检测断面上弹性波速度的准确分布情况，真实反映断面内混凝土的均匀性；另外，这种方法最大的特点是快捷，

由于采用的激振源是敲击锤，击振简单，易于重复检测，结构表面无需进行特别的处理，可以在很短的时间内生成大量的检测数据，由于每条测线均可以方便地重复测试，因此也就保证了检测数据的可靠性。

正是由于冲击弹性波CT方法的这些特点，使得在很短时间内对两台机组基础多达34个检测断面快速、准确的CT扫描成为可能，为业主、设计和施工单位制定合理的修复方案提供了及时、科学的根据。

该项目还尝试了采用稳态表面波频散曲线（表面波速随波长的变化规律）来评价混凝土的内部均匀性，检测结果与相同位置冲击弹性波CT的检测结果有较好的对应关系。在同一个工程检测中同时采用弹性波CT和稳态表面波频散曲线对混凝土内部的均匀性进行综合判断在国内尚属首次。

（二）成果应用情况及社会经济效益

冲击弹性波CT技术已在西龙池电站机组混凝土结构检测项目上得到成功应用，成果被专家评审组评审为“检测技术先进。通过本项目弹性波CT技术的成功应用，有望促进该项技术在水工混凝土结构检测领域的进一步广泛使用。”目前，在积极争取将弹性波检测技术应用于公伯峡面板、恒仁大坝溢洪道等项目上，努力推进该技术在水工混凝土结构检测上的发展。

该项目的成功实施产生了极大地社会和经济效益。如果该项目不能按时完成，西龙池电站1号和2号机组的修复工作就无法按计划进行，严重影响电站并网发电时间。该项目从2010年4月底开始执行，6月23日成果即通过了业主组织的专家评审，成为按时、全面展开西龙池抽水蓄能电站1号和2号机组的修复工作的首要前提，为最大限度地挽回因机组设备严重事故给西龙池抽水蓄能电站乃至整个山西电网造成的巨大损失作出了突出贡献。

（中国水利水电科学研究院）

成都市龙泉西河污水处理厂计算机监控系统

北京中水科水电科技开发有限公司和中国水电顾问集团成都勘测设计研究院于2008年8月～2009年10月开发了成都市龙泉西河污水处理厂计算机监控系统。

（一）发明及创新点

（1）成都龙泉西河污水处理厂计算机监控系统是水科院基于H9000监控系统，针对污水处理厂自主开发的全新监控系统，保证了污水处理厂安全、稳定运行；提高了污水处理厂处理污水的能力；保障了污水出水水质的要求。

（2）国内自主开发的H9000污水处理监控系统首次使用，标志着监控系统开辟了一个全新的领域。

（3）现地单元首次采用中水科技自主研发的MX93000控制器，与国外PLC相比有价格优势，与国内相比性能更高、运行更稳定。

（4）工艺参数实时动态管理，工艺流程动态控制。污水厂中参与CASS工艺流程的主要设备都采用时序模式，下位机PLC程序中设置相应的时间模块，运行人员可以在上位机操作员站进行各个设备运行时长的实时修改，而不需修改PLC程序。这样的控制流程能够使运行人员根据水质的变化、要求和现场设备运行情况进行实时动态管理。这种运行方式不仅给运行人员的操作和维护带来很大的方便，而且保障了污水处理后的水质。这也是H9000监控系统在污水处理工艺流程中的一大特色。

（5）信息处理设计：通过上位机监控软件系统直接采集的在线仪表数据，并以数据报表和图形，曲线方式显示。还可根据处理工艺原理自动对所采集的数据进行分析计算，提炼出对运行操作更有指导意义的数据。例如，提升泵的运行时间，耗电量等。

（二）成果应用情况及社会经济效益

（1）污水处理厂自投运以来，运行稳定，自动化水平得到了很大的提高，极大地减少了污水处理厂的实际运行维护人员，节省了员工开支。传统的同等规模的污水处理厂一般人员要达到15人左右；龙泉西河污水处理厂目前运行维护人员为5人。

（2）稳定的自动化监控系统使龙泉西河污水处理厂极大提高了污水处理能力，处理污水能力相较于同类污水处理厂有很大提高。同等规模同样工艺的污水处理厂日处理污水能力约3万m^3/d；监控系统投运后的龙泉西河污水处理厂达到4万m^3/d。

（3）系统自动化控制科学合理，提高了系统的可靠性，减少了设备及能源的消耗，改善了人们的生活条件，提高了人民的生活质量。污水处理厂的主要能源消耗在于四台提升泵，两台罗茨鼓风机，每年同等规模及工艺的污水处理厂电费高达200万元。经过优化控制后的提升泵及鼓风机极大缩短了能耗，直接节约电费约30万元。

（4）自控系统是否完善可靠，直接影响出水水质，间接影响设备使用寿命和工厂总能耗水平。龙泉西河污水处理厂自动控制系统的可靠运行，保障了污水出水水质的要求，提高了西河镇生态环境，提高了人们的生活品质。

（中国水利水电科学研究院）

智能电网架构下大渡河龙头石水电站计算机监控系统

北京中水科水电科技开发有限公司与大渡河龙头石水电开发有限责任公司于2008年7月～2010年7月开发了智能电网架构下大渡河龙头石水电站计算机监控系统。

（一）研究成果

（1）针对智能电网具体要求，采用了智能化元器件。该系统采用了能够上网的可编程控制器和可以智能通讯的电气量采集装置，在厂站控制层设计了全新的分布的控制采集系统应用了全新的高性能计算机主机及网络设备，初步达到了数字水电站对自动化元器件的“一次设备智能化，二次设备网络化”的基本要求。在接入四川省网调过程中按照智能电网升迁的需求，重新设计了相关的通讯模块。对原有的IEC101、IEC104通讯进程重新开发并通过了四川省电力公司调度通信中心和许昌开普电器检测研究院开普实验室联合组织的检验测试，并出具了相关测试报告。在测试中对通讯站的初始化过程、数据通信链路的各项性能指标以及通讯的工作站的安全、数据的冗余度方面都进行了周密而详尽的测试。报告认为，龙头石水电站计算机监控系统的外部通讯安全可靠各项性能均达到四川省智能电网对电站的接入的要求。

（2）采用高性能的双环型网络的结构模式。根据龙头石水电站计算机监控系统设备特点，采用监控系统厂站层配置高性能主交换机，各LCU配置光纤交换机，形成高可靠性的系统双环型网络结构，具有冗余链路，使网络系统的可靠性提高。

（3）采用高可控性的无主设计。H9000 V4.0系统采用无主设计，各硬件节点之间并不存在相互依赖的逻辑上的主机，使系统具有较好的可控性，LCU系统可靠性设计完善。

（4）采用多层次监视控制。龙头石水电站计算机监控系统采用多层次监视控制，除厂站层监视控制外，每套LCU配置工控机，工控机通过网络连接到监控网络，通过网络获取数据，同时具备采集控制功能，正常模式下，LCU工控机监视全厂设备状态，可控制本LCU相关设备，当厂站层故障时，LCU工控机承担本LCU数据采集和控制功能；各LCU盘柜配置按钮，对本LCU主要设备进行相应控制每台LCU留有专用的接口，可接入便携式计算机，对LCU进行调试和监控。

（5）采用高速采集与传输技术。龙头石水电站计算机监控系统数据采集采用多线程并行的网络数据采集与传输方案。

（6）采用多重的系统控制安全性的策略。H9000V4.0系统增加了一系列的安全策略，有效地提高了操作控制安全性。这些技术对保证电站在安装调试期间的安全运行，防止误操作发挥了十分重要的作用。

（7）采用自动发电控制技术。这是水电站实现“无人值班”（少人值守）成功的关键。

（8）监控系统与外部系统，包括与调速器，励磁、辅机、保护、水情、管理系统等实现完全数字通信。与传统模拟量方式相比，节省大量电缆、施工时间，进而节省大量投资，为打造新一代的数字化水电站作出有力尝试取得较好的效果。

（9）机组LCU设置完整的水机保护及梯度报警保护功能，可以保证机组在任何情况下的安全可靠控制。

（二）成果应用情况及社会经济效益

1. 应用情况　自2007年10月签约以来，与电厂各级部门的通力合作，工程进展顺利。2008年9月30日完成1号机组LCU和公用LCU、开关站LCU、闸门LCU的投运。2009年3月16日，完成2号机组LCU投运。2009年5月27日完成3号机组LCU投运。2009年7月17日完成4号机组LCU投运。至2009年7月止，顺利完成了全部合同规定的计算机监控系统的投运工作。从计算机监控系统投运完成后，整套系统运行稳定可靠，取得了显著的经济和社会效益。

2. 社会经济效益

（1）顺利完成了接入四川智能电网网调中心的通讯实验，为智能电网建设起到促进作用。

（2）电站安全运行的可靠性得到大幅提高，减少了维护时间，提高了系统备用时间。

（3）系统功能齐全，自动化、数字化、信息化、智能化水平高，系统运行稳定可靠，大大地减轻了运行人员的劳动强度，提高了发电生产的自动化水平及管理自动化水平，减少了运行值班人员，已经达到了“无人值班”（少人值守）的要求。

（4）AGC/AVC的稳定运行，为实现生产前方“无人值班”创造了条件。

H9000 V4.0计算机监控系统在龙头石水电站的合理设计与实现，对加快四川智能电网建设，提高大渡河的水资源调配能力，促进灾后重建和四川经济建设，具有重要的推动作用，取得了良好的经济和社会效益。

（中国水利水电科学研究院）

湖南浯溪船闸自动化控制系统

北京中水科水电科技开发有限公司与湖南浯溪水电开发有限公司于2008年8月～2010年3月开发了湖南浯溪船闸自动化控制系统。

（一）系统特点

(1) 浯溪船闸自动化控制系统包含船闸计算机监控系统、保护系统、通航信号及广播指挥系统、船闸运营调度管理系统、UPS装置、GPS装置等，实现了各功能系统一体化与船闸的统一调度管理，通过一套自动化控制系统监视控制船闸各功能系统。而在传统的船闸控制中，船闸控制系统中各个模块间较为独立，运行人员需要关注多个系统状态。浯溪船闸自动化控制系统结构清晰，集成度高，较简洁的配置实现了各项功能需求，相对于其他船闸控制系统节省了投资。

(2) 相比较于其他船闸系统，浯溪船闸自动化控制系统采用无主设计理念。系统配置多硬件节点，各节点之间不存在相互依赖的逻辑关系，使系统具有高可控性，重要硬件节点均采用冗余配置，当任何一个硬件节点故障时，通过自动切换或授权调整可进行功能的重新分配，用其他节点替代某故障的节点。软件上各功能软件采用模块化设计开发，某一模块的故障不影响其他模块的运行，提高了系统运行的可靠性与可用率。自投运以来，一直稳定运行，保证了湘江航道的通畅。

(3) 浯溪船闸自动化控制系统控制模式设计上除传统的船闸设备单步控制，也可以进行船闸运行全过程控制模式，并进行控制模式参数设定。在船闸单步控制模式下，操作人员对各设备进行单步控制。在船闸运行全过程控制模式下，操作人员通过启动船闸自动控制流程，对船闸相关设备进行自动控制。

(4) 相比较于其他船闸控制，浯溪船闸自动化控制系统提供了完善的通讯方式，实现与外部各系统的数据与命令交互，包括与电站监控系统、保护、水位、电能系统等，并预留了船闸远程控制接口，在条件允许的情况下，可实现船闸系统的远方调度控制。

(5) 船闸系统对设备的可靠性和运行的安全性有着很高的要求，因此总体设计，把安全性和可靠性放在第一位，对此采取相关安全保障措施。除传统船闸控制的设备间联锁保护和流程闭锁外，在软件上设置闭锁和安全校核功能，从用户、主机、权限的各方面保证系统的操作按照设定的安全流程执行，对非安全操作闭锁输出，并进行报警提示。提高了操作控制安全性。

（二）成果应用情况及社会经济效益

1. 应用情况　至2010年3月止，顺利完成了全部合同规定的船闸自动化控制系统的投运工作。船闸自动化控制系统投运完成后，整套系统运行稳定可靠，取得了显著的经济和社会效益。

2. 社会经济效益

(1) 系统功能齐全，自动化、智能化水平高，运行稳定可靠，大大地减轻了运行人员的劳动强度以及维护人员的工作量，提高了自动化水平及管理自动化水平，在完成系统的试运行后，运行维护人员同时负责船闸自动化控制系统与浯溪水电站监控系统，相应减少了运行维护人员，节省了人力资源。

(2) 系统是船闸唯一的监控设备，具有完备的安全防误措施，杜绝了人为误操作而造成的损坏设备或影响航道安全的事故发生，提高了船闸安全运行水平，其本身的间经济效益和社会效益巨大。

(3) 系统全过程控制，缩短了船只通过船闸的时间，减少了运行人员的劳动强度和错误率，通行率和安全性大大增强，为实现航道的安全运行创造了条件，提高了船闸通航能力。

（中国水利水电科学研究院）

智能水电厂关键技术研究

南京南瑞集团公司作为我国电力行业重要的研究开发中心和产业化基地，针对现有水电厂自动化系统存在的一体化及智能化程度低、标准差异大、网厂协调能力差、电力安全防护较弱、智能决策困难等多个问题开展了智能水电厂关键技术研究工作。

智能化水电厂以源网协调发展的“无人值班”（少人值守）模式为基础，以通信平台为支撑，以坚强智能电网为服务对象，以信息化、自动化、互动化特征，实现“电力流、信息流、业务流”的高度一体化融合。

通过采用尖端的计算机技术、合理的体系架构、标准化协议与规范，结合现有的水电生产运行管理经验，实现可靠先进的水电厂智能化管理控制系统。达到合理调配流域水资源，提高水能利用率，提升水电生产管理水平和层次，实现水电最优经济运行的目标。

（一）标准化研究

智能水电厂的研究以国际、国内、行业各类标准规范为基础，充分吸收借鉴面向服务（SOA）、分层分布式组件模型、自主计算、GIS可视化、云计算等先进理论和成果，探索预测预报、调度控制、生产运行等专业的未来技术方向，在水电信息化、调度自动化等一些关键技术方面实现突破性创新，达到国际领先水平。

（二）现地智能控制系统

1. 现地控制层系统结构　以全站信息数字化、通信平台网络化、信息共享标准化为基本要求，自动完成信息采集、测量、控制、保护、计量和监测等基本功能。智能设备接口机采用 IEC61850 标准规约，形成全站监控与管理，与远方调度中心联动，实现与调度系统的无缝对接。

2. 现地智能控制系统及设备　基于统一的系统结构与现地总线标准，研制水电厂的各种智能控制系统及设备，包括智能测量控制系统、调速器系统、励磁系统、保护系统等。这些设备或系统采用分布式、面向对象设计，具有标准的总线接口，可直接互连，实现信息共享。

3. 水情测报及大坝安全监测系统　在统一自动化系统平台的基础上，建设大坝安全监测系统，实现大坝工程建筑安全信息采集规范化、自动化，实现工程安全管理自动化；完善水情自动测报系统、气象自动化系统，实现流域内水情信息、气象信息的实时采集、自动传输、科学处理，为经济安全运行系统提供可靠依据。

（三）经济调度系统

1. 经济调度与控制　制定水库优化运行策略，建设流域联合优化调度系统。提高水电站水库的水能利用率，实现水库与机组的安全经济运行。在厂站监控系统改造的基础上，建设智能调度中心实时监控系统，实现对厂站生产设备的遥控、遥调、遥测、遥信及梯级经济运行执行，保证系统的安全稳定。

2. 流域梯级水库调度优化　依据流域梯级水库系统的特点和电网运行要求，开展梯级水库发电控制运用的研究工作，高效地利用流域内水资源。在不改变原水库功能和防洪设计参数的前提下，在发电兴利库容内，采用实用优化控制技术，研究一套科学合理、效能高、可靠实用的梯级水库发电调度图和发电控制运用规则。

南京南瑞集团公司开展的智能水电厂关键技术研究工作，有力地推动了水电厂在一体化管理、智能化设备应用、经济调度等多个领域的技术发展。2011 年该研究成果将在水电厂全面投入运用，在未来的几年中形成可观产业规模和良好的社会效益。

（国网电力科学研究院　李永红　谢　凯）

国家电网公司在四川试点水调智能化工作

（一）试点建设内容

2010 年初，四川电网统调水电装机容量 2069 万 kW，统调水电站 150 余座，为了提高大规模并网水电群调度运行控制技术，深入贯彻国家节能发电调度政策，充分利用水力资源，国家电网公司在四川全面启动了包括水电监测分析、水库来水预报、水电调度在内的电网水调智能化建设试点工作，积极探索新形势下水电智能化调度技术。

2010 年 1 月，四川电网成立了试点建设领导小组和工作小组，编制了《四川电网水调智能化建设试点工作方案》，制定了项目建设管理和协调机制。

2010 年 2 月，编写了《四川电网水调智能化建设试点技术方案》、《四川电网水调智能化建设试点功能规范》，确定了项目建设技术路线和规范。

2010 年 4 月，为快速推动试点应用软件开发工作，在硬件设备尚未采购到位情况下，提前检验、测试在新平台、新环境下开发的水调模块的性能，在四川现场搭建了一个小系统。

2010 年 10 月上旬，完成了试点建设测试大纲、测试环境、模拟数据等准备工作，并在国调中心主持下对测试大纲进行了审查。10 月下旬，邀请福建、湖南等有关单位在北京组织开展了 FAT 测试验收工作。11 月上旬，根据 FAT 验收会议提出的意见完成了试点功能完善和消缺工作，并全面开始了现场安装、调试工作。

2010 年 11 月下旬，编写了水调试点建设 SAT 测试验收大纲，并向华中、华东、东北、西北、福建、甘肃、重庆、湖北、湖南等有关网省征求了意见，得到了各网省的大力支持。根据各网省意见，对 SAT 测试大纲进行了认真修编。

2010 年 12 月 19 日，在国调中心组织下，邀请国家电网公司智能电网部、华中、东北、福建、甘肃等网省调度中心开展了水调智能化建设试点 SAT 验收工作，并最终通过了 SAT 验收。计划 2011 年 1 月全面进入试点应用功能消缺和试运行阶段。

（二）试点建设创新点

四川电网水调智能化建设试点工作中，结合已投产水电群规模大、数目多、约束复杂、梯级水力联系密切等特点，通过大胆尝试和反复探索，主要创新如下：

（1）结合四川水库调度工作实际，提出了基于知识推理的四川电网智能化大型水库群优化调度算法，创新了四川电网大型水库群智能化调度技术。

（2）在中、长期水电优化调度计算中，提出了区域利用小时数测算法，为解决无资料或资料不足的新投产水电、小水电群等优化调度计算问题探索出了一条新途径。

（3）基于GIS基础平台成功实现了水电调度GIS分析应用，为水调智能化技术支持系统开发出一套先进、直观的综合展示、分析技术工具。

（三）应用前景和社会效益

水调智能化建设试点成果已成功用于四川电网日常生产工作中，对于提升四川电网水库调度管理水平，充分利用四川丰富的水能资源，均发挥了重要的技术支撑作用，取得了良好的经济效益和社会效益。同时，该项试点成果及采用的技术路线，也可供其他单位进一步探索和创新大规模水电群智能化调度技术研究中借鉴和参考。

（四川省电力公司　赵永龙）

向家坝水电站坝基挤压破碎带岩石流变试验研究

“向家坝水电站坝基挤压破碎带岩石流变试验研究”是向家坝水电站重大专项科研课题之一，旨在了解向家坝水电站左岸坝基挤压破碎带岩石的长期流变力学特性，为实际工程长期安全稳定评价提供有价值的参考意见。具体研究内容如下：

（1）向家坝水电站坝型为混凝土重力坝，坝顶设计高程383.00m，最大坝高161m，坝顶长度909.26m；左岸坝基发现除层间破碎夹泥层外，还有缓倾角的挤压破碎带发育；挤压带为灰黄至土黄色的强至全风化砂岩，偶夹黑至黑褐色泥炭质条带，局部泥化或灰白色泥砂状，岩体质量差；坝基挤压带软弱岩体长期荷载作用下的强度和变形特性对于水工建筑物的工程稳定性有重要影响。因此，开展向家坝水电站坝基挤压破碎带岩石流变力学试验研究是十分必要的。

（2）研究工作针对向家坝水电站左岸坝基挤压破碎带软弱岩体，首次开展了该岩石的室内三轴流变力学试验和剪切流变力学试验研究，成功获得了岩石的流变力学特性资料。三轴流变试验和剪切流变试验均采取分级加载方式，按照国际岩石力学学会（ISRM）推荐标准，历时1年多时间，得到了具有工程意义的流变力学相关参数，成果可靠。

（3）利用高分辨率扫描电子显微镜——X射线能谱仪对不同正应力下挤压破碎带两种岩样的破坏断口进行了扫描电镜试验。通过对岩样断口微细观分析，研究该岩石内部微缺陷与形貌的关系，从微细观角度来揭示岩石剪切流变破裂机制。

（4）基于试验实测得到的流变力学曲线，采用Burgers流变本构模型对三轴流变试验曲线和剪切流变试验曲线进行拟合，并得到相应的流变参数，结果表明模型与试验曲线拟合精度较高，Burgers流变模型能较好地反映向家坝水电站左岸坝基挤压破碎带岩石的长期流变特性。

研究所得结论真实可靠，具有重要的理论与工程实用价值，特别是首次获得了向家坝水电站左岸坝基挤压破碎带岩石三轴试验不同围压下的流变力学曲线以及剪切试验不同正应力下的流变力学曲线，基于流变试验成果确定出能反映向家坝水电站左岸坝基挤压破碎带岩石流变力学特性的本构模型及相应的流变力学参数，创新突出，结论可信。研究工作对向家坝水电站坝基长期稳定与工程安全具有重大的实践价值。

（河海大学）

澜沧江糯扎渡水电站尾水调压室复杂结构有限元分析研究

“糯扎渡水电站尾水调压室复杂结构有限元分析研究”是糯扎渡水电站重大专项科研课题之一，旨在反演糯扎渡水电站调压井工程区围岩力学参数、评价五洞交叉口复杂结构围岩稳定性、优化调压井复杂地下洞室群支护措施和支护结构配筋参数，为实际工程安全稳定评价提供有价值的参考意见。

研究工作自2008年12月开始，2009年12月结束。2010年1月11日，在昆明召开了“糯扎渡水电站尾水调压室复杂结构有限元分析研究”评审验收会，参加会议的人员一致认为：研究工作紧密结合糯扎渡水电站调压井工程实践，系统深入开展了研究工作，完成了合同规定的内容，实现了预定目标。

主要研究内容包括：

（1）分析调压室研究区域附近的工程地质条件，建立合理的三维有限元计算模型，界定研究区域边界条件、范围和位置，模型共计184 336个单元，38 954个节点。

（2）现场调研、收集资料：分别为2009年3月和2009年7月安排人到糯扎渡水电站现场调研、收集资料。

（3）确定合理的反分析理论和方法，编写合理的反分析程序，根据现场开挖支护步骤和监测数据，在给定的参数建议值范围反演出洞室围岩力学参数，于2009年5月9日与昆明勘测设计研究院专家、工程技术人员汇报交流前期研究成果，并根据意见修改完善报告。

（4）根据反演得出的力学参数值，在不同的工况下进行开挖计算，通过点安全度、岩体变形、应力场分布来评价五洞交叉部位及井身开挖对围岩稳定性的影响。

（5）根据二次衬砌施加的水平高程确定四个钢混衬砌支护方案，经有限元弹性计算得到各方案衬砌不同位置的应力分布，通过工程结构分析计算配筋，给出配筋参数，根据配筋参数，进行结构承载能力极限状态计算与正常使用极限状态验算分析，对各方案弹性和非线性计算的应力和位移进行对比分析，以评价各方案配筋参数的合理性，比选出最佳衬砌支护方案，使调压室洞室特别是五洞交叉口复杂洞室结构的施工做到安全、经济。

研究所得结论真实可靠，具有重要的理论与工程实用价值，创新突出，结论可信。研究工作对糯扎渡水电站调压井工程洞室群施工、运行稳定和施工安全具有重大的实践价值。

（河海大学）

沙沱水电站工程建设的技术创新

沙沱水电站位于贵州省沿河县城上游约7km处，是乌江干流开发方案中的第9级，也是乌江在贵州境内的最后一个在建梯级电站。电站总库容9.10亿m^3，装机1120MW，多年平均发电量45.52亿kW·h；枢纽由碾压混凝土重力坝、坝身溢流表孔、左岸引水坝段、坝后厂房及右岸垂直升船机等建筑物组成。工程建设中不断进行技术创新，现摘要介绍如下。

（一）磷矿渣筑坝技术

贵州有大量的磷矿渣占用土地堆放，对环境有一定的影响。将其开发利用，变废为宝，不仅对环保有利，还能解决大坝用粉煤灰紧缺的问题。贵州乌江水电开发有限责任公司（以下简称乌江公司）在索风营水电站和构皮滩水电站就对磷矿渣作为筑坝材料进行过系统研究，取得了大量研究成果，但由于诸多因素制约，最终未能大规模使用。在沙沱水电站工程建设中，又重点对磷矿渣生产和运用进行研究。成果表明：采用不同比例的粉煤灰和磷矿渣粉进行混掺，在碾压混凝土中，当磷矿渣粉比例控制在总掺合料掺量的50%内，碾压混凝土的工作性好，包裹充分，振动时泛浆快，振后塑弹性好，当比例超过总掺量的50%，碾压混凝土工作性变差，骨料有分离现象，振动泛浆慢，且不易振捣密实；在常态混凝土中，磷矿渣粉比例控制在总掺量的50%内，混凝土的和易性好，浆体含量丰富，振捣时泛浆快，当比例超过总掺量的50%，混凝土和易性变差，骨料有分离现象，不易振捣密实。试验还证明：采用粉煤灰和磷矿渣粉按照1：1进行混掺时，对于碾压和常态混凝土不同龄期混凝土强度、变形、耐久性能等指标和单掺粉煤灰比较均有提高，且弹性模量较单掺粉煤灰稍大（利用这一特性，在进行配合比设计时，可以降低水泥的用量）；同时混凝土泌水和干缩比单掺粉煤灰小，有效解决了单掺磷矿渣粉混凝土泌水大、干缩大这一困扰工程界的难题。

沙沱工程在国内首次大规模使用磷矿渣与粉煤灰混掺作为筑坝材料，至今已浇筑近60万m^3混凝土，通过实验检测和监测，各项物理、力学指标完全满足设计要求。这既保证了工程质量，又降低了水泥用量。

（二）砂石系统“半干法”制砂技术的提升

碾压混凝土用砂量大，用水量少，对砂的含水波动特别敏感。传统的棒磨机制砂采用“全湿法”工艺，砂的含水量远超规范要求，必须采用强制脱水和建很大的砂仓进行自然脱水，投入很大且影响高峰期混凝土产量。而“全干法”制砂，由于砂中含泥等有害成分，会影响混凝土的性能。“半干法”制砂工艺很好地解决了上述问题，在索风营水电站首次成功运用后，又在沙沱砂石系统进一步对“半干法”制砂技术进行了提升。主要是通过加大制砂车间调节仓容，调整制砂机线速度和破碎腔锤头提高出砂比率；采用聚氨酯高频振动筛提高砂筛余率，增加制粉车间动态调整碾压砂的石粉含量；生产废水按照零排放的要求进行处理后再利用，系统产生污染少。

（三）复杂岩溶地基堵漏综合技术

沙沱水电站坝基岩石呈缓倾角层状构造，发育矩阵式网状分布深切溶蚀裂隙，基坑最大渗漏量超过1m^3/s，且为有压流，基坑开挖和基础混凝土浇筑难度较大。通过数次深入勘探，无法找到渗漏通道；渗漏通道呈矩阵式网状分布，即使找到某一通道用常规方法堵漏效果也欠佳。由于大坝基础渗漏源众多，采用堵源头的方案往往效果差，因此调整思路，将堵源头的方案调整为堵出口，利用“排除法”即“头痛医头脚痛医脚”的方法使问题简单、具体化。通过研究，放弃了堵渗漏源头的常规措施，在坝体结构末端采用排除法堵出口，以期形成静水状态，然后再采用常规基础处理方式施工。

在矩阵式网状分布有压岩溶渗漏通道进行系统性灌浆堵漏效果差，对于不同类型渗漏通道分别采取了膜袋灌浆、大流量泵送砂浆、膏浆及黏土混合物等灌浆处理措施。对于短渗径、高流速岩溶通道的堵漏，由于流速快，通道窄（有的只有1cm左右），堵漏难度极大，其施工工艺和材料是关键，在施工中分别采用在水泥砂浆中添加高黏性、低流动物质（如黏土）形成塑性砂浆，并利用泵送混凝土工艺将塑性浆液瞬间大流量挤压入矩阵式网状分布的小裂隙。这是非常有效的手段，成功地解决了大坝基础极其复杂的渗漏，达到大坝基础处理要求，确保了工程进度目标，为类似工程提供了成功经验。

（四）“双超”混凝土筑坝材料及工艺

“双超”混凝土（即混凝土所使用骨料为基坑开挖的任意料，最大粒径超过500mm，为超大骨料；胶凝材料用量少于40～60kg，为超少胶材）筑坝是材料和工艺的突破，集当前最具竞争能力的混凝土面板堆石坝与碾压混凝土坝两种坝型之优势。“双超”混凝土筑坝技术是一种新型的碾压混凝土筑坝技术，是介于胶凝砂砾石（CSG）与面板堆石坝之间的一种全新筑坝技术。“双超”混凝土筑坝技术是在坝址附近易于得到的河床砂砾石或开挖弃渣等材料中加入少量胶凝材料，经现场简单拌和后碾压而成的坝体施工技术。其特点是：骨料就地取材，来自大坝开挖石渣，无须另外加工；骨料最大粒径达70cm；胶凝材料用量少；施工简易快速，经济性好。2009年6在下游围堰进行现场碾压试验，至今已经历两个汛期，围堰运行良好。通过现场碾压试验，获得了宝贵的试验数据，为以后“双超”混凝土筑坝技术的实施积累了经验。

（五）四级配碾压混凝土的研究

国内外对四级配碾压混凝土的研究和应用几乎是空白，主要是由于骨料粒径增加，碾压混凝土拌和物的骨料包裹较差和大骨料分离等问题，制约了四级配碾压混凝土的应用。沙沱水电站工程在国内首次系统全面地开展四级配碾压混凝土配合比、性能及施工工艺试验研究。通过先进的原材料选择、配合比设计、施工工艺调整，克服四级配碾压混凝土设计和施工可能存在的缺点和困难，使四级配碾压混凝土在筑坝技术中成为现实，填补在四级配碾压混凝土研究中领域的空白。

研究表明：四级配碾压混凝土与三级配碾压混凝土相比，可以降低8～10kg/m^{3}用水量，节约胶凝材料16～20kg/m^3；四级配碾压混凝土的VC值采用4～6s较为合适，不仅加压振动成型的湿密度能达到2400kg/m^{3}以上，而且大骨料表面裹浆情况较好，有利于提高大骨料表面与砂浆的黏结强度。沙沱工程已完成室内试验，正在进行现场的试验研究，这一新型的碾压混凝土品种将很快在沙沱工程中得到应用。

（六）大倾角波状挡边带式输送机应用于输送碾压混凝土

结合沙沱水电站工程大坝施工场地狭小，碾压混凝土提升高度大等特殊的施工环境，在国内首次研究应用了一种适合碾压混凝土垂直运输入仓设备——大倾角波状挡边式皮带机。大坝碾压混凝土输送选用自行设计改进的大倾角波状挡边带式输送机，输送皮带坡度达到45°，并根据试验使用情况对设备常规拍打装置作了替换设计。该设备已完成4万m^{3}碾压混凝土的输送，保证了混凝土的质量不受影响，为碾压混凝土大角度垂直输送入仓提供了一种新型的解决方案，有显著的效益。

（贵州乌江水电开发有限责任公司
吴元东　郭定明）

马鹿塘水电站一期工程水轮机改造研究及应用

（一）研究背景

马鹿塘水电站位于云南省文山州麻栗坡县境内盘龙河上，系盘龙河梯级开发中的第八个梯级，电站分两期开发建设。

一期工程采用低坝引水式开发，最大坝高40m，水库正常蓄水位515.00m，死水位508.00m，最大水头248.00m，额定水头221.50m，最小水头218.00m，装机容量2×50MW。水轮机主要参数为：型号HL（F）—LJ—230，公称直径2.361m（D_1）/1.64m（D_2），额定水头221.5m，额定流量25.71m^3/s，额定效率92.3%，额定出力51.55MW，额定转速428.6r/min，飞逸转速715r/min。一期工程于2002年1月开工建设，2004年10月首台机组投产发电。

二期工程采用高坝混合式开发，最大坝高154m，水库正常蓄水位627.00m，死水位555.00m。由于一、二期工程独特的地理位置关系，二期高坝建成蓄水后，一期工程运行水头大幅提高，水轮机最大水头、额定水头、最小水头分别提高到361.30m、320.00m、279.50m，最大水头提高了113.3m，额定水头提高了98.5m，最小水头提高了61.5m，装机容量维持2×50MW不变。

在如此大水头变幅下，需维持单机容量不变，水轮机运行范围大大偏离高效稳定运行区域，原有的水轮发电机组已不能满足运行需要，必须对水轮机进行改造。改造时要保持水轮机埋入部件（包括蜗壳、尾水肘管等）、机组额定转速和单机容量不变，发电机及机墩土建结构不改造，水轮机改造有很大难度。以前国内也没有将运行水头提高如此之大后对水轮机改造的先例，无借鉴经验。

（二）研究成果

该项目对马鹿塘水电站一期工程运行水头大幅提高后的水轮机改造的水力参数选择、结构设计、前后期的有效结合等进行了综合分析，确定了水轮机改造的具体内容和详细实施方案。在一期工程设计时，充分考虑二期工程建设时对一期工程改造的可能性，事先对水轮发电机组设计及水轮机改造问题进行了针对性研究，充分考虑了后期水轮机改造的需要，对水轮发电机组及附属设备的结构、参数等进行了改进。水轮机过流部件设计考虑了后期改造时更换合适转轮的需要；为兼顾后期的导叶分布圆和尾水锥管进口直径变化的要求，事先将顶盖稍放大，尾水锥管设计成可拆式；蜗壳、座环、尾水肘管等过流部件按后期承压的要求设计和埋设；发电机按兼顾后期飞逸转速和水推力的需要设计和制造；进水阀装置及附件按兼顾后期水头的需要设计和制造。后期改造时通过更换转轮（增加原型转轮直径、降低导叶高度）、导水机构、尾水锥管、主轴密封等部件，并对座环进行了改造，使座环开口高度满足新转轮需要，改造后水轮机适应后期水头范围并保证机组安全稳定运行。

水轮机改造后的主要参数为：型号 HL（C）—LJ—255，转轮直径 2550mm（D_1）/1396mm（D_2），额定水头 320.00m，额定流量 17.85m^3/s，额定出力 51.55MW，额定效率 92.29%，额定转速 428.6r/min，飞逸转速 715r/min。

（三）主要成果及创新点

该项目结合马鹿塘水电站的水能资源和分期开发的建设方案，对水轮机改造的技术难点进行了深入研究，制定了科学合理的改造方案，为水轮机改造的顺利实施提供了强有力的保证，保证了电站分期开发建设的顺利实施及改造后机组的安全稳定运行。

主要创新点如下：

（1）运行水头大幅提高后的水轮机改造的参数优化选择。

（2）根据水轮机改造的需要，确定了特殊的结构设计方案。

（3）在水轮机最大水头、额定水头分别提高 113.3m、98.5m 的情况下对水轮机进行改造并保持水轮机埋入部件、机组额定转速和单机容量不变，发电机和机墩土建结构不改造，改造后水轮机能适应后期水头范围并保证机组安全稳定运行。

（四）结束语

项目研究成果已直接应用于马鹿塘水电站一期工程水轮机改造实践中。2009 年 9 月，两台机组开始停机改造。2010 年 8 月，两台水轮机改造完成并重新投入发电，机组运行平稳，机组出力、效率、稳定性等指标满足要求。采用的改造方案保证了发电机及机墩土建结构不改造，不但节约发电机改造投资约 3000 万元，还节约了土建工程改造的投资，经济效益十分明显。

马鹿塘水电站一期工程水轮机改造的成功实施，保证了电站分期开发建设的顺利实施及改造后机组的安全稳定运行，具有很好的社会效益。同时，也为前后期水头变幅较大的同类水电站的水轮机改造提供了很好的借鉴，具有很大的推广价值。

（中国水电顾问集团昆明勘测设计研究院　姚建国）

弱风化玄武岩作为金安桥大坝混凝土骨料的研究及应用

（一）研究背景

金安桥水电站拦河坝为混凝土重力坝，最大坝高 160m，坝顶长 640m；坝段最大底宽 156m。全工程混凝土总量约 595.3 万 m^3，需用骨料约 1400 万 t。可行性研究阶段普查的石料场有金安桥玄武岩石料场、金安灰岩石料场、美河灰岩石料场。美河灰岩石料场基本不具备开采条件；金安灰岩石料场距坝址较远（约 50km），工程投资较大，故料场选在金安桥玄武岩石料场。

金安桥玄武岩石料场岩石按风化程度分为全、强、弱上、弱下、微至新五带。全风化带和强风化带不能用作混凝土骨料。弱风化上带岩石较坚硬，湿抗压强度一般大于 60MPa，能满足骨料强度要求，但其中存在分布复杂的火山角砾熔岩、凝灰岩、锈皮骨料等缺陷岩石，开采过程中不可避免会混入部分缺陷岩石，初步判断会影响混凝土性能，若作为弃渣处理，剥离量太多，不仅增大工程投资，而且加大渣场的处理难度。

为解决工程实际困难，开展了金安桥玄武岩石料场弱风化上部石料应用的可行性以及相应的技术措施的设计研究工作。

（二）研究内容及成果

1. 岩石品质鉴定和耐久性试验　对玄武岩石料场弱风化上部玄武岩及其夹有的火山角砾熔岩、凝灰岩、锈皮玄武岩等进行品质鉴定和耐久性试验研究，掌握各种岩石的特点及其对混凝土性能的影响。结果表明，火山角砾熔岩、凝灰岩、锈皮玄武岩骨料的坚固性质量损失率为 17.6%，不能满足《水工混凝土施工规范》（DL/T 5144）对粗骨料坚固性指标不大于 5%的要求，需对火山角砾熔岩、凝灰岩、锈皮骨尽可能剔除，以保证骨料质量。

2\. 骨料碱活性试验　对玄武岩石料场弱上、弱下以及开挖的弱上玄武岩骨料开展了快速压蒸法、砂浆棒快速法、砂浆长度法的碱活性试验研究。结果表明，该骨料为非活性骨料。

3\. 骨料加工工艺　针对玄武岩具有“脆、硬、难磨、少粉”及加工后成品骨料粒型和级配较差等特性，调整骨料加工工艺，骨料加工时粗碎选择旋回式和圆锥破碎机，制砂选择立轴式冲击破加棒磨机，使骨料粒型得到明显改善。

4\. 细骨料石粉含量　玄武岩加工成混凝土细骨料（砂），其石粉含量较低、细度模数较大，无法满足施工要求。通过大量试验研究，采取外掺粉煤灰替代部分石粉或掺入部分石灰岩粉的措施，增加砂的细粉含量，确保了碾压混凝土的可碾性，降低了砂的细度模数达到《水工混凝土施工规范》（DL/T 5144）的要求，保证了该玄武岩骨料的可用性。

5\. 混凝土配合比及性能试验　针对玄武岩骨料制砂石粉含量较低、单位用水量较高，制定不同方案进行混凝土配合比优化试验，优化混凝土的用水量、胶材用量、砂率和外加剂用量等参数，再进行混凝土拌和物力学、变形、热学和耐久性试验，推荐了混凝土参考配合比。经工程现场验证，混凝土综合性能满足设计要求。

6\. 温控防裂措施研究　玄武岩骨料拌制的碾压混凝土单位用水量高、极限拉伸值偏低，为防止混凝土开裂，需要采取更为严格的温控措施，带来施工难度和温控费用的增加。为此，开展了坝体混凝土温控防裂措施专项研究，重点研究防止坝面裂缝，包括劈头裂缝产生的各种措施，提出了在坝体上游防渗层表面增设 3m 深施工短缝，在此基础上采取混凝土预冷、通水冷却、表面保护等常规温控措施就可达到防裂目的，并对强约束区混凝土进行二期通水冷却，有效降低坝体表面拉应力，减小产生裂缝的可能性。采取设置施工短缝措施后，与类似工程相比，没有因为使用玄武岩骨料增加施工技术难度和温控措施费用。

（三）应用情况

2006 年 12 月金安桥水电站大坝混凝土浇筑开始使用弱风化玄武岩骨料，截至 2010 年底，大坝混凝土浇筑基本完成，共使用弱风化玄武岩骨料约 215 万 m^3，现场混凝土施工配合比及其性能检测结果与设计试验成果基本一致，施工过程以及大坝蓄水检查中未发现危害性裂缝，取得了较好的应用效果。

（四）结束语

该项目全面、系统地研究了金安桥水电站弱风化玄武岩石料场含有的各种岩性的品质及其对混凝土性能的影响，优化了采用弱风化玄武岩骨料的混凝土配合比，提高了混凝土的综合性能，并采取设置施工短缝，有效简化了温控措施，降低了技术难度，成功解决了金安桥水电站大坝混凝土采用弱风化玄武岩的技术难题，使金安桥玄武岩料场的弱风化玄武岩骨料得以最大限度的利用，减少了开挖量及弃渣料，既节省了工程投资，又有利于环境保护。

弱风化玄武岩骨料作为金安桥大坝混凝土骨料的研究及成功应用，对水电工程使用硬质脆性骨料或拟选石料场存在岩性多样化等方面技术问题进行了探索，研究成果、技术路线及提出的工程措施可供类似水电工程参考和借鉴。

（中国水电顾问集团昆明勘测设计研究院　杨　梅）

糯扎渡水电站三维协同设计研究与应用

（一）项目概况

为了解决在二维设计中存在的“二维工程图可读性较差，业主单位、研究单位以及施工单位在拿到图纸后比较难以理解。现有的设计平台无法满足多专业协同设计的要求，各专业之间错、碰、漏的协调工作量很大。对于设计流程的控制和基于设计成果的绩效管理无法在传统设计生产中实现”等问题，中国水电顾问集团昆明勘测设计研究院（以下简称昆明院）于 2006 年 9 月 1 日成立“水电工程枢纽布置三维可视化设计研究项目管理部”和“水电工程厂房布置多专业协同三维可视化设计研究项目部”，开展三维可视化设计研究工作。2008 年 3 月，昆明院选定糯扎渡水电站为目标项目，正式启动“糯扎渡水电站机电厂房三维协同设计研究及应用”项目科研工作。

（二）三维设计平台的选定

三维设计平台的选择对于三维设计工作的推进意义重大。正确选择适用于机电厂房三维设计工作的软件平台有助于降低项目开发难度，推广项目开发成果。经过昆明院科质部组织调研后，最终决定选择 AUTODESK 公司旗下的 REVIT MEP 三维设计平台作为昆明院机电三维设计工作平台。

（三）主要研究内容

“糯扎渡水电站机电厂房三维协同设计研究及应用”课题研究内容主要集中在厂房内的引水发电系统，即厂房及厂区内的机电设备三维布置设计工作。本课题研究的主要内容为：

（1）采用参数化建模方法，建立水电站机电专有设备族库。

（2）基于水工专业建立的厂房建筑三维模型，进行设备及管路的三维布置。在现阶段，按水机、通风、电气一次等专业并行设计的流程开展机电多专业协同设计工作。

(3) 基于三维模型，生成工程设计蓝图，实现各专业工程量自动统计。

(四) 主要研究成果

1. 设备模型库的建立与完善

(1) 基于 REVIT MEP 平台的三维设计是围绕“族”的理念展开的。建模的过程是基于“参数化建模”理念的建模过程。“参数化建模”是将三维模型的各个部分利用多个参数约束起来。这些关键性的参数是根据实际设备的外形控制尺寸参数确定的。此外，“参数化建模”可以建立三维模型数据库与设备外形尺寸序列之间的关系，进而实现一次建模就可以生成同一类型不同型号的设备三维模型库的目标。

(2) 水机专业中建立了包含水轮发电机组、蜗壳尾水管、自动滤水器、深井泵、潜水泵、双吸泵、排水盘形阀、水力控制阀、四通循环阀、球阀、蝶阀、闸阀、止回阀、气罐、低压空压机、中压空压机、低压冷干机、中压冷干机、低压空气过滤器、中压过滤器、油桶、中间油箱、消火栓箱、浮球开关、流量开关、波纹管膨胀节、橡胶柔性节、压力变送器、温度变送器、压力表、弯头、变径、三通等专用设备与元件族库以及出图所需的图框，标高，设备编号等注释族库。通风专业根据需要，建立了轴流风机，组合式空调机组，各式风口等设备族库。

(3) 电气一次专业建立了包括 10kV 厂用盘、发电机出口断路器、VT 柜、10kV 厂用电控制盘、400V 公用盘、照明盘、厂用电配电盘、端子柜、控制盘、励磁盘、直流盘、主变压器、厂用变压器、励磁变压器、照明变压器、电制动变压器、公用变压器、自用变压器、中性点柜、各式离相封母构件、GIS 设备（CB，CT，DS，ES，VT，LA，现地柜，各型号弯头）、桥架构件（直通，弯通，三通，四通，各型号工字钢，各型号托臂）、屋顶出线设备（BS，CVT，SA，WT，高压套管构件，绝缘子串，人字架，架空线）等专用设备与元件族库以及出图所需的图框，标高，设备编号等注释族库。

2. 基于实际项目的三维设计与出图　在机电专有设备库建立完成后，就开始了糯扎渡水电站主厂房机电三维设计工作。首先，由水工专业按照主厂房结构布置图搭建了主厂房的建筑主体三维模型。在这一过程中，对于尾水管、蜗壳等异形实体专门进行了建模工作，力图使三维模型与机组的流道数学模型尽可能一致。而后按水机、通风、电气一次等专业并行设计的流程开展机电多专业协同设计工作。在这一过程中，三维设计的直观性的优势得到了很大的体现。各专业的设计成果一目了然地反映在三维模型上。通过推敲三维模型，设计方案得到了很大的优化，避免了很多管路系统与土建结构以及管路系统内部的“打架”的问题，提高了设计产品的质量，也为后续的现场施工工作的顺利进行提供了有力的保障。

该项目首次将三维协同设计技术应用于糯扎渡这一巨型电站项目（9×650MW）的主厂房水机、电气一次、通风等专业施工图设计中，完成水机专业“主厂房各层设备布置及管路布置图”、通风专业“主厂房各层通风设备布置图”、电气一次专业“主厂房电缆桥架、主变洞母线及电缆桥架布置图”等施工图纸，并已提交给业主用于现场施工。

3. 多专业三维协同设计工作进展　该项目打破了传统二维设计中各专业设计产品信息流交互的壁垒，首次实现了多专业基于同一三维模型的三维协同设计。水机、电气一次、通风，水工设计成果实时反映在同一三维模型上，避免了二维设计中多专业设计产品之间的“错、漏、碰”等问题，提高了设计产品质量和多专业并行设计效率。三维协同设计技术大大提高了图纸的可读性，减少了设计差错及现场图纸解释的工作量，保证了现场的施工进度。

（中国水电顾问集团昆明勘测设计研究院　许立飞）

中国水电顾问集团公司华东勘测设计研究院获批组建省级抽水蓄能技术研究中心

2010 年 9 月，浙江省科技厅、财政厅和发展改革委联合发文批复，同意中国水电顾问集团公司华东勘测设计研究院（以下简称华东院）、浙江华东科技发展有限公司联合组建“浙江省抽水蓄能工程技术研究中心”。这是华东院与浙江华东科技发展有限公司长期以来积极投身水电资源开发建设，特别是着力打造抽水蓄能电站设计技术品牌的结果。

华东院早于 20 世纪 70 年代就开始抽水蓄能电站建设研究，经过 80 年代华东地区抽水蓄能电站选点规划，到 90 年代著名的天荒坪抽水蓄能电站顺利投产发电，以及新世纪一批抽蓄电站相继开工建设，华东院参与已建或在建的抽水蓄能电站装机容量超过 1000 万 kW，承担勘测设计的抽水蓄能电站总装机容量超过 3000 万 kW，在市场份额中占有明显优势；在此期间，华东院根据国家行业主管部门的要求，还承担编制多项相关规程规范编制重任。

但抽水蓄能电站的建设仍然还有一些急需解决的难题。如抽水蓄能电站在电网中的合理规模、抽水蓄能电站效益回收及电价机制、抽水蓄能电站与核电配合运行研究、抽水蓄能电站与风电等新能源配合运行研究、抽水蓄能电站高水头水道岩石渗透机理与水道衬砌结构研究、抽水蓄能电站水库防渗结构与渗流稳定、抽水蓄能厂房结构振动动力分析与评估标准、抽水蓄能变频机组主要参数及结构型式选择等。

浙江省抽水蓄能电站工程技术研究中心的设立，有力促进华东院在这一技术领域进一步发展。华东院将借助这个平台，结合工程实践，凝练创新科技目标，加强原始创新与多学科交叉合作，把握国际和国内抽水蓄能发展的理论与技术发展方向，加强抽水蓄能建设理论研究和技术领域基础性、前瞻性和综合性的科研工作，不断取得具有国内乃至国际影响的重要成果。

（中国水电顾问集团华东勘测设计研究　李良琪）

中国水利水电第三工程局有限公司 2010 年科技工作情况

2010 年中国水利水电第三工程局有限公司（以下简称水电三局）的各项科技工作如下：

（一）科研项目研究情况

2010 年水电三局申报的“新型混凝土约束收缩圆环试验装置研发”、“塑性混凝土性能与试验方法研究”、“复杂土区客运专线路基工程施工技术研究”3个项目被中国水利水电建设股份有限公司（以下简称股份公司）批准立项。

水电三局承担的股份公司“790MPa 级高强钢压力钢管制造安装及焊接施工技术”、“多元粉体胶凝材料试验研究”、“葡甘聚糖（KGM）水溶胶在混凝土工程中开发应用研究”3 个项目 2010 年顺利通过股份公司验收评定，其中 2 项获国际先进水平，1 项获国内领先水平。取得发明专利 1 项，实用新型专利 5 项。

1. 790MPa 级高强钢压力钢管制造安装及焊接施工技术　水电三局以西龙池输水压力钢管制造安装工程为载体，采用科研和生产相结合的方式，创造了国内高强钢管制造、安装、焊接的领先水平，为我国大坡度超长斜井高强引水压力钢管的制造、安装、焊接探索了新途径。

2. 多元粉体胶凝材料试验研究　针对高山峡谷地区建混凝土坝，当地缺少活性掺合料，外地采购运输远、交通不便、活性掺合料运输费用高等问题，通过研究多元粉体胶凝材料的各项性能，配制出高强度、低热、高抗裂的高性能混凝土，在解决实际工程原材料紧缺问题、降低工程造价的同时，促进混凝土技术的不断进步。

3. 葡甘聚糖（KGM）水溶胶在混凝土工程中开发应用研究　以葡甘聚糖（KGM）水溶胶为研究对象，利用 KGM 的絮凝特性，研制出了无毒无污染的 KGM 絮凝剂。掺加了 KGM 絮凝剂的水泥浆体与普通水泥浆体相比，具有黏度高、流动度损失小、泌水率小、结石率高、收缩小、渗透系数低等优点。该技术已在甘肃连麓、云南小岩头等 4 个项目的高喷防渗灌浆施工中应用，结果表明，掺加了 KGM 絮凝剂的水泥浆体与普通水泥浆体相比减少了耗浆量、降低了施工成本，防渗效果良好，达到了国际先进水平，在水利水电基础处理工程中具有很好的推广应用前景。

（二）科技成果

（1）获得股份公司科技进步二等奖 2 项、三等奖 1 项。

（2）获得股份公司优质工程奖 1 项；全国优质工程银质奖 1 项。

（3）水电三局设计院获陕西省 2010 年度工程建设（勘察设计）优秀 QC 小组省级二等奖 1 项、省级三等奖 1 项。

（4）主编的 4 部行业标准发布实施，协编的 4 部国家标准完成报批稿。新承担了 2 部行业标准的编写任务。

（5）新申报专利 3 项，获得授权 11 项。获得全国第十九届发明展览会金奖 1 项、银奖 2 项、铜奖 3 项。

（6）编制工法 14 项，其中 4 项被评为股份公司工法。

（7）获得陕西省第十一届自然科学优秀论文三等奖 2 项。

（中国水利水电第三工程局有限公司
李东锋　田　艳）

中国水利水电第七工程局有限公司 2010 年科技成果

（一）科技成果

2010 年，中国水利水电第七工程局有限公司根据中长期科技发展规划，下发了《科技基金管理办法》、《科学技术管理年度考核管理办法》等文件，使科技开发取得了新进展。“200m 级高碾压混凝土重力坝关键技术”获 2010 年国家科技进步二等奖。“复杂地质高陡边坡施工技术与安全控制”、“复杂地质超大型水电站地下厂房施工技术”、“大断面斜井开挖施工风险评价与控制技术”分获集团（股份）公司科技进步特等奖、一等奖、三等奖。主编的国家标准《水电水利工程压力钢管制造安装及验收规范》和行业标准《砾石土心墙堆石坝施工技术规程》完成送审稿。京沪高铁三工区组织编著的《京沪高速铁路 CRTSII 型无砟轨道板制造》、《京沪高速铁路施工管理与技术汇编》等三本专著公开出版发行。

（二）专利

2010年，中国水利水电第七工程局有限公司取得9项发明专利和14项实用新型专利。9项发明专利分别是骨料仓料位指示仪、一种用于圆锥破碎机的臂架轴承盖松动探测装置、化学灌浆修补混凝土裂缝的方法及装置、隧洞常态混凝土自动升送带式台车、一种混凝土布料器、锚索张拉自动监控系统、特大型灯泡贯流式水轮发电机组管形座安装方法、特大型灯泡贯流式水轮发电机组水轮机转轮安装工艺、特大型灯泡贯流式水轮发电机组导水机构安装工艺；14项实用新型专利分别是皮带机防跑偏自动监控装置、臂架轴承润滑探测装置、普通胶带机简易调心托辊装置、一种风冷骨料仓、带破拱助流装置的细集料仓、洞室安全防护作业台车、多功能装配式液压驱动移动栈桥、隧洞常态混凝土自动升送带式台车、水电站地下厂房岩壁梁开挖钢管钻孔样架、一种工程坝体连续施工设备、一种趾板混凝土连续浇筑装置、一种移动栈桥、一种洞室顶拱模喷混凝土施工结构、超声测试换能器定位装置。

（中国水利水电第七工程局有限公司）

中国水利水电第八工程局有限公司2010年科技工作有关情况

中国水利水电第八工程局有限公司（以下简称水电八局有限公司）2010年科技工作有关情况如下：

（一）科研项目

（1）水电八局有限公司坚持“科技是第一生产力”的思想，按照高新技术企业和省级技术中心的研发标准，保证科研投入，认真组织落实2010年公司科研立项工作。2008年、2009年、2010年三年的科技立项项目落实到2010年的科研项目共159项。

（2）2010年，水电八局有限公司共申报集团公司科研项目7项，分别为：① Geotube土工管袋施工技术在印尼亚齐火电项目码头及防浪堤工程中的应用；② 动态规划在委内瑞拉新中心电厂快速施工中的应用；③ 高性能复合修补材料的研究与应用；④ 770MW机组机电安装技术研究与应用；⑤ 特大型贯流式机组座环设备制造技术研究与应用；⑥ 纤维、橡胶粉在水泥混凝土路面中的降噪机理与工程应用研究；⑦ 混凝土预冷系统参数测试与研究。

（3）2010年，水电八局有限公司承担的集团公司科研立项项目共13项，完成3个科研项目鉴定和验收，其余项目正在按计划进行。

（4）由水电八局有限公司牵头，联合水电四局、七局有限公司共同研究的“特高拱坝关键施工技术研究与应用”，依托溪洛渡、锦屏等特高拱坝工程进行科研攻关。特高拱坝工程规模巨大和技术复杂，为国内水电工程界的广泛关注。为了解决高拱坝建设中的难题，国家“七五”、“八五”、“九五”连续三个五年计划都把高拱坝研究列为重点科技攻关课题，研究解决了高拱坝工程设计和施工方面的重点和难点问题，促进了高拱坝设计和施工技术进步。

（二）科技创新

（1）2010年，水电八局有限公司又获“‘十一五’全国建筑业科技进步与技术创新先进企业”称号。

（2）2010年12月，在长沙本部召开水电八局有限公司第七次科技大会。会议总结了公司四年来的科技工作，检查了公司2007～2010年科技发展规划实施及完成情况，表彰了公司技术管理先进单位（集体）和先进个人，颁发了公司第七次科技大会科技进步奖。

（3）2010年，根据水电八局有限公司的统一安排，对科技管理方面体系文件进行了整合，形成了相对完整的科技管理分册。

（4）立足在建项目开展科研工作：如溪洛渡水电站大坝工程，施工局针对混凝土大坝温控的几大难点，制定了一系列的管理措施和技术措施。以完善的温控管理体系，确保拱坝温控。制定最高温度控制专项措施，制定低温季节保温专项方案，成立专门的队伍控制通水，设置专职的质量管理人员对大坝温度情况实时监控，水电八局溪洛渡大坝施工局以完善的温控体系和行之有效的温控措施实现了温度控制的目标，实践了“零裂缝”的承诺，为下一步大坝混凝土的浇筑奠定了良好的基础。

（三）科技成果及推广应用

1. 科技成果

（1）完成三个项目的科技鉴定，其中“椭圆双极线性聚能药柱爆破技术研究与应用”获国际领先水平，“构皮滩双曲拱坝快速施工成套技术”和“向家坝水电站长距离带式输送机施工技术”达国际先进水平。

（2）完成了三部电力行业标准的编审工作。这三部标准分别是：由中国水利水电第八工程局有限公司主编的《水电水利工程机械安全操作规程　混凝土搅拌楼》、《水电水利工程机械安全操作规程　缆索起重机》，中国水利水电第八工程局有限公司、中国水利水电第十六工程局有限公司主编的《水电水利工程人工砂石加工系统施工技术规程》。

2. 推广应用情况

（1）为及时总结和交流公司施工技术经验，推广施工过程中技术成果，高质量地完成了2010年第1

期、第2期《施工技术经验交流》杂志的编辑出版工作，并下发各二级单位及各项目点技术及工程技术人员手中。

(2) 编辑出版了《水利水电第八工程局有限公司第七次科技大会论文集》、《施工新技术成果汇编》，其中论文集里面共收录各类优秀论文56篇，论文内容涵盖公司近4年来各优秀项目的关键技术总结；成果汇编收录了水电行业近年来优秀的施工技术总结，并下发各二级单位及各项目点。

(3) 公司技术中心和二级单位技术部门不定时地进行各类技术交流活动及技术指导，及时把各类新技术、新材料、新工艺进行推广和应用，解决生产中遇到的技术难题。

(四) 专利技术

水电八局有限公司严格遵守专利法，一方面不侵权，鼓励不使用盗版软件。另一方面按照专利法对自己的产品实行知识产权保护，加大了专利申请的力度，组织员工积极申请国家专利，2010年获1项发明专利，实用新型专利16项。

2010年11月13日，国家知识产权局和世界知识产权组织在北京举行第十二届中国专利奖颁奖大会，隆重表彰为技术创新和经济社会发展作出突出贡献的发明人、设计人和专利权人。由水电八局有限公司原副总工程师秦健飞为主完成的专利——双聚能预裂与光面爆破综合技术施工工法及其专用装置喜获第十二届中国专利优秀奖，这也是中国水利水电建设集团公司唯一一项获奖的专利。

(五) 工程、科技等获奖项目

2010年初，“特大型人工砂石系统研究与应用”获中国电力科技一等奖，“大坝安全实时监控和预警系统”获中国电力科技三等奖。

“椭圆双极线性聚能药柱爆破技术研究与应用”获集团公司科技进步奖特等奖；“构皮滩双曲拱坝快速施工成套技术”和“水轮机定子现场装配工艺规程”获集团公司科技进步奖一等奖，“向家坝水电站长距离带式输送机施工技术”获集团公司科技进步奖二等奖。

2010年5月，获中国电力建设科学技术成果奖三项，其中“构皮滩双曲拱坝快速施工成套技术”获一等奖。“向家坝水电站长距离带式输送机施工技术”、“水工自密实混凝土研究与应用”获中国电力建设科学技术成果二等奖。

2010年10月，“200m级高碾压混凝土重力坝关键技术”获国家科技进步二等奖。

2010年11月，“大型水电工程控制爆破开挖技术”获中国工程爆破协会科学技术奖特等奖。

(中国水利水电第八工程局有限公司　刘菊红)

中国南方电网有限责任公司调峰调频发电公司科技创新

中国南方电网有限责任公司调峰调频发电公司重视依靠科技进步提高安全生产水平和管理水平，加大科技投入，不断提高公司科技含量。

进行设备职能巡检系统开发。该系统实现设备巡检电子化、信息化、规范化和智能化，最大限度减小漏检、错检，系统涵盖运行、检修、通信和水工等部门。

2010年组织了年度科技进步奖和技术改进贡献奖的评奖工作。38项成果，经专家评审出公司科技进步一等奖3项，二等奖6项，三等奖3项，技术改进贡献奖一等奖2项，二等奖4项，三等奖12项。经过中国南方电网有限责任公司评审，公司系统共计9项成果获得中国南方电网有限责任公司表彰，其中3项科技成果荣获中国南方电网有限责任公司2009年科学技术三等奖，2项成果荣获中国南方电网有限责任公司技术改进贡献奖二等奖，4项成果荣获中国南方电网有限责任公司技术改进贡献三等奖。

组织开展专利申报工作，1项成果向国家专利局递交发明专利申请，1项成果申请软件著作权。2项标准获得国家能源局立项批准。《抽水蓄能电站无人值班评价规范》和《抽水蓄能电站生产准备导则》国家能源局以2010年第一批能源领域行业标准制定计划下达。

委托清华大学编制调峰调频发电公司“十二五”科技发展规划内审。

组织投稿南方电网技术论坛，2010年公司组织投稿南方电网技术论坛33篇，2009年投稿15篇，同比增加120%。15篇论文投稿电网调峰和抽水蓄能专委会年度会议。

2010年，科技项目29项，年度投资11 620万元，实际完成8532万元，同比增加15项，增加107.15%，科技项目投资同比增加18.6倍。

创刊《调峰调频技术》期刊。顺利出版四期8000册，每期发表论文20篇。期刊在中国南方电网有限责任公司各分（子）公司、供电局、国内水电设计院、大型水电厂、抽水蓄能电站、高校和研究所派发。

开展10MW级电池储能站关键技术研究及示范工程。以全面掌握大容量电化学储能系统集成技术与应用技术为目标，开展储能系统控制策略研究，储能系统仿真技术研究，储能工程成套设计技术研究，储能工程关键设备技术规范研究，储能系统并网标准研究，储能系统关键接口设备研发以及10MW级示范工程建设。为下一步大规模应用储能技术，提高电网建设与运行的整体经济性，提高庞大电网设备的整体资产利用率，支持风电、光伏发电等可再生能源的大规模“友好”接入，支持“低碳”社会发展做好技术储备。

参加各类协会和学会，加入中国电机工程学会。

（中国南方电网有限责任公司调峰调频发电公司）

获奖项目介绍

水力发电科学技术奖2010年度科技奖励工作概况

水力发电科学技术奖是国家科技奖励主管部门2009年8月批准，由中国水力发电工程学会设立和承办、面向全国水力发电行业的科学技术奖（证书编号：国科奖社证字第0201号）。

水力发电科学技术奖属于社会力量设奖性质，设奖宗旨是贯彻“尊重劳动、尊重知识、尊重人才、尊重创造”的方针，鼓励团结协作、联合攻关，鼓励自主创新、攀登科学技术高峰，鼓励应用推广先进科学技术成果，促进科学研究、技术开发与水力发电生产建设、经济、社会发展的密切结合，促进科技成果商品化和产业化，加速水力发电科技创新与可持续性发展战略的实施。

水力发电科学技术奖的推荐、评审和授奖，实行公开、公平、公正原则，不受任何组织或个人的非法干涉。

水力发电科学技术奖的奖励经费由潘家铮水电科技基金支持，每年评审一次。奖励类别分为技术开发与发明、应用推广先进科学技术、社会公益和重大工程4类。设特、一、二、三等奖4个奖励等级；特等奖只授予特别重大的技术开发与发明，或者具有特别重大意义的重大工程项目。奖励金额为：特等奖8万元，一等奖6万元，二等奖3万元。三等奖项目只授予获奖证书。

水力发电科学技术奖于2010年5月组织申报，2010年6月1日开始受理，7月15日截止。奖励活动得到业内的积极响应，共收到全国水力发电勘测设计、制造、施工、生产运行、科研等有关单位推荐的122个项目，经形式审查，符合《水力发电科学技术奖励办法》规定的有120个项目。

2010年8月10日到9月30日进行了第一轮评审（函审）。奖励办公室按小专业将成果分成了10组，每一组请了5～6位同行专家进行独立评审。函审专家按照《项目类别的评审标准》对项目进行了认真严谨、客观公正的评价，对每个项目分别写出评价意见，并按照《水力发电科学技术奖评价指标含义和评价指标定量分值》的规定，给每个项目打了分数。

2010年10月27～29日进行了第二轮评审（会审）。与会专家听取了每个项目主审专家的介绍，参考第一轮评审专家的评审意见，对项目进行了充分讨论。评审会以记名投票表决推荐了39个项目，其中特等奖1项，一等奖3项，二等奖8项，三等奖27项。投票实行限额推荐，特等奖项目不能超过1项，特等奖加一等奖项目总数不能超过5项，特等奖加一等奖和二等奖项目总数不能超过17项，特等奖加一等奖、二等奖和三等奖项目总数不能超过40项，即高等级项目的额度可以作为低等级项目的额度，但低等级项目的额度不能作为高等级项目的额度。不符合上述规定的视为废票。一等奖及以上奖励等级的获奖项目需三分之二（含）及以上专家赞成有效，二等奖、三等奖的获奖项目需二分之一（含）及以上专家赞成有效。

2010年11月25日召开了第三轮评审，即奖励委员会评审会议。奖励委员会共29人，成员有两院院士潘家铮，中国科学院院士林皋、王光谦，中国工程院院士陈厚群、马洪琪、张超然，全国设计大师王柏乐、钮新强，以及涵盖了各专业领域的专家，具有相当的代表性和权威性。奖励委员会委员听取了第二轮专家组推荐的特等奖、一等奖及部分二等奖项目第一完成人对项目情况的汇报，进行了质疑和答辩；听取了第二轮评审专家组组长对推荐的二等奖、三等奖项目介绍。经过认真讨论，以记名投票表决产生了39个拟授奖项目，其中“西部高拱坝抗震安全前沿性基础科学研究及其工程应用”成果获特等奖；“流域水电智能化运行关键技术研究及应用”等4项成果获一等奖；“瀑布沟电站混流式水轮发电机组研制”等9项成果获二等奖；“700MW水轮发电机继电保护配置研究及应用”等25项成果获三等奖。

评审工作努力坚持实事求是，把握标准，公平、公正、公开的原则，按照《水力发电科学技术奖励办法》规定的程序，采用小专业同行专家函审、专家组会审和奖励委员会审议三个层次的评审方式，并在中国水电网上公示30天，接受社会监督。公示异议期满后，未接到异议。评审过程规范、严谨、科学。

在2011年全国水电新春联谊会上，举行了水力发电科学技术奖颁奖仪式。来自国家有关部委和水利电力行业的嘉宾，及全国各地的水电企事业单位、科研院所的领导、专家和获奖单位代表400余人出席了会议。水利部部长陈雷，国家能源局原局长张国宝，全国人大财经委副主任汪恕诚，国务院南水北调工程建设委员会办公室原主任张基尧，国家开发银行原行长姚振炎，中国大坝委员会原主席、中国工程院院士陆佑楣，中国水力发电工程学会理事长周大兵，中国科学院、中国工程院院士潘家铮为获奖单位和个人颁奖。颁奖活动在水利水电界引起了强烈的反响，通过颁奖活动，对水力发电科学技术奖和获奖项目进行了宣传，提升了水力发电科学技术奖在社会的影响力。

（中国水力发电工程学会　李　新）

西部高拱坝抗震安全前沿性基础科学研究及其工程应用

“西部高拱坝抗震安全前沿性基础科学研究及其工程应用”获2010年度水力发电科学技术奖特等奖。

（一）研究内容

该项目针对我国西部大开发需要在强震区修建一系列前所未有的300m级高拱坝这一实际问题，对强震区高坝场地相关地震动输入、大坝体系地震响应和大坝混凝土动态抗力这三个密切相关、不可分割的基础性问题进行研究，主要包括：

（1）确定抗震设防水准框架及其相应可操作的性能目标，研究场地地震动输入机制，提出合理选择场址相关地震动参数的方法。

（2）建立计入近域和远域地基各类实际地质和地震条件影响的、高拱坝一地基一库水综合体系的动接触非线性数学模型并提出有效求解方法，提出拱坝一地基体系抗震稳定性和整体失效溃决的评价定量准则，开展高拱坝抗震稳定性及其抗震安全性评价。

（3）进行全级配大坝混凝土动态抗力性能试验、三维细观力学方法及其损伤破坏过程的CT图像扫描技术研究，并采用这些手段对全级配混凝土损伤和破坏机理进行深入研究。

（4）开展高性能计算技术在高坝大库抗震安全评价中的应用研究。

（二）主要成果

研究成果给当前工程抗震急需提供技术支撑，推动水工抗震学科发展，包括：

（1）形成强震区高坝大库抗震安全评价的创新体系及自主研发的完整分析软件系统。提供一整套紧密结合我国国情和高坝工程特点的、更合理和可操作的新的思路、方法和应用软件。

（2）提出以拱坝一地基体系地震位移响应突变确定其抗震稳定性和整体失效溃决的评价定量准则，替代不能反映拱坝体系实际地震性状的基于安全系数的传统准则。

（3）系统进行大坝混凝土全级配试件动态抗力特性试验，研究混凝土动态弯拉强度的率效应及初始静载对其影响，并开展动态试验中的声发射测试。设计抗折试验中动态往复加载的系列装置，以及测定混凝土类脆性材料静动态轴向受拉全过程曲线的试验装置，拟定相应的试验规程。

（4）建立符合实际配合比的大坝全级配混凝土抗折试件的三维细观力学有限元数学模型，进行计入应变率效应与损伤演化影响的动态非线性试验数值分析，与宏观试验结果相互印证。

（5）系统地进行混凝土静、动、拉、压破裂过程的在线CT扫描、裂缝图像分析、三维图像重建和其动画显示。研制相应的与医用CT配套的专用动力加载设备。基于CT图像建立试件三维细观力学有限元模型及混凝土损伤本构方程，进行与试验相互印证的损伤破坏过程数值分析。

（6）构建高坝抗震分析的高性能并行计算软、硬件平台，并结合实际工程开展高拱坝地震响应分析。建立了考虑人工黏弹性边界条件的结构动力学变分方程，比较和分析透射和黏弹性两种人工边界的结果。

（三）主要完成单位

中国水利水电科学研究院、河海大学、西安理工大学。

（四）主要完成人

陈厚群、吴胜兴、党发宁、马怀发、周继凯、丁卫华、张翠然、沈德建、刘云贺、李同春、涂劲、张燎军、李敏、王立涛、章青、欧阳金慧、王岩、田威。

（水力发电科学技术奖励工作办公室）

流域水电智能化运行关键技术研究及应用

“流域水电智能化运行关键技术研究及应用”获2010年度水力发电科学技术奖一等奖。

流域水电智能化运行是一项跨学科、庞大复杂、高度综合性的系统工程，兼有软件与硬件，预测与决策，离线与在线，理论与实践相结合等特点，涉及数据采集与处理、网络通信与安全、设备监测与控制、系统整合与协调运作、防洪与发电、生态与环境保护、电网安全与稳定等诸多方面，是通信技术、量测技术、设备技术、控制技术、支持技术、自动化技术、信息技术、水力发电技术等多项先进技术的有机结合。

围绕改变传统经验型、粗放型的流域水电运行管理方式，使其向集约化和智能化方向转变，本项目首次提出了以“数据采集自动化、信息预测精确化、调度决策最优化、运行控制一体化”为核心的流域水电智能化运行的集成解决方案，并对流域水情智能化预测预报方法、流域梯级水电站联合调度群集智能型优化算法、流域水电竞价理论和方法、流域水电智能化运行系统等多项关键技术进行了深入研究，在3000MW以上水电站（二滩水电站）首次实现无人值班智能化运行和智能化培训：① 在分析流域水文特性的基础上，将人工智能技术（模糊决策树算法和遗传算法）引入流域短期洪水预报和中长期径流预测中，通过对多种影响因子进行知识推理，能够实现最佳径流预测模型和方法的自动识别和选择，并对模型参数进行自适应率定，使作业预报时间由过去的分钟级缩短到秒级，智能化程度和预报精度显著提高；② 建立了考虑多种复杂约束、动态、高度非线性的流域梯级水电站中长期、短期多目标联合优化调度模型，提出了流域水电运行群集智能型优化方法，免除了传统解析优化方法对目标函数具有较好连续性和可微性的要求，一次性求解水电站的数目突破了国际上公认的个位数量级，解决了水电站数和水库水位离散状态数制约流域水电优化运行算法高效求解的“维数灾”问题；③ 考虑未来电力市场发展趋势，提出了气象因素的ANN模型、人工免疫小波网络预测模型、三角旋回支持向量机的出清价预测方法，并分别对单一电站和梯级水电站，建立了统一出清和PAB两种不同结算方式、完全信息和不完全信息下静态博弈的单时段和竞价周期水电竞价博弈模型，丰富和发展了水电厂商参与未来电力市场竞价的理论与方法体系；④ 构建了由信息采集服务系统、决策支持系统、实时控制系统组成的流域水电智能化运行系统的体系架构，将多个自动化系统进行整合，建立了一体化的运作平台，实现了流域水电远程监控、现场“无人值班”的智能化运行，使一线工作人员减少了69%，劳动生产率和设备运行的可靠性、安全性、经济性显著提高。

项目依托国家自然科学基金重点项目（50539140）、“十一五”国家科技支撑计划（2008BAB29B09－5）等，获得软件著作权2项，出版专著6部，发表学术论文283篇，其中EI收录83篇。成果首次成功应用于3000MW以上特大型水电站（二滩水电站），并推广到南桠河、火溪河、宝兴河、田湾河、龙溪河等流域梯级水电站群的生产调度和运行管理，有力地推动了行业科技进步，取得了显著的经济、社会和生态效益，应用前景广阔。

主要完成单位：二滩水电开发有限责任公司、四川大学。

主要完成人：陈云华、马光文、吴世勇、毛学工、秦毓毅、王雅军、刘晓勇、田开华、申满斌、郭玉恒、许明勇、刘治理、刘广宇、储百生、袁小燕。

（水力发电科学技术奖励工作办公室）

椭圆双极线性聚能药柱爆破技术研究与应用

“椭圆双极线性聚能药柱爆破技术研究与应用”获2010年度水力发电科学技术奖一等奖。

该项目采用计算机数值模拟分析与现场试验研究相结合的方式所建立的“瞬时爆轰论”、“装药结构是影响爆速的因素之一、药柱有聚能结构就会有聚能效应产生，药柱结构和罩材材质是影响聚能效应的关键因素。”爆破新理论是一种创新，它丰富了岩石断裂力学理论；研发成功该药柱的成形技术以及能确保聚能射流能沿预裂（光爆）面发挥气刃作用的对中技术从而完成了将预裂（光面）爆破和聚能爆破机理的有机结合，实现了“双聚能预裂与光面爆破综合技术”的生产性应用和突破性发展。

双聚能槽管采用耦合、连续装药形成椭圆双极线性聚能药柱，该药柱对于炮孔则为“完全不耦合装药”。双聚能槽管标准长度为3m。并且配有连接套管和孔口及孔内对中环使之达到聚能对中的目的，它确保每个炮孔的聚能槽能够处在一条直线上、所有炮孔的聚能槽能够处在同一个面上并且与预裂（光面）爆破面完全吻合，因此该药柱爆破后能够自下而上沿全炮孔聚集爆破能量，而对中装置又能使爆破能量按照指定的方向集中释放，这样就更有利于爆破应力波作用、高压气体的膨胀作用、聚能射流的气刃作用能够沿全孔上下同时充分发挥作用，使爆破孔距扩大2～3倍，由于爆破能量能较集中地释放，相应也就减小了对炮孔周边的爆炸压力初始峰值，加之面装药密度的大幅度减少，爆炸对炮孔的破坏作用得到有效的控制。因此椭圆双极线性聚能药柱爆破技术，不仅扩大了爆破孔距而且大大提高了保留岩体的稳定性，可广泛应用于各种工程爆破中的轮廓控制爆破施工。

该技术可使造孔工作量、能耗、面装药密度减少50%～65%、成本降低50%～55%，有利于节能减排和环境保护。其施工工艺已被审批为国家一级施工工法（YJGF078—2006），并已在小湾水电站等很多工地成功推广应用 54.0 万 m^2 以上。

主要完成单位：中国水利水电第八工程局有限公司、中南大学资源与安全工程学院、国防科技大学工程兵学院、长江水利委员会长江科学院。

主要完成人：秦健飞、涂怀健、陈勇、李必红、陈寿如、赵根、彭湘华、张祖义、卓越、肖志武、黄巍、王秀杰、秦如霞、崔伟峰、谢丁钦。

（水力发电科学技术奖励工作办公室）

西部水电开发及东送规划研究

“西部水电开发及东送规划研究”获 2010 年度水力发电科学技术奖一等奖。

该项目简述了我国西部地区能源资源概况及其在我国能源资源构成中的地位，通过分析我国西部水电资源状况及特性，结合西部水电前期工作进度拟定合理的开发时序。以预测的西部送端各省区经济发展目标为基础，通过拟定合理的电源结构，对西部送端各省区自身电力的供需平衡进行分析，提出西部水电外送目标规模。结合电网网架规划情况、西部水电特性等研究提出西部水电可能的供电方向和外送方式。通过对受端市场电力供需平衡分析，提出合理的电力分配方案。以拟定的外送规模和外送方式为基础，分析西部外送水电的市场竞争力。课题研究推荐了西部水电较合理的开发时序和外送目标规模，提出了各水平年西部水电外送供电区的电力分配及消纳情况；初拟了西部水电东送输电系统，计算分析了西部水电东送的输电电价和市场竞争力。

研究提出了 2020 年、2050 年西部水电的总装机容量将分别达到 236 000MW 和 383 000MW，2050 年西部水电东送目标总规模为 135 000～160 000MW，特别是提出了川电外送目标规模 25 000MW，云电外送目标规模 60 000MW，该目标规模已经得到了国家和地方单位的认可。

研究成果对我国电网规划、水电前期勘测设计工作、制订西电东送电力电量具体输送方案等具有很好的指导作用。研究成果创新程度很高、技术难度大，总体技术水平达到国内同类技术的先进水平，实用性强，对节约电网投资和实现节能减排效果显著，对促进水力发电科技进步和社会和谐发展有重大作用。

主要完成单位：水电水利规划设计总院、中国水电顾问集团成都勘测设计研究院、中国水电顾问集团昆明勘测设计研究院、中国水电顾问集团华东勘测设计研究院、中国水电顾问集团中南勘测设计研究院、中国水电顾问集团西北勘测设计研究院、中国水电顾问集团北京勘测设计研究院。

主要完成人：晏志勇、彭程、钱钢粮、魏小婉、李学军、卢敏、李明英、计金华、范国福、李平、马登清、唐满泉、钱芳、吴世东、严秉忠。

（水力发电科学技术奖励工作办公室）

国调水调自动化系统

“国调水调自动化系统”获 2010 年度水力发电科学技术奖一等奖。

国调水调自动化系统是国家电力调度通信中心电网调度自动化的重要组成部分，是为适应三峡梯级电站安全稳定运行和国家电网重点水电站调度运行管理而建设的重点项目，是集计算机、信息通信、水文气象、水库运行、电力调度以及管理等技术于一体的综合性、跨学科系统工程。

该项目从 2000 年开始建设，2001 年完成第一期建设；2004 年第二期项目投运；2007 年完成第三期高级应用软件的建设。共接入 99 个重点水电厂 50 多种数据，数据点达 5000 多个，是目前国内规模最大的电网水调自动化系统。

该系统应用了国网电力科学研究院自主研发的 WDS9001、WDS9002 平台和 NARI RSDSS 100 高级应用软件，并在此基础上开发了基于 UNIX 的水调数据通信、可组态水调统计报表、多站多时段水调数据比较分析、历史整编数据补传、主备系统同步切换、多目标优化计算等技术。实现了对三峡梯级水电站和国家电网内重点水电厂水雨情数据、机组闸门信息的实时接收、监视、统计、分析、来水预报和水电调度方案制作等功能。系统的成功建设，促进了我国水调自动化系统技术水平的大幅度提高，也为其他水调自动化系统建设和应用推广奠定了技术基础。

在项目建设和技术推广过程中，研究制定了行业标准《电网水调自动化功能规范》和企业标准《电网地调水调自动化系统技术规范》以及《电网水调自动化系统实用化要求及验收细则》、《国调水调自动化系统运行管理规定（试行）》、《电网水调自动化系统高级应用功能实用要求及验收细则（试行）》、《电网水电站节水增发电考核参数复核办法》等一系列管理规定和规范。为全国水调自动化系统的规范建设和相关技术推广应用提供了制度保障。

国调水调自动化系统建成后，运行稳定可靠，系统监视分析画面打开时间小于 3s，统计报表生成时间小于 30s，系统年可用率在 99.95%以上。该系统投运以来，为充分发挥三峡梯级水电站的发电、航运以及防汛等综合效益，保障三峡电网安全稳定运行发挥了重要作用。在技术推广应用基础上形成基本覆盖全国的水调自动化系统，在水库优化调度，提高水能利用率利用方面成效显著。据初步估算，2003 年以来，全国水调自动化系统促进重点水电厂年均节水增发电量 30 亿 kW·h。

国调水调自动化系统应用和开发的有关技术已经在东北电网、华东电网、华中电网和西北电网等得到了广泛的推广应用，并带动了全国省调、地调和水电厂水调自动化系统的建设。并在技术推广过程中，结合新的需求，形成了全 UNIX 后台、基于 WAP 查询、面向服务 SOA 的水调应用集成、通用水文预报及实时调度等技术。

主要完成单位：国家电力调度通信中心、国网电力科学研究院、南京南瑞集团公司。

主要完成人：裴哲义、李永红、唐勇、余有胜、和青、黄春雷、南贵林、刘臣亮、吕跃春、赵宇、郑贤福、王建平、徐爱国、谢凯、李春红。

（水力发电科学技术奖励工作办公室）

瀑布沟水电站混流式水轮发电机组研制

“瀑布沟水电站混流式水轮发电机组研制”获 2010 年度水力发电科学技术奖二等奖。

瀑布沟水电站由中国国电集团公司投资，安装 6 台单机容量 600MW 水轮发电机组，是四川电力系统中的骨干电站之一。瀑布沟水轮机发电机组是当时东方电气集团东方电机有限公司完全自行创新设计制造的最大容量机组。

主要技术创新和特点如下：

（1）座环。座环与基础环为一体结构，工地不需要加工配合面。

（2）转轮。目前国内最大的分瓣转轮，转轮最大直径达 7.2m。

（3）顶盖。带有世界上最大的机械同步的筒形阀。

（4）水导轴承为外循环非同心分块瓦结构，其特点是受力好，冷却效果好。水轮机工作密封为可动式下端面密封，特点是密封效果好，密封寿命长。

（5）筒形阀。是目前世界上设计尺寸最大的机械同步的筒形阀，筒体直径 9350mm。

（6）发电机定子。采用集中绕组，使机组运行更加稳定。定子线棒采用真空压力浸渍 VIP 技术，提高了线棒电气性能和生产效率。定子铁心长度达 3050mm，采用了平台支撑式小齿压板结构，有效解决长铁心的长期压紧问题，此技术为世界首创。

（7）发电机转子。转子弹性组合键结构有效解决转子打键应力高的问题。转子磁轭采用通风隙通风，使发电机通风更加均匀流畅。转子引线布置首次采用的转子支架内布置结构，使整个转子外观更加整洁美观。

（8）发电机轴承。上下导轴承均采用非同心分块瓦结构，支撑方式为支柱螺丝结构，承载能力好，安装调整方便。发电机推力负荷高达 3000t，推力轴承采用弹性油箱加塑料瓦结构。

2009 年 12 月，瀑布沟水电站首台机组成功投入商业运行。机组运行稳定，发电机各部温升、振摆、噪声等主要技术参数均满足合同要求，并达到相关国家标准优等品指标。瀑布沟水轮发电机组的成功研制，填补了国内大型机组独立研制的空白。标志着我公司水轮发电机组的设计水平跃上了一个新的台阶。

主要完成单位：东方电气集团东方电机有限公司。

主要完成人：贺建华、童正权、郭靖、邓斌、林洪德、周亮、周小南、郑小康、詹明、严肃。

（水力发电科学技术奖励工作办公室）

200m 级碾压混凝土坝快速经济施工技术研究与应用

“200m 级碾压混凝土坝快速经济施工技术研究与应用”获 2010 年度水力发电科学技术奖二等奖。

光照水电站装机容量 1040MW（4×260MW），保证出力 180.2MW，多年平均发电量 27.54 亿 kW·h。水库正常蓄水位 745m，死水位 691m，总库容 32.45 亿 m^3，死库容 10.98 亿 m^3，为不完全多年调节水库。主坝为全断面碾压混凝土重力坝，坝顶全长 410m，坝顶高程 750.50m。最大坝高 200.5m，是目前世界上在建、已建中最高的碾压混凝土重力坝。大坝混凝土总量约 280 万 m^3，其中碾压混凝土约 240 万 m^3、常态混凝土约 40 万 m^3。

针对光照水电站大坝施工中存在山高坡陡，施工道路布置困难，工程量大，施工强度高，高温多雨，气候条件差等困难，施工中采取了一系列快速经济施工技术：① 箱式满管垂直输送混凝土技术研究及应用；② 溢流面常态混凝土与主坝 RCC 同步浇筑上升的研究及应用；③ 斜层碾压混凝土施工技术深化研究及应用；④ 将水力模型试验从设计阶段延伸至施工阶段，为优化施工方案提供科学决策支撑；⑤ 胶凝材料（水泥和粉煤灰）输送研究；⑥ 拌和系统优化设计研究；⑦ 碾压混凝土配合比优化及应用研究；⑧ 高温季节碾压混凝土施工技术研究及应用；⑨ 高流态自流密实性混凝土施工研究及应用。

通过对光照水电站碾压重力坝快速经济施工的研究应用，减少了气候因素对大坝施工的影响、降低了施工成本的投入、保证了大坝施工的快速进行，在碾压混凝土重力坝施工方面，具有巨大的借鉴与指导意义。将碾压混凝土筑坝施工中的各个环节联系起来，环环相扣，将整个筑坝施工过程作为一个系统工程统筹考虑；在施工技术上，采取了一系列新技术、新工艺，大大降低了施工成本、加快了施工进度、保证了施工质量，效果显著。光照水电站大坝碾压混凝土日浇筑强度达 13 582m^3、月浇筑强度达到 22.25 万 m^3，23.8 个月完成大坝浇筑，创造了混凝土筑坝速度新纪录，芯样层、缝面折断率 1.30%，并且在钻孔取芯检查中取出一根直径 150、长度达 15.33m 的完整芯样。课题研究成果还应用在云南戈兰滩水电站、新疆喀腊塑克大坝、贵州沙沱水电站等多个项目施工中。

主要完成单位：中国水利水电第十六工程局有限公司、贵州北盘江电力股份有限公司光照电站建设公司。

主要完成人：吴秀荣、陈祖荣、田景武、周宗斌、蒋承华、袁海忠、杨祥震、刘永祥、龙恩胜、林良德。

（水力发电科学技术奖励工作办公室）

抽水蓄能电站库盆防渗关键技术研究及应用

“抽水蓄能电站库盆防渗关键技术研究及应用”获 2010 年度水力发电科学技术奖二等奖。

抽水蓄能电站上水库由于处于高处，通常无水源补给或补给很少，特别是较大的渗漏还将对水库大坝及山体产生渗透性破坏，或影响周边建筑物基础、岸坡的安全和正常运行管理，因此抽水蓄能电站上水库的库盆防渗要求非常高，防渗技术十分关键。根据国内工程建设费用的统计，抽水蓄能电站上、下水库工程费用约占电站静态总投资的 15%～24%，防渗型式的选择关系到工程投资的大小。

该项目研究抽水蓄能电站选择库盆防渗型式时应考虑的主要因素和选择方法；研究各种防渗型式的合理技术方案等。

研究提出了抽水蓄能电站水库选择库盆防渗型式应根据水源条件、水库渗漏和蒸发、水库地形地质条件、挡水建筑物型式与库盆防渗相互影响、地下厂房位置、库岸稳定、当地建筑材料、环境保护等进行综合技术经济比较，因地制宜选用库盆防渗型式；提出了垂直防渗、水平防渗、综合防渗的特点和适应条件；研究了沥青混凝土面板防渗、钢筋混凝土面板防渗、土工膜防渗、黏土铺盖防渗和垂直帷幕防渗的各项关键技术，对各种防渗方案的布置、结构型式、材料参数、连接方式和施工工艺等进行了深入的试验研究，取得了很多创新研究成果。

成果取得发明专利 4 项，实用新型专利 5 项。

结合工程研究和实践，编制了《混凝土面板堆石坝接缝止水技术规范》（DL/T 5115—2008）、《土石坝沥青混凝土面板和心墙设计规范》（DL/T 5411—2009）、《水电工程土工膜防渗技术规范》（征求意见稿）等规范；编著了《天荒坪抽水蓄能电站技术总结》、《混凝土面板堆石坝》等技术书籍；该成果成功应用于天荒坪、宜兴、泰安、桐柏、宝泉抽水蓄能电站等大型工程，解决了抽水蓄能防渗关键技术难题，推动了我国抽水蓄能建设事业的发展。

主要完成单位：中国水电顾问集团华东勘测设计研究院、中国水利水电建设工程咨询公司。

主要完成人：张春生、周建平、姜忠见、徐建军、汪易森、肖贡元、何世海、李岳军、侯靖、刘斯宏。

（水力发电科学技术奖励工作办公室）

堰塞体应急处理控制泄流施工技术

“堰塞体应急处理控制泄流施工技术”获 2010 年度水力发电科学技术奖二等奖。

堰塞湖的成因主要有内在和外在因素，内在因素主要是地层岩性、地形地貌、水系等。外在因素主要是地震、降水、人类活动、地下水水位巨变、岩浆活动等；堰塞体的物质组成一般与岸坡地层岩性一致，可以单一地层岩性和多地层岩性组成。物质的粒径组成变化较大，从原岩层组成的岩梗，块石、碎石（砂砾石）、岩粉、尘土等都有，根据粒径可以对堰体物质进行命名，例如块石体（块石夹土体）、碎石体（块碎石夹土体）、土体（土夹块石体）等；堰塞体的形态特征可以由堰塞体堆高、体积、湖水体积和表面形态几个方面进行描述，本次研究统计分析了部分堰塞湖特征资料，并就部分特征参数的相关性做了分析，上述特征是爆破成槽的重要依据。

堰塞湖形成后，可以根据堰塞体大小、流域面积进行初步的稳定性判断，最终评价其稳定性要一般采取基于极限平衡理论体系的简化毕肖普法进行计算。堰塞体的破坏形式主要有三种，即过水溢流破坏，潜蚀——管涌破坏和坝坡失稳破坏。其中，过水溢流破坏是最主要的形式。

堰塞湖危险程度是通过其溃坝后对下游造成损害程度等因素来判定，通过应急处理，以最大限度降低其损害程度；土石坝溃坝理论适用于堰塞湖溃坝水力计算。常规的堰塞湖溃坝计算需要复杂的微分方程解算，计算方法难以普及。然而，一般堰塞湖溃坝计算精度要求并不太高，用溃坝简化计算方法基本可满足要求；堰塞湖排险处理应考虑其个性特征及当时当地气象、水文、交通、地质等因素确定处理方案，以达到用最经济的手段、最快的速度、最好的效果进行排险处理。

堰塞湖可通过爆破控制泄流进行排险处理，堰塞湖爆破控制泄流一般适用于时间要求紧迫、交通条件不便的堰塞湖排险处理；堰塞湖爆破排险处理对块石体和土质堰塞体均适用。通过爆破设计和施工可有效控制堰塞湖溃坝程度，并控制下泄流量。

在较系统的地质调研的基础上，提出了堰塞体的地质结构、颗粒特性、形态特征，并进行了堰塞体初步稳定性分析，为爆破应急处理堰塞湖提供了有力的依据；根据土坝溃坝计算模型，采用相关经验公式计算了堰塞体不同溃决形式的水力学参数，运用截流理论反算爆破沟槽的块石粒径，为爆破控制泄流提供了重要参数；“5·12”汶川大地震形成的具有威胁的35座堰塞湖中，武警水电三总队处理的有22座，其中13座交通完全中断、机械设备无法到达，成功采用爆破控制泄流技术，高效、快捷、安全地排除了堰塞湖险情，在多个堰塞湖应急排险中还是首次。为今后类似应急工程处理提供了新的方法和借鉴经验。

主要完成单位：中国人民武装警察部队水电第三总队。

主要完成人：陶然、周志东、詹登民、杨享渠、张仕超、唐孝良、唐林、汪友才。

（水力发电科学技术奖励工作办公室）

雅砻江锦屏深埋长隧洞岩溶水文地质研究及应用

“雅砻江锦屏深埋长隧洞岩溶水文地质研究及应用”获2010年度水力发电科学技术奖二等奖。

本项目针对锦屏大河湾处于高海拔、高山峡谷区的特点，传统的岩溶水文地质勘察研究方法难以适应，采用大范围、多层次、多手段、长时段综合和系统的勘探研究方法，论证工程区的岩溶水文地质特征。主要研究内容有：① 雅砻江大河湾工程区基本地质条件和岩溶发育规律研究；② 长时段的岩溶水动态、岩溶水化学、岩溶水同位素等的系统研究；③ 岩溶水示踪、大理岩高压低温的溶蚀试验研究；④ 大河湾工程区岩溶发育程度分区、岩溶水文地质单元划分和各单元地下水补迳排关系分析研究；⑤ 岩溶水均衡计算分析；⑥ 三维渗流场模拟分析；⑦ 岩溶发育深度研究和预测；⑧ 引水隧洞的瞬时最大涌水量、稳定涌水量和外水压力分析预测；⑨ 工程建设的环境水文地质问题评价。

成果采用大范围岩溶调查定性，长时段岩溶水动态观测、人工法和天然法岩溶水示踪、水均衡研究半定量，少量钻孔、深平洞勘探定量的勘察研究技术。开创了高海拔、高山峡谷区岩溶水文地质勘察最深入、最系统和全面研究的先例，首创了高山峡谷岩溶区工程勘察研究技术方法；并首次提出了“一个地区存在双重排泄基准”的概念。进行了规模最大、分析方法领先示踪试验，其综合指标超过了世界上最大的岩溶水示踪试验，示踪试验分析采用地下水质运移理论、稀疏裂隙网络统计模型等理论与方法，大幅度提高示踪信息提取程度和解释精度。首次进行高压低温条件下的溶蚀试验，填补了低温高压状态碳酸盐岩溶蚀研究的空白。渗流场分析中采用耦合理论，运用子模型技术，分析隧洞开挖后的地下水渗流场分布规律以及渗流梯度、渗流速度规律。水均衡的分析改进了雨水补给量计算方法，并应用水化学、水同位素高山效应确定岩溶水补给区。运用勘探成果、水化学、水同位素、衰减分析和示踪试验综合分析岩溶发育深度和程度，其分析方法合理先进，研究结论符合实际情况。

成果开创了高海拔、高山峡谷区岩溶水文地质最深入、最系统研究的先例，其研究方法和科研成果不仅为锦屏二级水电站建设的重大问题提供了科学依据，而且为高山峡谷岩溶区的水电工程提供经验，并丰富了我国水电工程岩溶研究的理论和实践，对促进水电工程岩溶研究领域的科技进步起到了重大的作用。项目研究的方法、技术分析和相关研究结论在高山峡谷岩溶区的水电工程建设中具有广阔的应用前景。

主要完成单位：中国水电顾问集团华东勘测设计研究院、中国地质科学院岩溶地质研究所、浙江华东建设工程有限公司。

主要完成人：单治钢、周春宏、王惠明、鲁源祥、王珽、龚自珍、张之淦、邱永葆、吴火才、雷明堂。

（水力发电科学技术奖励工作办公室）

白山抽水蓄能泵站150MW抽水蓄能机组

“白山抽水蓄能泵站150MW抽水蓄能机组”获2010年度水力发电科学技术奖二等奖。

随着大型火电站、核电站的集中投入和迅速发展，要求电网有更大的调节能力和灵活性，特别是由于生产和生活水平的提高，系统负荷的峰谷差也日益增大，对电网的安全性、稳定性和经济性提出更高的要求。抽水蓄能电站具有双倍调峰功能，机组起停及升降负荷灵活、方便、可靠，具有快速跟踪负荷的能力，可以降低运行成本，为电网提供紧急事故备用和“黑启动”（电网系统解列事故时的机组启动）。抽水蓄能机组还可承担调频、调相等任务，提高电网的供电质量和可靠性，改善系统火电机组的运行条件，与核电机组配合运行，使整个电网处于安全、经济、稳定运行状态。

白山抽水蓄能机组为哈尔滨电机厂有限责任公司（以下简称哈电公司）自行设计的第二套大型抽水蓄能机组，哈电公司将白山抽水蓄能机组作为抽水蓄能机组国产化的依托工程之一，利用哈电公司多年的科研成果及掌握的先进技术，消化引进国外技术，坚持自主设计，组织专题科技攻关，严格遵循合同及相关标准，实现基本掌握抽水蓄能机组核心技术。

白山蓄能机组主要参数：水泵水轮机水泵工况最大扬程 130.4m，最大入力 159MW（实际运行时超过该值），水轮机工况最大水头 123m，最大出力 153MW，水轮机转轮直径 5.2265m，发电机额定容量 165MVA，电动机额定功率 167.5MW，转速 200r/m，电压 13.8kV，是目前我国自行设计的已投运的最大容量的抽水蓄能机组。

国内外专家研究结果表明，抽水蓄能机组配置，一般约占总装机容量的 8%～15%为宜，至少应为 7%～10%。目前我国现有的电站总装机容量已超过 4 亿 kW，但抽水蓄能电站总装机容量仅为 600 多万千瓦，只占电站总装机容量的 1.6%，远不能满足电网安全稳定高效运行要求。

根据国家绿色能源发展规划，2010 年、2015 年和 2020 年抽水蓄能电站装机容量将分别达到目标 14 400MW、28 000MW、40 000MW。为了减少电站投资，这些机组必须实现国产，白山蓄能机组设计和制造的成功，说明哈电公司已基本掌握蓄能机组设计、制造、起动和运行的关键技术，标志着哈电公司具备了独立自行设计和制造大型蓄能机组的能力，大大提高了我公司在这些电站竞标中的市场竞争力，为 300MW 等级抽水蓄能机组的引进技术消化吸收再创新，最终实现自主开发打下了坚实的基础。

主要完成单位：哈尔滨电机厂有限责任公司。

主要完成人：王国海、王泉龙、刘平安、戴然、王建刚、宫让勤、卜良峰、蒋宝刚、夏佑安、刘新天。

（水力发电科学技术奖励工作办公室）

向家坝水电站洞内长距离带式输送机施工技术研究

“向家坝水电站洞内长距离带式输送机施工技术研究”获 2010 年度水力发电科学技术奖二等奖。

向家坝长距离骨料输送线是向家坝水电站的重点工程，负责输送大坝主体混凝土用半成品骨料的任务，是向家坝水电站建设的生命线。向家坝骨料输送线由 5 条连续长距离带式输送机组成，总长约 31.1km，跨越云南省水富、绥江两县，是目前国内投入运行最长的胶带机输送线，输送线主要布置在隧洞内（洞线穿越高山、溪沟），隧洞共分为 9 段，总长约 29.3km，主洞断面净空尺寸为 5m（宽）×4m（高）。

输送线设计输送能力为 3000t/h，带宽 1200mm，带速 4.0m/s，总落差为－458m，总装机功率约为 10 350kW。输送线控制系统由 5 套 AB－PLC 组成，分别负责 5 条胶带机的保护信号、供配电数据采集、启动和停止，每条胶带机的现场信息由分别处于胶带机沿线的子站收集，在控制层通过 Control Net 冗余光纤以 5Mbps 速度快速与其主站交换数据。

输送线于 2006 年 10 月开始安装，2007 年 5 月 30 日空载联动调试完毕，6 月 18 日重载调试完毕，2007 年 6 月 28 日正式投产，输送线安装与调试总工期 9 个月。自正式投产至 2010 年 2 月 5 日为止，累计运行时间 3619h，输送半成品骨料 878 万 t，累计用电 2567 万 kW·h，单位耗电 0.094kW·h/（t·km），总体运行状况良好。

通过施工组织管理研究，安装精度和测量控制研究，长隧道内高速大功率胶带输送机胶带开卷、拖拉和敷设方案研究，施工安全过程研究和运行管理等方面的研究，针对狭窄复杂地形条件下的洞内长距离带式输送机输送线距离长、变倾角、高带速、大运量、运行可靠性要求高的特点，结合工程实际，开发了针对狭窄复杂地形条件下的洞内长距离带式输送机输送线施工及运行管理成套技术，保证了长距离带式输送机输送线长期安全、稳定、可靠运行。

该研究成果具有创新性，其技术、经济、社会指标目前总体达到了国际先进水平。研究成果成功应用于龙开口、溪洛渡等水电工程的特大型人工砂石系统，并在其他工程推广。已获多项国家专利，并形成省部级工法，经济、社会和环境效益显著，具有广泛的推广应用前景。

主要完成单位：中国水利水电第八工程局有限公司。

主要完成人：杨建安、汪建军、刘金明、涂怀健、刘志和、熊明华、周海、罗 艳、肖光彩、邓三才。

（水力发电科学技术奖励工作办公室）

小浪底水库拦沙初期水库泥沙研究

“小浪底水库拦沙初期水库泥沙研究”获2010年度水力发电科学技术奖二等奖。

该研究运用动力学原理推导非恒定异重流运动方程，导出异重流潜入相似条件。基于非恒定二维非均匀流条件下的扩散方程，导出异重流挟沙相似及连续相似条件。在上述基础上提出了完整的多沙河流水库模型相似律，在该研究领域有所创新与发展，推动了异重流运动相似模拟技术的进步；克服了淤积物固结度与模型时间比尺不协调、浑水水库沉降过程不相似等技术难题，建造了小浪底水库整体泥沙动床模型，进行了大量基础性与应用性试验，提出了水库拦沙初期库区水沙运动规律、河床纵横剖面形态及库容变化等指标，为水库最大限度地发挥防洪、减淤、供水、灌溉、发电等综合利用效益提供了重要的科学依据。同时，模型试验中反映出的物理图形与参数，弥补了实测资料的不足，深化了基本规律的研究，并为研发数学模型奠定了基础。

该项目采用理论推导与模型基础试验相结合的手段，研究了泥沙连续方程及河床变形方程中的系数和指数随水流泥沙因子自动调整规律、动床阻力系数随河床变形及水流泥沙条件自动调整规律，并建立了相互之间的力学关系；提出库区悬移质泥沙级配沿程变化规律的悬移质级配的半经验理论公式；在库区动床模型试验基础上，概化出能反映干支流倒灌规律的水流泥沙运动计算模式；引入使异重流模拟更趋合理的浑水容重沿水深分布不均匀性修正系数等。在此基础上建立了多沙河流水库准二维数学模型，与小浪底水库实体模型平行进行了水库优化调度研究。

该项目针对水库实时调度与黄河调水调沙的需求进行了大量的应用基础研究与水库跟踪研究，通过理论探讨与实测资料分析，并集成凝练了水库实体模型与基础试验成果，提出了可较为准确描述异重流输移规律的表达式，异重流形成与持续运行临界指标及传播与输移计算方法，在黄河历次调水调沙过程中，设计人工塑造异重流预案，并付诸实施，实现了塑造异重流排沙出库，达到了减少小浪底水库淤积、优化出库水沙组合等多项预期目标，并为三门峡水库在长期枯水系列条件下保持平衡发挥了作用。

成果在小浪底水库实时调度中得到应用，为优化水库淤积形态、减少水库淤积、延长水库拦沙库容的使用寿命提供了重要的技术支撑，为水库充分发挥防洪、减淤、供水、灌溉、发电等综合利用效益作出了贡献。

成果已直接应用于黄河流域综合规划修编与国务院批复的《黄河流域防洪规划》编制工作，在增水、减沙、水沙调控体系的总体布局、流域防洪减灾体系、黄河干流骨干水库综合利用调度方式、研究制订防洪骨干工程联合调度运用方案等方面提供了重要技术支撑。

在历次调水调沙塑造异重流预案与实施调度过程得到应用，为成功塑造异重流排沙，以保持三门峡水库冲淤平衡、优化库区淤积物组成、延长小浪底水库拦沙库容使用寿命等方面，提供了重要的技术支撑。

提出的多沙河流水库模型相似律，先后运用于黄河三门峡与小浪底、泾河东庄、淮河白沙等多沙河流水库实体模型试验，将来还可推广应用于碛口、古贤等水库的模型试验；水库水沙输移规律方面的基础研究成果可推广应用于水库拦沙后期的研究与调度，以及中游拟建水库运用方式的研究；异重流水沙输移规律研究成果被推广应用于2007～2010年黄河汛前调水调沙；小浪底水库优化调度方面研究成果已推广应用于研究水库拦沙后期运用方式研究。

主要完成单位：黄河水利委员会黄河水利科学研究院、黄河水利委员会规划计划局。

主要完成人：张俊华、陈书奎、李书霞、马怀宝、王艳平、石标钦、王岩、田凯、和瑞勇、陈孝田。

（水力发电科学技术奖励工作办公室）

大型水电站地下埋藏式内加强月牙肋岔管技术开发与标准编制

“大型水电站地下埋藏式内加强月牙肋岔管技术开发与标准编制”获2010年度水力发电科学技术奖三等奖。

内加强月牙肋岔管具有受力明确合理、设计方便、水流流态好、水头损失小、结构可靠、制作安装容易等特点，在国内外大中型电站地下埋管中得到广泛的应用。随着抽水蓄能电站向大规模、大容量发展，钢岔管发展也趋向大规模化，岔管技术可行性成为比较突出的问题。

减少岔管的制安难度，增加技术可行性的主要途径有两条：一是优化布置及设计参数；二是考虑围岩分担内水压力设计。考虑围岩分担内水压力设计，是减少埋藏式岔管设计厚度行之有效且经济可行的办法。目前国内外埋藏式岔管皆按明管设计，围岩分担内水压力仅作为一种安全储备。这主要的原因是没有一种恰当的设计理论、方法和成功的经验。

目前内加强月牙肋岔管设计方法和手段仍以人工计算和人工制图为主，效率比较低。针对内加强月牙肋钢岔管这种被广泛应用的特殊结构，寻找一种经济合理、实用方便、快捷高效的辅助设计方法和手段，实现计算机自动化设计，是十分迫切和必要的。

该项目通过水力数值计算和模型试验对岔管水力特性进行了较系统的研究，分析主要体型参数对岔管水力特性的影响规律，再通过有限元结构分析，在岔管同时满足结构特性和水力特性要求条件下，综合确定岔管最优体型，并总结出了体型优化设计方法；通过三维有限元结构分析和对已建工程原型观测资料的分析，对围岩分担内水压力规律、机理进行分析与研究，通过大比尺的现场结构模型试验进行验证，总结出了埋藏式内加强月牙肋岔管围岩分担规律，初步提出了埋藏式岔管结构优化的原则、应力控制原则和设计方法。

为指导以后高水头、大 HD 值岔管设计，在行业内推广科研成果，该成果在对内加强朋牙肋岔管技术进行深入研究的基础上，总结了西龙池、张河湾、宜兴抽水蓄能电站等工程的经验，吸取了国内外成功的经验及有益成果，规范埋藏式岔管考虑围岩分担内水压力的指导原则和技术要求，编制《埋藏式内加强月牙肋岔管设计导则》。

该研究开发了内加强月牙肋岔管计算机智能自动化设计系统，能够通过输入控制参数自动进行体型设计、解析法优化、有限元结构复核等体型设计和计算复核工作，并能自动生成钢岔管体型图、管节展开图和设计报告。

月牙肋岔管技术研究应用于实际工程，大大减少钢材用量和制安难度，节约工程投资；《埋藏式内加强月牙肋岔管设计导则》将实现埋藏式内加强月牙肋岔管设计标准化，指导以后高水头、大 *HD* 值岔管设计；内加强月牙肋钢岔管计算机智能自动化设计系统开发大大提高设计效率，节省人力资源。该课题研究填补了我国水电站地下埋藏式内加强月牙肋岔管设计的空白，经济效益和社会效益显著，使我国埋藏式内加强月牙肋岔管设计处于世界领先水平。

主要完成单位：中国水电顾问集团北京勘测设计研究院。

主要完成人：王志国、邱彬如、杜英奎、王建华、刘宪亮、周建平、党林才。

（水力发电科学技术奖励工作办公室）

三峡 Alstom 机组安装技术与施工管理研究

“三峡 Alstom 机组安装技术与施工管理研究”获 2010 年度水力发电科学技术奖三等奖。

本项目总结研究了三峡水电站 700MW 巨型水轮发电机组（Alstom 机型）安装技术和现场施工管理。通过三峡左右岸电站 8 台 700MW 巨型水轮发电机组施工研究，完善了大型机组现场施工管理，改进了安装技术，编写了“三峡 Alstom 机组安装技术与施工管理”。该成果已在三峡水电站 Alstom 机组安装中得到成功运用并收到显著成效，现已成功应用于拉西瓦水电站的机电设备安装工程，将在大型水轮发电机组安装中得到广泛的应用。

采用高效的施工管理模式和先进的安装技术，使三峡左右岸电站 8 台 Alstom 机组累计比计划工期提前 1420d，按初期 135m 水头发电、单台机组出力 550MW、年利用小时按照 8000h 计算，累计提前发电量约 124 亿 kW·h，直接经济效益约 43 亿元。

安装技术在三峡水电站 Alstom 机组安装中，收到了极其良好的效果，其施工管理模式先进、程序合理、运转高效；机组安装技术成熟、工艺精湛，过程质量控制严格，实现了高标准的机组投产运行目标。提出的一整套适用于大型及超大型水轮发电机组安装施工管理与安装技术模式，可使大型及超大型水轮发电机组安装工程有序、高效地进行，可形成施工工法。为今后类似的大型及超大型水轮发电机组安装与施工管理提供了宝贵的第一手资料，具有推广应用的前景。

主要完成单位：中国水利水电第四工程局有限公司。

主要完成人：席浩、牟官华、马军领、李津沛、孙德召、郑少平、吉振伟。

（水力发电科学技术奖励工作办公室）

金沙江中游河段水电梯级开发规划环境影响评价及对策研究

“金沙江中游河段水电梯级开发规划环境影响评价及对策研究”获 2010 年度水力发电科学技术奖三等奖。

金沙江是我国水能资源开发的“富矿”及实现“西电东送”战略目标的重要能源基地之一，梯级电站全部建成后将成为我国最大的能源基地。金沙江中游河段梯级电站建设将带来巨大的社会、经济效益，同时对生态环境也将产生深远影响，为从整体上研究流域梯级电站建设的环境影响，根据环境保护部的要求，云南金沙江中游水电开发有限公司委托中国水电工程顾问集团公司，组织有关设计、评价和科研单位开展“金沙江中游水电梯级开发环境影响及对策研究”课题。

本次研究与评价开展了大量的环境现状调查，掌握了流域多方面、系统的环境数据；建立了金沙江中游梯级水电站环评指标体系；研究了适用于流域规划环评的水质、水温、生态评价、景观影响评价和环境经济模型，对流域规划环境影响评价方法进行较为深入的探讨；从宏观的、系统的、动态的高度，重点考虑流域控制性工程——龙头水库龙盘水电站的调节作用，分单个梯级运行和规划梯级联合运行等情景，分析预测了实施“中游规划”对规划河段及影响区域的生态、环境和经济社会的影响，特别强调了梯级联合运行对生态环境的相互关联作用、累积性影响；并从流域层面提出了环境保护对策措施，对金沙江中游水资源开发与生态保护管理提供了科学依据，对项目环境影响评价、环保措施的制定和实施、环境监测和管理等具有指导和技术支撑作用。

研究技术难度很大，实用化程度高，具有很大的推广应用前景，具有重大的社会效益，对促进电力科技进步和社会和谐发展具有重大作用。

成果顺利通过了国家环境保护部组织国内权威专家的审查并批复。金沙江是我国资源最丰富、开发条件最好，但生态非常敏感的河流，协调开发与保护的关系难度非常大，专家认为该成果站在流域的角度，协调了水电开发与生态环境保护的关系，并成为国家环境保护部、国家能源局及国务院最终决策金沙江中游开发方案的重要依据。

在此项成果的指导下，云南金沙江中游水电有限公司作为金沙江中游水电开发的统一协调管理机构，创建了流域性的环境管理监测中心，并有计划地逐项落实研究报告中提出的各项流域性的环境保护措施要求。这将对协调金沙江中游水电开发与环境保护的关系，切实做好流域环境保护工作，促进流域的可持续发展起到了重要的作用。

主要完成单位：中国水电工程顾问集团公司、中国水电顾问集团昆明勘测设计院、水利部中科院水工程生态研究所。

主要完成人：王斌、彭程、顾洪宾、喻卫奇、崔磊、邵荣、张荣。

（水力发电科学技术奖励工作办公室）

全野外数字化测图系统开发及应用

“全野外数字化测图系统开发及应用”获2010年度水力发电科学技术奖三等奖。

该项目开发的全野外数字化测图系统由两大部分组成，第一部分为掌上平板系统即野外数据采集部分（TFDMSM）；第二部分为内业处理系统（TFDMS）。野外数据采集系统实现由PDA掌上电脑完成外业数据采集，具有常用图形编辑、数据传输与通信等功能，可以在野外数据采集时对图形进行实时编辑，实现“所测即所得”的理想测绘模式；能够实现与Topon、SOkkIA、Nikon、Leica等常用全站仪的数据通信，与内业处理系统进行无缝接口和通讯。内业处理系统的主要功能包括图形编辑、成果输出、信息化处理、土方计算等内容。系统开发不需Auto CAD的支持，但可实现与Auto CAD的实时通信和数据交换，其源程序由程序员自己设计，程序员可以任意修改和优化所设计的系统，完全不受其他系统的限制，同时作为一个开放性的系统，用户也可以根据自己的经验不断补充、完善；此外，用户界面及所有命令全部为中文，方便操作。本成果拥有独立自主知识产权，系统软件已经经国家版权局进行了软件著作权登记，登记号：2009SR07471，且软件通过了湖南省软件测评中心的测试，取得鉴定测试证书。

系统研制力争解决目前商业软件存在的问题，不要求做到完全自动化，但必须提供方便、灵活、丰富的编辑工具，能根据不同的地理信息系统的数据结构要求有针对性地设计出较完善的接口软件。系统目前已经应用于数字化地形图修测和1∶500、1∶1000、1∶2000等数字化测图的外业数据采集，完成了龙滩、托口、白市、桂治、白莲河抽水蓄能、虎跳峡、奔子栏、碧江、托巴、向家坝、黑麋峰抽水蓄能等水电工程项目的1∶500～1∶2000数字化地形、地类图测绘、水库库容量算等工作。目前，在中国水电顾问集团中南勘测设计研究院的野外数字测图普及率达到100%，且该系统已在湖南省地测院、长江岩土总公司、成都勘测设计研究院、湖南湘中测绘工程院等单位进行应用。该系统的使用，外业可提高工效20%，考虑与白纸测图比较可省去内业扫描矢量化工序，综合工效可提高40%～60%；不但丰富了数字化测绘的手段，推动了数字化测图技术的发展，使产品的技术含量大大提高，同时也创造了良好的经济效益和社会效益。

主要完成单位：中国水电顾问集团中南勘测设计研究院、深圳市科地测绘科技有限公司。

主要完成人：吕耕超、谢年生、曾联斌、龚楚安、付正华、贺秋伟、李光明。

（水力发电科学技术奖励工作办公室）

漕河特大型渡槽关键施工技术研究与应用

“漕河特大型渡槽关键施工技术研究与应用”获2010年度水力发电科学技术奖三等奖。

防止高性能混凝土产生裂缝是特大型渡槽施工的关键技术难点。为此，除采用常规混凝土温度控制措施外，使用低温混凝土施工技术，采用小间距密冷水管新技术，对浇筑的混凝土全年进行外部保温措施，有效降低了混凝土的内外温差，防止渡槽裂缝的产生。

特大型渡槽多侧墙段为三槽一联简支结构预应力混凝土，采用后张法三向预应力工艺和真空辅助灌浆新工艺，将高压空气输入到预应力孔道，排除潮气和杂物，提高了锚索的抗腐蚀能力和渡槽的稳定性，实现了主动防裂与被动防裂于一体的完美结合。

施工采用掺粉煤灰、聚羧酸高效减水剂以及掺3%硅粉、粉煤灰、聚羧酸高效减水剂两种方案，有效降低单位用水量和胶凝材料用量，节约资金266.5万元。

该项目开发出可用于特大型渡槽快速施工的高质量抗裂性能、防渗性能、抗冻性能以及总碱含量低的高性能混凝土；同时研究出一整套适用于特大型渡槽关键施工技术成果，保证高性能混凝土特大型渡槽体形美观、内在质量好、结构安全稳定、抗裂防渗性能优、施工效率高、技术经济效益突出的高性能混凝土特大型渡槽综合施工技术，为今后类似工程积累和提供宝贵的借鉴经验，可形成施工工法。为类似大型混凝土渡槽输水工程，防裂抗渗关键技术提供了宝贵的第一手资料，推广应用前景广泛。

主要完成单位：中国水利水电第四工程局有限公司。

主要完成人：席浩、田育功、刘玉龙、巨克成、胡宏峡、吴恒辉、高居生。

（水力发电科学技术奖励工作办公室）

坝前大型堆积体稳定性研究及工程治理

“坝前大型堆积体稳定性研究及工程治理”获2010年度水力发电科学技术奖三等奖。

该项目研究内容及成果如下：

(1) 通过多种勘探技术和深入细致的地质分析研究，查明物质结构特征，采用数值模拟计算，综合确定成因机制。

(2) 通过数理统计分析、归纳总结、概化研究、图形数值化处理以及反演分析等工作，对堆积体天然状态下的稳定性状作出评价。

(3) 分析外部因素，确定导致边坡潜在的变形失稳机制，分析研究和合理判断可能失稳的规模，通过敏感性分析计算，确定控制性失稳模式和最不利滑面。

(4) 采用多种方法综合研究确定配套的地质力学参数和边界模拟条件，并按破坏机制的不同进行针对性分区。

(5) 针对堆积体高边坡潜在的变形失稳机制，研究与之相适应的分析计算方法，全面分析研究各具体部位的潜在稳定程度并进行综合评价。

(6) 根据各部位临近建筑物的重要性、失稳可能造成的破坏严重程度、使用年限以及边坡自身性质及破坏机制，选定合理的控制标准。

(7) 充分进行开挖体形规划研究和论证各类传统工程措施的有效性和合理性，并研究探索可能的新型技术措施的可行性及其组合，在此基础上做全面技术经济比较。

(8) 建立信息化动态治理理念，采用以监控反馈系统和施工控制措施为主的有效保障体系，确定合理有序的信息反馈和动态治理程序，制定针对性预案措施。

(9) 研究制定信息化动态治理规划，采用研究一工程实施一信息反馈一优化治理一工程实施模式进行动态治理。

(10) 根据堆积体的动态监测特征，研究堆积体在时间和空间上的变形发展趋势，推测其动态条件下的稳定程度，建立预警机制。

(11) 总结堆积体治理实践的研究成果，分析评价成功经验，研究探索解决存在不足的方法，吸取经验，提高我国在大型堆积体治理方面的技术水平，促进和拓展边坡工程在该领域的科学技术发展。该课题的攻关研究成果和科技创新，不仅解决了小湾水电站工程亟待解决的关键技术问题，而且为水电界乃至土建工程界处理复杂地形、地质边界条件下的大型堆积体高边坡问题积累了成功经验。

主要完成单位：中国水电顾问集团昆明勘测设计研究院、云南华能澜沧江水电有限公司。

主要完成人：邹丽春、王国进、汤献良、王永祥、杨光亮、郑爱武、刘兴宁。

（水力发电科学技术奖励工作办公室）

三级配泵送温控混凝土试验研究与应用

“三级配泵送温控混凝土试验研究与应用”获2010年度水力发电科学技术奖三等奖。

该项目针对溪洛渡、锦屏一级、龙滩、亭子口等国家重大水电工程建设的需求，研究和开发了针对不同料源、地形、地质条件下水电工程高品质、高强度混凝土骨料生产系统的成套技术，从理论分析、实验研究和工程应用等方面进行了研究和探索，取得了丰硕的创新成果。主要有：

（1）首次在水电行业突破200m以上斜井运输方式，单段溜井长度达到280m，单井处理能力首次达到2000t/h，石料的最大运输粒径达到300mm，而且保证了高陡狭窄区域石料垂直转运技术的安全可靠性。

（2）该项目独创了干法风选、细腔型圆锥破碎机两种制砂新工艺，成功地将石粉含量控制在6%～18%之间的任意值，含水率控制在6%以内，细度模数控制在2.4～2.8之间，解决了人工砂干法生产工艺石粉含量严重超标、含水率难以控制、细度模数偏大等问题。

（3）项目首次采用新型MTM160中速T型磨粉机以天然鹅卵石为原料快速制备石粉生产碾压混凝土用砂，成功地将碾压混凝土用砂含粉率控制在14%～20%之间，保证了成品骨料满足筑坝混凝土用砂的质量要求。

（4）项目首次采用封闭与机械除尘相结合方式，解决噪声、粉尘污染等问题，采用“预处理+一次沉淀+机械脱水（真空过滤）”的处理工艺，有效解决了废水沉淀和泥浆脱水的难题，实现了废水的零排放。

成果已成功应用于溪洛渡、锦屏一级、龙滩、亭子口等工程中，在石料开采运输、干法制砂质量与环保控制工艺、环境保护，以及系统建设与运行管理方面取得了丰硕的创新成果，经鉴定该成果整体上达到国际先进水平，部分新型工艺达到国际领先水平，具有显著的经济与社会效益，提高了骨料生产系统的安全可靠性及社会、环保效益。可广泛应用于水电工程、工民建工程、公路工程、核电工程以及铁路工程等领域，具有广阔的应用前景。

主要完成单位：中国人民武装警察部队水电第一总队、上海交通大学。

主要完成人：黄宗营、方德扬、宁占金、陈兵、唐先奇、张耀威、周运先。

（水力发电科学技术奖励工作办公室）

特高拱坝坝肩复杂地质抗力体加固处理施工技术

“特高拱坝坝肩复杂地质抗力体加固处理施工技术”获2010年度水力发电科学技术奖三等奖。

该项目研究依托小湾水电站坝肩抗力体工程。小湾水电站为坝高为294.50m的双曲混凝土拱坝。坝肩两岸地下共布置了14层抗力体置换洞和坡面布置1274根锚索，布置区域同时设置有大量洞群，各种洞室分布长短不一、洞径大小不一、方位不同，在平面上相交，空间上交错。

（1）两岸山坡岩体卸荷作用强烈，卸荷裂隙发育。抗力体断层主要有F_{11}、F_{10}、F_5、f_{10}均为近直立的陡倾角断层。岩体风化以均匀风化为主，在断层带、节理密集带、蚀变带和较厚的云母花岗岩层夹层，局部囊状风化和夹层风化现象。抗力岩体置换洞层数多、洞之间平面和立面间距小、洞外侧为大坝高边坡且无通道，地质条件复杂，采用了安全可靠、经济合理的施工技术方案，填补了国内外类似工程施工的空白。

（2）抗力体洞室开挖均处在不良地质段中，不断跟踪构造带、断层、蚀变岩体的过程，每开挖进尺5～7m段，进行鉴定，确定断面尺寸及开挖洞轴线。采用导洞超前勘探、预支护、短进尺、弱爆破、跟进支护等措施，确保围岩稳定，洞室快速开挖成型。

（3）一期混凝土水泥用量≤236kg/m³控制，混凝土施工温度控制：最高温度45℃范围内，降温≤1℃/d，温度降至19～20℃。二期混凝土水泥用量≤278kg/m³控制，混凝土施工温度控制：出机温度≤12℃，浇筑平均温度≤18℃，最高温度≤19℃。大体积混凝土施工工艺及混凝土配合比研究，确保混凝土温度可控范围内，未出现裂缝。

（4）通过接缝、接触灌浆施工工艺研究，实现缝隙水泥浆液充填饱满。

（5）固结灌浆孔环间距3m，按间距18°的角度环向布置，各孔入岩深度10～25m。采用按环间分序、环内加密的原则进行施工，灌浆方法采用孔口阻塞，自上而下分段钻孔、分段灌浆的方式进行。

（6）施工中采用先进的围岩观测、监测技术，对围岩稳定进行监测，实时掌控围岩情况，根据实际地质情况和监测资料实时分析洞室围岩的稳定性，制定应对措施，实现了信息化施工，为安全、高效施工创造了条件。

（7）倾角25°～60°、深孔65m、大吨位6000kN的大规模群锚索，使用导向器有效地提高了钻孔精度±2°，改进隔离支架保证了注浆效果，锁定48h后预应力损失2.1%～2.4%，成功解决钻孔精度、注浆效果、预应力损失等大吨位锚索施工难题；满足断层、蚀变带、结构面及开挖爆破松弛岩体进行加强和恢复的需要。

成果完成后，经过大坝下闸蓄水及发电后监测表明抗力体安全。监测数据表明围岩处于稳定状态，达到对断层、蚀变岩、软弱岩及爆破松动岩体置换和加固目的，增强抗力体刚性和整体性。成果解决了复杂地质抗力体施工围岩稳定问题，填补了该类型施工技术空白，为今后类似工程的设计、施工提供技术支持，具有广泛的推广和应用前景。

主要完成单位：中国水利水电第十四工程局有限公司。

主要完成人：蒋济、王海云、曾垒、李绍平、李四金、李秀龙、普中贵。

（水力发电科学技术奖励工作办公室）

国内抽水蓄能电站首机首次抽水工况并网调试研究与应用

“国内抽水蓄能电站首机首次抽水工况并网调试研究与应用”获2010年度水力发电科学技术奖三等奖。

抽水蓄能电站首台机组首次抽水工况并网调试属技术开发与发明类项目，在国内尚无应用实例，主要原因是对抽水工况并网调试的关键技术问题未做系统的研究，且国内各主要设备厂家及各大机电设备安装公司均无相应的经验，具有一定的风险。

若抽水蓄能电站首台机采用抽水工况并网调试，由于对上库充水工期没有要求，则可以对上水库的施工计划进行合理安排，同时又能节省上库充水系统投资及充水期间的费用，经计算，琅琊山抽水蓄能电站节约费用约1500万元。因此，研究首台机首次抽水工况并网调试方案对大型蓄能电站建设期间计划的安排及节省工程投资具有重大意义。

在琅琊山蓄能电站工程前期对首台机组首次抽水工况并网调试的关键技术问题（模型转轮异常低扬程试验、水力过渡过程研究及工程措施、SFC容量选择、机组保护的检验）等进行了充分研究，并采取了相应措施。

琅琊山抽水蓄能电站首机抽水工况并网调试方案获得了成功，不仅有效地降低了工程造价，同时为国内其他蓄能电站的调试提供了一个卓有成效的经验。

主要完成单位：中国水电顾问集团北京勘测设计研究院。

主要完成人：江泽沐、周振忠、蒋一峰、姜树德、万凤霞、吴奎、苟东明。

（水力发电科学技术奖励工作办公室）

高寒多雨地区碾压沥青混凝土心墙施工技术研究与应用

“高寒多雨地区碾压沥青混凝土心墙施工技术研究与应用”获2010年度水力发电科学技术奖三等奖。

碾压沥青混凝土作为土石坝防渗心墙，具有防渗性能好、抗震性强、能适应坝体大的变形、裂缝自愈能力强等优点，因而逐渐受到工程界的重视和首选。成果针对冶勒水电站坝区高海拔、高寒多雨的施工气候条件，在研究相关理论的基础上，重点进行了碾压沥青混凝土心墙摊铺机的研制；沥青混合料摊铺层厚30cm（压实厚度为25.7cm，与规范要求的摊铺层厚23cm相比提高施工效率28.5%）且日连续铺筑2～3层的施工技术；－5℃气温、雨季或夜间等不同环境条件下铺筑碾压沥青混凝土心墙的施工技术等。成果取得了一套适宜在高海拔、高寒多雨地区进行碾压沥青混凝土心墙快速施工的技术，这在碾压沥青混凝土心墙工程施工史上是一个创举。

研究成果于2003年11月20日正式应用于冶勒工程大坝碾压沥青混凝土心墙工程施工，截至2005年11月18日大坝完建，共完成3.1万m^3碾压沥青混凝土的铺筑施工，创造了碾压式沥青混凝土心墙月平均上升8.5m、月最高上升10.5m的国际领先水平。冶勒工程通过竣工验收，工程质量优良，并经过长达5年的水库蓄水考验，运行情况良好，取得了巨大的经济效益和社会效益。

研究成果具有先导性和开创性，在土石坝碾压式沥青混凝土心墙施工技术和应用方面取得了重大突破，不仅对同行业施工技术的发展具有重要地指导和借鉴作用，同时也有利于加快我国西部高海拔、高寒多雨地区水利水电工程建设的步伐。

主要完成单位：中国葛洲坝集团公司三峡分公司。

主要完成人：向永忠、黄家权、马家燕、何开明、何顺宾、朱志坚、陈建春。

（水力发电科学技术奖励工作办公室）

库底黏土防渗施工技术研究及应用

“库底黏土防渗施工技术研究及应用”获2010年

度水力发电科学技术奖三等奖。

该项目依托国网宝泉抽水蓄能电站工程，进行库底黏土防渗施工技术研究及应用。根据国网宝泉抽水蓄能电站工程实际情况，对库底黏土铺盖的施工技术、施工参数、铺盖与库岸防渗体结合部的施工处理进行了深入的分析研究。根据黏土铺盖防止渗流方向为垂直的特点，经试验研究采用了振动平碾压实和振动凸块碾刨毛的混合碾压方式，解决了大面积黏土平铺的压实问题。针对铺盖与库岸防渗体结合部的黏土碾压，经试验研究，采用了薄层摊铺、隔层补压的方式，为黏土填筑施工中的技术创新。经试验研究填筑区合理进行分期、分区，施工道路采用平面不交叉、上下层投影不重合的布置方式，并使用“后退法”布料，保证了施工质量，实现了大面积黏土铺盖快速施工。

成果填补了国内在此类工程施工中的空白，并为补充完善 DL/T 5129—2001《碾压式土石坝施工规范》中的黏土防渗体施工提供了工程实例。运用该技术和工艺施工的宝泉抽水蓄能电站上水库运行状况良好。

主要完成单位：中国人民武装警察部队水电第二总队。

主要完成人：冯小明、赵纯迪、尚诗涛、张利荣、刘剑、李建元、季建兵。

（水力发电科学技术奖励工作办公室）

印尼 Asahan No.1 引水系统地面式超高、超大钢制调压井制作安装施工技术研究

“印尼 Asahan No.1 引水系统地面式超高、超大钢制调压井制作安装施工技术研究”获 2010 年度水力发电科学技术奖三等奖。

该成果应用于印尼 Asahan No.1 水电站调压井安装工程。调压井设计为地面式超高、超大钢结构圆筒形式，筒体地面总高度 67m，直径 18m，井壁钢板厚度 46～12mm，共 30 层，内壁对称、均匀分布有 8 根“Π”型竖撑，每两层（4m 或 5m）设置一道“T”型环形内横撑，底部设置 224 根 M100 长 5m 地脚螺栓与混凝土基础相连，主体钢结构重 1400t，为亚洲最高最大的地面式钢制调压井。

该项目属施工生产技术领域，目的是为了安全、方便、快捷、经济地解决调压井的构件高空吊装手段、施工作业平台、施工设施停放平台和施工期避雷等问题。

经研究，在调压井筒体内部设计了一大型钢结构的活动式液压举升平台，利用 4 口液压油缸完成平台的爬升，使平台随着调压井的逐层安装而同步上升。平台设计为上、下两层，上层为主平台、下层为吊架平台，吊架平台由设备停放吊篮、环形通道、上下楼梯组成，主平台为调压井筒体瓦片吊装、内壁焊接、探伤、返修、内壁防腐作业的主要施工平台。主平台上设绕主平台中心回转的回转平台，主平台与回转平台间设环形轨道行走机构；在回转平台上布置一台自制的臂架式起重系统，吊臂为桁架式钢结构形式，动力为两台卷扬机，一台作为吊臂的变幅机构、一台作为吊臂的提升机构，设备和材料均为现场施工常用设备和材料。液压举升平台在液压油缸的推力下逐层爬升，使起重系统始终处于调压井当前安装层的最高处，这样，采用简易起重手段解决了超高钢结构物构件吊装的难题；在回转平台上安装了避雷系统，其总高 16m、重约 300kg，可随着回转平台一同回转，并随调压井的逐层安装而逐层同步上升，解决了调压井高层安装期间的施工避雷问题；在井筒顶部布置了六个活动的双层钢结构挂棚，解决了调压井外部施工平台问题；在主平台上方设 4 个固定吊点采用 5t 手拉葫芦固定保险、在主平台下方设 4 道斜支撑腿及附加支座对主平台进行安全三保险设计，确保主平台的安全、牢固、稳定、可靠。

研究成果大胆而创新，方案形成了悬空活动的逐层上升的空中大型钢结构平台；成本低廉，方案实施费用约为 75 万元；施工方便而快捷，使调压井现场安装实现了高效、科学的流水作业；安全，各项安全设计消除了超高空施工雷击、坠落、触电、坠物伤人等安全隐患；内外活动平台的使用，避免了超高脚手架的搭设和使用，使施工场地整洁而简单，施工程序清晰流畅。

该成果的应用，节约了工期和成本，未发生安全、质量事故。该方案为国内施工单位首次使用的一种全新的施工方案，安全、方便、快捷、成本低，为今后超高、超大钢结构罐体安装提供了一种新的解决方案和思路，也为高层筒形结构的液压滑模施工过程中的物资材料的吊运提供了一种思路。

主要完成单位：中国葛洲坝集团股份有限公司三峡分公司、三峡大学机械与材料学院。

主要完成人：邹武、尤绪华、毛世勇、胡双元、王道斌、陈永清、姚雨。

（水力发电科学技术奖励工作办公室）

拉西瓦水电站反拱水垫塘水力试验及结构计算研究

“拉西瓦水电站反拱水垫塘水力试验及结构计算

研究”获2010年度水力发电科学技术奖三等奖。

反拱形水垫塘作为一种新型的水垫塘型式，其断面体形更适合拉西瓦消能区地形及地质条件。结合泄洪消能防护结构（底板）破坏的关键因素和动态作用机理分析及动水荷载作用下的防护结构—锚杆—基岩水体耦联结构体系的静动力响应特性分析，通过数值计算分析对反拱水垫塘结构体型及构造进一步深入研究，最终选择运行稳定可靠、经济合理的反拱型水垫塘结构体形。以满足工程建设的需要。

通过反拱形水垫塘结构分析研究，优化水垫塘细部构造、研究减少反拱型水垫塘底板、边坡锚固工程量和简化抽排系统的可能性和合理性。在确保结构安全运行的前提下，减少工程量，方便施工。

研究进行了三维有限元非线性静力和动力计算；1∶100水弹性模型试验，研究了反拱水垫塘的结构稳定和水力特性；选择了适合拉西瓦工程的反拱水垫塘。

成果主要依托拉西瓦工程的设计、施工。反拱水垫塘已用于拉西瓦工程。2009年拉西瓦工程蓄水发电，为以后同类工程设计提供丰富的经验。

主要完成单位：青海黄河上游水电开发有限责任公司、青海黄河上游水电开发有限责任公司工程建设分公司、天津大学。

主要完成人：谢小平、杨存龙、洪镝、宋永杰、孙玉军、周勇、张友科。

（水力发电科学技术奖励工作办公室）

滦河流域水库群联合调度及三维仿真

“滦河流域水库群联合调度及三维仿真”获2010年度水力发电科学技术奖三等奖。

成果针对滦河流域水资源系统特征，首先利用“天然—人工”二元水循环驱动原理研究在人类活动影响下流域径流形成机制，进行不同尺度的水循环全过程全要素模拟；其次研究基于演化算法的洪水预报模型参数率定方法，分析洪水时序特性，进行洪水演进预报研究；最后，为充分发挥现有水利工程的作用，达到发生中、小洪水时，充分利用洪水资源，实现洪水资源化，发生大洪水时尽量减小洪灾害损失的目的，深入系统研究潘家口、大黑汀、桃林口、陡河、于桥和邱庄等水库群的联合调度问题，在系统分析不同子区发生洪水的时空特性基础上，借助多种现代决策分析方法，结合研究区域来水、需水特性，提出科学的水库群联合调度策略，最终实现缓解本地区防洪压力和水资源供需矛盾的目标。

研究利用二元水循环原理研究变化环境下滦河流域水文特性，较好地揭示了“自然—人工”二元驱动力作用下的滦河流域水循环演变机理及规律；提出应用混合智能算法率定滦河流域三水源新安江模型参数的方法，提高了率定参数的效率和洪水预报精度；建立了基于现代智能算法的水库群联合调度模型及求解方法；研制了基于三维仿真技术的水库群联合调度决策支持系统，实现了调度结果的可视化，为水库群调度会商、决策提供了极大的方便，增强了成果的实用性。

潘家口等六水库自2006年6月开始应用该项成果指导实际生产调度，各应用单位都反映该成果洪水预报精度较过去有很大提高，通过实施水库群联合调度，更好地发挥了各水库工程的作用，提高了防洪与兴利效益。经统计，2006～2009年创造效益2.31亿元，取得了很好的效果。同时，为滦河流域实现水资源科学配置、高效利用以及加强水务一体化管理提供了重要依据。国内外文献查新结果表明，本项成果不仅在理论上有创新，而且在实践上具有重大的推广应用价值。

主要完成单位：华北水利水电学院。

主要完成人：邱林、王浩、陈晓楠、王文川、柴福鑫、严登华、吴庆林。

（水力发电科学技术奖励工作办公室）

华东电网新安江富春江梯级水库经济优化运行技术研究与应用

“华东电网新安江富春江梯级水库经济优化运行技术研究与应用”获2010年度水力发电科学技术奖三等奖。

新安江和富春江水库是华东电网有限公司直接调度的梯级水库，肩负着华东电网调频、调峰、事故备用及黑启动重任，由于水电机组启动迅速、调节响应快捷等优势，对于水电资源稀少的华东电网而言具有不可替代的重要作用。考虑到新安江水库处于富春江流域上游，且具有多年调节优势，二者构成典型的梯级水库，因此如何发挥好上游新安江水库的优势，做好整个梯级水库的联合经济优化运行具有非常重要的社会经济效益。

对于多年调节性能的新安江水库而言，调度实践更关注于水库的长期经济优化运行；对于日调节性能的富春江水库而言，调度实践更侧重于水库的短期经济优化运行。为充分发挥上游新安江水库的多年调节优势，做好整个梯级水库的联合经济优化运行，华东电网公司分期开展专题研究：一是侧重中长期优化的基于不同来水风险条件下新富水库调度策略研究；二是侧重短期优化的新富梯级水库联合优化调度系统的研究。二者相互补充，构成了华东电网直属新富梯级水库经济优化运行研究与应用体系。

成果首次提出了计算在水库预报条件下发生各种可能实际洪水的条件概率的新方法，即误差密度函数转移法；将预报降雨与预报洪水的条件概率、降雨径流关系、贝叶斯决策方法与随机动态规划法有机结合，建立了水电站中长期和短期预报发电优化调度模型，提出了兼顾安全与经济的新安江、富春江梯级水库调度方案；建立了基于中长期降雨预报和实时洪水预报的确定性、随机性优化调度系统，实现了降雨预测、洪水预报与水库优化调度的一体化运行；研究采用了基于多线程和控制技术的多特殊发电要求的梯级发电仿真精细化技术；研究建立了新富梯级水电站防洪一发电耦合一体化的多准则优化调度模型，对库群防洪发电调度系统进行快速求解，便于协调防洪与发电的矛盾；开发了新富梯级水库联合优化调度系统，能够科学、快速地作出洪水预案，系统能够协调顶潮供水、发电、防洪和航运等多目标要求并充分考虑节能发电调度需要。

近两年来，研究成果在华东电力调度通信中心和新安江、富春江电厂得到实际应用，具有独创性，其中“防洪与发电相耦合的梯级水库联合洪水调度优化方法”、“考虑顶潮供水综合要求的梯级水库短期发电优化调度方法”等已申请发明专利，相应应用系统已申请实用新型专利，有助于促进行业进步，非常适合在水利、电力调度等系统内推广使用。

主要完成单位：华东电力调度通信中心、河海大学、大连理工大学。

主要完成人：周坚、王强、董增川、陆建宇、武新宇、王亮、程春田。

（水力发电科学技术奖励工作办公室）

长引水电站合理生态流量研究及工程应用

“长引水电站合理生态流量研究及工程应用”获2010年度水力发电科学技术奖三等奖。

长引水电站建设的最主要特点是长隧洞引水式开发，往往造成闸/坝址至厂址之间河段不同程度地减水或脱水，由此可能对河段水生生物生境、水环境、景观、工农业及生活用水、地下水、两岸植被乃至局地气候等造成一定的影响。为减缓这些影响，需要从闸坝下泄一定的流量。该项目探求通过科学、先进的技术手段和方法，确定长引水电站所需要泄放的生态流量，实现经济效益与环境保护双赢，为项目决策提供科学依据。

该研究成果可增加电站年发电量约3.6亿kW·h，每年增加售电收入约0.77亿元、增加国民经济价值约1.26亿元。在下泄本次研究成果提出的生态流量后，锦屏二级水电站单位千瓦静态投资为5216元/kW，单位电能静态投资为1.033元/（kW·h），财务经济指标优越，仍不失为一个十分优越的巨型电源点。

研究成果促进了水电水利工程生态需水量的研究，对统一水电水利工程配套建设生态流量下泄设施必要性的认识和推动生态流量确定的规范化起到了重要的作用。环境保护部专门组织召开了此方面的研讨会，研究成果提出的生态水力模拟法被推荐为生态流量确定方法，并作为规范性方法收录于环境保护部2006年颁发的《水电水利建设项目河道生态用水、低温水和过鱼设施环境影响评价技术指南（试行）》中，对于大型水利水电工程，特别是长引水电站的生态流量的合理界定具有很好的指导和借鉴意义。

锦屏二级水电站位于雅砻江卡拉至江口河段的锦屏大河湾上，工程建设将造成闸址至厂址间长约119km的河段不同程度减水。成果以锦屏二级电站建设所造成的典型减水河段作为研究对象，在广泛的调研和资料收集、多学科的考察、监测、测量和调查等工作基础上，经过多种方法的比较演算，确定了锦屏二级水电站需合理下泄的生态流量，为项目决策提供了科学依据。目前该方法也已用于大渡河金川水电站和白水江梯级电站下泄生态流量的确定中，并取得较好的应用效果，在这些项目的决策中发挥了重要作用。

主要完成单位：中国水电顾问集团华东勘测设计研究院、四川大学。

主要完成人：芮建良、李嘉、张春生、陈祥荣、李克锋、陈奉良、廖琦琛。

（水力发电科学技术奖励工作办公室）

大尺寸深水孔洞封堵修复新技术的研究与应用

“大尺寸深水孔洞封堵修复新技术的研究与应用”获2010年度水力发电科学技术奖三等奖。

龚嘴水电站10号冲沙底孔检修门段的修复工程施工面位于水下60m处，已超过潜水员潜水极限深度，简单的潜水修补法已难以奏效。

该成果从2000年开始进行可行性研究，历时4年，通过不断探索与研究，研究了深水区大面积封水面不平整度无潜水自动精确测量技术、深水区PBM

混凝土（砂浆）快速大立面整体浇筑技术；研制了分体积木式可重复利用浮体闸门、深孔浮体闸门自动推进就位系统及可视化测控导向系统、特大型高强度大变形橡胶水封等。在龚嘴水电站10、15号冲沙底孔检修门段封堵修复工程中创新性地使用四项新技术解决了深水孔洞水下修补难题，同时减少了潜水员在60m水深范围内多次、繁重的深水作业所带来的安全隐患。此项成果突破了国内水电行业坝前进水口深水封堵的技术“瓶颈”，具有深水修补、自动封堵、重复使用3大优势，开创了国内同类修补的先河。成果已在10号底孔工程中成功应用，并已在15号底孔修补工程中推广应用，还将应用于6号底孔修补工程。具有广阔的市场价值和商业开发前景。

主要完成单位：国电大渡河公司流域检修安装分公司、国电大渡河公司龚嘴水力发电总厂、中国水电顾问集团西北勘测设计研究院。

主要完成人：覃友中、向进、周业荣、杨志明、沈定斌、董建顺、丁晓利。

（水力发电科学技术奖励工作办公室）

怒江流域（中下游）区域构造稳定性与水电开发关系研究

“怒江流域（中下游）区域构造稳定性与水电开发关系研究”获2010年度水力发电科学技术奖三等奖。

成果主要通过收集资料、野外考察、样品测试等研究工作系统地研究了怒江流域（中下游）区域新构造演化、地震活动性研究、断裂分布及其活动性、地震与断裂的关系等有关区域构造稳定性的内容。重点研究了怒江断裂带的几何学、运动学特征，主要包括断裂带的组成、展布、长度、规模、延伸、排列等特征，以及断裂带的分段、运动方式、位移量和最新活动时代等。在此基础上对怒江中下游各梯级电站近场范围内的主要断裂的活动性进行了研究，对其发震能力进行了分析，评价了各梯级水电站的区域构造稳定性。

研究表明，怒江断裂带的主要活动时期是在中更新世以前，无晚更新世以来活动的地质地貌证据，不属于活动性断裂。除光坡梯级外，各规划梯级水电站场区内也无发生强震的发震构造分布。怒江中下游各梯级场地附近记录的历史地震数量少、频度低、震级也相对较小，地震危险性主要来自外围强震的波及影响。因此，怒江流域的区域构造稳定条件不制约怒江中下游河段规划水电站的开发建设。

成果首次将通过规划河流的一条区域性断裂作为整体进行了系统研究，填补了怒江中下游流域有关断裂的分布、组成和活动性等研究的空白，在国内尚属首次。研究成果将用于未来怒江流域各梯级水电站的区域构造稳定性评价，可减少各梯级电站的区域构造稳定性评价中的重复工作量，加快怒江整个流域水电的开发进程，体现出本项目对怒江水电开发的巨大经济和社会效益。

主要完成单位：水电水利规划设计总院、中国地震局地震预测研究所。

主要完成人：彭土标、袁建新、范俊喜、陈国星、王惠明、张东升、田勤俭。

（水力发电科学技术奖励工作办公室）

强岩溶地区大型地下洞室群施工技术研究及应用

“强岩溶地区大型地下洞室群施工技术研究及应用”获2010年度水力发电科学技术奖三等奖。

研究成果将大型地下洞室群施工技术与大规模岩溶处理技术有机结合，成功解决众多技术难题；通过理论计算对岩溶管道对洞室群围岩稳定影响进行了分析，提出了洞室群周边岩溶管道处理范围和处理时机，为岩溶管道处理措施提供了理论依据；采用了地质雷达扫描等6类勘探技术，成功探明了地下洞室群岩溶系统的分布情况，总结了各类勘探技术的适用条件，形成了一套切实可行的强岩溶地区施工期岩溶勘探技术；总结形成了6种岩溶的涌水、涌泥处理技术和8类岩溶跨越处理技术，并据此归纳出了强岩溶地区大型地下洞室群7类典型施工程序，在理论和实践上均具很强的借鉴价值；对岩壁吊车梁岩台开挖工艺和预应力锚杆二次张拉施工工艺进行了系统的研究，并总结编制了相应的施工工法。

通过数值分析手段，研究了岩溶管道对洞室群围岩稳定性的影响，提出了根据洞室群塑性区确定周边岩溶管道处理范围的原则，通过敏感性分析和施工进度相结合，选择适宜处理时机与方法。通过地质雷达扫描、孔内CT物探、钻孔超前探测、导洞探测、通道追溯等岩溶勘探技术的综合应用，进一步深化了各类勘探技术的适用条件，形成了一套施工期岩溶勘探技术。首次总结形成了“动态监测、控制释放、分区截断、多点设防、接力抽排”的岩溶涌水、涌泥处理技术；综合运用了“绕道通行、拱桥跨越、防护穿越、栈桥跨越、垫渣跨越、置换跨越、避让跨越、强堵穿越”8类强岩溶地区大型地下洞室群施工技术。首次归纳了“治水优先”、“随层处理，逐层回填”、“跨越岩溶，平行作业”、“分界优先，辟径处理”、

“分段截断，分期处理”、“临时封堵，适时处理”、“预留通道，择时处理”7类强岩溶地区大型地下洞室群典型施工程序。成果已在构皮滩水电站应用。

主要完成单位：贵州乌江水电开发有限责任公司、中国水利水电第十四工程局有限公司、长江勘测规划设计研究有限责任公司。

主要完成人：赵三其、字继权、黄辉、陈文理、偰光恒、雷辉光、杨桂鹏。

（水力发电科学技术奖励工作办公室）

锦屏深埋交通洞设计施工关键技术研究及应用

“锦屏深埋交通洞设计施工关键技术研究及应用”获2010年度中国电力科学技术奖一等奖。

该项目结合国内第二深埋隧道——锦屏深埋交通洞设计施工，开展高压大流量地下涌水处理、高地应力岩爆处理、长隧道通风等技术研究，取得了超前地质预报、高压大流量岩溶管道突水处理、岩爆防治、长距离运营通风等重要技术成果。取得了“超高压突发性地下水喷涌水的分流减压处理方法”和“用于封堵高压地下水的混合灌浆装置及其混合法灌浆工艺”2项发明专利，“封堵高压地下水的混合灌浆装置”和“在隧道内采用预应力锚杆安装射流风机的结构”等2项实用新型专利。

（一）主要技术创新点

（1）通过宏观（采用工程地质法）、长距离（采用TSP预报）、短距离（采用地质雷达、超前探孔）相结合的岩溶管道突水超前预测预报技术，完善了三级地质超前预测预报方法，弥补了深埋隧道前期无法采用常规勘探手段的不足，避免了特大涌水可能造成的地质灾害。

（2）发明了岩溶管道特大型突水的分流减压处理方法，在无法对出水点直接采取灌浆处理的情况下，通过对出水构造的预测和分析、分流减压孔减压等措施，降低喷涌点的水量和压力，将涌水点水压控制在可以处理的范围内，逐步处理出水点，使特大涌水的灌浆封堵处理成为可能，大大节省了投资，缩短了施工工期。在无法采用灌浆封堵的特大涌水的情况下，采用分流导洞，预埋低、高压钢管分级提压等系列措施，将动水转化为静水，封堵涌水点。开发了封堵高压地下突水的混合灌浆装置及其混合法灌浆工艺，实现了高压地下水灌浆封堵。

（3）采用应力解除爆破、喷超细粉纳米混凝土、机械涨壳式锚杆或水胀式锚杆等系列岩爆处理技术，较好地解决了深埋强岩爆的预防和处理问题。

（4）采用物理模型和CFD数值模拟技术研究洞壁糙率系数、横通道阻力系数、风机安装修正系数等，并用现场实测手段复核和验证，解决了洞型不规则和无竖井通风条件下射流风机用于特长隧道通风的关键技术问题，使锦屏交通洞射流风机纵向通风长度在正常运行条件下达到了17.5km。

（二）应用领域与推广前景

该项目成果在锦屏交通洞施工中得到了应用，使交通洞顺利贯通和投入运营，解决了锦屏一级、锦屏二级、杨房沟、卡拉等水电站工程施工期和运行期的交通问题，大大加快了锦屏等工程的建设步伐，推进了深埋隧道工程设计施工技术的发展，尤其在高压地下突水处理技术难题方面有重大突破，在类似工程中具有广泛的推广应用前景。

（三）获奖单位

中国水电顾问集团华东勘测设计研究院、二滩水电开发有限责任公司、中国水利水电建设工程咨询公司、中铁十四局集团有限公司、中铁二局第二工程有限公司、浙江华东建设工程有限公司。

（四）获奖人

张春生、陈云华、王柏乐、祁宁春、周垂一、单治钢、陈祥荣、侯靖、胡建华、杨多根、王惠明、周春宏、张帆、侯永和、孙亮。

（摘自《中国电力科学技术奖获奖项目汇编》）

我国清洁能源发展方式研究

“我国清洁能源发展方式研究”获2010年度中国电力科学技术奖二等奖。

大力发展清洁能源是我国调整能源战略、保障能源安全、应对气候变化、履行国际承诺的必由之路。风能、太阳能等清洁能源的大规模集中开发的技术和经济问题更为复杂，迫切需要研究清洁能源发展有关重大问题。

该课题围绕社会经济环境、能源资源及开发条件、开发规划、市场消纳与输送、并网技术标准及政策法规体系等清洁能源发展的相关重大问题，统筹考虑电力与清洁能源的协调发展，准确把握清洁能源加速发展的新趋势，以寻求安全、清洁、经济、高效的清洁能源开发利用方式为目标，优化配置能源环境和能源结构，努力提高能源效率和能源安全。

该课题的主要研究成果和研究结论已被国家能源局等单位采纳，应用于《科学发展的2030年国家能源战略研究报告》、《国家能源基地发展战略研究》、《能源发展“十二五”规划》和《风电接入电网和市场消纳研究》等课题中。

（一）主要技术创新点

（1）首次系统研究了实现我国政府承诺的温室气体减排和能源结构优化调整的能源和电力发展战略、实施路径及发展重点，定量分析了电力发展在温室气体减排和能源结构调整中的作用。

（2）分析了全国大型风能、太阳能基地的资源及分布，提出描述风电基地出力特性的技术参数。

（3）首次把清洁能源发电整体纳入了电力发展规划，建立了多时间尺度、多区域的清洁能源与电力系统整体优化模型，研究了考虑温室气体减排的电源结构优化、电源布局和跨区电网协调发展方式。

（4）在全国层面研究了未来我国风电开发的规模、布局和消纳市场，及太阳能发电发展前景。

（5）深入研究了我国西部、北部能源基地的风电及火电的联合开发及输送，提出风火联合输送、输煤输电并举的能源开发和输送体系，保障电力系统整体及各环节发展的技术可行性和经济合理性。

（6）提出了促进我国清洁能源发展的并网技术标准，建立了政策法规框架体系，为我国完善清洁能源政策法规提供参考。

（二）应用领域与推广前景

研究成果可应用于能源战略、能源规划、能源政策、电力规划等领域。所研究的方法体系及相关研究结论可在能源局等政府主管部门、能源电力有关科研和生产单位中推荐，促进我国清洁能源健康可持续发展。

（三）获奖单位

国家电网公司、国网能源研究院、国务院发展研究中心企业研究所、国家发展和改革委员会能源研究所、中国水电工程顾问集团公司、中国科学院电工研究所、中国电力科学研究院、厦门大学。

（四）获奖人

舒印彪、王敏、赵庆波、张运洲、白建华、张正陵、蒋莉萍、李琼慧、贾德香、辛颂旭、陈默子、程路、刘贵元、张风营、吴静。

（摘自《中国电力科学技术奖获奖项目汇编》）

高寒地区高拱坝冬季施工综合技术研究及应用

“高寒地区高拱坝冬季施工综合技术研究及应用”获2010年度中国电力科学技术奖二等奖。

拉西瓦水电站坝高250m，双曲拱坝，是黄河上游坝体最高的水电站，也是我国高寒地区最高的薄拱坝。主坝混凝土总方量282万m^3，其中冬季施工混凝土126万m^3。工程地处我国西北高寒地区，冬季较长，多年平均气温7.2℃，极端最低气温零下23.8℃，日温差大，干燥多风，寒潮冲击频繁，年冻融循环次数最大达117次。大坝混凝土全年不间断施工，坝体设计稳定温度为7℃，冬季施工技术要求高、难度大。

（一）主要技术创新点

（1）优化确定了适合冬季施工要求的混凝土配合比，研发的WQ—X型稳气剂降低了施工过程中混凝土的含气量损失，提高了混凝土的工作性及耐久性。

（2）采取骨料二次预热、热水拌和、保温快速运输、仓面机械化作业、内贴式保温工艺及“综合蓄热法”等系列措施，保证了冬季混凝土的施工质量和进度。

（3）研究提出了浇筑前采用基面电热毯预热、浇筑过程中采用周边暖风加热、仓面保温覆盖的“综合蓄热法”新工艺，与常规的“暖棚法”相比，更适合大型机械作业提高浇筑强度，利于施工安全、保证质量和节约成本，具有创新性。

（4）采用小体积大容量低温（3℃）闭式循环移动式冷水机组，满足设计封拱温度7℃的要求。

（5）采用15cm挤塑苯板加厚保温及盖重区分梯度冷却等措施，实现了全年封拱灌浆施工。

（二）应用领域与推广前景

通过对混凝土原材料、配合比、冬季施工工艺、封拱灌浆、温控防裂及施工管理等技术的系统研究与实践，有效解决了传统冬季施工进度慢、施工成本高的难题，总结出了一套科学、合理的高寒地区高拱坝冬季快速、安全、优质的施工技术措施，适用于同类工程的建设施工。已获国家专利1项，并形成了工法，社会和经济效益显著，具有广阔的推广应用前景。

（三）获奖单位

中国水利水电第四工程局有限公司。

（四）获奖人

席浩、王裕彪、李琪、杨晓伟、舒仁轩、吴涛、雷永红、甘贺德、连立勇、王锐。

（摘自《中国电力科学技术奖获奖项目汇编》）

深厚覆盖层不对称地基高沥青混凝土心墙堆石坝关键技术

“深厚覆盖层不对称地基高沥青混凝土心墙堆石坝关键技术”获2010年度中国电力科学技术奖二等奖。

该项目依托于四川省南桠河冶勒水电站沥青混凝土心墙堆石坝工程。工程筑坝条件极为复杂：高海拔，寒冷多雨，场地地震基本烈度高（Ⅷ度），坝基左右岸严重不对称（左岸为基岩，右岸为深厚覆盖层，右坝肩覆盖层最深超过420m）。针对众多建坝难题，组织开展了“深厚覆盖层不对称地基高沥青混凝土心墙堆石坝关键技术”的科研攻关，时间跨度约20年。

项目研究初期，针对坝址区极为复杂的地质环境，侧重于建坝基础条件的揭示和论证。项目研究中期，随着工程设计的进展以及国内试验和计算水平的发展，针对性开展了一些验证性的科研实验和优化设计工作，逐步探索攻克工程关键技术难题。项目研究后期，工程进入实施阶段，根据施工情况变化，系统完善工程关键技术处理方案，为工程建成并投运奠定了坚实的基础。

（一）主要技术创新点

（1）自主研制和应用了SD金刚石钻进与半合管取芯系列钻具及SM冲洗液金刚石钻进工艺技术，创造了覆盖层钻探深度的新纪录（最大钻孔深度420m）。

（2）创造性地提出了垂直分段联合防渗的结构形式，解决了右坝肩420m覆盖层基础防渗问题，即“挖槽明浇14.5m高钢筋混凝土心墙＋70m台地防渗墙＋9m高钢筋混凝土廊道＋60余米廊道内防渗墙＋60余米帷幕”，其中，140余米深的防渗墙分上、下两层施工，中间通过钢筋混凝土廊道连接的防渗型式属国内外首创，已获得国家发明专利。

（3）提出了采用小断面钢筋混凝土基座的硬接头方式，解决了深厚覆盖层上沥青混凝土心墙与地基防渗墙之间连接问题。

（4）成功建成了世界唯一的深厚覆盖层上100m级高沥青混凝土心墙堆石坝。大坝运行至今已近5年，大量内外观监测资料和大坝工作性态反演分析均表明，坝体与基础各部位应力和变形较协调，位移变形趋势符合本坝基特点和土石坝的一般规律，其工作性态良好。

（二）应用领域与推广前景

该研究成果对深厚覆盖层、不对称地基上建高沥青混凝土心墙堆石坝具有重要的指导作用。冶勒大坝建成后，在深厚覆盖层、高地震烈度区，沥青混凝土心墙堆石坝已成为当地材料坝一个重要比选的坝型，如四川大渡河上已建的龙头石、筹建中的黄金坪等电站均已采用该坝型。该项研究成果适合在沥青混凝土心墙坝工程、覆盖层勘探、覆盖层基础防渗处理中推广应用。

（三）获奖单位

中国水电顾问集团成都勘测设计研究院。

（四）获奖人

郑声安、陈五一、宋胜武、何顺宾、余挺、胡永胜、郝元麟、叶发明、余学明、王晓东。

（摘自《中国电力科学技术奖获奖项目汇编》）

向家坝水电站工程大型沉井群施工技术研究与应用

“向家坝水电站工程大型沉井群施工技术研究与应用”获2010年度中国电力科学技术奖二等奖。

沉井在道路、桥梁、航运等工程建设中比较常见，但一般以单井为主，施工干扰较小。在水电工程如铜街子、宝珠寺、天生桥等水电站也有群井施工，施工方法一般参考单井施工经验，且深度较小，观测与监测数据不多。向家坝水电站沉井群由10个沉井组成，不仅尺寸大、井间间距小、下沉深度深、穿越地层复杂，而且工期要求紧，无论是工程规模还是施工难度均属国内外罕见。由于向家坝水电站左岸一期土石围堰修建在厚度达45～62m覆盖层地基上，且覆盖层层次结构复杂，而左岸基坑开挖及导流工程施工又均紧临一期土石围堰的左岸坡脚，如不做地基处理进行基坑开挖，必然会危及堰坡稳定，进而影响一期土石围堰的安全运行。

该项目的研究与实施，在水电站建设史上首创了沉井填芯采用堆石混凝土技术，采取各种综合手段降低地下水，使沉井群正常下沉；采用直螺纹套筒连接技术解决了沉井整体滑模施工条件和沉井下沉的难题；采用了空气膜、泥浆套、单侧取土和爆破振动等技术进行助沉和纠偏，解决了砂砾石、粉细纱层和崩块石层等复杂地层情况下的沉井下沉问题。沉井右侧井间锁口采用钻孔灌注桩技术代替高压旋喷灌浆方案，保证了沉井右侧井间挡土的可靠性；沉井施工过程中对沉井的刃脚压应力、壁面摩阻力以及沉井倾斜度等进行了全面的监测，确保了沉井群全部安全终沉到位。

该项目研究成果已经运用于向家坝水电站左岸主体及导流工程大型沉井群施工实践中，大型沉井群已经安全、顺利终沉到位，满足设计要求。该项目在实施过程中，探索出了一套行之有效的施工方法。

（一）主要技术创新点

（1）沉井首节预制混凝土施工时，刃脚底部采用现浇混凝土垫层代替传统的枕木支垫方式。

（2）沉井左侧混凝土壁面过缝钢筋采用直螺纹施工技术，解决了滑模连续滑升和沉井下沉问题。

（3）沉井多个井格混凝土浇筑采用整体滑模联动滑升技术，解决了沉井井身混凝土快速上升问题。

(4) 沉井下沉过程中井外、井内均合理布置降水井，采用联合降水方式降低地下水位，以保证渗水量大的沉井内的正常取土下沉条件。

(5) 沉井取土下沉过程中，采取空气膜、泥浆套、单侧取土和爆破振动等技术进行助沉和纠偏。

(6) 沉井井格内回填混凝土采用堆石混凝土技术代替常态混凝土分层浇筑方案。

(7) 沉井井间锁口采用钻孔灌注桩技术代替高压旋喷灌浆方案。

(二) 应用领域与推广前景

项目实施过程中探索出的施工方法，可广泛应用于水利水电工程设计、施工、科研及教学。随着我国综合国力的增强和“西部大开发”战略的深入，根据水资源开发规划，我国将陆续有大型水利工程投入建设，大型沉井群施工应用前景非常广阔。

(三) 获奖单位

中国葛洲坝集团股份有限公司三峡分公司、葛洲坝集团基础工程有限公司。

(四) 获奖人

周厚贵、邢德勇、郭光文、周建华、戴志清、焦家训、张开广、李绍东、韩炳兰、余英。

(摘自《中国电力科学技术奖获奖项目汇编》)

复杂地质高陡边坡施工技术与安全控制

“复杂地质高陡边坡施工技术与安全控制”获2010年度中国电力科学技术奖三等奖。

锦屏一级水电站是雅砻江干流下游河段的控制性水库梯级电站，挡水建筑物为混凝土双曲拱坝，最大坝高305m，是世界已建和在建的最高拱坝。大坝左岸边坡工程开挖高度540m，总开挖量550万m^3。边坡断层破碎带、节理裂隙发育，卸荷强烈，地应力高，地质条件复杂。该项目依托锦屏一级水电站大坝左岸边坡工程，对坝肩高边坡稳定性及施工过程进行了动态仿真分析，探索了复杂地质高边坡开挖施工技术，开展了高陡边坡施工安全监测控制技术研究，获1项国家发明专利，形成了工法，部分技术成果已被相关标准引用，经济和社会效益显著。开挖完成1年多来，各类监测数据变化规律正常，已收敛趋于稳定。

(一) 主要技术创新点

(1) 针对高陡边坡开挖规模大、稳定条件差、安全风险高等特点，研究开发了一整套科学合理的边坡施工技术，实现了边坡工程的安全优质快速施工，形成了一整套成熟的复杂地质边坡安全控制和开挖施工技术。

(2) 形成了复杂地质高边坡开挖施工安全控制组织管理模式、80m深水平锚索孔成孔技术、预应力锚索张拉自动监控系统和高地应力坝基开挖施工技术，为类似高边坡工程施工积累了成功经验。

(3) 采取先进的技术措施和科学管理，利用科研成果，不仅节约施工成本，而且节约建设工期约4个月，为工程顺利完建奠定了基础。

(二) 应用领域与推广前景

该项目可应用于水利、交通、矿山工程等领域。成果于2007、2008年在锦屏工地进行了多次专家技术交流，部分成果已被相关标准引用，有力地推动了高边坡施工技术的进步和发展。成果已在大岗山水电站坝肩边坡等类似工程中推广应用，可为白鹤滩、乌东德及同类水电站边坡工程提供经验借鉴。

(三) 获奖单位

中国水利水电第七工程局有限公司、四川大学。

(四) 获奖人

郗举科、吴军、向建、刘学、杨兴国、吴旭、李洪涛。

(摘自《中国电力科学技术奖获奖项目汇编》)

分裂变技术在不良围岩条件下大型地下厂房中应用

“分裂变技术在不良围岩条件下大型地下厂房中应用”获2010年度中国电力科学技术奖三等奖。

该项目依托琅琊山抽水蓄能电站进行开发性研究，针对不良地质条件下修建大型地下厂房系统，进行机电设备选型、电气主接线、厂房布置、水工结构和支护等一系列研究。在国内大型抽水蓄能电站和大型水电站率先采用2台机组共用1台分裂变压器的厂房布置方式，将主变压器布置在主厂房两端，取消主变压器洞和数条母线洞等交叉洞室，简化了地下洞室群布置，有利于洞室稳定，有效地解决了不良地质条件下大型地下洞室群因围岩稳定导致布置困难的问题。同时，减少施工期的工作面和运行期的巡检场所。研究成果已全部成功运用于工程实践，琅琊山抽水蓄能电站4年施工和4年运行的各项监测资料表明，措施合理，结构安全，取得了明显的经济效益和社会效益，对不良地质条件下水电工程大型地下洞室群建设具有重要的指导意义。

(一) 主要技术创新点

(1) 为解决大型电站地下厂房区域不良地质条件下多洞室的交错对围岩稳定的影响，创新采用发变组扩大单元接线、分裂式变压器地下厂房布置型式，将主变压器室布置在主厂房两端，取消主变洞，减少洞室群规模，有效提高洞室群整体稳定性。

（2）通过发电机电压回路设备型式选型研究和设计，在国内外首次采用抽水蓄能电站成套组合开关装置（该装置已获得国家实用专利），布置紧凑，为简化洞室数量创造条件。

（3）在国内首次将发电电动机电压回路设备布置在大型电站主厂房的发电机层和母线层，取消数条母线洞，减少枢纽洞室群数量。

（4）首次在国内大型抽水蓄能电站和水电站中采用“两机一变”厂房布置形式，使众多机电设备布置在地下厂房各层，既满足设备布置和运行维护要求，又满足机组支撑、结构抗振要求，主机间采用“两机一缝”结构分缝形式和厚板结构，国内首次利用系统支护兼抗振锚杆和节点抗振锚杆加强对厂房结构的约束，保证厂房结构安全。

（5）国内首次采用独立大洞室，解决地下厂房枢纽洞室的交错对不良地质围岩稳定影响，提高洞室群整体稳定性。

（二）应用领域与推广前景

琅琊山抽水蓄能电站地下厂房布置方式的成功应用，不仅为复杂地质条件下地下洞室的工程勘察、设计和施工提供了宝贵的经验，而且使水电工作者对符合修建大型地下洞室群的围岩类别标准有了突破性地认识，更为大型地下洞室群的布置方式提供了多种选择。该项目成果具有很大的经济价值和社会效益，应用前景良好。

（三）获奖单位

中国水电顾问集团北京勘测设计研究院。

（四）获奖人

郝荣国、万凤霞、吴奎、雷旭、周振忠、蒋一峰、苟东明。

（摘自《中国电力科学技术奖获奖项目汇编》）

拉西瓦 750kV 超高压输变电设备安装调试技术研究与应用

“拉西瓦 750kV 超高压输变电设备安装调试技术研究与应用”获 2010 年度中国电力科学技术奖三等奖。

拉西瓦水电站是世界上首座高寒高海拔地区 750kV 超高压水电站。工程施工技术难度大，质量要求高，安装工期紧，施工强度高。发电机高程 2238m，750kV 系统设备布置在 2515m 以下。

根据 800kV 主变压器、气体绝缘封闭电器（GIS），输电线路（GIL）设备结构特点成立了现场科技攻关研究小组，使拉西瓦电站设备安装全程受控，成功完成了各设备的安装、调试及试运行，编制了 800kV 主变压器、GIS、GIL 等 3 项企业工艺标准，撰写了课题研究与实践成果报告。考虑海拔修正因素，拉西瓦高压设备安装技术水平已达到平原地区 1000kV 设备等级标准。

（一）主要技术创新点

（1）提出了 800kV 电力变压器绝缘油处理工艺方法：变压器检验合格后，油中 0.5μm 颗粒＜900 个/100mL，击穿电压＞70kV，含气量＜0.5%，水分＜8μL/L；高压绕组放电量＜5pC。

（2）设计制造专用净化室（相对湿度＜30%，颗粒度＜6000 个/ft^3），成功解决了 800kVGIS 安装环境控制点质量保证难题；GIS 安装完成后，年漏气率（气体泄漏）＜0.5%，断路器水分＜120μL/L，其他元件水分＜150μL/L；一个完整绝缘间隔放电量＜5pC。

（3）制定了 800kV GIS 设备振荡雷电冲击试验技术方案，完成了三串间隔 GIS 开关站冲击电压试验，数据符合相关规范技术要求。

（4）制定了 210m 垂直竖井 800kV GIL 安装技术方案，使两回 2800m GIL 能够顺利完成安装。

（5）制定了大落差（234m）、低气温（－23℃、覆冰 100mm）抽真空充 SF_6 工艺流程，精确计算抽真空充气时间和安装时间，成功解决了 800kV GIL 安装难题。

（二）应用领域与推广前景

该项目的成功研究与实施，为国内水电站高海拔、大温差、高寒地区 750kV 等级超高压升压输变电工程设备安装、调试及运行积累了宝贵经验，可广泛应用于后续建设的水电站特高电压等级输变电设备施工领域。

（三）获奖单位

葛洲坝集团机电建设有限公司。

（四）获奖人

江小兵、刘灿学、徐广涛、张为明、范于军、吴绍忠、韩满国。

（摘自《中国电力科学技术奖获奖项目汇编》）

《水电工程施工组织设计规范》（DL/T 5397—2007）

“《水电工程施工组织设计规范》（DL/T 5397—2007）”获 2010 年度水力发电科学技术奖二等奖和 2010 年度中国电力科学技术奖三等奖。

水电工程施工组织设计是水电工程设计文件的重

要组成部分，是编制工程投资估算、概算及招、投标文件的重要依据，是工程建设和施工管理的指导性文件。作好施工组织设计，对合理选择坝址、坝型及枢纽布置，对优化设计方案，合理组织工程施工，保证工程施工质量与安全，满足环境保护和水土保持要求，合理利用土地资源，缩短建设周期和降低工程造价都有十分重要的作用。DL/T 5397—2007《水电工程施工组织设计规范》规定了水电工程施工组织设计应遵循的设计原则、设计方法和要求，是水电工程施工组织设计指导性技术标准，适用于编制新建、扩建的大、中型水电站和抽水蓄能电站工程的可行性研究阶段施工组织设计文件。

SDJ 338—1989《水利水电工程施工组织设计规范》(试行) 颁布试行已近20年，由于我国工程建设体制、施工技术进步、国家和地方有关建设征地、环境保护、水土保持、预防地质灾害、劳动安全与工业卫生、节能降耗等法律、法规和政策以及水电水利行业的设计和施工技术标准、规程规范的不断地补充和修订，都要求对原规范进行修补，以全面总结水电工程施工组织设计经验，规范和促进我国水电工程施工技术进步和发展，适应现代水电工程施工组织设计的需要。修订后规程共有前言、正文10章共376条及9个附录。修订后的《水电工程施工组织设计规范》，无论是从形式上，还是在内容上，都较原规范作了重大修改，其内容充分反映了当前水电工程施工组织设计水平，针对性和可操作性均比较强，对指导水电工程施工组织设计具有十分积极的意义，有利于保证和提高水电工程勘测设计成果的质量。

规范颁布一年来，已在中国水电工程顾问集团公司内部七个设计院、水电工程施工和工程建设管理单位等得到广泛应用，并在多个大、中型水电工程设计工作及建设中加以实践。应用及实践表明，规程的颁布和使用，对指导大、中型水电工程的施工组织设计工作，对保证工程安全、提高设计水平，保证设计质量，实现工程经济、快速、环保等方面具有十分重要的现实意义，也必将在水电水利建设中表现出巨大的社会效益和经济效益。

主要完成单位：中国水电工程顾问集团公司，中国水电顾问集团西北勘测设计研究院、中国水电顾问集团昆明勘测设计研究院、中国水电顾问集团成都勘测设计研究院、中国水电顾问集团贵阳勘测设计研究院。

主要完成人：水力发电科学技术奖为余奎、常作维、姚福海、陈及新、魏舫、谭建平、谢春生、吕国轩、赵万青、春光魁。

中国电力科学技术奖为余奎、常作维、姚福海、陈及新、魏舫、谭建平、谢春生、吕国轩、赵万青、春光魁、许文涛、黄河、周威、杨蕾、周垂一、吴朝月、胡志根、钟登华。

(本年鉴编辑部摘编)

700MW水轮发电机继电保护配置研究及应用

“700MW水轮发电机继电保护配置研究及应用”获2010年度水力发电科学技术奖三等奖和2010年度中国电力科学技术奖二等奖。

该项目依托龙滩水电站，对其典型的国产700MW水轮发电机的主保护配置、定子单相接地保护和转子一点接地保护方案进行了重点研究，取得了非常满意的成果并成功应用于龙滩水电站。

利用先进的同步电机分析理论和继电保护技术对700MW水轮发电机主保护配置进行了研究。结合发电机内部结构和电气参数，通过建模对发电机内部故障进行仿真计算并经分析比较选定最优主保护配置方案，同时确定发电机中性点的引出方式，实现了700MW水轮发电机主保护的定量化设计。

研究了适合龙滩水电站700MW水轮发电机的高灵敏度的100%定子单相接地保护，并实现了安全电流限制功能，避免了大型发电机注入式定子接地保护在故障电流很小情况下的不必要的跳闸。在保证发电机安全运行的前提下避免了不必要的停机、跳闸，保证了电网的稳定和质量。

研究了适合龙滩水电站700MW水轮发电机的转子一点接地保护，并实现了故障定位，利于电站运行人员对转子一点接地故障的快速检测和准确排查，避免转子两点接地严重故障的发生。

成果已在龙滩水电站700MW水轮发电机保护系统中得到了成功的应用，并通过实践检验，为保证发电机的安全稳定运行发挥了非常重要的作用，产生了巨大的经济效益和社会效益，得到用户高度评价，并为三峡右岸电站、溪络渡水电站、向家坝水电站、拉西瓦水电站等国内其他巨型水电站的发电机保护配置研究和设计提供了宝贵的借鉴经验。该项目在新技术应用创新、设计理念等方面对推动行业科技进步产生重大影响。另外，该项研究的成果在龙滩水电站国产发电机保护系统的成功应用，为国产微机保护装置在700MW巨型水轮发电机保护系统的应用提供了宝贵的经验，同时也促进了国产发电机保护装置技术和巨型水轮发电机保护系统整定计算技术的发展。

主要完成单位：中国水电顾问集团中南勘测设计研究院、龙滩水电开发有限公司、清华大学。

主要完成人：水力发电科学技术奖为李正茂、刘立红、袁志鹏、李力、桂林、徐立佳、王小兵。

中国电力科学技术奖为李正茂、刘立红、袁志鹏、李力、桂林、徐立佳、王小兵、初曰亭、孙宇光、张强。

（本年鉴编辑部摘编）

双向空气潜孔锤冲击回转钻进新技术研究与应用

“双向空气潜孔锤冲击回转钻进新技术研究与应用”获2010年度水力发电科学技术奖三等奖和2010年度中国电力科学技术奖三等奖。

该项目为解决水电站边坡复杂地层锚固钻进施工所遇到的钻孔孔壁坍塌、钻具埋没无法正常工作甚至报废、钻进造孔质量较差、工效较低与成本较高等一系列问题，设计制作了双向空气潜孔锤冲击回转钻进系统及配套装置，并制定了施工方法。

其主要特点与创新性如下：

（1）创新研究开发了双向空气潜孔锤冲击回转钻进系统，属国内外首创，有利于提高我国钻探成孔及锚固技术水平。

（2）适用性强。能用于各类复杂地层的注浆锚杆（索）、土钉施工及灌浆孔钻孔工程，解决常规锚杆施工方法在松散破碎复杂地层施工困难问题。

（3）提高钻进效率及锚固力。在松散土层，采用冲击回转挤土钻进成孔工艺，在岩石层采用冲击回转全面钻进工艺，可以大幅度提高成孔效率，与回转钻进相比成孔效率可以提高1～2倍。由于挤土效应提高了地层的致密度，相应地提高了松散地层的自稳性及承载力，单孔锚固力得以大幅度提高。

（4）提高成孔安全性及成孔质量。由于采用空气潜孔锤冲击回转挤土钻进，避免了水对地层土体的软化冲蚀破坏作用，提高了岩土体的密实度及自稳性，同时挤密孔壁提高了孔壁的稳定性，因此成孔安全性及质量得以保证。

（5）有利于孔内事故的处理。即使孔内出现掉块、缩径造成卡埋钻事故时，利用双向空气潜孔锤的反向冲击作用也可以顺利退出孔内钻具，防止孔内事故，并进一步挤密孔壁及地层，保证锚固质量。

（6）不需添加设备、降低生产成本。由于冲击回转钻进只需很小的钻压及转速，因此可以利用一般锚固工程采用的轻型锚杆钻机或地质钻机及空压机，不需添加其他设备，且施工效率高，质量好，可以大幅度降低生产成本。

（7）改善工作环境。由于不采用冲洗液循环介质，避免了工作面上的积水、烂泥现象，且尤其适用于干旱缺水的山坡地区施工。

主要完成单位：水力发电科学技术奖为中国水利水电第十工程局有限公司、中南大学。

中国电力科学技术奖为中国水利水电第十工程局有限公司。

主要完成人：涂建湘、隆威、邓树密、赵启强、向学忠、李堰江、陈茂。

（本年鉴编辑部摘编）

构皮滩双曲拱坝快速施工成套技术

“构皮滩双曲拱坝快速施工成套技术”获2010年度水力发电科学技术奖三等奖和2010年度中国电力科学技术奖三等奖。

该项目针对岩溶地区狭窄复杂地形条件下的高拱坝特点，深入开展了高拱坝快速施工关键技术系列科研攻关。从施工前期策划和施工组织管理研究、测量控制研究、大体积混凝土温度控制研究、高拱坝快速入仓施工工艺研究、施工安全过程研究、质量控制、环境保护和运行管理等方面进行系统研究，在新技术、新材料、新工艺等方面取得了一系列突破性科研成果，开发了针对狭窄复杂地形条件下的高拱坝优质快速施工成套技术，降低了成本，加快了进度，保证了质量，保证了高拱坝施工优质、快速高效。

在混凝土温度控制方面采用了先进的一、二次风冷骨料、充分加冰、加制冷水等组合方式预冷混凝土生产工艺和仓面高效喷雾器降温保湿、初期动态通水冷却削峰降温技术、聚乙烯泡沫材料保温保湿、外露面施工期苯板保温、坝体全年通水冷却等先进的综合温控施工技术。该工程施工中，通过严格的施工期混凝土温度、施工工艺和质量控制，有效地控制了混凝土浇筑温度、最高温度和内外温差，解决了夏季高温季节大体积混凝土浇筑温控难题和强约束区混凝土3.0m浇筑层厚的温控问题，缩短了混凝土浇筑工期。

通过优化混凝土配合比设计和浇筑施工进度仿真分析，合理配备施工资源、优化施工程序。综合采用了30t平移式缆机配侧卸混凝土运输车＋立罐不摘钩入仓及联合动作操作施工工艺、无混凝土压重固结灌浆施工工艺、坝面定型悬臂大模板和倒悬桁架式承重模板、全年通水冷却、全年接缝灌浆、中孔钢衬整节吊装等先进的拱坝成套筑坝技术，确保了构皮滩拱坝快速施工和工程施工质量及安全，为构皮滩电站提前发电打下了良好基础，其经济效益显著，节能、环保效益明显。施工工艺成熟可靠。

成果已在构皮滩、溪洛渡等工程建设中推广应用，并总结形成多项国家级和省部级施工工法，降低了成本，加快了进度，保证了高拱坝施工优质、快速高效，节能降耗明显，经济、社会和环境效益显著，应用前景广阔。

主要完成单位：中国水利水电第八工程局有限公司。

主要完成人：戴科夫、周政国、成新文、涂怀健、胡潇、姚国虎、鲁志刚。

（本年鉴编辑部摘编）

大流量、高水头条件下的灌浆堵漏技术

“大流量、高水头条件下的灌浆堵漏技术”获2010年度水力发电科学技术奖三等奖和2010年度中国电力科学技术奖三等奖。

锦屏辅助洞位于四川省凉山彝族自治州雅砻江干流锦屏大河湾上，是锦屏一级水电站对外交通的组成部分和关键性工程。由于辅助洞埋深达2000m，且地下水十分丰富，在施工过程中曾发生五次大流量、高压力突发性涌水，特别是发生在东端的A洞、B洞的涌水流量和压力之大在隧洞施工史上罕见，严重制约了隧洞的掘进施工。

工程山体富水，且受构造和岩性控制，随机性强，规律性差，往往超前预报和掘进钻孔都难以遇到，而在爆破后出现突发性的超大涌水时，难以控制；地下水水量大、水位高，水压大，含水裂隙的连通性并不好，往往形成多条地下水系，而每一条地下水系的补给源头远，水量丰富，这给处理地下水带来很多困难；为了保证当地用水，保住水源，不准疏排，因而对灌浆浆液要求较严，且采用全封闭灌浆堵截，必须保证环保要求；辅助交通洞为连接锦屏一、二级电站的交通要道，运行年限较长，对洞内安全要求高，对涌水封堵的时效要求较长；由于涌水反复性强，且不可预见、规律性差等特点，对于防止突然涌水的措施制定难度大，处理起来十分棘手（超前预灌浆还要经受开挖爆破震动的影响，效果很难一次达到理想状态）。

该项目针对上述情况进行大流量、高水头条件下的灌浆堵漏技术研究，取得了如下成果：

（1）研制成功了采用卡瓦与橡胶塞联合作用，能够承受14MPa灌浆压力的大型高压灌浆塞。在钻孔中，一旦遇突发性涌水，灌浆塞孔口部位的封闭装置在涌水压力的作用下自动密封，使高压水不能直接喷出，保护了现场工作人员和设备的安全。

（2）研制了高压自动卸荷系统。在高压灌浆中，自动卸荷系统在压力达到一定值后卸掉管路中的压力以保证操作人员的人身安全。

（3）研制了高压单向逆止阀。由于存在的高压水（泥浆）有危险，必须在管路或钻杆上安装高压单向逆止阀，以保证灌浆或钻孔的顺利进行。

（4）对3SNS灌浆泵进行了升级改造。3SNS泵的理论输出压力为10MPa，而实际在施工中输出压力仅为6MPa左右。

（5）研制了ZGTC－Ⅰ型钻灌平台车和钻灌一体化作业台车。加工的ZGTC－Ⅰ型钻灌平台车由履带车实现行走，上面布置4台套钻灌设备，可同时实现钻孔、卡塞、搅浆、灌浆等作业，以提高施工速度。在B洞的掌子面的局部封堵灌浆施工中，兼顾局部灌浆施工与开挖运输同步作业的需要，研制了钻灌一体化作业台车，具有轻便、体积小、可变形的优点。两种台车配合，很好地完成了钻孔、灌浆作业。

（6）还研制了针对较高水水流宽大裂隙的新型灌浆材料。

研究成果可以推广到类似工程项目和需要解决高压力、大流量的岩体堵漏项目中去，具有良好的应用和推广前景。

主要完成单位：中国水电基础局有限公司。

主要完成人：赵存厚、肖恩尚、韩伟、唐玉书、沈增良、姚朝铭、刘松富。

（本年鉴编辑部摘编）

复杂地质超大型水电站地下厂房施工技术

“复杂地质超大型水电站地下厂房施工技术”获2010年度水力发电科学技术奖三等奖和2010年度中国电力科学技术奖三等奖。

依托金沙江向家坝水电站地下厂房工程开展研究了向家坝地下厂房开挖施工过程围岩稳定；地下厂房洞室群施工安全监控系统及预警管理系统；地下厂房洞群三维渗流场分析及渗控措施；大断面多交叉地下厂房洞室群施工通风关键技术；高边墙大跨度地下厂房开挖精细控制爆破技术；地下厂房洞群施工过程动态仿真与快速施工技术等。

针对依托工程难点和特点开展的研究，取得了一批实用、创新的理论和技术成果，推进我国大型地下厂房施工技术水平迈向新高度，取得了良好的技术和社会经济效益。运用地下洞室群施工过程动态数值仿真技术，对施工通道布置、围岩稳定、通风、渗流场等进行分析论证，为大型地下厂房优质、安全、快速

施工提供了有效支持，可为其他工程借鉴；研究采用了“锚索超前造孔、中导洞开挖、对穿预锚、两侧分次扩挖”的施工工序，以及先洞后墙、控制爆破、随层支护等施工技术，制定了围岩稳定监控指标，建立了分级预警机制，实施动态监测、预警预控，有效控制了厂房顶拱和高边墙围岩的稳定和变形，实测边墙最大位移7.5mm。研制了内外导管钻孔定位装置，采用错位布孔、均匀微量装药、双层光面爆破技术，并实施预锚锁角，有效控制了爆破影响，确保了破碎岩体岩锚梁高精度成型，实现了地下厂房精细化爆破施工。岩台平均超挖2.9cm，不平整度小于4.0cm。

研究成果在依托工程中的应用，保证了开挖任务全面完成，地下厂房开挖获多项优质“样板工程”，实施效果优良，节约施工成本100万元人民币，节约建设工期2个月，保证了厂房关键工期，产生经济效益6.4亿元人民币。成果已经在大渡河大岗山水电站地下厂房、溪洛渡泄洪洞、马来西亚巴贡水电站导流洞开挖工程中应用，应用成效显著，取得了良好的效益。

成果在国内、国际学术会议上进行交流，多次获得优秀学术论文奖。项目相关技术成果在韩国举行的“第三届中日韩炸药爆破技术国际会议”和在西班牙举办的“第九届国际爆破破岩学术会议”上作为大会交流新技术，扩大了中国水电施工关键技术在学术和技术领域的国际影响。

主要完成单位：中国水利水电第七工程局有限公司、四川大学。

主要完成人：尹强、唐崇正、徐成光、杨兴国、刘益勇、李洪涛、杨建军。

（本年鉴编辑部摘编）

《水力发电工程地质勘察规范》（GB 50287—2006）

“《水力发电工程地质勘察规范》（GB 50287—2006）”获2010年度水力发电科学技术奖三等奖和2010年度中国电力科学技术奖三等奖。

《水力发电工程地质勘察规范》(GB 50287—2006)是为了统一水力发电工程（水电工程）地质勘察，明确各设计阶段勘察工作的任务、内容和技术要求，保证勘察工作质量，在原国家标准《水利水电工程地质勘察规范》(GB 50287—1999）基础上修订完成的。原《水利水电工程地质勘察规范》反映的是20世纪90年代初的勘察技术水平，而后水电工程设计阶段调整为规划、预可行性研究、可行性研究、招标设计和施工详图设计五个阶段，近年来，一大批大型或特大型的水电站和抽水蓄能电站已相继建成，或正在建设，或正在进行前期工作，积累了丰富的实践经验；“九五”和“十五”期间完成的有关科技攻关项目，使工程地质理论有了新的提高，勘察技术方法也有长足的进步，为了使新的工程地质理论、先进的勘察技术方法和成熟的实践经验转化为生产力，同时，也为了统一调整后各设计阶段工程地质勘察任务、内容、方法和技术要求，提高大型水电工程的地质勘察工作的质量，因此，对《水利水电工和地质勘察规范》进行了修订。

修订后的《水力发电工程地质勘察规范》共分为9章和17个附录，包括总则，术语和符号，基本规定，规划阶段工程地质勘察，预可行性研究阶段工程地质勘察，可行性研究阶段工程地质勘察，招标设计阶段工程地质勘察，施工详图设计阶段工程地质勘察和抽水蓄能电站工程地质勘察。

规范修订吸收了近年来国内外先进科技成果和工程建设经验，反映了当前我国水电工程地质勘察的技术水平和特点，标志着我国水电工程勘察技术现已处于世界领先水平，具有极高的指导意义和使用价值。

《水力发电工程地质勘察规范》是大量工程实践和前人经验的总结和提炼，其基础牢靠、内容全面、技术先进、操作方便。目前已应用在我国金沙江、雅砻江、澜沧江等多条大江大河上的多个大型水电工程和抽水蓄能电站的工程地质勘察中，并已翻译成英文版，在东南亚等国外的水电工程中得到应用，取得了显著的经济效益和社会效益。对提高水力发电工程地质勘察的技术水平和勘察成果质量等方面起到了良好的作用，对促进我国和水利水电行业科技进步作用显著。

主要完成单位：水力发电科学技术奖为水电水利规划设计总院、中国水电顾问集团北京勘测设计研究院、中国水电顾问集团昆明勘测设计研究院。

电力科学技术奖为水电水利规划设计总院、中国水电顾问集团北京勘测设计研究院、中国水电顾问集团华东勘测设计研究院、中国水电顾问集团中南勘测设计研究院、中国水电顾问集团成都勘测设计研究院。

主要完成人：王惠明、彭土标、李文纲、袁建新、王文远、万宗礼、杨益才。

（本年鉴编辑部摘编）

巨型水电站国产化计算机监控系统在龙滩水电站的研制应用

“巨型水电站国产化计算机监控系统在龙滩水电站的研制应用”获2010年度中国电力科学技术奖三等奖和2010年广西壮族自治区科技进步二等奖。

该项目采用 NC2000 计算机监控系统软件平台和 SJ—500 现地微机监控装置，全厂共 22 个 LCU 单元，监控测点 43 902 个，监视控制对象为 9 台 700MW 水轮机组及辅助设备、500kV GIS 设备等，电站上位机包括服务器、工作站共 22 台（套），通过双环网构成监控系统，满足电站“无人值班”（少人值守）的要求。

监控系统投产以来运行稳定可靠，自 2007 年 5 月 21 日投运至 2009 年 1 月 31 日，机组开、停机操作共 2478 次，同期并网操作 1089 次，操作成功率均为 100%，累计安全稳定运行时间为 25 148h。该项目总金额 3198 万元，创造经济效益 28 759.08 万元。

巨型水电站计算机监控系统的国产化将使电站的控制更适应我国电网的具体情况，能够充分满足电网安全稳定需求，对提高电网的安全可靠性具有重要意义。

（一）主要技术创新点

（1）首次在单机 700MW 巨型水电机组上实现国产化监控系统，监视控制国产化机组设备的模式。

（2）采用关键技术，使实时数据网络交换指标在 ls 以内，每节点支持 10 万测点数海量数据分析和处理。

（3）首次在 700MW 机组的巨型水电站机组上使用具有自主知识产权的 SJ—12C 自动准同期装置、DOP—1 型开出重漏选保护装置、SJ—30 通信管理装置。

（4）首次在单机 700MW 机组的巨型水电站应用独立测温 LCU 配置模式。

（二）应用领域与推广前景

适用于电力、煤气及水的生产和供应业。随着溪洛渡、向家坝、瀑布沟、锦屏、白鹤滩等巨型水电站的规划建设，具备完全自主知识产权的国产化巨型水电站计算机监控系统具有广阔的应用前景。

（三）获奖单位

龙滩水电开发有限公司、国网电力科学研究院、中国水电顾问集团中南勘测设计研究院。

（四）获奖人

杨振先、马杰、李力、张强、王惠民、谌德清、王鹏宇。

（本年鉴编辑部摘编）

200m 级碾压混凝土重力坝建设关键技术

以龙滩工程碾压混凝土大坝为依托的科技成果“200m 级碾压混凝土重力坝建设关键技术”荣获2010 年度国家科技进步二等奖。

项目自 1996 年开始，前后历时 10 年，20 多个单位数百名科技人员联合攻关，解决了 200m 级高碾压混凝土重力坝的关键技术问题，将我国碾压混凝土筑坝技术水平从 100m 跃升至 200m 级，筑坝高度、建设速度均有重大突破，在碾压混凝土坝体断面、防渗结构、温控防裂和质量控制等方面有实质性创新，形成了设计和施工的成套技术：

（1）揭示了富胶碾压混凝土层面力学特性，提出了 200m 级高重力坝全高度采用碾压混凝土的技术路线，形成了高碾压混凝土重力坝结构体型优化设计技术。较同高常态混凝土重力坝最优体型相比，减少水泥用量约 30%，节能环保。

（2）揭示了变态混凝土和二级配碾压混凝土的渗流特性，提出了精细模拟碾压混凝土层面渗流特性和排水孔功能的渗流分析方法，首次采用碾压混凝土自防渗技术，解决了 200m 级碾压混凝土重力坝防渗问题。防渗结构简单，实施效果好。

（3）揭示了高温和降雨对碾压混凝土层面质量影响及高碾压混凝土重力坝温度应力规律，提出了全年连续施工的质量控制标准和温控防裂措施，系统建立了高温多雨环境全年连续施工技术。突破了碾压混凝土坝夏季施工瓶颈、缩短了建设工期。

（4）提出了以带式输送为主体的大坝混凝土施工综合配套方案，开发了碾压混凝土施工现场凝结时间检测技术、喷雾降温技术和大仓面、大型施工设备协同作业动态控制技术，形成了碾压混凝土快速施工技术。大坝混凝土质量优良，施工速度创造了多项新纪录。

该项目技术已应用于龙滩碾压混凝土重力坝，使工程较计划工期提前 1 年完工，运行状态良好，发电、防洪、航运和水资源配置等社会、经济综合效益显著。龙滩大坝被国际大坝委员会评为“碾压混凝土筑坝里程碑工程”。该项目技术还在光照等 7 座高碾压混凝土重力坝工程中应用，在促进我国水力资源开发和“节能减排”方面发挥了重大作用。项目制、修订行业规范 2 部，获专利 2 项，形成国家一级工法 1 项，出版专著 2 部，修编设计手册 1 卷，发表论文 60 余篇，显著促进了行业科技进步，使我国碾压混凝土重力坝设计和施工技术跃居国际领先水平。

（龙滩水电开发有限公司　程纲为）

岩石力学智能反馈分析方法及其工程应用

以龙滩坝址高边坡为依托的“岩石力学智能反馈

分析方法及其工程应用”科技成果荣获2010年度国家科技进步二等奖。

项目针对大规模开挖诱发岩体工程灾害防治研究中灾害机理不清、力学参数给不准、灾害预测不准和控制不力等关键难题，开展了与工程灾害的孕育演化机制和特征相适应的岩体力学参数反演、安全性分析预测和调控方法研究，并应用于多个大型工程，避免了开挖诱发灾害的发生。该项目研究不仅是国家重大工程建设的需求，也是面向岩石力学学科的国际前沿需求。

（一）主要成果与特点

(1) 提出了考虑开挖损伤弱化的岩体力学参数智能反演方法，率先实现了与不同区域岩体开挖损伤弱化差异性相适应的变形和强度参数的合理反演，有效克服了传统方法中单一监测信息反演多个参数所带来的解的不唯一性、待反演参数对监测信息不敏感、监测物理量与待反演参数之间非线性关系难以准确表达、参数寻优易陷于局部极小值等关键不足。

(2) 提出了考虑开挖引起岩体损伤弱化累积的动态智能反馈分析与预测方法，使得岩体工程稳定性的分析预测建立在大规模多步开挖引起的岩体损伤弱化累积和监测信息动态更新的基础上。因此，开挖引起的岩体稳定性（安全性）时空演化规律的分析预测结果可以更符合实际。

(3) 提出了大规模开挖岩体损伤弱化过程的分区自适应调控方法，建立了大型岩体工程安全开挖新模式，提出了支护时机和方案动态全局优化方法，使得岩体工程安全性和灾害的调控可以自适应地与其时空演化规律相适应，主动调控与被动调控相结合，达到避灾的目的。

(4) 建立了大规模开挖岩体损伤演化过程分析预测与灾害调控的综合集成智能系统，首次实现了大规模工程开挖全过程中岩体力学参数反演、工程安全性动态反馈分析与预测和分区自适应调控的多任务、多方法、多元信息的综合集成及其可视化和智能化。

（二）成果应用

该研究创新成果成功应用于龙滩水电站坝址高边坡、三峡工程永久船闸高边坡、八尺门大型滑坡群、拉西瓦和水布垭水电站大型地下厂房等开挖全过程的稳定性动态反馈分析与分区自适应调控，有效避免了开挖过程中工程灾害的发生，取得经济效益3亿多元和显著的社会效益。

在本领域最顶尖学报《Int J Rock Mechanics and Mining Sciences》等上发表了SCI收录论文20篇和EI、ISTP收录论文105篇，被引用660多次，获软件著作权3项，专利4项，国内外学术大会特邀报告14次。以该研究成果为基础，应邀主持编写的国际岩石力学学会《岩石工程设计方法》初稿通过了国际专家组的审查。

（龙滩水电开发有限公司　程纲为）

岩溶地层抽水蓄能电站关键技术研究及应用

“岩溶地层抽水蓄能电站关键技术研究及应用”获2010年度安徽省科学技术三等奖。

琅琊山抽水蓄能电站是安徽省和滁州市“十五”期间重要建设项目。针对项目的工程特点，建设单位、设计单位勇于创新，敢于实践，开创性地工作，解决了面临的一系列高难度重大技术问题：

(1) 琅琊山抽水蓄能电站上水库是国内第一座修建于喀斯特地区而库区采用局部防渗处理的抽水蓄能电站上水库。库区地层岩性以上寒武系琅琊山组（$\in_3$Ln）及车水桶组（$\in_3$C）薄层至中厚层灰岩地层为主，并有下奥陶系上欧冲组（O_1S）及燕山期沿断层侵入的闪长玢岩蚀变岩分布。分布于副坝基至龙华寺一线的车水桶组中段（$\in_3C^2$）厚层灰岩喀斯特发育强烈，地表不仅有显著的溶沟、溶槽至溶坑、溶斗等喀斯特现象，还发育有不同规模的地下溶洞。溶洞注水连通试验表明，副坝上游的溶洞大多通过副坝坝基与库外连通，库区存在向库外的喀斯特管道型渗漏。为做好上水库的防渗、节约工程投资、提高电站的效率，开展了“喀斯特地区抽水蓄能电站上水库局部防渗处理措施的研究与应用”。

(2) 琅琊山抽水蓄能电站处于不良地质条件，洞室群围岩稳定性差，开挖支护施工困难，在国内外同类工程中实属罕见。因此，不良地质条件下地下厂房布置优化、机电设备选型和布置、大规模蚀变岩段顶拱及高边墙支护、岩壁吊车梁可行性、厂房不均一岩性基础处理等一系列问题成为琅琊山工程设计的关键技术难题。开展了“分裂变压器在抽水蓄能电站不良地质条件地下厂房中应用及厂房布置研究”。

(3) 琅琊山抽水蓄能电站上水库总库容较大，为1804万m^3，死库容为500万m^3，且没有天然径流。如果首台机组首次采用发电工况启动，则应考虑10个小时的空载流量完成动平衡调试及空载轴承温升试验时间，所需的上水库最小可调库容为70万m^3。首次抽水工况虽然在国内没有先例，但从技术上是可以实现的，采用首机首次抽水工况并网调试，不仅能合理安排上水库的施工工期，同时也不需再增建上水库供水系统，可以节省大量投资。开展了“抽水蓄能电站首机首次抽水工况并网调试研究及应用”。

（4）琅琊山抽水蓄能电站厂房区围岩以薄层灰岩为主，稳定能力较差，如果采用下游平行布置廊道这种型式，则该廊道将对厂房下游侧边墙稳定不利，故不良地质条件下抽水蓄能电站厂房周围以少布置地下洞室为原则。为解决不良地质条件下尾水事故闸门的布置问题，便于今后金属结构设备的运行维护，开展了“抽水蓄能电站尾水事故闸门与尾水调压井联合布置技术研究及应用”。

通过该项目的研究和应用，解决了首次在喀斯特发育区修建的蓄能电站上水库，通过“垂直灌浆帷幕”结合溶洞掏挖回填混凝土、水平黏土铺填等综合处理措施进行局部防渗，极大地节省了工程的工期和投资，取得了很好的效果，并为今后不良地质条件下建设抽水蓄能电站以及渗漏控制标准提供了实践成果；首次在国内将分裂变压器技术应用到水电工程，通过该技术首次在国内创新采用“两机一变”（主变压器布置在厂房两端）地下厂房布置型式，取消了主变洞及母线洞等5个洞室，有效解决了不良地质条件下大型地下洞室的整体稳定性问题，对符合修建大型地下洞室群的围岩类别标准有了突破性地开拓，为修建大型地下洞室提供了成功案例；首次采用抽水蓄能电站成套组合开关装置，国内首次将发电机电压回路设备布置在主厂房发电机层和母线层；首次在大型地下洞室中应用倒悬直立混凝土高边墙支护技术，成功解决了大范围Ⅳ～Ⅴ类围岩洞室高边墙稳定问题；创新采用L型悬吊刚性基础垫座结构在大规模（宽约20m）蚀变岩带（Ⅳ～Ⅴ类）基础上建成岩壁吊车梁；采用整体复杂箱型基础结构，成功解决抽水蓄能电站厂房不均一岩性基础的承载能力和变形问题；首台机组首次抽水工况并网调试技术为国内抽水蓄能电站首次成功采用，确保了机组调试的成功，该调试技术可节省首次充水费用和工期，具有显著的经济效益，在上水库死库容较大时更具有优势；首次研究了抽水蓄能电站尾水事故闸门和尾水调压井联合布置相关技术并加以应用，取消了尾水事故闸门廊道，将闸门平时悬吊并采用高扬程固定卷扬式启闭机实现现地和远方操作，解决了不良地质条件下减少地下洞室群布置的要求，也降低了尾水事故闸门和启闭机的制造、安装难度，并方便今后的运行维护和检修。

该项目研究获得的专利有：① 新型地下厂房岩壁吊车梁L型悬吊刚性基础垫座结构，实用新型，200920176291.4；② 抽水蓄能电站尾水事故闸门与尾水调压井联合布置结构，实用新型，200920176288.2；③ 趾板薄壁廊道整体防渗结构，实用新型，200920176289.7；④ 一种新型抽水蓄能电站拦污栅支承结构，实用新型，200920176290.X；⑤ 抽水蓄能电站组合式电气装置，实用新型，200920293532.3。

获奖单位：华东琅琊山抽水蓄能有限责任公司、中国水电顾问集团北京勘测设计研究院、北京国电水利电力工程有限公司。

获奖人：郝荣国、陈大鹏、吴奎、万凤霞、吴吉才、宫海灵。

（中国水电顾问集团北京勘测设计研究院 吴 奎）

折坡式消力池研究及其在水利水电工程中的应用

“折坡式消力池研究及其在水利水电工程中的应用”获2009年度陕西省科学技术奖二等奖。

该研究项目是依托陕西汉江喜河水电站在勘测设计以及建设施工过程中的研究和实践成果，针对喜河水电站泄洪消能特点——大单宽流量，低弗汝德数，高尾水位条件下利用折坡式水跃作为泄洪消能的手段，并在消力池末端设置差动式的齿坎，取得了良好的泄洪消能效果，达到节省工程造价的目的。

（一）主要技术创新点

（1）在解决工程中常见的溢流坝泄洪消能问题的过程中，对于所讨论的大单宽流量、低弗汝德数、高尾水的泄流条件，以传统水跃公式为代表的前人研究成果是无法应用的，这是因为跃前断面是受泄流条件制约的，而非可人为事先确定的。而本研究成果正是抓住了这个关键点，给出了相应的水力计算图表，可供查算应用。

（2）该研究项目首次阐明了折坡水跃的消能机理——从位于坝面上的跃头断面到坝下反弧断面之间的斜坡段是折坡水跃消能的重要区间，该区间是折坡式消能工消力池的一部分，许多时候当水流到达反弧处时已变成缓流，其后的消力池和尾坎主要起调整水流和防冲的作用，从而阐明了在所研究的条件下常只需很短的水平池长和适当的尾坎便可解决问题，而无需任何辅助消能工的原因。利用折坡水跃跃头位于溢流坝溢流面坝坡上，从跃头至坝下反弧末端这一段坝坡作为消力池长度的一部分，从而缩短消力池长度，缩短长度大约1/2～2/3。

（3）该研究给出了在已知流能比的条件下，求跃头前断面的位置和相应的弗汝德数，继而求得反弧断面的弗汝德数，为折坡消力池的水力设计提供了主要依据，设计应用简捷。

（二）应用领域与推广前景

该研究项目已经成功运用于陕西汉江喜河水电站，解决了其大单宽流量、低弗汝德数、高尾水条件下泄洪消能的关键技术问题，保证了工程安全、工期、投资，并经过工程运行检验取得了成功，创造直接经济效益约4800万元。喜河水电站自2006年6月15日下闸蓄水，2006年6月30日发电以来，共发电11亿kW·h。喜河水电站及其泄洪消能建筑物已安全运行5年多，各项监测指标满足规范要求，工程运行安全、可靠。

该科研成果适用于低水头，大单宽流量，低弗汝德数，高尾水位条件下水电站泄洪消能建筑物的设计研究领域，具有广泛，明显的经济效益和社会效益。

（三）获奖单位

中国水电顾问集团北京勘测设计研究院。

（四）获奖人

乔明秋、梅传胜、韩立、陈晴、刘琳振、高永辉、张大成。

（中国水电顾问集团北京勘测设计研究院　梅传胜）

黄河下游主槽对径流泥沙过程响应研究

“黄河下游主槽对径流泥沙过程响应研究”获2010年大禹科技进步三等奖。

通过对河流主槽对径流泥沙过程响应的研究，探寻认识河流过程、调控改善河流健康的方法，对塑造、影响河床形态的造床流量这一机理性指标进行研究；通过河流模拟对不同洪水泥沙组合的主槽冲淤响应进行分析。主要成果：

（1）主槽响应水沙变化的河床自动调整过程（调整的方向、范围、程度）受河流体系能量分配耗散规律的制约，可以定量表达为不稳定河弯的河槽调整综合指标守恒关系。

（2）流域来水来沙变化对造床流量与河道排洪输沙能力有重要的影响。提出了基于长系列径流泥沙过程的造床流量确定方法，引入符合黄河下游河流特性的水沙关系系数（来沙系数修正式），采用水沙关系系数频率表示不同水沙组合系列的综合造床影响，完善反映来水来沙在一定历时条件下的造床效应。

（3）下游河道主槽断面形态与尺寸与造床流量关系密切，不同量级洪水的径流泥沙过程对黄河下游主槽有明显不同的影响。长期高效输沙的洪水过程对应塑造出最适宜主槽断面形态与尺寸，接近造床流量的洪水泥沙过程持续时间长，与河道主槽有协调一致的响应关系，具有最佳累积刷槽效应。

（4）提出了黄河下游河道高效输沙水量的计算方法，提出了黄河下游河道高效输沙和安全行洪的水沙组合的设计方法；研究成果对黄河下游“调水调沙”试验和汛期水库防洪调度提供了的理论依据和技术支撑。

（华北水利水电学院）

黄河环境流研究

“黄河环境流研究”获2010年黄河水利委员会科技进步一等奖。

项目成果：基于河流健康与环境流理念，建立了研究黄河下游二级悬河发展的平面二维水沙数学模型。采用Laplace方程和按最大梯度原则对滩区地形进行连续化处理，根据悬河可能演变趋势确定计算边界条件。通过平面二维水沙数值模拟，研究了“二级悬差”对洪水演进、滩槽水流结构以及顺堤行洪的影响。提出了东坝头至高村河段“二级悬差”的临界控制条件，发现超过临界条件的悬差增加会引起堤沟河分流比明显增大。提出采用“增强主槽过流能力”和“堤沟河治理”相结合的方法，改善黄河下游河道“二级悬河”的不利局面，使其向恢复健康方向发展。研究了不同量级洪水对黄河下游河道的影响，提出了有利于淤滩刷槽，有利于河道健康的洪水泥沙组合过程。

在《水力发电学报》和《水动力学研究与进展（英文版）》发表多篇相关文章，分别被EI，SCI收录；在高校本科与研究生教学中引入环境流理念。

（华北水利水电学院）

中国水电顾问集团华东勘测设计研究院2010年度获奖情况

中国水电顾问集团华东勘测设计研究院2010年度科技成果获奖情况见表1。

表1　中国水电顾问集团华东勘测设计研究院2010年度科技成果获奖情况表

序号	项目名称	获奖情况
1	中华人民共和国水力资源复查成果（2003年）	中国电力科学技术奖一等奖
2	高混凝土坝结构安全与优化理论及工程应用	湖北省科技进步奖一等奖
3	水电站厂房和机电系统三维可视化协同设计研究与工程应用	中国电力科学技术奖二等奖
4	特大跨度底轴驱动翻板水闸关键技术及应用	大禹水利科学技术奖二等奖

续表

序号	项 目 名 称	获奖情况
5	钢筋混凝土面板堆石坝坝身溢洪道工程技术研究及应用	浙江省科学技术奖二等奖
6	风力发电技术集成与产业化工程示范	浙江省科学技术奖二等奖
7	钢筋混凝土面板堆石坝坝身溢洪道关键技术研究及应用	中国电力科学技术奖三等奖
8	设计院综合管理信息系统	浙江省科学技术奖三等奖
9	雅砻江锦屏二级水电站可行性研究报告	全国优秀工程咨询成果一等奖
10	雅砻江锦屏深埋长隧洞岩溶水文地质研究及应用	全国优秀工程咨询成果二等奖
11	金沙江白鹤滩水电站可行性研究选坝阶段设计研究报告	全国优秀工程咨询成果二等奖
12	开县生态调节库生态保护与建设规划	全国优秀工程咨询成果二等奖
13	广东粤电石碑山风电场特许权示范项目后评价报告	全国优秀工程咨询成果三等奖
14	金沙江龙开口水电站防震抗震研究设计专题报告	全国优秀工程咨询成果三等奖
15	江苏宜兴抽水蓄能电站(4×250MW）工程	中国电力优质工程奖优秀奖
16	浙江省瓯江滩坑水电站工程可行性研究报告	浙江省优秀工程咨询成果奖一等奖
17	浙江浙能嘉兴发电厂三期扩建工程环境影响报告书	浙江省优秀工程咨询成果奖三等奖
18	江苏宜兴抽水蓄能电站工程设计	浙江省建设工程钱江杯一等奖
19	援埃塞俄比亚格特拉立交桥设计	浙江省建设工程钱江杯二等奖
20	宁海县西溪水库设计	浙江省建设工程钱江杯三等奖
21	宜兴抽水蓄能电站引水系统钢岔管创新关键技术研究	中国电力建设科学技术成果奖二等奖
22	江苏宜兴抽水蓄能电站地下厂房开挖与施工稳定性研究与对策	中国电力建设科学技术成果奖二等奖
23	抽水蓄能电站库盆防渗关键技术研究及应用	中国岩石力学与工程学会科学技术奖一等奖
24	软弱围岩及复杂地质条件下大型地下厂房洞室群设计技术与应用	中国岩石力学与工程学会科学技术奖三等奖
25	高地应力、高外水压力条件下地下洞室 JPF 围岩分类	中国岩石力学与工程学会科学技术奖三等奖

（中国水电顾问集团华东勘测设计研究院　周才全）

南京水利科学研究院 2010 年科研项目获奖情况

南京水利科学研究院 2010 年科研项目获奖情况见表 1。

表 1　南京水利科学研究院 2010 年科研项目获奖情况表

序号	项 目 名 称	获奖情况
1	高原高山峡谷区大型梯级开发的环境效应及生态安全调控	国家科技进步二等奖
2	中国历史大洪水调查研究	大禹水利科学技术特等奖
3	海港工程混凝土结构耐久性寿命预测与健康诊断研究	水运建设行业协会科技特等奖
4	离岸深水港波浪－防波堤－地基相互作用问题研究	水运建设行业协会科技特等奖
5	长大桥梁深水超大型沉井基础施工成套关键技术研究	中国公路学会科技特等奖
6	长江口综合整治开发规划关键技术研究及应用	大禹水利科学技术一等奖
7	中国水资源与经济社会及生态环境协同发展研究	大禹水利科学技术一等奖

续表

序号	项 目 名 称	获奖情况
8	废黄河口岸侵蚀与建港关键技术研究	水运建设行业协会科技一等奖
9	西北江下游航道整治建筑物稳定性关键技术研究	水运建设行业协会科技一等奖
10	枢纽下泄非恒定流冲淤及航道治理关键技术研究与实践	航海科技一等奖
11	重大水工程运行风险分析和调控的成套理论及其应用	江苏省科技进步一等奖
12	宜兴抽水蓄能电站上水库建设关键技术研究	大禹水利科学技术二等奖
13	深厚软土地基处理成套技术研究	大禹水利科学技术二等奖
14	膨胀土的长期强度和变形特性研究	大禹水利科学技术二等奖
15	南京三汊河口护镜门水闸工程关键技术研究	大禹水利科学技术二等奖
16	数字式漏电保护技术	大禹水利科学技术二等奖
17	防城港深水码头建设及航道治理关键技术研究	水运建设行业协会科技二等奖
18	船闸输水系统水力学创新技术研究与工程实践	水运建设行业协会科技二等奖
19	重庆草街航电枢纽工程通航关键技术研究	航海科技二等奖
20	渗透型钢筋混凝土阻锈剂	航海科技二等奖
21	苏通大桥深水群桩基础冲刷防护工程关键技术研究与应用	中国公路学会科技二等奖
22	珠江三角洲磨刀门水流泥沙运动规律及整治技术研究	广东省科技进步二等奖
23	HLC—IAAR 高效减水剂	大禹水利科技三等奖
24	西江航运建设桂平至梧州航道整治续建工程关键技术研究	天津市科技进步三等奖

（南京水利科学研究院）

黄河水利科学研究院2010年科技成果获奖情况

黄河水利科学研究院2010年科技成果获奖情况见表1。

表1　黄河水利科学研究院2010年科技成果获奖情况表

序号	项 目 名 称	获奖情况
1	黄河调水调沙理论与实践	国家科技进步奖一等奖
2	水沙灾害形成机理及其防治的关键技术	国家科技进步奖二等奖
3	黄河下游游荡性河道河势演变机理及整治方案研究	大禹水利科学技术奖一等奖
4	黄河河道整治工程根石探测技术研究与应用	大禹水利科学技术奖二等奖
5	黄河多沙粗沙区分布式土壤流失模型及工程应用研究	河南省科技进步奖一等奖
6	小浪底水库拦沙初期水库泥沙研究	水力发电科学技术奖二等奖
7	黄河环境流研究	黄委会科技进步奖一等奖
8	黄河下游河道整治约束机制及调控效应	黄委会科技进步奖一等奖
9	青铜峡灌区农业非点源污染负荷及控制措施研究	黄委会科技进步奖二等奖
10	干旱区主要作物农田覆盖措施下非充分灌溉制度	黄委会科技进步奖二等奖
11	水利工程管理体制改革后评估研究	黄委会科技进步奖二等奖

（黄河水利科学研究院）

专 利 项 目 简 介

南京水利科学研究院 2010 年获得专利情况

南京水利科学研究院 2010 年获得专利授权情况见表 1。

表 1 南京水利科学研究院 2010 年获得专利授权情况表

序号	专利类别	专 利 名 称	授权公告日	授权公告号
1	发明	利用透水模板衬垫预制混凝土防渗 U 型槽的方法及其设备	20101124	CN101037003B
2	发明	用于软土的水压式薄壁取土器	20100224	CN100592062C
3	发明	减缩增强型聚羧酸系高性能减水剂及其制备方法	20101013	CN101182156B
4	发明	土石坝分层强夯法填筑施工方法	20100811	CN101255684B
5	发明	利用废旧汽车轮胎解决桥头跳车问题的可调变形环保装置	20100324	CN100595385C
6	发明	利用废旧汽车轮胎制作的多功能立体花柱	20100324	CN100595387C
7	发明	导流洞改建为射流内消能竖井泄洪洞的方法	20091021	CN100552147C
8	发明	废旧轮胎及植生带覆盖层防护边坡变形的自适应护坡装置	20100922	CN101285311B
9	发明	一种可减免船闸阀门段突扩体型跌坎空化的自然通气方法	20091223	CN100572680C
10	发明	真空帷幕止水与大气压力支护深基坑开挖工法	20091230	CN100575616C
11	发明	水力浮动式升船机运行对接控制方法及其装置	20100623	CN101476313B
12	发明	用于修复病害水工混凝土梁的两阶段免支撑施筑工法	20100804	CN101550684B
13	实用新型	埋入式室内溃坝试验触发器	20100106	CN201378103
14	实用新型	埋入式现场溃坝试验计时仪	20100106	CN201378259
15	实用新型	用于修复病害水工结构的免支撑施筑混凝土梁	20100310	CN201420252
16	实用新型	无镇静段的船闸集中分散输水系统	20100324	CN201428128
17	实用新型	减免已建船闸阀门空化的门楣体型	20100505	CN201447696U
18	实用新型	抑制和减免船闸平板阀门顶缝及底缘空化的门楣体型	20100505	CN201447697U
19	实用新型	采用自然通气减免高水头船闸突扩廊道空化的升坎体型	20100505	CN201447698U
20	实用新型	高水头船闸输水阀门段综合突扩体型	20100505	CN201447699U
21	实用新型	高水头船闸单侧闸墙主廊道布置下的叉管体型	20100707	CN201520966U
22	实用新型	减免大水位变幅高水头船闸阀门空化的组合通气装置	20100707	CN201520967U
23	实用新型	水位数据采集系统	20100901	CN201569468U
24	实用新型	淤泥松吸一体化清淤装置	20100728	CN201534985U
25	实用新型	一种淤泥松吸一体化清淤装置	20100804	CN201538980U
26	实用新型	船闸闸室消能明沟	20100929	CN201593184U

（南京水利科学研究院）

中国水电顾问集团北京勘测设计研究院 2010年获得专利情况

中国水电顾问集团北京勘测设计研究院2010年获得专利情况见表1。

表1 中国水电顾问集团北京勘测设计研究院2010年获得专利情况表

序号	专 利 名 称	专利类别	专利号
1	一种调整抽水蓄能电站进出水口水流流态的整流坎	实用新型	ZL200920160225.8
2	一种机组检修排水系统	实用新型	ZL200920160226.2
3	一种地面式自立型钢制调压塔	实用新型	ZL200920151445.4
4	新型地下厂房岩壁吊车梁L型悬吊刚性基础垫座结构	实用新型	ZL200920176291.4
5	抽水蓄能电站尾水事故闸门与尾水调压井联合布置结构	实用新型	ZL200920176288.2
6	趾板薄壁廊道整体防渗结构	实用新型	ZL200920176289.7
7	一种水工沥青混凝土面板的防渗结构	实用新型	ZL200920152031.3
8	用于大厚度自重湿陷性黄土地区风力发电机桩基础结构	实用新型	ZL200920293533.8
9	用于大厚度自重湿陷性黄土地区风力发电机地基基础结构	实用新型	ZL200920293534.2
10	一种新型抽水蓄能电站拦污栅支承结构	实用新型	ZL200920176290.X
11	抽水蓄能电站组合式电气装置	实用新型	ZL200920293532.3

（中国水电顾问集团北京勘测设计研究院 刘佩琳）

黄河勘测规划设计有限公司2010年获得国家专利情况

黄河勘测规划设计有限公司2010年获得国家专利情况见表1。

表1 黄河勘测规划设计有限公司2010年获得国家专利情况表

序号	专利类别	专 利 名 称	专利号	授权日期
1	发明	复阻抗式水电站调压室结构	ZL200710054989.4	2010.07.21
2	发明	一种钻灌一体化钻灌机具及工艺	ZL200710053923.3	2010.12.15
3	实用新型	可拆卸式的水下电缆与传感器的连接密封结构	ZL200920092191.3	2010.05.12
4	实用新型	钻孔压水试验综合测试系统	ZL200920092192.8	2010.05.12
5	实用新型	用于上翻转式闸门的液压启闭机	ZL200920092564.7	2010.05.12
6	实用新型	闸门底坎水下冲淤系统	ZL200920092566.6	2010.05.12
7	实用新型	一种生物床及人工湿地系统	ZL200920223549.1	2010.06.02
8	实用新型	无损伤钻探管材打捞器	ZL200920223859.3	2010.06.23
9	实用新型	全自动智能化钻孔弹模测试仪	ZL200920257618.0	2010.07.14
10	实用新型	水下液压穿轴锁定装置	ZL200920092562.8	2010.07.21
11	实用新型	渗透变形仪	ZL200920162463.2	2010.07.28
12	实用新型	一种偏心铰弧形闸门转铰顶部止水装置	ZL200920276573.1	2010.08.04

续表

序号	专利类别	专 利 名 称	专利号	授权日期
13	实用新型	PVC止水带	ZL201020155091.3	2010.11.24
14	实用新型	用于电站事故闸门的倒挂式油缸	ZL201020162205.7	2010.11.24
15	实用新型	单双吊点变换式门机	ZL201020162233.9	2010.11.24
16	实用新型	单双吊点变换式起升装置	ZL201020162493.6	2010.11.24
17	实用新型	用于闸阀式工作闸门的液压启闭机	ZL201020162500.2	2010.11.24
18	实用新型	双向挡水闸阀式工作闸门	ZL201020162203.8	2010.12.08
19	实用新型	采用倒挂液压启闭机的电站事故闸门	ZL201020162231.X	2010.12.08
20	实用新型	门机大车运行定位装置	ZL201020162234.3	2010.12.08
21	实用新型	闸阀式闸门的自动进排气装置	ZL201020162496.X	2010.12.08
22	外观设计	钻孔弹模测试仪	ZL200930119563.2	2010.09.15

（黄河勘测规划设计有限公司）

中国水利水电第三工程局有限公司 2010年获得专利授权情况

中国水利水电第三工程局有限公司2010年获得专利授权情况见表1。

表1　　中国水利水电第三工程局有限公司2010年获得专利授权情况表

序号	专利类别	专 利 名 称	专利号
1	实用新型	大直径孔斜测量置中器	ZL200920032895.1
2	实用新型	灌浆孔口封闭器	ZL200920032896.6
3	实用新型	液压式压力钢管圆度及错边自动调整装置	ZL200920032871.6
4	实用新型	轨道运输车断绳保护装置	ZL200920033152.6
5	实用新型	灌浆管连接快速接手	ZL200920034044.0
6	实用新型	一种用于清除孔内水及沉淀物的抽筒	ZL200920034045.5
7	实用新型	一种用于拆卸灌浆泵阀座的拉玛器	ZL200920034043.6
8	实用新型	一带二接线式振弦传感器	ZL200920033867.1
9	实用新型	水轮机蜗壳自吊装装置	ZL201020219195.6
10	发明专利	一种混凝土毛面处理剂及其制备方法和应用	ZL200920032895.1
11	发明专利	一种控制法兰焊接变形的方法	ZL200920032896.6

（中国水利水电第三工程局有限公司　田　艳）

中国水利水电第十工程局有限公司 2010年获得专利情况

2010年，中国水利水电第十工程局有限公司申报发明型、实用新型等专利共计7项，其中已有6项专利通过国家知识产权局审核并已授权，见表1。

表 1　中国水利水电第十工程局有限公司 2010 年获得专利情况表

序号	专利类别	专 利 名 称	专利号
1	实用新型	压力钢管液压调圆架	ZL201020204510.8
2	实用新型	自动入仓布料机	ZL201020204662.8
3	实用新型	隧洞平洞混凝土浇筑滑模	ZL201020204785.1
4	实用新型	隧洞平洞弯段与直段全圆液压钢模台车	ZL01020204853.4
5	实用新型	隧洞施工设备无轨运输台车	ZL201020204952.2
6	实用新型	双向潜孔锤	ZL201020228126.1

（中国水利水电第十工程局有限公司　吴方明）

黄河水利科学研究院获得国家专利项目简介

由黄河水利科学研究院工程力学研究完成的“差动式底板拦河闸”、“黄河下游游荡性河道三级流路塑造坝系统”、“高含沙洪水揭河底模拟试验装置”、“一种多级排沙洞泄水建筑物”、“一种 PHC 管桩丁坝”、“河流抢险、防洪用铰链式大土工包”、“河流抢险、防洪用铰链式大网笼”等七项成果获得国家实用新型专利证书；“结构砖（拓扑互锁）”获得国家外观设计专利证书。现将七项实用新型专利简介如下：

1. 实用新型专利“差动式底板拦河闸”　专利号：ZL201020105063.0，授权日期：2010 年 10 月 27 日。该实用新型专利涉及一种差动式底板拦河闸，该拦河闸的闸室段包括闸底板高程不同的两种闸室，即闸底板低的第一闸室和闸底板或堰顶高的第二闸室；所述第一闸室的闸底板的高程等于或略高于上游河道河床的高程；所述第二闸室的闸底板的底板或堰顶高程明显高于上游河道河床的高程，而且也高于第一闸室的闸底板的高程。本实用新型的拦河闸采用差动式底板的布置形式，使得拦河闸既可起到保持较大库容，排泄泥沙，又可避免闸门挡水高度大，工程造价高的矛盾，原理简单，对河道来水中有较多泥沙的河流上修建拦河闸具实用价值。

2. 实用新型专利“黄河下游游荡性河道三级流路塑造坝系统”　专利号：ZL200920217653.X，授权日期：2010 年 10 月 20 日。该实用新型专利涉及一种黄河下游游荡性河道三级流路塑造坝系统，包括控导工程坝、潜坝及透水桩坝；在设计主河道最外侧修建所述控导工程坝，所述控导工程坝为由不透水的土石坝按照弯道半径组成丁坝群，坝顶高程为设计整治流量水位加 1m 超高；在所述控导工程坝的尾部送溜段修建可淹没的所述潜坝，坝顶高程等于整治流量水位；在两个弯道间直河段的中水河槽内两侧，布设所述透水桩坝，所述透水桩坝坝顶高程与当地 800m^3/s 流量时的水位相同。利用该系统塑造的三级流路可以满足在小水流路、中水流路、洪水期不同状态下控制河势流路，实现稳定河势、增强河道排洪输沙能力，防止黄河大堤冲决、溃决等重大险情的发生，达到黄河下游河道综合治理的目标。

3. 实用新型专利“高含沙洪水揭河底模拟试验装置”　专利号：ZL200920217654.4，授权日期：2010 年 10 月 20 日。该实用新型专利涉及一种高含沙洪水揭河底模拟试验装置，包括试验水槽，在试验水槽上布置有模拟河床，所述模拟河床由两层组成：下层为采用中值粒径 0.05mm 的粗颗粒粉煤灰模拟的粗沙层，厚度为 40～45cm，上层为采用中值粒径小于 0.01mm 的极细粉煤灰模拟的“胶泥层”，厚度为 1～3cm，模拟河床的床面比降为 4‰；试验水槽的左端为浑水进水段，右端为浑水出水段，并且浑水出口段与退水池相接通，通水池通过水槽循环管道与试验水槽相接通，在浑水出口段与试验水槽之间设有平板闸门。该实用新型专利为研究黄河“揭河底”现象这一难题提供了可行的试验装置，为认清“揭河底”现象发生机理、建立“揭河底”冲刷指标奠定了基础，对河流泥沙的学科发展起到了一定的积极作用。

4. 实用新型专利“一种多级排沙洞泄水建筑物”　专利号：ZL200920217652.5，授权日期：2010 年 10 月 20 日。该实用新型专利涉及一种在不同高程位置设多级排沙洞，通过洪水期不同的调控模式，利于上下游河道进行排沙并利于上下游河道自然演变，利于水库及下游河道排水的多级排沙洞泄水建筑物，包括带有排沙洞的拦河坝，在拦河坝上分层布设 2 个以上排沙洞，且 2 个以上的排沙洞上下布置在泄水建筑物上，其最底层排沙洞接近于原始河床，逐级向上排列设置，对于多沙河流，修建水库后在不同洪水出现时，当细颗粒泥沙洪水时，利用设置的排沙洞，适机排出，会有利于水库下游河道输沙能力的提高，又不会损失水库库容，对于少沙河流或以推移质为主的河流，修建水库后推移质运移到坝前，利用排沙洞排入下游，既能节省库容，又减小了下游河道的过度冲刷。

5. 实用新型专利“一种PHC管桩丁坝” 专利号：ZL200920092753.4，授权日期：2010年5月12日。该实用新型专利涉及PHC管桩丁坝，可有效解决坝体不稳定、易出险情、造价高的问题。其解决的技术方案是：包括有坝头段和坝身段，联系梁变曲构成U字形部分和直体部分，U字形部分下部垂直装有双排的PHC管桩，构成双排板状的坝头段，直体部分下部垂直装有单排的PHC管桩，构成单排板状的坝身段，坝头段U字形的联系梁部分间，每隔一个PHC管桩的联系梁，上部装有横梁。本实用新型PHC管桩丁坝的结构合理、强度高、抗冲刷能力强；施工先进周期较短、造价低、环保优越，按最大冲刷坑深度20m算最小安全系数为1.21。这种不抢险坝坝体工程结构可达到不抢险少维护，经济效益巨大。

6. 实用新型专利“河流抢险、防洪用铰链式大土工包” 专利号：ZL200920223543.4，授权日期：2010年6月2日。该实用新型专利涉及新型的河流抢险、防洪用铰链式大土工包，可有效解决河流抢险防洪设备造价高、效果差、使用困难、局限性大的问题。其解决的技术方案是：包括土工包和填充料、土工包至少有四个组成上下两排，每两个之间由铰链连接在一起构成双排的并联结构，下排两边的土工包上有固定绳索；所说的土工包其结构是土工包体由加筋带及与加筋带结合为一体的土工织物折叠构成的空心体，空心体内装有填充料，空心体口部由折叠线处折成的四边蜇叠封装体，经封合处封合在一起，构成大土工包结构。该实用新型专利结构简单、易生产、造价低、易使用，便于机械化抢险作业，抗冲击能力强，抢险、防洪效果好，有巨大的经济和社会效益。

7. 实用新型专利“河流抢险、防洪用铰链式大网笼” 专利号：ZL200920223542.X，授权日期：2010年5月26日。该实用新型专利涉及河流抢险、防洪用铰链式大网笼，可有效解决河流抢险防洪设备造价高、效果差、使用困难、局限性大的问题。其解决的技术方案是：包括网笼和填充料，网笼至少有两个，每个网笼之间由铰链连接在一起构成单排的串联结构，两边的网笼上有固定绳索，所说的每个网笼其结构是网笼体由金属丝加筋及其与加筋结合为一体的格网折叠成空心体，空心体内可装有填充料。空心体口部由折叠线处折成的四边折叠封装体，经连接体封合在一起，构成大网笼结构，该实用新型专利结构简单、易生产、造价低、易使用，便于机械化抢险作业，抗冲击能力强，抢险、防洪效果好，有巨大的经济和社会效益。

（黄河水利科学研究院）

中國水力發電年鉴

9

国际合作与技术交流

国际技术交流

国际大坝委员会第78届年会简况

2010年5月23～26日，国际大坝委员会第78届年会在越南河内召开。会议期间举办了“大坝与可持续水资源开发”国际研讨会、“促进非洲水电发展圆桌会议”和国际大坝委员会第78届执行会议。来自60多个国家的800多名代表参加了本届年会。

由国际大坝委员会主席、中国大坝协会副理事长兼秘书长、中国水利水电科学研究院副院长贾金生担任团长，来自中国长江三峡集团公司、中国国电集团公司、淮河水利委员会、中国水利水电科学研究院、南京水利科学研究院、长江勘测规划设计研究院、昆明勘测设计研究院、贵阳勘测设计研究院、小浪底水利枢纽建设管理局、龙滩水电开发有限公司、大唐岩滩水力发电公司、四川阿坝水电开发公司、中水珠江规划勘测设计有限公司、清江水电开发有限责任公司、中国大坝协会等单位的中国代表团60余名代表参加了此次会议。

2010年5月24日，由国际大坝委员会主办的“促进非洲水电发展圆桌会议”在越南河内国际会展中心召开，来自国际大坝委员会各成员国的代表、相关国际组织、政府机构的代表出席了圆桌会议。此次圆桌会议的目的是进一步推动“开发水电、建设大坝，促进非洲可持续发展”的世界宣言的实施。该宣言由国际大坝委员会发起，世界能源委员会，非洲联盟，非洲电力生产商、运输者和经销商联盟，国际排灌委员会（ICID），国际水电协会（IHA）等共同参与制定，于2008年11月24日在国际大坝委员会80周年庆典大会上发布。圆桌会议由国际大坝委员会主席贾金生主持并致辞，他强调在非洲能源需求和丰富的资源潜力背景下，宣言对促进非洲可持续发展的重要作用，并表示国际大坝委员会将通过系列的圆桌会议促进非洲的水电开发。来自非洲国家布基纳法索、尼日利亚、马里、埃塞俄比亚等国的代表和来自世界银行及法国、瑞士等发达国家的代表在发言中共同探讨了如何对加快非洲水电开发的途径和需要解决的技术、财务和发展策略方面的问题。中国大坝协会副秘书长徐泽平博士代表中国大坝协会在圆桌会议上发言，阐述了中国在协助非洲国家开发水电资源上的具体步骤和行动计划。

2010年5月25日，“大坝与可持续水资源开发”国际研讨会开幕。越南副总理 Hoang Trung Hai 先生、国际大坝委员会主席贾金生先生在开幕式上致欢迎辞。中国、西班牙、印度、越南、英国、法国、瑞士、尼日利亚、巴西、美国、德国、日本、伊朗、捷克共20位专家分别就水资源可持续发展中的大坝和水库的作用、各国在水资源管理的政策和策略、大坝安全管理的新标准等方面在会上作了报告。中国水利水电科学研究院陈厚群院士在会上作了题为“汶川地震后大坝抗震安全研究”的主旨报告，长江勘测规划设计研究院总工刘子慧作了题为“丹江口水库的水资源管理”主旨报告；中国水利水电科学研究院徐泽平作了题为“300m级面板堆石坝关键技术研究”主旨报告，受到与会代表的好评。

2010年5月26日，会议进行分会场专题报告，分为水资源、环境与气候变化、大坝结构和数值模拟、大坝与施工材料、大坝与地质、大坝与水电、大坝安全、水资源利用与灌溉等八个专题。来自中国长江三峡集团公司的陈磊工程师和赵修江工程师，来自中国水利水电科学研究院的郝巨涛博士、刘有志博士、周秋景博士、郑璀莹博士，来自小浪底水利枢纽建设管理局的赵永涛高工，来自南京水利科学研究院的古艳昌工程师，以及来自清华大学的柳春娜博士等9位代表作了技术报告。

2010年5月26日，国际大坝委员会第78届执行会议在越南河内国际会议中心召开，会议由贾金生主持，参加会议的副主席和秘书长有 Maria Bartsch（瑞典）、N. Matsumoto（日本）、P. Mulvihill 先生（新西兰）、A. Marulanda（哥伦比亚）、G. Ruggeri（意大利）、I. Ekpo（尼日利亚）和 De Vivo（法国）。会议选举产生了国际大坝委员会亚洲区和欧洲区副主席。越南大坝委员会主席 Phan Hong Giang 先生当选为亚洲区副主席。国际大坝委员会大坝统计专委会主席、奥地利大坝委员会委员 Floegl 先生当选为欧洲区副主席。经过表决，会议同意吸收莫桑别克、乌兹别克斯担为国际大坝委员会第91、92个成员国。为促进国际大坝委员会技术公报的推广应用，在主席的协调和促进下，经表决，各会员国可免费下载技术公报，解决了这一长期议而不决的问题。会议讨论确定了2012年第24届国际大坝会议技术议题，分别为环境友好的筑坝技术、大坝安全、大坝泄洪、大坝老化与更新改造。瑞士大坝委员会在会上汇报了2011年国际大坝委员会第79届年会（在瑞士卢塞恩召开）筹备情况，日本大坝委员会汇报了2012年国际大坝委员会第80届年会和第24届大坝（在日本京都召开）筹备情况。会上，新成立了公共安全专业委员会；授予日本的Toshio Hirose、世界银行的Palmieri和加拿大的Zielinski国际大坝委员会荣誉委员奖。

在本次年会期间，专门安排了萨扬－舒申斯克（Sayano-Shushenskaya）水电站事故专题讨论会。

国际大坝委员会第78届年会还完成了旨在促进亚洲水电发展的世界水电宣言——亚洲部分的起草工作；通过了国际大坝委员会"大坝安全与地震"的立场报告。

（本年鉴编辑部摘编）

中国大坝协会参加韩国2010年大坝技术学术研讨会

韩国2010年大坝技术学术研讨会于11月4日在韩国大田市召开。受韩国大坝委员会主席Kuen-Ho Kim先生的邀请，国际大坝委员会主席、中国大坝协会副理事长、中国水利水电科学研究院副院长贾金生赴韩参加了此次会议，随同前往的还有水利部安监司处长钱宜伟和中国大坝协会办公室主任袁玉兰。

会议于11月4日下午开幕，韩国大坝委员会主席Keun-Ho Kim先生，韩国水论坛主席Eun Kyung PARK女士以及韩国土地与房屋研究院院长Soo Sam KIM先生分别在会上致辞。贾金生在会上作了题为"国际社会对水库大坝的新要求"的特邀报告。另有日本Ehime大学科学与工程研究生院Mitsu OKAMURA教授作了题为"利用离心机和大型振动台进行岩土试验的近期进展"的报告；美国密西西比河流域顾问Richard H. Ledbetter先生作了题为"大坝安全与离心机模型"的报告，韩国水资源公社水资源研究中心Deuk-koo KOH博士作了题为"适应气候变化的韩国水资源管理"的大会报告。会议就大坝安全、水资源管理和离心机技术进行了研讨。

会前，代表团一行参观了位于大田市附近的Daecheong多功能大坝。Daecheong坝是一座由混凝土和堆石组合修建的混合坝，坝高为72m，坝长为495m，库容为14.9亿m^3。大坝的主要功能是防洪，其次是供水、发电，年供水量达到16.49亿m^3，年发电量为2.4亿kW·h。考虑到气候变化下的非常规降水，为了确保大坝下游居住人员生命和财产安排，目前在修建紧急溢洪道。

11月5日，中国代表团与韩国、美国有关专家就大坝安全管理进行了座谈。座谈会上，贾金生就中国的大坝安全管理、美国Ledbetter教授就美国离心机研究、韩国专家就韩国水资源公社大坝安全系统等作了报告，并与与会代表进行了讨论。会后参观了韩国河流恢复修建工程。

（摘自中国大坝协会网）

"水库大坝与水电可持续发展"专题研讨会在京召开

为了推广2008年11月国际大坝委员会在法国巴黎发布的"开发水电、建设大坝，促进非洲可持续发展"的世界宣言，贯彻中国大坝协会2010年2月工作会议精神，"水库大坝与水电可持续发展"专题研讨会于2010年11月2日在北京召开。来自布基纳法索、莫桑比克、几内亚比绍、坦桑尼亚、苏丹、加纳等十几位非洲国家的政府官员和水电专家代表，与来自国家能源局、中国长江三峡集团公司、中国国电集团公司、中国华电集团公司、中国水电工程顾问集团公司、中国水利水电建设集团公司、中国水利电力对外公司、中国葛洲坝集团公司、中国水利水电科学研究院、南京水利科学研究院、长江勘测规划设计研究院、黄河勘测规划设计有限公司、国家水电可持续发展研究中心、中国大坝协会等单位的领导和专家共50余人参加了会议。

会议开幕式由中国大坝协会副秘书长、中国水利水电科学研究院结构材料所（研）所长张国新主持。国家能源局新能源和可再生能源司副司长史立山，国际大坝委员会主席、中国大坝协会副理事长、中国水利水电科学研究院副院长贾金生，中国水利电力对外公司总经理陆国俊，中国水利水电建设集团公司总工宗敦峰先后致辞。

史立山在致辞中说，水电是技术成熟的可再生能源发电技术，在解决全球电力供应、促进地区经济发展方面发挥了重要的作用。中国是水能资源大国，也是水电开发大国，在开发水电进程中积累了丰富的经验。近年来中国在水电开发与环境保护、生态移民等方面进行了积极探索，取得一定的成效。并表示中国愿意与非洲国家共享水电开发的经验和成果，加强水电开发领域的交流与合作，为促进经济社会可持续发展作出积极贡献！

贾金生代表国际大坝委员会和中国水利水电科学研究院致辞，提出水电作为一种可再生的清洁能源在社会经济发展过程中发挥了重大作用，而亚洲水电发电量不到其经济可开发度的25%，非洲水电开发率只有7%，因此，大力开发利用潜在的水能资源对于发展中国家意义重大。国际大坝委员会是国际坝工界的权威组织，中国水利水电科学研究院长期以来致力于水利水电的科学技术发展。愿意为非洲的水电开发开展密切的合作关系，并提供技术上的服务。

陆国俊和宗敦峰在致辞中，回顾了中国水利电力对外公司和中国水利水电建设集团公司近些年来在境外开展工程建设的情况，对非洲国家多年来给予的支持表示感谢！并表示将利用公司各方面的优势，开展与非洲各有关国家的合作，以促进资源优化配置，实现互利共赢，共同发展。

开幕式后，中国华电集团公司规划发展部副主任罗锦华、中国水电工程顾问集团公司技术总监陈观福、中国长江三峡集团公司国际合作部副主任秦国斌，以及中国水利水电科学研究院的徐泽平教授、陈改新教授分别作了学术报告，并进行了讨论。

会议的成功召开，使得非洲专家对于中国河流开发情况，大坝建设情况以及筑坝新技术有了更深入、更全面地了解，为中国走向国际市场特别是非洲起了一定的推进作用。

（摘自中国大坝协会网）

水库大坝与水电可持续发展圆桌会议召开

为促进国际大坝委员会联合其他国际组织2008年签发的“促进非洲大坝与水电可持续发展”宣言，落实中国大坝协会2010年2月工作会议精神，2010年11月2日下午，在中国水利水电科学研究院召开了“水库大坝与水电可持续发展”圆桌会议。这是继2010年5月在越南河内、2010年10月在葡萄牙里斯本之后，召开的第三次旨在促进非洲水库大坝建设和水电可持续发展的圆桌会议。

参加会议的非洲代表有来自布基纳法索、莫桑比克、几内亚比绍、坦桑尼亚、苏丹、加纳等十几位非洲国家的政府官员与专家，中国长江三峡集团公司、中国国电集团公司、中国华电集团公司、中国水电工程顾问集团公司、中国水利水电建设集团公司、中国水利电力对外公司、中国葛洲坝集团公司、中国水利水电科学研究院、南京水利科学研究院、长江勘测规划设计研究院、黄河勘测规划设计有限公司、国家水电可持续发展研究中心、中国大坝协会秘书处等单位的领导和专家共50余人，就非洲水库大坝建设和水电开发现状及未来合作意向和前景进行了研讨和会谈。

通过研讨，增进了双方的了解、促进了交流和沟通，对未来与非洲国家共享水利水电开发的经验和成果，加强水利水电开发领域的交流与合作将起到积极的作用。

本次会议由国际大坝委员会主席贾金生主持。

（摘自中国大坝协会网）

农村水电国际交流与合作

（一）小水电促进绿色经济与社区可持续发展研讨会在上海举办

2010年5月25日，由联合国工业发展组织支持，国际小水电中心主办的2010年上海世博会“联合国工业发展组织周——小水电促进绿色经济与社区可持续发展研讨会”在上海世博园联合国馆举行。水利部胡四一副部长、联合国工业发展组织浦元义照副总干事出席会议并致辞，水利部农村水电及电气化发展局局长田中兴作了《小水电的新使命》的主旨发言，国际小水电中心主任刘恒主持了研讨会。来自水利部、联合国工发组织、国际小水电联合会、地方政府、国际小水电基地和国内外有关企业的150多名专家学者和代表参加了研讨会。中国发展小水电的经验以及在推动全球小水电发展方面的贡献受到各界的肯定。

（二）国际小水电中心水电控制设备制造长沙基地正式建立

在浙江金华、湖南郴州、甘肃张掖三个国际小水电示范基地的基础上，2010年6月11日，国际小水电组织/联合国工发组织国际小水电中心水电控制设备制造长沙基地正式建立，并在长沙高新技术开发区华能自控集团举行了隆重的授牌仪式。长沙基地的建立，必将进一步推动中国中小水电自动化控制系统研发，并在加强小水电技术交流与国际合作、促进全球小水电和可再生能源发展等方面发挥积极作用。国际小水电中心金华、郴州、张掖和长沙基地还共同签订了“基地战略合作协议”。

（三）小水电援外培训

2010年，国际小水电中心承办了“小水电与农村社区可持续发展官员研修班”，来自13个国家的31名学员参加了本次研修班。农村电气化研究所成功举办了“发展中国家小水电技术培训班”和“发展中国家农村电气化研修班”等2期小水电援外培训班，来自20个国家的48名学员参加了培训。

（四）“点亮非洲”项目

由中国政府与联合国工发组织共同倡导、国际小水电中心负责组织和实施的“点亮非洲”进展顺利，已在肯尼亚、尼日利亚和坦桑尼亚投产了14个小水电项目。赞比亚 Shiwang’andu 小水电项目已完成施工前的基础准备工作，计划 2011 年 4 月初雨季结束后开展全面施工作业，2011 年 10 月前项目竣工并完成交付。为了更好地执行下一阶段“点亮非洲”项目，国际小水电中心派出专家组对塞拉利昂和利比里亚的 4 个预备站址进行查勘和测量，并组织完成了项目可研报告，其中塞拉利昂 Moyamba 小水电项目已经得到欧盟、世界银行和全球环境基金的初步承诺，将开展进一步的论证和后续工作。

（水利部农村水电及电气化发展局　付自龙）

黄河水利科学研究院 2010 年的一些国际学术交流活动

（一）黄河水利科学研究院成立 60 周年庆祝大会暨全球水伙伴（中国 黄河）对话研讨会在郑州召开

2010 年 9 月 26 日上午，黄河水利科学研究院（以下简称黄科院）成立 60 周年庆祝大会暨全球水伙伴（中国 黄河）对话研讨会在郑州隆重召开。水利部原部长、著名水利专家杨振怀，黄河水利委员会副主任廖义伟，水利部副部长胡四一的代表、水利部国际合作与科技司巡视员陈明忠，全球水伙伴总部网络主任约翰·麦兹格先生，中国工程院院士茆智，中国工程院院士吴中如，全球水伙伴（中国）秘书长郑如刚，黄河水利委员会原副主任、全球水伙伴（中国黄河）主席黄自强，黄河水利委员会总工薛松贵、副主任赵勇，黄科院院长时明立、党委书记高航等领导和专家近千人出席会议。

（二）日本水政策法规代表团参观黄科院“模型黄河”基地

2010 年 8 月 26 日下午，日本水政策法规代表团一行四人在黄河水利委员会国际合作与科技局人员的陪同下参观黄科院“模型黄河”试验基地。黄科院泥沙所万强、马怀宝高工依次向客人介绍了模型黄河建设、运行情况及其在黄河治理开发中的支撑作用，并就客人提出的有关问题进行了解答。来访的代表团成员由日本关西大学和上海交通大学等单位人员组成。

（三）美国克拉克森大学沈洪道教授来黄科院学术交流

2010 年 5 月 21 日，美国克拉克森大学土木环境工程系沈洪道教授应邀来黄科院作题为“冰动力输移和冰塞数值模型”的学术报告，来自黄科院各研究所、华北水利水电学院、水文局等单位 40 余位科研人员参加了此次学术会议。

沈洪道教授就冰的结构、水面冰的模拟、冰排的厚度测量、底冰产生情况及对水电站的影响、水内冰的模拟、冰的传输能力、温度对冰的影响、冰坝释放模拟、冰盖糙率等问题及文开河、武开河等现象作了详细介绍，并将自己在长期科研工作中积累的经验和心得与广大科研工作者分享，提醒广大科研工作者搞科研一定要深入现场，看现象一定要想机理而不要只看表象。会上，广大科技人员各抒己见，与沈洪道教授就各自关心的问题展开了热烈的讨论。

（四）澳大利亚南澳大学比彻姆教授参观黄科院“模型黄河”基地

2010 年 3 月 17 日，澳大利亚南澳大学 Simon Beecham 教授在黄河水利委员会国际合作与科技局外事办同志陪同下来黄科院“模型黄河”试验基地参观访问。黄科院科技处处长汪自力、泥沙所王万战和张晓华教高向客人介绍了模型试验、运行的情况，并就试验模拟技术等问题进行了交流。

（黄河水利科学研究院）

二滩水电开发有限责任公司国际合作交流情况

2010 年 3 月 7～12 日，由岩石工程研究基金会及国际岩石力学学会瑞典分会主办的瑞典 2010 年度岩石力学会议和浅滩岩石爆破委员会 2010 年度联合研讨会在瑞典召开，二滩水电开发有限责任公司副总经理吴世勇参加会议，并就锦屏水电工程建设及其深埋隧道施工期关键问题研究进行了交流，二滩水电开发有限责任公司提交的两篇论文被收录进了会议论文集。应瑞典 SKB 公司邀请，吴世勇还参观了瑞典核电站废料处理设施，并就核废料处理项目研究工作进展情况进行了交流。

2010 年 5 月 21～24 日，2010 年未来计算机和通讯技术国际会议（ICFCC 2010）及 2010 年网络和电子社会国际会议在武汉召开，二滩水电开发有限责任公司信息管理部有关人员参加了会议交流，提交会议的 2 篇论文被收录进了会议论文集。

2010 年 11 月 10 日，中韩暗物质双贝塔衰变研讨会在成都召开，二滩水电开发有限责任公司副总经理吴世勇出席并在开幕会上致辞。此次研讨会议是在中国锦屏极深地下实验室基本建成，初步具备探测条件之际，中韩两国有关专家围绕国内外暗物质研究的最新发展动向、暗物质探测前沿技术及双贝塔衰变等重要课题进行深入研讨的重要学术活动。

2010 年，二滩水电开发有限责任公司员工分别在《Bulletin of Engineering Geology and the Environment》、《Tunnelling》、《Journal of Rock Mechanics and Geotechnical

Engineering》等国际权威期刊上发表论文3篇，在各国际会议上发表论文6篇。

（二滩水电开发有限责任公司　张　一）

中美将合力破解风电等可再生能源发展难题

在2010年5月26～27日召开的中美可再生能源产业论坛上，中美能源专家表示，中美两国应当在风电等可再生能源发电大规模并网及非粮生物燃料技术研发等领域进行互利合作，以解决两国在可再生能源发展上遇到的普遍性难题。

中国国家发展和改革委员会副主任、国家能源局局长张国宝指出，今后，中国可再生能源发展的重点仍然是水电、风电、太阳能和生物质发电。风电和太阳能产业的大规模发展，给电网接入提出了新的要求。目前，中国风电发展已遇到了电网接入的制约问题，如果不能及时解决，风电的规模化发展必将受到影响。

张国宝说，希望利用“中美可再生能源伙伴关系”平台，与美方企业、院所合作研究解决风电等可再生能源发电并网问题，并对以纤维素乙醇为代表的先进生物燃料技术开展联合研究和技术攻关，对生物燃料生产供应、市场消费和政策与管理等方面进行交流与合作。

美国驻华大使洪博培表示，美国国家可再生能源实验室已同中国在风电产业技术上有了很好的合作基础，未来将在可再生能源发电项目上进一步展开合作。

美国国家可再生能源实验室拓展、规划与分析高级副主任波比·A. 加勒特说，国际合作是美国能源政策的关键因素，与中国在风电、太阳能、生物质能等可再生能源上的合作取得了重要成就。

数据显示，截至2009年底，美国风电装机容量已达3500万kW，占全美总发电量的1.8%，光伏发电装机容量达1100万kW。而中国截至2009年底的风电装机容量达2580万kW，约占全国总发电量的1%，光伏发电装机容量达750万kW。专家指出，中美可再生能源发电量占全国总发电量比例均较低，这充分显示双方在可再生能源发电大规模并网技术研发上有着广泛的合作空间。

（摘自中国水电工程顾问集团公司《水电风电信息汇编》）

对外经营与国外工程

中国水利水电建设集团公司2010年国际经营情况

（一）概况

中国水利水电建设股份有限公司是中央管理的中国水利水电建设集团公司整体改制并控股创立的股份公司。2010年，中国水利水电建设股份有限公司面对国内物价上涨、国际货币市场人民币升值的巨大经济压力，以科学发展观为统领，坚持“四个统一”原则，大力实施国际业务优先发展战略，不断开拓新的国际市场，进军新的领域，开拓创新、锐意进取，从容应对国内外复杂多变的经济形势，同时不断加强内部改革，国际业务持续快速健康发展。

2010年，国际业务营业收入同比增长33.06%，占集团公司总营业收入的26.35%；实现利润占集团公司利润总额的58.02%；新签约国际项目合同额约550.9亿元，新签约合同额占股份公司新签约合同总额的40.9%。

从2010年中国水利水电建设集团公司的国际业务的发展态势分析，呈现如下特点：

（1）国际市场实现不断优化。截至2010年底，中国水利水电建设股份有限公司在海外56个国家承担265个在建项目，合同总额超过220亿美元。驻外机构从2010年初的57个增加到69个，驻外机构所在国从45个增加至53个。同时，中国水利水电建设股份有限公司新开辟了格鲁吉亚、摩尔多瓦、白俄罗斯、菲律宾、毛里塔尼亚、委内瑞拉、巴布亚新几内亚、加拿大、智利、哥斯达黎加等10个国别市场，形成了东南亚、北非、东非、中非、西非、中东等区域化的相对稳定市场，安哥拉、卡塔尔、利比亚、苏丹、老挝、印尼、博茨瓦纳和委内瑞拉等项目群国别市场，正在建设的约20亿美元的厄瓜多尔科卡科多—辛克雷水电站、约16亿美元的委内瑞拉应急电站等标志着公司在拉美市场取得了质的突破，哈萨克斯坦和格鲁吉亚、摩尔多瓦市场的成功进入标志着公司在西亚、东欧市场也取得初步进展。

（2）业务多元化发展趋势明显。中国水利水电建设股份有限公司在重点发展水利水电建设核心业务、增强在国际承包市场竞争力的同时，积极抓住机遇拓展其他业务领域。2010年底，国际业务逐步拓展至火电、机场、路桥、市政基础设施、矿山、房建与房地产基础设施、疏浚吹填与港航、矿业、咨询服务、建材等方面，并进一步向农业、生态园综合发展等领域推进。国际业务主业结构基本形成了以水电建设为核心的“大土木、大建筑”格局。目前，水利水电工程形成的营业收入、合同存量约占中国水利水电建设股份有限公司海外总营业收入、合同存量总额的30%～40%，非水利水电类工程形成的营业收入、合同存量约占60%～70%。

（3）产业结构向经营模式高端迈进。在产业结构升级调整方面，中国水利水电建设股份有限公司紧跟国家经济外交政策，努力实施国家资源战略和能源战略，积极开展境外水电和矿业投资开发业务。一方面，海外投资行业和领域开始向水利水电及相关产业链上游延展；另一方面，投资市场开始由传统东南亚向非洲市场延伸。至2010年底，中国水电建设股份公司成功拓展了在电力、矿产、水泥等基础行业和领域的投资业务，其中，已投产项目1个，即老挝甘蒙塔克水泥厂，2010年底该项目运行情况良好，实现销售收入3063万美元，同比增长11%；在建项目7个，包括柬埔寨甘再水电站项目、老挝南俄5水电站项目、老挝万象平原钾盐矿一期年产12万t钾盐项目、尼泊尔上马相迪水电站项目、刚果（金）铜钴矿开发项目、莫桑比克水泥厂项目、中老铁路项目。另外，海外事业部/国际公司正在前期运作或跟踪的海外投资项目近11个，涉及水电、风电、矿产、农业等多个领域。

（4）组织结构进一步优化。为进一步优化国际经营管理的组织结构，做好对国际市场、区域市场业务的规划，市场资源统筹配置，以及国际市场统筹协调，2010年，中国水利水电建设股份有限公司继续根据市场特点、各子公司业务专长、历史状况、资源和国际业务发展阶段，不断完善系统资源在全球的配置，以相对稳定的划分市场区域，防止内部资源冲突、重复和浪费。主要措施包括：制定各子公司市场中长期统筹布局方案，并形成相对竞争机制；充分利用本土资源，进一步加快区域业务总部建设的步伐；制定区域业务总部管理实施细则，并监督各区域业务总部相应制定内部管理制度，初步形成国际化格局；继续强有力的推行《国际业务管理指导手册》，统一模式，实现模块化管理；编制并宣贯股份公司质量、环境和职业健康安全三标一体化管理体系海外业务子体系，引进国际先进管理工具和国际标准，推广国际工程管理优秀案例，逐步形成海外业务标准化的管理流程和管理规则，实现管理创新。

（5）风险有效规避、化解，国际业务运行稳健。在不断强化国际市场营销的同时，中国水利水电建设股份有限公司十分重视项目风险控制环节，严格执行项目投标过程中的各级评审管理制度，从源头上规避风险。在2010年“管理创效年”活动中，中国水利水电建设股份有限公司对海外在建项目管理环节所面临的突出问题，如业主拖欠工程款、境外项目劳动用工、境外项目税收策划等六个方面的问题进行了专题研究，制定并实施了具有针对性的应对措施。项目管理日趋精细，合同履约更加规范，保证了国际业务的平稳运行。

2010年，中国水利水电建设股份公司名列全球最大225家国际承包商第41位，比2009年提升14位；在商务部对外承包工程前50强企业排名中，以国际新签合同额排名第二、以国际营业额排名第三。与此同时，通过科学可持续的开展国际经营，中国水利水电建设股份有限公司全方位的参与了我国政治经济外交，在引领中国企业“走出去”中逐渐发挥举足轻重的作用，在业内的影响力不断提升，与当地政府、中外同业合作伙伴建立了良好的合作关系，与多家银行建立了良好的业务关系，拥有足额银行授信和强有力的金融支持，是中国涉外金融机构优质大型客户，是中国对外承包工程商会、中国机电产品进出口商会副会长单位，并正在申请加入博鳌论坛钻石会员。2010年，中国水利水电建设股份有限公司还被评为“履行社会责任金奖企业”、“感动非洲十大企业”之一，股份公司承建的苏丹麦洛维水电站荣获中国建筑最高奖项——鲁班奖，这是股份公司第二次获得境外鲁班奖。

（二）海外主要电力工程承包项目进展情况

1. 马来西亚巴贡水电站项目　巴贡水电站是马来西亚迄今规模最大的水电项目，项目合同额约4.7亿美元，水库设计容量高达440亿m^3，设计总装机容量240万kW。项目于2002年10月开工，至2010年底，项目主体工程已完成约99.5%，下闸蓄水已于2010年10月开始，计划2011年5月第一台水力发电机组充水试运转。

2. 加纳布维水电站项目　布维水电站是加纳共和国的第二大水电站，合同额约6亿美元，设计装机容量40万kW。2007年8月24日，加纳布维水电站举行开工仪式。2008年12月2日，布维水电站提前合同工期一年实现截流。2009年12月18日，布维水电站大坝首仓碾压混凝土开盘浇筑，正式进入混凝土“大浇筑”施工阶段。至2010年底，各项混凝土及灌浆施工有序开展，机组肘管吊装、调整完成，下游永久桥桥面工程完成并通车，工程完成总量的约45%。

3. 厄瓜多尔科卡科多—辛克雷EPC项目　科卡科多—辛克雷水电站项目，合同额约20亿美元，总装机容量150万kW，年发电88亿kW·h，是厄瓜多尔历史上外资投入额最大，规模最大的水电站项目，同时也是目前中国对外承建的投资最大的水电站工程。2009年10月5日，中国水利水电建设集团公司与科卡科多—辛克雷公司在厄瓜多尔总统府正式签署科卡科多－辛克雷水电站EPC总承包合同。2009年11月16日，集团公司按照合同要求，分别提交了合同价格10%的履约保函，以及合同价格15%的预付款保函。并于2009年12月底，完成了EPC合同下的设计分包商招标。由中国黄河勘测规划设计有限公司和意大利吉奥达塔（GEODATA）组成设计联营体开始前期基本设计工作。2010年7月28日，项目正式开工。至2010年底，项目各项临建施工正在按计划有序开展。

4. 委内瑞拉紧急火电站项目　2010年3月25日，股份公司与业主委内瑞拉石油公司（PDVSA）就紧急火电站项目一期工程签订EPC总承包合同。委内瑞拉紧急火电站项目第一期工程合同总造价为13.5亿美元，工期为9个月。一期工程共建两个电厂：一是位于马拉凯市的“卡布雷拉电厂”，装机容量20万kW，总造价为3.15亿美元；二是位于卡贝略港附近的“新中心电厂”，装机容量77.2万kW，总造价为10.38亿美元。至2010年底，6套主机已抵达现场，总平面布置、厂区道路及护坡施工和主机区域布桩等设计已获业主审批。场区清基、开挖、回填、平整、钢筋绑扎、混凝土浇筑、安装等施工正按计划进行，工程完成总量的约40%。

5. 孟加拉石卡巴哈燃气电站项目　孟加拉石卡巴哈（Shikalbaha）燃气电站项目位于孟加拉国东南部港口城市一吉大港，为燃气电站EPC项目，机组容量为15万kW。石卡巴哈燃气电站是中国水利水电建设集团公司承建的首个海外燃气电站。2008年2月20日，股份公司与项目业主一孟加拉电力发展委员会（BPDB）签约承建该项目，合同额8383万美元，工期18个月。2009年11月，设计工作步入正轨。2010年1月11日，燃机就位，安装调试开始。6月29日，燃机点火一次成功，燃机安装调试到点火发电仅用5个多月，突破了西门子公司主机4个月安装、3个月调试的安装调试工期。7月25日，全部设备顺利完成168小时试运行工作，具备移交条件。2010年9月8日，工程顺利竣工。

（三）海外主要电力投资项目进展情况

1. 柬埔寨甘再水电站BOT项目　由中国水利水电建设集团公司投资建设的柬埔寨甘再水电站是中国在国外第一个使用项目融资方式开展的BOT水电工程。甘再水电站项目总投资2.805亿美元，总装机容量19.32万kW，建设期4年，特许经营期40年。2007年8月主体工程开始施工，2009年12月7日，甘再水电站项目首台机组投产发电。截至2010年底，甘再BOT项目累计完成工程量超过项目全部工程量的2/3。

2. 老挝南俄5水电站BOT项目　老挝南俄5水电站项目由集团公司与老挝国家电力公司组成南俄5发电有限公司共同进行开发，其中集团国际公司持股85%，老挝国家电力公司持股15%。南俄5水电站项目总投资1.99亿美元，总装机容量12万kW，年发电量5.07亿kW·h，建设期4年，特许经营期25年。2010年12月24日，南俄5项目融资工作正式结束。

2008年10月1日，主体工程正式开工。2009年10月16日，南俄5水电站提前1个月圆满完成大坝截流。截至2010年底，大坝已浇筑至1058m高程，引水隧道完成83%，压力管道全线开挖贯通，压力钢管安装完成22%，其他各项主体工程基本完成。目前，已委托中国水电顾问集团昆明勘测设计研究院承担南俄5水电站进水口塔体与边坡整体稳定分析、厂房和尾水闸门井筒整体稳定性分析工作，进行南俄5水电站整体复核的准备，为2011年下闸蓄水做好充分准备。

3. 尼泊尔上马相迪水电站BOT项目　尼泊尔上马相迪BOT水电站工程坐落于尼泊尔西部马相迪河上，项目所在地距首都加德满都180km，距离下游中马相迪水电站约30km。电站采用混凝土闸坝，总装机容量2×25MW，平均年发电量达3.31亿kW·h。该项目为目前尼泊尔最大的外资能源投资项目，尼泊尔最大的外资能源投资项目，也是中国企业在尼泊尔投资最大的项目，电站特许经营期35年（含施工期4年），总投资额约1.659亿美元。2010年3月11日，尼泊尔上马相迪项目公司在尼泊尔正式注册成立。2010年12月29日下午，中国水利水电建设股份有限公司与尼泊尔国家电力局在尼泊尔首都加德满都正式签署《购电协议》。根据协议，中国水电国际公司控股，占有项目90%的股份，尼泊尔当地合作伙伴萨格玛萨电力公司参股10%，全部电量将售给尼泊尔国家电力局。至2010年底，项目开发协议的谈判工作正在有序开展，补勘补测招标工作也在顺利推进。

（四）股份公司驻外机构情况

2010年，中国水利水电建设股份有限公司驻外机构见表1。

表1 中国水利水电建设股份有限公司驻外机构表

序号	机构名称	国家	序号	机构名称	国家
1	中国水电尼泊尔代表处	尼泊尔	38	中国水电（阿联酋）分公司	阿联酋
2	中国水电马来西亚代表处	马来西亚	39	中国水电（利比亚）分公司	利比亚
3	中国水电巴基斯坦代表处	巴基斯坦	40	中国水电（安哥拉）有限责任公司	安哥拉
4	中国水电孟加拉国代表处	孟加拉国	41	中国水电（博茨瓦纳）有限责任公司	博茨瓦纳
5	中国水电乌兹别克斯坦代表处	乌兹别克斯坦	42	中国水电矿业（老挝）钾盐有限公司	老挝
6	中国水电津巴布韦代表处	津巴布韦	43	中国水电加纳代表处	加纳
7	中国水电泰国代表处	泰国	44	中国水电（俄罗斯）有限责任公司	俄罗斯
8	中国水电印度尼西亚代表处	印度尼西亚	45	南俄5发电有限公司	老挝
9	中国水电缅甸代表处	缅甸	46	中国水电（泰国）有限公司	泰国
10	中国水电伊朗代表处	伊朗	47	中国水电斐济代表处	斐济
11	中国水电吉尔吉斯斯坦代表处	吉尔吉斯	48	华刚矿业股份有限公司	刚果（金）
12	中国水电老挝代表处	老挝	49	中国水电（厄瓜多尔）分公司	厄瓜多尔
13	中国水电埃塞俄比亚代表处	埃塞俄比亚	50	中国水电（赞比亚）有限公司	赞比亚
14	中国水电伯里兹代表处	伯里兹	51	中国水电（阿布扎比）分公司	阿联酋
15	中国水电（马来西亚）有限公司	马来西亚	52	中国水电（乌干达）有限公司	乌干达
16	中国水电阿尔及利亚代表处	阿尔及利亚	53	中国水电委内瑞拉代表处	委内瑞拉
17	中国水电苏丹代表处	苏丹	54	中国水电厄瓜多尔代表处	厄瓜多尔
18	中国水电印度代表处	印度	55	中国水电哥伦比亚代表处	哥伦比亚
19	中国水电利比亚代表处	利比亚	56	中国水电（卡塔尔）国际工程有限责任公司	卡塔尔
20	中国水电也门代表处	也门	57	中国水电哥斯达黎加代表处	哥斯达黎加
21	中国水电约旦代表处	约旦	58	中国水电马里代表处	马里
22	中国水电安哥拉代表处	安哥拉	59	RISH有限责任公司	卡塔尔
23	中国水电坦桑尼亚代表处	坦桑尼亚	60	中国水电毛里求斯代表处	毛里求斯
24	中国水电阿富汗代表处	阿富汗	61	中国水电（委内瑞拉）有限公司	委内瑞拉
25	中国水电斯里兰卡代表处	斯里兰卡	62	中国水电（摩洛哥）分公司	摩洛哥
26	中国水电卡塔尔代表处	卡塔尔	63	中国水电格鲁吉亚代表处	格鲁吉亚
27	老挝水泥工业有限责任公司	老挝	64	中国水电沙特阿拉伯代表处	沙特阿拉伯
28	中国水电蒙古国代表处	蒙古国	65	中国水电波兰代表处	波兰
29	中国水电柬埔寨代表处	柬埔寨	66	中国水电（沙特阿拉伯）分公司	沙特阿拉伯
30	中国水电塔吉克斯坦代表处	塔吉克斯坦	67	中国水电（乌兹别克斯坦）分公司	乌兹别克斯坦
31	中国水电菲律宾代表处	菲律宾	68	中国水电（哈萨克斯坦）分公司	哈萨克斯坦
32	中国水电刚果民主共和国代表处	刚果（金）	69	中国水电喀麦隆代表处	喀麦隆
33	中国水电刚果共和国代表处	刚果共和国一布			
34	中国水电越南代表处	越南			
35	中国水电赤道几内亚代表处	赤道几内亚			
36	中国水电甘再项目公司	柬埔寨			
37	中国水电南非有限责任公司	南非			

（中国水电建设集团国际工程有限公司 任 敏）

中国葛洲坝集团公司 2010 年国际工作情况

2010 年是中国葛洲坝集团公司国际工作继往开来的一年，是各项工作全面进步，各项经营指标逆势上扬的一年。

——投标签约再创历史新高，全年新签国际项目超过 200 亿元，同比增长 47%。

——完成产值再创历史新高，全年完成国际项目产值近 60 亿元，同比增长 16%，其中公司自营完成产值近 40 亿元，同比增长 10%。

——全年实现利润继续保持增长。

——一批新的国别市场取得重大突破，2010 年公司成功进入了哈萨克斯坦、蒙古、卡塔尔、喀麦隆、毛里塔尼亚、马拉维、安哥拉、斐济、委内瑞拉和厄瓜多尔等 10 个国家，是进入新的国家最多的一年。

——公司自有国际经营资质获得批准，为以公司名义参与国际经营、增强公司对外经营实力提供了平台。

——成功申报国家高新技术企业，为公司的快速发展提供了优惠政策支持。

——注册资本金以利润转增方式增长了 15%，公司规模不断扩大，实力不断增强，带来了更多的合作和发展机会。

一年来，公司各项工作呈现出新的特点。

（一）以“管理年”活动为载体，强化管理，实现了各项管理工作的规范、高效

近几年规模快速扩张，但内部管理水平与发展速度还不相适应，管理方法、管理意识、管理基础与快速发展的要求相比还有很大的差距，为此，将 2010 年确定为“管理年”，大张旗鼓地狠抓内部管理。各部门各单位结合管理年活动要求，深入查找管理漏洞、扎扎实实地开展了自查自纠、征集合理化建议、案例分析、知识竞赛、有奖征文、制度建设等系列活动，按照“举一反三、持续改进”的纠错原则，对项目管理、市场开发、公共关系管理、人力资源管理、公文管理、业务外包、财务及保函管理等涉及公司管理的各个方面，认真负责地进行过程控制和查漏补缺。通过查漏补缺，新制定了 21 项管理流程和制度，并从内部管理的八个方面，对 86 项管理制度和工作流程进行了整理汇编。这些管理制度和工作流程涉及公司生产经营活动的各个环节，涵盖了公司管理的不同层面，整体上满足了公司管理需要。

通过“管理年”活动，全员管理意识得到增强，整体管理水平得到大幅改进和提升，管理流程和管理制度得到优化和完善，员工素质得到全面提高，形成了批评与自我批评、改进与再改进、学习与再学习的主流氛围。

（二）坚持高端项目与现汇项目并举，并着力于新市场开拓，实现了合同生效与新签合同的同步快速增长

2010 年，制定了高端项目和现汇项目并举的策略，一方面针对融资项目的类型、特点和程序，积极为业主提出融资解决方案，从国内和国外两个途径推动融资的生效；另一方面下力气抓现汇项目的投标，增大了项目中标机会。

充分利用后金融危机时代的机遇，积极利用国家政策，在缅甸、老挝、埃塞俄比亚等传统市场合同签约额稳定增长的同时，积极开拓新的市场，2010 年在 10 个新的国别市场实现了项目签约，海外市场版图已从传统的东南亚、南亚和非洲地区扩展到现在的中亚、南美和南太平洋地区，为集团股份公司国际业务发展开辟了广阔的空间。同时在俄罗斯、白俄罗斯、乌克兰、肯尼亚、纳米比亚、刚果（布）、哥伦比亚、智利等国家作了大量的市场调研和市场开拓工作，为在这些地区取得突破作了大量铺垫。

各市场部门深入研究国家相关政策，积极了解市场目标国国情，高度关注市场动态，减少了市场开发和项目跟踪的盲目性。严格坚持市场开发程序，严格控制市场开发中的风险，认真进行项目过程评审和控制，保证了中标项目的高质量。2010 年，公司签约项目的平均金额为 11 亿元，融资项目占总签约金额的 71%，议标项目占总签约金额约 70%，DB 项目和 EPC 项目占总签约金额的 55%以上，签约项目合同条件合理，为今后项目顺利实施创造了较好的合同环境。

国际一部、国际二部认真贯彻公司市场开发思路，较好地完成了年度市场开发任务；东南亚分公司、埃塞俄比亚分公司等海外分支机构积极做好信息收集和项目跟踪工作，积极与业主和所在国政府联系，推动了市场的滚动发展。

（三）不断强化在建项目管理，在建立和完善项目监管体系的同时，着力于解决重点项目履约中存在的问题，实现了在建项目的全面履约

2010 年，克服新上项目多、项目领域广、项目实施模式复杂的重重困难，逐个研究在建项目的基本情况和监管要点，高度重视并及时制定针对通货膨胀、人民币升值的应对措施，加大了在建项目的巡查力度，定期召开重点项目履约分析会，精心组织在建工程月度例会，做到了对每一个重点项目全过程全方位的有效监控。项目管理与法律事务部坚持各项日常

监管制度，不断创新监管方式，始终保持了对项目的有效监管。

制定并严格遵守业务外包工作程序，严把合作单位的资格审查关，强化对分包商的控制与管理，完善了各类分包合同，加大了业务外包合同执行情况的检查和考核力度，规范了业务外包合同结算和支付审批程序，有效防范了业务外包项目的履约风险。公司业务外包已经形成了成熟的工作思路和较为完备的风险控制体系，为充分利用社会资源，扩大业务规模，优化赢利模式创造了更大的空间。

强化总部对项目的商务研究以及商务指导，通过组织商务专家专题研究各个项目变更索赔机遇，加强了对项目变更索赔具体问题的指导，通过总部对重点监管项目往来函件的收集与分析，全面掌握项目履约及实施动态，并对函件、纪要及报告中反映的问题及时下达指导意见，规范和促进了项目部的商务管理。

为帮助各兄弟单位提高实施国际项目的能力，在2010年建立了国际项目月度例会制度，组织各单位召开项目实施准备工作会、管理策划评审会以及项目履约专题会，与各兄弟单位一起研究项目情况，帮助各单位调整国际经营思路，掌握国际项目的实施方法和技巧，指导各单位加强总部管理，目前，一批由兄弟单位实施的项目进展顺利。

公司自营项目全年完成产值近40亿元，占集团股份公司国际产值的68%。通过创新资源配置方式和经营管理理念，提高了资源配置效率，优化了项目赢利模式。赤道几内亚污水处理项目总体进展顺利，工程进度略有提前，创造了良好经济效益和社会效益；利比亚房建项目通过合理安排工序、加大资源配置力度等多种措施，改变了被动局面，施工进展明显改善并处于当地同类项目实施的领先地位。缅甸密电源电站大坝项目按计划进展顺利，得到业主好评。2010年进入实施前期准备的苏丹麦洛维灌溉项目、委内瑞拉农业发展项目、加纳凯蓬供水项目、加蓬城市污水处理项目、斐济乡村公路项目、老挝北方农村电气化项目按照公司的前期策划，正有条不紊地向前推进。所有自营项目履约情况良好。

（四）积极探索国际项目投资，全面启动了项目投资的前期工作，对外投资步伐进一步加快

按照集团股份公司国际投资的总体布署，公司决定以电力和矿产投资为重点，同时跟踪研究水泥和炸药的投资机会。将投资工作重点集中在政局稳定、双边关系良好、经济发展潜力大的国家和地区。战略与投资部按照公司投资部署，加强了投资项目信息跟踪和研究，先后收集、整理、分析投资项目信息91个，并对其中部分项目进行了考察，做到了运作一批、跟踪一批、储备一批，初步形成了投资项目的梯次配备。其中，印度尼西亚卡拉玛河1号水电站投资项目、RMB煤炭投资项目、BRE/EBL煤炭投资项目等已经正式立项，卡拉玛河1号水电站投资项目的可研已正式启动，设计人员已进场勘探、测量，在煤炭投资方面，启动了相关商务谈判和资源评价，为推动下一步的投资工作打下了基础。

公司还加强了投资工作的基础工作，招聘和引进了投资方面的商务、技术、管理和法律人才，进一步充实了投资工作队伍。制定出台了投资工作程序，加强了投资工作的规范管理和过程控制，投资项目立项、合作方的选择、资审授权等都按照规定程序严格审批。印度尼西亚分公司、东南亚分公司等海外分支机构加强了投资信息的搜集、积极协助项目考察，公司市场部门、项目管理与法律事务部积极介入，进行技术和商务分析、评判法律风险、参与合同谈判和评审，初步形成了投资工作合力。

（五）精心开展员工培训，不断改进和加强招聘工作，促进了员工队伍建设

2010年，采取模块化定制培训的方式，先后举办了“FIDIC合同管理案例的解析与应用培训”、“国际工程项目管理培训”、“国际工程商务管理培训”、“国际工程计划管理培训”、“国际工程质安环培训”，参加培训人员达1478人次。结合公司员工实际情况，制订并有效实施了公司2010年培训计划，培训公司内部员工达1513人次。

2010年，从高校引进应届毕业生36人，从社会招聘各类专业人员24人，进一步优化了员工队伍结构。加强员工应聘考评和试用期的管理，及时淘汰了不合格的应聘者，实施员工内部交流、导师制等人才培养机制，促进了新员工尽快成才，提高了人才队伍的整体素质。

（中国葛洲坝集团公司）

印度尼西亚 Asahan No. 1 水电站建成发电

（一）工程概况

Asahan No. 1水电站位于Asahan河上游河段，距北苏门达腊省省会棉兰市约130km。上游是著名的旅游胜地多巴（Toba）湖，相距25km。多巴湖流域面积3450km^2，水面面积1100km^2，正常高水位905.00m时的总库容为28.6亿m^3，水量充足。Asahan河是多巴湖唯一的泄流入海通道，在Tanjung Balai汇入马六甲海峡。坝址处多年平均流量为97.2m^3/s，天然最大月流量250.8m^3/s，天然最小月流量10m^3/s。考虑上游多巴湖调节后，坝址

处最大流量为156.6m³/s，最小流量为86.0m³/s。

Asahan河上游河段规划有3个梯级电站，其中Asahan No. 2水电站已经建设完成。为配合Asahan No. 2水电站的运行，1981年在Asahan No. 2水电站建设时修建了Asahan No. 1水电站的拦河坝、进水口和导流洞（部分可改造为引水隧洞）。Asahan No. 1水电站工程是以发电为主，设2台机组，单机容量90MW，总装机容量180MW，年保证发电量11.75亿kW·h。电站设计水头163.5m，设计流量125.8m³/s。

Asahan No. 1水电站工程由已建的坝区建筑物（挡水、泄水、输水等建筑物）和新建的6.3km的引水隧洞、调压井、压力钢管、地面厂房和开关站等组成。

大坝为混凝土重力坝，坝顶高程907.00m，坝高39m，坝长71m。坝体设2孔溢洪道，装两扇弧形闸门（4.5m宽、8.5m高）。在两孔溢洪道中间坝体内布置有输水道，装一扇弧形工作闸门（3.5m宽、3.2m高）。整个建筑物最大下泄流量为400m³/s，其中溢洪道最大下泄流量为293m³/s，输水道最大下泄流量为107m³/s。

Asahan No.1电站引水系统建筑物布置在河道的左岸山体内，主要由进水口、引水隧洞、调压塔及压力管道组成，采用一管两机布置方式。在引水隧洞进口处设有工作门和检修门，工作门为平板钢闸门，检修门为叠梁门。从进水口到调压塔上游，引水隧洞总长约为6518.3m。

调压室为阻抗式调压塔，下游距水轮机中心线约300m，为地面式钢结构。调压塔塔筒高67m，内径18m，圆形断面，阻抗孔内径为3.4m。基础为混凝土结构，外形尺寸长25m，宽25m，高17m，地基为坚硬岩石。引水隧洞穿过调压井基础与压力管道相连接。另设一条支洞衬砌后直径为4.3m，端部设有闷头，为今后扩机备用。

调压塔后接压力管道，压力管道全部采用钢板衬砌，衬砌外回填混凝土。压力管道设有上平段、斜井段和下平段，斜井段倾角为50°，管道总长284.0m，包括一条主管和两条支管，主管直径6.0～5.8～5.6m，通过直径8.7m的"Y"形月牙肋岔管与支管相连，支管直径为4.0～3.2m。另外，在岔管上游引出一条支管，该支管末端设一个旁通阀，机组停止运行时向下游水库供水。

电站厂房采用引水式地面厂房，由主、副厂房组成。厂房顺水流方向自上游至下游依次布置有主厂房、副厂房、尾水渠，其中副厂房位于下游尾水平台。厂房总长度60.25m，主厂房宽20.5m，下游副厂房宽9.5m，厂房自左至右分为安装间段、1号机组段和2号机组段，各区段间设结构缝，并设橡胶止水带。电站厂房内装有2台立轴混流式水轮发电机组，水轮机的安装高程为729.0m（导叶中心高程）。尾水平台高程741.20m，宽度为4.0m。

电站共设有主变压器两台，户外式，通过两回275kV线路与开关站相连。开关站为开敞式，地面高程约为870m，开关站平面尺寸约为150m×150m，两回275kV出线送至西芒果变电站。

（二）工程建设情况

该项目EPC总承包方为中国华电工程（集团）有限公司；设计分包商为中国水电顾问集团北京勘测设计研究院；引水系统施工分包商为中国葛洲坝集团公司；厂房系统施工和机电安装分包商为中国水利水电第十六工程局。

2003年2月，为印尼方提供项目建议书，2004年3月签署EPC合同，2006年7月引水系统工程施工队伍开始进点；2006年12月18日正式开工建设；2009年12月10日，引水系统顺利充水，并经放空检查未发现异常后再次充满水；2009年12月20日厂房和开关站土建工程施工全部完成。

2009年2月18日，桥式起重机安装完成；2009年7月12日，1号机定子吊装；2009年9月28日，1号和2号尾水闸门安装完成；2009年10月5日，2号机定子吊装；2009年12月30日，两台机首次启动；2010年5月13日，两台机组实现并网；2010年8月30日，现场举行竣工典礼。

（中国水电顾问集团北京勘测设计研究院
梅传胜　李志山）

越南北平水电站机电设备成套项目

越南北平水电站机电设备须"量体裁衣"式设计，项目的核心是水轮机技术。北京中水科水电科技开发有限公司发挥其优势，承接了该电站机电设备成套供货合同。

（一）设备特点

（1）选择比转速较高的（最优工况比转速为199）的水轮机转轮，以降低造价；但在转轮最优工况选择时，并没有选择高单位转速，而是逆向选择了相对较低的单位转速，使最优工况对应水头（71.4m）比较靠近电站最高水头（71.6m），可大大改善电站在高水头的稳定性。

（2）根据电站对蜗壳进口直径和偏心、尾水管出口形状的要求，采用了"量体裁衣"的设计模式，即保持其控制尺寸不变，通过对其余尺寸、形状的数值模拟和优化，使水轮机的性能尽可能不低于保证值。

(3) 转轮与主轴采用可互换的摩擦传递扭矩方式，为满足性能，采用螺栓加热预紧工艺。为解决控制环抗磨块遇水膨胀的问题，此次采用了新结构、新材料的抗磨块。

(4) 发电机转子磁轭采用叠片式结构，磁轭冲片面积减小，减小部分作通风道使用，从而取消了磁轭通风槽板，既节省了冲片材料，又使结构更为紧凑，节约了机组成本。转子磁轭冲片及磁极冲片采用了专用的磁性材料，可有效提高机组的性能。

(5) 定子采用 8mm 通风道，缩短了铁芯长度，增加了通风面积，可有效降低定子温升，既提高了性能，又降低了成本。

(6) 励磁调节器采用变增益自适应的 PID 计算方式，使之在全压起励过程中既能快速升压，又无超调、无振荡，大大超过国家及行业标准中所规定“全压起励的电压超调量<10%的额定值，振荡次数小于 3～5 次，起励时间小于 5s”的指标。调节器的同步范围非常宽而稳定，具有自动零起升压和系统电压跟踪功能，接到建压令后自动将发电机电压从零逐步递升到额定或与系统电压一致，从而保证起励无超调无振荡。稳定的下限≤1.8%的额定值，该指标大大优于国家标准“下限应≤10%的额定电压”的指标。

(7) 该励磁系统采用的大小网识别技术充分发挥了计算机的软件功能，自动识别发电机带的是大网负荷还是带小网负荷，可有效地避免发电机在大网解列或甩远端负荷时所产生的过电压。

(8) 在通常的水轮机进水阀门设计中，只设一道工作密封，通常采用 O 型圈密封，不设检修密封。在北平电站中，业主要求增加检修密封，而生产厂家没有设计和生产过。参考国内外有关文献和资料，选择了“空气围带”式密封方案，确定了设计的总体思路和结构，由主阀厂家具体实施。该阀门及检修密封已经投入运行，运行状态良好。

(9) 北平电站所在地非常炎热、潮湿。在潮湿环境下，电气控制柜防冷凝结露非常重要。在所有的重要控制柜柜内，都加设了加热装置，以防止冷凝。对冷却水管道都采取了防冷凝设计，在管道外加设了保温层，以防止热空气与冷却水管道接触在管道外凝结露水。

(二) 经营管理

(1) 为保证产品质量，一方面帮各分包厂家建立和完善质量管理体系，另一方面将 IEC 的有关标准翻译给他们让他们严格执行，并根据设备特点采取了长期监造和出厂检验两种监管措施，确保不合格产品不出国门。为保证安装质量，将我国所独有的水轮发电机组安装等标准翻译成英文推荐给业主和越南的监理公司，一起监督安装质量，宣传和推广了中国标准，促进了中国标准的国际化。

(2) 为减轻人民币升值的不利影响，在项目投标前即进行了详细的分析和动态核算；合同执行中，下大力气保证按时供货，不受电站土建延期影响，及时结汇；在合同后期与其他项目一起进行了美元远期结售汇交易，大大减轻了汇率风险。

(北京中水科水电科技开发有限公司)

叙利亚迪士林水电站调速器改造

2009 年 4 月至 2011 年 5 月，北京中水科水电科技开发有限公司采用 DVG 2000 系列（原 CVT 系列）全容错直接数字控制调速器技术，顺利完成了叙利亚迪士林水电站 6 台调速器的改造任务，解决了长期困扰该厂的机组抬机问题，得到总包方和业主的高度赞扬。

迪士林（Tishrin）水电站位于叙利亚境内的幼发拉底河上，是叙利亚第二大水电站，也是我国迄今为止出口的单机容量最大的轴流转桨式水轮发电机组。总装机容量 630MW，共装有 6 台单机容量 105MW 轴流转桨式水轮发电机组，选用的 ZZ440A－LH－750 型水轮机，SF105－66/12800 型发电机。

水轮机主要参数如下：

最高水头：30m

额定水头：26m

额定转速：90.9r/min

额定流量：456m³/s

额定功率：107MW

转轮直径：7.5m

转轮叶片数：6

轮毂比：0.45

活动导叶数：24

最大水推力：1.123×10^{7}N

GD^2：42 000t·m²

机组转动部分总重量：750t

转轮叶片材料：ZG0Cr13Ni6Mo

协联工况下飞逸转速：185r/min

非协联工况下飞逸转速：230r/min

该电站自 1999 年 11 月投运以来，在调试或运行中，曾多次发生抬机事故，机组转动部分上抬约25～29mm，造成水轮机工作密封跳出、接头撕开、集电环碳刷和刷架、励磁引线绝缘的破坏等。检修发现，6台机组水轮机转轮叶片都出现了不同程度的裂纹，严重影响机组的安全运行。

DVG 2000系列调速器在国际上首次采用高速开关阀（也称数字阀）和逻辑插装阀为核心部件，由高速开关阀实现先导级的控制，实现全容错与直接数字控制，在可靠性、可控性、灵活性等方面具有突破性的变革。已在柘溪、凤滩、水口、新安江等电厂300多台机组获得成功应用。具体特点如下：

(1) 取消了主配压阀、电液转换器等部件，利用插装阀优化组合，实现主配压阀的功能，无需“中间位置”，耐油污，从结构上消除了调速器发卡的机理。

(2) 采用标准件，元器件的互换性好，密封可靠，无连接杆件、管路，无泄漏现象。

(3) 运行稳定，调节质量高，调整方便，实现了免维护。

(4) 调节迅速可靠，精度高，实现了速度和精度的完美协调统一，有利于发挥大型机组在电网安全稳定中的作用。

(5) 油压装置油泵动作次数明显减少，启动间隔时间平均长10倍以上，具有显著的节能、降耗、增寿、环保等特点。

(6) 设备紧凑，可根据现场条件灵活设计布置，如将调速器、事故配压阀、分段关闭阀等组合成一体结构，安装调试十分便捷。

（北京中水科水电科技开发有限公司　刘同安）

哈萨克斯坦恰伦河玛依纳水电站引水隧洞贯通

2010年9月6日，哈萨克斯坦恰伦河玛依纳水电站引水隧洞1号支洞上游工作面顺利与进水口工作面贯通至桩号（隧）1+540m；2010年9月17日20点，2号支洞上游工作面顺利与1号支洞下游工作面贯通至桩号（隧）3+447m；至此，长4.912 7km的引水隧洞已顺利贯通，引水隧洞钢筋混凝土衬砌已全面启动。

为庆祝哈萨克斯坦的“三峡”水利工程、中哈双方高层高度重视的玛依纳水电站建设中具有里程碑意义的节点，9月24日，哈萨克斯坦国资委萨姆鲁克有关领导、哈萨克斯坦国家电视台、哈萨克斯坦恰伦河玛依纳水电站业主总经理康达耶夫、业主总工拜伊穆罕别科夫，联营体董事会的中国水利电力对外公司(CWE)陆国俊总经理，中国地质工程集团公司(CGEO)郑起宇总经理、王愉吾副总经理，中国水电顾问集团成都勘测设计研究院(CHIDI)赵雄飞副院长共同出席了中哈双方举办的庆祝仪式，中方明确表示将于2011年底完成中哈双方合同签订的既定目标，哈方希望、中方力争在哈萨克斯坦国家独立日即2011年12月16日完成哈萨克斯坦恰伦河玛依纳水电站建设。

2009年10月15日，玛依纳水电站地面厂房已完成开挖，至2010年9月26日，厂房混凝土浇筑已至1259.3m办公楼基础高程。

2010年9月2日晚11点，压力管道顺利开挖至（管）0+427m，长4.318 6km的压力管道已完成除压力竖井外开挖，目前3号支洞下游工作面、4号支洞上下游工作面已完成压力钢管100节共600m安装。

（摘自中国水电工程顾问集团公司《水电风电信息汇编》）

几个中国投资或承建的国外水电工程建设情况

（一）缅甸水津水电站首台机组72h试运行成功

2010年12月25日，由中国葛洲坝集团股份公司（以下简称葛洲坝集团）负责机电设备设计、供货与安装任务的缅甸水津水电站首台机（4号机）成功完成72h试运行。在现场视察工作的缅甸电力一部副部长向参加工程建设的中缅双方人员表示祝贺，对葛洲坝集团的履约能力表示满意，并期待与葛洲坝集团在缅甸开展更多的合作。

缅甸水津水电站位于缅甸勃固省水津镇东北6km的水津河上，设计安装4台2万kW的混流式水轮发电机组。其机电设备设计、供货与安装合同于2007年9月17日签订。4号机组于2010年7月19日正式开始安装。

（二）缅甸依洛瓦底江密松水电站获得国家发展改革委核准

2010年1月18日，中国电力投资集团公司控股投资建设、装机容量600万kW的缅甸依洛瓦底江密松水电站获得国家发展改革委核准。

（三）柬埔寨额勒赛下游水电项目正式开工

2010年4月1日，柬埔寨迄今为止最大水电项目、由中国华电集团公司境外投资开发装机规模最大水电项目——装机容量33.8万kW的额勒赛下游水电项目正式开工建设。

（四）苏丹麦洛维水电站第9、第10台机组正式并网发电

2010年4月8日，由中国水利水电建设集团公

司和中国水电对外公司组成的CCMD联营体承建大坝主体工程的苏丹麦洛维水电站第9、第10台机组正式并网发电，标志着被誉为苏丹“三峡工程”、世界最长大坝的麦洛维水电站全面竣工。

（五）缅甸依洛瓦底江其培水电站正式开工建设

2010年12月22日，中国电力投资集团公司投资建设、装机容量340万kW的缅甸依洛瓦底江其培水电站正式开工建设。

（本年鉴编辑部摘编）

工程咨询企业在国际水电工程开发中值得重视的几个问题

中国水电企业实施“走出去”战略，开展境外资源合作，是中国参与经济全球化、提高对外开放水平、深化双边经贸关系、实现共同发展的重要举措。

我国工程咨询单位承揽国际水电工程、实行BOT开发或EPC总承包，在项目管理方面有如下问题值得重视。

（一）在设计管理方面

1. 设计理念和设计标准　不同国家、不同地区的设计理念和采用的设计标准不尽相同。有些国家没有自身的水电标准，这就要求在设计之初，必须明确采用的设计标准。

以尼泊尔水电开发为例，尼泊尔水电行政主管部门为规范境内不同开发商上报的不同阶段的水电开发研究报告，针对不同装机容量和开发方式在2003年12月颁发了尼泊尔境内水电工程设计导则《Gudilines for study of hydropower project》，其中将水电开发分为Reconnaissance or preliminary study（规划研究）、Prefeasibility study（预可行性研究）、Feasibility study（可行性研究）三个阶段。除对装机容量分为1～10MW、10～100MW和100MW以上三个级别，开发方式为径流式和蓄水式两种类型外，还包括对地下建筑物、地面建筑物和不同坝型，分别提出了勘察设计要求。每个设计阶段都对水文、地质、水工、环境影响评价等专业的勘察设计提出了相关要求，包括各阶段最终报告的编写格式，都作了较为明确的规定，与国内设计报告不同的是，还要将关键的计算书作为报告的组成部分。这就要求在进行具体的勘察设计工作之前，必须要认真研究尼泊尔水电行业的设计理念和采用设计标准，为日后水电工程设计成果的获批奠定基础。

2. 不同设计阶段管理的重点　目前，多数国内工程咨询单位参与国际竞争、开展国际水电项目建设多在三个阶段：投标阶段、概念设计阶段、项目实施（施工图设计和现场服务）阶段。

（1）在投标阶段，条件允许的情况下，首先进行现场考察，尽可能多地收集该项目设计的基础资料；其次，认真阅读招标文件提供的设计资料，理解设计意图，结合自身的工程经验，提出投标方案；最后，充分估计工程风险，反映到投标报价中去。

（2）在概念设计时，重点是对基本资料的收集和复核，不同设计方案的比较和确定，重大关键技术问题的把握。这个阶段需要必要的设计周期和经费支持。

（3）在项目实施阶段，设计管理的重点：一是施工图设计要超前于施工进度，尤其是设备和材料的采购和运输周期较国内项目长，与设备招标与采购等相关的设计方案和图纸，应及早提供；二是现场服务要和业主工程师进行有效沟通，本着“相互尊重、相互理解”的态度，将自己的设计意图充分地表达出来，获得业主工程师的理解和认可，并对工程师提出的不同方案，及时给予答复、并与之讨论，以“双方达成一致，设计方案得以实施”为目的。

（4）尼泊尔某水电项目除在上述三阶段需重点关注外，作为国内工程咨询企业对外投资、有意开发的项目，还需在项目的投资决策阶段，重点关注尼泊尔政治局面、法律法规、水电资源、水电开发政策、现有电力供求状况、电力发展规划和印度电力市场需求、外商投（融）资政策、税收政策、水电开发许可证申请程序等问题。

（二）人力资源管理方面

1. 组织结构　国内水电工程的咨询单位多采用矩阵式组织结构，项目经理/设总由一职能部门的成员担任，其工作除项目的管理工作外，还可能负责本部门承担的相应任务。这种组织结构的缺点是：①项目管理权力平衡困难，实际工作常出现两难选择；②信息回路比较复杂，经常出现交流、沟通不够的问题；③项目的成员处于多头领导状态，易造成指令矛盾、行动无所适从的问题，影响工作效率，工作质量难以保证。要解决上述问题，项目经理/设总要充分理解职能部门的难处，准确地把握本项目的关键节点，真实告知职能部门负责人；项目成员要不断加强自身的专业技术水平，提高工作效率，真正领会项目经理的意图，双方要充分沟通，达成一致，避免不必要的返工，争取设计方案一次通过。

2. 培训　设计人员成长为项目经理/设总需要一个过程，因此，企业应建立一套完整的培训体系，对于那些日后能够独立承担国际项目的负责人进行必要的培训，包括国际商务、现代物流、MBA及工程所在国的法律体系和合同体系等。这样才不至于在企业到真正用人时，找不到合适的人选。

（三）信息管理方面

对于国际水电工程项目EPC总承包或BOT项目，为实现项目各参与方（包括项目法人的上级部门、金融机构、业主方、工程管理咨询方、设计方、施工方、供货方、施工现场管理方等）的信息交流、共同工作、共同使用和互动的管理，建立专属于工程的项目信息门户，采用远程合作理论，在建设工程全寿命周期内，包括项目决策期、实施期和运营期的全部信息在该项目信息门户上运行。其核心功能是项目各参与方的信息交流，项目的文档管理和项目各参与方共同工作，摆脱目前大多数采用的网络聊天软件、国际长途电话等简单、不易保留的沟通方式，将科学、方便、快捷的现代化信息管理应用于建设项目中，为项目的顺利实施提供高效管理手段。

（四）风险管理方面

国际水电工程项目的风险贯穿于商务、设计、采购、施工甚至运营等各个环节，其主要来源于外部环境、项目利益相关方、项目内部管理与运营等方面。

(1) 确定影响项目的分析因素，进行风险识别。从外部环境看，主要包括国际政治、经济、金融、法律、文化与基础设施等；从项目利益相关方看，主要是政府、金融机构、业主方、施工方、分包商和供货商等方面带来风险；从项目内部管理与运营看，主要是内部管理不够完善、团队凝聚力不够强、项目经理选择不当等，这些都有可能给国际工程项目带来一定的风险。对于以上一系列可能风险，结合国际水电工程的特点，可分阶段、分专业、分类型进行风险识别，方法主要有德尔菲法、头脑风暴法、SWOT技术、系统分析法、事故树分析等。

(2) 进行风险分析和风险应对。对工程建设、防洪度汛、坝区和库区地质灾害、移民及环境和资源条件等进行风险定性或定量分析，针对不同的风险提出应对策略，采取相应的措施，如风险回避、风险转移、风险减轻等。

(3) 风险控制。对预先确定的风险事件进行跟踪分析，重点监测，如工程地质风险，制定应对预案，防止重大风险事件的发生；一旦发生不利情况，及时进行有效控制，降低损失。

例如尼泊尔某水电项目，采用引水式开发，在重视尼泊尔的政治风险、政策风险、信用风险之余，应特别关注工程地质风险、项目管理风险和项目运营风险。该项目拥有长约5km的引水隧洞和地下厂房等，在项目的前期、建设期和运营期，对可能会出现的地质情况要有充分的估计；对重大地质问题，及时发现，及时提出解决对策，避免遭受更大的经济损失，保证工程按期开工建设，如期完工，安全运行，投资达到预期收益。该项目所在地左岸为国家森林公园，环境保护的问题也值得关注。

由于是工程咨询单位首次进行海外投资，缺乏实战经验，存在对未来状况估计不足的现象，应做好充分的思想准备：包括在项目设计方案完成后项目购电协议的谈判、签署及与金融机构相关的投融资风险，项目建成后在特许经营期间的运营风险等。

（五）项目结构模式方面

工程咨询单位承揽国际中小型水电工程时，必然会面临建设项目结构模式问题。针对尼泊尔某水电项目，可以考虑如图1的项目结构模式，图中虚线表示EPC总承包方的内部关系。项目开发公司由国内投资方甲、投资方乙和尼泊尔投资方丙共同出资，成立公司。拟订项目开发公司与金融机构、EPC总承包方和后期运营公司为第一层次；而项目总承包方与施工总承包方、机电设备分包商和主材供应商之间为第二层次，是合同关系；项目总承包方内部分项目经理部、咨询专家组、计划合同部、设计部、机电部、财务部、现场工程部、工程监理部等。

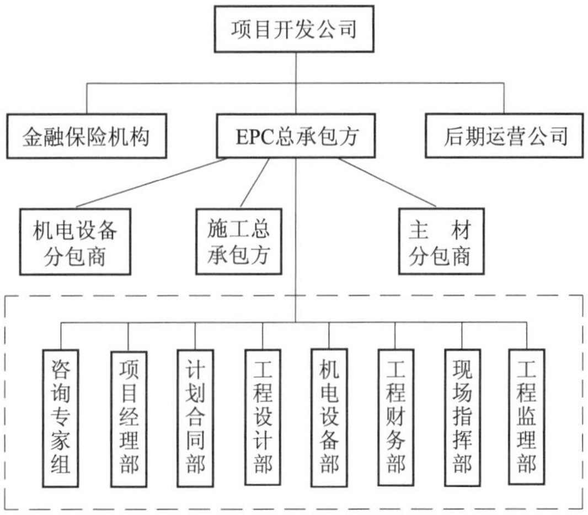

图1 拟订的尼泊尔某水电工程的项目结构图

以水电工程咨询为主营业务的工程咨询企业，为实现企业长远稳定发展，应积极开拓国际水电市场，打造自身国际化品牌。作为工程咨询单位承揽国际水电开发项目时，应关注包括设计管理、人力资源管理、信息管理、风险管理和项目结构模式的问题，但也绝不限于上述问题。

中国水电顾问集团西北勘测设计研究院通过尼泊尔某水电项目的投资开发，积累实践经验，使企业在主营业务方面实现突破，为日后承揽国际大型水电项目的投资开发打下坚实的基础！

（中国水电顾问集团西北勘测设计研究院 黄蔚萍）

中国大唐集团缅甸太平江水电项目建设情况

缅甸太平江水电站位于缅甸东北部克钦邦、紧邻中缅边境的太平江上，规划装机容量40万kW，分两期建设。一期建设规模为4台6万kW机组，设计年发电量10.7亿kW·h，项目总投资17亿元人民币，90%以上的电量回送中国南方电网。2009年12月20日，在国家副主席习近平和缅甸联邦和平与发展委员会副主席貌埃的见证下，在缅甸首都内比都签署了合资协议。

缅甸太平江水电站是中国大唐集团公司首个对外投资的BOT（建设—运营—移交）项目，项目特许经营期限为“35＋5”年，由中国大唐集团海外投资有限公司控股的大唐（云南）水电联合开发有限责任公司负责开发、运行和管理。

2007年12月，缅甸太平江水电站主体工程开工建设，在全体建设者的共同努力下，4台机组分别于2010年8月、9月、12月投产发电，实现了中国大唐集团公司境外在役机组“零”的突破。

缅甸太平江水电站的建成缓解了缅甸东北部电力紧张局面，对促进中缅双方实现互利共赢、推动中缅睦邻友好关系向前发展起到了积极的促进作用。

（中国大唐集团海外投资有限公司）

10

技术标准

标准化工作管理

2010年电力标准化管理情况

（一）标准项目计划及发布情况

2010年经有关部门批准，共确定电力标准计划立项278项。其中，国家标准化管理委员会下达电力国家标准计划项目29项，住房和城乡建设部下达电力工程建设国家标准计划项目17项，国家能源局下达电力行业标准计划项目232项。在2010年标准计划中，包括《光伏发电站并网运行控制规范》、《光伏发电站施工规范》、《光伏发电站电能质量检测技术规程》、《风电场安全规程》、《风力发电场设计技术规程》等重要的新能源发电国家标准和行业标准。

2010年经有关部门批准发布的电力标准共248项。包含国家标准34项，其中国家标准化管理委员会发布的21项，住房和城乡建设部发布工程建设国家标准13项；国家能源局发布的行业标准214项。在2010年发布的电力标准中，包括1000kV特高压国家标准2项、行业标准12项，±800kV特高压行业标准7项，完善了特高压交直流标准体系。

截至2010年底，电力标准共有1774项，其中电力国家标准278项，电力行业标准1496项。

在国家质量监督检验检疫总局和国家标准委组织的2010年“中国标准创新贡献奖”评选中，国家电网公司编制的《1000kV交流输电系统过电压和绝缘配合导则》（Q/GDW 319—2009）等73项特高压交流系列标准荣获一等奖。这是电力标准化工作首次获得该奖项一等奖。

（二）标准化重点工作

1. 压水堆核电厂常规岛及BOP标准体系编制　受国家能源局委托，由中国电力企业联合会和中国电力工程顾问集团公司牵头，组织有关力量开展了有关核电常规岛、BOP部分的标准体系建设工作。经各方努力，国家能源局于2010年8月23日发布了《压水堆核电厂常规岛及BOP标准体系项目表》（国能科技〔2010〕277号）。该体系列出了近期需要制定、修订的核电标准项目126项，为核电常规岛、BOP部分标准制修订工作指明了方向。

2. 智能电网标准化工作　中国电力企业联合会会同中国电器工业协会、中国节能协会，联合欧洲电气电子行业办事处等机构共同举办了“2010中欧智能电网技术与标准化论坛”，中外专家在论坛上就智能电网技术与标准化工作进行了交流。

国家电网公司向IEC提出了在特高压交流输电、高压/特高压直流输电方面8项标准提案，以及在用户侧接口、电动汽车充放电、智能调度等方面10项标准提案。

2010年国家能源局、国家标准委牵头组建了国家智能电网标准化总体工作推进组，为智能电网领域标准化工作提供了有力的组织保障。在完成GB/T 25125—2010《智能照明节电装置》的基础上，《智能变电站测控单元技术规范》等2项国家标准、《智能电能表功能规范》等12项行业标准被列入年度标准制订计划。

3. 电动汽车充电设施标准化工作　为促进电动汽车发展，经国务院和中央编委同意，中编办发文明确了电动汽车及充电设施标准化等问题的部门职责分工，国家质检总局（国家标准委）牵头组织制订电动汽车及充电设施的国家标准，国家标准委负责牵头组织协调工业和信息化部、国家能源局、科技部等部门拟订电动汽车及充电设施的相关标准，按规定程序审查颁布。

根据职责分工，国家能源局已会同科技部和工信部，在国家标准委统一协调下，初步完成了包括基础、充电设备、充电接口、充换电站、建设与运行、附属设备等6大类26项标准的充电设施标准体系框架。《电动汽车非车载传导式充电机技术条件》（NB/T 33001—2010）、《电动汽车交流充电桩技术条件》（NB/T 33002—2010）和《电动汽车非车载充电机监控单元与电池管理系统通信协议》（NB/T 33003—2010）三项标准已经国家能源局批准发布。同时还开展了20余项该领域标准的前期工作，有7项国家标准、2项工程建设国家标准、9项行业标准列入2010年制订计划。这些标准的制定和发布将成为建设安全、可靠、易用、经济的电动汽车充电设施的重要保证，对我国“节能与新能源汽车示范推广试点”工作的顺利开展和节能减排战略的实施提供有力支撑。

4.《工程建设标准强制性条文》(电力工程部分)执行情况监督检查　2010年6～9月，国家电力监管委员会、住房和城乡建设部联合组织对《工程建设标准强制性条文》(电力工程部分)执行情况进行了监督检查。其中，电监会、住房和城乡建设部组织专家成立火电工程、水电工程、风电工程、输变电工程四个检查组对大型中央电力企业10个电力工程建设项目进行了实地检查；电监会各派出机构会同地方住房和城乡建设行政主管部门，组建39个检查组对辖区内共计81个项目进行了现场检查。监督检查活动最终形成监管报告以电监会2010年第8号监管公告发布。

5.电力企业标准化良好行为试点工作　在企业申报、电监会所属各分支机构良好行为试点办公室认真筛选的基础上，2010年8月9日，国家标准化管理委员会和国家电力监管委员会联合印发了《关于开展第一批电力企业“标准化良好行为企业”试点工作的通知》(国标委服务联〔2010〕50号)，公布了65家电力企业作为第一批试点单位，并部署了下一阶段工作要求。电力企业标准化良好行为试点及确认进入实施阶段。

(三) 标准化组织机构建设情况

为适应电力标准工作的新形势，2010年相继成立了国家智能电网标准化总体工作推进组，能源行业风电标准建设领导小组、专家咨询组和标准化技术委员会，能源行业电动汽车充电设施标准化技术委员会等组织，并有7个行业标委会组织机构进行了换届。

1.国家智能电网标准化总体工作推进组　为满足我国智能电网技术研发和工程示范的需要，尽快建立我国智能电网标准化体系，经国家能源局、国家标准化管理委员会和有关单位研究，决定成立国家智能电网标准化总体工作推进组，负责我国智能电网标准化工作的战略规划，指导国家标准和行业标准制修订，协调各部门和相关行业的工作，推动我国智能电网标准体系建设，解决标准编制过程中的重大问题。总体工作推进组下设智能电网标准化组、智能电网设备标准化组和智能电网标准化国际合作组，按照总体规划、共同推进、分工负责、分工实施、相互协调的工作机制开展工作。其中，电网组由中国电力企业联合会标准化中心负责，主要任务是组织我国智能电网规划、建设、运行、管理和维护等标准体系的研究、技术协调和制修订；设备组负责组织我国智能电网设备的标准体系研究、技术协调和制修订；国际组负责组织和参与智能电网标准化的国际活动，推进我国主导和参与国际标准的制定。

2.能源行业风电标准建设领导小组、专家咨询组和标准化技术委员会　这一系列组织机构的成立，标志着风电行业标准建设的全面启动，风电装备标准、产品检测和认证体系将得到建立和完善。领导小组负责研究拟订我国风电标准建设的政策，审查确定风电标准体系建设规划，协调解决标准编制过程中的重大问题。专家咨询组负责研究风电标准化的重大问题，为领导小组提供决策咨询，为风电标准体系顶层设计、年度工作计划和项目实施等提供技术咨询。标准化技术委员会由风电场规划设计、风电场施工与安装、风电场运行维护管理、风电场并网管理技术、风电机械设备、风电电器设备6个具体小组组成，各小组将分别负责相关标准的制定。

3.能源行业电动汽车充电设施标准化技术委员会(NEA/TC3)　该标委会主要负责电动汽车充电设施标准的体系建设、标准制修订以及储能装置在电动汽车上的应用等标准化工作。中电联标准化中心承担秘书处工作。

4.行业标委会组织机构管理　2010年，电力行业水电站自动化标准化技术委员会、电力行业过电压与绝缘配合标准化技术委员会、电力行业水电施工标准化技术委员会、电力行业可靠性管理标准化技术委员会、电力行业大坝安全监测标准化技术委员会、电力行业高压直流输电技术标准化技术委员会、电力行业电气工程施工及调试标准化技术委员会等7个电力行业标准化技术委员会进行了换届，对部分委员进行了调整，增补了一些年青专家，使组织机构更加完善，结构更加合理。电力行业高压试验技术标准化技术委员会、电力行业电力变压器标准化技术委员会、电力行业信息标准化技术委员会对部分委员进行了调整。

(中国电力企业联合会　许松林)

电力企业标准化良好行为第一批试点单位

2010年8月9日，国家标准化管理委员会和国家电力监管委员会联合印发了《关于开展第一批电力企业“标准化良好行为企业”试点工作的通知》(国标委服务联〔2010〕50号)，公布了65家电力企业作为第一批试点单位，并部署了下一阶段工作要求。名单见表1。电力企业标准化良好行为试点及确认进入实施阶段。

表1 电力企业标准化良好行为第一批试点单位名单

省（区、市）	序号	企业名称
北京市	1	华电（北京）热电有限公司
天津市	2	天津大唐国际盘山发电有限责任公司
河北省	3	河北省电力公司
	4	保定供电公司
	5	华北电网有限公司廊坊供电公司
	6	邯郸供电公司
山西省	7	武乡和信发电有限公司
	8	黄河万家寨水利枢纽有限公司电站管理局
	9	山西省电力公司电力建设二公司
	10	山西省电力公司超（特）高压输变电分公司
	11	山西省电力勘测设计院
内蒙古自治区	12	华电内蒙古能源有限公司包头分公司
辽宁省	13	华能大连电厂
	14	沈阳经济技术开发区热电有限公司
吉林省	15	大唐珲春发电厂
上海市	16	中电投电力工程有限公司
江苏省	17	上海华电电力发展有限公司望亭发电厂
	18	江苏省电力设计院
	19	江苏省电力公司无锡供电公司
浙江省	20	浙江省电力试验研究院
	21	浙江省永康供电局
	22	浙江省火电建设公司
	23	浙江浙能兰溪发电有限责任公司
安徽省	24	安徽电力建设第一工程公司
福建省	25	福建省电力有限公司（机关本部）
	26	福建中试所电力调整试验有限责任公司
	27	福建棉花滩水电开发有限公司
江西省	28	华能国际电力股份有限公司井冈山电厂
山东省	29	蓬莱市供电公司
	30	华电国际电力股份有限公司邹县发电厂
	31	山东济矿鲁能煤电股份有限公司阳城电厂
	32	肥城市供电公司
	33	泗水县供电公司
河南省	34	河南省电力公司许昌供电公司
	35	河南省罗山县电业管理局
	36	鸭河口发电责任有限公司
	37	河南省电力公司新乡供电公司

续表

省（区、市）	序号	企　业　名　称
湖北省	38	武汉铁塔厂
	39	湖北省输变电工程公司
	40	国电长源荆门热电厂
广东省	41	广东省粤电集团有限公司沙角C厂
	42	广东电网公司深圳供电局
	43	广东电网公司广州供电局
	44	广东惠州天然气发电有限公司
广西壮族自治区	45	中国华电集团贵港发电有限公司
海南省	46	海南省水利电力集团有限公司牛路岭水电站
	47	海南电网公司文昌供电局
重庆市	48	国网能源开发有限公司重庆发电厂
四川省	49	德阳电业局
	50	四川松林河流域开发有限公司
	51	国电大渡河公司龚嘴水力发电总厂
	52	四川广安发电有限责任公司
	53	四川电力建设三公司
	54	中国水利水电第七工程局有限公司
贵州省	55	洪家渡发电厂
	56	贵州华电大龙热电有限公司
陕西省	57	大唐彬长发电有限责任公司
	58	宝鸡供电局
甘肃省	59	靖远第二发电有限公司
	60	大唐碧口水力发电厂
青海省	61	西宁供电公司
宁夏回族自治区	62	宁夏大坝发电有限责任公司
	63	宁夏电力建设工程公司建筑安装分公司
	64	宁夏电力公司宁东供电局
新疆维吾尔自治区	65	新疆电力公司乌鲁木齐电业局

（中国电力企业联合会　许松林）

2010年农村水电技术标准制修订情况

2010年，水利部农村水电及电气化发展局主持和主编的农村水电技术标准共有24项，其中，新增2010年财政专项2项，延续基建前期（2009年）10项。根据《水利标准化工作管理办法》要求和2010年水利技术标准制修订计划安排，组织召开了《小型水电站建设工程施工安全规程》等10项标准的编制工作大纲审查会；对《小型水电站机电设备报废条件》等7项标准发文征求意见；组织召开了《小型水电站初步设计报告编制规程》等7项标准的送审稿审查会；完成了《小型水电站技术改造规范》、《农村水电站技术管理规程》、《农村水电变电站技术管理规程》等9项标准的报批工作。至2010年底，24项在编标准中，《小水电建设项目经济评价规程》（SL 16—2010）、《小水电站接入电力系统技术规定》（SL 522—2010）2项标准已发布，在编标准详情见表1。

表1　农村水电在编标准情况表

序号	标 准 名 称	工作要求	主 编 单 位	当前状态
1	小型水电站机组运行综合性能质量评定标准	制定 SL	中国水利水电科学研究院机电所	报批
2	小水电站接入电力系统技术规定	制定 SL	中国水利水电科学研究院自动化所	发布
3	小型水电站现场效率试验规程	制定 SL	中国水利水电科学研究院机电所	送审稿
4	小型水电站初步设计报告编制规程	修订 SL/T 179—1996	山西省水利水电科学研究院	报批
5	小水电电网节能改造工程技术规范	制定 GB	水利部农村水电及电气化发展局	大纲审查
6	小水电建设项目经济评价规程	修订 SL 16—1995	水利部农村电气化研究所	发布
7	小型水电站技术改造规范	制定 GB	水利部农村水电及电气化发展局	报批
8	小型水电站施工技术规范	修订 SL 172—1996	水利部农村电气化研究所	征求意见
9	农村水电供电区电力发展规划导则	修订 SL 22—1992	水利部农村电气化研究所	征求意见
10	水能资源调查评价导则	制定 SL	水利部农村电气化研究所	征求意见
11	小型水电站运行维护技术规范	制定 GB	水利部农村水电及电气化发展局	征求意见
12	小型水电站机电设备报废条件	制定 GB	水利部农村电气化研究所	征求意见
13	农村水电站技术管理规程	制定 SL	吉林省地方水电有限公司	报批
14	农村水电变电站技术管理规程	制定 SL	吉林省地方水电有限公司	报批
15	农村水电配电线路、配电台区技术管理规程	制定 SL	吉林省地方水电有限公司	报批
16	农村水电送电线路技术管理规程	制定 SL	吉林省地方水电有限公司	报批
17	小型水电站施工安全规程	制定 SL	水利部农村电气化研究所	大纲审查
18	小水电电网安全运行技术规范	制定 GB	水利部农村水电及电气化发展局	大纲审查
19	小型水电站建设工程验收规程	修订 SL 168—1996	水利部农村电气化研究所	大纲审查
20	小水电代燃料项目验收规程	修订 SL/Z 304—2004	水利部农村电气化研究所	送审
21	小型水电站安全测试与评价规范	制定 GB	水利部农村水电及电气化发展局	大纲审查
22	小水电代燃料生态效益计算导则	制定 SL	水利部农村电气化研究所	大纲审查
23	小水电网电能损耗计算导则	修订 SL 173—1996	水利部农村电气化研究所	大纲审查
24	水电农村电气化验收规程	制定 GB	水利部农村水电及电气化发展局	大纲审查

（水利部农村水电及电气化发展局　孙亚芹）

电力行业水电施工标准化技术委员会 2009～2010 年标准化工作情况

2009～2010 年，在中国电力企业联合会（以下简称中电联）标准化中心的指导下，在挂靠单位中国水利水电建设集团公司的大力支持下，在秘书处及全体委员的团结、协力、支持下，水电施工标准化委员会标准制修订工作取得了显著成绩。

（一）电力行业标准制修订完成情况

两年来，申报水电施工标准计划项目达 60 余项，其中 2009 年申报 22 项，2010 年申报 40 项。中电联批准立项 30 项，其中 2009 年 10 项，2010 年 20 项。2009～2010 年组织召开行业标准审查会

12次、审查水电施工标准23项，报批19项，颁布17项。

2009～2010年，组织召开英文标准审核会8次，审核标准15项，累计翻译42项，正式出版38项，为中国电力行业水电施工技术标准走出国门奠定了基础。在中国水电建设集团承担的国际工程中，特别是东南亚、中亚地区（如菲律宾、马来西亚、越南、缅甸、老挝、泰国、印度、巴基斯坦、伊朗等国家），这些英文标准得到应用。其中：伊朗的塔里甘水电站获得中国建筑业协会颁发的鲁班奖，是中国电力行业标准在国外应用的典范。目前非洲、南美洲部分国家的工程项目也已陆续开始使用中国的水电施工英文技术标准。特别是中国水利水电建设股份公司投资项目，例如柬埔寨的甘寨水电站项目和老挝的南俄五水电项目，在设计和施工上，均采用了中国技术标准。

基本建立了与工程建设相适应的、较为完善的水电施工标准体系。对水电建设施工起到了积极的推动作用。一批具有现实意义的标准首次编制、实施。如DL/T 5243—2010《水电水利工程场内施工道路技术规范》、DL/T 5237—2010《灌浆记录仪技术导则》、DL/T 5251—2010《水工混凝土建筑物缺陷检测和评估技术规程》、DL/T 5248—2010《履带起重机安全操作规程》等一批新规范得以颁布实施。

（二）2010年标准制修订实施情况

（1）完成送审稿审查12项。它们是《核子法密度一含水率现场测试技术规程》、《水电水利基本建设工程单元工程质量等级评定标准　水工碾压沥青混凝土工程》、《砾石土心墙堆石坝施工技术规程》、《碾压胶凝粗粒料施工导则》、《水电水利工程机械安全操作规程　混凝土搅拌楼》、《水电水利工程机械安全操作规程　缆索起重机》、《水电水利工程人工砂石加工系统施工技术规程》、《水电水利工程施工环境保护技术规程》、《水工建筑物地下开挖工程施工技术规范》、《水电水利工程施工重大危险源辨识及评价导则》、《水电水利工程施工测量规范》、DL/T 5400—2007《水工建筑物滑动模板施工规范》（英文版）。

（2）征求意见9项。它们是《核子法密度一含水率现场测试技术规程》、《水电水利工程覆盖层地基灌浆技术规范》、《水电水利工程砾石土心墙堆石坝施工规范》、《水电水利工程施工测量规范》、《水电水利工程施工重大危险源辨识及评价导则》、《水电水利基本建设工程单元工程质量等级评定标准　水工碾压沥青混凝土工程》、《水工混凝土掺用火山灰技术规范》、《水工混凝土掺用氧化镁技术规范》、《水工建筑物水泥灌浆施工技术规范》。

（3）完成报批11项。它们是《水电水利工程边坡施工技术规范》、《水电水利工程施工机械安全操作规程　推土机》、《水电水利工程施工机械安全操作规程　挖掘机》、《水电水利工程施工机械安全操作规程　装载机》、《水工建筑物地下工程开挖施工技术规范》、《土石坝浇筑式沥青混凝土防渗墙施工规范》、《水电水利工程施工环境保护技术规程》、《贫胶渣砾料碾压混凝土施工导则》、《水电水利基本建设工程单元工程质量等级评定标准　第3部分：水轮发电机组安装工程》（英文版）、《水工沥青混凝土试验规程》（英文版）、《土坝灌浆技术规范》（英文版）。

（中国水利水电建设股份有限公司）

中国水电顾问集团贵阳勘测设计研究院2010年标准化工作

积极参编和翻译行业技术标准及工具书，完成了《水电水利工程劳动安全与工业卫生设计规范》、基本完成了《水电工程设计防火规范》、《水工建筑物水泥灌浆施工技术规范》和《水利水电工程测量规范》相关章节的编写。首次组织完成5项由中国水电顾问集团国际工程有限公司委托编译的第三批工程技术标准（英文版）。完成了《水工设计手册》、《工程地质手册》相关章节的编写及《物探手册》的统稿。

加强企业技术标准基础建设。印发了《西部地区（川、滇、藏）勘测设计技术要求及应重视的主要问题》，阐述了西部与贵州在自然条件、社会和人文环境方面的异同，提出了技术要求及应重视的主要问题，以指导西部勘测设计工作，提高勘测设计质量。水工设计分院评审立项并启动了20项专业标准化项目的编制工作。

积极加强内外部技术交流。2010年成功承办了中国水电工程顾问集团公司2010年度机电专业研讨会、贵州省水力发电工程学会水工专委会2010年度技术交流会，协办了贵州省岩石力学与工程学会2010年度学术交流会、2010年碾压混凝土筑坝技术交流研讨会。编辑出版了《集团公司2010年度机电专业研讨会论文集》、《贵州省岩石力学与工程学会2010年度学术交流会论文集》、《贵州水力发电工程学会水工专委会2010年度技术交流论文集》。

（中国水电顾问集团贵阳勘测设计研究院　周维娟）

技术标准的制修订情况

2010年度国家标准化管理委员会下达的电力国家标准计划项目

序号	项目名称	制定/修订	起草单位	代替标准
1	电动汽车充电设施电能质量技术要求	制定	中国南方电网有限责任公司、南方电网科学研究院、国网电力科学研究院、中国电力科学研究院、广东电网公司电力科学研究院、深圳新能电力设计院	
2	电动汽车车载传导式充电机与交流充电桩之间的通信协议	制定	国家电网公司、中国电力科学研究院、广东电力设计院、国网电力科学研究院、中国汽车技术研究中心、许继电源有限公司	
3	电动汽车充电设施术语	制定	国家电网公司、中国电力科学研究院、南方电网科学研究院、国网电力科学研究院、中国汽车技术研究中心、许继电源有限公司、广东电网公司电力科学研究院	
4	电动汽车电池更换站通用技术要求	制定	国家电网公司、中国电力科学研究院、南方电网科学研究院、深圳供电规划设计院、中国汽车技术研究中心、国网电力科学研究院、许继电源有限公司	
5	电动汽车非车载传导式充电机与电池管理系统之间的通信协议	制定	中国南方电网有限公司、广东电力设计院、中国电力科学研究院、国网电力科学研究院、中国汽车技术研究中心	
6	电动汽车非车载充电机电能计量标准	制定	中国电力科学研究院、中国计量科学研究院、云南电力试验研究院	
7	电动汽车交流充电桩 电能计量标准	制定	中国电力科学研究院、中国计量科学研究院、云南电力试验研究院	
8	电力能效监测终端技术条件（电气类）	制定	中国电力科学研究院	
9	光伏发电系统并网特性评价技术规范	制定	中国电力科学研究院、国网电力科学研究院［国家能源太阳能发电研发（实验）中心］	
10	光伏发电系统接入配电网技术规定	制定	国家电网公司、中国电力科学研究院、国网电力科学研究院［国家能源太阳能发电研发（实验）中心］	

续表

序号	项目名称	制定/修订	起草单位	代替标准
11	光伏发电系统模型及参数测试规程	制定	国网电力科学研究院［国家能源太阳能发电研发（实验）中心］、中国电力科学研究院	
12	光伏发电站并网运行控制规范	制定	国网电力科学研究院［国家能源太阳能发电研发（实验）中心］、中国电力科学研究院	
13	光伏发电站监控系统技术要求	制定	国网电力科学研究院［国家能源太阳能发电研发（实验）中心］、中国电力科学研究院	
14	光伏发电站接入电网检测规程	制定	国网电力科学研究院［国家能源太阳能发电研发（实验）中心］、中国电力科学研究院	
15	光伏发电站太阳跟踪系统技术要求	制定	中环光伏系统有限公司、无锡尚德太阳能电力有限公司、中国电力科学研究院、国网电力科学研究院、东南大学太阳能利用技术研究中心、上海阳远新能源科技有限公司、北京科诺伟业科技有限公司	
16	光伏发电站无功补偿技术规范	制定	中国电力科学研究院、国网电力科学研究院［国家能源太阳能发电研发（实验）中心］	
17	智能变电站测控单元技术规范	制定	国家电网公司	
18	智能变电站智能辅助系统技术规范	制定	国家电网公司	
19	中低压配电网能效评估导则	制定	中国电力科学研究院	
20	电力系统数据模型描述规范（E语言）	制定	国家电力调度通信中心、中国电力科学研究院、国网电力科学研究院	
21	火力发电机组一次调频试验及性能验收导则	制定	华北电力科学研究院有限责任公司	
22	±800kV直流输电线路金具技术规范	制定	中国电力科学研究院等	
23	高压直流换流站无功补偿与配置技术导则	制定	国家电网公司	
24	高压直流输电系统可靠性和可用性标准	制定	中国电力科学研究院等	
25	1000kV变电站金具技术规范	制定	国家电网公司、中国电力科学研究院	
26	1000kV交流电流互感器技术规范	制定	国家电网公司特高压建设部、国网电力科学研究院	
27	1000kV系统继电保护装置及安全自动装置检测技术规范	制定	国家电网公司、中国电力科学研究院、南京南瑞继保电气有限公司、国网南京自动化研究院、许继电器股份有限公司、北京四方继保自动化股份有限公司、国电南京自动化股份有限公司	

续表

序号	项目名称	制定/修订	起草单位	代替标准
28	1000kV 线路保护装置技术规范	制定	国家电网公司、中国电力科学研究院、南京南瑞继保电气有限公司、国网南京自动化研究院、北京四方继保自动化股份有限公司、许继电器股份有限公司、国电南自电气有限公司、华北电力调度通信中心	
29	光伏发电站接入电力系统技术规定	修订	中国电力科学研究院、中国科学院电工研究所	GB/Z 19964—2005

（中国电力企业联合会　许松林）

2010 年度住房和城乡建设部下达的电力工程建设国家标准计划项目

序号	项目名称	制定/修订	主编/参编单位	代替标准
1	光伏发电接入配电网设计规范	制定	主编单位：中国电力企业联合会、国家电网公司 参编单位：中国电力工程顾问集团公司、中国电力科学研究院、西北电力设计院、华北电力设计院、国网电力科学研究院、中电电气集团有限公司	
2	光伏发电站施工规范	制定	主编单位：中国电力企业联合会、中环光伏系统有限公司 参编单位：国华能源投资公司、中国华电集团新能源发展有限公司、华电电力科学研究院、无锡尚德公司、葛洲坝集团电力有限责任公司	
3	光伏发电工程验收规范	制定	主编单位：中国电力企业联合会、国华能源投资公司 参编单位：中环光伏系统有限公司、北京科诺伟业科技有限公司、中国科学院电工研究所、中国华电侨团新能源发展有限公司、华电电力科学研究院钧石能源有限公司、江西赛维 LDK 太阳能高科技有限公司、无锡尚德公司、葛洲坝侨团电力有限责任公司	
4	光伏发电工程施工组织设计规范	制定	主编单位：中国电力企业联合会、中国华电集团新能源发展有限公司 参编单位：华电电力科学研究院、中国电子工程设计研究院、新疆电力科学研究院、无锡尚德公司	
5	风力发电场设计技术规程	制定	主编单位：中国电力企业联合会、北京国电华北电力工程有限公司 参编单位：中国电力工程顾问集团华东电力设计院、中国民航机场建设集团公司、内蒙古自治区电力勘测设计院、河北省电力勘测设计研究院、龙源电力集团公司、上海勘测设计院、新疆电力设计院	
6	汽车充电站设计规范	制定	主编单位：中国电力企业联合会、北京电力设计院 参编单位：中国电力科学研究院、南方电网技术研究中心、北京交通大学、北京理工大学、上海电力设计院、深圳电力设计院	

续表

序号	项目名称	制定/修订	主编/参编单位	代替标准
7	联合循环机组燃气轮机施工质量验收规程	制定	主编单位：中国电力企业联合会 参编单位：山东电力建设第三工程公司、浙江省火电建设公司、江苏省电力建设三公司、山西电力建设质量监督中心站、河南第二火电建设公司、北京太阳宫燃气热电有限公司、东北电业管理局第一工程公司	
8	循环流化床锅炉施工质量验收规范	制定	主编单位：中国电力企业联合会、中国电力投资集团公司 参编单位：河北省电力建设第一工程公司、云南省电力建设监理有限公司、湖南省火电建设公司、河北省电建二公司、四川省电力工业调整调试所、新疆电力科学研究院、锡环保耐火材料工程技术研究中心	
9	1000kV构支架施工及验收规范	制定	主编单位：中国电力企业联合会、国家电网公司 参编单位：河南送变电建设公司、湖北省输变电工程公司、北京送变电公司、山东送变电工程公司、江苏省送变电公司、北京电力建设公司、葛洲坝电力工程公司、中南电力设计院	
10	1000kV高压电器（GIS、HGIS、隔离开关、避雷器）施工及验收规范	制定	主编单位：中国电力企业联合会、国家电网公司 参编单位：北京超高压公司、江苏省送变电公司、北京送变电公司、山东送变电工程公司、北京电力建设公司、河南送变电建设公司、葛洲坝电力工程公司	
11	1000kV电力变压器、油浸电抗器、互感器施工及验收规范	制定	主编单位：中国电力企业联合会、国家电网公司 参编单位：北京送变电公司、江苏省送变电公司、山东送变电工程公司、北京超高压公司、北京电力建设公司、河南送变电建设公司、葛洲坝电力工程公司	
12	±800kV换流站换流阀施工及验收规范	制定	主编单位：中国电力企业联合会，国家电网公司直流建设分公司 参编单位：南网超高压公司、黑龙江送变电工程公司、湖北省输变电工程公司	
13	±800kV换流站干式平波电抗器施工及验收规范	制定	主编单位：中国电力企业联合会，国家电网公司直流建设分公司 参编单位：南网超高压公司、黑龙江送变电工程公司、湖南省输变电工程公司	
14	±800kV换流站换流变压器施工及验收规范	制定	主编单位：中国电力企业联合会，国家电网公司直流建设分公司 参编单位：南网超高压公司、黑龙江送变电工程公司、湖南省输变电工程公司	
15	±800kV换流站构支架组立施工及验收规范	制定	主编单位：中国电力企业联合会，国家电网公司直流建设分公司 参编单位：南网超高压公司、黑龙江送变电工程公司、湖北省输变电工程公司	

续表

序号	项目名称	制定/修订	主编/参编单位	代替标准
16	火力发电厂直接空冷系统设计技术规范	制定	主编单位：中国电力企业联合会、神华国华（北京）电力研究院有限公司 参编单位：中国电力投资集团公司、江苏双良空调设备股份有限公司	
17	20kV及以下配电站设计规范	修订	主编单位：中国电力企业联合会、北京电力设计院 参编单位：北京广联惠供电设计公司、中国纺织工业设计院、中元国际工程设计院	GB 50053—1994

（中国电力企业联合会　许松林）

2010年度国家能源局下达电力行业标准计划项目

序号	项目名称	制定/修订	主要起草单位	代替标准
1	数字化变电站内同步相量数据通信应用规范	制定	中国电力科学研究院	
2	变电站视频监控平台及接口技术规范	制定	国网电力科学研究院、国网信息通信有限公司、四川省电力公司	
3	电网管理的系统接口　第11部分：配网CIM RDF模型交换格式	制定	国网电力科学研究院	
4	能量管理系统应用程序接口　第453部分：基于CIM的图形交换	制定	国网电力科学研究院	
5	能量管理系统应用程序接口　第403部分：一般数据访问	制定	国网电力科学研究院	
6	变电站通信网络和系统　第7－3部分：变电站和馈线设备的基本通信结构　公用数据类	修订	国网电力科学研究院	DL/T 860.73—2004
7	电力工业用以太网交换机	制定	国网电力科学研究院	
8	电力系统网络精确时间同步技术规范	制定	国网电力科学研究院，北京国电华北电力工程公司	
9	变电站通信网络和系统　第7－2部分：变电站和馈线设备的基本通信结构　抽象通信服务接口（ACSI）	修订	中国电力科学研究院、国网电力科学研究院	DL/T 860.72—2004
10	低压电力线载波通信终端通用技术条件	制定	国网电力科学研究院	
11	保护和控制用数字采样及信息交换通用技术条件	制定	北京四方继保自动化股份有限公司、南京南瑞继保电气有限公司、国电南京自动化股份有限公司、浙江省电力调度通信中心调、华东电网电力调度通信中心	

续表

序号	项 目 名 称	制定/修订	主要起草单位	代替标准
12	电动汽车充电基础设施建设导则	制定	中国电力科学研究院、中国南方电网有限责任公司广东深圳供电局、新疆电力设计院	
13	电动汽车传导式非车载充电机技术条件	制定	中国电力科学研究院、中国南方电网有限责任公司广东电力科学研究院	
14	电动汽车交流充电桩技术条件	制定	中国电力科学研究院、中国南方电网有限责任公司	
15	电动汽车充电计量技术规范	制定	中国电力科学研究院、中国南方电网有限责任公司云南电力试验研究院	
16	电动汽车充电站施工和验收技术规范	制定	国网电力科学研究院、中国南方电网有限责任公司	
17	电动汽车非车载充电机监控单元与电池管理系统通信协议	制定	中国南方电网有限责任公司、中国电力科学研究院	
18	电动汽车充电站监控系统技术规范	制定	中国南方电网有限责任公司、国网电力科学研究院	
19	高压直流保护运行评价规程	制定	国家电力调度通信中心、南方电网调度通信中心、中国电力科学研究院、国网直流运行公司	
20	电力系统实时数据通信应用层协议	修订	国家电力调度通信中心，中国电力科学研究院，国网电力科学研究院	DL 476—1992
21	电网设备通用数据模型命名规范	制定	国家电力调度通信中心，中国电力科学研究院，国网电力科学研究院	
22	电力调度工作流程描述规范	制定	国家电力调度通信中心，国网电力科学研究院，中国电力科学研究院	
23	电力调度消息邮件传输规范	制定	国家电力调度通信中心，中国电力科学研究院，国网电力科学研究院	
24	电力系统载波通信运行管理规程	修订	国网电力科学研究院，国家电力调度通信中心	DL/T 546—1994
25	电力系统微波通信运行管理规程	修订	国家电力调度通信中心、西北电网有限公司、东北电网有限公司	DL/T 545—1994
26	电力系统通信站过电压保护规程	修订	国家电力调度通信中心、江西省电力公司信息通信中心、浙江电力调度通信中心	DL/T 548—1994
27	1000kV 变电站电磁环境限值	制定	中国电力科学研究院	
28	1000kV 输变电工程电磁环境影响评价技术规范	制定	国网电力科学研究院	
29	1000kV 可控并联电抗器设计技术导则	制定	东北电力设计院、中国电力科学研究院	
30	1000kV 串联电容器补偿装置技术规范	制定	中国电力科学研究院	

续表

序号	项目名称	制定/修订	主要起草单位	代替标准
31	1000kV电气设备监造导则	制定	中国电力科学研究院	
32	1000kV输电线路铁塔、导线、金具和光纤复合架空地线监造导则	制定	中国电力科学研究院	
33	1000kV可控并联电抗器技术规范	制定	中国电力科学研究院、东北电力设计院	
34	发电厂用1000kV升压变压器技术规范	制定	国网电力科学研究院、特变电工沈阳变压器集团有限公司、西安西电变压器有限责任公司、保定天威保变电气股份有限公司	
35	1000kV油一六氟化硫套管技术条件	制定	国网电力科学研究院	
36	1000kV变电站110kV电容器组成套装置技术规范	制定	中南电力设计院	
37	1000kV交流特高压变压器局部放电现场测量导则	制定	湖北省电力试验研究院	
38	1000kV交流架空输电线路工频参数测量导则	制定	河南电力试验研究院、湖北省电力试验研究院、山西电力科学研究院、陕西电力科学研究院、华东电力试验研究院	
39	1000kV交流特高压电力金具电晕试验方法	制定	国网电力科学研究院	
40	1000kV油浸式变压器、高压并联电抗器运行及维护规程	制定	国家电网公司运行分公司	
41	1000kV继电保护及电网安全自动装置运行管理规程	制定	华北电力调度通信中心	
42	1000kV带电作业工具、装置和设备预防性试验规程	制定	国网电力科学研究院	
43	1000kV带电作业静电防护服装	制定	国网电力科学研究院	
44	1000kV非接触式验电器	制定	国网电力科学研究院	
45	1000kV继电保护及电网安全自动装置检验规程	制定	华北电力调度通信中心	
46	1000kV交流输变电设备技术监督导则	制定	山西电力科学研究院	
47	1000kV架空送电线路铁塔组立施工工艺导则	制定	国家电网公司交流建设分公司、中国电力科学研究院、北京送变电公司、江苏省送变电公司、河南送变电建设公司	
48	1000kV架空送电线路张力架线施工工艺导则	制定	国家电网公司交流建设分公司、中国电力科学研究院、东北电业管理局东北送变电工程公司、北京送变电公司、山东送变电工程公司	

续表

序号	项 目 名 称	制定/修订	主要起草单位	代替标准
49	架空输电线路无跨越架不停电跨越架线施工工艺导则	制定	国家电网公司交流建设分公司、山西省电力公司送变电工程公司、广西送变电建设公司	
50	1000kV变电站电气设备施工质量检验及评定规程	制定	国家电网公司交流建设分公司、中国电力科学研究院、山东送变电工程公司、北京送变电公司、江苏省送变电公司、北京电力建设公司、北京超高压公司、河南送变电建设公司	
51	1000kV架空送电线路施工质量检验及评定规程	制定	国家电网公司交流建设分公司、山西省电力公司送变电工程公司、广西送变电建设公司	
52	1000kV交流输变电工程系统调试规程	制定	中国电力科学研究院、国家电网公司交流建设分公司	
53	±660kV直流输电线路带电作业技术导则	制定	国网电力科学研究院 山东电力集团公司超高压输变电分公司	
54	带电作业用绝缘袖套	修订	国网电力科学研究院	DL 778—2001
55	电容型验电器	修订	国网电力科学研究院	DL/T 740—2000
56	架空线路用预绞式金具技术条件	修订	中国电力科学研究院	DL/T 763—2001
57	架空线路杆塔结构荷载试验	修订	中国电力科学研究院	DL/T 899—2004
58	光纤复合架空地线用预绞式金具技术条件和试验方法	修订	中国电力科学研究院	DL/T 766—2003
59	输电杆塔地脚螺栓	制定	中国电力科学研究院	
60	全介质自承式光缆（ADSS）用预绞式金具技术条件和试验方法	修订	中国电力科学研究院	DL/T 767—2003
61	输电线路杆塔耐腐蚀接地装置	制定	国网电力科学研究院、无锡市亚明电力工程科技有限公司	
62	输变电设备用铜包铝母线	制定	国网电力科学研究院、杭州金塔电力线路器材有限公司	
63	架空输电线路状态检修导则	制定	国家电网公司、中国电力科学研究院	
64	架空输电线路运行状态评估技术导则	制定	国网电力科学研究院、华北电网公司、江苏省电力公司、中国电力科学研究院	
65	劣化盘形悬式绝缘子检测规程	修订	国网电力科学研究院	DL/T 626—2005
66	输电线路架线施工用液压压接机	修订	中国电力科学研究院	DL/T 689—1999
67	输电线路架线施工用接续管保护装置	制定	中国电力科学研究院	
68	输变电钢管结构制造技术条件	修订	电力工业电力设备及线路器材质量检验测试中心	DL/T 646—2006
69	单三相混合配电方式设计规范	制定	中国电力科学研究院	

续表

序号	项 目 名 称	制定/修订	主要起草单位	代替标准
70	单相配电变压器选用导则	制定	中国电力科学研究院	
71	六氟化硫检测仪器技术条件	制定	中国电力科学研究院、广东电网公司电力科学研究院	
72	12kV高压交流用户分界开关设备技术条件	制定	中国电力科学研究院、珠海许继电气有限公司	
73	继电保护测试仪校准规范	制定	国网电力科学研究院、四川电力试验研究院	
74	高压电气设备额定电压下介质损耗测量应用规范	制定	国网电力科学研究院	
75	可控并联电抗器装置应用规范	制定	中国电力科学研究院、丹东欣泰电气股份有限公司、山东迪生电子电气有限公司	
76	固定式直流融冰装置功能规范	制定	中国电力科学研究院	
77	串联电容器补偿装置交接试验及验收规范	制定	中国电力科学研究院	
78	电力用户用电信息采集系统终端检测装置技术条件	制定	四川电力试验研究院、中国电力科学研究院	
79	电能信息采集与管理系统 第4—2部分：通信协议——集中器下行通信	修订	中国电力科学研究院	DL/T 698—1999
80	电能信息采集与管理系统 第3—6部分：电能信息采集终端技术规范——通信单元要求	修订	中国电力科学研究院	DL/T 698—1999
81	直流电能表技术规范	制定	中国电力科学研究院	
82	0.2S级三相智能电能表技术规范	制定	中国电力科学研究院	
83	0.5S级三相费控智能电能表（无线）技术规范	制定	中国电力科学研究院	
84	0.5S级三相智能电能表技术规范	制定	中国电力科学研究院	
85	1级三相费控智能电能表（无线）技术规范	制定	中国电力科学研究院	
86	1级三相费控智能电能表（载波）技术规范	制定	中国电力科学研究院	
87	1级三相费控智能电能表技术规范	制定	中国电力科学研究院	
88	1级三相智能电能表技术规范	制定	中国电力科学研究院	
89	单相智能电能表技术规范	制定	中国电力科学研究院	
90	单相智能电能表型式规范	制定	中国电力科学研究院	
91	三相智能电能表型式规范	制定	中国电力科学研究院	
92	智能电能表功能规范	制定	中国电力科学研究院	
93	智能电能表信息交换安全认证技术规范	制定	中国电力科学研究院	

续表

序号	项 目 名 称	制定/修订	主要起草单位	代替标准
94	油浸式变压器（电抗器）状态检修导则	制定	国家电网公司、中国南方电网有限责任公司、中国电力科学研究院、江苏省电力公司	
95	油浸式变压器（电抗器）状态评价导则	制定	国家电网公司、中国南方电网有限责任公司、中国电力科学研究院、江苏省电力公司	
96	六氟化硫高压断路器状态检修导则	制定	国家电网公司、中国南方电网有限责任公司、中国电力科学研究院、浙江省电力公司、江苏省电力公司	
97	六氟化硫高压断路器状态评价导则	制定	国家电网公司、中国南方电网有限责任公司、中国电力科学研究院、浙江省电力公司、江苏省电力公司	
98	海底电力电缆运行规程	制定	舟山电力局、中国南方电网超高压公司、国网电力科学研究院	
99	110kV及以下海底电力电缆线路验收规范	制定	舟山电力局、中国南方电网超高压公司、国网电力科学研究院	
100	现场宽频率交流耐压试验电压测量导则	制定	山东电力研究院	
101	变压器油中溶解气体分析和判断导则	修订	中国电力科学研究院、湖北省电力试验研究院、吉林省电力试验研究院、有关变压器制造厂	DL/T 722—2000
102	互感器检修导则	修订	国网电力科学研究院、辽宁省电力有限公司、湖南省电力公司、东北电网公司、有关互感器制造厂等	DL/T 727—2000
103	配电变压器能效技术经济评价导则	修订	国际铜业协会、国网电力科学研究院、国网能源研究院、西北电科院、河南电科院、天津电力公司、盐城电力公司、深圳供电规划设计院有限公司、有关配变制造厂等	DL/T 985—2005
104	换流变压器交接验收及预防性试验规程	制定	国网电力科学研究院、中国南方电网有限责任公司、有关制造厂	
105	500kV自耦变压器中性点接地用电抗器选用导则	制定	国网电力科学研究院、长江水利委员会设计院、华东电力设计院等	
106	500kV干式空心串联电抗器（限流用）使用导则	制定	华东电网有限公司、国网电力科学研究院、特变衡阳变压器有限公司、西电西变公司等	
107	配电网自动化规划设计导则	制定	中国南方电网有限责任公司、中国电力科学研究院、国网电力科学研究院	
108	配电网能效评估技术导则	制定	中国电力科学研究院	
109	用电信息采集设备可靠性验证方法	制定	中国电力科学研究院	
110	金属氧化物限压器选用技术条件	制定	中国电力科学研究院	

续表

序号	项 目 名 称	制定/修订	主要起草单位	代替标准
111	电力行业缺氧危险作业监测与防护技术规范	制定	山东电力研究院、全国电力行业劳动环境检测监督总站	
112	燃煤电厂清洁生产评价导则	制定	电力节能和清洁生产中心	
113	光伏发电站低电压穿越检测技术规程	制定	国网电力科学研究院、中国电力科学研究院	
114	光伏发电站电能质量检测技术规程	制定	国网电力科学研究院、中国电力科学研究院	
115	光伏发电站功率控制能力检测技术规程	制定	国网电力科学研究院、中国电力科学研究院	
116	光伏发电站逆变器电能质量检测技术规程	制定	国网电力科学研究院、中国电力科学研究院	
117	光伏发电站逆变器电压与频率响应检测技术规程	制定	国网电力科学研究院、中国电力科学研究院	
118	光伏发电站逆变器防孤岛效应检测技术规程	制定	国网电力科学研究院、中国电力科学研究院	
119	光伏电站并网性能测试与评价方法	制定	中国电力科学研究院、国网电力科学研究院、中电投西安太阳能电力有限公司	
120	光伏发电站功率预测技术要求	制定	中国电力科学研究院、国网电力科学研究院、中电投西安太阳能电力有限公司	
121	光伏发电站后评价技术规范	制定	国家电网公司、中国电力科学研究院、中电投西安太阳能电力有限公司	
122	光伏发电站环境影响评价技术规范	制定	国电环境保护研究院	
123	小型电源接入电网技术规定	制定	中国电力科学研究院	
124	大坝安全监测采集数据库表结构及标识符标准	制定	国网电力科学研究院	
125	水电站水工建筑物技术监督导则	制定	国家电力监管委员会大坝安全监察中心、中国华能集团公司、华能澜沧江水电有限公司、国网新源控股有限公司	
126	大坝安全监测系统运行与维护规程	制定	国家电力监管委员会大坝安全监察中心、国网电力科学研究院、中国长江电力股份有限公司、黄河电力测试科技工程有限公司、北京木联能工程科技有限公司	
127	大坝声波检测技术规程	制定	杭州华东工程检测技术有限公司、中国水电顾问集团贵阳勘测设计研究院、国家电力监管委员会大坝安全监察中心、中国水利水电科学研究院	
128	水电水利工程水力学安全监测规程	制定	长江水利委员会长江科学院、中南勘测设计研究院	
129	光电式（CCD）双金属管标仪	制定	北京木联能工程科技有限公司	

续表

序号	项 目 名 称	制定/修订	主要起草单位	代替标准
130	水工混凝土掺用石灰石粉技术规范	制定	长江水利委员会长江科学院	
131	水工混凝土抑制碱—骨料反应技术规范	制定	长江水利委员会长江科学院	
132	混凝土面板堆石坝挤压边墙技术规范	制定	中国水利水电建设集团公司、中国水电建设集团十五工程局有限公司等	
133	水电水利工程施工机械混凝土泵车安全操作规程	制定	中国水利水电第二工程局有限公司、中国水利水电第五工程局	
134	水电水利工程施工机械塔式起重机安全操作规程	制定	中国水利水电第二工程局有限公司	
135	水电水利工程施工机械安全操作规程 多臂台车	制定	中国水利水电第六、第十四工程局有限公司等	
136	水电水利工程施工机械安全操作规程 平地机	制定	中国水利水电第二、第四工程局有限公司	
137	水电水利工程施工机械安全操作规程 专用汽车	制定	中国水利水电第四工程局有限公司	
138	水电水利工程施工机械运输类车辆安全操作规程	制定	中国水利水电第四工程局有限公司等	
139	水电水利工程施工项目度汛风险评估规程	制定	中国水利水电第三工程局有限公司	
140	水电水利工程施工期安全监测规程	制定	中国水利水电第三工程局有限公司	
141	水电水利工程混凝土防渗墙施工规范	修订	中国水利水电建设集团公司、中国水利水电基础局有限公司	DL/T 5199—2004
142	碾压式土石坝施工规范	修订	中国水利水电建设集团公司、中国水利水电五局有限公司等	DL/T 5129—2001
143	水电水利工程安全防护设施技术规范	修订	中国水利水电建设集团公司	DL/T 5162—2002
144	水电水利工程履带式布料机规范	制定	中国水利水电建设集团公司、中国水利水电第八工程局有限公司	
145	水电水利工程预应力锚杆水泥锚固剂施工及质量标准	制定	中国水利水电第七工程局有限公司	
146	水电水利工程清水混凝土施工规范	制定	中国水利水电第五工程局	
147	水电水利工程施工企业应急能力评估标准	制定	中国水利水电建设集团公司、中国安全生产科学研究院、中国长江三峡工程开发总公司	
148	水电水利工程闸门水力学和流激振动模拟技术规程	制定	长江水利委员会长江科学院	
149	水电水利工程航道水力学模拟技术规程	制定	长江水利委员会长江科学院	

续表

序号	项目名称	制定/修订	主要起草单位	代替标准
150	水工混凝土试验规程	修订	南京水利科学研究院、中国水利水电科学研究院	DL/T 5150—2001
151	水工混凝土水质分析试验规程	修订	南京水利科学研究院、中国水利水电科学研究院	DL/T 5152—2001
152	土工离心模型试验规程	修订	中国水利水电科学研究院	DL/T 5102—1999
153	水工混凝土建筑物缺陷修补加固技术规程	制定	中国水利水电科学研究院、中国葛洲坝集团股份有限公司	
154	水电水利工程水下混凝土施工规范	制定	中国水利水电第五工程局	
155	水电水利工程沥青混凝土面板堆石坝施工规范	制定	中国水利水电第五工程局	
156	水电水利工程岩壁梁施工规程	修订	中国水利水电第十四工程局、中国水利水电第六工程局	DL/T 5198—2004
157	水电水利工程地下洞室地质超前预报技术规程	制定	长江水利委员会长江科学院	
158	水电水利工程锚索施工质量无损检测规程	制定	长江水利委员会长江科学院	
159	水电工程建设软基施工安全监测规范	制定	南京水利科学研究院	
160	水电水利工程砂石系统运行技术规范	制定	中国葛洲坝集团股份有限公司	
161	水电水利工程爆破施工技术规范	修订	中国葛洲坝集团股份有限公司	DL/T 5135—2001
162	水电水利工程塑性混凝土试验规程	制定	中国葛洲坝集团股份有限公司	
163	抽水蓄能电厂生产准备导则	制定	中国南方电网调峰调频发电公司、国网新源控股有限公司	
164	抽水蓄能电厂无人值班评价规范	制定	中国南方电网调峰调频发电公司	
165	可逆式水轮发电机组运行规程	制定	中国南方电网调峰调频发电公司、国网新源控股有限公司	
166	水电厂计算机监控系统试验验收规程	修订	国网电力科学研究院	DL/T 822—2002
167	水轮机调速器及油压装置运行规程	修订	中国水利水电科学研究院	DL/T 792—2001
168	梯级水电厂集中监控系统基本技术条件	制定	中国水利水电科学研究院	
169	700MW及以上机组水电厂计算机监控系统基本技术条件	制定	中国水利水电科学研究院	
170	水轮机调节系统技术导则	制定	中国水利水电科学研究院	
171	低温多效蒸馏海水淡化装置技术条件	制定	神华国华北京电力研究院有限公司	

续表

序号	项 目 名 称	制定/修订	主要起草单位	代替标准
172	低温多效蒸馏海水淡化装置调试技术规定	制定	神华国华北京电力研究院有限公司	
173	电力建设土建工程施工技术检验规定	制定	西北电力建设第四工程公司	
174	火力发电工程施工组织设计导则	制定	中国电力建设企业协会、中国华能集团公司、中国大唐集团公司、浙江火电建设公司、天津电力建设公司、上海电力建设有限责任公司、中电国际新能源控股有限公司，中国电力工程顾问集团中南电力设计院	
175	循环流化床锅炉炉体砌筑工艺导则	制定	中电投电力工程有限公司、中国华电工程（集团）有限公司、无锡环保材料技术中心	
176	火力发电厂热力设备及管道保温施工及质量验收规程	制定	中国电力建设企业协会、湖南省火电建设公司、天津电力建设公司	
177	锅炉奥氏体不锈钢内壁氧化物堆积检测技术导则	制定	西安热工研究院有限公司	
178	汽轮机通流部件冲蚀损伤修复与防护技术导则	制定	西安热工研究院有限公司	
179	高温紧固螺栓超声波检验技术导则	修订	华东电力试验研究院科技开发有限公司	DL/T 694—1999
180	电力行业耐磨管道技术条件	修订	华北电力大学、中国华电集团公司华电电力科学研究院	DL/T 680—1999
181	火电厂烟气脱硝催化剂检测技术规范	制定	国电环境保护研究院、西安热工研究院有限公司苏州分院	
182	燃煤电厂固体废弃物贮存处置场污染控制技术规范	制定	国电环境保护研究院	
183	大容量煤粉燃烧锅炉炉膛选型导则	修订	西安热工研究院有限公司	DL/T 831—2002
184	火力发电厂煤粉燃烧锅炉燃煤掺烧技术导则	制定	西安热工研究院有限公司	
185	火力发电厂锅炉机组检修导则 第 6 部分 除尘器检修	修订	华北电力科学研究院有限责任公司、山西阳光发电有限责任公司、京能热电有限责任公司	DL/T 748.6—2001
186	300MW 循环流化床锅炉运行导则	制定	西安热工研究院有限公司、广东电网公司电力科学研究院	
187	循环流化床锅炉滚筒冷渣器运行及技术条件	制定	河南电力试验研究院、神华神东电力有限责任公司、秦皇岛秦热发电有限责任公司、青岛松灵电力设备有限公司、华中科技大学、全国电力行业 CFB 机组技术交流服务协作网	
188	循环流化床锅炉受热面防磨喷涂技术条件	制定	江西恒大高新技术股份有限公司、神华神东电力有限责任公司、华电淄博热电有限公司、全国电力行业 CFB 机组技术交流服务协作网、中国华电集团公司华电电力科学研究院	

续表

序号	项 目 名 称	制定/修订	主要起草单位	代替标准
189	循环流化床锅炉风机技术条件	制定	神华神东电力有限责任公司、全国电力行业CFB机组技术交流服务协作网	
190	电气绝缘液的热膨胀系数测定方法	制定	中国石油天然气股份有限公司克拉玛依润滑油研究所	
191	电力用油微量闭口闪点测定法	制定	安徽省电力科学研究院、山东中惠仪器有限公司	
192	变压器油中糠醛含量的液相色谱测定法	制定	青海电力科学试验研究院、西安热工研究院有限公司、重庆电力试验研究院	
193	大豆植物变压器油质量标准	制定	西安热工研究院有限公司、康柏电气有限公司、中国石油化工研究院	
194	电厂用磷酸酯抗燃油运行维护导则	修订	西安热工研究院有限公司	DL/T 571—2007
195	铝母线焊接技术规程	修订	中国电力科学研究院	DL/T 754—2001
196	电站钢结构焊接通用技术条件	修订	中国电力科学研究院	DL/T 678—1999
197	钢熔化焊角焊缝超声波检验方法和质量分级	修订	中国电力科学研究院	DL/T 542—1994
198	钢熔化焊角焊缝射线照相方法和质量分级	修订	中国电力科学研究院	DL/T 541—1994
199	火力发电机组一次调频技术规程	制定	华东电力试验研究院有限公司、华北电力科学研究院有限公司	
200	火力发电厂自动发电控制性能测试和验收规程	制定	西安热工研究院有限公司	
201	汽轮发电机运行导则	制定	大唐国际发电股份有限公司	
202	大型发电机励磁系统现场试验规程	制定	湖北省电力试验研究院	
203	余热锅炉性能试验规程	制定	西安热工研究院有限公司	
204	联合循环汽轮机性能试验规程	制定	西安热工研究院有限公司	
205	火电厂汽水化学导则 第3部分：汽包锅炉炉水氢氧化钠处理	修订	西安热工研究院有限公司	DL/T 805.3—2004
206	发电厂流动纯水电导率测量	制定	西安热工研究院有限公司	
207	燃料元素的快速分析方法（高温燃烧红外热导法）	修订	西安热工研究院有限公司、四川电力调整试验所	DL/T 568—1995
208	煤灰比电阻的试验室测定方法	制定	西安热工研究院有限公司、湖北省电力试验研究院	
209	火力发电厂防腐蚀用气相缓蚀剂质量标准	制定	陕西电力科学研究院、东北电力科学研究院、华东电力科学研究院	
210	火力发电厂水汽化学监督导则	修订	西安热工研究院有限公司、湖南省电力公司研究院、华北电力科学研究院有限公司	DL/T 561—1995

续表

序号	项目名称	制定/修订	主要起草单位	代替标准
211	火电厂湿烟囱防腐技术导则	制定	西安热工研究院有限公司、西北电力设计院、中电投远达环保工程有限公司、神华国华北京电力研究院有限公司	
212	±800kV直流输电系统接地极施工质量检验及评定规程	制定	国网直流建设分公司	
213	±800kV换流站母线、跳线施工工艺导则	制定	国网直流建设分公司、中国南方电网超高压公司	
214	±800kV级架空输电线路张力架线施工工艺导则	制定	国网直流建设分公司	
215	±800kV架空输电线路铁塔组立施工工艺导则	制定	国网直流建设分公司	
216	±800kV直流架空输电线路检修规范	制定	国网运行分公司	
217	高压并联电容器单台保护用熔断器使用技术条件	修订	浙江省电力试验研究所	DL /T 442—1991
218	电力系统电压和无功电力技术导则	修订	华北电网有限公司、国网电力科学研究院	SD 325—1989
219	自愈式高压并联电容器使用技术条件	制定	安徽省电力试验研究所、国网电力科学研究院	
220	水利水电基本建设工程单元工程质量等级评定标准（三）水轮发电机组安装工程	修订	中国水利水电建设集团公司、中国水利水电第四工程局	SDJ 249.3—1988
221	高压电力线路、变电站的工频电场、磁场曝露限值	制定	国网电力科学研究院、中国电力企业联合会、华东电力试验研究院	
222	高压电力线路、变电站工频电场、磁场测量方法	修订	国网电力科学研究院	DL/T 988—2005
223	1000kV交流输电线路电磁环境限值	制定	国家电网公司、国网电力科学研究院	
224	1000kV交流架空输电线路用复合绝缘子技术规范	制定	中国电力科学研究院	
225	风力发电场功率预测技术要求	制定	中国华电集团新能源发展有限公司、中国电力科学研究院、华电电力科学研究院、甘肃电力公司、国家电力调度通信中心、西北电网公司、吉林省电力有限公司	
226	风力发电场安全规程	修订	龙源电力集团股份有限公司	DL 796—2001
227	风力发电场并网验收规范	制定	中国电力科学研究院、甘肃省电力公司、中电国际新能源有限公司	
228	风力发电场调度运行规程	制定	中国电力科学研究院、东北电网公司调度通信中心	

续表

序号	项目名称	制定/修订	主要起草单位	代替标准
229	风力发电场无功配置及电压控制技术规定	制定	中国电力科学研究院	
230	风电场并网测试标准	制定	中国电力科学研究院	
231	风电机组低电压穿越建模及验证方法	制定	中国电力科学研究院	
232	风电功率预测功能规范	制定	中国电力科学研究院、国网电力科学研究院、中国华电集团新能源发展有限公司、华电电力科学研究院	

（中国电力企业联合会　许松林）

《水轮发电机基本技术条件》（GB/T 7894—2009）修订情况

（一）任务来源

根据2007年国家标准化制、修订工作计划及全国旋转电机标准化技术委员会发电机分会五年工作计划（2007～2012年）安排，结合我国的实践经验和技术创新，跟踪国际标准化动态，对GB/T 7894—2001《水轮发电机基本技术条件》进行了修订。

（二）主要起草单位

主要起草单位：哈尔滨电机厂有限责任公司、中国水利水电建设集团公司、中国水电顾问集团华东勘测设计研究院、浙江富春江水电设备有限公司、长江水利委员会长江勘测规划设计研究院、阿尔斯通武汉工程技术有限公司。

参加起草单位：中国水电工程顾问集团公司、东方电气集团东方电机有限公司、中国水电顾问集团北京勘测设计研究院、东芝水电设备（杭州）有限公司、中国长江电力股份有限公司。

（三）参考标准和技术文件

该标准参考IEC 60034－1：2004《旋转电机　定额和性能》（第11版）。本标准的部分条款技术指标高于IEC 60034－1的要求，部分条款技术指标与IEC 60034－1水平一致。本标准修订编制还参考了美国stdIEEE 43—2005《适用于水轮机或水泵水轮机的5MVA及以上50Hz和60Hz凸极同步发电机和发电/电动机的技术要求》等标准的有关内容。

（四）标准实施时间

该标准于2010年04月01日实施后将替代2001年7月12日发布的GB/T 7894—2001标准。

（五）标准的修订原则

（1）总结近年技术进步和实践经验，针对原标准实施以来应用中存在的问题，进行修订补充。

（2）跟踪国际标准IEC 60034－1：2004（第11版），对应的国标GB 755—2008《旋转电机　定额和性能》（等同于IEC 60034－1）已作部分修改，以便与国际接轨。

（3）在研究国外水电设备制造厂（公司）对相关标准以及国内近10年有关水电技术标准制、修订基础上，根据国内实际情况以及这些标准实施的经验，吸取其先进合理的部分，充实、修订本标准，以体现标准的科学性、先进性和实用性。

（4）修订后的条文具体、可操作，易于理解、引用和实施。

（5）与有关的旋转电机标准协调一致。

（6）该标准的结构、章、条的编写符合GB/T 1.1—2000《标准化工作守则　第1部分：标准的结构和编写规则》。

（7）该标准采用的名词和术语全部统一参照GB/T 2900.25—1994《电工术语　旋转电机》和GB 755—2008《旋转电机　定额和性能》。常用的物理量符号参见GB/T 13394《电工技术用字母符号　旋转电机量的符号》。

（六）修订的主要内容

（1）在原标准总体框架基础上，针对原标准章节内容不均衡及引用查阅不方便等，进行了改动和调整。

（2）本标准首次明确容量的适用范围。

（3）对运行期间电压与频率的变化范围、定子和转子绕组温升、非基准运行条件和定额时温升限值的修正、定子线电压波形全谐波畸变因数等条文，完全与IEC 60034－1：2004（第11版）相应条款等同。

（4）对范围、规范性引用文件、使用环境条件、效率和损耗、电气参数和时间常数、耐电压试验标准、振动允许限值、承重机架挠度允许限值、总体结构、主要结构部件、通风及冷却系统、供货范围、工厂及现场试验、试运行及保证期等部分内容进行补充和完善。

（5）对额定功率因数、额定电压、容量、绝缘性能及其耐电压试验、特殊运行方式、同期并入系统、水的电导率、标志、包装、运输和保管等条文作了修改。

（6）对空冷定子绕组温升限值、定子绕组常态介质损耗角正切限值、绕组耐电压试验标准、推力轴承巴氏合金瓦允许最高温度等指标作了部分调整和提高。

（7）删除了通风冷却系统分类、水直接冷却转子绕组等内容。

（8）增加“术语和定义”一章及3个资料性附录：“水轮发电机主要备品备件”、“专用工具”及“技术文件和图纸”。

本标准分19章、258条、13个表及3个附录。

（中国水电顾问集团华东勘测设计研究院　李渝珍）

《混流式水泵水轮机基本技术条件》（GB/T 22581—2008）制定情况

目前，我国抽水蓄能电站已有20多座投入使用，10多座在建，还有一大批处于规划设计中，但主要机电设备绝大部分为国外进口。2004年国家发展改革委和有关单位决定进行“打捆招标、引进技术”，以迅速掌握抽水蓄能电站主要机电设备核心技术，通过消化、吸收和再创新，提高我国研发制造能力。为了配合抽水蓄能电站主机设备国产化工作，并对主机设备的选型、招标和设计制造工作提供指导依据，全国水轮机标准化技术委员会（以下简称全国水轮机标委会）申请将“混流式水泵水轮机基本技术条件”国家标准的制定列入《全国装备制造业2005～2007年标准化发展规划》项目，得到批准，安排在2008年完成。

（一）编制进程

全国水轮机标委会以SAC/TC175秘字（2007）11号函成立TC175/WG6“水泵水轮机基本技术条件”工作组，并确定哈尔滨电机厂有限责任公司、中国水电顾问集团华东勘测设计研究院、东方电气集团东方电机有限公司为本标准起草单位。

1. 计划进度

（1）2007年5月～12月31日完成征求意见稿。

（2）2008年3月1日～8月31日，进行征求意见，对意见汇总处理，完成送审稿。

（3）2008年10月，全国水轮机标委会会议审查送审稿，12月完成标准报批稿，上报国家标准化管理委员会。

2. 实际情况　2008年1月29日国家标准化管理委员会在北京组织召开了“落实2008年国家标准项目制修订任务工作会议”，要求全国各专业标委会归口的列入2006年第一批计划的标准修订项目提前至2008年4月末完成。此项工作实行责任制管理，并实行责任追究。该标准工作组按此要求将征求意见和审查阶段提前至2008年1～4月完成，4月14～20日完成标准审查，随后工作组根据审查意见在5～6月完成报批稿。

3. 批准发布情况　GB/T 22581—2008《混流式水泵水轮机基本技术条件》国家标准于2008年12月15日发布，2009年10月1日实施。

（二）标准框架内容

“混流式水泵水轮机基本技术条件”国家标准包含前言，10章正文，3个附录。具体如下：

1　范围　规定了本标准主要用于混流式水泵水轮机的基本技术条件和要求。

2　规范性引用文件　列出来本标准的引用、支持性相关标准，并对引用文件的使用予以规定。

3　术语、定义和符号　规定了混流式水泵水轮机重要和特有的术语，并给出了定义和相应的符号。

4　技术要求　规定了混流式水泵水轮机设计制造的基本条件和技术要求，包括两个部分。其中4.1“一般要求”规定了水泵水轮机设计的基本技术条件、主要设计参数和技术文件资料的要求；4.2“主要部件的结构和材料”规定了水泵水轮机结构设计、制造、检验试验的技术要求和方法，并对其特有功能给出了基本要求。

5　性能保证　规定了混流式水泵水轮机正常运行频率范围、保证期、水力性能、稳定运行范围、振动、噪声、可靠性指标等主要性能的具体要求和建议。

6　供货范围和备品备件　给出了水泵水轮机合理供货范围和备品备件的基本建议。

7　资料与图纸　给出了水泵水轮机设计制造过程中和随机需要提供的资料与图纸的一般要求与建议。

8　工厂检验及试验　给出了水泵水轮机在制造过程中和交货前的基本检验和试验要求及项目建议。

9　铭牌、包装、运输及保管　规定了水泵水轮机包装、运输和保管的基本要求，以及水泵水轮机铭牌的基本内容。

10 安装、运行、维护及验收试验 给出了水泵水轮机现场安装、运行、维护及试验的基本要求和建议。

附录 A 为资料性附录，给出了水泵水轮机配套的仪表和自动化元件的建议项目和数量。

附录 B 为规范性附录，规定了水泵水轮机主轴的相对振动位移峰—峰值推荐评价区域图。

附录 C 为资料性附录，给出了水泵水轮机的备品备件的建议项目和数量。

（三）技术创新点

该标准是在总结国内外抽水蓄能电站建设经验，特别是 20 世纪 90 年代以后我国抽蓄电站建设经验的基础上起草制定的，并广泛征求了全国抽蓄电站及其主机设备设计、制造、安装、建设和运行领域的专家和工作人员的意见，对有关单位、专家和工程技术人员的意见和建议进行了逐条讨论、研究，并在工作组会议、标委会会议上予以解释和讨论。可以说，该标准代表了当时国内水泵水轮机设计、制造、安装和运行维护的最新水平。

该标准具有很强的可操作性和工程实用性，可以用于抽蓄电站机组选型、主机设备招标、水泵水轮机设计制造、安装、调试试验和运行维护的基本依据和指导性文件。

“混流式水泵水轮机基本技术条件”国家标准填补了国内空白，同时该标准在国际上亦属首创。

（中国水电顾问集团华东勘测设计研究院　陈顺义）

《水电建设项目水土保持方案技术规范》（DL/T 5419—2009）简介

（一）概述

为贯彻国家将水电作为清洁可再生能源大力发展的方针，满足水电开发中保护生态环境的要求，我国已开展水电建设项目水土保持设计多年，但是针对水电建设项目水土保持设计的相关规程规范尚属空白，因此制订相关规范，对于规范水电建设项目水土保持方案设计是十分必要的。

由水电水利规划设计总院、中国水电顾问集团华东勘测设计研究院联合，根据《中华人民共和国水土保持法》、《中华人民共和国环境保护法》的规定，并结合《电力建设项目水土保持工作暂行规定》的要求，制订的 DL/T 5419—2009《水电建设项目水土保持方案技术规范》，是国内首部指导水电建设项目水土保持方案设计的电力行业标准。

该标准在水电建设项目水土保持方案设计的基本资料、设计深度、水土流失分析预测、防治分区划分原则、防治措施设计、水土保持监测、投资概（估）算和效益分析等方面提出了具体的技术要求。该标准由中华人民共和国国家能源局于 2009 年 7 月发布实施，对提高水电建设项目水土保持方案设计水平、保证设计质量起着积极的作用。

（二）主要特点

该标准是在总结近年来水电建设项目水土保持方案设计、实施经验的基础上制定的。其主要特点如下：

（1）以大型、中型水电建设项目可行性研究阶段水土保持方案设计为主，同时为预可行性研究、可行性研究、招标设计、施工图设计等阶段的水土保持设计工作提供了参考标准。

（2）结合水电项目建设特点，明确了主体工程具有水土保持功能的设施和措施分析评价内容，水土流失防治责任的项目建设区、直接影响区的确定原则，以及水土流失防治分区划分遵循的原则。

（3）首次根据渣场的防洪特性要素（渣场规模、渣场位置、渣场失事环境风险程度、渣场失事对主体工程风险程度），将渣场划分为特大型、大型、中型、小型，进而确定渣场排洪工程的防洪标准。

该标准内容全面，可操作性强，便于实施，体现了当前水电建设项目水土保持方案设计水平。

（三）主要内容

该标准正文共 13 章、规范性附录 4 个，并附有正文的相应条文说明。各章节主要内容如下：

1 范围 明确该标准的适用范围。

2 规范性引用文件 列出该标准中的引用标准。

3 术语 定义了标准中使用的术语。

4 总则 明确了水土保持方案设计原则、指导思想。提出了另行编报水土保持方案的适用情形，提出了水电建设项目的水土流失防治和水土保持监测鼓励采用新技术、新工艺和新材料，应充分考虑生态效益、经济效益、社会效益的协调统一等要求。

5 基本资料 提出了项目概况、自然环境概况、社会经济状况、水土流失与水土保持现状等基本资料要求。

6 主体工程水土保持分析与评价 明确了主体工程水土保持分析评价的内容，以及具有水土保持功能的设施和措施分析应涉及的内容。

7 水土流失防治责任范围和防治分区 明确了水土流失防治责任范围和水土流失防治分区的划分原则和确定方法。

8 水土流失预测 明确水土流失预测应包括扰动原地貌和损坏水土保持设施、弃渣量、水土流失量、可能造成的水土流失危害等分析预测内容。

9 水土流失防治目标及措施布设 明确了水土流失防治目标确定方法，提出了水土流失防治措施总体布局原则。

10 水土流失防治措施设计 明确了渣场防护工程、防洪排水工程、护坡工程、土地整治工程、防风固沙工程、植被建设工程、临时防护工程等防护措施设计方法。

11 水土保持监测 提出了水土保持监测范围、时段与内容，以及水电建设项目适用的、常用的水土保持监测方法。

12 投资概（估）算 明确了水土保持工程专项投资的费用组成，投资编制的原则和方法。

13 水土保持效益分析 提出了水土保持效益分析的一般原则，明确了水土保持效益分析方法和主要内容。

附录 共4个规范性附录，给出了水电建设项目“水土保持方案报告书编制内容及格式”、“水土流失防治责任范围确定方法”、“水土流失预测方法”和“渣场防洪标准”。

（四）应用情况

标准自发布实施以来，有关设计单位在新建、扩建和改建的大中型水电建设项目水土保持方案设计中广泛应用，同时参考应用于水电建设项目预可行性研究、可行性研究、招标设计、施工图设计等阶段的水土保持设计，对规范水电建设项目水土保持工作起到了较好的作用。

（中国水电顾问集团华东勘测设计研究院
李 健 陈晨宇）

《液压启闭机系列参数》（SL 508—2010）等三项标准编制

根据中华人民共和国水利部2010年第44号公告，水利部批准黄河勘测规划设计有限公司主编的三项标准为水利行业标准，分别是《液压启闭机系列参数》（SL 508—2010）、《卷扬式启闭机系列参数》（SL 507—2010）、《螺杆式启闭机系列参数》（SL 491—2010），三项标准于2010年10月22日发布，2011年1月22日起实施。

《液压启闭机系列参数》（SL 508—2010）等三项标准属修订标准，黄河勘测规划设计有限公司于2006年成立编制组，在查阅了大量国内外技术信息资料、召集有关专家进行咨询讨论、走访国内有关设计院和各液压启闭机生产厂家、对国内各大水电站液压启闭机进行调研的基础上，编制组积极开展标准编制工作，于2009年3月完成征求意见稿。根据征求意见稿的反馈意见，编制组对标准条文进行了全面的修改和补充，2010年3月完成送审稿，并于2010年4月通过水利水电规划设计总院组织的专家审查，2010年6月完成报批稿。

《液压启闭机系列参数》（SL 508—2010）等三项标准编制程序符合《水利标准化工作管理办法》规定，编制组根据启闭机技术和产品分级特点，以及国内外生产厂家的加工制造能力，在原标准的基础上，全面系统地对液压启闭机、卷扬式启闭机和螺杆式启闭机系列参数进行了修订，确定了各项系列参数。

（黄河勘测规划设计有限公司）

《水利水电工程继电保护设计规范》（SL 455—2010）编制

根据中华人民共和国水利部2010年第9号公告，由黄河勘测规划设计有限公司主编的《水利水电工程继电保护设计规范》被批准为水利行业标准，标准编号为SL 455—2010，于2010年3月1日发布，2010年6月1日起实施。

《水利水电工程继电保护设计规范》（SL 455—2010）属新编标准，黄河勘测规划设计有限公司于2005年7月成立编制组，在收集资料、调研的基础上，编制组积极开展标准编制工作，于2007年9月完成征求意见稿。根据征求意见稿的反馈意见，编制组对标准条文进行了全面的修改和补充，2008年12月完成送审稿，并于2009年3月通过水利水电规划设计总院组织的专家审查，2009年4月完成报批稿。

《水利水电工程继电保护设计规范》（SL 455—2010）吸收了近年来我国数字式继电保护技术较成熟的成果及其在水利水电工程中的应用经验，共11章145条，编制工作遵循技术标准的编制程序，主要技术内容包括发电机保护、电力变压器保护、线路保护、母线保护和断路器失灵保护、并联电抗器保护、电力电容器保护、电动机保护、自动重合闸和二次回路等。

（黄河勘测规划设计有限公司）

新　颁　标　准

2010 年度国家标准化管理委员会发布的电力国家标准

序号	标准编号	标　准　名　称	实施日期	代替标准
1	GB/T 25090—2010	电动机轻载调压节电装置	2011—2—1	
2	GB/T 25094—2010	架空输电线路抢修杆塔通用技术条件	2011—2—1	
3	GB/T 25095—2010	架空输电线路运行状态监测系统	2011—2—1	
4	GB/T 25097—2010	绝缘体带电清洗剂	2011—2—1	
5	GB/T 25098—2010	绝缘体带电清洗剂使用导则	2011—2—1	
6	GB/T 25099—2010	配电降压节电装置	2011—2—1	
7	GB/T 25125—2010	智能照明节电装置	2011—2—1	
8	GB/T 25314—2010	核电厂机械设备腐蚀管理大纲内容要求	2011—5—1	
9	GB/Z 25320.1—2010	电力系统管理及其信息交换　数据和通信安全　第 1 部分：通信网络和系统安全　安全问题介绍	2011—5—1	
10	GB/Z 25320.3—2010	电力系统管理及其信息交换　数据和通信安全　第 3 部分：通信网络和系统安全　包含 TCP/IP 的协议集	2011—5—1	
11	GB/Z 25320.4—2010	电力系统管理及其信息交换　数据和通信安全　第 4 部分：包含 MMS 的协议集	2011—5—1	
12	GB/T 2694—2010	输电线路铁塔制造技术条件	2011—5—1	GB/T 2694—2003
13	GB/T 14416—2010	锅炉蒸汽的采样方法	2011—5—1	GB/T 14416—1993
14	GB/T 18482—2010	可逆式抽水蓄能机组启动试运行规程	2011—5—1	GB/T 18482—2001
15	GB/T 25725—2010	带电作业工具专用车	2011—5—1	
16	GB/T 25726—2010	1000kV 交流带电作业用屏蔽服装	2011—5—1	
17	GB/T 25737—2010	1000kV 变电站监控系统验收规范	2011—5—1	
18	GB/T 25738—2010	核电厂电动机调试技术导则	2011—5—1	
19	GB/T 25739—2010	核电厂阀门调试技术导则	2011—5—1	
20	GB/T 25836—2010	微量硬度快速测定方法	2011—5—1	
21	GB/Z 25841—2010	1000kV 电力系统继电保护技术导则	2011—5—1	

（中国电力企业联合会　许松林）

2010年度住房和城乡建设部发布的电力工程建设国家标准

序号	标准编号	标 准 名 称	实施日期	代替标准
1	GB 50061—2010	66kV及以下架空电力线路设计规范	2010—7—1	GB 50061—1997
2	GB 50545—2010	110kV～750kV架空输电线路设计规范	2010—7—1	
3	GB 50548—2010	330kV～750kV架空输电线路勘测规范	2010—12—1	
4	GB/T 50549—2010	电厂标识系统编码标准	2010—12—1	
5	GB 50573—2010	双曲线冷却塔施工与质量验收规范	2010—12—1	
6	GB/T 50571—2010	海上风力发电工程施工规范	2010—12—1	
7	GB/T 50572—2010	核电厂工程地震调查与评价规范	2010—12—1	
8	GB 50148—2010	电气装置安装工程 电力变压器、油浸电抗器、互感器施工及验收规范	2010—12—1	GBJ 148—1990
9	GB 50147—2010	电气装置安装工程 高压电器施工及验收规范	2010—12—1	GBJ 147—1990
10	GB 50613—2010	城市配电网规划设计规范	2011—2—1	
11	GB 50619—2010	火力发电厂海水淡化工程设计规范	2011—6—1	
12	GB 50149—2010	电气装置安装工程 母线装置施工及验收规范	2011—10—1	GBJ 149—1990
13	GB 50633—2010	核电厂工程测量技术规范	2011—10—1	

（中国电力企业联合会 许松林）

2010年度国家能源局发布的电力行业标准（水电、电气部分）

序号	标准编号	标 准 名 称	实施日期	代替标准
1	DL/T 356—2010	局部放电测量仪校准规范	2010—10—1	
2	DL/T 357—2010	输电线路行波故障测距装置技术条件	2010—10—1	
3	DL/T 359—2010	电蓄冷（热）和热泵系统现场测试规范	2010—10—1	
4	DL/T 360—2010	7.2kV～12kV预装式户外开关站运行及维护规程	2010—10—1	
5	DL/T 361—2010	气体绝缘金属封闭输电线路使用导则	2010—10—1	
6	DL/T 362—2010	燃煤电厂环保设施运行状况评价技术规范	2010—10—1	
7	DL/T 363—2010	超、特高压电力变压器（电抗器）设备监造技术导则	2010—10—1	
8	DL/T 364—2010	光纤通道传输保护信息通用技术条件	2010—10—1	
9	DL/T 365—2010	串联电容器补偿装置控制保护系统现场检验规程	2010—10—1	
10	DL/T 366—2010	串联电容器补偿装置一次设备预防性试验规程	2010—10—1	
11	DL/T 368—2010	输电线路用绝缘子污秽外绝缘的高海拔修正	2010—10—1	
12	DL/T 369—2010	电站锅炉管内压蠕变试验方法	2010—10—1	

续表

序号	标准编号	标　准　名　称	实施日期	代替标准
13	DL/T 370—2010	承压设备焊接接头金属磁记忆检测	2010—10—1	
14	DL/T 371—2010	架空输电线路放线滑车	2010—10—1	
15	DL/T 372—2010	输电线路张力架线用牵引机通用技术条件	2010—10—1	
16	DL/T 373—2010	电力复合脂技术条件	2010—10—1	
17	DL/T 374—2010	电力系统污区分布图绘制方法	2010—10—1	
18	DL/T 376—2010	复合绝缘子用硅橡胶绝缘材料通用技术条件	2010—10—1	
19	DL/T 377—2010	高压直流设备验收试验	2010—10—1	
20	DL/T 378—2010	变压器出线端子用绝缘防护罩通用技术条件	2010—10—1	
21	DL/T 379—2010	低压晶闸管投切滤波装置技术规范	2010—10—1	
22	DL/T 380—2010	接地降阻材料技术条件	2010—10—1	
23	DL/T 381—2010	电子设备防雷技术导则	2010—10—1	
24	DL/T 385—2010	变压器油带电倾向性检测方法	2010—10—1	
25	DL/T 392—2010	1000kV 交流输电线路带电作业技术导则	2010—10—1	
26	DL/T 393—2010	输变电设备状态检修试验规程	2010—10—1	
27	DL/T 394—2010	电力数字调度交换机测试方法	2010—10—1	
28	DL/T 395—2010	低压电力线通信宽带接入系统技术要求	2010—10—1	
29	DL/T 396—2010	电压等级代码	2010—10—1	
30	DL/T 397—2010	电力地理信息系统图形符号分类与代码	2010—10—1	
31	DL/Z 398—2010	电力行业信息化标准体系	2010—10—1	
32	DL/T 399—2010	±800kV 及以下直流输电工程主要设备监理导则	2010—10—1	
33	DL/T 510—2010	全国电网名称代码	2010—10—1	DL/T 510—1993
34	DL/T 572—2010	电力变压器运行规程	2010—10—1	DL/T 572—1995
35	DL/T 573—2010	电力变压器检修导则	2010—10—1	DL/T 573—1995
36	DL/T 574—2010	变压器分接开关运行维修导则	2010—10—1	DL/T 574—1995
37	DL/T 617—2010	气体绝缘金属封闭开关设备技术条件	2010—10—1	DL/T 617—1997
38	DL/T 634.56—2010	远动设备及系统　第 5—6 部分：IEC 60870—5 配套标准一致性测试导则	2010—10—1	DL/Z 634.56—2004
39	DL/T 698.2—2010	电能信息采集与管理系统　第 2 部分：主站技术规范	2010—10—1	DL/T 698—1999
40	DL/T 698.31—2010	电能信息采集与管理系统　第 3—1 部分：电能信息采集终端技术规范　通用要求	2010—10—1	DL/T 698—1999
41	DL/T 698.32—2010	电能信息采集与管理系统　第 3—2 部分：电能信息采集终端技术规范　厂站采集终端特殊要求	2010—10—1	DL/T 698—1999
42	DL/T 698.33—2010	电能信息采集与管理系统　第 3—3 部分：电能信息采集终端技术规范　专变采集终端特殊要求	2010—10—1	DL/T 698—1999
43	DL/T 698.34—2010	电能信息采集与管理系统　第 3—4 部分：电能信息采集终端技术规范　公变采集终端特殊要求	2010—10—1	DL/T 698—1999
44	DL/T 698.35—2010	电能信息采集与管理系统　第 3—5 部分：电能信息采集终端技术规范　低压集中抄表终端特殊要求	2010—10—1	DL/T 698—1999

续表

序号	标准编号	标 准 名 称	实施日期	代替标准
45	DL/T 698.41—2010	电能信息采集与管理系统　第4—1部分：通信协议—主站与电能信息采集终端通信	2010—10—1	DL/T 698—1999
46	DL/T 741—2010	架空输电线路运行规程	2010—10—1	DL/T 741—2001
47	DL/T 790.6—2010	采用配电线载波的配电自动化　第6部分：A—XDR编码规则	2010—10—1	
48	DL/T 790.461—2010	采用配电线载波的配电自动化　第4—61部分：数据通信协议　网络层无连接协议	2010—10—1	
49	DL/Z 890.2—2010	能量管理系统应用程序接口（EMS—API）　第2部分：术语	2010—10—1	
50	DL/T 890.407—2010	能量管理系统应用程序接口（EMS—API）　第407部分：时间序列数据访问（TSDA）	2010—10—1	
51	DL/T 1080.3—2010	电力企业应用集成配电管理的系统接口　第3部分：电网运行接口	2010—10—1	
52	DL/T 1080.4—2010	电力企业应用集成配电管理的系统接口　第4部分：台账与资产管理接口	2010—10—1	
53	DL/T 5210.7—2010	电力建设施工质量验收及评定规程　第7部分：焊接	2010—10—1	
54	DL/T 5231—2010	±800kV及以下直流输电接地极施工及验收规程	2010—10—1	
55	DL/T 5232—2010	±800kV及以下直流换流站电气装置安装工程施工及验收规程	2010—10—1	
56	DL/T 5233—2010	±800kV及以下直流换流站电气装置施工质量检验及评定规程	2010—10—1	
57	DL/T 5234—2010	±800kV及以下直流输电工程启动及竣工验收规程	2010—10—1	
58	DL/T 5235—2010	±800kV及以下直流架空输电线路工程施工及验收规程	2010—10—1	
59	DL/T 5236—2010	±800kV及以下直流架空输电线路工程施工质量检验及评定规程	2010—10—1	
60	DL/T 5237—2010	灌浆记录仪技术导则	2010—10—1	
61	DL/T 5238—2010	土坝灌浆技术规范	2010—10—1	SD 266—1988
62	DL/T 5241—2010	水工混凝土耐久性技术规范	2010—10—1	
63	DL/T 5242—2010	35kV～220kV变电站无功补偿装置设计技术规定	2010—10—1	
64	DL/T 5243—2010	水电水利工程场内施工道路技术规范	2010—10—1	
65	DL/T 5244—2010	水电水利工程常规水工模型试验规程	2010—10—1	
66	DL/T 5245—2010	水电水利工程掺气减蚀模型试验规程	2010—10—1	
67	DL/T 5246—2010	水电水利工程滑坡涌浪模拟技术规程	2010—10—1	
68	DL/T 5247—2010	水电站有压输水系统水工模型试验规程	2010—10—1	
69	DL/T 5248—2010	履带起重机安全操作规程	2010—10—1	
70	DL/T 5249—2010	门座起重机安全操作规程	2010—10—1	

续表

序号	标准编号	标　准　名　称	实施日期	代替标准
71	DL/T 5250—2010	汽车起重机安全操作规程	2010—10—1	
72	DL/T 5251—2010	水工混凝土建筑物缺陷检测和评估技术规程	2010—10—1	
73	DL/T 5406—2010	水工建筑物化学灌浆施工规范	2010—10—1	
74	NB/T 31001—2010	风电机组筒形塔制造技术条件	2010—10—1	
75	NB/T 31002—2010	风力发电场监控系统通信一原则与模式	2010—10—1	
76	NB/T 33001—2010	电动汽车非车载传导式充电机技术条件	2010—10—1	
77	NB/T 33002—2010	电动汽车交流充电桩技术条件	2010—10—1	
78	NB/T 33003—2010	电动汽车非车载充电机监控单元与电池管理系统通信协议	2010—10—1	
79	DL/T 5098—2010	水电工程砂石加工系统设计规范	2010—12—15	DL/T 5098—1999
80	DL/T 5050—2010	水电水利工程坑探规程	2010—12—15	DL/T 5050—2000
81	DL/T 5042—2010	河流水电规划编制规范	2010—12—15	DL/T 5042—1995
82	DL/T 5441—2010	水电建设项目经济评价规范	2010—12—15	
83	DL/T 5442—2010	输电线路铁塔制图和构造规定	2010—12—15	
84	DL/T 5014—2010	330kV～750kV 变电站无功补偿装置设计技术规定	2010—12—15	DL/T 5014—1992
85	DL/T 5043—2010	高压直流换流站初步设计内容深度规定	2010—12—15	DL/T 5043—1995
86	DL/T 5444—2010	电力系统设计内容深度规定	2010—12—15	
87	DL/T 5445—2010	电力工程施工测量技术规范	2010—12—15	
88	DL/T 406—2010	交流自动分段器订货技术条件	2011—5—1	DL/T 406—1991
89	DL/T 428—2010	电力系统自动低频减负荷技术规定	2011—5—1	DL 428—1991
90	DL/T 477—2010	农村电网低压电气安全工作规程	2011—5—1	DL 477—2001
91	DL/T 478—2010	继电保护和安全自动装置通用技术条件	2011—5—1	DL/T 478—2001
92	DL/T 486—2010	高压交流隔离开关和接地开关	2011—5—1	DL/T 486—2000
93	DL/T 547—2010	电力系统光纤通信运行管理规程	2011—5—1	DL/T 547—1994
94	DL/T 598—2010	电力系统自动交换电话网技术规范	2011—5—1	DL/T 598—1996
95	DL/T 623—2010	电力系统继电保护及安全自动装置运行评价规程	2011—5—1	DL/T 623—1997
96	DL/T 624—2010	继电保护微机型试验装置技术条件	2011—5—1	DL/T 624—1997
97	DL/T 670—2010	母线保护装置通用技术条件	2011—5—1	DL/T 670—1999
98	DL/T 671—2010	发电机变压器组保护装置通用技术条件	2011—5—1	DL/T 671—1999
99	DL/T 683—2010	电力金具产品型号命名方法	2011—5—1	DL/T 683—1999
100	DL/T 687—2010	微机型防止电气误操作系统通用技术条件	2011—5—1	DL/T 687—1999
101	DL/T 712—2010	发电厂凝汽器及辅机冷却器管选材导则	2011—5—1	DL/T 712—2000
102	DL/T 736—2010	农村电网剩余电流动作保护器安装运行规程	2011—5—1	DL/T 736—2000
103	DL/T 737—2010	农村无人值班变电站运行规定	2011—5—1	DL/T 737—2000
104	DL/T 747—2010	发电用煤机械采制样装置性能验收导则	2011—5—1	DL/T 747—2001 SD 324—1989

续表

序号	标准编号	标 准 名 称	实施日期	代替标准
105	DL/T 799.1—2010	电力行业劳动环境监测技术规范 第1部分：总则	2011—5—1	DL/T 799.1—2002
106	DL/T 799.2—2010	电力行业劳动环境监测技术规范 第2部分：生产性粉尘监测	2011—5—1	DL/T 799.2—2002
107	DL/T 799.3—2010	电力行业劳动环境监测技术规范 第3部分：生产性噪声监测	2011—5—1	DL/T 799.3—2002
108	DL/T 799.4—2010	电力行业劳动环境监测技术规范 第4部分：生产性毒物监测	2011—5—1	DL/T 799.4—2002
109	DL/T 799.5—2010	电力行业劳动环境监测技术规范 第5部分：高温作业监测	2011—5—1	DL/T 799.5—2002
110	DL/T 799.6—2010	电力行业劳动环境监测技术规范 第6部分：微波辐射监测	2011—5—1	DL/T 799.6—2002
111	DL/T 799.7—2010	电力行业劳动环境监测技术规范 第7部分：工频电场、磁场监测	2011—5—1	DL/T 799.7—2002
112	DL/T 801—2010	大型发电机内冷却水质及系统技术要求	2011—5—1	DL/T 801—2002
113	DL/T 843—2010	大型汽轮发电机励磁系统技术条件	2011—5—1	DL/T 650—1998 DL/T 843—2003
114	DL/T 306.1—2010	1000kV 变电站运行规程 第1部分：设备概况	2011—5—1	
115	DL/T 306.2—2010	1000kV 变电站运行规程 第2部分：运行方式和运行规定	2011—5—1	
116	DL/T 306.3—2010	1000kV 变电站运行规程 第3部分：设备巡检	2011—5—1	
117	DL/T 306.4—2010	1000kV 变电站运行规程 第4部分：设备异常及事故处理	2011—5—1	
118	DL/T 306.5—2010	1000kV 变电站运行规程 第5部分：典型操作	2011—5—1	
119	DL/T 306.6—2010	1000kV 变电站运行规程 第6部分：变电站图册	2011—5—1	
120	DL/T 307—2010	1000kV 交流架空输电线路运行规程	2011—5—1	
121	DL/T 309—2010	1000kV 交流系统电力设备现场试验实施导则	2011—5—1	
122	DL/T 310—2010	1000kV 油浸式变压器、并联电抗器检修导则	2011—5—1	
123	DL/T 311—2010	1100kV 气体绝缘金属封闭开关设备检修导则	2011—5—1	
124	DL/T 312—2010	1000kV 电容式电压互感器设备检修导则	2011—5—1	
125	DL/T 313—2010	1000kV 电力互感器现场检验规范	2011—5—1	
126	DL/T 314—2010	电力系统低压减负荷和低压解列装置通用技术条件	2011—5—1	
127	DL/T 315—2010	电力系统低频减负荷和低频解列装置通用技术条件	2011—5—1	
128	DL/T 316—2010	电网水调自动化功能规范	2011—5—1	
129	DL/T 317—2010	继电保护设备标准化设计规范	2011—5—1	
130	DL/T 318—2010	输变电工程施工机具产品型号编制方法	2011—5—1	SD 232—1987

续表

序号	标准编号	标 准 名 称	实施日期	代替标准
131	DL/T 319—2010	架空输电线路施工抱杆通用技术条件及试验方法	2011—5—1	
132	DL/T 320—2010	个人电弧防护用品通用技术要求	2011—5—1	
133	DL/T 324—2010	大坝安全监测自动化系统通信规约	2011—5—1	
134	DL/T 325—2010	电力行业职业健康监护技术规范	2011—5—1	
135	DL/T 326—2010	步进式引张线仪	2011—5—1	
136	DL/T 327—2010	步进式垂线坐标仪	2011—5—1	
137	DL/T 328—2010	真空激光准直位移测量装置	2011—5—1	
138	DL/T 329—2010	基于 DL/T 860 的变电站低压电源设备通信接口	2011—5—1	
139	DL/T 330—2010	水电水利工程金属结构及设备焊接接头衍射时差法超声检测	2011—5—1	
140	DL/T 331—2010	发电机与电网规划设计关键参数配合导则	2011—5—1	
141	DL/T 334—2010	输变电工程电磁环境监测技术规范	2011—5—1	
142	DL/T 339—2010	低压变频调速装置技术条件	2011—5—1	
143	DL/T 342—2010	额定电压 66kV～220kV 交联聚乙烯绝缘电力电缆接头安装规程	2011—5—1	
144	DL/T 343—2010	额定电压 66kV～220kV 交联聚乙烯绝缘电力电缆 GIS 终端安装规程	2011—5—1	
145	DL/T 344—2010	额定电压 66kV～220kV 交联聚乙烯绝缘电力电缆户外终端安装规程	2011—5—1	
146	DL/T 345—2010	带电设备紫外诊断技术应用导则	2011—5—1	
147	DL/T 346—2010	设备线夹	2011—5—1	
148	DL/T 347—2010	T 型线夹	2011—5—1	
149	DL/T 348—2010	换流站设备巡检导则	2011—5—1	
150	DL/T 349—2010	换流站运行操作导则	2011—5—1	
151	DL/T 350—2010	换流站运行规程编制导则	2011—5—1	
152	DL/T 351—2010	换流阀检修导则	2011—5—1	
153	DL/T 352—2010	直流断路器检修导则	2011—5—1	
154	DL/T 353—2010	高压直流测量装置检修导则	2011—5—1	
155	DL/T 354—2010	换流变压器、平波电抗器检修导则	2011—5—1	
156	DL/T 355—2010	滤波器及并联电容器装置检修导则	2011—5—1	
157	DL/T 358—2010	7.2kV～12kV 预装式户外开关站安装与验收规程	2011—5—1	
158	DL/T 375—2010	户外配电箱通用技术条件	2011—5—1	
159	DL/T 383—2010	污秽条件高压瓷套管的人工淋雨试验方法	2011—5—1	
160	DL/T 388—2010	县供电企业管理信息系统技术功能规范	2011—5—1	
161	DL/T 389—2010	县供电企业乡镇供电所管理信息系统功能规范	2011—5—1	
162	DL/T 390—2010	县城配电网自动化技术导则	2011—5—1	
163	DL/T 391—2010	12kV 户外高压真空断路器检修工艺规程	2011—5—1	
164	DL/T 400—2010	500kV 交流紧凑型输电线路带电作业技术导则	2011—5—1	

续表

序号	标准编号	标 准 名 称	实施日期	代替标准
165	DL/T 802.7—2010	电力电缆用导管技术条件 第7部分：非开挖用改性聚丙烯塑料电缆导管	2011—5—1	
166	DL/T 1119—2010	输电线路工频参数测试仪通用技术条件	2011—5—1	
167	DL/T 5083—2010	水电水利工程预应力锚索施工规范	2011—5—1	DL/T 5083—2004
168	DL/T 5118—2010	农村电力网规划设计导则	2011—5—1	DL/T 5118—2000
169	DL/T 5253—2010	架空平行集束绝缘线低压配电线路设计与施工规程	2011—5—1	
170	DL/T 5254—2010	架空输电线路钢管塔设计技术规定	2011—5—1	
171	DL/T 5255—2010	水电水利工程边坡施工技术规范	2011—5—1	
172	DL/T 5256—2010	土石坝安全监测资料整编规程	2011—5—1	
173	DL/T 5258—2010	土石坝浇筑式沥青混凝土防渗墙施工技术规范	2011—5—1	
174	DL/T 5259—2010	土石坝安全监测技术规范	2011—5—1	
175	DL/T 5260—2010	水电水利工程施工环境保护技术规程	2011—5—1	
176	DL/T 5261—2010	水电水利工程施工机械安全操作规程 挖掘机	2011—5—1	
177	DL/T 5262—2010	水电水利工程施工机械安全操作规程 推土机	2011—5—1	
178	DL/T 5263—2010	水电水利工程施工机械安全操作规程 装载机	2011—5—1	

（中国电力企业联合会 许松林）

2010年发布的水利技术标准一览表

序号	标 准 名 称	标准编号	实施日期
（一）行业标准			
1	小水电建设项目经济评价规程	SL 16—2010	2011—1—22
2	河流泥沙颗粒分析规程	SL 42—2010	2010—4—29
3	水流空化模型试验规程	SL 156—2010	2011—1—11
4	掺气减蚀模型试验规程	SL 157—2010	2011—1—11
5	水工建筑物水流压力脉动和流激振动模型试验规程	SL 158—2010	2011—1—11
6	水电站有压输水系统模型试验规程	SL 162—2010	2011—1—11
7	水利水电工程施工导流和截流模型试验规程	SL 163—2010	2011—1—11
8	溃坝洪水模拟技术规程	SL 164—2010	2011—1—11
9	滑坡涌浪模拟技术规程	SL 165—2010	2011—1—11
10	水利水电工程坑探规程	SL 166—2010	2010—1—11
11	地下水资源勘察规范	SL 454—2010	2010—6—1
12	水利水电工程继电保护设计规范	SL 455—2010	2010—6—1
13	水利水电工程电气测量设计规范	SL 456—2010	2010—6—1
14	灌溉用过滤器基本参数及技术条件	SL 470—2010	2010—5—2
15	水利风景区规划编制导则	SL 471—2010	2010—7—12
16	水利工程设备制造监理规范	SL 472—2010	2010—6—30

续表

序号	标 准 名 称	标准编号	实施日期
（一）行业标准			
17	水利信息核心元数据	SL 473—2010	2010—6—23
18	河流泥沙公报编制规程	SL 474—2010	2010—9—24
19	水利信息公用数据元	SL 475—2010	2010—8—5
20	节水产品认证规范	SL 476—2010	2010—9—17
21	水务统计技术规程	SL 477—2010	2010—11—3
22	水利信息数据库表结构及标识符编制规范	SL 478—2010	2010—12—17
23	河湖生态需水评估导则（试行）	SL/Z 479—2010	2011—1—11
24	微灌用中小型移动式首部机组	SL 480—2010	2010—12—17
25	洪水风险图编制导则	SL 483—2010	2010—9—24
26	水利水电工程施工机械设备选择设计导则	SL 484—2010	2011—1—11
27	水利水电工程厂（站）用电系统设计规范	SL 485—2010	2011—1—11
28	水利水电工程施工总布置设计规范	SL 487—2010	2011—3—30
29	蓄滞洪区运用预案编制导则	SL 488—2010	2010—11—20
30	水利建设项目后评价报告编制规程	SL 489—2010	2011—2—10
31	水利水电工程采暖通风与空气调节设计规范	SL 490—2010	2011—3—24
32	螺杆式启闭机系列参数	SL 491—2010	2011—1—22
33	沙棘籽油	SL 493—2010	2010—10—7
34	沙棘果叶采摘技术规范	SL 494—2010	2010—10—7
35	气相色谱法测定水中氯代除草剂类化合物	SL 495—2010	2010—12—17
36	顶空气相色谱法（HS—GC）测定水中芳香族挥发性有机物	SL 496—2010	2010—12—17
37	气相色谱法测定水中有机氯农药和多氯联苯类化合物	SL 497—2010	2010—12—17
38	锥形阀参数型式与技术条件	SL 498—2010	2010—11—20
39	钻孔应变法测量残余应力的标准测试方法	SL 499—2010	2010—11—20
40	土石坝沥青混凝土面板和心墙设计规范	SL 501—2010	2010—12—17
41	水利单位管理体系 要求	SL/Z 503—2010	2010—12—6
42	水文测站代码编制导则	SL 502—2010	2011—2—10
43	卷扬式启闭机系列参数	SL 507—2010	2011—1—22
44	液压启闭机系列参数	SL 508—2010	2010—1—22
45	小水电站接入电力系统技术规定	SL 522—2010	2011—3—30
（二）国家标准			
1	水域纳污能力计算规程	GB/T 25173—2010	2011—1—1
2	水位观测标准	GB/T 50138—2010	2010—12—1
3	泵站设计规范	GB/T 50265—2010	2011—2—1
4	水库调度设计规范	GB/T 50587—2010	2010—12—1
5	灌区改造技术规范	GB/T 50599—2010	2010—2—1
6	水功能区划分标准	GB/T 50594—2010	2011—10—1
7	雨水集蓄利用工程技术规范	GB/T 50596—2010	2011—2—1
8	机井技术规范	GB/T 50625—2010	2011—6—1

（水利部国际合作与科技司 刘咏峰）

11

水电建设管理

工　程　管　理

金安桥水电站工程建设管理

（一）工程概况

金安桥水电站是金沙江中游河段“一库八级”水电规划的第五级电站，位于云南省丽江市境内，坝址距永胜县城和丽江市城区公路里程均为52.5km，距昆明市、大理市和攀枝花市的公路里程分别为589.5km、232.5km、225.5km。工程开发任务为发电。水库正常蓄水位1418m，死水位1398m，总库容9.13亿m^3，调节库容3.46亿m^3，具有周调节性能。电站装机容量2400MW，多年平均年发电量110.43亿kW·h，年利用小时数4601h。电站采用500kV一级电压、2回出线接入云南省500kV电网。

枢纽主要由碾压混凝土重力坝、溢流表孔及其消能设施、右岸泄洪冲沙底孔、左岸冲沙底孔、电站进水口及坝后厂房等建筑物组成，最大坝高160m。设计主要工程量：土石方明挖1443.3万m^3、石方洞挖146.99万m^3、土石方填筑43.4万m^3、混凝土629.62万m^3、钢筋钢材20.6万t、金属结构1.48万t、帷幕灌浆6.4万m、固结灌浆24.6万m。采用全年围堰挡水、隧洞导流、基坑全年施工的导流方式。

工程建设总体实施计划为：2003年8月开工筹建，2004年1月导流洞开工，2006年1月实现大江截流，2006年12月开始浇筑大坝混凝土，2010年11月导流洞下闸蓄水，计划2011年3月首台机组投产发电，2012年工程完工。

2010年7月8日，国家发展改革委以发改能源〔2010〕1443号文核准金沙江中游金安桥水电站项目。

（二）工程建设管理模式

金安桥水电站工程由汉能控股集团有限公司、云南金沙江中游水电开发有限公司、云南省投资控股集团有限公司三家股东共同出资建设，并组建金安桥水电站有限公司进行项目管理，各股东方出资比例依次为80%、12%、8%。金安桥水电站有限公司在董事会的领导下实行总经理负责制，内设9个职能部门负责项目建设管理具体工作。

金安桥水电站项目建设完全按照项目法人责任制、工程招投标制、工程监理制和工程合同制进行项目建设管理。工程招标活动均按国家有关规定执行，不存在规避招标，投标单位的资质均符合相关规定，均为国家水电工程建设领域的特级或一级企业。

（三）工程建设的特点

金安桥水电站是云南省西电东送规划的骨干电站之一，也是金沙江干流河段最早开发的水电站。工程建设主要有以下特点和难点：

（1）工程规模大、合同实施范围广、工期较长、技术复杂，施工场地狭窄，道路布置困难。大坝工程的施工条件复杂，影响因素多，并有不确定性，施工各种因素之间，各子系统之间以及子系统与总系统之间相互制约、彼此交织，构成了一个复杂的系统工程。

（2）大坝混凝土采取不分纵缝通仓薄层斜层碾压浇筑，仓面大，高峰持续时间长，温控防裂要求严格。坝后式厂房的布置格局增加了碾压混凝土快速施工的难度，厂房坝段施工是控制大坝混凝土施工进度的关键，特别是引水压力钢管安装与混凝土浇筑交叉或平行作业，干扰大，施工质量和安装精度要求高。

（3）工程区域新构造运动强烈，依据中国地震局批复的工程场地地震安全性评价结果，坝址区50年超越概率10%、5%，100年超越概率2%的基岩水平地震动峰值加速度分别为0.185g、0.246g、0.399g，相应的地震基本烈度为Ⅷ度。

（四）工程建设质量管理体系

金安桥水电站工程建设实行“业主负责，监理控制，施工保证，政府监督”的质量管理体系，质量方针为“百年大计、质量为本，规范运作、严格管理、优质建设”，以工程质量全过程为主线，以参建各方的建设合同管理为依据，涵盖参建各方各单位的质量管理过程与管理关系。由金安桥水电站有限公司主导参建各方组成了项目工程建设质量管理体系，建立了相应工程质量管理组织机构，健全了系统的质量管理制度，同时主动接受电力建设工程质量监督总站的质量监督。

金安桥水电站工程实行工程建设质量责任终身制，即承建单位对其承建的工程项目施工质量负终身责任。设计、监理、施工的项目经理（总监）为施工质量第一责任人。

金安桥水电站有限公司主导各参建单位树立“工程质量就是电站的生命”的思想，强化“质量责任重于泰山”意识，推行“质量就是进度”、“质量就是效益”的观念，将工程质量管理视为己任，把保证工程质量放在第一位，实行“质量一票否决制”。

（五）工程环境保护及水土保持管理

金安桥水电站的环境影响评价工作始于2002年。2003年5月，中国水电顾问集团昆明勘测设计研究院编制完成了《云南省金沙江金安桥水电站环境影响评价大纲》，并于2003年7月通过了原国家环境保护总局的审查。2004年11月，编制完成《云南省金沙江金安桥水电站环境影响报告书（送审稿）》，原国家环境保护总局环境工程评估中心于2004年12月在北京主持召开了《云南省金沙江金安桥水电站环境影响报告书》技术评估会议。会议认为：“环境影响报告书”内容全面，专题报告齐备，基本符合“水电工程环评导则”等技术性规范要求，经修改完善后，可以上报审批。云南省环境保护局和金安桥水电站有限公司于2005年1月分别向原国家环境保护总局上报了《云南省环保局关于云南省金沙江金安桥水电站环境影响报告书的审查意见》和《关于报批〈云南省金沙江金安桥水电站环境影响报告书（报批稿）〉的请示》，原国家环保总局于2005年3月下发了《关于云南省金沙江金安桥水电站环境影响报告书审查意见的复函》。

与此同时，金安桥水电站有限公司于2004年12月向水利部上报了《关于报批〈云南省金沙江金安桥水电站工程水土保持方案报告书（报批稿）〉的请示》，水利部于2005年3月下发了《关于云南省金沙江金安桥水电站工程水土保持方案的复函》。2005年12月，云南省水土保持生态环境监测总站对《金安桥水电站工程水土保持监测实施方案》进行了回复，下发了《关于金安桥水电站工程水土保持监测实施方案的审查意见》。

在工程建设中，金安桥水电站有限公司按照政府有关文件批函，对环保、水保工作高度重视，管理机构健全，运行有效，制度完善。制定了《金安桥水电站工程环境保护及水土保持管理办法》、《金安桥水电站工程环境保护及水土保持管理规定》以及《金安桥水电站工程环境污染应急预案》。水保、环保工程配置专职监理工程师进行监理，严格执行“三同时”制度，每年与参加单位均签订《水保、环保责任书》。

（六）工程质量监督巡视评价

根据云南金沙江中游水电开发公司的申请，电力建设工程质量监督总站巡视组于2005～2010年，对金安桥水电站工程质量进行了6次监督巡视。6次质量监督报告中，巡视组认为：本工程的建设中，业主发挥了主导核心作用，建立了质量管理体系，质量目标明确，各项规章制度得到贯彻落实；工程设计符合国家有关强制性标准及现行规程、规范，努力做到设计优化及新技术应用；业主重视现场质量、安全管理工作，工程质量、安全生产处于受控状态；业主在工程质量管理方面做了大量的工作，采取了许多的措施，克服资金十分紧张等困难，使工程进展基本顺利，工程建设质量总体处于受控状态。监理单位按“四控制、两管理、一协调”做好工程质量监控工作。施工单位执行“三检制”，工程实体质量处于受控状态。目前相关已完工程质量满足设计要求，下闸蓄水方案及施工措施已经审定，准备工作基本就绪，已通过枢纽工程蓄水安全鉴定，工程具备下闸蓄水条件。

（七）结语

金安桥水电站工程建设管理过程中，严格按照国家相关的法律法规、规程规范标准、设计要求、依据合同，坚持以人为本，始终把“质量管理、安全管理”摆在首位，投入了大量的人力和资金，十分重视安全、环保、水保和移民安置问题。工程自2003年8月建设至2010年12月的8年时间里，无安全事故，无质量事故，无环保事故，无移民纠纷事故。

（金安桥水电站有限公司　刘兴荣）

沙沱水电站工程的管理创新

水电开发建设是一项复杂的系统工程，必须创新管理，遵循工程建设与自然和谐、与社会和谐的原则。贵州乌江水电开发有限责任公司（以下简称乌江水电公司）在沙沱水电站工程建设中，提出将环保理念融入工程技术，以工程促移民，坚持以技术为核心的综合管理和风险管理，大胆采用新技术、新工艺和实施风险决策，取得了良好的经济和社会效益。

（一）将环保融入工程技术

工程施工会对环境带来一定的不利影响，在沙沱水电站建设中，乌江水电公司始终将环保工作融入工程技术，坚持“不破坏就是最好”的环保理念，在工程建设中通过技术措施和手段最大限度地减少对环境的影响。针对沙沱水电站工程右岸边坡陡峭、地质条件差的特点，及时调整场内施工道路布置，取消右坝肩下游近1km道路，采用其他方案替代，仅此一项措施就减少边坡开挖20余万立方米，保护植被10余万平方米，并解决了高边坡开挖带来的稳定问题。同时，对由于施工而影响的边坡等部位，及时采取植被恢复措施，使其恢复原来的面貌。

沙沱人工砂石系统按照国家环评批复要求，单独与承包商签订施工废水零排放处理协议。承包商应用先进的“半干法”制砂工艺，较常规砂石系统大大降低能耗，减少粉尘、废水，并按照零排放进行设计，再次利用和处理废水，被誉为“环保砂石系统”，既节约了工程投资，又保护了环境。

（二）坚持实施以技术为核心的风险管理

由于受前期移民影响，至2006年10月沙沱辅助工程未能按照原计划动工。而2007年初下游的彭水水电站下闸蓄水，其回水淹没沙沱纵向围堰的礁石基础，使纵向围堰无法施工，危及导流方案的实施。为了确保纵向围堰在2007年5月达到度汛高程，经过认真研究，调整施工程序，将原定的先开挖坝肩再施工纵向围堰的顺序调整为先施工纵向围堰再开挖坝肩；在确保安全的条件下，将纵向围堰的度汛标准从全年10年一遇调整为枯期10年一遇，从而将混凝土从30万m^3减少到10万m^3，降低施工强度；考虑砂石系统尚未投产，现场又不具备建设临时砂石系统的条件，决定在工地周边10km范围内采购砂石骨料，较好地解决了这一难题。纵向围堰于2007年4月提前达到度汛高程，为2007年底的一期截流奠定了坚实基础。

由于受2008年初凝冻灾害和2008年11月遭遇同期200年一遇洪水的影响，大坝工期滞后4个月，无法实现在2009年初进行大江二期截流。若再推后截流，将没有时间完成土石围堰的加高保护，汛期洪水可能冲毁土石围堰，造成损失和浪费。选择推迟一年截流，对工程带来的损失更大。经过反复论证与推敲，并结合一期导流明渠施工揭露的地质情况，决定将原设计的土石过水围堰调整为碾压混凝土过水围堰，并将围堰轴线向下移40m，使其避开河床覆盖层而尽量坐落在导流明渠岩石基础上，即使在围堰施工期间洪水来临也不会冲毁。工程于2009年4月17日实现大江二期截流，在二期截流后一个月时间内成功将围堰浇筑到度汛高程并抽干基坑内全部积水，为工程的后续施工奠定了坚实基础，开创了大型水电工程汛前成功截流的先河。

（三）把移民工程纳入主体工程同步管理

移民是当前水电工程必须面对并妥善处理的重大课题，过去移民工程一般由地方政府组织建设，但由于种种原因影响，往往工期无法保证，投资超概算时有发生，制约了电站下闸蓄水。

沙沱水电站移民1.8万余人，其中施工区移民近3000人，坝址位于县城附近，人口集中。

为了确保工程的顺利推进，按照贵州省政府的指示，充分发挥地方政府和项目业主的优势，总结探索出“地方政府管民生，项目业主管移民工程”的工作方针，即地方政府将大型的移民基础设施工程返包业主施工，充分发挥业主单位工程技术和管理的优势，把移民返包工程纳入主体工程同步管理，并承诺移民返包工程建设若有节余，全部返还地方政府用于移民安置。

（贵州乌江水电开发有限责任公司　吴元东　郭定明）

金安桥水电站工程建设监理实行履职履责考核

长江三峡技术经济发展有限公司金安桥水电站监理部（以下简称监理部）监理工作总体指导思想是：控制到位，运作程序化，文件标准化、数据化，管理规范化、精细化。这一指导思想充分概括了建设监理实践中对工程建设目标“四控制，两管理，一协调”的深刻内涵和运行规律。监理部采取主动控制为主、现场控制为主的方式，重在现场检查发现问题，及时协调督促承建单位解决问题，是工程建设四大目标控制的有力手段与有效措施。为加强对监理部各项目部、职能部门工作的改进及充分调动监理人员的积极性，切实履行监理单位的职责，提高监理队伍的素质，增强服务意识和工作责任心，监理部相继出台了《三峡发展公司金安桥监理部履职履责检查工作制度》及《三峡发展公司金安桥监理部员工季度绩效考核实施细则》。通过监理履职履责检查考核，强化了施工过程的控制及管理，对推动监理工作起到了重要作用。

根据监理部履职履责检查工作制度和考核实施细则，监理部成立了季度履职履责考核工作机构，组成以总监为组长、书记为副组长、副总监及部门主要负责人为组员的考核工作机构，工作机构下设若干检查小组，对各部门及监理人员的季度工作与履职履责情况进行全面的检查考核。

（一）履职履责考核的主要内容及工作方式

1. 主要内容　考核的主要内容包括定量、定性两部分。定量部分主要包括制度执行及落实情况，部门业务培训情况（包括质量、安全、合同等内容），监理人员现场巡检、检查验收、值班及旁站监理工作到位情况，监理日志及旁站监理记录的完整性、规范性，工序、单元工程评定审签质量及工程实物质量，工程计量及支付，一验一审、技术质量交底及监理标准化活动执行情况及效果，监理工程档案及监理工作报告完成情况等，几乎涵盖了监理工作的各个方面。定性部分包括部门之间的相互协调、配合，现场标间及专业间的组织协调评价；提供服务的水平和质量评价；部门监理人员的综合履职履责能力和责任心评价；部门领导的组织能力及部门的团队精神、监理人员职业道德评价；业主对监理各部门的评价；质量、安全监理责任事故评价。

2. 工作方式 监理部印发季度部门履职履责检查的通知。检查小组对部门工作进行检查，检查的方式包括全面检查及抽查，并对部门进行定量打分。召开履职履责考核组及部门负责人的会议，听取受考核部门负责人的工作汇报，然后由监理部及部门负责人对各部门进行评价打分。监理部针对检查情况及存在问题编写检查报告，对存在的问题提出整改措施，形成履职履责检查纪要。各部门对监理人员进行季度考核，并根据其表现和绩效进行评价打分。

（二）履职履责考核结果的应用

根据考核成果，按分数分为A挡（90分以上）、B挡（80～90分）、C挡（60～80分）、D挡（60分以下）。部门分数是年度考核的组成部分，考核结果为C挡、D挡的部门及个人，取消年度评先进的资格；与部门及个人季度奖金挂钩，考核检查出问题较多的部门与考评在C挡以下的监理人员，缓发或不发季度奖和相关奖金，或对不称职的监理人员进行调换、教育及辞退。

（三）履职履责考核的主要效果评价

各部门及监理人员都非常关注和重视履职履责检查考核工作。监理日志和旁站监理记录是最基本的资料之一，其填写的水平直接反映出监理工作质量与监理人员素质。通过对监理日志和旁站监理记录的检查，并结合各部门的自查，不断改进后，监理记录的水平有了较大提高，确保了结构验收不发生漏验、错验的情况，全部满足设计和规范要求。通过对工序及单元质检资料的检查，对存在的问题进行了纠正，对填写不完善之处进行了补充完善，使工序及单元质检资料填写及评定符合规范要求，杜绝了监理人员的越权签字行为，为分部工程及单位工程验收奠定了良好的基础。通过第三方检测证明，工程实物质量处于受控状态，其中大坝混凝土取芯单根长度16.49m，已完单元工程合格率100%，土建工程优良率在85%以上，金属结构机电工程优良率达95%，实现了合同质量目标。

通过开展监理履职履责检查考核的探索和几年的实践，监理部各部门及监理人员的履职履责能力有了较大提高，对提高监理的工作质量及实现各阶段监理工作目标起到了促进作用。金安桥水电站自开工以来，工程进度、质量、安全环保、投资等各项监理控制工作在有条不紊地进行，没有发生一起质量、安全及环保监理责任事故。

（长江三峡技术经济发展有限公司 谢永英）

金安桥水电站工程金属结构设备监造和管理

（一）金属结构设备概况

金安桥水电站的闸门、门槽埋件、启闭机及附属设备总量约为13 108.2t，共有拦污栅和闸门51套，其中拦污栅22套、弧形闸门8套、平面闸门21套；门（栅）槽44套，其中栅槽20套、门槽24套；各类启闭机19台，其中液压启闭机12台、门式启闭机3台、固定卷扬式启闭机4台。这些金属结构设备以招投标方式确定承制厂家，各标段情况见表1，设备监造工作由金安桥水电站有限公司组织。

表1 金安桥水电站金属结构设备分标情况

序号	金属结构标段名称	招标/合同编号	开标日期	中标单位
1	左岸冲沙底孔和右岸泄洪冲沙底孔闸门制造	JAQ/M—02	2006年12月11日	三门峡新华水工机械有限责任公司
2	尾水检修闸门制造	JAQ/M—03	2007年6月6日	中国葛洲坝集团机电建设有限公司三峡金结厂
3	溢洪道检修闸门和工作闸门制造	JAQ/M—05	2007年12月6日	夹江水工机械厂
4	进水口和导流洞闸门制造	JAQ/M—06	2008年3月22日	中国葛洲坝集团机电建设有限公司三峡金结厂
5	进水口拦污栅制造	JAQ/M—07	2008年3月22日	中国水利水电第四工程局水工机械总厂
6	左岸冲沙底孔和右岸泄洪冲沙底孔液压启闭机设计制造	JAQ/Q—01	2006年12月11日	常州液压成套设备厂有限公司
7	尾水门式启闭机设计、制造	JAQ/Q—02	2007年6月6日	郑州水工机电装备有限公司

续表

序号	金属结构标段名称	招标/合同编号	开标日期	中　标　单　位
8	溢洪道弧形工作闸门液压启闭机	JAQ/Q—03	2007年12月6日	江苏武进液压启闭机有限公司
9	进水口事故闸门液压启闭机设计制造	JAQ/Q—04	2008年3月22日	中船重工中南装备有限责任公司
10	坝顶门式启闭机设计、制造	JAQ/Q—05	2008年3月22日	三门峡新华水工机械有限责任公司
11	固定式启闭机设计、制造	JAQ/Q—06	2008年3月22日	夹江水工机械厂

（二）监造单位的质量保证体系

1. 质量管理机构　成立设备监造组，归口金安桥水电站有限公司机电部管理，由机电部一名副经理任监造总代表，在公司总经理和分管副总经理的直接领导下具体负责电站设备的监造工作，对公司负责。监造代表组下设机组设备监造组、起重设备监造组、金属结构闸门设备监造组、电气设备监造组，各监造组配组长和监造代表若干人，监督设备制造厂家制造质量和供货进度等。监造组在设备承制厂家所在地设立监造站，每站配备常驻监造代表1～2名。监造代表由相关专业毕业并在水电制造或建设行业工作15年以上的管理或技术人员担任，具有工程师、技师或以上职称。

2. 监造工作的依据　监造代表依据以下文件等开展质量监督工作：① 国家现行有关工程建设的法律、法规、技术标准和规程规范；② 设备订货合同文件及监造协议；③ 汉能控股集团有限公司和金安桥水电站有限公司的规章制度；④ 业主与供货方间具有法律效力的来往文件、函件、传真等；⑤ 经业主确认批准的工厂设计图纸、设计文件以及修改通知单。

3. 监造工作方法和方式

（1）熟悉设备图纸、技术标准、制造工艺以及设备供货合同中的有关规定。

（2）编制《设备监造大纲》，经总监造代表审核批准后报送金安桥水电站有限公司备案。

（3）核查制造单位提供的制造工艺和有关质量保证文件，并提出核查意见。

（4）核实制造单位主要分包方的资质情况、实际生产能力和质量管理体系是否符合设备供货合同的要求。

（5）熟悉制造单位的检验计划和检验、试验要求，确认各制造阶段检验、试验的时间、内容、方法、标准以及检测手段。

（6）对设备制造过程中拟采用的重大新技术、新材料、新工艺的鉴定和试验报告进行审核，签署意见，并上报金安桥水电站有限公司予以确认。

（7）查验主要零件的生产工艺设备、操作规程和有关人员的上岗资格，并对设备制造和装配场所处的环境进行查验。

（8）对制造设备的主要原材料、外购配套件、毛坯铸锻件的证明文件及检验报告和外协加工件、委托加工材料的质量证明以及制造单位提交的检验资料进行查验，抽查重要的外购件。

（9）对设备制造过程进行监督和抽查，深入生产场地对所监造设备进行巡回检查，对主要及关键零部件的制造质量和制造工序进行检查与确认。

（10）按制造单位检验计划和相应标准、规范的要求，监督设备制造过程的检验工作，并对检验结果进行确认。发现检验结果不符合规定的，及时通知制造单位进行整改、返工或返修；对当场无法处理的质量问题，监造人员书面通知制造单位，要求暂停该部件转入下道工序或出厂，并要求制造单位处理；当发现重大质量问题时，立即向制造单位出具书面停工通知，并及时报告。

（11）监督制造单位的设备装配和整体试验等过程，审查出厂检验和验收大纲等文件，参加设备出厂验收。

（12）定期向金安桥水电站有限公司提供监造月报，通报设备在制造过程中加工、试验、总装以及生产进度等情况。

（13）设备监造工作结束后，编写设备监造总报告，整理监造工作的有关资料、记录等文件，一并提交给金安桥水电站有限公司。

（三）监造质量管理

1. 制造过程质量控制

（1）监造代表参加设计联络会，熟悉图纸，审查厂家工艺文件和质量保证文件等，检查厂家技术准备和生产准备情况，见证原材料及其质量证明资料，在落实制造条件具备后，报告监造总代表。在获得厂家开工申请后，由监造总代表发布开工令。

（2）制造开始后，监造代表巡检和重点项目监造，按照合同规定对各部件尺寸核查，参加厂家质检部门的各次检验，对铸锻件、焊接件进行无损探伤抽查，检查和见证外购件质量。现场见证组装过程和各种试验，参加出厂验收。全程监督设备防腐处理，检查防腐质量。监督装车清点和固定，直至发运出厂。

(3) 对于制造过程中发现的质量问题，监造代表采取督促厂家对设备缺陷处理合格、报废、让步放行等方式进行监督，不合格品不予接受和发运，确保产品质量。

2. 出厂验收

(1) 设备具备出厂验收条件后，业主组织设备监造、安装监理、设备制造厂家等进行验收。对于批量生产的设备，一般情况下业主组织和主持第一套和最后一套设备出厂验收，其余设备业主委托设备监造组组织出厂验收。验收前监造代表督促厂家提供出厂验收大纲，并进行审查。

(2) 在审查通过出厂验收大纲并具备验收条件后，才开始出厂验收，验收按照验收流程执行。

(3) 出厂验收资料，按“资料应具有完整性、有效性、对应性（可追溯性）”的原则进行，对于不满足上述条件的资料，要求厂家补充提交资料，直至达到要求。出厂验收资料至少包括以下方面：① 原材料的质量证明文件，包括原材料制造厂家提供的材料理化性能检验报告、合格证、中标厂家的复检报告等；② 铸锻件的理化性能检验报告、无损探伤检验报告、热处理报告、合格证等；③ 外购件的合格证、出厂检验报告、检验记录、重要焊接件的焊缝探伤报告、原产地证书等；④ 零部件的焊接检验记录、尺寸检验记录、焊缝探伤检验报告、热处理报告等；⑤ 设备组装的检验记录、试验报告等；⑥ 设备缺陷处理报告，包括处理方案、设计和工艺签发的通知单、处理检验记录等；⑦ 设计、工艺变更通知单、监造代表签发的质量见证单和通知单等；⑧ 被验收设备的生产制造情况报告、质量检验情况报告等。

（金安桥水电站有限公司 韩 飞）

金安桥水电站业主统供物资管理

金安桥水电站枢纽工程由碾压混凝土重力坝、左岸冲沙底孔、右岸泄洪冲沙底孔、右岸溢洪道、左岸坝后厂房等组成。土石方明挖 1443.3 万 m^3、石方洞挖 146.99 万 m^3、土石方填筑 43.4 万 m^3、混凝土 629.62 万 m^3、金属结构 1.48 万 t、帷幕灌浆 6.4 万 m、固结灌浆 24.6 万 m。主要材料设计总用量：水泥 117 万 t，钢材 20.9 万 t，掺合料 62.6 万 t，炸药 1.1 万 t，油料 5.3 万 t。

与近些年水电建设普遍采取的模式一样，金安桥水电站建设所需的主要材料，尤其是主体工程建设所需的主要材料由业主统一采购供应、统一核销。与各承包商各自采购的分散管理模式相比，较好地解决了施工合同价格风险问题、原材料质量控制问题以及施工过程中原材料浪费和流失等问题。统供物资种类主要包括：水泥、钢筋、钢板（高压管道用）、柴油、粉煤灰、混凝土外加剂、火工材料。施工期间经历了施工高峰期用量大、雨季运输道路中断、个别物资资源短缺、采购资金不足等多方面困难的考验，保证了工程建设的需要。

（一）物资供应的保证措施

保证物资供应，不仅仅是某时段或整个建设期内数量上的满足，还必须同时做到：保证供应在时间上的连续性，保证施工高峰状态下对极端需用量的需求，满足施工对不同品种、不同规格型号的需求。因此，保证物资供应是数量、时间、空间上的全面保证。为此，金安桥水电站有限公司在采购供应工作中采取了如下措施：

(1) 认真做好调查研究工作，合理确定物流方向，主、辅两条腿走路。金安桥水电站位于云南省丽江市，丽江至四川省攀枝花市的三级公路是工地通往外界的唯一交通道路。向东通往四川攀枝花、西昌方向，向南通往大理、昆明方向。主体工程开工前，针对合同规定的业主统供物资，组织全面、系统的调查研究工作，主要内容包括：各种物资来源的分布地点、据工地距离、生产能力、工艺水平、产品的规格品种、供应体制、水电工程供应业绩等。在此基础上，结合各供应商投标承诺的供应保证措施、报价等因素，确定各项物资的主供应商和辅供应商，其中主、辅供应商的确定尽可能来自工地的不同方向，形成主、辅互为备用、相互补充、相互竞争的供应格局。如：水泥供应，分别采用丽江永保水泥有限责任公司（永保公司）和云南红塔滇西水泥股份有限公司（红塔公司）的产品，其中永保公司为主供，红塔公司为辅供；钢筋供应，分别采用昆明钢铁控股有限公司和攀钢集团有限公司的产品；粉煤灰供应，分别采用攀钢备用电厂、云南昆明发电厂、云南曲靖电厂的粉煤灰；柴油供应，分别与攀枝花中石油、攀枝花天成石化、大理中石油签订有采购合同。以上四项物资的采购金额占所有统供物资采购金额的 85%以上，具有用量大、采购金额高的特点。以上货源分布具有如下特点：每种物资均来自两个不同方向，解决了雨季断路对物资供应的困扰；同一种物资的不同厂家相互弥补规格品种不全以及因各种因素影响所产生的供应困难。这既形成厂家之间的竞争，有利于提高供应服务质量和降低成本，又提高了供应保证水平。

(2) 合理设置工地库存容量，保证充足的调节能力。由于水电站工程施工强度高、作业连续性强，加之运输道路受自然条件影响较大等因素，物资供应保证仅靠供应商的努力是远远不够的，必须具备足够的工地库存来调节使用与供应在数量和时间上的脱节，以消除各种不确定因素的影响。为此，金安桥水电站有限公司在主体工程施工合同中对承包商设在工地的库存容量作了明确的规定，即不得小于施工高峰月强度7天的使用量。同时，在实际实施中要求严格按合同承诺进行设置，不允许打折扣。施工高峰时段，大坝、厂房两大主标日需水泥约800t、粉煤灰近1000t。共设置散装水泥罐6个，最大储存能力8000t，粉煤灰罐9个，最大储存能力10 000t。在供应过程中，尤其在施工高峰期，密切跟踪库存水平及其变化。要求承包商每天汇报各项物资的库存数量。对用量大和使用连续性要求高的水泥、粉煤灰的库存状况进行重点关注，出现不正常情况马上进行协调和处理。经验证明，合理确定库存容量、保持必要的物资存量是保证供应必不可少的重要手段。

(3) 具体情况具体分析，非常时期采取非常措施。影响物资供应的因素多种多样，有厂家生产、交通运输、气候变化、社会因素等。当某个不可预见因素出现并对正常供应产生影响时，应当快速作出反应，及时提出并启动应对措施。2008年冬春季节，我国多个省份遭遇风雪冰冻灾害，交通运输大面积瘫痪，工程使用的混凝土外加剂来自江苏和浙江，同样受到严重影响，几个车皮的货物滞留在路途中，后续发货也申请不到车皮。经过分析，如果等待灾害消除、交通恢复，势必会影响工程的正常进行。经物资部门提议，金安桥水电站有限公司紧急研究，决定启用汽运发货。同时，要求厂家做好司机的动员工作，绕过灾害尚未消除的省份，经福建、广东、广西进入云南，日夜兼程，终于在工地库存耗尽之前将货物运抵了工地，保证了施工的正常进行。类似的突发事件还很多，但经过冷静分析，权衡利弊，始终以工程建设大局为重，及时采取措施，问题都得到了有效的解决。

(二) 质量保证措施

在保证供应的同时，采取相应措施，严把质量关，为工程建设提供指标合格、品质稳定的原材料，是物资供应管理工作的又一重要内容。

(1) 明确质量控制和检验标准。采购阶段的质量控制工作主要体现在对相关厂家产品的原材料状况、生产工艺、成品品质的考察和跟踪上。在此基础上制定符合金安桥水电站具体情况的内控指标，在采购合同中予以明确，以此作为质量控制和检验的标准。

(2) 加强质量的事前控制。为了加强质量的事前控制，尽可能将质量问题解决在物资进场之前，同时也是借鉴其他大型水电工程的成功经验，聘请中国建筑材料科学研究总院对水泥主供厂及三家粉煤灰供应单位进行驻厂监造。对原材料、加工生产、出厂检测三个环节进行质量监督。

(3) 加强进场物资的质量检测。物资在进场后、使用前的检测是产品质量控制的最后一关，起着守门员的作用。在三个层次上安排进场物资的质量控制工作：① 供应商必须出具产品合格证和材质检测报告，同时由施工单位对接收的物资做逐批次品质检测；② 监理单位依据监理合同规定按照10%的频次进行抽样检测；③ 金安桥水电站有限公司中心试验室按照5%～10%的频次进行抽样检测。

(三) 成本控制

在保证供应、保证质量的基础上，尽最大努力降低采购成本，从而降低工程造价、提高投资效益，也是物资管理工作的重要职责。而控制成本仅靠单纯地追求低廉的采购价格是不够的，必须做到量、价双控制才能真正达到控制成本的目的。金安桥水电站有限公司从采购合同管理和施工合同管理两个途径入手，通过招标竞争、询价对比、争取优惠等方式确定尽可能低的采购价格，同时通过对施工项目进行统供材料核销的方式，严格控制消耗量，进而实现全面成本控制。

1. 价格控制　运用竞争机制选择供应商是寻求合理低价的最佳途径，也是国家法律法规和企业规章制度的要求。作为采购部门，必须对各项物资的采购条件进行充分的调查和分析，尽可能地创造条件通过竞争达到择优的目的。金安桥水电站有限公司针对具备招标条件的物资全部采取招标方式进行采购，如钢筋、钢板、混凝土外加剂等。对于竞争条件不够充分或专营性物资，在进行广泛市场调研的基础上，开展耐心的谈判协商工作，以争取最大限度的优惠。

2. 消耗量控制　消耗量控制主要是防止施工过程中由于管理不善造成的物资流失和浪费以及超出合同规定消耗量而增加额外投资，是成本控制工作的一个重要方面。金安桥水电站有限公司制定了《金安桥水电站统供物资管理办法》及《统供物资核销实施细则》。以合同及实际配比单耗为依据，根据实际完成工程量对实际消耗材料量与应消耗量进行阶段性对比分析。对于无正当理由的超耗，采取中间暂扣、最终清算的扣款办法，从消耗量方面堵塞漏洞。

(四) 结语

物资供应是工程建设的物质保障，是顺利实现建设目标的基本前提。而保证供应、保证质量、控制成本，是物资管理工作的三项重要内容，三者之间既矛盾又统一。妥善兼顾三者之间的关系，达到三者有机地结合，是物资管理工作的核心，也是日常管理工作所追求的目标。

(金安桥水电站有限公司　冯树勇)

金安桥水电站建设安全隐患排查治理机制

金安桥水电建设项目认真贯彻国家安监总局下发的《安全生产事故隐患排查治理暂行规定》，在全工程范围内认真开展安全生产隐患排查治理工作，从对事故控制的治本管理需要出发，走过了一条“专项活动→规范提升→形成长效工作机制→总结提升为新安全管理经验”的历程。而隐患排查治理的工作机制，有效降低了安全生产事故率，尤其是避免了突发性事故，提升了建设项目安全事故控制水平与安全建设水平，已成为项目建设安全生产管理的重要工作之一。

（一）形成项目安全事故隐患排查治理机制

金安桥水电站建设项目将传统的安全管理观念类比置换成隐患排查治理观念，将“管生产必须管安全”延伸为“管生产必须管隐患治理”，将安全教育中的“安全无小事”对应置换成隐患排查工作中的“隐患无小事”等。用这些类比置换后的隐患排查治理观念进行隐患排查治理重要性的教育，收到极易理解接受的教育实效。

《安全生产事故隐患排查治理暂行规定》明确：“生产经营单位是事故隐患排查、治理和防控的责任主体”、“生产经营单位主要责任人对本单位事故隐患排查治理工作全面负责”等，这从法律层面明确了企业及其第一责任人对事故隐患排查治理的主体责任。依据这一法规，金安桥水电建设项目将隐患排查工作责任分别纳入项目内部的全员安全保证体系与安全监督体系中，在主体责任落实上抓两个关键，即岗位责任与工作制度。具体要求各参建单位按这个原则，层层分解，落实各级安全隐患排查治理责任，即一把手的全面责任、分管领导的具体组织责任；生产部门与作业厂队、外协队伍的主体保证责任；安全管理部门及专兼职安全员对事故隐患排查治理的监督管理责任等，形成了“隐患排查、人人有责”的参建全员隐患排查治理责任体系，并在此基础上建立了隐患排查例行工作制度，从而保证了隐患排查治理工作的常抓不懈。与此同时，以事故隐患排查治理率为硬指标，依据排查治理工作检查考核结果与奖罚挂钩，对重大事故隐患举报进行奖励等，以此激励促进隐患排查治理工作的良性循环提升，进而逐步形成系统的隐患排查治理长效工作机制。

（二）提高对安全事故隐患排查治理工作的认识

金安桥水电站项目建设期间，曾组织了安全隐患排查治理与企业主体责任专题研讨会，结合隐患排查治理的工作实践与管理经验，总结研讨安全隐患排查治理工作理论，并用于指导提升项目建设安全隐患排查治理管理工作。

“安全第一、预防为主、综合治理”是我国的安全生产方针，“安全第一”确立了安全生产的位置及重要性，“预防为主”明确了安全生产工作的指导思想，而“综合治理”则是安全生产的工作方法原则。以事故预防为主，即是安全生产的主要工作，也是安全生产的首要任务。

从事故能量理论角度，安全事故隐患是生产系统中人、机、环境两两安全不匹配的环节；从安全管理概念上，安全事故隐患是人的不安全行为、物的不安全状态与管理缺陷。无论从事故致因理论概念或实际安全事故原因分析，事故中都必然存在着安全生产隐患，即事故隐患是产生安全事故的直接致因。隐患虽是事故内在的客观先兆，是事故的致因，但隐患致发事故的条件必要而不充分，即事故一定有隐患致因，但有隐患不一定就发生事故，而无隐患肯定不会发生事故。

安全事故隐患具有一定的随机性（如事故发生的时间、地点及后果），这缘于事故隐患的隐藏性、潜伏性和不确定性，即事故隐患可能不显露，或不可度量于事前控制，这给隐患排查与事故预防带来困难。但从事故致因理论角度，任何事故发生前都存在着隐患、客观上是有先兆和可预防的，它取决于人们对事故隐患排查治理的认知程度。

隐患排查治理的实践证明，事故隐患伴随生产系统的安全问题而生，亦随着生产系统或安全条件的变动而动态变化，即旧的隐患被治理消除，新的隐患还可能滋生；已被治理消除的隐患，若不持续巩固还会重发。从这个角度来看，安全生产事故隐患排查治理的工作与生产安全问题同行，具有长期性、反复性与艰巨性。

（三）结语

金安桥水电站项目建设，以落实企业主体责任为核心的安全隐患排查治理长效工作机制及管理经验成果，为保证金安桥建设项目的预防安全管理工作、切实降低事故率、控制并持续保障建设生产安全发挥了重要作用，同时亦为创建本质安全型建设项目进行了有益的实践与探索。

（金安桥水电站有限公司　俞　猛）

黄河乌金峡水电站通过达标投产验收

2010年12月7日，由中国水利水电第三工程局有限公司（以下简称中水三局）承建施工的乌金峡水电站工程（大坝、厂房土建及机电设备安装），经中国电力建设企业协会复检，被评定为电力行业2010年“达标投产”工程。

（一）工程概况

乌金峡水电站位于甘肃省白银市靖远县境内，主要建筑物由左岸泄洪闸、左岸挡水坝段工程、河床式电站厂房、右岸挡水坝段工程、开关站和中控楼等建筑物组成。水电站安装4台灯泡贯流式机组，单机容量35MW，总装机容量140MW。工程规模属三等中型工程，枢纽主要建筑物为3级。工程概算投资13.880 9亿元，总工期51个月。

（二）中水三局参与该项目建设的基本情况

中水三局承建乌金峡水电站大坝及厂房土建、金属结构和4台机组安装，在工程开工伊始，就严格按照《电力工程达标投产管理办法》和《水电机组达标投产考核标准》和建设单位对达标投产工作提出了“投产及达标”的目标，作出了“早准备、早安排、早落实”的战略安排，制定了各项管理制度。

1. 进度控制与管理　在进度控制与管理工作中，对工程施工的各种不利因素，超前制定方案和对策，突出预控，主抓关键线路工程项目并提前分析、预测，以此指导施工。对非关键线路上的施工项目，根据关键线路的进展情况及时进行调整，变被动控制为主动控制。对调整的进度计划，及时提出具体措施和方案。加强与工程参建各方的沟通和协调，在保证安全和质量的前提下，积极采取工程优化措施，减少施工干扰，缩短直线工期。乌金峡水电站工程自2007年6月29日开始浇筑厂房首块混凝土，至2008年10月31日首台机组发电，较预定工期提前2个月，创造了同类型水电站施工企业新纪录。

2. 工程质量控制与管理　建立了完善的质量保证体系，严格执行国家规程、规范和标准，特别是对强制性条文的贯彻实施，从而确保工程安全和工程质量。在各项工序施工中，严格执行班组自检、工区复检、项目部终检的“三检制”，加强工序质量控制和验收。上一道工序验收不合格的，不允许进入下一道工序施工，遇到工程质量问题的，严格按照“三不放过”的原则处理，确保工程质量目标的实现。施工建设的大坝及厂房土建工程共计30个分部工程，2047个单元工程，质量合格率100%。机电安装工程共有328个单元，其中合格工程328个，合格率100%；优良工程289个，优良率88.11%。金属结构共计67个单元工程，其中合格工程67个，合格率100%；优良工程63个，优良率94.03%。机电及金属结构安装质量及工艺总体情况良好，安装质量优良。设备可靠性指标基本达到达标投产的考核标准：主设备的一类率为100%，无缺陷，没有影响机组安全运行的隐患。电站接地电阻要求为0.5Ω，本电站接地电阻设计值为0.35Ω，据全厂接地系统接地电阻测试报告：全厂接地系统接地电阻实测值为0.18Ω。水轮发电机组设备在首次启动试验时，其各部振动、摆度和温度等参数明显优于合同保证值。在72h试运行后，实现了“无缝接机”，机组全部交付商业运行。

3. 安全健康与环境管理　中国水利水电第三工程局有限公司乌金峡项目部建立了以项目经理为施工安全管理第一责任人，同时有一位项目副经理主管安全工作，并有相应的职能部门专管安全工作，班组设兼职安全员的完整的安全管理网络。项目部围绕工程建设施工中的危险源进行辨识、评估并提出控制对策，努力做到工程施工中人、机、环境的本质安全化。工程建设中，未发生合同内重大人身伤亡事故、重大施工机械和设备损坏事故、重大火灾事故、重大交通事故和重大坍塌事故。

4. 工程档案管理　乌金峡水电站工程建设认真执行国家档案工作法律法规，制定了工程档案工作规则制度并贯彻执行，明确了分管领导和职责，成立了竣工档案管理办公室，配备了专职档案人员，为乌金峡工程档案的达标创造了条件。配合建设单位完成了工程的档案的形成、积累、整理、归档等工作，归档文件材料基本做到了齐全、完整，整理工作基本符合水利部的有关标准。档案在建设期间发挥了重要作用，并为生产运行及设备维护打下了良好的基础。

（中国水利水电第三工程局有限公司
赵维刚　张宏伟　郭青礼）

我国“十一五”水电工程安全“三同时”工作情况

2006～2010年是实施“十一五”规划的五年，安全生产得到充分重视，在水电建设工程方面则得到了更好的体现，“十五”期间很多建立和巩固的制度，如安全设施“三同时”管理工作，在“十一五”期间都得到进一步的加强、完善和全面推进，并逐步深入、规范；相关法律、规范形成了较为完善的体系，有力指导了水电建设工程安全“三同时”工作的具体开展；“行业技术管理、综合行政监管”理念得到深入理解；科研和标准的修、制订工作循序推进；新的评价方法、安全防范措施、事故隐患治理手段、事故应急技术等得到研发和推广应用；建设项目安全生产人身伤亡事故得到有效控制。这些工作的开展极大地促进和推动了水电工程安全“三同时”工作的具体开展和贯彻落实，促使该项工作得到蓬勃和迅速的发展。

这一阶段，国务院、国家安全生产监督管理总局、国家能源局、电力监督管理委员会、国有资产监督管理委员会等国家相关部委、单位发布了大量相关规章、规范、标准，主要有：《关于做好建设项目安全监管工作的通知》（安监总协调〔2006〕124号）、《安全生产事故隐患排查治理暂行规定》（国家安全生产监督管理总局令第16号）、《电力建设安全生产监督管理办法》（电监安全〔2007〕38号）、《中央企业安全生产监督管理暂行办法》（国务院国有资产监督管理委员会令第21号）、《作业场所职业健康监督管理暂行规定》（国家安全生产监督管理总局令第16号）、《安全评价机构管理规定》（国家安全生产监督管理总局令第22号）、《国务院关于进一步加强企业安全生产工作的通知》（国发〔2010〕23号）、《建设项目安全设施"三同时"监督管理暂行办法》（国家安全生产监督管理总局令第36号）、《中央企业安全生产禁令》（国务院国有资产监督管理委员会令第24号）等。

这一时期，国家对水电工程应急管理、应急能力建设要求提高，2008年经历了冰冻灾害、"5·12"汶川地震等特大自然灾害，更促使相关规章、制度得以制定和颁布实施：《中华人民共和国突发事件应对法》（国家主席令第69号）；《关于加强水电工程防震抗震工作有关要求的通知》（发改能源〔2008〕1242号）；《安全生产事故应急预案管理办法》（国家安全生产监督管理总局令第17号）、《生产经营单位生产安全事故应急预案评审指南（试行）》（安监总厅应急〔2009〕73号）、《关于加强安全生产应急管理宣传教育工作的意见》（安监总应急〔2009〕217号）等；国家电力监督管理委员会发布《关于印发〈电力突发事件应急演练导则（试行）〉等文件的通知》（电监安全〔2009〕22号），及《关于印发〈电力企业应急预案管理办法〉的通知》（电监安全〔2009〕61号）等。

2006～2007年，水电水利规划设计总院为指导和规范水电建设工程安全预评价、安全验收评价、劳动安全与工业卫生设计，以及安全设施专项竣工验收工作，响应国家安全生产监督管理总局对建设项目安全设施"三同时"管理和安全评价要求的提高，先后发布多项行业管理规定，初步形成了较为完善的水电建设工程安全设施"三同时"管理体系和安全评价体系，主要包括：《水电建设工程安全设施竣工验收办法》（水电规办〔2006〕0011号）、《水电建设工程安全设施竣工验收技术文件编制规定》（水电规安办〔2006〕0021号）、《水电建设工程安全预评价报告编制规定》（水电规安办〔2007〕0004号）、《水电建设工程安全验收评价报告编制规定》（水电规安办〔2007〕0005号）、《水电建设项目劳动安全与工业卫生专项投资编制细则（试行）》（水电规造价〔2007〕0030号）等。2007年由水电水利规划设计总院修订完成的电力行业标准DL/T 5020—2007《水电工程可行性研究报告编制规程》，进一步完善了劳动安全与工业卫生的设计要求：水电工程在可行性研究设计阶段必须进行完善的劳动安全与工业卫生设计和相应篇章的编制。

同时，为提高水电工程安全设施"三同时"管理水平，提升水电工程安全评价质量，规范、完善水电建设工程安全生产相关法规体系，相关标准研究工作被列入国家能源局能源领域行业标准制（修）订计划以及国家安全生产监督管理总局2010年度安全生产重大事故防治关键技术重点科技项目攻关。2009～2010年被列入能源领域行业标准制（修）订计划的有：《水电工程安全预评价报告编制规程》（能源20090801）、《水电工程安全验收评价报告编制规程》（能源20100379）。被列入国家安全生产监督管理总局2010年度安全生产重大事故防治关键技术重点科技项目（管理与应用类）计划的有：《水电、风电、光伏发电建设项目安全评价技术标准研究》。

2006～2010年，大中型水电建设工程安全预评价、劳动安全与工业卫生设计、安全验收评价、安全设施竣工验收工作全面开展实施。2007年2月以后，为配合国家安全生产监督管理总局对建设项目安全评价的管理，评价名称统一更改为工程安全预评价或安全验收评价（评价过程中依然要对作业环境有害因素进行评价，并提出防范处理措施）。2006～2010年大中型水电工程中完成安全预评价的有80余座，完成劳动安全与工业卫生设计的有40余座，完成安全验收评价及安全设施竣工验收的有近30座。

"十一五"期间各项制度、规范、标准逐步建立、巩固和健全；水电工程安全预评价报告、劳动安全与工业卫生设计、安全验收评价报告、安全设施竣工验收、水库蓄水事故应急预案、防震抗震地震应急管理设计及地震应急预案得到严格审查；相关科研攻关、技术宣传、培训、教育工作得到持续不断的开展实施；水电工程设计、建设、施工、监理等各参建单位对安全的重视程度得到有效提高，遏制了水电建设工程重特大恶性事故的发生。

（水电水利规划设计总院　杨志刚　王继琳　牛文彬　王　利）

中国水利水电第三工程局有限公司引黄北干线PCCP工程的质量管理

山西万家寨引黄工程北干线，全长156.7km，采用预应力钢筒混凝土管（Prestressed Concrete

Cylinder Pipe，简称 PCCP)，设计最终规模年引水 5.6 亿 m^3，输水流量 22.2m^3/s。中国水利水电第三工程局有限公司承建的安装三标，总长 20.415km，沿线要多次穿越自来水管、煤气管、地下光缆、河道、道路等复杂地形，工程线长、面广、施工地点分散。由于基层施工单位多，材料价格上涨，专业施工人员不足，人员流动大，施工规范不完善，且协作关系复杂，项目施工质量管理显得尤为重要。为此，采取了如下措施。

（一）建立健全各种质量保证体系，加强施工人员质量意识

加强对全体施工人员质量意识和质量管理知识的培训；建立从项目经理到项目总工、从项目质量监督部门到涉及质量管理的其他部门、从专职现场质量员到班组之间的质量保证体系，形成质量管理网络，明确各级各部门、各类人员的质量责任；完善质量管理的激励机制，用经济手段制约建设各方，确保工程质量达到优质的目的。

（二）加强质检基础工作

由于国内没有统一验收规范，在建的 PCCP 输水工程技术要求和验收标准各有差异，各施工单位对验收表格中相关技术要求的理解不一样，所填写表格的准确性和完整性存在差异。为规范验收表格的具体内容和要求，联系业主、设计、监理，对工程的施工规范、质量验收方法和评定标准做统一要求。各项工程的设计资料、施工规范、操作规程、工艺要点，质量检验方法和评定标准，以及工程监理办法和实施细则等文件资料，统一印发至项目各部门和生产班组，使其人人目标明确，有章可循，有法可依。

对施工方案，按“在确保工程质量的前提下技术上可行、经济上合理”的原则选择。一些关键部位和特殊工艺，召开技术专题会，咨询专家，优化施工方案。

（三）建立稳定的施工队伍

有计划地选拔人才去深造，鼓励职工在职学习，安排多种模式培训，不断提高整体素质，以适应 PCCP 施工需要。

组建高效率的项目经理部，在保证履行必要职能的前提下，尽量简化机构，减少管理层次，从严控制二、三线人员，做到人员精干，一专多能，一人多职。注意年龄、性别、知识结构、工作作风的搭配，达到实践经验与理论技术的结合、务实性与外向性的结合，充分发挥各自专长，弥补各自不足，共同促进目标实现。

工程分包选用多家施工队伍，在项目内部形成竞争机制；制定奖罚激励体制，如制定节点工期奖励制度，进度、质量和效益挂钩，按照节点进行奖励，确保奖励能落实到基层施工人员。

（四）保证各类材料、物资的质量

为保证工程用材的质量，把好严格供货渠道、确保材料质量、降低工程造价的“三关”。一是采购关，积极寻求更优、更好的供货渠道和供货方，在保证供应的前提下，坚持“质量合格、费用最低、费用相同、质量选优”的原则，在保证质量的前提下，尽量降低材料采购成本。二是检验试验关，所有材料进场要附带出厂合格证和材质化验单，对需要复试、试验的材料要根据国家、部颁技术标准及时做好检验工作，不合格的材料坚决清退出施工现场。三是使用关，建立材料台账和库存记录，保证材料在保质期内用在工程上，绝对不允许未经审批使用过期、变质材料。对同种类、不同规格的材料要认真做好标识，严防误用、混用。

该 PCCP 输水工程线长、面广，有些工程施工季节性强，施工队伍素质还不相适应，工程监督管理工作缺乏成熟经验，检测手段落后，还有待完善。

（中国水利水电第三工程局有限公司 韩小刚）

企 业 管 理

中国长江电力股份有限公司 2010 年经营管理情况

（一）概况

2010 年，中国长江电力股份有限公司（以下简称长江电力公司）全面实现了“十一五”发展规划的目标。电力生产创造了发电量、安全生产的新纪录；资本运作实现了重大战略投资目标，迈出了海外业务的重要步伐；重大重组后续工作完成，对专业化公司全面履职并平稳过渡；经营管理成效显著，全面完成了年度生产经营的各项指标。

2010 年度，长江电力公司实现营业收入 218.80 亿元，比 2009 年增加 98.64%；利润总额 108.86 亿元，比 2009 年增加 81.50%；营业利润 87.83 亿元，

比2009年增加74.66%；净利润82.26亿元，比2009年增加78.14%；每股收益0.498 5元，同比上升59.37%。经济增加值（EVA）46.74亿元。圆满完成了2010年电费回收任务，电费回收率100%，陈欠电费减少2000万元，清欠率49.88%。2010年度，长江电力公司资产总额达1574.61亿元，同比减少2.72%；归属上市公司股东所有者权益661.60亿元，同比上升6.95%。

2010年，长江电力公司新增对外股权投资额11.5亿元。截至2010年12月31日，长江电力公司累计完成股权原始投资总额104.4亿元，其中，累计收到投资收入54亿元，剩余股权原始投资91.1亿元；持有上市公司股权市值168.5亿元，非上市公司股权权益账面净资产31.7亿元。长江电力公司股权投资已投产权益装机容量268万kW，在建权益装机容量24.8万kW。

长江电力公司在"十一五"期间，装机规模由2005年底的692万kW增长至2010年底的2107.70万kW；营业收入由72.59亿元增长至218.80亿元，净利润由33.39亿元增长至82.26亿元；发电量共计4355亿kW·h，为华中、华东和广东地区经济社会发展和节能减排作出了巨大贡献。

2010年，长江电力公司先后荣获"上海世博保电先进单位"、"中国证券市场20年20家最富社会责任感上市公司奖"、"中国企业文化管理创新十佳单位"、"2009中国品牌文化建设贡献奖"、"中国企业文化建设十大杰出贡献单位"、"2010中国主板上市公司最佳董事会"、"2010中国上市公司最佳社会责任董事会"、"2010中国上市公司十佳法律风险管理奖"、"2010湖北企业100强"位列15名、"金蜜蜂2010优秀企业社会责任报告环境类专项奖"、"年度投资者关系管理百强"、"2010年度董事会奖"等荣誉。董事长曹广晶荣获"中国最佳创富创新奖"，总经理、党委书记张诚荣获第九届"全国优秀企业家"称号。

（二）完成董事会、监事会换届

2010年6月26日，长江电力公司召开2009年度股东大会，选举曹广晶、陈飞、杨清、林初学、毕亚雄、孙又奇为公司第三届董事会董事，李菊根、曹兴和、刘章民、毛振华为独立董事；选举杨亚、周晖、王跃峰、张崇久为公司第三届监事会监事。同日，长江电力公司分别召开第三届董事会、第三届监事会第一次会议，曹广晶当选董事长，陈飞当选副董事长；杨亚当选监事会主席；董事会聘任张诚为总经理，张定明、马振波为副总经理，白勇为财务总监，楼坚为董事会秘书。2010年8月25日，长江电力公司第一届职工代表大会第一次会议选举艾友忠、晏新华为第三届监事会职工监事。

（三）开拓融资新局面

2010年，长江电力公司通过提前偿还银团贷款、集团公司委贷、新增发行205亿元短期融资券、对子公司闲置资金集中协同管理等措施，财务费用控制成果显著。全年财务费用比年初预算节省3.8亿元，债务融资综合成本低于同期一年期贷款基准利率，为2006年以来的最低水平。进一步优化了债务结构，资金精细化管理水平进一步提升。

2010年是长江电力公司在债券融资方面取得较大突破的一年，长江电力公司秉承进取创新的工作作风，以重大资产重组为契机，努力优化资本债务结构，在中国银行间市场交易商协会等主管部门的支持下，及时、高效地完成205亿元融资券的注册及后续各期融资券发行工作，为提升长江电力证券融资规模和融资能力、进一步降低财务费用、匹配公司资金需求创造了条件。同时，通过多期滚动发行可提高融资效率，缩短发行筹备时间，使融资管理水平进一步加强，开拓了融资工作新局面。

（四）海外业务取得重要进展

2010年度，长江电力公司在立足国内电力投资的基础上，积极寻找海外电力主业扩展的投资机会。

2010年9月27日，长江电力公司与俄罗斯EuroSibEnergo签订了合作框架协议。在此基础上，于同年11月25日，双方签订了《配售协议》和《关于共同开发俄罗斯发电项目并向中国及俄罗斯送电的合作协议》。根据协议，长江电力公司拟作为基石投资者，投资1.68亿美元认购俄罗斯EuroSibEnergo有限公司在香港首次公开发行的股票；双方拟联合开发俄罗斯西伯利亚、远东地区电力资源并向中国送电；拟设立合资公司，注册资本为600万美元，主要用于项目前期可行性研究和预可行性研究费用，双方持股比例各占50%，合资公司作为双方共同开发、建设和运营合作项目的唯一合作平台。

长江电力公司还在香港注册成立中国长电国际（香港）有限公司，将其作为公司境外资本运作平台，进一步积极拓展海外业务。

（中国长江电力股份有限公司　谢兴发）

黄河上游水电开发有限责任公司2010年经营管理情况

（一）主要指标

截至2010年底，黄河上游水电开发有限责任公司（以下简称黄河水电公司）电力装机容量达到1052.5万kW，电解铝产能50万t，碳素产能30万t，多晶硅产能1250t，资产总额超过500亿元，实现年营业收入近100亿元，公司“三步走”第一阶段目标已胜利实现。

全年实现发电量364.08亿kW·h，较2009年增长33.8%；电解铝产量完成27.06万t，较2009年增长389.33%。

全年经济指标控制良好。综合厂用电率达到0.67%，较2009年降低0.18个百分点；机组台均利用小时4023.24h，较2009年增加了167.41h；机组等效可用系数93.3%，较2009年减少了0.58%。各电站耗水率均在控制指标范围。

（二）企业发展

围绕“三步走”战略，积极与青海、甘肃、陕西三省发展改革委对接，完成了黄河水电公司“十二五”发展规划的编制。努力介入西藏、四川能源开发。截至2010年底，经中国电力投资集团公司立项、储备的电源开发项目容量为1511.58万kW，其中：火电容量960万kW，水电容量443.18万kW，风电容量64.9万kW，太阳能发电容量43.5万kW。

（三）发电运营

大力开展技术改造，多途径提升电站设备健康水平和自动化水平，机组平均开机时间达到2.23min，同比缩短0.73min。全年等效可用系数达到93.3%，高于计划值1.17个百分点。做好设备检修、技术监督工作，提高设备完好率，设备C、D类缺陷消除率平均达到99.63%，同比提高0.09个百分点，各水电站完成值均高于计划值。汛期黄河水电公司所属各梯级电站连续大负荷运行90多天。

（四）基本建设

2010年实现4个水电站9台机组全部提前投产目标，投产容量达197.2万kW，成为黄河水电公司历史上新投产机组台数最多的一年。太阳能光伏发电实现“零”的突破，水电铝一期第二系列25万t形成产能，电子级多晶硅完成试生产，质量达到设计值。

全力做好青海省“十一五”重点工程建设，强化“四大控制”，做好施工现场过程管理，加强重大危险源的动态管理，认真落实在建水电站度汛设计方案和超标准洪水应急预案，保证各项工程建设关键环节可控、在控，圆满完成中国电力投资集团公司下达的投产任务。

积石峡水电站工程克服库区道路改建、移民搬迁等困难和问题，2010年如期实现3台机组投产发电目标，创造了40天投产3台34万kW水轮发电机组的中国水电建设新纪录，其2号机组的投产发电，标志着黄河水电公司装机容量突破1000万kW。班多水电站2台机组投产，创造了国内同类型电站建设速度之最，同时也为中国电力投资集团公司清洁能源比例保持五大集团之首作出了贡献。

（五）安全生产

截至2010年12月31日，连续安全生产天数：龙羊峡水电站4896d，拉西瓦水电站584d，李家峡水电站3860d，公伯峡水电站950d，积石峡水电站52d，苏只水电站1827d，班多水电站31d，盐锅峡水电站3544d，八盘峡水电站4326d，宁电分公司3864d。

建立健全安全监督体系。成立了黄河水电公司安全监督部。开展安全监督现场写实，促进现场安全管理。认真开展各项安全生产大检查、专项检查、安全生产尽职督查和隐患排查，推行安全风险预控管理。组织开展各级应急预案编制、应急培训和应急队伍试点建设，进行了拉西瓦水电站果卜岸坡塌滑应急预案综合实战、电解铝系统系列停电事故等多项应急演练。

完善安全生产保证体系。规范安全生产制度建设，组织修订黄河水电公司安全生产管理制度体系框架。深化安全生产“三项行动”和“三项建设”。加强大坝安全和防汛管理，确保梯级电站安全度汛。进行龙羊峡、李家峡、盐锅峡大坝安全监测自动化系统更新改造和水电站观测系统改造，黄河水电公司7座大中型水电站大坝安全信息实现了监测数据统一管理，电站数字地震监测台网形成了“四库一网”的架构。

（六）科技进步

落实黄河水电公司“二三一”科技发展战略，全年开展科技项目22个，5项成果获中国电力投资集团公司科学技术进步奖。大力实施信息化“登高计划”，编制完成黄河水电公司2010～2014年信息系统建设实施规划。铝板块方面，组织开展了以过程分析为主的电解生产信息平台建设。黄河水电公司荣获集团“首届科技工作先进单位”、“信息化先进单位”荣誉称号。

（七）经营管理

坚持每月召开两次生产经营协调会议，及时协调解决生产经营中存在的问题，适时调整生产经营策略。坚持每月发布水电生产、运营、铝业对标指标，加强对标动态管理。通过开展减少机组旋转备用、提高电站运行水位、考核综合厂用电量等工作，全年公司发电利用小时数，台均达到4023.24h，同比增加167.41h，各电站发电利用小时均创历史最好水平；龙羊峡等6座梯级水电站发电量在发电用水比多年平均多4%的情况下，发电量超多年平均发电量近15%。全年公司综合厂用电率较计划值降低了19.28%，各电站耗水率均低于年度计划值，龙羊峡、李家峡水电站耗水率创历史最好水平。

开展黄河上游梯级水库群经济运行研究，努力提高水能利用率。汛初面对调度部门要求龙羊峡水库准备开启泄洪闸泄水的情况，黄河水电公司基于对黄河上游产汇流特性的准确判断，多方协调，努力争取，做到了龙羊峡水库超汛限水位运行，龙羊峡水库因此多蓄水 1.86 亿 m^3。统筹协调，充分发挥龙羊峡、刘家峡水库的协同作用，为冬季黄河上游梯级电站多发电创造了有利条件。

积极运用财税金融政策，努力降低财务费用。取得拉西瓦、积石峡财政贴息和多晶硅项目设备进口贴息，获得格尔木燃气电站、大通河 4 座水电站 CDM 项目减排补偿资金。

政策研究和法律事务工作富有成效。如期完成 2009 年软科学政策研究课题的结题和评审工作，并扎实开展了 2010 年的 5 项重点软科学课题研究。认真做好黄河水电公司重大资产并购、重组过程中的法律尽职调查，深入进行法律风险调研工作，初步建立起法律风险防范机制。完成黄河水电公司商标注册工作、域名保护和 8 座电站老品牌保护工作。黄河水电公司荣获全国电力行业“AAA”信用企业称号；“五五”普法和“十一五”依法治企工作通过了总体考核验收，受到了青海省依法治省领导小组的好评。加大对辅业改革与发展工作的指导，有力地保证了辅业公司健康可持续发展。

（八）机制创新

坚持正确的用人导向，领导班子和领导干部管理工作取得新进展。加大对年轻干部的培养力度，扎实开展了各单位领导班子后备干部集中考察。进一步创新用人用工机制和专业技术人才激励机制，努力提高竞争性和市场化程度，实现多样化的人才选拔方式。公司各级年度培训计划全面落实，培训中心被中华全国总工会评为“全国职工教育培训示范点”。

深入推进风险管理，积极推动审计转型。在四川、甘肃中小水电资产并购、项目投资、电解铝营销策略等重大经济决策过程中，引入风险管理机制，形成风险识别、评估、应对和管理层决策等完整的风险管理程序，合理管控经营风险。充分发挥内部审计咨询服务职能，完成了黄河水电公司本部合同管理、太阳能公司工程建设管理专项审计调查，以及鑫业公司、中型公司、建设公司等经济责任审计工作，提出审计建议 93 条，均得到有效采纳，为保障公司增收节支、规范经营发挥了重要作用。

做好内控体系试点建设工作，深入推进标准化管理。黄河水电公司作为中国电力投资集团公司试点单位，按计划完成《风险管理及内部控制标准》手册的编制工作，对机关本部与二级单位、本部部门之间的工作权限和界面进行了清晰界定。按照标准化建设要求，完成了黄河水电公司本部所有规章制度的梳理工作，对黄河水电公司制度体系框架进行了重新调整，进一步规范了规章制度管理流程。各生产单位不断完善制度体系和生产作业规程、技术标准体系，大力推行先进管理手段，公司标准化管理体系更趋完善。

（九）履行社会责任

积极参与玉树抗震救灾。黄河水电公司第一时间组织人员携带物资赶赴灾区，出色地完成了灾区受损的 3 座主力水电站的抢险、临时电源供电保障和救援物资运送等多项“急、难、险、重”任务。黄河水电公司捐助现金物资 500 万元，职工捐款 86 万元，得到了社会各界的充分肯定和高度赞誉。黄河水电公司被中共中央、国务院、中央军委授予“全国抗震救灾英雄集体”荣誉称号。

响应地方政府号召为地方企业让利，共同应对金融危机。积极投身沿黄“百万亩农田整治开发”工程，拉西瓦等水电站农灌工程取水口先期垫资建设。黄河水电公司荣获 2010 年青海省“保增长、促发展先进企业”称号。

（十）存在问题

一是安全形势仍然严峻。班多水电站库容小，受天然洪水影响较大；拉西瓦果卜错落体的威胁依然存在；积石峡水库低水位运行对安全度汛、大坝防渗面板的影响难以估计；新涉足的多晶硅、铝业等领域的风险预控管理尚在起步。二是随着产业与管理区域的扩大，生产关系已经制约了生产力的发展。三是多晶硅项目由于技术和工艺复杂，人员素质、产品产量和质量与预期目标尚存一定差距。四是随着青海电网缺电局面日益严重，铝业的安全生产、经营压力将越来越大。五是人才队伍的数量、质量、结构难以适应公司快速发展的需要。

（黄河上游水电开发有限责任公司　许为宁　张文俊）

中国南方电网有限责任公司调峰调频发电公司管理情况

（一）概况

中国南方电网有限责任公司调峰调频发电公司（以下简称调峰调频发电公司）是中国南方电网有限责任公司（简称南方电网公司）的分公司，按照南方电网公司授权，统一运营、统一管理、统一建设南方电网区域调峰调频电厂。

调峰调频发电公司本部设有办公室、人事部、财务部、计划发展部、企业管理部、生产技术部、工程建设部、安全监察部、监察审计部、政治工作部、工会共11个部门，以及招标中心、信息通信中心、检修试验中心、阳蓄项目部、梅蓄项目部、海蓄项目部，并管理天生桥二级水力发电公司（天生桥水力发电总厂）、鲁布革水力发电厂、广东蓄能发电有限公司（广州蓄能水电厂）、惠州蓄能发电有限公司（惠州蓄能水电厂）、惠州抽水蓄能电站建设管理局、清远抽水蓄能电站建设管理局、深圳抽水蓄能电站建设管理局。

截至2010年末，调峰调频发电公司共有员工1389人，其中硕士研究生及以上学历147人，大学本科685人，大学专科292人，大专及以上人员占公司员工总人数的80.92%；具有高级职称的105人，中级职称的310人，初级职称的407人。

（二）经营管理

1. 电能指标完成情况　南盘江流域降雨从2009年8月开始持续干枯，2010年进一步恶化至特枯。在降雨量少近四成的严峻形势下，2010年两个常规水电厂都完成了调整后的上网电量计划，抽水蓄能电厂的电能加工与转换服务电量略有增加。主要数据如下：

(1) 常规水电厂上网电量71.53亿kW·h，同比减少19.64%，完成年底调整上网电量计划的103.98%。其中：天生桥电厂完成上网电量48.25亿kW·h，同比减少32.51%，完成年底调整上网电量计划的101.58%，耗水率2.18m^3/（kW·h），厂用电率为0.78%；鲁布革电厂完成上网电量23.28亿kW·h，同比增长39.64%，完成年底调整上网电量计划的109.33%，耗水率1.3m^3/（kW·h），厂用电率为1.32%。

(2) 抽水蓄能电厂完成电能加工与转换服务的总电量为120.03亿kW·h，与2009年86.85亿kW·h相比，增加了38%。其中：抽水电量为67.28亿kW·h，发电量为52.75亿kW·h，抽水蓄能综合效率达到78%，比计划考核值76%高出了两个百分点。广州蓄能水电厂抽水电量48.13亿kW·h，发电量37.56亿kW·h，与2009年相比发电和抽水电量增长幅度较大；惠州蓄能水电厂随着7台机组的相继投入运行，完成了抽水电量19.15亿kW·h，发电量15.19亿kW·h。

2. 营销工作情况　2010年，天生桥一级水库实际入库水量124.64亿m^3，是天生桥二级电站1992年发电以来的次枯年，总量比最枯年（2009年）仅多11.04亿m^3左右；鲁布革水电站全年入库水量41.36亿m^3，比2009年26.25亿m^3偏多57.58%，比多年平均49.98亿m^3偏少17.24%。完成上网电量71.53亿kW·h，比2010年初下达的电量计划少9.47亿kW·h，同比减少11.83%，完成调整后上网电量计划的103.98%。

3. 财务管理　制定了《调峰调频发电公司财务集约化管理实施细则》，形成了资产产权集中管理、资金集中管理、风险全面管控等9个方面集中管理的具体措施，并重点实施资金、会计核算、预算和工程财务的集约化管理。完善财务管控模式：进一步规范和明确了公司对所属子公司的管理职能和要求，使财务管理界面清晰明确。分立后的广东蓄能发电有限公司和新成立的惠州蓄能发电有限公司财务工作已全面步入正轨。各单位会计信息质量和财务管理水平均有改进和提高，内控体系和制度建设逐渐健全，各项经济活动逐步规范。顺利完成“小金库”专项治理工作。完成工程建设有关财务制度的整理汇编。开展“建立集约高效工程建设财务管理体系”软课题研究。节约成本开支，全年可控成本比预算节约9.34%。修订《资产经营考核办法》，加强了对预算执行过程的分析与考核，重点关注和研究经济增加值（EVA）考核指标。开展资金安全自查与检查，清理并撤销长期闲置和性质相同的银行账户。对各单位月度资金计划和融资计划实行审批管理，按需划拨资金。会计报表质量和报送时效均有提高，荣获南方电网公司2010年度会计报表工作二等奖（第二名）。

（三）人力资源管理

1. 领导班子建设　根据南方电网公司统一部署，开展调峰调频发电公司干部选拔任用工作监督检查工作，对近两年来提拔、任用的干部满意度进行民主测评。按照规定程序，组织开展调峰调频发电公司人事部负责人的差额选拔，对公司系统2009年新提拔处级干部开展试用期满的考核工作。在南方电网公司“四好”班子责任制考核中，排列第三名，“四好”班子建设成效明显。

2. 人才队伍建设　成立专家委员会，聘任罗绍基等15名同志为高级专家，2010年8月下旬召开调峰调频发电公司专家座谈会。根据技术专家选聘办法，编制调峰调频发电公司技术专家选聘方案。选聘95名2010届毕业生补充到公司人才队伍中。从基层单位选调15名专业技术及管理人员到调峰调频发电公司本部及各中心、项目部工作，公司系统共调配84人·次。与广东省人力资源和社会保障厅协调，办理近年来31名西部交流到广东省的工作干部的户口迁移手续。

3. 劳资管理　按照南方电网公司薪酬调控的决策部署，落实南方电网公司有关规定和要求，组织开展薪酬调控工作。

4. 教育培训　开展各类人员的分类分层培训，完善和规范调峰调频发电公司教育培训体系和人才评价体系的建设，共举办各类培训班173期·次，培训总数达 17 347 人·次，培训总学时达 84 044 学时。针对一线人员的培训班有 100 期，参加培训 11 118 人·次、培训学时 49 913 学时，其中班组长培训 1543 人·次、7782 学时；制定、修订并印发《公司教育培训管理规定》等 8 项管理制度。广蓄培训基地、天生桥临时培训基地相继挂牌投运；教育培训管理信息系统新架构正式上线运行。补充、修订技能人员试题库，开展技能人员评价标准和试题库的试用工作；开展技能岗位人员的技能鉴定工作，公司共 64 人参加技能鉴定，其中参加高级技师鉴定 14 人，技师鉴定 34 人，高级工鉴定 16 人；组织完成 2009 年度专业技术资格评审工作，公司共 6 人获得高级专业技术资格；38 人获中级专业技术资格。

（四）监察审计

1. 纪检监察　落实惩防体系建设责任分工，制定出台 107 项制度，针对 2008 年以来规模以上的投资项目，组织工程建设领域突出问题专项检查，开展“小金库”专项治理工作，自查自纠“小金库”2 个，涉及金额 2.32 万元，组织招标工作监督检查，推进防治商业贿赂长效机制建设，颁布 2010 版《廉洁协议书》，初步形成 1151 个诚信工作档案，积极开展效能监察工作，电子监察系统投入使用，开展网上考核、意见调查与业务指导。监督预结算和资格审查等项目 42 项；监督合同谈判 35 项、合同签证 40 份；监督招标 150 次，涉及金额 15.7 亿元。2010 年，调峰调频发电公司实现“零案件”和“零信访”。

2. 审计工作　配合审计署经济责任审计工作。建立联络员制度和信息报告制度，对提供给审计组的 25 批资料严格把好审核关，确保资料真实准确。强化工程建设项目审计，对一个在建、两个前期准备的蓄能电站项目，以及 3 个电厂的重点小型基建项目开展审计跟踪检查，监督检查资金量超过 8 亿元，重点对清远抽水蓄能电站工程建设进行专项审计，对调峰调频发电公司直属工会、机关工会 2007～2009 年财务收支情况进行专项审计，推进专项审计调查，共调查大修技改项目 175 项，涉及资金量 1.43 亿元。

（五）民主管理

2010 年，围绕“安全、发展、和谐”三大主题，开展以职工代表大会制度为核心的民主管理工作，按期组织召开年度职工代表大会，及时做好提案的征集、处理及反馈。组织职工代表对调峰调频发电公司总经理工作报告、工会工作报告、财务和审计工作报告进行审议，切实保障职工行使民主权利，把厂务公开作为企业民主政治建设的重要内容，组织职工代表对领导班子成员进行民主评议，做到重大决策问题公开，生产经营管理方面的重要问题公开，涉及职工切身利益方面的问题公开，与企业领导班子建设和党风廉政建设密切相关的问题公开。开展职工代表巡视活动和维护女工权益工作，广泛动员和组织职工参加劳动竞赛及各种技能竞赛。

（中国南方电网有限责任公司调峰调频发电公司）

国电新疆艾比湖流域开发有限公司 2010 年经营管理情况

（一）基本情况

2010 年 9 月，根据国电新疆电力有限公司《关于国电新疆艾比湖流域开发有限公司工商注册地变更等有关事项的通知》（国电新人〔2010〕345 号），国电新疆阿拉山口风电开发有限公司 40 名员工整体调入国电新疆艾比湖流域开发有限公司（以下简称艾比湖公司）。艾比湖公司注册地由乌鲁木齐市迁至博尔塔拉蒙古自治州（简称博州）精河县，实行独立经营核算。合并后，艾比湖公司主要负责国电新疆阿拉山口地区风电三、四期项目的前期和建设工作，吉林台二级电站的运行维护，新疆艾比湖流域生态环境保护工程以及博州水电、风电等能源项目开发和建设等。

（二）前期工作

艾比湖流域引水工程可行性研究阶段勘测已完成，工程项目建议书已上报国家发展改革委。艾比湖公司组织国内多家设计院对抽水蓄能工程进行了现场踏勘，并对设计大纲进行了咨询论证，编制完成了抽水蓄能建设方案并召开了汇报会。开展吉林台二级水电站增容和扩机可行性研究工作，报告已获国电新疆电力有限公司和中国国电集团公司批准。

与博州人民政府沟通，取得精河 3 条支流水电开发权，重新取得下天吉水电站开发权。2010 年 12 月 2～6 日，会同新疆水利水电勘测设计研究院多名专家对博州精河、鄂托克赛尔河、博尔塔拉河、哈日图热格等河流进行了实地踏勘，并委托开展前期规划工作。

（三）生产运行

2010 年，艾比湖公司加强生产运行管理，努力提高经营效益。修订完善生产运行管理制度并严格执行。开展年度技术监督工作，保证涉网设备域安全。认真消除设备缺陷，保证机组正常运行。2010 年，吉林台二级水电站等效可用系数 97.38%，水电机组等效利用小时数达 6200 多小时，提前 58d 完成年度电量目标。截至 2010 年 12 月 31 日，吉林台二级水电站完成发电量 31 370 万 kW·h，完成目标发电量 28 000 万 kW·h 的 112%，营业收入 6898.74 万元，利润 1780.92 万元，完成目标利润 1000 万元的

178%，资本收益率14.28%。

截至2010年12月30日，艾比湖公司连续安全运行470d。

（四）降本增效

细化资金运作，跟踪研究货币政策，调整贷款结构，与国家开发银行签订了1亿元短贷置换长贷协议，节省财务费用近300万元。提前归还长期贷款4000万元，节约资金成本80万元，抓住有利时机获取银行优惠贷款利率，节约财务费用70万元。加强税收政策研究，取得“两免三减半”企业所得税优惠政策，退税117万元，节税419万元。一年来，艾比湖公司强化预算管理，各项费用均在预算范围之内。吉林台二级水电站CDM项目于2010年12月3日通过联合国注册，增强了项目竞争力和抗风险能力，提高了艾比湖公司的盈利能力。

（五）吉林台二级尾工工程

吉林台二级电站（装机容量2×2.5万kW）已于2009年投产发电，2010年积极推进尾工工程施工。完成吉林台二级水电站坝顶便桥和灌溉渠的抢险工作，完成水库清漂、挡水坝区照明、永久围栏及电缆沟、厂房永久围栏及装饰、机电设备消缺等的尾工工程，并先后向2个主标单位发函，协调施工、监理和设计人员进场，完成了弃渣场覆盖、2号上坝公路塌方处理、厂房零星项目消缺。同时，加强对吉林台二级水电站固定资产投资项目管理，做好工程结算工作。艾比湖公司积极开展移民、水土保持、环境保护、枢纽工程、劳动安全与工业卫生等专项验收工作，做好吉林台二级水电工程档案整理工作，为竣工验收做好准备。

（中国国电集团公司　何正万）

中国水利水电第三工程局有限公司丹江口项目试行基于岗位与绩效的宽带结构薪酬体系

中国水利水电第三工程局有限公司丹江口项目（以下简称水电三局丹江口项目），为深化企业内部分配制度改革，提高员工收入水平，激励员工主动创新、承担风险、增加技能，不断创造新业绩，试行了基于岗位与绩效的宽带结构薪酬管理体系。

（一）新薪酬管理体系的特点

宽带工资结构强调员工的绩效与技能的增长决定工资的增长，而不是员工职位的晋升决定工资的增长。主要有3个特点：一是在员工岗位没有上升空间时，工资仍有上升的空间；二是同一薪级或同一薪等会含有多个岗位；三是在有重叠的宽带结构中，经理及其下属可能会在同一薪级或薪等上。宽带工资引导员工重视个人技能和能力的提高，因每一工资带的变动范围很大，员工可以通过提高企业所需的技术和能力来提高工资水平，而不一定要通过岗位职务晋升来提高工资。这种薪酬管理体系为扁平式组织结构提供了支持。它打破了传统工资结构所维护的等级观念，减少了工作岗位间的等级差别，有利于保持企业组织结构的灵活性，创造学习型的企业文化，以适应外部环境的变化；在一定程度上弱化了员工之间的晋升竞争，有利于员工之间的合作和知识共享，共同进步，培育积极的团队精神，提升企业整体素质。

（二）原薪酬体系状况

2008年，水电三局丹江口项目的工资分配见表1。通过计算得出职工最低收入为22 973元/年，最高收入为39 987元/年。

表1　水电三局丹江口项目2008年工资分配

岗位	技资	岗资	年工资	加班工资	施工津贴	岗技贴
主任	对应公司技能工资对照表	770	工龄×5	（技+岗）/标准月天数×加班天数	148	1200
副主任		690			148	900
技术员		610			148	500
班长		650			148	500
副班长		530			148	0
技师		690			148	500
高级工		650			148	0
中级工		570			148	0
操作员		490			148	0

通过调查，该项目最高收入远远大于同行业人均工资34 320元/年，但最低收入与当地人均收入存在很大的差距。企业的薪酬体系对于作业层的一般员工缺乏激励作用，没有将工资分配与企业经营效益、资源配置、工作业绩、管理创新以及特殊人才资源的稀缺性等要素有效地结合起来，很难激发员工的工作积极性。

（三）新薪酬管理体系方案设计

1. 工资结构

（1）管理层薪酬结构主要由三大部分组成：工资、奖金、福利。奖金主要根据企业的超额利润计提分成。而福利是企业根据国家规定与企业员工的需要制定的。这里的工资结构主要是指固定工资与绩效工资。基于岗位与绩效的宽带结构工资体系主要是考虑岗位与绩效对工资的影响，同时考虑员工的个体差异，如学历、职称、工龄等。

（2）作业层薪酬结构按照按劳分配、多劳多得、按劳取酬的原则，采取多种分配形式，能够计量的可实行计件工资和分项任务承包工资，体现职工劳动量与工资分配额的对等关系，不能计量的执行岗位工资＋绩效工资＋年功工资。

2. 薪层及薪级　以每个岗位所承担的工作责任轻重、技能要求高低、工作（劳动）时间周期等因素进行岗位评价，依据岗位评价的结果来确定薪层、薪级，岗位评价的结果必须与公平薪酬的设计紧密结合起来。通过科学合理的岗位评价体系对所有的岗位进行排序，形成等级，见表2。

表2　水电三局丹江口项目薪层、薪级确定表

薪层	薪级	岗位评价结果	相应岗位
高层	15	18	副处级、高级主管（项目经理）
	14	18	
	13	18	
中层	12	15	主管（正科）
	11	15	
	10	15	
	9	12	业务主办（副科）
	8	12	
	7	12	
基层	6	8	科员
	5	8	
	4	8	
	3	5	办事员
	2	5	
	1	5	

3. 工资总额及各薪级工资的平均值　根据当地的市场工资水平与行业的工资水平，结合项目的实际经营状况与支付能力等因素确定项目的工资水平，确保新的工资体系会给员工带来更大的利益。根据岗位薪级对应表确定每一层级的最高工资、最低工资及平均工资。根据岗位工资平均值制定企业工资水平线，并与市场工资水平线进行调整，确保企业工资竞争力。为了使工资体系更有执行力，企业关键岗位的工资水平要坚持只升不降的原则，避免因工资水平的下降导致企业的波动。

4. 固定工资与浮动工资的构成比例　该比例主要是指固定工资与绩效工资的比例，合理的比例必须考虑职层与职类。从职层方面看，高层浮动工资的比例要高于中层，中层浮动工资的比例要高于基层。一方面，因为越往高层，抗风险的能力越强，根据维持生计的工资理论，员工的收入必须保证他们能够维持正常生活水平，而处于高层的员工经过多年工作不但积累了一定的经验，也积累的一定的财富，他们的收入基本上会高于基层，因此他们的抗风险能力会比基层强；而基层的抗风险能力较弱，倘若基层员工浮动工资的比例过大则会加大基层员工的风险，影响员工的工作情绪，不利于员工积极性的提高。另一方面，因为从高层到基层承担的风险逐渐降低，因而风险收入的比例也应该逐渐减少。从职类方面看，管理类与市场类浮动工资的比例要高于技术类与作业类浮动工资的比例，因为管理类与市场类员工特别是高层管理者与市场类员工与风险的相关性较大，他们的决策能力与市场开拓能力、企业风险直接相关，只有加大浮动的比例才能更好地激发他们的主观能动性，为企业回避一定的风险。而技术类与作业类员工更多的是规范性的操作与实务性工作，主要是根据员工的经验，相对来讲风险较低，因而浮动的比例也该较低。

5. 工资幅度及起薪点、顶薪点　根据岗位评价结果及新的工资薪级水平确定宽带工资的每一薪级所涵盖的岗级，根据项目规模与岗位层级对公司贡献的大小确定各层级之间的重叠度，并合理调整各薪级的起薪点与顶薪点，参见图1。

$$\text{重叠度}=(\text{层 A 顶薪点}-\text{层 B 起薪点})\div(\text{层 B 顶薪点}-\text{层 B 起薪点})$$

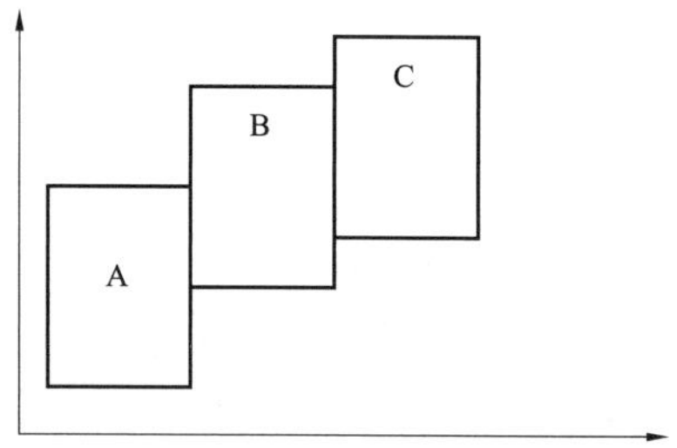

图1　调整各薪级的起薪点与顶薪点

6. 岗位薪资对应表　根据2008年该项目各薪级的最大值与最小值，以及薪级内等差、薪级之间从下而上差递增的原则，合理地调整起薪点与顶薪点，再确定每个薪等的薪点数，通过对数据的有效处理得到岗位薪点表。岗位绩效薪点以相应岗位的薪点数为基础值。

（四）试行结果

通过一年试行，2009年该项目职工最高收入42 216元/年，最低收入35 880元/年，同行业人均工资35 280元/年，充分体现了新的薪酬管理体系的

核心竞争优势。

（中国水利水电第三工程局有限公司 王 媛）

运用故障树技术对涉外BOT水电项目的风险分析与控制

当前国际上水电开发项目中常见类型主要有3种：CONS+PD&B模式、EPC&T模式、BOT及其变通模式。其中，BOT及其变通模式已为近年来发展中国家进行水电开发广泛采用。

国际BOT水电项目是一项系统工程，不但工程量大、技术标准高，还关系到东道国政治、经济、法律法规、货币政策、国际关系、行业标准与规范、迥异的自然与社会环境、进出口、劳务等方面的诸多因素，因此具有高风险性。作为投资人，如何有效规避项目风险，加强风险防范意识，最终获得较好的投资收益，是其关注的焦点问题。

中国水电顾问集团西北勘测设计研究院运用故障树技术对涉外BOT水电项目进行风险分析与控制研究。现将对某涉外BOT水电项目（以下简称T项目）的研究情况简介如下。

（一）T项目风险识别

1. 项目风险的初步识别 将项目风险进行三维分解，以时间维作为划分标准对项目进行单元划分，在对风险单元内进行风险识别时，采用将因素维与目标维结合的方法，对项目进行风险的初步识别。图1给出了BOT水电项目的三维分解图。通过运用专家打分法得出了项目的风险识别结果。项目潜在风险清单详见表1。

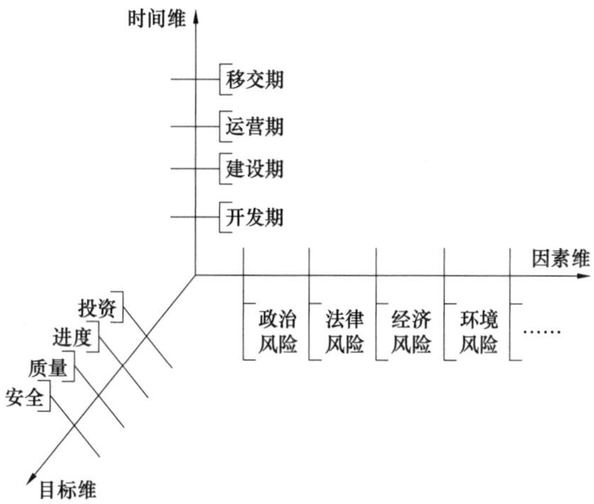

图1 BOT水电项目三维分解图

表1 项目潜在风险清单表

风险类别			
B1	全阶段风险		
	C1	政治风险	[D1] 战争、罢工、革命、内乱等东道国政局稳定性风险；[D2] 国有化、取消、扣押、没收风险；[D3] 政府的越权干预；[D4] 公共政策及法律变更风险；[D5] 东道国政府无所作为或负面作为；[D6] 东道国国际关系紧张；[D7] 东道国政府腐败、专制；[D8] 竞争不充分风险
	C2	法律风险	[D9] 东道国法律完善程度；[D10] 项目获准法律条款；[D11] 项目违约法律条款
	C3	经济风险	[D12] 外汇风险； [D13] 官方银行利率风险； [D14] 信贷管理制度风险；[D15] 通货膨胀或通货紧缩风险；[D16] 东道国偿债能力风险
	C4	自然环境风险	[D17] 地质风险； [D18] 水文风险； [D19] 气象风险； [D20] 地形风险；[D21] 环保要求风险
	C5	社会环境风险	[D22] 移民风险； [D23] 宗教信仰； [D24] 社会治安； [D25] 文化素质；[D26] 东道国基础设施水平；[D27] 东道国水电项目建设与管理水平；[D28] 东道国的原材料供应和价格；[D29] 节日影响项目执行
	C6	公共关系风险	[D30] 违约风险； [D31] 项目管理公司信誉； [D32] 设计方的专业水平；[D33] 合作伙伴履约能力；[D34] 其他分包商的实力；[D35] 东道国代理的道德；[D36] 公众支持
	C7	不可抗力风险	[D37] 自然性不可抗力；[D38] 政治性不可抗力
B2	开发期风险		[C8] 可行性研究风险；[C9] 特许获取风险；[C10] 筹资风险；[C11] 征地风险；[C12] 组织管理风险；[C13] 工程招标风险；[C14] 合同风险；[C15] 决策错误风险；[C16] 市场预测风险

续表

风险类别			
B3	建设期风险		
	C17	项目管理风险	[D39] 工期风险；[D40] 成本风险；[D41] 质量风险；[D42] 技术风险；[D43] 安全风险；[D44] 组织风险
	C18	责任风险	[D45] 职业责任风险；[D46] 法律责任风险；[D47] 替代责任风险；[D48] 人事责任风险
	C19	完工风险	
	C20	现场恢复、移民和环境风险	
B4	运营期风险		
	C21	运营风险	[D49] 运营管理能力缺陷；[D50] 运营成本超支风险；[D51] 环境破坏风险；[D52] 停机时间过长与被迫停机风险；[D53] 设备维护及大修风险；[D54] 劳资争端风险；[D55] 工伤事故风险
	C22	技术风险	[D56] 操作性能缺陷/有形损坏风险；[D57] 连接失败风险；[D58] 电量不足风险
	C23	市场和收益风险	[D59] 电量需求变化风险；[D60] 电网风险；[D61] 项目收益风险；[D62] 原材料供应和价格变化风险
B5	移交期风险		[C24] 效益风险；[C25] 资本沉淀风险；[C26] 资产评估风险；[C27] 监督风险

2. 风险因素历史资料统计分析　为更加准确地识别T项目在执行过程中可能遇到的风险因素，搜集了BOT项目特别是水电项目的案例，分两大层面：类似BOT水电项目（1～51）——均为水电BOT项目，且国别与本项目东道国临近；全球典型BOT项目（52～66）——作为第一层面案例的补充，选取的案例大多处于运营期后段，有的甚至已经转入移交期，从项目周期上对第一层面的案例进行补充。对这些项目在执行过程中所出现的各种风险因素进行了统计分析，结果见图2。

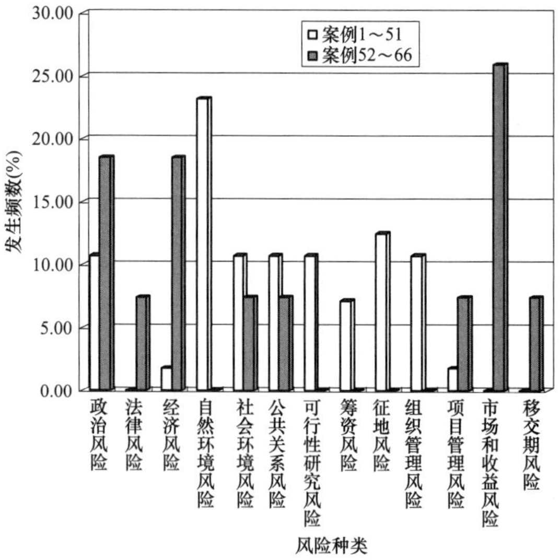

图2　BOT案例项目风险统计直方图

从图2中可以看到，应对自然环境风险、市场和收益风险、政治风险以及经济风险重点加以分析和控制。

由于BOT水电项目历史资料的搜集范围具有一定的局限性，为进一步验证并修订历史资料统计分析法的识别结果，又采用专家调查法对T项目的风险因素进行了补充印证识别。综合校验结果为：T项目开发过程面临的众多潜在风险中，市场和收益风险发生的可能性和发生的危害程度都比较大，应引起开发方的高度重视，需要特别关注。

（二）T项目风险分析

1. 市场和收益风险故障树的绘制　T项目市场和收益风险故障树如图3所示，该故障树共包括21个中间事件、40个基本事件、1个省略事件，包括19个逻辑或门和3个逻辑与门。

2. 市场和收益风险故障树的定性分析

（1）本故障树共有81个最小割集，说明造成顶上事件发生的事故模式有81种，在这81条途径中有15条途径是单底事件，61条途径是两个底事件同时发生才会引起，5条途径是3个底事件同时发生才会引起，因此顶上事件发生的危险性较大。

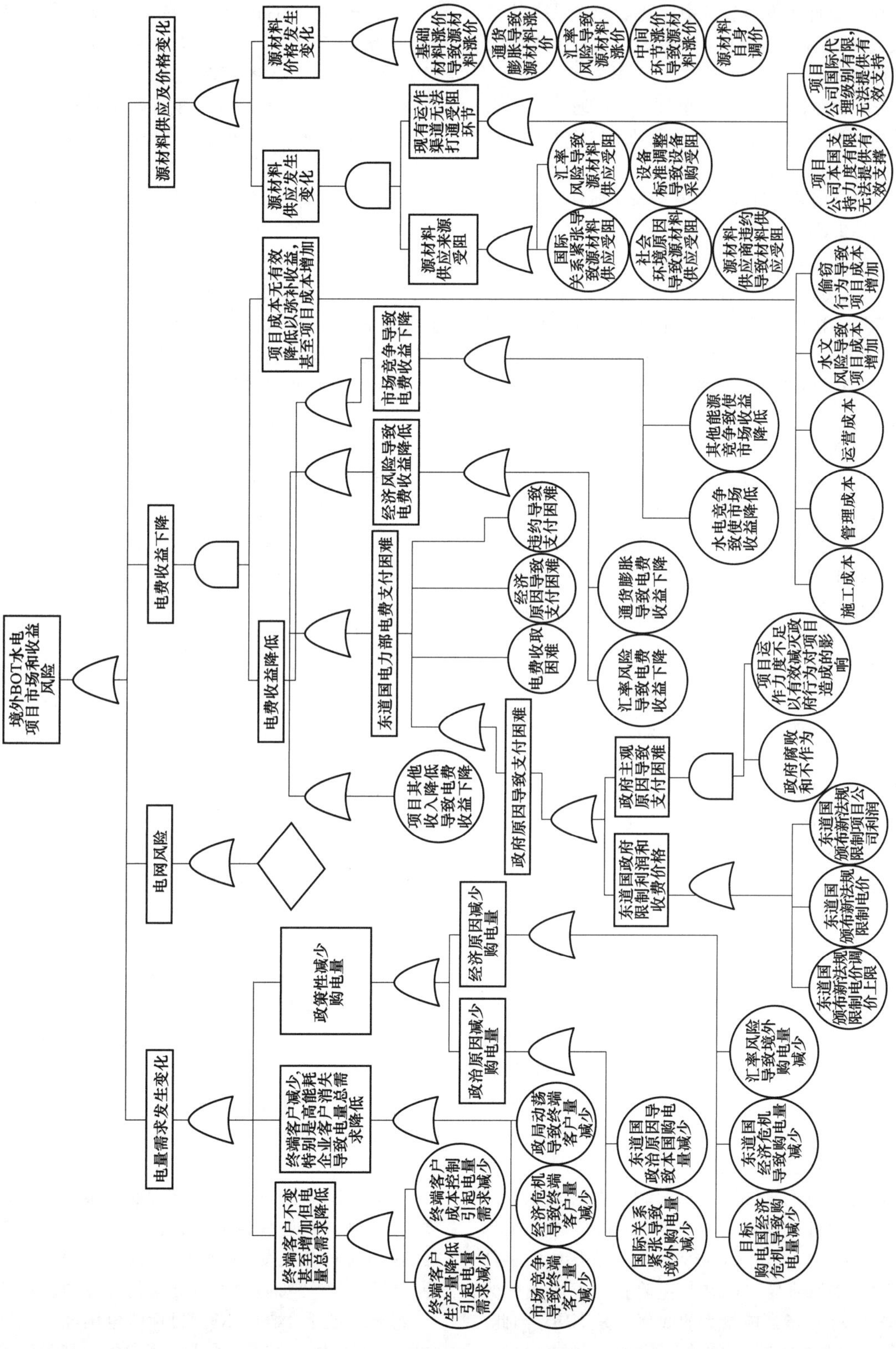

图3 T项目市场和收益风险故障树

（2）本故障树的最小径集共有6个，这说明顶上事件不发生的途径共有6条，可以拟定6种处理方案来保证顶上事件不发生。其中：基本事件最少的是P2，仅包含22个基本事件，应视为控制顶上事件的优先考虑途径。

（3）本故障树由40个底事件构成，通过分析底事件结构重要度，找出在系统中所处地位较重要的底事件。通过分析，可以得出底事件X25、X26、X27的结构重要度值相等且最大，在系统中所处的地位最重要，对顶上事件发生的影响也最大；底事件X24、X28的结构重要度较大，对顶上事件发生的影响也较大。X25、X26、X27与X24、X28是中间事件M17以“或门”连接的底事件，这说明在项目执行过程中，对M17这个环节要加强风险预警与管理，最大程度规避风险的发生。底事件X1、X2、X3、X4、X5、X6、X7、X8、X9、X10、X31、X32、X33、X34、X35、X36、X37、X38、X39、X40的结构重要度值相等且最小，对顶上事件的影响最小，其中前10个都是中间事件M1的“或门”底事件，而后10个都是中间事件M4的“或门”底事件。这说明在项目执行过程中，对中间事件M1与M4也要做好风险预警与管理工作，以实现这些底事件从所处的地位方面对顶上事件的影响最小。

3. 市场和收益风险故障树定量分析

（1）基于所收集的案例来估算各底事件发生的概率。首先，将案例中出现的市场和收益风险分解到底事件层次上，然后进行统计，由此计算出底事件发生的概率。根据计算结果可以得出：在这40个底事件中，发生的概率较大的是$P_{X26}=0.1124$，$P_{X25}=0.1085$，最小的是$P_{X1}=P_{X2}=P_{X5}=P_{X6}=P_{X7}=P_{X11}=P_{X12}=P_{X13}=P_{X23}=P_{X30}=P_{X31}=P_{X33}=0.0013$。

（2）应用“上行法”对故障树顶上事件发生的概率进行计算，顶上事件发生的概率是：$P(T)=0.262$。对中间事件及顶上事件概率的计算结果可以得出，对顶上事件影响最大的第一层中间事件是M4（“原材料供应和价格变化风险”发生概率为0.124 9）、M3（“项目收益下降”发生概率为0.072 1），对M4影响最大的第二层中间事件是M21（“原材料价格发生变化”发生概率为0.124 8），对M21影响最大的底事件是X36。而对M3影响最大的第二层中间事件是M10（“电费收益降低”发生概率为0.220 0），对M10影响最大的是第三层中间事件M15（“经济风险导致电费收益降低”发生概率为0.157 3），对M15影响最大的底事件是X19。因此，要特别注意以“或门”连接的，同时发生概率比较高的事件，对底事件X36（基础材料涨价导致原材料涨价）、X19（汇率风险导致电费收益下降）发生的概率进行控制，也可以降低顶上事件发生的概率。

（3）根据底事件的概率重要度的分析结果不难得出，底事件X2、X3、X4、X5、X6、X7、X8、X9、X10、X36、X37、X38、X39、X40的概率重要度相等并且最大，当上述13个底事件发生时对顶上事件的影响最大；同时，这些底事件均是以“或门”与顶上事件连接，其底事件发生概率的变化，对顶上事件的影响很大，因此，在项目执行过程中应对上述环节认真做好风险预警，以确保顶上事件发生的可能性最小。其次，底事件X1的概率重要度也较大，同时，该事件也是以“或门”与顶上事件连接，因此，对这个底事件也要认真关注，做好风险防范措施。而对于“与门”连接的底事件却恰恰相反，底事件的概率越高，其概率重要度却越低，因此，对于发生概率最小的“与门”连接底事件应重点关注，可以有效防止顶上事件的发生。

（4）通过对底事件的危险重要度计算结果的分析，可以得出X36、X19、X20、X26、X25、X27、X40等底事件的危险重要度较大，这类底事件概率的变化对顶上事件发生的影响很大，这说明此类底事件较易改善，容易降低发生概率。此外，以“或门”连接的底事件之间，底事件的概率越高，其危险重要度也越高，因此，应将风险控制的重点落在最易发生的底事件上，以有效降低其发生概率。首先，降低底事件X36、X19、X20、X26、X25、X27、X40的发生概率，就可以使顶上事件T0的发生概率大大降低。其次，降低底事件X37、X38、X8、X9、X39、X24、X17、X18等的发生概率，可以改善系统的稳定性。

4. 市场和收益风险故障树综合分析　采用平均值法对底事件进行综合分析。通过对底事件的重要度排序，可以得到如下几点结论：

（1）根据底事件的重要度综合排序结果，可以得出对顶上事件影响最大的底事件依次是：X19、X20、X26、X25、X27、X36、X17、X40、X18、X8、X37、X38、X16、X24，即底事件X19（汇率风险导致电费收益下降）的重要度最大，对顶上事件的影响最大，在项目实施过程中应重点对这个环节认真做好防范。其次，X20（通货膨胀导致电费收益下降）、X26（管理成本）、X25（运营成本）、X27（施工成本）、X36（基础材料涨价导致原材料涨价）的重要度也比较大，对这些事件的要进行重点监控，采取必要的措施来降低其发生的概率。对底事件X17（经济原因导致支付困难）、X40（原材料自身调价）、X18（违约导致支付困难）、X8（目标购电国经济危机导致购电量减少）、X37（通货膨胀导致原材料涨价）、X38（汇率风险导致原材料涨价）、X16（电费收取困难)、X24(水文风险导致项目成本增加)的重要度虽然不是很高,但是对顶上事件的发生也有较大的影响,因此也要认真关注,制定相应的控制措施,有效降低其发生的概率。

(2)对于“与门”连接的底事件之间,应将控制重点放在发生概率最小的那个事件上,这样能够有效改善系统可靠性方案的实施。以“或门”连接的底事件之间,应将控制重点放在发生概率最大的那个事件上,以降低顶上事件的发生概率。

(3)在项目实施工程中要确保M10和M17、X14和X15、M19和M20之间的“与门”关系,对顶上事件的贡献要相互牵制。

(三)T项目风险控制措施制定

对于国际水电项目而言,制定风险控制措施的基本原则是:① 制定控制措施,从根本上杜绝引发风险的基本事件的发生;② 通过制定措施,当引发风险的基本事件发生时,可有效减灭该风险对项目造成的不利影响;③ 制定风险控制措施,作为项目风险应急预案,当引发风险的基本事件发生时,可有效降低该风险对项目造成的不利影响,甚至完全消除影响。

以上分析的市场和收益风险是一类比较特殊的风险,虽然在风险划分时归属于项目运营期风险,但事实上引发此类风险的基本事件是全阶段的,风险发生的危害程度也比较大。因此,在制定该类风险的控制措施时,应本着风险预警的前提进行,换言之,在项目正式进入运营期之前,即在项目的建设期甚至项目融资闭合期和项目施工准备期,就应当按照风险控制措施预安排,做到从根源上斩断风险源、从效果上杜绝风险的危害、从结果上减少风险的危害性。根据分析结果制定的风险控制措施见表2。

表2 T项目市场和收益风险控制措施

序号	风险控制措施	控制风险
1	双币融资	X19、X38
2	外汇掉期与固定汇率	X19
3	主协议调价公式	X20、X31、X33、X36、X37、X40
4	固定总价分包合同	X20、X25、X26、X27、X37、X39
5	主协议中签订即期付款信用证条款	X17、X18、X33
6	中国驻东道国大使馆经参处项目支持函	X14、X15、X17、X18、X34、X35
7	主协议当期应付款项的15%违约金	X18、X33

续表

序号	风险控制措施	控制风险
8	仲裁机构设定在新加坡国家仲裁机构	X18
9	购电协议中签订最低电量保证条款和电量购买条款	X1、X2、X3、X4、X5、X6、X7、X8、X9、X10、X21、X22
10	与钢厂签订战略合作伙伴协议	X37
11	风险预留金	X20、X36、X37
12	东道国政府项目支持函	X36、X40
13	设立项目公司东道国首府办事处	X17
14	在设计合同与施工合同中设定价值工程条款	X37
15	东道国与购电国购电协议业已生效	X1、X2、X3、X4、X5、X6、X16、X10
16	在融资闭合期完成项目补充可行性研究时	X24
17	配发东道国相关官员及部族长老项目干股,设立面向现地居民的免费医疗机构以及语言培训中心	X28
18	主协议中签订旅游、林业及养殖收入归项目公司拥有,同时签订了最低供水量保证的供水MOU	X23
19	将东道国法律变更风险设定入不可抗力条款,风险由业主承担	X11、X12、X13、
20	选择高级别东道国代理	X14、X15、X34、X35
21	将分包合同中的缺陷责任期设定为自延性缺陷责任期	X33
22	通过与东道国政府谈判,使东道国政府同意自费派出专业工兵对工程现场的地雷进行排雷,并形成会议备忘录	X25
23	商业保险	其他风险

(中国水电顾问集团西北勘测设计研究院
严 虹 薛 晶)

提高对工程档案管理工作的认识

近年来，随着水利工程质量管理和实施工作的不断规范，管理模式和管理手段的不断更新，工程档案管理工作质量有了很大的提高。但是，一些水利工程档案仍存在着整理速度慢、内容不全、不规范、质量不高等问题。《水利基本建设项目工程档案资料管理规定》明确规定“进行单位工程和分部工程等级评定和工程验收包括单位工程与阶段和竣工验收时，要同时验收归档文件资料的完整程度和整理质量，并在验收后，及时整理归档。”科学地进行档案管理，大力开发水利工程档案信息资源，多层次、多方位、多形式向水利部门和社会提供利用，是实现水利工程档案自身价值和档案工作的根本目的。中国水利水电第三工程局有限公司的档案工作者，为做好工作，努力提高对工程档案管理工作的认识。

（一）明确工程档案归属情况

作为水电工程的档案工作者，首先要明确档案材料的归属情况。通常情况下：项目法人要保存一整套完整的档案材料；运行管理单位要保存一套完整的档案材料（当项目法人和运行管理单位为一家时，应异地保存一套完整的档案材料；多家运行管理单位时，各单位只保存和其相关的工程档案资料即可）；作为重要工程，该流域的档案馆需保存一套完整的档案材料；另外，施工单位需自存一套档案材料。

以上共需4套档案材料，一般原件只有1套，由项目产权单位保存，其余单位均为复印件。

前3套统一移交给业主单位，由业主单位支配，最后1套由施工单位自行支配。

（二）施工单位工程档案的一般要求

1. 主要内容　工程档案材料包含：① 工程合同文件、合同变更文件、索赔文件；② 开工报告、工程技术要求、图纸会审、技术交底等文件；③ 施工方案、计划、施工技术措施、施工安全措施、施工工艺；④ 设计变更、工程更改洽商单、材料代用核定审批等；⑤ 监理工程变更文件及监理通知单、各种监理协调会议纪要等；⑥ 建设单位工程变更通知、纪要等；⑦ 工程施工报告，工程阶段验收报告、验收签证书，工程安全鉴定报告，工程竣工验收报告、验收鉴定书、验收会议决议文件，工程遗留问题，工程现场声像（数码）材料（光盘或照片），工程竣工决算等；⑧ 新工艺、科研试验项目；⑨ 其他与工程生产经营管理有可参考利用相关文件；⑩ 竣工图、索引目录与卷内目录、工程照片及光盘。

2. 编制方法　施工单位工程档案要与其他几套移交业主档案分开编制，根据本施工单位科技档案管理规定进行；内容上基本和其他几套一样，只是格式上的区别，如页码的编制位置、封面格式、装订格式、档案号的格式及档案盒的包装等。

（三）移交业主档案编制方法

1. 图纸的编制　编制主要根据设计通知书、工程联系单、工程变更、会议纪要等的进度依次将相关内容用铅笔编制在对应的蓝图上。对于不清楚或模糊的变化要亲自去现场查看、询问现场技术人员，把事情弄明白后再将真实的变化清晰地画改在蓝图上，不能有半点粗心。进入工程尾工期，即可将一套用铅笔工整画改的蓝图加盖竣工图章后，报技术负责审阅并签字，再报监理工程师审阅，签字后用规定的黑色碳素笔将几套蓝图按照要求画改。项目上经常出现蓝图套数不能满足竣工套数的情况，因此，在发放给各部门的图纸上编制受控号，做好发放使用登记，尾工时再依此回收，以保证图纸的质量和数量。

2. 文字材料编制方法

（1）在工程的前期主要是收集、整理各部门与工程相关的文件。定期将各部门资料回收、整编、检查，对不合格、不符合要求的文字材料及时退回原部门并要求及时纠正，如单元工程中签字不全，高程、桩号不一致；对每批原材料都应有对应的材质证明，也应有对应的原材料试验检测报告，当该批次的检验报告或材质证明缺少时，应及时和相关部门联系，查漏补缺，使资料完整。

（2）按照工程项目划分表中对该单位工程的分部分项情况，做好资料的编制，同时统计好单元工程的施工时间、高程、桩号、质量评定结果，这样便于掌握工程的进度和质量信息，利于分部（单位）工程验收签证的编写。

3. 声像资料的编制　用相机及时记录工程形象、大事记和重要部位的施工情况，每月或每周将声像资料备份。

4. 检查工作　在工程前期，一个季度主动找监理或业主将档案收集整理的要求依次细化，明确档案工作的具体要求，并对工作中的相关情况进行沟通。工程后期，经常性邀请业主、监理档案管理者进行指导性检查，对不符合要求的及时纠正。

（四）审计和索赔需要的档案材料

审计工作中，需要提供全面的竣工图纸、设计变更、现场变更等。索赔工作中，需要提供全面设计通知单、工程联系单、合同变更单、现场签认单、施工记录、会议纪要、施工大事记、气象资料、影像照片等。

（五）项目档案工作

根据项目大小，合理配置1～3名细心、负责、熟悉业务的技术人员，并设专人负责。定期组织职能部门对收集整理的资料归档工作进行检查，一方面加强工作的重视程度，另一方面及时发现工作中的问题，及时更正。图纸完成一整套后，组织人员集中画改其余几套。文字材料部分先整理出一套，集中复印其余几套。对于诸如施工方案、计划、措施等上报多套只返回一套的文字材料，与监理、业主沟通后在工程尾工将业主、监理不归档的其余几套收回、归档、编制。

（六）结语

档案工作是企业生产经营中一项边缘性、基础性工作，是衡量一个企业管理水平高低的标准之一。档案工作者应该以高度的敬业精神，良好的政治素质和广博的学识做好自己的本职工作，通过努力，使档案工作彻底走出“讲起来重要，做起来次要，忆起来不要”的误区，让档案工作为建筑企业的生产经营、改革发展等各项工作服务。

（中国水利水电第三工程局有限公司　王晓丽）

内蒙古国电能源投资有限公司水电风电工程建设情况

（一）水电部分

1. 万家寨水利枢纽工程　内蒙古国电能源投资有限公司为内蒙古自治区政府委派的股东，与水利部、山西省省委分别委派的新华水利水电投资公司、山西省万家寨引黄工程总公司共同建设黄河万家寨水利枢纽工程。目前总股本为13.5亿元，三方股本均为4.5亿元，各持有33.33%权益，权益容量36万kW。

万家寨水利枢纽工程位于晋蒙两省（区）交界的黄河北干流托克托—龙口峡谷段内，是黄河中游梯级开发的第一级。工程的主要任务是供水结合发电调峰，同时兼有防洪、防凌等作用。万家寨水利枢纽工程由混凝土重力坝、坝后式电站和引黄取水口组成。最大坝高105.0m，坝顶长443.0m，坝顶高程982.0m；水库总库容8.96亿m^3，调节库容4.45亿m^3，年设计供水总量14亿m^3；总装机容量108万kW（6×18万kW），设计年平均发电量27.5亿kW·h。主体工程于1994年11月开工，1995年5月大坝混凝土开始浇筑，1995年12月二期截流，1998年10月大坝下闸蓄水，1998年11月28日第一台机组并网发电，2000年机组全部并网发电。2002年9月15日，枢纽工程全面通过了国家竣工验收。

2. 龙口水利枢纽工程　龙口水利枢纽工程为三方股东利用万家寨水利枢纽有限公司滚动开发的下游水电站。该工程于2005年9月通过国家发展改革委核准。龙口水利枢纽以发电为主，对万家寨电站进行反调节，保证下游河道不断流，同时具有滞洪削峰等综合利用作用。水库总库容1.957亿m^3，正常蓄水位海拔898m，汛期限制水位海拔891m，调节库容0.705亿m^3。大坝为混凝土重力坝，最高51m，坝顶长420m。电站为河床式电站，总装机容量42万kW，权益容量14万kW。

龙口水利枢纽工程审定的设计概算总投资为314 324.42万元（不含送出工程），静态总投资273 435.62万元。建设期利息为40 888.80万元。截至2010年底，龙口水利枢纽工程完成并结算总投资270 107万元。

（二）风电部分

内蒙古国电能源投资有限公司已投产兴安盟科右前旗4.95万kW风力发电机组，在建锡林郭勒盟二连浩特4.95万kW风力发电机组（预计2011年5月底投产）及鄂尔多斯市杭锦旗伊和乌素4.95万kW风力发电机组（预计2011年8月底投产）。上述项目均采用1.5MW双馈、横频、变桨风力发电技术。至“十二五”末，内蒙古国电能源投资有限公司计划规划风电项目500万kW，核准250万kW，投产140万kW。

（中国国电集团公司　内蒙古国电能源投资有限公司）

陕西汉江投资开发有限公司2010年经营管理情况

（一）概况

陕西汉江投资开发有限公司（以下简称汉江公司）成立于2002年1月，现由大唐陕西发电有限公司、日本电源公司、陕西省航运管理局、中国水利水电第三工程局有限公司、陕西省水电开发有限责任公司等5家股东组成，主要负责汉江流域梯级电站的开发建设和运营管理。

在“十一五”期间，汉江公司先后完成了喜河水电站、蜀河水电站工程建设和投产发电，旬阳水电站工程进点等重大建设目标，累计完成投资约42.68亿元，实现发电量258 940万kW·h。

（二）流域开发情况

喜河水电站已建成投产发电。蜀河水电站于2009年12月25日首台机组并网发电，2010年10月18日6台机组全部投产。旬阳水电站项目于2007年启动前期工作，已完成可行性研究报告的编制，并进行了枢纽部分的咨询和正常蓄水位、施工总布置、机组选型、接入系统、通航规模等多个专题报告的审查；完成了“三通一平”和水保、环保的审查及批复工作；劳动安全与工业卫生、文物勘探、压覆矿产、地质灾害等报告已取得了批复；完成了《旬阳水电站移民安置规划报告》审查、核定和取水申请；电站土地预审报件已上报国土资源部，待审查。2010年11月8日，蜀河CDM项目在联合国注册成功。

旬阳水电站位于陕西旬阳县城南约2km处，为汉江干流规划的第五个梯级水电站，工程以发电为主，兼顾通航等。枢纽工程由河床式厂房、冲沙泄洪闸、非溢流坝、升船机等组成。电站大坝最大坝高58m，正常蓄水位241m，库容3.25亿m^3，安装4台80MW轴流转桨式水轮发电机组，总装机容量320MW，年平均发电量8.59亿kW·h，机组年平均利用小时数2684h。旬阳水电站工二等大（2）型工程，工程总工期54个月。

（三）经营管理

2010年，各股东方计划到位资本金69 703万元，全年到位35 932万元，到位率51.55%。累计应到位113 700万元，实际到位80 559万元，到位率70.85%。

全年发电量9.342亿kW·h，综合厂用电率1.61%（较计划1.8%降低0.19%），主营业务收入23 852万元，主营业务成本7590万元，净利润138万元（较计划－569万元减亏707万元，减亏幅度124.25%）。

全年到位银行借款3.596亿元（累计30.146亿元），归还银行贷款6500万元。

全年回收电费2.35亿元，累计电费回收率84.31%。

全年基建工程投资完成6.33亿元（累计38.2亿元），其中蜀河水电站项目5.91亿元，旬阳项目0.42亿元。

（四）安全生产

2010年3月28日，喜河水电站首次实现安全生产1000d；同年9月10日，提前112d完成全年4.6亿kW·h发电任务。

2010年度，蜀河水电站安全生产基本稳定，截至2010年12月31日，安全生产367d。

2010年，蜀河水电站主体工程顺利安全度过了50年一遇的洪水。

（陕西汉江投资开发有限公司）

中國水力發電年鑒

12

水电站生产运行

电力生产及管理

中国长江电力股份有限公司 2010年电力生产情况

（一）概况

2010年度，长江三峡—葛洲坝区段来水总量累计为4066.6亿m^3，年平均流量为12 900m^3/s，相应来水频率81.2%，较多年均值（14 300m^3/s）偏枯9.8%。三峡水库于2010年10月26日试验性蓄水至175m，至2010年12月31日8时（三峡水库水位为174.7m），三峡水库在2010年度维持高水位运行66d。

中国长江电力股份有限公司（以下简称长江电力公司）运营管辖的三峡—葛洲坝梯级水电站总共完成发电量1006.101 8亿kW·h，完成年计划的103.51%，同比增加45亿kW·h，增比达4.7%。其中，三峡水电站发电量为843.695 2亿kW·h，同比增加45亿kW·h，接近设计多年平均发电量，其左岸电站发电量为441.66亿kW·h，右岸电站发电量为396.75亿kW·h，电源电站发电量为5.28亿kW·h；葛洲坝水电站发电量为162.406 6亿kW·h，与2009年持平，其大江电站发电量为96.67亿kW·h，二江电站发电量为64.45亿kW·h，自备电站发电量为1.29亿kW·h。通过科学调度，三峡水电站全年实现1820万kW满出力稳定运行1233h。2010年8月2日，三峡水电站发电量突破4.389亿kW·h，创投产以来单日发电量最高纪录；三峡水电站2010年7月发电总量为128.03亿kW·h，创投产以来月发电量最高纪录。

2010年，长江电力公司安全生产创造出历史最好水平，全年安全生产实现“双零目标”，没有发生设备事故和人身死亡事故。截至2010年底，长江电力公司连续安全生产天数达680d、三峡电厂连续安全生产天数达1597d、葛洲坝电厂连续安全生产天数达2836d，梯调通信中心连续安全生产天数达2922d、检修厂连续安全生产天数达680d。三峡电厂设备可用小时数为8082.37h、利用小时数为4613.82h、等效可用系数为93.93%；葛洲坝电厂设备可用小时数为8206.66h、利用小时数为5934.50h、等效可用系数为93.68%；设备运行状况良好，为安全生产奠定了基础。

汛期，三峡水库先后进行了7次防洪运用，累计拦蓄洪水264.3亿m^3，最大削峰30 000m^3/s，有效地减轻了长江中下游的防洪压力。枯水季节，三峡水库对下游实施航运补水调度，累计补水总量120.8亿m^3，平均增加下游航道水深约0.8m。三峡工程防洪和生态补水效益显著。

2010年，三峡—葛洲坝梯级电站节水增发电量52.3亿kW·h，水能利用提高率为5.5%。其中，三峡水电站节水增发电量为47.8亿kW·h，水能利用提高率为5.09%；葛洲坝水电站节水增发电量为11.5亿kW·h，水能利用提高率为7.66%。

（二）三峡水库首次成功蓄水至175m

2010年10月26日9时，三峡工程试验性蓄水成功到达175m。175m是三峡工程正常运行水位，标志着三峡水利枢纽工程的防洪、发电、通航等功能达到设计要求，三峡枢纽及水库将接受高水位全面检验，其综合效益可得到充分发挥。

三峡工程采用“一级开发、一次建成、分期蓄水、连续移民”建设方针，枢纽运行水位分别为135m、156m、175m高程，分为围堰发电期、初期运行期和正常运行期。2003年和2006年，三峡工程分别实现了蓄水135m和156m目标。2008年，三峡工程启动175m试验性蓄水，由于各方面原因，2008年和2009年分别只蓄水至172.8m和171.43m。

2010年9月10日0时，三峡工程启动了第三次175m试验性蓄水。按照国务院确定的“安全、科学、稳妥、渐进”的原则，充分兼顾上、下游用水需求，较好处理了防洪、发电、航运和补水之间的关系。中国长江三峡集团公司和中国长江电力股份有限公司、国家有关部门和库区省市在实践中不断探索三峡工程175m试验性蓄水的规律，做到了充分准备、提前启动、科学调度、加强沟通，得到了相关部门和地方政府的大力支持。

试验性蓄水过程中的三峡枢纽建筑物变形、渗流、应力、应变等均符合规律，三峡水库坡岸地质状况整体稳定，入库泥沙趋势性减少，长江干、支流水质保持总体稳定，长江流域防洪形势平稳，三峡水电站运行正常高效，航运态势持续向好。

（三）创总出力、单日发电量、单月发电量3项历史最高纪录

2010年7月31日12时，三峡—葛洲坝梯级电

站总出力突破2100万kW；2010年7月31日，三峡—葛洲坝梯级电站单日发电量突破5亿kW·h，高达5.02亿kW·h；2010年7月，三峡—葛洲坝梯级电站单月发电量达146.28亿kW·h，分别创下三峡—葛洲坝梯级电站全部机组投产以来总出力、单日发电量、单月发电量3项最高历史纪录。

2010年7月是三峡—葛洲坝梯级电站防洪、航运、发电的巨大综合效益得以完美体现的一个月，先后成功迎战70 000m^3/s、56 000m^3/s的两次洪峰后，库水位抬升，水头效益显著。2010年7月9日，三峡水电站累计发电突破4000亿kW·h；同年7月16日24时，葛洲坝水电站发电量累计达4000.04亿kW·h；同年7月28日21时，三峡水电站实现了1820万kW满出力连续运行168h目标，三峡水电站2010年7月发电128.03亿kW·h，为投产以来月发电量最高纪录。这些都为三峡—葛洲坝梯级电站全部机组投产以来总出力、单日发电量、单月发电量3项最高历史纪录奠定了坚实基础。

（四）成功战胜7万m^3/s流量洪水

2010年7月20日8时，三峡工程遭遇建库以来长江上最大洪峰70 000m^3/s流量的洪水。

本次洪水起源于四川岷江出现了2003年以来的最大洪水，嘉陵江出现了1984年以来的最大洪水，寸滩站出现了1987年以来的最大洪水。三峡入库流量从2010年7月17日的27 000m^3/s开始起涨，18日12时至19日12时加速上涨，20日8时涨至洪峰流量70 000m^3/s，流量涨幅43 000m^3/s，是三峡建库以来的最大洪水；入库流量连续24h涨幅达到了32 000m^3/s，2h最大涨幅达到了4500m^3/s；本次洪水超过45 000m^3/s、50 000m^3/s、60 000m^3/s的持续时间分别为87h、78h、51h。

此次洪峰峰值虽大，但仍在工程设计范围内，不属于超标准洪水，三峡工程可从容应对。2010年7月20日上午9时许，三峡大坝开始泄洪，23个泄洪孔洞没有全部开启，仅开启了9个，为下游拦蓄30 000m^3/s左右的洪峰流量，如果没有三峡工程的拦蓄，70 000m^3/s的洪水冲向下游，将对下游尤其是荆江河段的防汛造成严重威胁，三峡大坝此次充分发挥了防洪效益。洪水到达时，三峡水利枢纽工程各项指标均在规定范围之内，库区沿岸地质未见异常，枢纽工程运行安全正常。洪水对三峡工程是一次考验，也是一次机遇，三峡工程可借助此次洪水过境，进行平时无法进行的部分项目的观测，收集数据信息。三峡工程在此次洪水过程中共拦蓄洪水24亿m^3，在本次滞洪调度期间，三峡工程拦蓄洪水76亿m^3，相当于1.5倍的荆江蓄洪量，大大缓解了长江中下游的防洪压力。截至2010年7月20日上午11时，三峡水库水位达到150.28m，较之2010年7月19日11时上涨3.05m。三峡左右岸电站厂房内的26台发电机组仍然全部开启运行，电能源源不断送往全国各地。

（五）为上海世博会保电受表彰

2010年度，在上海世界博览会保电、广州亚洲运动会保电工作中，长江电力公司严格落实国家电监会关于保障世博供电的要求，提前谋划、及早部署，认真编制专项发供电工作方案，组织落实各项保电措施，强化发电设备管理和运行方式管理，进一步完善电力网络与信息安全措施，实行24h零事故报告244d，顺利完成保电任务，被国家电监会评为世博保电、亚运保电工作先进单位。

世博会期间，受极端高温天气影响，上海市用电负荷曾达到2621.2万kW的历史新高。在上海世博会供电最为紧张的时刻，长江电力公司作为世博保电的重要发电企业，精心组织各项生产措施，力保世博供电和迎峰度夏期间三峡—葛洲坝梯级电站安全、稳定运行。根据汛期电力生产特点，进一步深化“诊断运行”管理，加大巡检和安全隐患排查治理力度，确保高水位条件下机组运行健康；严密监视水情，加强气象预报与来水趋势预测会商，加大与电网公司沟通与协调的力度，科学调度；实行24h值班制，启动了加密观测，及时清漂降压差，开启葛洲坝大江冲沙闸和二江泄水闸泄洪。同时，积极完善应急预案，开展各项应急演练工作，分别组织开展了三峡—葛洲坝梯级电站防汛应急演练，三峡电厂二次安防事故预案演习，葛洲坝电厂反事故演习和葛洲坝枢纽坝面交通专项治理。长江电力公司还组织开展了“为世博保电措施荐一言”活动，广大员工从多角度、多层面为世博保电建言献策，活动中共有1581人参加，收到合理化建议1583条，充分激发了员工主动参与世博保电的积极性。上海世博会期间，运行维护人员加强现场巡检频次，通过巡检共发现缺陷1837个，消除缺陷1797个，缺陷消除及时率达97.8%，对需要停机和停电处理的缺陷采取了相应控制措施，受控率达100%。

（六）成功实施三峡电站设备重大缺陷处理与技术改造

2010年，长江电力公司注重培育流域化检修力量，尤其在三峡电站设备检修工作中，检修工作人员认真研究、周密策划、精心实施，成功实施了4台机组VGS定子改接线工作。通过不断总结改进，优化调整工序，4台机组改造工期分别提前9d、4d、23d和31d。改造后机组启动试验全部一次成功，有效消除机组100Hz震动现象。此外，顺利完成了5号机组推力瓦缺陷处理与瓦温调整，精心组织了8台

ALSTOM 机组单向阀改造。这些重要缺陷处理和技术改造项目的实施，消除了机组运行重大安全隐患，提高了三峡电站设备健康水平，为今后开展同类型工作提供了科学依据，积累了宝贵经验。编写的《三峡电站 700MW 机组检修技术》对于规范检修工作、保证检修质量、解决检修过程中遇到的疑难问题和提高检修效率具有重要指导意义。

（七）金沙江电力生产筹备全面展开

自 2009 年 4 月 30 日长江电力公司正式成立溪洛渡、向家坝水力发电厂筹建处和成都梯级调度分中心以来，3 个筹建处按照公司高质量、高标准、高要求做好筹建工作的指示精神，深入开展电力生产准备工作，全面参与工程建设，切实践行“建管结合、无缝交接”管理理念，努力促进电力生产准备与打造精品工程和谐共进，各项工作稳步推进，为顺利接管和运行向家坝电站设备设施打下了坚实基础。

截至 2010 年底，金沙江电力生产筹备工作已经全面展开，电站“调控一体化”方案编制完成。已经完成了溪洛渡、向家坝电厂筹建处机构设置，调整补充金沙江电力生产人员，累计到岗 185 人。金沙江溪洛渡、向家坝电能消纳方案研究取得阶段性成果，“十二五”三峡电能消纳（含地下电站）方案初步形成，三峡电站“十二五”购售电长期合同谈判基本达成共识。

在筹建工作中，金沙江电力生产人员一方面注重学习、消化、吸收三峡和葛洲坝水电站管理经验，结合溪洛渡、向家坝水电站技术特点，开展筹建工作。深入开展生产技术管理体系设计研究，启动了机械加工、大坝观测、仪表检验、油务处理、设备大修等管理项目的相关研究工作，以适应全电站责任管理的要求。编写完成了“调控一体化”实施方案，为调控一体化后续工作和梯级电站的安全、经济、稳定运行打下了基础。另一方面，坚持并优化“建管结合、无缝交接”管理理念，以追求电站本质安全和系统最优化为目标，改进工作方式和方法。增派了人员参与工程项目管理和机电安装监理，积极参与设备设计、招评标和合同执行工作，与相关方建立了良好的合作关系，从源头上有效控制了设备设计、制造、安装的质量。全年先后派出 20 多名员工直接参与工程建设项目管理和机电设备安装监理，100 多人・次参加各类技术交流、设备设计审查和设计联络、设备招评标及合同谈判、设备出厂验收等工作，共提出了 600 余项设计优化完善建议，其中 96% 被工程设计单位和设备制造厂家采纳。

（中国长江电力股份有限公司　谢兴发）

黄河上游水电开发有限责任公司所属大中型水电站 2010 年生产管理情况

（一）龙羊峡水电站

2010 年，龙羊峡水电站入库水量为184.78 亿 m^3，较上年减少 52.22 亿 m^3；年出库水量为 215.73 亿 m^3，较上年增加 17.73 亿 m^3。2010 年末水库水位 2582.56m，同比下降 8.91m；相应库容 184.45 亿 m^3，同比少蓄水 30.55 亿 m^3。全年完成发电量 69.15 亿 kW・h，完成年计划的 102.50%；上网电量 68.78 亿 kW・h，创电站投产发电以来历史最高纪录。全年综合厂用电率 0.54%，较上年相比减少 0.31%；发电耗水率 3.12m^3/（kW・h），较上年相比降低 0.27m^3/（kW・h），创历史最好水平。设备等效可用系数 90.10%，较上年相比减少 5.74%；设备平均利用小时数 5402.66h，较上年相比增加 834.27h。

全年累计消缺 241 条，主设备消缺率 100%，辅助设备消缺率达 98% 以上。完成机组 B 级检修 1 台・次，机组 C 级检修 4 台・次，机组 D 级检修 1 台・次，330kV 线路春检预试 5 条・次。完成主变压器更换，机组过流部件裂纹、气蚀处理，GIS 开关专项维护等重大项目。完成生产工程项目 23 项，项目完成率 96%。实现年内安全生产连续 3 个 100 天，长周期安全运行 4896d，不断刷新安全生产长周期纪录。

2010 年，共制定、发布制度 74 部，合并 4 部，废止 13 部，组织修订龙羊峡水电站检修规程 36 部、图纸 36 套，修订水工规程 7 部、预案 7 部、图纸 1 套，修订运行规程 20 部、图纸 64 套。全年累计培训 202 人・次，共参加各类培训班 28 期，累计培训时间 1260 课时，为员工搭建了学习和成长的良好平台。

2010 年，黄河上游水电开发有限责任公司龙羊峡发电分公司被评为“全国电力行业优秀企业”。

（二）拉西瓦水电站

2010 年 8 月 22 日，拉西瓦发电分公司顺利接收了 1 号水轮发电机组及相关设备。至此，电站一期 5 台机组全部接管并投入商业化运营。

2010 年，拉西瓦水电站全年完成发电量 96.67 亿 kW・h，完成年计划的 102.48%；完成上网电量 96.26 亿 kW・h。电站综合厂用电量 4129 万 kW・h，综合厂用电率为 0.43%，较指标值降低 0.17%；耗水率为 2.28m^3/（kW・h），较指标值降低 0.19m^3/（kW・h）。设备等效可用系数为 93.41%。设备平均利用小时数为 2778.11h。

2010年，共消除设备缺陷468条，消缺率为98.3%；认真开展机组检修，共完成机组C级检修5台·次，D级检修1台·次，拉官线春检1次；完成电站MIS系统搭建，设备已投入试运行。通过努力，投运设备可靠性得到了进一步提高，无非计划停运。

（三）李家峡水电站

2010年，李家峡水电站全年完成发电量66.79亿kW·h，完成年计划的102.97%，比上年增加9.39%，创电站发电以来历史最好成绩。上网电量66.56亿kW·h。综合厂用电率完成0.34%，低于年计划厂用电率指标0.35%，与上年相比增加0.04个百分点。发电耗水率3.25m^3/（kW·h），较计划值降低0.15m^3/（kW·h），与上年相比降低0.08m^3/（kW·h），创历史最好水平。设备等效可用系数93.26%，超出计划值（92.12%）1.14个百分点。设备平均利用小时数为4174.14h，同比增加587.41h。

认真开展年度各项安全生产专项活动，全年共查出安全隐患170项，春秋查查出问题92项，均在规定的时间内及时整改完毕。针对电站二次图纸无法满足生产实际的突出问题，组织站区专业人员成立了电站二次图纸修订工作组，经过全体成员的辛勤工作，按期完成了年度二次图纸的修订任务，为电站生产技术管理打下了坚实基础。加强设备检修和维护工作，年内完成机组B级检修1台·次，C级检修2台·次，完成了4条线路的春检预试及线路改线工作，全年共发现设备缺陷517条，消除缺陷509条，消缺率98%。电站的监控系统改造经过3年的努力，2010年底基本完成，自动化水平有了一个质的提升，也为李家峡水电站率先实现远方集控打下了坚实的基础。

大力实施全员培训，除参加上级组织的培训班外，2010年组织举办各类培训班12个，培训人数329人·次，达到了良好的效果。同时，首次进行了员工制定年度个人自我培训目标的尝试，做到自我培训与企业培训的良好结合，提高了培训的质量和效果。

（四）公伯峡水电站

2010年，公伯峡水电站全年完成发电量59.05亿kW·h，完成年计划的102.43%；上网电量58.73亿kW·h。综合厂用电率0.54%，低于计划值0.06%；耗水率3.72m^3/（kW·h），低于计划值0.06m^3/（kW·h）；等效可用系数完成95.27%，高于年度计划值1.51个百分点；生产工程完成率92.31%，比计划值增高12.31%；机组检修合格率100%。设备消缺率100%。

加大设备消缺管理力度，保证了设备安全稳定运行。发现缺陷367条，消除367条，其中组织消除了1号主变压器U相高压套管接线板发热、2号主变压器绕组温度超出报警值、机组压油泵卸载阀不正确动作、排水系统控制回路交直流窜电、公苏线V相电压互感器渗油等一些影响设备安全、稳定运行的重大缺陷。完成机组C级检修5次、D级检修5次。检修后设备均一次启动成功，设备健康水平得到进一步提高。2010年，公伯峡水电站安全生产实现了7个“未发生”，发生设备一类障碍、二类障碍各一次。实现安全生产记录365d，连续安全生产记录949d。

2010年，共发布制定和修订管理制度15部，并根据标准化管理要求对分公司已颁布的127部规章制度进行了全面梳理和完善；组织各类专业培训9期，122人·次参加，员工队伍的综合素质有了进一步的提高。

（五）苏只水电站

2010年，苏只水电站完成发电量9.596亿kW·h，完成年计划的102.52%；上网电量9.49亿kW·h，创历史新高。综合厂用电率完成1.08%，比上年降低0.05%；发电耗水率22.33m^3/（kW·h），比上年高出0.39m^3/（kW·h）。设备等效可用系数98.36%，名列黄河上游水电开发有限责任公司（以下简称黄河水电公司）各水电站之首；设备平均利用小时数4264.81h，比上年增加206.08h。

开展了各项安全生产活动，以“五查”、“五防”为重点，共查出19项不符合项，并全部整改；完成了1、2号机组C级检修工作，对开关站330kV所属设备进行了清扫检查及试验；对厂房及水工建筑物进行了全面检查，处理了厂房水轮机层17B处地面渗漏水隐患。2010年4月，因公伯峡水电站的原因发生“4·25”苏公线跳闸事件后，在全厂停电、没有外来电源的情况下，公伯峡水电站成功开展黑启动工作，9min内启动机组。

积极与当地政府部门配合，派专人跟踪330kV线路下树障的清理及110kV线路下房障的拆除工作。330kV线路树障清理工作已完成；110kV线路违章房屋已拆除46户，后续协调工作正在跟进。

（六）积石峡水电站

2010年是积石峡水电站投产发电的第一年，11月9日首台机组完成72h试运行，至12月12日3号机组完成72h试运行，3台机组年内全部发电，实现了黄河水电公司装机容量突破1000万kW的目标。

全年完成发电量3.21亿kW·h，完成年计划的112.34%，超发电量0.35亿kW·h；上网电量3.19亿kW·h，完成计划值的112.25%。综合厂用电率0.68%；耗水率7.11m^3/（kW·h），比计划值7.4m^3/（kW·h）降低了0.29m^3/（kW·h）；投产

以来机组等效可用系数为79.2%。

按照生产准备大纲的要求，共发布管理制度90部、技术规程80部、应急预案10部，绘制完成系统图册54张；先后安排354人·次参加厂家授课、专题讲座等培训；分两次参加西北网调组织的运行人员调度资格培训考试，13人取得了调度资格证；完成电站调管设备命名编号的申报及批复工作；完成《并网调度协议》的签订和《购售电合同》的签订配合工作。

（七）陇电分公司

陇电分公司辖有盐锅峡水电站、八盘峡水电站。

2010年完成发电量34.28亿kW·h，比上年增长5.39%；上网电量33.79亿kW·h，比上年增长6.25%。

全年发电收入48 403万元，增长27.04%。全年电费回收54 945万元。当年电费回收率达到100%；多年陈欠电费实现结零。

综合厂用电率、发电耗水率等各项指标均控制在年度计划指标之内。

全年实现了8个“不发生”。截至2010年12月31日，盐锅峡水电站实现长周期安全生产3544d，八盘峡水电站实现长周期安全生产4326d。

（八）青铜峡水电站

2010年完成发电量12.03亿kW·h，完成年计划的100.75%，同比增长4.27%；上网电量11.79亿kW·h。综合厂用电率2.0%，同比降低了0.13个百分点。耗水率21.91m^3/（kW·h），低于计划值22.50m^3/（kW·h），同比减少了0.08m^3/（kW·h）。

技术监督完成率100%；生产工程完成率100%；机组检修合格率达100%；保护动作正确率100%，继电保护投入率100%，自动装置投入率100%；设备C、D类缺陷消除率为99.73%，同比提高0.18%，高于计划值；大坝安全自动化监测系统运行正常，投入率、完好率100%。

精心策划、组织开展了安全生产各类检查活动，修订完善了安全生产规章制度36部、应急预案35部；完成了年度检修计划，实施了电站5台机组C级检修、1台机组B级检修等检修工作，所有检修项目均达到了质量标准，提高了设备的健康水平。实现了连续安全生产十周年，截至2010年12月31日实现长周期安全生产3864d；荣获2010年度全国“安全生产月”活动优秀单位称号。

确定了电站1、8号机组及电站公用系统技术改造总体方案，进行了1、8号机组技改设计工作；开展了各类设备招标、采购和监理工作；制定了施工安全技术措施；编制了1号机组公用及辅助系统改造施工组织计划、网络图。2010年8月17日，青铜峡水电站1号机组技改工程正式开工。

（黄河上游水电开发有限责任公司　许为宁　张文俊）

二滩水力发电厂2010年生产管理情况

（一）电力生产情况

2010年，二滩水力发电厂全年完成发电量157.85亿kW·h。2010年10月，6台机组基本实现24h满负荷运行，平均负荷率95%，日平均发电量达到7510万kW·h，分别创下了月发电量23.28亿kW·h和第四季度发电量46.20亿kW·h的历史新高。全年平均发电耗水率为2.29m^3/（kW·h），创自1998年投产发电以来耗水率的最好纪录。

（二）NOSA体系建设情况

NOSA管理体系起源于南非，是一套规范职业安全卫生管理的体系。二滩水力发电厂于2008年11月启动NOSA体系建设，秉承“遵从法规、风险预控、持续改进”的理念，注重员工安健环意识的培养和提高，致力于营造良好的生活、工作环境，培养员工综合素质及整治现场硬件等工作。2010年1月8日，经过NOSA专家的认真查评，二滩水力发电厂通过了NOSA体系四星认证。2010年10月15日，二滩水力发电厂通过了NOSA体系五星认证。

（三）设备管理情况

二滩水力发电厂不断探索水电站设备的高效检修方式，最大限度节约人力和物力，提高设备安全可靠性，取得最佳检修效果。

（1）实行设备全生命周期管理。在投产初期，充分借鉴国内外设备管理传统经验和先进做法，运用现代技术，通过建立详尽的设备清册、台账、检修履历，规范检修标准体系，开展设备全生命周期管理。对技改、两措、设备异动等，制定了标准流程，形成了一整套行之有效的标准管理方法。设备全生命周期管理对检修策略研究和开展状态检修起到了很好的作用，节约了设备运行和检修成本，提高了设备安全可靠性。

（2）建立较为完善的机组状态监测系统。主要有：计算机监控系统、机组振摆及测温系统、气隙监测系统、点检系统、辅机监录系统、电气量监录系统、电缆测温系统辅助等，并定期开展主变压器绝缘油在线监测、油液分析、红外谱图测温、检漏、电机状态检测，主变压器油色谱分析，SF_6充气设备微水检测，避雷器、CVT等出线设备电容介损测试。利用监控系统等在线监测系统，提供设备状态评估需要的详细开关量、模拟量、状态量，辅以巡检、定期检测数据，开展设备趋势分析、状态评估，分析设备健康状况及其发展趋势。

（3）利用设备生命周期管理体系中详细的技术基础数据、状态监测数据，定期开展设备健康状况分析和运行趋势分析、运行工况统计分析，形成分析报告；结合厂家说明书、检修规程、行业技术规程规范和技术要求，对制造厂家、大型生产运行单位进行调研，开展发输电主设备及其控制系统健康状态研究，形成主设备健康状态评估报告，指导制定检修策略。根据设备分析和运行评估，科学制定技改两措规划，充分发挥设备技术经济性，以节约成本，并提高安全可靠性。此外，还充分利用社会资源，邀请具有专业资质的行业单位和专家，开展专业技术监督和安全性评价工作，对照行业规程、规范和最优运行经验，开展对标工作，进行设备分析和隐患排查工作，指导检修维护和安全运行。

（4）二滩水电厂主设备（包括水轮发电机、主变压器、GIS、GCB、500kV 电缆）均为进口设备。二滩水力发电厂经过多年实践，形成了科学的设备生命周期管理体系，利用在线和离线监测手段，以及各种技术管理手段，开展全面的设备技术分析和安全性评估，掌握了发、输、变主设备及其控制系统的安全健康状况，结合历年检修履历、缺陷和趋势的分析，查找规律，从而制定检修策略，确定检修项目，形成了以“诊断性 C 修、设备体检、隐患排查”为主状态检修方式。在主设备及其控制系统，尤其是进口设备检修维护中，降低了检修成本，及时发现和消除了设备缺陷、隐患，提高了设备可靠性。

（四）科研试验情况

随着设备运行年限的增加和电网对机组运行要求的提高，为进一步保障安全生产，提高机组运行的可靠性和稳定性，2010 年，二滩水力发电厂结合机电设备投产以来的运行实际情况，以及运行维护中遇到的一些技术难题，开展了二滩水电厂节能技术研究、二滩水电站设备缺陷研究、励磁和调速器控制系统参数优化及研究、机组尾水检修闸门液压自动抓梁技术及应用研究、AGC/AVC 协联研究、发电机失磁保护与低励限制之间的配合关系研究、三相交流异步鼠笼式电动机转子检测与断条处理方式研究等。

经过认真的资料收集、分析调查研究和试验，二滩水力发电厂高质量地完成了上述 7 个自主科研试验项目研究。通过研究，提出了解决技术难题的新思路、新方法和新举措，为设备的运行维护提供了很好的指导。此外，通过参与科研项目，加强了员工的团队协作意识，提升了员工的综合素质。

（二滩水电开发有限责任公司
汤津茂　冯　喆　唐杰阳）

国电大渡河公司龚嘴水力发电总厂 2010 年生产运行情况

（一）生产运行统计

2010 年，国电大渡河公司龚嘴水力发电总厂未发生人身、设备、火灾、交通事故，截至 2010 年 12 月 31 日，连续安全记录 1950d。全年累计完成发电量 63.97 亿 kW·h，完成上网电量 63.44 亿 kW·h，发生机组非计划停运 1 次，机组等效可用系数为 93.77%。

（二）安全生产情况

认真落实设备管理“两个长效机制”和“三个专项工作”，专项治理了 17 项重复典型缺陷，及时发现并成功排除了龚嘴水电站 7F 发电机通风系统风斗开裂等重大安全隐患。2010 年，龚嘴水电站（龚站）、铜街子水电站（铜站）两站共发生缺陷 405 项，同比减少 1 项；消缺率 95.56%，同比提高 2.95 个百分点。2010 年 7 月 17 日，建厂以来最大洪峰（8700m^3/s）安全过坝，实现了安全度汛。

（三）设备检修情况

2009～2010 年设备检修期，完成了龚站 3F、7F 和铜站 14F 机组 A 级检修，龚站 10 号底孔、8 号溢洪道大修，铜站左底孔、3 号和 5 号溢洪道大修；完成了两站 8 台机组 C 级检修，8 台主变压器、6 条线路、1 条 220kV 母线、1 条旁路母线和铜站安控装置及母差、失灵保护年检，两站 6 个溢洪道、3 个底孔小修等检修项目；汛期还完成了两站防洪系统、厂用电系统、辅助设备系统年检。2010 年，国电大渡河公司下达的 22 项技改项目，除铜站 12F 机组增容改造项目外已全部完成，主要有龚站 7F 机组增容改造、龚站 4 台机组拦污栅改造、龚铜两站电力二次安全防护系统建立、龚站 3E 线路保护装置改造、龚站大坝 400V 开关柜改造等项目，改造项目质量控制效果良好，设备投入运行后情况正常。

（四）企业管理成效

龚嘴水力发电总厂连续第四次被评为“中国国电集团公司四星级企业”；NOSA 安健环综合管理体系以 92.21%的得分率通过外部审核，在中国国电集团公司系统首家达到 NOSA 五星级管理水平；被成都电监办推荐为四川省首批申报标准化良好行为“AAA 级”试点单位。“物资超市在龚电总厂的应用”获得“2009～2010 优秀电力信息化成果系列评选”优秀奖；“NOSA 安健环综合管理体系建设与应用”、“水电站综合仿真培训系统开发与应用”获得了“全国电力行业管理创新成果”三等奖。

（国电大渡河公司龚嘴水力发电总厂　黄　鑫）

宜兴抽水蓄能电站2010年运行与管理情况

江苏宜兴抽水蓄能电站由华东宜兴抽水蓄能有限公司负责建设和运行管理，2010年电站运行与管理情况如下：

（一）生产运行统计

2010年，电站机组全年启动次数为：发电启动2012次，抽水启动1080次，调相启动20次，启动成功率均为100%。完成发电电量10.92亿kW·h，抽水电量13.39亿kW·h，综合厂用电率1.23%，综合效率79.74%。全年发生非停1台·次，同比下降2台·次。

（二）安全生产情况

坚持把安全生产作为各项工作的“第一要务”，细化全年安全工作要点，签订安全生产责任书，落实安全生产岗位责任；强化安全管理和监督网络职责，严格“两票三制”，加大“两措”管理力度，坚持生产现场领导干部和管理人员到岗到位，定期组织各类安全会议，改进定检、巡检方式，加大隐患排查治理力度，开展了15次安全大检查及专项活动；深入开展“安全生产月”和百日安全活动，制定落实36条重点措施和19项工作计划；大力开展安全教育培训和应急体系建设，开展安规、工作票等专题培训，开展消防、紧急救护演练近10次，成功举办国网新源控股有限公司现场应急演练观摩活动；组织编写56条应急预案并完成21条备案，初步建立公司应急管理体系；全年圆满完成迎峰度夏、防汛、世博会及重大节日保电工作。

截至2010年底，电站完成3个百日安全生产，全面实现国网新源控股有限公司下发的9项安全业绩考核指标，实现自1号机组商运以来，连续安全生产974d，继续保持稳定良好的安全生产业绩。

（三）机组检修与消缺

全年完成3、4号机组B级检修，1号机组C级检修、1～4号机组D级检修及3台空气压缩机大修；完成地下厂房通风系统、PGP监控系统服务器等9项技术改造；完成3、4号机组双机甩负荷试验、3号机组水轮机性能试验、2号组动水关球阀试验以及11项设备预试工作；利用机组检修期完成3、4号机组导叶更换，彻底解决了机组导叶小开度水泵工况振动较大的问题。通过一系列检修、技改、预试和技术监督活动，有效消除了部分设备缺陷和隐患，提升了设备的健康水平，保证了机组安全、稳定运行。

（四）完成工程专项竣工验收并获得鲁班奖

在2009年工作的基础上，2010年前4个月时间内，完成了枢纽工程质量监督，通过枢纽工程安全性鉴定、安全验收评价报告评审，顺利通过了枢纽工程、安全设施、工程档案、竣工决算等4项专项竣工验收，并以平均95.7分通过国家电网公司组织的达标投产复检，为工程创优奠定基础。

2010年4月，电站工程获得“国家电网公司优质工程”称号，5月获得“中国电力优质工程奖”，9月以“上好”的评价通过了“鲁班奖”专家组现场复查，12月荣获中国建设工程“鲁班奖”（国家优质工程）。至此，自2003年工程正式开工以来，“高水平达标投产、创行业优质工程，争创鲁班奖”的建设总目标全面实现。

（五）科技发展

“上水库关键技术研究”荣获“大禹水利科学技术奖”二等奖，“地下厂房开挖与施工稳定性研究和对策”、“引水系统钢岔管创新关键技术研究”两项科技成果获“中国电力建设科学技术成果奖”二等奖；“一种用于软弱围岩支护的钢筋拱肋结构”专利被授予实用新型专利，“提高机组SCP启动成功率”、“减少机组启动冷却水流量不足次数”两个QC成果获省部级优秀成果奖；“球阀控制油管路改造”获得第二届全国电力职工技术成果三等奖。

（六）标准化建设全面推进

成立公司标准化管理组织机构，制定全面推进标准化建设工作方案，组织全员进行标准化宣贯培训、标准导入、体系建设、标准编制等一系列活动，建立适合公司管理的体系框架、目录、格式与流程，全面组织编制各类管理和工作标准。全年累计完成195个管理标准、125个工作标准、286个管理流程的编制与审核，梳理确定200个公司内部技术性指导文件，收集整理120余个地方性规章制度，初步建立公司标准化体系，并于2010年底前投入试运行。

（七）公司取得的荣誉

华东宜兴抽水蓄能有限公司荣获“2010年度全国电力行业优秀企业”称号。

（八）其他

电站上下水库大坝通过安全注册。

电站工程项目建设完成后评价工作。

（华东宜兴抽水蓄能有限公司　郭惠民）

国网新源控股有限公司“十一五”期间抽水蓄能机组投产和生产运行情况

（一）投产情况

“十一五”期间，国网新源控股有限公司新投产抽水蓄能机组统计列于表1中，占所在电网的容量比例见图1。

表1　国网新源控股有限公司“十一五”期间新投产抽水蓄能机组统计表　MW

序号	年份	机组台数	机组容量（MW）	机组类型	所在电网							
					华北电网	东北电网	河北电网	山东电网	江苏电网	华东电网	华中电网	湖北电网
1	2006	7	1850	蓄能		150		500		1200		
2	2007	6	1100	蓄能				500		600		
3	2008	8	2050	蓄能	300		750		1000			
4	2009	7	2050	蓄能			550				900	600
5	2010	2	600	蓄能								600
合计		30	7650		300	150	1300	1000	1000	1800	900	1200

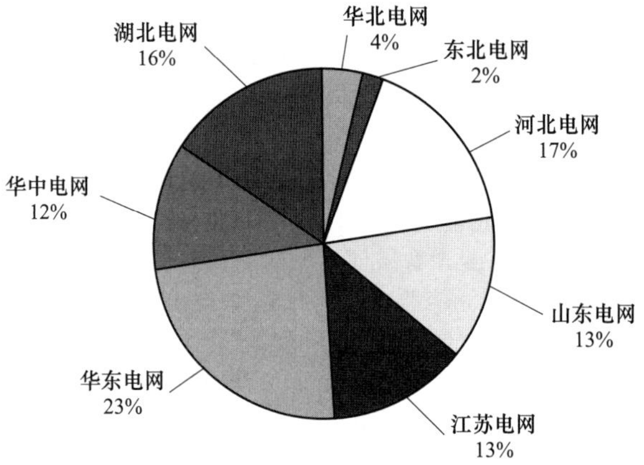

图1　新投产抽水蓄能机组占所在电网的容量比例

（二）生产运行情况

“十一五”期间，国网新源控股有限公司抽水蓄能机组生产运行情况统计列于表2～表4中。

表2　国网新源控股有限公司“十一五”期间抽水蓄能机组生产运行情况统计表之一

年份	铭牌容量（MW）	统计台数	统计时间（h）	可用小时（h/台）	利用小时（h/台）	运行小时（h/台）	发电小时（h/台）	抽水小时（h/台）	发电调相小时（h/台）	抽水调相小时（h/台）	计划停运小时（h/台）	强迫停运小时（h/台）	非计划停运小时（h/台）
2006	3620	16	7405.17	6715.38	1751.73	1886.63	—	—	—	—	666.11	11.52	23.68
2007	5270	25	8336.38	7521.07	1556.01	1669.22	—	—	—	—	803.14	3.98	12.17
2008	7420	35	7487.67	6888.56	1517.07	1604.37	769.80	823.56	0.27	27.69	594.67	4.10	4.44
2009	9970	44	7503.1	6837.63	1314.12	1350.62	634.03	687.33	0.06	22.57	659.68	5.26	5.79
2010	10 570	46	8303.44	7397.47	1310.38	1393.40	653.70	699.44	0.37	23.92	900.71	2.93	5.26

表 3 国网新源控股有限公司“十一五”期间抽水蓄能机组生产运行情况统计表之二

年份	铭牌容量（MW）	统计台数	平均连续可用小时（h）	平均无故障可用小时（h）	平均非计划停运间隔小时（h）	千瓦装机发电量（MW·h）	发电次数（次/台）	抽水次数（次/台）	发电调相次数（次/台）	抽水调相次数（次/台）	计划停运次数（次/台）	强迫停运次数（次/台）	非计划停运次数（次/台）
2006	3620	16	3427.06	27 416.48	2315.22	0.77	68.44	50.63	0.81	21.25	1.31	0.25	0.69
2007	5270	25	2290.09	7911.22	1100.91	0.69	162.56	94.44	1.44	48.24	1.64	0.88	1.4
2008	7420	35	4050.64	17 938.55	4133.40	0.67	290.11	175.74	0.29	87.91	1.34	0.4	0.43
2009	9970	44	3645.33	26 124.86	4622.01	0.58	247.09	145.61	0.05	82.68	1.64	0.27	0.32
2010	10 570	46	3978.60	58 352.82	8730.26	0.58	270.15	154.83	0.35	88.54	1.74	0.13	0.17

注 1. 平均连续可用小时为机组年可用小时除以计划停运次数与非计划停运次数的和，再乘以100%。
2. 平均无故障可用小时为年可用小时与强迫停运次数的比值，再乘以100%。

表 4 国网新源控股有限公司“十一五”期间抽水蓄能机组生产运行情况统计表之三

年份	铭牌容量（MW）	统计台数	运行系数（%）	等效可用系数（%）	计划停运系数（%）	非计划停运系数（%）	强迫停运系数（%）	毛容量系数（%）	强迫停运率（%）	非计划停运率（%）	启动可靠度（%）	运行暴露率（%）	强迫停运发生率（%）
2006	3620	16	25.48	90.69	9	0.32	0.16	10.42	0.61	1.24	99.67	28.09	0.32
2007	5270	25	20.02	90.22	9.63	0.15	0.05	8.29	0.24	0.72	99.11	22.19	1.11
2008	7420	35	21.43	92	7.94	0.06	0.05	8.99	0.25	0.28	99.90	23.29	0.49
2009	9970	44	18	91.13	8.79	0.08	0.07	7.73	0.39	0.43	99.94	19.75	0.34
2010	10 570	46	16.78	89.09	10.85	0.06	0.04	7.01	0.21	0.38	99.97	18.84	0.15

注 1. 运行系数（%）为机组年运行小时与年统计小时之比值，再乘以100%。
2. 等效可用系数（%）为机组年可用小时减去降出力等效停运小时，再除以年统计小时，乘以100%。
3. 毛容量系数（%）为机组年毛发电量除以年统计小时与毛最大容量的积，再乘以100%

（国网新源控股有限公司）

国电万安水电厂2010年生产运行情况

（一）生产运行情况

2010年，国电万安水电厂水库来水量354.6亿m^3；全年累计完成发电量159 606万kW·h，同比增幅81%，完成该厂计划的133%，完成网省公司计划的99.8%；水能利用提高率为15.5%。直接生产厂用电率为0.92%，比上年同期下降0.51%；综合厂用电率1.65%，比上年同期下降0.89%。全厂5台机组共计运行23 846.8h，台平均运行4733.77h，运行暴露率达58.99%；全年未发生非计划停运事件，机组等效可用系数为91.60%。主设备完好率100%，辅助设备一类率100%，自动装置投入率100%，自动装置正确动作率100%，继电保护投入率99.99%，继电保护正确动作率100%，水情自动测报系统畅通率98.2%，水情自动测报系统可用度0.99，最大一次洪水预报准确率99.4%，洪水预报平均准确率96.9%。

（二）质量、安全、环境职业健康管理体系认证与执行情况

2010年，国电万安水电厂按照ISO 9001国际标准要求积极开展厂内的管理评审和内部审核，通过了中国质量学会的认证审核。

为实现对设备及人员行为的全过程管理，国电万安水电厂按照“一项作业任务编制一份检修工序卡”的原则组织编写了机组大修检修工序卡，包含使用工具和材料及安全工具、危险点分析、工作程序及质量记录、定置图、竣工记事等，明确规定检修到哪个项目都有质量监督人员参照标准跟踪打勾，记录数据参

数，强化机组检修质量三级验收，杜绝检修漏项或降低标准，充分体现了对现场作业的全过程控制。

（三）设备改造

国电万安水电厂2010年技术改造项目共16项，具体项目及简要内容见表1。

表1 国电万安水电厂2010年技术改造项目及内容

序号	项目名称	措施简要内容
1	220kV GIS出线间隔断路器改造（1个间隔）	更换212DL断路器、液压机构、电流互感器等
2	2号机组推力瓦改造	更换18块推力瓦
3	2号机组空气冷却器改造	更换18个空气冷却器
4	生产信息管理系统改造	购置2台小型机、1套磁盘阵列系统等
5	3号机组并联变压器改造	替换现并联变压器、软件升级
6	机组测温系统更新	选用新型测温模块
7	GPS卫星时钟装置组屏	将全厂所有的保护和录波装置GPS进行组屏
8	保护220V直流蓄电池及充电机改造	安装一组蓄电池及一台高频开关式充电机
9	2号机组技术供水泵及滤水器改造	改造水泵及滤水器
10	中导墙护坦泵及低压消防泵改造	改造2台护坦泵及2台低压消防泵
11	国家防汛抗旱总指挥部动态汛限水位试点项目论证（国电万安水电厂）	完成论证、审查及报批工作
12	清污挖掘机改造	购置挖掘机、液压抓斗等
13	左岸非溢流坝段裂缝处理	进行裂缝加固
14	物资超市系统建设	安装一套物资超市系统
15	4号发电机变压器组A套保护改造	更换新保护盘
16	2号主变压器A套保护改造	更换新保护盘

（四）大坝安全管理

2010年3月底，由国家电力监管委员会大坝安全监察中心组织的万安水电站大坝安全第二次定期检查工作形成最终意见，并提出《江西万安水电站大坝安全第二次定期检查报告》，评定万安水电站大坝为正常坝。

（五）标准化工作

2010年，组织全厂各部门进行企业标准的制定修订，通过统筹优化、合理归并，共发布企业技术标准79个、企业管理标准191个、企业工作标准302个。

（中国国电集团公司　兰才汉　郭瑞涛）

国电长源电力股份有限公司水电生产情况

（一）国电长源陆岭子水电有限公司

国电长源陆岭子水电有限公司（以下简称陆岭子公司）成立于1999年7月，由国电长源电力股份有限公司、中国建设银行股份有限公司武汉省直支行、荆门热电实业有限责任公司按占股比例63.04%、24.45%、12.51%联合出资组建，注册资本金1.599亿元。陆岭子公司主要从事水电站电力生产和经营，兼营陆岭子水库库区水产养殖等。陆岭子水电站装机容量为3×23.5MW，设计年平均利用小时数为3012h，年平均发电量为2.12kW·h，经Ⅰ回110kV线接入十堰市夏家店变电站并入湖北省电网，由湖北省电力调度中心直调。

2010年，陆岭子公司全年累计完成发电量2.43亿kW·h，上网电量2.29亿kW·h，较2009年增加23%。综合厂用电率5.42%，与计划指标5.65%相比，下降了0.23个百分点，较同期上升0.16个百分点。

2010年，陆岭子公司安全生产形势总体稳定，未发生一类障碍及以上设备事故和人身轻伤事故，保持了电站长期安全运行。主辅设备完好率达100%，消缺率达到98%，工作票合格率达到100%。在机组参与系统调峰十分频繁的情况下，全年机组启停无一例失败，运行机组无一例因设备原因和人为操作失误而造成停运和强迫停运，全年非计划停运次数为零。陆岭子公司实现了年度3个百日安全生产长周期，连续安全生产达3000d。

（二）国电长源堵河水电有限公司

2010年，国电长源堵河水电有限公司（以下简称堵河公司）完成发电量1.048 8亿kW·h，完成上网电量1.028 5亿kW·h。

2010年，完成1、2号机组的B级检修工作，推行“小缺陷不过班，大缺陷不过天，重大缺陷有安排”的零缺陷管理模式，形成了保证设备健康的检修管理体系，全面提高设备可靠性。主设备完好率达100%，辅助设备完好率达95%，保证了调度日命令十几台·次的启停。实现了安全度汛及零伤亡、零事故、零非停“三零”目标，实现3个百日安全生产长周期，保持1943d安全无事故长周期纪录。

（三）国电长源富水水力发电厂

国电长源富水水力发电厂（以下简称富水电厂）是国电长源电力股份有限公司的全资子公司，在运的两台轴流转浆式水轮发电机组容量分别为20MW、17MW，经过历年来的技术改造，已实现微机监控一键开机。2010年，富水电厂继续被湖北省政府评为“清洁无害工厂”。

2010年来水较好，富水电厂积极认真地做好防汛工作，加强机组运行维护管理，全年发现并处理2号主变压器低压侧铝排连接处严重发热等隐患95条，确保机组长期在高水头下安全稳定运行，全年完成上网电量1.558亿kW·h。

2010年，富水电厂全年安全生产平稳，通过了国电电力监管委员会华中监管局专家组于2010年5月中旬组织的综合安全检查，实现了“3个百日安全无事故”目标，连续安全生产达6538d。

（四）国电长源南河水力发电厂

2010年，国电长源南河水力发电厂（以下简称南河电厂）完成发电量8009.49万kW·h，同比增加26.97%；完成上网电量7694.87万kW·h，同比增加26.81%。发电厂用电率0.25%，综合厂有电率2.97%，各项技术经济指标均在考核值内。

2010年，南河电厂认真开展了第三轮大坝定检工作，召开了两次专家组会议，完成了5个专题报告的起草和审核，大坝顺利通过定检。优质高效地完成了大坝动力电缆更换和2号机组A级检修工作。加强设备管理，全年共发现和处理缺陷119项，设备缺陷消缺完好率100%，复现率达到0%，两票合格率100%。继续开展安全性评价整改工作，至2010年底已全部完成整改项目30项，部分完成3项。综合厂用电率同比下降0.73%，设备可靠性得到明显提高，健康水平迈上新台阶。截至2010年12月31日，全厂连续安全生产5382d。

（中国国电集团公司　陈建斌　王　东
宋传华　张　勇　柯　雯）

国电海南大广坝发电有限公司生产管理情况

国电海南大广坝发电有限公司（以下简称大广坝公司）的前身为海南省大广坝水电厂，该电厂位于海南省东方市境内昌化江流域，是一个具有发电、灌溉、供水和旅游等综合经济效益的大型综合性工程。大广坝水电厂作为海南省最大的水力发电厂，在海南电力系统中主要起调峰、调频和事故备用的作用，对改善海南电力电能质量，保证电网的稳定运行起着举足轻重的作用。2010年，大广坝公司发电量为52 023.503万kW·h，综合厂用电率为1.63%。

2010年，大广坝公司在安全大检查中，对发现的安全隐患通过下达整改单的形式进行限期整改并现场复查验收，年度内完成了中国国电集团公司下达的安全控制目标。截至2010年12月31日，累计连续安全生产2190d，创历史最高纪录，年内百日安全记录已达3个。主设备未发生损坏事故，未发生人为误操作或检修不当导致对外停电事故，未发生火灾事故，继电保护、自动装置等设备没有发生误动作引起的对外停电事故，保护正确动作率100%。主设备动作正确率100%，机组自动装置投入率100 %，自动开停机成功率100 %，励磁装置投入率100%。设备运行健康状态良好，全面完成2010年初制定的安全目标。

2010年，按内培和外培计划，大广坝公司安排参加中国国电集团公司等单位组织的项目外培7人·次、公司组织的中层干部培训班22人·次、国家二级建造师继续教育16人·次以及各部门、各单位组织的培训共76项，相关人员都按计划分专业参加了培训，培训率100%。

（中国国电集团公司　陆燕良）

察汗乌苏水电站2010年运行管理情况

察汗乌苏水电站是国电新疆开都河流域水电开发有限公司（以下简称国电开都河公司）已建成的水电站，装机容量309MW。2010年发电量为12.34亿kW·h，电费回收率100%，提前完成2010年生产经营目标。全年累计开展安全活动60次，参加人数1440人·次；现场事故演练30次，参加人数390人·次；实现了无人身伤亡、无涉及电网的重大事故和无主设备损坏的“三无”目标，年内安全生产365d，跨年度连续安全生产1106d。

2010年，察汗乌苏水电站根据开都河实际来水情况，结合年度电量计划，合理制定了检修、技改计划，于年底前完成1号和3号机组B级检修工作、2号和3号机组C级检修工作。

2010年，察汗乌苏水电站完成运行规程及检修规程等现场管理制度的修订及增补74项，达到检修管理规范化、运行管理经济化、技术管理专业化、经营管理科学化。

国电开都河公司自2006年起，与有经验的国际公司合作，成功于2009年9月14日完成了察汗乌苏水电站CDM项目在联合国CDM执行理事会的正式注册，成为中国国电集团公司成功注册的第一个水电CDM项目，也是当年世界上已注册的水电类最大容量CDM项目。2010年，察汗乌苏水电站CDM项目完成了联合国安排的两次后期核证工作。

2010年，察汗乌苏水电站荣获新疆维吾尔自治区经济和信息化委员会授予的“新疆电力行业2009～2010年技术监督先进专业”荣誉称号，国电开都河公司分别荣获中国国电集团公司和国电新疆电力有限公司授予的“安全生产先进单位”荣誉称号。

（中国国电集团公司　郑丽娜）

国电迪庆香格里拉发电有限责任公司生产经营情况

2010年，国电迪庆香格里拉发电有限责任公司（以下简称迪庆香格里拉公司）电力安全生产，员工队伍稳定，后续项目顺利推进。

（一）电力生产

2010年，迪庆香格里拉公司所属的螺丝湾电厂、冲江河电厂和吉沙电厂共完成发电量8.61亿kW·h，上网电量8.51亿kW·h。

开展设备整治，通过更换电压互感器二次侧空气断路器，使螺丝湾水电站综合厂用电率每天减少了0.4%～0.5%，上网电量增加了约57.49万kW·h。组织大修技改，全年共完成机组A级检修3台·次，B级检修1台·次，非标项目1项，公用系统、生产建筑物及非生产建筑物检修项目16项，技改项目13项。迪庆香格里拉公司所属电站主辅设备均可控、在控，全年未发生非计划停运，累计设备平均利用小时数3440.33h，同比增幅0.58%。

2010年7月21日，因特大洪水冲毁5号杆塔，迪庆香格里拉公司组织全体员工抢修铁塔保送电；冲江河电站紧急实施全厂停电预案，顺利完成了黑启动。

2010年11月，吉沙水电站通过国家电监会云南省电监办组织的机组并网安全性评价，同年底顺利取得了发电业务许可证。

截至12月31日，螺丝湾电厂连续安全生产3439d，冲江河电厂连续安全生产2398d，吉沙电厂连续安全生产771d。

（二）工程建设

小中甸水利枢纽工程可行性研究报告取得国家发展改革委批文；吊江岩水电站可行性研究报告通过云南省发展改革委组织的评审，取得云南电网公司同意并网意见；月亮坪水电站完成流域规划修编报告编制工作、流域环评报告编制工作，并取得云南省林业厅、虎跳峡风景区同意开展项目前期工作的批复文件；冲江河水电站顺利通过枢纽工程竣工专项验收；吉沙水电站取得土地使用证，完成厂房后边坡的加固处理工程。

2010年，迪庆香格里拉公司荣获“云南省劳动关系和谐企业”、“国电集团公司五五普法先进单位”称号。螺丝湾水电站B轮值荣获“云南省工人先锋号”称号。

（中国国电集团公司　邹德云）

国电四川发电有限公司生产情况

（一）国电四川电力股份有限公司

国电四川电力股份有限公司所属水电站总装机容量共29.6万kW，投产以来累计发电量1 788 843万kW·h。2010年共计发电量91 515.785 2万kW·h，平均利用小时数3427.56h，各发电厂主要情况为：

（1）南桠河水电站。投产以来累计发电量1 496 505.389 2万kW·h；2010年发电量53 958.815 2万kW·h，平均利用小时数4497h。

（2）栗子坪水电站。投产以来累计发电量67 507.29万kW·h；2010年发电量31 180.25万kW·h，平均利用小时数2362h。

（3）紫马水电站。投产以来累计发电量71 887.621万kW·h；2010年发电量6376.72万kW·h，平均利用小时数4251h。

（4）磨房沟水电站。投产以来累计发电量119 642.7万kW·h；由于2003年锦屏水电站施工将两台机组发电水源打漏，到2007年该电站已完全无水发电，停运至今。

（二）国电四川发电有限公司南桠河水电分公司

国电四川发电有限公司南桠河水电分公司（以下简称南桠河分公司）注册成立于1995年10月，注册资本人民币16 640万元，现为国电四川发电有限公司全资子公司。南桠河分公司自成立至今，优质、高效地完成了国家重点工程南桠河一期工程（包括姚河坝水电站、冶勒水电站）和四川省重点工程栗子坪水电站（2×6.6万kW）工程的建设任务。目前，南桠河分公司主要负责姚河坝水电站（3×4.4万kW）和冶勒水电站（2×12万kW）共计37.2万kW装机容量的生产经营。截至2010年底，南椏河公司姚河坝水电站和冶勒水电站累计完成发电量79.31亿kW·h，安全生产纪录分别达到3362d和1841d，一直保持着自投产发电以来的不间断安全纪录，并延续了2009年以来的“零非停”纪录。

（中国国电集团公司　陈庆宏　何　艰）

中国南方电网有限责任公司调峰调频发电公司生产情况

（一）概况

中国南方电网有限责任公司调峰调频发电公司（简称调峰调频发电公司）目前管理的电厂分为两个部分：一是中国南方电网有限责任公司所有的全资电厂，包括鲁布革水力发电厂（简称鲁布革电厂）、在建的广东清远抽水蓄能电站（简称清蓄电站）和深圳抽水蓄能电站（简称深蓄电站）；二是中国南方电网有限责任公司控股的天生桥二级水力发电有限公司（所属电厂为天生桥水力发电总厂）、广东蓄能发电有限公司（所属电厂为广州蓄能水电厂）和惠州蓄能发电有限公司（所属电厂为惠州蓄能水电厂）。截至2010年底，已投运电厂装机容量642万kW，在建电厂装机容量278万kW（含深蓄电站120万kW）。

（二）安全生产

1. 总体情况　2010年，调峰调频发电公司围绕“电网安全稳定”这条生命线，全面开展安全生产一体化建设，以提高设备可靠率为总抓手，狠抓设备治理，全面完成2010年各项工作，安全生产形势总体平稳，未发生安全目标考核事故，安全生产责任制在中国南方电网有限责任公司考评中获得95.5分的好成绩。2010年，实现了安全生产风险管理体系建设目标，完成了统一的生产管理信息系统（EAM）建设，大力开展“设备整治年”活动，圆满完成亚运保供电任务，并在行业标准建设和科技创新中取得新突破。

2. 安全生产指标　2010年，调峰调频发电公司机组共启动18 817次，启动成功率99.56%，比计划值高1.56个百分点。常规电厂等效可用系数92.74%，比计划值高4.49个百分点，同比提高1.3个百分点。蓄能电厂等效可用系数91.02%，比计划值高6.02个百分点，同比提高0.43个百分点。蓄能电厂对电网事故应急反应14次，应急启动37台·次，启动成功率100%。

（三）生产运行

1. 总体情况　2010年电厂运行情况正常，年发电量125亿kW·h，比2009年发电量减少7.45%，主要原因是2009年天生桥电厂所在南盘江流域来水偏枯，2009年末天生桥一梯级电站水库蓄水严重不足，导致2010年汛前天生桥电站发电严重缺水。

2010年总体属于平水年份，调峰调频发电公司于2010年4月在天生桥电厂召开防风防汛暨迎峰度夏工作会议，各电厂严格执行批复的水库调度计划、洪水调度方案及防汛抢险方案，实现了电站安全度汛、经济运行和施工工程安全。

2. 设备管理　2010年，调峰调频发电公司针对新厂设备不稳定、老厂设备老化问题仍然突出的实际，开展了“设备整治年”活动，对设备进行综合治理，编制发布了《2010～2012年技术改造规划》，并按规划开展设备治理工作。全年共完成了112项设备技术改造和44项大修项目，消除了天生桥电厂500kV GIS断路器触头磨损、鲁布革电厂机组调速器老化、7号机组磁极设计缺陷等一批重大缺陷。系统排查了生产性缺陷共1680项，处理了1462项，消缺率87.02%。其中：紧急缺陷266项，处理了260项，消缺率97.74%；重大缺陷51项，处理了48项，消缺率94.12%；一般缺陷1363项，处理了1154项，消缺率84.96%。开展项目后评估，制定《关于加强机组振动管理若干要求》，提出了具体措施。针对惠蓄电厂机组调试投产运行同时进行的风险，制定了《新设备投产调试验收若干要求》，明确了新设备投产调试验收的具体要求和措施，进行设备调试过程的风险管控，2010年下半年未发生因调试导致的异常现象。全年机组共启动18 817次，启动成功率99.56%，比计划值高1.56个百分点。

3. 电厂运行　2010年，调峰调频发电公司常规水电厂发电量72.29亿kW·h，与2009年发电量81.85亿kW·h相比，同比减少11.68%。其中：天生桥电厂2010年发电量48.72亿kW·h，2009年发电量64.94亿kW·h，同比减少24.97%；鲁布革电厂2010年发电量23.57亿kW·h，2009年发电量16.9亿kW·h，同比增加39.47%。

2010年，天生桥所在南盘江流域总降雨量与多年平均相比偏少一成。汛期天生桥二级水电站入库总水量为57.39亿m^3，发电用水为57.39亿m^3，全年天生桥一级、二级水电站无泄洪。

鲁布革水库2010年平均运行水位1120.67m，比2009年平均运行水位1118.46m偏高2.21m，比多年平均运行水位1119.59m偏高1.08m。汛期共发生洪水18场，泄洪共操作闸门58次，最大泄洪流量1192.8m^3/s，水库弃水总量10.606 5亿m^3。汛期主要拦蓄洪尾蓄水增发电量有4次，共计拦蓄洪尾蓄水8979.06万m^3，增发电量6906.97万kW·h。

抽水蓄能电厂2010年发电量52.73亿kW·h，

与2009年发电量46.27亿kW·h相比，同比增加13.97%。其中：广蓄电厂发电量37.56亿kW·h，与2009年发电量34亿kW·h相比，同比增加10.47%；惠蓄电厂2010年发电量15.17亿kW·h，与2009年发电量5.28亿kW·h相比，同比增加187.31%，主要是惠蓄电站2010年陆续3台机组投产，生产能力扩大。

广蓄电厂汛期区域降水比2009年同期偏多约三成，汛期累计泄洪2078.8万m^3。

惠蓄电厂汛期降雨量与2009年同期相比增加较多，上水库降雨总量为1681.5mm，下库降雨总量为1386.9mm。

（中国南方电网有限责任公司调峰调频发电公司）

三峡工程蓄水至175m

2010年10月26日，举世瞩目的三峡工程首次达到设计正常蓄水位175m。这标志着三峡工程的防洪、发电、通航、补水等各项功能都达到设计要求，其综合效益将全面发挥。

2006年，三峡工程蓄水至156m，进入初期运行期，比初步设计提前一年达到目标。

蓄水至175m是三峡工程接受"大检阅"的新高度，也是三峡工程初步设计的主要任务，它涉及防洪、发电、航运、补水等综合利用效益的发挥和泥沙、库区移民、地灾治理、水环境保护、枢纽工程、清水下泄对下游的影响等诸多方面。为此，积极开展专题研究，重点根据移民、地质灾害治理进度，结合观测的新资料和156m运行以来出现的新情况，对泥沙、水环境、清水下泄等问题进行补充研究，全面统筹分析，提出每年蓄水方案，为科学进行试验性蓄水提供有效的技术支撑。

2008年汛末蓄水前，《三峡水库2008年试验蓄水至175m方案》得到国务院三峡工程建设委员会的批准，至此三峡工程开始了正常蓄水位175m的试验性蓄水。2008年11月4日最高蓄水位至172.8m，2009年11月24日最高蓄水位至171.4m。

2010年，在总结前两次试验性蓄水规律的基础上，加强对泥沙、库区地质灾害、当年来水情况的分析，编制完成了《三峡水库2010汛末蓄水方案研究》。该方案采用汛末期设计洪水进行调洪计算，分析9月各种不同起蓄水位条件下蓄水，均可以保证防洪安全，为当年175m蓄水成功提供了重要技术支撑。

175m是三峡工程设计的正常蓄水位，也是三峡全面实现各项功能的重要标志线。在这个高程下，三峡工程防洪能力将得到充分验证，水电资源可实现最大限度利用，长江航道成为更加顺畅、高效的"黄金水道"。在蓄水至175m后，进行相关监测和试验性工作，着重加强对大坝、船闸闸首、机组等在高水位状态下运行的监测，以及水轮发电机组高水位运行下的试验。

135m、156m、175m，三峡工程历经7年3期蓄水，2010年终于步入全面收获期。

（摘自《人民长江报》记者陈松平、通讯员秦建彬的报道）

大唐石泉水电厂2010年生产经营管理情况

（一）概况

大唐石泉水电厂位于汉江上游石泉县城西1km处，装有3台单机容量为4.5万kW的混流式水轮发电机组，设计多年平均发电量6亿kW·h。

1998年由原西北电力开发有限责任公司、安康国有资本经营公司、中国水利水电第三工程局、西北勘测设计研究院分别按50%、25%、17%、8%共同出资组建陕西石泉发电有限责任公司，在与大唐石泉水电厂共用一座大坝和水库的基础上，扩建2台单机容量为4.5万kW的混流式水轮发电机组，总容量9万kW，2000年11月27日建成投运，公司董事会于2005年2月委托大唐石泉水电厂按照《陕西石泉发电有限责任公司生产和经营管理实施方案》对公司的资产进行全面生产经营管理。

2010年，大唐石泉水电厂保持了安全生产的平稳态势，经营工作取得较好成绩。截至2010年12月31日，全厂实现安全记录3165d，无非停记录1916d；发电量实现7.8亿kW·h。

2010年，大唐石泉水电厂被国家电力监管委员会西北监管局授予"2010年度西北区域电力监管统计工作先进单位"荣誉称号，被陕西省防汛抗旱总指挥部评为"防洪度汛先进单位"，被陕西电力调度中心评为"2010年水调工作先进集体"。

（二）生产管理

2010年大唐石泉水电厂以增产增收为核心，生产管理更加务实。

（1）认真开展设备检修、技改、维护，提高设备可靠性，夯实生产基础。以深入开展设备降缺陷和文明生产上水平活动为切入点，加强隐患排查、缺陷处理、技术改造和现场整治，强化设备管理，不断改善生产现场环境，保证设备安全可靠运行。一是制定《设备降缺陷行动计划》，梳理出13项设备缺陷管理中存在的问题，进行分解、整改、落实。二是加强日常巡检，确保设备巡检不留死角。认真做好机组温度、摆度及振动的定期测量工作，强化运行分析。三是统筹安排设备定期检修预防性试验，同时结合检修工作及时消除设备固有缺陷，分别于2010年4月底、6月底两次实现了零缺陷。四是积极实施技术改造。五是开展文明生产上水平竞赛活动。生产管理干部经常深入现场，全面排查问题，当场落实整改责任，实行闭环监督。全年累计完成整治项目88项。

（2）实施水库精细化调度，确保增产增收目标的实现。按照“度电必争，方水必用”的思路，积极转变思想，科学处理防汛与发电的关系，做好水库精细化调度。一是早布置、严落实，提早组织汛前检查，清理补足防汛物资，为防洪度汛奠定基础。二是严密监视水情雨情信息，科学预测，按照机组发电效益最大化原则，及时制定调度方案。三是多措并举，最大限度提高行洪期机组的出力，降低了消耗性指标，全年耗水率为10.06m^3/（kW·h），水能利用提高率为8.72%。四是充分发挥石一喜水调自动化系统的功能，有效抬高净水头，实现了精细化调度。五是与防汛部门加强沟通，做到沟通有效有力。六是在防汛抗洪中，顾全大局，积极履行社会责任，以下游人民生命财产安全为己任，通过削峰错峰，缓解了下游防汛压力，得到国家防汛抗旱总指挥部巡视组和省、市、县防汛部门的充分肯定和高度评价，并被通报表彰。

（三）安全管理

2010年，大唐石泉水电厂以本质安全型企业为目标，安全管理不断强化。一是强化落实安全生产责任，按照企业安全生产目标，逐级签订安全责任书。二是健全制度体系，堵塞管理漏洞。三是夯实安全基础工作，以反违章为抓手，以防人身伤害为重点，加强两票管理，强化“三讲一落实”工作，规范班组安全日活动流程和内容，有效防控了现场作业风险。四是坚持以正激励为主、负激励为辅的原则，加大现场安全督察力度。五是强化应急管理，适时启动应急预案修编工作，通过演练不断完善预案内容。六是做好重大危险源、安全性评价、两措、春秋安检查等整改计划的监督落实。七是加强对外承包工程的安全管理。八是将基建、多经、后勤、交通、消防、公共安全等方面纳入安全生产管理，与主业同布置、同检查、同考核，在全厂构建了大安全工作格局。

（四）经营管理

2010年，大唐石泉水电厂通过认真开展清仓利库、财务管理、对外创收等工作，不断提升经营管理工作水平，提高工作成效。一是创新、规范现有物资管理模式，实行全厂物资统一管理，提高了物资和工器具使用效率。二是规划整治前方生产备品库，对全厂备品配件及材料进行全面盘点，合理降低物资储备。三是严格执行大唐陕西发电有限公司“七不准”规定，将办公设施集中管理、统一调配。四是加强资金集约管理，主动适应大唐陕西发电有限公司对内部核算单位财务管理方式的改革，周密制定资金计划，以收定支，采用合理的商业支付手段，减少资金成本占用费；同时，做好资金统筹，保证全年整体资金运作的平稳。五是强化成本控制，防范债务风险。认真分析经营风险点，制定风险防范方案，确保经营风险的可控、在控。六是加强税收政策研究，规避税收风险，被陕西省国税局、陕西省地税局联合评定为“A级纳税信用等级”。

（五）拓展经营空间

2010年，大唐石泉水电厂在拓展经营空间方面积极进取，对外检修项目多点开花，效果显著，并呈现点多、面广、突破大3个特点。工作点多，先后完成了7项对外检修工程，项目最多时，4项对外检修工程同时开工。业务面广，对外检修工作涵盖了电站灾后水毁修复、水电机组安装、机组大修、泄洪溢流面混凝土大修等中、小型水电站各方面的检修工程，还对安康、汉中已建、在建和规划的191座电站进行了普查，其中西乡骆家坝水电站项目投资建议书已完成编制上报。突破大，一是机制创新突破大，突破常规，按照市场运作模式操作，所有检修项目全面推行项目经理负责制，项目部经理和主要技术人员采用竞争聘任制，逐步实现精简高效、灵活机动、多劳多得的机制；二是市场开拓突破大，以合理的报价、诚恳的态度和坚实的技术保障成功中标，顺利签订了重庆乌江银盘水电站的检修维护合同，这标志着大唐石泉水电厂的对外发展，取得了重要突破。

（大唐石泉水电厂　王　鹏　纪　丹）

大唐陈村水力发电厂 2010年生产情况

陈村水电站位于皖南山区青弋江上游，地处旅游胜地黄山和佛教圣地九华山之间的太平湖畔泾县境内，是以发电为主，兼备防洪、灌溉、旅游、养殖等综合利用效益的枢纽工程；分陈村和纪村二级开发，水库总容量27.06亿m^3，总装机容量22.4万kW；1958年开工建设，1970年10月首台机组并网发电。40年来，大唐陈村水力发电厂在发电、防洪、灌溉等方面都取得了巨大的经济、社会效益，累计提供清洁电力135亿kW·h；汛期拦截3000m^3/s以上洪峰43次，使下游地区防洪能力提高到20年一遇免受灾害；为宣城、芜湖等地提供抗旱用水85亿m^3，确保146万亩农田旱涝保收。

2010年，大唐陈村水力发电厂完成大坝定期检查整改问题33项，完成低温高水位和高温高水位加测、分析工作，进一步掌握大坝运行规律。为确保陈、纪两座大坝安全度汛，于2010年3月8日召开了第一次防汛会，同年3月25日厂部组织开展了汛前检查和陈村左右溢洪道、中孔在备用电源状态下进行泄洪演练，全面了解了水工闸门及启闭设备、备用柴油发电机以及上下游的防汛情况，及时对相关问题进行了整改，为大坝的安全度汛打下坚实基础。

2010年，陈村库区流域总来水38亿m^3，比多年平均多了近一成，总出库水量37.296 6亿m^3。大唐陈村水力发电厂把握有利时机，精细优化调度。首先，做好高水头下机组经济运行和联合调度工作，最大限度地提高发电机组的运行效率，提前126d完成4亿kW·h年度发电任务；其次，充分利用汛期强降水抢发电量，2010年7月，陈村水库流域遭遇近10年来最大强降雨，根据科学分析和预测，全力将库区来洪转化为发电效益，陈村和纪村两水电站联合发电量达9197.026万kW·h，创近10年来月发电量之最；再次，合理利用区间来水，实现效益最大化，2010年9月流域降雨丰沛，纪、陈电量比高达80.12%。结合2010年底渠道冬修工程特点，经协调地方渠道管理部门，实现了边冬修边发电的目标，小流量通水增发电量101万kW·h。纪村站在总干渠冬修时间长、发电时间短的情况下，年发电量达1.3亿kW·h，比2009年多发1200万kW·h。

2010年，大唐陈村水力发电厂连续第六年被评为全国"安康杯"竞赛优胜企业，并荣获安徽省"五一"劳动奖状以及中国大唐集团公司先进单位、一流企业、文明单位等荣誉。

（大唐陈村水力发电厂　孙　萍　周　勇）

彭水水电站水工建筑物实行点检定修管理

（一）概况

彭水水电站位于乌江干流下游，总库容14.65亿m^3，总装机容量1750MW。枢纽从左至右由通航建筑物、大坝及泄洪建筑物、地下厂房等组成。其中，升船机总建筑高度达113.0m，碾压混凝土弧形重力坝坝高113.5m，地下厂房开挖尺寸为252m×30m×86.5m。另外，在两岸还布置了总计近30km各种功能洞室、廊道，有高边坡及滑坡体。如此规模巨大的水工建筑物群，地质条件又十分复杂，管理任务非常重，仅将所有水工建筑物巡视检查一遍，就需要近1周的时间。加之设计安全监测点多，分布区域广，观测工作任务非常重。为此，探索了将设备点检定修方法运用到水工管理上，目前国内尚无先例。

水电站水工专业工作主要有：仪器设备的管理维护，建筑物的日常巡视检查、年度详查、定期检查，安全监测数据的采集、整理计算、整编分析等。通过以上工作发现水工建筑物有缺陷或异变时，再对建筑物进行必要的维护。其中，日常巡视检查及安全监测两项工作是最主要的，工作强度最大，也是水工建筑物安全管理的基础。

在水工专业开展点检定修工作的前提是：需要将水工建筑物等视同设备来对待，主要可以分成水工建筑物、建筑物的安全监测设备两大类。安全监测设备和常规意义的设备差别不大，但水工建筑物并不是一般意义上的设备。如大坝，既有挡水溢流坝段又有非溢流坝段，将整个大坝看成一个设备，那么这个设备太大且非常难以管理，在点检定修中也难以归类。因此，要将点检定修应用到水工管理中，必须解决如何定义设备的问题。将水工建筑物按一定规则定义好后，按点检定修的要求制定KKS编码通则后，才能在系统进行统一管理。

（二）点检定修的实施

1. 规章制度的制定　依据国家及行业相关法规制度并结合水工建筑物生产运行的实际需要，重庆大唐国际彭水水电开发有限公司编写完成了《水工建筑物维护规程》、《水工建筑物安全监测技术规程》、《坝前清污规程》、《水工建筑物安全监测加测方案》、《大坝安全管理制度》、《防汛管理制度》、《水工建筑物现场巡视检查制度》、《水工作业安全规程》、《船舶管理制度》、《大坝安全管理责任制》等10多个相关规程制度，基本能满足水工管理工作的需要。

2. 水工设备KKS编码　在学习其他专业设备编码的基础上，经反复试验，确定了水工建筑物编码以具备独立功能为界面，如一个坝段、一处滑坡体、一栋房屋等称一台设备，这个设备既不能太大，也不能太小，以方便进行台账管理为准来定义。初步制定出了水工专业设备编码通则如下：

（1）水工KKS编码按"工艺系统代码"编。

（2）水工分：水工建筑物、水工机械、水工建筑物安全监测、水情测报、水文测量、船闸、升船机等功能系统，统一归入"全厂公用（0）"，其他如有过木系统、过渔系统等则并列列出。

（3）A3位编码总体原则是以设备名称汉语拼音第一个字的第一个字母区分，水工建筑物安全监测中的应力应变仪器则用通用的仪器代码区分，但在同一节点下不能用同一字母表示两种以上仪器。

3. 点检标准的制定　水工设备点检标准的主要内容有：点检项目（部位）、点检内容、点检周期、点检方法、点检标准、点检类型、点检状态等。点检标准按工作项目分水平控制网、垂线、渗流、渗压等18项，基本涵盖了所有的安全监测设备、设施及水工建筑物。点检内容则分成巡视检查、专业测量及仪器检验3类。日常巡视检查定义为日常点检，专业测量定义为专业点检，仪器检验则定义为精密点检。日常点检的内容主要是用肉眼或借助简单工具，如望远镜、皮尺、手电筒等，检查各类仪器、建筑物的外观；专业点检的内容是通过使用专业设备收集各监测点的数据，并进行简单计算整理分析；精密点检的工作内容则是将仪器设备送往具备资质的专业计量单位进行精密检验。日检主要是采用过去积累下来且行之有效的巡视检查方法；专检则是各种国家、行业规程制定的专业观测方法。点检周期与点检标准基本执行国家《混凝土坝安全监测规程》(DL 5187—2003)及本企业制定的《水工建筑物安全监测技术规程》、《水工建筑物现场巡视检查制度》，但根据彭水工程的具体情况进行了分解、细化，也有增加内容，总体高于国家规程要求。

4. 点检路线的制定　彭水工程规模巨大，日检无法在1d时间内将所有设备巡视1遍，而且规范也不要求每天对建筑物进行巡视检查。如何高效地完成巡视检查任务，需要仔细研究好点检线路，以最短的线路巡视到所有的设备。经反复研究及试验，确定的点检路线分日检路线8条、专检路线12条、精检路线1条，总计21条路线。

5. 标准操作作业卡　水工标准作业卡日检、专检均以线路为单位，一条线路一份作业卡。主要分工作风险分析、作业条件、作业程序及标准、考核检查标准及措施等4大部分。规定了开展每项工作应做的安全措施，完成该项工作所需的时间，作业中的注意事项，作业过程中可能使用到的工具仪器、图纸，作业的程序方法等内容。编制作业卡的唯一目的就是要达到任何一个具备一定专业素质的人，在仔细阅读作业卡后就基本能完成该项工作。

(三) 水工点检拓展及小结

点检定修工作基本是在D7i平台上进行。该平台目前使用的功能有：按录入的点检标准生成点检任务、下载任务至采集仪，待点检完成后上传点检任务，另还有点检日志、周报、月报、点检数据查询等。点检数据是以时间及电子表格的格式查询，不能将同一个设备的历史数据汇总分析，即纳入设备台账。为此，在开发大坝安全信息管理系统软件时，专门对水工点检后续资料的处理作了延续，开发了巡视检查记录表及台账模块，记录表模块直接从D7i系统读取点检采集数据，生成符合国家规程要求的巡视检查记录表；设备台账模块能有选择地将点检内容自动添加到台账的“维护检查记录”栏。两模块均能生成Word文档文件，方便存档及阅读。

重庆大唐国际彭水水电开发有限公司水工点检工作起步后，走了很多回头路，持续了很长的时间。从试运行的情况来看，明显规范了过去较为随意的巡视检查，大大提高了水工建筑物的巡视检查质量。过去巡视检查中经常出现漏点或走过场的情况已杜绝，也较好地改善了因巡视检查人员水平的不同而造成检查质量差异的问题，证明了“点检定修”理论可以在水工专业中推广。但作为一项新事物，必然存在一个较长时段的探索完善期，今后仍需不断地总结、提炼。

(重庆大唐国际彭水水电开发有限公司)

技 术 改 造

二滩水力发电厂技术改造情况

(一) 二滩水电站500kV母线保护改造

二滩水电站500kV GIS开关站采用一串3/2、三串4/3接线，共有两组母线，每组母线保护屏分别配置日本三菱公司生产的MBP－A和BDP31－R4S型差动保护装置，1998年8月投入运行。原保护装置受当时设计制造条件限制，由集成电路构成，保护原理和实现方式相对落后，无功能压板和出口压板，无GPS对时接口和通信接口，不满足现行的技术标准、规程规范和反事故措施要求，不便于检修维护，且随着运行年限的增加，原保护装置元器件逐渐老化，可靠性降低，备品备件采购周期长且价格昂贵。因此，为确保母线的安全运行，对该装置进行了技术改造。

改造后的母线保护按照不同厂家、不同原理构成的双重化微机保护设计，每组母线采用一套南京南瑞继保电气有限公司生产的PRC15GD－509型保护屏和一套北京四方继保自动化股份有限公司生产的GMH150－3205型保护屏构成。改造后保护装置单体调试正常，联动试验正常，投入运行后设备运行正常，达到预期改造目的。

（二）二滩水电站历史数据系统改造

二滩水电站历史数据系统是电站计算机监控系统的一部分，由德国 ALSTOM 公司开发，包括 2 台 Advant Controller 450 型工作站、2 台数据服务器、2 台数据库服务器、3 台交换机、1 台历史数据归档服务器和 2 台报表终端机，于 2004 年投入运行。历史数据系统经过多年运行，其归档服务器、数据服务器、数据库服务器相继发生故障，设备硬件可靠性降低。据了解，该系统所有硬件设备均已停产，所有应用软件均基于 Windows 2000 平台开发，无法保证其应用软件在其他高版本的 Windows 操作系统上的可靠性和可用性。为了保障二滩水电站历史数据的可靠采集和保存，便于缺陷分析和数据分析，对该系统进行了技术改造。

改造后的历史数据系统实现了国产化，在保留其功能的基础上增加了安全防护、网页发布、ON－CALL 功能设计。该系统由南京南瑞集团公司开发和实施，改造后的历史数据系统实现了与国外计算机监控系统很好的结合，数据采集、应用和保存性能得到极大的提高，投入运行后设备运行正常，达到预期改造目的。

（三）地下厂房事故照明系统改造

二滩水电站地下厂房事故照明系统投运 12 年后，主要存在以下问题：照明线路老化严重，零线接地点较多；事故照明系统直流电源和主设备控制系统共用一套直流系统，事故照明系统线路绝缘低，影响主设备控制系统安全稳定；事故照明系统无法真正投入，在事故情况下，或在照明交流电源故障时，无法向生产区域提供必要的照明保障，为设备故障处理、系统现地操作及应急处置等增加了难度。而且，事故照明系统不满足现行的技术标准、规程规范和反事故措施要求，2010 年对地下厂房事故照明系统进行了改造。

改造后，地下厂房事故照明系统解决了原系统存在的问题，运行稳定、可靠。事故照明直流系统与主设备控制系统直流系统隔离后，提高了主设备控制系统直流电源的可靠性。

（二滩水电开发有限责任公司　汤津茂　冯　喆　唐杰阳）

国电大渡河公司龚嘴水力发电总厂增容改造有关情况

（一）铜街子水电站 12 号水轮发电机组增容 2.5 万 kW 改造项目通过备案

2010 年 3 月 31 日，国电大渡河公司龚嘴水力发电总厂铜街子水电站 15 万 kW 水轮发电机组改造增容项目通过乐山市经济委员会备案。乐山市经济委员会认为，此项目符合国家发展改革委 40 号令第一类“鼓励类”第四条“电力”第一款“水力发电”之规定，同意备案。

此次增容改造针对铜街子水电站水轮发电机组投运时间长、设计和加工制造水平有限、过流部件磨蚀严重、设备隐患逐渐暴露等问题，更换了水轮机转轮叶片、轮毂体以及支持盖，对固定导叶进行修型，更换发电机定子铁芯、定子绕组和转子磁极等，以根治设备隐患，提高机组安全可靠性。铜街子水电站 12 号水轮发电机组通过增加额定电流和提高水轮机效率实现机组增容，使机组性能达到国内先进水平，将装机容量由 15 万 kW 增加至 17.5 万 kW。随着流域统调模式的逐渐完善，铜街子水电站水轮发电机组增容改造可有效减少汛期和平水期弃水，提高枯水期水能利用率，改造后效益显著，每年可节约标准煤 7750t。

（二）龚嘴水电站 7 号水轮发电机组增容改造项目通过验收

2010 年 12 月 28 日，龚嘴水电站 7 号水轮发电机组增容 1 万 kW 改造项目通过四川省经济和信息化委员会验收，同意将铭牌出力由 10 万 kW 调整到 11 万 kW。自此，国电大渡河公司龚嘴水力发电总厂装机容量由 133 万 kW 增加到 134 万 kW。

龚嘴水电站 7 号水轮发电机组增容改造工程于 2009 年 11 月 6 日开始实施，2010 年 4 月 30 日完成并投入系统运行。针对该机组投运时间长、早期设计和加工制造水平有限、过流部件磨蚀严重、设备隐患逐渐暴露等问题，改造中更换了水轮机转轮、顶盖、底环、活动导叶等过流部件，增设了大轴中心孔补气装置，更换了发电机定子铁芯、定子绕组，对发电机通风系统进行了改造，根治了设备隐患，提高了机组运行可靠性。增容改造后，该机组在试运行期间工况良好、安全稳定，各项技术指标满足规程规范要求。

（国电大渡河公司龚嘴水力发电总厂　黄　鑫　李　东）

碗米坡水电厂“远程集控、无人值班”管理模式研究与实施

碗米坡水电厂隶属五凌电力有限公司，位于湘西酉水河中游，总装机容量 240MW（3×80MW），年设计发电量 7.92 亿 kW·h；水库总库容 3.78 亿 m^3，其中调节库容 1.25 亿 m^3，属不完全季调节水库；电站以两回 220kV 线路接入湖南省电网，2004 年 8 月 3 台机组全部投产发电。

碗米坡水电厂采用了计算机监控系统，投产后就实行“机电合一”运行值班方式，2008年进一步实现了“少人值守”，具有推进“远程集控、无人值班”的基础。2008年，在五凌电力有限公司全力推进的新一轮研发创新工作中，碗米坡水电厂在对“无人值班”进行了初步研究后，向五凌电力有限公司呈报了《“远程集控、无人值班”可行性研究报告》。2009年2月，五凌电力有限公司决定以碗米坡水电厂作为“远程集控、无人值班”试点电厂。

（一）集控系统建设

1. 集控中心监控系统　五凌电力集控中心计算机监控系统采用全分布、全开放设计，具有先进性、兼容性、可扩充性、可移植性。整个监控系统形成3个层次：集控中心监控层、站级监控层和现地控制单元层。集控中心监控系统与电站监控系统按分层分布式设计，通过与站级计算机通信实现互联，集控中心通过站级计算机实现对电站的控制。

集控中心监控系统可分为生产信息查询层、监控层和接入层，相应有3个局域网，分别为生产信息网、监控主干网和接入网。集控中心监控系统主要实现梯级电站的数据采集、监视和控制（SCADA）、经济调度、梯级AGC、自动电压调整（AVC）等，并满足上级调度部门通过本系统实现电站“五遥”（遥信、遥测、遥调、遥控和遥视）功能，为逐步实现梯级电站的集中监控、统一联合调度积累经验并创造条件。

正常情况下，操作控制权设在集控中心，特殊情况下切换至电站层。操作控制权限控制点设在电站现场。

2. 电厂接入系统　碗米坡水电厂计算机监控系统主控级配置2台系统工作站兼操作员站、1台工程师工作站、2台通信工作站、100Mb双光纤以太网等，主要计算机采用SUN BLADE 2000，两台操作员站同时在线运行，互为热备用。现地控制单元配5套LCU，包括3套机组LCU、1套开关站LCU、1套公用设备LCU。接入集控时，在原有硬件基础上，增加了远控通信工作站、接入网交换机和路由器等设备，进行相应通信软件的开发、联网调试及试运行等工作，同时增加集控中心控制方式，实现“厂控/集控”控制方式的切换功能。通过电力、电信双光纤传输通道与集控中心连接，实现远程网络通信，双通道互为备用，保证集控中心与电厂的可靠通信。

3. 工业电视系统　利用视频监控系统和VPN广域网平台，将电厂所有摄像点（共45路）全部接入集控中心工业电视系统，实现对现场实时图像监视与控制，及时掌握库区、泄洪、大坝、厂房设备的现场实况。

4. 生产管理系统　作为远程办公生产管理综合平台，采用集中管理模式，服务器放在集控中心，系统具有多电站扩展能力，包括设备资产管理、发电运行管理、设备巡检管理、生产技术管理、生产工程管理、综合经营管理、系统维护管理等功能子系统，各网络用户通过公司VPN广域网进行远程访问和应用。

5. 泄洪弧门控制系统　设计时未考虑远程监控功能，无法在集控中心进行远程操作和监视。2009年12月，通过对泄洪弧门监控系统进行改造，增加了弧门通讯服务器，并对泄洪弧门监控系统硬件进行升级、软件进行优化，已实现泄洪弧门远程监视功能，弧门控制功能接入集控中心监控系统工作正在稳步开展。

6. 继电保护与故障录波系统　从设计上与监控系统无任何通信联系，仅通过保护装置自身信号继电器接点将保护动作、报警信号送至监控系统LCU，不能在上位机上对现场保护装置进行定值查阅、整定以及软压板的投退等操作。出于安全性考虑，将电厂原有的故障信息处理系统所有外部通道全部切断，并停用该系统。鉴于电力系统二次防护及网络安全的要求，对于全厂继电保护装置的监控仍保持现状，只通过信号继电器将保护报警、动作信号送至监控系统，查阅、修改定值、投退压板、复归报警等工作均由电厂人员现场执行，最大程度上防止“三误”事故发生。

7. 流域梯级水调自动化系统　2006年1月，五凌电力有限公司已实现水库调度集中管理，流域梯级水库调度自动化系统通过VPN与所辖水电厂联网，自动采集各电厂雨水情、泄洪闸门系统、机组实时发电和电能量计量等实时信息。基于水库调度自动化系统平台开发的短期洪水预报、梯级防洪调度、逐日滚动日径流预报、逐日滚动发电调度、短期优化调度、防洪和发电调度会商等应用功能均已投入使用，满足对所属水电厂进行联合防洪与发电调度的基本要求。

8. 消防监控系统　消防系统按照属地管理原则，不做远程控制。考虑将消防系统报警信号接入计算机监控系统，实现监视功能，并与工业电视系统实现报警连动功能。

（二）设备改造

（1）经稳定性试验，结合机组安全经济运行特性，对电厂机组AGC控制策略进行了优化，使机组能有效地避开振动区，并确保AGC投入时机组运行在高效率区。

（2）机组纯机械过速保护，原装置动作不可靠，误差较大，存在拒动隐患。通过调研，更换为法国阿尔斯通DVESS型产品，改造后运行稳定。

(3) 低压气机控制系统原配置专用的全自动电控系统，元器件已老化，运行不稳定，且不能接受监控系统监控。为适应远程集控需要，对低压气机控制系统进行了改造和功能完善，将温度、压力信号接入监控系统。

(4) 对监控系统上缺少的部分重要辅助设备监控信号进行完善，实现了低压气机运行状态、制动及检修储气罐压力、滤水器排污启停、事故照明投退等监视功能。

(5) 改造安装了2套UPS和配电柜，弥补了原UPS容量较小的不足。

(6) 将原与湘西电业局构成网络通信设备改为省调NEC（U-Node WBM）光设备，使电厂通信网络更加稳定、可靠。

(7) 新增2台HP Proliant刀片式服务器作为电厂侧集控通讯服务器，由其采集电厂监控系统数据并上传至长沙集控中心，同时接收长沙集控中心指令并下发到电厂监控系统。

(8) 汲取俄罗斯萨扬—舒申斯克电站事故教训，水机保护增加了4项技术措施：在中控室操作台上增加1～3号机组严重事故停机落门按钮，并在上位机画面增添此按钮；新增机组调速器压油槽事故低油位、事故过低油位停机保护；完善机组一级过速保护功能；完善机组冷却水中断、主轴密封水中断、温度过高非电量保护功能。

(9) 完善二次回路失电保护，将发电机保护模块失电、励磁系统控制回路失电、GCB控制回路失电信号分别引至机组LCU，保护动作后启动一般事故停机流程；将调速器电调柜控制电源消失信号引至机组LCU，保护动作后启动紧急事故停机流程；机组LCU失电后，将失电闭合接点接入水机保护常规回路的紧急事故停机回路实现停机。上述回路均需经连片出口。

（三）制度体系的完善

项目实施之初，编制了《五凌电力远程集控标准化建设纲要》，明确了总体目标、指导方针、工作标准、建设内容与实施计划。2009年11月，完成了《水电厂远程集控设备标准》、《集控运行机构人员标准》、《集控运行电厂安全工作标准》、《集控运行调度操作规程》、《集控运行管理工作标准》、《集控运行电厂生产照管工作标准》、《集控运行电厂生产定期工作标准》等7个文件的起草，初步形成了标准体系。

2010年4月，组织专家组就远程集控后的电厂组织体系和人员配置进行研究。电厂实施远程集控后，安全生产部将调整为“扁平式”管理结构，实行“运行维护一体化”管理，初期阶段暂设运行ON－CALL、电气、机械、水工4个专业小组，形成有“专业侧重”的“一体化”模式；综合管理部职责不变，以保证顺利过渡。

2010年5月，五凌电力有限公司发布《关于明确集控中心与集控电厂生产职责的通知》。电厂据此对管理体系进行了清理、修编和完善，包括安全生产管理制度56项、事故处理指南83项、机电设备操作指导书151项、标准化作业卡39项、设备运行规程10套、设备检修规程37套、岗位说明书22套。2010年7月，五凌电力有限公司发布《集控运行调度规程（试行）》等5个制度。2010年8月底，五凌电力有限公司安生部、发电集控中心和其他电厂专家在碗米坡水电厂召开了“集控电厂管理体系”适应性现场评审会，碗米坡水电厂《远程集控、无人值班制度标准体系》顺利通过评审。

（四）应急体系的完善

2010年5月，按远程集控模式下电厂职责对全厂24个应急预案和29个应急方案进行了全面修编，对人员职责进行重新调整和分工，建立电厂应急救援队伍。将预案演练常态化、日常化，通过演练不断完善预案的现场适应性和可操作性，有效提升员工应急处理能力。通过与碗米坡镇政府协商，建立了应急救灾资源共享联动机制。

2010年9月，增补了《集控电厂发电生产事件应急处置规程》，从应急响应级别、应急信息传递、应急响应要求、应急处置、事故情况下调度权限转移、生产应急保障等方面进行了明确规定，规范了集控条件下电厂发电生产应急事件的响应、处置流程，设置了集控专用电话，实行“随身听”通信手机按值移交，保证集控中心、湖南省调可随时呼叫现场人员，满足应急管理要求。

（五）人员培训

为了全面推进实施“远程集控、无人值班”试点项目，2009年1月碗米坡水电厂开始实行发电运行单人值班，历时两年，运行人员独立处置问题的能力已有较大提高；从2009年3月起，碗米坡水电厂开始进行运行ON－CALL与点检专业渗透互培，推进运维一体化人员一专多能素质培养。2009年8月，试行点检分部与运行ON－CALL合署办公。2010年3月，进一步制定《点检人员运行专业入门认证标准》和《运行人员点检专业工作入门认证标准》。经过持续培训、考核，运行、点检人员通过了电厂运行维护一体化入门资格认证。

（六）实施情况

2010年11月8日，碗米坡水电厂开始“远程集控、无人值班”试运行。2010年试运行期间，集控与现场值班并轨运行，电厂生产调度管理体系和应急体系运转顺畅，制度体系满足集控管理要求。集控中心、电厂两侧设备运行基本稳定，远程机组启停成功率100%，电厂设备受控性能及经济运行指标良好，电厂未发生应急处置问题。

（五凌电力碗米坡水电厂 孙 波 张照明）

碗米坡水电厂机组超额定出力运行研究

（一）机组概况

碗米坡水电厂位于湖南省保靖县境内的酉水河中游，下游距保靖县城20km。碗米坡水电站装机容量3×80MW，保证出力18.6MW，经两回220kV出线送至保靖县岩人坡变电站并入湖南省电网，设计年发电量7.92亿kW·h，年利用小时数为3300h。

机组由原富春江富士水电设备有限公司设计制造，水轮机型号HL（PO50）－LJ－525，额定转速100r/min，额定出力82.5MW，额定流量243.77m^3/s，额定水头39.0m；发电机型号SF80－60/10400，额定容量80MW/90MVA，最大容量90MW/100MVA；调速器（型号：BWT－100－6.3）和油压装置（型号：HYZ－4.0－6.3）均由武汉三联公司提供，工作油压6.3MPa，主配压阀名义直径100mm；励磁系统采用广州电器科学研究院提供的ABB公司UNITROL 5000系列QT5－0/U2H1－D2000型自并励静止励磁系统。

（二）机组超额定出力运行可行性分析

1. 水轮机部分

（1）经浙江富春江水电设备股份有限公司计算，水轮机水推力、主轴强度、联轴螺栓强度、转轮强度、轴承承载力、机组空化等均满足超额定出力运行要求。

（2）在对机组导叶关闭时间进行优化调整后，最大水头下甩85MW负荷，机组转速上升最大值为136.974 9%额定转速，蜗壳进口水压上升为0.573 5MPa；41.2m水头下甩85MW负荷过渡过程中，机组转速上升最大值为149.456 7%额定转速，蜗壳进口水压上升为0.521 9MPa。蜗壳进口水压上升与转速上升满足国标要求。各部位振动、摆度、水压脉动值与80MW负荷时基本一样，机组稳定性及调节保证满足超额定出力至85MW运行的要求。

2. 发电机部分

（1）根据复核计算，发电机由80MW增容至85MW，各电磁参数在合理数值范围，定转子温升与允许值存在较大裕量；所需风量为59.3m^3/s，与设计风量61.4m^3/s相比留有较大裕量，铁芯与绕组风量分布均匀合理；定子各主要部件强度具有较大的安全裕度，机座固有频率避开了100Hz共振频率，刚度能满足增容后运行要求；转子支架的应力和变形都在允许范围内，飞逸工况下磁极和磁轭各部位离心力均在允许范围内，强度上均具有足够的安全系数；最大基础载荷与80MW时计算结果数值相同；机组轴向振动频率及油温热应力在允许范围内；推力轴承油膜仍处于较理想动压润滑状态；机组安全系数为3.84，大于设计值2.5；转子中心的偏移量0.29mm，改变很小，具有很大的安全裕度。

（2）在6、7月平均环境温度28℃左右情况下，3台发电机超额定出力运行在85MW左右时，记录时段内的发电机出口软连接、励磁变压器高压侧接头、励磁变压器低压侧接头、发电机励磁滑环的最高温度分别为45.1℃、34.9℃、43.8℃、78.5℃，远小于允许值。

（3）查阅2010年5月23日1、3号机组及2010年8月27日2号机组超额定出力运行时的电气运行日志及机组各相关部位温升记录，机组超额定出力运行时电气量最大值与额定值对比见表1，各主要部位最高温度与设定报警值对比见表2。从表1、表2可以看出，记录时段内机组带85MW左右负荷下，除2号机组定子电流3722A略超过额定值3718.8A外，其他各电气量实际值均在额定范围内，各部位实际温度远小于报警值，满足机组长期安全稳定运行要求。

表1 机组超额定出力运行时电气量最大值与额定值比较表

	有功功率（MW）	无功功率（Mvar）	定子电压（kV）	定子电流（A）	励磁电压（V）	励磁电流（A）
1号机组最大值	84.92	9.939	13.655	3647	281.47	816.6
2号机组最大值	85.32	0.161	13.583	3722	260.02	784.1
3号机组最大值	85.74	6.092	13.619	3682	270.67	801.8
额定值	80	—	13.8	3718.8	396.7	918.2

表2 机组超额定出力运行时各主要部位最高温度与整定报警值比较情况表

	定子绕组温度（℃）	定子铁芯温度（℃）	空冷器热风温度（℃）	空冷器冷风温度（℃）	推力瓦温（℃）	下导瓦温（℃）
1号机组最大值	73.20	60.90	49.53	37.73	45.11	55.86

续表

	定子绕组温度（℃）	定子铁芯温度（℃）	空冷器热风温度（℃）	空冷器冷风温度（℃）	推力瓦温（℃）	下导瓦温（℃）
2号机组最大值	78.16	65.76	55.45	34.42	48.83	52.11
3号机组最大值	67.97	55.86	46.40	29.72	40.42	54.08
报警值	120	120	63	40	55	70

（4）根据《碗米坡电厂2号发电机进相运行试验报告》，碗米坡电厂2号发电机进相运行的主要限制因素是机端电压限制（不低于额定90%），发电机端部发热对该机一定深度的进相不构成限制。在厂用变压器分接头不变的情况下，进相安全线为：P＝20MW时，进相无功功率≤16Mvar；P＝60MW时，进相无功功率≤16Mvar；P＝70MW时，进相无功功率≤15Mvar；P＝80MW时，进相无功功率≤10Mvar。选取2010年8月27日2号机组电气运行日志，机组带有功功率84.93MW、无功功率－4.976Mvar时，机端电压为13.496kV，高于90%额定电压（12.42kV），定子电流最高为3722A，略超过额定电流。因此，在机组超额定出力进相运行时，应限制进相无功功率小于10Mvar，并同时使定子电流在额定范围，机端电压不低于12.42kV。在此条件下，机组可安全运行。

3. 主变压器与GIS设备部分　主变压器设计额定容量为100MVA，主变压器与GIS设备部分均完全满足机组增容至85MW的要求。

4. 继电保护部分　因机组增容后各过流部位电流值均在额定值内，有关的设备过负荷定值不需调整，电流互感器变比满足要求。通过对保护装置的监测，机组超额定出力运行时，发电机横差保护的差电流值最大未超过0.8A，远小于整定值7.45A。继电保护设备完全满足机组增容至85MW安全稳定运行的要求。

5. 线路送出与系统潮流稳定部分

（1）碗米坡电厂设计为两回出线，单回出线即具备240MW送出能力，每台机组增至85MW运行后，全厂负荷增量为15MW，线路负荷承载能力不存在问题。

（2）根据《碗米坡水电厂3×80MW机组外送潮流稳定计算报告》，在湘西电网当时220kV田家变电站未投入运行的情况下，碗米坡电厂外送在潮流方面不存在明显问题；田家变电站及相关输电线路投入运行能显著加强湘西电网结构，对于提高碗米坡机组的外送稳定水平起到关键作用。从2009～2010年间机组较长时间的超额定出力运行情况看，电网对碗米坡机组超额定出力运行外送没有限制要求。

（三）安全性评估

通过上述对水轮机、发电机、主变压器、出线与送出部分、继电保护5个方面是否满足机组增容要求进行分析论证及开展真机试验验证、现场运行监测、对机组稳定性进行监测分析、对机组进相运行进行分析，碗米坡机组具备增容至85MW负荷下安全稳定运行条件。

为确保设备运行安全，在机组超额定出力运行时，需监视机组机端电压及定子、转子电流等不得超过额定允许值；各相关部位温升不得超报警值；进相运行时，无功功率应小于10Mvar，并同时控制机端电压不低于12.42kV（90%额定电压），定子电流在额定范围内，并应尽量避免进相运行。

（四）经济性评估

（1）碗米坡电厂由于调节库容小，水库调节性能差，汛期弃水损失电量较大。单机增容至85MW出力后，全厂可增加容量15MW，可有效减少弃水损失电量。

（2）根据湖南省电科院的试验分析：碗米坡机组低水头在65MW以上、中水头在70MW以上、高水头在80MW以上工况区域内效率有明显下降现象。因此，在水库无弃水风险时，机组超额定出力不利于经济运行，仅在汛期存在弃水风险或正在弃水时才有超额定出力运行的必要。平时宜在80MW及以下负荷运行，机组导叶开限不超过85%。

（3）每台机组超额定出力5MW左右运行，按每年汛期来水4场计，可增发电量约400万kW·h，按照来水6场计，可增发电量约500万kW·h，以0.3元/（kW·h）平均电价计算，可增收人民币120万～150万元，经济效益可观。

（五凌电力碗米坡水电厂　孙　波　罗忠启）

水情预报与调度

乌江思林水电站水库汛期运行水位动态控制运用

（一）概况

乌江干流开发方案为洪家渡、普定、引子渡、东风、索风营、乌江渡、构皮滩、思林、沙沱、彭水、大溪口等 11 级，总装机容量 8795MW，年发电量 436.7 亿 kW·h，保证出力 3634MW。规划中，乌江梯级水库为长江防洪有预留库容要求，共约 11.7 亿 m^3，其中构皮滩水库预留 4.2 亿 m^3、思林水库预留 0.95 亿 m^3。

思林水电站装机容量 1050MW，控制流域面积 48 558km^2，构皮滩至思林区间面积 5307km^2 占 11%，坝址多年平均流量 849m^3/s；水库正常蓄水位及防洪高水位均为 440m，汛期 6～8 月限制水位 435m，为下游塘头农田、思南县城防洪以及长江防洪，共预留防洪库容 1.84 亿 m^3。

思林水库动态控制后，原法定汛期防洪限制水位不变，但在调度运行中可变库水位提高到 437～437.5m 运行，根据具体洪水预报，在大洪水来临前，适时将水库水位泄回至 435m，以满足设计防洪安全需要。

（二）必要性及可行性

1. 必要性　思林水电站 4 台机组于 2009 年底全部投入运行。原型机组负荷试验表明，当库水位低于 436.8m 时，存在不同程度的发电受阻，对电站经济运行及机组工况运行均有所不利，特别是主汛期来流量较大，较低水头运行的发电损失大。

2. 可行性　思林水电站实行汛期水位动态控制有下列有利条件：

（1）思林水电站大坝及厂房的设计、校核洪水均从 440m 起调，相应的大坝设计洪水位为 444.83m、校核洪水位为 449.27m。动态控制研究针对 435～440m 范围，水位低于 440m 不影响工程安全。

（2）思林水电站位于乌江下游，其上游各水库均已建成，并有较好的调节能力，其中龙头水库洪家渡具有多年调节作用，8 个水库累计调节库容达 88.8 亿 m^3。

（3）思林电站下游思南县城对防洪堤及城镇建设已达到了一定的防洪标准，思林水库的防洪任务可保持不变；两年一遇天然洪峰流量为 9320m^3/s，水库有一定的预泄空间。

（4）乌江已完成全流域的水情自动测报系统，并有较完整的工作制度及运行经验，为水位动态控制提供了工程及技术条件。乌江渡及东风两厂分别于 1993 年、1995 年独立建设了一套水情自动测报系统。1999 年对乌江流域水情自动测报系统进行了统一规划，2000 年建成了乌江渡以上卫星通信及水情自动测报系统，2003 年、2004 年、2005 年、2007 年分别建成了构皮滩、大花水、思林、沙沱流域水情自动测报系统。目前，该系统已覆盖沙沱坝址以上全流域，预报模型及精度可较好地满足规范及实际运行要求。流域梯级水情测报系统日趋完善，测报技术手段也日渐成熟，且积累了较丰富的预报经验。

（5）流域各电站水库的发电及泄洪建筑物运行正常，达到设计运行及防洪要求，并通过安全鉴定。工程上有可靠的溢流闸门监控系统，闸门启闭迅速并可准确控制。

（6）乌江渡以上流域形状狭长，面积及降雨强度均较大，降雨中心主要集中在珠藏一带，雨洪峰现时间差约 24h；乌江渡至构皮滩区间流域形状对称，位于多年平均降雨等值线图的鞍部，降雨强度相对较小，区间洪水平均预见期 22h；构皮滩至思林区间流域面积较小，降雨中心主要集中在区间上游的凤岗、绥阳一带，洪水平均预见期 14h，最短也可达 11h。洪水预报及预泄有合适的预见期。

（7）国家防汛抗旱总指挥部印发了《水库汛限水位动态控制试点工作意见》，并作为全国各地开展水库汛限水位动态控制试点工作的指导性文件。

（三）控制前提条件

（1）不改变思林电站原防洪标准，确保思林大坝安全。思林大坝设计洪水标准为 500 年一遇，校核洪水标准为 5000 年一遇重现期；厂房设计洪水标准为 200 年一遇，校核洪水标准为 500 年一遇。

（2）不改变思林防洪任务。思林水库主要承担塘头粮产区和思南县城的防洪任务，并配合长江中下游的防洪。可行性研究设计时，为提高下游防洪对象塘头粮产区和思南县城的防洪标准，思林水库需将坝址下游塘头农田 5 年一遇洪水削减到 2 年一遇，思南县城 20 年一遇洪水削减到 10 年一遇。

（3）不增加思林水库淹没损失。思林水库的农村居民点、一般城镇和一般工矿区等淹没补偿安置处理范围为以下两条回水线的外包线形成：一是以正常蓄水位440m为起始水位，按枯水期20年一遇洪水推求的回水线；二是以汛期限制水位435m为起始水位，按20年一遇洪水推求的回水线。思林水库的耕地、园地等淹没补偿处理范围为以下两条回水线的外包线形成：一是以正常蓄水位440m为起始水位，按枯水期5年一遇洪水推求的回水线；二是以汛期限制水位435m为起始水位，按5年一遇洪水推求的回水线。

（4）不改变构皮滩的调洪运行方式。构皮滩泄洪设施由坝身孔口和岸边泄洪洞组成。坝身孔口由6表孔、7中孔、2放空底孔组成。为积累经验、简化动态运行调度，并具可操作性，暂时先不改变构皮滩的调洪运行方式。

（5）思林水电站的闸门启闭控制满足设计及工程运行要求，并具可操行性。

（6）充分考虑不确定因素的影响，以满足工程及上下游的防洪安全。

（四）流域暴雨洪水特点

乌江流域位于亚热带季风气候区，洪水由暴雨形成，洪水特性与暴雨特性和流域的自然地理条件密切相关。

流域内主汛期6～8月多暴雨和阵雨，天气系统主要有冷锋低槽、两高切变、长江横切变，其次是西槽东脊，印缅低槽等。流域内降水的季节变化与季风进退有密切关系。

乌江流域暴雨持续时间大多在1～2d，而以一天为最多；暴雨出现时间东南先于西北。单站日雨量大于50mm的暴雨日一般为1～3d，其中思南可达4d；在暴雨中心区日雨量100mm的大暴雨，通常发生在6～7月，平均3～4年一次；200mm以上的特大暴雨在本流域也有发生，全流域实测最大一日点暴雨量为333.5mm、三日点暴雨量为339.0mm；思南最大24h点雨量值达到300mm。

乌江流域5～10月为汛期。从峰现时间看，6～7月年最大洪峰出现次数最多，占全年的70%；其次是9月、5月和8月，10月年最大洪峰出现几率最小。从洪峰统计来看，主汛期6～7月最大洪峰流量均在15 000m^3/s以上，而8月的最大洪峰流量为10 400m^3/s，明显较6～7月最大洪峰流量小。

区间暴雨洪水特点，从降雨的地理分布来看，降雨中心主要集中在石阡、思南两个区域；构皮滩至思林区间20年一遇设计洪峰流量2700m^3/s，5年一遇设计洪峰流量3890m^3/s。历年分析的典型年洪峰流量均在5年一遇和20年一遇之间。峰现时间与最大降雨时间差在12～20h之间。洪水持续时间2～4日，最大一日洪量占洪水总量的比例在40%～80%之间，洪水持续时间越短，一日洪量所占比例越大。

（五）动态控制分析及效果

思林汛期水位动态控制运用的目的，一是利用小洪水资源提高思林水电站汛期发电效益；二是抬高水头改善水轮机运行工况，提高安全。在安全及可操作的条件下，汛限水位动态控制研究的范围为435～440m。汛期运行水位越高，则洪水资源利用越多。

主汛期435～440m之间的库容主要为下游防护20年一遇洪水用。为工程调度安全，思林大坝的设计、校核洪水标准的调洪起调水位为防洪高水位440m。

思林水库在乌江梯级水电站中调节作用较小，但对近距离的塘头及思南县城防洪作用更直接。在主汛期，当上游构皮滩水库水位处于汛限水位时，若预报有大洪水，则思林水库应在下游防护断面的天然洪水流量达到2年一遇洪水前，将水库水位预泄到原汛限水位435m，以满足防洪安全需要；在其他工况或运行条件时，可将水位抬升到435～437m运行。

构皮滩水库处于汛限水位是思林动态控制计算分析的临界工况，若该条件下思林运行满足防洪安全，则其他条件更有利可行。

洪水预泄采用预见期分析拟定，从乌江洪水及预报特点，思林的洪水预见期长于11h，考虑水情收集、分析、预报、决策、执行等过程需要，调度采用预见期可缩短为9h。

动态控制水位437m的分析确定，是在完成以下大量调度计算分析后进行的：对历年发生的不利洪水典型及地区洪水组成分别进行调度计算分析，并对动态控制水位取包线；对乌江洪水预报不利误差进行分析调度计算。

思林水电站采用动态控制汛限水位运行方式，可增加汛期电量效益，较原设计固定汛限水位运行方式相比，可多获得0.82亿kW·h电量效益。

（中国水电顾问集团贵阳勘测设计研究院 范国福）

华中电网新水调自动化系统通过竣工验收

2010年12月10日，由国网电力科学研究院承建的华中电网新水调自动化系统软件项目在武汉市通过竣工验收。新水调自动化系统是国内建成的最先进、最复杂的电网水调自动化系统之一，实现了新、老系统的无缝切换，新系统上送数据的通信畅通率、数据合格率、数据准时率等关键指标均有大幅度提高，达到了国家电力调度通信中心的应用要求。

由国家电力调度通信中心和华中电网公司、国网电力科学研究院的领导和专家组成的验收组认为，该项目建设程序规范，工程质量优良，系统运行稳定、可靠，技术先进，各项性能指标均达到设计目标，一致同意该项目通过竣工验收。

新水调自动化系统是国调水调自动化系统最大的数据源，具有功能涉及面广、与外系统通信接口众多、数据流程复杂的特点。截至2010年12月，系统共接入41个水电厂的数据信息，其中国调直调电厂1个、网调直调电厂7个、省调直调电厂32个、其他区域电厂1个，含信息采集点2997个、计算点1054个、高级应用信息点1251个，其中向国调水调系统传输数据点1028个。

新水调自动化系统涉及水文、工情、机组、气象、通信、计算机、数据库等多种技术，包括了数据采集与处理、网络通信、数据库设计与建设、数据存储与管理、查询与监视、实时报警、Web浏览、安全防护、气象服务、短信平台等众多应用，实现了对全网范围内水调业务的综合管理，为优化流域梯级调度，确保流域安全度汛，提高水调工作的自动化程度和管理水平提供了强有力的支撑。

华中电网是我国供电人口最多的区域电网，用电负荷量大，位于全国互联电网的中心。长期以来，国网电力科学研究院在维护华中电网的安全稳定运行方面发挥着积极的支撑作用，与华中电网在水调自动化、EMS、安全防御等系统方面开展了良好合作。

（国网电力科学研究院）

湖北电网水库调度自动化系统工程通过竣工验收

2010年4月2日，由国网电力科学研究院承建的湖北电网水库调度自动化系统工程竣工验收会在湖北省召开。湖北省电力公司、华中电网公司、华北电力大学、中水科技有限公司、湖北融汇公司、南京南瑞集团公司等参加会议。验收组听取了工程建设报告、系统技术报告、运行报告、测试报告和用户报告，审查了验收资料，一致同意湖北电网水库调度自动化系统通过工程竣工验收，正式投入运行。

湖北电网水库调度自动化系统工程由一个主站系统和13个分站系统组成，共接入三峡、葛洲坝、水布垭、隔河岩、高坝洲、丹江口、王甫洲、崔家营、黄龙滩、陡岭子、鄂坪、泉河、寺坪、洞坪、老渡口、白莲河、白莲河抽水蓄能和天堂抽水蓄能18个水电厂的信息。系统建设内容包括数据采集、数据处理、水务计算、报警、安全隔离、Web浏览、人机界面、水文预报、防洪调度、发电计划、效益考核和风险分析等众多应用。

湖北电网水库调度自动化系统工程的建设，改变了湖北电网水库调度传统的工作模式，促进了各分站调度自动化系统建设的步伐，大大提升了湖北电网水库调度专业管理的水平和工作效率，减轻了工作强度，充分提高了水电工程的综合效益。

（国网电力科学研究院）

陕西电网水库调度自动化系统工程通过竣工验收

由国网电力科学研究院承建的陕西电网水库调度自动化系统于2010年6月24日顺利通过工程竣工验收。系统实现了所辖直调水电站运行信息的实时自动采集、应用报表的自动生成和水文预报、防洪调度、发电调度及效益考核等高级应用研究的智能化，实现了水库调度成果的信息共享，实现了陕西电网水库调度的规范化和标准化，大大提升了陕西电网水库调度的管理水平和工作效率，减轻了工作强度，充分提高了水电工程的综合效益。

陕西电网水库调度自动化系统工程由一个中心站和5个分中心站组成。系统涉及数据采集、数据处理、水务计算、报警、安全隔离、Web浏览、人机界面、水文预报、防洪调度、发电计划和效益考核等众多应用，是一个集图形、报表、监视和高级应用于一体的综合信息平台，为专家和领导进行科学、合理的水库调度提供理论依据和决策支持。

西北电力调度通信中心、陕西电力科学研究院、安康水力发电厂、陕西省电力公司、南京南瑞集团公司参加了会议。验收组听取了项目建设报告、技术报告、运行报告、测试报告和用户报告，审查了验收资料，观看了系统演示，一致同意陕西电网水库调度自动化系统通过工程竣工验收。

（国网电力科学研究院）

青海电网水调自动化项目通过工程验收

青海电网运行控制与安全防御系统水调自动化项目工程验收会于2010年7月16日在西宁市召开。项目验收组高度评价由国网电力科学研究院承建的青海电网水调自动化项目，认为项目建设程序规范，工程质量优良，系统运行稳定、可靠，技术先进，各项性能指标达到设计目标，一致同意该项目通过工程验收。

青海电网水调自动化项目是目前国内建成的最先进、最复杂的电网水调自动化系统之一，是严格按照青海电力调度中心“统一工作要求、统一技术规范、统一业务流程、统一基础资料建设”的“四统一”要求设计，在存储共用、安全分区通信、公网Web等方面有着技术创新。功能涉及工情、机组、气象、通信、计算机、数据库等多种技术，包括数据采集与处理、网络通信、数据库设计与建设、数据存储与管理、查询与监视、实时报警、Web浏览、安全防护、洪水预报、发电调度、节水增发电等众多应用，实现了对全网范围内水调业务的综合管理，为优化流域梯级调度、确保流域安全度汛、提高水调工作的自动化程度和管理水平提供了强有力的支撑。

长期以来，国网电力科学研究院和青海省电力公司共同合作建设了地调EMS、水调自动化、信息安全防护等系统。根据青海电网的特点，创造性地做好技术支撑与服务，以专业化、集约化服务体现国网电力科学研究院作为科研单位和高新技术企业的技术和服务优势，为青海省电力公司做好科技创新、技术支撑和人才培训等提供全方位的服务。

（国网电力科学研究院）

东北电网有限公司积极迎战百年特大洪水夺取防洪发电双丰收

（一）概况

2010年，第二松花江流域发生100年一遇特大洪水，鸭绿江流域发生50年一遇洪水，东北电网水库调度工作在电力和防汛部门的领导下，取得了可喜的成绩。

2010年汛期（6～9月）总降雨量太平湾（水丰）、桓仁历史第一位，白山历史第二位，云峰、小山历史第三位，丰满历史第四位。八大水库流域综合来水为731.8亿m^3，为历年均值379.5亿m^3的193%，其中云峰、水丰、桓仁历史第二位，白山、丰满水历史第五位。

2010年，全网水电实际发电150.26亿kW·h，为2009年同期的190%，历史第一位；东北电网有限公司水电实际发电114.3亿kW·h，为2009年同期的204%，历史第一位。其中，云峰、太平湾、小山、回龙、太平湾历史第一位，白山、红石、渭原、镜泊湖、莲花、桓仁历史第二位。

云峰中方两台50Hz机组从2010年7月17日到2010年10月12日长达88d（共2112h）时间内处于满发稳发状态，创历史纪录；长甸两台机组从2010年7月28日到2010年10月18日长达83d（共1992h）时间内处于满发稳发状态，创历史纪录。

全网大小17座水库汛末（9月末）全部处于基本蓄满或蓄满状态。其中，白山水库蓄水位历史第一位，丰满水库蓄水位历史第三位。

2010年，东北电网公司六水库实际运行与按调度图操作相比，共节能11.59亿kW·h，水能利用提高率14.19%，为历史最好水平值。

（二）主要做法

(1) 统筹安排，搞好水库长期合理运行。认真编制东北电网水库调度年度方案和度汛方案，除汛期水情变化快时采用短期预报和实时调整调度方式外，其他时间尽量按照中长期计划方案进行水库运行，努力做好水库的科学、合理调度。

(2) 精心组织，认真做好度汛各项准备工作。2010年5月底前对水调室内各类设备进行了全面的检查调试，7月上旬完成了卫星接受设备的安装；建立汛期各种记录台账及相应数据文件，规范值班记录；执行防汛值班制度、重大事宜请示汇报制度等；参加气象天气形势会商，落实与各气象台的服务合同。针对2010年气候异常情况增多、大汛来水可能偏丰的情况，当年6月末提出了压低各大水库汛前水位控制预案，报批后执行。

(3) 立足于防大汛、抗大洪、救大灾，全力以赴做好防洪度汛工作。克服人员少、任务重的困难，加强汛期水库调度值班；及时收集水情信息，编辑水情简报；及时开展以落地雨为依据的洪水预报和校正预报；提出月旬水库运行分析；加强对重要天气信息收集和分析掌握，提前进行水库假想预报及洪水调度预案的安全性技术分析工作；对防汛指挥等各环节可能采取的策略和侧重点进行综合预判和会商；加强与上级各决策部门的良好沟通与汇报。

(4) 确保度汛安全，因库、因水制宜，科学、合理调度水库。电力调度克服电网运行的诸多困难，及时协调组织，采取非常规调峰手段，确保水电机组的大发和满发；丰满水库零出库为下游错峰，给吉林省抗洪抢险赢得了宝贵时间；太平湾水库多次调整溢流闸门，为降低海水大潮对丹东、新义州的影响，为下游丹东市抗灾、救灾作出了应有的贡献。通过全网共同努力，实现了水库安全运行，没有发生溃坝、漫坝、水淹厂房等水电厂重大事故。

(5) 加强水调自动化系统高级应用实用化工作，提高工作效率。配合开发方进行水调自动化系统完善工作，大大提高预报及调度的作业效率和实用化水平。对试运行中发现的问题及时提出修改意见，不断完善。预报、调度专业软件基本功能已实现；短期预报软件增加了东北的双曲分流洪水预报模型，新增时段流量平滑预处理模块功能。

（三）水库调度主要经验

（1）防汛度汛的关键时刻，东北电网有限公司领导坐镇指挥，安全度汛工作有了定盘星、主心骨。2010年7月28日晚，当二松流域发生强降雨过程时，东北电网有限公司董事长李一凡、总经理崔继纯等领导一直在水调大厅，研究部署各项抗洪工作，直到凌晨两点。

（2）会聚各方精英，迎战洪水，连续奋战，运筹帷幄，科学调度。2010年7月下旬，与南瑞水情公司协商，请求速派技术人员到现场服务，从事水库调度自动化系统的运行维护和开展白山、丰满和云峰水库的来水预报等工作，十几个小时刚过，技术人员就出现在水调大厅。东北水利勘测设计研究院水文处也派出具有丰富预报经验的技术人员协助进行水丰流域的来水预测工作。由于水库调度处人员不足，在仅剩3人的情况下开始了24h的昼夜值班，有时连续3d一直工作在水调室，整个汛期连续值班了42个日夜。2010年8月12日，丰满水库水位非常敏感，防汛压力很大，经请示松辽水利委员会防汛抗旱总指挥部办公室同意，首次在第二松花江梯级采取了联合洪水调度，动用小山、双沟、白山、红石4个水库拦截水量5016万m^3，使丰满水库水位少上涨10cm，8月13日零时最高达到263.45m（正常高263.5m），5时回落到263.43m，联合行动圆满结束。2010年8月20日，丹东市遭受特大暴雨的袭击，朝鲜新义州严重受淹，丹东市防汛形势异常严峻，太平湾电厂12h的降雨量达612mm。为了配合辽宁省抗洪抢险，现场人员整夜进行了大量的闸门启闭操作。

（3）积极做好基础性技术准备工作，为防汛关键时刻发挥作用打下基础。东北电网水库调度自主开发预报及调度运行软件，在短期洪水预报方面，开发了双曲分流洪水预报模型；针对2010年水调自动化预报软件系统投入较晚的情况，作为后备措施，开发了应急预报方法，为特大洪水预报发挥了作用。

（4）以强烈的责任心和过硬的技术本领，当好电网防汛指挥参谋。在2010年防洪的重大决策问题上，特别是在防洪形势重大转折的判断与确定上，各单位水调人员向领导提出及时、准确的分析意见和建议，当好了电网防汛指挥的参谋。在特大洪水到来之前，及时调整计划，尽量做到提前水电大发或满发。

（5）克服洪水预报难度大的困难，提供较为准确、可靠的预报成果。2010年汛期洪水产流系数变化的异常，洪水预报难度加大。2010年7月28～29日，水位急剧上升（白山水库最快上涨幅度3.83m/d），提出预报就多达十余次，并分析出产流系数有大于1的特殊情况。当涨水阶段中继站受雷击出现实测降雨不准、强降雨使小水库塘坝溃决的特殊情况出现时，网调与电厂水调密切配合，提供了较为准确、可靠的预报结果。

（6）关键时刻为防汛指挥部门提供重要预测分析信息，使调洪度汛工作日趋完美。在汛情最为吃紧时，防汛指挥权由吉林省防汛指挥部移交给松辽水利委员会防汛抗旱总指挥部，此前松辽水利委员会防汛抗旱总指挥部对白山防汛形势及水情因通信中断无法获取。网调水库调度处及时将白山流域特大降雨等关键重大信息提供给松辽水利委员会防汛抗旱总指挥部，为白山丰满防汛预报及决策起到了积极的技术协同作用。

（7）科学组织、合理调整，全网共努力，水电发电屡创新高。东北电网风电投产容量大，在水电大发电时期，系统调峰异常困难。调度中心采取多种措施，全力做好水电大发、满发电工作，避免了水电弃水。2010年7月29日～8月1日全网水电日发电量连创新高，最大日发电量达13 010万kW·h，当日直调水电发电量为10 520万kW·h。2010年8月，东北电网水电发电量为30.721亿kW·h，东北电网有限公司水电发电量为24.056亿kW·h，均创历史最高纪录。

（四）水电经济运行

1. 开展电网水电短期实时运行　调度通信中心以目前影响电网水电效益的最大因素——水电调频损失为突破口，开展电网短期经济运行课题研究，通过一、二次调频在线监测等技术措施，提高全网火电厂一次调频、AGC投入水平，有效缓解了水电机组的频繁调节，降低了调整幅度。采用省区间联络线关口CPS考核模式，不仅可以从联络线计算原理上摒除各省公司反调节现象，还能使各省公司时刻都向着有利频率稳定的方向调整。经计算，由于采取上述电网水电短期实时调度措施，仅丰满、云峰两主调频厂的机组效率损失率较2009年（按省区联络线调度相比）分别下降27.44%和8.04%，减少（机组）效率损失分别为19 952万kW·h和6400万kW·h，成效显著。

2. 创建水电经济运行效益总体评价与分解计算新方法　采用水能提高率指标考核计算，反映当年水库运行的总体效益。实际上，该指标包含了水库调度效益和机组运行效益两大部分，没有将两者区分开来。为将中长期水库调度效益与短期实时机组运行效益区分开来，东北电网有限公司通过研究，提出了新的水库及电站运行效益总体评价与效益分解算法，并用1995年（东北集团公司统一调度模式下的水电运行）和2009年（省区联络线调度模式下的水电运行）水库及电站运行效益进行验算，验证了该计算方法的正确性（效益计算的残差较小）。其中：

水库电站总效益=水库调度效益+机组运行效益

水库调度效益=水头效益+水量效益

3. 电网水库中长期经济调度　强化了提高水库运行水头、减少汛期弃水、拦蓄洪尾、减少输水系统损失等措施，取得了较好效益。2010年1～12月水库调度效益，除水丰水库因受朝方控制，且闸门更换，汛期无闸门控制，汛限水位又由原123.3m降低到116m运行，效益仅为1.24%外，丰满、白山、云峰水库效益达到了6%以上，各水库增加电量效益16 000万～29 400万kW·h，四水库水库调度效益合计69 920万kW·h。其中，丰满因水库汛限水位由原260.5m降低到257.9m，影响了水库调度效益2.17%。

（东北电网有限公司　宋雅坪）

大坝安全管理

摸清运行水电站大坝规模　积极配合安全监管的开展

2009年12月，国家电力监管委员会（以下简称电监会）会同其他3个部委发布了《关于加强小水电站安全监管工作的通知》。为确保安全监管不留空当，2010年，国家电力监管委员会大坝安全监察中心（以下简称大坝中心）安排专门部门积极开展未注册运行水电站大坝的统计摸底工作。2010年7月，各派出机构和大坝中心在杭州召开了协调会，在派出机构的协助下，收集整理了华北、华东、西北、南方和四川、湖南、贵州、浙江、云南、江苏、山东等省区的运行水电站大坝资料，甄别归属，基本完成了全国装机容量50MW以上176座未注册运行水电站大坝的统计、分类工作，并协同福建省电监办等派出机构与当地政府主管部门明确了大坝的监管分工。2010年11月初，会同四川省电监办组织召开了四川省水电站大坝安全监管工作会议，明确了四川省内运行水电站大坝的注册工作要求，为下一步对这些中小型水电站大坝履行监督管理职能打下了基础。2010年11月中旬，大坝中心派员参加了河南省电监办组织的对回龙抽水蓄能电站的安全检查。

2010年，大坝中心遵照电监会的指示，积极配合电监会安监局及派出机构开展安全督查和安全检查。2010年4月，派专家参加了浙江省电监办组织的水电站防汛检查；6～7月，配合安监局开展安全月巡回宣讲活动；9月，派主要技术负责人参加了电监会华中区域督查组对长江电力股份有限公司的督查；同月，主要负责同志代表电监会参加了“全国水电厂安全高效运行技术研讨会”，并协同安监局完成了针对“萨扬”事故的“水电站安全监督管理工作调查问卷”，派员参与安监局开展的水电站安全监督管理工作调研；回复了富春江船闸扩建项目的人大提案意见，配合相关部门开展电力安全实时监管系统建设。2010年内，配合安监局数易其稿，多方征求意见，完成了《水电站大坝除险加固治理管理办法》和《水电站大坝安全第四轮定期检查规划》的编制、颁布工作，进一步健全了水电站大坝安全监管法规体系，完善了大坝安全定期检查工作机制。2010年10月，配合安监局组织召开了“水电站安全生产工作会议”，为会议准备材料且制作了《水电站及大坝安全警示片》。

（国家电力监管委员会大坝安全监察中心　何海源）

加强汛期风险管理　确保水电站大坝安全度汛

2010年入汛以来，全国各地暴雨成灾、洪水泛滥、泥石流频发。特别是福建、湖南、江西、广东、广西、吉林等省的主要河流均发生大洪水、特大洪水，长江流域频频报警。面对严峻的汛情，国家电力监管委员会大坝安全监察中心（以下简称大坝中心）根据国家电力监管委员会（以下简称电监会）领导的要求，积极主动，密切跟踪监视注册大坝所在地的雨情、水情，强化注册大坝超汛限水位水库的预警监测机制，通过大坝安全信息管理系统，落实专人负责统计各水电站报送的大坝实时数据，将超过和接近汛限水位水库的各项数据，结合中央气象台发布的降雨信息，每日由所在区域大坝安全主管进行分析，及时掌握各水库的水位涨落情况，诊断大坝性态，及时为水电站运行单位调度洪水、保障大坝运行安全提供技术支持。

2010年6月18日，福建沙溪口大坝遭到挖沙船撞击，并发生阻碍三孔溢洪道泄洪的险情，大坝中心一方面派出专家到现场了解情况，另一方面利用信息管理系统，根据当时水库水位和其他泄洪闸的泄洪能力，分析了可能的安全风险，指导企业稳步开展除险工作。

2010年6月22日，江西抚州发生溃堤险情后，大坝中心派专家参加电监会检查组赴现场检查，根据掌握的上游洪门水电站大坝的水位、变形等监测数据，分析该水库拦蓄洪水、减轻下游灾害的可能性。

2010年7月底、8月初，第二松花江洪水期间，针对丰满大坝5号坝段下游出现的情况，通过对远程系统监测数据的分析判断，结合大坝现场巡检情况，果断给出了“大坝运行形态正常，可以承受水库各特征水位荷载”的明确意见，为运行单位的防汛调度、减轻丰满下游城乡的防洪压力提供了决策依据。

2010年8月8日，甘肃舟曲因强降雨引发特大滑坡泥石流灾害后，大坝中心在重点对舟曲堰塞湖溃决对下游白龙江流域尤其是碧口水电站的威胁进行了分析和研判，指导水电站运行单位开展了相应的应急准备工作。“8·14”汶川发生特大泥石流导致岷江改道后，大坝中心及时联系附近的注册大坝运行单位，了解灾情，指导电厂做好应急处置工作。

今后，水电站大坝汛期的风险管理将紧密结合大坝安全信息管理系统的建设和应用，提高在线分析和实时数据应用，加强汛期预警监控，促进水电站运行单位应急预案和应急响应工作的完善，确保水电站大坝安全度汛。

（国家电力监管委员会大坝安全监察中心　张秀丽）

2010年水电站大坝安全注册情况

2010年，国家电力监管委员会大坝安全监察中心（以下简称大坝中心）共完成了沙河上库坝、贡川、峡阳等17座大坝的换证注册检查，根据申请初始注册的37座大坝的情况，全年共开展了三板溪等34座大坝的初始注册工作，达拉河口、金河、狮泉河等3座大坝因申请材料不满足要求，或不具备现场检查条件，已督促运行单位进行完善或整改。对云南南沙大坝进行了初始注册复查；办理了上标、红枫等9座大坝的变更注册。对53座大坝进行了注册等级评审，并上报国家电力监管委员会（以下简称电监会）批复。共发放大坝安全注册证书74份。在办理注册过程中，大坝中心加强对管理薄弱单位的督促力度，年内督促安徽毛尖山水电站明确了主管单位，对管理不达标、整改不力的湖南沙田水电站发出了整改通知。督促甘肃柴家峡水电站、贵州鱼塘水电站健全机构、完善专业人员配置。2010年11月，柴家峡、鱼塘水电站都已经反馈了整改情况。

截至2010年底，共有218座大、中型水电站大坝在大坝中心办理了安全注册。通过长期动态管理，绝大部分水电站能重视大坝安全管理，建立了大坝安全岗位责任制，积极落实监测人员的上岗培训，严格执行大坝检查制度，及时进行消缺维护和补强加固，连续取得了甲级注册；定为病坝的，按规定暂作丙级注册，部分经除险加固重新评定为正常坝后，取得了甲级注册；少数大坝安全管理水平有待提高，特别是部分新建大坝，大坝安全责任体系未能完全覆盖，现场水工专业力量不足，技术规程针对性、实用性欠缺，要求进行整改或按乙级注册。

2010年，大坝中心与电监会各派出机构一道，已基本摸清了各个区域未注册运行水电站大坝情况，将积极督促176座50MW以上已经投运而未注册的水电站大坝办理注册手续。

（国家电力监管委员会大坝安全监察中心　杜德进）

2010年水电站大坝安全定期检查情况

2010年，国家电力监管委员会大坝安全监察中心（以下简称大坝中心）继续根据国家电力监管委员会（以下简称电监会）三轮定检规划和注册工作的进展情况安排定检工作，年内已启动了列入2010年初定检计划的35座大坝的定检。根据申请初始大坝的情况，新增浙江溪口抽水蓄能电站上、下库大坝，广西叶茂大坝等11座大坝的定检工作。2010年，共完成了浙江新安江，云南鲁布革，西洱河一、二、三、四级，四川东西关，广西京南，江西万安等44座大坝的专家组工作；共完成了新安江、鲁布革等32座大坝安全定期检查报告审查意见的编制，其中有新安江等25座大坝已经完成审查意见审核，并上报电监会备案。

截至2010年底，第三轮定检共启动了182座大坝的定检工作，其中141座为规划内大坝，41座为规划外大坝；完成了136座大坝的专家组工作，其中110座为规划内大坝，26座为规划外大坝；尚有丰满、狮子滩、东风、漫湾等43座大坝未完成专家组工作。截至2010年底，共完成了124座规划内大坝的定检报告审查意见的编制和审核工作。三轮定检规划的143座大坝中，成屏大坝因正在开展补强加固工作、花木桥大坝因管理问题，没有启动定检。在完成三轮定检的大坝中，除广西浮石大坝因防洪能力偏低定为病坝外，其余均为正常坝，没有险坝。

对定检发现的大坝缺陷和隐患，大坝中心将对处理过程和进展要求进行跟踪，及时督促运行单位和业主单位严格按照《水电站大坝除险加固管理办法》的规定及时开展水电站大坝的缺陷治理。

电力系统已经开展了三轮大坝安全定期检查，第三轮定检按计划将于2011年将结束，并从2011年开始启动第四轮定检。大坝中心将认真贯彻“安全第一、预防为主、综合治理；风险预控、统筹兼顾、全程管理；系统排查、突出重点、全面评价”的原则，在科学总结前三轮定检经验、教训的基础上，充分利用大坝安全信息化建设成果，改进组织方式，优化定检模式，提高定检的针对性、有效性和工作效率，及时发现大坝运行隐患和缺陷，并督促企业采取治理措施，保障水电站运行安全。

第四轮定检将以信息化建设成果为基础，利用远程管理平台，通过对报送资料的分析和判断，结合日常工作中对接入大坝的安全监控和运行单位提出的运行总结报告和现场检查报告，提出对每座大坝运行情况的意见和需要解决的疑难杂症，有针对性地邀请专家分专题解决这些问题，加强定检工作的专业化管理。这套定检模式已经在三轮定检的后期进行了试点，取得了一些经验。在第四轮定检中，还要不断总结经验予以改进。

在定检过程中，还要根据风险管理的理念，根据工程的复杂程度和疑难情况，区别对待不同大坝的定检周期；根据大坝存在问题重要性和严重程度，确定具体的整改时间限制和要求，强化定检结论的针对性和可操作性。

（国家电力监管委员会大坝安全监察中心　谭秀娟）

大力宣贯监测法规　推进水电站大坝安全监测管理

当前，国家电力监管委员会大坝安全监察中心（以下简称大坝中心）主要通过监测系统的鉴定评价，监测系统设计和更新改造的审查、验收，监测设备的封存、报废和监测项目、测点、频次、期限的调整审批等技术活动，对水电站大坝安全监测工作进行监督管理。

为了加强监测管理工作，2010年大坝中心专门组织了《水电站大坝安全监测管理办法》宣贯活动，进一步明确了监测管理工作重点。

2010年，大坝中心受理并批复了李家峡、龙羊峡、宜兴、三板溪等大坝的监测项目封存停测或改变监测频次的申请，参加了李家峡、龙羊峡、琅琊山、水布垭、金安桥、密松等水电站大坝安全监测系统或监测自动化系统设计方案的审查和大花桥水电站大坝施工期监测管理中心方案评审，以及平班大坝监测自动化的设计验收和李仙江流域大坝安全监测自动化系统投标文件评审，承担了乐滩水电站大坝安全监测系统的实用化验收，这些日常工作不但推动了《水电站大坝安全监测管理办法》的贯彻实施，也通过实际工作宣传了新时期大坝安全监测的规范化工作要求，进一步规范了运行管理单位的安全监测工作。

2010年还对接入大坝安全信息管理主系统的大坝报送信息进行了系统梳理。对梳理过程中发现的报送水电站监测系统存在的设备、运行维护等问题及时反馈电厂，督促其改进管理与维护工作。同时每月编写《水电站大坝安全监控月报》，及时掌握各注册大坝的运行情况，并根据2009年注册水电站报送的年报资料和2009年开展的大坝定检、监测资料分析和监测系统评价工作，及时统计、汇总水电站监测工作情况，编写了《2009年全国注册水电站大坝安全监测工作报告》。

今后，对建设期已经蓄水运行的大型水电站大坝，要按照《水电站大坝安全监测管理办法》的要求，督促业主单位开展监测设施的专项审查、专项验收。

（国家电力监管委员会大坝安全监察中心　王玉洁）

2010年度水电站大坝安全信息化建设进展

根据国家电力监管委员会（以下简称电监会）2006年发布的《水电站大坝运行安全信息报送办法》和《水电站大坝运行安全信息化建设规划》的要求，2010年度，国家电力监管委员会大坝安全监察中心（以下简称大坝中心）积极推进水电站大坝安全信息化建设工作，除了日常的报送检查和维护工作以外，完成了青铜峡、普定、引子渡等29座大坝的网络报送和大言、苏只、松树岭、直岗拉卡等18座大坝的邮件报送。经过3年的努力，截至2010年底，已有188座大坝接入大坝安全信息管理主系统，其中网络报送134座，邮件报送54座。同时，泰安上库坝、琅琊山上库坝等新注册水电站大坝的信息化建设工作也已基本完成，新申请注册大坝的信息化建设工作正在同步推进。水电站大坝安全信息化建设已取得了可喜的成果，基本具备了对注册水电站大坝实施远程、实时监控的技术手段。

2010年，大坝中心继续安排人力开展地震灾区的大坝安全信息化系统恢复重建工作，完成了第三批硬件和商业软件采购、福堂水电站子系统现场安装，并对前期安装的8座水电站子系统进行了升级、完善。年内还完成了四川省电监办、甘肃省电监办大坝安全监管系统的开发，并编制了各个子系统以及电监办系统的相关文档资料，为项目验收预先做好了准备。经过近3年的努力，地震灾区信息化系统恢复重建项目已经基本完成，为灾区水电站大坝安全监控和管理提供了新的技术手段。

根据大坝安全信息化建设进展，2010年大坝中心着重开展了完成信息化建设大坝的系统功能完善、上报信息梳理、监控指标设定等管理工作，5月初制定了工作计划，对工作流程、工作内容、工作方式统一了要求，将需设置重要监测项目监控指标的大坝逐个落实到人，实时搜集、整理每座大坝的日常监测信息，确保大坝安全管理系统信息的准确性、完整性和实用性，努力实现对接入大坝日常工作性态的实时监控，及时反馈发现的异常情况，指导、督促运行单位不断改进管理工作，指导运行单位加强日常监测，及时实现预警预测，保障水电站大坝安全。年内已经完成了51座大坝的监控指标设置，为水电站大坝安全的实时监控奠定了基础。

今后，一是要继续积极推进信息化建设，将新注册大坝和新投运的大型水电站大坝及时接入远程管理系统，不断提高整个电力系统大坝安全信息化管理的规模和水平；二是要继续完善远程管理系统的软件功能，保持系统的技术先进性，继续研发迅速、快捷的信息采集和传输手段；扩充对大坝性态评价的信息化工具，对于重要的工程要在系统内整合必要的分析模型、工程基础参数，做到可以根据实时的气温、水位、泄量等常态作用效应及时进行模型分析、直观评判。同时，要深入推进大坝安全信息化成果的应用和管理，对接入大坝的报送信息及时进行梳理，确保系统内信息的准确性、完整性和实用性，针对各个大坝的特性与特点设置关键监测项目的监控指标，实现运行大坝性态的实时监控，推动信息化成果在注册、定检等日常工作中的应用。此外，要针对大型水电站建设工期长，建设期、运行期重叠交叉的现状，将蓄水投运的大型水电站大坝及时接入远程系统，对大坝蓄水期的运行性态进行监控，为后续的注册、定检、信息化管理积累基础。

（国家电力监管委员会大坝安全监察中心　沈海尧）

2010年度水电站大坝安全隐患排查治理工作情况

2010年，按照国家电力监管委员会（以下简称电监会）“隐患治理年”督查专项行动方案的要求，国家电力监管委员会大坝安全监察中心（以下简称大坝中心）切实加强组织领导，健全工作机制，明确职责分工，在通过定检、注册检查认真排查运行大坝缺陷隐患的同时，指导、帮助水电站运行单位开展大坝安全隐患排查治理活动，努力推进运行大坝的补强加固和缺陷治理工作。2009年“莫拉克”台风期间，浙江百丈祭水电站坝顶公路出现裂缝，为了指导业主单位加快对该缺陷的处理，2010年1月派专家参加了坝顶公路修复工程方案审查会，审定了工程处理措施；继2009年督促、推动湖南东江水电站加快开展一、二级放空洞重大工程隐患的治理工作后，2010年3月，根据湖南东江大坝隐患治理项目进展情况，大坝中心及时出具了关于东江大坝放空设施的处理意见，督促水电站运行单位加快治理进度，确保工程运行安全，并于同年4月派技术领导和专家参加了该项目治理方案的审查和论证，确定了具体的技术程序和方案，东江一、二级放空洞的缺陷有望得到彻底解决。2010年5月，应福建安砂水力发电厂的请求，为其出具了有关抗震设防标准的意见，为安砂大坝的运行管理提供了依据。广西浮石大坝因防洪标准不足而被评定为病坝后，大坝中心积极指导运行单位落实整改措施，对设计方案进行了多次讨论和分析，提出了较为切实可行的技术路径，为该水电站进行工程隐患治理提供了支持和帮助。这些工作，有力地推动了水电站大坝的隐患治理。

（国家电力监管委员会大坝安全监察中心　谢宵易）

加强水电站大坝建设期和运行期衔接

水电站在建工程的安全是投运水电站大坝运行安全的基础，水电站工程蓄水安全鉴定和竣工安全鉴定是贯彻落实“安全第一、预防为主、综合治理”的重要手段，也是大坝安全管理关口前移的有效措施。2010年，国家电力监管委员会大坝安全监察中心（以下简称大坝中心）积极开展水电站工程蓄水安全鉴定和工程竣工安全鉴定，努力为投运水电站大坝的安全性把好第一关。

2010年，大坝中心完成了苏家河口、三江口、莲麓、河口、老虎嘴、班多、金龙滩等水电站的工程蓄水安全鉴定和双河口、清溪、董箐、三板溪、喜河、戈兰滩等水电站的工程竣工安全鉴定，为这些水电站建设工程的顺利蓄水或验收创造了条件。同时，受有关业主单位的委托，为其新投运或收购的藏木（截流）、界竹口、勐来河二级、外雄、块泽河等水电站开展质量鉴定、安全评估，为企业把好水电站大坝安全的第一关。同时，大坝中心还结合开展的云南苏家河口、云南鲁基厂、云南铅厂、云南马堵山、缅甸DAPEIN、甘肃炳灵等工程安全鉴定项目，积极宣传、落实国家电力监管委员会《关于进一步加强电力建设工程安全监督管理的意见》精神，严格执行工程建设强制性条文要求，按照有关规程、规范的标准，实事求是地指出这些在建水电站工程中存在的安全隐患，为建设期的工程安全提供技术咨询。

通过安全鉴定和技术质量评估等活动，掌握了大坝建设期的工程质量情况，在建设过程中宣贯了运行期大坝安全管理的有关要求，为大坝投运后的安全管理创造了有利条件。

今后，针对部分建设期较长、工程建设期即投入运行的大型水电站，大坝中心将加强为这些高坝、大库蓄水运行初期的大坝安全工作提供指导和服务，帮助业主单位从蓄水初期即参照大坝注册要求建立与完善大坝安全管理的组织与管理体系，保证水电站蓄水运行初期与以后正常运行期大坝安全管理工作的一致性、连续性，实现标准化、规范化全过程管理。

（国家电力监管委员会大坝安全监察中心　聂广明）

上游小水电对鲁布革大坝安全的影响分析

鲁布革水电站位于云南省罗平县与贵州省兴义市交界的深山峡谷中，是南盘江左岸支流黄泥河最下游的一个梯级，其尾水与南盘江上的天生桥一级水电站水库相衔接。电厂坝址以上控制流域面积7300km^2，流域平均降雨量1290mm。每年5～10月为汛期，汛期降雨量约占全年降雨量的80%。多年平均入库流量162m^3/s，多年平均入库水量51.3亿m^3。

（一）上游小水电调查情况

由于电力开发，水库上游先后已建和在建小水电站（水库）约30座，其用途包括发电、火电厂供水、防洪、灌溉等，对这些小水电站（水库）及相关资料进行分析，情况如下：

（1）小水电站（水库）主要分布在流域的中、下游，调节能力很小。

（2）响水、石坝、响水河、独木、溜子田和洞上这6座水库为多年调节水库，东风水库为年调节水库，这7座水库分布在上游支流上，主要承担火电厂供水任务，其总库容2.479 6亿m^3，调节库容之和约为1.94亿m^3。

（3）黄泥河流域已建曲靖、滇东、盘南等火电厂，装机容量达7200MW，分别由响水、石坝等水库供水，年设计用水量1.8亿m^3。尚有3600MW火电装机容量待投产，届时黄泥河流域上火电总装机将达10 800MW。年设计用水量将达2.7亿m^3。

（4）随着上游小水电站（水库）及火电厂的逐步投产，鲁布革水电站入库径流将发生变化，并对鲁布革水库的运行产生较大影响。

（二）对鲁布革大坝安全的影响分析

鲁布革水库上游修建了约30座水库，对鲁布革大坝汛期的防洪安全产生了影响。由于水库防洪调度不允许出现“人造洪峰”，因此，通常情况下，水库上游建造水库后并不会加重本水库的防洪负担，并且，由于上游水库的蓄洪削峰作用，还可降低下游水库的防洪压力。然而，对于梯级水库的安全运行，还要关注异常情况，即上游中小水电站水库失事（大坝垮塌、决口）对鲁布革水库大坝所造成的风险。

为分析异常情况给鲁布革水库大坝带来的风险，可依中、小水电站在流域不同的位置将其分3类，分别加以分析。

第一类水库为各支流上游的几座水库，特别是各流的一级水库，共7座，即石坝、响水河、洞上、溜子、独木、响水、东风，呈并联结构库群。这7座水库，有1座为年调节水库，6座为多年调节水库。土石坝、面板堆石坝在遇到洪水漫坝、管涌、蚁穴、鼠洞、渗透、滑坡时，如果处理不及时，容易发生溃决、垮坝等意外事故。

第二类为坐落在黄泥河干支流（小黄泥河、块泽河、篆长河和九龙河）中、下游的中、小型水电站、水库。这些水电站库容都很小，多为径流式水电站，水库大坝又多为混凝土结构，因此，调节洪水时，一般不会发生险情；当上游水库失事时，也有较强的抗击上游冲下的洪水的能力。

第三类为鲁布革水库上面的两座水电站：永康桥水电站和老江底水电站。这两座径流式水电站就如鲁布革水库的一道屏障，水库大坝分别采用了翻板闸坝和混凝土重力坝，如有垮坝，洪水直接汇入鲁布革水库，对鲁布革水库安全影响也不大。

综上所述，鲁布革上游小水电站（水库）对鲁布革大坝安全的影响不大，最不利情况是非汛期鲁布革水库高水位运行情况下上游小水电站水库失事。为确保水库的安全运行，仍需密切注意上游水库的运行状况，加强上下游的沟通联系。

（鲁布革水力发电厂　杨关友）

国电四川发电有限公司水电站大坝安全管理情况

（一）南桠河水电站大坝

南桠河水电站属南桠河第三级水电站，闸坝距石棉县城 21km，坝址以上控制流域面积 862km²，水库总库容 7 万 m³。工程采用低闸、引水式开发，闸址处多年平均流量为 37.9m³/s。

2010 年 8 月，南桠河水电站大坝完成了第三轮大坝安全定期检查，为正常坝；2010 年 6 月，完成水电站大坝第三轮换证注册，注册等级为甲级。

大坝主要监测项目为大坝水平位移、垂直位移、坝基渗透压力。

2010 年 6 月全停水期间，对 1 号小冲沙孔检修闸门槽及孔前输沙槽采用防水护面剂进行了修复，闸门槽底冲坑采用改性环氧砂浆混凝土浇填修复；对 2 号小冲沙孔检修闸门槽采用防水护面剂进行了修复，对闸门槽底冲坑采用改性环氧砂浆混凝土进行了浇填修复；采用 C20 素混凝土找平对孔前输沙槽进行了修复，面粘贴厚 10mm 钢板，接缝电焊接牢固。

（二）冶勒水电站大坝

冶勒水电站水库总库容 2.97 亿 m³，调节库容 2.76 亿 m³，大坝为沥青混凝土芯墙堆石坝，坝高 124.5m，为亚洲同类坝型之最。坝址地质条件复杂，基础深厚覆盖层超过 420m，业内称“有库无底”。大坝右岸防渗处理深度超过 200m，大坝防渗墙最大深度达 84m，是目前国内最深的一道防渗墙，其工程规模、墙体深度、结构型式及施工难度国内第一、世界罕见。鉴于冶勒大坝和水库地处地震多发带、地址条件复杂等原因，加之冶勒水电站在四川电网的重要作用，国电四川发电有限公司南桠河水电分公司（以下简称南桠河分公司）对冶勒水电站尤其是冶勒大坝的安全高度重视，把其作为安全生产的两个重点之一，全力确保。

南桠河分公司与鲁布革顾问有限公司签订长期合同，委托进行大坝及整个电站的监测工作，并做好相关的数据分析和排查消缺工作，切实保证了冶勒水库的工况稳定。“5·12”地震后，南桠河分公司在加密加强观测的基础上，先后两次组织包括中国科学院院士在内的专家组进行调研咨询，对地震前后冶勒大坝安全、稳定情况进行详细地分析论证；在其后冶勒水库蓄至最高水位及消落至死水位后，南桠河分公司又数次组织专家咨询，均取得了冶勒大坝安全、稳定的结论。

（中国国电集团公司　陈庆宏　何　艰）

大坝安全监测与分析

公伯峡混凝土面板堆石坝安全监测系统设置及管理情况

公伯峡水电站位于青海省循化、化隆两县交界的黄河干流上，是黄河上游龙羊峡至青铜峡段规划的第四个大型梯级水电站。电站总装机容量为 1500MW，水库正常蓄水位 2005m，总库容为 6.2 亿 m³，具有日调节性能。

公伯峡水电站工程安全监测系统设计以“注重实用、有效、简单易行”为原则。安全监测系统由面板堆石坝堆石体的内、外部变形（包括水平和垂直方向），堆石体应力，坝基和坝体渗压，渗漏量，面板变形和应力应变，面板与趾板（高趾墙）接缝变化，面板竖缝变形等监测项目组成。

除面板挠度变形和堆石体内部垂直、水平位移测点、坝体表面变形测点未实现自动化测量外，其余项目均实现自动化监测。自动化监测系统采用南京南瑞集团公司 DAMS-Ⅳ型智能分布式系统，软件采用南京南瑞集团公司最新的 DSIMS4.0 大坝安全信息管理网络系统，主要由数据采集单元 DAU、现场网络和计算机信息管理系统 3 部分组成。自动化系统于 2007 年 5 月 20 日完成现场所有安装调试工作，2007 年 6 月 10 日通过预验收。在一年多的试运行期间，大坝安全监测自动化系统各测点监测数据连续性、稳定性较好，通过与人工对比分析，能够真实反映坝体的变化规律。2008 年 11 月 26 日，系统通过终验收投入运行，截至 2009 年 8 月，大坝安全监测自动化系统运行正常。

监测系统中，部分监测项目采用人工监测手段，部分采用半自动化监测手段，部分采用人工与自动化对比监测手段，几种手段监测资料经过计算、校核、审核后及时录入监测数据库中，及时对比分析，评价其运行性态。

公伯峡水电站大坝安全监测信息管理于 2008 年

11月纳入黄河水电公司大坝安全信息管理分系统，实现多坝统一管理模式，并向国家电力监管委员会大坝安全监察中心实现网络直报信息。

公伯峡面板堆石坝监测系统共布设仪器设施505支（组、台、套），随主体工程施工进度先后实施完成，并及时投入观测，满足了施工期、蓄水期和运行期的监测需要。2006年9月，国家电力监管委员会大坝安全监察中心和黄河电力测试科技公司对公伯峡面板堆石坝监测系统内部埋设监测仪器进行鉴定评价，对已坏的内部埋设仪器作了停测封存、报废处理。

截至2009年8月，人工监测系统除3支钢筋计、9支土压力计、4支渗压计、6支测缝计、23支电平器、3支水管式沉降仪、1组电磁沉降仪损坏及15个坝顶平面变形点因基准点破坏无法观测外，其他测点运行正常，测值稳定。自动化监测系统自2007年5月安装后，运行稳定。大坝安全信息管理系统自2008年11月建立以来运行稳定，发挥了应有的作用。

为及时、客观地掌握大坝的安全运行性态，在公伯峡混凝土面板堆石坝选择了典型监测断面和重点部位布设了变形、渗流、温度、应力、应变、接缝等监测项目，形成了一套完整的监测系统。为提高大坝安全管理水平，将安全监测信息管理纳入到黄河上游梯级电站大坝安全信息管理系统，实现了多坝统一管理，资料统一分析处理，合理配置了人力资源，充分发挥了专业公司优势，集中优势技术力量进行大坝安全研究，为大坝安全运行提供技术保障，也为流域水电多坝管理工作提供借鉴，是一种新型的管理模式。

（黄河电力测试科技工程有限公司　孔庆梅）

水口水电站主厂房裂缝成因探析

水口水电站位于闽江干流中段，上游距南平市94km，下游距福州市84km。水口水电站属一等工程，枢纽由混凝土重力坝、坝后式厂房、一线三级船闸、一线垂直升船机、220kV开关站、500kV升压站等组成。混凝土重力坝最大坝高为101m，总装机容量为1400MW，担任福建电网基荷、调频、调峰和事故备用等任务。水口水电站发电引水系统和厂房位于左岸坝后，为坝后式半封闭厂房，装有7台200MW的轴流转浆式水轮发电机组。装配场位于主厂房左侧，副厂房分别设在主厂房上、下游侧，主变压器布置在厂坝间的上游副厂房顶。地震设防烈度Ⅶ度。电站已投产10年，2007年3月检查发现，1～7号所有机组段的发电机层楼板、排架柱以及牛腿与楼板接触处等出现较多裂缝。这些裂缝对水电站的运行构成了安全隐患，其成因分析如下：

（一）裂缝主要分布情况

采用现场照相、图像校正和描绘方法，获得裂缝分布。对于宽度相对较大的裂缝，采用数字近景摄影测量的方法量测裂缝宽度。对于宽度小于2mm的裂缝，采用刻度放大镜量测裂缝宽度。采用现代先进的钢筋混凝土无损检测手段——超声波检测仪，通过对构筑物裂缝的现场检测，获得裂缝的深度分布规律。

1. 楼板裂缝　1号、2号、3号、4号及7号机组裂缝分布较多，其中1号机组裂缝分布最多，6号机组裂缝分布最少。裂缝主要分布方向为沿着机组圆心点的径向分布、顺河向分布及横河向分布，裂缝宽0～1.5mm，缝深0～146mm。

2. 下游排架柱与发电机层楼板主梁连接部位裂缝

（1）主要表现为楼板主梁与下游排架柱Ⅱ期与Ⅰ期混凝土的连接部位出现了裂缝，几乎所有下游排架柱与楼板主梁新老混凝土的接触部位都出现了这种裂缝。

（2）下游排架柱牛腿出现了斜缝，缝宽0～10.0mm，最宽裂缝出现在6号机组2号排架柱的牛腿上；缝深0～100.2mm，最深裂缝出现在2号及3号机组1号排架柱的牛腿上。

（3）发电机层楼板主梁出现了斜缝，缝宽0～4.0mm，最宽裂缝出现在2号机组3号排架柱两边的发电机层楼板主梁上；缝深0～50.1mm，最深裂缝出现在2号机组3号排架柱两边的发电机层楼板主梁上。

3. 下游排架柱及下游侧墙与楼板接触处部位裂缝　皆属表层抹灰开裂，而排架柱与楼板接触部位本身的混凝土结构并未开裂。

（二）裂缝成因初步分析

1. 楼板裂缝

（1）厂房各台机组发电机层楼板都存在沿着机组圆心的径向分布裂缝，该类型裂缝的主要成因是机组运行振动引起环向拉应力大于混凝土的抗拉强度（该抗拉强度为疲劳抗拉强度）。

（2）厂房各台机组径向分布的裂缝随着远离机组圆心而减少，这是因为离机组圆心越近，机组运行振动对楼板混凝土的结构影响越大。

（3）每台机组靠近上游往右岸方向（面向下游）一侧明显多于其他部位，这是因为机组振动对该部分楼板混凝土影响大于其他位置。

2. 下游排架柱与发电机层楼板混凝土主梁之间的裂缝

（1）下游排架柱与发电机层楼板混凝土主梁之间的裂缝主要表现为Ⅰ期与Ⅱ期新老混凝土之间的接触裂

缝，由排架柱与楼板混凝土主梁间相互错动拉开所致。

(2) 部分发电机层楼板主梁上出现的斜向裂缝，主要是由于发电机层楼板主梁Ⅱ期混凝土及下游排架柱Ⅰ期混凝土构件之间相互错动，引起发电机层楼板主梁上的端部应力集中。

(3) 在下游排架柱牛腿上出现的斜向裂缝，则是由于发电机层楼板主梁Ⅱ期混凝土及下游排架柱Ⅰ期混凝土构件之间相互错动。

3. 下游侧墙与楼板接触部位的裂缝　主要是表面抹灰出现了裂缝，原因是下游侧墙与排架柱连接的部位为直角连接，该直角连接部位的表面抹灰容易在自重情况下出现干缩脱落而出现表面裂缝。

（三）结语

(1) 蜗壳水流脉冲压力及机组机械振动是引起厂房结构位移和应力的主要动荷载，应在发电机层楼板上设置减震措施来减少蜗壳水流脉冲及机组机械振动对楼板变形及稳定的不利影响。

(2) 下游排架柱与发电机层楼板主梁连接部位裂缝，最可能原因为下游排架柱出现沉降或往下游方向移动；下游侧墙与楼板接触部位的裂缝，与该部位直角连接及表面抹灰的自重和干缩作用有关。

(3) 应采取合理的监测措施，跟踪发电机层楼板主梁、排架柱牛腿的斜向裂缝及Ⅰ期和Ⅱ期新老混凝土接触缝的状态，必要时进行合理加固，以预测和预警裂缝的变化状态，确保厂房的正常、安全运行。

（福建水口发电有限公司　朱艳华）

拓展柘溪大坝渗流量自动化监测应用范围的方法研究

（一）渗流量监测仪精度的影响因素及问题的解决思路

当渗流量较小（混凝土坝坝基渗流量往往不足1L/s）或因场地限制无法设置标准量水堰时，采用传统的渗流量自动化监测方法将带来较大的误差。要实现小渗流量的自动化监测，主要应从两个方面进行改进：① 采用高精度及高稳定性的传感器；② 对量水堰标准公式进行修正。

（二）渗流量监测仪的研制

渗流量监测仪核心元件采用美国罗斯蒙特3051型电容式差压变送器。在玻璃基片上镀有金属层的球面固定极片。在压差作用下，水压侧加有预张力的不锈钢膜片作为感压敏感元件。当水压和大气压同时作用于两侧感应膜片上时，膜式动电极将凹向大气压侧，导致电容量发生变化。为了修正温度影响，罗斯蒙特3051型电容式差压变送器集成了一个温度传感器，经过温度修正后进行A/D转换为数字量，可以直接用HART格式进行通信。另外，还可以经过D/A调理转换为4～20mA标准信号。经密封处理后的渗流量监测仪结构，水压通过连接管及法兰传递，密封罩内气压通过通气管与大气压保持一致。

（三）水位—流量关系现场率定方法

量水堰标准公式修正最简便的方法是进行水位—流量关系现场率定试验。水位—流量关系的现场率定试验中，实际流量的测量是最核心的环节，是测试中难度最大、工作量最多的工作，它对整个测试精度起着决定性作用。所以，应针对不同的情况选择正确的测量方法，以提高观测精度。适用于当前渗流量较小的情况，容积法有两种测量方式：一是在量水堰下直接用电子秒表＋量杯的方法进行测量，这种方法的特点是简单直观，易于操作，缺点是只能适应流量小于1L/s的情况；二是使用小流量容积式流量计，常见的有齿轮式和活塞式仪表，根据旋转次数计算出流量。以$\phi 20$的COVOL型容积式流量计为例，其测量范围为1～25L/min，测量精度可达0.8%以上。由于容积法的量程较小，当大坝渗流量较大时，采用容积法可能难以满足率定的要求，这时可以考虑采用流速仪法进行流量测量。

（四）现场应用实例及分析

柘溪水电厂各坝段的基础渗流量由坝基灌浆廊道内上下游侧排水沟汇集至集水井前沉砂池，沉砂池与集水井之间设置一三角量水堰，通过渗流量监测仪测量沉砂池水位，再由水位—流量关系曲线推求渗流量大小。该测点是非标准量水堰及小流量情况下自动化监测的典型应用。经过近一年的试运行表明，自动化监测数据与人工观测结果趋势基本一致，自动化监测与人工监测最大流量值、最小流量值发生时间均相同，绝大多数情况下误差在3mL/min以下，能够较好地满足大坝渗流量观测要求。

（五）结语

该研究成果成功解决了小流量及非标准量水堰情况下难以实现渗流量自动化监测的问题，拓展了大坝渗流量自动化监测的应用范围，对大坝其他项目的自动化监测也具有借鉴意义。

（湖南省电力公司试验研究院　莫　剑）

陈村水电站近坝库区滑坡体GPS监测研究

（一）朱家门滑坡形成历史与现状

陈村水电站位于安徽省宣城市泾县陈村舒溪河上，正常蓄水位119m。朱家门滑坡体位于陈村水电站大坝上游500～850m处。1959年水电站建前进行库区查勘时，就曾发现是一个规模不大的古滑坡，当时已暂趋稳定，但预测水库蓄水后，将重新滑动。1972年4月，水库初期蓄水至约102m后开始消落时，该处发生了较大范围的滑坡（大滑坡），约20余万立方米，未发生涌浪翻坝事故。以后又发生过几次小塌滑，直至达到新的稳定。1986年，距大滑坡上游50～60m处，又发生了新的小滑坡，滑坡体体积约数千至10 000m³，该小滑坡目前尚未稳定，仍有陆续小的塌滑。

1988年，陈村大坝安全检查时，提出朱家门大滑坡是否会重新复活产生危及大坝安全的涌浪问题，于是在1989年10月组织了一次现场地质查勘，当时库水位约113m。查勘结果是：小滑坡体上游一侧有大片基岩出露，滑动面就是基岩的岩层面；大滑坡中顶部有小片岩石露头；除这两个地段以外，都有坡积层（碎石块夹亚黏土）及茂密的植被覆盖，未见基岩及滑动面出露。

近年来，国务院发布了《地质灾害防治条例》和《关于加强地质工作的决定》，对地质灾害防治工作十分重视，中国大唐集团公司领导亦十分关注陈村电站朱家门滑坡的稳定性，对朱家门滑坡的监测工作作出重要指示，2006年9月26～27日，陈村电厂邀请浙江华东建设工程有限公司进行现场踏勘工作。

初步踏勘认为，在地质环境条件未发生大的改变的情况下，产生大规模滑坡的可能性不大，但仍可能存在小规模塌滑，特别是原有2个滑坡间岩体两侧已临空。

根据现场施工条件，难以进行详勘工作，浙江华东建设工程有限公司建议首先对现有滑坡体现场进行周期性监测、巡查，若现场条件发生变化或发现可能有滑坡迹象时，再作具体处理。

（二）监测实施方案

1. 监测点位选取与埋设

（1）监测点位的选择应根据滑坡体的形态特征、变形特征、动力因素及监测预报等具体要素（变形方位、变形量、变形速率、时空动态、施工动态、发展趋势等）进行，所选出的点位应能真实地反映灾害地质体变形敏感部位；各滑坡体上的监测点一般须能构成多条监测剖面；点位应位于阻滑段前缘、下滑段前后缘、索引段前缘和滑坡体的剪出口。根据朱家门滑坡现状，监测点布设时选取了3个竖向断面，大体呈三角形状，顶部1个点，中部和下部临水各为3个点，构成滑坡体左侧、中间、右侧各1个竖向断面，以监测滑坡体在两翼和中部的位移趋势情况，同时，中部和下部临水各呈一横向断面，以便进行竖向断面间的横向对比以及横向断面位移趋势。测点位置如图1所示。

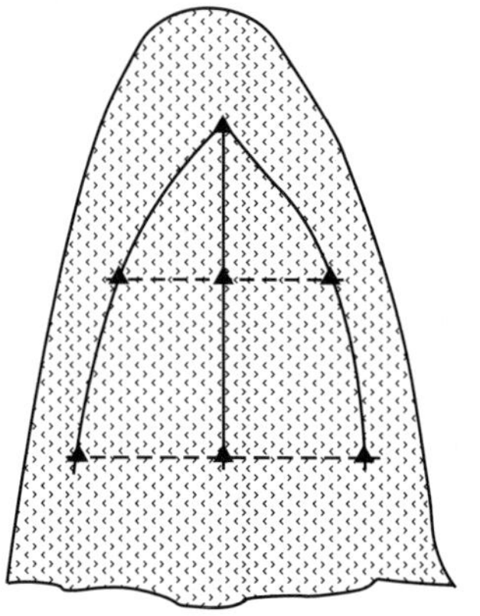

图1 朱家门滑坡监测点及断面示意图

（2）该滑坡体监测点均建造观测墩，采用普通钢筋混凝土结构。各点位建墩埋设时，对于岩石埋深较浅处，向下开挖至新鲜岩石，去掉浮石，确保所露岩石坚固稳定，然后绑扎钢筋，浇筑墩体；对于岩石埋深较深处，向下开挖至土层非常紧密处，然后绑扎钢筋，浇筑墩体。所有坑深不小于2m，埋土较深时，坑深不小于3m。各墩体建成后，墩身粉刷白水泥，并用红油漆标记点号和警示标记。

2. 监测方法的选择 国内采用的滑坡监测手段主要为精密大地测量方法，包括精密全站仪监测法和GPS监测法两种。对两种方案从测点布设、观测方法、观测精度、实施经费、仪器经费和实施适宜性等方面进行比较分析，如表1所示。

表1 两种方案综合对比分析表

	方案一 精密全站仪监测法	方案二 GPS监测法	备注
点位精度	不低于3mm	不低于5mm	方案一精度比方案二精度高，但均满足滑坡监测要求
实施适宜性	观测受天气影响较大，且须通视，外业实施难度和劳动强度较大	可全天候观测，无须通视，可实现观测自动化，外业观测难度小	

续表

		方案一 精密全站仪监测法	方案二 GPS监测法	备　注
测点埋石	数目（个）	7+3=10	7	7个监测点为普通型标，3个工作基点为基岩标
观测设备	设备名称	LeicaTCA2003全站仪（1台套+配件+软件）	高精度GPS接收机（4台套）	依据市场报价，两种费用相当
定期监测（每次）	工作量（工作日）	30	15	方案一工作量和劳动强度均较大

表1分析表明，在满足精度要求的前提下，在方案的可实施性、经济性以及安全性上，GPS监测法均占有较大的优势，是朱家门滑坡体监测的首选方法。

3. 监测精度与周期

（1）为了监测出滑坡体整体稳定状态以及局部的变形趋势，本阶段监测精度不宜过低。同时，滑坡体跛脚临水，所处山谷气候变化异常，此观测条件较为苛刻，不利于较高精度监测的实施；坡面相对较为狭窄、山谷地形复杂，给测量仪器工作空间的展开以及监测网与电站外部控制网的联系带来了一定难度，不易达到高精度测量的要求。若要实施较高精度监测，一是监测时间可能因前述因素受到影响，单次监测时间跨度变长，但水库水位的变化相对较为剧烈，其对滑坡体形变也有一定影响，不利于监测成果的处理分析；二是需投入的人力、物力将会有较大增加。因此，从监测实施实际来看，本阶段监测精度也不宜过高。综上考虑，兼顾准备采用的监测手段和目前的仪器精度，朱家门滑坡监测点位中误差取为±（3～4）mm比较适宜。

（2）鉴于朱家门滑坡体目前滑动状态，考虑到滑坡监测精度与复测周期、位移速度之间的相互关系，监测周期以每年观测两次为佳，分别在每年的4月和10月进行为宜，可根据实际工作具体安排。

（三）对GPS监测技术的优化改进

（1）大部分情况下，GPS监测属于工程独立坐标系统，不利于监测对象与已有工程构筑物的统一监管，同时，设立独立坐标系基准稳定性需要较长时间监测分析，不利于监测项目的及时开展。为了避免上述问题的出现，将朱家门滑坡体变形监测坐标系纳入大坝安全监测控制网（即陈村水电站三角网），以三角网中长期较为稳定的控制点为基准点，在滑坡体每期监测时，其基准点坐标值与该基准点在三角网中的测值同步。该改进措施，不但确保了滑坡体监测能够及时开展以及监测成果有效，而且充分利用了大坝监测基准，使得滑坡体监测基准与大坝安全监测基准保持了高度的一致性，也确保了滑坡体监测成果在长期内的高可靠性和高准确性。

（2）水利大坝库区地形复杂，水面宽阔，滑坡体植被茂盛，对GPS监测较为不利。在通常情况下，需进行地表清理，加长监测时间，确保良好、持续的GPS信号，但对于水位变化相对剧烈、水汽量充足的库区，此种做法将会较为不利于滑坡地表土层保护，极易造成滑坡体地表水土流失，从而增加降水深入坡体内部，导致破体变形加剧。该项目实施时，在兼顾前述问题和不增加监测工作量的基础上，采取维持坡体原有地表不变、逐步改进监测方法的原则提高监测精度，即通过观测时段预报、优化监测时段选择、延长监测时间、优化监测点组网形式的方式进行，在此过程中，由于监测时间由第一期的2h（人员全程值守）延长至第三期的24h（无人值守），极大地减少了测站值守和迁移的工作量，实现了监测工作量减少、监测精度提高的双重目标。

（3）在该项目实施过程中，利用了传统的高精度测量方法进行了校核补充，实现了传统监测方法与GPS的有效结合，即采用了高精度智能全站仪TCA2003以边角网的形式对滑坡体监测点进行了校核补充，结果显示两者能够较好地互补，此种方法对保证项目的高质量、高效率实施起到了较好作用。

（四）监测实施和结果

朱家门滑坡体监测共实施了3期监测，监测时间分别为2009年12月、2010年6月和2010年11月。

2009年12月，即第一期监测时，以大坝三角网中7号和8号两点为基准点，将此两点与监测点联网监测，以静态测量方式进行，每个时段为2h。监测时采用4台Leica1250型高精度GPS接收机进行，两台置于基准点上，另两台置于监测点上，安置顺序为“1—2—3—4—5—6—7—1”，即每点两个时段，序号相邻两点相连。监测数据处理方式为采用 Leica 随机商用软件 LGO 进行基线解算，事后平差采用专业平差软件科傻软件进行，平差结果作为滑坡体监测基准数据。

2010 年 6 月，即第二期监测时，在第一期监测方法的基础上，增加了 TCA2003 常规方法校核，并对时段选择作了一定优化。

2010 年 11 月，即第三期监测时，通过对前期数据的详细分析，决定在前期监测方法的基础上进行进一步优化。由于滑坡体各测点之间基线较短，且各点位移应为相对独立的变量，故无需相联成网的必要。同时，因滑坡体表植被茂盛，遮挡卫星信号严重，对监测点精度有较大的影响，若砍伐树木、清理地表以取得高质量信号以及高精度监测结果，则势必造成地表光秃、雨水冲刷，反而不利于滑坡稳定。基于上述考虑，采取延长时段各点独立监测，即将时段延长至 24h，且测点之间不相互连接。基线解算和事后平差方法不变。

各期监测成果列于表 2～表 4 中。

表 2 各期监测成果统计表

测期	测点	X（m）	Y（m）	H（m）	M_x（cm）	M_y（cm）	M_h（cm）
第一期（2009 年 12 月）	Z01	−1124.076	−162.614	173.547	0.74	0.62	0.87
	Z02	−1075.519	−153.602	155.616	0.73	0.71	0.92
	Z03	−1107.996	−172.142	159.203	0.85	0.79	0.82
	Z04	−1144.737	−208.396	163.196	0.80	0.76	0.86
	Z05	−1048.914	−171.594	131.296	0.73	0.68	0.81
	Z06	−1089.431	−197.877	140.263	0.78	0.69	0.81
	Z07	−1115.684	−217.812	139.218	0.78	0.80	0.71
第二期（2010 年 6 月）	Z01	−1124.070	−162.612	173.537	0.60	0.54	0.70
	Z02	−1075.503	−153.586	155.609	0.56	0.48	0.66
	Z03	−1108.002	−172.142	159.191	0.63	0.58	0.62
	Z04	−1144.730	−208.380	163.189	0.65	0.56	0.50
	Z05	−1048.926	−171.597	131.286	0.53	0.46	0.48
	Z06	−1089.445	−197.874	140.254	0.67	0.58	0.76
	Z07	−1115.693	−217.816	139.204	0.46	0.55	0.50
第三期（2010 年 11 月）	Z01	−1124.071	−162.606	173.531	0.27	0.24	0.46
	Z02	−1075.508	−153.590	155.601	0.28	0.19	0.33
	Z03	−1108.003	−172.144	159.188	0.24	0.27	0.32
	Z04	−1144.736	−208.386	163.193	0.40	0.38	0.64
	Z05	−1048.931	−171.602	131.291	0.27	0.40	0.43
	Z06	−1089.445	−197.877	140.253	0.35	0.38	0.58
	Z07	−1115.698	−217.819	139.205	0.25	0.27	0.21

表 3 第二期监测成果对比表

测点	GPS			TCA2003			△X	△Y	△H
	X	Y	H	X	Y	H	mm	mm	mm
Z01	−1124.070	−162.612	173.537	−1124.087	−162.608	173.517	16.6	−4.1	20.3
Z02	−1075.503	−153.586	155.609	−1075.515	−153.605	155.604	11.9	19.5	5.3
Z03	−1108.002	−172.142	159.191	−1108.001	−172.147	159.183	−1.6	5.1	8.1
Z04	−1144.730	−208.380	163.189	−1144.731	−208.396	163.178	1.5	16.3	10.1
Z05	−1048.926	−171.597	131.286	−1048.931	−171.601	131.294	5.1	4.3	−8.0
Z06	−1089.445	−197.874	140.254	−1089.432	−197.882	140.270	−13.2	8.0	−15.9
Z07	−1115.693	−217.816	139.204	−1115.685	−217.813	139.206	−7.5	−3.0	−1.7

表 4 各期变形量分析表 mm

测点	第一期			第二期			第三期		
	X	Y	H	X	Y	H	X	Y	H
Z01	0.0	0.0	0.0	6.5	2.7	−10.3	−1.3	5.8	−6.0
Z02	0.0	0.0	0.0	16.0	16.3	−6.6	−5.3	−4.0	−7.6
Z03	0.0	0.0	0.0	−5.9	−0.2	−12.2	−0.7	−2.5	−3.2
Z04	0.0	0.0	0.0	7.2	16.1	−7.8	−6.1	−6.5	4.3
Z05	0.0	0.0	0.0	−11.4	−2.8	−9.9	−5.8	−5.7	4.9
Z06	0.0	0.0	0.0	−14.3	3.7	−9.0	−0.3	−2.9	−1.2
Z07	0.0	0.0	0.0	−8.9	−3.7	−13.7	−5.2	−2.9	0.7

由表 2～表 4 可看出，第一期和第二期监测精度较低，第三期精度最高，较好地满足了设计监测要求。同时，随着监测方法的不断改进，3 期精度逐渐提高，且提高幅度较大。第二期 GPS 测值与 TCA2003 相比，符合性较好，说明 GPS 方法在朱家门滑坡监测中是确实可行的。此外，各期变形量亦反映了精度对变形监测值的影响，第二期监测值较大，主要由两方面造成，一是第一期和第二期监测精度均不高，且第一期监测精度较差，监测值本身内在有一定的浮动，在第三期中，精度有明显提高后，变形值明显表小，此也说明精度对变形监测值的影响较大；二是第一期监测时，离测点埋设时间较短，测点本身在第二期之前存在一定的位移，由此影响了第二期变形量。

（五）结语

（1）利用 GPS 监测技术实现水库库区滑坡体形变监测有着较强的可行性和实用性，监测效果能够满足监测要求。

（2）对于地形复杂、地表植被覆盖严重的区域，应做好监测试验分析、方案优化改进的工作，必要时，可利用传统高精度大地测量方法如边角网、精密极坐标法等进行校核补充，确保监测实施的有效性。

（3）监测成果表明，陈村水电站朱家门滑坡体目前基本处于稳定状态，但由于测期较少，具体形变状态及趋势不甚明朗，需要进一步监测分析。

（河海大学地球科学与工程学院
李晓龙　黄　腾　李桂华
大唐陈村水力发电厂
汪正春　徐　辉　孙　萍　李　正）

大　坝　维　修

碳纤维布加固技术在电站钢筋混凝土结构修补中的应用

二滩水电站位于四川攀枝花市雅砻江干流，是一座以发电为主的大型水利枢纽，总装机容量3300MW。电站枢纽建筑物由拦河坝、泄洪建筑物、消能建筑物、地下厂房、引水和尾水建筑物及500kV全封闭气体绝缘组合开关站（GIS）等组成。

GIS楼为二滩水电站500kV开关站，主体结构尺寸为131.4m×18.6m×22.2m（长×宽×高），为现浇钢筋混凝土框架结构。屋面梁横跨整个建筑，中间无柱支撑，屋面上布置有500kV出线。

（一）存在问题

2003年3月汛前大检查中发现，500kV全封闭气体绝缘组合开关站（GIS楼）绝大部分屋面梁有裂缝，尤其是第29轴线屋面大梁有裂缝且弯曲变形大，使得梁底与桥吊护栏发生擦刮；地下厂房发电机层和水轮机层大部分牛腿及牛腿上简支梁端部有裂缝。

GIS楼第29轴线大梁腹部两侧表面各有10条宽0.3～0.6mm的对称裂缝，裂缝从板底开始向下延伸，到距梁100～200mm处消失，没有贯穿通过梁底。其他绝大多数梁均存在裂缝，保护层极薄，有的箍筋外露，梁腰腹板两侧向内侧凹缩。梁腹部裂缝可能是因为施工中混凝土保护层不够及养护不当或混凝土配合比不当。

地下厂房发电机层和水轮机层部分牛腿顶缘外侧及牛腿上简支梁的下缘端部不同程度地存在斜裂缝，个别严重的裂缝已从上部简支梁贯穿到下部牛腿。裂缝产生的原因极可能是由于牛腿表面及对应的梁底未埋设钢板，在温度变化混凝土收缩及厂房运行震动时，因梁底与牛腿摩擦力较大，导致梁端及牛腿拉裂。

（二）结构碳纤维补强加固处理

对屋面梁及牛腿裂缝采用碳纤维片材进行加固处理。碳纤维布采用UT7030型东丽碳素纤维布，自重为300g/m^2，厚度为0.167mm；黏结料采用配套的WSX型碳纤维树脂。

1. GIS楼屋面梁加固

（1）根据GIS楼屋面梁存在裂缝的宽度及深浅程度，采用表面凿“U”型槽方式，用IFS－Ⅱ无机快速封堵材料进行表面涂抹封缝处理，必要时采用WEP型结构注缝胶进行化学灌浆封缝处理。

（2）在第29轴线屋面梁两侧、距梁底和梁面400mm处，沿梁的长度方向各粘贴一层宽300mm的碳纤维。沿梁底通长粘贴一层宽500mm的碳纤维以提高梁的抗弯能力；沿梁通长粘贴一层宽300mm的“U”型碳纤维箍，间距200mm。

（3）其他有缝的屋面梁，由于裂缝多出现在梁的端部，故在梁的端部粘贴一层宽150mm的“U”型碳纤维箍，间距200mm，长度不小于2m，在梁的两侧、距梁底和梁面400mm处，沿梁的长度方向各粘贴一层宽150mm的碳纤维。

2. 地下厂房牛腿及梁加固

（1）采取C20的超细水泥基灌注材料－ICC－Ⅰ型无机黏结灌注材料灌缝，再用IFS－Ⅱ快速封堵材料对裂缝表面进行涂抹封缝。

（2）牛腿采用三层环形缝补箍，第一、第二层高0.5m，第三层高0.2m；梁支座端沿梁长方向粘贴两层，高0.5m，长1.5m；方牛腿采用“U”型箍，粘贴三层，高0.44m，长1.5m。

（3）施工工艺流程为：结构表面处理→定位划线→黏结胶的配置→涂刷底胶→找平→碳纤维粘贴→涂面层胶→保护。

（4）为了恢复碳纤维布修复后的大梁及牛腿外观，故采用砂浆抹面修复混凝土表面，并补刷乳胶漆，以与周围墙体保持一致。

（三）碳纤维拉拔检测

1. 设计要求

（1）测试位置为复合材料补强施作区域。

（2）测试频率原则上每500m^{2}测试一次。

（3）检测标准：拉拔结果破坏面必须为混凝土破坏或拉拔强度大于2MPa视为合格（结构混凝土不得低于C25）。

2. 现场拉拔实验及钻芯取样　现场碳纤维布拉拔实验均为混凝土破坏，拉拔强度大于2MPa，满足设计要求。

GIS楼屋面梁及地下厂房牛腿裂缝经过灌浆、碳纤维加固补强处理，其混凝土构件的抗弯、抗拉、抗剪强度能力得到了有效提高，克服了混凝土收缩产生的应力，可防止新裂缝的产生。

（二滩水力发电厂　王安明）

莲花水电站溢洪道弧形工作闸门侧水封改造

莲花水电站泄洪采用岸坡开敞式溢洪道，有7个溢流表孔，每孔净宽16m，设7扇16m×13.2m的弧形工作闸门，分别由卷扬式启闭机操作，最大总泄洪量为18 570m³/s。该工作闸门于1997年8月安装完毕并正式投入运行，闸门止水效果良好。1998年汛前防汛检查进行4号闸门动水启闭试验之后，侧止水出现少量漏水。随着库水位的增高，漏水量也逐渐增大。冬季由于闸门门叶钢结构和闸墩混凝土结构同时收缩，漏水量逐渐加大，而随着春季天气变暖，漏水量又逐渐减小。随后几年里，防汛检查时分别开启2号、5号和7号闸门，均出现上述漏水缺陷。自2000年底开始，对1～5号闸门的止水进行了技术改造。改造主要是将闸门侧止水橡皮的结构尺寸由原来的空心P60改为实心的P65，目的是通过增加止水的预压缩量减小闸门漏水，但改造后只解决了夏季闸门漏水问题，并且水封磨损严重。改造后的闸门止水冬季止水效果并不理想，依然漏水。闸门漏水主要是门体大，加上热胀冷缩造成的。

（一）技术改造方案

闸门止水改造主要是对侧止水结构进行全面更换，从止水橡皮的断面尺寸和材质两个方面进行改进。

设计的原则是：保留闸门门叶上的侧止水螺孔，并满足“L”型侧止水的橡皮头与原埋件侧轨上的不锈钢座板的位置相适应，以此确定“L”型断面侧止水的主要结构尺寸，压板改用平板型。为防止因预压量大引起“L”型止水橡皮在拐角处撕裂，或因闸门门叶侧边与侧轨之间的间隙大，“L”型止水橡皮的一边受水压力后翻向下游造成“L”型止水橡皮在拐角处撕裂，采用的止水橡皮板厚由常规的15mm改为30mm。止水橡皮板与止水橡皮头拟分别采用不同硬度的橡胶材质。

为减少闸门启闭过程中对侧止水的磨损，在止水橡皮头与不锈钢座板面接触的部位表面采用喷涂聚四氟乙烯层进行保护。

（二）改造施工技术要求

(1) 引用标准和规程规范。水封的改造按现行DL/T 5018—2004《水电水利工程钢闸门制造安装及验收规范》中的有关规定执行。

(2) 橡胶水封的质量要求。水封采用专业厂家的品牌产品。橡胶水封表面应光滑平直，其厚度极限偏差为±1.0mm，截面其他尺寸的允许偏差为设计尺寸的2%。

(3) 闸门水封聚四氟乙烯涂层的施工。聚四氟乙烯涂层的施工应在气温5℃以上的晴天或在较好的气候条件下进行，其步骤为：打磨→清洗→涂层。

(4) 橡胶水封的安装。橡胶水封的螺孔位置应与门叶及水封压板上的螺孔位置一致，孔径应比螺栓小1.0mm，应采用专用空心钻头掏孔并严禁烫孔。所有闸门橡胶水封接头的黏结，应用水封厂家提供的黏结剂胶合，并按水封厂家提供的技术说明书进行。

(5) 橡胶水封的检查。橡胶水封安装后，在闸门全关位置，橡胶水封的压缩量应符合设计图纸规定，并进行透光检查，不应有透亮或间隙。

(6) 闸门启闭试验。水封安装好后，应作闸门无水情况下全行程启闭试验和动水启闭试验。

（三）结语

通过更换“L”型断面侧止水，能够有效防止莲花水电站溢洪道弧形工作闸门夏季受热膨胀引起侧止水与侧轨之间预压量局部大于设计值，压缩变形也较大，随即出现开启闸门时侧止水局部磨损过大，进而冬季漏水加大的缺陷。几年的运行使用观察表明，该型断面侧止水能够适应闸门门体受热膨胀、遇冷收缩的变化，不仅解决了多年来的漏水与水封磨损缺陷，而且节省了每年近60万元的维护费用。

（牡丹江水力发电总厂 宋德强 夏春明）

石板水大坝伸缩缝漏水施工处理

石板水水电站位于重庆市丰都县长江上游支流龙河，采用混合开发方式，装机容量115MW，多年平均发电量为5.2亿kW·h。大坝为碾压混凝土重力坝，最大坝高84.6m；设计洪水流量4830m³/s，校核洪水流量6630m³/s。水库为大（2）型水库，正常蓄水位480.0m，校核洪水位480.62m，死水位450m，总库容1.054 7亿m³，调节库容0.769 3亿m³，属季调节水库。

（一）大坝伸缩缝渗漏状况、成因及处理必要性

2001年1月10日，发现2号、3号坝段伸缩缝下游456m高程漏水。渗漏量与库水位有关，库水位越高，渗量越大，实测最大渗漏量为75L/min。经2年长期观测，2号、3号坝段伸缩缝附近没有新裂缝出现，其情况均无异常变化。

大坝大面积碾压混凝土浇筑时，振动碾无法碾压到该部位，在分缝部位采用碾压混凝土加注水泥浆后，再用振动棒振捣浇筑（浇筑宽度约60cm）。虽然

碾压混凝土加注了水泥浆，但混凝土和易性还是比较差，大坝伸缩缝混凝土振捣密实度差，易形成绕渗区。上游面橡胶止水距上游坝面 1.0m，止水铜片距上游坝面 1.5m。橡胶止水采取直接搭接，搭接长 50cm，没有进行热黏结处理或黏结处理，铜止水制作安装也不规范。大坝 0＋150m 桩号伸缩缝漏水是橡胶止水搭接部位漏水，沿着铜止水与混凝土接触面渗漏（铜止水与混凝土接合不良），就形成渗漏区。

长期不处理将造成伸缩缝止水损坏更严重，漏水量会逐渐增大。同时，在有压水的侵蚀作用下，漏水将逐渐剥蚀坝体混凝土并危及大坝安全，漏水处理应尽快进行。

（二）处理方案选择

分析发现，伸缩缝是由大坝变形引起，只能用弹性材料进行灌浆处理，化学灌浆拟选用水溶性聚氨酯。具体方案：沿伸缩缝钻 ϕ40mm 骑缝孔，孔径宜小，以免造成不必要的化学材料浪费。化学灌浆处理前，先对每一钻孔进行压水试验，以了解缝面串通情况、吸水情况，再对整条缝进行化学灌浆处理。

（三）处理材料的选用及施工

根据该伸缩缝的特性，选择了具有亲水性、遇水可分散乳化固结、适用于水下伸缩缝修补的水溶性聚氨酯。施工程序为：搭脚架（前期准备工作）→凿槽→电钻钻孔→压力水→风冲洗→埋管封缝→通风检查→灌浆→闭浆→灌浆完毕→沿伸缩缝之间坝体墙面涂刷聚合物水泥防水涂料→拆除脚手架。具体施工顺序及方法为：先处理完大坝上游迎水面伸缩缝后，再处理大坝下游面伸缩缝。灌浆操作顺序为：先将配制好的浆液倒入料罐，拧紧罐的密封盖，然后通气加压，在大坝上游迎水面使浆液通过与紫铜管接合处进入伸缩缝，一旦浆液自邻近紫铜管冒出，立即堵住，取下插头，将进浆管嘴边封闭，然后将刚才冒浆的出口改为进浆口。按同样的方式依次继续压灌，直至整条伸缩缝充满浆液为止。施工中有时会发生局部漏浆情况，应立即卸压停止灌浆，采取可靠的堵漏措施后方允许继续灌浆。灌浆应从下而上，逐孔灌注弹性聚氨酯材料，14d 后进行压水试验。试验结果显示，伸缩缝均不吸水也不漏水。

（四）结语

石板水大坝伸缩缝漏水处理严格依照制定的方案、施工顺序和方法施工，从处理后压水实验检查和 5 年多实践运行情况来看，漏水处理方案、选用的化学灌浆材料、具体施工顺序和施工方法是成功可行的，伸缩缝漏水处理达到了工程设计要求，为今后其他类似工程伸缩缝漏水处理提供了参考。

（重庆涪陵电力实业股份有限公司　江思田）

青铜峡水电站大坝消缺及改造工作回顾

青铜峡水电站大坝首次定检评定为病坝后，原宁夏电力局和青铜峡水电厂非常重视病坝的治理工作，1991 年起就着手制定消缺治理方案，第二次定检中，又重点对金属结构、水下设施及大坝运行中存在的其他问题进行了更进一步的分析计算和复核工作。第三次定检后，重点对水工建筑物及水位压差系统进行了更新改造。

（一）24 号、25 号坝段基础 F_5、F_6 断层固结灌浆

施工时 F_5、F_6 断层采用混凝土塞处理，曾先后进行过 5 次固结灌浆。本次处理的目的是检查性固结灌浆，孔距 3～5m，共布 15 孔，自上而下分段灌浆，平均单位注入水泥量 6.21kg/m，钻孔进尺 589.97m。灌浆后，提高了坝体的整体性，坝基整体承载能力满足安全要求。

（二）大坝变形监测设施改造

1992 年审查通过了《青铜峡大坝外部变形观测系统改造工程可行性研究》，1993 年完成设计，1994 年施工，1995 年投入运行，主要增设了坝顶和基础廊道引张线、6 条倒垂线、3 条正垂线和西导墙变位计，共 56 个测点投入自动化在线监测。2006 年对气象观测进行了自动化改造，实现了温度、湿度、风速、风向、降雨量、气压的实时监测，数据入库率 100%，数据准确。2007 年 3～6 月，对青铜峡水电站一等水准网进行了改造。2007 年 9～11 月，对青铜峡水电站绕渗孔进行了扫孔恢复，符合自动化安装精度要求。

（三）大坝裂缝处理

1. 电站坝段三大条裂缝处理　以防渗堵漏为主、适当考虑补强作用为原则，采用对裂缝表面进行封闭、缝内低压灌浆、缝面加设防水层的处理措施。裂缝内部进行化学灌浆，裂缝表面防水层选用抗拉强度高、扯断伸长率较高的橡皮作为主体材料，用氯丁胶与环氧砂浆粘贴。

2. 机组坝段 3 号胸墙裂缝处理　主要以防渗为主，堵塞渗漏通道，防止钢筋进一步锈蚀，采用 3 道防渗漏措施。第一道通气孔防渗层，第二道裂缝内化学灌浆，第三道胸墙表面做防水层。

（四）平压水箱防腐处理

平压水箱防锈蚀采用金属保护层法，在水箱内壁、伸缩缝和支撑件上喷涂 300μm 的锌，并在其上再喷涂 4 道氯磺化聚乙烯树脂作为表面覆盖层。

（五）水库泥沙淤积情况

青铜峡水电站大坝第一次定检后，从1991年开始，采用汛期沙峰“穿堂过”，结合汛末冲库拉沙方式进行冲库拉沙运用。

（六）泄水管底板补强处理情况

2000年12月～2002年4月，青铜峡水电站委托青岛太平洋海洋工程有限公司对泄水管进口段进行水下修复工程施工。处理措施为首先对破损部位进行定位，水下混凝土切割挖除，然后打锚筋，布设钢筋网，浇筑水下聚合物混凝土（PBM树脂混凝土）。对3号泄水管检修门槽附近两侧闸墩上的2条4m高的竖直向裂缝，采用了永久钢衬立模、水下混凝土浇筑工艺。

（七）泄洪闸下游护岸补强加固

1982年对海漫以下部分抛填了720块$2m^3$大的混凝土四面体，东挡12以下157m范围内改为钢筋混凝土护坡，1984年对东挡12以下80～110m范围内钢筋混凝土护坡坍塌部位抛填了$6000m^3$铅丝笼块石进行临时加固。1995年、1999年和2005年检查发现，铅丝笼块石前端头和位于河床的部位有局部坍塌，当年就进行了修复处理。

（八）机组进水口工作闸门及拦污栅改造

1996年对拦污栅的结构进行了重新设计。新设计拦污栅的主梁为箱型梁，提高了主梁的强度，栅条形式采用直条栅。2000年，对进水口工作闸门进行了重新设计，新设计的闸门与原闸门相比有以下不同：每套闸门设置2个充水阀和1个平衡梁、闸门自身设置了锁锭，节与节之间设置了连接板，增加了强度，顶、侧水封为一个整体框架水封。2000年先后委托河南三门峡水工机械厂和武汉大禹水工机械厂制作，2001～2006年8月逐年进行更换，共计更换7扇。

（九）右岸土坝安全复核

右岸土坝与重力坝相接，最大坝高约10m。委托设计单位进行了安全复核，土坝各项技术指标均能满足现行规范要求。

（十）超声波水位压差系统技术改造

2008年对超声波水位压差系统进行了技术改造，提高了水库调度的自动化水平。

1988～2007年，青铜峡大坝在日常检查和年度详查的基础上进行了3次定期检查。通过定检工作，从设计、施工及运行对大坝进行了全面的设计复核与研究，对设备的运行状态有了更清晰的了解和掌握，同时采取大量有效的工程措施进行大坝补强消缺，保证了大坝的正常安全运行。

（黄河电力测试科技工程有限公司　赵惠琴）

水下封堵门技术在水口水电站的创新再应用

（一）两次水下封堵工程回顾

福建水口发电有限公司于2003年首次发现2号坝段泄水底孔事故检修闸门门槽主轨与护角之间严重开裂，出现较大范围混凝土掏空破坏，并在2005年继续扩大。电厂于2005年底进行了事故检修门槽的水下修复，但在随后的2006年检查中发现事故检修闸门门槽再次破坏。2008年5～12月，福建水口发电有限公司采用浮体闸门水下封堵施工方案对2号泄水底孔进行水下封堵，形成旱地施工条件后对门槽进行了修复。在2号泄水底孔修复工程竣工后，2009年11月～2010年2月，福建水口发电有限公司重复利用原有封堵闸门，改造原浮体封堵闸门及随形橡胶止水，使其适应于1号泄水底孔混凝土面及结构，再对1号泄水底孔事故闸门门槽进行水下封堵检修。

（二）1号泄水底孔封堵工程技术难点

水口水电站1号泄水底孔坝前浮体门封堵工程是重复利用了2号底孔的封堵门，施工存在以下几个技术难点：① 大水深下封水面处理；② 混凝土面水下平整度测量；③ 浮体门就位扶正；④ 浮体闸门精确定位。

（三）施工作业的关键步骤

1. 封水混凝土面测量及处理　2009年11月，封水面水下测量及处理工程开始，潜水员在水下沿封水面从上到下、从左到右成“之”字形行走，切割封水面上钢筋、工字钢，打磨突出的混凝土，水下填补混凝土，保证试探门和闸门能够顺利下降和安装，并使坝面起伏程度降低，减小随形橡胶止水加工难度。

2. 浮体门封堵　2010年1月，浮体闸门对1号泄水底孔进行封堵。封堵前先对浮体门和相关设备进行调试定位检查，然后浮体闸门由2×1600kN坝顶门机主钩放入水中。潜水员下水依次打开浮体闸门上1～8号充水舱的管口，将事先连接好的充水管道与充水舱的管口连接，随着充水量的增加，浮体门姿态慢慢调整至直立，继续充水浮体门开始下沉。用启闭机吊放到安装部位。潜水员在水下将4套测深装置安装在浮体闸门上，并进行归零设置，同时，在水下相应位置安装水下监视系统。确定定位已经准确后，用后拉装置牵拉浮体闸门，使其向孔口就位。最后，潜水员缓慢开启底孔工作闸门放水，浮体闸门被7186t的水压力压靠到进水口混凝土面上，封堵止水。

3. 封堵后的堵漏　封孔后提起事故闸门后立即排水检查，封水效果比较理想，但由于水封与坝面之间不是完全配型，出现了3处漏水，漏水处向洞内射流。经专家讨论，虽然用抽水泵排水可以解决漏水问题，但不能保证以后施工过程中漏水点不发生突变，有潜在危险，必须在上游面水下封堵漏水点，满足洞内旱地修复施工条件，保证洞内施工安全。

（四）结语

水下封堵门施工方案直接在水下利用浮式闸门封堵底孔进水口，形成底孔内部旱地施工条件。此方案有以下优点：

（1）用水下封堵门作业代替了土石围堰，特别是作用于大水深位置的水下修筑，可以降低施工难度，减少工作量，缩短工期。

（2）闸门现场拼装，无须动用大型土石方机械设备。在车间制造钢结构平板门配件，运到现场利用现有门机起吊和组装，再由潜水员水下指挥安装封堵到位。

（3）封堵后缺陷处理在干地进行，工作效率高，质量有保证，既避免了水下焊接质量难以保证的问题，又无需水下特殊材料和专业人员。

（4）闸门经济耐用，可重复封堵，拆除简便，适用于不同的位置和孔口。

目前，水下封堵门技术已成功地应用于众多水库大坝和水工结构物的病害治理中，尤其在无法或难于修筑围堰的情况下，该项技术的优势更为明显，具有广阔的工程实用价值和商业前景。

（青岛太平洋海洋工程有限公司　陈　洋）

水口水电站船闸综合加固后运行性态评估

水口水电站位于福建省闽江干流闽清县境内，上游距南平市94km，下游距福州市84km，是一座以发电为主，兼有防洪、通航和过木的大型水利枢纽工程。通航建筑物包括一线三级船闸和一线2×500t级垂直升船机，两者并列布置在河床右岸。三级船闸主要由4个闸首、3个闸室及上、下游引航道组成，全长1198m，主要建筑物长约530m，挡水前缘总宽32m，船闸结构型式为整体坞式结构。

（一）工程缺陷及加固处理

水口船闸于1991年12月开始动工，1994年2月完成主体混凝土浇筑，同年10月首次试充水。试充水期间发现结构缝、水平施工层面等部位有30多处不同程度的漏水和渗水现象。采取了在闸墙顶和底板加长短预应力锚索并在空腔内对32.80m高程水平施工层面打排水孔的措施，以减少底板出现的顺水流向裂缝及水平施工层面渗水对闸墙稳定的不利影响。该项加固工作于1995年11月完成。

1996年2月正式试通航，经过6个月的试通航后，8月中旬检查发现二闸首1号块左支廊道顶部的纵向裂缝有所发展，及时在二闸首1号块左、右支廊道安装钢衬，利用空腔对左边墙实施水平预应力对拉锚索，在16.90m高程设置排水孔。处理工程于1996年10月底完成。船闸恢复通航运行后，发现检修阀门井下游侧的两个锚索孔在距孔口0.8～1.7m处漏水，门井左下角缘约24.30m高程以下有一条竖向贯穿性裂缝。利用短期停航时间采用钢堵头封堵二闸首上游检修门井，对裂缝进行低压灌浆及加设预应力锚杆。

1997年2月中旬检查发现一闸室支廊道局部存在顺水流向裂缝，为防止支廊道顶部裂缝发生水力劈裂破坏，在支廊道上部的墙外侧增设排水孔。1998年进行了综合加固处理，主要方案：一闸室闸墙加高至74.0m高程；顶宽由3.75m加宽到6.0m；折坡点由41.0m升至47.0m；顶部加设间距4m的钢拉杆，一闸室设置22根，二闸首1号块设置5根，空腔内设置3道支撑墙，墙厚分别为3m、2m和3m。

（二）运行性态分析

船闸经综合加固后，于1998年4月8日正式投入运行，至2009年底通航2242d，累计开闸运行22 667次，通过船舶114 934艘，取得了较好的经济效益和社会效益。

1. 闸墙变形　水口船闸闸墙结构相对比较单薄，类似于悬臂梁结构，当闸室水位上升时，闸墙顶部变形增大，闸室底板承受较大的拉应力，因此控制闸墙变形尤为重要。右闸墙与升船机邻近，左闸墙外侧为临空面，因此左闸墙的运行状况值得关注。

（1）一闸室4号块左闸墙水平位移受闸室水压影响明显，闸室水位升高，闸墙向外侧位移，闸室水位降低后，闸墙向闸中心回弹，表现为短时间出现较大的变幅；水平位移受气温影响也比较显著，气温升高，墙顶向中心位移，气温降低，墙顶向外侧位移，表现为呈年周期变化；总体上闸墙未见趋势性位移。

（2）低温低水位时左闸墙位移在－4.0～－2.0mm之间，高温低水位时闸墙位移在0～2.0mm之间，低温高水位时闸墙位移在－10.0～－8.0mm之间，高温高水位时闸墙位移在－7.0～－5.0mm之间，由此可知，温度对闸墙的影响在4.0mm左右，水位对闸墙位移影响在6.0～7.0mm之间。

2. 钢拉杆应力　在闸墙顶部设置钢拉杆是船闸综合加固方案中一项非常重要的措施，目的是限制闸墙位移和裂缝扩展，因此充分发挥钢拉杆的作用十分关键，但钢拉杆所受的拉力不宜过大，否则其反作用力会导致闸墙外侧混凝土拉应力过大而开裂，设计时考虑单根钢拉杆拉力不大于320t。另外，钢拉杆变形受气温影响明显，为防止钢拉杆热胀冷缩对闸墙产生不利的荷载，将钢拉杆一端轴孔设计成腰孔，以适应拉杆的温度变形，两端通过轴及偏心套与支座连接。

3. 裂缝稳定性　对裂缝进行外观检查，主要情况如下：

(1) 一闸室底板顶面已处理的7条裂缝没有继续向两侧延伸。

(2) 1996年发现二闸首1号块左支廊道顶部竖向裂缝后，采用钢衬保护，此次检查钢衬无明显变形破坏迹象，但表面存在一定程度的锈蚀。

(3) 检修阀门井上下游侧竖向裂缝对闸墙整体性影响较大，此次检查上游侧裂缝没有继续向顶部延伸，下游侧的竖向贯穿性裂缝用肉眼已难以辨识，表明裂缝经处理后运行多年，未有张开迹象。

船闸经过1998年综合加固后，整体刚度有所加强，闸墙变形也得到有效控制，时效位移不明显，钢拉杆运行基本符合设计要求，改善了闸墙受力状况，大部分裂缝未见扩张和延伸，可见船闸的运行性态基本正常。为了更好地发挥钢拉杆的作用，建议适当减小二闸首1号块钢拉杆与支座的间隙，宜在2～3mm之间，使其承受更大的拉力。另外，由于船闸一次充泄水时间较短的运行特点，自动化监测具有人工监测所不可替代的作用，运行单位应重视自动化监测系统的日常维护，使其保持良好的工作状态，并定期进行人工比测。

（国家电力监管委员会大坝安全监察中心　周建波）

雪山湖水库大坝的防冻处理

雪山湖水库位于二道松花江（源于长白山天池）干流上，海拔高程2660m。水库的流域面积2970km²，河长26km。该水库的水工建筑物有混凝土面板堆石坝、开敞式溢洪道、导流兼泄洪洞、发电引水洞、半地下式发电厂房。由于水库处于高寒地区，冻融破坏是悄无声息的，因此防冻处理存在于工程的设计、施工、运行全过程。

（一）混凝土面板坝防冻处理

混凝土堆石坝坝顶长270m，坝顶高程547.40m，防浪墙顶高程548.40m，坝顶宽6m，最大坝高56.6m，上游坝坡1：1.4，下游坝坡1：1.3，大坝总填筑方量为78.8万m³。大坝防渗体为混凝土面板，厚0.3～0.5m，趾板厚0.80m，堆石体分为垫层区、过渡层区、主堆石区和次堆区。在周边缝下游部位设有特殊的垫层小区。堆石坝于1995年开始填筑，1998年填筑至坝顶，填筑时间长，压实效果好，沉降量少。垫层区水平宽度2m，选用新鲜、坚硬的岩石加工而成，要求级配连续、孔隙率小、变形模量大、抗渗透变形能力强，使其面板受力均匀，不易产生裂缝。

1. 现象及原因　混凝土面板分为30个条块，中部A1～A14条块宽度为12m，其余的宽度为6m。混凝土强度等级为C23，抗渗指标为S8，抗冻指标为F250。加入木钙减水剂，使用引气剂控制含气量，使其增加抗冻次数。大坝运行的第一年就采用冬季（当年10月至第二年3月）高水位运行，水位变动区间在1m范围内（正常蓄水位544～545m内）。该地区湖面冰冻从头年12月中旬开始上冻，冻层达0.5m左右，第二年3月上旬才开始解冻，解冻时对面板表层和表层止水产生损坏。为了保护防浪墙与面板接缝间的表层止水不被水面所产生的冰拔力破坏，最高水位应低于正常水位10cm。每年入冬以前对水位变动区面板的表面裂缝、表层止水做仔细的检查，即使小裂缝也要用沥青进行处理，以免渗水对面板产生冻融，如果没有渗水，冻融会大大减少。从近12年的运行情况来看，面板水位变动区的混凝土完好无损。表面止水及盖板由于冻融破坏，540m以上部分破损严重，局部已经失效，影响水库的安全运行，需及时进行表层止水的处理。

2. 处理方案　拆除原面板结构缝表面止水及防浪墙与面板间接缝止水，同时对面板结构两侧混凝土表面进行切割凿除，凿除深度10mm，宽度为结构缝两侧各18.5cm左右，然后在缝内和凿除部位涂抹底胶，填SR塑性止水材料。SR塑性止水材料结构缝中部20cm左右范围内呈圆周弧形，高3cm左右，凿除部位采用SR塑性止水材料进行找平。在SR塑性止水材料上铺8mm厚的三元乙丙SR橡胶撮合板，采用不锈钢膨胀螺栓压条，并对高出螺母的螺杆切除，采用HK－96系列增厚环氧封边剂进行封边。

（二）溢洪道的防冻处理

1. 现象及原因　溢洪道位于大坝左岸，为岸边开敞陡槽式，堰型为实用堰，堰顶高程536.50m，共设两孔，每孔净宽9m，挑流方式消能。经过多年运行，进口导墙及闸墩水位变化区、出口导墙、底板混凝土剥蚀严重，普遍剥蚀深度在2～3cm，局部露出钢筋，混凝土内部水泥组分中钙元素大量流失，造成混凝土本体强度和抗渗性能下降，产生这一现象的主要原因是每年长达150d、最低温度零下40多度的冻融循环。

2. 处理材料及方法　结合其他高寒地区水电站冻融处理经验，处理材料选取聚合物水泥砂浆。聚合物水泥砂浆是通过向水泥砂浆掺加聚合物乳胶改性制成的一类有机复合材料，由于聚合物的掺入引起了水泥砂浆微观及亚微观结构的改变，对水泥砂浆的各方面性能起到了改善作用，大大提高了砂浆的致密性，有效防止水分子进入砂浆内部，从而大大提高了抗冻能力。

根据剥蚀深度和不平整程度，对进口导墙及闸墩水位变化区、出口导墙、底板表面进行凿毛处理，凿毛深度为0.03m，直至牢固、新鲜的基底混凝土面，用高压水将碎石、灰尘冲洗干净，基面干净无杂质。用聚合物水泥砂浆修复混凝土表面，厚度为3cm左右。基底先用水湿润，但不能存有积水，然后薄而均匀地喷涂一层或两层界面剂，随后按要求厚度涂聚合物水泥砂浆。砂浆表面成膜后，及时进行洒水养护5～7d。

3. 闸门防冰冻的处理　溢洪道设两孔，单孔净宽9m，9m×9m的弧形工作闸门采用牛腿式受力，液压启闭机启闭。上冻前对溢洪道闸门的水封用玻璃胶在水位下降后进行密封处理，以减少溢流面上渗水，从而减少冻融循环。上冻后，闸门前的冰冻能达到1m左右，发电时水位的变化使冰对闸门产生特大的破坏力。为了解决这一问题，在闸前交通桥上安装一排间距为0.8m的喷水管20根，上冻时采用水泵抽取水库里的水形成水循环，这样闸门前的水不冻，就不会产生冰冻力。另外，在闸门上加一排用于挡风的木板，刮大风时不会将循环水管的小水流刮得到处乱飞。

（三）泄洪洞的防冻处理

泄洪洞位于大坝的右岸，由引渠段、进口扭曲段、有压洞段、竖井控制段、无压洞段、出口挑流消能段和尾渠组成。洞内的混凝土有裂缝和地下水渗漏，如果处于低温冻融，会严重影响工程的耐久性和安全。在泄洪洞出口用稻草和棉被进行封堵，在闸门的井口用煤灰进行封堵，以使洞内的空气不流通，保持洞内温度。

（四）结语

冻融破坏是水库水工建筑物普遍存在的一种现象，它会降低水工建筑物的耐久性，影响其使用功能与承载能力。因此，要对冻融破坏进行认真研究、区别对待，采取合理的方法进行控制，并在运行中采取各种有效的措施来减少冰冻对水工建筑物的破坏，保证其安全稳定地运行。

（吉林两江水力发电股份有限公司　赵性发）

葛洲坝水电站坝面门机维修情况

葛洲坝电站现有大小门式起重机15台，分布在长2561m的坝面上，主要担负21台机组上游工作门、检修门、拦污栅、排沙底孔检修门，二江泄水闸检修门和平板门，大江、三江冲砂闸工作门，下游机组排沙底孔工作门、机组检修门的启闭工作。自1981年一期工程投入运行以来，坝面许多门机已安全运行近30年，这与做好维修工作密切相关。

（一）钢结构腐蚀处理

金属结构的腐蚀主要是电化学腐蚀，在门机防腐大修中，发现缝隙腐蚀比较严重。对于缝隙内腐蚀的处理，主要是将法兰板卸下，将杂质和锈蚀处理干净，更换已腐蚀的螺栓和法兰板，并对重点部位采用电化学保护法，在法兰板上安装镁合金阳极板或铝合金阳极板，用牺牲阳极的办法来保护主梁。对于箱形梁上表面易积水部位，在周围栏杆围沿增设排水孔，并加大原排水孔，加强巡检，特别注意雨雪后的积水清扫工作。对于走行花纹钢板锈蚀严重部位，全部更换，部分焊接表面处理干净后涂漆；去除门机小车房排水槽，将小车房上排窗户封闭，下部窗户重新焊接窗框，并安装有机玻璃。对于腐蚀较为严重的中横梁（主要的腐蚀部位在门机司机室下面），10mm厚的钢板仅剩6mm，通过技术论证并结合现场情况，采用钢板加固的方法进行处理，既节省了费用，又保证了工期。在防腐大修中，消除一切不良工艺，从钢结构表面旧漆、铁锈、氧化皮、油污的清除开始，严格从工艺上把关，形成一整套防腐蚀工艺方案。

（二）机械设备存在的问题

门机机械大修主要进行了减速器解体检修、联轴器检修、主起升机构和回转起升机构滑轮组和卷筒组检修、吊钩和吊具检修、开式齿轮装置和大车运行机构中间齿轮装置检修、制动器更换、自动抓梁的检修。但是，根据现场的检验情况来看，存在的问题主要集中在大车行走减速机构和主起升动滑轮组上。

（三）门机设备改造完善

1. 全车制动装置　为确保设备的行车安全，对全车制动轮和制动器进行更换升级。经充分调研，并与多家生产厂商联系，最后采用目前比较先进的具有磨损自动报警功能的电磁液压制动器，以确保安全行车。

2. 防风装置　针对门机旧式的夹轨器不能很好地起作用，在门机大修时对防风装置进行了彻底的改造。拆除箱形梁中部的重锤式夹轨器，采用目前港口防风效果较好的电力液压防风铁楔制动器。该设备安装在行走机构从动轮上，并且结构紧凑，造价低，与钢轨接触的摩擦块采用高耐磨钢制作，性能可靠，且配套的ED推动器采用三防处理，密封性能好，外壳防护等级高，主要摆动铰点设有自润滑轴承，传动效率高，动作灵敏可靠，可有效防止门机车轮在风力作用下产生滚动位移。

3. 操作室及工作台　为给员工创造一个好的工

作环境，降低劳动强度，同时提高劳动效率，增强门机运行的可靠度，就必须对操作室和工作台进行更新。经与原生产厂家联系，采用现在门机配置的新式操作室和工作台，彻底改变原有的工作环境，使门机焕然一新。

4. 电气部分　门机所有电气设备均为20世纪70年代的产品，电气元件老化严重，从目前技术看，电气部分必须淘汰。经充分论证，大修中将整车电气设备全面改造升级，采用较先进的电子电气元件，将原有的元件淘汰，增加更先进的保护装置，并采用拉力传感器及与其配套的数字显示仪作为门机的荷重显示，从硬件和软件上保证门机的安全运行。

（四）完善大修后维护工作

对门机大修中发现的各种问题，要完善润滑保养、巡检线路、门机档案等工作。门机经过大修和改造，整机工作性能得到很大提高，成新率可达90%，更加安全、可靠。从大修中暴露出的问题来看，对于重点部位，工作中定期保养还远远不够，要保证用一次后立即保养。定期保养、重点保养和及时处理故障是延长门机寿命的有效方法，可以达到事半功倍的效果。

（中国长江电力股份公司检修厂　张作诚）

葛洲坝水电站门机液压自动抓梁改造

葛洲坝水电站有门机15台，配备液压自动抓梁22套（有些门机配备多个不同用途抓梁），主要用于操作电站平面闸门和拦污栅、泄水闸的平面闸门以及排沙底孔平面闸门等，部分平面闸门须在水下操作。门机启闭水下闸门过程中，对自动抓梁的可靠性要求极高，葛洲坝水电站门机运行30年来，液压抓梁信号系统都曾进行过更新，取得了一定效果。但液压自动抓梁还存在一些不安全缺陷，特别是液压抓梁水下穿销若出故障，将导致闸门启闭失败。

（一）抓梁故障分析

门机液压自动抓梁由液压泵站、液压穿轴装置、电缆及信号反馈装置等组成。门机抓梁水下运行中会发生的问题主要有：① 抓梁水下液压泵站进水，导致电磁阀故障，无法穿退销，液压油进水乳化，液压件受损；② 抓梁就位传感器和水深传感器易损坏，导致信号异常，无法正常穿销；③ 门机倒换抓梁操作时，抓梁信号插头重新连接后易进水发生短路故障；④ 抓梁在穿销过程中易发生抖动现象等。

（二）抓梁改进思路

按照葛洲坝水电站多次抓梁故障处理经验，要降低门机抓梁操作故障率，首先应减少液压换向电磁阀的故障，最好的方式是取消故障率最高的元件环节。当水下液压抓梁出现故障、无法正常退销时，以往是由潜水员在水下将液压油管拆除，用千斤顶将销轴顶出，将抓梁提出水面检修。但作业门槽空间狭小，有时抓梁根本就没有空间放置千斤顶，或者水下空间狭小，潜水员无法进入处理，因此有效解决水下抓梁突发故障，采用切实可行的应急措施，对于电站闸门正常运行至关重要。为此，经过研究和实验，当抓梁水下故障无法排除时，由潜水员携带快速接头的液压软管，与抓梁上配置的应急快速插头连接，再利用地面备用应急液压泵站控制的方式，实现抓梁穿退销。其次，抓梁就位传感器、位移传感器、水深传感器的配置，要求灵敏度高、防水性能好、机械强度高，能适应水流冲击、高泥沙污物等干扰，并能适应水下40m深度的工作环境。

（三）抓梁改进设计

液压站改进设计采用双向复合泵加电动机正、反转的方式，控制液压系统驱动抓梁的销轴移动；改进防水密封盒插座、插头，使其不可能反向和错位插接；防水接线盒内安装浸水传感器、干燥剂和水压传感器；在进出液压销轴油缸的液压管路中增设备用液压快速接头，以备当门机抓梁在水下穿退销故障时，转接地面应急移动液压泵站，完成穿退销处理。

另外，在抓梁上安装抓梁就位传感器，能在配套显示屏上动态演示抓梁就位过程，并能根据需要进行闸门充水平压的控制。要求显示屏全中文操作，直观醒目，能显示门机抓梁的运行状态。

（四）改造试验及应用效果

液压自动抓梁改进试验从2007年开始，其中，更换了抓梁所有主控水密电缆、控制电缆、动力电缆，更换了抓梁液压系统、抓梁液压穿销信号系统主控柜、抓梁水密插座，加装了抓梁就位传感器、位移传感器、重量传感器、高度传感器、水深传感器，加装了抓梁备用液压快速接头等。改进后的液压自动抓梁，经过抓梁穿退销试验、高度上下限试验、重量超载试验、抓梁就位试验、抓梁浸水试验、抓梁液压快速接头穿退销试验等一系列试验，抓梁液压系统运行正常、可靠。2007年，首套门机液压自动抓梁系统改进完成，经过两年多运行维护，未出现任何水下故障，经过应用评估，认为液压自动抓梁系统的改进符合设计思路和作业要求。为此，从2008年底起，液压自动抓梁系统改进方案在葛洲坝水电站其他门机上逐步实施。改进后的门机液压自动抓梁，启闭闸门的操作效率大大提高，闸门作业可靠性得到了保障。

（五）运行中注意事项

液压自动抓梁改造后，经过两年多的使用，从未发生故障，但在运行操作中必须注意以下几点：

（1）深水电缆插头接头时必须拧紧，以保证插针接触良好，不得带电插拔深水电缆插头。

（2）深水电缆插座密封盖必须拧紧，以防深水电缆插座进水；运行中的抓梁、深水电缆应使用固定装置加以固定和保护，以防闸门运行时深水电缆被水流冲断。

（3）液压自动抓梁操作闸门前，可在坝面上试操作穿销和退销各一次，且门机抓梁综合监测仪显示正常，检查液压泵站及油管无渗漏时，再进行闸门操作。

（4）抓梁液压油按说明书定期进行检查和更换，以保证抓梁穿退销平稳有力。

（中国长江电力股份公司检修厂　张作诚）

13

环境保护与水库移民

环　境　保　护

金沙江中游流域梯级水电开发环境保护协调管理机构建设

金沙江中游水电开发，各梯级电站管理体制不同，并且有民营资本，流域公司的治理结构更为现代，需要协调的关系复杂。环境保护部在《关于金沙江中游河段水电梯级开发规划环境影响评价及对策研究报告审查意见的函》中提出，应建立流域梯级电站生态保护协调管理机构，统一生态环境保护工作。2009年6月，在环境保护部通报的要求中，也明确提出应建立金沙江中游流域梯级电站生态保护协调管理机构。2009年10月，经广泛征询、协调各投资方和项目公司意见，云南金沙江中游水电开发有限公司（以下简称金沙江中游公司）组织成立了金沙江中游流域环境保护监测管理协调领导小组和金沙江中游流域环境保护监测管理中心。由企业负责建立流域性的环境保护机构，在国内水电开发领域尚属首次。这是金沙江中游公司按照环境保护部要求，合理解决流域水电开发环境累积问题，统筹环境保护措施，提高项目环境保护工作的质量和效果，在“统一规划”的基础上履行好国家赋予的“统一调度”职能进行的一次开拓性的创举。

（一）机构简介

金沙江中游流域环境保护监测管理中心（以下简称流域环保中心）为金沙江中游公司的常设职能部门，其职能是：充分协调流域各梯级项目的环保责任部门，加强与国家和地方的环保管理和监督部门对口衔接；开展流域环境保护综合技术研究及流域环境影响后评价等工作；统一各项目环境监测技术标准和工作要求，开展流域环境监测实施规划设计、协调监测管理，对各项目监测成果进行统计、分析和研究；收集、整理和上报流域各项目分年度的环保工作计划、主要工作内容和资金安排计划；指导、协调流域各项目生态环保方案和措施的实施、完善。

金沙江中游流域环境保护监测管理协调领导小组（以下简称流域环保协调领导小组），由金沙江中游公司明确一名副总经理担任组长，副组长由中心常务副主任担任，小组成员由流域各梯级项目建设单位各选一名分管副总经理担任。领导小组下设办公室，成员由各项目单位环境保护相关部门主要负责人担任。

（二）总体目标

始终坚持“在保护中开发，在开发中保护”的方针，切实保护好金沙江流域和滇西北生态环境，努力实现人与人、人与社会、人与自然的和谐。统一协调、统筹落实各项措施，减免区域性、累积性、潜在性的不利环境影响，维护金沙江奔子栏至雅砻江口河段生态环境安全，最终实现金沙江中游梯级水电开发和环境保护协调发展。确保工程建设各项管理活动遵守国家和地方有关环保、水保的方针、政策、法规的规定。全面落实各项措施，建设项目影响区的生态环境得到有效保护，水土流失得到有效防治，努力将金沙江中游公司水电项目建设成为绿色、环保的水电能源，树立公司环境友好型企业形象。

（三）总体工作思路

1. 环保制度建设　以国家有关法律法规和中国华电集团公司相关制度为依据，建立健全金沙江中游公司环保制度，用制度强化环保管理，实现环保工作依法依规，有章可循，做到制度无缺失、体系不脱节。

2. 环保协调管理　以“统一协调、加强沟通，统筹工作、服务流域，分工合作、统一监测，全面计划、系统落实”为原则，在流域环保工作中积极探索，增加投入，加强合作，为流域各梯级做好服务，落实流域统一规划各项工作，将流域统一协调环境保护工作作为实现金沙江中游公司“三统一”职责的突破并打下基础。

（1）统一协调、加强沟通：在流域环保领导小组的统一领导下，在流域环保领导小组办公室的协调下，充分协调流域各梯级项目的环保责任部门，加强与国家和地方的环保管理和监督部门对口衔接，加强对外宣传，加强流域项目协调和内部交流。

（2）统筹工作、服务流域：以服务流域环保工作为原则，统筹开展流域环境保护综合技术研究及流域环境影响后评价等工作，指导、协调流域各项目生态环保方案和措施的实施、完善。

（3）分工合作、统一监测：以预防和减免区域性、累积性、潜在性的不利环境影响，为梯级电站环保、生态安全运行提供决策依据为目标，依法依规，统一规划，分步实施，数据资源共享为原则，以流域环境监测实施规划统一各项目环境监测技术标准和工作要求，建设运行相结合，以各梯级各司其职、独立建设及监测为主，流域统筹监测为辅，协调监测管理，资料共享，流域统一对各项目监测成果进行统计、分析和研究。

（4）全面计划、系统落实：收集、整理和上报流域各项目分年度的环保工作计划、主要工作内容和资金安排计划，以及年度环保工作落实情况。

（四）主要工作

流域环境保护工作主要分为3个阶段：① 流域规划环评阶段；② 各梯级施工期环保统一协调与完善阶段；③ 流域生态保护措施统一运行阶段。

1. 技术管理

（1）统一管理流域规划环评，项目环境影响评价报告书及水土保持方案报告书，以及流域环保专题科研成果。

（2）统筹开展流域环境保护综合技术研究及流域环境影响后评价等工作，指导、协调流域各项目生态环保方案和措施的实施、完善。在进行流域环保、地震监测、生态保护等流域环境规划研究和设计工作中，研究范围统一界定为金沙江中游一库八级梯级电站所涉及的区域。在征得各梯级电站控股方同意后，由公司出资开展各项设计委托工作，由各梯级电站控股方配合提供资料、参与进行成果审核验收并享有成果使用权。最终审定成果根据实际需要，由各梯级电站控股方负责投资建设相应范围内的基础设施和硬件配套，金沙江中游公司作为流域规划牵头单位负责统一调度、统一运营，所有成果可供各梯级共享，为各梯级相关建设服务。

2. 工作内容　根据流域规划环评及批复意见，金沙江中游流域环保主要工作内容为：圆口铜鱼等长江上游珍稀特有鱼类人工繁殖及增殖放流研究；金沙江中游流域环境监测实施规划；流域鱼类增殖站实施规划；河段支流水生生态及替代生境保护规划；梯级电站生态下泄流量综合研究；鱼类支流生境保护的生态补偿措施政策研究；流域环境监测站网系统布设及流域环境监测；支流的水环境保护规划及治理和污染物总量控制方案；梯级水库生物群落结构演替专题；干流江段和支流的生态结构功能及其鱼类资源保护的效能研究；金沙江中游鱼类生态习性、产卵繁殖环境要求；水库下泄低温水恢复措施的关键技术研究；过鱼设施最优方案比选模拟研究；梯级电站联合调度工况下坝后气体过饱和影响分析及减缓措施研究；龙头水库分层取水设施技术方案的研究；梯级电站水库生态调度措施研究；为保护金沙江河谷植被、植物资源需采取的政策措施及生态补偿机制；金沙江中游河段河谷植被保护及生态恢复措施总体规划；流域环境保护监测与评价研究，项目环境监测与水土保持监测等。

3. 主要措施　流域环保措施包括：水文泥沙情势及水资源利用保护措施、水温不利影响对策措施、水质不利影响对策措施、流域水生生态保护措施、流域陆生生态保护措施、流域社会环境保护措施、景观保护措施。以减少梯级电站开发环境不利因素累积影响为目的，结合流域各梯级项目环保措施，由流域环保协调管理机构统筹落实环保措施，协调管理并统一开展流域梯级电站生态环境保护工作。

（五）近期工作进展

为不断加强流域环境保护协调管理职能，积极开展流域环保综合技术研究，根据流域环评报告及批复要求，以减少梯级电站开发环境不利因素累积影响为目的，由金沙江中游公司出资，近期全面启动了流域环保制度建设和相关综合技术研究工作。

（1）建立技术支撑体系，对流域环保工作进行近期、中期及远期系统部署。流域环保中心成立后，根据环境保护工作需要，进一步加强了与水生生物、陆生生物等环境保护相关科研单位的联系，并在工作层面进行了广泛交流，为建立战略合作关系，最终形成完善的流域环保、水保技术支撑体系打下坚实基础。同时，积极听取专家意见，开拓流域环保工作思路，并逐步探索统一协调管理的方式方法。根据流域规划环评报告及环境保护部批复意见，流域环保中心明确了近期、中期及远期流域环境保护工作安排，并全面启动了相关工作。

（2）启动鱼类人工繁殖技术研究。组织开展了圆口铜鱼、长鳍吻鮈和长丝裂腹鱼人工驯养繁殖技术研究招标评标工作。目前，研究单位均已经按照实施方案完成资源野外调查、野生亲鱼采集、人工驯养工作，正在开展室内培育与实验研究，为下一步继续开展繁殖生态和繁殖生物学调查，以及按2011年工作计划完成繁殖生物学与繁殖生理研究、种群生存力研究报告，并力争2013年实现人工保育与试验性放流打下了坚实的工作基础。

（3）启动水生生物保护实施规划。委托开展了《金沙江中游流域鱼类增殖站实施规划》设计工作，目前，工作大纲已经编制完成，计划2011年完成规划报告咨询稿。

（4）逐步建立流域环境监测体系。2010年3月，流域环保中心委托环评单位从流域总体出发统一要求和技术标准，结合流域各梯级电站项目环境影响报告书及工程建设实际情况开展《金沙江中游流域环境监测实施规划》设计工作，为统一协调开展流域环境监测提供工作方案，为各项目共享监测数据、对流域监测成果进行统计、分析和研究并为流域环境影响后评价工作打下基础。2010年7月，金沙江中游公司组织专家对流域环保监测工作大纲进行了技术评审，2010年8月，正式将工作大纲及评审意见上报省环保厅审核。

（5）发挥流域协调机制，统一流域环保工作。流域环保中心充分发挥流域环保协调领导小组及办公室协调机制，通过及时组织召开办公室会议和专题会议，统一了流域环境保护工作思想、要求及工作方法，明确了职责分工，为尽快落实近期流域环保工作安排提供了组织保障，得到了流域各梯级项目的大力支持和积极配合。

（6）建立流域环保工作宣传、交流平台。建立了流域各项目环境保护工作半年和年度报告制度，提出了各项目环保工作信息、半年及年度报告编制和提交要求。2010年4月，依托金沙江中游公司网站和刊物，启动了流域环境保护工作宣传、交流平台建设工作，建立了流域各梯级项目环保工作情况汇报模块，统一由流域环保领导小组办公室成员负责协调并按时向流域环保中心提供各项目环保、水保工作情况，同时在日常及时提供项目环保、水保有关信息。通过广泛收集相关流域环保工作信息，全面了解流域各项目环保工作进展情况，为实现统一协调管理，加强与国家和地方的环保管理和监督部门对口衔接提供了保障。同时，组织各项目环保工作经验的相互学习交流，并加强流域环保工作的对外宣传，为推进项目环境保护做好服务工作。

（六）结语

一年来，在国家及地方环保主管部门、社会各界的指导帮助下，通过不断努力和积极探索，流域环保中心开创了良好的工作局面，为后续确保流域水资源开发利用整体效益的充分发挥，促进地方经济、社会、环境协调发展打下了坚实的基础。

（云南金沙江中游水电开发有限公司）

金安桥水电站工程环境保护“三同时”制度执行良好

根据工程特性、施工要求及项目建设情况，金安桥水电站环境保护工作的实施，主要包括：① 水环境保护措施；② 大气环境保护措施；③ 声环境保护措施；④ 施工环境保护措施；⑤ 生活垃圾环境保护措施；⑥ 环境监测及水保监测等。

（一）水环境保护措施

1. 生产废水

（1）各混凝土拌和及制冷系统均设有两个沉淀池，倒换使用，对混凝土生产过程中形成的废水进行集中处理。处理后的清水用于道路除尘、花草养护或者回收利用，泥渣干化后运至渣场，统一进行处理。

（2）砂石骨料加工系统中的生产废水处理流程为：生产废水经过沉淀后利用黑旋风回收石粉，然后排入另一沉淀池，经压滤车间处理后，清水进入清水池，作为生产用水，石粉回收利用。施工高峰期将压滤车间处理不完的废水排入营地3个沉淀池，沉淀后清水回收利用。

（3）基坑经常性排水：分别在基坑的上下游设置沉淀池，排水量视沉淀池水的混浊程度而定，做到“蓄浑排清”。若pH值较高，在静置过程中适当加絮凝剂，然后再排放。

2. 生活污水　工程生活营地相对较集中，布置有左岸承包商营地、右岸承包商营地和业主营地，3个营地均建有污水处理厂，污水处理成“中水”后回收利用，用于浇花浇草、道路除尘等。

（二）大气环境保护措施

主要包括汽车及施工机具使用时引起的扬尘、尾气等。所采取的主要保护措施为：

（1）施工期间，除尘设备与生产设备同时运行，并保持良好运行状态。

（2）选用低尘工艺，钻孔安装除尘装置。

（3）采用混凝土路面，经常维护、清扫，保持场地清洁；同时，在主要交通干线上植树种草，减少粉尘污染。

（4）施工场地内限制机动车速以减少扬尘。

（5）定期维修、保养机械设备，并对施工机械和运输车辆进行尾气检验，尾气排放不合格的车辆及时进行检修，排污量大的车辆及燃油机械设备配置尾气净化装置。

（6）执行汽车报废标准，推行强制更新报废制度，对于发动机耗油多、效率低、尾气排放严重超标的老、旧车辆，要求及时进行更新。

（三）声环境保护措施

1. 施工噪声防治措施

（1）选用低噪声设备和工艺，降低噪声源强度，高噪声设备布置远离敏感点；将动力机械设备合理分布在施工场地，尽量避免在敏感受体附近同时布置或运行多套动力机械设备。

（2）加强设备的维护和保养，保持机械润滑，减少运行噪声；确保汽车的正常运行，限制车辆超载；对噪声超标的机械设备，采用装消声器、隔音材料、隔音内衬、噪声棚等措施降低噪声；行驶车辆装备排气消声器，现场鸣低音，场外行驶尽量少鸣笛；各种动力机械设备暂时不用时，应关机。

（3）严禁在施工场界内使用气喇叭。

（4）保证交通运行的通畅，合理控制交通流量；

同时，保证路面的平整度及降低路面坡度，改善路面状况，以减少振动和摩擦噪声。

(5) 开挖爆破采用毫秒微差延时网络，尽量多分段以降低爆破的单响药量，从而降低爆破响声和振动，爆破时间尽量安排在每天的早晚。

2. 混凝土拌和系统噪声防治措施　在噪声较大的机械设备均设置消声器；在进场道路上设置减速坎，对过往车辆要求慢速，禁止鸣笛；车间外围护采用隔音材料；合理分布动力机械设备的工作场所，避免动力机械设备的过多集中；对拌和楼、空压机车间设备，采用装消声器、隔音材料、隔音内衬、噪声棚等措施降低噪声。

3. 砂石加工系统噪声防治措施　采用低噪声动力机械设备；在噪声较大的机械设备均设置消声器。

4. 现场施工人员噪声防护　施工人员一般均在噪声低于 70dB 的区域作业；在噪声较大处，为施工人员配带耳塞、耳罩或耳棉；对施工人员进行操作培训，减少突发事故和突发噪声的发生。

（四）施工环境保护措施

1. 场区内交通道路环境保护　污染主要为来往车辆产生的扬尘及尾气。该工程施工场地内交通道路多为混凝土路面，施工车辆也多为封闭式运输，大气环境影响较小。针对交通道路所采取的大气环境保护主要措施为：每天清扫道路，保持所有场内道路的清洁，并对路面充分洒水，避免车辆运行过程中产生扬尘，污染周围空气。

2. 石料场开采环境保护措施　在爆破、开挖等作业中，主要采取的措施为：湿法作业，采用水钻钻孔等；爆破作业完成后，采取适时洒水措施，加速消烟粉尘沉降；施工人员加强自我保护，如戴防尘口罩等，防止粉尘吸入；合理安排工作时间，减少在工作面逗留时间。此外，施工单位每天沿施工公路循环洒水，降低采石场粉尘污染。

3. 砂石骨料加工系统环境保护措施　采用湿法破碎、湿法筛分的低尘工艺，在破碎、筛分机械上安装喷雾机、喷水管加速粉尘沉降，并且安装除尘装置，保证生产设备和除尘设备同时运行。同时，积极有效地加强施工人员的个人自我保护意识，加强个人防护，定期进行身体检查；按有关劳动保护规定，加强劳动保护。

4. 混凝土拌和系统环境保护措施　主要大气污染产生于胶凝材料管路输送及骨料运输过程。主要保护措施为：胶凝材料（散装水泥、粉煤灰）罐入口处加袋式除尘器，并且保持良好密封状态；骨料运输过程中进行洒水降尘；骨料受料坑、拌和楼进料口等有粉尘污染车间的工作人员佩戴活性炭呼吸面具。

（五）生活垃圾处理

与丽江市古城区环卫所签订了生活垃圾处理合同，定期进行垃圾清运并负责填埋，保证生活营地的清洁，对周边环境不产生影响。

（六）环境监测及水土保持监测

委托相关资质单位开展施工期枢纽工程的水质监测、噪声及环境空气质量监测；局地气候的常年逐月逐日观测，坝前剖面观测；陆生生物、水生生物监测；水土保持监测。

（金安桥水电站有限公司　雷俊杰　乔　婧　时长亮）

金安桥水电站水土保持防治分区及实施措施

金安桥水电站工程按照水土流失防治责任范围、主体工程布局和可能造成的水土流失危害，将需进行防治的水土流失防治范围划分为项目施工区和直接影响区两个防治分区。其中项目施工区分为永久建筑物占地防治区、施工公路防治区、弃渣场防治区、石料场防治区、施工设施占地防治区；直接影响区分为移民安置区、水库库岸失稳区、专项设施复建占地区。

（一）项目施工区

1. 永久建筑物占地防治区　主要包括大坝、厂房、溢洪道、泄洪建筑物、进水口等永久建筑物以及电站永久办公、生活区等区域，占地面积 80.55hm^2。该防治区以植物措施为主，辅以必要的挡护、排水、土地整治等工程措施，通过园林化设计与实施，改善项目区生态环境，创造优美的工作、生活环境。

2. 施工公路防治区　该工程共布置 8 条施工道路，全长 21.27km。主要工程量为：土石方开挖 160.0 万 m^3，浆砌石 86 310m^3，混凝土 12 438m^3，喷混凝土 6 万 m^3，排水管 6.0 万 m，锚杆 3500 根，锚筋桩 300 束。公路路面进行了硬化处理，路两侧视地形进行削坡、浆砌石挡墙护脚、浆砌块石、喷混凝土等护坡工程及截水沟、边沟等排水措施，确保路基及边坡稳定。此外，还采取种植行道树、种草护坡等植物措施防护，巩固路基及边坡稳定，减少水土流失，美化施工区环境。

3. 存弃渣场防治区　该工程土石方开挖总量约 2340 万 m^3（自然方），土石方平衡后，弃渣 1620 万 m^3（自然方）。布置了 1 号、2 号、3 号、4 号、6 号、7 号、美河渣场和五郎沟渣场共 8 个弃渣场，堆渣总容量 2802 万 m^3。弃渣场水土保持的植物措施为在堆渣边坡上种草绿化，恢复植被；工程措施则为建截（排）水沟、挡渣墙、拦渣坝和干砌石护坡等，严格按照“先拦后弃、合理弃渣、正确防护”的原则，完善排水设施，最大限度地降低了水土流失量。

4. 石料场防治区　石料场土石方开挖弃渣 509.5 万 m^3，挡墙和排水沟用浆砌石 3000m^3，抹面砂浆 3200m^2，锚杆 4870 根，预应力锚索 101 束，混凝土喷护 20 000m^3，钢筋网 45t，排水孔 4100m，混凝土明渠 450m，边坡植草 3 万 m^2。在玄武岩石料场开采期间，采取分层钻孔开挖、支护及时跟进的措施，开挖坡度满足边坡稳定要求；按设计要求及时完成排水设施，对已形成的土质边坡及时进行混凝土网格梁支护，并在其中植草防护。

5. 施工设施占地防治区　包括左岸混凝土拌和及制冷系统、右岸混凝土拌和及制冷系统、水厂工程、业主营地和承包商营地等。

（1）左岸大坝混凝土拌和及制冷系统，建在已完成的 1 号堆渣场地上，采取了排水、路面及场地硬化的措施。左岸厂房混凝土拌和及制冷系统建在开挖平台上，土石方开挖 5 万 m^3，支护工程使用混凝土 5300m^3、浆砌石挡墙 4500m^3、素喷混凝土 100m^3，挖排水孔 300m。

（2）右岸混凝土拌和及制冷系统，布置于开挖平台上，土石方开挖 47 万 m^3、回填 5000m^3，边坡支护喷混凝土 6000m^3，用锚杆 3000 根、钢筋网 80t、锚筋桩 150 束、锚索 60 根、混凝土护坡 600m^3，钻排水孔 7300m，挖排水沟长 1520m，喷草面积 4500m^2。

（3）水厂工程平台土石方开挖 6.4 万 m^3，地面硬化和边坡支护使用混凝土 5500m^3、锚杆 230 根、钢筋（钢筋网）170t、砌石 3418m^3，挖排水沟 280m。

（4）业主营地水土保持工作不仅体现了全面防治水土流失，而且注重环境的绿化美化。工程措施方面，对开挖边坡采取了浆砌片石护坡，在填方和较陡的挖方地段均砌筑了浆砌石挡墙，在营地周边有地表径流汇集的地段设置了截（排）水沟，整个营地布设了完善的排水系统，做到了“来水有去处，汇水有归处”。植物措施方面，除道路、篮球场、停车场等场地用混凝土进行硬化外，其他非建筑用地均进行了园林式绿化，采取孤植、丛植、群植、带植和绿篱等多种配置方式，不仅使营地内裸露地面全面得到了覆盖，还体现了与自然的统一、调和、和谐。主要工程量为：整地 2.1hm^2，种植草坪 6240m^2，栽植乔灌木 21 665 株。

（5）承包商营地的防护措施主要是排水系统和地面硬化，防止地表裸露而造成的土壤侵蚀。营地空间有限，除建筑物占地外，道路及活动场地全部用混凝土硬化地面，同时布设挡墙、周边截水沟和场内排水系统，其余空地全部进行绿化。主要工程量为：左岸承包商营地 UPVC 塑料排污管 1889m，雨水明沟 750m，浆砌石挡墙 10 263m^3；右岸承包商营地 UPVC 塑料排污管 1765m，雨水明沟 790m，浆砌石挡墙 18 980m^3。

（二）直接影响区

1. 移民安置区

（1）移民新村防治区，在安置点建设时，建房、地基平整、开挖等活动对地表的扰动及植被的破坏，使原地貌水土保持功能降低，使局部地区产生新增水土流失，建设完成后，其水土流失将逐渐减少。安置点建设中，采取道路硬化、修建挡墙、完善排水系统与植树种草绿化相结合的方式进行综合防治。

（2）移民耕地区在建设中，开挖形成的边坡，在雨水冲刷下可能产生坍塌等现象，施工弃渣处置不当也会产生水土流失。耕地开发耕作对水土流失的影响主要是对地表的扰动破坏，造成地表植被的破坏，降低地表水土保持功能，形成新增水土流失。本区根据《水土保持综合治理技术规范》的要求，采取建设水平梯田和农耕措施相结合的方法进行治理，采取了水保耕作、移民新村四旁绿化等措施。

（3）移民基础设施防治区，主要指移民安置区兴建的水利工程、交通道路等设施，施工时段内，对地表和植被产生扰动和破坏，使原地表水土保持功能降低，形成新增水土流失。灌溉及生活用水采用修建混凝土蓄水池、混凝土明渠、敷设明钢管等措施。道路硬化处理、种植行道树、边坡植草绿化、完善排水系统等，既美化了环境，又减少了水土流失。

2. 水库库岸失稳区　水库库岸区的水土流失以滑坡、塌方等方式为主，分布于水库沿岸，发生在工程运行期间。本区结合金沙江防护林体系建设工程，对库岸失稳区采取营造防护林的措施，对水库周边及上游地区实施封山育林育草、退耕还林还草、涵养水源、减少水土流失的措施。

3. 专项设施复建占地区　该工程专项设施复建主要是水库淹没改线公路和黑白水三级电站改建工程。对改线公路采取硬化道路、边坡喷护及植草、路边排水沟、种植行道树等措施。

（三）结语

金安桥水电站工程建设严格按照《金安桥水电站水土保持方案报告书》的要求，在水土保持工作中的扰动土地治理率、水土流失治理度、水土流失控制比、拦渣率 4 项指标达到了水土流失治理的目标，并且在工程完工后，植被恢复系数和林草植被覆盖率同时达到治理目标。

（金安桥水电站有限公司　雷俊杰　乔　婧　时长亮）

沙沱水电站工程环境保护管理

沙沱水电站是国家“西电东送”之“四水六火”

的标志性骨干电源点，位于贵州省沿河县城上游，为乌江干流规划梯级电站的第九级水电站，上游为贵州思林水电站，下游为重庆彭水水电站。水总库容9.10亿m^3，电站装机容量1120MW，多年平均发电量45.52亿kW·h。

水电工程建设会对环境带来不利影响，如自然保护、生态保护、移民等问题。沙沱水电站将环境保护管理工作融入工程建设过程中，坚持“不破坏”就是最好的环保理念，以科学发展观为指导，狠抓“以技术为核心的综合管理”和“以技术为核心的风险管理”，通过优化设计、调整施工方案等措施，在环境保护管理上取得较大成绩，降低了施工过程中的植被破坏和水土流失。

（一）“不破坏”的重要工程措施

1. 进场公路的环境保护选线设计优化　沙沱水电站进场公路途经沿河县官舟、淇滩等多个乡镇，工程实施过程中从环境保护出发，将原设计新修20km的道路改为新修7.5km，改造原有的12.5km老路。通过对设计线形的优化，提高了线形等级、减小了施工难度，节约工程投资约2000万元，同时大大减少了植被破坏。

2. 生态环境保护超前考虑

（1）场内2号公路原设计延伸到右岸下游边坡高高程，但该部位坡度较陡，植被较好，地质条件又差，施工时取消需新修的1km道路，而利用了原有的老路，既保证了场内交通，又避免了右岸下游高边坡、多树林开挖造成的水土流失和生态影响，减少了边坡开挖20余万立方米，保护植被10余万平方米。

（2）右岸坝肩低高程290～295m开挖出渣通道原设计是沿6号公路顺山体布置，为避免明挖造成的石渣下河，减少对环境的破坏，将明挖优化设计为洞挖。新增的6号施工交通洞全线贯通后，不仅降低了二期截流上游围堰闭气的施工难度，同时为二期截流后大坝基坑的开挖、坝体及通航建筑的混凝土浇筑创造了有利的交通条件。

3. 右坝肩开挖线形调整　在右坝肩开挖过程中，为尽可能维持现有坝肩植被，及时将右坝肩开口线调整到371m高程，场内2号公路以上、坝纵0＋000桩号以前的开挖坡比由1∶0.5调整为扭面，开口线往下游侧收缩，并调整和加强了支护措施，保证了开挖边坡的整体稳定性和环保设施要求，减少砍树150棵，降低开挖量1万m^3，减少植被破坏约5000m^2。

（二）边坡绿化技术应用

沙沱水电站坝址自然环境好，沿河乌江山峡百里画廊为国家级风景名胜区。在认真做好环境保护工作与主体工程建设“三同时”的基础上，又注重环境恢复与工程建设措施相结合，专项设计与专业队伍施工相结合，一、二期实施的边坡绿化初见成效，三期绿化正在进行。岩土边坡及已喷射混凝土支护的边坡均已成功采用“客土吹附”和“喷混植生”边坡绿化等新技术。几年来，环境保护、水保各项工作取得了可喜成果。

沙沱水电站开挖后的边坡主要有：土石边坡、混凝土及浆砌石挡墙支护边坡、锚喷支护（包括素喷、网喷混凝土及少量钢纤维混凝土）边坡等。根据开挖边坡、支护形式及地质条件等的不同，对不同的边坡采取不同的植被恢复方案，通过不断试验，最后采用了以下几种植被恢复方式：

（1）在坡比$H\leqslant 1:0.3$的岩石边坡以及弱风化石质、土夹石等边坡坡面绿化区采用“客土吹附”植草技术。“客土吹附”植草技术是将有机质土、长效肥、速效肥、黏结剂、保水剂及凝固剂和草籽、灌木种子等按一定比例搅拌均匀后组成的有机基材，利用客土掺混黏结剂和固网技术，使客土物料紧贴石坡坡面，创造草类与灌木生存的良好环境，以恢复石质坡面生态。

（2）在喷锚支护后的边坡和陡峭边坡采用喷混植生技术。“喷混植生”技术采用机械喷土播种，分2次进行，喷层厚10cm；第一次喷基底8cm，第二次在混合物中加入种子，拌均匀后再喷2cm。实施喷混植生后，植被与铁丝网联成地表网系，并通过锚杆根系深入原状坡面深层固定在坡面上，使坡面表层与铁丝网、植被及锚杆共同组成坡面防护体系，大大增强了边坡的稳定性。植被恢复后，发达的根系可通过基材深入到岩体的节理和裂隙中，能达到永久固坡和美化环境的双重目的。

（3）在边坡开挖中形成的松散覆盖层区域采用浆砌石网格格梗护坡技术，在对松散渣体按一定坡比进行平顺后，先按网格装挖浅沟，然后用浆砌石砌成格梗，并在网格内回填植被土，最后植种小灌木或草皮，以达到稳定边坡及生态恢复的效果。

（4）在边坡上下坡脚和挡墙顶部等部位采用上爬下挂工艺：一是在公路边坡下部排水沟外侧有一定宽度且为覆盖层的部位，清理石砾后直接种草栽树，在宽度窄的部位先砌小挡墙，然后在墙与边坡之间回填种植土，其厚度不小于60cm，再行植树。最后，在上述部位还统一种植爬山虎类的爬藤植物，有条件的地方在边坡顶部外排水沟旁也种植下挂长青藤。二是在公路回填段挡墙已延伸到路面高度的部位，采取在公路防撞护栏外侧浇筑混凝土种植槽，槽内种植下挂长青藤。三是在修建保持边坡稳定的混凝土、浆砌石挡墙的部位，在其回填位置分别种植爬山虎与下挂长青藤，实现上爬下挂恢复绿色植被的目的。

（三）技术优化创新措施

将工程建设与环境保护有机结合，应用技术优化、创新措施强化环境保护，取得了良好的经济和社会效益，营造了沙沱水电站工程良好的绿色环境保护形象。

（1）贵州有大量的磷矿渣，占用大面积土地堆放，对环境有一定的影响。沙沱水电站工程在磷矿渣生产和上坝运用上进行了研究，在国内首次大规模使用磷矿渣与粉煤灰混掺作为筑坝材料，不仅解决大坝用粉煤灰紧缺的问题，同时对环境保护也有利。

（2）“半干法”制砂工艺在索风营水电站首次成功运用后，又在沙沱水电站砂石系统进一步进行了技术提升，从而使人工砂的质量达到混凝土用砂的最优标准，保证人工制砂料源含水率得到最佳控制，同时能消除粉尘大气污染，解决环境保护问题。

（3）沙沱水电站砂石系统是特大半干式人工砂石加工系统，采取了分级过滤、沉淀、回收利用的方案，年污水处理能力达到 400 万 m^3，实现了系统污水零排放，环保效益显著。

（贵州乌江水电开发有限责任公司沙沱电站建设公司
郭定明　范雄安　李沐春　张发勇）

沙沱水电站施工期环境保护管理

（一）施工期环境影响分析

沙沱水电站位于贵州省沿河县城上游，为乌江干流规划梯级电站的第九级水电站，为二等大（2）型工程。工程施工期对环境影响须认真考虑的主要问题有：

（1）根据下游航运和沿河县城取水要求，坝址下游最小流量为 224.5m^3/s，水位变化幅度最大为 2.28m/h。

（2）砂石加工系统不采取环保措施将影响淇滩镇及其周边村组的空气质量。

（3）砂石骨料生产系统、混凝土拌和系统和爆破声源，对学校和居民点会造成影响。公路运输产生的噪声也将影响公路两侧居民点的声环境质量，但公路两侧居民属于提前搬迁移民，影响有限。

（4）枢纽工程区、料场区、生产生活用地区、移民安置复建工程区、公路建设影响区和辅助设施占地等区域施工扰动大，如不采取水土保持措施，防治责任范围内将增加水土流失约 31.65 万 t。

（5）在库区库周有 5 种 65 株国家重点保护植物，其中有 2 株毛红椿分布于库区；古大树 8 种 16 株，其中 3 种 3 株位于库区。

（6）在库区库周陆生动物有国家重点保护动物 19 种，其中Ⅰ级重点保护野生动物有 2 种，Ⅱ级重点保护野生动物有 17 种。库区的 76 种鱼类中有国家二级保护动物胭脂鱼和中国濒危动物红皮书保护鱼类长薄鳅、华缨鱼和岩原鲤。

（7）施工占地 68.58hm^2，占风景名胜区面积的 1.2%，施工废水、废气及粉尘、噪声、固体废弃物及施工人员活动，对风景名胜会造成一定影响。

（8）水库淹没生产安置人口 10 061 人，搬迁安置人口 16 975 人；施工占地生产安置人口 1839 人，搬迁安置人口 2645 人。人口搬迁建房、生产、生活对土地资源及水土流失、陆生生物、饮用水、生活垃圾乃至社会经济等都会造成一定的影响。

（二）施工期环境保护措施

针对存在的环境影响问题，该工程认真编制了环保“三同时”实施方案，并严格按方案要求对环保措施项目进行了分解、细化和组织实施，见表 1。

表 1　　沙沱水电站工程枢纽工程区环保措施项目分解

措施分类	措施内容	实施情况
施工期水环境保护措施	业主营地、施工营地生活区、施工作业面生活污水处理	业主营地生活污水系统处理后综合利用于灌溉和营地绿化养护；施工营地生活污水系统处理后抽往砂石系统清水池，用于砂石加工生产用水；施工作业面购置移动厕所
	砂石加工废水处理	末级干化系统处理后回收利用
	混凝土拌和系统冲洗废水处理	和施工营地生活污水系统一起处理后抽往砂石系统清水池，用于砂石加工生产用水
	修配系统含油废水处理	用油桶集中收集，含油废水采用矩形池处理
运行期水环境保护措施	库底卫生清理	在水库蓄水前对库底进行清理，验收合格后进行水库蓄水
	电厂生活污水及电站运行含油废水处理	采用一体化污水综合处理设备及脱磷设备对电厂生活污水进行处理，处理后完全综合利用

续表

措施分类	措 施 内 容		实 施 情 况
大气、声环境保护	各标段的大气、声环境保护措施、施工区道路维护和洒水降尘、敏感点防噪措施	包含在主体工程中的大气、声环境保护措施随主体工程进展情况实施；施工区道路维护和洒水降尘、施工区内安全和交通警示牌、敏感点防噪声措施已落实
生活垃圾处置措施	垃圾中转站的建设及运行管理、垃圾清运的委托和管理等	施工区各施工营地修建了垃圾池，施工作业面购置了生活垃圾集装箱，统一外运沿河县城生活垃圾场一并处理
生态环境保护措施	陆生生物保护	古大树、珍稀植物建档调查、抚育管理、挂牌保护。古大树、珍稀植物异地移栽。蓄水前野生动物搜救。野生动物保护站建设和运行
	水生生物保护	和上游思林电站合建鱼类增殖站，已投产运行
水土保持措施	工程措施	随工程建设进度按水保方案要求实施
	植物措施	施工区分期绿化、迹地恢复及养护
人群健康保护措施	加强卫生宣传，实时进行疫情监控，并采取应急措施；工程卫生学调查、灭鼠、人群健康监测等	根据劳动安全与职业卫生评价报告及其批复意见委托符合资质要求的疾病控制中心开展调查、灭鼠、人群健康监测及防疫等工作
其他环境影响保护措施	乌江山峡风景名胜区	生态景观恢复、经济补偿；古纤道：在原址上方进行重塑古纤；木鱼洞采取防渗措施
	文物保护	钻探、测绘和一般性发掘搬迁保护、就地保护、原地保护且复制
	下游用水保障措施	利用导流底孔、生态流量孔下泄流量，编制水库初期蓄水和运行环保调度方案
	航运环境保护	建立航运保障及下游预警系统
环境保护和水土保持监理	负责工程环保和水保专项工程的建设监理、运行管理等	已招标，委托符合资质要求的单位开展工作
环境监测和生态调查	水、气、声环境监测；水土保持监测；陆生生态调查与监测；水生生态调查与监测	已招标，委托符合资质要求的单位开展工作
环保设计、专题研究、环保验收	环境保护总体设计、环保专项工程的设计阶段和竣工验收调查、环境影响后评估等	环保总体设计、招标设计、环保专项工程设计正在招标中；环保专题研究项目正在进行；阶段和竣工验收调查、环境影响后评价随工程进度要求实施

（三）施工期环境保护管理体系

沙沱水电站根据国家有关规定，成立工程环保领导小组和工程环境综合管理中心，设置了专职环保部门并配置专职环保人员；编制并执行环保规章制度和实施细则；制定环境突发事件应急预案并演练；招标或委托符合资质的单位开展监理、监测工作；由业主牵头建立包括工程设计、工程监理、环保水保设计、环保水保监理、环保水保监测和施工单位（包括环保水保专项工程施工单位）在内的环保工作体系，在国家、地方环保部门的领导下开展环境保护工作，使环境风险、事故、事件始终处于在控和受控状态，通过管理手段将项目开发建设的环境影响降到最低程度。

（贵州乌江水电开发有限责任公司沙沱电站建设公司　雷大俊）

水电工程生态补偿措施 鱼类增殖放流站设计

水电开发会对水生生态系统造成影响，尤其是对鱼类影响最为突出。我国西南水电开发，由于独特的地理环境（如三江并流地区）和生物的特有性，如何保护受影响水域中的鱼类，在一定的区域和特定条件下，直接影响着水电开发的进程。

目前，对鱼类可实施的保护措施主要有：保护鱼类产卵场、建设鱼类增殖放流站、设置过鱼设施、划定鱼类自然保护区、进行水库生态调度、人造洪峰诱导产卵、人造简易模拟产卵场等，其中，人工增殖放流是鱼类资源补偿的一种措施。

鱼类增殖放流站设计的关键技术主要包括：① 放流规模的确定；② 亲鱼数量的确定；③ 各级培育缸（池）数量的确定；④ 各种培育缸（池）给排水设计。现就若干关键技术问题进行初步分析。

（一）鱼类增殖放流站建设要求

1. 场址选择　通常应选址于地形平缓、地质条件稳定、交通便利、水源丰富、通讯通电条件优越、便于管理等地段。

2. 总体布置　主要建筑物有蓄水池、亲鱼培育池、催产孵化车间、鱼苗培育车间、鱼种培育车间、大规格鱼种培育池及养殖污水处理池、活饵料培育池、防疫隔离池、综合楼、进场公路及其他配套设施，培育池和车间尽量按照生产流程规划布置，站内需种植树木和草皮进行绿化。

3. 主要设备　主要设备包括循环水处理系统、水循环电器控制系统、增氧变频控制系统、食品级玻璃培养缸、孵化槽、孵化桶、尤先科孵化器、实验设备、运输设备、水产养殖常规设备等。

（二）放流规格及亲鱼数量的确定

1. 保护对象　通常按照以下顺序进行选择：① 列入国家级或省级保护动物名录的鱼类；② 列入濒危动物红皮书的鱼类；③ 地域性特有鱼类，种群数量少、繁殖力低、抗逆能力差的鱼类，与产区生境高度适应的鱼类；④ 生活史复杂，具有长距离洄游习性的鱼类；⑤ 重要经济鱼类。

2. 放流鱼种质量标准、数量及规格　放流的苗种应是由野生亲鱼人工繁殖的子一代，可以利用从江河捕捞起的鱼卵、鱼苗或鱼种进行孵化培育成亲鱼繁殖的，但是主要的亲鱼应是驯养的野生亲本。放流的苗种必须是无伤残、无病害、体格健壮。

放流鱼种的规格越大，适应环境的能力和躲避敌害生物的能力越强，成活率越高。但鱼种规格越大，培育成本越高，所需生产设施也越多。综合考虑，放流鱼种应以鳞被形成为标准，此阶段鱼种的眼、鳍、口和消化道功能已完全形成；从其生活史上划分，已经是幼鱼阶段，并形成了自己固有的生活方式。同时，鳞被形成后体表皮肤的各种机能已趋于完善，皮肤分泌的黏液能够减小水体对鱼体的阻力，保证鱼体在水中的游动速度，使鱼类更高效地捕食和更好地躲避其他鱼类的捕食；皮肤分泌的黏液在体外形成保护膜，能有效抵御水体中各种细菌的侵入，保持机体的健康；黏液还能使鱼体周围水体中的悬浮物质加快沉淀，保持自身所处水体的稳定。此外，鳞被形成后大部分鱼类表皮细胞的色素已形成，并与其所处水体的背景相适应，使鱼类在水体环境中能够更好地隐藏自己，从而可以更有效地捕食和躲避其他鱼类的捕食。放流规格根据各鱼类的适应能力可以多样化，一般放流规格：重要保护对象 10～15cm；其他种类 4～6cm。

3. 催产率、受精率、孵化率、幼鱼成活率　影响鱼类催产率的因素主要包括鱼类的种类、亲鱼的成熟度、催产时水温、催产方式、催产药物的种类和剂量等。影响鱼类受精率的因素主要包括雌雄亲鱼的比例、雌鱼卵细胞的发育、雄鱼精子的活力、水温等。影响鱼类孵化率的因素主要是水温、水体溶氧等。影响幼鱼成活率的主要因素包括水温、水体溶氧、食性转化期的开口饵料及食性驯化、养殖密度、病害等。综合考虑以上各种因素的影响，参考目前国内的繁殖、养殖水平以及有关文献设定各种鱼类的催产率、受精率和幼鱼成活率（指由鱼苗培育到放流规格幼鱼的成活率）。

4. 亲鱼数量　鱼的种类不同，其平均怀卵量、平均产卵量也不同，而且产卵量受亲鱼成熟度和外界环境等条件的影响。根据近期增殖放流的数量、鱼类的相对怀卵量、平均产卵量、催产率、受精率、孵化率和幼鱼成活率，推算出达到放流规模所需要的各种成熟雌性亲鱼数量。根据雌雄亲鱼的性别比，推算所需雄性亲鱼数量。

雌亲鱼需要量可按下式估算：

$$G=N_0/(C\cdot f_1\cdot f_2\cdot f_3\cdot P_1)$$

式中　G——雌亲鱼的需求量，kg；

N_0——放流数量，万尾；

C——雌亲鱼相对怀卵量，万粒/kg；

f_1——催产率，%；

f_2——受精率，%；

f_3——孵化率，%；

P_1——育苗全过程平均成活率，%，育苗全过程包括开口苗、鱼苗、鱼种和大规格鱼种培育，平均成活率一般取 15%～30%。

亲鱼需要量按 $N=G(1+X)$ 估算，式中：N 为亲鱼需要数量，kg；X 为雌雄亲鱼搭配比值，一般取 1～1.25。

（三）鱼类增殖放流站设计

鱼类增殖放流站主要工作有亲鱼收集购置、亲鱼驯养培育、人工催产和授精、人工孵化、苗种培育、放流、放流效果监测，其设施设计的主要要求如下：

1. 蓄水池　一般要靠近水源，建在高位，池内最低水位应高出催产池最高水位 1m 以上，容积应大于最大供水量的 2 倍以上。同时，需配备净化水设施。

2. 亲鱼培养池　可分为圆形、方形、环形 3 种形式。一般采用长方形或环道形，规格以（500～1000）m^2×1.5m（面积×水深）为宜。需流水生境生活的鱼类可设计成环形，沿池壁切入注水，推动水在池内转动。池数按下式估算：

$$n_q=1.25N/(P\cdot S_q\cdot D)$$

式中　n_q——亲鱼培育池数量，亲鱼培育还需考虑培育后备亲鱼，后备亲鱼培育量通常取亲鱼需要量的 25%；

N——亲鱼需要数量，kg；

P——亲鱼培育平均成活率，%；

S_q——单池面积，m^2；

D——亲鱼放养密度，kg/m^2，静水养殖取 0.15～0.25kg/m^2，微流水养殖可适当增加。

3. 催产系统　包括催产池、受精卵收集系统、亲鱼防跳网、催产药械等建筑物与设施。催产池有圆形、椭圆形、瓜子形、长方形，一般采用圆形；大小根据放流鱼类亲鱼个体大小确定，一般直径为 3.0～5.0m；池深一般为 1.5～2.0m，水深一般为 1.2～1.5m，总的要求：① 结构比较坚固，池壁应光滑，便于操作，催产效果好；② 水流较均匀和畅通（分布均匀），并能调节其大小和水深；③ 池底平顺且有一定的倾斜度，以利于集卵；④ 亲鱼自然产卵的催产池要具备 1～2 个冲水口。进水管径以 10.0～15.0cm 为宜，沿池壁切线进入，位于池壁高 2/3 处；应用“鸭嘴”形喷头，便于形成回流。

催产池结构：底部由四周向中心均匀倾斜，倾斜比降一般取 2%；中心排水口拦鱼栅槽平面尺寸以 40.0cm×40.0cm 为宜，深度一般为 5.0cm；拦鱼栅由栅格框和栅格构成，栅格间距一般取 2.0～3.0cm；中心排水口管径以 15.0～20.0cm 为宜。催产池数目按下式估算：

$$n_c=N/(I\cdot S_c\cdot D)$$

式中　n_c——催产池数目；

N——亲鱼需要数量，kg；

I——繁殖季节催产池使用次数；

S_c——单池面积，m^2；

D——亲鱼放养密度，kg/m^2。

一般设置 2～4 个。

4. 孵化系统　可采用孵化桶、孵化槽和改进型尤先科孵化器等设施。鱼类受精卵在水体中一般可分为 4 种状态，沉性卵、黏性卵、漂流性卵和浮性卵。根据不同增殖放流鱼类的受精卵特性选择不同的孵化设施。

（1）孵化桶：用于孵化漂流性受精卵和经脱黏的受精卵，可用白铁皮、玻璃钢制成，孵化桶大小根据需要而定，一般以容水量 250kg 为宜。孵化桶的纱窗可用铜丝布或筛绢制成。

（2）孵化槽：用于黏性卵孵化，可用钢板、PE 板、玻璃钢制成，规格一般为 250.0cm×80.0cm×60.0cm，不锈钢支架支撑，支架高 60.0cm。一端上部进水，另一端开溢水口，溢水口控制水位 45.0cm；孵化槽底部开孔，孔径 5.0cm，用于鱼苗收集和彻底排干水。

（3）改进型尤先科孵化器：用于沉性卵和黏性卵脱粘后孵化，可用钢板、PE 板制成，规格一般为 320.0cm×80.0cm×60.0cm，不锈钢支架支撑，支架高 60.0cm。上部喷淋式进水，底部排水。所排水进入水斗，水斗连接孵化槽内划水板，通过水斗无水时和有水时重量不同拉动划水板，定时划动孵化槽内的水使受精卵定时翻动。

孵化设施的总容积应按雌亲鱼的需要量及其相对怀卵量、繁殖季节孵化设施使用次数和每次鱼卵的孵化密度等进行确定，估算公式为：

$$V=G\cdot C/(J\cdot D_L)$$

式中　V——孵化设施总容积，m^3；

G——雌亲鱼的需要量，kg；

C——雌亲鱼的相对怀卵量，万粒/kg；

J——繁殖季节孵化设施使用次数；

D_L——鱼卵孵化密度，万粒/m^3，一般取 5 万～10 万粒/m^3。

5. 鱼苗培育池　通常利用开口苗培育缸和鱼培育缸（池）对鱼苗进行培育。池数由放流鱼类种类、开口苗放养密度、单池有效容积、育苗全过程平均成活率、放流数量确定。

（1）开口苗培育缸设置于繁育车间内，圆形，玻璃钢结构。一般直径 1.0m，深 0.8m。池数按下式估算：

$$n_1=N_0/(P_1\cdot S_1\cdot D_1)$$

式中　n_1——开口苗培育池数量；

N_0——放流数量，万尾；

P_1——育苗全过程平均成活率，%；

S_1——单池有效容积，m^3；

D_1——开口苗放养密度，万尾/m^3，静水养殖取 0.2 万～0.4 万尾/m^3，微流水养殖取 0.5 万～1.0 万尾/m^3 为宜。

（2）鱼苗培育缸（池）可设置在繁育车间内，也可以单独设置鱼苗培育车间，圆形，玻璃钢、钢筋混凝土或钢筋混凝土底加砖砌结构，一般直径为 2m，深 1m。池数估算公式为：

$$n_2=N_0/(P_2\cdot S_2\cdot D_2)$$

式中 n_2——鱼苗培育池数量，万尾；

N_0——放流数量，万尾；

P_2——鱼苗、鱼种培育过程平均成活率，%；

S_2——单缸（池）有效容积，m^3；

D_2——鱼苗放养密度，万尾/m^3，静水养殖取600～800尾/m^3，微流水养殖取1200～1500尾/m^3。

6. 鱼种培育池 规格可分为两种：一种为圆形，一般直径为3.0m或4.0m；一种为方形，一般长10.0m、宽5.0m、高1.0m，水深控制在0.8m。可根据地形条件不同调整，钢筋混凝土或钢筋混凝土底加砖砌结构，池底放坡，坡降1%～2%。排水口应设置拦鱼栅。池数按下式估算：

$$n_3 = N_0/(P_3 \cdot S_3 \cdot D_3)$$

式中 n_3——鱼种培育池数量；

N_0——放流数量，万尾；

P_3——鱼种培育过程平均成活率，%；

S_3——单池有效容积，m^3；

D_3——鱼种培育放养密度，万尾/m^3，静水养殖取100～200尾/m^3，微流水养殖取300～400尾/m^3。

鱼苗生产过程中可以采用轮养、轮放技术，以提高生产能力。

7. 大规格鱼种培育池 一般面积为100～500m^2，水深1.5m，钢筋混凝土结构；池底放坡，坡降1%～2%。排水口应设置拦鱼栅。池数按下式估算：

$$n_4 = N_0/(P_4 \cdot S_4 \cdot D_4)$$

式中 n_4——大规格鱼种培育池数量，万尾；

N_0——放流数量，万尾；

P_4——大规格鱼种培育过程平均成活率，%；

S_4——单个大规格鱼种培育池有效容积，m^3；

D_4——大规格鱼种培育放养密度，万尾/m^3，静水养殖取30～50尾/m^3，微流水养殖取80～120尾/m^3。

8. 后备亲鱼培育池 大小可适当根据场地情况适当调整。一方面，在需要增加放流规格的情况下，可以通过筛选大规格鱼种放入后备亲鱼培育池进一步培养；另一方面，可以利用后备亲鱼培育池将天然苗种培养成性成熟亲鱼，满足后期增殖放流的需要，减少对野外采集亲鱼的依赖。

9. 活饵料培育池 面积一般为100m^2左右，池深1.5m，可根据增殖站规模适当调整。

10. 防疫隔离池 面积一般为150m^2左右，池深不小于1.5m，可根据繁殖所需亲鱼数量适当调整。

11. 养殖污水处理池 大小根据增殖站正常运行最大养殖废水量进行设计。

（四）放流技术和放流效果监测

为提高人工培育苗种的自然存活率，苗种在放流前必须在自然水体中经过一段时间的适应性暂养和锻炼。暂养和锻炼可在网箱内或库区河汊内进行，选择水深适中（1.5～2.0m），水面开阔的水体。暂养时必须加强水体的监管，采用一定措施对可能的敌害生物进行驱赶；网箱或拦网的网目也需要根据苗种体型及大小实验确定，并保证网内外水体通畅。放流时，则应该将苗种尽量分散于广阔的水域内，使其获得适合的生境与饵料条件。为满足日后放流效果评价监测的需要，放流前还需进行放流苗种标志。

为评估人工放流增殖效果，调整人工增殖放流计划，需要在放流期间以及放流一段时间后进行监测。监测内容主要包括种群数量与遗传多样性变动两个方面。通过渔获物调查评价各放流鱼类种群数量的涨落，并通过鱼类早期资源调查获得放流鱼类自然繁殖状况的有关信息。通过渔获物调查所获得的DNA材料，进行种群遗传结构与遗传多样性分析，具体研究包括：分子标记的选择和筛选、自然种群的遗传多样性和遗传结构研究、人工增殖放流对种群遗传多样性的影响评价等。

（中国水电顾问集团西北勘测设计研究院
张东亚 牛天祥）

龙滩水电站通过枢纽工程水土保持专项验收

在龙滩水电站建设过程中，龙滩水电开发有限公司坚持水土保持“三同时”制度，并创建了独具龙滩特色的环保、水保“六到位”管理新模式，即“思想认识、机构人员、管理措施、建设投资、规划设计、综合监理”六到位。经过几年来的管理实践，水土保持工作取得了显著成效。2010年9月17日，通过水利部组织的龙滩水电站枢纽工程水土保持竣工验收，并荣获“全国生产建设项目水土保持示范工程”称号。

龙滩水电站水土保持措施包括工程措施和植物措施两大部分，主要工程措施有：路基边坡防护、斜坡防护工程、滑坡体整治、临时防护工程、拦渣工程、防洪排导等。植物措施有：生活场地绿化、施工场地恢复绿化、弃渣场地平整、弃渣场覆土等。所有项目均按照“三同时”制度开展工作，满足工程建设期间的水土流失防治要求。

（一）枢纽区水土保持措施实施情况

龙滩枢纽工程共规划了5个渣场。为防止水土流失，在施工区渣场规划、运行阶段，提前做好渣场的排水与防护措施的建设。各渣场均采用国内先进技术，按渣场选址的地质情况进行堆渣。如：姚里沟、龙滩沟、那边沟、纳芋沟等渣场采用的方式是先做好排水涵洞和拦渣坝，由沟外向沟里弃渣；而雷公滩渣场位于库区内，现已被水库淹没，采用方式是首先用钢筋石笼进行砌护，然后再由下向上分层弃渣，边填渣边碾压，既完成了堆渣任务，又达到了压脚护坡稳定边坡的目的。由于各渣场采取的措施得当，水土保持效果都十分理想。

2001年7月，龙滩主体工程边坡开始施工，龙滩水电站高边坡包括382m高程以上坝肩边坡、382m高程以下电站进水口边坡（含坝前坡、坝头和坝后坡）、坝基开挖面及导流洞进水口边坡，采取深层锚索支护、喷锚支护、浇筑面板混凝土、挂网喷混凝土等多种对应的有效措施，防止了水土流失。

水利部批复的龙滩水电站枢纽工程水土保持方案概算总投资为63 649.48万元，实际完成70 769.47万元。截至2010年底，龙滩主体工程部分的重点环保、水保设施建设已全面完成，共累计完成浆砌石挡土墙和护坡12.82万m^3，干砌石护坡和渣堤16.15万m^3，浆砌石排水沟21.60km，涵管或盖板1632m，渠道8100m，喷混凝土15.75万m^3，钢筋笼护坡19.20万m^3，滑坡体治理6.85万m^2；实施绿化面积100.51hm^2，植树8.98万株，攀缘植物10.19万株，喷播绿化面积14.29万m^2。龙滩水电开发有限公司经过几年来坚持不懈地推行“绿色龙滩”环保、水保“六到位”管理，环保、水保建设与管理工作已取得显著成果。

（二）移民安置区水土保持措施实施情况

由于龙滩库区涉及广西、贵州两省（区）10个县，为切实做好库区和移民安置区的水土保持方案的落实，龙滩水电开发有限公司经与广西、贵州两省（区）水利厅协商，由两省（区）水利厅分别直接指定厅属事业单位来承担龙滩水电站移民安置工程的水土保持治理项目。广西库区的水土保持方案由广西区水利科学研究院负责管理实施，贵州库区的水土保持方案由贵州省水土保持监测站负责管理实施。龙滩水电开发有限公司负责项目资金筹措和项目实施协调，广西、贵州两省（区）水利厅负责项目监督。2010年7月，贵州库区移民安置工程水土保持治理项目顺利通过省水利厅组织的初步验收；2011年3月，广西库区移民安置工程水土保持治理项目顺利通过广西壮族自治区水利厅组织的初步验收。

（龙滩水电开发有限公司　黄海雁）

移　民　工　程

金安桥水电站创新移民安置方式的实践

（一）创新移民安置方式的由来

长期以来，移民安置一直是水电开发头的一大难题，如何解决既开发水电，又安置好移民的问题，是党和国家以及各级政府在思考、深化研究的问题。

云南省山区、半山区占全省国土面积的94%，6%的平原坝子既是粮食产区，又是人口密集区。要开发1亿kW装机容量的水电站，将产生几十万移民的安置问题，如果仍然按照传统的“以土安置”方式安置移民将是十分困难的。按照云南省移民主管部门开展“完善移民补偿机制、创新移民安置方式”的课题研究，以求从根本上解决云南省“一要开发、二要安置”的问题。

（二）金安桥水电站的水库淹没

金安桥水电站建设征地涉及云南省丽江市的古城区、永胜县、宁蒗县、玉龙县4个县（区），8个乡镇，21个村民委员会，共62个村民小组。主要实物指标：建设征地总面积为31.321km^2（包括水库淹没、库岸失稳和施工建设区，陆地面积23.239km^2，水域面积8.08km^2）；建设用地559亩，未利用地16 444亩；农用地中耕地3397亩（水田1296亩，旱地2091亩，菜地10亩），园地1152亩，林地13 123亩（防护林12 922亩，经济林201亩）；建设征地范围内人口2650人（农业人口430户1712人，非农业人口938人）；各类房屋总面积157 057m^2；影响三级公路11.88km，四级公路2.62km，大型桥梁3座446.6m以及部分电力、通信线路等；淹没黑白水三级水电站一座（3×6300kW）。

（三）移民安置方式的转变过程

金安桥水电站工程于2003年8月进场开始“三通一平”工作，施工区移民开始搬迁。由于永久移民安置点还没有选定，金安桥水电站有限公司尊重云南省移民局意见，分别对移民按照500元/（人·月）发放生活费，由移民自愿选择投亲靠友、房屋租赁、临时建房等方式进行临时过渡安置。

按照2004年12月水电水利规划设计总院、云南省发展改革委审查通过的《金沙江中游河段金安桥水电站可行性研究报告》，对移民的安置方式主要为“以土安置”，而且是以远迁为主。

2005年7月27日，云南省发展改革委向国家发展改革委上报了关于请求核准金安桥水电站工程项目的请示报告。

在审核该申请报告期间，2006年5月17日《国务院关于完善大中型水库移民后期扶持政策的意见》（国发〔2006〕17号）、2006年7月7日《大中型水利水电工程建设征地补偿和移民安置条例》（国务院第471号令）颁布；2007年7月国家发展改革委颁布《水电工程建设征地移民安置规划设计规范》，2007年7月云南省人民政府办公厅印发《云南金沙江中游水电开发移民安置补偿补助意见》（云政办发〔2007〕159号）（简称《意见》）。

由于国家和云南省政府一系列政策、法规的颁布，而金安桥水电站移民安置工作还没有实际启动，因此，国家有关部门和云南省人民政府要求金安桥水电站按照现行规定进行电站移民安置工作。为此，“以土安置”方式向“创新移民安置”方式的转变就提上议事日程。

（四）创新移民安置方式的主要特点及内容

按照《意见》进行电站移民安置，就是本文所指的“创新移民安置”。《意见》的主要特点和内容：“立足一个长效补偿方式、实行六种安置方式并举、建立一项库区产业发展基金、享受统一后期扶持政策、采取八条安置措施”简称“16118移民补偿安置方式”。

（1）立足一个长效补偿方式，其费用来源为：电站建设期按照“淹多少，补多少”的原则，将被淹没法定承包耕地的谷物产值以货币形式对移民实行逐年长效补偿，考虑物价上涨等因素，其补偿费逐年定量递增，费用从审定的投资概算中列支；电站运行期，由水电项目法人从发电收益中提取资金补充，补偿期限与电站运行期限相同，从根本上解决移民的基本生活保障问题。

（2）实行六种安置方式并举：城市（县城）安置、城乡结合安置、农业生产安置、分散安置、货币安置、就业安置。

（3）建立一项库区产业发展基金，经费的来源为：金沙江中游“一库八级”发电后，将按国家规定缴纳的库区基金（云南省所得部分）统筹用于库区特色产业发展。

（4）享受统一后期扶持政策，不论采取何种安置方式的农村移民，都将按国家规定600元/（人·年）的后期扶持费直接发放到移民户。

（5）采取的八条移民安置措施：①认真做好移民实物指标调查认定工作；②规划建设特色小镇安置移民；③因地制宜实行开发性移民；④盘活农村集体财产补偿费，建立“移民公积金”；⑤加快移民劳动力转移；⑥重视移民安置区社会事业发展；⑦切实解决贫困户的温饱问题；⑧抓好库区生态环境保护。

（五）创新移民安置方式在金安桥水电站实施情况

按照经云南省人民政府批准的电站移民安置规划大纲安排，金安桥水电站移民安置工作在充分尊重地方政府和移民愿意的前提下，分别在古城区的七河、金安村，玉龙县的九河，永胜县的涛源下甘坪，宁蒗县的挖开，建设5个较大规模的移民安置点（城乡结合安置），共安置移民2745人。

建立城乡结合移民安置点的安置方式主要有以下特点：

（1）按照国家新农村建设的基本要求，统一考虑安置点的场地平整，水、电、路（含绿化）、通信等基础设施建设，配套建设学校（小学）、文化娱乐、集市贸易等各种设施，尽可能使各种功能发挥作用，实现新农村建设的目标。

（2）移民住房建设实行“统一规划、自建为主”，少数移民自建确有困难者，提出申请，委托政府代建。

（3）在已经领取长效补偿费的基础上，每人配备土地0.5亩，林地1亩，有自给自足生活所需要的土地，从而实现移民基本生活靠长效补偿，离乡不离土，闲暇有事做，社会安定，群众满意。

（六）对创新移民安置方式在金安桥水电站实施的后评估

由于金安桥水电站的移民安置工作从“以土安置”方式向“创新移民安置”方式转变，有的前期投入不是“创新移民安置”方式的需要，因而，在一定程度上加大了金安桥水电站有限公司的建设成本。但是，“创新移民安置”方式，是解决云南省大、中型水电站建设过程中“一要开发、二要安置”的有效措施，符合云南省实际，符合科学发展观的客观规律，深得广大移民的支持和拥护。因此，金安桥水电站有限公司率先按照“创新移民安置”方式进行安置，既是电站建设的需要，也是业主对移民支持电站建设的回报，同时，也为云南省水电建设探索“创新移民安置”方式作出了有益贡献。

“探索过程、总结经验、全面推广”，实际上成为金安桥水电站有限公司在“创新移民安置”方式上的重要任务。

由于电站5个移民安置点的地理位置、海拔高程、气候状况、交通条件、人居环境等均有一定的差异，移民入住安置点后反应各异，有一个适应过程，但总体反应较好，对移民安置点的设施较齐备、功能较完善、环境绿化较好等均较为满意。随着时间的推移和移民对自己居住环境的呵护，移民安置点的生活、居住环境会越来越好，完全能够促成电站安全、移民富裕、社会安定大好局面的实现。初步归纳，表现在以下几个方面：

(1) 施工区和水库淹没区原住民，想方设法找各种理由要求设计、业主和政府承认他们的移民身份，由过去的“故土难离”到现在的主动要求当移民，说明云南省政府出台“创新移民安置”方式具优越性。

(2) 在古城区七河乡西哨安置点和宁蒗县挖开安置点都先后发生过安置点附近的原住民与迁入移民攀比现象。

(3) 金安桥水电站移民移民实际得到以下各方面的实惠：① 电站建设期发放长效补偿费，人均 3600 元/年；电站运行期则由每度电提取 0.5 分钱继续进行发放，发放期限与电站运行期相同，不论安置方式如何，该发放标准一致；② 进入移民安置点的移民人均配备不低于 $20m^2$ 的住房；③ 移民每人还可获得 0.5 亩耕地、1 亩林地供移民继续耕种使用；④享受国家规定的移民后期扶持费，每人每年 600 元，享受时间 20 年。其他安置方式的移民，可以享受与进入移民安置点的移民所享受的①～④项总和相近的实物或货币补偿。

(七) 结语

长期以来，我国在水电建设过程中，对移民安置工作是非常重视的，但由于人口多、底子薄、经济落后，难以把移民所有的利益和要求都满足，因此，各个历史时期对移民的补偿存在一定的差异是难免的。

改革开放以来，在邓小平理论、“三个代表”重要思想和以胡锦涛同志为总书记的党中央的领导下，高度关注民生，明确提出了“坚持以人为本，树立全面、协调、可持续的发展观，促进经济社会和人的全面发展”。因此，云南省委、省政府坚持改革开放、科学发展、实事求是，提出了“创新移民安置”方式的改革。随着“创新移民安置”方式的实践和不断完善，相信会给云南省水电开发创造良好的外部环境，从根本上解决长期以来一直困扰云南省“一要开发、二要安置”的移民安置问题。

(金安桥水电站有限公司 游万龙 李国勤 古联高 金映华)

潘口水电站工程移民安置模式、规划和实施情况

(一) 移民安置模式

根据国家和湖北省的有关移民政策规范，结合潘口水电站建设征地区的自然资源状况和社会经济条件，潘口水电站建设征地移民生产安置主要采用以大农业为主、以土地为依托，多渠道、多门路妥善安置移民的模式。通过土地调整和开发整理等方式，基本保证每个生产安置人口有 0.5～1.2 亩的基本耕地，集镇内的少量农业移民通过自主择业的方式适当发展二、三产业进行安置。

潘口水电站的搬迁安置人口主要通过在本乡本村就近后靠的方式进行安置，库区搬迁安置人口中，规划在农村安置的人口占 70%、进入集镇安置的人口占 30%。在农村搬迁人口中，53.75%本村后靠，9.61%出村本乡内建房，34.15%出乡县内安置；2.49%出县安置。

(二) 移民安置规划设计情况

潘口水电站于 2007 年 9 月通过国家发展改革委核准，同年 10 月开工建设，2008 年 1 月，受湖北省十堰市移民局委托，中国水电顾问集团中南勘测设计研究院承担了潘口水电站实施阶段移民安置规划设计和移民综合设代任务，并成立了潘口水电站移民工程项目部和移民综合设计代表处。2008 年 4 月，枢纽工程建设区和围堰区移民实施规划设计报告完成，2009 年 10 月，库区移民实施规划设计专题报告审定本编制完成。实施阶段主要规划设计内容如下：

1. 搬迁安置规划　根据移民实施规划设计成果，潘口水电站建设征地涉及湖北省十堰市竹山和竹溪两县的 10 个乡镇 58 个村 205 个村民小组，规划水平年的搬迁安置人口为 36 382 人（其中库区淹没线下 28 866 人，施工区红线内 454 人，滑坡影响 3291 人，随迁 2955 人，集镇新址占地人口 816 人），规划安置方案为：农村安置 25 515 人，集镇安置 10 867 人。

2. 生产安置规划　建设征地征收耕地面积 2.54 万亩、征收林地 3.02 万亩。规划水平年生产安置人口 24 808 人，规划通过开发调整耕地等大农业方式安置 24 320 人，自主择业安置 488 人。

3. 集镇迁建规划　建设征地涉及竹山县的田家坝镇、官渡镇、深河乡和竹溪县的新洲乡、兵营乡、县河镇等 6 个乡集镇，根据实施阶段完成的 6 个集镇修建性详细规划，集镇规划人口为 14 188 人（含寄宿生 3321 人）。

4. 专项设施复建规划　规划复建等级公路 92.58km，其中二级公路 7.05km，三级公路 53.94km，四级公路 29.4km，大中桥 2194m；输电线路 106.26km，其中 110kV 电力线路 4.2km，35kV 电力线路 4.6km，10kV 电力线路 97.46km；通信光缆线路 229.94km。

5. 建设征地移民安置补偿费用　根据实施阶段

复核确定的实物量和实施规划设计成果，按可研阶段的物价水平计算，实施阶段建设征地移民安置补偿费用（静态）为24.30亿元，其中：库区23.75亿元，枢纽工程建设区0.55亿元。在移民安置实施过程中，由于建筑材料、人工单价上涨，十堰市与业主单位签订了《潘口移民安置及补偿包干补充协议》，增加房屋补偿资金8588.86万元。

（三）移民安置实施情况

截至2010年12月，潘口水电站已累计搬迁移民3.4万人，复建房屋139万m^2，复建等级公路89km、乡村道220km。除位于淹没线以上的部分随迁和滑坡影响区人口外，淹没线下和新址占地人口已经全部搬迁，农村移民房屋和移民集中居民点已经建成，并已全部入住。6个迁建集镇新址的基础设施建设基本完成并已投入使用，仅官渡集镇剩下部分扫尾工作，集镇房屋已经建成，仅剩下部分装修工作，集镇移民已经入住，机关单位已在新集镇办公。库区的交通、电力、通信、广播电视、工商企业、文物等专业项目基本完成，功能基本恢复。预计可以提前一年完成库区移民任务。

走进移民集镇和移民新村，映入眼帘的是一座座徽派风格的建筑、一条条整洁的街道、一簇簇浓绿的草木。所有的移民新镇、移民小区、移民新村都成为当地最抢眼、最漂亮的建筑景观，为当地新农村建设树立了标杆。以竹山县为例，移民人均住房面积达到47m^2，比搬迁前人均增加12m^2，全县90%以上的移民户建起了两层以上的小洋楼，95%的移民户统一按徽派或坡屋顶结构建造了砖混结构的房屋，没有土木结构房屋。库区社会稳定，家家户户实现了水、电、路、通信、广电、栏圈、厕所、沼气“八配套”，生活条件显著改善。

2010年3月，在湖北省委政策研究室印发的《内部参阅》第11期上，发表了十堰市委调研组撰写的调研报告——《潘口移民：新形势下大型工程移民的成功实践》，该报告认为，“潘口水电站移民工作以迁建速度快、建设质量高、社会大局稳、政企关系好、移民安居乐业、拉动效益显著而探索出了大型工程移民的潘口经验。”

湖北省分管移民工作的副省长在《内部参阅》上批示：“潘口移民的成功实践对我省的移民工作有重要的指导意义，特别是对当前正在推进的南水北调的移民工作有很强的针对性。请省移民局认真学习研究，进一步结合全省移民工作，推广应用潘口的成功实践，将全省移民工作提高到新的水平。”湖北省委宣传部领导批示：“竹山县在水电工程建设中，移民人数多、时间紧、任务重、难度大，由于工作做得好，顺利实现了‘和谐移民’目标，其经验值得重视。”

潘口移民的成功实践表明，只要地方政府高度重视、多方支援、措施得力，移民干部作风过硬、情系移民、充分发动和依靠移民群众，有关各方尽职尽责、密切配合、科学规划，水电工程的移民问题是可以得到解决的。

（中国水电顾问集团中南勘测设计研究院　郗成利）

龙滩水电站贵州库区实行淹没耕地长期补偿

龙滩库区移民搬迁工作已于2008年5月全面提前完成。由于龙滩库区山高坡陡，土地资源匮乏，移民生产安置工作滞后。贵州库区移民综合监理部在贵州省移民主管机构的支持下，会同贵州库区各州（市）、县、设计部门共同对已迁移民耕地落实情况进行了调查，结果表明：贵州库区已对接落实耕地的移民仅有2万人，人均对接耕地0.73亩，为淹没前人均1.02亩的71.5%，占已迁需有土安置移民人数3万人的65.5%；未对接耕地和长远生计无保障的移民达1万余人，占35%。而广西库区河池市的天峨县移民对接土地平均为水田0.3亩/人或旱地0.6亩/人，均未达到设计规划标准；南丹县移民已达到安置标准；百色市的乐业、田林县移民耕地对接工作滞后，规划生产安置9224人仅完成新造水田506亩。规划水平年2008年，龙滩全库区生产安置人口为80 472人（贵州省47 122人、广西壮族自治区33 350人），存在的客观现状是人多地少、人地矛盾突出。现行的移民安置方式是前期补偿补助与后期扶持相结合的办法，不能很好地满足部分移民搬迁后的生产安置问题。为此，2010年贵州省对龙滩贵州库区生产安置不落实的移民实行淹没耕地长期补偿方式，已进入实施阶段。

由于国家目前尚没有制定统一的移民淹没耕地长期补偿政策，而龙滩库区是在水库移民已全部完成搬迁的情况下才实施长期补偿这一新的安置方式的，因此机遇与风险并存。

（一）库区移民长期补偿的政策制定及主要内容

贵州省政府办公厅2009年10月14日以黔府办函〔2009〕122号《省人民政府办公厅关于龙滩水电站贵州库区移民安置补偿有关问题的复函》正式批准了《龙滩水电站贵州库区无法落实生产安置移民耕地长期补偿方案》，并要求抓紧组织实施。2010年1月8日，贵州省水利水电工程移民局在贵阳市召开贵州库区淹没耕地实施长期补偿启动会，研究协调贵州库区长补方案实施细则及宣传提纲。2010年1月19

日，贵州省移民局，黔南、黔西南州、安顺市人民政府联合印发了《龙滩水电站贵州库区无法落实生产安置移民耕地长期补偿实施细则》。2010年1月28日，贵州省移民局正式印发了《龙滩水电站贵州库区无法落实生产安置移民耕地长期补偿宣传提纲》，全面向移民发放。龙滩水电站贵州库区长期补偿工作全面启动。其主要内容包含以下几个方面：

1. 实施长期补偿的对象　原规划实施有土安置，但搬迁后无法对接耕地或落实耕地达不到淹没前标准的移民；原规划进行产业安置但安置不落实，在退回领取的耕地补偿补助费后自愿申请参加长期补偿的移民；居住在水库淹没线上的涉淹农户。

2. 长期补偿的范围　水库淹没征占用的水田和旱地，对由水田和旱地演变而来，补偿标准高于水田和旱地的城郊菜地、菜稻田、甘蔗田、菜旱地、园地等，对应水田和旱地地类纳入长期补偿，高于水田和旱地地类标准的补偿费，兑现给法定承包人。国有土地（耕地）、集体未承包地，陡坡地、鱼塘、林地、园地和荒山草地等不纳入长期补偿范围。

3. 实施长期补偿的方式　以国家审定的耕地年产值和2008年物价水平计算耕地年补偿实物量，补偿时以确定的年补偿实物量和补偿年的物价水平折算成现金兑现。耕地长期补偿以水田和旱地作为依据，对补偿标准高于水田和旱地的城郊菜地、菜稻田、甘蔗田、菜旱地等，分别按水田和旱地补偿标准扣除原值后，高出部分一次性兑现给村组集体经济组织。

4. 实施长期补偿的标准和时限　2009年以前，以国家审定的耕地年产值（水田1247.50元/亩、旱地850.50元/亩）兑现补偿，2010年以后，原则上每3年调整一次，由两省区移民主管部门商龙滩水电开发有限公司依据省级统计部门公布的价格指数，对补偿标准进行调整。补偿时限：自2007年1月1日起，到水电站报废年止。

（二）库区开展移民长期补偿工作情况

2010年9月26日，贵州省移民局会同龙滩水电开发有限公司，组织设计、监理、地方政府等有关单位，在贞丰县共同对贵州库区各县上报的淹没耕地长期补偿成果进行了审查，结果为：截至2010年8月31日，贵州库区参加耕地长期补偿的移民和贵州库区参加耕地长期补偿的移民和涉淹农户共计10 390户48 173人，其中移民5346户25 916人，涉淹农户5044户22 257人。实行长期补偿的耕地面积为23 408.71亩（水田16 030.06亩，旱地7378.65亩），人均参加长期补偿的耕地面积为0.49亩（移民为0.59亩，涉淹农户为0.37亩）。会议各方同意以此作为计算和兑现耕地长期补偿费用的基本依据，并在已明确的参加耕地长期补偿的耕地面积和补偿费用的基础上，龙滩水电开发有限公司与贵州省签订淹没耕地长期补偿协议。

广西区水库移民工作管理局已将广西库区的长补方案上报自治区人民政府，一经批准，立即组织实施。

（三）实施长期补偿的有关问题

水电工程建设对库区移民的淹没耕地实行长期补偿的方式其优越性是显而易见的，但也存在一些突出问题，值得认真探讨。

1. 有利因素

（1）可以极大地化解人地矛盾。对淹没耕地由一次性补偿变为长期逐年补偿，可以极大地化解库区人多地少的矛盾，减轻移民安置区移民和非移民互相争地的矛盾，减轻以土地安置为主的传统生产安置方式的压力。

（2）从根本上解决库区移民的长远生计问题，解放生产力。采取长期补偿的安置方式，移民可以不再从事农业生产即能获得长期的农业收入保障，能确保移民搬迁后即使无土地也能住得下、稳得住，有效地解放了移民的生产力，可以通过转产二、三产业来增加收入，逐步提高生活水平。

（3）有利于库区社会稳定，有利于促进库区地方经济的发展。由于采取长期补偿安置新方式，拓宽了移民生产安置的渠道，可以极大地减轻地方政府和移民主管部门组织实施移民生产安置规划的压力，缓解政府和移民之间的关系，有利于切实维护库区社会稳定，有利于促进库区地方经济的发展。

（4）有成功的实践经验。近几年，为了积极探索长期补偿生产安置新方式，贵州省已在三板溪、董箐和双河口水电站率先推行并取得成功，贵州省水电工程建设项目有了成功的实践经验可以借鉴。

2. 不利因素

（1）政策问题。由于国家在《大中型水利水电工程建设征地补偿和移民安置条例》（国务院第471号令）中无对移民淹没耕地实行长期补偿的政策规定。长期补偿机制是现有移民安置补偿方式的改革和创新，长期补偿在国家层面尚无明确的规范和意见，且补偿突破了移民条例明确的16倍的界限，长期补偿机制造成了龙滩移民工作中规划和实施的“不同轨”。

（2）易造成移民之间的互相攀比。长期补偿使得库区移民的利益达到最大化，易引起其他水利水电工程采取一次性补偿的移民可能会盲目攀比。另一方面，由于龙滩是在移民已实施搬迁后才开始实行长期补偿的，根据已批准的方案，已按规划开垦或对接到耕地的移民不能参加长补，则存在着一次补偿与长期补偿移民之间的矛盾，若处理不好这些矛盾有可能影响区域社会稳定。

(3) 项目业主面临较大的市场风险。由于长期补偿的实物量标准保持不变，每年的补偿费用是根据稻谷的市场价格折算成现金逐年兑现的，且每 3 年将根据省级有关部门调查统计的谷物市场价格进行调整，若国内谷物价格不断上涨也就意味着龙滩长期补偿的费用不断提高，项目业主将支付更多的长期补偿费。长期计算下来，将大大超过一次性补偿的投资。若补偿资金不能进入电站建设成本，项目业主将面临较大的市场风险。

（龙滩水电开发有限公司　梁冰凌）

中国水力发电年鉴

14

水电工程综合效益

三峡工程达到设计正常蓄水高程175m全功能发挥 效益显著

（一）三峡枢纽2010年建设运行良好

2010年，三峡水库首次蓄水至175m高程，三峡枢纽工程全面发挥防洪、航运、发电、生态补水等综合效益，全年建设运行情况良好。

2010年，三峡大坝坝址累计来水4066亿m^3，比多年平均值偏少9.8%。三峡水库于2010年10月26日试验性蓄水至175m高程，至2010年12月31日8时，三峡水库维持高水位运行2个多月。2010年，三峡水库汛前消落和汛末蓄水过程平稳、安全，库区沿岸未发生大的地震、地质灾害及水华现象。

2010年，三峡工程防洪和生态补水效益显著。汛期，三峡水库先后进行了7次防洪运用，累计拦蓄洪水266.3亿m^3，最大削峰30 000m^3/s，有效地减轻了长江中下游的防洪压力。枯水季节，三峡水库对下游实施航运补水调度，累计补水总量120.8亿m^3，平均增加下游航道水深约0.8m。

2010年，三峡船闸通过能力持续增长。全年通过三峡枢纽货运量达到8794万t，同比增长18.43%。其中：通过三峡船闸货物7880万t，创历史新高，同比增长29.43%。

2010年，三峡—葛洲坝梯级电站全年发电1006.1亿kW·h，同比增加45亿kW·h。其中：三峡电站累计发电843.7亿kW·h，同比增加45亿kW·h，接近设计多年平均发电量；葛洲坝电站发电162.4亿kW·h，与2009年持平。通过科学调度，三峡电站全年实现1820万kW满出力稳定运行1233h。

2010年，三峡后续在建工程有序推进。三峡右岸地下电站6台机组安装工作全部按照计划全面展开，其中：32号、31号和30号机组定子机座整体吊入机坑。升船机1～4号塔柱混凝土浇筑至高程122.65～129.65m。地下电站和升船机施工质量继续保持在优良水平，并实现全年“零安全事故，零质量事故”目标。

（二）三峡库区水环境质量总体稳定

环境保护部副部长张力军在三峡库区及其上游水污染防治部际联席会议上指出，三峡库区及其上游水污染防治工作取得积极进展，水环境质量总体保持稳定，但仍然存在着诸如部分断面水质超标、水污染防治规划项目建设进度缓慢、作用发挥不充分，以及各类环境安全隐患等问题。与“十五”相比，三峡库区及其上游水体水质总体上由轻度污染转为良好。与2005年相比，2009年，Ⅰ～Ⅲ类水质断面比例为88.1%，增加了19.1个百分点；劣Ⅴ类水质断面比例为4.8%，降低了7.1个百分点；主要水质指标中，高锰酸盐指数年均值下降了10.3%，氨氮年均值下降了18.8%。在三峡水库2003年135m蓄水、2006～2007年156m蓄水、2008～2009年175m试验性蓄水过程中，三峡库区水环境质量总体保持稳定。尽管三峡库区及其上游水污染防治取得积极进展，但仍然存在诸多问题。三峡库区及其上游仍有部分断面水质超标，库区次级河流“水华”问题有所扩大，总体上呈现出由河流型（硅藻）向湖泊型（蓝藻）演变的趋势，库区消落带的环境整治需要引起高度重视。部分已建成污水处理设施不能充分发挥作用，重污染工业企业超排、偷排问题时有发生、库区水质恶化风险依然存在，相关各方应积极采取措施、推进三峡库区保护性工程建设。今后，三峡库区及其上游要坚决控制高污染、高耗能项目建设，防止新增落后产能，保护库区及其上游水环境。对目前三峡库区及其上游范围内污染物排放量较大的工业的建设项目，要严格环评审批，坚决避免低水平重复建设，新建、改建、扩建的项目上马必须以污染物排放的减量替换为前提。在工业发展方面，要合理规划布局，沿江河岸禁止新建高污染、高风险工业企业。要大力发展循环经济和清洁生产，对现有污染物排放量较大的企业严格实施清洁生产审核，未通过清洁生产审核的，必须进行提升改造。为确保三峡库区及其上游水环境安全，必须强化环境监督管理。要围绕污染企业整治和污染减排重点企业监管两个重点，坚决遏止重金属污染事件频发的趋势。同时，要加强工业企业、城镇污水和垃圾处理设施、规模化畜禽养殖场或养殖小区等污染源的日常环境监管，严肃查处超排、偷排等环境违法行为，确保其稳定达标排放。

（三）三峡水库蓄丰补枯

三峡水库自成库蓄水以来，每年于汛末蓄水、枯水期补水，有效发挥了水库“蓄丰补枯”的补水调节作用。据记者赴三峡枢纽管理局、三峡枢纽梯级调度中心、长江水利委员会、长江航务管理局等单位对三峡工程近年来所发挥的补水效益进行了深入采访了解到，自2008年试验性蓄水以来，随着蓄水水位逐步抬升至175m设计正常运行期蓄水位，三峡工程的补水功能和补水效益在长江枯水期变得日益显著，三峡水库成为长江中下游的“水资源银行”。

1. 万古长江“枯期不枯”　在三峡水库成库蓄水之前，三峡坝址1月、2月、3月的多年平均径流量分别为4300、3950、4450m^3/s，在最枯的时候，日最小流量低达2770m^3/s；而三峡水库蓄水之后的

2004～2008年，长江流量最枯的1月、2月，三峡水库平均下泄流量达4710m^3/s，日均最小流量是3670m^3/s，均高于蓄水前。

三峡枢纽管理局枢纽运行部防洪管理处介绍，现在枯水期三峡水库下泄流量按不低于5500m^3/s下泄，流量较历史上极端最枯流量增加了一倍。据三峡枢纽梯级调度中心介绍，5500m^3/s的流量一般出现在年末的11月或12月，到了整个长江最枯的时候也就是每年的1月到3月，三峡水库下泄流量就加大到了6000m^3/s了。

三峡水库蓄水至175m后，相当于拥有了221.5亿m^3的补水调节库容，补水能力更加显著。长江防办调度处介绍，"这相当于1/3的黄河年径流量的水量。"在枯水期，这一调节库容加大下泄流量对长江中下游补水，可以适当抬高中下游水位，有效缓解中下游航运、生产和生活用水的供需紧张局面。

长江防办提供了一组数据：2010年1～3月，三峡水库补水分别抬高长江中下游沙市水位0.45～1.2m、螺山水位0.53～1.0m、汉口水位0.42～0.8m、大通水位0.26～0.51m、城陵矶水位0.53～1.0m、湖口水位0.33～0.64m。

2. 黄金水道"畅通无阻"　三峡水库枯水期补水对于改善长江中下游的通航环境、提高通航能力、促进长江中下游航运发展的作用非常显著，这一点在长江通航管理局已经成为共识。

长江中游尤其是荆江河段浅滩众多，是船舶通航的"瓶颈"和"短板"，在三峡工程蓄水以前，影响正常通航的状况时有发生。一旦出现问题，常常需要禁航，然后进行挖深河道施工。海事部门要保护现场，通航压力很大。自从蓄水到172m以后，枯水期水位的抬升和通航水深的提高，禁航的情况基本没有了，大大减轻了通航条件的维护压力。

按照葛洲坝的初始设计，葛洲坝下游庙嘴水位不低于39m是葛洲坝下游的最低通航水位。由于葛洲坝建成以后河床下切，通航水位一度降到了38m，三峡工程设计时的一项重要任务就是通过调节库容的运用将葛洲坝下游的最低通航水位恢复到39m。三峡工程蓄水以后，该水位由38m先后提高到了38.5m和38.8m，于2009年以后又恢复到了39m。

2010年蓄水到175m以后，三峡水库基本上是按照不低于6000m^3/s下泄，下游庙嘴水位达到了39.2～39.3m，比原来初步设计时还要高一些。随着枯水期中下游水位的抬升，加上中下游航道管理部门加大了航道整治和疏浚维护的工作力度，长江中游的通航环境和通航条件得到了极大改善。

在枯水期，长江中游的通航水深直接影响到通航能力的提升。有关部门提出，与试验性蓄水同步，长江通航管理局于2009年11月底，试行将宜昌到城陵矶的通航水深从2.9m提到3.0m，于2010年11月开始，试行将宜昌到城陵矶的通航水深从3.0m提高到了3.2m，目前的通航水深比2009年11月底提高了30cm。

长江航运（集团）总公司以长江干线运行的货轮为例算了一笔账：4000t级的货轮，航运水深每增加10cm就可以多装150t到200t货，30cm就是450多吨。如果从重庆运一船钢材到上海，钢材的运价是每吨75元，那么增加30cm就意味着增加了33 750元的收入。

据初步估算，提高通航水深之后，宜昌到武汉的通航能力一年可以提高200万～300万t，典型的航线、典型的船舶的运输成本降低10%左右。

3. 应急救助及时安全　三峡水库的补水作用还体现在对装有易燃、易爆抑或化学危险品的"危险船舶"的应急救助方面。

有一次，一艘载有990t汽抽的船舶在葛洲坝下游枝江市水陆洲尾水域搁浅。由于所载汽油系一级易燃易爆危险品，船舶搁浅地点为鹅卵石河床，不具备实施常规拖带或过驳脱险操作的条件，如操作不当，极有可能导致汽油泄漏和爆炸事故。

三峡枢纽管理局在接到相关方面的救助请求后，先后增加三峡—葛洲坝梯级枢纽下泄流量1800m^3/s和2000m^3/s，有效抬升了遇险船舶所在水域水位，确保施救工作于次日就顺利完成，防止了污染或爆炸事故的发生。

（四）三峡工程入选世界十五大人造奇迹

此次入选的十五大奇迹主要是人造景观和大型工程。作为世界上规模最大的水利枢纽工程，三峡工程以其"拥有375km长的水库，工程移民一百多万人，电站发电量是美国胡佛大坝的21倍"等理由入选。

同时入选的还有"水下部分长度居世界首位"的英国海底隧道、"大大缩短纽约到旧金山运程"的巴拿马运河、"美国最高的水坝"胡佛大坝、"世界最大的游轮"海洋绿洲号和国际空间站等。

（本年鉴编辑部摘编）

三峡工程防洪减灾实效

2010年7月22日，峰值超过1954年和1998年的特大洪水安全通过长江中游河段。

同样的洪水、不同的境况。几个重灾年份都饱受洪水肆虐的荆江两岸人民，这一次没受惊扰，工作生活如常。三峡工程的防洪减灾作用，得到一次验证。

（一）三峡工程的防洪标准

三峡工程曾提出过“万年一遇”“千年一遇”“百年一遇”等防洪标准的说法，外界不了解。三峡枢纽梯调中心副总工程师作了解答：这几种说法是从不同角度对三峡工程防洪能力的解读。

从工程本身来讲，三峡工程的设计标准是可防1000年一遇洪水，校核标准是可防10 000年一遇洪水再加10%。即当峰值为98 800m^3/s的1000年一遇洪水来临时，大坝本身仍能正常运行；当峰值流量为110 000m^3/s的10 000年一遇洪水再加10%时，大坝主体建筑物不会遭到破坏。

从防洪范围来讲，防洪峰值为83 700m^3/s的100年一遇洪水，是指三峡工程对下游河段的保护作用。即三峡工程使荆江河段的防洪标准提高到100年一遇；若有超过100年一遇至1000年一遇洪水，配合分蓄洪工程，也可保荆江河段安全。

三峡工程的防洪功能很大。按设计标准，三峡库容达393亿m^3，其中防洪库容为221.5亿m^3，相当于4个荆江分洪区的蓄洪量。

2009年三峡工程基本完工，2010年汛期，三峡枢纽挡水及泄洪设施可按设计最终规模运行，完全由大坝挡水，工程建筑物本身的度汛标准为1000年一遇洪水，可抵御流量达98 800m^3/s的洪水。

同时，工程基本完工，也意味着长江中下游防洪体系基本形成。如遇“万年一遇”洪水，流量峰值达110 000m^3/s时，经三峡水库调蓄后，可不超过77 000m^3/s，配合运用分蓄洪工程，可控制沙市水位不超过45m，使荆江两岸、洞庭湖区和江汉平原免受毁灭性灾害。

长江最险的荆江河段防洪标准从“十年一遇”提高到“百年一遇”，即遇100年一遇洪水，流量峰值达83 700m^3/s时，经三峡水库调蓄后，可不超过56 700m^3/s，沙市水位不超过44.5m，不必启用荆江和其他分蓄洪区。

（二）充分发挥好防洪功能

优化调度可以放大防洪库容。在整个长江主汛期，三峡水库都处于随时可以拦蓄洪水的状态。水库防洪库容可通过“拦蓄—控泄—拦蓄”不断重复利用，使防洪功能充分发挥。

此次特大洪峰来临之前，三峡工程按照长江防汛抗旱总指挥部的要求，已提前选择时机，下泄一部分水量，为大洪水到来先期腾库。

2010年7月18日，大洪峰即将来临，三峡工程开始控制下泄流量拦蓄洪水。由于拦蓄上游来水，截至本月22日13时，三峡水库水位涨至157.47m，较洪水到来前的最低水位上涨了11m，拦蓄洪水60多亿立方米。据测算，这次拦洪将使三峡水库水位升至158m左右，挡水70多亿立方米。

70多亿立方米，相当于一个半荆江分洪区容量。在本次洪水过程中，由于科学调度，三峡工程及时拦洪、适时泄洪，尽可能地发挥削峰、错峰作用，才有效避免了特大洪峰与中下游洪水叠加给沿岸人民造成安全威胁。

2010年汛期，三峡工程已接受长江防汛抗旱总指挥部发出的十多次调度令，或增大出库流量以腾出库容应对上游来水，或减少出库流量以缓解下游防汛压力。这些调度要求，都是基于对三峡上下游水情、雨情的科学预测和综合分析形成的。

三峡工程汛期泄洪，水库库容是有限的，是因为既要拦，也要泄，只是要拦泄适时得当。长江年径流量约为1万亿m^3，超过七成降雨通常集中在7、8月，如果只蓄不泄，待有大洪水来临，三峡枢纽则无法发挥拦峰、削峰、错峰作用。

泄洪正是为了更好地拦洪。三峡水库的调洪作用，并不是将每次洪水全部拦蓄，而是将超过中下游河道安全泄量的洪水挡下来。待洪峰过后，再抓住时机泄洪至汛限水位145m，腾出库容迎接下一次洪水。

（三）防洪调度的减灾实效

长江防汛抗旱总指挥部介绍，本次洪水通过三峡工程的调蓄削减，使长江中下游河段特别是沙市和武汉河段未超过警戒水位，避免了10万人上堤巡堤查险，仅此一项就能减少上千万元防汛经费的消耗。三峡工程的防洪减灾效益巨大。

拦蓄本次大洪水的三峡水库，水位将上升12m左右，水库水位每上升1m就可蓄水约6亿m^3，按此推算，70多亿立方米洪水将被大坝拦截，总体上可降低荆江河段水位2.5m、洪湖江段水位1m、九江江段水位0.3m。

监测结果显示，此次特大洪峰通过宜昌河段后，长江中游主要控制站沙市、汉口水文站水位均低于警戒水位，长江中下游仅九江、洞庭湖及鄱阳湖水位处于超警戒水位。若没有三峡工程的调蓄作用，此次洪水将使长江干流宜昌以下河段全线超过警戒水位，部分河段的防洪形势将会极为严峻。

三峡枢纽梯调中心主任袁杰告诉记者，从目前情况看，虽然本次洪水流量峰值超过1998年的63 300m^3/s，但长江中游的洞庭湖等水系来水不大，中游行洪能力比当前宽松。同时，洪水流量于2010年7月20日晨达到7万m^3/s的最高峰值后迅速衰退，估计本次洪水总量不会超过1998年。除去这些因素，本次洪水过程荆江两岸没有重现1998年的大灾境况，最大的不同就在于：现在有三峡工程发挥防洪作用。

如果没有三峡工程截下40%以上的洪水，超过历史峰值的大规模洪峰，全要由长江中下游统统承担，无疑会造成巨大的防洪压力。

1998年洪灾期间，国家动用了大量人力、物力，进行了近3个月的斗争，全国各地调用上百亿元的抢险物资，高峰期有670万群众和数十万军队参加抗洪抢险，人民生命财产仍遭受惨重损失。而这次洪峰过境时，三峡坝区各大景点仍游人如织，甚至有数千名游客专程前来观看洪峰过坝的壮观景象，大坝下游的居民生活平静、正常。

（新华社记者 刘紫凌 吴 植 冯国栋）

三峡工程削峰拦洪作用

三峡工程的首要任务是防洪。2010年7月19日三峡水库从容应对建成后最大洪峰，一天之内拦洪约15亿m^3，减轻了长江中下游防洪压力。

（1）最高每秒拦蓄3万m^3水量，40%洪水被拦蓄。

2010年7月20日8时，三峡入库流量达7万m^3/s，这是三峡水库建成后经受的最大洪峰考验。

12个小时前的7月19日20时，三峡入库流量已经达6.9万m^3/s，超过1998年最大洪峰。

由于拦蓄洪水，7月20日10时，水库水位已由7月19日10时的147.15m涨至150.12m，一天之内上涨3m，拦洪约15亿m^3。

三峡梯级调度中心提供的数据，7月20日16时，三峡水库水位已突破151m，三峡入库流量减至66 000m^3/s，预计本次洪水调度将可使三峡水库水位上升至158m。

中国长江三峡集团公司表示，三峡水库拥有221.5亿m^3的防洪库容，这次洪峰虽然峰值较大，但仍在三峡工程设计范围内，不属于超标准洪水。

中国长江三峡集团公司按照国家防汛抗旱总指挥部和长江防汛抗旱总指挥部调度指令，将下泄流量控制在4万m^3/s以内，最高峰每秒拦蓄约3万m^3水量，40%以上的洪量被拦蓄在三峡水库。

与此同时，7月20日长江洪峰顺利通过上游干支流，经过三峡水库调蓄，干流中下游来水平稳，汉口以下水位呈消退趋势。经7月20日安全监测表明，三峡枢纽各项指标正常，工程运行安全稳定。

三峡工程的首要任务是防洪。如遇100年一遇洪水，三峡水库水位可以调到167m，控制下泄水量不超过56 700m^3/s，确保沙市不超警戒水位。三峡水库拦洪、蓄洪的能力是巨大的。

此后入库流量趋小，预计未来几天，三峡还将面对5万m^3/s以上流量的洪峰。综合上下游情况，三峡下泄流量不超过4万m^3/s，不会构成对下游的防洪压力。

（2）如果没有三峡工程，这次洪水将使长江干流宜昌以下河段全线超警。

中国长江三峡集团公司介绍，这次洪水过程最大洪峰到达三峡坝址时，三峡水库已拦蓄洪水25亿m^3。预计整个洪水调度过程，三峡水库可拦蓄洪水76亿m^3，相当于一个半荆江分洪区容量。

从6月中下旬开始，长江流域发生两次明显集中强降雨过程，先后导致两湖水系多条河流水位超警，部分地区防洪形势异常严峻。

2010年7月20日晨，7万m^3/s的洪水倾泻而下，如果没有三峡工程的调蓄作用，这次洪水将使长江干流宜昌以下河段全线超警戒水位，部分河段的防洪形势将极为严峻。三峡工程的有效削峰，使长江中下游河段特别是沙市和武汉不超过警戒水位，10万人力不用巡堤查险，仅此一项就可以节约上千万元防汛经费。

（3）既不是把洪水全部蓄起，也不是全部泄掉，要给应对更大洪水留有余地。

调度三峡水库的目标是实现“削峰不戴帽”：当上游来水大而下游水位高时，三峡水库拦蓄上游洪水；当下游退水后，三峡水库要把拦蓄的洪水尽快下泄，腾空库容迎战下一轮洪水。在洪水下泄期间，要确保不过分抬高下游水位，以免形成“人造洪峰”。

如果三峡工程下游洪水较大，洞庭湖、鄱阳湖等地区降雨量大、水位高时，即使长江上游来水不是很大，三峡工程也要控制下泄，确保下游行洪畅通、安全。

若长江上游来水较大，下游水位不高，即使发生100年一遇洪水，三峡工程仍然能控制下泄流量不超过56 700m^3/s，保证荆江水位不超过警戒线。

另外，如遇上游来水超过5万m^3/s，三峡水库将根据电站运行用水及上下游水情，在确保沙市不超过警戒水位条件下，提出洪水预警和控泄方案。

三峡大坝具备11万m^3/s的泄洪能力，但具体下泄多少，并不由三峡自行决定，而是接受国家防汛抗旱总指挥部、长江防汛抗旱总指挥部调度。出库25 000～56 000m^3/s，由长江防汛抗旱总指挥部决定；出库56 000m^3/s以上，由国家防汛抗旱总指挥部决定。

为了更加准确地调度三峡水库，长江防总对水量预报的精确度达到每秒几百立方米以内，对水位的预报则以厘米来计，远远超过标准的要求。

当前，社会上有些议论，反映了对三峡水库调洪措施内涵的不了解。三峡水库蓄多少水、泄多少水，都是根据下游防汛的需要来确定，必须保证下泄安全。既不是每次都把洪水全部蓄起，也不是全部泄掉，要给三峡水库应对更大洪水留有余地。

如果预报准确，调度合理，把部分下泄的洪水资源充分利用起来，化害为利，变害为宝，可以使三峡工程综合效益进一步提升。

(4) 有了三峡工程也不能高枕无忧，防汛不容丝毫懈怠。

据天气形势，每年雨季到来，长江上中游干流附近都会有中到大雨、局部地区有暴雨；长江上游和汉江上中游亦然，因此长江流域始终有大洪水发生的可能。

长江流域防洪不能因为有了三峡工程就高枕无忧，不可丝毫懈怠。

必须认识到，长江防洪最突出矛盾是：洪水峰高量大，但河道的安全下泄能力仍然存在不足。

卫星遥感监测显示，长江中游湖泊面积迅速增大。2010 年 7 月 16 日和 18 日对长江中游湖泊的两次观测显示，洞庭湖、洪湖和鄱阳湖水体面积分别为 $2156.04km^2$、$594.23km^2$ 和 $3913.19km^2$，比 7 月 1 日分别上涨了 21.6%、24.8%和 5.5%。湖泊面积迅速增大，意味着蓄水能力削弱。虽然目前本次洪水洪峰有所衰减，后期长江中游仍面临严峻的防汛压力。

(《人民日报》记者　田豆豆　张志峰)

三峡枢纽通航效益

作为世界上已建成船闸中连续级数最多、总水头和级间输水水头最高的内河船闸，三峡双线五级船闸自 2003 年 6 月 18 日向社会船舶开放以来，至 2010 年已安全运行 7 年多，为我国经济社会发展作出了重要贡献。现通过数据和图表的形式，直观展现三峡船闸的巨大综合效益。

(一) 过闸货运量持续提高

中国长江三峡集团三峡枢纽管理局统计数据表明，2010 年，三峡船闸通过货物 7880 万 t，加上翻坝滚装货物，三峡枢纽全年通过货物 8794 万 t，是蓄水前最高年货运量 1800 万 t 的 4.9 倍。通航 7 年多来，三峡船闸过闸货运量年均增长率为 15.83%。

(二) 运行闸次数稳步增长

船闸运行闸次数是反映船闸运行水平的重要指标之一，运行闸次数和过闸平均载重吨位是影响船闸通过能力的主要因素。7 年多来，三峡船闸的运行闸次数维持在高位水平。目前，在三峡船闸四级运行的情况下，船舶平均过闸历时约为 3.1h，较运行初期平均 4.2h 有明显缩短；五级运行时，船舶过闸约需 4h。通航以来，三峡船闸日均运行次数稳步提高，日运行最高闸次数由最初的 20 闸次提高到 32 闸次。

(三) 通航率和闸室面积利用率保持较高水平

三峡船闸自运行以来，除船闸完建期外，年平均通航率保持在 94%～98% 的水平，高于设计值 84.13%；闸室面积利用率维持在 70%～76%的较高水平（见表 1）。

表 1　三峡船闸年通航率和闸室面积利用率

年　份	通航率 (%)	闸室利用率 (%)
2003 (6.18～12.31)	94.57	70.72
2004	96.1	76.17
2005	98.91	72.47
2006	84.73	72.39
2007	81.76	72.76
2008	98.05	70.26
2009	96.4	73.02
2010	95.88	76.15

(四) 设备故障率逐年下降

三峡船闸设备设施运行情况总体良好，设备故障率低且呈逐年下降趋势。2004～2010 年，三峡船闸设备运行停机故障率由 5.1%降至 0.29%。2010 年，三峡船闸全部设备完好率为 98.39%，主要运行设备完好率为 100%。7 年多来的运行实践表明，三峡船闸的建设是高质量的，船闸的管理实现了安全运行、检修高效、科学管理和一流效益。

(五) 过闸船舶大型化、标准化趋势明显

随着水运优势的日益体现，三峡库区造船业蓬勃发展，过闸船舶的大型化、标准化趋势明显。2003～2010 年，500t 级以下过闸船舶艘次比例已由 50.3%下降为 10.49%，2000t 级以上船舶比例已达 39.7%。仅 2010 年一年，三峡河段就新增 3000t 级及以上货船 200 多艘。目前，重庆、湖北两地还有 300 多艘货船在建。

随着船舶大型化、标准化，2003～2010 年，三峡船闸每闸次的货运量由 3140t 提高到 8377t，单船装载量由 472t 提高到 1314t。

(六) 主要过闸货物稳中有变

三峡枢纽管理局通航管理处负责人介绍说，过闸货运量增长与沿江区域经济发展和产业布局关联度较高。三峡船闸投运以来，煤炭、矿石、集装箱和钢材等主要过闸物资货运量稳步上升，在所有过闸物资中，煤炭所占比重最大。但近年来，煤炭运量占过闸货物运量比例开始下降，已由 2004 年的 52%下降到 2010 年的 36.5%。

(七) 上、下行货运量趋于均衡

三峡船闸通航以来，上、下行货运量总体趋于平衡，下行货运量所占比重由 2004 年的 70%下降到 2010 年的 54%。这表明库区航道的根本改善，极大促进了长江航运物流的效率提高，对促进流域经济协调发展发挥了重要作用。2010年，三峡船闸下行货运量为4281万t，达到2030年船闸设计通过能力指标5000万吨的85.62%。

三峡通航7年多来，中国长江三峡集团公司按照国务院关于建设好、运行好、管理好三峡工程的要求，充分发挥技术管理、安全管理、枢纽工程综合运用、人力资源和坝区综合管理等方面的优势，加强设备设施的运行管理、检修、更新改造和工程美化，保证设备设施的良好工况和枢纽工程统一的窗口形象。三峡船闸实现了“安全、高效、畅通”运行，为我国经济社会发展作出了卓越贡献。

（《中国三峡工程报》 曹光荣 文小浩 向 阳）

长洲水利枢纽服务西江流域大发展

广西长洲水利枢纽是一个具有发电、航运和调水等综合效益的大型水利枢纽工程，由中国电力投资集团公司控股建设，2007年底首批机组投产发电，2007年3月通航，电站装机容量63万kW，一、二线船闸分别为1000t和2000t规模。

在枢纽15台机组全面投产发电总结大会上，广西梧州市委有关领导称其为“西江流域永远闪耀的一颗璀璨明珠”。广西长洲水利枢纽对西江流域经济社会发展的促进作用由此可见一斑。

（一）长洲水利枢纽经济社会效益显著

广西长洲水利枢纽位于航运繁忙的西江航道上。西江是我国仅次于长江、黄河的第三大河流，西接大西南，东连珠三角，航运量居全国第二位，不仅是“两广”货物运输的大动脉，也是构筑珠三角区域经济体系、建设中国—东盟自由贸易区的重要通道。

孙中山先生在《建国方略》中曾倡导建设三大海港及相关铁路、水运系统，拓展国际贸易经济合作，特别是改良广州港，整治建设西江深水航道，使吃水十英尺的船舶可直达南宁并资生电力，成为大西南物资出海大通道。而今，全面建成的长洲水利枢纽完成了孙中山先生的设想。

长洲水利枢纽建成后，有力提升了西江通航能力，枢纽通航能力已经达到4200万t，有力带动流域经济社会发展。广西内河运量的90%需经过西江水道，大量来自西南地区的煤炭、建材、钢材等物资取道西江水道运往珠江三角洲，或经广东出海，并与国际海运网直接对接，真正打通了西江黄金水道，对促进区域经济发展和水运产业升级发挥了重要作用。

长洲水利枢纽建成后极大地改善了坝址上游的通航能力，渠化桂平以下干流航道159km，淹没险滩22处，河道由目前的准Ⅲ级提高到Ⅱ级航道，每年降低的航运费用和航道运营成本就达1.9亿元。

长洲水利枢纽还具有重大的社会效益。作为珠江防汛抗旱总指挥部压咸补淡的关键控制水库，对珠海、澳门供水安全发挥了重要保障作用。同时，长洲水利枢纽方便了沿岸农业提水灌溉，库区增加26万亩沿江水田灌溉面积和巨大养殖水面，促进沿岸农业和旅游业发展。解决移民问题更是成为水电开发的典范，库区率先实施淹没长期补偿，每年获得失地足额补偿，群众不离迁故地，政府、群众拥护，库区移民安定。

（二）长洲水利枢纽创造多个奇迹

长洲水利枢纽2003年12月开工，是西江干流上最大的水利枢纽工程，大坝跨长洲和泗化洲两岛并跨内、中、外三江，最大坝高56m，坝顶长3521m，是目前世界上在建的拦水大坝最长的电站，被誉为贯流式机组中的“三峡工程”；发电厂房安装15台灯泡贯流式机组，总装机容量63万kW，为国内最大的灯泡式机组电站，也是世界上同类型机组最多的电站。

长洲水利枢纽作为西电东送桂东南唯一骨干支撑电源发挥了重要作用。枢纽电站的建设，满足了桂东地区电能供应，有效改善了广西电网电源布局和潮流结构，大幅度提高西电东送和区域电网运行的安全可靠性和经济性。

广西长洲水利枢纽建设中，创造了一个又一个工程建设的标杆与奇迹，留下一个又一个感人的事迹：一年截流一条江，3年里实现三江截流；8天拼装1套人字门、一年投产9台大型灯泡贯流式机组，创造了国内水电施工的新纪录。与此同时，工程建设还连续实现了长洲工程开工以来“零”人身伤亡和设备事故，刷新了水电工程建设安全标杆纪录。

虽然长洲水利枢纽全部投产后仍处于亏损运行，但企业仍将坚决、全面地履行国有企业的政治责任和社会责任，确保船闸通畅、移民安定，为地方经济和社会的可持续发展作出更大贡献。

（摘自《中国电力报》）

我国2010年批准的清洁发展机制水电项目为世界每年减排温室气体1639万余吨

清洁发展机制（Clean Development Mechanism，CDM）是2005年2月正式生效的《京都议定书》中建立起的国际合作机制。发达国家通过提供资金和技术的方式，与发展中国家开展项目合作，通过项目所实现的“经核证的减排量”，用于发达国家缔约方完成在议定书第三条下关于减少本国温室气体排放的承诺的规定。项目所产生的额外的、可核实的CO_2减排量称为“核证减排量”，由发展中国家的项目企业所拥有，并可出售。

2010年，国家发展改革委批准了我国企业所拥有的147个水电项目作为清洁发展机制项目。这些项目的预计总年减排量为1639万t二氧化碳当量。所核证减排量出售给国外合作方，为世界减少温室气体排放作出贡献。2010年国家发展改革委批准作为清洁发展机制的147个水电项目情况见表1。

表1 2010年国家发展改革委批准作为清洁发展机制的147个水电项目情况表

序号	水电项目名称	装机容量（MW）	国外合作方	预计年减排CO_2量（t）
1	重庆石柱杨东河（渡口）水电站	48	维多石油集团	178 234
2	云南绿汁江龙门水电站		ECO资产管理公司	131 083
3	湖北天河流域水电打包项目		EcoSecurities国际有限公司	68 609
4	青海青石嘴小水电站	10.5	伊藤忠商事株式会社	26 243
5	甘肃临潭术布水电站		Climate Corporation Emissions Trading GmbH	21 024
6	四川汶川草坡河口水电站	15	瑞典碳资产管理有限公司	62 096
7	湖南新裕洮水水电站	69	大中物产株式会社	117 327
8	浙江天台茶园梯级电站	5.7	环保桥有限公司	10 016
9	甘肃白龙江锁儿头水电站		EcoSecurities国际有限公司	244 737
10	广西那坡百省二级水电站		荷兰安智银行股份有限公司	12 026
11	四川凉山州春禾尾水小水电项目		瑞典碳资产管理有限公司	17 622
12	云南芭蕉河一级小水电项目		瑞典碳资产管理有限公司	51 264
13	四川康定谢家沟水电站		EcoSecurities国际有限公司	72 623
14	海南谷石滩小规模水电项目	6.4	N. V. Nuon Energy Trade & Wholesale	17 583
15	陕西省太山水电项目		Fine Carbon Fund Ky 和 Nordic Carbon Fund Ky	18 397
16	云南德钦施坝河一级电站		Arreon Carbon UK Limited	64 233
17	云南德钦施坝河二级电站		Arreon Carbon UK Limited	36 637
18	云南德钦相多河一级电站		Arreon Carbon UK Limited	58 139
19	云南德钦相多河二级电站		Arreon Carbon UK Limited	26 077
20	四川乡城玛依河二级跌水电站		维多石油集团	81 994
21	甘肃兰州河口水电项目	74	联合碳资产有限公司	320 429
22	福建上杭回龙水电站		意大利埃迪森集团	29 437
23	福建上杭涧头水电站		意大利埃迪森集团	21 606
24	四川理县营林水电站		瑞典碳资产管理公司	57 089
25	云南龙江水电站	240	ECO资产管理公司	741 581
26	江西修河下坊水电站	36	ECO资产管理公司	91 780
27	四川黑水木苏沟一级和二级水电打捆项目	12.4	OneCarbon International B. V.	36 689
28	贵州铜仁清水塘水电站	9	Carbon Asset Management Sweden Pte Ltd.	27 336
29	湖北宣恩金滩水电站		Essent能源国际交易公司	22 204

续表

序号	水电项目名称	装机容量（MW）	国外合作方	预计年减排 CO_2量（t）
30	湖北五峰水尽司、竹桥和纸坊头水电站打包项目		Essent 能源国际交易公司	85 197
31	福建三明天际水电	12.6	瑞典碳资产管理有限公司	30 041
32	福建大田璞溪口一级和二级水电站	8.5	瑞典碳资产管理有限公司	29 195
33	云南镇康马鞍山水电站	40	瑞典碳资产管理有限公司	147 741
34	四川峨边红叶水电站	10	日本太比雅株式会社	35 570
35	湖北省房县范家垭水电站		奥地利气候减排贸易公司	27 378
36	云南西畴县黄龙坡水电站		格林威治碳有限责任公司	19 772
37	四川毛尔盖河晴朗水电站		巴克莱银行	624 175
38	新疆阿克苏温宿县台兰河四级水电站		瑞典碳资产管理有限公司	32 164
39	甘肃临洮洮阳洮坪水电站		奥地利气候减排贸易公司	34 325
40	陕西镇坪白土岭水电	49	CFL Carbon Limited	138 389
41	广西百色那比水电项目		CFL Carbon Limited	134 949
42	四川丹巴国如水电项目		英国排放贸易有限公司	156 242
43	云南潞西万马河三级小水电项目	14	Nordic Carbon Fund Ky 和 Fine Carbon Fund Ky	50 185
44	云南华宁三佳水电站		CFL Carbon Limited	43 449
45	云南普洱腊乐、金湾塘和磨刀河打捆小水电项目		维多石油集团	42 285
46	四川准珙上罗小水电项目		Eneco Energy Trade B. V.	13 975
47	云南镇雄县坪子水电站		复兴碳投资有限公司	55 994
48	云南盐津牛栏沟水电项目		（单边项目）	85 164
49	甘肃敦煌雷墩子一级水电站		ECO Asset Incorporated	15 611
50	贵州省石垭子水电项目		艾克投资组合公司	368 603
51	四川大渡河沙湾水电站		瑞典碳资产管理有限公司	1 776 074
52	甘肃洮河新民滩小水电扩建项目	10	环保桥有限公司	39 929
53	贵州从江背雷小水电项目	8.4	环保桥有限公司	22 859
54	云南屏边那么果河小水电打捆项目		Endesa Carbono S. L.	31 879
55	云南省金平金河四级水电项目		Endesa Carbono S. L.	98 503
56	广西贺州市莲花一级和莲花二级小水电打捆项目		日本三菱商事株式会社	22 144
57	云南罗平红岩水电项目	8	瑞典碳资产管理有限公司	25 010
58	四川理县九架棚水电项目		瑞典碳资产管理有限公司	49 544
59	云南福贡施底河一级水电站	30	GETEC Climate Projects GmbH	98 978
60	贵州水城猴场小水电项目		ECO Asset Incorporated	29 178
61	湖南株洲桐坝小水电项目		ECO 资产管理公司	43 996

续表

序号	水电项目名称	装机容量（MW）	国外合作方	预计年减排 CO_2量（t）
62	云南大姚多底河水电站		复兴碳投资有限公司	135 693
63	陕西镇坪安宁渡水电站		英国瑞碳有限公司	54 580
64	云南李仙江石门坎水电站		麦格理银行	482 966
65	云南大理铁川桥水电站		Essent 能源交易公司	144 393
66	云南兰坪基独河四级水电项目		维多石油集团	41 651
67	陕西西乡白勉峡水电项目		Zero Emissions Technologies, S. A.	17 220
68	新疆布尔津河冲乎尔水电站		欧洲新能源投资基金	325 424
69	四川盐源甲米一级水电站		德国艾库乐森商业有限公司和俄罗斯天然气工业营销与贸易公司	91 255
70	重庆渡口坝水电项目	129	ECO 资产管理公司	331 410
71	湖南蓝山猴陂小水电打捆项目		ECO Asset Incorporated	15 034
72	黄河龙口水利枢纽项目		Climate Change Capital Carbon Fund Ⅱ s. à r. l.	1 137 489
73	湖北竹溪县岔河水电站		Climate Corporation Emissions Trading GmbH	19 640
74	甘肃白水江石鸡水电项目	32	三菱日联证券株式会社	115 934
75	云南泸水县银坡水电站		Greenwich Carbon, LLC	26 626
76	湖北恩施宝山电站和核桃湾电站小水电打捆项目		环保桥有限公司	18 594
77	云南沧源司岗里水电项目	18.9	瑞典碳资产管理有限公司	72 416
78	吉林图们市磨盘山水电站	16	标准银行公众有限公司	51 676
79	吉林省安图县大兴川水电项目	48	标准银行公众有限公司	140 004
80	黑龙江牡丹江市三间房水电项目	12	标准银行公众有限公司	45 012
81	福建穆阳溪丰源水电站		住友商事株式会社	149 947
82	四川凉山州普格县鲁溪河二级水电站		Vitol S. A.	64 360
83	云南老石寨水电站		瑞典碳资产管理有限公司	60 916
84	陕西宁强地洞河水电项目	8	碳资本管理株式会社（日本）	22 084
85	贵州沿河白果树小水电项目	6.4	环保桥有限公司	18 658
86	贵州习水县金阳水电站		赫尔克里斯绿色交易有限公司	46 451
87	贵州晴隆大桥河三级水电项目		General Energy Capital Co., Ltd.	11 982
88	江西赣州老虎头水电项目		General Energy Capital Co., Ltd.	22 652
89	云南云龙岔河三级水电项目		General Energy Capital Co., Ltd.	30 109
90	四川九龙县踏卡水电站		天然气工业营销与贸易有限公司	332 446
91	四川西昌安宁河洼垴水电站	33	俄罗斯天然气工业营销与贸易有限公司	126 307

续表

序号	水电项目名称	装机容量（MW）	国外合作方	预计年减排 CO_2 量（t）
92	四川理县仔达寨水电站		（单边项目）	128 681
93	四川普格河口水电站	23	排放贸易有限公司	91 095
94	甘肃酒泉开源梯级水电站打捆项目		ECO Asset Incorporated	35 051
95	广东郁南南江口小水电项目		CF碳基金Ⅱ有限公司	29 952
96	四川黑水德石窝一级水电项目	8	OneCarbon International B. V.	25 288
97	四川黑水德石窝二级水电项目	20.6	OneCarbon International B. V.	63 693
98	四川雷波德乐水电项目		OneCarbon International B. V.	84 943
99	四川美姑日哈水电站		OneCarbon International B. V.	40 066
100	甘肃肃南西营河三级小水电项目		环保桥有限公司	28 456
101	甘肃武威西营河三沟小水电打捆项目		环保桥有限公司	23 696
102	甘肃武威西营河双窑湾小水电项目	5.6	环保桥有限公司	19 378
103	重庆武隆泉塘水电站		Gunvor石油公司阿姆斯特丹日内瓦分支	19 064
104	河南洛宁县禹门河水电站		Eco资产管理公司	31 867
105	新疆温泉水电站	135	Eco资产管理公司	632 614
106	重庆巫溪新田坝水电项目	21	环保桥有限公司	60 686
107	重庆巫溪湾滩水库电站	18	环保桥有限公司	56 532
108	湖南江永白倖水电项目		Green Energy Investment S. r. l.	14 392
109	云南临沧南袜河一、二、三级打捆水电项目		CFL Carbon Limited 和 Natsource Asset Management（Europe）Limited	62 809
110	云南宁蒗新庄明庄水电站	24.5	CFL Carbon Limited 和 Natsource Asset Management（Europe）Limited	88 462
111	甘肃黑河宝瓶河水电项目		（单边项目）	339 884
112	四川宁南依补河四级	6.4	环保桥有限公司	21 133
113	四川宁南依补河五级	16	环保桥有限公司	50 241
114	四川盐源卧罗桥水电站		维多石油集团	368 302
115	四川康定拉角沟二级		维多石油集团	68 240
116	四川丹巴东谷水电站		维多石油集团	246 288
117	四川冕宁长兴水电站		维多石油集团	97 755
118	甘肃肃南白泉门一二级捆绑小水电项目		Climate Corporation Emissions Trading GmbH	29 913
119	甘肃肃南白泉门三四级捆绑小水电项目		Climate Corporation Emissions Trading GmbH	32 982
120	海南乐东南中河二级和三级打捆水电项目		环保桥有限公司	36 370

续表

序号	水电项目名称	装机容量（MW）	国外合作方	预计年减排CO_2量（t）
121	广东仁化浈江周田水电站	10.5	日本三菱证券有限公司	31 659
122	新疆托什干河别迭里水电站		壳牌国际贸易公司	671 805
123	云南贡山浪格洛河水电项目		中国碳基金	38 525
124	四川西昌呷榴河一级、二级电站		中国碳基金	47 560
125	四川冕宁龙家沟水电站		中国碳基金	21 755
126	四川凉山州凉红水电站		瑞典碳资产管理有限公司	112 454
127	四川甘洛工棚水电站		瑞典碳资产管理有限公司	100 839
128	新疆新能大桥水电站		邦基碳资产有限基金	66 066
129	云南迪庆州尼汝河木星土水电站		维多石油集团	407 133
130	四川江油科光三级水电项目		Arcadia Energy（Suisse）SA	87 790
131	四川越西洛姆二级和木瓜坪打捆小水电项目		Climate Protection Invest AG	44 083
132	云南普洱玉河水电项目		ACT Carbon Capital Ltd.	21 975
133	湖南沅陵怡溪（五级）水电站		俄罗斯天然气工业营销与贸易有限公司新加坡分公司	47 162
134	云南德钦县茨中河水电站项目		瑞士阿卡迪亚能源有限公司	87 903
135	甘肃临洮瑞龙水电站		瑞士阿卡迪亚能源有限公司	51 440
136	四川越西大岩河四级小水电项目		GETEC Climate Projects GmbH	19 400
137	甘肃礼县清水河电站和王磨电站打捆小水电项目	3.99	GETEC Climate Projects GmbH	18 697
138	甘肃陇南秧田小水电项目	3.2	GETEC Climate Projects GmbH	14 266
139	甘肃康县韩家山电站打捆小水电项目	4.89	GETEC Climate Projects GmbH	19 814
140	湖南溆浦统溪河水电站		俄罗斯天然气工业营销与贸易有限公司新加坡分公司	24 886
141	贵州桐梓河杨家园水电项目		欧贝奥	87 756
142	云南云县南龙河水电打捆项目		ACT Carbon Capital Ltd.	32 747
143	贵州芙蓉江牛都水电项目	20	CF碳基金Ⅱ有限公司	54 016
144	广东清远水电项目	44	ECO Asset Incorporated	159 624
145	云南屏边百福水电项目		Endesa Carbono S. L.	14 845
146	福建尤溪文江溪三级小水电项目		环保桥有限公司	23 836
147	内蒙古河套灌区总干渠第二分水枢纽水电项目		Eco Asset Incorporated	28 696
总计				16 390 107

（本年鉴编辑部摘编）

长河坝水电站建设意义重大

长河坝水电站系大渡河干流水电规划“三库22级”的第十级电站，位于四川省甘孜藏族自治州康定县境内，是以单一发电为主的大型水电工程。电站安装4×65万kW混流式发电机组，年发电量约107.9亿kW·h。工程总投资232.1亿元，静态总投资174.55亿元，单位千瓦投资6713元（静态），单位电度投资为1.62元（静态）。2010年11月8日，国家发展和改革委员会以发改能源〔2010〕2665号文核准该项目。工程于2010年底开工建设，预计在2016年投入运营。长河坝水电站建设意义重大。

（1）符合国家能源发展方针政策，符合确保国家能源安全战略。

清洁的水电资源是我国第二大能源资源，开发利用水能是我国长期坚持的方针。我国水能资源总量居世界首位，但与发达国家相比，我国水电开发程度还很低，这与我国水能资源开发在能源资源利用中的重要地位极不相称。

国家“十二五”规划建议指出，“在保护生态的前提下积极发展水电”，水电发展的产业政策从“有序开发”调整为“积极发展”，预示着国家将加快水电开发的步伐。因此，“十二五”期间，正是水电、风电等清洁能源大规模投资扩张的时期，火电装机比例可能退居到70%以下，清洁能源装机将提高到30%。

长河坝水电站属于新建水电项目，符合“国家鼓励开发、利用水能资源”、“国家鼓励和支持利用可再生能源和清洁能源发电”等相关产业政策。建设长河坝水电站，有利于开发利用大渡河水能资源，增加清洁电能的供应，促进环境的可持续利用，有利于实现节能减排，符合我国能源发展和资源优化配置战略。

（2）符合国家西电东送、川电外送的能源布局。

我国能源资源的分布极不平衡，能源调配的基本格局是“北煤南运”、“西电东送”。四川省地处我国西部地区，水能资源丰富，是我国重要的水电能源基地。在诸多影响四川经济发展的因素中，得天独厚的水能资源开发利用程度低，资源优势未转换成经济优势是影响四川省社会经济可持续发展的重要因素。加快开发四川水能资源，不仅可以促进四川经济的发展，而且可以将部分丰富、优质的水电送往东部经济发达而能源资源相对短缺的地区，实现能源资源的优化配置。根据四川省能源资源的构成特点，优先大力开发水电，实现本省电力供需平衡后，并形成“西电东送”和“川电外送”的格局，支援区外缺能地区经济建设，是四川省能源建设乃至振兴地方经济的最佳途径。

大渡河干流是我国能源发展规划的十三大水电基地之一，长河坝水电站是干流上的重要电源点，是大渡河干流规划调整推荐近期开发工程之一，是四川省发展水电支柱产业和加快大渡河梯级开发的需要，是大渡河干流实施川电外送的重要依托电源，符合国家西部大开发战略，建成投产后将优质、清洁能源送往能源短缺的华东、华中四省，缓解各地区经济发展的能源压力，不仅是四川省能源建设和经济可持续发展的重要途径，也是实现全国能源资源优化配置的需要，其建设是十分必要的。

根据规划，长河坝水电站的电力将送入四川主网，供电方向为华东电网及华中电网东部四省。

（3）对建设长江上游生态屏障和全国生态环境建设将起到重要作用。

四川省提出了“建成西部强省和长江上游生态屏障，经济社会协调发展，努力实现新跨越”的目标。为实现经济“追赶型”、“跨越式”发展的要求，将水电列为全省六大支柱产业之一。

长河坝水电站可替代火电装机容量253.55万kW，正常运行期每年替代火电电量为109.52亿kW·h，建成投产后将新增水电年发电量110.5亿kW·h，相当于每年可节约原煤消耗460万t，每年可以减少二氧化碳排放740万t，减少二氧化硫排放7.31万t，减少粉尘排放147.2万t，减少废渣排放36.8万t，产生的生态环境经济效益是21.18亿元，具有很好的环保效益。

（4）对抵御金融危机，实施扩内需、保增长政策将起到促进作用。

面对国际金融危机，加快推进四川大渡河水电建设，对扩内需、保增长、保民生、保稳定，拉动灾区重建、带动民族地区共同繁荣发展都有着积极的作用。

长河坝项目属大（1）型水电站，建设总投资约230亿元，其建设投资对扩内需、保增长的贡献作用也是显而易见，尤其该项目地处经济相对落后的甘孜藏区，其作用和效果将更加明显。

（5）工程处于贫困落后的民族地区，工程建设对民族地区的脱贫发展、社会进步、社会稳定起到极大的促进作用。

长河坝工程坝址和库区涉及的甘孜藏族自治州，属于四川省贫困藏族地区。目前，该地区仍以传统的农牧经济为主，人均国民生产总值约为四川人均产值的二分之一，与全国的经济发展水平极不平衡。随着长河坝水电站的建设，显著改善库区对外交通条件，如省道211复建公路新建隧洞13座，其长度占总里程约37%，缩短了运距，提高了时速，降低运行成本，提高了行车安全。将为库区的基础设施建设、资源开发利用、优化产业结构带来一个难得的机遇，对民族地区经济社会必将起到积极的推动作用。

工程建设还可以带动相关产业、服务业和文化事业的发展，增加地方劳动力就业机会（建设期间每年增加直接就业人员达 8000 人，间接就业人员达 20 000 人），增加地方财政收入，促进当地电力、通信网络、交通、商业、医疗、旅游等技术文化条件的改善和劳动力素质的提高，对提高藏族人民群众生活水平有极其重要的意义。在长河坝水电站 12 年的建设期内，按每年增加的直接和间接就业人数（根据经验，约 20%的间接就业者为库区当地人）计算，相当于平均每年为建设施工所在地创造了价值近 3500 万元的食品消费市场。可带动当地农副产业发展，为该地区农牧民增收创造了良好机遇。

长河坝水电站建成后，对促进当地资源的永续利用，增加地方财政收入，调整经济结构和第一、二、三产业的协调发展，提高当地少数民族群众的生活水平，促进民族的共同繁荣和进步，保持地方稳定具有重要作用。

（6）长河坝水电站移民安置规划顺利完成。

长河坝水电站的移民安置规划严格执行了 2006 年国家修订出台的《大中型水利水电工程建设征地补偿和移民安置条例》，按照先移民、后工程的原则，自 2008 年起正式启动长河坝移民安置工程。有效减少了移民过渡搬迁的范围和时间，降低过渡安置风险。

综上，长河坝项目的建设对国家都有深远的意义和影响，符合国家相关产业政策、满足行业准入条件，工程建设无环境、移民安置制约因素，其经济效益和社会效益显著。

（四川大唐国际甘孜水电开发有限公司）

中國水力發電年鉴

15

农村水电及电气化

农 村 水 电 建 设

小水电的新使命

中国水电在世界上具有广泛影响，被形象地概括为一大一小。“大”的就是举世闻名的三峡工程，“小”的就是星罗棋布、遍布全国的小水电。新中国成立后，特别是改革开放以来，在邓小平同志亲自倡导下，结合农村电气化建设，我国小水电发展迅速，至今已建成小水电站 4.5 万座，装机容量 5400 多万 kW，年发电量 1600 多亿 kW·h，装机容量和发电量约占全国水电的 30%。小水电的发展开创了中国特色农村电气化道路，为我国农村经济社会发展作出了巨大贡献。当今世界，全球气候变化受到高度关注，胡锦涛主席 2009 年 9 月在联合国气候变化峰会上发表了《携手应对气候变化挑战》的重要讲话，强调我国将把建设生态文明、发展可再生能源作为重大战略任务。小水电是清洁可再生能源，在应对气候变化及生态文明建设中将肩负起新的使命。

（一）新形势呼唤小水电

我国已向世界承诺，到 2020 年单位国内生产总值二氧化碳排放比 2005 年下降 40%～45%，非化石能源占一次能源消费的 15%左右。目前，我国核能、可再生能源等非化石能源的比重还不到 9%，需要大力发展。小水电是国际公认和我国《可再生能源法》确定的可再生能源，与其他能源相比，具有突出优势。

1. 资源最丰富　我国小水电技术可开发量 1.28 亿 kW，居世界第一位，分布在全国 30 个省（市、自治区）的 1715 个县（市），与我国贫困人口、退耕还林区、自然保护区、天然林保护区和水土流失重点治理区的分布基本一致，其中 398 个县是国家级扶贫重点县。

2. 技术最成熟　小水电没有大量水体集中和移民，规模适宜，已有 100 多年历史，是大规模开发利用最早、技术最成熟的可再生能源。我国在小水电规划、设计、施工、设备制造、运行管理等方面都已处于世界领先行列，向 50 多个国家的数百个项目提供了技术咨询、对外劳务和工程承包，为 60 多个国家培训了数千名工程技术人员。

3. 成本最经济　从全国平均上网电价来看，目前火电为 0.36 元/（kW·h），核电为 0.50 元/（kW·h），风电大体为 0.55 元/（kW·h），太阳能标杆电价为 1.09 元/(kW·h)，小水电电价仅为 0.27 元/（kW·h）。小水电如此低廉的上网电价是不合理的，它制约了小水电的发展。随着国家鼓励可再生能源发展政策的落实，小水电的上网电价应逐步到位，但也还是成本最经济的，在平抑物价水平、促进经济发展和提高人民群众生活水平等方面将继续发挥重要作用。

4. 电力调度最灵活　有调节能力的小水电站，能满足电力系统调度要求，一般都承当着调峰、调频的任务。同时，小水电站能够“黑启动”，可随时作为启动电源，是点亮区域电网的最后一根火柴。小水电灵活启动的特点，可避免火力发电机组并网前需要预热或处于热备用状态的能源浪费，也可避免其他可再生能源发电需要配套建设常规能源来保证电网稳定的重复建设。

5. 能源回报率最高　能源设施建设和运行也需要消耗能源，能源回报率就是全口径能源产出投入的比值。据有关专家研究，在各种能源开发方式中，水库式水电的能源回报率为 208～280，径流式水电的能源回报率为 170～267，风电为 18～34，生物能为 3～5，太阳能为 3～6，核电为 14～16，传统火力发电 2.5～5.1，应用碳回收技术的火力发电仅为 1.6～3.3，水电的能源回报率无疑是最高的。

小水电是我国最具优势的可再生能源，新的形势呼唤着小水电的进一步发展。

（二）生态文明需要小水电

依靠开发小水电，全国 1/2 的地域、1/3 的县市、3 亿多农村人口用上了电，在提高农村电气化水平、带动农村经济社会发展、改善农民生产生活条件、保障应急供电等多方面作出了重要贡献。特别是在减排温室气体、保护生态环境、促进生态文明建设等方面，发挥了重要作用。

1. 减少了温室气体排放　小水电替代化石能源，减少温室气体和污染物排放效果明显。2009 年小水电发电量相当于 2 个三峡水电站，为 1600 多亿千瓦时，替代燃煤发电，相当于节约了 5500 万 t 标准煤，减少二氧化碳排放 1.4 亿 t，二氧化硫排放 70 多万吨。

2. 保护了森林植被　在水电农村电气化建设中的“以电代柴”，对保护森林植被发挥了很大作用。特别是 2003 年启动的小水电代燃料工程，通过开发山区丰富的小水电资源，为农民提供廉价的电力，在已完成的试点和扩大试点工作中有 100 多万山区农民实现了小水电代燃料，改变了他们依靠砍伐树木作为生活用能的传统生活方式，保护森林面积400多万亩，巩固了退耕还林，避免了水土流失，恢复了青山绿水。

3. 改善了生产生活条件　通过开发小水电，初步治理了数千条中小河流，形成水库库容2000多亿立方米，有效灌溉面积上亿亩，在保障山区防洪安全、改善灌溉和供水条件等方面发挥了重要作用。小水电的发展壮大了山区集体经济，促进了公益事业的发展，使封闭的山村有了电、供了水、通了路、改了厨，农村科学技术不断普及，农民生活习惯发生了很大改变，逐步形成了健康文明的生活方式。

4. 美化了生态环境　小水电开发形成的人工湿地，改善了小气候，使许多过去荒芜的土地披上了绿装。许多地方结合小水电开发，营造城市人工湿地和亲水走廊，成为城市景观。如安徽省黄山市徽州区宝塔水电站与城市规划完美结合，形成了长1500m，面积22万m^2的城区新“水街”，为市民和游客提供了“白墙灰瓦马头墙，绿水青山映蓝天”的独特城市景观；河北省承德县滦河干流二级水电站的建设，形成了100万m^2的水上公园和15万m^2的沿河公园，成为良好的旅游、休闲活动场所，为城市平添了一抹亮色，改善了城市生态，美化了城市环境，提升了城市品位。

小水电在生态文明建设中作用独特，亮点纷呈，潜力巨大。

（三）打造环境友好的小水电

前些年，小水电开发领域出现了跑马圈河、违规建设、影响生态环境等问题，损害了小水电的社会形象。针对这些问题，各级政府和水行政主管部门加强了规划和资源管理，强化了安全监管，清查整改了一批违规水电站，基本解决了小水电发展过程中的突出问题。

1. 新思路　发挥小水电的多重效益，做好新时期的小水电工作，必须认真贯彻落实科学发展观，努力实现四个转变：一是要从过去强调水能的充分利用，转变为有限、有序开发水能资源。二是要从过去重视新建项目开发，转变为更加注重对原有电站的增效改造和持续利用。三是要从过去注重企业利益，转变为更加重视地方发展和农民利益。四是要从过去强调发电功能，转变为更加重视发挥水工程的生态功能和环境效应。

2. 新任务　在水电农村电气化县建设、小水电代燃料试点和扩大试点的基础上，一是全面实施2009～2015年全国小水电代燃料工程规划，解决170万户、677万农村居民生活燃料问题，新增代燃料电站装机容量170万kW。二是推进水电新农村电气化县建设，“十二五”新农村电气化规划新增水电装机容量700万kW。三是积极推动农村水电增效扩容改造工程，对2万座、1500万kW的老旧电站进行增效扩容改造，使一批运行艰难、趋于报废的农村水电工程焕发生机和活力。

3. 新举措　小水电资源是国家有限的自然资源，为最大限度地减少开发利用对生态的影响，必须采取政府统一监管下的准市场方式。一是要坚持约束和引导。在总结和推动地方立法的基础上，抓紧起草《农村水电条例》和《水能资源管理办法》，争取早日出台，为依法行政提供法律基础；加强对小水电开发和运行的监管，强化社会监督；加强资源规划和管理，实现小水电有限、有序、有偿开发，保护生态环境。二是要争取公共财政投入。2001～2008年，中央和地方财政投入只占农村水电建设资金的8%，目前正在实施的水电农村电气化中央财政只占2%，要争取财政资金用于农村水电的投入有稳步增长，并争取国家财政金融税收政策对小水电的支持。三是要努力探索农民参与小水电开发的新机制。小水电开发不得损害农民利益，鼓励农民以补偿资金投资入股小水电开发，增加农民长期稳定收入来源，提高农民的参与意识和环保意识。

《可再生能源法》把水能列为能源发展的优先领域。2007年国务院通过的《可再生能源中长期发展规划》提出，在水能资源丰富地区，结合水电农村电气化县建设和实施小水电代燃料工程需要，加快开发小水电资源，到2020年全国小水电装机容量达到7500万kW。在科学发展观的指引下，我国小水电事业一定能够为减排温室气体、建设生态文明、促进农村经济社会发展作出新的、更大的贡献！

（水利部农村水电及电气化发展局　田中兴）

中国小水电与清洁发展机制

在2010年世博会的举办地上海，召开“中国小水电与清洁发展机制论坛”，与来自国家有关政府部门、有关省（区、市）小水电主管部门、高等院校和科研机构、国际小水电联合会会员单位的嘉宾和专家，交流小水电清洁发展机制（CDM）的开发经验，分享成果、凝聚共识，共同推动全球气候变化背景下的我国小水电事业。

水电是目前第一大清洁可再生能源，提供了世界20%的电力，在改善能源结构，减排温室气体，保护生态环境，促进经济社会可持续发展等方面发挥了重要作用。我国河流众多，水能资源蕴藏量和技术可开发量均居世界首位。大陆地区技术可开发量5.42亿kW，年发电量2.47万亿kW·h，其中小水电技术可开发量1.28亿kW，年发电量5350亿kW·h。截至2009年底，已建成小水电站45 000多座，装机容量5500多万千瓦，年发电量1600多亿千瓦时，约占我国水电装机和年发电量的30%。依靠开发小水电，我国1/2的地域、1/3的县市、3亿多农村人口用上了电。小水电在提高农村电气化水平、带动农村经济社会发展、改善农民生产生活条件、保障应急供电、促进节能减排等多方面发挥了重要作用。

随着经济的发展，要求人类社会对能源结构进行调整，水电作为最重要的一种可再生能源得到了确认。世界银行2009年3月公布了新的水电策略，认为水电对能源安全具有非常重要的作用；亚洲开发银行计划从2013年开始将清洁能源投资目标额从以前的每年10亿美元增至20亿美元；许多发达国家正采用多方面的政策促进水电的发展，包括立法鼓励发展可再生能源，进行绿色电力认证，并为绿色电力提供电价补贴，研究水电新技术，对水电站进行增容改造；发展中国家也正采取一系列政策推进水电发展，包括进行国家水电规划，对不同地区的水电建设进行分类指导，鼓励外资和私营部门参与水电建设，开展和国际组织的合作，国家对水电资源丰富地区和受水电工程影响的居民提供补贴，以促进水电工程建设。

《京都议定书》2005年2月16日正式生效以来，清洁发展机制（CDM）在我国进展很快。自湖南渔仔口水电CDM项目2005年12月18日成功注册以来，我国已有近900个CDM项目注册成功，其中一半是水电项目。水电CDM项目开发为我国小水电建设引进了大量资金，促进了我国小水电事业的发展。

我国小水电CDM项目开发虽然取得了很大成绩，但在国际碳市场的参与程度和地位还比较低。主要体现在：一是在建项目参与CDM项目开发比例低，我国近年来小水电每年投产在400万kW左右，参与CDM开发的不到10%；二是小水电CDM项目供需双方交流渠道不畅，项目开发和审批成本高，注册成功率低，签发率更低；三是小水电CDM项目交易主要集中在廉价的一级市场，成交价格低。

2009年，我国一次能源消费31亿t标准煤，其中煤炭接近70%，非化石能源不到9%。非化石能源中水电约占7%，风能、太阳能、生物质和核能等约占2%。全年二氧化碳总排放量为63亿t，二氧化硫总排放量为2500万t，已经超过美国。我国已向世界承诺到2020年单位国内生产总值二氧化碳排放比2005年下降40%～45%，非化石能源占一次能源消费的15%左右。节能减排任务十分艰巨。小水电作为最直接的低碳能源生产方式，与其他能源相比，具有技术成熟、成本经济、调度灵活、能源回报率高等突出优势，将进入新的发展时期。

我国是世界上小水电开发最多和开发潜力最大的国家，要在国际碳交易市场上掌握主动权，逐步改变我国小水电CDM在国际碳市场及碳价值链的低端位置。一是要加强对小水电CDM项目的政策引导，积极推动创建有利于开发小水电CDM项目的管理体制、工作机制，并在规划和标准制定等方面，推动小水电CDM项目尽早识别、尽快开发；二是各级小水电主管部门要与CDM管理机构保持密切联系，提出推进小水电CDM发展和规范项目管理的对策建议，加强对小水电CDM项目开发工作的协调；三是国际小水电联合会等行业协会、国内碳交易服务平台等机构要充分发挥在信息、技术、管理等方面的优势，积极为小水电CDM项目搭建买卖桥梁，广泛开展相关研讨和培训，培养小水电CDM项目开发专业人才；四是有关研究和学术机构要跟踪国际规则变化，开展CDM国际规则与项目开发的深入研究，提升中国小水电CDM项目注册率、签发率；五是调动广大小水电业主主动参与小水电CDM项目开发的积极性，使其真正成为小水电CDM项目开发的主体。

目前，我国在开发的CDM项目2100多个，占全球CDM市场的40%。其中水电项目900多个，占我国在开发CDM项目的44%。据了解，国家有关部门正在制定“可再生能源绿色证书”交易制度。小水电作为国际公认和我国《可再生能源法》确定的可再生能源，其核定减排量除作为CDM项目参与国际碳市场交易外，还可参与国内“可再生能源绿色证书”交易，小水电碳交易在国际和国内都具有广阔的市场前景。

通过这次“中国小水电与清洁发展机制论坛”，希望各地小水电主管部门进一步加强对小水电CDM项目的指导，提高广大业主对小水电CDM项目开发的认识，促进参与小水电CDM项目有关各方的交流、沟通与合作，进一步推进我国小水电CDM项目的发展。

（水利部农村水电及电气化发展局　田中兴）

2010年我国农村水电发展情况

（一）农村水电电源建设

2010年，农村水电全年新增电站817座，投产发电设备容量379万kW。新增装机主要集中在西南、华中和华东地区。截至2010年底，全国共有农村水电站44 815座，农村水电装机容量达到5924万kW，占全国小水电技术可开发总量的46.3%，形成水库总库容2094亿m^3，全国农村水电发电量达到2044亿kW·h。

“十一五”期间，农村水电新增装机容量达到2185万kW，是“十五”期间增量的1.5倍；年发电量由2005年的1209亿kW·h到2010年突破2000亿kW·h，增加了800多亿千瓦时，是“十五”期间增量的2倍。

（二）农村水电配套电网建设

1. 设施建设情况　2010年，全国农村水电配套电网建设新增110kV及以上变电站69座，变电容量433万kVA；新增35（63）kV变电站185座，变电容量158万kVA；新增配电变压器33 004台，容量298万kVA。新投产10kV及以上高压线路3.4万km，低压线路8.2万km。截至2010年底，全国农村水电配套电网建成110kV及以上变电站600座，变电容量3024万kVA；35（63）kV变电站2896座，变电容量1813万kVA；配电变压器39.2万台，容量3708万kVA；10kV及以上高压线路54万km，低压线路115万km。

“十一五”期间，全国农村水电配套电网共新增110kV及以上变电站299座，1955万kVA；新增35（63）kV变电站827座，736万kVA；新增配电变压器104 866台，1529万kVA；新增高压线路12.5万km，低压线路39万km。

2. 供用电情况　2010年，农村水电网全年网内发电量487亿kW·h，输出网外电量99.9亿kW·h。有农村水电的县，县城居民平均到户电价0.475元/（kW·h），农村居民平均到户电价0.497元/（kW·h）。

“十一五”期间，农村水电网累计售电量达到4311亿kW·h，其中输出网外电量705亿kW·h；综合网损率由2006年的8.48%降低到2010年的7.32%，减少了1.16个百分点。

（三）农村水电投资

2010年，全国农村水电建设共完成投资230亿元，电网建设完成投资60.3亿元。政府资金占6.2%；银行贷款占38.6%；自筹资金占55.2%。

“十一五”期间，全国农村水电建设累计完成投资1439亿元，配套电网累计完成投资249亿元。

（水利部农村水电及电气化发展局　曲　鹏）

我国“十一五”的水电农村电气化建设

（一）建设进展情况

“十一五”期间，全国共建成432个水电农村电气化县，项目总投资280亿元。其中，中央补助投资15亿元，地方投资265亿元，超额完成了“十一五”规划确定的目标任务。

2010年，电气化建设计划投资16.5亿元。其中，中央电气化资金投资3亿元，地方投资13.5亿元。截至2010年底，实际完成投资38亿元。其中，中央电气化资金投资3亿元，地方投资35亿元，涉及330个县，370个项目。

“十一五”期间，建成的432个水电农村电气化县，5年新增农村小水电装机容量1811万kW，比“十五”期间增长61.5%。累计解决90万无电人口用电问题，带动全国新建和改造乡村道路16万km、高低压输配电线路58万km。432个县中有362个县分布在中西部地区，其中少数民族地区县有146个，国家扶贫开发重点县有164个。直接拉动了当地农村经济特别是二、三产业的发展。项目县国内生产总值年均递增14.8%，财政收入年均递增19.0%，均高于全国平均水平。2010年农村小水电提供的税收达到78亿元，成为当地财政收入的稳定来源。项目县农民人均纯收入从2005年的2713元增长到2010年的4423元，改善了农村生活条件。通过就地开发、就近供电，有效地减少了山区林木砍伐，项目县平均森林覆盖率达到41.1%，5年增加近4个百分点。农村小水电建设新增库容149亿m^3，增加机电排灌面积400多万亩，促进了中小河流的综合治理，实现了水资源的综合利用。

（二）所做的主要工作

（1）编制了规划。水利部编制完成了《“十一五”全国水电农村电气化规划》，并经国家发展改革委审批，在全国选择460个县继续开展电气化建设，建设与社会主义新农村相适应的更高标准的水电农村电气化县。

（2）出台了相关政策。2006年，国家发展改革委和水利部联合出台了《关于做好“十一五”全国水电农村电气化县项目建设管理有关工作的通知》，水利部出台了《关于加强水电农村电气化县建设项目管理的通知》和《水电农村电气化县建设管理办法》。2007年，国家发展改革委和水利部联合出台了《关于“十一五”水电农村电气化县建设范围的通知》。2009年，国家发展改革委和水利部联合出台了《关于加强小水电代燃料和水电农村电气化建设与管理的通知》。

（3）争取了信贷支持。2008年，水利部与中国农业发展银行进行沟通和联系，并联合印发了《关于加强合作共同促进水利事业发展的通知》（水规计〔2008〕90号）。中国农业发展银行为落实此通知，专门出台了《关于做好信贷支持小水电代燃料和水电农村电气化建设工作的通知》（农发银发〔2009〕182号），积极争取加大政策性贷款力度。

（4）制定了相关标准。2009年底，由水利部水电局主编的《水电新农村电气化标准》和《水电新农村电气化规划编制规程》，被水利部批准为行业标准。

（5）加强了建设管理。水利部水电局多次组织检查组深入各省加强水电农村电气化县建设的指导、监督和检查，在资金使用和施工建设方面，项目县建设没有出现一例违法行为。

（6）完成了总结工作。2009年初，完成了“十一五”水电农村电气化建设阶段性总结；2010年底，完成了全国“十一五”水电农村电气化县建设总结报告。“十一五”电气化建设圆满完成。

（7）开展了课题研究。2010年开展了《水电新农村电气化发展战略和评价体系》等课题项目研究工作，同时，于2010年编制并完成了“十二五”全国水电新农村电气化规划和分省的水电新农村电气化规划。

（水利部农村水电及电气化发展局　程　骏）

2010年小水电代燃料工程建设情况

小水电代燃料工程通过国家扶持建设代燃料电站，为山区农村居民提供廉价的电能，解决周边农民的生活燃料问题，替代砍树烧柴，改善农村生产生活条件，保护森林植被和生态环境，促进人与自然和谐发展。根据《2009～2015年全国小水电代燃料工程规划》，2009年，小水电代燃料工程全面启动，在地方各级政府、发展改革部门、水行政主管部门和有关工程设计、施工、监理、运营等部门和单位的共同努力下，2009～2010年小水电代燃料工程建设项目总体进展良好。

（一）工程建设

2010年，国家共下达小水电代燃料投资8.3亿元，其中，中央投资3亿元。涉及全国18个省（自治区、直辖市）和新疆生产建设兵团的139个项目（其中，新开工项目45个），计划新增代燃料装机容量32万kW，解决29.5万户、110万农民的生活燃料问题，保护森林面积410多万亩。

2009～2010年小水电代燃料建设共涉及19个省（自治区、直辖市）和新疆生产建设兵团的153个项目，项目总投资27亿元，已下达投资19.7亿元，其中，中央投资6亿元。截至2010年底，2009～2010年小水电代燃料项目建设累计完成投资10.7亿元，占已下达总投资的54.3%。有38个项目已建成投产，新增代燃料装机容量6.5万kW。

（二）工程管理

为做好2009～2015年小水电代燃料工程建设工作，2010年，在对各地小水电代燃料工程建设及有关政策执行情况进行广泛调研的基础上，水利部积极协调有关部门，争取落实小水电代燃料建设投资和代燃料电价、税收和电量上网等政策，取得初步成效。

2010年，水利部进一步加强了对小水电代燃料工程建设项目的日常管理与督促检查，下发了《关于加强小水电代燃料项目前期工作的通知》，对新申报项目提出了具体要求。同时，采取日常督促和重点检查相结合的方式，加强督促检查，分析存在的问题，进行分类指导，加快建设进度。2010年10～11月，由水电局领导带队，组成4个检查组分赴8个省（自治区）对小水电代燃料工程建设与管理进行了专项检查与督促、指导，有力地促进了全国小水电代燃料工程的建设与管理。

2010年，水利部着力加强了小水电代燃料从业人员培训。组织多位专家，耗时半年编著了35万字的《小水电代燃料工程建设与管理》一书，并分别在杭州、长沙和海口举办了4期培训班，对各有关省（自治区、直辖市）从事小水电代燃料工程建设与管理工作的有关管理人员、技术人员和项目法人单位人员共300多人进行了培训，对加强小水电代燃料工程建设与管理，提高工程质量，确保工程实施效果发挥了重要作用。

（三）标准化建设与管理

为进一步规范小水电代燃料项目建设与管理，促进小水电代燃料快速健康发展，2010年，水利部发布实施了《小水电代燃料标准》和《小水电代燃料规划编制规程》，同时，组织有关专家开始修订《小水电代燃料项目验收规程》、编写《小水电代燃料生态效益计算导则》。截至2010年底，《小水电代燃料项目验收规程》已通过审查，进入报批阶段，《小水电代燃料生态效益计算导则》已完成初稿，正在修改完善。小水电代燃料标准体系为小水电代燃料工程建设与管理提供了重要的技术保障。

（水利部农村水电及电气化发展局　赵　虹）

农 村 水 电 管 理

2010年农村水能资源管理工作情况

（一）积极推动水能资源管理立法

2010年1～6月，水利部完成《农村水能资源管理办法》的起草，并以《关于征求〈农村水能资源管理办法〉意见的函》（办水电函〔2009〕1057号），征求国家发展改革委、财政部、国家能源局以及15个省（自治区、直辖市）人民政府意见。2010年6～12月，水利部加强了与相关部门的沟通协调，在吸收合理意见基础上，不断修改完善《办法》，并进一步征求了部内司局和有关单位意见。2010年12月，水利部副部长胡四一主持召开《办法》专家论证会，肯定了《办法》出台的必要性和紧迫性。《办法》系统规定了农村水能资源管理体制、调查评价、规划、开发使用权配置、技术审批、安全管理、用水要求和调度管理。

2010年，水利部继续加强对地方立法的指导。2010年11月2日，广东省出台了《广东省小水电管理办法》(广东省人民政府第152号令)，确立水行政主管部门对农村水电统一管理，小水电开发使用权按照招、拍、挂的方式配置，制定了小水电基本建设标准程序，以及全额上网、执行保护电价和电网企业足额结算电费等条款。2010年11月26日，辽宁省十一届人大第二十次会议通过了《辽宁省水能资源开发利用管理条例》，确立了水行政主管部门对辽宁省水能资源实行统一管理，建立了政府调控下水能资源开发使用权市场配置制度。这两部地方性法规、规章的出台，标志着我国水能资源管理立法工作向前推进了一大步。

（二）加强水能资源调查评价的标准化工作

在水力资源复查和农村水能资源调查评价工作基础上，水利行业标准《水能资源调查评价导则》工作大纲审查会于2010年3月在北京召开。根据审查会确定的结构，2010年3～10月，《导则》完成起草工作，重点及难点是水能资源技术可开发量及经济可开发量的评价，以及跨流域调水对水能资源开发利用的评价等内容。2010年10月，《水能资源调查评价导则》公开向60家单位征求意见。

（水利部农村水电及电气化发展局　张学进）

农村水电安全监管

按照国务院安全生产委员会、水利部关于继续深入开展“安全生产年”活动的有关要求，水利部农村水电及电气化发展局（以下简称水电局）于2010年紧紧围绕全面完成违规水电站清查整改任务，努力实现农村水电安全监管从专项行动向全面监管转变，积极做好各项工作，农村水电安全监管成效明显。

（一）全面完成违规水电站清查整改

在对全国有整改销号任务省份摸底的基础上，印发了《关于全面完成违规水电站整改销号工作的通知》(办水电〔2010〕209号)，对违规水电站清查整改工作提出明确要求，加大了整改销号工作力度，全国违规水电站清查整改进入收官和总结阶段。

在各有关部门的大力支持和密切配合下，在地方各级党委、政府的坚强领导下，水利部要求挂牌督办的3415座“四无”水电站全面完成了整改，同时各地还陆续清查整改了其他各类违规水电站1785座，累计完成了对5200座违规水电站的清查整改，全国违规水电站清查整改专项行动全面完成并取得显著成效。违规水电站清查整改专项行动有效遏制了农村水电无序开发、违规建设、事故多发的势头，开发秩序逐步规范，为保护人民群众的生命财产安全和公共安全作出了积极贡献。

2010年10月12日，水利部在广州召开全国违规水电站清查整改工作总结大会，全面总结违规水电站清查整改专项行动取得的经验，交流农村水电安全监管工作中好的做法以及在体制、机制和制度建设方面取得的成果，研究部署下阶段工作。

（二）全面落实安全监管职责

按照2009年水利部等四部门联合下发的《关于加强小水电站安全监管工作的通知》(水电〔2009〕585号）要求，各地水行政主管部门加强与当地电监等部门的沟通和协调，浙江、云南、陕西等20个省（自治区、直辖市）水利厅会同有关部门联合转发了文件，并结合本地实际提出了具体要求。湖南、吉林、贵州、湖北、重庆、福建、陕西等省（市）分别出台了专门的地方法规和政府文件。一年来，各地积极明确电站业主的安全生产主体责任，落实各级政府及相关部门的安全监管职责，逐站落实监管主体。

（三）全面开展安全生产检查工作

各省水行政主管部门和新疆生产建设兵团水利局十分重视农村水电安全生产工作。水利部有关通知下发后，各地高度重视，迅速安排部署，组织开展了各种形式的检查督导工作。如：浙江省水利厅下发了《关于开展2010年农村水电安全生产大检查工作的通知》(浙水电〔2010〕4号)，对检查内容、方式、要求、时间安排进行具体部署。要求各地加强领导，明确责任，成立检查小组，制定具体方案。采取建设单位、生产经营单位自查和水行政主管部门抽查相结合，属地管理和分级管理相结合的方式，确保安全生产检查取得实际效果。福建省水利厅及时下发了《关于开展2010年度在建水电站汛前检查工作的通知》，在全省范围内部署开展在建水电站的度汛备汛和安全生产检查工作，先后组织5批次的汛前检查和安全生产检查。广西水利厅下发了《关于开展2010年汛前全区农村水电安全生产大检查的通知》和《关于组织全区农村水电安全生产暨行业管理工作交叉检查的通知》，部署全区2010年农村水电安全生产工作，要求各市县对所辖电站进行自查自改，并组织开展安全生产交叉检查。贵州省接到通知后，立即在全省布置了安全生产大检查工作。重点针对中央预算内项目，包括电气化、代燃料项目共53个电站和其他重点项目以及在水利工程建设领域水电站工程突出问题专项治理项目中列出的54个电站进行检查。

（四）积极参加抢险救灾

青海玉树“4·14”大地震发生后，独立运行的4个小水电电网受损严重，部分水电站损毁，供电系统基本瘫痪。水利部启动应急预案，成立水利部抗震救灾领导小组，下设7个工作组，水电局牵头负责水电恢复组。水电恢复组内设前方抢险救灾组和后方综合协调组，及时确定了工作方案和工作安排，指导和配合地方组织力量快速抢修水电站和供电网等农村水电设施。同时，还成立了水电局抗震救灾领导小组，下设综合协调、前方抢险、信息报送及灾情统计、后勤保障等4个工作组。田中兴局长任领导小组组长，邢援越、陈大勇和刘仲民副局长担任副组长。为加强对水电恢复工作的指导，水电局组成前方工作组，及时奔赴一线，靠前指挥。根据青海省水利部门提出的需求，按照陈雷部长的指示，协助组织湖南省水电抗震救灾抢险队，与水电恢复前方工作组一起到达玉树结古镇。广西、云南、四川、吉林等4支抗震救灾抢险队也整装待命，随时准备奔赴抗震救灾一线。在水利部抗震救灾领导小组的统一领导下，在各有关部门的大力支持下，积极开展工作，成功排除了震损水电站险情，完成了部分输电线路和变台的巡检与抢修，为保证玉树灾区的应急供电作出了自己的努力和贡献。

2010年8月8日舟曲特大滑坡泥石流灾害发生后，水电局迅速和甘肃省水利厅沟通情况，对于舟曲县堰塞湖下游虎家崖等10座水电站提出应对措施，代拟了部办公厅明传电报：《关于做好水电站防洪保安工作的紧急通知》，下发甘肃省水利厅。

（水利部农村水电及电气化发展局　岳梦华）

湖南小水电的精益化管理

湖南水能资源丰富，小水电发展迅速，截至2010年底，全省装机容量达6900.8MW，占全网总装机容量的约1/4，但仅两座具有季调节以上性能，绝大多数是径流式电站，调节性能差，靠天发电。

在过去一段相当长的时间里，湖南小水电普遍粗放经营、疏于投入，大多技术装备落后、信息化水平低、管理薄弱，不少小水电厂甚至长时间处于脱离调度、盲目生产的状态。无序的管理，加上复杂的气候条件所引发的多变的水情，导致小水电厂水能利用率长期偏低。由于普遍缺乏规范的协调机制和规章制度，各地区小水电与大水电之间，同一电网的小水电之间，特别是同一流域内的梯级小水电之间存在较为突出的矛盾，不仅在很大程度上造成了小水电水能资源的浪费，甚至引发一些利益纠纷。小水电运行水平低下，严重影响了电网安全、经济、优质运行，成了电网调度管理的短板，必须改变这种状况。

为此，湖南省电力公司调度通信局（以下简称湖南省调）从专业管理入手，逐步使全省小水电实现精益化管理，取得了显著成效。

（一）主要做法

1. 确定原则　湖南省调从5个方面寻找突破：抓大管小，省地一体；建章建制，依法管理；信息建设，可知可控；资源整合，优化调度；队伍建设，强化培训。

（1）“抓大管小，省地一体”就是根据并网电压等级和装机容量的大小，依次确定了委托、许可、地直调度关系，全省小水电实行统一工作规范，统一调度流程，建立了省地一体专业管理体系。

（2）“建章建制，依法管理”就是制定专业管理标准，使小水电管理工作有章可循，加强对小水电运行管理的考核，并定期发布信息，接受监督。

（3）“信息建设，可知可控”就是因地制宜，积极探索简单实用的数据采集和传输方法；对新建电厂明确技术装备要求，并作为并网必备条件；通过建设地调水调系统，做到信息可知，运行可控。

（4）“资源整合，优化调度”就是充分利用地区水调自动化系统，深入开展沅水等流域优化调度研究，积极实施全省水能资源整合，实现同流域、跨流域水电的优化调度和水火联合优化调度，实现水能资源利用最大化。

（5）“队伍建设，强化培训”就是装机达到相应容量的地调设立小水电调度专责，负责地区小水电调度管理；同时加强对专业人员的业务培训和技术交流，全面提高调度管理的技术水平。

2. 提出目标　从全额收购、节水增发、可能能控3个方面提出了评价指标：

（1）弃水期负荷率：弃水期内水电厂实际发电平均出力相对预想出力的比值，目标值要求达到98%。

（2）水能利用提高率：水电厂考核时段（月、年）内增发电量与计算的考核电量之比，目标值要求不低于3%。

（3）日发电计划执行率：水电厂（实际出力－计划出力）与计划出力的比值，目标值不低于94%。

（二）主要工作

（1）建设地区水调自动化系统。先试点后推广，循序渐进地建设地区水调自动化系统。在水电丰富的永州和怀化地区建成并投运了第一批地区水调自动化系统，其系统功能国内领先。水调自动化系统建设，调坚持做到技术方案、软件功能、建设厂家“三统一”。并以此为基础，组织力量精心设计了系统数据流，解决了系统数据流复杂、小水电数据接入多样的难题，完成了省、地、厂三级系统的有机整合。通过流域梯级关系调度图，实现了与龙头电厂相匹配的流域发电计划自动生成，更好地发挥了流域梯级优化效用；研究开发了实时调度软件，使调度员可根据电网需求及水情突变对梯级水电站的发电计划进行实时调整，为电网调度运行提供了智能化辅助决策。水调自动化系统与EMS、OMS等系统信息融合，使得小水电管理“耳聪目明”，做到了信息可知、运行可控。

（2）加强电厂运行管理与考核。在湖南省调的积极倡导和湖南省电监办的大力支持下，2009年6月正式颁发了全国第一部针对并网中小型公用电厂的考核办法《湖南电网110kV及以下电压等级并网中小型公用电厂运行考核监管实施办法（试行）》。该考核办法实现了小水电厂调度业务的全过程管理。通过考核办法的实施提高了地调管理的积极性，促进了小水电厂管理水平的提高。

（3）打造省、地、厂三级一体化小水电管理团队。通过在调度规程中明确规定等方式，湖南省调设置具有水电管理经验的小水电管理专责，所有地调全部设置了小水电管理专责，所有统调小水电厂均设置两名以上水库调度人员，建立了省、地、厂三级一体化管理水调团队。同时，采取集中办班培训、地调到省调跟班学习和上门指导培训等多种形式，想方设法提高水调团队的技术素质，为小水电管理水平提升提供可持续发展的人力保障。

（4）拟定了持续改进的闭环管理流程。主要分为4个阶段开展：① 水情信息采集：地调搜集，统一报送给省调（建有水调自动化系统的自动传送，尚未建成水调自动化系统的网上人工输报），省调汇总全省所有小水电水雨情信息；② 发电、检修计划安排：每日10：00前小水电厂向地调报送96点日发电计划建议，地调进行安全校核并修改后报送省调，省调于16：00下达小水电计划，地调对下达的计划再次校核，如有问题反馈省调进行修正，如无问题则直接下达各小水电厂；③ 后评估分析：以月度为时间单元开展，小水电厂每月5日前将上月运行情况总结分析报地调，地调汇总后报省调，省调汇总全省信息，完成月度后评估分析报告；④ 考核与监督：按照湖南省电监办颁布的《湖南电网110kV及以下电压等级并网中小型公用电厂运行考核监管实施办法（试行）》，电网调度机构负责并网运行管理的具体实施工作，地调负责统计本地区小水电的运行考核情况，省调负责汇总各地区考核记录并以书面形式通知各电厂，电厂收到通知可以在5日内反馈考核意见；省调将考核结果每月按期予以公布，并每季度汇总报湖南电监办审核备案。

（三）取得的成效

1. 电网安全方面　通过加强小水电的发电计划管理，将其纳入全省电力电量平衡，有效地增加了全网调峰电力电量，增强了电网抗风险能力。2008年湖南冰灾，先后有4个地区与主网解列，都是依靠调度迅速调动小水电成功实施了“黑启动”，并在危难关头保证了当地重要的生产和生活用电，确保了社会的稳定。

2. 可靠供电方面　湖南电网水火电参半，火电燃煤80%来自外省，受复杂多变的外部影响，水电成为保供电的关键。2009年下半年全国大旱，在周边所有省市均发生了不同程度的电力短缺的情况下，湖南省调提早谋划，通过将流域优化调度，充分挖掘小水电发电能力等措施，确保了全省可靠的供电，充分满足了湖南经济社会发展的需求，赢得了政府和广大用户的充分肯定。

3. 防汛抗旱方面　在湖南省防汛抗旱指挥部的领导下，汛期各流域小水电厂制定了较为完善的水库洪水调度预案，汛期全力发电消落水位保抗洪，非汛期有序发电控制水位保供水。通过科学调度，既保证了电厂发电经济效益，又实现了水利枢纽应尽的社会责任。

4. 经济节能方面　仅2010年节水增发电量10.2亿kW·h，折合减少原煤消耗43.65万t，减少二氧化碳排放量77.52万t，减少二氧化硫排放428t。

（四）今后改进的方向

（1）开展湖南电网水库群网、省、地三级一体联合优化调度智能决策技术支持系统的研究。集中整合水电站水情信息、发电信息、防洪信息等数据，围绕湘、资、沅、澧四大流域开发水库群优化调度，精确调配水量水头，充分利用水能资源。推进可视化技术运用，利用GIS技术，将河流、水电站、电网、水情、气象等实时和历史信息进行可视化处理。该项研究工作已列入“十二五”科技规划。

（2）推进地调水调自动化系统建设。计划2011年完成益阳、郴州地区水调自动化系统建设；2012～2015年实施常德、张家界、衡阳、邵阳等地区水调自动化系统建设，以上项目均已列入“十二五”规划。“十二五”期间全面完成统调电厂的水调自动化系统建设。

（3）开展水库调度手册编制工作。组织逐步完成统调水电站的水库运行资料搜集和整编，2011年完成资水，2012～2013年完成沅水、澧水、湘江流域水库调度手册编制。该项工作已列入“十二五”技改规划。

（湖南省电力公司调度通信局　胡斌奇）

中国水力发电年鉴

16

机构与学术团体

机　　构

水电建设单位情况一览表

单位名称	地址	电话	邮政编码
国家电网公司	北京市西城区西长安街 86 号	010－66597721	100031
国网新源控股有限公司	北京市西城区白广路二条 1 号		100761
中国南方电网有限责任公司	广东省广州市珠江新城华穗路 6 号	020－38122222	510623
南方电网调峰调频发电公司	广东省广州市龙口东路 32 号		510630
中国华能集团公司	北京市西城区复兴门内大街 4 号	010－62291666	100031
中国大唐集团公司	北京市西城区广宁伯街 1 号	010－66586666	100033
中国华电集团公司	北京市西城区宣武门内大街 2 号		100031
中国国电集团公司	北京市西城区阜成门北大街 6－8 号	010－58682000	100034
中国电力投资集团公司	北京市西城区金融大街 28 号院 3 号楼	010－66216666	100032
中国长江三峡集团公司	湖北省宜昌市西坝建设路 1 号	0717－6738068	443002
国家开发投资公司	北京市西城区阜成门北大街 6－6 号		100034
大唐国际发电股份有限公司	北京市西城区广宁伯街 1 号		100033
新华水利水电投资公司	北京市丰台区海鹰路 1 号院 7 号楼	010－83681365	100070
汉能控股集团有限公司	北京市朝阳区安立路 0－A 号		100107
二滩水电开发有限责任公司	四川省成都市双林路 288 号	028－82907333	610051
华能四川水电有限公司	四川省成都市人民南路四段 47 号华能大厦		610041
国电大渡河流域水电开发有限公司	四川省成都市高新区天韵路 7 号	028－86896600	610041
华电四川发电有限公司	四川省成都市高新区蜀绣西路 100 号		610041
四川华电杂谷脑水电开发有限公司	四川省成都市成飞大道 1 号青羊工业园同城路 8 号 B12		610000
国电四川发电有限公司南桠河水电分公司	四川省成都市高新区天晖北路 9 号	028－85935609	610041
中国水电建设集团四川电力开发有限公司	四川省成都市高新区德赛一街 139 号		610041
四川美姑河水电开发有限公司	四川省成都市清江东路 1 号温哥华广场 21 楼		610072
国投云南大朝山水电开发公司	云南省昆明市护国路 2 号广业大厦	0871－5168729	650011
华能澜沧江水电开发有限公司	云南省昆明市官渡区世纪城中路 1 号	0871－7216597	650214
云南金沙江中游水电开发有限公司	云南省昆明市红塔东路 6 号		650228

续表

单位名称	地址	电话	邮政编码
云南华电怒江水电开发公司	云南省昆明市滇池路1189号A座		650228
中电投云南国际电力投资有限公司	云南省昆明市北京路延长线国际友联大厦22楼		650224
贵州乌江水电开发有限责任公司	贵州省贵阳市新华路9号	0851—5784588	550002
贵州黔源电力股份有限公司	贵州省贵阳市市南路48号	0851—5592190	550002
龙滩水电开发有限公司	广西壮族自治区南宁市民族大道126号	0771—5644008	530022
广西桂冠电力股份有限公司	广西壮族自治区南宁市民族大道126号	0771—5640938	530022
五凌电力有限公司	湖南省长沙市天心区五凌路188号	0731—5893188	410004
湖北清江水电开发有限责任公司	湖北省宜昌市东山大道95号清江大厦	0717—6318830	443000
湖北省能源集团有限公司	湖北省武汉市武昌武珞路586号江厦大厦20层		430070
汉江水利水电集团有限责任公司	湖北省丹江口市		442700
陕西汉江投资开发有限公司	陕西省西安市沣惠南路32号		710065
国投甘肃小三峡发电有限责任公司	甘肃省兰州市敦煌路157号	0931—2954701	730050
黄河上游水电开发有限责任公司	青海省西宁市五四西路43号	0971—6322201	810003
国电新疆吉林台梯级水电开发有限公司	新疆维吾尔自治区尼勒克县	0999—4859956	835716
国电新疆开都河流域水电开发有限公司	新疆维吾尔自治区库尔勒市人民东路华誉商务大厦14楼	0996—5396288	841000
吉林松江河水力发电有限责任公司	吉林省抚松县抚松镇南新区	0439—6228011	134500
福建省尤溪流域水电开发有限公司	福建省尤溪县城关镇解放路63号	0598—6208088	365100

（本年鉴编辑部）

水电设计单位情况一览表

序号	单位名称	主要领导及总工	在职职工人数	地址	邮编	电话	传真	网址
1	中国水电工程顾问集团公司	总经理：晏志勇 总工程师：彭程 周建平	282	北京市西城区六铺炕北小街2号	100011	010-51973399	010-82084665	http://www.checc.cn/
2	中国水利水电建设工程咨询公司	总经理：晏志勇 总工程师：彭程 周建平		北京市西城区六铺炕北小街2号	100011	010-51973399	010-82084665	http://www.checc.cn/ZX/
3	中国水电顾问集团北京勘测设计研究院	院长：李志谦 总工程师：吕明治	875	北京市定福庄	100024	010-51977001	010-65766934	http://www.bhidi.com/

续表

序号	单位名称	主要领导及总工	在职职工人数	地　址	邮　编	电　话	传　真	网　址
4	中国水电顾问集团华东勘测设计研究院	院　　长：张春生 总工程师：吴关叶	1365	浙江省杭州市上塘路	310014	0571-88076606	0571-56738301	http://www.ecidi.com/
5	中国水电顾问集团西北勘测设计研究院	院　　长：马海晨 总工程师：姚栓喜	2041	陕西省西安市丈八东路18号	710065	029-88290000	029-88290006	http://www.chidi.com.cn/
6	中国水电顾问集团中南勘测设计研究院	院　　长：李玲龙 总工程师：冯树荣	1858	湖南省长沙市圭塘	410014	0731-5584080	0731-5075441	http://www.msdi.cn/
7	中国水电顾问集团成都勘测设计研究院	院　　长：郑声安 总工程师：王仁坤	1812	四川省成都市浣花北路1号	610072	028-87329997	028-87399557	http://www.chidi.com.cn/
8	中国水电顾问集团贵阳勘测设计研究院	院　　长：潘继录 总工程师：范福平	1017	贵州省贵阳市金阳新区兴黔路16号	550081	0851-5565974	0851-5560914	http://www.ghidri.com.cn/
9	中国水电顾问集团昆明勘测设计研究院	院　　长：蔡绍宽 总工程师：张宗亮	1500	云南省昆明市人民东路115号	650051	0871-3138701	0871-3135723	http://www.khidi.com/

（中国水电工程顾问集团公司　张　建）

水利设计单位情况一览表

序号	单位名称	主要领导及总工	在职职工人数	地　址	邮　编	电　话	传　真	网　址
1	水利部水利水电规划设计总院	院　　长：刘伟平 总工程师：刘志明	186	北京市西城区六铺炕北小街2-1号	100120	010-62033377	010-62070508	http://www.giwp.org.cn
2	水利部长江水利委员会长江勘测规划设计研究院	院　　长：钮新强 总工程师：杨启贵	3130	湖北省武汉市解放大道1863号	430010	027-82829200 027-82827793	027-82829202	http://www.cjwsjy.com.cn
3	黄河勘测规划设计有限公司（原黄委设计院）	董事长：李文学 总工程师：景来红	1853	河南省郑州市金水河路109号	450003	0371-66026449 0371-66023520	0371-65959236	http://www.yrec.cn

续表

序号	单位名称	主要领导及总工	在职职工人数	地址	邮编	电话	传真	网址
4	中水淮河规划设计研究院	董事长：万隆 总工程师：何华松	209	安徽省蚌埠市凤阳西路41号	233001	0552-3092542 0552-3092539	0552-3092509	http://www.cwhh.com.cn
5	中水珠江规划勘测设计有限公司（原珠委设计院）	总经理：游赞培 总工程师：林少明	550	广东省广州市天河区天寿路105号天寿大厦1102房	510610	020-87117779	020-87117050	http://www.prpsdc.com
6	中水东北勘测设计研究有限责任公司（原东北院）	总经理：金正浩 总工程师：苏加林	1600	吉林省长春市朝阳区工农大路800号	130021	0431-85092001 0431-85607262	0431-85092000	http://www.neidri.com
7	中水北方勘测设计研究有限责任公司（原天津院）	总经理：何志华 总工程师：杜雷功	1129	天津市河西区洞庭路60号	300222	022-28702818 022-28702222	022-28343991	http://www.tidi.ac.cn

（中国水利水电勘测设计协会）

水利水电施工单位情况一览表

序号	单位名称	主要领导及总工	地址	邮编	电话	传真	网址
（一）	中国水利水电建设股份有限公司	董事长：范集湘 总工程师：宗敦峰	北京市海淀区车公庄西路22号	100044	010-58382678	010-58382888	http://www.sinohydro.com
1	中国水利水电第一工程局有限公司	执行董事、总经理：茹彩江	吉林省长春市绿园区锦西路933号	130062	0431-87987316	0431-87991536	http://1j.sinohydro.com
2	中国水利水电第二工程局有限公司	执行董事、总经理：刘国栋 总工程师：常满祥	北京市西城区六铺炕南小街1号	100120	010-58689270	010-62018014	http://2j.sinohydro.com
3	中国水利水电第三工程局有限公司	执行董事、总经理：章运礼 总工程师：王鹏禹	陕西省西安市二环北路东段609号	710016	029-86178686	029-86178686-8511	http://3j.sinohydro.com
4	中国水利水电第四工程局有限公司	执行董事、总经理：王维斌 总工程师：席浩	青海省西宁市互助西路7号	810006	0971-8140656	0971-8149160	http://4j.sinohydro.com

续表

序号	单位名称	主要领导及总工	地　址	邮　编	电　话	传　真	网　址
5	中国水利水电第五工程局有限公司	执行董事、总经理：郑久存 总工程师：吴高见	四川省成都市一环路东四段8号	610066	028-84461307	028-84422633	http://5j.sinohydro.com
6	中国水利水电第六工程局有限公司	执行董事、总经理：厉建平 总工程师：杨成文	辽宁省丹东市锦山大街324号	118002	0415-6191612	0415-6191600	http://6j.sinohydro.com
7	中国水利水电第七工程局有限公司	执行董事、总经理：张建文 总工程师：向　建	四川成都市解放路二段329号	610081	028-87912035	028-87912515	http://7j.sinohydro.com
8	中国水利水电第八工程局有限公司	执行董事、总经理：林修建 总工程师：涂怀健	湖南省长沙市城南中路2号	410007	0731-82822169	0731-85563353	http://8j.sinohydro.com
9	中国水利水电第九工程局有限公司	执行董事、总经理：陈学云	贵州省贵阳市金阳新区观山路3号	550081	0851-7980581	0851-7980582	http://9j.sinohydro.com
10	中国水利水电第十工程局有限公司	执行董事、总经理：杜学泽 总工程师：陈　茂	四川省成都市十二桥路七号	610072	028-87772278	028-87716129	http://10j.sinohydro.com
11	中国水利水电第十一工程局有限公司	执行董事、总经理：孙玉民 总工程师：钟彦祥	河南省郑州市高新技术开发区莲花街9号	450001	0371-86019001	0371-86019003	http://11j.sinohydro.com
12	中国水利水电第十二工程局有限公司	执行董事、总经理：孙　阳 总工程师：李秋生	浙江省杭州市环城北路141号	310004	0571-28906018	0571-28906018	http://12j.sinohydro.com
13	中国水利水电第十三工程局有限公司	执行董事、总经理：何占颂 总工程师：杨　涛	天津市华苑产业区榕苑路2号	300384	022-58569000	022-58569002	http://13j.sinohydro.com
14	中国水利水电第十四工程局有限公司	执行董事、总经理：周　宇 总工程师：和孙文	云南省昆明市环城东路192号	650041	0871-3335216	0871-3333460	http://14j.sinohydro.com
15	中国水电建设集团十五工程局有限公司	董事长：王增发 总工程师：何小雄	陕西省西安市高新科技路16号	710065	029-88758206	029-88758100	http://15j.sinohydro.com
16	中国水利水电第十六工程局有限公司	执行董事、总经理：李良顺 总工程师：吴秀荣	福建省福州市湖东路82号	350003	0591-87821294	0591-87853663	http://16j.sinohydro.com

续表

序号	单位名称	主要领导及总工	地址	邮编	电话	传真	网址
17	中国水利水电基础局有限公司	董事长：张源智 总工程师：肖恩尚	天津市武清区雍阳西道86号	301700	022-29341551	022-29345523	http://jc.sinohydro.com
18	中国水电建设集团夹江水工机械有限公司	执行董事、总经理：雷建容 总工程师：曾文	四川省夹江县西河路40号	614100	0833-5672462	0833-5672451	http://jj.sinohydro.com
19	中国水电建设集团辽宁工程局有限公司	执行董事、总经理：崔永跃 总工程师：徐同印	辽宁省沈阳市浑南新区新隆街2号	110179	024-23786958	024-23788779	http://lgj.sinohydro.com
（二）	中国葛洲坝集团公司	总经理：杨继学 总工程师：周厚贵 江小兵	湖北省宜昌市清波路1号	443002	0717-6713010	0717-6718330	http://www.cggc.cn
（三）	中国人民武装警察部队水电指挥部（中国安能建设总公司）	主任（总经理）：李光强 政委（党委书记）：韦秀锁	北京市丰台区莲花池南里13号	100055	010-83999999	010-83999951	http://www.anneng.cn
1	中国人民武装警察部队水电第一总队（江南水利水电工程公司）	总队长（总经理）：马青春 政委（党委书记）：刘跃龙	广西区南宁市	530028	0771-5751000	0771-5751000	
2	中国人民武装警察部队水电第二总队（江夏水电工程公司）	总队长（总经理）：邹永明 政委（党委书记）：卢伟	江西省南昌市	330096	0791-7662000	0791-7662000	
3	中国人民武装警察部队水电第三总队（安蓉建设总公司）	总队长（总经理）：周庆丰 政委（党委书记）：翟从福	四川省成都市	610036	028-82863000	028-82863000	
4	中国人民武装警察部队水电三峡工程指挥部（湖北安联建设工程有限公司）	主任（总经理）：赵方兴 政委（党委书记）：剧军志	湖北省武汉市	430223	027-81995000	027-81995000	

（中国水利水电建设股份有限公司
中国葛洲坝集团公司
中国人民武装警察部队水电指挥部）

学　术　团　体

中国水力发电工程学会 2010年工作情况

2010年是国家保持国民经济平稳较快发展、推进“十一五”规划顺利收官、有序谋划“十二五”规划的重要之年，也是中国水电事业走过百年光辉历程、水电装机容量突破2亿kW、水电综合发展水平迈向新跨越的里程碑之年。在中国科学技术学会（以下简称中国科协）和挂靠单位中国水电工程顾问集团公司的关心指导下，在各省（区、直辖市）学会和学会各专业委员会的大力支持配合与共同协作努力下，中国水力发电工程学会（以下简称水电学会）根据2010年初制定的工作计划和六届四次理事会部署的重点工作，积极开展各项工作和任务，取得了一定的成绩，较好地完成了全年工作计划，保持了学会整体机构系统的正常运作和健康发展。

（一）组织建设进一步完善

水电学会秘书处根据六届四次理事会的工作部署，在李菊根常务副理事长兼秘书长的带领下，认真落实科学发展观，积极践行中国科协有关文件精神，一心服务水电事业发展大局，团结一致，尽职尽责，严谨务实，开拓创新，不断提高工作能力，实实在在开展各项工作，努力搭建好和维护好水电学会的全国水电行业综合服务的平台。

2010年初，召开了水电学会专业委员会秘书长工作会议，就各专业委员会2009年度工作总结和2010年工作思路进行了探讨和交流，充分肯定了各专业委员会一年来所取得的成绩，进一步明确了专业委员会工作要突出几个方面：一是为水电建设提供技术支撑；二是为提高水电经济性、安全性、运行效率和综合效益提供智力支持；三是要真诚地为政府、社会、行业和广大民众服好务；四是要创新工作思路，改革工作模式，加强相互间的联络交流，探索联合办会、充分整合资源新方式，实现各专业委员会之间的平衡发展。

一年一度的水电新春联谊会是全国各水电有关单位和新老水电工作者最重要的联络交流平台。水电学会与中国华能集团公司联合，成功举办了2010年中国水电新春联谊会，国家电力行业的领导和嘉宾以及来自全国各地的新老水电界同仁近300人出席了大会。作为中国水电界一年一次的重要盛会，水电新春联谊会已经连续召开了16年。

组织召开了六届四次理事会和六届五次（通讯）、六次、七次（通讯）、八次（通讯）常务理事会，审议并通过了《大力推进水电开发　服务低碳经济发展　以能源和谐发展全面推动构建和谐社会进程》的理事会工作报告；通报了2009年度水电学会财务报告；通过投票表决的方式调整和变更了理事会常务理事和理事。

根据中国科协的要求，向科协人才库选送了近300名专家，并推荐了科协表彰的全国优秀科技工作者。

组织召开了水电学会成立30周年座谈会。周大兵理事长作了《同心耕耘三十载　盛世共勉谱新篇》的重要讲话，全面总结了水电学会30年的发展成就，共同展望水电事业光明的未来。与会60余名领导、院士和专家满怀胜利的喜悦，回顾历史，肯定成绩，总结经验，秉承为国为民的宗旨，思考未来，谋划蓝图，再图发展。

认真落实中国科协关于专业委员会有关工作的要求，完成了水电监理等10余个专业委员会的变更报批材料和换证工作。完成了水电学会年度年检和学会期刊年检等一系列报批工作。

（二）学术交流跃上新台阶

水电学会紧紧围绕水电建设与科技进步的重点、热点和难点问题，积极构建学术交流和技术传播平台，激发广大水电科技工作者积极参与学术交流和研讨活动，不断提高行业学术交流和推广的活跃度，努力促进我国水电事业的科技创新与进步。同时，提出了应大力优化整合各方资源、办会要少而精、提高会议规模规格、各相近专业联合办会的设想，在节省大家时间和会议成本的同时，可以更好地促进各专业间的互动交流，提高学术交流层次和水平。

组织召开了全国水电厂安全高效运行技术研讨会，科学总结和分析了中国水电100年来在运行管理等方面的经验和不足，对全面提升水电厂安全、高效运行管理水平具有重要的现实意义。来自国家有关部门、电力企业、勘测设计企业、流域开发公司、设备制造企业、科学研究机构、发电厂、生产运行企业、投资企业、高等院校、新闻媒体、水力发电学会系统等100余家单位220多名领导、专家和代表出席了大会。

为适应当前水电站运行控制管理的新形势，研究探讨流域水电站经济、高效控制调度模式和运行管理模式，水电学会主办召开了“流域水电站梯级经济优化集控研讨会”。大会就流域水电站梯级经济优化集控的目标、研究方向、系统架构、功能规划以及智能化建设等方面进行了广泛探讨与交流。来自电力集团公司、勘测设计企业、大型流域水电开发公司、大型水力发电厂、科研院所、高等院校等33个单位的90余名领导、专家和代表参加了会议。与会代表一致认为，为规范我国流域梯级水电站集中控制调度的规划、设计、建设和运行管理工作，提高我国流域梯级水电站设计和运行管理水平，急需组织编制流域梯级水电站集中控制调度的规程规范或技术标准，以有利于我国水电事业的可持续发展。为落实扬州会议精神，水电学会向国家电力监管委员会提出了《将流域梯级水电集控中心纳入现行电力调度体系的建议》，并组织有关领导和专家就该建议方案进行了座谈，呼吁国家电力监管委员会在政策上给予重视和明确，将流域集控中心纳入现行电网调度体系，明确流域集控中心为电网调度对象，进一步优化梯级水电站运行方式，合理化解水与电之间的矛盾，有效提高水资源利用率。

积极开展海峡两岸和国际间的水电科技交流往来，特别是大力开展与周边及发展中国家的水电科技交流和合作，全力服务国家外交大局。积极协助挂靠单位中国水电工程顾问集团公司和中国水力发电工程学会水电监理专业委员会组织、联系水电专家团组赴台开展水电科技和学术交流及考察活动，增进了对台湾水资源和水电开发建设的认识和了解，加强了海峡两岸水电同行的友谊。根据国家外交部、国家能源局的总体规划和具体指示，学会国际河流水电开发生态环境研究工作委员会积极配合国家政府在本地区开展外交行动和区域合作计划，稳妥、有针对性地开展了与湄公河委员会等组织的交流对话与合作，参加湄公河流域开发合作方面的国际研讨会、对话会等6次，安排和接待了湄公河委员会代表团和日本外务省代表团考察我国澜沧江干流的景洪和小湾两座水电站。

（三）水电宣传力度不断增强

水电学会始终坚持把开展水电科普宣传和舆论宣传摆在工作突出位置，以传播水电科技知识和营造良好舆论环境为己任，致力于推动我国水电开发实现人与自然和谐发展。

针对当前影响水电发展的突出问题，为进一步做好水电宣传工作，增强宣传水电的正面声音，促进我国水电健康、可持续发展，水电学会分别于2010年5月和2010年8月组织召开了“全国水电宣传工作座谈会”和“全国水电宣传工作会议”。会议得到了国家能源局及各电力企业单位的重视和支持，与会代表就下一步如何做好中国水电宣传工作发表了很好的意见和建议，制定了《中国水电“十二五”宣传纲要》，全面拉开了大力推进水电宣传工作的序幕。通过组织和发动广大水电企业、中介机构、水电工作者和与行业相关的主流新闻媒体的新闻工作者，团结一心，形成合力，不断扩大水电宣传的广度和深度，实现舆论引导和科普宣传相结合，努力提高水电开发在社会各界中的形象，为水电发展营造良好的舆论环境和社会环境，以水电的健康、可持续发展支撑我国经济社会可持续发展。

在全国两会召开的前夕，水电学会与中国大坝协会和中国互联网协会共同举办了以“节能减排及气候变化形势下的新要求”为主题的“水库大坝与生态环境保护论坛”。与会领导和代表一致认为，在当前全球变暖导致气候异常的情况下，温室气体排放和气候变化导致的极端气候将加剧水资源的紧张是大家的共识，积极开展水库大坝建设和加速水电开发对促进减排温室气体具有十分重要的现实意义。2010年6月，又共同组织召开了以“水库大坝与区域经济发展”为主题的“绿色能源、水库大坝与环境保护论坛”，交流总结了水库大坝建设对国民经济的巨大推动作用，呼吁进一步加大宣传力度，让社会公众更加客观、理性、公正地认识水电、水库和大坝。

在“世界水日中国水周”期间，水电学会组织有关专家与中国网合作进行了关于西南大旱的访谈，严正回答了社会上把西南大旱归罪于水电开发的种种疑问，并用国内外的各种事例说明，西南大旱使得我国遭受巨大损失的根本原因是我国水利水电建设滞后，水库蓄水能力严重不足，进而警醒我们必须加速水利水电的开发建设。在“世界环境日”期间邀请国际大坝委员会主席贾金生在中国网进行访谈，向社会公众介绍全球水电开发情况，以全球水电越开发的国家和地区生态环境越好的现实，生动说明了水电开发对经济社会和生态环境的重要促进作用。与国务院国资委主管的《能源》杂志社共同组织启动了“中国绿色水电行”大型实地参访考察和宣传报道活动，在适当的时机组织有关单位领导、专家和有关媒体记者分批次实地考察三峡工程和大渡河、金沙江、澜沧江、雅砻江、黄河上游等有关流域的水电项目，充分发挥各方面的参与作用，通过媒体的客观宣传报道，努力构建健康、良好的舆论环境，助推中国水电事业的可持续发展。继续巩固水电学会网站“中国水电网”的宣传主阵地作用，努力做到行业相关新闻事件及时动态更新、学会系统新闻及时发布、重要会议及国内水电行业有关的重大活动进行直播报道或专题全程报道，一方面持之以恒地开展水电宣传工作，另一方面也为广大水电工作者提供丰富、全面的行业信息资源阅读和提取平台。

积极协助、配合国家能源局和云南省人民政府成功举办了“中国水电百年纪念暨水电装机2亿kW庆典活动”，组织编写出版了《中国水电100年》文集和画册各一本。以水电百年为契机，组织安排知名水电领导和专家在《人民日报》登载专版文章，进一步扩大水电的知名度和影响力。

（四）科研咨询服务有序推进

水电学会始终注重持续更新完善服务理论、丰富服务内容、提升服务水平，努力为政府、行业、企业和会员提供服务。充分利用行业影响力和专家群体优势，不断加强与各大电力集团、流域开发公司和水电企业的交流与合作，深入开展科研课题、技术咨询服务，将水电学会的技术专家优势转化成为企业的产业优势，有力地推动水电事业健康、有序发展。

组织开展“红水河梯级水电站联合优化调度研究”课题，大力推进、落实国家节能调度政策，充分利用红水河水资源，协调流域发电、防洪及综合利用关系，保障电网安全经济运行和珠三角及澳门地区供水安全。组织开展“黑水河、松林河和九龙河梯级水电站优化调度研究”课题，不断将近两年水电学会重点开展的流域梯级联合优化调度研究、实践和推广应用引向深入。继续加强与四川大学能源研究中心的合作力度，签署了“四川大学项目咨询”协议，进一步巩固长期合作意向，优化整合双方资源，相互促进，互惠共赢。组织20余位中国工程院院士和专家，开展国家“十一五”科技支撑重点项目“特大型梯级水利水电工程安全及高效运行若干关键技术问题研究”咨询课题年中评审工作，通过对该项目完成的质量、进度等进行技术咨询和评审，严格把脉三峡工程的各项重大技术攻关，为项目提供技术支撑和决策支持。《乌江梯级水电站优化调度效益评价体系研究及软件开发》课题、《大渡河瀑布沟电站下游（龚嘴—铜街子段）泥沙研究和治理》课题顺利进入结题阶段，继续推进履行好新疆伊犁喀什河吉林台一级水电站技术咨询服务课题。受挂靠单位中国水电工程顾问集团公司委托，组织开展《水电风电信息汇编》的管理、编写、汇总、编辑和印刷出版工作，确保按期、高质高量地完成了一年两期的合同任务。

（五）科技创新激励和人才培养工作取得新成果

潘家铮水电科技基金进入良性运作阶段。基金自2008年成立以来，每年组织召开一次基金理事会和基金秘书长工作会议，探索完善基金章程和各项实施办法，不断寻求基金在保障本金安全基础上的良性运作，保证了基金每年的合理收益，能够支撑几个奖项的有效运作。2010年12月，在武汉大学隆重召开了“第二届潘家铮水电奖学金颁奖典礼”，与会领导为41位获奖学生颁奖，同时组织水电学会领导、专家为到会的400余位师生作了精彩的专题报告。2010年是“潘家铮奖”首次评奖，水电学会秘书处高度重视有关工作，于2010年5月开始组织申报，奖励活动得到了业内的积极响应，共收到28位候选人的推荐材料，奖励评审委员会坚持科学、严谨、公平、公正、公开的原则，按照《潘家铮奖奖励办法》规定的程序，通过形式审查、通信评审、奖励委员会审定，层层把关，最终选出3位首届“潘家铮奖”获奖人，在中国水电网进行公示，接受社会监督。公示期满后，正式向社会公布首届“潘家铮奖”获奖人名单，并将在2011年中国水电新春联谊会上隆重举行颁奖仪式，弘扬先进，激励后人，不断扩大潘家铮水电科技基金及相关奖项的影响力。

圆满完成了首届“水力发电科学技术奖”评审工作。该奖项于2009年8月获得国家科学技术奖励办公室审批通过，设立了我国水电行业第一个社会力量奖项（等同于省部级奖），以鼓励自主创新和应用推广先进科学技术成果，推动水力发电科学技术不断向前发展。2010年4月，召开了水力发电科学技术奖励委员会第一次工作会议，讨论并批准了水力发电奖励工作办公室年度工作计划，确定了“不断提升水力发电科学技术奖在社会的认可度和影响力，努力打造成为品牌奖项”的目标方向。首届奖励活动得到了业内各企业单位的积极响应，共收到全国水力发电勘测设计、制造、施工、生产运行、科研等单位推荐的120余个项目，按照规定程序经过严格评审，在中国水电网公示后，正式向社会公布了首届“水力发电科学技术奖”获奖项目，共评出特等奖1项、一等奖4项、二等奖9项、三等奖25项，并将在2011年水电新春联谊会上隆重举行颁奖仪式。

按照《张光斗优秀青年科技奖评审办法》，受张光斗科技教育基金管理委员会委托，水电学会组织开展了“张光斗优秀青年科技奖”评审推荐工作，组织专家召开评审会议，评定出2010年度“张光斗优秀青年科技奖”候选人3名，经中国水电网公示后，正式报送清华大学。组织推荐了2010年度候选创新研究群体（天津大学），并最终获准。根据中国科协文件精神，完成了中国科协高层次人才库入库人选推荐工作，以及“全国优秀科技工作者”人选推荐工作。组织开展“全国优秀工程咨询成果奖”申报等工作，组织专家进行初评并编写评审报告，在电力组评审时进行答疑，经过努力，2010年水电行业共获得3项一等奖、6项二等奖、9项三等奖。组织对国家电力监管委员会制定的《水电站大坝除险加固管理办法（征求意见稿）》进行讨论，提出了若干修改建议。协助中国工程咨询协会修订国家发展改革委制定的《产业结构调整指导目录》。

（六）技术管理和刊物出版建设工作日臻成熟

水电学会组织有关专家，历时半年多时间编纂完成了《和谐治水与绿色水电》一书，以典型的大型骨干水电工程为实例，从水电在防洪、供水、发电、环保、移民、河道和泥沙治理、推进社会主义新农村建设、保障能源安全、维护社会稳定等方面，全面反映新中国成立以来水电在国民经济社会发展中的重要地位和所作出的巨大贡献。通过本书科学、客观、系统地介绍，更进一步提高读者对水电客观、全面的认识和了解，正确引导公众理性辩识和科学对待各种社会舆论，扩大水电影响，促进我国水电事业又好又快发展。受国家能源局委托，以纪念第一座水电站——石龙坝水电站开工兴建100年和水电装机容量达到2亿kW为契机，水电学会负责编纂出版了《中国水电100年》文集和画册，文集系统、全面地总结了我国水电事业在各方面所取得的卓著成就，有力地见证了我国水电事业所走过的光辉足迹；画册通过选取典型的或具有代表性的电站图片，辅以简短文字说明，全景展示了我国水电100年来的辉煌成就和喜人风貌。

在《中国水力发电年鉴》编纂委员会全体专家的努力下，继续顺利完成了《中国水力发电年鉴》一年一卷的编纂出版工作。

（中国水力发电工程学会秘书处）

中国水力发电工程学会“十一五”期间典著编纂情况

中国水力发电工程学会（简称水电学会）十分重视知识传播普及，除正常的学术交流工作外，还本着对国家、对人民和对水电事业负责的使命，安排了一系列的典著编纂工作。“十一五”期间，水电学会全方位、系统总结新中国成立以来水电建设事业的成就，组织专家编纂了5卷《中国水力发电年鉴》和6部工程技术著作，共计近1400万字，为全行业提供了很有价值的资料。这是水电学会敢为事业用人，尊重劳动、尊重知识、尊重人才的充分体现，使水电学会的地位空前提高。

（一）年鉴编纂工作

《中国水力发电年鉴》编纂工作始于1983年。随着我国电力体制的改革，水电建设、投资、管理呈现多元化，年鉴编纂出版这个为水电全行业服务的责任，历史地落到了水电学会的肩上。水电学会是水电行业的科技型社团组织，编纂水电年鉴有技术优势，也肩负义不容辞的历史责任。

《中国水力发电年鉴》具有承载引领我国水电技术发展和创新，弘扬科学精神、传播科学思想、普及科学知识，开展学术交流，集成信息、生产知识的历史使命。《中国水力发电年鉴》是水电建设历史的缩影，是工程技术信息的载体，同时是展示水电发展成就的窗口；其特点体现在内容的真实性、科学性和政治的严肃性，资料的权威性、综合性、连续性、实用性和时效性各个方面，数据和结论经得起检验；具有可资借鉴的资料，为文献性工具书和供查证用的系统性史册，供人查考，助人明辨，给人启迪，起到“案头信息库”和“决策库”的作用。

最近几年，《中国水力发电年鉴》编纂工作与时俱进，年年更新。从第八卷（2003）开始，年鉴的时段改为一年一卷（以前为多年卷或两年卷），逐年连续编纂出版。“十一五”期间，《中国水力发电年鉴》编纂出版了第十卷（2005）～第十四卷（2009），其框架结构设计，规范和创新结合，年年有侧重，卷卷有更新，反映了大能源和大科学的特征，体现了知识的共享、扩散，促进了知识转化与应用，有较强的政治、经济和工程技术属性，成为了读者欢迎的典鉴读物。

第十卷（2005），2006年编纂，记载了2005年我国水电事业发展情况。这一年，金沙江溪洛渡水电站工程正式开工建设，本卷年鉴在大中型水电工程篇目列了“金沙江水电工程”栏目，突出反映了金沙江水电工程进展情况；这一年是国家“十五”规划完成之年，本卷年鉴还收录了“十五”水电工程科技进步总结、全行业各个专业所取得的成就，以及有关“十一五”规划的研究成果方面的内容。

第十一卷（2006），2007年编纂，内容时段为2006年。经过引进、消化、吸收、再创新，我国掌握了大型水电机组设计、制造核心技术。2006年，单机容量80万kW的向家坝水电站正式开工建设，第一届水力发电技术国际会议在北京胜利召开，影响很大，年鉴专列了栏目，记载了会议情况，收录了珍贵资料，并在“机电与金属结构”篇目列“综合”栏目，反映我国在大型水电机组技术进步方面的情况。

第十二卷（2007），2008年编纂，内容时段为2007年。为了更好地反映中央企业与水电建设有关的工作情况，从此卷开始在“特载”篇目增加了“央企工作”栏目。

第十三卷（2008），2009年编纂。2008年是我国改革开放政策实施30周年，本卷年鉴增列了“中国水电改革开放30年”篇目，用以展示水电在改革开放中发展的光辉历程及重大事件的历史性意义。2008

年5月12日，发生了汶川特大地震，给我国人民生命财产造成了巨大损失，对我水电建设影响很大，本卷年鉴增列了“汶川地震与水电”栏目，记载了震区水电受损情况和大坝等水工建筑物经受强震的能力，并收录了社会各界关注的三峡和龙滩等水电工程效益问题的内容。

第十四卷（2009），2010年编纂，内容时段为2009年。2009年适值新中国成立60周年，本卷年鉴专列了“新中国水电60年”栏目，借以展示新中国水电建设发展的光辉历程。鉴于水电技术创新工作进步很大，专利数量大增，从本卷开始，单列了“专利项目简介”栏目。

5年来，《中国水力发电年鉴》出版了5卷，近690万字（6887千字），刊载典型工程照片136幅。高品位的信息文献，每年全国水电新春联谊会上奉献给读者。

2005～2009年，我国水电大发展，新增水电装机容量超过9000万kW，同时，我国水电建设经受了移民、环保、地震等问题的严峻挑战，需入年鉴记载的大事、要事、新事、特事很多。但是，信息渠道不畅通，现场采集机会甚少，可编资料不足，且因工程任务重、新人多，许多收到的稿件不能满足入卷要求，需作较大修改。几年来，编辑部创新了组稿形式和编辑流程，做到了“征稿先导向”，责任编辑主动出击，改变了“等米下锅”的被动局面。编辑人员本着对时代、对社会、对历史和对水电事业高度责任感和负责精神，从所能搜集到的资料中获取准确信息，汲取实用技术，采撷创新要点，并努力提高稿件编辑质量、提交电子版，使从稿件交出版社到出清样时间缩短到40天左右。总之，年鉴编辑部在信息源极端困难的条件下，恪守质量第一，编纂了具有特色、读者需要的年鉴产品。

（二）技术专著编纂工作

“十一五”期间，水电学会编纂了《改革开放三十年的中国水电》、《中国水电60年》（庆祝中华人民共和国成立60周年）、《中国水电100年》（纪念中国水电事业100年和水电装机容量突破2亿kW）、《和谐治水与绿色水电》（记录新中国水利水电建设事业的效益和贡献）、《中国电气工程大典（第5卷）水力发电工程卷》、《中国可再生能源发展成果研究丛书 水能卷》等6部工程技术专著及两集大型水电工程技术论文集，共计707.4万字。

1.《改革开放三十年的中国水电》 在全国上下隆重纪念改革开放30周年之际，全国各行各业都在总结30年的成就之时，水电学会组织编纂了《改革开放三十年的中国水电》一书，编辑查阅了近50年特别是近30年水电的新成就，编纂汇集于本书中，基本可以全面反映30年来水电建设事业日新月异，水电开发规模不断上新台阶、技术不断创新、成就斐然的史实。

该书重点记录了近30年水电建设、工程建设、事业发展和技术进步的辉煌成就，可以认为这是一部介绍水电工程技术的专著，有工程技术的完整性、系统性、多学科性的特点，覆盖面宽，数据详尽，工程经验丰富，可查阅和应用性强。

2.《中国水电60年》 该书谨献给为新中国水电事业作出贡献的人们，开篇概述了自1912年开始到1949年的60个年头，中国水电开发只有36万kW，之后新中国水电60年历程中，前30年打基础，后30年水电开始腾飞。全书全面、系统地记述了60年间中国水电发展的历程、方针、体制变革及水电建设理念更新、水电科技进步及展望、水电60年大事记等内容。

该书文字简明扼要，有史有论，夹叙夹议，力求真实，全面展现了中国水电60年发展面貌，全面展示了在中国共产党的领导下，在社会主义道路上，中国人民紧密团结、自力更生、奋发图强，实现了中华民族的伟大复兴，在中国境内建成了一些世界瞩目的水电站工程，属技术工程史料专著。

3.《中国水电100年》 该书记录了100年来，我国水电建设事业历经坎坷、由弱到强的发展历程。旧中国水电建设十分落后，新中国成立初期，全国总水电装机容量仅36万kW。新中国成立后，我国几代领导人重视水电建设，水电建设迅猛发展，日新月异，经过几代水电建设者的不懈奋斗，到了2010年，全国水电装机容量已突破2亿kW，中国成为世界水电第一大国。除发电外，水电工程还在防洪、灌溉、航运、环境保护等方面创造着巨大的社会、经济效益，发挥着不可替代的综合作用。百年跨越、继往开来，科学发展。本书对水电建设100年中各个历史阶段的重大事件、工程发展和科技进步都有重点论述，是一部工程技术史料专著，具有很大的查证价值。

4.《和谐治水与绿色水电》 该书是国内目前第一部完整、系统总结水利水电工程效益和贡献的专著。涉及方面之多，数据之全，国内唯一，在效益方面突出了防洪、供水、抗旱、灌溉、发电、航运、环保、对地区经济社会发展的贡献。

该书开篇综述了新中国成立以来水利水电建设的成就，列举了8大典型流域和17个典型电站工程的十大效益。全书附有数字水利和数字水电，其中数字水利包含全国七大江河的水库、堤防、灌溉面积、机电装备五大方面；数字水电包含历年装机、发电量、电站个数、大坝数量以及全国小水电站及其发电量等，以及海量数据统计表共计基本数据1727组，113亿数据字节。成千上亿的基本数据，供我们参阅和考证。

5.《中国电气工程大典—水力发电工程卷》　《电气工程大典》的编纂成为中国电气界的世纪工程，中国水力发电工程学会为最早发起学会之一（机械、电工、水电三学会发起），工作一段时间后，扩大由动力和电机等5个学会共同编辑。鉴于大典系国家级最高工程技术专著，内容新颖性、先进性、实用性是各卷编写的基本要求，文章表达力求简明扼要、直观易懂。该卷共250万字，是由哈尔滨电机厂梁维燕院士等3位主编组织编纂成书的，内容涵盖水力发电工程通论、水轮机、水轮发电机、电气主接线、水电站电气设备及自动控制系统与装备、电站运行及抽水蓄能电站等有关内容，取材突出新理论、新技术、新工艺、新材料的应用范例。本卷是《中国电气工程大典》的重要组成部分，在水电界不仅有时代知识魅力，同时还有鲜明的时代特色，相信会为广大读者营造一个开卷有益的氛围，对每位需要知识更新的水电工作者都有益。

6.《中国可再生能源发展成果研究丛书　水能卷》　该书是中国工程院委托水电学会编纂的水能卷，论述了水能资源系国家能源战略资源，加快开发它是符合我国国情的。该书对开发的必要性、可行性、社会性、环保清洁性、技术经济的优越性等方面进行了全面论证；在可行性上重点论述了资源和工程技术储备条件成熟、可行；在资源可靠、准确、现实可行、规划目标、工程重点、开发程序及规模一一详述；简述了水电开发是一次、二次能源同时完成，双功能优势在综合效益中得到充分体现；我国的水电开发是我国唯一可大规模、可商业化的本土绿色能源，该丛书可操作性大，指导性强。另外，还论述了目前水能开发所面临的困难和条件制约因素，提出了一些政策建议和措施。

（中国水力发电工程学会年鉴编辑部）

中国水力发电工程学会分支机构情况表

专委会名称	主任委员	秘书长	专业内容	挂靠单位
水能规划及动能经济专业委员会	王　斌	钱钢粮	水能规划及动能经济	水电水利规划设计总院
水库经济专业委员会	王　斌	李明传	水库移民安置、水电工程征地、区域经济发展规划等	水电水利规划设计总院
环境保护专业委员会	彭　程	顾洪宾	环境影响评价、咨询，环境保护设计，水土保持方案设计	水电水利规划设计总院
水文泥沙专业委员会	何根寿	朱鉴远	水文、泥沙专业的学术交流和技术总结	水电水利规划设计总院
地质及勘探专业委员会	郭义华	袁建新	水电水利工程地质、测绘、物探、钻探、岩土试验专业的学术交流	水电水利规划设计总院
水工及水电站建筑物专业委员会	王柏乐	党林才	水工	水电水利规划设计总院
水工水力学专业委员会	刘之平	吴一红	水工水力学	中国水利水电科学研究院
高坝通航工程专业委员会	张瑞凯	李　云	通航技术交流、通航科技发展战略及政策咨询、委托项目论证	南京水利科学研究院
碾压混凝土筑坝专业委员会	梅锦煜	郑桂斌	碾压混凝土筑坝技术（坝工、材料、运行、建设管理等）	武警水电指挥部
混凝土面板堆石坝专业委员会	周建平	杨泽艳	混凝土面板堆石坝设计、施工、材料、变形观测、运行管理等技术交流、咨询	水电水利规划设计总院
工程造价专业委员会	王民浩	郭建欣	工程造价、工程经济技术管理	水电水利规划设计总院
电气专业委员会	李定中	于庆贵	电气一次专业	水电水利规划设计总院
自动化专业委员会	闫华锋	施　冲	水电电气二次技术及相关内容	国网电力科学研究院

续表

专委会名称	主任委员	秘书长	专 业 内 容	挂 靠 单 位
水力机械专业委员会	赵 琨	戴康俊	水力机械设计、试验、安装、运行、改造	水电水利规划设计总院
水工金属结构专业委员会	龚建新	林朝晖	闸门及启闭设备、通航设备的设计、安装、调试	水电水利规划设计总院
水电站运行管理专业委员会	赵玉柱	裴哲义	水电站运行管理、水库经济运行	国家电力调度通信中心
水电建设管理专业委员会	石成梁	毛亚杰	水电建设管理经验与技术交流	中国水力发电工程学会
信息化专业委员会	汪小刚	王桂平	计算机及自动化技术在水电工程规划、设计、施工及电站运行中的应用	中国水利水电科学研究院
大坝安全监测专业委员会	何海源	许传桂	水库、大坝的安全监测技术与安全管理	国家电力监管委员会大坝安全监察中心
机械疏浚专业委员会	王杨群	王 究	机械疏浚与吹填学术交流，推广先进经验，介绍新的技术、材料、设备、产品	水利部综合事业局
电网调峰与抽水蓄能专业委员会	林铭山	郝荣国	开展抽水蓄能电站建设必要性、经济合理性及优化布局的研讨，介绍先进技术，组织学术交流，承接站点规划和技术咨询服务	中国水电顾问集团北京勘测设计研究院
水电监理专业委员会	陈东平	王平稳	水电监理经验与技术交流，监理技术与理论研究	华北电力大学
建设合同专业委员会	李跃平		编制水电工程涉及的各类合同范本，起草管理文件，组织有关软件课题研究，开展学术交流	中国水利水电建设集团公司
水电控制设备专业委员会	杨晓东	刘同安	水轮机调速、励磁装置，自动化元件，智能仪表	中国水利水电科学研究院
施工专业委员会	孙洪水	阮光华	大坝浇筑填筑、混凝土生产、砂石料开采加工三大系统及设备	中国水利水电建设集团公司
抗震防灾专业委员会	李同春	张燎军	大型水利水电工程、大电网的抗震、防灾技术、预案、对策研究	河海大学
电力系统自动化专业委员会	毕亚雄	陈国庆	水电厂自动化系统，自动调压、调频装置，水电长距离输电稳定装置	中国长江电力股份有限公司
梯级调度控制专业委员会	袁 杰	侯保民	流域梯级调度控制、流域水资源运用	三峡水利枢纽梯级调度通信中心
小水电专业委员会	刘晓田	程夏蕾	小水电方面学术交流、技术咨询、继续教育	水利部农村电气化研究所
继电保护专业委员会	许可达	文伯瑜	发电机、变压器和高压线路的继电保护	国务院三峡工程建设委员会办公室
风险管理专业委员会	孙家康	时 斌	风险管理理论研究，水电施工单位实施风险管理规划，组织专业培训，开展行评行检	江泰保险经纪有限公司

续表

专委会名称	主任委员	秘书长	专业内容	挂靠单位
国际河流水电开发生态环境研究工作委员会	王　斌	顾洪宾	澜沧江开发的研究、监测、收集信息，建立监测站，对其水情进行分析评价	中国水电工程顾问集团公司

（中国水力发电工程学会秘书处　王　玉）

各省、市、自治区水力发电工程学会组织情况表

地方学会名称	会员总数	会员分类					办事机构设置地点	学术专业设置	会刊学报
		教授级高级工程师	高级工程师	工程师	助理工程师	其他			
北京市水力发电工程学会	1200						北京市定福庄，中国水电顾问集团北京勘测设计研究院		
天津市水力发电工程学会	1297	102	655	357	23	160	天津市河西区洞庭路60号，中水北方勘测设计研究有限责任公司	施工及基础处理专委会 水电成套设备专委会 水工专委会 机电专委会 大坝安全监测与管理专委会 动能经济及抽水蓄能专委会 勘测专委会	《水利水电工程设计》
河北省水力发电工程学会	175	18	87	38	22	10	石家庄市富强大街3号		
山西省水力发电工程学会	682	56	195	279	101	51	太原市新建北路45号	水电电气自动化专委会 水工建筑及水力机械专委会 水电站运行管理专委会 农村水电电气化专委会 抽水蓄能电站专委会	《电力学报》（双月刊）、《山西省水力发电工程学会简报》
江苏省水力发电工程学会	782	113	259	317	51	42	南京市西康路1号，河海大学水电馆306室	水工结构专委会 水工水力学专委会 水电站电气及自动化专委会 仪器仪表专委会 小水电专委会 泵站及流体机械专委会 水资源及环境专委会	

续表

地方学会名称	会员总数	会员分类					办事机构设置地点	学术专业设置	会刊学报
		教授级高级工程师	高级工程师	工程师	助理工程师	其他			
上海市水力发电工程学会	244	40	138	46	20		上海市逸仙路388号，上海勘测设计研究院		《上海水利水电技术》、《上海市水力发电工程学会会讯》
浙江省水力发电工程学会	1451	163	584	569	132	3	杭州市梅花碑7号	水能规划及动能经济专委会 水工及水电站建筑专委会 水电站运行管理专委会 中小水电开发与管理专委会 施工专委会 机电设备专委会 地质勘测及技术处理专委会 计算机运行及信息专委会 大坝安全监测专委会	《浙江水利水电》（内刊、学会通讯）
安徽省水力发电工程学会	764	31	213	321	142	57	合肥市金寨路122号	水工专委会 小水电专委会 水电站运行专委会	
福建省水力发电工程学会	1189	35	451	487	0	216	福州市省府路1号（省工交大院）12座4层	水能规划及动能经济专委会 工程勘查专委会 水工及水电站建筑物专委会 水力机械及金属结构专委会 水电站电气及自动化专委会 施工机械及施工管理专委会 水电建设管理专委会 水电站运行管理专委会 农村电气化专委会 水库经济专委会 水电站经济及水库调度专委会	《福建水力发电》

续表

地方学会名称	会员总数	会员分类					办事机构设置地点	学术专业设置	会刊学报
		教授级高级工程师	高级工程师	工程师	助理工程师	其他			
河南省水力发电工程学会	733	84	375	260	9	5	郑州市金水路109号	水能规划及动能经济专委会 水工及水电站建筑物专委会 水电站电气及自动化专委会 施工机械及施工管理专委会 水电站运行管理专委会 水工金属结构专委会 中小型水电专委会 地质专委会	《河南省水力发电工程学会简报》
湖北省水力发电工程学会	5244	386	1480	2518	556	304	武汉市，武汉大学工学部八教二楼209	水能规划及动能经济专委会 水工及水电站建筑物专委会 水工水力学专委会 水利水电工程施工专委会 水电站运行管理专委会 水力机械专委会 中小水电专委会 电气与自动化专委会	《湖北水力发电》
湖南省水力发电工程学会	3010	292	1453	1059	147	59	长沙市圭塘，中国水电顾问集团中南勘测设计研究院	勘测专委会 环境保护专委会 施工专委会 库区经济专委会 水电站设备专委会 水电站运行管理专委会 小水电与农村电气化专委会 计算机应用专委会 水工结构与水电站建筑物专委会 水能规划与动能经济专委会	《中南水力发电》
广东省水力发电工程学会	1566	58	669	606	206	27	广州市五羊新城寺右南二街四巷3号，广东省电力局	水能利用专委会 水工及水电站建筑专委会 水电建设管理及施工专委会 水电站运行与自动化专委会 风电及新能源专委会	

续表

地方学会名称	会员总数	会员分类					办事机构设置地点	学术专业设置	会刊学报
		教授级高级工程师	高级工程师	工程师	助理工程师	其他			
广西水力发电工程学会	3428	126	1121	1458	553	170	南宁市民主路6号，广西电网公司	水能规划及动能经济专委会 地质勘测专委会 水工及水电站建筑物专委会 水力机械专委会 金属结构专委会 水电站电气及自动化专委会 施工机械及施工管理专委会 水电建设管理专委会 水电站运行管理专委会 小水电及农村电气化专委会 水库经济专委会 水电厂防汛及水库调度专委会 计算机应用专委会 工程造价专委会 电气及自动化专委会	《红水河》
四川省水力发电工程学会	3168	213	1342	1500	81	32	成都市高新区蜀绣西路100号	地质勘探专委会 运行专委会 工程造价专委会 施工专委会 水工专委会 规划专委会 水机专委会	《四川水力发电》
贵州省水力发电工程学会	2006	56	557	880	410	103	贵阳市新华路9号，乌江水电开发有限责任公司	水资源及水能规划专委会 地质与勘探专委会 水工及水电站建筑物专委会 水电站建设及工程经济专委会 金属结构及水力机械专委会 施工管理专委会 水库经济专委会 水电站运行管理专委会 小水电技术专委会 环境与资源专委会	《贵州水力发电》
云南省水力发电工程学会	2033	127	695	873	264	74	昆明市拓东路73号，云南电网公司3号楼203室	水工及水电站建筑物专委会 水能规划及动能经济专委会 水电站电气及自动化专委会 水力机械及金属结构专委会 施工机械及施工管理专委会 水电站运行管理专委会 工程经济定额预算专委会 地质及勘测专委会	《云南水力发电》

续表

地方学会名称	会员总数	会员分类					办事机构设置地点	学术专业设置	会刊学报
		教授级高级工程师	高级工程师	工程师	助理工程师	其他			
陕西省水力发电工程学会	5100	1415	1800	200		学生会员1675	西安市丈八东路18号，中国水电顾问集团西北勘测设计研究院	水工专委会 规划动能经济专委会 工程地质勘测专委会 小水电专委会 机电运行专委会 水电站施工专委会 工程造价专委会 通航专委会 水电站自动化专委会 水库及环保专委会 风电与新能源专委会	《西北水力发电》[西北五省（区）联合办刊]
甘肃省水力发电工程学会	1207	23	396	430	111	247	兰州市七里河西津东路628号，甘肃省电力局	水能规划与动能经济专委会 地质与勘探专委会 水力机械专委会 水电站运行管理专委会 小水电专委会 水工与施工专委会	《甘肃电力技术》、《西北水力发电》
宁夏水力发电工程学会	474	42	182	226	24	0	银川市贺兰山西路539号，宁夏大学土木与水利工程学院	水电站运行专委会 水力机械气蚀磨损专委会 电气自动化专委会 水工专委会 水电施工专委会	《西北水力发电》[西北五省（区）联合办刊]
青海省水力发电工程学会	1018	24	292	524	120	58	西宁市五四西路43号，黄河上游水电开发公司	水电工程经济定额预算专委会 小水电专委会 水工专委会 水能经济专委会	《青海水力发电》
新疆水力发电工程学会	217	39	86	92			乌鲁木齐市黑龙江路19号，水利部新疆水利水电勘测设计研究院	水利水电工程大坝专委会 水电站机电及自动化技术专委会 岩石力学与工程专委会 水利水电工程招标投标专委会 水能规划与动能经济专委会 水电工程经济专委会 水工与施工专委会 水库与环保专委会 金属结构水工机械专委会 水库经济专委会	《新疆水利水电》

（中国水力发电工程学会秘书处　王　玉）

中国大坝协会 2010 年工作情况

2010 年，在中国大坝协会各位领导的关心指导下，在水利部与各会员单位及挂靠单位中国水科院各部门的支持、帮助下，中国大坝协会秘书处以科学发展观统领各项工作，秉承人水和谐理念，努力提高主动服务、主动参与、主动承担任务的意识，致力于宣传、推广中国大坝建设成就和打造国内外合作交流平台，扩大在国际舞台上的影响，进一步推动各项工作规范化、正规化和制度化。

2010 年是中国大坝协会会员制运行第一年，建设的中文网站点击率达到 24 万多次，英文网站点击 9500 多次，会员单位发展达到 139 个，组团出国专家 78 人次，先后出访了美国、加拿大、韩国、越南、瑞士、奥地利、葡萄牙、荷兰、法国等。全面完成了 2010 年初制定的各项计划，开创了新的局面。

（一）秉承人水和谐理念，宣传大坝建设与环境保护成就

针对公众关心的热点问题，以科学为依据，以实践为基础，把握正确舆论导向，营造正确的发展与保护的环境，宣传大坝建设与环境保护的成就以及和谐发展的理念。

1. 搭建平台、促进交流，积极举办水库大坝与环境保护论坛　2010 年 2 月 27 日，在北京以“节能减排及气候变化形势下的新要求”为主题举办论坛。中国大坝协会汪恕诚理事长莅临会议并作了重要讲话。国家能源局、国家环保局、中国社会科学院可持续发展研究中心等单位的领导和专家以及来自新华社等近 30 家媒体单位的记者参加了此次论坛。与会的媒体记者就我国当前的能源形势、未来的能源政策、水电开发的前景等与到会专家进行了热烈的交流、讨论。

2010 年 6 月 26 日，以“水库大坝与区域经济发展”为主题在四川成都举办了第二次论坛。来自四川省发展改革委、二滩水电开发有限责任公司等单位的领导和专家代表，以及新华社四川分社、人民日报四川记者站、中央广播电台四川站、四川电视台、四川日报等近 20 家新闻媒体的记者共 40 余人出席了论坛。

主要观点在《中国水利报》、《科学时报》等平面媒体，以及新浪、网易、腾讯等门户网站上进行了广泛的报导，促进了公众客观、理性认识水库大坝和水电建设，取得良好的效果。

2. 热心组织、积极参与，全面推进各项宣传工作

（1）积极参与水电百年庆典活动。中国大坝协会秘书处专门编写了中国参加国际大坝会议情况介绍，参加了 2010 年 8 月在昆明召开的水电百年庆典大会。中国大坝协会副理事长贾金生以《从国际水电发展形势看我国水电百年发展》为题作了大会报告。

（2）积极参加第二届中国能源企业论坛。论坛于 2010 年 10 月在北京召开。中国大坝协会副理事长贾金生发表了题为《从国际视角看新时期中国水电发展与能源结构调整》的主题演讲，并与与会代表进行了深入交流。

（3）积极参与国家能源局组织的专家媒体见面会。围绕水电开发，国家能源局于 2010 年先后召开了 3 次专家媒体见面会。中国大坝协会副理事长贾金生携秘书处相关人员参加了会议，并作了《水库大坝面临的新需求与新挑战》、《加快水电开发与储水设施建设以应对全球变化》等报告。

（4）积极配合新闻媒体报道，积极拓展宣传渠道。

通过网站建设、平面媒体宣传、多媒体材料制作，积极改善与新闻媒体的链接，积极拓展宣传渠道，以有效促进水库大坝科学知识的宣传。2010 年 4 月，中国大坝协会秘书处接受《中国日报》专访，在《中国日报》头版以“水库大坝与抗旱的关系”为题作了专题报道。2010 年 9 月，承办了国际大坝委员会在上海世博会世界水展台的一周活动，编印水库大坝相关宣传材料，制作视频文件，结合现场解说，广泛宣传，效果良好。2010 年 12 月，在有关方面的支持下，组织编写了《科学世界》专刊——《大坝之问》，促进了读者对有关水库大坝的科学认知，提高了对被广泛关注的问题的科学理解。

通过组织专家多次接受来自《中国水利报》、《中国日报》、搜狐网、人民网等媒体的采访，就经济社会发展与气候变化给大坝发展带来新的挑战和机遇、国际水电开发未来趋势和我国水库大坝建设的战略意义等热点议题进行鲜明、科学地表述，很好地发挥了桥梁和纽带作用。

（二）积极参与国际大坝活动，积极发挥中国专家的作用

在中国大坝建设取得巨大成就的大背景下，随着坝工建设技术和理念的进步，中国大坝协会积极参加国际大坝委员会各项活动，在国际大坝委员会中的作用也越来越重要。

（1）解决了国际大坝委员会技术公报的免费下载问题。国际大坝委员会每年不定期出版技术公报，反映了相关领域国际的最新技术动态，具有很高的价值，至今已有 100 多个公报。由于定价很高，每册都是几百欧元，因此多数发展中国家的专家难以购买，一直是个问题。为了服务于各国，尤其是发展中国家的水库大坝建设，通过大量工作，在 2010 年越南第 78 届执行会上投票通过了公报电子版的免费下载，

解决了这一长期影响共享最新技术发展的难题。

（2）落实和推广“开发水电、建设大坝，促进非洲可持续发展的世界宣言”。2010年5月、9月和11月，分别在越南河内、葡萄牙里斯本和中国北京组织召开了3次旨在促进非洲水电开发和可持续发展的圆桌会议，邀请了世界银行等投资机构、大型流域开发机构、国际承包商等的代表参加了会议，共商非洲水电开发，取得了良好成效。

（3）响应社会需求，积极应对重大事故。俄罗斯萨扬—舒申斯克水电站事故发生后，联系俄罗斯大坝委员会，邀请相关专家就事故原因和相关经验教训在2010年越南第78届年会和里斯本水电国际研讨会上作专题介绍，得到了业界和各有关国家代表的热烈欢迎。

（4）结合中国汶川及印尼、海地、新西兰等国地震，组织国际专家编写出版了《大坝与抗震安全》公报。这是国际大坝委员会对现实重大事件进行技术总结，以权威技术公报回应社会关注的水库触发地震及大坝抗震安全等问题最快的一次。

（5）推荐黄河水利科学研究院副院长江恩惠担任国际大坝委员会水库泥沙专委会主席，得到国际大坝委员会秘书处和官员会的认可。这是我国专家首次担任专委会主席职务。

（6）推荐中国水利水电科学研究院徐泽平博士担任国际土力学与岩土工程学会大坝技术委员会主席，得到认可。这是我国专家首次在该组织中担任专委会主席。

（三）加强能力建设，促进国内外技术交流与合作

1. 贯彻“走出去，引进来”方针，服务会员单位

（1）2010年9月，承办了首次在中国召开的国际大坝委员会官员会议。会议期间，中国大坝协会理事长汪恕诚、陆佑楣院士、水利部副部长矫勇、国务院南水北调办公室副主任张野、中国水力发电工程学会理事长周大兵、中国水利水电科学研究院院长匡尚富分别接见了与会的国际大坝委员会官员。官员会议对章程修改、青年委员会设置等事项进行了讨论，取得了圆满成功。

（2）2010年11月，承办了促进非洲水电开发的“水库大坝与水电可持续发展”专题研讨会及圆桌会议。会议期间，中国大坝协会理事长汪恕诚、水利部副部长矫勇、国务院南水北调办公室副主任张野、中国长江三峡集团公司副总经理林初学、中国华电集团公司副总经理程念高接见了非洲代表。会后安排非洲代表参观了三峡、小浪底、水布垭等工程。通过交流和考察，国外专家代表对中国水库大坝建设和水电开发有了更深入的了解，为中国走向国际市场提供了交流合作的平台，受到国内外一致好评。

（3）2010年10月，在海南三亚组织召开了“水利水电工程新技术推广研讨会”，来自中国大坝协会会员单位代表及非会员单位代表共计240多人参加了会议。会议的成功召开增强了各会员单位之间的学术交流与合作，加深了对国内外大坝建设技术动态的了解，对“胶凝砂砾石筑坝技术”、“堆石混凝土筑坝技术”等大坝建设新技术进行了推广，收效良好。

（4）协办了国家水电可持续发展研究中心主办的“水电可持续发展”国际专题研讨会和“第一届全国水利水电移民工程学术研讨会”等，对广泛关注的问题组织了专题探讨。

2. 加强双（多）边交流合作，巩固长期合作机制

（1）与美国大坝协会的合作。2010年4月，中国大坝协会副理事长周大兵率团参加美国大坝协会年会，期间签订了中美大坝协会合作协议，并就双方共同感兴趣的问题进行了交流。

（2）与加拿大 hydro 魁北克公司的合作。2010年4月，中国大坝协会代表团访问了加拿大，与加拿大 hydro 魁北克公司签订合作协议，并参观了加拿大拉格朗德－II工程。

（3）与各国家委员会之间的多边交流。2010年5月，中国大坝协会副理事长贾金生率60余人代表团参加在越南河内召开的国际大坝委员会第78届年会，与各国家委员会之间进行了友好交流。会议期间，主持召开了官员会议、“开发水电、建设大坝，促进非洲可持续发展的世界宣言”圆桌会议以及萨扬—舒申斯克水电站事故专题讨论会。

（4）与韩国大坝委员会的技术交流。2010年11月，中国大坝协会副理事长贾金生应邀参加了韩国大坝技术年会，作了题为“社会对水库大坝的新需求”的报告，并就大坝安全等问题进行了交流探讨。

（5）其他。2010年，代表国际大坝委员会，贾金生副理事长参加了国际大坝委员会欧洲俱乐部年会、水电2010国际研讨会并作主题发言，到瑞士参观并指导了2011年年会的筹备工作，加强了与各国家委员会之间的沟通，扩大了影响。

2010年，中国大坝协会在国际学术活动中共组织投稿42篇，作交流报告14个。通过双（多）边交流，巩固了中国与美国、加拿大、韩国、日本、巴西、越南等国的合作关系，提升了在水库大坝相关领域的影响力。

3. 加大力度建设国内外大坝数据库，继续组织编译技术资料

（1）国内外大坝数据库的建设。在各有关单位的

大力支持下，中国大坝协会秘书处完善了国内已建、在建30m以上大坝数据库（截至2009年底，国内已建在建30m以上大坝共5443座）；建立了全国病险水库工程信息库（30 543座）和国内外溃坝信息库（5000多座）；已搜集整理国外已建、在建大坝资料28 417座，开始建设国外数据库。

（2）《中国大坝建设60年》的编写。为了系统总结60年来我国大坝建设的进展和成就，根据中国大坝协会2010年2月工作会精神，《中国大坝建设60年》的编写得到了水利部大坝安全管理中心、国家电力监管委员会大坝安全监察中心、水利部水利水电规划设计总院、中国水电工程顾问集团公司、中国长江三峡集团公司、二滩开发有限有限责任公司、小浪底水利枢纽建设管理局、中国水利水电科学研究院、中国水利水电建设集团公司、中国葛洲坝集团公司、河海大学等有关单位，以及朱伯芳、陈厚群等有关院士、专家的积极响应。目前，已收到稿件34件，共计121万字，有关出版工作正在积极推进。

（3）组织编写出版了《俄罗斯电力产业昨天、今天和明天》，翻译出版了国际大坝委员会技术公报《混凝土面板堆石坝设计与施工概念》和《遥感在水库水质管理中的应用》，完成了《国际水电发展动态及比较研究》的初稿，该稿件预计2011年可正式出版。另外，中国大坝协会秘书处编写了《中国大坝建设新进展——2010》等技术资料，在国际大坝委员会越南年会上参展并广泛发放了有关资料，反响良好。

（4）加强了网站建设，将相关技术资料陆续上网，以供会员下载。

（5）定期编印《大坝新闻》，侧重介绍国内外典型工程以及国内外大坝建设动态，供国内领导和专家参阅。

（四）社团工作进一步规范化，制度建设和能力建设取得新进展

1. 制度建设　2010年是中国大坝协会注册成立后的第一个完整工作年度。中国大坝协会进一步完善了秘书处人事管理制度、财务管理办法等各项制度，部门设置、工作人员已基本到位。2010年中国大坝协会秘书处与各会员单位的有效联系机制也已初步确定。

2. 能力建设　通过加强学习和培训，借鉴其他社团组织的先进经验，中国大坝协会秘书处全体工作人员逐步形成分工明确、精诚合作的团队，增强了能力，提高了效率，为会员单位提供服务的力度和水平都得到了提高。

（摘自中国大坝协会网《中国大坝协会秘书处2010年工作总结》）

中国水利学会2010年工作情况

（一）组织建设

2010年，召开了中国水利学会九届二次理事会和九届二次、三次常务理事会。在九届二次理事会上，讨论通过了“理事建议案”制度，进一步提高了理事对于学会改革与发展的参与度。

加强办事机构内部建设，制定了《中国水利学会项目管理办法》；调入一名副处级人员，以加强科普工作和学会内部交流刊物的编辑工作。

召开全国省级水利学会秘书长工作会议和专委会工作会议。

（二）学术交流

2010年，中国水利学会共召开各类学术会议60余次，参会人数逾7000人。

1. 学会主办的主要活动　2010年11月2～4日，“中国水利学会2010学术年会”在贵州省贵阳市召开。本届年会的主题是“民生水利——理念与行动”。水利部副部长胡四一出席并作题为“小水电改善民生”的主旨报告，贵州省副省长禄智明到会并致辞，12位专家学者作大会特邀报告。与会代表400余人。会上颁发了2010年度“大禹水利科技奖”特等和一、二等奖以及2010学术年会优秀论文奖。年会共设6个分会场，包括一个国际分会场，收到论文190余篇，出版了《中国水利学会2010学术年会论文集》（上、下册）。同期召开中国水利学会九届三次常务理事会、九届二次理事会和专委会工作会议。

2010年5月12日，纪念张含英同志诞辰110周年座谈会在北京隆重举行。全国政协原副主席钱正英出席会议。水利部部长陈雷发表重要讲话并强调，我们要继承张含英同志等老一辈水利工作者的优良传统，发扬“献身、负责、求实”的水利行业精神，开拓进取，扎实工作，加快推进传统水利向现代水利、可持续发展水利转变，着力做好民生水利工作，让水利更好地惠泽民生、造福人民。座谈会由中国水利学会理事长、水利部原副部长敬正书主持。

2010年10月14日，由中国水利学会主办、宁波原水集团有限公司与河海大学承办的首届“中国原水论坛”在浙江省宁波市召开。论坛受到水利部和宁波市人民政府的高度重视，水利部部长陈雷为论坛发来贺信，水利部副部长胡四一到会并讲话，中国水利学会理事长敬正书和宁波市副市长陈炳水到会致辞。论坛围绕“维系生命之水，共创和谐社会”的主题，在水资源开发利用与管理、水资源保护与水生态修复、水工程与调度、水经济与水文化等方面进行了交流和

探讨，是一次高层次、探索性且具有广泛参与性的论坛。会议收到论文240余篇，与会代表400余人。

2. 分支机构学术活动　2010年4月21～24日，环境水利专委会2010年会暨学术研讨会在江苏省扬州市召开。与会的50个会员单位的百余名代表审议了专委会本年度工作总结及2011年工作计划，并就水利规划的环境影响评价技术及管理、水生态保护与修复及水工程环境保护措施设计、水利水电工程环境影响回顾性评价等议题进行了交流和讨论。

2010年4月22日，水力发电专委会在浙江省杭州市举办了第一届"中国小水电论坛"，论坛主题为"小水电与生态文明"。水利部副部长胡四一出席论坛并作重要讲话。出版了论文集。

2010年7月1～2日，由泥沙专委会主办的"河床演变专题学术研讨会"在郑州举行，来自全国高校和科研单位的100余名专家、学者参加会议，中国工程院院士韩其为等知名泥沙研究专家作学术报告。

2010年7月7日，北京水利学会等单位举办"北京低碳城市发展"高层论坛，与会120名代表就低碳生态绿色、低碳经济发展的重点领域及工程、低碳水务的含义与实践、低碳城市发展纲要等进行了交流。

2010年9月26～27日，由辽宁省水利学会主办的"2010年东北三省水利学会学术年会"在辽宁省沈阳市召开，议题包括"建设生态型水利"、"水与社会主义新农村建设"和"水利信息化技术与应用"，出版了《东北三省水利学会2010年学术年会论文集》。

2010年10月23～24日，在安徽省蚌埠市召开了淮河研究会第五届学术研讨会，这次会议是新中国治淮60周年重要纪念活动之一。与会院士、专家、学者150余人从战略高度对淮河流域综合治理、水资源开发利用与保护、大坝安全、河道整治、节水型社会建设等进行了研讨，发表了具有创新意义的学术观点。2010年11月19日，由中国科学技术学会等主办，中国水利学会等协办的"淮河流域综合治理与开发科技论坛"在蚌埠召开，主要围绕淮河流域水资源配置和非传统水资源利用、水生态修复与保护、水旱灾害与经济社会发展、防洪风险管理技术及策略4个专题进行了研讨。

2010年10月26日，由江西省水利学会承办的中国科学技术学会"2010年促进中部崛起专家论坛鄱阳湖生态经济区建设与现代水利专题论坛"在江西省南昌市举行。

2010年10月28～30日，水力学专委会在江苏省无锡市召开了"水力学专委会2010年年会及第四届中国城市河湖综合治理研讨会"，170余名专家和代表参会。

2010年11月26日，由湖北省水利学会等主办的"实行最严格水资源管理制度高层论坛"在湖北省武汉市举行。论坛围绕"划定三条红线，落实最严格水资源管理制度"这一主题和湖北省提出的"引江补汉工程神农溪方案"进行了研讨。与会代表200余人。

中国水利学会2010年主要学术活动见表1。

表1　中国水利学会2010年主要学术活动一览表

序号	会议名称	时间	规模（人）	地点	主、承办单位
1	中国水利学会2010学术年会	11月2～4日	400	贵阳	中国水利学会主办
2	中国原水论坛	10月14日	400	宁波	中国水利学会主办，宁波原水集团有限公司和河海大学承办
3	中国水利学会环境水利专委会2010年会暨学术研讨会	4月21～24日	120	扬州	环境水利专委会、水利部水利水电规划设计总院主办
4	第一届中国小水电论坛	4月22日	300	杭州	水力发电专委会主办
5	"3S"技术应用及水利信息化学术交流会	5月19日	80	天津	天津水利学会主办
6	河床演变专题学术研讨会	7月1～2日	100	郑州	泥沙专委会主办
7	北京低碳城市发展高层论坛	7月7日	120	北京	北京水利学会等主办
8	水利水电文献信息资源共建共享学术研讨会	9月15～18日	50	上海	水利水电信息专委会主办
9	2010年东北三省水利学会学术年会	9月26～27日	50	沈阳	辽宁省水利学会主办
10	2010年全国城市水利学术研讨会暨工作年会	10月14～16日	80	大连	城市水利专委会主办

续表

序号	会 议 名 称	时 间	规模（人）	地点	主、承办单位
11	首届海峡两岸地质灾害防治学术研讨会	10月14～16日	120	福州	福建省水利学会与福建省地质学会联合举办
12	淮河研究会第五届学术研讨会	10月23～24日	150	蚌埠	淮河研究会主办
13	2010年促进中部崛起专家论坛鄱阳湖生态经济区建设与现代水利专题论坛	10月26日	300	南昌	中国科协主办，江西省水利学会承办，中国水利学会协办
14	水利水电工程新技术推广研讨会暨中国水利学会水工结构专委会第九次年会	10月28～31日	250	三亚	水工结构专委会与中国大坝协会联合举办
15	水力学专委会2010年会及第四届中国城市河湖综合治理研讨会	10月28～30日	170	无锡	水力学专委会、无锡市水利局等单位联合举办
16	云南省水利学会2010年度学术交流会	10月29～30日	120	昆明	云南省水利学会主办
17	第九届全国环境与生态水力学学术会议	10月31～11月2日	120	武汉	水力学专委会主办，水利部长江水利委员会承办
18	中日首都圈水务技术研讨会	11月4～6日	80	北京	北京水利学会主办、北京市水利科学研究所等单位承办
19	水文在实行最严格水资源管理制度中的地位与作用学术研讨会	11月16日	150	南宁	广西水利学会和广西水务局联合举办
20	第五届中国水务高峰论坛	11月17～18日	100	北京	水利部水资源司、中国水利学会、中华全国工商业联合会环境服务业商会联合举办
21	淮河流域综合治理与开发科技论坛	11月19日	120	蚌埠	中国科协、中国水利学会、淮河研究会主办
22	2010年安徽省科协年会暨第六届安徽水利论坛	11月20～21日	200	合肥	安徽省水利学会、安徽省科协联合举办
23	第二届江苏水论坛	11月23～24日	200	盐城	江苏省水利学会主办
24	实行最严格水资源管理制度高层论坛	11月26日	200	武汉	湖北省水利学会、湖北省水利厅主办

（三）科普工作

积极参与中国科学技术协会与上海市科学技术学会共同举办的“相约名人堂——与院士一起看世博”活动，中国水利学会推荐的王浩院士于8月31日做“中国水资源态势及合理配置格局”主题演讲。

荣获由科学技术部、中共中央宣传部、中国科学技术学会联合颁发的“全国科普工作先进集体”称号。

（四）期刊管理

根据中国科技期刊统计结果，中国水利学会主办的《水利学报》参与中国科技信息所2010年期刊综合指标评价，在全国1868种统计源期刊中排名第八。《水利学报》和《岩土工程学报》期刊获2010年度中国科学技术学会精品期刊项目C类资助。

（五）国际民间科技交流

中国水利学会将“对外友好学会”交流作为开展国际民间科技交流的一个重要抓手，已形成固定交流机制。

在2010年会上，设置国际分会场，邀请友好学会代表与会进行学术交流。应韩国水资源协会和日本水文水资源学会邀请，来自水利部水文局、中国水科院、北京师范大学等单位的专家学者代表中国水利学会参加了2010年友好学会年会。

通过申请中国科协国际组织专项，资助国际大坝委员会主席，中国水利学会副秘书长贾金生博士赴越南参加并主持该组织年度工作会议。作为世界水理事会成员单位，参加于2010年6月25日在上海世博园举办的世界水理事会荣誉馆日活动。

经过3年的合作研究，与甘肃省水利科学研究院、加拿大土木工程师学会共同承担的科技部国际科技合作专项“石羊河流域生态环境修复研究与示范”于2010年11月按期完成了科技部组织的项目验收，并于2010年12月完成了由水利部国科司组织的项目科技成果鉴定，得到了同行专家的充分肯定。

（六）海峡两岸技术交流

2010年7月27日～8月5日，由台湾农田水利联合会主办的“第八届海峡两岸农田水利技术交流与研讨活动”历时10天圆满结束。来自两岸的56位农田水利专家参加了以“节水灌溉与新农村建设”为主题的研讨会议。农村水利专委会组织了16名大陆代表参加了研讨会和会后的参访、考察。2010年12月5～13日，应中国水利学会农村水利专业委员会邀请，台湾农田水利会联合会参访团一行22人在北京市、重庆市和湖北省进行了为期9天的交流、参访。台湾农田水利联合会的代表对大陆农村水利发展有了进一步的认识，对大陆的惠农政策和取得的成效非常赞赏。

（七）奖励

2010年8月30～31日，“大禹水利科学技术奖”评审委员会在北京召开会议，评出2010年度获奖项目49项，其中“中国历史大洪水调查研究”获特等奖，“长江口综合整治开发规划关键技术研究及应用”等9个项目获一等奖，19个项目获二等奖，20个项目获三等奖。

中国水利学会推荐的张建云院士荣获“十佳全国优秀科技工作者提名奖”，王超、张建云、钮新强、温续余荣获“全国优秀科技工作者”荣誉称号。

（八）承接政府转移工作

积极完成水利部标准化工作主管部门委托的任务，加强了在编水利标准项目的管理力度，完成了300余项在编标准项目的清理检查，与水利部有关业务司局和标准主编单位进行了沟通交流；参与筹备了2010年度水利部标准化工作部长专题办公会和全国水利技术监督工作会议；参与完成了《水利技术标准制修订项目管理细则》等水利标准化规章制度的制定工作。

承担2010年度水利部直属单位职称考试工作，约5000余人参加晋升职称考试；参与部职称考试管理办法的起草，修订职称考试大纲和试题库，进行“职称考试考务培训”。

参加中国科学技术协会、教育部组织的工程教育专业认证工作，认证吉林大学、南京大学的水文与水资源工程专业，与水利部人事司联合推荐了水利其他专业认证专家队伍；申报中国科学技术协会《水利工程教育专业认证》课题，并获得批准。

（九）2010中国水博览会

中国水利学会主办的2010中国水博览会于2010年11月17～19日在北京国家会议中心举行，来自19个国家和地区的256家企业参展。展会观众11 000余人次，分别来自33个国家和地区。同期举办了第五届“中国（国际）水务高峰论坛”。

（中国水利学会秘书处）

17

统 计 资 料

2010年全国水电增长情况表

全国及各省、自治区、直辖市	装机容量（万 kW）			发电量（亿 kW·h）		
	总量	水电	水电增长率（%）	总量	水电	水电增长率（%）
全 国	96 641	21 606	10.1	42 278	6867	20.1
北 京	631	105	0.0	270	4	−2.3
天 津	1094	1	0.0	556	0.1	
河 北	4215	179	0.0	2063	8	12.7
山 西	4429	182	13.4	2151	37	69.1
内蒙古	6460	85	2.7	2600	20	11.9
辽 宁	3228	147	0.3	1340	57	76.9
吉 林	2035	427	9.6	658	103	99.3
黑龙江	1965	94	0.0	791	22	23.4
上 海	1858			944		
江 苏	6470	114	0.0	3499	14	412.7
浙 江	5721	969	1.3	2568	224	47.0
安 徽	2933	169	4.3	1463	37	27.1
福 建	3473	1111	1.1	1356	454	64.4
江 西	1760	404	7.2	639	101	28.5
山 东	6248	107	0.8	3091	1	
河 南	5057	365	−0.2	2284	85	3.6
湖 北	4906	3085	2.8	2017	1246	6.7
湖 南	2912	1299	13.4	1100	375	17.6
广 东	7113	1260	11.9	3146	268	35.8
广 西	2533	1494	1.3	1032	475	−0.4
海 南	392	75	6.7	162	20	−2.9
重 庆	1167	488	7.8	475	143	14.9
四 川	4327	3070	18.9	1704	1139	20.6
贵 州	3409	1655	21.7	1340	384	4.8
云 南	3605	2435	16.5	1365	814	30.6
西 藏	78	44	−0.9	20	15	1.6
陕 西	2358	221	15.4	1032	75	14.1
甘 肃	2075	611	2.9	875	263	4.8
青 海	1262	1068	22.3	472	363	33.1
宁 夏	1374	43	−0.6	599	18	3.1
新 疆	1607	299	23.2	665	103	27.1

（中国电力企业联合会）

2010年全国电源工程建设项目投资完成情况表

全国及各省、自治区、直辖市	总投资额（万元）	水电投资额（万元）	全国及各省、自治区、直辖市	总投资额（万元）	水电投资额（万元）
全 国	39 693 629	8 191 792	河 南	1 144 068	20 345
北 京	128 591		湖 北	1 246 177	778 653
天 津	228 004		湖 南	688 802	144 561
河 北	1 778 092		广 东	2 366 494	97 050
山 西	1 140 215	35 000	广 西	617 758	79 645
内蒙古	3 913 076	81 299	海 南	322 156	1484
辽 宁	2 758 297	81 296	重 庆	261 768	235 563
吉 林	1 540 070	19 088	四 川	4 024 372	3 658 214
黑龙江	783 558	9762	贵 州	744 409	478 899
上 海	443 068		云 南	1 518 235	1 164 261
江 苏	1 552 689	26 444	西 藏	160 264	127 028
浙 江	1 863 647	21 831	陕 西	512 003	86 918
安 徽	670 302	74 082	甘 肃	2 105 036	323 338
福 建	1 968 657	69 238	青 海	301 348	269 694
江 西	465 953	40 142	宁 夏	1 523 440	
山 东	2 067 778		新 疆	855 302	267 957

（中国电力企业联合会）

2010年水电施工企业完成产值及工程量表

单位名称	企业总产值（亿元）	企业建筑业总产值（亿元）	实物工程量					
			土方（万 m^3）	石方（万 m^3）	混凝土（万 m^3）	金属结构安装（t）	水电机组投产	
							台	万 kW
中国水利水电建设集团公司	1032	681.6	30 305.2	13 059.1	4802	321 519.3	125	1132.2
中国葛洲坝集团公司	358	282	11 065	7377	1671	17.83	15	311.98
中国人民武装警察部队水电指挥部（中国安能建设总公司）	91.84	91.84	5673	240	297	18 306	2	44

（中国水利水电建设集团公司
中国葛洲坝集团公司
中国人民武装警察部队水电指挥部）

2010年农村水电装机及发电量基本情况表

行政区划	年末农村水电装机容量		农村水电年发电量	
	kW	%	万 kW·h	%
全 国	59 240 191	100	20 444 256	100
北 京	42 920	0.07	2489	0.01
天 津	5000	0.01	1400	0.01
河 北	370 983	0.63	35 087	0.17
山 西	173 245	0.29	20 309	0.10
内蒙古	63 960	0.11	10 232	0.05
辽 宁	311 488	0.53	106 461	0.52
吉 林	399 310	0.67	145 847	0.71
黑龙江	241 605	0.41	59 603	0.29
江 苏	52 396	0.09	9963	0.05
浙 江	3 698 568	6.24	1 092 619	5.34
安 徽	840 484	1.42	232 856	1.14
福 建	6 994 576	11.81	2 895 219	14.16
江 西	2 635 634	4.45	795 307	3.89
山 东	73 052	0.12	7699	0.04
河 南	368 356	0.62	78 377	0.38
湖 北	2 900 244	4.90	820 752	4.01
湖 南	5 127 968	8.66	1 534 473	7.51
广 东	6 997 224	11.81	2 772 822	13.56
广 西	3 676 328	6.21	1 091 919	5.34
海 南	347 531	0.59	99 451	0.49
重 庆	1 671 691	2.82	588 136	2.88
四 川	7 161 930	12.09	3 102 543	15.18
贵 州	2 168 566	3.66	720 948	3.53
云 南	8 223 596	13.88	2 543 189	12.44
西 藏	180 158	0.30	37 461	0.18
陕 西	925 618	1.56	295 353	1.44
甘 肃	1 703 667	2.88	632 247	3.09
青 海	744 650	1.26	332 819	1.63
宁 夏	3200	0.01	800	0.00
新 疆	750 688	1.27	221 786	1.08
新疆兵团	280 255	0.47	102 528	0.50
部直属	105 300	0.18	53 563	0.26

（水利部农村水电及电气化发展局）

2010年大中型水电厂生产运行情况表

一、抽水蓄能电厂

	电厂名称	总装机容量	机组台数	年发电量	年抽水电量	等效可用系数	各类工况运行总时间	各工况启动次数	启动成功率
		万kW	台	亿kW·h	亿kW·h	%	h	次	%
1	十三陵蓄能电厂	80.00	4	4.04	5.55	93.32	5836.84	1859	100.00
2	潘家口蓄能电厂	27.00	3	0.63	0.95	96.13	2934.77	1009	100.00
3	张河湾蓄能电厂	100.00	4	2.72	3.37	94.94	2716.46	917	99.89
4	西龙池蓄能电厂	60.00	2	0.38	0.52	30.76	354.38	128	100.00
5	白山抽水蓄能电站	30.00	2	0.87	2.05	96.97	1870.89	381	100.00
6	宜兴抽水蓄能电厂	100.00	4	10.93	13.39	90.63	10 535.21	4106	100.00
7	天荒坪抽水蓄能电厂	180.00	6	17.52	21.95	90.65	13 455.35	3164	100.00
8	桐柏抽水蓄能电厂	120.00	4	12.26	14.65	91.8	9179.71	2244	100.00
9	琅琊山抽水蓄能厂	60.00	4	6.26	7.73	94.42	8971.94	2403	100.00
10	响洪甸抽水蓄能电厂	8.00	2	1.32	1.80	97.62	6520.27	1501	99.80
11	泰安抽水蓄能电厂	100.00	4	2.42	2.97	93.19	2471.45	1356	100.00
12	宝泉蓄能电厂	90.00	3	0.98	1.34	94.4	1004.98	352	100.00
13	回龙抽水蓄能电厂	12.00	2	1.25	1.61	94.54	4988.20	1460	100.00
14	白莲河蓄能电厂	120.00	4	0.84	1.12	93.46	872.48	233	100.00
15	黑麋峰抽水蓄能电厂	120.00	4	0.87	1.12	95.29	684.41	289	99.65
16	广州蓄能水电厂	240.00	8	37.56	48.13	90.59	32 151.15	11 935	99.64
17	惠州蓄能水电厂	210.00	7	15.20	19.16	92.78	11 780.89	3523	99.17

二、常规水电厂

	水电厂名称	发电运行情况				水库运行情况			
		总装机容量	年发电量	平均耗水率	等效可用系数	年入库总水量	发电用水量	年末水位	年末库容
		万kW	亿kW·h	m^3/（kW·h）	%	亿m^3	亿m^3	m	亿m^3
18	太平哨发电厂	16.10	5.72	11.98	93.86	110.31	68.55	191.4	1.63
19	桓仁水电厂	29.45	10.56	5.21	96.01	93.17	54.98	301.61	23.63
20	白山发电厂	170.00	34.80		87.42				
21	丰满发电厂	86.25	22.85		94.64				
22	松江河水电厂	51.00	9.49		93.1				
23	新安江水力发电厂	85.00	23.83		93.88				
24	富春江水力发电厂	35.72	11.71		88.97				
25	乌溪江水力发电厂	37.2	9.05	3.46	95.22	38.56	31.35	220.34	12.15
26	浙江瓯江水电开发有限公司	4.80	1.09	47.18	84.28	122.17	51.59	27.93	0.17

续表

水电厂名称		发电运行情况				水库运行情况			
		总装机容量	年发电量	平均耗水率	等效可用系数	年入库总水量	发电用水量	年末水位	年末库容
		万 kW	亿 kW·h	m³/（kW·h）	%	亿 m³	亿 m³	m	亿 m³
27	陈村水电厂	18.40	3.55	8.42	96.72	38.02	29.92	112.95	13.779 5
28	沙溪口水力发电厂	30.00	11.82	21.28	91.02	416.76	251.46	87.46	1.45
29	牛头山一级水电站	10.00	2.80	2.10	92.00	6.00	5.88	310.00	0.28
30	古田一级水电站	6.60	3.91	3.87	93.21	22.56	15.14	379.00	4.61
31	古田二级水电站	13.00	5.24	3.62	88.92	22.12	18.97	252.96	0.11
32	华安水力发电厂	6.00	4.24	9.08	93.56	80.95	38.50	92.73	0.04
33	安砂水力发电厂	11.50	6.40	6.59	97.00	79.61	42.20	260.23	4.96
34	池潭水力发电厂	10.00	5.48	7.52	97.07	88.78	41.21	271.96	5.93
35	芹山水电厂	7.00	1.60	3.89	98.00	7.10	6.22	748.20	1.85
36	周宁水电厂	25.00	7.87	0.92	97.00	7.29	7.27	632.50	0.44
37	棉花滩水电厂	60.00	19.34	4.53	91.97	94.74	87.69	158.80	9.82
38	白沙水电厂	7.00	2.24	6.80	90.60	15.72	15.22	260.50	1.43
39	高砂水电公司	5.00	2.26	41.54	90.16	158.07	93.86	103.06	0.25
40	照口水电厂	6.00	2.49	45.00	96.62	245.48	115.30	97.70	0.26
41	水口水电厂	140.00	69.74	7.77	92.42	796.95	542.02	58.69	17.64
42	街面水电站	30.00	4.10	3.85	90.42	18.38	15.97	282.17	14.36
43	水东水电站	8.00	3.20	11.01	94.81	38.96	35.53	140.96	0.87
44	雍口水电站	5.00	2.21	19.85	89.61	51.07	44.06	86.23	0.23
45	万安水力发电厂	53.30	15.96	18.97	91.23	354.62	302.81	95.45	10.59
46	上犹江水电厂	7.20	2.31	8.55	93.42	23.2	19.73	192.64	4.99
47	小浪底水力发电厂								
	其中：小浪底水电站	180.00	51.96	3.92	91.60	247.62	206.58	250.96	46.39
	西霞院水电站	14.00	4.88	43.68	91.15	245.24	166.20	133.74	1.38
48	三峡水力发电厂	1830.00	843.70	4.45	93.91	4066.58	3713.37	174.65	393.00
49	葛洲坝水力发电厂	273.50	162.41	21.10	93.68	4036.55	3426.17	65.21	7.11
50	老渡口水电有限公司	9.00	2.47	4.98	100.00	12.93	12.31	475.46	1.68
51	堵河水电有限公司	5.00	1.05	9.82	94.47	12.52	10.30	383.8	0.25
52	鄂坪水电厂	7.60	1.97	5.19	88.01	13.70	10.20	525.35	1.40
53	陡岭子水电有限公司	7.05	2.43	6.39	94.80	20.62	15.52	256.77	2.63
54	龙桥水电站	6.00	0.40	4.01	93.79	1.66	1.62	582.8	0.22
55	五强溪水电厂	120.00	55.36	8.64	94.32	591.72	478.36	107.09	29.03
56	凌津滩水电厂	27.00	11.62	42.15	95.95	631.93	489.85	50.02	1.24
57	碗米坡水电厂	24.00	8.76	10.88	97.43	109.88	95.28	245.12	2.14
58	近尾洲水电站	6.32	2.53	58.29	98.18	270.67	147.40	65.57	1.42

续表

序号	水电厂名称	发电运行情况				水库运行情况			
		总装机容量	年发电量	平均耗水率	等效可用系数	年入库总水量	发电用水量	年末水位	年末库容
		万 kW	亿 kW·h	m^3/（kW·h）	%	亿 m^3	亿 m^3	m	亿 m^3
59	洪江水力发电厂	27.00	7.93	17.60	94.42	150.80	139.59	187.15	1.41
60	三板溪水电厂	100.00	13.01	3.11	96.27	52.10	40.46	458.86	26.33
61	挂治水电厂	15.00	2.14	18.77	95.27	40.40	40.24	320.80	0.37
62	马迹塘水电厂	5.55	1.93	70.55	92.71	246.26	140.36	55.33	0.11
63	东坪水电站	7.20	2.39	59.92	96.06	161.26	143.02	96.12	0.20
64	株溪口水力发电厂	7.40	2.49	60.94	95.23	167.36	151.68	87.50	0.33
65	湖南巫水流域水利水电开发公司	5.40	0.90	4.87	100.00	4.48	4.37	494.26	0.48
66	鱼潭电厂	7.00	2.68	10.84	94.88	45.23	29.06	250.00	1.13
67	白石窑水电厂	9.20	3.42	38.60		168.07	141.89	36.50	1.08
68	飞来峡水电厂	14.00	6.02	34.10	88.50	394.30	205.60	23.96	4.20
69	南水水电厂	7.90	2.58	3.37	96.97	11.73	8.71	209.32	
70	长湖水电厂	7.60	3.40	12.54	95.17	63.72	42.66	59.93	
71	新丰江水电厂	33.50	7.13	6.44	86.48	74.73	46.01	108.30	
72	枫树坝水电厂	17.60	6.61	6.64	95.37	52.75	43.88	156.63	
73	长潭水电厂	6.00	1.70	10.47	95.47	19.46	17.81	141.78	
74	青溪水电厂	14.40	4.51	20.98	94.90	104.06	94.89	69.78	
75	平班水电厂	40.50	10.24	11.73	92.41	152.00	152.00	440.0	2.11
76	龙滩水电厂	490.00	114.74	3.09	93.85	388.14	354.80	362.31	120.87
77	岩滩水电厂	121.00	60.38	6.65	89.45	436.12	435.68	222.50	24.54
78	大化水电厂	55.60	24.2	16.63	88.56	427.81	424.08	154.00	3.36
79	百龙滩水电厂	19.20	8.32	44.00	86.94	470.02	368.80	126.00	0.69
80	乐滩水电厂	60.00	26.53	17.11	91.35	495.26	488.20	111.50	3.91
81	西津水力发电厂	24.22	9.5	26.50	83.87	295.88	269.24	61.50	11.25
82	山秀水电厂	7.80	3.18	28.50		127.41	95.54	86.50	2.86
83	金牛坪水电厂	6.00	1.86	28.95		165.03	76.94	42.00	0.99
84	金鸡滩水电厂	7.20	2.54	30.54		85.40	80.96	88.60	0.73
85	广西长洲水电厂	63.00	26.90	36.33	94.72	1484.80	976.52	20.09	17.77
86	大广坝水电厂	24.00	5.29	6.21	96.47	30.08	32.85	133.06	9.26
87	华能戈枕水电厂	8.20	1.65	17.85	100.00	29.64	29.47	53.48	1.00
88	彭水水电公司	175.00	48.67	5.813	95.85	281.22	282.90	292.21	11.77
89	藤子沟水电厂	7.00	0.99	2.50	100	3.13	2.47	764.04	1.42
90	鱼剑口水电厂	6.00	1.52	5.52	94.57	8.59	8.39	251.52	0.06
91	马岩洞水电公司	6.60	2.00	6.25	98.00	13.05	12.46	349.50	0.22
92	江口水电公司	30.00	10.04	3.77	94.54	57.49	37.89	297.88	5.22

续表

序号	水电厂名称	发电运行情况				水库运行情况			
		总装机容量	年发电量	平均耗水率	等效可用系数	年入库总水量	发电用水量	年末水位	年末库容
		万 kW	亿 kW·h	m^3/（kW·h）	%	亿 m^3	亿 m^3	m	亿 m^3
93	双河口水电站	12.00	3.75	5.38	0.97	33.90	20.15	579.22	1.79
94	团坡水电站	8.00	2.30	3.12	0.76	9.90	7.19	504.75	0.01
95	二滩水电厂	330.00	157.86	2.29	95.33	456.00	361.52	1192.69	50.82
96	瀑布沟水力发电总厂	393.00	101.79	2.45	92.83	362.98	249.57	843.40	44.73
97	龚嘴水力发电总厂	133.00	63.97	4.93	93.94	408.59	315.16	525.00	0.57
98	冶勒水电站	24.00	5.68	0.72	97.38	4.03	4.08	2643.01	2.31
99	姚河坝电站	13.20	6.25	1.52	97.30	10.46	9.50	1675.84	0.01
100	南桠河发电厂	12.00	5.40	1.60	90.19	10.51	8.63	1367.75	
101	栗子坪水电站	13.20	3.12	1.31	81.55	4.12	4.08		
102	太平驿水电站	26.00	16.06	3.43	96.34	125.00	55.14	1078.5	0.007
103	东西关水电站	18.00	8.98	18.37	90.41	296.36	164.92	248.2	2.09
104	青居水电站	13.60	4.72	34.83	91.42	290.40	164.55	261.55	0.62
105	雨城水电站	6.00	2.52	28.00	92.09	101.45	70.47	597.26	0.08
106	铜头水电站	8.00	4.68	5.55	93.29	35.18	26.00	757.64	0.10
107	小关子水电站	16.00	8.36	2.88	92.30	29.72	24.08	987.19	0.003
108	硗碛水电站	24.00	8.51	0.88	92.95	8.12	7.49	2132.52	1.81
109	宝兴水电站	19.50	8.27	1.32	93.68	11.75	10.91	1349.74	0.006
110	冷竹关水电站	18.00	9.84	1.03	96.23	12.02	9.88	1759.21	0.002
111	小天都水电站	24.00	10.76	1.00	92.06	12.02	10.01	2149.67	0.002
112	水牛家水电站	7.00	2.10	2.00	97.33	4.20	4.20	2270.00	1.34
113	自一里水电站	13.00	5.65	0.93	97.99	5.20	5.20	2034.00	0.005
114	木座水电站	10.00	4.27	1.59	99.49	6.70	6.65	1545.00	0.003
115	阴坪水电站	10.00	4.16	2.20	98.62	9.30	9.20	1248.00	0.01
116	宝珠寺水力发电厂	70.00	12.00	5.00	94.00	60.00	60.00	588.00	23.00
117	紫兰坝水电开发公司	10.20	2.72	25.32	93.50	60.00	60.00	488.00	0.35
118	红叶二级水电站	9.00	3.85	2.68	96.90	17.09	10.32	2085.50	
119	薛城水电站	13.80	5.85	2.81	91.10	24.06	16.45	1706.13	
120	狮子坪水电站	13.00	1.36	1.11	98.06	11.58	1.51	2485.40	0.37
121	古城水电站	11.20	0.51	2.29	99.03	1.17	1.16	1550.30	
122	瓦屋山水电站	26.00	6.99	1.52	93.12	11.34	10.64	1067.93	4.01
123	水津关水电站	6.30	2.68	32.77	95.77	124.08	87.97	546.80	0.03
124	洛古水电站	11.00	3.00	1.18	90.60	9.10	3.48	2043.00	0.37
125	联补水电站	13.00	5.94	0.98	87.36	10.02	5.62	1672.42	0.02
126	地洛水电站	10.00	4.89	1.38	100	12.27	6.50	1215.96	0.02
127	沙湾水电站	48.00	18.11	17.73	90.70	363.46	321.21	430.38	0.37

续表

	水电厂名称	发电运行情况				水库运行情况			
		总装机容量	年发电量	平均耗水率	等效可用系数	年入库总水量	发电用水量	年末水位	年末库容
		万kW	亿kW·h	m^3/（kW·h）	%	亿m^3	亿m^3	m	亿m^3
128	大金坪水电站	12.90	6.06	2.20	90.10	14.75	13.39	1206.50	0.01
129	洪一水电站	8.00	3.69	1.30	84.10	5.59	4.83	1528.90	
130	五一桥水电站	13.70	5.65	2.01	92.70	14.66	11.34	2421.22	0.003
131	柳坪水电站	12.00	5.40	6.80	94.74	45.39	37.16	1779.50	
132	色尔古水电站	15.00	6.10	6.20	94.74	41.18	37.90	1875.50	
133	大唐眉山公司城东电厂	8.40	4.13	26.36	84.95	79.32	108.87	449.35	0.17
134	四川雅安大兴水力发电有限公司	7.50	3.73	96.28	96.28	24.2	90.28	567.50	0.14
135	乌江渡发电厂	125.00	25.66	3.56	97.27	89.87	91.42	744.31	14.95
136	东风发电厂	69.50	16.32	3.73	93.27	64.00	60.93	965.80	7.91
137	洪家渡水电站	60.00	5.93	3.53	95.43	27.58	20.96	1102.20	21.34
138	索风营水电站	60.00	13.02	5.70	93.71	73.99	74.17	831.10	1.38
139	构皮滩水电站	300.00	55.84	2.34	91.40	149.38	130.43	617.88	45.00
140	思林水电站	105.00	25.06	6.35	92.29	160.09	159.22	434.36	9.99
141	大花水水电站	20.00	6.11	3.04	95.62	18.41	18.56	863.49	2.19
142	格里桥水电站	15.00	4.14	2.47	98.79	10.57	10.45	715.23	0.62
143	光照发电厂	104.00	19.13	2.68	88.65	60.30	51.30	738.84	28.32
144	普定发电公司	8.40	2.90	8.20	76.86	28.90	23.80	1136.59	2.12
145	引子渡水电站	36.00	7.20	4.43	94.11	33.30	31.90	1074.61	3.16
146	贵州鱼塘电站	7.50	2.28	7.92	100	36.10	18.10	455.94	0.62
147	董箐发电厂	88.00	25.85	3.37	87.10	88.80	87.20	485.68	7.91
148	天生桥水力发电总厂（二级）	132.00	48.72	2.23	91.85	124.64	108.51	766.96	63.49
149	红枫水力发电总厂	26.70	5.85	0.91	92.56	5.96	5.30	1236.85	4.38
150	大朝山水电厂	135.00	62.25	5.28	93.10	332.96	328.72	897.69	6.77
151	漫湾水电厂	167.00	66.64	4.67	92.11	311.67	311.43	991.62	3.20
152	景洪水电厂	175.00	61.76	6.83	92.43	424.33	421.62	601.41	2.90
153	小湾水电厂	420.00	143.79	2.09	94.56	34.94	30.12	1207.85	92.92
154	瑞丽江一级水电站	60.00	30.50	1.30	91.65	102.90	39.78	723.09	0.09
155	华能徐村水电厂	8.58	3.45	8.04	100.00	34.17	26.97	1305.00	0.20
156	大盈江水电站	10.80	4.75	8.30	94.20	66.77	39.44	787.19	0.01
157	三江口水电站	9.90	1.25	7.45	68.20	12.37	9.30	612.79	0.72
158	冲江河水电站	7.03	1.93	2.16	95.70	20.14	4.18		
159	大寨水力发电厂	6.00	2.15	2.61	97.92	8.20	5.61	1480.65	0.01

续表

	水电厂名称	发电运行情况				水库运行情况			
		总装机容量	年发电量	平均耗水率	等效可用系数	年入库总水量	发电用水量	年末水位	年末库容
		万 kW	亿 kW·h	m^3/（kW·h）	%	亿 m^3	亿 m^3	m	亿 m^3
160	螺丝湾水电站	6.00	2.36	2.78	92.27	12.27	6.55		
161	鲁布革水力发电厂	60.00	23.58	1.30	94.60	41.37	30.58	1125.34	0.57
162	以礼河发电厂	32.15	8.77	0.35	85.72	2.77	3.05	2205.75	1.40
163	绿水河发电厂	6.55	2.48	1.40	94.18	3.73	3.46	476.55	
164	崖羊山水电厂	12.00	3.66		97.54	27.78	23.34	833.50	2.23
165	龙马水电厂	28.50	9.59	3.56	97.67	42.26	34.12	636.31	5.15
166	居甫渡水电厂	28.50	10.33	7.20	100	80.15	74.44	521.33	1.65
167	戈兰滩水电厂	45.00	16.10	5.08	97.55	93.32	81.78	455.34	3.87
168	土卡河水电厂	16.50	5.66	15.51	96.42	95.28	87.79	366.20	0.61
169	那兰水电厂	15.00	5.98	4.59	95.93	31.52	27.45	417.48	2.04
170	马鹿塘水电厂	30.00	4.49	1.30	100	10.76	5.86	612.10	3.45
171	石泉水力发电厂	22.50	7.82	10.06	96.58	111.70	78.63	408.63	2.52
172	喜河水力发电厂	180.00	6.61	14.62	95.52	123	88.66	361.42	1.61
173	蜀河水力发电厂	270.00	3.31	26.26	99.33	263.90	88.25	213.16	1.35
174	青铜峡（含唐渠）水电厂	30.20	12.03	21.91	93.87	272.34	263.57	1155.95	0.35
175	龙羊峡水电厂	128.00	69.15	3.12	90.10	184.78	215.65	2582.56	184.45
176	拉西瓦水电厂	350.00	96.67	2.28	93.41	220.67	219.99	2420.60	6.31
177	李家峡水电厂	160.00	66.79	3.25	93.26	217.26	217.20	2179.36	16.28
178	公伯峡水电厂	150.00	59.05	3.72	95.27	219.77	219.71	2004.53	5.41
179	苏只水电厂	22.50	9.60	22.33	98.36	220.89	214.25	1898.38	0.36
180	直岗拉卡水电公司	15.20	7.04	29.54	95.6	214.13	206.18	2050.00	0.15
181	盐锅峡水电厂	47.12	23.85	11.12	95.71	265.07	265.09	1619.06	0.27
182	八盘峡水电厂	22.00	10.43	27.00	91.02	293.38	291.94	2577.21	0.16
183	吉林台水电公司	46.00	15.47	3.44	90.65	57.20	53.24	1406.48	17.92
184	吉林台二级水电公司	5.00	3.14	9.10	92.22	53.72	28.54	1282.19	0.10
185	察汗乌苏水电站	30.90	12.34	3.06	92.82	38.58	37.71	1621.2	0.44

（各发电公司、各省水力发电工程学会、各水电厂提供资料）

2010 年全国电力统计基本数据一览表

	单位	2010 年	2009 年	比上年增长（±、%）
一、发电装机容量	万 kW	96 641.30	87 409.72	10.56
水电	万 kW	21 605.72	19 629.02	10.07

续表

	单位	2010年	2009年	比上年增长（±、%）
火电	万 kW	70 967.21	65 107.63	9.00
核电	万 kW	1082.40	907.82	19.23
风电	万 kW	2957.55	1759.94	68.05
地热、潮汐	万 kW	2.81	2.81	
太阳能	万 kW	25.62	2.50	924.73
6000kW及以上火电厂设备容量	万 kW	70 391.13	64 522.91	9.09
其中：燃煤	万 kW	64 660.64	59 215.17	9.20
燃油	万 kW	877.99	823.00	6.68
燃气	万 kW	2642.40	2402.96	9.96
煤矸石	万 kW	836.80	674.00	24.15
生物质	万 kW	170.45	108.80	56.66
垃圾	万 kW	170.94	130.29	31.20
余温、余压、余气等	万 kW	1007.13	1168.70	−13.82
二、关停机组	万 kW	1305.24	1812.79	−28.00
三、新增发电设备能力	万 kW	9124.00	9667.35	−5.62
水电	万 kW	1642.85	2105.70	−21.98
火电	万 kW	5830.56	6585.76	−11.47
其中：燃煤	万 kW	5425.84	6186.71	−12.30
燃气	万 kW	123.50	127.34	−3.02
煤矸石	万 kW	130.14	155.00	−16.04
生物质	万 kW	43.11	23.20	85.82
垃圾	万 kW	14.03	11.34	23.72
余温、余压、余气等	万 kW	81.77	68.25	19.81
核电	万 kW	173.69		
风电	万 kW	1457.31	973.00	49.77
太阳能	万 kW	19.59	2.79	602.15
四、年底电源在建规模	万 kW	18 338.94	17 407.56	−0.09
水电	万 kW	6551.05	6724.80	−2.58
火电	万 kW	7400.13	7749.10	−4.50
核电	万 kW	3395.42	2192.00	8.13
风电	万 kW	966.54	720.75	34.10
五、基建新增110kV及以上输电线路长度	km	76 574	69 217	10.63
其中：1000kV	km	0	640	−100.00
±800kV	km	1907	1375	38.69
750kV	km	4491	2021	122.24
±660kV	km	1335		
500kV	km	10 793	12 959	−16.71

续表

	单位	2010年	2009年	比上年增长（±、%）
其中：±500kV	km	3189	574	455.61
330kV	km	1699	1766	−3.78
220kV	km	24 499	22 697	7.94
110kV	km	31 850	27 760	14.73
六、基建新增110kV及以上变电设备容量	万kVA	35 335	36 155	−2.27
其中：1000kV	万kVA		600	−100.00
750kV	万kVA	1920	1080	77.78
500kV	万kVA	9495	11 545	−17.76
330kV	万kVA	960	780	23.08
220kV	万kVA	13 438	12 801	4.98
110kV	万kVA	9522	9349	1.85
七、单机6000kW及以上机组平均单机容量				
水电：单机容量	万kW/台	5.61	5.51	0.10
机组台数	台	3097	2860	237台
机组容量	万kW	17 386.83	15 768.11	1619万kW
火电：单机容量	万kW/台	10.88	10.31	0.57
机组台数	台	6373	6221	152台
机组容量	万kW	69 349.28	64 133.47	5216万kW
八、35kV及以上输电线路长度	km	1 336 772	1 229 370	8.51
其中：1000kV	km	1006	640	57.25
±800kV	km	3334	1375	142.45
750kV	km	6685	2747	153.22
±660kV	km	1095		
500kV	km	135 180	121 935	8.53
其中：±500kV	km	8081	13 298	17.10
330kV	km	20 338	19 156	6.17
220kV	km	277 988	253 573	9.63
110kV	km	458 477	422 863	8.42
35kV	km	432 668	407 077	6.29
九、35kV及以上变电设备容量（交流）	万kVA	361 742	324 771	13.21
其中：1000kV	万kVA	600	600	
750kV	万kVA	3870	1740	122.41
500kV	万kVA	69 843	64 145	16.18
330kV	万kVA	6457	5656	16.91
220kV	万kVA	118 247	103 498	14.76
110kV	万kVA	125 224	112 965	10.86
35kV	万kVA	37 501	35 574	5.44

续表

	单位	2010年	2009年	比上年增长（±、%）
十、电力投资完成情况	亿元	7417.47	7701.61	−3.69
1. 电源投资	亿元	3969.36	3803.31	4.37
其中：水电	亿元	819.18	867.19	−5.54
火电	亿元	1426.14	1543.56	−7.61
核电	亿元	647.57	584.01	10.88
风电	亿元	1037.55	781.78	32.72
2. 电网投资	亿元	3448.10	3898.30	−11.55
送变电	亿元	3338.45	3776.91	−11.61
（1）直流	亿元	283.54	276.76	2.45
±800kV	亿元	116.05	189.44	−38.74
±660kV	亿元	71.40	9.08	686.41
±500kV	亿元	81.46	78.24	4.11
±400kV	亿元	14.62		
（2）交流	亿元	3054.92	3099.79	−1.45
1000kV	亿元	1.97	4.88	−59.65
750kV	亿元	173.85	125.46	38.57
500kV	亿元	444.13	699.74	−36.53
330kV	亿元	37.25	56.93	−34.57
220kV	亿元	1083.16	891.28	21.53
110kV及以下	亿元	1314.55	1321.50	−0.53
其他（含小型基建）	亿元	109.65	121.39	−9.67
十一、发电量	亿kW·h	42 277.71	36 811.86	14.85
水电	亿kW·h	6867.36	5716.82	20.13
火电	亿kW·h	34 166.28	30 116.87	13.45
核电	亿kW·h	747.42	700.50	6.70
风电	亿kW·h	494.00	276.15	78.89
地热、潮汐、太阳能等	亿kW·h	2.65		73.71
6000kW及以上火电厂发电量	亿kW·h	34 086.11	30 050.07	13.43
其中：燃煤	亿kW·h	32 162.69	28 347.71	13.46
燃油	亿kW·h	161.89	170.76	−5.20
燃气	亿kW·h	776.27	565.59	37.25
煤矸石	亿kW·h	361.00	317.76	13.61
生物质	亿kW·h	74.25	52.17	42.33
垃圾	亿kW·h	86.84	67.48	28.70
余温、余压、余气等	亿kW·h	455.99	528.60	−13.74
十二、6000kW及以上电厂供热量	万GJ	280 759.99	258 198.07	8.74
十三、6000kW及以上电厂供电煤耗	g/kW·h	333	340	−7

续表

	单位	2010年	2009年	比上年增长（±、%）
十四、6000kW及以上电厂发电煤耗	g/kW·h	312	320	−8
十五、6000kW及以上电厂厂用电率	%	5.43	5.76	−0.32
水电	%	0.33	0.4	−0.07
火电	%	6.33	6.62	−0.29
十六、6000kW及以上电厂利用小时	h	4650	4546	104
水电	h	3404	3328	76
火电	h	5031	7716	166
核电	h	7840	7716	124
风电	h	2047	2077	−30
十七、供、售电量及线损				
供电量	亿kW·h	38 041.72	32 613.74	6.52
售电量	亿kW·h	35 556.32	30 423.09	16.87
线损电量	亿kW·h	2485.39	2190.65	13.45
线路损失率	%	6.53	6.72	−0.19
十八、全社会用电量	亿kW·h	41 998.82	36 595.15	14.76
A. 全行业用电合计	亿kW·h	36 904.87	32 019.99	15.24
第一产业	亿kW·h	976.49	939.90	3.89
第二产业	亿kW·h	31 450.01	27 136.40	15.88
其中：工业	亿kW·h	30 966.77	26 754.49	15.73
1. 轻工业	亿kW·h	5336.23	4535.55	15.12
2. 重工业	亿kW·h	25 630.53	22 118.94	15.86
第三产业	亿kW·h	4478.36	3943.70	13.56
B. 城乡居民生活用电合计	亿kW·h	5093.96	4575.16	11.34
其中：城镇居民	亿kW·h	2959.87	2670.00	10.86
乡村居民	亿kW·h	2134.09	1905.16	12.02
十九、6000kW及以上电厂燃料消耗				
发电消耗标准煤量	万t	102 006.24	91 478.17	11.51
发电消耗原煤量	万t	158 970.92	139 669.62	13.82
供热消耗标准煤量	万t	11 171.65	10 199.06	9.54
供热消耗原煤量	万t	16 769.41	14 959.97	12.10
二十、6000kW及以上电厂热效率				
电厂热效率	%	39.42	40.44	0.99
电厂供热效率	%	85.75	86.38	−0.63
能源转换总效率	%	44.00	43.89	0.75
二十一、发电设备比				
发电设备容量：用电设备容量		1∶3.18	1∶3.16	
二十二、电力弹性系数				
电力生产弹性系数		1.44	0.73	0.72
电力消费弹性系数		1.43	0.71	0.73

（中国电力企业联合会）

2010年我国大型企业发电生产情况

集团名称	装机容量（万kW）		累计电量（亿kW·h）	
	合计	其中水电	合计	其中水电
中国华能集团公司	11 343	1082	5376	415
中国大唐集团公司	10 588	1531	4726	472
中国华电集团公司	8817	1538	3595	380
中国国电集团公司	9532	1011	4199	302
中国电力投资集团公司	7073	1774	2940	549
广东省粤电集团有限公司	2119	214	1046	60
中国长江三峡集团公司	2129	2104	1008	1006
中国神华集团有限责任公司	3427		1602	
华润电力控股有限公司	2173	21	1210	6
国投电力公司	1724	532	861	256
浙江省能源集团有限公司	1941	80	988	20
河北省建设投资公司	706		371	
中国核工业集团公司	578		414	
江苏省投资管理有限责任公司	437	10	261	2
深圳市能源集团有限公司	527		268	
中国广东核电集团有限公司	784	75	418	30
北京能源投资（集团）有限公司	1000	14	414	0.4
申能（集团）有限公司	502		269	
安徽省能源集团公司	430		213	
广州发展集团有限公司	245		123	
江西省投资集团公司	150	10	58	3
新力能源开发有限公司	270		160	
湖北省能源集团有限公司	539	358	155	75
宁夏发电集团公司	263		99	
山西国际电力集团有限公司	140	13	82	7
甘肃电力投资集团公司	255	130	114	39

（中国电力企业联合会）

中國水力發電年鑒

18

大 事 记

一　月

1月11日　为贯彻落实科学发展观，全面了解水利发展状况，提高水利服务经济社会发展能力，实现水资源可持续开发、利用和保护，国务院以国发〔2010〕4号文通知，决定于2010～2012年开展第一次全国水利普查。

1月14～16日　国家电网公司一届五次职工代表大会暨2010年工作会议在北京召开。国家电网公司党组书记、总经理刘振亚在大会上作了题为《坚定不移推进“两个转变”，加快建设“一强三优”现代公司》的工作报告。2009年，国家电网公司完成固定资产投资3111亿元，其中：电网投资首次突破3000亿元；投产110（66）kV及以上输电线路5.8万km，变电容量2.9亿kVA；完成售电量22 748亿kW·h，增长7.1%；实现营业收入12 660亿元。会议确定了以建设坚强智能电网为主的2010年工作任务。

1月18～19日　中国大唐集团公司2010年工作会议在北京召开。2009年，中国大唐集团公司投产容量创造新纪录，全年投产项目57个共1963.25万kW，使装机容量突破1亿kW；结构调整取得新进展，全年投产清洁和可再生能源装机容量178.25万kW；节能减排实现新突破，全年新增脱硫机组2195.5万kW，供电煤耗降至328.41g/（kW·h），提前一年完成“十一五”节能减排任务；全年实现营业收入1515亿元，同比增加85.96亿元，实现利润22.8亿元。会议确定2010年为中国大唐集团公司“盈利年”，提出了“一个中心、四个重点、一个目标”的工作思路。

1月20日　水电水利规划设计总院在北京主持召开高土石坝抗震性能及抗震安全研究课题启动会议。参加会议的有河海大学、大连理工大学、中国水利水电科学研究院、南京水利科学研究院的领导、专家和代表。中国科学院林皋院士也参加了会议。会议听取了4家科研单位对以往工作的汇报，并对高土石坝抗震性能及抗震安全研究课题下步的安排进行了认真讨论，明确了各单位分工与后续工作计划。

1月20～21日　中国华能集团公司2010年工作会议在北京召开。会议总结了2009年主要工作，研究部署了2010年工作任务，动员中国华能集团公司系统着力转变发展方式，着力提升竞争能力，着力增强综合实力，加快建设具有国际竞争能力的综合能源集团的步伐。2009年，中国华能集团公司装机规模突破1亿kW，境内外全资及控股电厂装机容量达到10 438万kW，其中：国内装机容量约占全国装机容量的11.6%；清洁能源比重达到15%；完成发电量4201亿kW·h；实现合并销售收入1787亿元，同比增长18%；煤炭生产能力4772万t/年，同比增长75%；供电煤耗327.7g/（kW·h），同比下降5.89g/（kW·h）。

1月20～22日　中国国电集团公司2010年工作会议在天津召开。会议提出了2010年大力发展新能源工作要突出“五个着力”，建设创新型企业围绕“五个强化”开展的工作思路，并确立了工作目标。2009年，中国国电集团公司可控装机容量达到8203万kW，其中：清洁能源装机容量达1178万kW；煤炭产能3200万t，控股煤炭资源132亿t，同比增长50%；企业资产负债率实现首次下降，降幅达3.46%；完成直接融资384亿元，其中龙源集团H股上市募集资金177亿元。

1月22日　国务院办公厅下发通知，根据第十一届全国人民代表大会第一次会议审议批准的国务院机构改革方案和《国务院关于议事协调机构设置的通知》（国发〔2008〕13号）精神，为加强能源战略决策和统筹协调，国务院决定成立国家能源委员会，国务院总理温家宝出任主任。国家能源委员会的主要职责是：负责研究拟订国家能源发展战略，审议能源安全和能源发展中的重大问题，统筹协调国内能源开发和能源国际合作的重大事项。国家能源委员会办公室主任由国家发展改革委主任兼任，副主任由国家能源局局长兼任，国家能源委员会办公室具体工作由国家能源局承担。

1月22日　国家能源局、国家海洋局根据《中华人民共和国行政许可法》、《中华人民共和国海域使用管理法》和《企业投资项目核准暂行办法》，颁布了《海上风电开发建设管理暂行办法》。

1月26～27日　中国华电集团公司2010年工作会议在北京召开。会议确定了2010年经营发展目标，提出“转方式、调结构、推创新、提效益”的工作思路，部署了7个方面的重点工作，动员中国华电集团公司系统全力推进实施公司五年发展纲要，加快建设以电为主的国内一流能源集团。2009年，中国华电集团公司发电量同比增长5.5%，销售收入突破1000亿元，同比减亏增盈88.9亿元；水电装机容量1382万kW，清洁能源装机容量占总装机容量的24%；供电煤耗同比下降8.7g/（kW·h），单位二氧化硫排放绩效同比下降8%，关停小火电机组19台165万kW，提前超额完成“十一五”关停目标。

1月27日　中国电力投资集团公司2010年工作会议在北京召开。会议总结了2009年工作，部署了2010年任务，动员中国电力投资集团公司干部、职工围绕“保发展目标，抓利润增长，促战略转型”目标，把集团“三步走”发展战略全面推向新阶段。

2009年，中国电力投资集团公司完成发电量2515亿kW·h，同比增长23%；煤炭产量4297万t，同比增长30%；电解铝产量110万t，同比增长147%；营业收入首次突破千亿大关，达到1012亿元，同比增长44.8%；利润总额31.65亿元，比上年减亏增利101亿元。2009年，中国电力投资集团公司清洁能源比例上升至30%，水电装机容量达1463万kW。

1月27～28日　中国南方电网有限责任公司2010年工作会议暨一届三次职工代表大会在广州召开。中国南方电网有限责任公司党组书记、董事长袁懋振作了题为《服务经济促转变，科学发展上台阶》的工作报告。会议提出2010年要全面完成“十一五”目标。2009年，中国南方电网有限责任公司保持了安全稳定，公司主要生产指标优于上年，完成售电量5239亿kW·h，同口径增长6.2%；西电东送电量1156亿kW·h，同比增长9.5%；完成固定资产投资1051亿元，其中电网建设投资915亿元；投产220kV及以上输电线路9174km，变电容量5197万kVA。

1月29日　中国水利水电建设股份有限公司揭牌仪式在北京举行，标志着中国水利水电建设集团公司整体重组改制工作顺利完成，企业改革发展进入一个新阶段。中国水利水电建设股份有限公司由中国水利水电建设集团公司和中国水电工程顾问集团公司共同发起设立，总股本66亿元，分别占99%和1%。

1月31日　中国长江三峡集团公司在总部大楼召开干部大会。中央组织部副部长王尔乘在会上宣布：根据中国长江三峡集团公司改革发展需要和领导班子建设的实际，经中央同意，中国长江三峡集团公司设立董事会；原中国长江三峡集团公司总经理李永安同志因年龄原因不再担任中国长江三峡集团公司党组书记和总经理职务，曹广晶同志任中国长江三峡集团公司董事长、党组书记，陈飞任中国长江三峡集团公司董事、总经理、党组成员。

二　月

2月5日　一年一度的中国水电新春联谊会在北京隆重举行，国家有关部委及水利电力行业的领导、专家和同仁欢聚一堂，畅叙友情，展望未来，共谋中国水电发展。本届联谊会由中国华能集团公司和中国水力发电工程学会联合举办，来自水利部、国家能源局、国务院南水北调办、中国工程院、国家电力监管委员会、中国电力企业联合会、武警水电指挥部、中国长江三峡集团公司及相关电力公司等单位的约300多名领导和代表参加了联谊会。

2月10日　中国证券监督管理委员会正式下发《关于核准广西桂冠电力股份有限公司重大资产重组及向中国大唐集团公司发行股份购买资产的批复》及《关于核准豁免中国大唐集团公司要约收购广西桂冠电力股份有限公司股份义务的批复》（证监许可〔2010〕195、196号），至此，广西桂冠电力股份有限公司岩滩资产重组项目完成所有审批手续，并开始进入最后资产交割及股份发行的实施过程。在本次非公开发行股份完成后，广西桂冠电力股份有限公司可控装机容量由305.8万kW增加到426.8万kW。

三　月

3月8日　国家发展改革委印发发改能源〔2010〕454号文件，核准江西洪屏抽水蓄能电站项目。江西洪屏抽水蓄能电站位于江西省宜春市靖安县境内，规划装机容量240万kW，拟分期建设，本期装机容量120万kW。电站枢纽由上水库、下水库、输水系统、地下厂房和开关站等建筑物组成。该项目由国家电网公司独资建设，由中国水电顾问集团华东勘测设计研究院负责勘测设计工作。

3月8日　澜沧江小湾水电站大坝比合同工期提前10个月全线浇筑到顶。小湾水电站大坝坝高294.5m，为世界在建第二高混凝土双曲拱坝，建设难度为“世界之最”。

3月9日　国家发展改革委以《关于印发国家发展改革委关于核准浙江仙居抽水蓄能电站项目的请示的通知》（发改能源〔2010〕455号）核准浙江仙居抽水蓄能电站项目。该项目由国家电网公司控股、地方参股投资建设。仙居抽水蓄能电站位于浙江省仙居县境内，总装机容量150万kW，安装4台37.5万kW的立轴单级可逆混流式机组，电站枢纽由上水库、下水库、输水系统、地下厂房和开关站等建筑物组成，由中国水电顾问集团华东勘测设计研究院承担勘察设计工作。

3月19日　国家发展改革委以发改运行〔2010〕534号文发出通知，要求做好2010年电力运行工作，进一步加强电力运行调节，充分发挥需求侧管理的作用，为保持经济平稳、较快发展，促进转变经济发展方式和结构调整提供可靠的电力保障。

3月28日　中国土木工程学会、詹天佑土木工程科技发展基金会为荣获第九届土木工程詹天佑奖的工程颁奖，黄河小浪底水利枢纽和湖北水布垭水电站荣登金榜。

3月31日　瀑布沟水电站4号机组顺利完成72h试运行，正式投入商业运行。这是该电站投产发电的第三台60万kW机组，由中国水利水电第七工程局有限公司安装。2010年3月20日开始对压力钢管充水，3月22日机组一次启动成功，仅用7天时间顺利完成了机组有水调试和启动试运行的各项试验，机组两次甩负荷试验仅用了 18min，各项试验参数均满足机组启动试运行大纲要求。

3 月 31 日 中国与朝鲜合作建设的鸭绿江望江楼水电站和文岳水电站在吉林省集安市开工。两座水电站总投资 11 亿元人民币，完工后年发电总量达 3 亿多千瓦·时，中朝双方都可受益。鸭绿江是中朝两国界河，两座水电站位于鸭绿江流域的集安市境内。望江楼水电站计划投资 6 亿元人民币，发电厂位于中方一侧，总装机容量 4 万 kW，年发电量 1.54 亿 kW·h。文岳水电站计划投资 5 亿元人民币，发电厂位于朝方一侧，总装机容量 4 万 kW，年发电量 1.54 亿 kW·h。

四 月

4 月中旬 哈尔滨电气集团公司新开发的 6500kW 可变速水轮发电机组在新疆伊犁人民水电站并网发电。该机组采用轴流定桨但发电机可变速运行技术，转速可以在额定转速的－10%～＋5%范围内调节。这为今后建设水头变幅大、稳定运行问题突出、泥沙磨损严重的常规水电站和大型抽水蓄能电站打下了良好的技术基础。

4 月 27 日 国家大坝安全工程技术研究中心启动仪式在武汉举行，中心正式组建运行。水利部副部长胡四一、湖北省副省长郭生练、长江水利委员会主任蔡其华、科技部社会发展科技司副司长田保国出席启动仪式，并为国家大坝安全工程技术研究中心启动揭牌。有关领导、专家和代表共 300 余人参加了启动仪式。科学技术部批准长江勘测规划设计研究院和长江科学院联合组建国家大坝安全工程技术研究中心，对于全面提升我国大坝安全技术水平，提高突发安全事故应急处理能力，保障人民群众生命财产安全具有重要意义。

4 月 29～30 日 水电水利规划设计总院在北京组织召开了国家标准《水电工程设计防火规范》（送审稿）技术咨询讨论会。会议按照建筑与水工、机电、给排水、暖通等专业分组进行了充分讨论，认为规范编制组自 2004 年 9 月开展工作以来历时近 6 年，做了大量的研究工作，经过对征求意见稿 4 次修改完善，提出的国家标准《水电水利工程设计防火规范》（送审稿）符合国家有关防火安全法律法规、标准规定和水电工程建设的需求，同时对该送审稿的进一步修改完善提出了具体建议。

五 月

5 月 4 日 国务院以国发〔2010〕12 号文，发出《国务院关于进一步加大工作力度确保实现“十一五”节能减排目标的通知》。

5 月 9 日 小湾水电站 4 号 70 万 kW 机组顺利通过 72h 试运行，正式投产发电。该机组成为我国水电装机突破 2 亿 kW 的标志性机组。

5 月 13～16 日 金沙江下游乌东德水电站预可行性研究报告通过国家能源局组织的审查。

5 月 19 日 为贯彻国务院《关于进一步加大工作力度确保实现“十一五”节能减排目标的通知》（国发〔2010〕12 号）精神，严格落实对高耗能企业差别电价政策，坚决纠正地方越权实施优惠电价，严肃查处电力企业不执行国家上网电价、脱硫电价政策的行为，有力促进经济结构调整和经济发展方式转变，国家发展改革委、工业和信息化部、监察部、环境保护部、国家电监会、国家能源局以发改价检〔2010〕1023 号文，通知立即组织开展全国电力价格大检查。

5 月 21 日 中共中央政治局委员、国务院副总理张德江，在宁夏回族自治区主席王正伟等的陪同下，视察了青铜峡水电站。

5 月 22 日 《人民武警报》报道，日前，国务院、中央军委任命水利部部长陈雷兼任武警水电指挥部第一政治委员。

六 月

6 月 6 日 洪屏抽水蓄能电站正式开工建设。洪屏抽水蓄能电站是江西省第一座抽水蓄能电站，位于宜春市靖安县境内，电站规划装机容量 240 万 kW，分两期建设。第一期工程装机容量 120 万 kW，安装 4 台 30 万 kW 可逆式机组，设计年均发电量 17.43 亿 kW·h，年均抽水电量 22.93 亿 kW·h，工程总投资为 51.88 亿元，两期总投资预计 120 亿元。

6 月 9 日 国家电力监管委员会以电监会 29 号令，公布《国家电力监管委员会行政复议办法》，自 2010 年 9 月 1 日起施行。

6 月 12 日 黑龙江省 2010 年重点推进的 300 个项目之一——牡丹江下游水电梯级开发项目暨龙虎山水电站开工仪式在林口县举行。龙虎山水电站坝址位于牡丹江干流现有的莲花电站的下游，总库容 4513 万 m^3，最大坝高 16.5m，总装机容量 6.5 万 kW。

6 月 24 日 国家发展改革委以发改能源〔2010〕1335 号文《国家发展改革委关于广西红水河岩滩水电站扩建工程项目核准的批复》同意建设岩滩水电站扩建工程。岩滩水电站扩建工程利用原岩滩水电站已建大坝和水库，在坝址右岸新建一地下厂房，安装 2 台 30 万 kW 混流式发电机组。

6 月 27 日 深溪沟水电站首台机组（1 号机组）投产发电。深溪沟水电站共装设 4 台单机容量为 16.5 万 kW 的轴流转桨式水轮发电机组。该机组成为四川省发电装机容量突破 4000 万 kW 的标志性机组。

七 月

7月5～6日 中共中央、国务院在北京召开西部大开发工作会议，一批为西部大开发作出突出贡献的先进集体和先进个人在会上受到表彰。国家电网公司、龙滩水电开发有限公司荣获“国家西部大开发突出贡献集体”荣誉称号。

7月8日 经报请国务院审议同意，国家发展改革委以发改能源〔2010〕1442号文，批复西藏雅鲁藏布江藏木水电站可行性研究报告，同意建设该电站。藏木水电站总装机容量51万kW，年均发电量24.532亿kW·h。电站枢纽包括挡水建筑物、泄洪建筑物、地面厂房和开关站等，大坝为混凝土重力坝，最大坝高116m。按照2009年第三季度价格水平测算，工程静态总投资78.97亿元，动态总投资84.43亿元。藏木水电站是国家批复同意在西藏雅鲁藏布江开发建设的第一个项目，该电站建设管理由中国华能集团公司负责，勘察设计工作由中国水电顾问集团成都勘测设计研究院负责。

7月8日 国家发展改革委对云南省发展改革委上报的金安桥水电站项目申请报告进行了批复，并以发改能源〔2010〕1443文，核准金安桥水电站项目，且对电站建设提出了具体要求。金安桥水电站是金沙江中游河段“一库八级”水电规划的第五梯级电站，上游与阿海水电站衔接，下游与龙开口水电站衔接。水库正常蓄水位1418m，死水位1398m，电站装机容量240万kW（4×60万kW），总库容9.13亿m^3，调节库容3.46亿m^3，具有周调节性能。

7月8日 向家坝—上海±800kV特高压直流输电示范工程投入运行。该工程是世界上首条电压等级最高、输电距离最远、输送容量最大、技术最先进的具有自主知识产权的特高压直流输电工程。

7月14日 国家能源局以国能新能〔2010〕214号文，正式颁布由水电水利规划设计总院（可再生能源定额站）组织编制的2010年版《水电工程工程量清单计价规范》、《水电工程施工招标和合同文件示范文本》和《水电工程设计工程量计算规定》。

7月23日 2009年曾因环评问题被责令停建的鲁地拉和龙开口水电站工程，获得《关于金沙江鲁地拉水电站环境影响报告书的批复》、《关于金沙江龙开口水电站环境影响报告书的批复》，环评通过。

7月29日 国家发展改革委印发发改能源〔2010〕1661号文，核准湖南黑麋峰抽水蓄能电站二期工程项目。湖南黑麋峰抽水蓄能电站二期工程在一期建设60万kW抽水蓄能机组的基础上，扩建2台30万kW的混流可逆式水轮发电机组，建设规模为60万kW。该项目由中国电力投资集团公司控股的五凌电力有限公司负责建设，由中国水电顾问集团中南勘测设计研究院负责勘测设计工作。

7月30日 在德国波恩召开的联合国清洁发展机制执行理事会（EB）第55次会议上，有22个项目再次遭遇国际“封杀”，其中20个项目来自中国。而被拒的中国项目中，有8个是小水电项目，主要分布于云南、四川、重庆、湖南等多个地区，上网电价0.22～0.31元/（kW·h）不等。

八 月

8月11日 国家能源局以国能新能〔2010〕236号文发布通知，授予石龙坝水电站“中国第一座水电站”称号。

8月17日 拉西瓦水电站1号机组完成72h试运行后，正式并网发电。至此，黄河上最大的水电站——拉西瓦水电站5台机组全部并网发电。

8月17日 黄河青铜峡水电站1号机组拆除工作开始，标志着青铜峡水电站全面技术改造工作进入实施阶段。

8月22日 小湾水电站6号机组顺利通过72h试运行，正式并网发电。此举标志着小湾水电站6台共420万kW机组全部投产。

8月25日 国家能源局在澜沧江小湾水电站举行揭牌仪式，授予小湾水电站4号机组“全国水电装机突破2亿kW标志性机组”称号。该机组于2010年5月9日投产发电。

8月26日 国家能源局、云南省人民政府在云南联合召开中国水电100年纪念大会，并为石龙坝水电站命名为“中国第一座水电站”举行揭牌仪式。

8月30～31日 水电水利规划设计总院会同云南省发展改革委在北京主持召开了金沙江龙开口水电站可行性研究报告审查核定会议。会议听取了中国水电顾问集团华东勘测设计研究院对报告主要内容的介绍，并分组进行了讨论和审议，审查核定认为，《金沙江中游河段龙开口水电站可行性研究报告》达到了可行性研究阶段设计内容和深度的要求，基本同意该报告。

九 月

9月7日 为贯彻落实《中共中央国务院关于加大统筹城乡发展力度进一步夯实农业农村发展基础的若干意见》（中发〔2010〕1号）精神，适应农村用电需求快速增长的趋势和统筹城乡发展的要求，做好新一轮农村电网改造升级工程实施工作，提升农网供电可靠性和供电能力，促进社会主义新农村建设和全面建设小康社会奋斗目标的实现，国家发展改革委办公厅以发改办能源〔2010〕2177号文，发出《关于开展农村电网改造升级工程规划有关要求的通知》。

9月9～11日　《水工设计手册》（第二版）编委会在北京召开了第一卷《基础理论》和第五卷《混凝土坝》的审稿定稿会。会议认为：第一卷和第五卷在第一版应用的基础上，做了全面修改、调整和补充，总结和吸收了近30年来我国水利水电工程建设的实践经验和科技进步成果，反映了当前水利水电勘测设计的技术水平，妥善处理了修编工作中继承与创新的关系，兼顾并适应了水利工程和水电工程两套设计标准，基本达到了出版要求。

9月14日　为做好农村电网改造升级工作，明确技术标准和要求，确保工程质量，提高投资效益，国家能源局以国能新能〔2010〕306号文，印发了《农村电网改造升级技术原则》。

9月20日　长江水利委员会新闻发布会通报：2010年三峡工程防洪经济效益达到266.3亿元。2010年汛期，长江流域大部分地区发生或多次发生大范围暴雨，三峡水库出现最大入库流量70 000m^3/s（7月20日）等多次洪水过程，经三峡水库及时拦蓄，沙市站水位未超警戒水位，取得了巨大的防洪减灾经济效益。

9月25日　国家发展改革委印发发改能源〔2010〕2250号文，核准四川雅砻江桐子林水电站项目。该项目由国家开发投资公司控股的二滩水电开发有限公司负责建设和管理。桐子林水电站总装机容量60万kW，安装4台15万kW轴流转桨式水轮发电机组，电站枢纽由挡水建筑物、泄水建筑物、河床式发电厂房、开关站等建筑物组成，由中国水电顾问集团成都勘测设计研究院承担勘察设计工作。

9月27日　国家“十一五”重点项目、西藏第一座50万kW级大型水电站——藏木水电站正式开工建设。同年11月12日，电站顺利实施工程分期导流。雅鲁藏布江开发和西藏电力建设迈入了新阶段。

十　月

10月9日　由中国水利水电科学研究院、中国大坝协会和国家水电可持续发展研究中心共同主办的水电可持续发展专题国际研讨会在中国水利水电科学研究院召开。来自国际水电协会、大自然保护协会、世界自然基金会和中国水利部、国家能源局、环境保护部、中国水力发电工程学会等的中外代表40余人出席了会议。

10月11日　中国最大的水力发电上市公司中国长江电力股份有限公司与俄罗斯最大的独立电力公司兼世界最大的私营水力发电公司之一EuroSibEnergo PLC签订框架合作协议，开发俄罗斯的水力发电项目。

10月14日　大石峡水电站预可行性研究报告日前通过有关部门审定，正式进入建设阶段。总投资50亿元大石峡水电站，是阿克苏河重要支流库玛拉克河上的龙头水库电站，可控制阿克苏河75%的径流，水库库容12.74亿m^3，电站装机容量60万kW，年发电量约20亿kW·h。工程建成后，可解决灌区540万亩农田的春灌缺水问题，并可提高电站下游沿河两岸的防洪标准。同时，每年可节省标准煤67.5万t，减少二氧化碳、二氧化硫和氮氧化物的排放，改善当地的生态环境。

10月15～17日　水电水利规划设计总院会同河北省发展改革委在北京主持召开了河北丰宁抽水蓄能电站可行性研究报告审查会议。丰宁抽水蓄能电站位于河北省承德市丰宁满族自治县境内，距北京市、承德市距离分别为180km和150km。电站总装机容量360万kW，一期工程装机容量180万kW，具有周调节性能，在京津唐电网中承担调峰、填谷、调频、调相和事故备用等任务。枢纽工程由上水库、下水库、输水系统、地下厂房和地面开关站等建筑物组成。会议听取了关于报告主要设计成果的汇报，并分组进行了认真的讨论和审议。审查认为，报告达到了可行性研究阶段勘测设计工作内容和深度的要求，基本同意该报告。

10月16日　国家发展改革委办公厅以发改办能源〔2010〕2520号文，印发了《农村电网改造升级项目管理办法》，以加强项目管理，明确管理程序和要求，提高中央预算内资金使用效益，做好农村电网改造升级工作。

10月18日　党的十七届五中全会通过了《中共中央关于制定国民经济和社会发展第十二个五年规划的建议》，提出“在保护生态的前提下积极发展水电”的指导方针。这是面对节能减排的新形势，国家对水电开发提出的新要求。

10月20日　装机容量240万kW的官地水电站和装机容量60万kW的桐子林水电站正式开工。作为国家深入实施“西部大开发”战略的标志性重大项目，这两座大型水电站同时开工标志着雅砻江下游梯级电站开发全面启动，我国发展低碳能源的步伐进一步加快。官地水电站与桐子林水电站分别位于四川省凉山彝族自治州与攀枝花市境内。根据建设计划，两座电站将于2013年7月与2016年6月竣工，年发电量分别为117.76亿kW·h和29.75亿kW·h，工程投资分别约为159.93亿元和62.57亿元。

10月26日　上午9时，三峡工程顺利实现试验性蓄水目标，水库水位第一次达到设计水位175m。这次试验性蓄水，在确保防洪安全的前提下，兼顾了航运和电网安全运行的需要，兼顾了长江上游、下游工农业用水和生态、环境平衡的需要，进行了三峡枢纽各类设备性能试验以及泥沙淤积观测，并初步探索了有效利用洪水资源的水库调度运行方式。自此，三峡工程的各项功能都可达到设计要求，其综合效益可全部发挥。

10月29日 “新中国成立60周年百项经典暨精品工程”揭晓，长江三峡水利枢纽、黄河小浪底水利枢纽、公伯峡水电站、刘家峡水电站、鲁布革水电站等水电工程榜上有名。

10月30日 水电水利规划设计总院在北京主持召开了《丰满水电站全面治理工程安全预评价报告》审查会议。原丰满水电站是新中国成立前我国修建的第一座大型水电工程，位于吉林省境内第二松花江干流上，下游距吉林市16km。丰满水电站全面治理工程新建坝址位于原坝址下游约120m处，水库正常蓄水位263.50m，相应库容约110亿m^3。重建大坝为碾压混凝土重力坝，坝顶高程269.90m，坝顶全长1068m，最大坝高94.50m。新建电站安装6台单机容量为20万kW的水轮发电机组，利用原丰满三期2台单机容量14万kW的机组，总装机容量148万kW，多年平均发电量17.0亿kW·h。枢纽建筑物由碾压混凝土重力坝、溢流坝、发电引水系统、坝后式地面厂房、GIS开关站及利用的原三期发电厂房组成。工程施工总工期约78个月，工程静态总投资约71.4亿元，动态总投资约88.6亿元。专家组进行了认真的讨论和评审，同意《丰满水电站全面治理工程安全预评价报告》通过审查并形成了审查初步意见。

十 一 月

11月4日 为高电能利用效率，促进电力资源优化配置，保障用电秩序，国家发展改革委、工业和信息化部、财政部、国资委、电监会、能源局以发改运行〔2010〕2643号文印发了《电力需求侧管理办法》。

11月4日 总投资10亿元人民币的阿尔斯通水电设备有限公司新厂在天津空港经济区揭幕。该厂全部建成后，年均可生产水轮发电机组30台套，年产值将达到40亿元人民币，将成为亚洲最大的水电设备生产基地。除了生产水轮发电机组外，新厂还将设立一个全球水电研发基地。这将是阿尔斯通水电设备有限公司的第三家全球研发基地，此前阿尔斯通于2008年在法国格尔诺布勒和印度巴罗达成立了两家研发基地。

11月8日 国家发展改革委以发改能源〔2010〕2665号文对大渡河长河坝水电站项目核准进行了批复，同意建设长河坝水电站工程。该水电站安装4台65万kW混流式水轮发电机组，总装机容量260万kW，年均发电量107.9亿kW·h。枢纽建筑物主要由挡水建筑物、泄洪建筑物、地下厂房和开关站等组成。大坝为砾石土心墙堆石坝，最大坝高240m。长河坝水电站工程项目由大唐国际发电股份有限公司、甘孜州甘投水电股份有限公司、华电国际电力股份有限公司和中国水电顾问集团成都勘测设计研究院共同出资组建的四川大唐国际甘孜水电开发有限公司负责建设和管理。

11月8日 中国水电工程顾问集团公司、华能澜沧江水电有限公司、云南华电怒江水电开发有限公司以及中国水力发电工程学会在北京主持召开了“300m级高面板堆石坝适应性及对策研究”课题验收及成果鉴定会。该项研究首次从理论和实践论证了建设300m级面板堆石坝的技术可行性和适应性，提出了关键技术问题的初步对策，为300m级面板堆石坝建设提供了技术支撑，具有广阔的推广应用前景和社会经济效益。经鉴定委员会一致通过，该课题研究成果总体达到国际领先水平。

11月9日 黄河积石峡水电站首台机组（1号机组）顺利通过72h试运行后，成功并网发电。该水电站位于青海省循化县境内积石峡出口处，是黄河上游龙羊峡至青铜峡河段规划的第11梯级水电站。电站设计安装3台单机容量34万kW机组，总装机容量102万kW，多年平均发电量33.63亿kW·h。

11月10日 中国南方电网有限责任公司、中国长江三峡集团公司和中国水利水电建设集团公司组成的中方联合体在缅甸首都内比都与缅甸电力一部签署了孟东水电站项目开发谅解备忘录。孟东水电站原名塔山水电站，规划装机容量630万～700万kW，是缅甸萨尔温江流域的龙头电站，也是东南亚地区最大的水力发电站。电站位于中、缅、泰、老四国交界附近，将在未来大湄公河次区域互联电网中起枢纽作用。谅解备忘录明确中、泰、缅三方共同开发孟东水电站，其中中方是项目控股方，占56%的股权。根据备忘录要求，中方将在未来的30个月内牵头完成项目的可行性研究工作。在三方联合体中，中国南方电网有限责任公司将发挥电网投资运营的优势，并通过参与项目开发促进中、缅、泰、老联网。

11月11～13日 水电水利规划设计总院会同山东省发展改革委在山东文登主持召开了山东文登抽水蓄能电站可行性研究报告审查会议。文登抽水蓄能电站位于胶东半岛文登市界石镇，靠近胶东负荷中心，至文登、威海、烟台公路里程分别为35km、44km和88km。电站装机容量180万kW，建成后将承担山东电网调峰填谷、调频调相及紧急事故备用等任务。枢纽工程由上水库、下水库、输水发电系统和地面开关站等建筑物组成。

11 月 22 日 为落实国务院领导关于小水电开发建设批示精神，加强小水电建设管理，完善管理体制机制，促进小水电持续、健康、有序发展，国家发展改革委、环境保护部、水利部、国土资源部联合印发通知，决定联合开展小水电建设管理情况调研工作。

11 月 22 日 古城水电站最后一台机组（2 号机组）完成 72h 试运行，至此，经历了"5·12"特大地震考验的四川汶川古城电站 3 台机组全部投入商业运行。该水电站位于汶川县克枯乡境内，距汶川县城仅 9km，属杂谷脑流域水电规划"一库七级"开发规划方案中的电站之一。电站引水隧洞长约 16.375km，利用最大落差约 148.1m，装机容量 18 万 kW。2010 年 5 月 26 日，3 台机组同时具备了并网发电条件；同年 11 月 15 日、11 月 20 日，1 号、3 号机组相继顺利完成 72h 运行，并投入商业运行。

11 月 23 日 财政部、国家发展改革委、国家能源局联合印发《关于规范水能（水电）资源有偿开发使用管理有关问题的通知》（财综〔2010〕105 号），要求各地停止执行自行出台的水能（水电）资源有偿开发使用政策。凡未经财政部、国家发展改革委同意，各地一律不得越权设立涉及水电企业的行政事业性收费项目；未经国务院或财政部批准，不得设立涉及水电企业的政府性基金项目。

11 月 23 日 金安桥水电站工程初期蓄水验收会议在云南丽江市召开。经讨论审议，验收委员会认为云南金沙江金安桥水电站工程基本具备初期蓄水至 1398m 条件，同意金安桥水电站工程于 2010 年 11 月 25 日下闸蓄水。该水电站位于云南省丽江市境内的金沙江干流上，是金沙江中游河段"一库八级"水电规划的第五级电站。电站装机容量 240 万 kW。水库正常蓄水位为 1418.00m，死水位为 1398.00m，总库容为 9.13 亿 m^3，调节库容 3.46 亿 m^3，具有周调节性能。

11 月 27 日 国家发展改革委以发改办能源〔2010〕2957 号文《关于调整新疆开都河察汗乌苏水电站项目建设内容的批复》，批复了新疆维吾尔自治区发展改革委《新疆发展改革委关于新疆开都河察汗乌苏水电站设计变更有关事宜的请示》和中国国电集团公司《关于新疆开都河察汗乌苏水电站设计变更有关事宜的请示》，同意察汗乌苏水电站进行进一步优化设计后，电站机组由 4 台 7.5 万 kW 机组调整为 3 台 10.3 万 kW 机组，总装机容量相应由 30 万 kW 调整为 30.9 万 kW，年平均发电量、大坝最大坝高、水库正常蓄水位、死水位和总库容也分别进行了调整。

同日，国家发改委以发改能源〔2010〕2956 号文给海南省发展改革委和中国南方电网有限公司复函，同意海南抽水蓄能电站开展前期工作。

11 月 30 日 国务院三峡工程建设委员会第十七次全体会议在北京召开。会议审议了三峡工程验收结论的报告和后续工作规划。中共中央政治局常委、国务院副总理、国务院三峡工程建设委员会主任李克强主持会议。他强调，三峡工程初步设计建设任务如期完成后，要科学安排各项后续工作，确保三峡工程长期安全运行和持续发挥综合效益。

11 月 30 日 深溪沟水电站 2 号机组顺利完成 72h 试运行后，成功并网发电。该水电站共装设 4 台单机容量为 16.5 万 kW 的轴流转桨式水轮发电机组，2 号机组于 2010 年 11 月 23 日完成所有安装工作后首次启动，机组运转平稳，振动和摆度均优于规程、规范及相关标准要求。

11 月 30 日 班多电站首台机组完成 72h 试运行后，正式并网发电。该水电站为黄河干流龙羊峡以上、茨哈至羊曲河段水电规划的第二个梯级水电站，安装 3 台单机容量为 120MW 的水轮发电机组，多年平均发电量 14.27 亿 kW·h。

十 二 月

12 月 5 日 国家发展改革委以发改能源〔2010〕2876 号文对大渡河大岗山水电站项目核准进行了批复，同意建设大岗山水电站工程。该水电站安装 4 台 65 万 kW 混流式水轮发电机组，总装机容量 260 万 kW，年均发电量 114.3 亿 kW·h。枢纽建筑物主要由挡水建筑物、泄洪建筑物、地下厂房和开关站等组成。挡水坝为混凝土双曲拱坝，最大坝高 210m。项目由国电大渡河流域水电开发有限公司负责建设和管理。

12 月 8 日 瀑布沟水电站 2 号机组完成 72h 试运行投产发电。该机组于 2010 年 11 月 27 日开始试运行，在完成各种试验后，于 2010 年 12 月 5 日开始 72h 试运行。试运行期间，机组振动、摆度、噪声等技术指标达到全优，实现了一次充水成功、一次启动成功、一次并网成功、一次试运行成功。

12 月 12 日 中国首个极深地下实验室——中国锦屏地下实验室在四川雅砻江锦屏二级水电站正式投入使用。该实验室的投入使用，对于推动中国重大基础前沿课题的自主研究和应用研究意义重大，同时，标志着中国已具备开展物理学重大基础前沿科学研究的自主地下实验平台。

12 月 12 日 积石峡水电站 3 号机组完成 72h 试运行后，正式并网发电。至此，该水电站 3 台单机容量为 34 万 kW 的机组全部顺利投产发电。

12 月 13 日 为加强电价政策执行情况的监督检查，规范电价监督检查行为，维护电力市场的正常秩序，保护电力企业和电力用户的合法权益，国家电监会印发了《电价监督检查暂行规定》。

12月14日 国家安全生产监督管理总局以第36号令公布了《建设项目安全设施“三同时”监督管理暂行办法》，自2011年2月1日起施行。

12月17日 仙居抽水蓄能电站正式开工建设。该电站位于浙江省仙居县，由国家电网公司投资58.51亿元建设，为国家“十一五”规划重点建设工程。电站安装4台单机容量37.5万kW的机组（单机容量为目前国内最大），设计年抽水用电量为32.63亿kW·h，年发电量为25.13亿kW·h。计划2016年底建成，建成后将增强华东电网调峰和事故备用能力。

12月26日 瀑布沟水电站1号机组顺利完成72h试运行。至此，瀑布沟水电站6台机组全部投产发电。该水电站位于四川省汉源县和甘洛县境内，是国家“十五”重点建设项目、西部大开发标志性工程，共装设6台单机容量60万kW的混流式水轮发电机组。此次投产的1号机组于2010年11月5日转子吊入机坑；同年12月13日具备充水发电条件；同年12月18日机组一次启动成功；同年12月23日进入72h试运行；同年12月26日18时30分72h试运行结束，比合同工期提前66d。

（本年鉴编辑部）